国务院法制办公室 编

中华人民共和国
安全生产法典

Work Safety Law

注释法典

新四版·37

中国法制出版社
CHINA LEGAL PUBLISHING HOUSE

我国的立法体系

立法主体	立法权限
全国人民代表大会	修改宪法，制定、修改刑事、民事、国家机构的和其他的基本法律。
全国人民代表大会常务委员会	制定和修改除应当由全国人民代表大会制定的法律以外的其他法律；在全国人民代表大会闭会期间，对全国人民代表大会制定的法律进行部分补充和修改；解释法律。
国务院	根据宪法和法律，制定行政法规。
省、自治区、直辖市人民代表大会及其常务委员会	根据本行政区域的具体情况和实际需要，在不同宪法、法律、行政法规相抵触的前提下，制定地方性法规。
设区的市、自治州的人民代表大会及其常务委员会	在不同上位法相抵触的前提下，可对城乡建设与管理、环境保护、历史文化保护等事项制定地方性法规。
经济特区所在地的省、市的人民代表大会及其常务委员会	根据全国人民代表大会的授权决定，制定法规，在经济特区范围内实施。
民族自治地方的人民代表大会	依照当地民族的政治、经济和文化的特点，制定自治条例和单行条例，报批准后生效。 对法律和行政法规的规定作出变通的规定，但不得违背法律或者行政法规的基本原则，不得对宪法和民族区域自治法的规定以及其他有关法律、行政法规专门就民族自治地方所作的规定作出变通规定。
国务院各部、委员会、中国人民银行、审计署和具有行政管理职能的直属机构	根据法律和国务院的行政法规、决定、命令，在本部门的权限范围内，制定部门规章。
省、自治区、直辖市和设区的市、自治州的人民政府	根据法律、行政法规和本省、自治区、直辖市的地方性法规，制定地方政府规章。设区的市、自治州人民政府制定的地方政府规章限于城乡建设与管理、环境保护、历史文化保护等方面的事项。
中央军事委员会	根据宪法和法律制定军事法规，在武装力量内部实施。
中央军事委员会各总部、军兵种、军区、中国人民武装警察部队	根据法律和中央军事委员会的军事法规、决定、命令，在其权限范围内制定军事规章。
最高人民法院、最高人民检察院	司法解释

注：1. 法的效力等级：宪法＞法律＞行政法规＞地方性法规、部门规章、地方政府规章；地方性法规＞本级和下级地方政府的规章。（＞表示效力高于）

2. 司法解释：司法解释是最高人民法院对审判工作中具体应用法律问题和最高人民检察院对检察工作中具体应用法律问题所作的具有法律效力的解释，司法解释与被解释的有关法律规定一并作为人民法院或人民检察院处理案件的依据。

出版说明

“中华人民共和国注释法典”丛书是我社集数年法规编撰经验，创新出版的大型实用法律工具书。本套工具书不仅全面反映中国特色社会主义法律体系形成成果，而且秉持权威、实用的理念，相信能够成为广大读者理解、掌握、适用法律的首选工具书。

本套工具书以中国特色社会主义法律体系为主线，结合日常司法实践领域确定分册，**独家打造七重法律价值：**

一、出版权威

中国法制出版社是国务院法制办公室所属的中央级法律类图书专业出版社，是国家法律、行政法规文本的权威出版机构。

二、内容全面

书中收录的法律文件均为近三年来国家大规模法律文件清理工作后的现行有效文本。各分册涵盖相关领域重要的法律、行政法规、部门规章、规范性文件、司法解释以及法律法规规章的适用解释及函复。

三、注释精炼

本书在重要法律文件前专设**【理解与适用】**，并以**【注释】**形式对重难点条文进行阐释，注释内容在吸取全国人大常委会法制工作委员会、国务院法制办公室、最高人民法院等部门对条文的权威解读中精华的基础上，结合司法实践全新撰写，与时俱进。

四、案例指导

本书专设**【公报案例（指导案例）】**和**【典型案例指引】**，案件来源于最高人民法院公报及其他权威出版物、各高级人民法院判决书等，收录大量案例全面展示解决法律问题的实例，这是市面上其他图书所无法比拟的。

五、层级清晰 检索便捷

1. 各分册按照法律文件的效力等级分为法律、行政法规及文件、部门规章及文件、司法解释及文件四个层级。

2. 重难点法条下以**【链接】**的方式索引重要的关联条文，提供相关且有效的条文援引。

3. 特别在目录后设置**【典型案例索引】**，迅速定位案例资源，以此最大限度地提高图书的即查即用性。

六、附录实用法律工具

书中收录经提炼的法律流程图、诉讼文书、纠纷处理常用数据等内容，帮助读者大大提高处理法律事务的效率。

七、超值增值服务

为了使读者能够及时充分了解我国立法的动态信息，凡是购买本书的读者，均可发送电子邮件至 zhushifadian2018@163.com，告知您所购买的图书书名、购书用途、购书书店名、您的职业及意见或建议后，即可免费获得我社2018年全年（12辑）新法规汇编的电子版增值服务的网络下载密码，登录中国法制出版社官网（www.zgfzs.com）首页的增值服务栏目使用。

能够为大家学习法律、解决法律难题提供实实在在的帮助，是我们全心努力的方向，衷心欢迎广大读者朋友反馈意见、建议。

中国法制出版社

目　　录*

一、综　　合

* 编者按：本目录中的时间为法律文件的公布时间或最后一次修正、修订公布时间。

二、煤矿及非煤矿山安全

（二）非煤矿山安全

三、交通运输安全

（一）道路运输安全

四、建筑施工安全

五、消防安全

六、危险化学品安全

七、民用爆炸品安全

八、石油天然气安全

九、劳动安全保护

实用附录

典型案例索引

一、综 合

中华人民共和国安全生产法

（2002年6月29日第九届全国人民代表大会常务委员会第二十八次会议通过 根据2009年8月27日第十一届全国人民代表大会常务委员会第十次会议《关于修改部分法律的决定》第一次修正 根据2014年8月31日第十二届全国人民代表大会常务委员会第十次会议《关于修改〈中华人民共和国安全生产法〉的决定》第二次修正）

理解与适用

安全生产事关人民群众生命财产安全，事关改革开放、经济发展和社会稳定的大局，其重要性毋庸置疑。《中华人民共和国安全生产法》由第九届全国人民代表大会常务委员会第二十八次会议于2002年6月29日通过，2009年8月27日第十一届全国人民代表大会常务委员会第十次会议通过的《关于修改部分法律的决定》对该法进行了第一次修正，2014年8月31日第十二届全国人民代表大会常务委员会第十次会议通过的《关于修改〈中华人民共和国安全生产法〉的决定》对该法进行了第二次修正。现行《安全生产法》共七章，114条。

2014年8月31日第十二届全国人民代表大会常务委员会第十次会议对《安全生产法》做了如下主要修改：

一、强化和落实生产经营单位的安全生产主体责任

生产经营单位的主要负责人对本单位安全生产工作负有下列职责：(1)建立、健全本单位安全生产责任制；(2)组织制定本单位安全生产规章制度和操作规程；(3)组织制定并实施本单位安全生产教育和培训计划；(4)保证本单位安全生产投入的有效实施；(5)督促、检查本单位的安全生产工作，及时消除生产安全事故隐患；(6)组织制定并实施本单位的生产安全事故应急救援预案；(7)及时、如实报告生产安全事故。

生产经营单位的安全生产责任制应当明确各岗位的责任人员、责任范围和考核标准等内容。生产经营单位应当建立相应的机制，加强对安全生产责任制落实情况的监督考核，保证安全生产责任制的落实。

二、完善监管措施，增强监管执行力

安全生产监督管理部门和其他负有安全生产监督管理职责的部门对有根据认为不符合保障安全生产的国家标准或者行业标准的设施、设备、器材以及违法生产、储存、使用、经营、运输的危险物品予以查封或者扣押，对违法生产、储存、使用、经营危险物品的作业场所予以查封，并依法作出处理决定。

负有安全生产监督管理职责的部门依法对存在重大事故隐患的生产经营单位作出停产停业、停止施工、停止使用相关设施或者设备的决定，生产经营单位应当依法执行，及时消除事故隐患。生产经营单位拒不执行，有发生生产安全事故的现实危险的，在保证安全的前提下，经本部门主要负责人批准，负有安全生产监督管理职责的部门可以采取通知有关单位停止供电、停止供应民用爆炸物品等措施，强制生产经营单位履行决定。通知应当采用书面形式，有关单位应当予以配合。

三、强化法律责任，加大对违法行为的惩处力度

本法此次修改强化了有关法律责任的规定，加大了对安全生产违法行为的惩处力度。(1)堵塞漏洞，对应予处罚的所有违法行为都规定了明确的法律责任。(2)较大幅度地加重了处罚力度，提高了罚款数额，增加了对直接负责的主管人员和其他直接责任人员的处罚规定。(3)负有安全生产监督管理职责的部门应当建立安全生产违法行为信息库，如实记录生产经营单位的安全生产违法行为信息；对违法行为情节严重的生产经营单位，应当向社会公告，并通报行业主管部门、投资主管部门、国土资源主管部门、证券监督管理机构以及有关金融机构。

《安全生产法》适用广泛。在中华人民共和国领域内从事生产经营的单位都要遵守《安全生产法》及其相关规定，相关单位的从业人员也要依据其生产作业并保护自己的合法权益。安全生产法也是一个广义的概念。《矿山安全法》《建筑法》《煤炭法》《职业病防治法》《劳动法》《劳动合同法》《工会法》《刑法》等有关生产安全及劳动保护的规定，也是安全生产法律规定的一部分。

第一章 总 则

第一条 【立法目的】* 为了加强安全生产工作，防止和减少生产安全事故，保障人民群众生命和财产安全，促进经济社会持续健康发展，制定本法。

注释 [生产安全事故]

生产安全事故，是指生产经营单位在生产经营活动（包括与生产经营有关的活动）中突然发生的，伤害人身安全和健康、损坏设备设施或者造成直接经济损失，导致生产经营活动（包括与生产经营活动有关的活动）暂时中止或永远终止的意外事件。

第二条 【适用范围和调整事项】 在中华人民共和国领域内从事生产经营活动的单位（以下统称生产经营单位）的安全生产，适用本法；有关法律、行政法规对消防安全和道路交通安全、铁路交通安全、水上交通安全、民用航空安全以及核与辐射安全、特种设备安全另有规定的，适用其规定。

注释 [调整事项]

本法调整的事项，是生产经营活动中的安全问题。因此，其适用的范围只限定在生产经营领域。不属于生产经营活动中的安全问题，如公共场所集会活动中的安全问题等，就不属于本法的调整范围。这里讲的“生产经营活动”，既包括资源的开采活动，各种产品的加工、制作活动，也包括各类工程建设和商业、娱乐业以及其他服务业的经营活动。

第三条 【安全生产工作方针和工作机制】 安全生产工作应当以人为本，坚持安全发展，坚持安全第一、预防为主、综合治理的方针，强化和落实生产经营单位的主体责任，建立生产经营单位负责、职工参与、政府监管、行业自律和社会监督的机制。

第四条 【生产经营单位基本义务】 生产经营单位必须遵守本法和其他有关安全生产的法律、法规，加强安全生产管理，建立、健全安全生产责任制和安全生产规章制度，改善安全生产条件，推进安全生产标准化建设，提高安全生产水平，确保安全生产。

链接 《劳动法》第 52 条；《矿山安全法》第 3 条；《建筑法》第 3 条；《煤炭法》第 7、8 条；《危险化学品安全管理条例》第 4 条

第五条 【生产经营单位主要负责人的主体责任】 生产经营单位的主要负责人对本单位的安全生产工作全面负责。

链接 《建筑法》第 44 条；《煤炭法》第 32 条；《矿山安全法》第 20 条；《电力安全生产监督管理办法》第 7 条

第六条 【从业人员安全生产的权利和义务】 生产经营单位的从业人员有依法获得安全生产保障的权利，并应当依法履行安全生产方面的义务。

注释 [从业人员享有的安全生产保障权利]

从业人员享有的安全生产保障权利主要包括：(1)有关安全生产的知情权。包括获得安全生产教育和技能培训的权利，被如实告知作业场所和工作岗位存在的危险因素、防范措施及事故应急措施的权利。(2)有获得符合国家标准的劳动防护用品的权利。(3)有对安全生产问题提出批评、建议的权利。从业人员有权对本单位安全生产管理工作存在问题提出建议、批评、检举、控告，生产单位不得因此作出对从业人员不利的处分。(4)有对违章指挥的拒绝权。从业人员对管理者作出的可能危及安全的违章指挥，有权拒绝执行，并不得因此受到对自己不利的处分。(5)有采取紧急避险措施的权利。从业人员发现直接危及人身安全的紧急情况时，有权停止作业或者在采取紧急措施后撤离作业场所，并不得因此受到对自己不利的处分。(6)在发生生产安全事故后，有获得及时抢救和医疗救治并获得工伤保险赔付的权利等。

[从业人员保证安全生产的义务]

从业人员在享有获得安全生产保障权利的同时，也负有以自己的行为保证安全生产的义务。主要包括：(1)在作业过程中必须遵守本单位的安全生产规章制度和操作规程，服从管理，不得违章作业。(2)接受安全生产教育和培训，掌握本职工作所需要的安全生产知识。(3)发现事故隐患应当及时向本单位安全生产管理人员或主要负责人报告。(4)正确使用和佩戴劳动防护用品。只有每个从业人员都认真履行自己在安全生产方面的法定义务，生产经营单位的安全生产工作才能有保证。

链接 《矿山安全法》第 22、26、27 条；《建筑法》第 47 条；《煤炭法》第 36、37 条；《危险化学品安全管理条例》第 4 条

第七条 【工会职责】 工会依法对安全生产工作进行监督。

生产经营单位的工会依法组织职工参加本单位安全生产工作的民主管理和民主监督，维护职工在安

---

* 条文主旨为编者所加，全书同。

全生产方面的合法权益。生产经营单位制定或者修改有关安全生产的规章制度,应当听取工会的意见。

链接《工会法》第6、22-26、33、38条;《矿山安全法》第23-25、37条;《煤炭法》第35条;《最高人民法院关于在民事审判工作中适用〈中华人民共和国工会法〉若干问题的解释》

第八条 【各级人民政府在安全生产方面的职责】国务院和县级以上地方各级人民政府应当根据国民经济和社会发展规划制定安全生产规划,并组织实施。安全生产规划应当与城乡规划相衔接。

国务院和县级以上地方各级人民政府应当加强对安全生产工作的领导,支持、督促各有关部门依法履行安全生产监督管理职责,建立健全安全生产工作协调机制,及时协调、解决安全生产监督管理中存在的重大问题。

乡、镇人民政府以及街道办事处、开发区管理机构等地方人民政府的派出机关应当按照职责,加强对本行政区域内生产经营单位安全生产状况的监督检查,协助上级人民政府有关部门依法履行安全生产监督管理职责。

链接《矿山安全法》第4、33、34条;《建筑法》第43条;《煤炭法》第30条;《煤矿安全监察条例》第2、4、7、49条;《建设工程安全生产管理条例》第39、40、43、46条;《电力安全生产监督管理办法》第18条;《危险化学品安全管理条例》第5条

第九条 【安全生产监督管理体制】国务院安全生产监督管理部门依照本法,对全国安全生产工作实施综合监督管理;县级以上地方各级人民政府安全生产监督管理部门依照本法,对本行政区域内安全生产工作实施综合监督管理。

国务院有关部门依照本法和其他有关法律、行政法规的规定,在各自的职责范围内对有关行业、领域的安全生产工作实施监督管理;县级以上地方各级人民政府有关部门依照本法和其他有关法律、法规的规定,在各自的职责范围内对有关行业、领域的安全生产工作实施监督管理。

安全生产监督管理部门和对有关行业、领域的安全生产工作实施监督管理的部门,统称负有安全生产监督管理职责的部门。

第十条 【安全生产国家标准、行业标准的制定和执行】国务院有关部门应当按照保障安全生产的要求,依法及时制定有关的国家标准或者行业标准,并根据科技进步和经济发展适时修订。

生产经营单位必须执行依法制定的保障安全生产的国家标准或者行业标准。

链接《标准化法》第10-13条;《矿山安全法》第9条;《职业病防治法》第4、12、14、15、18、26、45、53条;《危险化学品安全管理条例》第4、17、24、26、28条

第十一条 【加强安全生产的宣传教育】各级人民政府及其有关部门应当采取多种形式,加强对有关安全生产的法律、法规和安全生产知识的宣传,增强全社会的安全生产意识。

第十二条 【协会组织在安全生产方面的职责】有关协会组织依照法律、行政法规和章程,为生产经营单位提供安全生产方面的信息、培训等服务,发挥自律作用,促进生产经营单位加强安全生产管理。

注释[中国安全生产协会]

本条明确了行业协会、商会等协会组织在安全生产方面的作用。协会组织是依法成立的社团法人,依据其成员共同制定的章程体现其组织职能,维护本行业企业的权益,规范市场行为,增强抵御市场风险的能力。中国安全生产协会是安全生产领域的专业协会。该协会2008年1月成立,是非营利性的社会团体法人,在业务上接受国家安全生产监督管理总局的领导,设有教育培训、安全评价和注册安全工程师等3个工作委员会以及煤矿安全、金属非金属矿山安全、冶金安全、劳动防护、危险化学品安全和烟花爆竹安全等6个专业委员会。该协会贯彻"安全第一、预防为主、综合治理"的安全生产方针,总结、交流和推广安全生产先进管理经验,组织实施安全生产标准化工作,提高企业安全管理水平,开展安全生产宣传和教育、培训活动及安全生产公益性活动、咨询服务。

第十三条 【为安全生产提供技术、管理服务的机构】依法设立的为安全生产提供技术、管理服务的机构,依照法律、行政法规和执业准则,接受生产经营单位的委托为其安全生产工作提供技术、管理服务。

生产经营单位委托前款规定的机构提供安全生产技术、管理服务的,保证安全生产的责任仍由本单位负责。

第十四条 【生产安全事故责任追究制度】国家实行生产安全事故责任追究制度,依照本法和有关法律、法规的规定,追究生产安全事故责任人员的法律责任。

链接《公务员法》第56条;《行政处罚法》第8条;《民法总则》第179条;《侵权责任法》第15条;《刑法》第131-137条

案例赵某玩忽职守案(重庆市第四中级人民法院刑事判决书〔2006〕渝四中法刑终字第71号)

案件适用要点:被告任安监局副局长期间,分管矿山井下安全生产工作,负责煤矿生产管理和煤矿安全监督监察工作,由于工作能力和专业知识限制等原因,在客观上未能对事发矿井的安全生产进行有效监督管理,应承担一定的领导责任。

第十五条 【支持发展】国家鼓励和支持安全生产科学技术研究和安全生产先进技术的推广应用,提

高安全生产水平。

第十六条 【奖励】国家对在改善安全生产条件、防止生产安全事故、参加抢险救护等方面取得显著成绩的单位和个人,给予奖励。

第二章 生产经营单位的安全生产保障

第十七条 【安全生产条件】生产经营单位应当具备本法和有关法律、行政法规和国家标准或者行业标准规定的安全生产条件;不具备安全生产条件的,不得从事生产经营活动。

注释[安全生产条件]

本法规定,生产经营单位新建、改建、扩建工程项目的安全设施,必须与主体工程同时设计、同时施工、同时投入生产和使用;矿山、金属冶炼、建筑施工、道路运输单位和危险物品的生产、经营、储存单位应当设置安全生产管理机构或者配备专职安全生产管理人员;其他生产经营单位,从业人员超过100人的,应当设置安全生产管理机构或者配备专职安全生产管理人员;从业人员在100人以下的,应当配备专职或者兼职的安全生产管理人员。生产经营单位应当在有较大危险因素的生产经营场所和有关设施、设备上,设置明显的安全警示标志;生产经营单位应当建立生产安全事故隐患排查治理制度,采取技术、管理措施,及时发现并消除事故隐患;生产经营单位进行爆破、吊装等危险作业,应当安排专门人员进行现场安全管理,确保操作规程的遵守和安全措施的落实;生产经营场所和员工宿舍应当设置符合紧急疏散要求,标志明显、保持畅通的出口,禁止锁闭、封堵生产经营场所或者员工宿舍的出口;生产经营单位应当安排用于配备劳动防护用品,进行安全生产培训的经费等。

链接《安全生产许可证条例》第6条

第十八条 【生产经营单位主要负责人安全生产职责】生产经营单位的主要负责人对本单位安全生产工作负有下列职责:

(一)建立、健全本单位安全生产责任制;

(二)组织制定本单位安全生产规章制度和操作规程;

(三)组织制定并实施本单位安全生产教育和培训计划;

(四)保证本单位安全生产投入的有效实施;

(五)督促、检查本单位的安全生产工作,及时消除生产安全事故隐患;

(六)组织制定并实施本单位的生产安全事故应急救援预案;

(七)及时、如实报告生产安全事故。

注释本条规定的"主要负责人",一般是指在生产经营单位中起决策作用的领导人,具体要根据实际情况来确定:第一,主要负责人必须是生产经营单位开展生产经营活动的主要决策人,享有本单位生产经营活动包括安全生产事项的最终决定权,全面领导生产经营活动。第二,主要负责人必须是实际领导、指挥生产经营日常活动的决策人。第三,主要负责人必须是能够承担生产经营单位安全生产全面领导责任的决策人。实践中"主要负责人"包括法人单位的法定代表人,如有限责任公司或股份有限公司的董事长,也包括其全面负责日常生产经营活动的总经理,以及非法人单位的依照法律、行政法规和国家有关规定代表单位行使职权的正职领导,如厂长、经理等。

案例刘明诉铁道部第二十工程局二处第八工程公司、罗友敏工伤赔偿案(《中华人民共和国最高人民法院公报》1999年第5期)

案件适用要点:工程承包人和雇主,依法对民工的劳动保护承担责任。采用人工安装桥梁行车道板本身具有较高的危险性,对此工程承包人和雇主应采取相应的安全措施,并临场加以监督指导,而被告仅在作业前口头强调,疏于注意,以致发生安全事故。尽管原告在施工中也有违反安全规则操作的过失,但原告并非铁道建设专业人员,且违章情节较轻,故不能免除被告应负的民事责任。

第十九条 【安全生产责任制】生产经营单位的安全生产责任制应当明确各岗位的责任人员、责任范围和考核标准等内容。

生产经营单位应当建立相应的机制,加强对安全生产责任制落实情况的监督考核,保证安全生产责任制的落实。

第二十条 【资金投入及安全生产费用】生产经营单位应当具备的安全生产条件所必需的资金投入,由生产经营单位的决策机构、主要负责人或者个人经营的投资人予以保证,并对由于安全生产所必需的资金投入不足导致的后果承担责任。

有关生产经营单位应当按照规定提取和使用安全生产费用,专门用于改善安全生产条件。安全生产费用在成本中据实列支。安全生产费用提取、使用和监督管理的具体办法由国务院财政部门会同国务院安全生产监督管理部门征求国务院有关部门意见后制定。

链接《矿山安全法》第31、32条;《建设工程安全生产管理条例》第21、22条;《煤矿安全监察条例》第27条;《企业安全生产费用提取和使用管理办法》

第二十一条 【安全生产管理机构及人员】矿山、金属冶炼、建筑施工、道路运输单位和危险物品的生产、经营、储存单位,应当设置安全生产管理机构或者配备专职安全生产管理人员。

前款规定以外的其他生产经营单位,从业人员超过一百人的,应当设置安全生产管理机构或者配备专职安全生产管理人员;从业人员在一百人以下的,应当配备专职或者兼职的安全生产管理人员。

链接《安全生产许可证条例》第6条;《烟花爆竹安全管理条例》第8条;《建设工程安全生产管理条例》第23条;《建筑施工企业主要负责人、项目负责人和专职安全生产管理人员安全生产管理规定》第2-3条,第19-22条;《国务院关于进一步加强安全生产工作的决定》第10条

第二十二条 【安全生产管理机构及人员的职责】生产经营单位的安全生产管理机构以及安全生产管理人员履行下列职责:

(一)组织或者参与拟订本单位安全生产规章制度、操作规程和生产安全事故应急救援预案;

(二)组织或者参与本单位安全生产教育和培训,如实记录安全生产教育和培训情况;

(三)督促落实本单位重大危险源的安全管理措施;

(四)组织或者参与本单位应急救援演练;

(五)检查本单位的安全生产状况,及时排查生产安全事故隐患,提出改进安全生产管理的建议;

(六)制止和纠正违章指挥、强令冒险作业、违反操作规程的行为;

(七)督促落实本单位安全生产整改措施。

链接《建筑施工企业主要负责人、项目负责人和专职安全生产管理人员安全生产管理规定》第19-22条

第二十三条 【安全生产管理机构以及安全生产管理人员履职要求和履职保障】生产经营单位的安全生产管理机构以及安全生产管理人员应当恪尽职守,依法履行职责。

生产经营单位作出涉及安全生产的经营决策,应当听取安全生产管理机构以及安全生产管理人员的意见。

生产经营单位不得因安全生产管理人员依法履行职责而降低其工资、福利等待遇或者解除与其订立的劳动合同。

危险物品的生产、储存单位以及矿山、金属冶炼单位的安全生产管理人员的任免,应当告知主管的负有安全生产监督管理职责的部门。

第二十四条 【主要负责人和安全生产管理人员的知识、管理能力要求】生产经营单位的主要负责人和安全生产管理人员必须具备与本单位所从事的生产经营活动相应的安全生产知识和管理能力。

危险物品的生产、经营、储存单位以及矿山、金属冶炼、建筑施工、道路运输单位的主要负责人和安全生产管理人员,应当由主管的负有安全生产监督管理职责的部门对其安全生产知识和管理能力考核合格。考核不得收费。

危险物品的生产、储存单位以及矿山、金属冶炼单位应当有注册安全工程师从事安全生产管理工作。鼓励其他生产经营单位聘用注册安全工程师从事安全生产管理工作。注册安全工程师按专业分类管理,具体办法由国务院人力资源和社会保障部门、国务院安全生产监督管理部门会同国务院有关部门制定。

注释[注册安全工程师]

注册安全工程师,是指经全国统一考试合格,取得中华人民共和国注册安全工程师执业资格证书和执业证,在生产经营单位从事安全生产管理、技术工作或者在安全生产中介机构从事有关安全生产技术服务工作的人员。

链接《注册安全工程师管理规定》第3-6条;《建筑施工企业主要负责人、项目负责人和专职安全生产管理人员安全生产管理规定》第5-13条

第二十五条 【从业人员的教育和培训】生产经营单位应当对从业人员进行安全生产教育和培训,保证从业人员具备必要的安全生产知识,熟悉有关的安全生产规章制度和安全操作规程,掌握本岗位的安全操作技能,了解事故应急处理措施,知悉自身在安全生产方面的权利和义务。未经安全生产教育和培训合格的从业人员,不得上岗作业。

生产经营单位使用被派遣劳动者的,应当将被派遣劳动者纳入本单位从业人员统一管理,对被派遣劳动者进行岗位安全操作规程和安全操作技能的教育和培训。劳务派遣单位应当对被派遣劳动者进行必要的安全生产教育和培训。

生产经营单位接收中等职业学校、高等学校学生实习的,应当对实习学生进行相应的安全生产教育和培训,提供必要的劳动防护用品。学校应当协助生产经营单位对实习学生进行安全生产教育和培训。

生产经营单位应当建立安全生产教育和培训档案,如实记录安全生产教育和培训的时间、内容、参加人员以及考核结果等情况。

注释[安全生产教育和培训]

安全生产教育和培训的内容,主要包括以下几个方面:(1)安全生产的方针、政策、法律、法规以及安全生产规章制度的教育和培训;(2)安全操作技能的教育和培训,我国目前一般实行入厂教育、车间教育和现场教育的三级教育和培训;(3)安全技术知识教育和培训,包括一般性安全技术知识,如单位生产过程中不安全因素及规律、预防事故的基本知识、个人防护用品的佩戴使用、事故报告程序等,以及专业性的安全技术知识,如防火、防爆、防毒等知识;(4)发生生产安全事故时的应急处理措施,以及相关的安全防护

知识；(5)从业人员在生产过程中的相关权利和义务；(6)特殊作业岗位的安全生产知识和操作要求等。

链接《矿山安全法》第26条；《建筑法》第46条；《煤炭法》第33条；《建设工程安全生产管理条例》第25、37条；《危险化学品安全管理条例》第4条；《安全生产培训管理办法》第3条

案例 淮安市人民检察院诉康兆永、王刚危险物品肇事案(《中华人民共和国最高人民法院公报》2006年第8期)

案件适用要点：从事剧毒化学品运输工作的专业人员，在发生交通事故致使剧毒化学品泄漏后，有义务利用随车配备的应急处理器材和防护用品抢救对方车辆上的受伤人员，有义务在现场附近设置警戒区域，有义务及时报警并在报警时主动说明危险物品的特征、可能发生的危害，以及需要采取何种救助工具与救助方式才能防止、减轻以至消除危害，有义务在现场等待抢险人员的到来，利用自己对剧毒危险化学品的专业知识以及对运输车辆构造的了解，协助抢险人员处置突发事故。从事剧毒化学品运输工作的专业人员不履行这些义务，应当对由此造成的特别严重后果承担责任。

第二十六条 【技术更新的教育和培训】生产经营单位采用新工艺、新技术、新材料或者使用新设备，必须了解、掌握其安全技术特性，采取有效的安全防护措施，并对从业人员进行专门的安全生产教育和培训。

链接《安全生产培训管理办法》第10条；《生产经营单位安全培训规定》

第二十七条 【特种作业人员的资格要求】生产经营单位的特种作业人员必须按照国家有关规定经专门的安全作业培训，取得相应资格，方可上岗作业。

特种作业人员的范围由国务院安全生产监督管理部门会同国务院有关部门确定。

链接《矿山安全法》第26条；《建设工程安全生产管理条例》第25条；《特种作业人员安全技术培训考核管理规定》第3、5条

第二十八条 【建设项目的安全设施"三同时"原则】生产经营单位新建、改建、扩建工程项目(以下统称建设项目)的安全设施，必须与主体工程同时设计、同时施工、同时投入生产和使用。安全设施投资应当纳入建设项目概算。

注释［"三同时"原则的要求］

建设项目安全设施的"三同时"应当达到以下要求：

1. 建设项目的设计单位在编制建设项目投资计划文件时，应同时按照有关法律、法规、国家标准或者行业标准以及设计规范，编制安全设施的设计文件。安全设施的设计不得随意降低安全设施的标准。

2. 生产经营单位在编制建设项目投资计划和财务计划时，应将安全设施所需投资一并纳入计划，同时编报。

3. 对于按照有关规定项目设计需报经主管部门批准的建设项目，在报批时，应当同时报送安全设施设计文件；按照规定，安全设施设计需报主管的负有安全生产监督管理职责的部门审批的，应报主管的负有安全生产监督管理职责的部门批准。

4. 生产经营单位应当要求具体从事建设项目施工的单位严格按照安全设施的施工图纸和设计要求施工。安全设施与主体工程应同时进行施工，安全设施的施工不得偷工减料，降低建设质量。

5. 在生产设备调试阶段，应同时对安全设施进行调试和考核，并对其效果进行评价。

6. 建设项目验收时，应同时对安全设施进行验收。

7. 安全设施应当与主体工程同时投入生产和使用，不得只将主体工程投入使用，而将安全设施摆样子，不予使用。

链接《劳动法》第53条；《矿山安全法》第7条；《建筑法》第38条；《建设项目安全设施"三同时"监督管理办法》

第二十九条 【特殊建设项目的安全评价】矿山、金属冶炼建设项目和用于生产、储存、装卸危险物品的建设项目，应当按照国家有关规定进行安全评价。

注释［建设项目的安全评价］

建设项目的安全评价，主要是指在建设项目的可行性研究阶段的安全预评价，即根据建设项目可行性研究阶段报告的内容，运用科学的评价方法，分析和预测该建设项目存在的危险、危害因素的种类和危险、危害程度，提出合理可行的安全技术和管理对策，作为该建设项目初步设计中安全设计和建设项目安全管理、监察的重要依据。

链接《矿山安全法实施条例》第6条

第三十条 【设计和审查人员的责任】建设项目安全设施的设计人、设计单位应当对安全设施设计负责。

矿山、金属冶炼建设项目和用于生产、储存、装卸危险物品的建设项目的安全设施设计应当按照国家有关规定报经有关部门审查，审查部门及其负责审查的人员对审查结果负责。

链接《矿山安全法》第8－12条

第三十一条 【建设项目安全设施的施工和竣工验收及其监督检查】矿山、金属冶炼建设项目和用于生产、储存、装卸危险物品的建设项目的施工单位必须按照批准的安全设施设计施工，并对安全设施的工

程质量负责。

矿山、金属冶炼建设项目和用于生产、储存危险物品的建设项目竣工投入生产或者使用前，应当由建设单位负责组织对安全设施进行验收；验收合格后，方可投入生产和使用。安全生产监督管理部门应当加强对建设单位验收活动和验收结果的监督核查。

链接《建设项目安全设施“三同时”监督管理办法》第四章

第三十二条　【安全警示标志】生产经营单位应当在有较大危险因素的生产经营场所和有关设施、设备上，设置明显的安全警示标志。

链接《职业病防治法》第24条；《建设工程安全生产管理条例》第28条；《危险化学品安全管理条例》第20条

第三十三条　【生产经营单位安全设备管理】安全设备的设计、制造、安装、使用、检测、维修、改造和报废，应当符合国家标准或者行业标准。

生产经营单位必须对安全设备进行经常性维护、保养，并定期检测，保证正常运转。维护、保养、检测应当作好记录，并由有关人员签字。

注释［安全设备］

本条所称的安全设备，主要是指为了保护从业人员等生产经营活动参与者的安全，防止生产安全事故发生以及在发生生产安全事故时用于救援而安装使用的机械设备和器械，如矿山使用的自救器、灭火设备以及各种安全检测仪器，如安全检测系统、瓦斯检测器、测风仪表、氧气检测仪、顶板压力监测仪器等。这些安全设备需要按照国家有关要求在生产经营活动中配备，以确保生产安全和事故救援顺利进行。

链接《矿山安全法》第16条；《建设工程安全生产管理条例》第34、35条；《危险化学品安全管理条例》第26条

第三十四条　【危险物品的容器、运输工具以及部分特种设备的特殊管理】生产经营单位使用的危险物品的容器、运输工具，以及涉及人身安全、危险性较大的海洋石油开采特种设备和矿山井下特种设备，必须按照国家有关规定，由专业生产单位生产，并经具有专业资质的检测、检验机构检测、检验合格，取得安全使用证或者安全标志，方可投入使用。检测、检验机构对检测、检验结果负责。

链接《特种设备安全法》第2、18－25条；《建设工程安全生产管理条例》第35条；《危险化学品安全管理条例》第17、18条

第三十五条　【淘汰制度】国家对严重危及生产安全的工艺、设备实行淘汰制度，具体目录由国务院安全生产监督管理部门会同国务院有关部门制定并公布。法律、行政法规对目录的制定另有规定的，适用其规定。

省、自治区、直辖市人民政府可以根据本地区实际情况制定并公布具体目录，对前款规定以外的危及生产安全的工艺、设备予以淘汰。

生产经营单位不得使用应当淘汰的危及生产安全的工艺、设备。

注释［危及生产安全的工艺、设备］

危及生产安全的工艺、设备分两个等级，一是严重危及生产安全的工艺、设备，二是其他危及生产安全的工艺、设备。

严重危及生产安全的工艺、设备是指不符合生产安全要求，极有可能导致生产安全事故发生，致使人民群众生命和财产遭受重大损失的工艺、设备。

其他危及生产安全的工艺、设备，与严重危及生产安全的工艺、设备相比，危险性较低，有的工艺、设备在生产经营单位及其从业人员履行了适当的注意义务或者附加了必要的防护条件后，可以尽量避免事故的发生。

链接《煤炭法》第29条；《建设工程安全生产管理条例》第45条

第三十六条　【危险物品的监管】生产、经营、运输、储存、使用危险物品或者处置废弃危险物品的，由有关主管部门依照有关法律、法规的规定和国家标准或者行业标准审批并实施监督管理。

生产经营单位生产、经营、运输、储存、使用危险物品或者处置废弃危险物品，必须执行有关法律、法规和国家标准或者行业标准，建立专门的安全管理制度，采取可靠的安全措施，接受有关主管部门依法实施的监督管理。

链接《安全生产法》第97条；《放射性污染防治法》第9、17条；《危险化学品安全管理条例》第4－6、24、25条

第三十七条　【重大危险源管理】生产经营单位对重大危险源应当登记建档，进行定期检测、评估、监控，并制定应急预案，告知从业人员和相关人员在紧急情况下应当采取的应急措施。

生产经营单位应当按照国家有关规定将本单位重大危险源及有关安全措施、应急措施报有关地方人民政府安全生产监督管理部门和有关部门备案。

注释［重大危险源档案］

重大危险源档案应当包括的文件、资料有：辨识、分级记录；重大危险源基本特征表；涉及的所有化学品安全技术说明书；区域位置图、平面布置图、工艺流程图和主要设备一览表；重大危险源安全管理规章制度及安全操作规程；安全监测监控系统、措施说明、检测、检验结果；重大危险源事故应急预案、评审意见、演练计划和评估报告；安全评估报告或者安全评价报

告；重大危险源关键装置、重点部位的责任人、责任机构名称；重大危险源场所安全警示标志的设置情况；其他文件、资料。

链接《安全生产法》第 112 条；《危险化学品安全管理条例》第 19 条

第三十八条 【生产经营单位事故隐患治理】生产经营单位应当建立健全生产安全事故隐患排查治理制度，采取技术、管理措施，及时发现并消除事故隐患。事故隐患排查治理情况应当如实记录，并向从业人员通报。

县级以上地方各级人民政府负有安全生产监督管理职责的部门应当建立健全重大事故隐患治理督办制度，督促生产经营单位消除重大事故隐患。

注释［生产安全事故隐患］

生产安全事故隐患（以下简称事故隐患），是指生产经营单位违反安全生产法律、法规、规章、标准、规程和安全生产管理制度的规定，或者因其他因素在生产经营活动中存在可能导致事故发生的物的危险状态、人的不安全行为和管理上的缺陷。事故隐患是导致事故发生的主要根源之一。根据现行标准的规定，隐患主要有三个方面：人的不安全行为、物的不安全状态和管理上的缺陷。生产经营单位的事故隐患分为一般事故隐患和重大事故隐患，一般事故隐患，是指危害和整改难度较小，发现后能够立即整改排除的隐患。重大事故隐患，是指危害和整改难度较大，应当全部或者局部停产停业，并经过一定时间整改治理方能排除的隐患，或者因外部因素影响致使生产经营单位自身难以排除的隐患。

第三十九条 【生产经营场所和员工宿舍的安全要求】生产、经营、储存、使用危险物品的车间、商店、仓库不得与员工宿舍在同一座建筑物内，并应当与员工宿舍保持安全距离。

生产经营场所和员工宿舍应当设有符合紧急疏散要求、标志明显、保持畅通的出口。禁止锁闭、封堵生产经营场所或者员工宿舍的出口。

链接《危险化学品安全管理条例》第 19 条；《建设工程安全生产管理条例》第 29、30 条

第四十条 【危险作业现场的安全管理】生产经营单位进行爆破、吊装以及国务院安全生产监督管理部门会同国务院有关部门规定的其他危险作业，应当安排专门人员进行现场安全管理，确保操作规程的遵守和安全措施的落实。

链接《建设工程安全生产管理条例》第 17 条

第四十一条 【从业人员的安全管理】生产经营单位应当教育和督促从业人员严格执行本单位的安全生产规章制度和安全操作规程；并向从业人员如实告知作业场所和工作岗位存在的危险因素、防范措施以及事故应急措施。

注释［安全生产规章制度和安全操作规程］

生产经营单位的安全生产规章制度主要包括两个方面的内容，一是安全生产管理方面的规章制度，二是安全技术方面的规章制度。规程是对工艺、操作、安装、检定、安全、管理等具体技术要求和实施程序所作的统一规定，安全操作规程是指在生产活动中，为消除导致人身伤亡或者造成设备、财产破坏以及危害环境的因素而制定的具体技术要求和实施程序的统一规定。安全生产规章制度和安全操作规程，是保证生产经营活动安全进行的重要制度保障，从业人员在进行作业时必须严格执行。

第四十二条 【劳动防护用品】生产经营单位必须为从业人员提供符合国家标准或者行业标准的劳动防护用品，并监督、教育从业人员按照使用规则佩戴、使用。

案例 浙江某某建设有限公司与衢州市某某局等安全生产行政处罚纠纷上诉案（浙江省衢州市中级人民法院行政判决书〔2012〕浙衢行终字第 3 号）

案件适用要点：根据《中华人民共和国安全生产法》的规定，生产经营单位应当具备该法和有关法律、行政法规和国家标准或者行业标准规定的安全生产条件，不具备安全生产条件的不得从事生产经营活动；必须为从业人员提供符合国家标准或者行业标准的劳动防护用品，并监督、教育从业人员按照规则佩戴、使用。

第四十三条 【安全检查和报告义务】生产经营单位的安全生产管理人员应当根据本单位的生产经营特点，对安全生产状况进行经常性检查；对检查中发现的安全问题，应当立即处理；不能处理的，应当及时报告本单位有关负责人，有关负责人应当及时处理。检查及处理情况应当如实记录在案。

生产经营单位的安全生产管理人员在检查中发现重大事故隐患，依照前款规定向本单位有关负责人报告，有关负责人不及时处理的，安全生产管理人员可以向主管的负有安全生产监督管理职责的部门报告，接到报告的部门应当依法及时处理。

第四十四条 【经费保障】生产经营单位应当安排用于配备劳动防护用品、进行安全生产培训的经费。

第四十五条 【生产经营单位间的安全生产管理协议】两个以上生产经营单位在同一作业区域内进行生产经营活动，可能危及对方生产安全的，应当签订安全生产管理协议，明确各自的安全生产管理职责和应当采取的安全措施，并指定专职安全生产管理人员进行安全检查与协调。

第四十六条 【生产经营项目、场所、设备发包或

出租的安全生产责任】生产经营单位不得将生产经营项目、场所、设备发包或者出租给不具备安全生产条件或者相应资质的单位或者个人。

生产经营项目、场所发包或者出租给其他单位的，生产经营单位应当与承包单位、承租单位签订专门的安全生产管理协议，或者在承包合同、租赁合同中约定各自的安全生产管理职责；生产经营单位对承包单位、承租单位的安全生产工作统一协调、管理，定期进行安全检查，发现安全问题的，应当及时督促整改。

第四十七条　【生产安全事故的处理】生产经营单位发生生产安全事故时，单位的主要负责人应当立即组织抢救，并不得在事故调查处理期间擅离职守。

链接《生产安全事故报告和调查处理条例》第 3、35 条

第四十八条　【工伤保险】生产经营单位必须依法参加工伤保险，为从业人员缴纳保险费。

国家鼓励生产经营单位投保安全生产责任保险。

注释［安全生产责任保险］

根据《保险法》的规定，责任保险是指以被保险人对第三者依法应负的赔偿责任为保险标的的保险。安全生产责任保险是以生产经营过程中因发生意外事故，造成人身伤亡或财产损失，依法应由生产经营单位承担的经济赔偿责任为保险标的（是指作为保险对象的财产及其有关利益，或者是人的寿命和身体，它是保险利益的载体），保险公司按相关保险条款的约定对保险人以外的第三者进行赔偿的责任保险。

链接《国务院关于保险业改革发展的若干意见》；《工伤保险条例》第 2、3 条

案例刘自荣诉米泉市劳动人事社会保障局工伤认定案（2014 年 7 月 24 日《最高人民法院发布的八起典型案例》）

案件适用要点：根据《企业职工工伤保险试行办法》[①]的规定，从事本单位日常生产、工作或者本单位负责人临时指定的工作的，在紧急情况下，虽未经本单位负责人指定但从事直接关系本单位重大利益的工作负伤、致残、死亡的，应当认定为工伤。原告作为煤矿副矿长，其基于煤矿正常生产的需要而与其他炮工一起在工人宿舍内将瞬发电雷管改制成延期电雷管，该行为虽有一定违规，但显然与本单位工作需要和利益具有直接关系，原告因雷管爆炸而受伤应认定为工伤。

第三章　从业人员的安全生产权利义务

第四十九条　【劳动合同的安全条款】生产经营单位与从业人员订立的劳动合同，应当载明有关保障从业人员劳动安全、防止职业危害的事项，以及依法为从业人员办理工伤保险的事项。

生产经营单位不得以任何形式与从业人员订立协议，免除或者减轻其对从业人员因生产安全事故伤亡依法应承担的责任。

链接《劳动合同法》第 17、26 – 28 条

案例张连起、张国莉诉张学珍损害赔偿纠纷案（《中华人民共和国最高人民法院公报》1989 年第 1 期）

案件适用要点：被告作为雇主，在招工登记表中注明“工伤概不负责”，违反了宪法和有关劳动法规的规定，也严重违反社会主义公德，属于无效民事行为。其由于过错侵害了原告的人身安全，应当承担民事责任。

第五十条　【知情权和建议权】生产经营单位的从业人员有权了解其作业场所和工作岗位存在的危险因素、防范措施及事故应急措施，有权对本单位的安全生产工作提出建议。

第五十一条　【批评、检举、控告权】从业人员有权对本单位安全生产工作中存在的问题提出批评、检举、控告；有权拒绝违章指挥和强令冒险作业。

生产经营单位不得因从业人员对本单位安全生产工作提出批评、检举、控告或者拒绝违章指挥、强令冒险作业而降低其工资、福利等待遇或者解除与其订立的劳动合同。

第五十二条　【紧急情况处置权】从业人员发现直接危及人身安全的紧急情况时，有权停止作业或者在采取可能的应急措施后撤离作业场所。

生产经营单位不得因从业人员在前款紧急情况下停止作业或者采取紧急撤离措施而降低其工资、福利等待遇或者解除与其订立的劳动合同。

链接《煤炭法》第 34 条；《矿山安全法实施条例》第 44 条；《建设工程安全生产管理条例》第 32 条

第五十三条　【获得赔偿权】因生产安全事故受到损害的从业人员，除依法享有工伤保险外，依照有关民事法律尚有获得赔偿的权利的，有权向本单位提出赔偿要求。

链接《职业病防治法》第 58 条；《工伤保险条例》第 33 – 41 条

案例杨文伟诉宝二十冶公司人身损害赔偿纠纷案（《中华人民共和国最高人民法院公报》2006 年第 8 期）

案件适用要点：因被告公司的职工违规作业，将在现场作业的原告砸伤，原告起诉要求被告承担赔偿责任。被告认为原告已经获得其所在公司的工伤赔

① 现已废止。

偿,要求被告赔偿无据。一审法院认为原告虽获工伤赔偿,仍可要求致害的第三人即被告承担侵权赔偿责任。二审法院维持一审判决。

第五十四条 【服从安全管理的义务】从业人员在作业过程中,应当严格遵守本单位的安全生产规章制度和操作规程,服从管理,正确佩戴和使用劳动防护用品。

第五十五条 【接受教育和培训的义务】从业人员应当接受安全生产教育和培训,掌握本职工作所需的安全生产知识,提高安全生产技能,增强事故预防和应急处理能力。

第五十六条 【事故隐患或者不安全因素的报告义务】从业人员发现事故隐患或者其他不安全因素,应当立即向现场安全生产管理人员或者本单位负责人报告;接到报告的人员应当及时予以处理。

第五十七条 【工会对安全生产工作的职责】工会有权对建设项目的安全设施与主体工程同时设计、同时施工、同时投入生产和使用进行监督,提出意见。

工会对生产经营单位违反安全生产法律、法规,侵犯从业人员合法权益的行为,有权要求纠正;发现生产经营单位违章指挥、强令冒险作业或者发现事故隐患时,有权提出解决的建议,生产经营单位应当及时研究答复;发现危及从业人员生命安全的情况时,有权向生产经营单位建议组织从业人员撤离危险场所,生产经营单位必须立即作出处理。

工会有权依法参加事故调查,向有关部门提出处理意见,并要求追究有关人员的责任。

第五十八条 【劳务派遣的用工形式】生产经营单位使用被派遣劳动者的,被派遣劳动者享有本法规定的从业人员的权利,并应当履行本法规定的从业人员的义务。

链接《劳动合同法》第 62 - 64 条;《劳动合同法实施条例》第 29 条;《劳务派遣暂行规定》第 8 - 10 条

第四章 安全生产的监督管理

第五十九条 【政府及安全生产监督管理部门的职责】县级以上地方各级人民政府应当根据本行政区域内的安全生产状况,组织有关部门按照职责分工,对本行政区域内容易发生重大生产安全事故的生产经营单位进行严格检查。

安全生产监督管理部门应当按照分类分级监督管理的要求,制定安全生产年度监督检查计划,并按照年度监督检查计划进行监督检查,发现事故隐患,应当及时处理。

第六十条 【安全生产事项的审批】负有安全生产监督管理职责的部门依照有关法律、法规的规定,对涉及安全生产的事项需要审查批准(包括批准、核准、许可、注册、认证、颁发证照等,下同)或者验收的,必须严格依照有关法律、法规和国家标准或者行业标准规定的安全生产条件和程序进行审查;不符合有关法律、法规和国家标准或者行业标准规定的安全生产条件的,不得批准或者验收通过。对未依法取得批准或者验收合格的单位擅自从事有关活动的,负责行政审批的部门发现或者接到举报后应当立即予以取缔,并依法予以处理。对已经依法取得批准的单位,负责行政审批的部门发现其不再具备安全生产条件的,应当撤销原批准。

第六十一条 【政府监管的限制】负有安全生产监督管理职责的部门对涉及安全生产的事项进行审查、验收,不得收取费用;不得要求接受审查、验收的单位购买其指定品牌或者指定生产、销售单位的安全设备、器材或者其他产品。

链接《煤矿安全监察条例》第 19 条;《建设工程安全生产管理条例》第 42 条

第六十二条 【监督检查的职权范围】安全生产监督管理部门和其他负有安全生产监督管理职责的部门依法开展安全生产行政执法工作,对生产经营单位执行有关安全生产的法律、法规和国家标准或者行业标准的情况进行监督检查,行使以下职权:

(一)进入生产经营单位进行检查,调阅有关资料,向有关单位和人员了解情况;

(二)对检查中发现的安全生产违法行为,当场予以纠正或者要求限期改正;对依法应当给予行政处罚的行为,依照本法和其他有关法律、行政法规的规定作出行政处罚决定;

(三)对检查中发现的事故隐患,应当责令立即排除;重大事故隐患排除前或者排除过程中无法保证安全的,应当责令从危险区域内撤出作业人员,责令暂时停产停业或者停止使用相关设施、设备;重大事故隐患排除后,经审查同意,方可恢复生产经营和使用;

(四)对有根据认为不符合保障安全生产的国家标准或者行业标准的设施、设备、器材以及违法生产、储存、使用、经营、运输的危险物品予以查封或者扣押,对违法生产、储存、使用、经营危险物品的作业场所予以查封,并依法作出处理决定。

监督检查不得影响被检查单位的正常生产经营活动。

第六十三条 【监督检查的配合】生产经营单位对负有安全生产监督管理职责的部门的监督检查人员(以下统称安全生产监督检查人员)依法履行监督检查职责,应当予以配合,不得拒绝、阻挠。

注释[生产经营单位拒绝、阻碍依法实施监督检查时应承担的法律责任]

根据本法第 105 条的规定,违反本法规定,生产经营单位拒绝、阻碍负有安全生产监督管理职责的部门依法实施监督检查的，责令改正；拒不改正的，处二万元以上二十万元以下的罚款；对其直接负责的主管人员和其他直接责任人员处一万元以上二万元以下的罚款；构成犯罪的，依照刑法有关规定追究刑事责任。《刑法》第277条第1款规定，以暴力、威胁方法阻碍国家机关工作人员依法执行职务的，处三年以下有期徒刑、拘役、管制或者罚金。同时，对于阻碍国家机关工作人员依法执行职务的行为，可以按照《治安管理处罚法》第50条的有关规定给予治安管理处罚，即：处警告或者二百元以下罚款；情节严重的，处五日以上十日以下拘留，可以并处五百元以下罚款。

第六十四条 【监督检查的要求】安全生产监督检查人员应当忠于职守，坚持原则，秉公执法。

安全生产监督检查人员执行监督检查任务时，必须出示有效的监督执法证件；对涉及被检查单位的技术秘密和业务秘密，应当为其保密。

链接《劳动法》第86条；《劳动合同法》第75条；《公务员法》第12条；《刑法》第219条

第六十五条 【监督检查的记录】安全生产监督检查人员应当将检查的时间、地点、内容、发现的问题及其处理情况，作出书面记录，并由检查人员和被检查单位的负责人签字；被检查单位的负责人拒绝签字的，检查人员应当将情况记录在案，并向负有安全生产监督管理职责的部门报告。

第六十六条 【联合检查与分别检查】负有安全生产监督管理职责的部门在监督检查中，应当互相配合，实行联合检查；确需分别进行检查的，应当互通情况，发现存在的安全问题应当由其他有关部门进行处理的，应当及时移送其他有关部门并形成记录备查，接受移送的部门应当及时进行处理。

第六十七条 【强制措施】负有安全生产监督管理职责的部门依法对存在重大事故隐患的生产经营单位作出停产停业、停止施工、停止使用相关设施或者设备的决定，生产经营单位应当依法执行，及时消除事故隐患。生产经营单位拒不执行，有发生生产安全事故的现实危险的，在保证安全的前提下，经本部门主要负责人批准，负有安全生产监督管理职责的部门可以采取通知有关单位停止供电、停止供应民用爆炸物品等措施，强制生产经营单位履行决定。通知应当采用书面形式，有关单位应当予以配合。

负有安全生产监督管理职责的部门依照前款规定采取停止供电措施，除有危及生产安全的紧急情形外，应当提前二十四小时通知生产经营单位。生产经营单位依法履行行政决定、采取相应措施消除事故隐患的，负有安全生产监督管理职责的部门应当及时解除前款规定的措施。

注释负有安全生产监督管理职责的部门在具体实施强制措施时应当把握以下几点：

1. 严格实施条件

一是保证安全。负有安全生产监督管理职责的部门实施行政强制措施的过程中更要以保证安全，特别是从业人员的生命安全为前提。要充分考虑生产经营单位的生产特点和特殊要求，不能因突然采取停电等措施发生其他事故。在实施停止供应民用爆炸物品，特别是停止供电的强制措施的情况下，要严格遵守安全断电程序，以保障实现行政强制目的。

二是负有安全生产监督管理职责的部门依法对存在重大事故隐患的生产经营单位作出停产停业、停止施工、停止使用相关设施或者设备的决定。这里所称的决定，既包括依照本法第62条或者其他法律法规规定作出的责令暂时停产停业、停止使用相关设施设备的现场处理决定，也包括依照本法法律责任一章作出的责令停产停业整顿的行政决定。

三是生产经营单位拒不执行上述决定。

四是存在重大事故隐患，有发生生产安全事故的现实危险。这里所称的重大事故隐患，通常是指危害和整改难度较大，应当全部或者局部停产停业，并经过一定时间整改治理方能排除的隐患，或者因外部因素影响致使生产经营单位自身难以排除的隐患。这里所称的有发生生产安全事故的现实危险，是指现实存在的、紧迫的危险，如果这种危险持续存在，生产经营单位就可能随时发生事故。

2. 严格按照程序

一是经本部门主要负责人批准。本部分属于内部程序的限定，实施前必须要经过本部门主要负责人批准。这里所称的本部门主要负责人，一般是指负有安全生产监督管理职责的部门的正职负责人，也可以是主持工作的其他负责人。

二是通知要采用书面形式，这是本条款实施的形式要件。为保证实施过程的公开、公正、可追溯，书面形式应为相应的行政执法文书。

三是采取停止供电的强制措施，应当提前二十四小时书面通知生产经营单位。这是是对本条第一款的补充规定。如果遇有紧急情形的，负有安全生产监督管理职责的部门可以不提前二十四小时，甚至在不通知生产经营单位的情况下，直接依照本条第1款的规定要求供电企业停止供电。

3. 严格解除条件

一是生产经营单位依法履行行政决定。即生产经营单位已经按照负有安全生产监督管理职责的部门行政决定的要求，正确履行了停产停业、停止施工、停止使用相关设施设备的义务。

二是采取相应措施消除事故隐患的。除了履行行政决定外,生产经营单位还必须采取措施消除事故隐患后,负有安全生产监督管理职责的部门才能解除行政强制措施。判断事故隐患是否已经被消除,依照本法第62条的规定,必须经负有安全生产监督管理职责的部门审查同意后,生产经营单位方可恢复生产经营或使用相关设施设备。

第六十八条 【安全生产行政监察】监察机关依照行政监察法的规定,对负有安全生产监督管理职责的部门及其工作人员履行安全生产监督管理职责实施监察。

第六十九条 【检评机构的条件和责任】承担安全评价、认证、检测、检验的机构应当具备国家规定的资质条件,并对其作出的安全评价、认证、检测、检验的结果负责。

第七十条 【举报制度】负有安全生产监督管理职责的部门应当建立举报制度,公开举报电话、信箱或者电子邮件地址,受理有关安全生产的举报;受理的举报事项经调查核实后,应当形成书面材料;需要落实整改措施的,报经有关负责人签字并督促落实。

第七十一条 【举报权】任何单位或者个人对事故隐患或者安全生产违法行为,均有权向负有安全生产监督管理职责的部门报告或者举报。

链接《国务院关于特大安全事故行政责任追究的规定》第21条

第七十二条 【举报义务】居民委员会、村民委员会发现其所在区域内的生产经营单位存在事故隐患或者安全生产违法行为时,应当向当地人民政府或者有关部门报告。

链接《城市居民委员会组织法》第2条;《村民委员会组织法》第2条

第七十三条 【举报奖励】县级以上各级人民政府及其有关部门对报告重大事故隐患或者举报安全生产违法行为的有功人员,给予奖励。具体奖励办法由国务院安全生产监督管理部门会同国务院财政部门制定。

第七十四条 【舆论监督】新闻、出版、广播、电影、电视等单位有进行安全生产公益宣传教育的义务,有对违反安全生产法律、法规的行为进行舆论监督的权利。

第七十五条 【安全生产违法行为信息库】负有安全生产监督管理职责的部门应当建立安全生产违法行为信息库,如实记录生产经营单位的安全生产违法行为信息;对违法行为情节严重的生产经营单位,应当向社会公告,并通报行业主管部门、投资主管部门、国土资源主管部门、证券监督管理机构以及有关金融机构。

第五章 生产安全事故的应急救援与调查处理

第七十六条 【生产安全事故应急能力建设】国家加强生产安全事故应急能力建设,在重点行业、领域建立应急救援基地和应急救援队伍,鼓励生产经营单位和其他社会力量建立应急救援队伍,配备相应的应急救援装备和物资,提高应急救援的专业化水平。

国务院安全生产监督管理部门建立全国统一的生产安全事故应急救援信息系统,国务院有关部门建立健全相关行业、领域的生产安全事故应急救援信息系统。

注释[应急能力建设及应急救援信息系统建设]

应急救援一般是指针对突发、具有破坏力的紧急事件采取预防、预备、响应和恢复的活动与计划。可以从以下两方面加强生产安全事故应急能力建设:

第一,在重点行业、领域建立应急救援基地和应急救援队伍,推进应急救援专业化处置能力建设。第二,鼓励生产经营单位和其他社会力量建立应急救援队伍,配备相应的应急救援装备和物资,提高应急救援的专业化水平。加强生产经营单位专兼职队伍和职工队伍建设。

现阶段,国家生产安全事故应急救援信息系统建设的基本要求为:积极适应安全生产应急管理工作需要,紧紧围绕"统一指挥、反应灵敏、协调有序、运转高效"的应急管理机制,加强应急救援信息系统建设。要做到,一是坚持整体筹划;二是坚持先进实用;三是坚持综合配套;四是坚持互联互通;五是坚持安全可靠。

第七十七条 【政府职责】县级以上地方各级人民政府应当组织有关部门制定本行政区域内生产安全事故应急救援预案,建立应急救援体系。

第七十八条 【生产安全事故应急预案及演练】生产经营单位应当制定本单位生产安全事故应急救援预案,与所在地县级以上地方人民政府组织制定的生产安全事故应急救援预案相衔接,并定期组织演练。

注释[生产安全事故应急救援预案]

生产安全事故应急救援预案是针对具体设备、设施、场所和环境,在安全评价的基础上,为降低事故造成的人身、财产损失与环境危害,就事故发生后的应急救援机构和人员,应急救援的设备、设施、条件和环境,行动的步骤和纲领,控制事故发展的方法和程序等,预先做出的科学而有效的计划和安排。应急救援预案的制定一般可以分为五个步骤,即组建应急救援预案编制队伍、开展危险与应急能力分析、预案编制、预案评审与发布和预案的实施等。

第七十九条　【组织和设备的要求】危险物品的生产、经营、储存单位以及矿山、金属冶炼、城市轨道交通运营、建筑施工单位应当建立应急救援组织；生产经营规模较小的，可以不建立应急救援组织，但应当指定兼职的应急救援人员。

危险物品的生产、经营、储存、运输单位以及矿山、金属冶炼、城市轨道交通运营、建筑施工单位应当配备必要的应急救援器材、设备和物资，并进行经常性维护、保养，保证正常运转。

第八十条　【生产经营单位的事故报告】生产经营单位发生生产安全事故后，事故现场有关人员应当立即报告本单位负责人。

单位负责人接到事故报告后，应当迅速采取有效措施，组织抢救，防止事故扩大，减少人员伤亡和财产损失，并按照国家有关规定立即如实报告当地负有安全生产监督管理职责的部门，不得隐瞒不报、谎报或者迟报，不得故意破坏事故现场、毁灭有关证据。

链接《生产安全事故报告和调查处理条例》第9、12、13、14、16条；《国务院关于特大安全事故行政责任追究的规定》第16条

案例 李发奎、李成奎、李向奎、苏正喜、苏强全、邓开兴非法买卖、储存爆炸物，非法采矿，重大劳动安全事故，不报安全事故，行贿案（《中华人民共和国最高人民法院公报》2012年第3期）

案件适用要点：被告等人在安全责任事故发生后，未向有关部门上报，自行组织人员盲目施救，造成次生矿难事故。为隐瞒事故，又安排将死亡人员的尸体转移火化，并封闭事故井口，拆毁、转移井架等设备，破坏井下及地面事故现场，销毁新立井账本和技术资料等，构成不报安全事故罪。

第八十一条　【安全监管部门的事故报告】负有安全生产监督管理职责的部门接到事故报告后，应当立即按照国家有关规定上报事故情况。负有安全生产监督管理职责的部门和有关地方人民政府对事故情况不得隐瞒不报、谎报或者迟报。

链接《生产安全事故报告和调查处理条例》第10、11条

第八十二条　【事故抢救】有关地方人民政府和负有安全生产监督管理职责的部门的负责人接到生产安全事故报告后，应当按照生产安全事故应急救援预案的要求立即赶到事故现场，组织事故抢救。

参与事故抢救的部门和单位应当服从统一指挥，加强协同联动，采取有效的应急救援措施，并根据事故救援的需要采取警戒、疏散等措施，防止事故扩大和次生灾害的发生，减少人员伤亡和财产损失。

事故抢救过程中应当采取必要措施，避免或者减少对环境造成的危害。

任何单位和个人都应当支持、配合事故抢救，并提供一切便利条件。

第八十三条　【事故调查与处理】事故调查处理应当按照科学严谨、依法依规、实事求是、注重实效的原则，及时、准确地查清事故原因，查明事故性质和责任，总结事故教训，提出整改措施，并对事故责任者提出处理意见。事故调查报告应当依法及时向社会公布。事故调查和处理的具体办法由国务院制定。

事故发生单位应当及时全面落实整改措施，负有安全生产监督管理职责的部门应当加强监督检查。

链接《生产安全事故报告和事故处理条例》第19-34条

第八十四条　【有关行政部门的法律责任】生产经营单位发生生产安全事故，经调查确定为责任事故的，除了应当查明事故单位的责任并依法予以追究外，还应当查明对安全生产的有关事项负有审查批准和监督职责的行政部门的责任，对有失职、渎职行为的，依照本法第八十七条的规定追究法律责任。

第八十五条　【事故调查处理不得干涉】任何单位和个人不得阻挠和干涉对事故的依法调查处理。

第八十六条　【事故定期统计分析和定期公布制度】县级以上地方各级人民政府安全生产监督管理部门应当定期统计分析本行政区域内发生生产安全事故的情况，并定期向社会公布。

第六章　法律责任

第八十七条　【审批监管工作人员的法律责任】负有安全生产监督管理职责的部门的工作人员，有下列行为之一的，给予降级或者撤职的处分；构成犯罪的，依照刑法有关规定追究刑事责任：

（一）对不符合法定安全生产条件的涉及安全生产的事项予以批准或者验收通过的；

（二）发现未依法取得批准、验收的单位擅自从事有关活动或者接到举报后不予取缔或者不依法予以处理的；

（三）对已经依法取得批准的单位不履行监督管理职责，发现其不再具备安全生产条件而不撤销原批准或者发现安全生产违法行为不予查处的；

（四）在监督检查中发现重大事故隐患，不依法及时处理的。

负有安全生产监督管理职责的部门的工作人员有前款规定以外的滥用职权、玩忽职守、徇私舞弊行为的，依法给予处分；构成犯罪的，依照刑法有关规定追究刑事责任。

链接《刑法》第397条

第八十八条　【监管部门的法律责任】负有安全生产监督管理职责的部门，要求被审查、验收的单位

购买其指定的安全设备、器材或者其他产品的,在对安全生产事项的审查、验收中收取费用的,由其上级机关或者监察机关责令改正,责令退还收取的费用;情节严重的,对直接负责的主管人员和其他直接责任人员依法给予处分。

第八十九条 【检评机构违法】承担安全评价、认证、检测、检验工作的机构,出具虚假证明的,没收违法所得;违法所得在十万元以上的,并处违法所得二倍以上五倍以下的罚款;没有违法所得或者违法所得不足十万元的,单处或者并处十万元以上二十万元以下的罚款;对其直接负责的主管人员和其他直接责任人员处二万元以上五万元以下的罚款;给他人造成损害的,与生产经营单位承担连带赔偿责任;构成犯罪的,依照刑法有关规定追究刑事责任。

对有前款违法行为的机构,吊销其相应资质。

链接《刑法》第229条

第九十条 【资金投入违法】生产经营单位的决策机构、主要负责人或者个人经营的投资人不依照本法规定保证安全生产所必需的资金投入,致使生产经营单位不具备安全生产条件的,责令限期改正,提供必需的资金;逾期未改正的,责令生产经营单位停产停业整顿。

有前款违法行为,导致发生生产安全事故的,对生产经营单位的主要负责人给予撤职处分,对个人经营的投资人处二万元以上二十万元以下的罚款;构成犯罪的,依照刑法有关规定追究刑事责任。

链接《建设工程安全生产管理条例》第54条

第九十一条 【单位负责人违法】生产经营单位的主要负责人未履行本法规定的安全生产管理职责的,责令限期改正;逾期未改正的,处二万元以上五万元以下的罚款,责令生产经营单位停产停业整顿。

生产经营单位的主要负责人有前款违法行为,导致发生生产安全事故的,给予撤职处分;构成犯罪的,依照刑法有关规定追究刑事责任。

生产经营单位的主要负责人依照前款规定受刑事处罚或者撤职处分的,自刑罚执行完毕或者受处分之日起,五年内不得担任任何生产经营单位的主要负责人;对重大、特别重大生产安全事故负有责任的,终身不得担任本行业生产经营单位的主要负责人。

链接《刑法》第135条

案例 邵仲国诉黄浦区安监局安全生产行政处罚决定案(《中华人民共和国最高人民法院公报》2006年第8期)

案件适用要点:《安全生产法》第81条①第2款所说的"违法行为",是指第1款中"未履行本法规定的安全生产管理职责"行为。安全生产监管部门的职责,是对辖区内各生产经营单位的安全生产工作进行监督管理,以落实《安全生产法》的规定。《安全生产法》颁布施行后,每一个生产经营单位都有自觉遵守执行的义务,并非只有在安全生产监管部门的监督管理下,生产经营单位才有执行《安全生产法》的义务;安全生产监管部门的监督管理不及时或者不到位,也不能因此免除生产经营单位的这种义务。原告认为,对其"未履行本法规定的安全生产管理职责"的违法行为,黄浦区安监局只有先行责令限期改正后才能再对其实施处罚,是对《安全生产法》第81条的误解。

第九十二条 【对主要负责人的罚款】生产经营单位的主要负责人未履行本法规定的安全生产管理职责,导致发生生产安全事故的,由安全生产监督管理部门依照下列规定处以罚款:

(一)发生一般事故的,处上一年年收入百分之三十的罚款;

(二)发生较大事故的,处上一年年收入百分之四十的罚款;

(三)发生重大事故的,处上一年年收入百分之六十的罚款;

(四)发生特别重大事故的,处上一年年收入百分之八十的罚款。

链接《生产安全事故报告和调查处理条例》第3条

第九十三条 【对安全生产管理人员的处罚】生产经营单位的安全生产管理人员未履行本法规定的安全生产管理职责的,责令限期改正;导致发生生产安全事故的,暂停或者撤销其与安全生产有关的资格;构成犯罪的,依照刑法有关规定追究刑事责任。

链接《刑法》第134条

案例 1. 岳超胜、谢荣仁重大责任事故案(《中华人民共和国最高人民法院公报》2012年第3期)

案件适用要点:被告人岳超胜作为矿长,多次拒不执行煤矿监察部门停产整改指令,组织违法生产,对违章作业监管不力,在发生煤与瓦斯突出事故后,现场指挥中未下令切断瓦斯突出波及的二水平区域电源,造成特别重大事故,后果特别严重;被告人谢荣仁作为主管"一通三防"副矿长,拒不执行煤矿监察部门停产整改指令而违法生产,在违法生产中,多次不履行打超前钻探、排除安全隐患职责,发生煤与瓦斯突出事故后,现场指挥中未下令切断瓦斯突出波及的二水平区域电源,造成特别重大事故,后果特别严重。二人均构成重大责任事故罪,且依法应从重处罚。

① 2014年8月31日《安全生产法》修正后,该条调整为第91条。

2. 程国义、王金元、谷晋生、王恒茂玩忽职守案(《中华人民共和国最高人民法院公报》1986 年第 4 期)

案件适用要点：被告人程国义身为副矿长、机组验收投产领导组成员、机组项目负责人，在接到"建议矿领导研究对已到矿机组采取必要的防范措施"的书面建议后未引起重视，亦未采取安全防范措施。被告人王金元，身为矿党总支书记，主持全矿工作，既不召开会议研究安全防范措施，也不对职工进行安全防范教育。被告人谷晋生，身为分管生产技术的副局长，对机组存放的安全防范工作，不督促，不检查，也未到现场察看。被告人王恒茂，身为区政府主管工业的副区长，从机组到矿直至被烧，没有提过任何具体安全防范要求，更没有到现场检查。四被告人身为国家工作人员，对用巨资引进的采煤机组的存放、保管、安全防范工作，采取极不负责的态度，以致酿成机组大部分设备被烧毁的特大火灾事故，致使公共财产遭受重大损失，构成《刑法》规定的玩忽职守罪。

第九十四条 【对生产经营单位的处罚】生产经营单位有下列行为之一的，责令限期改正，可以处五万元以下的罚款；逾期未改正的，责令停产停业整顿，并处五万元以上十万元以下的罚款，对其直接负责的主管人员和其他直接责任人员处一万元以上二万元以下的罚款：

(一)未按照规定设置安全生产管理机构或者配备安全生产管理人员的；

(二)危险物品的生产、经营、储存单位以及矿山、金属冶炼、建筑施工、道路运输单位的主要负责人和安全生产管理人员未按照规定经考核合格的；

(三)未按照规定对从业人员、被派遣劳动者、实习学生进行安全生产教育和培训，或者未按照规定如实告知有关的安全生产事项的；

(四)未如实记录安全生产教育和培训情况的；

(五)未将事故隐患排查治理情况如实记录或者未向从业人员通报的；

(六)未按照规定制定生产安全事故应急救援预案或者未定期组织演练的；

(七)特种作业人员未按照规定经专门的安全作业培训并取得相应资格，上岗作业的。

第九十五条 【生产经营单位建设项目违法(一)】生产经营单位有下列行为之一的，责令停止建设或者停产停业整顿，限期改正；逾期未改正的，处五十万元以上一百万元以下的罚款，对其直接负责的主管人员和其他直接责任人员处二万元以上五万元以下的罚款；构成犯罪的，依照刑法有关规定追究刑事责任：

(一)未按照规定对矿山、金属冶炼建设项目或者用于生产、储存、装卸危险物品的建设项目进行安全评价的；

(二)矿山、金属冶炼建设项目或者用于生产、储存、装卸危险物品的建设项目没有安全设施设计或者安全设施设计未按照规定报经有关部门审查同意的；

(三)矿山、金属冶炼建设项目或者用于生产、储存、装卸危险物品的建设项目的施工单位未按照批准的安全设施设计施工的；

(四)矿山、金属冶炼建设项目或者用于生产、储存危险物品的建设项目竣工投入生产或者使用前，安全设施未经验收合格的。

第九十六条 【生产经营单位建设项目违法(二)】生产经营单位有下列行为之一的，责令限期改正，可以处五万元以下的罚款；逾期未改正的，处五万元以上二十万元以下的罚款，对其直接负责的主管人员和其他直接责任人员处一万元以上二万元以下的罚款；情节严重的，责令停产停业整顿；构成犯罪的，依照刑法有关规定追究刑事责任：

(一)未在有较大危险因素的生产经营场所和有关设施、设备上设置明显的安全警示标志的；

(二)安全设备的安装、使用、检测、改造和报废不符合国家标准或者行业标准的；

(三)未对安全设备进行经常性维护、保养和定期检测的；

(四)未为从业人员提供符合国家标准或者行业标准的劳动防护用品的；

(五)危险物品的容器、运输工具，以及涉及人身安全、危险性较大的海洋石油开采特种设备和矿山井下特种设备未经具有专业资质的机构检测、检验合格，取得安全使用证或者安全标志，投入使用的；

(六)使用应当淘汰的危及生产安全的工艺、设备的。

第九十七条 【违法经营危险物品】未经依法批准，擅自生产、经营、运输、储存、使用危险物品或者处置废弃危险物品的，依照有关危险物品安全管理的法律、行政法规的规定予以处罚；构成犯罪的，依照刑法有关规定追究刑事责任。

链接《刑法》第 136 条；《危险化学品安全管理条例》第 77 条

第九十八条 【生产经营单位危险物品违法】生产经营单位有下列行为之一的，责令限期改正，可以处十万元以下的罚款；逾期未改正的，责令停产停业整顿，并处十万元以上二十万元以下的罚款，对其直接负责的主管人员和其他直接责任人员处二万元以上五万元以下的罚款；构成犯罪的，依照刑法有关规定追究刑事责任：

(一)生产、经营、运输、储存、使用危险物品或者处置废弃危险物品，未建立专门安全管理制度、未采取可靠的安全措施的；

（二）对重大危险源未登记建档，或者未进行评估、监控，或者未制定应急预案的；

（三）进行爆破、吊装以及国务院安全生产监督管理部门会同国务院有关部门规定的其他危险作业，未安排专门人员进行现场安全管理的；

（四）未建立事故隐患排查治理制度的。

第九十九条 【消除事故隐患的责任】生产经营单位未采取措施消除事故隐患的，责令立即消除或者限期消除；生产经营单位拒不执行的，责令停产停业整顿，并处十万元以上五十万元以下的罚款，对其直接负责的主管人员和其他直接责任人员处二万元以上五万元以下的罚款。

第一百条 【生产经营单位违法发包、出租的法律责任】生产经营单位将生产经营项目、场所、设备发包或者出租给不具备安全生产条件或者相应资质的单位或者个人的，责令限期改正，没收违法所得；违法所得十万元以上的，并处违法所得二倍以上五倍以下的罚款；没有违法所得或者违法所得不足十万元的，单处或者并处十万元以上二十万元以下的罚款；对其直接负责的主管人员和其他直接责任人员处一万元以上二万元以下的罚款；导致发生生产安全事故给他人造成损害的，与承包方、承租方承担连带赔偿责任。

生产经营单位未与承包单位、承租单位签订专门的安全生产管理协议或者未在承包合同、租赁合同中明确各自的安全生产管理职责，或者未对承包单位、承租单位的安全生产统一协调、管理的，责令限期改正，可以处五万元以下的罚款，对其直接负责的主管人员和其他直接责任人员可以处一万元以下的罚款；逾期未改正的，责令停产停业整顿。

第一百零一条 【同一作业区域内违法行为的法律责任】两个以上生产经营单位在同一作业区域内进行可能危及对方安全生产的生产经营活动，未签订安全生产管理协议或者未指定专职安全生产管理人员进行安全检查与协调的，责令限期改正，可以处五万元以下的罚款，对其直接负责的主管人员和其他直接责任人员可以处一万元以下的罚款；逾期未改正的，责令停产停业。

第一百零二条 【生产经营场所和员工宿舍不符合有关安全要求的法律责任】生产经营单位有下列行为之一的，责令限期改正，可以处五万元以下的罚款，对其直接负责的主管人员和其他直接责任人员可以处一万元以下的罚款；逾期未改正的，责令停产停业整顿；构成犯罪的，依照刑法有关规定追究刑事责任：

（一）生产、经营、储存、使用危险物品的车间、商店、仓库与员工宿舍在同一座建筑内，或者与员工宿舍的距离不符合安全要求的；

（二）生产经营场所和员工宿舍未设有符合紧急疏散需要、标志明显、保持畅通的出口，或者锁闭、封堵生产经营场所或者员工宿舍出口的。

第一百零三条 【免责协议违法】生产经营单位与从业人员订立协议，免除或者减轻其对从业人员因生产安全事故伤亡依法应承担的责任的，该协议无效；对生产经营单位的主要负责人、个人经营的投资人处二万元以上十万元以下的罚款。

第一百零四条 【从业人员违章操作的法律责任】生产经营单位的从业人员不服从管理，违反安全生产规章制度或者操作规程的，由生产经营单位给予批评教育，依照有关规章制度给予处分；构成犯罪的，依照刑法有关规定追究刑事责任。

链接《安全生产法》第54条；《劳动合同法》第4、38、39、46、80条；《刑法》第134条；《最高人民检察院、公安部关于公安机关管辖的刑事案件立案追诉标准的规定（一）》第8条

第一百零五条 【拒绝、阻碍监督检查的责任】违反本法规定，生产经营单位拒绝、阻碍负有安全生产监督管理职责的部门依法实施监督检查的，责令改正；拒不改正的，处二万元以上二十万元以下的罚款；对其直接负责的主管人员和其他直接责任人员处一万元以上二万元以下的罚款；构成犯罪的，依照刑法有关规定追究刑事责任。

链接《治安管理处罚法》第50条；《刑法》第277条

第一百零六条 【单位负责人事故处理违法】生产经营单位的主要负责人在本单位发生生产安全事故时，不立即组织抢救或者在事故调查处理期间擅离职守或者逃匿的，给予降级、撤职的处分，并由安全生产监督管理部门处上一年年收入百分之六十至百分之一百的罚款；对逃匿的处十五日以下拘留；构成犯罪的，依照刑法有关规定追究刑事责任。

生产经营单位的主要负责人对生产安全事故隐瞒不报、谎报或者迟报的，依照前款规定处罚。

第一百零七条 【政府部门事故处理违法】有关地方人民政府、负有安全生产监督管理职责的部门，对生产安全事故隐瞒不报、谎报或者迟报的，对直接负责的主管人员和其他直接责任人员依法给予处分；构成犯罪的，依照刑法有关规定追究刑事责任。

第一百零八条 【不具备安全生产条件的生产经营单位的法律责任】生产经营单位不具备本法和其他有关法律、行政法规和国家标准或者行业标准规定的安全生产条件，经停产停业整顿仍不具备安全生产条件的，予以关闭；有关部门应当依法吊销其有关证照。

第一百零九条 【对事故责任单位的处罚】发生生产安全事故，对负有责任的生产经营单位除要求其

依法承担相应的赔偿等责任外，由安全生产监督管理部门依照下列规定处以罚款：

(一)发生一般事故的，处二十万元以上五十万元以下的罚款；

(二)发生较大事故的，处五十万元以上一百万元以下的罚款；

(三)发生重大事故的，处一百万元以上五百万元以下的罚款；

(四)发生特别重大事故的，处五百万元以上一千万元以下的罚款；情节特别严重的，处一千万元以上二千万元以下的罚款。

第一百一十条 【行政处罚】本法规定的行政处罚，由安全生产监督管理部门和其他负有安全生产监督管理职责的部门按照职责分工决定。予以关闭的行政处罚由负有安全生产监督管理职责的部门报请县级以上人民政府按照国务院规定的权限决定；给予拘留的行政处罚由公安机关依照治安管理处罚法的规定决定。

链接《安全生产违法行为行政处罚办法》第5-6条

第一百一十一条 【赔偿责任】生产经营单位发生生产安全事故造成人员伤亡、他人财产损失的，应当依法承担赔偿责任；拒不承担或者其负责人逃匿的，由人民法院依法强制执行。

生产安全事故的责任人未依法承担赔偿责任，经人民法院依法采取执行措施后，仍不能对受害人给予足额赔偿的，应当继续履行赔偿义务；受害人发现责任人有其他财产的，可以随时请求人民法院执行。

链接《民事诉讼法》第224-258条

第七章 附 则

第一百一十二条 【用语解释】本法下列用语的含义：

危险物品，是指易燃易爆物品、危险化学品、放射性物品等能够危及人身安全和财产安全的物品。

重大危险源，是指长期地或者临时地生产、搬运、使用或者储存危险物品，且危险物品的数量等于或者超过临界量的单元(包括场所和设施)。

第一百一十三条 【重大事故及隐患的划分及判定标准】本法规定的生产安全一般事故、较大事故、重大事故、特别重大事故的划分标准由国务院规定。

国务院安全生产监督管理部门和其他负有安全生产监督管理职责的部门应当根据各自的职责分工，制定相关行业、领域重大事故隐患的判定标准。

注释［生产安全事故的分类］

《生产安全事故报告和调查处理条例》第3条规定，根据生产安全事故(以下简称事故)造成的人员伤亡或者直接经济损失，事故一般分为以下等级：

(1)特别重大事故，是指造成30人以上死亡，或者100人以上重伤(包括急性工业中毒，下同)，或者1亿元以上直接经济损失的事故；

(2)重大事故，是指造成10人以上30人以下死亡，或者50人以上100人以下重伤，或者5000万元以上1亿元以下直接经济损失的事故；

(3)较大事故，是指造成3人以上10人以下死亡，或者10人以上50人以下重伤，或者1000万元以上5000万元以下直接经济损失的事故；

(4)一般事故，是指造成3人以下死亡，或者10人以下重伤，或者1000万元以下直接经济损失的事故。

第一百一十四条 【生效日期】本法自2002年11月1日起施行。

中华人民共和国矿产资源法

(1986年3月19日第六届全国人民代表大会常务委员会第十五次会议通过　根据1996年8月29日第八届全国人民代表大会常务委员会第二十一次会议《关于修改〈中华人民共和国矿产资源法〉的决定》第一次修正　根据2009年8月27日第十一届全国人民代表大会常务委员会第十次会议《关于修改部分法律的决定》第二次修正)

第一章 总 则

第一条 为了发展矿业，加强矿产资源的勘查、开发利用和保护工作，保障社会主义现代化建设的当前和长远的需要，根据中华人民共和国宪法，特制定本法。

第二条 在中华人民共和国领域及管辖海域勘查、开采矿产资源，必须遵守本法。

第三条 矿产资源属于国家所有，由国务院行使国家对矿产资源的所有权。地表或者地下的矿产资源的国家所有权，不因其所依附的土地的所有权或者使用权的不同而改变。

国家保障矿产资源的合理开发利用。禁止任何组织或者个人用任何手段侵占或者破坏矿产资源。各级人民政府必须加强矿产资源的保护工作。

勘查、开采矿产资源，必须依法分别申请、经批准取得探矿权、采矿权，并办理登记；但是，已经依法申请取得采矿权的矿山企业在划定的矿区范围内为本企业的生产而进行的勘查除外。国家保护探矿权和采矿权不受侵犯，保障矿区和勘查作业区的生产秩序、工作秩序不受影响和破坏。

从事矿产资源勘查和开采的，必须符合规定的资质条件。

第四条 国家保障依法设立的矿山企业开采矿产资源的合法权益。

国有矿山企业是开采矿产资源的主体。国家保障国有矿业经济的巩固和发展。

第五条 国家实行探矿权、采矿权有偿取得的制度;但是,国家对探矿权、采矿权有偿取得的费用,可以根据不同情况规定予以减缴、免缴。具体办法和实施步骤由国务院规定。

开采矿产资源,必须按照国家有关规定缴纳资源税和资源补偿费。

第六条 除按下列规定可以转让外,探矿权、采矿权不得转让:

(一)探矿权人有权在划定的勘查作业区内进行规定的勘查作业,有权优先取得勘查作业区内矿产资源的采矿权。探矿权人在完成规定的最低勘查投入后,经依法批准,可以将探矿权转让他人。

(二)已取得采矿权的矿山企业,因企业合并、分立,与他人合资、合作经营,或者因企业资产出售以及有其他变更企业资产产权的情形而需要变更采矿权主体的,经依法批准可以将采矿权转让他人采矿。

前款规定的具体办法和实施步骤由国务院规定。

禁止将探矿权、采矿权倒卖牟利。

第七条 国家对矿产资源的勘查、开发实行统一规划、合理布局、综合勘查、合理开采和综合利用的方针。

第八条 国家鼓励矿产资源勘查、开发的科学技术研究,推广先进技术,提高矿产资源勘查、开发的科学技术水平。

第九条 在勘查、开发、保护矿产资源和进行科学技术研究等方面成绩显著的单位和个人,由各级人民政府给予奖励。

第十条 国家在民族自治地方开采矿产资源,应当照顾民族自治地方的利益,作出有利于民族自治地方经济建设的安排,照顾当地少数民族群众的生产和生活。

民族自治地方的自治机关根据法律规定和国家的统一规划,对可以由本地方开发的矿产资源,优先合理开发利用。

第十一条 国务院地质矿产主管部门主管全国矿产资源勘查、开采的监督管理工作。国务院有关主管部门协助国务院地质矿产主管部门进行矿产资源勘查、开采的监督管理工作。

省、自治区、直辖市人民政府地质矿产主管部门主管本行政区域内矿产资源勘查、开采的监督管理工作。省、自治区、直辖市人民政府有关主管部门协助同级地质矿产主管部门进行矿产资源勘查、开采的监督管理工作。

第二章 矿产资源勘查的登记和开采的审批

第十二条 国家对矿产资源勘查实行统一的区块登记管理制度。矿产资源勘查登记工作,由国务院地质矿产主管部门负责;特定矿种的矿产资源勘查登记工作,可以由国务院授权有关主管部门负责。矿产资源勘查区块登记管理办法由国务院制定。

第十三条 国务院矿产储量审批机构或者省、自治区、直辖市矿产储量审批机构负责审查批准供矿山建设设计使用的勘探报告,并在规定的期限内批复报送单位。勘探报告未经批准,不得作为矿山建设设计的依据。

第十四条 矿产资源勘查成果档案资料和各类矿产储量的统计资料,实行统一的管理制度,按照国务院规定汇交或者填报。

第十五条 设立矿山企业,必须符合国家规定的资质条件,并依照法律和国家有关规定,由审批机关对其矿区范围、矿山设计或者开采方案、生产技术条件、安全措施和环境保护措施等进行审查;审查合格的,方予批准。

第十六条 开采下列矿产资源的,由国务院地质矿产主管部门审批,并颁发采矿许可证:

(一)国家规划矿区和对国民经济具有重要价值的矿区内的矿产资源;

(二)前项规定区域以外可供开采的矿产储量规模在大型以上的矿产资源;

(三)国家规定实行保护性开采的特定矿种;

(四)领海及中国管辖的其他海域的矿产资源;

(五)国务院规定的其他矿产资源。

开采石油、天然气、放射性矿产等特定矿种的,可以由国务院授权的有关主管部门审批,并颁发采矿许可证。

开采第一款、第二款规定以外的矿产资源,其可供开采的矿产的储量规模为中型的,由省、自治区、直辖市人民政府地质矿产主管部门审批和颁发采矿许可证。

开采第一款、第二款和第三款规定以外的矿产资源的管理办法,由省、自治区、直辖市人民代表大会常务委员会依法制定。

依照第三款、第四款的规定审批和颁发采矿许可证的,由省、自治区、直辖市人民政府地质矿产主管部门汇总向国务院地质矿产主管部门备案。

矿产储量规模的大型、中型的划分标准,由国务院矿产储量审批机构规定。

第十七条 国家对国家规划矿区、对国民经济具有重要价值的矿区和国家规定实行保护性开采的特定矿种,实行有计划的开采;未经国务院有关主管部门批准,任何单位和个人不得开采。

第十八条 国家规划矿区的范围、对国民经济具有重要价值的矿区的范围、矿山企业矿区的范围依法划定后,由划定矿区范围的主管机关通知有关县级人民政府予以公告。

矿山企业变更矿区范围,必须报请原审批机关批准,并报请原颁发采矿许可证的机关重新核发采矿许可证。

第十九条 地方各级人民政府应当采取措施,维护本行政区域内的国有矿山企业和其他矿山企业矿区范围内的正常秩序。

禁止任何单位和个人进入他人依法设立的国有矿山企业和其他矿山企业矿区范围内采矿。

第二十条 非经国务院授权的有关主管部门同意,不得在下列地区开采矿产资源:

(一)港口、机场、国防工程设施圈定地区以内;

(二)重要工业区、大型水利工程设施、城镇市政工程设施附近一定距离以内;

(三)铁路、重要公路两侧一定距离以内;

(四)重要河流、堤坝两侧一定距离以内;

(五)国家划定的自然保护区、重要风景区,国家重点保护的不能移动的历史文物和名胜古迹所在地;

(六)国家规定不得开采矿产资源的其他地区。

第二十一条 关闭矿山,必须提出矿山闭坑报告及有关采掘工程、不安全隐患、土地复垦利用、环境保护的资料,并按照国家规定报请审查批准。

第二十二条 勘查、开采矿产资源时,发现具有重大科学文化价值的罕见地质现象以及文化古迹,应当加以保护并及时报告有关部门。

第三章 矿产资源的勘查

第二十三条 区域地质调查按照国家统一规划进行。区域地质调查的报告和图件按照国家规定验收,提供有关部门使用。

第二十四条 矿产资源普查在完成主要矿种普查任务的同时,应当对工作区内包括共生或者伴生矿产的成矿地质条件和矿床工业远景作出初步综合评价。

第二十五条 矿床勘探必须对矿区内具有工业价值的共生和伴生矿产进行综合评价,并计算其储量。未作综合评价的勘探报告不予批准。但是,国务院计划部门另有规定的矿床勘探项目除外。

第二十六条 普查、勘探易损坏的特种非金属矿产、流体矿产、易燃易爆易溶矿产和含有放射性元素的矿产,必须采用省级以上人民政府有关主管部门规定的普查、勘探方法,并有必要的技术装备和安全措施。

第二十七条 矿产资源勘查的原始地质编录和图件,岩矿心、测试样品和其他实物标本资料,各种勘查标志,应当按照有关规定保护和保存。

第二十八条 矿床勘探报告及其他有价值的勘查资料,按照国务院规定实行有偿使用。

第四章 矿产资源的开采

第二十九条 开采矿产资源,必须采取合理的开采顺序、开采方法和选矿工艺。矿山企业的开采回采率、采矿贫化率和选矿回收率应当达到设计要求。

第三十条 在开采主要矿产的同时,对具有工业价值的共生和伴生矿产应当统一规划,综合开采,综合利用,防止浪费;对暂时不能综合开采或者必须同时采出而暂时还不能综合利用的矿产以及含有有用组分的尾矿,应当采取有效的保护措施,防止损失破坏。

第三十一条 开采矿产资源,必须遵守国家劳动安全卫生规定,具备保障安全生产的必要条件。

第三十二条 开采矿产资源,必须遵守有关环境保护的法律规定,防止污染环境。

开采矿产资源,应当节约用地。耕地、草原、林地因采矿受到破坏的,矿山企业应当因地制宜地采取复垦利用、植树种草或者其他利用措施。

开采矿产资源给他人生产、生活造成损失的,应当负责赔偿,并采取必要的补救措施。

第三十三条 在建设铁路、工厂、水库、输油管道、输电线路和各种大型建筑物或者建筑群之前,建设单位必须向所在省、自治区、直辖市地质矿产主管部门了解拟建工程所在地区的矿产资源分布和开采情况。非经国务院授权的部门批准,不得压覆重要矿床。

第三十四条 国务院规定由指定的单位统一收购的矿产品,任何其他单位或者个人不得收购;开采者不得向非指定单位销售。

第五章 集体矿山企业和个体采矿

第三十五条 国家对集体矿山企业和个体采矿实行积极扶持、合理规划、正确引导、加强管理的方针,鼓励集体矿山企业开采国家指定范围内的矿产资源,允许个人采挖零星分散资源和只能用作普通建筑材料的砂、石、粘土以及为生活自用采挖少量矿产。

矿产储量规模适宜由矿山企业开采的矿产资源、国家规定实行保护性开采的特定矿种和国家规定禁止个人开采的其他矿产资源,个人不得开采。

国家指导、帮助集体矿山企业和个体采矿不断提高技术水平、资源利用率和经济效益。

地质矿产主管部门、地质工作单位和国有矿山企业应当按照积极支持、有偿互惠的原则向集体矿山企业和个体采矿提供地质资料和技术服务。

第三十六条 国务院和国务院有关主管部门批准开办的矿山企业矿区范围内已有的集体矿山企业，应当关闭或者到指定的其他地点开采，由矿山建设单位给予合理的补偿，并妥善安置群众生活；也可以按照该矿山企业的统筹安排，实行联合经营。

第三十七条 集体矿山企业和个体采矿应当提高技术水平，提高矿产资源回收率。禁止乱挖滥采，破坏矿产资源。

集体矿山企业必须测绘井上、井下工程对照图。

第三十八条 县级以上人民政府应当指导、帮助集体矿山企业和个体采矿进行技术改造，改善经营管理，加强安全生产。

第六章 法律责任

第三十九条 违反本法规定，未取得采矿许可证擅自采矿的，擅自进入国家规划矿区、对国民经济具有重要价值的矿区范围采矿的，擅自开采国家规定实行保护性开采的特定矿种的，责令停止开采、赔偿损失，没收采出的矿产品和违法所得，可以并处罚款；拒不停止开采，造成矿产资源破坏的，依照刑法有关规定对直接责任人员追究刑事责任。

单位和个人进入他人依法设立的国有矿山企业和其他矿山企业矿区范围内采矿的，依照前款规定处罚。

第四十条 超越批准的矿区范围采矿的，责令退回本矿区范围内开采、赔偿损失，没收越界开采的矿产品和违法所得，可以并处罚款；拒不退回本矿区范围内开采，造成矿产资源破坏的，吊销采矿许可证，依照刑法有关规定对直接责任人员追究刑事责任。

第四十一条 盗窃、抢夺矿山企业和勘查单位的矿产品和其他财物的，破坏采矿、勘查设施的，扰乱矿区和勘查作业区的生产秩序、工作秩序的，分别依照刑法有关规定追究刑事责任；情节显著轻微的，依照治安管理处罚法有关规定予以处罚。

第四十二条 买卖、出租或者以其他形式转让矿产资源的，没收违法所得，处以罚款。

违反本法第六条的规定将探矿权、采矿权倒卖牟利的，吊销勘查许可证、采矿许可证，没收违法所得，处以罚款。

第四十三条 违反本法规定收购和销售国家统一收购的矿产品的，没收矿产品和违法所得，可以并处罚款；情节严重的，依照刑法有关规定，追究刑事责任。

第四十四条 违反本法规定，采取破坏性的开采方法开采矿产资源的，处以罚款，可以吊销采矿许可证；造成矿产资源严重破坏的，依照刑法有关规定对直接责任人员追究刑事责任。

第四十五条 本法第三十九条、第四十条、第四十二条规定的行政处罚，由县级以上人民政府负责地质矿产管理工作的部门按照国务院地质矿产主管部门规定的权限决定。第四十三条规定的行政处罚，由县级以上人民政府工商行政管理部门决定。第四十四条规定的行政处罚，由省、自治区、直辖市人民政府地质矿产主管部门决定。给予吊销勘查许可证或者采矿许可证处罚的，须由原发证机关决定。

依照第三十九条、第四十条、第四十二条、第四十四条规定应当给予行政处罚而不给予行政处罚的，上级人民政府地质矿产主管部门有权责令改正或者直接给予行政处罚。

第四十六条 当事人对行政处罚决定不服的，可以依法申请复议，也可以依法直接向人民法院起诉。

当事人逾期不申请复议也不向人民法院起诉，又不履行处罚决定的，由作出处罚决定的机关申请人民法院强制执行。

第四十七条 负责矿产资源勘查、开采监督管理工作的国家工作人员和其他有关国家工作人员徇私舞弊、滥用职权或者玩忽职守，违反本法规定批准勘查、开采矿产资源和颁发勘查许可证、采矿许可证，或者对违法采矿行为不依法予以制止、处罚，构成犯罪的，依法追究刑事责任；不构成犯罪的，给予行政处分。违法颁发的勘查许可证、采矿许可证，上级人民政府地质矿产主管部门有权予以撤销。

第四十八条 以暴力、威胁方法阻碍从事矿产资源勘查、开采监督管理工作的国家工作人员依法执行职务的，依照刑法有关规定追究刑事责任；拒绝、阻碍从事矿产资源勘查、开采监督管理工作的国家工作人员依法执行职务未使用暴力、威胁方法的，由公安机关依照治安管理处罚法的规定处罚。

第四十九条 矿山企业之间的矿区范围的争议，由当事人协商解决，协商不成的，由有关县级以上地方人民政府根据依法核定的矿区范围处理；跨省、自治区、直辖市的矿区范围的争议，由有关省、自治区、直辖市人民政府协商解决，协商不成的，由国务院处理。

第七章 附 则

第五十条 外商投资勘查、开采矿产资源，法律、行政法规另有规定的，从其规定。

第五十一条 本法施行以前，未办理批准手续、未划定矿区范围、未取得采矿许可证开采矿产资源的，应当依照本法有关规定申请补办手续。

第五十二条　本法实施细则由国务院制定。

第五十三条　本法自1986年10月1日起施行。

中华人民共和国电力法

（1995年12月28日第八届全国人民代表大会常务委员会第十七次会议通过　根据2009年8月27日第十一届全国人民代表大会常务委员会第十次会议《关于修改部分法律的决定》第一次修正　根据2015年4月24日第十二届全国人民代表大会常务委员会第十四次会议《关于修改〈中华人民共和国电力法〉等六部法律的决定》第二次修正）

第一章　总　则

第一条　为了保障和促进电力事业的发展，维护电力投资者、经营者和使用者的合法权益，保障电力安全运行，制定本法。

第二条　本法适用于中华人民共和国境内的电力建设、生产、供应和使用活动。

第三条　电力事业应当适应国民经济和社会发展的需要，适当超前发展。国家鼓励、引导国内外的经济组织和个人依法投资开发电源，兴办电力生产企业。

电力事业投资，实行谁投资、谁收益的原则。

第四条　电力设施受国家保护。

禁止任何单位和个人危害电力设施安全或者非法侵占、使用电能。

第五条　电力建设、生产、供应和使用应当依法保护环境，采用新技术，减少有害物质排放，防治污染和其他公害。

国家鼓励和支持利用可再生能源和清洁能源发电。

第六条　国务院电力管理部门负责全国电力事业的监督管理。国务院有关部门在各自的职责范围内负责电力事业的监督管理。

县级以上地方人民政府经济综合主管部门是本行政区域内的电力管理部门，负责电力事业的监督管理。县级以上地方人民政府有关部门在各自的职责范围内负责电力事业的监督管理。

第七条　电力建设企业、电力生产企业、电网经营企业依法实行自主经营、自负盈亏，并接受电力管理部门的监督。

第八条　国家帮助和扶持少数民族地区、边远地区和贫困地区发展电力事业。

第九条　国家鼓励在电力建设、生产、供应和使用过程中，采用先进的科学技术和管理方法，对在研究、开发、采用先进的科学技术和管理方法等方面作出显著成绩的单位和个人给予奖励。

第二章　电力建设

第十条　电力发展规划应当根据国民经济和社会发展的需要制定，并纳入国民经济和社会发展计划。

电力发展规划，应当体现合理利用能源、电源与电网配套发展、提高经济效益和有利于环境保护的原则。

第十一条　城市电网的建设与改造规划，应当纳入城市总体规划。城市人民政府应当按照规划，安排变电设施用地、输电线路走廊和电缆通道。

任何单位和个人不得非法占用变电设施用地、输电线路走廊和电缆通道。

第十二条　国家通过制定有关政策，支持、促进电力建设。

地方人民政府应当根据电力发展规划，因地制宜，采取多种措施开发电源，发展电力建设。

第十三条　电力投资者对其投资形成的电力，享有法定权益。并网运行的，电力投资者有优先使用权；未并网的自备电厂，电力投资者自行支配使用。

第十四条　电力建设项目应当符合电力发展规划，符合国家电力产业政策。

电力建设项目不得使用国家明令淘汰的电力设备和技术。

第十五条　输变电工程、调度通信自动化工程等电网配套工程和环境保护工程，应当与发电工程项目同时设计、同时建设、同时验收、同时投入使用。

第十六条　电力建设项目使用土地，应当依照有关法律、行政法规的规定办理；依法征收土地的，应当依法支付土地补偿费和安置补偿费，做好迁移居民的安置工作。

电力建设应当贯彻切实保护耕地、节约利用土地的原则。

地方人民政府对电力事业依法使用土地和迁移居民，应当予以支持和协助。

第十七条　地方人民政府应当支持电力企业为发电工程建设勘探水源和依法取水、用水。电力企业应当节约用水。

第三章　电力生产与电网管理

第十八条　电力生产与电网运行应当遵循安全、优质、经济的原则。

电网运行应当连续、稳定，保证供电可靠性。

第十九条　电力企业应当加强安全生产管理，坚持安全第一、预防为主的方针，建立、健全安全生产责任制度。

电力企业应当对电力设施定期进行检修和维护，

保证其正常运行。

第二十条 发电燃料供应企业、运输企业和电力生产企业应当依照国务院有关规定或者合同约定供应、运输和接卸燃料。

第二十一条 电网运行实行统一调度、分级管理。任何单位和个人不得非法干预电网调度。

第二十二条 国家提倡电力生产企业与电网、电网与电网并网运行。具有独立法人资格的电力生产企业要求将生产的电力并网运行的,电网经营企业应当接受。

并网运行必须符合国家标准或者电力行业标准。

并网双方应当按照统一调度、分级管理和平等互利、协商一致的原则,签订并网协议,确定双方的权利和义务;并网双方达不成协议的,由省级以上电力管理部门协调决定。

第二十三条 电网调度管理办法,由国务院依照本法的规定制定。

第四章 电力供应与使用

第二十四条 国家对电力供应和使用,实行安全用电、节约用电、计划用电的管理原则。

电力供应与使用办法由国务院依照本法的规定制定。

第二十五条 供电企业在批准的供电营业区内向用户供电。

供电营业区的划分,应当考虑电网的结构和供电合理性等因素。一个供电营业区内只设立一个供电营业机构。

省、自治区、直辖市范围内的供电营业区的设立、变更,由供电企业提出申请,经省、自治区、直辖市人民政府电力管理部门会同同级有关部门审查批准后,由省、自治区、直辖市人民政府电力管理部门发给《供电营业许可证》。跨省、自治区、直辖市的供电营业区的设立、变更,由国务院电力管理部门审查批准并发给《供电营业许可证》。

第二十六条 供电营业区内的供电营业机构,对本营业区内的用户有按照国家规定供电的义务;不得违反国家规定对其营业区内申请用电的单位和个人拒绝供电。

申请新装用电、临时用电、增加用电容量、变更用电和终止用电,应当依照规定的程序办理手续。

供电企业应当在其营业场所公告用电的程序、制度和收费标准,并提供用户须知资料。

第二十七条 电力供应与使用双方应当根据平等自愿、协商一致的原则,按照国务院制定的电力供应与使用办法签订供用电合同,确定双方的权利和义务。

第二十八条 供电企业应当保证供给用户的供电质量符合国家标准。对公用供电设施引起的供电质量问题,应当及时处理。

用户对供电质量有特殊要求的,供电企业应当根据其必要性和电网的可能,提供相应的电力。

第二十九条 供电企业在发电、供电系统正常的情况下,应当连续向用户供电,不得中断。因供电设施检修、依法限电或者用户违法用电等原因,需要中断供电时,供电企业应当按照国家有关规定事先通知用户。

用户对供电企业中断供电有异议的,可以向电力管理部门投诉;受理投诉的电力管理部门应当依法处理。

第三十条 因抢险救灾需要紧急供电时,供电企业必须尽速安排供电,所需供电工程费用和应付电费依照国家有关规定执行。

第三十一条 用户应当安装用电计量装置。用户使用的电力电量,以计量检定机构依法认可的用电计量装置的记录为准。

用户受电装置的设计、施工安装和运行管理,应当符合国家标准或者电力行业标准。

第三十二条 用户用电不得危害供电、用电安全和扰乱供电、用电秩序。

对危害供电、用电安全和扰乱供电、用电秩序的,供电企业有权制止。

第三十三条 供电企业应当按照国家核准的电价和用电计量装置的记录,向用户计收电费。

供电企业查电人员和抄表收费人员进入用户,进行用电安全检查或者抄表收费时,应当出示有关证件。

用户应当按照国家核准的电价和用电计量装置的记录,按时交纳电费;对供电企业查电人员和抄表收费人员依法履行职责,应当提供方便。

第三十四条 供电企业和用户应当遵守国家有关规定,采取有效措施,做好安全用电、节约用电和计划用电工作。

第五章 电价与电费

第三十五条 本法所称电价,是指电力生产企业的上网电价、电网间的互供电价、电网销售电价。

电价实行统一政策,统一定价原则,分级管理。

第三十六条 制定电价,应当合理补偿成本,合理确定收益,依法计入税金,坚持公平负担,促进电力建设。

第三十七条 上网电价实行同网同质同价。具体办法和实施步骤由国务院规定。

电力生产企业有特殊情况需另行制定上网电价

的,具体办法由国务院规定。

第三十八条 跨省、自治区、直辖市电网和省级电网内的上网电价,由电力生产企业和电网经营企业协商提出方案,报国务院物价行政主管部门核准。

独立电网内的上网电价,由电力生产企业和电网经营企业协商提出方案,报有管理权的物价行政主管部门核准。

地方投资的电力生产企业所生产的电力,属于在省内各地区形成独立电网的或者自发自用的,其电价可以由省、自治区、直辖市人民政府管理。

第三十九条 跨省、自治区、直辖市电网和独立电网之间、省级电网和独立电网之间的互供电价,由双方协商提出方案,报国务院物价行政主管部门或者其授权的部门核准。

独立电网与独立电网之间的互供电价,由双方协商提出方案,报有管理权的物价行政主管部门核准。

第四十条 跨省、自治区、直辖市电网和省级电网的销售电价,由电网经营企业提出方案,报国务院物价行政主管部门或者其授权的部门核准。

独立电网的销售电价,由电网经营企业提出方案,报有管理权的物价行政主管部门核准。

第四十一条 国家实行分类电价和分时电价。分类标准和分时办法由国务院确定。

对同一电网内的同一电压等级、同一用电类别的用户,执行相同的电价标准。

第四十二条 用户用电增容收费标准,由国务院物价行政主管部门会同国务院电力管理部门制定。

第四十三条 任何单位不得超越电价管理权限制定电价。供电企业不得擅自变更电价。

第四十四条 禁止任何单位和个人在电费中加收其他费用;但是,法律、行政法规另有规定的,按照规定执行。

地方集资办电在电费中加收费用的,由省、自治区、直辖市人民政府依照国务院有关规定制定办法。

禁止供电企业在收取电费时,代收其他费用。

第四十五条 电价的管理办法,由国务院依照本法的规定制定。

第六章 农村电力建设和农业用电

第四十六条 省、自治区、直辖市人民政府应当制定农村电气化发展规划,并将其纳入当地电力发展规划及国民经济和社会发展计划。

第四十七条 国家对农村电气化实行优惠政策,对少数民族地区、边远地区和贫困地区的农村电力建设给予重点扶持。

第四十八条 国家提倡农村开发水能资源,建设中、小型水电站,促进农村电气化。

国家鼓励和支持农村利用太阳能、风能、地热能、生物质能和其他能源进行农村电源建设,增加农村电力供应。

第四十九条 县级以上地方人民政府及其经济综合主管部门在安排用电指标时,应当保证农业和农村用电的适当比例,优先保证农村排涝、抗旱和农业季节性生产用电。

电力企业应当执行前款的用电安排,不得减少农业和农村用电指标。

第五十条 农业用电价格按照保本、微利的原则确定。

农民生活用电与当地城镇居民生活用电应当逐步实行相同的电价。

第五十一条 农业和农村用电管理办法,由国务院依照本法的规定制定。

第七章 电力设施保护

第五十二条 任何单位和个人不得危害发电设施、变电设施和电力线路设施及其有关辅助设施。

在电力设施周围进行爆破及其他可能危及电力设施安全的作业的,应当按照国务院有关电力设施保护的规定,经批准并采取确保电力设施安全的措施后,方可进行作业。

第五十三条 电力管理部门应当按照国务院有关电力设施保护的规定,对电力设施保护区设立标志。

任何单位和个人不得在依法划定的电力设施保护区内修建可能危及电力设施安全的建筑物、构筑物,不得种植可能危及电力设施安全的植物,不得堆放可能危及电力设施安全的物品。

在依法划定电力设施保护区前已经种植的植物妨碍电力设施安全的,应当修剪或者砍伐。

第五十四条 任何单位和个人需要在依法划定的电力设施保护区内进行可能危及电力设施安全的作业时,应当经电力管理部门批准并采取安全措施后,方可进行作业。

第五十五条 电力设施与公用工程、绿化工程和其他工程在新建、改建或者扩建中相互妨碍时,有关单位应当按照国家有关规定协商,达成协议后方可施工。

第八章 监督检查

第五十六条 电力管理部门依法对电力企业和用户执行电力法律、行政法规的情况进行监督检查。

第五十七条 电力管理部门根据工作需要,可以配备电力监督检查人员。

电力监督检查人员应当公正廉洁,秉公执法,熟悉电力法律、法规,掌握有关电力专业技术。

第五十八条 电力监督检查人员进行监督检查时,有权向电力企业或者用户了解有关执行电力法律、行政法规的情况,查阅有关资料,并有权进入现场进行检查。

电力企业和用户对执行监督检查任务的电力监督检查人员应当提供方便。

电力监督检查人员进行监督检查时,应当出示证件。

第九章 法律责任

第五十九条 电力企业或者用户违反供用电合同,给对方造成损失的,应当依法承担赔偿责任。

电力企业违反本法第二十八条、第二十九条第一款的规定,未保证供电质量或者未事先通知用户中断供电,给用户造成损失的,应当依法承担赔偿责任。

第六十条 因电力运行事故给用户或者第三人造成损害的,电力企业应当依法承担赔偿责任。

电力运行事故由下列原因之一造成的,电力企业不承担赔偿责任:

(一) 不可抗力;

(二)用户自身的过错。

因用户或者第三人的过错给电力企业或者其他用户造成损害的,该用户或者第三人应当依法承担赔偿责任。

第六十一条 违反本法第十一条第二款的规定,非法占用变电设施用地、输电线路走廊或者电缆通道的,由县级以上地方人民政府责令限期改正;逾期不改正的,强制清除障碍。

第六十二条 违反本法第十四条规定,电力建设项目不符合电力发展规划、产业政策的,由电力管理部门责令停止建设。

违反本法第十四条规定,电力建设项目使用国家明令淘汰的电力设备和技术的,由电力管理部门责令停止使用,没收国家明令淘汰的电力设备,并处五万元以下的罚款。

第六十三条 违反本法第二十五条规定,未经许可,从事供电或者变更供电营业区的,由电力管理部门责令改正,没收违法所得,可以并处违法所得五倍以下的罚款。

第六十四条 违反本法第二十六条、第二十九条规定,拒绝供电或者中断供电的,由电力管理部门责令改正,给予警告;情节严重的,对有关主管人员和直接责任人员给予行政处分。

第六十五条 违反本法第三十二条规定,危害供电、用电安全或者扰乱供电、用电秩序的,由电力管理部门责令改正,给予警告;情节严重或者拒绝改正的,可以中止供电,可以并处五万元以下的罚款。

第六十六条 违反本法第三十三条、第四十三条、第四十四条规定,未按照国家核准的电价和用电计量装置的记录向用户计收电费、超越权限制定电价或者在电费中加收其他费用的,由物价行政主管部门给予警告,责令返还违法收取的费用,可以并处违法收取费用五倍以下的罚款;情节严重的,对有关主管人员和直接责任人员给予行政处分。

第六十七条 违反本法第四十九条第二款规定,减少农业和农村用电指标的,由电力管理部门责令改正;情节严重的,对有关主管人员和直接责任人员给予行政处分;造成损失的,责令赔偿损失。

第六十八条 违反本法第五十二条第二款和第五十四条规定,未经批准或者未采取安全措施在电力设施周围或者在依法划定的电力设施保护区内进行作业,危及电力设施安全的,由电力管理部门责令停止作业、恢复原状并赔偿损失。

第六十九条 违反本法第五十三条规定,在依法划定的电力设施保护区内修建建筑物、构筑物或者种植植物、堆放物品,危及电力设施安全的,由当地人民政府责令强制拆除、砍伐或者清除。

第七十条 有下列行为之一,应当给予治安管理处罚的,由公安机关依照治安管理处罚法的有关规定予以处罚;构成犯罪的,依法追究刑事责任:

(一)阻碍电力建设或者电力设施抢修,致使电力建设或者电力设施抢修不能正常进行的;

(二)扰乱电力生产企业、变电所、电力调度机构和供电企业的秩序,致使生产、工作和营业不能正常进行的;

(三)殴打、公然侮辱履行职务的查电人员或者抄表收费人员的;

(四)拒绝、阻碍电力监督检查人员依法执行职务的。

第七十一条 盗窃电能的,由电力管理部门责令停止违法行为,追缴电费并处应交电费五倍以下的罚款;构成犯罪的,依照刑法有关规定追究刑事责任。

第七十二条 盗窃电力设施或者以其他方法破坏电力设施,危害公共安全的,依照刑法有关规定追究刑事责任。

第七十三条 电力管理部门的工作人员滥用职权、玩忽职守、徇私舞弊,构成犯罪的,依法追究刑事责任;尚不构成犯罪的,依法给予行政处分。

第七十四条 电力企业职工违反规章制度、违章调度或者不服从调度指令,造成重大事故的,依照刑法有关规定追究刑事责任。

电力企业职工故意延误电力设施抢修或者抢险

救灾供电,造成严重后果的,依照刑法有关规定追究刑事责任。

电力企业的管理人员和查电人员、抄表收费人员勒索用户、以电谋私,构成犯罪的,依法追究刑事责任;尚不构成犯罪的,依法给予行政处分。

第十章 附 则

第七十五条 本法自1996年4月1日起施行。

中华人民共和国突发事件应对法

(2007年8月30日第十届全国人民代表大会常务委员会第二十九次会议通过 2007年8月30日中华人民共和国主席令第69号公布 自2007年11月1日起施行)

第一章 总 则

第一条 【立法目的】为了预防和减少突发事件的发生,控制、减轻和消除突发事件引起的严重社会危害,规范突发事件应对活动,保护人民生命财产安全,维护国家安全、公共安全、环境安全和社会秩序,制定本法。

第二条 【调整范围】突发事件的预防与应急准备、监测与预警、应急处置与救援、事后恢复与重建等应对活动,适用本法。

注释 突发事件的应对是一个动态发展过程,一般包括预防与应急准备、监测与预警、应急处置与救援、事后恢复与重建等环节。预防与应急准备,是防患于未然的阶段,也是应对突发事件最重要的阶段。监测与预警,是预防与应急准备的逻辑延伸。应急处置与救援,是应对突发事件最关键的阶段。事后恢复与重建,是应对突发事件过程中的最后环节。

本法出台后,我国应急管理法律体系在横向上由三部分构成:一是紧急状态法(包括戒严法)、有关战争和动员的法律;二是突发事件应对法;三是单行的突发事件应对方面的法律,如防洪法、传染病防治法、安全生产法等。

第三条 【突发事件含义及分级标准】本法所称突发事件,是指突然发生,造成或者可能造成严重社会危害,需要采取应急处置措施予以应对的自然灾害、事故灾难、公共卫生事件和社会安全事件。

按照社会危害程度、影响范围等因素,自然灾害、事故灾难、公共卫生事件分为特别重大、重大、较大和一般四级。法律、行政法规或者国务院另有规定的,从其规定。

突发事件的分级标准由国务院或者国务院确定的部门制定。

注释 从突发事件的含义可知其构成要件包括:①突发性;②危险性;③紧迫性;④不确定性。

链接《国家突发公共事件总体应急预案》1.3[分类分级];《生产安全事故报告和调查处理条例》第3条;《突发公共卫生事件应急条例》第2条

第四条 【应急管理体制】国家建立统一领导、综合协调、分类管理、分级负责、属地管理为主的应急管理体制。

注释 [分类管理]

分类管理,是指按照自然灾害、事故灾难、公共卫生事件和社会安全事件四类突发事件的不同特性实施应急管理。

[分级负责]

分级负责,主要是指根据突发事件的影响范围和突发事件的级别不同,确定突发事件应对工作由不同层级的人民政府负责。

[属地管理]

属地管理为主,主要有两种含义:一是突发事件应急处置工作原则上由地方负责,即由突发事件发生地的县级以上地方人民政府负责,其中,又主要是由突发事件发生地的县级人民政府负责;二是法律、行政法规规定由国务院有关部门对特定突发事件的应对工作负责的,就应当由国务院有关部门管理为主。

链接《国家突发公共事件总体应急预案》1.3[分级分类];《防洪法》第5条;《防震减灾法》第13条;《国家自然灾害救助应急预案》第1.4(2);《重大动物疫情应急条例》第4条

第五条 【风险评估】突发事件应对工作实行预防为主、预防与应急相结合的原则。国家建立重大突发事件风险评估体系,对可能发生的突发事件进行综合性评估,减少重大突发事件的发生,最大限度地减轻重大突发事件的影响。

注释 [重大突发事件风险评估体系]

重大突发事件风险评估体系,主要包括以下层次:一是对本地方、本部门可能发生重大突发事件的领域、区位环节等进行监测并对收集到的各类突发事件风险信息进行分析、研判,提出预防、减少或者控制突发事件发生的建议和对策。二是对本地方、本部门年度内发生的各类突发事件及其应对工作情况,尤其是对防范工作进行评估,找出可能发生重大突发事件的领域、区位、环节,以认识、把握突发事件发生、发展的规律和趋势,完善相关制度和工作机制。三是对特定的突发事件应对工作情况包括应急处置和防范工作情况进行评估。

链接《突发公共卫生事件应急条例》第14条;《传染病防治法》第17条;《动物防疫法》第12条

第六条 【社会动员机制】国家建立有效的社会

动员机制，增强全民的公共安全和防范风险的意识，提高全社会的避险救助能力。

第七条 【负责机关】县级人民政府对本行政区域内突发事件的应对工作负责；涉及两个以上行政区域的，由有关行政区域共同的上一级人民政府负责，或者由各有关行政区域的上一级人民政府共同负责。

突发事件发生后，发生地县级人民政府应当立即采取措施控制事态发展，组织开展应急救援和处置工作，并立即向上一级人民政府报告，必要时可以越级上报。

突发事件发生地县级人民政府不能消除或者不能有效控制突发事件引起的严重社会危害的，应当及时向上级人民政府报告。上级人民政府应当及时采取措施，统一领导应急处置工作。

法律、行政法规规定由国务院有关部门对突发事件的应对工作负责的，从其规定；地方人民政府应当积极配合并提供必要的支持。

注释 (1)本条第1款规定的是分级管理、属地管理为主的一般规定，其基本含义是：①对发生在本行政区域的突发事件，不论是哪一类型或者哪一级别的突发事件，县级人民政府都应当对其应对工作负责。②对涉及两个以上行政区域的突发事件，不论是哪一类型或者哪一级别的突发事件，其应对工作由有关行政区域共同的上一级人民政府负责。③所谓负责，除了负责预防和应急准备、监测和预警外，主要是依法采取应急措施控制事态发展，组织开展应急救援和处置工作，向上级报告信息和事态发展情况等，有违这些职责的，就应当依法承担法律责任。

(2)本条第2款规定的是突发事件发生地的县级人民政府在突发事件发生后应立即开展的主要工作，包括：①采取措施控制事态发展。这主要是指采取本法第49条、第50条、第51条等条规定的控制措施。②组织开展应急救援和处置工作。③向上级政府报告。报告的内容，主要是认为可能发生重大或者特别重大突发事件的信息(包括时间、地点、信息来源、事件性质、影响范围、事件发展趋势和已采取的措施等)，发布警报的信息等；报告突发事件信息，应当做到及时、客观、真实，不得迟报、谎报、瞒报、漏报。

(3)本条第3款规定的是突发事件发生地县级人民政府不能消除或者不能有效控制突发事件引起的严重社会危害时如何处理的问题。①不能消除或者不能有效控制突发事件引起的严重社会危害，是指发生了或者演变成重大、特别重大突发事件，或者演变成超越本县行政区域的突发事件，根据本法和国务院的规定，县级人民政府难以进行有效的应急处置需要请求上级人民政府采取措施予以应急处置。②县级人民政府履行向上级人民政府报告的义务。同时，根据本条第1款、第2款的规定，还要在职责范围内做好相关工作，不能只报告不处置。③上级人民政府接到报告后，应当及时采取措施，统一领导应急处置工作。这里的上级人民政府也是履行统一领导职责的人民政府，至于究竟是指哪级人民政府，要根据突发事件的级别和影响范围而定。

(4)本条第4款是对属地管理原则的例外规定。这种例外，仅限于其他有关法律、行政法规的规定，在这种例外下一些特定的突发事件，如核事故、铁路事故等的应对工作，由国务院有关部门负责。

(5)本条是对分级负责、属地管理为主原则的具体化，有利于划清权界、明确责任、协同联动，提高应急反应的时效和能力。

本条所规定的应急体制是对第四条所规定原则的具体贯彻，这一规定所确立的应急体制可以被概括为两句话：第一，以基层负责为主，上级负责为辅；第二，以属地管理为主，行业管理为辅。

链接《防汛条例》第4条；《防震减灾法》第6条；《突发公共卫生事件应急条例》第3条；《气象灾害防御条例》第36条

第八条 【应急管理机构】国务院在总理领导下研究、决定和部署特别重大突发事件的应对工作；根据实际需要，设立国家突发事件应急指挥机构，负责突发事件应对工作；必要时，国务院可以派出工作组指导有关工作。

县级以上地方各级人民政府设立由本级人民政府主要负责人、相关部门负责人、驻当地中国人民解放军和中国人民武装警察部队有关负责人组成的突发事件应急指挥机构，统一领导、协调本级人民政府各有关部门和下级人民政府开展突发事件应对工作；根据实际需要，设立相关类别突发事件应急指挥机构，组织、协调、指挥突发事件应对工作。

上级人民政府主管部门应当在各自职责范围内，指导、协助下级人民政府及其相应部门做好有关突发事件的应对工作。

第九条 【行政领导机关】国务院和县级以上地方各级人民政府是突发事件应对工作的行政领导机关，其办事机构及具体职责由国务院规定。

第十条 【及时公布决定、命令】有关人民政府及其部门作出的应对突发事件的决定、命令，应当及时公布。

第十一条 【合理措施原则】有关人民政府及其部门采取的应对突发事件的措施，应当与突发事件可能造成的社会危害的性质、程度和范围相适应；有多种措施可供选择的，应当选择有利于最大程度地保护公民、法人和其他组织权益的措施。

公民、法人和其他组织有义务参与突发事件应对工作。

注释［比例原则］

本条第一款规定的是比例原则。比例原则又称“禁止过度”原则，其本质是行政机关采取的措施不得超越宪法和法律所容许的范围或者目的，如果有同等措施可以供采用，应当选择对公民、法人和其他组织权益侵害最小的措施。同时，该款还规定，有多种措施可供选择的，行政机关应当选择有利于最大程度地保护公民、法人和其他组织权益的措施。这一规定，是比例原则的另一个重要体现，学者们将这称之为最小侵害原则、不可替代原则和最温和手段原则。

基于比例原则的基本内容，行政机关在突发事件应对中必须满足如下要求：第一，行政主体应当将实施行政紧急措施作为实现应急管理目标的最后方式，且应选择对公民限制程度最小的行政紧急措施。第二，行政主体应根据具体情形，确定实施行政紧急措施的规模与时限。第三，法院应将比例原则作为行政紧急措施合法性审查的依据。

本条第二款首先明确了个人、法人和其他组织在突发事件应对中应当履行的义务。由政府主导突发公共事件的防治工作，绝不意味着防范突发公共事件就成了政府的独角戏。其他社会组织、企业与个人都是不同意义上的参与者，不能袖手旁观，任何有效的应急处理都必须是群防群治。因此，本条为公民、法人和其他组织能及时报告信息、主动采取自救、积极配合政府处理突发事件等给予了法律、法规的依据。

链接《国家突发公共事件总体应急预案》1.5(1)；《国家自然灾害救助应急预案》1.4(1)

第十二条　【财产征用】有关人民政府及其部门为应对突发事件，可以征用单位和个人的财产。被征用的财产在使用完毕或者突发事件应急处置工作结束后，应当及时返还。财产被征用或者征用后毁损、灭失的，应当给予补偿。

注释［征用］

征用是国家强制使用单位、个人的财产，其结果是导致被征用单位、个人财产使用权的丧失。

有关人民政府及其部门为应对突发事件，可以征用单位和个人财产。同时，考虑到征用单位、个人财产，会对财产所有者的权益带来损失，本条还规定，被征用的财产在使用完毕或者突发事件应急处置工作结束后，应当及时返还。财产被征用后或者征用后毁损、灭失的，应当给予补偿。需要指出，这种补偿通常是按被征用财物等价或者是毁损实际价值补偿，一般不及于可得利益损失的补偿。

链接《传染病防治法》第45条；《防洪法》第45条

第十三条　【时效中止、程序中止】因采取突发事件应对措施，诉讼、行政复议、仲裁活动不能正常进行的，适用有关时效中止和程序中止的规定，但法律另有规定的除外。

注释［时效及时效中止］

时效，是指一定事实状态经过一定期间的法律事实，其效果在于直接使权利发生、变更或者消灭，包括取得时效和诉讼时效。时效中止是指在时效进行中，因一定法定事由的发生，阻碍权利人请求保护其权利，法律规定暂时停止时效期间进行，已经经过的时效期间仍然有效，待阻碍时效进行的事由消失后，时效继续进行，其中时效暂停的一段时间不计入时效期以内，以保护权利人的权利。

［程序中止］

程序中止，是指有关诉讼、行政复议、仲裁活动的程序，因一定法定事由不能正常进行需要暂时予以停止，待有关影响该程序正常进行的情形消除后，再恢复该程序。

第十四条　【武装力量参与应急】中国人民解放军、中国人民武装警察部队和民兵组织依照本法和其他有关法律、行政法规、军事法规的规定以及国务院、中央军事委员会的命令，参加突发事件的应急救援和处置工作。

链接《防汛条例》第5条；《防震减灾法》第9条；《戒严法》第8条；《森林防火条例》第25条

第十五条　【国际交流与合作】中华人民共和国政府在突发事件的预防、监测与预警、应急处置与救援、事后恢复与重建等方面，同外国政府和有关国际组织开展合作与交流。

链接《国务院关于全面加强应急管理工作的意见》（二十四）；《突发公共卫生事件应急条例》第7条；《动物防疫法》第10条；《重大动物疫情应急条例》第6条

第十六条　【同级人大监督】县级以上人民政府作出应对突发事件的决定、命令，应当报本级人民代表大会常务委员会备案；突发事件应急处置工作结束后，应当向本级人民代表大会常务委员会作出专项工作报告。

第二章　预防与应急准备

第十七条　【应急预案体系】国家建立健全突发事件应急预案体系。

国务院制定国家突发事件总体应急预案，组织制定国家突发事件专项应急预案；国务院有关部门根据各自的职责和国务院相关应急预案，制定国家突发事件部门应急预案。

地方各级人民政府和县级以上地方各级人民政府有关部门根据有关法律、法规、规章、上级人民政府及其有关部门的应急预案以及本地区的实际情况，制定相应的突发事件应急预案。

应急预案制定机关应当根据实际需要和情势变化，适时修订应急预案。应急预案的制定、修订程序由国务院规定。

注释 从纵向来看，根据本条的规定，全国的突发事件应急预案体系应当包括国家突发事件总体应急预案、国家突发事件专项应急预案、国家突发事件部门应急预案、地方突发事件总体应急预案、地方突发事件专项应急预案和地方突发事件部门应急预案，以及法定有关单位制定的具体应急预案。地方应急预案由地方各级政府和县级以上地方政府有关部门负责制定，具体包括：省级政府的突发事件总体应急预案、专项应急预案和部门应急预案；各市（地、州）、县（市、区）政府和乡镇政府制定的突发事件应急预案。根据应对突发事件的实际需要和情势变化，对已经出台的突发事件应急预案适时进行修订完善。

链接《国家突发公共事件总体应急预案》1.6［应急预案体系］、6.1［预案管理］；《突发公共卫生事件应急条例》第二章［预防与应急准备］；《防震减灾法》第46条；《重大动物疫情应急条例》第9条

第十八条 【应急预案制定依据与内容】应急预案应当根据本法和其他有关法律、法规的规定，针对突发事件的性质、特点和可能造成的社会危害，具体规定突发事件应急管理工作的组织指挥体系与职责和突发事件的预防与预警机制、处置程序、应急保障措施以及事后恢复与重建措施等内容。

链接《重大动物疫情应急条例》第10条

第十九条 【城乡规划】城乡规划应当符合预防、处置突发事件的需要，统筹安排应对突发事件所必需的设备和基础设施建设，合理确定应急避难场所。

第二十条 【安全防范】县级人民政府应当对本行政区域内容易引发自然灾害、事故灾难和公共卫生事件的危险源、危险区域进行调查、登记、风险评估，定期进行检查、监控，并责令有关单位采取安全防范措施。

省级和设区的市级人民政府应当对本行政区域内容易引发特别重大、重大突发事件的危险源、危险区域进行调查、登记、风险评估，组织进行检查、监控，并责令有关单位采取安全防范措施。

县级以上地方各级人民政府按照本法规定登记的危险源、危险区域，应当按照国家规定及时向社会公布。

链接《突发事件应对法》第4、7条；《国务院关于全面加强应急管理工作的意见》（七）—（九）、（二十三）；《国务院办公厅关于加强基层应急管理工作的意见》二（二）［加强信息报告和预警］；《建筑法》第39条

第二十一条 【及时调解处理矛盾纠纷】县级人民政府及其有关部门、乡级人民政府、街道办事处、居民委员会、村民委员会应当及时调解处理可能引发社会安全事件的矛盾纠纷。

第二十二条 【安全管理】所有单位应当建立健全安全管理制度，定期检查本单位各项安全防范措施的落实情况，及时消除事故隐患；掌握并及时处理本单位存在的可能引发社会安全事件的问题，防止矛盾激化和事态扩大；对本单位可能发生的突发事件和采取安全防范措施的情况，应当按照规定及时向所在地人民政府或者人民政府有关部门报告。

第二十三条 【矿山、建筑施工单位和危险物品生产、经营、储运、使用单位的预防义务】矿山、建筑施工单位和易燃易爆物品、危险化学品、放射性物品等危险物品的生产、经营、储运、使用单位，应当制定具体应急预案，并对生产经营场所、有危险物品的建筑物、构筑物及周边环境开展隐患排查，及时采取措施消除隐患，防止发生突发事件。

链接《国务院办公厅关于加强基层应急管理工作的意见》二（一）［做好隐患排查整改］；《矿山安全法》第二章［矿山建设的安全保障］；《安全生产法》第二章［生产经营单位的安全生产保障］

第二十四条 【人员密集场所的经营单位或者管理单位的预防义务】公共交通工具、公共场所和其他人员密集场所的经营单位或者管理单位应当制定具体应急预案，为交通工具和有关场所配备报警装置和必要的应急救援设备、设施，注明其使用方法，并显著标明安全撤离的通道、路线，保证安全通道、出口的畅通。

有关单位应当定期检测、维护其报警装置和应急救援设备、设施，使其处于良好状态，确保正常使用。

链接《国务院办公厅关于加强基层应急管理工作的意见》二（一）［做好隐患排查整改］

第二十五条 【应急管理培训制度】县级以上人民政府应当建立健全突发事件应急管理培训制度，对人民政府及其有关部门负有处置突发事件职责的工作人员定期进行培训。

注释 本条规定了突发事件应急管理培训制度，其责任主体是县级以上人民政府，培训对象是政府及其部门负有处置突发事件职责的工作人员，培训时间要求是定期。一般来说，培训内容应当包括应急管理知识、应急法律法规知识等。

链接《突发公共卫生事件应急条例》第11条（七）

第二十六条 【应急救援队伍】县级以上人民政府应当整合应急资源，建立或者确定综合性应急救援队伍。人民政府有关部门可以根据实际需要设立专业应急救援队伍。

县级以上人民政府及其有关部门可以建立由成年志愿者组成的应急救援队伍。单位应当建立由本单位职工组成的专职或者兼职应急救援队伍。

县级以上人民政府应当加强专业应急救援队伍与非专业应急救援队伍的合作，联合培训、联合演练，提高合成应急、协同应急的能力。

链接《国家突发公共事件总体应急预案》4.1［人力资源］；《国务院关于全面加强应急管理工作的意见》四（十三）［加强应急救援队伍建设］；《国务院办公厅关于加强基层应急管理工作的意见》三（三）［加强基层综合应急队伍建设］；《重大动物疫情应急条例》第13条

第二十七条　【应急救援人员人身保险】国务院有关部门、县级以上地方各级人民政府及其有关部门、有关单位应当为专业应急救援人员购买人身意外伤害保险，配备必要的防护装备和器材，减少应急救援人员的人身风险。

链接《突发事件应对法》第61条

第二十八条　【军队和民兵组织的专门训练】中国人民解放军、中国人民武装警察部队和民兵组织应当有计划地组织开展应急救援的专门训练。

链接《国务院关于全面加强应急管理工作的意见》四（十三）［加强应急救援队伍建设］

第二十九条　【应急知识宣传普及和应急演练】县级人民政府及其有关部门、乡级人民政府、街道办事处应当组织开展应急知识的宣传普及活动和必要的应急演练。

居民委员会、村民委员会、企业事业单位应当根据所在地人民政府的要求，结合各自的实际情况，开展有关突发事件应急知识的宣传普及活动和必要的应急演练。

新闻媒体应当无偿开展突发事件预防与应急、自救与互救知识的公益宣传。

链接《国务院关于全面加强应急管理工作的意见》六（二十一）［构建社会共同参与的应急管理工作格局］、（二十二）［大力宣传普及公共安全和应急防护知识］；《国家突发公共事件总体应急预案》5.2［宣传和培训］；《国务院办公厅关于加强基层应急管理工作的意见》二（五）［加强宣传教育和培训］；《重大动物疫情应急条例》第14条

第三十条　【学校的应急知识教育义务】各级各类学校应当把应急知识教育纳入教学内容，对学生进行应急知识教育，培养学生的安全意识和自救与互救能力。

教育主管部门应当对学校开展应急知识教育进行指导和监督。

链接《国务院关于全面加强应急管理工作的意见》六（二十二）［大力宣传普及公共安全和应急防护知识］；《国务院办公厅关于加强基层应急管理工作的意见》二（五）［加强宣传教育和培训］

第三十一条　【经费保障】国务院和县级以上地方各级人民政府应当采取财政措施，保障突发事件应对工作所需经费。

注释按照该规定，县级以上各级人民政府不但要继续依照预算法的规定设置预备费，用于自然灾害救灾开支等支出，还必须采取财政措施，保障各类突发事件的预防、应急准备、监测与预警、应急处置与救援、事后恢复与重建等各方面的经费。

链接《国家突发公共事件总体应急预案》4.2［财力保障］；《国务院关于全面加强应急管理工作的意见》五（十七）［加大对应急管理的资金投入力度］；《防洪法》第50条；《突发公共卫生事件应急条例》第6条

第三十二条　【应急物资储备保障】国家建立健全应急物资储备保障制度，完善重要应急物资的监管、生产、储备、调拨和紧急配送体系。

设区的市级以上人民政府和突发事件易发、多发地区的县级人民政府应当建立应急救援物资、生活必需品和应急处置装备的储备制度。

县级以上地方各级人民政府应当根据本地区的实际情况，与有关企业签订协议，保障应急救援物资、生活必需品和应急处置装备的生产、供给。

第三十三条　【应急通信保障】国家建立健全应急通信保障体系，完善公用通信网，建立有线与无线相结合、基础电信网络与机动通信系统相配套的应急通信系统，确保突发事件应对工作的通信畅通。

第三十四条　【鼓励捐赠】国家鼓励公民、法人和其他组织为人民政府应对突发事件工作提供物资、资金、技术支持和捐赠。

第三十五条　【巨灾风险保险】国家发展保险事业，建立国家财政支持的巨灾风险保险体系，并鼓励单位和公民参加保险。

注释［灾害保险］

灾害保险是灾害保障的基本方式之一，是指以社会保险的形式来为某些受灾者提供保障的制度。它是与灾害相关的社会保险，其保险对象是灾害事故的受害人，保险给付同灾害相关。灾害社会保险待遇不取决于缴费的多少，灾害事件相同，享受待遇亦相同，但具体的金额根据损害程度不同而存在着较大差异，由灾害保障的实际需要决定。

［巨灾风险保险］

巨灾风险保险与社会上其他保险不同，是一种完全不营利的保险事业，旨在保证人民生命财产安全，最大限度避免和减少重特大突发事件造成的损失。因此，这种保险需要由国家财政给予支持。同时，按

照本条规定，巨灾风险保险不是强制险，而是鼓励单位和公民个人自愿参加。对于一些重特大突发事件易发、多发地区的单位和个人而言，应当积极参加这种保险。

链接《防震减灾法》第45条

第三十六条 【人才培养和研究开发】国家鼓励、扶持具备相应条件的教学科研机构培养应急管理专门人才，鼓励、扶持教学科研机构和有关企业研究开发用于突发事件预防、监测、预警、应急处置与救援的新技术、新设备和新工具。

链接《国务院关于全面加强应急管理工作的意见》(十八)、(十九)；《动物防疫法》第10条

第三章 监测与预警

第三十七条 【突发事件信息系统】国务院建立全国统一的突发事件信息系统。

县级以上地方各级人民政府应当建立或者确定本地区统一的突发事件信息系统，汇集、储存、分析、传输有关突发事件的信息，并与上级人民政府及其有关部门、下级人民政府及其有关部门、专业机构和监测网点的突发事件信息系统实现互联互通，加强跨部门、跨地区的信息交流与情报合作。

第三十八条 【突发事件信息收集】县级以上人民政府及其有关部门、专业机构应当通过多种途径收集突发事件信息。

县级人民政府应当在居民委员会、村民委员会和有关单位建立专职或者兼职信息报告员制度。

获悉突发事件信息的公民、法人或者其他组织，应当立即向所在地人民政府、有关主管部门或者指定的专业机构报告。

注释 本条规定了政府收集信息和社会公众报告信息两方面的责任和义务。

一是政府及其有关部门、专业机构应当主动多渠道收集突发事件信息。第一，要充分利用监测网点、专门机构在收集突发事件信息中的主渠道作用。目前，我国已经建立了气象、地震、卫生、防疫、水文、地质、森林火灾、农林病虫害、煤矿瓦斯、海洋环境等监测体系。政府和政府部门应当充分利用这些专门渠道收集突发事件信息，同时，进一步加强预测预报基础设施建设，增加监测网点，逐步形成全覆盖的监测网络。第二，充分发挥主流媒体的优势和作用，及时收集和掌握突发事件信息和相关社会动态。第三，要注意从互联网上获取有关突发事件和社会热点问题的信息。第四，地方各级人民政府、各有关部门网站建立开放的信息接报平台，接受社会公众的突发事件信息报告。

二是县级人民政府应当在居民委员会、村民委员会和有关单位建立专职或者兼职信息报告员制度，通过信息报告员收集信息。考虑到不同社区、农村、有关单位性质、发生突发事件的概率、经济发展水平的差异，本条规定，信息报告员可以是专职的，也可以是兼职的。为提高信息报告员收集、报告突发事件信息的能力，确保所收集的信息全面、准确、及时、简洁，基层政府应当加强对信息报告员的培训，并使一名信息报告员可以承担多类事件信息报告任务。本条规定的有关单位包括企业、学校等基层单位。为保障信息报告员信息报告渠道的畅通，乡镇、街道等基层政府派出机关要建立和完善24小时值班制度，县级政府的应急信息平台要向乡镇、街道延伸，着力解决边缘山区信息报告和预警的“最后一公里”瓶颈问题，构建全覆盖的信息网络。

三是公民、法人或者其他组织的突发事件信息报告义务。据此，本条规定，获悉突发事件信息的公民、法人或者其他组织都有立即向所在地人民政府、有关主管部门或者指定的专业机构报告的义务。按照本法第7条第1款关于“县级人民政府对本行政区域内突发事件的应对工作负责”的规定，为便于公众报告突发事件信息，本条所称所在地人民政府、有关主管部门一般是指县级人民政府及其有关主管部门，指定的专业机构是指县级人民政府及其有关主管部门指定的专业机构，如疾控中心、防疫站等。

为了充分调动社会公众报告突发事件信息，地方人民政府及其有关部门应当建立突发事件信息报告激励机制，鼓励信息报告员、社会公众积极报告信息。

链接《突发公共卫生事件应急条例》第19、24条；《传染病防治法》第31－33条；《建筑法》第51条；《生产安全事故报告和调查处理条例》第9条；《重大动物疫情应急条例》第16条；《防汛条例》第27条

第三十九条 【突发事件信息报送和报告】地方各级人民政府应当按照国家有关规定向上级人民政府报送突发事件信息。县级以上人民政府有关主管部门应当向本级人民政府相关部门通报突发事件信息。专业机构、监测网点和信息报告员应当及时向所在地人民政府及其有关主管部门报告突发事件信息。

有关单位和人员报送、报告突发事件信息，应当做到及时、客观、真实，不得迟报、谎报、瞒报、漏报。

注释 [信息报告]

一是信息报告的责任主体。按照统一领导、综合协调、分类管理、分级负责、属地管理为主的应急管理体制，突发事件信息报告的责任主体是地方各级人民政府，也就是说，发生突发事件，地方各级人民政府都要按规定向上级人民政府报告，不能以有关部门报告代替政府报告。为了使政府能够及时收集信息，向上级人民政府报告突发事件信息，本条还要求专业机

构、监测网点和信息报告员应当及时向所在地人民政府及其有关部门报告突发事件信息。

二是信息报告的程序。突发事件应对法对信息报告的程序没有作出具体规定。按照《突发事件应对法》第7条的规定，突发事件发生后，发生地县级人民政府应当立即向上一级人民政府报告，必要时可以越级上报。单行法律法规对特定突发事件信息报告程序有规定的，从其规定。

三是信息报告的时限。本条没有对报告时限作出具体规定，只规定"按国家有关规定"。实际操作中，国家有关规定一般包括法律、国务院和国务院有关部门的规定。

四是信息报告的内容。本条没有具体规定信息报告内容。根据实践，信息报告内容一般包括：突发事件信息和可能引发突发事件的预测预警信息；事件本身比较敏感或者发生在敏感地区、敏感时间，或者可能演变为突发事件的信息。报告的要素应当含有：时间、地点、信息来源、事件起因和性质、基本过程、已造成的后果、影响范围、事态发展趋势和已经采取的措施以及下一步工作打算和建议等。

五是对报告突发事件信息的要求。报告突发事件应当及时、客观、真实。所谓及时，就是必须按照法律法规规章和国家有关规定的时限报送突发事件信息，不得迟报。所谓客观，就是对突发事件信息的判断要客观，不得主观臆断，不得谎报信息。所谓真实，就是要与突发事件的真相相符，实事求是，不得瞒报、漏报。

链接《国家突发公共事件总体应急预案》3.2.1[信息报告]；《国务院关于全面加强应急管理工作的意见》(九)[加强突发公共事件的信息报告和预警工作]；《国务院办公厅关于加强基层应急管理工作的意见》二(二)[加强信息报告和预警]；《国家自然灾害救助应急预案》4.2[灾情管理]；《突发公共卫生事件应急条例》第19－23条；《动物防疫法》第26、28、30条；《传染病防治法》第30、34－36条；《防沙治沙法》第14、15条；《生产安全事故报告和调查处理条例》第10－13条[事故报告与报送]；《重大动物疫情应急条例》第5、17、18条；《防汛条例》第37条；《人民武装警察法》第23条；《放射性物品运输安全管理条例》第43条

第四十条　【汇总分析突发事件隐患和预警信息】县级以上地方各级人民政府应当及时汇总分析突发事件隐患和预警信息，必要时组织相关部门、专业技术人员、专家学者进行会商，对发生突发事件的可能性及其可能造成的影响进行评估；认为可能发生重大或者特别重大突发事件的，应当立即向上级人民政府报告，并向上级人民政府有关部门、当地驻军和可能受到危害的毗邻或者相关地区的人民政府通报。

第四十一条　【突发事件监测】国家建立健全突发事件监测制度。

县级以上人民政府及其有关部门应当根据自然灾害、事故灾难和公共卫生事件的种类和特点，建立健全基础信息数据库，完善监测网络，划分监测区域，确定监测点，明确监测项目，提供必要的设备、设施，配备专职或者兼职人员，对可能发生的突发事件进行监测。

第四十二条　【突发事件预警】国家建立健全突发事件预警制度。

可以预警的自然灾害、事故灾难和公共卫生事件的预警级别，按照突发事件发生的紧急程度、发展势态和可能造成的危害程度分为一级、二级、三级和四级，分别用红色、橙色、黄色和蓝色标示，一级为最高级别。

预警级别的划分标准由国务院或者国务院确定的部门制定。

链接《国家突发公共事件总体应急预案》1.3[分类分级]、3.1.1[预警级别和发布]

第四十三条　【发布预警】可以预警的自然灾害、事故灾难或者公共卫生事件即将发生或者发生的可能性增大时，县级以上地方各级人民政府应当根据有关法律、行政法规和国务院规定的权限和程序，发布相应级别的警报，决定并宣布有关地区进入预警期，同时向上一级人民政府报告，必要时可以越级上报，并向当地驻军和可能受到危害的毗邻或者相关地区的人民政府通报。

第四十四条　【三、四级预警应当采取的措施】发布三级、四级警报，宣布进入预警期后，县级以上地方各级人民政府应当根据即将发生的突发事件的特点和可能造成的危害，采取下列措施：

(一)启动应急预案；

(二)责令有关部门、专业机构、监测网点和负有特定职责的人员及时收集、报告有关信息，向社会公布反映突发事件信息的渠道，加强对突发事件发生、发展情况的监测、预报和预警工作；

(三)组织有关部门和机构、专业技术人员、有关专家学者，随时对突发事件信息进行分析评估，预测发生突发事件可能性的大小、影响范围和强度以及可能发生的突发事件的级别；

(四)定时向社会发布与公众有关的突发事件预测信息和分析评估结果，并对相关信息的报道工作进行管理；

(五)及时按照有关规定向社会发布可能受到突发事件危害的警告，宣传避免、减轻危害的常识，公布咨询电话。

第四十五条 【一、二级预警应当采取的措施】发布一级、二级警报，宣布进入预警期后，县级以上地方各级人民政府除采取本法第四十四条规定的措施外，还应当针对即将发生的突发事件的特点和可能造成的危害，采取下列一项或者多项措施：

（一）责令应急救援队伍、负有特定职责的人员进入待命状态，并动员后备人员做好参加应急救援和处置工作的准备；

（二）调集应急救援所需物资、设备、工具，准备应急设施和避难场所，并确保其处于良好状态、随时可以投入正常使用；

（三）加强对重点单位、重要部位和重要基础设施的安全保卫，维护社会治安秩序；

（四）采取必要措施，确保交通、通信、供水、排水、供电、供气、供热等公共设施的安全和正常运行；

（五）及时向社会发布有关采取特定措施避免或者减轻危害的建议、劝告；

（六）转移、疏散或者撤离易受突发事件危害的人员并予以妥善安置，转移重要财产；

（七）关闭或者限制使用易受突发事件危害的场所，控制或者限制容易导致危害扩大的公共场所的活动；

（八）法律、法规、规章规定的其他必要的防范性、保护性措施。

注释 发布一级、二级预警级别后政府应当采取的应对措施，可以归纳为：要求有关应急救援队伍、负有特定职责的人员进入待命状态，动员后备人员做好参加应急救援工作的准备工作；调集应急所需物资、设备、设施、工具，准备应急所需场所，并检查其是否处于良好状况、能否投入正常使用；采取必要措施，加强对核心机关、要害部门、重要基础设施、生命线工程等的安全防护；向其他地方人民政府预先发出提供支援的请求；根据可能发生的突发事件的性质、严重程度、影响大小等因素，制定具体的应急方案；及时关闭有关场所，转移有关人员、财产，尽量减少损失；及时向社会发布采取特定措施防止、避免或者减轻损害的建议、劝告或者指示等等。

链接《国家突发公共事件总体应急预案》3.2［应急处置］；《重大动物疫情应急条例》第四章［应急处理］

第四十六条 【社会安全事件报告制度】对即将发生或者已经发生的社会安全事件，县级以上地方各级人民政府及其有关主管部门应当按照规定向上一级人民政府及其有关主管部门报告，必要时可以越级上报。

注释［社会安全事件］

社会安全事件是指由各种社会矛盾引发的，形成一定的规模，造成一定的社会影响，危害社会稳定，干扰正常的工作秩序、生产秩序、教学科研秩序和社会秩序的群体性事件。通常来说，这类事件一般具有群体性、利益性、突发性、渐进性、多变性、对抗性的特点，往往给政治稳定、社会秩序、经济安全以及人民群众生命、财产安全造成重大影响。

第四十七条 【预警调整和解除】发布突发事件警报的人民政府应当根据事态的发展，按照有关规定适时调整预警级别并重新发布。

有事实证明不可能发生突发事件或者危险已经解除的，发布警报的人民政府应当立即宣布解除警报，终止预警期，并解除已经采取的有关措施。

第四章 应急处置与救援

第四十八条 【突发事件发生后政府应履行的职责】突发事件发生后，履行统一领导职责或者组织处置突发事件的人民政府应当针对其性质、特点和危害程度，立即组织有关部门，调动应急救援队伍和社会力量，依照本章的规定和有关法律、法规、规章的规定采取应急处置措施。

第四十九条 【应对自然灾害、事故灾难或者公共卫生事件的处置措施】自然灾害、事故灾难或者公共卫生事件发生后，履行统一领导职责的人民政府可以采取下列一项或者多项应急处置措施：

（一）组织营救和救治受害人员，疏散、撤离并妥善安置受到威胁的人员以及采取其他救助措施；

（二）迅速控制危险源，标明危险区域，封锁危险场所，划定警戒区，实行交通管制以及其他控制措施；

（三）立即抢修被损坏的交通、通信、供水、排水、供电、供气、供热等公共设施，向受到危害的人员提供避难场所和生活必需品，实施医疗救护和卫生防疫以及其他保障措施；

（四）禁止或者限制使用有关设备、设施，关闭或者限制使用有关场所，中止人员密集的活动或者可能导致危害扩大的生产经营活动以及采取其他保护措施；

（五）启用本级人民政府设置的财政预备费和储备的应急救援物资，必要时调用其他急需物资、设备、设施、工具；

（六）组织公民参加应急救援和处置工作，要求具有特定专长的人员提供服务；

（七）保障食品、饮用水、燃料等基本生活必需品的供应；

（八）依法从严惩处囤积居奇、哄抬物价、制假售假等扰乱市场秩序的行为，稳定市场价格，维护市场秩序；

（九）依法从严惩处哄抢财物、干扰破坏应急处置工作等扰乱社会秩序的行为，维护社会治安；

（十）采取防止发生次生、衍生事件的必要措施。

注释 根据《破坏性地震应急条例》的规定，因严重破坏性地震应急的需要，有关人民政府可以在灾区实行特别管制措施，如中断干线交通、封锁国境等；根据《防汛条例》的规定，在紧急防汛期，公安部门应当按照人民政府防汛指挥部的要求，加强治安管理和安全保卫工作，必要时须由有关部门依法实行陆地和水面交通管制；根据《突发公共卫生事件应急条例》的有关规定，根据突发公共卫生事件应急处理的需要，突发公共卫生事件应急处理指挥部有权紧急调集人员、储备的物资、交通工具以及相关设施、设备，有权在必要时对人员进行疏散或者隔离，可以依法对传染病疫区实行封锁，有权根据突发公共卫生事件应急处理的需要，对食物和水源采取控制措施。由此，在对国内外立法中规定的应急处置措施进行统一整理、分析的基础上，结合我国应急处置工作的实践，本条具体列举了救助性、控制性、保障性、保护性以及其他必要的各类应急处置措施。根据应急处置工作的需要，本条还规定，有关人民政府可以有针对性地采取一种或者同时采取多种应急措施。

链接《防震减灾法》第50条；《突发公共卫生事件应急条例》第四章［应急处理］；《传染病防治法》第四章［疫情控制］；《基础测绘条例》第20条

案例 许某等不服某区人民政府行政强制拆除案（福建省高级人民法院〔2006〕闽行终字第92号）

案件适用要点：某区人民政府在辖区内发生地质灾害紧急情况时，根据国务院《地质灾害防治条例》，可以采取强制措施，进行紧急避险。地质灾害险情发生后，被上诉人某区人民政府立即启动了应急预案，组织人员疏散，并派人24小时值班。2005年5月13日～16日，租住在上诉人房屋的外来人员多次出现疏散后又返回的现象。在这种情况下，为了保护人民群众生命财产安全，及时消除隐患，被上诉人某区人民政府及时采取紧急措施，发布公告，疏散人员，拆除上诉人处于地质灾害危险区内随时威胁人民群众生命及财产安全的房屋，是适当的行为，不具有违法性。法院对上诉人的上诉请求及理由不予支持。

第五十条 【应对社会安全事件的处置措施】社会安全事件发生后，组织处置工作的人民政府应当立即组织有关部门并由公安机关针对事件的性质和特点，依照有关法律、行政法规和国家其他有关规定，采取下列一项或者多项应急处置措施：

（一）强制隔离使用器械相互对抗或者以暴力行为参与冲突的当事人，妥善解决现场纠纷和争端，控制事态发展；

（二）对特定区域内的建筑物、交通工具、设备、设施以及燃料、燃气、电力、水的供应进行控制；

（三）封锁有关场所、道路，查验现场人员的身份证件，限制有关公共场所内的活动；

（四）加强对易受冲击的核心机关和单位的警卫，在国家机关、军事机关、国家通讯社、广播电台、电视台、外国驻华使领馆等单位附近设置临时警戒线；

（五）法律、行政法规和国务院规定的其他必要措施。

严重危害社会治安秩序的事件发生时，公安机关应当立即依法出动警力，根据现场情况依法采取相应的强制性措施，尽快使社会秩序恢复正常。

第五十一条 【突发事件严重影响国民经济运行时的应急处置措施】发生突发事件，严重影响国民经济正常运行时，国务院或者国务院授权的有关主管部门可以采取保障、控制等必要的应急措施，保障人民群众的基本生活需要，最大限度地减轻突发事件的影响。

第五十二条 【征用财产权、请求支援权及相应义务】履行统一领导职责或者组织处置突发事件的人民政府，必要时可以向单位和个人征用应急救援所需设备、设施、场地、交通工具和其他物资，请求其他地方人民政府提供人力、物力、财力或者技术支援，要求生产、供应生活必需品和应急救援物资的企业组织生产、保证供给，要求提供医疗、交通等公共服务的组织提供相应的服务。

履行统一领导职责或者组织处置突发事件的人民政府，应当组织协调运输经营单位，优先运送处置突发事件所需物资、设备、工具、应急救援人员和受到突发事件危害的人员。

第五十三条 【发布相关信息的义务】履行统一领导职责或者组织处置突发事件的人民政府，应当按照有关规定统一、准确、及时发布有关突发事件事态发展和应急处置工作的信息。

注释 本条规定了突发事件信息的公开。这些信息分为两类，既包括突发事件自身事态发展的信息，也包括应急处置工作的信息。

我国现有的法律体系中，对发布有关突发事件事态发展和应急处置工作的信息的具体规定比较少，主要体现在《戒严法》、《人民防空法》以及《信访条例》等少数几部法律法规中。我国现行立法中有关应急信息发布主体，以及信息传输渠道的规定，都不尽一致，导致应急处置实践中信息发布工作较为混乱，缺乏统一、权威的口径，为应急处置工作的顺利开展带来了障碍。因此，本条规定有关政府应当按照有关规定，统一、准确、及时发布有关突发事件事态发展和应急处置工作的信息。值得注意的是，在突发事件应对工作中，本法将信息公开原则列为政府应急工作所应遵循的最重要准则之一，但是，适用信息公开原则决不能机械、教条化，鉴于突发事件的特殊性和复杂性，对不利于应急处置工作或者有可能使突发事件的损害进一步扩大的，行政机关在发布信息时还应当考虑采取各种灵活方式区别对待。

链接《防汛条例》第25条；《安全生产法》第86条

第五十四条 【禁止编造、传播虚假信息】任何单位和个人不得编造、传播有关突发事件事态发展或者应急处置工作的虚假信息。

第五十五条 【相关组织的协助义务】突发事件发生地的居民委员会、村民委员会和其他组织应当按照当地人民政府的决定、命令，进行宣传动员，组织群众开展自救和互救，协助维护社会秩序。

注释 本条是关于居民委员会、村民委员会等群众性基层自治组织应急职责的规定。居民委员会、村民委员会和其他群众性基层自治组织的应急职责主要体现在以下几个方面：一是要将应急管理作为自治管理的重要内容，落实应急管理工作责任人，做好群众的组织、动员工作；二是要针对本区域、本单位常发突发事件，编制应急预案并根据需要不断修订完善，组织开展群众参与度高、应急联动性强、形式多样、节约高效的应急预案演练；三是可根据有关要求和实际情况，做好应急队伍组建和应急演练工作，提高社区、农村居民的综合应急和自我保护能力；四是加强隐患区域、应急基础设备、设施及避难场所的日常管理和巡查，提高基层应急保障能力。

目前，我国只有少数行政法规对居民委员会、村民委员会等群众性基层自治组织的应急职责作了规定。例如《地质灾害防治条例》第29条，《突发公共卫生事件应急条例》第40条的规定。因此，为了建立全社会综合性的应急管理系统，提高整个社会特别是基层社区、农村的应急意识和自我管理能力，本条明确规定突发事件发生地的居民委员会、村民委员会和其他组织应当按照当地人民政府的决定、命令，进行宣传动员，组织群众开展自救和互救，协助维护社会秩序。

链接《突发公共卫生事件应急条例》第40条；《国务院办公厅关于加强基层应急管理工作的意见》二(四)；《防震减灾法》第33条；《重大动物疫情应急条例》第37条；《地质灾害防治条例》第29条

第五十六条 【受突发事件影响或辐射的单位的应急处置措施】受到自然灾害危害或者发生事故灾难、公共卫生事件的单位，应当立即组织本单位应急救援队伍和工作人员营救受害人员，疏散、撤离、安置受到威胁的人员，控制危险源，标明危险区域，封锁危险场所，并采取其他防止危害扩大的必要措施，同时向所在地县级人民政府报告；对因本单位的问题引发的或者主体是本单位人员的社会安全事件，有关单位应当按照规定上报情况，并迅速派出负责人赶赴现场开展劝解、疏导工作。

突发事件发生地的其他单位应当服从人民政府发布的决定、命令，配合人民政府采取的应急处置措施，做好本单位的应急救援工作，并积极组织人员参加所在地的应急救援和处置工作。

注释 本条是关于突发事件发生地有关单位的应急职责的规定。突发事件发生地有关单位是危机防范和应急处置的“第一责任人”，他们的应急职责主要体现在以下几个方面：

(1)在平常时期，突发事件发生地有关单位应当加强对本单位范围内危险源、危险区域的日常管理和巡查，排除事故隐患，定期检查维护各种应急设备设施，避免应急设备长期闲置而导致无法使用，做到防患于未然。

(2)在突发事件发生初期，发生地有关单位应当充分发挥基层应急救援力量的优势，立即组织本单位应急救援队伍以及相关专业技术人员，针对突发事件发生的原因和特点，采取适当措施进行应急处置，并及时控制危险源，标明危险区域，封锁危险场所，控制事态，防止因突发事件所造成的损失进一步扩大。

(3)突发事件发生地有关单位应当充分利用熟悉本地地形、人员分布情况的优势，在第一时间营救受害人员，疏散、撤离、安置受到威胁的人员，尽量减少人员伤亡。

(4)突发事件发生地有关单位应当充分利用熟悉事发现场情况的优势，在第一现场及时向有关政府部门通报事态发展情况，为应急处置指挥决策工作提供依据。

(5)对因本单位的问题引发的或者主体是本单位人员的社会安全事件，有关单位应当充分发挥基层组织的矛盾纠纷化解排查作用，建立苗头问题早消化、重点对象早转化、敏感时期早防范、矛盾纠纷早处理的工作机制，定期对本单位内存在的各种矛盾纠纷，特别是对可能引发群体性聚集、上访事件的隐患及时排查调处，把各种不稳定因素切实消除在萌芽状态。社会安全事件发生后，有关单位应当按照规定及时上报情况，并迅速派出负责人赶赴现场开展劝解、疏导工作。对本单位能解决的问题，可以当场表明态度，尽量调解解决，从根本上掐断激化矛盾的导火索；对本单位无法解决的问题，也应当及时给予合理解释，以消除当事人的误解和疑虑，控制现场激愤情绪；对现场当事人有过激行为、危害社会秩序的，应当及时采取有效措施予以控制，并做好有关现场证据的保全、取证工作，为有关司法机关的介入和处理提供依据，有效维护社会稳定。

(6)突发事件发生地的其他单位也具有协助处

置、救援突发事件的有利条件，负有不可推卸的应急责任。这些单位应当服从、配合有关政府的决定、命令以及采取的应急处置措施，积极组织救援物资和人员，不遗余力地参与应急救援和处置工作。

单位或者个人违反本法规定，不服从所在地人民政府及其有关部门发布的决定、命令或者不配合其依法采取的措施，构成违反治安管理行为的，由公安机关依法给予处罚。

链接《防汛条例》第36条；《防震减灾法》第五章［地震应急救援］；《矿山安全法》第六章［矿山事故处理］；《铁路交通事故应急救援和调查处理条例》第四章［事故应急救援］；《重大动物疫情应急条例》第38条；《特种设备安全监察条例》第66条

第五十七条　【突发事件发生地的公民应当履行的义务】突发事件发生地的公民应当服从人民政府、居民委员会、村民委员会或者所属单位的指挥和安排，配合人民政府采取的应急处置措施，积极参加应急救援工作，协助维护社会秩序。

注释　本条是关于突发事件发生地的公民应当履行的应急义务的规定。在应急处置期间，为了保障行政应急措施的有效实施，事件发生地的公民应当负有服从、配合和协助应急处置工作的责任和义务。公民在国家、社会面临突发事件的危害过程中，绝不仅仅是单向的受保护者，而应该是主动积极的"责任行动者"。一般来说，突发事件应急处置期间的公民责任和义务，主要体现为以下几个方面：一是全力配合政府的应急管理工作，遵守各项应急规定，服从有关安排；二是按要求如实申报和报告有关信息，并为提供虚假信息承担法律责任；三是积极参与力所能及的应急救援工作，协助政府应急处置工作；四是不听、不信、不传播谣言，并配合有关部门对谣言制造者和传播者进行揭露和追查；五是为遭受损害者提供物资帮助或者心理抚慰等道义服务，为应急处置工作提供必要的方便甚至资助；六是承担其他必要的义务；等等。

链接《动物防疫法》第38条

第五章　事后恢复与重建

第五十八条　【停止执行应急处置措施并继续实施必要措施】突发事件的威胁和危害得到控制或者消除后，履行统一领导职责或者组织处置突发事件的人民政府应当停止执行依照本法规定采取的应急处置措施，同时采取或者继续实施必要措施，防止发生自然灾害、事故灾难、公共卫生事件的次生、衍生事件或者重新引发社会安全事件。

注释　本条是关于突发事件的威胁和危害得到控制或者消除后，停止执行有关应急处置措施，同时采取或者继续实施必要措施的规定。

一、停止应急处置措施的时间。为了应对突发事件，履行统一领导职责或者组织处置突发事件的人民政府应当依照本法和有关法律、法规、规章的规定采取应急处置措施。我国现行的法律、法规大多只规定了什么时间可以采取应急处置措施，而对停止应急处置措施及其时间未作出明确规定，工作中缺乏操作依据，需要对此加以明确。考虑到突发事件的种类比较复杂，各类突发事件的应对规律和方式都不尽相同，本条对这一事件的确定作了原则性规定，即突发事件的威胁和危害得到控制或者消除后，履行统一领导职责或者组织处置突发事件的人民政府应当停止执行依照本法规定采取的应急处置措施。实践中，需要根据突发事件的性质、特点和实际情况，来确定停止执行应急处置措施的时间。需要说明的是，停止应急处置措施的决定作出后，应当以适当方式向社会公布，让人民群众普遍知晓。

二、应急处置措施的停止并不等于应急处置工作的终结。本质上讲，本条的规定是介于突发事件应急处置与救援和恢复与重建之间的一个过渡阶段。停止执行应急处置措施，是因为突发事件及其影响已经得到了有效的控制，继续采取这些措施已经没有必要。但是这并不意味着导致突发事件的原因已经完全消除，特别是在某些情况下，一个突发事件可能引发其他突发事件。实践中，在停止执行应急处置措施后，突发事件死灰复燃，次生、衍生事件发生，或者重新引发社会安全事件的现象屡见不鲜。因此，为了巩固采取应急处置措施的成果，在停止实施应急处置措施后，仍然应当根据实际需要采取有关必要措施。

链接《国家突发公共事件总体应急预案》3.2.4［应急结束］

第五十九条　【损失评估和组织恢复重建】突发事件应急处置工作结束后，履行统一领导职责的人民政府应当立即组织对突发事件造成的损失进行评估，组织受影响地区尽快恢复生产、生活、工作和社会秩序，制定恢复重建计划，并向上一级人民政府报告。

受突发事件影响地区的人民政府应当及时组织和协调公安、交通、铁路、民航、邮电、建设等有关部门恢复社会治安秩序，尽快修复被损坏的交通、通信、供水、排水、供电、供气、供热等公共设施。

第六十条　【支援恢复重建】受突发事件影响地区的人民政府开展恢复重建工作需要上一级人民政府支持的，可以向上一级人民政府提出请求。上一级人民政府应当根据受影响地区遭受的损失和实际情况，提供资金、物资支持和技术指导，组织其他地区提供资金、物资和人力支援。

注释　上一级人民政府应当履行两方面的职责：一是根据受影响地区遭受的损失和实际情况，提供资金、物资支持和技术指导。二是组织其他地区提供资金、物资和人力支援。

第六十一条 【善后工作计划】国务院根据受突发事件影响地区遭受损失的情况，制定扶持该地区有关行业发展的优惠政策。

受突发事件影响地区的人民政府应当根据本地区遭受损失的情况，制定救助、补偿、抚慰、抚恤、安置等善后工作计划并组织实施，妥善解决因处置突发事件引发的矛盾和纠纷。

公民参加应急救援工作或者协助维护社会秩序期间，其在本单位的工资待遇和福利不变；表现突出、成绩显著的，由县级以上人民政府给予表彰或者奖励。

县级以上人民政府对在应急救援工作中伤亡的人员依法给予抚恤。

第六十二条 【查明原因并总结经验教训】履行统一领导职责的人民政府应当及时查明突发事件的发生经过和原因，总结突发事件应急处置工作的经验教训，制定改进措施，并向上一级人民政府提出报告。

第六章 法律责任

第六十三条 【政府及其有关部门不履行法定职责的法律责任】地方各级人民政府和县级以上各级人民政府有关部门违反本法规定，不履行法定职责的，由其上级行政机关或者监察机关责令改正；有下列情形之一的，根据情节对直接负责的主管人员和其他直接责任人员依法给予处分：

（一）未按规定采取预防措施，导致发生突发事件，或者未采取必要的防范措施，导致发生次生、衍生事件的；

（二）迟报、谎报、瞒报、漏报有关突发事件的信息，或者通报、报送、公布虚假信息，造成后果的；

（三）未按规定及时发布突发事件警报、采取预警期的措施，导致损害发生的；

（四）未按规定及时采取措施处置突发事件或者处置不当，造成后果的；

（五）不服从上级人民政府对突发事件应急处置工作的统一领导、指挥和协调的；

（六）未及时组织开展生产自救、恢复重建等善后工作的；

（七）截留、挪用、私分或者变相私分应急救援资金、物资的；

（八）不及时归还征用的单位和个人的财产，或者对被征用财产的单位和个人不按规定给予补偿的。

案例 某某公司诉某某县人民政府、某某县水利局不履行开闸泄洪管理职责并要求行政赔偿案（福建省泉州市中级人民法院〔2004〕泉行终字第99号）

案件适用要点：根据《中华人民共和国防洪法》及《福建省防洪条例》的有关规定，防汛抗洪是各级人民政府及所属水行政主管部门依职权必须履行的法定职责。本案被上诉人某某县人民政府、某某县水利局于2003年8月初接到第9号热带风暴“莫拉克”的预警时，就及时部署防抗各项准备工作。根据防汛指挥部的部署，某某县城东水闸桥也于2003年8月4日做好开闸泄洪准备，并于2003年8月5日凌晨4时10分进行洪水预泄。后随着上游来水剧增逐渐加大泄洪力度，始终将水位控制在39米高程的正常蓄水位以下。被上诉人所实施的上述一系列行为符合《中华人民共和国防洪法》规定的技术操作规范要求，应当认定两被诉人积极履行了防汛抗洪的法定职责。上诉人起诉认为被上诉人没有及时通知水闸桥开闸泄洪，系不作为的违法行为缺乏事实依据。上诉人的厂房被淹系短时间降雨量特大引起的内涝造成，与作为不可抗力的自然灾害具有直接的因果关系，上诉人要求被上诉人承担经济赔偿责任的理由不能成立。一审法院判决驳回上诉人的诉讼请求是正确的，应予维持。

第六十四条 【突发事件发生地的单位不履行法定义务的法律责任】有关单位有下列情形之一的，由所在地履行统一领导职责的人民政府责令停产停业，暂扣或者吊销许可证或者营业执照，并处五万元以上二十万元以下的罚款；构成违反治安管理行为的，由公安机关依法给予处罚：

（一）未按规定采取预防措施，导致发生严重突发事件的；

（二）未及时消除已发现的可能引发突发事件的隐患，导致发生严重突发事件的；

（三）未做好应急设备、设施日常维护、检测工作，导致发生严重突发事件或者突发事件危害扩大的；

（四）突发事件发生后，不及时组织开展应急救援工作，造成严重后果的。

前款规定的行为，其他法律、行政法规规定由人民政府有关部门依法决定处罚的，从其规定。

注释 本条是关于单位应承担法律责任的规定。

承担法律责任的主体是“有关单位”。这里的“单位”是指根据本法规定承担了部分突发事件应对法律义务的社会单位，其基本特征有两个：第一是“社会性”，即这些单位属于国家机关之外、具有社会性的各种企事业单位，如第23条中的“矿山、建筑施工单位和易燃易爆物品、危险化学品、放射性物品等危险物品的生产、经营、储运、使用单位”，第24条中的“公共交通工具、公共场所和其他人员密集场所的经营单位或者管理单位”等。但这里的“单位”不包括村委会、居委会等基层群众自治性组织，因为二者性质不同,在突发事件应对中的职责也不同,本法在条文表述上一般将二者予以严格区分。第二是"单位性",即这里的单位是一定的名称、人员、财产、住所、设施和经营活动的集合,并非个人。

链接《国家突发公共事件总体应急预案》5.3 责任与奖惩;《生产安全事故报告和调查处理条例》第 40 条

第六十五条　【编造、传播虚假信息的法律责任】 违反本法规定,编造并传播有关突发事件事态发展或者应急处置工作的虚假信息,或者明知是有关突发事件事态发展或者应急处置工作的虚假信息而进行传播的,责令改正,给予警告;造成严重后果的,依法暂停其业务活动或者吊销其执业许可证;负有直接责任的人员是国家工作人员的,还应当对其依法给予处分;构成违反治安管理行为的,由公安机关依法给予处罚。

注释 本条主要是关于编造、传播虚假信息应承担法律责任的规定。

根据本条规定,以下两种行为应当受到法律责任的追究:一是"编造并传播有关突发事件事态发展或者应急处置工作的虚假信息",二是"明知是有关突发事件事态发展或者应急处置工作的虚假信息而进行传播"。规定编造、传播虚假信息应承担法律责任的依据是,本法第 54 条规定,"任何单位和个人不得编造、传播有关突发事件事态发展或者应急处置工作的虚假信息"。

根据本法第 54 条及本条的规定,可以得出以下结论:一是,本条规定的违法行为的实施主体可以是"任何单位和个人",即所有单位和个人都负有不得编造、传播虚假信息的义务,既包括新闻媒体,也包括国家机关工作人员和普通的自然人,但不限于这些主体。二是,只要实施了本条规定的编造、传播虚假信息的行为,不论是否产生损害后果,都需要承担法律责任,其具体的违法情形影响的只是承担法律责任的具体形式。三是,单位和个人,包括新闻媒体,只有在编造、传播虚假信息时才需要承担法律责任,如果单位和个人传播或者报道的突发事件事态发展或者应急处置工作信息是真实的,即使这些消息未被行政机关向社会披露,这些单位和个人也无需承担任何法律责任。

第六十六条　【治安管理处罚】 单位或者个人违反本法规定,不服从所在地人民政府及其有关部门发布的决定、命令或者不配合其依法采取的措施,构成违反治安管理行为的,由公安机关依法给予处罚。

第六十七条　【民事责任】 单位或者个人违反本法规定,导致突发事件发生或者危害扩大,给他人人身、财产造成损害的,应当依法承担民事责任。

注释 某些突发事件的发生或者危害扩大,非由自然因素造成,而是由一些单位或者个人违反有关法律规定造成。在这里,有两层法律关系:单位或者个人违反有关法律规定的行为属于行政违法行为,由此产生的是行政法律责任;单位或者个人的行政违法行为同时导致突发事件发生或者危害扩大,并直接造成他人人身和财产的损害,这是一种较为典型的民事侵权行为,由此产生的是民事法律责任。

根据本条规定,单位或者个人承担民事法律责任应当满足以下条件:1. 单位或者个人违反了本法的相关规定,并导致突发事件发生或者危害扩大。2. 他人人身或者财产受到了损害,即必须有损害后果,否则不会产生民事法律责任。3. 突发事件的发生或者危害扩大与他人人身或者财产损害之间具有直接的因果关系,即他人人身或者财产的损害是由突发事件发生或者危害扩大造成的。同时满足以上三个条件,则单位或者个人就需要对他人承担民事赔偿责任了。

本法对民事法律责任作出原则规定,并不是要对民事权利义务关系作出新的界定或者调整,而只是表明了突发事件应对过程中民事法律关系的客观存在,其性质属于法律援引条款,本身并不解决任何实体问题。实践中,受害人要求单位或者个人承担赔偿责任的直接法律依据应当是相关的民事法律规范和民事诉讼法律规范。

链接《铁路交通事故应急救援和调查处理条例》第六章[事故赔偿];《动物防疫法》第 48 条

案例 **某水电开发有限责任公司与某某船舶损害赔偿纠纷上诉案**(广西壮族自治区高级人民法院民事判决书〔2007〕桂民四终字第 10 号)

案件适用要点: 由于发生特大洪水,为防止围堰发生危险,上诉人及时采取的破堰等相应措施属于紧急避险行为虽为合法行为,却有不当之处,主要表现为:其一、《内河交通安全管理条例》第 29 条规定进行可能影响航道通航安全的作业时,应当在作业区域设置标志和显示信号,并按照海事管理机构的规定,采取相应的安全措施,保障通航安全。但上诉人未能举证证明其破堰前按规定设置了标志和显示信号;其二、《民法通则》第 4 条规定民事活动应当遵循诚实信用原则,因此,尽管没有法律法规明确规定上诉人负有自行通知附近水域内船舶撤离的义务,但上诉人作为专业的水电公司凭借其掌握的专业知识应当预见到其破堰对这些船舶可能造成的危害,故其仍应直接地通知有关船舶撤离以履行其基于诚信原则的要求所承担的对附近船舶的注意和安全保护义务。然而,破堰前上诉人未通知有关船舶,在从开始破堰至发生船舶沉没长达几小时的过程中,上诉人的现场工作人员未通知有关船舶撤离。因紧急避险采取措施不当或超过必要的限度,上诉人应适当补偿被上诉人的船舶损失。

第六十八条 【刑事责任】违反本法规定，构成犯罪的，依法追究刑事责任。

第七章 附 则

第六十九条 【紧急状态】发生特别重大突发事件，对人民生命财产安全、国家安全、公共安全、环境安全或者社会秩序构成重大威胁，采取本法和其他有关法律、法规、规章规定的应急处置措施不能消除或者有效控制、减轻其严重社会危害，需要进入紧急状态的，由全国人民代表大会常务委员会或者国务院依照宪法和其他有关法律规定的权限和程序决定。

紧急状态期间采取的非常措施，依照有关法律规定执行或者由全国人民代表大会常务委员会另行规定。

第七十条 【施行日期】本法自2007年11月1日起施行。

中华人民共和国行政处罚法

（1996年3月17日第八届全国人民代表大会第四次会议通过　根据2009年8月27日第十一届全国人民代表大会常务委员会第十次会议《关于修改部分法律的决定》第一次修正　根据2017年9月1日第十二届全国人民代表大会常务委员会第二十九次会议《关于修改〈中华人民共和国法官法〉等八部法律的决定》第二次修正）

理解与适用

《中华人民共和国行政处罚法》1996年10月1日施行，是为了规范行政处罚的设定和实施，保障和监督行政机关有效实施行政管理，维护公共利益和社会秩序，保护公民、法人和其他组织的合法权益，根据宪法制定的法律。

一、行政处罚的核心原则——处罚法定原则

行政处罚是对公民、法人和其他组织权利义务影响巨大的行政行为，不能由行政机关任意为之，行政处罚的所有活动必须有法律根据，并在法律规定的权限范围内进行，即行政处罚的法定原则。它包括以下含义：设定处罚的权力是法定的，决定处罚的依据是法定的，实施处罚的主体是法定的，实施处罚的程序是法定的。

二、行政处罚的设定

1. 行政处罚基本上由法律和行政法规设定。其中，人身自由罚由于涉及公民的人身自由权，只能由法律来设定。

2. 行政法规可以设定除行政拘留等限制人身自由以外的各类行政处罚。

3. 地方性法规可以设定除限制人身自由和吊销企业营业执照以外的行政处罚。已经有法律、行政法规的，地方性法规只能结合本地具体情况，根据法律、行政法规的规定予以具体化，不得超越法律、行政法规规定的违法行为、行政处罚的种类和幅度规定行政处罚。

4. 规章可以设定行政处罚，但前提是尚未制定法律、行政法规。且规章只能在一定的范围内设定警告和一定数量的罚款的行政处罚。

三、当事人在行政处罚中的权利

公民、法人或者其他组织对行政机关所给予的行政处罚，享有陈述权、申辩权；对行政处罚不服的，有权依法申请行政复议或者提起行政诉讼。公民、法人或者其他组织因行政机关违法给予行政处罚受到损害的，有权依法提出赔偿要求。

四、行政处罚的追究时效

行政处罚追究时效，是指在违法行为发生后，对该违法行为有处罚权的行政机关在法律规定的期限内未发现这一违反行政管理秩序行为的事实，超过法律规定的期限才发现的，对当时的违法行为人不再给予处罚。

《行政处罚法》第29条第1款规定，违法行为在2年内未被发现的，不再给予行政处罚，法律另有规定的除外（如《治安管理处罚法》规定的是6个月）。第2款规定，前款规定的期限，从违法行为发生之日起计算；违法行为有连续或者继续状态的，从行为终了之日起计算。

五、行政处罚听证

行政机关作出责令停产停业、吊销许可证或者执照、较大数额罚款等行政处罚决定之前，应当告知当事人有要求举行听证的权利；当事人要求听证的，行政机关应当组织听证。当事人不承担行政机关组织听证的费用。

第一章　总　　则

第一条　【立法目的】为了规范行政处罚的设定和实施，保障和监督行政机关有效实施行政管理，维护公共利益和社会秩序，保护公民、法人或者其他组织的合法权益，根据宪法，制定本法。

第二条　【适用范围】行政处罚的设定和实施，适用本法。

注释［行政处罚的含义］

行政处罚，是指行政机关和法律、法规授权组织依照法律规定，对违反行政管理秩序、应当承担法律责任的公民、法人或者其他组织所实施的惩戒行为。对实施惩戒的主体来说是一种制裁性行政行为，对承受惩戒的主体来说是一种惩罚性的行政法律责任。

［行政处罚行为的法律适用规则］

1. 高位法优先适用规则。法律的效力高于行政法规、地方性法规、规章；行政法规的效力高于地方性法规、规章；地方性法规的效力高于本级和下级政府规章；省级政府制定的规章的效力高于本行政区域内的较大的市政府制定的规章。

2. 特别法优先适用规则。同一机关制定的法律、行政法规、地方性法规和规章，特别规定与一般规定不一致的，适用特别规定。

3. 新法优先适用规则。同一机关制定的法律、行政法规、地方性法规和规章，新的规定与旧的规定不一致的，适用新的规定。

4. 地方法规优先适用情形。地方性法规或者地方政府规章依据法律或者行政法规的授权，并根据本行政区域的实际情况作出的具体规定，与部门规章对同一事项规定不一致的，应当优先适用地方性法规或者地方政府规章。

5. 部门规章优先适用情形。部门规章依据法律、行政法规的授权作出的实施性规定，或者部门规章对于尚未制定法律、行政法规而国务院授权的事项作出的具体规定，与地方性法规或者地方政府规章对同一事项规定不一致的，应当优先适用部门规章。

6. 部门规章冲突情形下的适用规则。部门规章与国务院其他部门制定的规章之间，对同一事项的规定不一致的，应当优先适用根据专属职权制定的规章；两个以上部门联合制定的规章，优先于一个部门单独制定的规章；不能确定如何适用的，应当按程序报请国务院裁决。

链接《立法法》第87－95条［法律适用规则］；《环境保护部关于规范环境行政处罚自由裁量权若干意见》

第三条　【适用对象】公民、法人或者其他组织违反行政管理秩序的行为，应当给予行政处罚的，依照本法由法律、法规或者规章规定，并由行政机关依照本法规定的程序实施。

没有法定依据或者不遵守法定程序的，行政处罚无效。

注释［行政处罚的适用条件］

行政处罚的条件如下：(1)公民、法人或者其他组织的行为违反行政管理秩序应当承担法律责任。(2)法律、法规或者规章明确规定，公民、法人或者其他组织违反行政管理秩序应当给予行政处罚的，才能给予行政处罚。(3)行政处罚只能由行政机关依照法定程序实施。这是行政处罚区别于刑事处罚的关键。(4)行政机关如果没有法定依据或者不遵守法定程序实施行政处罚，行政处罚就是无效的，公民、法人或者其他组织有权拒绝，人民法院也可以依法予以撤销。这就是行政处罚法定原则所要求的。

［处罚法定原则］

1. 处罚依据法定。法律、法规或者规章明确规定，公民、法人或者其他组织违反行政管理秩序应当给予行政处罚的，才能给予行政处罚。

2. 处罚主体法定。除下列机关和组织外，其他任何机关、组织和个人，不得行使行政处罚权：①法律、法规、规章规定行使处罚权的行政机关；②法律、法规授权的具有管理公共事务职能的组织；③根据法律、法规或者规章的规定，行政机关可以委托相关组织实施处罚。

3. 处罚职权法定。行使行政处罚权的主体必须在法律规定的范围内行使行政处罚权，不得超过法律规定的范围行使处罚权。

4. 处罚程序法定。行政机关在实施行政处罚时，如果不严格遵守法定的程序，如立案、调查取证、审理和听证、送达处罚决定书、告知受处罚人诉权等，就会损害相对人的合法权益，这样作出的处罚也是无效的。

第四条　【公正、公开原则】行政处罚遵循公正、公开的原则。

设定和实施行政处罚必须以事实为依据，与违法行为的事实、性质、情节以及社会危害程度相当。

对违法行为给予行政处罚的规定必须公布；未经公布的，不得作为行政处罚的依据。

注释［公正、公开原则］

公正，是指公平正直、不偏私。公正原则是处罚合法原则的必要补充，这是因为在行政处罚时，有时虽然在形式上是合法的,是在法定的幅度和范围内实施的,但是有明显的不合理、不适当之处。

公开,是指不加隐蔽。公开原则是合法原则、公正原则的外在表现形式,具体是指处罚的依据、过程、决定等是公开的、开放的。主要表现在:(1)处罚的依据必须是公开的,不能依据内部文件实施处罚;(2)处罚的程序对相对人是公开的,例如,获取证据的渠道是公开的,检查是公开的,处罚决定是公开的;(3)在行政处罚的实施过程中,行为人有申辩和了解有关情况的权利。

[过罚相当原则]

违法行为与处罚相适应的原则,也叫过罚相当原则,是指实施的处罚与行为人的主观过错、违法行为造成的后果相当。其具体要求是:对违法事实、性质、情节及社会危害程度等因素基本相同的同类行政违法行为,所采取的措施和手段应当必要、适当,所适用的法律依据、处罚种类和幅度应当基本相同,行政处罚的种类、轻重程度、减免应与违法行为相适应,排除不相关因素的干扰,防止处罚畸轻畸重、重责轻罚、轻责重罚等。

违反过罚相当原则的直接表现是行政处罚显失公正。行政处罚显失公正是指行政机关及其工作人员或法律、法规授权组织在对行政管理相对人实施行政处罚时,给予的行政处罚存在明显的不合理性。其表现形式有畸轻畸重、同种情况不同对待或不同情况同样对待等。

第五条 【处罚与教育相结合】实施行政处罚,纠正违法行为,应当坚持处罚与教育相结合,教育公民、法人或者其他组织自觉守法。

第六条 【陈述权、申辩权、救济权】公民、法人或者其他组织对行政机关所给予的行政处罚,享有陈述权、申辩权;对行政处罚不服的,有权依法申请行政复议或者提起行政诉讼。

公民、法人或者其他组织因行政机关违法给予行政处罚受到损害的,有权依法提出赔偿要求。

第七条 【被处罚者承担的其他法律责任】公民、法人或者其他组织因违法受到行政处罚,其违法行为对他人造成损害的,应当依法承担民事责任。

违法行为构成犯罪,应当依法追究刑事责任,不得以行政处罚代替刑事处罚。

注释 行政处罚与民事责任的竞合适用上,由于两种法律责任的性质完全相异,一个是行政机关给予违法者以行政处罚,一个是违法者向受害者承担民事侵权责任,在责任的承担上既不发生冲突,也不会发生重责吸收轻责的情况。因此,违法者应同时承担两种法律责任,不能因予以行政处罚而免除其民事责任,也不能因已承担民事责任而免除或从轻、减轻行政处罚。同样的道理,违法行为构成犯罪的,也不能以行政处罚代替刑事处罚,必须移送司法机关处理。

链接《刑法》第 13 条[犯罪概念];《治安管理处罚法》第 8 条[民事责任]

第二章 行政处罚的种类和设定

第八条 【处罚的种类】行政处罚的种类:

(一)警告;

(二)罚款;

(三)没收违法所得、没收非法财物;

(四)责令停产停业;

(五)暂扣或者吊销许可证、暂扣或者吊销执照;

(六)行政拘留;

(七)法律、行政法规规定的其他行政处罚。

链接《治安管理处罚法》第 10 条[处罚种类];《道路交通安全法》第 88 条[处罚种类]、第 89 条[对违法行人、乘车人、非机动车驾驶人的处罚]

第九条 【法律的行政处罚设定权】法律可以设定各种行政处罚。

限制人身自由的行政处罚,只能由法律设定。

注释 这里的法律是指全国人大及其常委会按照立法程序制定的法律规范。法律不仅可以设定行政处罚法第 8 条规定的各种行政处罚,也可以规定其他种类的行政处罚。另外,由于限制人身自由的行政处罚包括行政拘留和其他人身罚,均涉及公民的人身自由权利,应当而且只能由法律来设定。其他法律规范,包括行政法规、地方性法规和规章均不得设定限制人身自由的行政处罚。

链接《立法法》第 8 条[制定法律的事项]

第十条 【行政法规的行政处罚设定权】行政法规可以设定除限制人身自由以外的行政处罚。

法律对违法行为已经作出行政处罚规定,行政法规需要作出具体规定的,必须在法律规定的给予行政处罚的行为、种类和幅度的范围内规定。

链接《立法法》第 9、65 条[授权][行政法规制定权]

第十一条 【地方性法规的行政处罚设定权】地方性法规可以设定除限制人身自由、吊销企业营业执照以外的行政处罚。

法律、行政法规对违法行为已经作出行政处罚规定,地方性法规需要作出具体规定的,必须在法律、行政法规规定的给予行政处罚的行为、种类和幅度的范围内规定。

注释 [地方性法规设定行政处罚的具体要求]

地方性法规是指省、自治区、直辖市、设区的市等法定的地方国家权力机关依照法定的权限,在不同宪法、法律和行政法规相抵触的前提下,制定和颁布的在本行政区域范围内实施的规范性文件。

需要注意的是:(1)法律、行政法规已经对应受行政处罚的行为作出明确规定的,地方性法规不得在此之外再增加新的应受行政处罚的行为;(2)法律、行政法规已经对某一受行政处罚行为设定了几种处罚种类,地方性法规不得在此之外增加或者变相增加其他处罚种类,如法律只规定了警告、责令拆除,地方性法规就不能增加罚款;(3)法律、行政法规对行政处罚的幅度已有明确规定,地方性法规只能在规定的行政处罚幅度内作出规定,可以在法律、行政法规规定的行政处罚的幅度内提高下限或者降低上限,但不得突破行政处罚的幅度,降低下限或者提高上限。比如,法律规定对某一行为处以1万元以上2万元以下的罚款,地方性法规就不得超越这个幅度,规定处以5000元以上2.5万元以下的罚款。

[单行条例能否设定行政处罚?]

自治区制定的地方性法规可以设定行政处罚,自治区制定的自治条例、单行条例也可以设定行政处罚。但自治州、自治县制定的自治条例、单行条例不能设定行政处罚。另外需注意的是,自治条例和单行条例一律不能设定行政许可。

链接《立法法》第73条[地方性法规规定的事项]

第十二条 【国务院部委规章的行政处罚设定权】国务院部、委员会制定的规章可以在法律、行政法规规定的给予行政处罚的行为、种类和幅度的范围内作出具体规定。

尚未制定法律、行政法规的,前款规定的国务院部、委员会制定的规章对违反行政管理秩序的行为,可以设定警告或者一定数量罚款的行政处罚。罚款的限额由国务院规定。

国务院可以授权具有行政处罚权的直属机构依照本条第一款、第二款的规定,规定行政处罚。

注释[规章]

规章是国务院各部、委员会、中国人民银行、审计署和具有行政管理职能的直属机构以及省、自治区、直辖市,和设区的市、自治州的人民政府制定的法律规范性文件。

[罚款的限额]

国务院各部门制定的规章对非经营活动中的违法行为设定罚款不得超过1000元;对经营活动中的违法行为,有违法所得的,设定罚款不得超过违法所得的3倍,但是最高不得超过3万元,没有违法所得的,设定罚款不得超过1万元;超过上述限额的,应当报国务院批准。地方政府规章设定罚款的限额,由省、自治区、直辖市人大常委会规定,可以不受上述规定的限制。

[部门规章与地方性法规规定的处罚幅度不一致的,如何适用?]

《行政诉讼法》第63条规定,人民法院审理行政案件,以法律和行政法规、地方性法规为依据。地方性法规适用于本行政区域内发生的行政案件。人民法院审理行政案件,参照规章。《立法法》第95条第1款第2项规定,地方性法规与部门规章之间对同一事项的规定不一致,不能确定如何适用时,由国务院提出意见,国务院认为应当适用地方性法规的,应当决定在该地方适用地方性法规的规定;认为应当适用部门规章的,应当提请全国人民代表大会常务委员会裁决。

根据上述规定,地方性法规与国务院部门规章对同一事项规定不一致,人民法院认为应当适用地方性法规的,可以适用地方性法规的规定;认为不能确定如何适用时,可以依照《立法法》第95条第1款第2项的规定办理。

链接《立法法》第80条[规章制定权]

第十三条 【地方政府规章的行政处罚设定权】省、自治区、直辖市人民政府和省、自治区人民政府所在地的市人民政府以及经国务院批准的较大的市人民政府制定的规章可以在法律、法规规定的给予行政处罚的行为、种类和幅度的范围内作出具体规定。

尚未制定法律、法规的,前款规定的人民政府制定的规章对违反行政管理秩序的行为,可以设定警告或者一定数量罚款的行政处罚。罚款的限额由省、自治区、直辖市人民代表大会常务委员会规定。

注释 地方政府规章设定罚款的限额由省一级人大常委会规定,可以不受国务院对国务院部门规章设定罚款限额的限制。但是在一个省、自治区的范围内,以制定统一的具体执行标准为宜。

链接《立法法》第82条[地方政府规章]

第十四条 【其他规范性文件不得设定行政处罚】除本法第九条、第十条、第十一条、第十二条以及第十三条的规定外,其他规范性文件不得设定行政处罚。

注释[其他规范性文件]

本条所指的其他规范性文件,主要包括:无法律或者地方性法规制定权的国家权力机关制定的规范性文件,无行政法规或者规章制定权的行政机关制定的具有普遍约束力的决定、命令,军事机关、审判机关、检察机关的规范性文件,社会团体、行业组织章程,政党的文件等。上述规范性文件因其性质不能设定公民、组织的义务,因此,不得设定行政处罚。

第三章 行政处罚的实施机关

第十五条 【处罚的实施】行政处罚由具有行政处罚权的行政机关在法定职权范围内实施。

第十六条 【相对集中行使处罚权】国务院或者

经国务院授权的省、自治区、直辖市人民政府可以决定一个行政机关行使有关行政机关的行政处罚权，但限制人身自由的行政处罚权只能由公安机关行使。

注释［相对集中行政处罚权］

相对集中行政处罚权，是指一个行政机关集中行使与其行政管理范围有关的其他行政机关的行政处罚权。

相对集中行政处罚权原则的一个例外，就是限制人身自由的行政处罚权只能由公安机关行使。

［相对集中行政处罚权的决定程序］

一个行政机关集中行使其他有关行政机关的行政处罚权，必须经国务院或者国务院授权的省、自治区、直辖市人民政府决定，其他行政机关均无权决定。

链接《国务院办公厅关于继续做好相对集中行政处罚权试点工作的通知》；《国务院关于进一步推进相对集中行政处罚权工作的决定》

第十七条 【授权实施行政处罚】法律、法规授权的具有管理公共事务职能的组织可以在法定授权范围内实施行政处罚。

第十八条 【委托实施行政处罚】行政机关依照法律、法规或者规章的规定，可以在其法定权限内委托符合本法第十九条规定条件的组织实施行政处罚。行政机关不得委托其他组织或者个人实施行政处罚。

委托行政机关对受委托的组织实施行政处罚的行为应当负责监督，并对该行为的后果承担法律责任。

受委托组织在委托范围内，以委托行政机关名义实施行政处罚；不得再委托其他任何组织或者个人实施行政处罚。

第十九条 【受托组织的条件】受委托组织必须符合以下条件：

（一）依法成立的管理公共事务的事业组织；

（二）具有熟悉有关法律、法规、规章和业务的工作人员；

（三）对违法行为需要进行技术检查或者技术鉴定的，应当有条件组织进行相应的技术检查或者技术鉴定。

注释［依法成立的管理公共事务的事业组织］

是指依法予以登记、有办公地点，并且承担着管理公共事务的事业单位，包括财政全额拨款、部分拨款和自收自支的事业单位，只管理本组织自身事务的，不能算是管理公共事务。依法成立的企业单位不能受委托实施行政处罚，因为企业是生产、经营组织，以营利为目的，委托企业实施行政处罚，容易导致企业利用行政处罚谋取不正当利益。

第四章 行政处罚的管辖和适用

第二十条 【行政处罚的管辖】行政处罚由违法行为发生地的县级以上地方人民政府具有行政处罚权的行政机关管辖。法律、行政法规另有规定的除外。

注释［对安全生产违法行为处罚的管辖机关］

（1）安全生产违法行为的行政处罚，由安全生产违法行为发生地的县级以上安全监管监察部门管辖。中央企业及其所属企业、有关人员的安全生产违法行为的行政处罚，由安全生产违法行为发生地的设区的市级以上安全监管监察部门管辖。

（2）暂扣、吊销有关许可证和暂停、撤销有关执业资格、岗位证书的行政处罚，由发证机关决定。其中，暂扣有关许可证和暂停有关执业资格、岗位证书的期限一般不得超过6个月；法律、行政法规另有规定的，依照其规定。

（3）给予关闭的行政处罚，由县级以上安全监管监察部门报请县级以上人民政府按照国务院规定的权限决定。

（4）给予拘留的行政处罚，由县级以上安全监管监察部门建议公安机关依照治安管理处罚法的规定决定。

（5）上级安全监管监察部门可以直接查处下级安全监管监察部门管辖的案件，也可以将自己管辖的案件交由下级安全监管监察部门管辖。下级安全监管监察部门可以将重大、疑难案件报请上级安全监管监察部门管辖。

链接《安全生产违法行为行政处罚办法》第6、10、11条

第二十一条 【行政处罚的指定管辖】对管辖发生争议的，报请共同的上一级行政机关指定管辖。

第二十二条 【构成犯罪案件的移送】违法行为构成犯罪的，行政机关必须将案件移送司法机关，依法追究刑事责任。

链接《行政执法机关移送涉嫌犯罪案件的规定》

第二十三条 【改正违法行为】行政机关实施行政处罚时，应当责令当事人改正或者限期改正违法行为。

注释改正违法行为的措施，除恢复原状外，还包括赔偿损失、消除影响、采取措施防范违法行为再次发生等多种方式，其实质是要求违法者认真承担责任，并杜绝同类事件再次发生。

第二十四条 【同一行为不得重复处罚】对当事人的同一个违法行为，不得给予两次以上罚款的行政处罚。

注释 本条规定含有两层意思：（1）对当事人的同一个违法行为，可能存在两次以上的行政处罚；（2）对当事人同一个违法行为需要给予两次以上行政处罚的，不允许给予两次以上的罚款处罚。但是，以下几种情

况不受本条规定的限制:(1)行政机关作出的罚款处罚因为法定事由被撤销,但根据具体情况仍需要对违法行为进行处理的,行政机关依法重新作出罚款的处罚。(2)行政机关对违法行为同时适用了罚款和其他处罚,罚款执行后,其他处罚因为客观原因无法执行,于是行政机关依法将其他处罚变更为罚款。(3)行政机关作出罚款决定后,行为人有能力履行而拒不履行,行政机关依法提高原罚款数额。

第二十五条　【对未成年人处罚的限制】不满14周岁的人有违法行为的,不予行政处罚,责令监护人加以管教;已满14周岁不满18周岁的人有违法行为的,从轻或者减轻行政处罚。

第二十六条　【对精神病人处罚的限制】精神病人在不能辨认或者不能控制自己行为时有违法行为的,不予行政处罚,但应当责令其监护人严加看管和治疗。间歇性精神病人在精神正常时有违法行为的,应当给予行政处罚。

第二十七条　【从轻、减轻、不予处罚的条件】当事人有下列情形之一的,应当依法从轻或者减轻行政处罚:

(一)主动消除或者减轻违法行为危害后果的;

(二)受他人胁迫有违法行为的;

(三)配合行政机关查处违法行为有立功表现的;

(四)其他依法从轻或者减轻行政处罚的。

违法行为轻微并及时纠正,没有造成危害后果的,不予行政处罚。

注释［从轻处罚］

从轻处罚,是指行政机关在法定的处罚方式和处罚幅度内,对有违法行为的当事人在数种处罚方式所允许的幅度内适用较低限的处罚。从轻处罚并不是绝对要适用最轻的处罚方式和最低的处罚幅度,而是由行政机关在具体的违法案件中,根据法定或者酌定的从轻情节予以裁量。

［减轻处罚］

减轻处罚,是指行政机关对有违法行为的当事人在法定的处罚幅度最低限以下适用行政处罚。减轻处罚是对当事人科以低于法定最低限的处罚,但减轻处罚不是毫无限制地减轻,它必须是有减轻处罚的情节,而且体现过罚相当的原则。在程度上,它应位于从轻处罚与免除处罚之间,而不得逾越这一范围,处罚减轻的程度不得达到免除处罚的程度。

［不予处罚］

不予处罚,是指行政主体依照法律、法规的规定,因为有法定事由存在,对本应给予处罚的违法行为人免除对其适用行政处罚。

［从重处罚］

在从轻处罚、减轻处罚和不予处罚的法定情节之外,还存在另外一种行政处罚适用的法定情节,即从重处罚的法定情节。从重处罚是与从轻处罚相对应而言的一种行政处罚适用方法,它指行政机关在法定的处罚方式和幅度内,对行政违法行为人在数种处罚方式中适用较严厉的处罚方式,或者在某一处罚方式允许的幅度范围内适用接近于上限的处罚。

违法行为有下列情形之一的,应当从重处罚:(1)违法情节恶劣或者造成较为严重的后果的;(2)不听劝阻,继续实施违法行为,或者多次实施违法行为,屡教不改的;(3)妨碍、逃避或者抗拒执法人员调查、处理其违法行为的;(4)在共同违法中起主要作用,或者胁迫、诱骗、教唆他人实施违法行为的;(5)故意转移、隐匿、伪造证据或者对检举人、证人打击报复的;(6)利用职权提供的便利实施违法行为的;(7)法律、法规、规章规定的其他应当从重处罚的情形。

从重处罚,必须是在法律、法规规定的范围内进行,超出法定范围的从重处罚即成为加重处罚,行政处罚中不能加重处罚。

链接《治安管理处罚法》第19条［减轻处罚或不予处罚的情形］、第20条［从重处罚的情形］;《安全生产违法行为行政处罚办法》第54-56条

第二十八条　【刑罚的折抵】违法行为构成犯罪,人民法院判处拘役或者有期徒刑时,行政机关已经给予当事人行政拘留的,应当依法折抵相应刑期。

违法行为构成犯罪,人民法院判处罚金时,行政机关已经给予当事人罚款的,应当折抵相应罚金。

注释［刑期的折抵］

违法行为构成犯罪,人民法院判处拘役或者有期徒刑时,行政机关已经给予当事人行政拘留的,应当依法折抵相应刑期。应当注意的是,被告人被判处刑罚的犯罪行为和以前受行政拘留处分的行为系同一行为,其被拘留的日期,才应予折抵刑期。这里所说的"同一行为",既可以是判决认定同一性质的全部犯罪行为,也可以是同一性质的部分犯罪行为。只要是以前受行政拘留处分的行为,后又作为犯罪事实的全部或者一部分加以认定,其行政拘留的日期即应予折抵刑期。

拘役和有期徒刑是我国刑法规定的两种主刑。拘役是短期剥夺犯罪分子的人身自由,就近实行劳动改造的刑罚方法,主要适用于罪行较轻,但又必须实行短期关押的犯罪分子。有期徒刑是剥夺犯罪分子一定期限的人身自由,并强制劳动改造的刑罚。

链接《治安管理处罚法》第92条［行政拘留的折抵］;《行政执法机关移送涉嫌犯罪案件的规定》第11条［罚金的折抵］;《最高人民法院研究室关于行政拘留日期折抵刑期问题的电话答复》

第二十九条　【处罚的时效】违法行为在2年内

未被发现的,不再给予行政处罚。法律另有规定的除外。

前款规定的期限,从违法行为发生之日起计算;违法行为有连续或者继续状态的,从行为终了之日起计算。

注释[违法行为的连续状态]

违法行为有连续状态,是指当事人基于同一个违法故意,连续实施数个独立的行政违法行为,并触犯同一个行政处罚规定的情形。如在相隔不太长的时间里多次贩卖盗版光碟,或者多次制造假酒等情况,就属于违法行为有连续状态。

[违法行为的继续状态]

违法行为有继续状态,是指行为人的一个违法行为实施后,该行为及其造成的不法状态处于不间断持续的状态。如违规搭建棚屋或其他建筑物、开设地下赌场等。

[2年内未被发现]

本条规定的发现违法违纪行为的主体是处罚机关或有权处罚的机关,公安、检察、法院、纪检监察部门和司法行政机关都是行使社会公权力的机关,对违法违纪行为的发现都应该具有《行政处罚法》规定的法律效力。因此上述任何一个机关对违法违纪行为只要启动调查、取证和立案程序,均可视为"发现";群众举报后被认定属实的,发现时间以举报时间为准。

对于违法建筑物,即使没有被有关行政机关发现,但是违法的状态在持续之中,应随时发现随时处理。只要违法建筑物存在,就不受"2年内未发现"的限制。

[时效的特别规定]

(1)违反治安管理行为在6个月内没有被公安机关发现的,不再处罚。

(2)违反税收法律、行政法规应当给予行政处罚的行为,在5年内未被发现的,不再给予行政处罚。

链接《治安管理处罚法》第22条[追究时效];《税收征收管理法》第86条[追究时效];《国务院法制办公室对湖北省人民政府法制办公室〈关于如何确认违法行为连续或继续状态的请示〉的复函》

第五章　行政处罚的决定

第三十条　【处罚的条件】公民、法人或者其他组织违反行政管理秩序的行为,依法应当给予行政处罚的,行政机关必须查明事实;违法事实不清的,不得给予行政处罚。

第三十一条　【行政机关的告知义务】行政机关在作出行政处罚决定之前,应当告知当事人作出行政处罚决定的事实、理由及依据,并告知当事人依法享有的权利。

注释 根据本条规定,行政机关应当告知当事人如下事项:(1)作出行政处罚决定的事实和理由。这种事实必须清楚、明确,而且必须有相应的证据证明。(2)作出行政处罚决定的依据。即行政机关是根据哪一部法律、法规、规章的哪些具体规定做出行政处罚的。(3)当事人依法享有的权利。按照本法规定,当事人有如下权利:①陈述权和包括听证在内的申辩权。当事人可以陈述自己的理由,依法要求举行听证会,就事实和法律的适用等为自己申辩。②申请行政复议或提起行政诉讼的权利。③要求行政赔偿的权利。公民、法人或者其他组织因行政机关违法给予行政处罚受到损害的,有权依法获得赔偿。

第三十二条　【当事人的申辩、陈述权】当事人有权进行陈述和申辩。行政机关必须充分听取当事人的意见,对当事人提出的事实、理由和证据,应当进行复核;当事人提出的事实、理由或者证据成立的,行政机关应当采纳。

行政机关不得因当事人申辩而加重处罚。

链接《治安管理处罚法》第94条[陈述与申辩权]

第一节　简易程序

第三十三条　【当场处罚】违法事实确凿并有法定依据,对公民处以50元以下、对法人或者其他组织处以1000元以下罚款或者警告的行政处罚的,可以当场作出行政处罚决定。当事人应当依照本法第四十六条、第四十七条、第四十八条的规定履行行政处罚决定。

注释[当场处罚的条件]

(1)违法的事实确凿。一般来说,当场处罚的行政违法行为具有案情简单、事实清楚、证据确凿的特点,因此执法人员比较容易查明事实真相。

(2)当场处罚须有法定的依据。对当场处罚的行为,必须有法律、行政法规或者规章的规定,而且这些规定应符合本法第二章的规定。

(3)仅限于对公民处以50元以下、对法人或者其他组织处以1000元以下罚款或者警告的行政处罚。这一规定也有两个例外:一是,违反治安管理行为事实清楚,证据确凿,对违法的公民处警告或者200元以下罚款的,可以当场作出治安管理处罚决定。二是,对道路交通违法行为人予以警告、200元以下罚款,交通警察可以当场作出行政处罚决定。

链接《治安管理处罚法》第100条[当场处罚];《道路交通安全法》第107条[当场处罚]

第三十四条　【当场处罚的行政处罚决定书】执法人员当场作出行政处罚决定的,应当向当事人出示执法身份证件,填写预定格式、编有号码的行政处罚决定书。行政处罚决定书应当当场交付当事人。

前款规定的行政处罚决定书应当载明当事人的违法行为、行政处罚依据、罚款数额、时间、地点以及行政机关名称，并由执法人员签名或者盖章。

执法人员当场作出的行政处罚决定，必须报所属行政机关备案。

链接《治安管理处罚法》第101条[当场处罚决定程序]；《道路交通安全法实施条例》第107－109条[对超过法定期限的被扣留机动车的处理][简易处罚程序][道路交通安全违法行为行政处罚的管辖]

第三十五条　【不服处罚提起的复议或诉讼】当事人对当场作出的行政处罚决定不服的，可以依法申请行政复议或者提起行政诉讼。

链接《治安管理处罚法》第102条[不服处罚提起的复议或诉讼]

第二节　一般程序

第三十六条　【取证】除本法第三十三条规定的可以当场作出的行政处罚外，行政机关发现公民、法人或者其他组织有依法应当给予行政处罚的行为的，必须全面、客观、公正地调查，收集有关证据；必要时，依照法律、法规的规定，可以进行检查。

第三十七条　【执法检查和取证的程序】行政机关在调查或者进行检查时，执法人员不得少于两人，并应当向当事人或者有关人员出示证件。当事人或者有关人员应当如实回答询问，并协助调查或者检查，不得阻挠。询问或者检查应当制作笔录。

行政机关在收集证据时，可以采取抽样取证的方法；在证据可能灭失或者以后难以取得的情况下，经行政机关负责人批准，可以先行登记保存，并应当在7日内及时作出处理决定，在此期间，当事人或者有关人员不得销毁或者转移证据。

执法人员与当事人有直接利害关系的，应当回避。

第三十八条　【处罚决定】调查终结，行政机关负责人应当对调查结果进行审查，根据不同情况，分别作出如下决定：

（一）确有应受行政处罚的违法行为的，根据情节轻重及具体情况，作出行政处罚决定；

（二）违法行为轻微，依法可以不予行政处罚的，不予行政处罚；

（三）违法事实不能成立的，不得给予行政处罚；

（四）违法行为已构成犯罪的，移送司法机关。

对情节复杂或者重大违法行为给予较重的行政处罚，行政机关的负责人应当集体讨论决定。

在行政机关负责人作出决定之前，应当由从事行政处罚决定审核的人员进行审核。行政机关中初次从事行政处罚决定审核的人员，应当通过国家统一法律职业资格考试取得法律职业资格。

链接《治安管理处罚法》第95条[治安案件的处理]

第三十九条　【处罚决定书的内容】行政机关依照本法第三十八条的规定给予行政处罚，应当制作行政处罚决定书。行政处罚决定书应当载明下列事项：

（一）当事人的姓名或者名称、地址；

（二）违反法律、法规或者规章的事实和证据；

（三）行政处罚的种类和依据；

（四）行政处罚的履行方式和期限；

（五）不服行政处罚决定，申请行政复议或者提起行政诉讼的途径和期限；

（六）作出行政处罚决定的行政机关名称和作出决定的日期。

行政处罚决定书必须盖有作出行政处罚决定的行政机关的印章。

第四十条　【行政处罚决定书的送达】行政处罚决定书应当在宣告后当场交付当事人；当事人不在场的，行政机关应当在7日内依照民事诉讼法的有关规定，将行政处罚决定书送达当事人。

注释行政机关在将行政处罚决定书送达当事人时，应遵循以下规定：

（1）送达行政处罚决定书必须有送达回证，由受送达人在送达回证上记明收到日期，签名或者盖章。受送达人在送达回证上的签收日期为送达日期。

（2）送达行政处罚决定书，应当直接送交受送达人。受送达人是公民的，本人不在则交他的同住成年家属签收；受送达人是法人或者其他组织的，应当由法人的法定代表人，其他组织的主要负责人或者该法人、组织负责收件的人签收；受送达人有诉讼代理人的，可以送交其代理人签收；受送达人已向人民法院指定代收人的，送交代收人签收。受送达人的同住成年家属，法人或者其他组织负责收件的人，诉讼代理人或者代收人在送达回证上签收的日期为送达日期。

（3）受送达人或者他的同住成年家属拒绝接收行政处罚决定书的，送达人应当邀请有关基层组织或者所在单位的代表到场，说明情况，在送达回证上记明拒收事由和日期，由送达人、见证人签名或者盖章，把行政处罚决定书留在受送达人的住所，即视为送达。

（4）直接送达行政处罚决定书有困难的，可以邮寄送达。邮寄送达的，以回执上注明的收件日期为送达日期。

（5）受送达人下落不明，或者用其他方式无法送达的，公告送达。自发出公告之日起，经过60日，即视为送达。公告送达，应当在案卷中记明原因和经过。

链接《治安管理处罚法》第97条[宣告、送达、抄送]

第四十一条　【行政机关不履行告知义务处罚不成立】行政机关及其执法人员在作出行政处罚决定之

前，不依照本法第三十一条、第三十二条的规定向当事人告知给予行政处罚的事实、理由和依据，或者拒绝听取当事人的陈述、申辩，行政处罚决定不能成立；当事人放弃陈述或者申辩权利的除外。

第三节 听证程序

第四十二条 【行政处罚听证范围及程序】行政机关作出责令停产停业、吊销许可证或者执照、较大数额罚款等行政处罚决定之前，应当告知当事人有要求举行听证的权利；当事人要求听证的，行政机关应当组织听证。当事人不承担行政机关组织听证的费用。听证依照以下程序组织：

（一）当事人要求听证的，应当在行政机关告知后3日内提出；

（二）行政机关应当在听证的7日前，通知当事人举行听证的时间、地点；

（三）除涉及国家秘密、商业秘密或者个人隐私外，听证公开举行；

（四）听证由行政机关指定的非本案调查人员主持；当事人认为主持人与本案有直接利害关系的，有权申请回避；

（五）当事人可以亲自参加听证，也可以委托1至2人代理；

（六）举行听证时，调查人员提出当事人违法的事实、证据和行政处罚建议；当事人进行申辩和质证；

（七）听证应当制作笔录；笔录应当交当事人审核无误后签字或者盖章。

当事人对限制人身自由的行政处罚有异议的，依照治安管理处罚法有关规定执行。

注释［听证］

是指在作出行政处罚决定前由行政机关组织的，在调查取证人员、案件当事人及其他利害关系人参加的情况下，听取各方陈述、辩明、对质及证据证明的法定程序。

［商业秘密］

是指不为公众所知悉，能为权利人带来经济利益，具有实用性并经权利人采取保密措施的技术信息和经营信息。

［个人隐私］

是指当事人不愿公开的个人秘密情况，如个人存款、欠债等经济情况，或者个人疾病、夫妻家庭关系等与人的身份和名誉等有关的其他事件。

［适用听证程序的条件］

（1）较重的行政处罚，即责令停产停业、吊销许可证或者执照，较大数额罚款等；（2）对违法事实的认定有分歧；（3）当事人有听证要求；（4）听证必须由行政机关组织。

［行政机关作出没收较大数额财产的行政处罚是否应当进行听证？］

本条规定，行政机关作出责令停产、吊销许可证或者执照、较大数额罚款等行政处罚决定之前，应当告知当事人有要求举行听证的权利；当事人要求听证的，行政机关应当组织听证。这里的"等"不限于列举的三类处罚，应当包括较大数额没收的处罚。行政机关作出的没收较大数额财产的行政处罚决定前，未告知当事人有权要求举行听证或者未按规定举行听证的，应当根据《行政处罚法》的有关规定，确认该行政处罚决定违反法定程序。有关"较大数额"的标准问题，实行中央垂直领导的行政管理部门作出的没收处罚决定，应参照国务院部委的有关较大数额罚款标准的规定认定；其他行政管理部门作出的没收处罚决定，应参照省、自治区、直辖市人民政府的相关规定认定。

［公安机关作出哪些治安管理处罚决定前，应当告知当事人有权要求听证？］

公安机关作出吊销许可证以及处2000元以上罚款的治安管理处罚决定前，应当告知违反治安管理行为人有权要求举行听证；违反治安管理行为人要求听证的，公安机关应当及时依法举行听证。

链接《治安管理处罚法》第98条［听证］

第四十三条 【听证之后的处罚】听证结束后，行政机关依照本法第三十八条的规定，作出决定。

第六章 行政处罚的执行

第四十四条 【当事人有履行处罚的义务】行政处罚决定依法作出后，当事人应当在行政处罚决定的期限内，予以履行。

第四十五条 【申请复议、提起诉讼不停止处罚的执行】当事人对行政处罚决定不服申请行政复议或者提起行政诉讼的，行政处罚不停止执行，法律另有规定的除外。

注释［停止执行处罚的情形］

根据本条的规定，如果法律规定行政处罚决定可以停止执行的，行政处罚决定才可以停止执行。这里的法律，仅指全国人民代表大会及其常务委员会通过的法律，不包括法规、规章。也就是说，法规、规章及其他规范性文件都不得作出停止执行行政处罚决定的规定。

1. 行政复议期间具体行政行为不停止执行；但是，有下列情形之一的，可以停止执行：

（1）被申请人认为需要停止执行的；

（2）行政复议机关认为需要停止执行的；

（3）申请人申请停止执行，行政复议机关认为其要求合理，决定停止执行的；

(4)法律规定停止执行的。

2. 行政诉讼期间,不停止行政行为的执行。但有下列情形之一的,停止具体行政行为的执行:

(1)被告认为需要停止执行的;

(2)原告或者利害关系人申请停止执行,人民法院认为该行政行为的执行会造成难以弥补的损失,并且停止执行不损害国家利益、社会公共利益,裁定停止执行的;

(3)法律、法规规定停止执行的。

链接《行政复议法》第21条[复议停止执行的情形];《行政诉讼法》第56条[停止行政行为的条件]

第四十六条 【罚缴分离原则】作出罚款决定的行政机关应当与收缴罚款的机构分离。

除依照本法第四十七条、第四十八条的规定当场收缴的罚款外,作出行政处罚决定的行政机关及其执法人员不得自行收缴罚款。

当事人应当自收到行政处罚决定书之日起15日内,到指定的银行缴纳罚款。银行应当收受罚款,并将罚款直接上缴国库。

注释罚缴分离原则,是指除了依法当场收缴的罚款外,作出行政处罚决定的行政机关及其执法人员不得自行收缴罚款。行政机关可以指定银行作为收受罚款的专门机构,当事人到指定的银行缴纳罚款,银行应当收受罚款后直接上缴国库。

链接《治安管理处罚法》第115条[罚缴分离原则];《道路交通安全法》第82条[处罚和收缴分离原则];《罚款决定与罚款收缴分离实施办法》;《违反行政事业性收费和罚没收入收支两条线管理规定行政处分暂行规定》;《罚款代收代缴管理办法》

第四十七条 【当场收缴罚款的范围】依照本法第三十三条的规定当场作出行政处罚决定,有下列情形之一的,执法人员可以当场收缴罚款:

(一)依法给予20元以下的罚款的;

(二)不当场收缴事后难以执行的。

注释[治安管理处罚法对当场收缴罚款的特殊规定]

受到罚款处罚的人应当自收到处罚决定书之日起15日内,到指定的银行缴纳罚款。但是,有下列情形之一的,人民警察可以当场收缴罚款:(1)被处50元以下罚款,被处罚人对罚款无异议的;(2)在边远、水上、交通不便地区,公安机关及其人民警察作出罚款决定后,被处罚人向指定的银行缴纳罚款确有困难,经被处罚人提出的;(3)被处罚人在当地没有固定住所,不当场收缴事后难以执行的。

链接《治安管理处罚法》第104条[当场收缴罚款范围]

第四十八条 【边远地区当场收缴罚款】在边远、水上、交通不便地区,行政机关及其执法人员依照本法第三十三条、第三十八条的规定作出罚款决定后,当事人向指定的银行缴纳罚款确有困难,经当事人提出,行政机关及其执法人员可以当场收缴罚款。

第四十九条 【罚款收据】行政机关及其执法人员当场收缴罚款的,必须向当事人出具省、自治区、直辖市财政部门统一制发的罚款收据;不出具财政部门统一制发的罚款收据的,当事人有权拒绝缴纳罚款。

第五十条 【上交罚款的期限】执法人员当场收缴的罚款,应当自收缴罚款之日起2日内,交至行政机关;在水上当场收缴的罚款,应当自抵岸之日起2日内交至行政机关;行政机关应当在2日内将罚款缴付指定的银行。

链接《治安管理处罚法》第105条[罚款缴纳期限]

第五十一条 【执行措施】当事人逾期不履行行政处罚决定的,作出行政处罚决定的行政机关可以采取下列措施:

(一)到期不缴纳罚款的,每日按罚款数额的3%加处罚款;

(二)根据法律规定,将查封、扣押的财物拍卖或者将冻结的存款划拨抵缴罚款;

(三)申请人民法院强制执行。

注释[逾期不履行]

逾期不履行包括两层含义:一是指当事人接到行政处罚决定书后,超过法定的期限,既不申请行政复议(行政复议的申请期限是60日,法律规定超过60日的除外),也不提起行政诉讼(行政诉讼的申请期限是3个月,法律另有规定的除外),又不履行行政处罚决定的;二是指当事人接到行政处罚决定书后,在规定的期间内申请了行政复议,但在接到复议决定书后,超过15日,既不提起行政诉讼,又不履行行政处罚决定(或者行政复议决定)的。

[非诉行政案件执行的条件]

行政机关申请执行其具体行政行为,应当具备以下条件:(1)具体行政行为依法可以由人民法院执行;(2)具体行政行为已经生效并具有可执行内容;(3)申请人是作出该具体行政行为的行政机关或者法律、法规、规章授权的组织;(4)被申请人是该具体行政行为所确定的义务人;(5)被申请人在具体行政行为确定的期限内或者行政机关另行指定的期限内未履行义务;(6)申请人在法定期限内提出申请;(7)被申请执行的行政案件属于受理申请执行的人民法院管辖。

[人民法院的执行义务]

人民法院接到主管行政机关的申请执行书后,应当了解案情。对符合条件的申请,应当立案受理,并通知主管行政机关;对不符合条件的申请,应当裁定不予受理,并通知主管行政机关。法律、法规没有赋予行政机关强制执行权,行政机关申请人民法院强制执行的,人民法院应当依法受理。法律、法规规定既可以由行政机关依法强制执行,也可以申请人民法院强制执行,行政机关申请人民法院强制执行的,人民法院可以依法受理。

[非诉行政案件的执行管辖]

行政机关申请人民法院强制执行其具体行政行为,由申请人所在地的基层人民法院受理;执行对象为不动产的,由不动产所在地的基层人民法院受理。基层人民法院认为执行确有困难的,可以报请上级人民法院执行;上级人民法院可以决定由其执行,也可以决定由下级人民法院执行。

[非诉行政案件执行前的财产保全]

在诉讼过程中,被告或者具体行政行为确定的权利人申请人民法院强制执行被诉具体行政行为,人民法院不予执行,但不及时执行可能给国家利益、公共利益或者他人合法权益造成不可弥补的损失的,人民法院可以先予执行。后者申请强制执行的,应当提供相应的财产担保。

第五十二条 【分期缴纳罚款】当事人确有经济困难,需要延期或者分期缴纳罚款的,经当事人申请和行政机关批准,可以暂缓或者分期缴纳。

第五十三条 【没收非法财物的处理】除依法应当予以销毁的物品外,依法没收的非法财物必须按照国家规定公开拍卖或者按照国家有关规定处理。

罚款、没收违法所得或者没收非法财物拍卖的款项,必须全部上缴国库,任何行政机关或者个人不得以任何形式截留、私分或者变相私分;财政部门不得以任何形式向作出行政处罚决定的行政机关返还罚款、没收的违法所得或者返还没收非法财物的拍卖款项。

第五十四条 【监督检查】行政机关应当建立健全对行政处罚的监督制度。县级以上人民政府应当加强对行政处罚的监督检查。

公民、法人或者其他组织对行政机关作出的行政处罚,有权申诉或者检举;行政机关应当认真审查,发现行政处罚有错误的,应当主动改正。

第七章 法律责任

第五十五条 【上级行政机关的监督】行政机关实施行政处罚,有下列情形之一的,由上级行政机关或者有关部门责令改正,可以对直接负责的主管人员和其他直接责任人员依法给予行政处分:

(一)没有法定的行政处罚依据的;

(二)擅自改变行政处罚种类、幅度的;

(三)违反法定的行政处罚程序的;

(四)违反本法第十八条关于委托处罚的规定的。

第五十六条 【当事人的拒绝处罚权及检举权】行政机关对当事人进行处罚不使用罚款、没收财物单据或者使用非法定部门制发的罚款、没收财物单据的,当事人有权拒绝处罚,并有权予以检举。上级行政机关或者有关部门对使用的非法单据予以收缴销毁,对直接负责的主管人员和其他直接责任人员依法给予行政处分。

第五十七条 【自行收缴罚款的处理】行政机关违反本法第四十六条的规定自行收缴罚款的,财政部门违反本法第五十三条的规定向行政机关返还罚款或者拍卖款项的,由上级行政机关或者有关部门责令改正,对直接负责的主管人员和其他直接责任人员依法给予行政处分。

第五十八条 【私分罚没财物的处理】行政机关将罚款、没收的违法所得或者财物截留、私分或者变相私分的,由财政部门或者有关部门予以追缴,对直接负责的主管人员和其他直接责任人员依法给予行政处分;情节严重构成犯罪的,依法追究刑事责任。

执法人员利用职务上的便利,索取或者收受他人财物、收缴罚款据为己有,构成犯罪的,依法追究刑事责任;情节轻微不构成犯罪的,依法给予行政处分。

第五十九条 【行政机关的赔偿责任及对有关人员的处理】行政机关使用或者损毁扣押的财物,对当事人造成损失的,应当依法予以赔偿,对直接负责的主管人员和其他直接责任人员依法给予行政处分。

第六十条 【违法实行检查或执行措施的赔偿责任】行政机关违法实行检查措施或者执行措施,给公民人身或者财产造成损害、给法人或者其他组织造成损失的,应当依法予以赔偿,对直接负责的主管人员和其他直接责任人员依法给予行政处分;情节严重构成犯罪的,依法追究刑事责任。

第六十一条 【对拒不移交罪犯的有关人员的处理】行政机关为牟取本单位私利,对应当依法移交司法机关追究刑事责任的不移交,以行政处罚代替刑罚,由上级行政机关或者有关部门责令纠正;拒不纠正的,对直接负责的主管人员给予行政处分;徇私舞弊、包庇纵容违法行为的,依照刑法有关规定追究刑事责任。

第六十二条 【执法人员失职承担的责任】执法人员玩忽职守,对应当予以制止和处罚的违法行为不予制止、处罚,致使公民、法人或者其他组织的合法权益、公共利益和社会秩序遭受损害的,对直接负责的主管人员和其他直接责任人员依法给予行政处分;情节严重构成犯罪的,依法追究刑事责任。

第八章 附 则

第六十三条 【国务院制定罚缴分离办法】本法

第四十六条罚款决定与罚款收缴分离的规定，由国务院制定具体实施办法。

第六十四条　【生效日期】本法自1996年10月1日起施行。

本法公布前制定的法规和规章关于行政处罚的规定与本法不符合的，应当自本法公布之日起，依照本法规定予以修订，在1997年12月31日前修订完毕。

中华人民共和国刑法（节录）*

（1979年7月1日第五届全国人民代表大会第二次会议通过　1997年3月14日第八届全国人民代表大会第五次会议修订　1997年3月14日中华人民共和国主席令第83号公布　自1997年10月1日起施行）

……

第一百三十一条　【重大飞行事故罪】航空人员违反规章制度，致使发生重大飞行事故，造成严重后果的，处三年以下有期徒刑或者拘役；造成飞机坠毁或者人员死亡的，处三年以上七年以下有期徒刑。

第一百三十二条　【铁路运营安全事故罪】铁路职工违反规章制度，致使发生铁路运营安全事故，造成严重后果的，处三年以下有期徒刑或者拘役；造成特别严重后果的，处三年以上七年以下有期徒刑。

第一百三十三条　【交通肇事罪】违反交通运输管理法规，因而发生重大事故，致人重伤、死亡或者使公私财产遭受重大损失的，处三年以下有期徒刑或者拘役；交通运输肇事后逃逸或者有其他特别恶劣情节的，处三年以上七年以下有期徒刑；因逃逸致人死亡的，处七年以上有期徒刑。

注释　交通肇事罪的主体是一般主体，并不要求行为人必须是持有合法驾驶执照的人员，既包括依法从事交通运输的人员，也包括非法进行交通运输的人员。本罪发生的时空条件是特定的，即在实行公共交通管理的范围内发生的重大交通事故。在公共交通管理的范围外，驾驶机动车辆或者使用其他交通工具致人伤亡或者致使公共财产或者他人财产遭受重大损失，构成犯罪的，分别依照刑法第134条、第135条、第233条等规定定罪处罚。

根据有关司法解释的规定，交通肇事具有下列情形之一的，构成犯罪，处3年以下有期徒刑或者拘役：(1)死亡1人或者重伤3人以上，负事故全部或者主要责任的；(2)死亡3人以上，负事故同等责任的；(3)造成公共财产或者他人财产直接损失，负事故全部或者主要责任，无能力赔偿数额在30万元以上的。交通肇事致一人以上重伤，负事故全部或者主要责任，并具有下列情形之一的，以交通肇事罪定罪处罚：(1)酒后、吸食毒品后驾驶机动车辆的；(2)无驾驶资格驾驶机动车辆的；(3)明知是安全装置不全或者安全机件失灵的机动车辆而驾驶的；(4)明知是无牌证或者已报废的机动车辆而驾驶的；(5)严重超载驾驶的；(6)为逃避法律追究逃离事故现场的。

“交通运输肇事后逃逸”，是指行为人具有法定情形，在发生交通事故后，为逃避法律追究而逃跑的行为。“因逃逸致人死亡”，是指行为人在交通肇事后为逃避法律追究而逃跑，致使被害人因得不到救助而死亡的情形。

交通肇事后，单位主管人员、机动车辆所有人、承包人或者乘车人指使肇事人逃逸，致使被害人因得不到救助而死亡的，以交通肇事罪的共犯论处。单位主管人员、机动车辆所有人或者机动车辆承包人指使、强令他人违章驾驶造成重大交通事故，构成犯罪的，以交通肇事罪定罪处罚。

行为人在交通肇事后为逃避法律追究，将被害人带离事故现场后隐藏或者遗弃，致使被害人无法得到救助而死亡或者严重残疾的，应当分别依照刑法第232条、第234条第2款的规定，以故意杀人罪或者故意伤害罪定罪处罚。

链接《最高人民法院关于审理交通肇事刑事案件具

* 根据1998年12月29日第九届全国人民代表大会常务委员会第六次会议通过的《全国人民代表大会常务委员会关于惩治骗购外汇、逃汇和非法买卖外汇犯罪的决定》、1999年12月25日第九届全国人民代表大会常务委员会第十三次会议通过的《中华人民共和国刑法修正案》、2001年8月31日第九届全国人民代表大会常务委员会第二十三次会议通过的《中华人民共和国刑法修正案（二）》、2001年12月29日第九届全国人民代表大会常务委员会第二十五次会议通过的《中华人民共和国刑法修正案（三）》、2002年12月28日第九届全国人民代表大会常务委员会第三十一次会议通过的《中华人民共和国刑法修正案（四）》、2005年2月28日第十届全国人民代表大会常务委员会第十四次会议通过的《中华人民共和国刑法修正案（五）》、2006年6月29日第十届全国人民代表大会常务委员会第二十二次会议通过的《中华人民共和国刑法修正案（六）》、2009年2月28日第十一届全国人民代表大会常务委员会第七次会议通过的《中华人民共和国刑法修正案（七）》、2009年8月27日第十一届全国人民代表大会常务委员会第十次会议通过的《关于修改部分法律的决定》、2011年2月25日第十一届全国人民代表大会常务委员会第十九次会议通过的《中华人民共和国刑法修正案（八）》、2015年8月29日第十二届全国人民代表大会常务委员会第十六次会议通过的《中华人民共和国刑法修正案（九）》、2017年11月4日第十二届全国人民代表大会常务委员会第三十次会议通过的《中华人民共和国刑法修正案（十）》修订。

另，总则部分条文主旨为编者所加，分则条文主旨是根据司法解释的确定罪名所加。

体应用法律若干问题的解释》

第一百三十三条之一① **【危险驾驶罪】**在道路上驾驶机动车,有下列情形之一的,处拘役,并处罚金:

(一)追逐竞驶,情节恶劣的;

(二)醉酒驾驶机动车的;

(三)从事校车业务或者旅客运输,严重超过额定乘员载客,或者严重超过规定时速行驶的;

(四)违反危险化学品安全管理规定运输危险化学品,危及公共安全的。

机动车所有人、管理人对前款第三项、第四项行为负有直接责任的,依照前款的规定处罚。

有前两款行为,同时构成其他犯罪的,依照处罚较重的规定定罪处罚。

注释 本条中的"追逐竞驶",就是平常所说的"飙车",是指在道路上,以在较短的时间内通过某条道路为目标或者以同行的其他车辆为竞争目标,追逐行驶。根据本条规定,在道路上追逐竞驶,情节恶劣的才构成犯罪。判断是否"情节恶劣",应结合追逐竞驶所在的道路、时段、人员流量,追逐竞驶造成的危害程度以及危害后果等方面进行认定。

关于"醉酒驾驶机动车"。道路交通安全法的相关规定区分了饮酒和醉酒两种情形。根据国家质量监督检验检疫总局2011年1月27日发布的《车辆驾驶人员血液、呼气酒精含量阈值与检验》(GB 19522—2010)的规定,饮酒后驾车是指车辆驾驶人员血液中的酒精含量大于或者等于20mg/100mL,小于80mg/100mL的驾驶行为;醉酒后驾车是指车辆驾驶人员血液中的酒精含量大于或者等于80mg/100mL的驾驶行为。醉酒驾驶机动车的行为不一定造成交通事故、人员伤亡的严重后果,只要行为人血液中的酒精含量大于或者等于80mg/100mL,即构成危险驾驶的行为。根据最高人民法院、最高人民检察院、公安部联合发布的《关于办理醉酒驾驶机动车刑事案件适用法律若干问题的意见》中的规定,醉酒驾驶机动车造成交通事故且负事故全部或者主要责任,或者造成交通事故后逃逸,尚未构成其他犯罪的;血液酒精含量达到200mg/100mL以上的;在高速公路、城市快速路上醉酒驾驶的;醉酒驾驶载有乘客的营运机动车的;醉酒驾驶机动车并有严重超员、超载或者超速驾驶,无驾驶资格驾驶机动车,使用伪造或者变造的机动车牌证等严重违反道路交通安全法的行为的;醉酒驾驶机动车,逃避公安机关依法检查,或者拒绝、阻碍公安机关依法检查尚未构成其他犯罪的;曾因酒后驾驶机动车受过行政处罚或者刑事追究后又醉酒驾驶机动车的;醉酒驾驶机动车有其他可以从重处罚的情形的,应当从重处罚。

链接《道路交通安全法》第119条;《最高人民法院、最高人民检察院、公安部关于办理醉酒驾驶机动车刑事案件适用法律若干问题的意见》第1条、第2条、第3条;《校车安全管理条例》;《危险化学品安全管理条例》

案例 张某某、金某危险驾驶案(最高人民法院指导案例32号)

案件适用要点:机动车驾驶人员出于竞技、追求刺激、斗气或者其他动机,在道路上曲折穿行、快速追赶行驶的,属于《中华人民共和国刑法》第一百三十三条之一规定的"追逐竞驶"。

追逐竞驶虽未造成人员伤亡或财产损失,但综合考虑超过限速、闯红灯、强行超车、抗拒交通执法等严重违反道路交通安全法的行为,足以威胁他人生命、财产安全的,属于危险驾驶罪中"情节恶劣"的情形。

第一百三十四条② **【重大责任事故罪】**在生产、作业中违反有关安全管理的规定,因而发生重大伤亡事故或者造成其他严重后果的,处三年以下有期徒刑或者拘役;情节特别恶劣的,处三年以上七年以下有期徒刑。

【强令违章冒险作业罪】强令他人违章冒险作业,因而发生重大伤亡事故或者造成其他严重后果的,处五年以下有期徒刑或者拘役;情节特别恶劣的,处五年以上有期徒刑。

链接《安全生产法》第51条、第104条;《最高人民检察院、公安部关于公安机关管辖的刑事案件立案追诉标准的规定(一)》第8条、第9条;《最高人民法院、最高人民检察院关于办理危害生产安全刑事案件适用法律若干问题的解释》

第一百三十五条③ **【重大劳动安全事故罪】**安全生产设施或者安全生产条件不符合国家规定,因而发生重大伤亡事故或者造成其他严重后果的,对直接

---

① 根据《中华人民共和国刑法修正案(八)》第二十二条增加。
根据《中华人民共和国刑法修正案(九)》第八条修改。

② 根据《中华人民共和国刑法修正案(六)》第一条修改。原刑法条文为:"工厂、矿山、林场、建筑企业或者其他企业、事业单位的职工,由于不服管理、违反规章制度,或者强令工人违章冒险作业,因而发生重大伤亡事故或者造成其他严重后果的,处三年以下有期徒刑或者拘役;情节特别恶劣的,处三年以上七年以下有期徒刑。"

③ 根据《中华人民共和国刑法修正案(六)》第二条修改。原刑法条文为:"工厂、矿山、林场、建筑企业或者其他企业、事业单位的劳动安全设施不符合国家规定,经有关部门或者单位职工提出后,对事故隐患仍不采取措施,因而发生重大伤亡事故或者造成其他严重后果的,对直接责任人员,处三年以下有期徒刑或者拘役;情节特别恶劣的,处三年以上七年以下有期徒刑。"

负责的主管人员和其他直接责任人员，处三年以下有期徒刑或者拘役；情节特别恶劣的，处三年以上七年以下有期徒刑。

第一百三十五条之一①　**【大型群众性活动重大安全事故罪】**举办大型群众性活动违反安全管理规定，因而发生重大伤亡事故或者造成其他严重后果的，对直接负责的主管人员和其他直接责任人员，处三年以下有期徒刑或者拘役；情节特别恶劣的，处三年以上七年以下有期徒刑。

第一百三十六条　**【危险物品肇事罪】**违反爆炸性、易燃性、放射性、毒害性、腐蚀性物品的管理规定，在生产、储存、运输、使用中发生重大事故，造成严重后果的，处三年以下有期徒刑或者拘役；后果特别严重的，处三年以上七年以下有期徒刑。

案例 郑州市中原区人民检察院诉康某、王某过失致人死亡案（《中华人民共和国最高人民法院公报》2006年第8期）

案件适用要点：有危险货物运输从业资格的人员，明知使用具有安全隐患的机动车超载运输剧毒化学品，有可能引发危害公共安全的事故，却轻信能够避免，以致这种事故发生并造成严重后果的，构成危险物品肇事罪。从事剧毒化学品运输工作的专业人员，在发生交通事故致使剧毒化学品泄漏后，有义务利用随车配备的应急处理器材和防护用品抢救对方车辆上的受伤人员，有义务在现场附近设置警戒区域，有义务及时报警并在报警时主动说明危险物品的特征、可能发生的危害，以及需要采取何种救助工具与救助方式才能防止、减轻以至消除危害，有义务在现场等待抢救人员的到来，利用自己对剧毒危险化学品的专业知识以及对运输车辆构造的了解，协助抢险人员处置突发事故。从事剧毒化学品运输工作的专业人员不履行这些义务，应当对由此造成的特别严重后果承担责任。

第一百三十七条　**【工程重大安全事故罪】**建设单位、设计单位、施工单位、工程监理单位违反国家规定，降低工程质量标准，造成重大安全事故的，对直接责任人员，处五年以下有期徒刑或者拘役，并处罚金；后果特别严重的，处五年以上十年以下有期徒刑，并处罚金。

第一百三十八条　**【教育设施重大安全事故罪】**明知校舍或者教育教学设施有危险，而不采取措施或者不及时报告，致使发生重大伤亡事故的，对直接责任人员，处三年以下有期徒刑或者拘役；后果特别严重的，处三年以上七年以下有期徒刑。

案例 郑州市中原区人民检察院诉高某、乔某过失致人死亡案（《中华人民共和国最高人民法院公报》2005年第1期）

案件适用要点：幼儿教育单位负责人明知本单位接送幼儿的专用车辆有安全隐患，不符合行车要求，而不采取必要的检修措施，仍让他人使用该车接送幼儿，以至在车辆发生故障后，驾驶人员违规操作引起车辆失火，使被接送的幼儿多人伤亡，该负责人的行为构成教育施舍重大安全事故罪。

第一百三十九条　**【消防责任事故罪】**违反消防管理法规，经消防监督机构通知采取改正措施而拒绝执行，造成严重后果的，对直接责任人员，处三年以下有期徒刑或者拘役；后果特别严重的，处三年以上七年以下有期徒刑。

第一百三十九条之一②　**【不报、谎报安全事故罪】**在安全事故发生后，负有报告职责的人员不报或者谎报事故情况，贻误事故抢救，情节严重的，处三年以下有期徒刑或者拘役；情节特别严重的，处三年以上七年以下有期徒刑。

……

国务院关于特大安全事故行政责任追究的规定

（2001年4月21日国务院令第302号公布　自公布之日起施行）

第一条　为了有效地防范特大安全事故的发生，严肃追究特大安全事故的行政责任，保障人民群众生命、财产安全，制定本规定。

第二条　地方人民政府主要领导人和政府有关部门正职负责人对下列特大安全事故的防范、发生，依照法律、行政法规和本规定的规定有失职、渎职情形或者负有领导责任的，依照本规定给予行政处分；构成玩忽职守罪或者其他罪的，依法追究刑事责任：

（一）特大火灾事故；

（二）特大交通安全事故；

（三）特大建筑质量安全事故；

（四）民用爆炸物品和化学危险品特大安全事故；

（五）煤矿和其他矿山特大安全事故；

（六）锅炉、压力容器、压力管道和特种设备特大安全事故；

（七）其他特大安全事故。

地方人民政府和政府有关部门对特大安全事故

---

① 根据《中华人民共和国刑法修正案（六）》第三条增加。

② 根据《中华人民共和国刑法修正案（六）》第四条增加。

的防范、发生直接负责的主管人员和其他直接责任人员，比照本规定给予行政处分；构成玩忽职守罪或者其他罪的，依法追究刑事责任。

特大安全事故肇事单位和个人的刑事处罚、行政处罚和民事责任，依照有关法律、法规和规章的规定执行。

第三条 特大安全事故的具体标准，按照国家有关规定执行。

第四条 地方各级人民政府及政府有关部门应当依照有关法律、法规和规章的规定，采取行政措施，对本地区实施安全监督管理，保障本地区人民群众生命、财产安全，对本地区或者职责范围内防范特大安全事故的发生、特大安全事故发生后的迅速和妥善处理负责。

第五条 地方各级人民政府应当每个季度至少召开一次防范特大安全事故工作会议，由政府主要领导人或者政府主要领导人委托政府分管领导人召集有关部门正职负责人参加，分析、布置、督促、检查本地区防范特大安全事故的工作。会议应当作出决定并形成纪要，会议确定的各项防范措施必须严格实施。

第六条 市（地、州）、县（市、区）人民政府应当组织有关部门按照职责分工对本地区容易发生特大安全事故的单位、设施和场所安全事故的防范明确责任、采取措施，并组织有关部门对上述单位、设施和场所进行严格检查。

第七条 市（地、州）、县（市、区）人民政府必须制定本地区特大安全事故应急处理预案。本地区特大安全事故应急处理预案经政府主要领导人签署后，报上一级人民政府备案。

第八条 市（地、州）、县（市、区）人民政府应当组织有关部门对本规定第二条所列各类特大安全事故的隐患进行查处；发现特大安全事故隐患的，责令立即排除；特大安全事故隐患排除前或者排除过程中，无法保证安全的，责令暂时停产、停业或者停止使用。法律、行政法规对查处机关另有规定的，依照其规定。

第九条 市（地、州）、县（市、区）人民政府及其有关部门对本地区存在的特大安全事故隐患，超出其管辖或者职责范围的，应当立即向有管辖权或者负有职责的上级人民政府或者政府有关部门报告；情况紧急的，可以立即采取包括责令暂时停产、停业在内的紧急措施，同时报告；有关上级人民政府或者政府有关部门接到报告后，应当立即组织查处。

第十条 中小学校对学生进行劳动技能教育以及组织学生参加公益劳动等社会实践活动，必须确保学生安全。严禁以任何形式、名义组织学生从事接触易燃、易爆、有毒、有害等危险品的劳动或者其他危险性劳动。严禁将学校场地出租作为从事易燃、易爆、有毒、有害等危险品的生产、经营场所。

中小学校违反前款规定的，按照学校隶属关系，对县（市、区）、乡（镇）人民政府主要领导人和县（市、区）人民政府教育行政部门正职负责人，根据情节轻重，给予记过、降级直至撤职的行政处分；构成玩忽职守罪或者其他罪的，依法追究刑事责任。

中小学校违反本条第一款规定的，对校长给予撤职的行政处分，对直接组织者给予开除公职的行政处分；构成非法制造爆炸物罪或者其他罪的，依法追究刑事责任。

第十一条 依法对涉及安全生产事项负责行政审批（包括批准、核准、许可、注册、认证、颁发证照、竣工验收等，下同）的政府部门或者机构，必须严格依照法律、法规和规章规定的安全条件和程序进行审查；不符合法律、法规和规章规定的安全条件的，不得批准；不符合法律、法规和规章规定的安全条件，弄虚作假，骗取批准或者勾结串通行政审批工作人员取得批准的，负责行政审批的政府部门或者机构除必须立即撤销原批准外，应当对弄虚作假骗取批准或者勾结串通行政审批工作人员的当事人依法给予行政处罚；构成行贿罪或者其他罪的，依法追究刑事责任。

负责行政审批的政府部门或者机构违反前款规定，对不符合法律、法规和规章规定的安全条件予以批准的，对部门或者机构的正职负责人，根据情节轻重，给予降级、撤职直至开除公职的行政处分；与当事人勾结串通的，应当开除公职；构成受贿罪、玩忽职守罪或者其他罪的，依法追究刑事责任。

第十二条 对依照本规定第十一条第一款的规定取得批准的单位和个人，负责行政审批的政府部门或者机构必须对其实施严格监督检查；发现其不再具备安全条件的，必须立即撤销原批准。

负责行政审批的政府部门或者机构违反前款规定，不对取得批准的单位和个人实施严格监督检查，或者发现其不再具备安全条件而不立即撤销原批准的，对部门或者机构的正职负责人，根据情节轻重，给予降级或者撤职的行政处分；构成受贿罪、玩忽职守罪或者其他罪的，依法追究刑事责任。

第十三条 对未依法取得批准，擅自从事有关活动的，负责行政审批的政府部门或者机构发现或者接到举报后，应当立即予以查封、取缔，并依法给予行政处罚；属于经营单位的，由工商行政管理部门依法相应吊销营业执照。

负责行政审批的政府部门或者机构违反前款规定，对发现或者举报的未依法取得批准而擅自从事有关活动的，不予查封、取缔、不依法给予行政处罚，工商行政管理部门不予吊销营业执照的，对部门或者机构的正职负责人，根据情节轻重，给予降级或者撤职的行政处分；构成受贿罪、玩忽职守罪或者其他罪的，依法追究刑事责任。

第十四条　市(地、州)、县(市、区)人民政府依照本规定应当履行职责而未履行,或者未按照规定的职责和程序履行,本地区发生特大安全事故的,对政府主要领导人,根据情节轻重,给予降级或者撤职的行政处分;构成玩忽职守罪的,依法追究刑事责任。

负责行政审批的政府部门或者机构、负责安全监督管理的政府有关部门,未依照本规定履行职责,发生特大安全事故的,对部门或者机构的正职负责人,根据情节轻重,给予撤职或者开除公职的行政处分;构成玩忽职守罪或者其他罪的,依法追究刑事责任。

第十五条　发生特大安全事故,社会影响特别恶劣或者性质特别严重的,由国务院对负有领导责任的省长、自治区主席、直辖市市长和国务院有关部门正职负责人给予行政处分。

第十六条　特大安全事故发生后,有关县(市、区)、市(地、州)和省、自治区、直辖市人民政府及政府有关部门应当按照国家规定的程序和时限立即上报,不得隐瞒不报、谎报或者拖延报告,并应当配合、协助事故调查,不得以任何方式阻碍、干涉事故调查。

特大安全事故发生后,有关地方人民政府及政府有关部门违反前款规定的,对政府主要领导人和政府部门正职负责人给予降级的行政处分。

第十七条　特大安全事故发生后,有关地方人民政府应当迅速组织救助,有关部门应当服从指挥、调度,参加或者配合救助,将事故损失降到最低限度。

第十八条　特大安全事故发生后,省、自治区、直辖市人民政府应当按照国家有关规定迅速、如实发布事故消息。

第十九条　特大安全事故发生后,按照国家有关规定组织调查组对事故进行调查。事故调查工作应当自事故发生之日起60日内完成,并由调查组提出调查报告;遇有特殊情况的,经调查组提出并报国家安全生产监督管理机构批准后,可以适当延长时间。调查报告应当包括依照本规定对有关责任人员追究行政责任或者其他法律责任的意见。

省、自治区、直辖市人民政府应当自调查报告提交之日起30日内,对有关责任人员作出处理决定;必要时,国务院可以对特大安全事故的有关责任人员作出处理决定。

第二十条　地方人民政府或者政府部门阻挠、干涉对特大安全事故有关责任人员追究行政责任的,对该地方人民政府主要领导人或者政府部门正职负责人,根据情节轻重,给予降级或者撤职的行政处分。

第二十一条　任何单位和个人均有权向有关地方人民政府或者政府部门报告特大安全事故隐患,有权向上级人民政府或者政府部门举报地方人民政府或者政府部门不履行安全监督管理职责或者不按照规定履行职责的情况。接到报告或者举报的有关人民政府或者政府部门,应当立即组织对事故隐患进行查处,或者对举报的不履行、不按照规定履行安全监督管理职责的情况进行调查处理。

第二十二条　监察机关依照行政监察法的规定,对地方各级人民政府和政府部门及其工作人员履行安全监督管理职责实施监察。

第二十三条　对特大安全事故以外的其他安全事故的防范、发生追究行政责任的办法,由省、自治区、直辖市人民政府参照本规定制定。

第二十四条　本规定自公布之日起施行。

安全生产许可证条例

(2004年1月13日中华人民共和国国务院令第397号公布　根据2013年7月18日《国务院关于废止和修改部分行政法规的决定》第一次修订　根据2014年7月29日《国务院关于修改部分行政法规的决定》第二次修订)

第一条　为了严格规范安全生产条件,进一步加强安全生产监督管理,防止和减少生产安全事故,根据《中华人民共和国安全生产法》的有关规定,制定本条例。

第二条　国家对矿山企业、建筑施工企业和危险化学品、烟花爆竹、民用爆炸物品生产企业(以下统称企业)实行安全生产许可制度。

企业未取得安全生产许可证的,不得从事生产活动。

第三条　国务院安全生产监督管理部门负责中央管理的非煤矿矿山企业和危险化学品、烟花爆竹生产企业安全生产许可证的颁发和管理。

省、自治区、直辖市人民政府安全生产监督管理部门负责前款规定以外的非煤矿矿山企业和危险化学品、烟花爆竹生产企业安全生产许可证的颁发和管理,并接受国务院安全生产监督管理部门的指导和监督。

国家煤矿安全监察机构负责中央管理的煤矿企业安全生产许可证的颁发和管理。

在省、自治区、直辖市设立的煤矿安全监察机构负责前款规定以外的其他煤矿企业安全生产许可证的颁发和管理,并接受国家煤矿安全监察机构的指导和监督。

第四条　省、自治区、直辖市人民政府建设主管部门负责建筑施工企业安全生产许可证的颁发和管理,并接受国务院建设主管部门的指导和监督。

第五条　省、自治区、直辖市人民政府民用爆炸物品行业主管部门负责民用爆炸物品生产企业安全生产许可证的颁发和管理,并接受国务院民用爆炸物品行业主管部门的指导和监督。

第六条 企业取得安全生产许可证,应当具备下列安全生产条件:

(一)建立、健全安全生产责任制,制定完备的安全生产规章制度和操作规程;

(二)安全投入符合安全生产要求;

(三)设置安全生产管理机构,配备专职安全生产管理人员;

(四)主要负责人和安全生产管理人员经考核合格;

(五)特种作业人员经有关业务主管部门考核合格,取得特种作业操作资格证书;

(六)从业人员经安全生产教育和培训合格;

(七)依法参加工伤保险,为从业人员缴纳保险费;

(八)厂房、作业场所和安全设施、设备、工艺符合有关安全生产法律、法规、标准和规程的要求;

(九)有职业危害防治措施,并为从业人员配备符合国家标准或者行业标准的劳动防护用品;

(十)依法进行安全评价;

(十一)有重大危险源检测、评估、监控措施和应急预案;

(十二)有生产安全事故应急救援预案、应急救援组织或者应急救援人员,配备必要的应急救援器材、设备;

(十三)法律、法规规定的其他条件。

第七条 企业进行生产前,应当依照本条例的规定向安全生产许可证颁发管理机关申请领取安全生产许可证,并提供本条例第六条规定的相关文件、资料。安全生产许可证颁发管理机关应当自收到申请之日起45日内审查完毕,经审查符合本条例规定的安全生产条件的,颁发安全生产许可证;不符合本条例规定的安全生产条件的,不予颁发安全生产许可证,书面通知企业并说明理由。

煤矿企业应当以矿(井)为单位,依照本条例的规定取得安全生产许可证。

第八条 安全生产许可证由国务院安全生产监督管理部门规定统一的式样。

第九条 安全生产许可证的有效期为3年。安全生产许可证有效期满需要延期的,企业应当于期满前3个月向原安全生产许可证颁发管理机关办理延期手续。

企业在安全生产许可证有效期内,严格遵守有关安全生产的法律法规,未发生死亡事故的,安全生产许可证有效期届满时,经原安全生产许可证颁发管理机关同意,不再审查,安全生产许可证有效期延期3年。

第十条 安全生产许可证颁发管理机关应当建立、健全安全生产许可证档案管理制度,并定期向社会公布企业取得安全生产许可证的情况。

第十一条 煤矿企业安全生产许可证颁发管理机关、建筑施工企业安全生产许可证颁发管理机关、民用爆炸物品生产企业安全生产许可证颁发管理机关,应当每年向同级安全生产监督管理部门通报其安全生产许可证颁发和管理情况。

第十二条 国务院安全生产监督管理部门和省、自治区、直辖市人民政府安全生产监督管理部门对建筑施工企业、民用爆炸物品生产企业、煤矿企业取得安全生产许可证的情况进行监督。

第十三条 企业不得转让、冒用安全生产许可证或者使用伪造的安全生产许可证。

第十四条 企业取得安全生产许可证后,不得降低安全生产条件,并应当加强日常安全生产管理,接受安全生产许可证颁发管理机关的监督检查。

安全生产许可证颁发管理机关应当加强对取得安全生产许可证的企业的监督检查,发现其不再具备本条例规定的安全生产条件的,应当暂扣或者吊销安全生产许可证。

第十五条 安全生产许可证颁发管理机关工作人员在安全生产许可证颁发、管理和监督检查工作中,不得索取或者接受企业的财物,不得谋取其他利益。

第十六条 监察机关依照《中华人民共和国行政监察法》的规定,对安全生产许可证颁发管理机关及其工作人员履行本条例规定的职责实施监察。

第十七条 任何单位或者个人对违反本条例规定的行为,有权向安全生产许可证颁发管理机关或者监察机关等有关部门举报。

第十八条 安全生产许可证颁发管理机关工作人员有下列行为之一的,给予降级或者撤职的行政处分;构成犯罪的,依法追究刑事责任:

(一)向不符合本条例规定的安全生产条件的企业颁发安全生产许可证的;

(二)发现企业未依法取得安全生产许可证擅自从事生产活动,不依法处理的;

(三)发现取得安全生产许可证的企业不再具备本条例规定的安全生产条件,不依法处理的;

(四)接到对违反本条例规定行为的举报后,不及时处理的;

(五)在安全生产许可证颁发、管理和监督检查工作中,索取或者接受企业的财物,或者谋取其他利益的。

第十九条 违反本条例规定,未取得安全生产许可证擅自进行生产的,责令停止生产,没收违法所得,并处10万元以上50万元以下的罚款;造成重大事故或者其他严重后果,构成犯罪的,依法追究刑事责任。

第二十条 违反本条例规定,安全生产许可证有效期满未办理延期手续,继续进行生产的,责令停止生产,限期补办延期手续,没收违法所得,并处5万元以上10万元以下的罚款;逾期仍不办理延期手续,继续进行生产的,依照本条例第十九条的规定处罚。

第二十一条　违反本条例规定,转让安全生产许可证的,没收违法所得,处10万元以上50万元以下的罚款,并吊销其安全生产许可证;构成犯罪的,依法追究刑事责任;接受转让的,依照本条例第十九条的规定处罚。

冒用安全生产许可证或者使用伪造的安全生产许可证的,依照本条例第十九条的规定处罚。

第二十二条　本条例施行前已经进行生产的企业,应当自本条例施行之日起1年内,依照本条例的规定向安全生产许可证颁发管理机关申请办理安全生产许可证;逾期不办理安全生产许可证,或者经审查不符合本条例规定的安全生产条件,未取得安全生产许可证,继续进行生产的,依照本条例第十九条的规定处罚。

第二十三条　本条例规定的行政处罚,由安全生产许可证颁发管理机关决定。

第二十四条　本条例自公布之日起施行。

生产安全事故报告和调查处理条例

(2007年4月9日国务院令第493号公布　自2007年6月1日起施行)

第一章　总　　则

第一条　为了规范生产安全事故的报告和调查处理,落实生产安全事故责任追究制度,防止和减少生产安全事故,根据《中华人民共和国安全生产法》和有关法律,制定本条例。

第二条　生产经营活动中发生的造成人身伤亡或者直接经济损失的生产安全事故的报告和调查处理,适用本条例;环境污染事故、核设施事故、国防科研生产事故的报告和调查处理不适用本条例。

第三条　根据生产安全事故(以下简称事故)造成的人员伤亡或者直接经济损失,事故一般分为以下等级:

(一)特别重大事故,是指造成30人以上死亡,或者100人以上重伤(包括急性工业中毒,下同),或者1亿元以上直接经济损失的事故;

(二)重大事故,是指造成10人以上30人以下死亡,或者50人以上100人以下重伤,或者5000万元以上1亿元以下直接经济损失的事故;

(三)较大事故,是指造成3人以上10人以下死亡,或者10人以上50人以下重伤,或者1000万元以上5000万元以下直接经济损失的事故;

(四)一般事故,是指造成3人以下死亡,或者10人以下重伤,或者1000万元以下直接经济损失的事故。

国务院安全生产监督管理部门可以会同国务院有关部门,制定事故等级划分的补充性规定。

本条第一款所称的"以上"包括本数,所称的"以下"不包括本数。

第四条　事故报告应当及时、准确、完整,任何单位和个人对事故不得迟报、漏报、谎报或者瞒报。

事故调查处理应当坚持实事求是、尊重科学的原则,及时、准确地查清事故经过、事故原因和事故损失,查明事故性质,认定事故责任,总结事故教训,提出整改措施,并对事故责任者依法追究责任。

第五条　县级以上人民政府应当依照本条例的规定,严格履行职责,及时、准确地完成事故调查处理工作。

事故发生地有关地方人民政府应当支持、配合上级人民政府或者有关部门的事故调查处理工作,并提供必要的便利条件。

参加事故调查处理的部门和单位应当互相配合,提高事故调查处理工作的效率。

第六条　工会依法参加事故调查处理,有权向有关部门提出处理意见。

第七条　任何单位和个人不得阻挠和干涉对事故的报告和依法调查处理。

第八条　对事故报告和调查处理中的违法行为,任何单位和个人有权向安全生产监督管理部门、监察机关或者其他有关部门举报,接到举报的部门应当依法及时处理。

第二章　事故报告

第九条　事故发生后,事故现场有关人员应当立即向本单位负责人报告;单位负责人接到报告后,应当于1小时内向事故发生地县级以上人民政府安全生产监督管理部门和负有安全生产监督管理职责的有关部门报告。

情况紧急时,事故现场有关人员可以直接向事故发生地县级以上人民政府安全生产监督管理部门和负有安全生产监督管理职责的有关部门报告。

第十条　安全生产监督管理部门和负有安全生产监督管理职责的有关部门接到事故报告后,应当依照下列规定上报事故情况,并通知公安机关、劳动保障行政部门、工会和人民检察院:

(一)特别重大事故、重大事故逐级上报至国务院安全生产监督管理部门和负有安全生产监督管理职责的有关部门;

（二）较大事故逐级上报至省、自治区、直辖市人民政府安全生产监督管理部门和负有安全生产监督管理职责的有关部门；

（三）一般事故上报至设区的市级人民政府安全生产监督管理部门和负有安全生产监督管理职责的有关部门。

安全生产监督管理部门和负有安全生产监督管理职责的有关部门依照前款规定上报事故情况，应当同时报告本级人民政府。国务院安全生产监督管理部门和负有安全生产监督管理职责的有关部门以及省级人民政府接到发生特别重大事故、重大事故的报告后，应当立即报告国务院。

必要时，安全生产监督管理部门和负有安全生产监督管理职责的有关部门可以越级上报事故情况。

注释 各级安全监管部门和煤矿安全监察机构接到各类生产安全事故信息报告后，要严格按照事故报告的时限、内容和要求逐级上报：(1)特别重大事故信息，要在事故发生后3小时内逐级上报至国家安全监管总局；(2)事故和较大涉险事故信息、煤矿一般事故信息，要在事故发生后7小时内逐级上报至国家安全监管总局。事故具体情况一时难以核实清楚的，可先电话报告事故概况，随后及时报告文字材料；(3)加强事故跟踪调度，及时续报事故抢救进展情况。重特大事故和社会影响重大的事故要每天早、晚各续报1次；较大事故和较大涉险事故要每天续报1次。续报工作直至事故抢救工作结束。必要时，安全监管部门、煤矿安全监察机构可以越级上报事故情况。（参见《国家安全监管总局关于进一步加强和改进生产安全事故信息报告和处置工作的通知》一）

第十一条 安全生产监督管理部门和负有安全生产监督管理职责的有关部门逐级上报事故情况，每级上报的时间不得超过2小时。

第十二条 报告事故应当包括下列内容：

（一）事故发生单位概况；

（二）事故发生的时间、地点以及事故现场情况；

（三）事故的简要经过；

（四）事故已经造成或者可能造成的伤亡人数（包括下落不明的人数）和初步估计的直接经济损失；

（五）已经采取的措施；

（六）其他应当报告的情况。

第十三条 事故报告后出现新情况的，应当及时补报。

自事故发生之日起30日内，事故造成的伤亡人数发生变化的，应当及时补报。道路交通事故、火灾事故自发生之日起7日内，事故造成的伤亡人数发生变化的，应当及时补报。

第十四条 事故发生单位负责人接到事故报告后，应当立即启动事故相应应急预案，或者采取有效措施，组织抢救，防止事故扩大，减少人员伤亡和财产损失。

第十五条 事故发生地有关地方人民政府、安全生产监督管理部门和负有安全生产监督管理职责的有关部门接到事故报告后，其负责人应当立即赶赴事故现场，组织事故救援。

注释 ［特别重大事故的现场督导］

发生一次死亡30人以上的特别重大事故（含被困和下落不明的情形，以下同），国家安全监管总局、国家煤矿安监局（煤矿事故，以下同）主要领导、分管领导和有关业务司局主要负责人、应急指挥中心负责人以及省、市、县级安全监管部门、驻地煤矿安全监察机构（煤矿事故，以下同）（以下简称安全监管监察机构）的主要负责人赶赴事故现场。

［重大事故的现场督导］

(1)发生一次死亡20－29人的重大事故，国家安全监管总局、国家煤矿安监局分管领导和有关业务司局、应急指挥中心负责人赶赴事故现场。(2)发生一次死亡10－19人的重大事故，或有重大社会影响的事故，国家安全监管总局、国家煤矿安监局有关业务司局、应急指挥中心有关部门负责人赶赴事故现场。(3)发生重大事故，省、市、县级安全监管监察机构主要负责人和有关业务处（科）室的主要负责人赶赴事故现场。

［较大及较大涉险事故的现场督导］

(1)发生一次死亡6－9人的较大事故，或受伤25－50人，或社会影响较大的事故，省级安全监管监察机构分管负责人和有关处室负责人赶赴事故现场。(2)发生一次死亡3－5人的较大事故，或受伤10－24人或较大涉险事故，省级安全监管监察机构有关处室负责人赶赴事故现场。(3)发生较大事故或较大涉险事故，市、县级安全监管监察机构主要负责人和有关科室主要负责人赶赴事故现场。

［其他事故］

下列事故，国家安全监管总局、国家煤矿安监局有关司局、应急指挥中心有关部门派员赶赴事故现场：(1)煤矿发生一次死亡6－9人的典型事故，或一次受伤或涉险20人以上的事故。国家煤矿安监局相关司与应急指挥中心的有关处室负责人赶赴事故现场。(2)金属与非金属矿、地质勘探等行业发生一次死亡6－9人，或一次受伤20人以上，或涉险30人以上的事故；海上石油发生一次死亡3－9人，或平台倾覆事故；石油、天然气井（含有毒气体）发生井喷失控事故。国家安全监管总局监管一司、应急指挥中心有关处室负责人赶赴事故现场。(3)军工（民用）、民爆、建筑、水利、电力、教育、邮政、电信、林业等行业（领域）发生一次死亡6人以上，或一次受伤10人以上,或涉险30人以上的事故;列车、地铁、城铁较大伤亡事故;建筑施工大面积坍塌、大型水利设施、电力设施事故。国家安全监管总局监管二司、应急指挥中心有关处室负责人赶赴事故现场。(4)危险化学品、化工、医药、烟花爆竹等行业(领域)发生一次死亡6人以上,或一次受伤20人以上,或涉险30人以上的事故;危险化学品大量泄漏、对环境造成严重污染的事故;紧急疏散人员1000人以上,或住院观察治疗50人以上的危险化学品事故。国家安全监管总局监管三司、应急指挥中心有关处室负责人赶赴事故现场。(5)冶金、有色、建材、机械、轻工、纺织、烟草、商贸等行业(领域)发生一次死亡6人以上,或一次受伤10人以上,或涉险30人以上的事故。国家安全监管总局监管四司、应急指挥中心有关处室负责人赶赴事故现场。(参见《国家安全监管总局关于进一步加强和改进生产安全事故信息报告和处置工作的通知》二)

第十六条　事故发生后,有关单位和人员应当妥善保护事故现场以及相关证据,任何单位和个人不得破坏事故现场、毁灭相关证据。

因抢救人员、防止事故扩大以及疏通交通等原因,需要移动事故现场物件的,应当做出标志,绘制现场简图并做出书面记录,妥善保存现场重要痕迹、物证。

第十七条　事故发生地公安机关根据事故的情况,对涉嫌犯罪的,应当依法立案侦查,采取强制措施和侦查措施。犯罪嫌疑人逃匿的,公安机关应当迅速追捕归案。

第十八条　安全生产监督管理部门和负有安全生产监督管理职责的有关部门应当建立值班制度,并向社会公布值班电话,受理事故报告和举报。

第三章　事故调查

第十九条　特别重大事故由国务院或者国务院授权有关部门组织事故调查组进行调查。

重大事故、较大事故、一般事故分别由事故发生地省级人民政府、设区的市级人民政府、县级人民政府负责调查。省级人民政府、设区的市级人民政府、县级人民政府可以直接组织事故调查组进行调查,也可以授权或者委托有关部门组织事故调查组进行调查。

未造成人员伤亡的一般事故,县级人民政府也可以委托事故发生单位组织事故调查组进行调查。

第二十条　上级人民政府认为必要时,可以调查由下级人民政府负责调查的事故。

自事故发生之日起30日内(道路交通事故、火灾事故自发生之日起7日内),因事故伤亡人数变化导致事故等级发生变化,依照本条例规定应当由上级人民政府负责调查的,上级人民政府可以另行组织事故调查组进行调查。

第二十一条　特别重大事故以下等级事故,事故发生地与事故发生单位不在同一个县级以上行政区域的,由事故发生地人民政府负责调查,事故发生单位所在地人民政府应当派人参加。

第二十二条　事故调查组的组成应当遵循精简、效能的原则。

根据事故的具体情况,事故调查组由有关人民政府、安全生产监督管理部门、负有安全生产监督管理职责的有关部门、监察机关、公安机关以及工会派人组成,并应当邀请人民检察院派人参加。

事故调查组可以聘请有关专家参与调查。

第二十三条　事故调查组成员应当具有事故调查所需要的知识和专长,并与所调查的事故没有直接利害关系。

第二十四条　事故调查组组长由负责事故调查的人民政府指定。事故调查组组长主持事故调查组的工作。

第二十五条　事故调查组履行下列职责:

(一)查明事故发生的经过、原因、人员伤亡情况及直接经济损失;

(二)认定事故的性质和事故责任;

(三)提出对事故责任者的处理建议;

(四)总结事故教训,提出防范和整改措施;

(五)提交事故调查报告。

第二十六条　事故调查组有权向有关单位和个人了解与事故有关的情况,并要求其提供相关文件、资料,有关单位和个人不得拒绝。

事故发生单位的负责人和有关人员在事故调查期间不得擅离职守,并应当随时接受事故调查组的询问,如实提供有关情况。

事故调查中发现涉嫌犯罪的,事故调查组应当及时将有关材料或者其复印件移交司法机关处理。

第二十七条　事故调查中需要进行技术鉴定的,事故调查组应当委托具有国家规定资质的单位进行技术鉴定。必要时,事故调查组可以直接组织专家进行技术鉴定。技术鉴定所需时间不计入事故调查期限。

第二十八条　事故调查组成员在事故调查工作中应当诚信公正、恪尽职守,遵守事故调查组的纪律,保守事故调查的秘密。

未经事故调查组组长允许,事故调查组成员不得擅自发布有关事故的信息。

第二十九条　事故调查组应当自事故发生之日起60日内提交事故调查报告;特殊情况下,经负责事故调查的人民政府批准,提交事故调查报告的期限可以适当延长,但延长的期限最长不超过60日。

第三十条　事故调查报告应当包括下列内容:

(一)事故发生单位概况;

（二）事故发生经过和事故救援情况；

（三）事故造成的人员伤亡和直接经济损失；

（四）事故发生的原因和事故性质；

（五）事故责任的认定以及对事故责任者的处理建议；

（六）事故防范和整改措施。

事故调查报告应当附具有关证据材料。事故调查组成员应当在事故调查报告上签名。

第三十一条 事故调查报告报送负责事故调查的人民政府后，事故调查工作即告结束。事故调查的有关资料应当归档保存。

第四章 事故处理

第三十二条 重大事故、较大事故、一般事故，负责事故调查的人民政府应当自收到事故调查报告之日起15日内做出批复；特别重大事故，30日内做出批复，特殊情况下，批复时间可以适当延长，但延长的时间最长不超过30日。

有关机关应当按照人民政府的批复，依照法律、行政法规规定的权限和程序，对事故发生单位和有关人员进行行政处罚，对负有事故责任的国家工作人员进行处分。

事故发生单位应当按照负责事故调查的人民政府的批复，对本单位负有事故责任的人员进行处理。

负有事故责任的人员涉嫌犯罪的，依法追究刑事责任。

第三十三条 事故发生单位应当认真吸取事故教训，落实防范和整改措施，防止事故再次发生。防范和整改措施的落实情况应当接受工会和职工的监督。

安全生产监督管理部门和负有安全生产监督管理职责的有关部门应当对事故发生单位落实防范和整改措施的情况进行监督检查。

第三十四条 事故处理的情况由负责事故调查的人民政府或者其授权的有关部门、机构向社会公布，依法应当保密的除外。

第五章 法律责任

第三十五条 事故发生单位主要负责人有下列行为之一的，处上一年年收入40%至80%的罚款；属于国家工作人员的，并依法给予处分；构成犯罪的，依法追究刑事责任：

（一）不立即组织事故抢救的；

（二）迟报或者漏报事故的；

（三）在事故调查处理期间擅离职守的。

第三十六条 事故发生单位及其有关人员有下列行为之一的，对事故发生单位处100万元以上500万元以下的罚款；对主要负责人、直接负责的主管人员和其他直接责任人员处上一年年收入60%至100%的罚款；属于国家工作人员的，并依法给予处分；构成违反治安管理行为的，由公安机关依法给予治安管理处罚；构成犯罪的，依法追究刑事责任：

（一）谎报或者瞒报事故的；

（二）伪造或者故意破坏事故现场的；

（三）转移、隐匿资金、财产，或者销毁有关证据、资料的；

（四）拒绝接受调查或者拒绝提供有关情况和资料的；

（五）在事故调查中作伪证或者指使他人作伪证的；

（六）事故发生后逃匿的。

第三十七条 事故发生单位对事故发生负有责任的，依照下列规定处以罚款：

（一）发生一般事故的，处10万元以上20万元以下的罚款；

（二）发生较大事故的，处20万元以上50万元以下的罚款；

（三）发生重大事故的，处50万元以上200万元以下的罚款；

（四）发生特别重大事故的，处200万元以上500万元以下的罚款。

第三十八条 事故发生单位主要负责人未依法履行安全生产管理职责，导致事故发生的，依照下列规定处以罚款；属于国家工作人员的，并依法给予处分；构成犯罪的，依法追究刑事责任：

（一）发生一般事故的，处上一年年收入30%的罚款；

（二）发生较大事故的，处上一年年收入40%的罚款；

（三）发生重大事故的，处上一年年收入60%的罚款；

（四）发生特别重大事故的，处上一年年收入80%的罚款。

第三十九条 有关地方人民政府、安全生产监督管理部门和负有安全生产监督管理职责的有关部门有下列行为之一的，对直接负责的主管人员和其他直接责任人员依法给予处分；构成犯罪的，依法追究刑事责任：

（一）不立即组织事故抢救的；

（二）迟报、漏报、谎报或者瞒报事故的；

（三）阻碍、干涉事故调查工作的；

（四）在事故调查中作伪证或者指使他人作伪证的。

第四十条 事故发生单位对事故发生负有责任

的，由有关部门依法暂扣或者吊销其有关证照；对事故发生单位负有事故责任的有关人员，依法暂停或者撤销其与安全生产有关的执业资格、岗位证书；事故发生单位主要负责人受到刑事处罚或者撤职处分的，自刑罚执行完毕或者受处分之日起，5 年内不得担任任何生产经营单位的主要负责人。

为发生事故的单位提供虚假证明的中介机构，由有关部门依法暂扣或者吊销其有关证照及其相关人员的执业资格；构成犯罪的，依法追究刑事责任。

第四十一条 参与事故调查的人员在事故调查中有下列行为之一的，依法给予处分；构成犯罪的，依法追究刑事责任：

（一）对事故调查工作不负责任，致使事故调查工作有重大疏漏的；

（二）包庇、袒护负有事故责任的人员或者借机打击报复的。

第四十二条 违反本条例规定，有关地方人民政府或者有关部门故意拖延或者拒绝落实经批复的对事故责任人的处理意见的，由监察机关对有关责任人员依法给予处分。

第四十三条 本条例规定的罚款的行政处罚，由安全生产监督管理部门决定。

法律、行政法规对行政处罚的种类、幅度和决定机关另有规定的，依照其规定。

第六章 附 则

第四十四条 没有造成人员伤亡，但是社会影响恶劣的事故，国务院或者有关地方人民政府认为需要调查处理的，依照本条例的有关规定执行。

国家机关、事业单位、人民团体发生的事故的报告和调查处理，参照本条例的规定执行。

第四十五条 特别重大事故以下等级事故的报告和调查处理，有关法律、行政法规或者国务院另有规定的，依照其规定。

第四十六条 本条例自 2007 年 6 月 1 日起施行。国务院 1989 年 3 月 29 日公布的《特别重大事故调查程序暂行规定》和 1991 年 2 月 22 日公布的《企业职工伤亡事故报告和处理规定》同时废止。

电力安全事故应急处置和调查处理条例

（2011 年 7 月 7 日国务院令第 599 号公布 自 2011 年 9 月 1 日起施行）

第一章 总 则

第一条 为了加强电力安全事故的应急处置工作，规范电力安全事故的调查处理，控制、减轻和消除电力安全事故损害，制定本条例。

第二条 本条例所称电力安全事故，是指电力生产或者电网运行过程中发生的影响电力系统安全稳定运行或者影响电力正常供应的事故（包括热电厂发生的影响热力正常供应的事故）。

第三条 根据电力安全事故（以下简称事故）影响电力系统安全稳定运行或者影响电力（热力）正常供应的程度，事故分为特别重大事故、重大事故、较大事故和一般事故。事故等级划分标准由本条例附表列示。事故等级划分标准的部分项目需要调整的，由国务院电力监管机构提出方案，报国务院批准。

由独立的或者通过单一输电线路与外省连接的省级电网供电的省级人民政府所在地城市，以及由单一输电线路或者单一变电站供电的其他设区的市、县级市，其电网减供负荷或者造成供电用户停电的事故等级划分标准，由国务院电力监管机构另行制定，报国务院批准。

第四条 国务院电力监管机构应当加强电力安全监督管理，依法建立健全事故应急处置和调查处理的各项制度，组织或者参与事故的调查处理。

国务院电力监管机构、国务院能源主管部门和国务院其他有关部门、地方人民政府及有关部门按照国家规定的权限和程序，组织、协调、参与事故的应急处置工作。

第五条 电力企业、电力用户以及其他有关单位和个人，应当遵守电力安全管理规定，落实事故预防措施，防止和避免事故发生。

县级以上地方人民政府有关部门确定的重要电力用户，应当按照国务院电力监管机构的规定配置自备应急电源，并加强安全使用管理。

第六条 事故发生后，电力企业和其他有关单位应当按照规定及时、准确报告事故情况，开展应急处置工作，防止事故扩大，减轻事故损害。电力企业应当尽快恢复电力生产、电网运行和电力（热力）正常供应。

第七条 任何单位和个人不得阻挠和干涉对事故的报告、应急处置和依法调查处理。

第二章 事故报告

第八条 事故发生后，事故现场有关人员应当立即向发电厂、变电站运行值班人员、电力调度机构值班人员或者本企业现场负责人报告。有关人员接到报告后，应当立即向上一级电力调度机构和本企业负责人报告。本企业负责人接到报告后，应当立即向国务院电力监管机构设在当地的派出机构（以下称事故发生地电力监管机构）、县级以上人民政府安全生产监督管理部门报告；热电厂事故影响热力正常供应的,还应当向供热管理部门报告;事故涉及水电厂(站)大坝安全的,还应当同时向有管辖权的水行政主管部门或者流域管理机构报告。

电力企业及其有关人员不得迟报、漏报或者瞒报、谎报事故情况。

第九条 事故发生地电力监管机构接到事故报告后,应当立即核实有关情况,向国务院电力监管机构报告;事故造成供电用户停电的,应当同时通报事故发生地县级以上地方人民政府。

对特别重大事故、重大事故,国务院电力监管机构接到事故报告后应当立即报告国务院,并通报国务院安全生产监督管理部门、国务院能源主管部门等有关部门。

第十条 事故报告应当包括下列内容:

(一)事故发生的时间、地点(区域)以及事故发生单位;

(二)已知的电力设备、设施损坏情况,停运的发电(供热)机组数量、电网减供负荷或者发电厂减少出力的数值、停电(停热)范围;

(三)事故原因的初步判断;

(四)事故发生后采取的措施、电网运行方式、发电机组运行状况以及事故控制情况;

(五)其他应当报告的情况。

事故报告后出现新情况的,应当及时补报。

第十一条 事故发生后,有关单位和人员应当妥善保护事故现场以及工作日志、工作票、操作票等相关材料,及时保存故障录波图、电力调度数据、发电机组运行数据和输变电设备运行数据等相关资料,并在事故调查组成立后将相关材料、资料移交事故调查组。

因抢救人员或者采取恢复电力生产、电网运行和电力供应等紧急措施,需要改变事故现场、移动电力设备的,应当作出标记、绘制现场简图,妥善保存重要痕迹、物证,并作出书面记录。

任何单位和个人不得故意破坏事故现场,不得伪造、隐匿或者毁灭相关证据。

第三章 事故应急处置

第十二条 国务院电力监管机构依照《中华人民共和国突发事件应对法》和《国家突发公共事件总体应急预案》,组织编制国家处置电网大面积停电事件应急预案,报国务院批准。

有关地方人民政府应当依照法律、行政法规和国家处置电网大面积停电事件应急预案,组织制定本行政区域处置电网大面积停电事件应急预案。

处置电网大面积停电事件应急预案应当对应急组织指挥体系及职责,应急处置的各项措施,以及人员、资金、物资、技术等应急保障作出具体规定。

第十三条 电力企业应当按照国家有关规定,制定本企业事故应急预案。

电力监管机构应当指导电力企业加强电力应急救援队伍建设,完善应急物资储备制度。

第十四条 事故发生后,有关电力企业应当立即采取相应的紧急处置措施,控制事故范围,防止发生电网系统性崩溃和瓦解;事故危及人身和设备安全的,发电厂、变电站运行值班人员可以按照有关规定,立即采取停运发电机组和输变电设备等紧急处置措施。

事故造成电力设备、设施损坏的,有关电力企业应当立即组织抢修。

第十五条 根据事故的具体情况,电力调度机构可以发布开启或者关停发电机组、调整发电机组有功和无功负荷、调整电网运行方式、调整供电调度计划等电力调度命令,发电企业、电力用户应当执行。

事故可能导致破坏电力系统稳定和电网大面积停电的,电力调度机构有权决定采取拉限负荷、解列电网、解列发电机组等必要措施。

第十六条 事故造成电网大面积停电的,国务院电力监管机构和国务院其他有关部门、有关地方人民政府、电力企业应当按照国家有关规定,启动相应的应急预案,成立应急指挥机构,尽快恢复电网运行和电力供应,防止各种次生灾害的发生。

第十七条 事故造成电网大面积停电的,有关地方人民政府及有关部门应当立即组织开展下列应急处置工作:

(一)加强对停电地区关系国计民生、国家安全和公共安全的重点单位的安全保卫,防范破坏社会秩序的行为,维护社会稳定;

(二)及时排除因停电发生的各种险情;

(三)事故造成重大人员伤亡或者需要紧急转移、安置受困人员的,及时组织实施救治、转移、安置工作;

(四)加强停电地区道路交通指挥和疏导,做好铁路、民航运输以及通信保障工作;

(五)组织应急物资的紧急生产和调用,保证电网恢复运行所需物资和居民基本生活资料的供给。

第十八条 事故造成重要电力用户供电中断的,重要电力用户应当按照有关技术要求迅速启动自备应急电源;启动自备应急电源无效的,电网企业应当提供必要的支援。

事故造成地铁、机场、高层建筑、商场、影剧院、体育场馆等人员聚集场所停电的,应当迅速启用应急照明,组织人员有序疏散。

第十九条 恢复电网运行和电力供应,应当优先保证重要电厂厂用电源、重要输变电设备、电力主干网架的恢复,优先恢复重要电力用户、重要城市、重点地区的电力供应。

第二十条　事故应急指挥机构或者电力监管机构应当按照有关规定，统一、准确、及时发布有关事故影响范围、处置工作进度、预计恢复供电时间等信息。

第四章　事故调查处理

第二十一条　特别重大事故由国务院或者国务院授权的部门组织事故调查组进行调查。

重大事故由国务院电力监管机构组织事故调查组进行调查。

较大事故、一般事故由事故发生地电力监管机构组织事故调查组进行调查。国务院电力监管机构认为必要的，可以组织事故调查组对较大事故进行调查。

未造成供电用户停电的一般事故，事故发生地电力监管机构也可以委托事故发生单位调查处理。

第二十二条　根据事故的具体情况，事故调查组由电力监管机构、有关地方人民政府、安全生产监督管理部门、负有安全生产监督管理职责的有关部门派人组成；有关人员涉嫌失职、渎职或者涉嫌犯罪的，应当邀请监察机关、公安机关、人民检察院派人参加。

根据事故调查工作的需要，事故调查组可以聘请有关专家协助调查。

事故调查组组长由组织事故调查组的机关指定。

第二十三条　事故调查组应当按照国家有关规定开展事故调查，并在下列期限内向组织事故调查组的机关提交事故调查报告：

（一）特别重大事故和重大事故的调查期限为60日；特殊情况下，经组织事故调查组的机关批准，可以适当延长，但延长的期限不得超过60日。

（二）较大事故和一般事故的调查期限为45日；特殊情况下，经组织事故调查组的机关批准，可以适当延长，但延长的期限不得超过45日。

事故调查期限自事故发生之日起计算。

第二十四条　事故调查报告应当包括下列内容：

（一）事故发生单位概况和事故发生经过；

（二）事故造成的直接经济损失和事故对电网运行、电力（热力）正常供应的影响情况；

（三）事故发生的原因和事故性质；

（四）事故应急处置和恢复电力生产、电网运行的情况；

（五）事故责任认定和对事故责任单位、责任人的处理建议；

（六）事故防范和整改措施。

事故调查报告应当附具有关证据材料和技术分析报告。事故调查组成员应当在事故调查报告上签字。

第二十五条　事故调查报告报经组织事故调查组的机关同意，事故调查工作即告结束；委托事故发生单位调查的一般事故，事故调查报告应当报经事故发生地电力监管机构同意。

有关机关应当依法对事故发生单位和有关人员进行处罚，对负有事故责任的国家工作人员给予处分。

事故发生单位应当对本单位负有事故责任的人员进行处理。

第二十六条　事故发生单位和有关人员应当认真吸取事故教训，落实事故防范和整改措施，防止事故再次发生。

电力监管机构、安全生产监督管理部门和负有安全生产监督管理职责的有关部门应当对事故发生单位和有关人员落实事故防范和整改措施的情况进行监督检查。

第五章　法律责任

第二十七条　发生事故的电力企业主要负责人有下列行为之一的，由电力监管机构处其上一年年收入40%至80%的罚款；属于国家工作人员的，并依法给予处分；构成犯罪的，依法追究刑事责任：

（一）不立即组织事故抢救的；

（二）迟报或者漏报事故的；

（三）在事故调查处理期间擅离职守的。

第二十八条　发生事故的电力企业及其有关人员有下列行为之一的，由电力监管机构对电力企业处100万元以上500万元以下的罚款；对主要负责人、直接负责的主管人员和其他直接责任人员处其上一年年收入60%至100%的罚款，属于国家工作人员的，并依法给予处分；构成违反治安管理行为的，由公安机关依法给予治安管理处罚；构成犯罪的，依法追究刑事责任：

（一）谎报或者瞒报事故的；

（二）伪造或者故意破坏事故现场的；

（三）转移、隐匿资金、财产，或者销毁有关证据、资料的；

（四）拒绝接受调查或者拒绝提供有关情况和资料的；

（五）在事故调查中作伪证或者指使他人作伪证的；

（六）事故发生后逃匿的。

第二十九条　电力企业对事故发生负有责任的，由电力监管机构依照下列规定处以罚款：

（一）发生一般事故的，处10万元以上20万元以下的罚款；

（二）发生较大事故的，处20万元以上50万元以下的罚款；

（三）发生重大事故的，处50万元以上200万元以下的罚款；

（四）发生特别重大事故的，处200万元以上500万元以下的罚款。

第三十条　电力企业主要负责人未依法履行安

全生产管理职责,导致事故发生的,由电力监管机构依照下列规定处以罚款;属于国家工作人员的,并依法给予处分;构成犯罪的,依法追究刑事责任:

(一)发生一般事故的,处其上一年年收入30%的罚款;

(二)发生较大事故的,处其上一年年收入40%的罚款;

(三)发生重大事故的,处其上一年年收入60%的罚款;

(四)发生特别重大事故的,处其上一年年收入80%的罚款。

第三十一条 电力企业主要负责人依照本条例第二十七条、第二十八条、第三十条规定受到撤职处分或者刑事处罚的,自受处分之日或者刑罚执行完毕之日起5年内,不得担任任何生产经营单位主要负责人。

第三十二条 电力监管机构、有关地方人民政府以及其他负有安全生产监督管理职责的有关部门有下列行为之一的,对直接负责的主管人员和其他直接责任人员依法给予处分;直接负责的主管人员和其他直接责任人员构成犯罪的,依法追究刑事责任:

(一)不立即组织事故抢救的;

(二)迟报、漏报或者瞒报、谎报事故的;

(三)阻碍、干涉事故调查工作的;

(四)在事故调查中作伪证或者指使他人作伪证的。

第三十三条 参与事故调查的人员在事故调查中有下列行为之一的,依法给予处分;构成犯罪的,依法追究刑事责任:

(一)对事故调查工作不负责任,致使事故调查工作有重大疏漏的;

(二)包庇、袒护负有事故责任的人员或者借机打击报复的。

第六章 附 则

第三十四条 发生本条例规定的事故,同时造成人员伤亡或者直接经济损失,依照本条例确定的事故等级与依照《生产安全事故报告和调查处理条例》确定的事故等级不相同的,按事故等级较高者确定事故等级,依照本条例的规定调查处理;事故造成人员伤亡,构成《生产安全事故报告和调查处理条例》规定的重大事故或者特别重大事故的,依照《生产安全事故报告和调查处理条例》的规定调查处理。

电力生产或者电网运行过程中发生发电设备或者输变电设备损坏,造成直接经济损失的事故,未影响电力系统安全稳定运行以及电力正常供应的,由电力监管机构依照《生产安全事故报告和调查处理条例》的规定组成事故调查组对重大事故、较大事故、一般事故进行调查处理。

第三十五条 本条例对事故报告和调查处理未作规定的,适用《生产安全事故报告和调查处理条例》的规定。

第三十六条 核电厂核事故的应急处置和调查处理,依照《核电厂核事故应急管理条例》的规定执行。

第三十七条 本条例自2011年9月1日起施行。

附:

电力安全事故等级划分标准

判定项 事故等级	造成电网减供负荷的比例	造成城市供电用户停电的比例	发电厂或者变电站因安全故障造成全厂(站)对外停电的影响和持续时间	发电机组因安全故障停运的时间和后果	供热机组对外停止供热的时间
特别重大事故	区域性电网减供负荷30%以上 电网负荷20000兆瓦以上的省、自治区电网,减供负荷30%以上 电网负荷5000兆瓦以上20000兆瓦以下的省、自治区电网,减供负荷40%以上 直辖市电网减供负荷50%以上 电网负荷2000兆瓦以上的省、自治区人民政府所在地城市电网减供负荷60%以上	直辖市60%以上供电用户停电 电网负荷2000兆瓦以上的省、自治区人民政府所在地城市70%以上供电用户停电			

续表

判定项 事故等级	造成电网减供负荷的比例	造成城市供电用户停电的比例	发电厂或者变电站因安全故障造成全厂(站)对外停电的影响和持续时间	发电机组因安全故障停运的时间和后果	供热机组对外停止供热的时间
重大事故	区域性电网减供负荷10%以上30%以下 电网负荷20000兆瓦以上的省、自治区电网,减供负荷13%以上30%以下 电网负荷5000兆瓦以上20000兆瓦以下的省、自治区电网,减供负荷16%以上40%以下 电网负荷1000兆瓦以上5000兆瓦以下的省、自治区电网,减供负荷50%以上 直辖市电网减供负荷20%以上50%以下 省、自治区人民政府所在地城市电网减供负荷40%以上(电网负荷2000兆瓦以上的,减供负荷40%以上60%以下) 电网负荷600兆瓦以上的其他设区的市电网减供负荷60%以上	直辖市30%以上60%以下供电用户停电 省、自治区人民政府所在地城市50%以上供电用户停电(电网负荷2000兆瓦以上的,50%以上70%以下) 电网负荷600兆瓦以上的其他设区的市70%以上供电用户停电			
较大事故	区域性电网减供负荷7%以上10%以下 电网负荷20000兆瓦以上的省、自治区电网,减供负荷10%以上13%以下 电网负荷5000兆瓦以上20000兆瓦以下的省、自治区电网,减供负荷12%以上16%以下 电网负荷1000兆瓦以上5000兆瓦以下的省、自治区电网,减供负荷20%以上50%以下 电网负荷1000兆瓦以下的省、自治区电网,减供负荷40%以上 直辖市电网减供负荷10%以上20%以下 省、自治区人民政府所在地城市电网减供负荷20%以上40%以下 其他设区的市电网减供负荷40%以上(电网负荷600兆瓦以上的,减供负荷40%以上60%以下) 电网负荷150兆瓦以上的县级市电网减供负荷60%以上	直辖市15%以上30%以下供电用户停电 省、自治区人民政府所在地城市30%以上50%以下供电用户停电 其他设区的市50%以上供电用户停电(电网负荷600兆瓦以上的,50%以上70%以下) 电网负荷150兆瓦以上的县级市70%以上供电用户停电	发电厂或者220千伏以上变电站因安全故障造成全厂(站)对外停电,导致周边电压监视控制点电压低于调度机构规定的电压曲线值20%并且持续时间30分钟以上,或者导致周边电压监视控制点电压低于调度机构规定的电压曲线值10%并且持续时间1小时以上	发电机组因安全故障停止运行超过行业标准规定的大修时间两周,并导致电网减供负荷	供热机组装机容量200兆瓦以上的热电厂,在当地人民政府规定的采暖期内同时发生2台以上供热机组因安全故障停止运行,造成全厂对外停止供热并且持续时间48小时以上

续表

判定项 事故等级	造成电网减供负荷的比例	造成城市供电用户停电的比例	发电厂或者变电站因安全故障造成全厂(站)对外停电的影响和持续时间	发电机组因安全故障停运的时间和后果	供热机组对外停止供热的时间
一般事故	区域性电网减供负荷4%以上7%以下 电网负荷20000兆瓦以上的省、自治区电网,减供负荷5%以上10%以下 电网负荷5000兆瓦以上20000兆瓦以下的省、自治区电网,减供负荷6%以上12%以下 电网负荷1000兆瓦以上5000兆瓦以下的省、自治区电网,减供负荷10%以上20%以下 电网负荷1000兆瓦以下的省、自治区电网,减供负荷25%以上40%以下 直辖市电网减供负荷5%以上10%以下 省、自治区人民政府所在地城市电网减供负荷10%以上20%以下 其他设区的市电网减供负荷20%以上40%以下 县级市减供负荷40%以上(电网负荷150兆瓦以上的,减供负荷40%以上60%以下)	直辖市10%以上15%以下供电用户停电 省、自治区人民政府所在地城市15%以上30%以下供电用户停电 其他设区的市30%以上50%以下供电用户停电 县级市50%以上供电用户停电(电网负荷150兆瓦以上的,50%以上70%以下)	发电厂或者220千伏以上变电站因安全故障造成全厂(站)对外停电,导致周边电压监视控制点电压低于调度机构规定的电压曲线值5%以上10%以下并且持续时间2小时以上	发电机组因安全故障停止运行超过行业标准规定的小修时间两周,并导致电网减供负荷	供热机组装机容量200兆瓦以上的热电厂,在当地人民政府规定的采暖期内同时发生2台以上供热机组因安全故障停止运行,造成全厂对外停止供热并且持续时间24小时以上

注:1. 符合本表所列情形之一的,即构成相应等级的电力安全事故。

2. 本表中所称的“以上”包括本数,“以下”不包括本数。

3. 本表下列用语的含义:

(1)电网负荷,是指电力调度机构统一调度的电网在事故发生起始时刻的实际负荷;

(2)电网减供负荷,是指电力调度机构统一调度的电网在事故发生期间的实际负荷最大减少量;

(3)全厂对外停电,是指发电厂对外有功负荷降到零(虽电网经发电厂母线传送的负荷没有停止,仍视为全厂对外停电);

(4)发电机组因安全故障停止运行,是指并网运行的发电机组(包括各种类型的电站锅炉、汽轮机、燃气轮机、水轮机、发电机和主变压器等主要发电设备),在未经电力调度机构允许的情况下,因安全故障需要停止运行的状态。

安全生产培训管理办法

（2012年1月19日国家安全监管总局令第44号公布　根据2013年8月29日国家安全监管总局令第63号第一次修订　根据2015年5月29日国家安全监管总局令第80号第二次修订）

第一章　总　则

第一条　为了加强安全生产培训管理，规范安全生产培训秩序，保证安全生产培训质量，促进安全生产培训工作健康发展，根据《中华人民共和国安全生产法》和有关法律、行政法规的规定，制定本办法。

第二条　安全培训机构、生产经营单位从事安全生产培训（以下简称安全培训）活动以及安全生产监督管理部门、煤矿安全监察机构、地方人民政府负责煤矿安全培训的部门对安全培训工作实施监督管理，适用本办法。

第三条　本办法所称安全培训是指以提高安全监管监察人员、生产经营单位从业人员和从事安全生产工作的相关人员的安全素质为目的的教育培训活动。

前款所称安全监管监察人员是指县级以上各级人民政府安全生产监督管理部门、各级煤矿安全监察机构从事安全监管监察、行政执法的安全生产监管人员和煤矿安全监察人员；生产经营单位从业人员是指生产经营单位主要负责人、安全生产管理人员、特种作业人员及其他从业人员；从事安全生产工作的相关人员是指从事安全教育培训工作的教师、危险化学品登记机构的登记人员和承担安全评价、咨询、检测、检验的人员及注册安全工程师、安全生产应急救援人员等。

第四条　安全培训工作实行统一规划、归口管理、分级实施、分类指导、教考分离的原则。

国家安全生产监督管理总局（以下简称国家安全监管总局）指导全国安全培训工作，依法对全国的安全培训工作实施监督管理。

国家煤矿安全监察局（以下简称国家煤矿安监局）指导全国煤矿安全培训工作，依法对全国煤矿安全培训工作实施监督管理。

国家安全生产应急救援指挥中心指导全国安全生产应急救援培训工作。

县级以上地方各级人民政府安全生产监督管理部门依法对本行政区域内的安全培训工作实施监督管理。

省、自治区、直辖市人民政府负责煤矿安全培训的部门、省级煤矿安全监察机构（以下统称省级煤矿安全培训监管机构）按照各自工作职责，依法对所辖区域煤矿安全培训工作实施监督管理。

第五条　安全培训的机构应当具备从事安全培训工作所需要的条件。从事危险物品的生产、经营、储存单位以及矿山、金属冶炼单位的主要负责人和安全生产管理人员，特种作业人员以及注册安全工程师等相关人员培训的安全培训机构，应当将教师、教学和实习实训设施等情况书面报告所在地安全生产监督管理部门、煤矿安全培训监管机构。

安全生产相关社会组织依照法律、行政法规和章程，为生产经营单位提供安全培训有关服务，对安全培训机构实行自律管理，促进安全培训工作水平的提升。

第二章　安全培训

第六条　安全培训应当按照规定的安全培训大纲进行。

安全监管监察人员，危险物品的生产、经营、储存单位与非煤矿山、金属冶炼单位的主要负责人和安全生产管理人员、特种作业人员以及从事安全生产工作的相关人员的安全培训大纲，由国家安全监管总局组织制定。

煤矿企业的主要负责人和安全生产管理人员、特种作业人员的培训大纲由国家煤矿安监局组织制定。

除危险物品的生产、经营、储存单位和矿山、金属冶炼单位以外其他生产经营单位的主要负责人、安全生产管理人员及其他从业人员的安全培训大纲，由省级安全生产监督管理部门、省级煤矿安全培训监管机构组织制定。

第七条　国家安全监管总局、省级安全生产监督管理部门定期组织优秀安全培训教材的评选。

安全培训机构应当优先使用优秀安全培训教材。

第八条　国家安全监管总局负责省级以上安全生产监督管理部门的安全生产监管人员、各级煤矿安全监察机构的煤矿安全监察人员的培训工作。

省级安全生产监督管理部门负责市级、县级安全生产监督管理部门的安全生产监管人员的培训工作。

生产经营单位的从业人员的安全培训，由生产经营单位负责。

危险化学品登记机构的登记人员和承担安全评价、咨询、检测、检验的人员及注册安全工程师、安全生产应急救援人员的安全培训，按照有关法律、法规、规章的规定进行。

第九条　对从业人员的安全培训，具备安全培训条件的生产经营单位应当以自主培训为主，也可以委托具备安全培训条件的机构进行安全培训。

不具备安全培训条件的生产经营单位，应当委托具有安全培训条件的机构对从业人员进行安全培训。

生产经营单位委托其他机构进行安全培训的,保证安全培训的责任仍由本单位负责。

第十条 生产经营单位应当建立安全培训管理制度,保障从业人员安全培训所需经费,对从业人员进行与其所从事岗位相应的安全教育培训;从业人员调整工作岗位或者采用新工艺、新技术、新设备、新材料的,应当对其进行专门的安全教育和培训。未经安全教育和培训合格的从业人员,不得上岗作业。

生产经营单位使用被派遣劳动者的,应当将被派遣劳动者纳入本单位从业人员统一管理,对被派遣劳动者进行岗位安全操作规程和安全操作技能的教育和培训。劳务派遣单位应当对被派遣劳动者进行必要的安全生产教育和培训。

生产经营单位接收中等职业学校、高等学校学生实习的,应当对实习学生进行相应的安全生产教育和培训,提供必要的劳动防护用品。学校应当协助生产经营单位对实习学生进行安全生产教育和培训。

从业人员安全培训的时间、内容、参加人员以及考核结果等情况,生产经营单位应当如实记录并建档备查。

第十一条 生产经营单位从业人员的培训内容和培训时间,应当符合《生产经营单位安全培训规定》和有关标准的规定。

第十二条 中央企业的分公司、子公司及其所属单位和其他生产经营单位,发生造成人员死亡的生产安全事故的,其主要负责人和安全生产管理人员应当重新参加安全培训。

特种作业人员对造成人员死亡的生产安全事故负有直接责任的,应当按照《特种作业人员安全技术培训考核管理规定》重新参加安全培训。

第十三条 国家鼓励生产经营单位实行师傅带徒弟制度。

矿山新招的井下作业人员和危险物品生产经营单位新招的危险工艺操作岗位人员,除按照规定进行安全培训外,还应当在有经验的职工带领下实习满2个月后,方可独立上岗作业。

第十四条 国家鼓励生产经营单位招录职业院校毕业生。

职业院校毕业生从事与所学专业相关的作业,可以免予参加初次培训,实际操作培训除外。

第十五条 安全培训机构应当建立安全培训工作制度和人员培训档案。安全培训相关情况,应当如实记录并建档备查。

第十六条 安全培训机构从事安全培训工作的收费,应当符合法律、法规的规定。法律、法规没有规定的,应当按照行业自律标准或者指导性标准收费。

第十七条 国家鼓励安全培训机构和生产经营单位利用现代信息技术开展安全培训,包括远程培训。

第三章 安全培训的考核

第十八条 安全监管监察人员、从事安全生产工作的相关人员、依照有关法律法规应当接受安全生产知识和管理能力考核的生产经营单位主要负责人和安全生产管理人员、特种作业人员的安全培训的考核,应当坚持教考分离、统一标准、统一题库、分级负责的原则,分步推行有远程视频监控的计算机考试。

第十九条 安全监管监察人员,危险物品的生产、经营、储存单位及非煤矿山、金属冶炼单位主要负责人、安全生产管理人员和特种作业人员,以及从事安全生产工作的相关人员的考核标准,由国家安全监管总局统一制定。

煤矿企业的主要负责人、安全生产管理人员和特种作业人员的考核标准,由国家煤矿安监局制定。

除危险物品的生产、经营、储存单位和矿山、金属冶炼单位以外其他生产经营单位主要负责人、安全生产管理人员及其他从业人员的考核标准,由省级安全生产监督管理部门制定。

第二十条 国家安全监管总局负责省级以上安全生产监督管理部门的安全生产监管人员、各级煤矿安全监察机构的煤矿安全监察人员的考核;负责中央企业的总公司、总厂或者集团公司的主要负责人和安全生产管理人员的考核。

省级安全生产监督管理部门负责市级、县级安全生产监督管理部门的安全生产监管人员的考核;负责省属生产经营单位和中央企业分公司、子公司及其所属单位的主要负责人和安全生产管理人员的考核;负责特种作业人员的考核。

市级安全生产监督管理部门负责本行政区域内除中央企业、省属生产经营单位以外的其他生产经营单位的主要负责人和安全生产管理人员的考核。

省级煤矿安全培训监管机构负责所辖区域内煤矿企业的主要负责人、安全生产管理人员和特种作业人员的考核。

除主要负责人、安全生产管理人员、特种作业人员以外的生产经营单位的其他从业人员的考核,由生产经营单位按照省级安全生产监督管理部门公布的考核标准,自行组织考核。

第二十一条 安全生产监督管理部门、煤矿安全培训监管机构和生产经营单位应当制定安全培训的考核制度,建立考核管理档案备查。

第四章 安全培训的发证

第二十二条 接受安全培训人员经考核合格的,

由考核部门在考核结束后10个工作日内颁发相应的证书。

第二十三条 安全生产监管人员经考核合格后，颁发安全生产监管执法证；煤矿安全监察人员经考核合格后，颁发煤矿安全监察执法证；危险物品的生产、经营、储存单位和矿山、金属冶炼单位主要负责人、安全生产管理人员经考核合格后，颁发安全合格证；特种作业人员经考核合格后，颁发《中华人民共和国特种作业操作证》(以下简称特种作业操作证)；危险化学品登记机构的登记人员经考核合格后，颁发上岗证；其他人员经培训合格后，颁发培训合格证。

第二十四条 安全生产监管执法证、煤矿安全监察执法证、安全合格证、特种作业操作证和上岗证的式样，由国家安全监管总局统一规定。培训合格证的式样，由负责培训考核的部门规定。

第二十五条 安全生产监管执法证、煤矿安全监察执法证、安全合格证的有效期为3年。有效期届满需要延期的，应当于有效期届满30日前向原发证部门申请办理延期手续。

特种作业人员的考核发证按照《特种作业人员安全技术培训考核管理规定》执行。

第二十六条 特种作业操作证和省级安全生产监督管理部门、省级煤矿安全培训监管机构颁发的主要负责人、安全生产管理人员的安全合格证，在全国范围内有效。

第二十七条 承担安全评价、咨询、检测、检验的人员和安全生产应急救援人员的考核、发证，按照有关法律、法规、规章的规定执行。

第五章 监督管理

第二十八条 安全生产监督管理部门、煤矿安全培训监管机构应当依照法律、法规和本办法的规定，加强对安全培训工作的监督管理，对生产经营单位、安全培训机构违反有关法律、法规和本办法的行为，依法作出处理。

省级安全生产监督管理部门、省级煤矿安全培训监管机构应当定期统计分析本行政区域内安全培训、考核、发证情况，并报国家安全监管总局。

第二十九条 安全生产监督管理部门和煤矿安全培训监管机构应当对安全培训机构开展安全培训活动的情况进行监督检查，检查内容包括：

(一)具备从事安全培训工作所需要的条件的情况；

(二)建立培训管理制度和教师配备的情况；

(三)执行培训大纲、建立培训档案和培训保障的情况；

(四)培训收费的情况；

(五)法律法规规定的其他内容。

第三十条 安全生产监督管理部门、煤矿安全培训监管机构应当对生产经营单位的安全培训情况进行监督检查，检查内容包括：

(一)安全培训制度、年度培训计划、安全培训管理档案的制定和实施的情况；

(二)安全培训经费投入和使用的情况；

(三)主要负责人、安全生产管理人员接受安全生产知识和管理能力考核的情况；

(四)特种作业人员持证上岗的情况；

(五)应用新工艺、新技术、新材料、新设备以及转岗前对从业人员安全培训的情况；

(六)其他从业人员安全培训的情况；

(七)法律法规规定的其他内容。

第三十一条 任何单位或者个人对生产经营单位、安全培训机构违反有关法律、法规和本办法的行为，均有权向安全生产监督管理部门、煤矿安全监察机构、煤矿安全培训监管机构报告或者举报。

接到举报的部门或者机构应当为举报人保密，并按照有关规定对举报进行核查和处理。

第三十二条 监察机关依照《中华人民共和国行政监察法》等法律、行政法规的规定，对安全生产监督管理部门、煤矿安全监察机构、煤矿安全培训监管机构及其工作人员履行安全培训工作监督管理职责情况实施监察。

第六章 法律责任

第三十三条 安全生产监督管理部门、煤矿安全监察机构、煤矿安全培训监管机构的工作人员在安全培训监督管理工作中滥用职权、玩忽职守、徇私舞弊的，依照有关规定给予处分；构成犯罪的，依法追究刑事责任。

第三十四条 安全培训机构有下列情形之一的，责令限期改正，处1万元以下的罚款；逾期未改正的，给予警告，处1万元以上3万元以下的罚款：

(一)不具备安全培训条件的；

(二)未按照统一的培训大纲组织教学培训的；

(三)未建立培训档案或者培训档案管理不规范的。

安全培训机构采取不正当竞争手段，故意贬低、诋毁其他安全培训机构的，依照前款规定处罚。

第三十五条 生产经营单位主要负责人、安全生产管理人员、特种作业人员以欺骗、贿赂等不正当手段取得安全合格证或者特种作业操作证的，除撤销其相关证书外，处3000元以下的罚款，并自撤销其相关证书之日起3年内不得再次申请该证书。

第三十六条 生产经营单位有下列情形之一的，

责令改正,处3万元以下的罚款:

(一)从业人员安全培训的时间少于《生产经营单位安全培训规定》或者有关标准规定的;

(二)矿山新招的井下作业人员和危险物品生产经营单位新招的危险工艺操作岗位人员,未经实习期满独立上岗作业的;

(三)相关人员未按照本办法第十二条规定重新参加安全培训的。

第三十七条 生产经营单位存在违反有关法律、法规中安全生产教育培训的其他行为的,依照相关法律、法规的规定予以处罚。

第七章 附 则

第三十八条 本办法自2012年3月1日起施行。2004年12月28日公布的《安全生产培训管理办法》(原国家安全生产监督管理局〈国家煤矿安全监察局〉令第20号)同时废止。

生产经营单位安全培训规定

(2006年1月17日国家安全生产监管总局令第3号公布 根据2013年8月29日《国家安全监管总局关于修改〈生产经营单位培训规定〉等11件规章的决定》第一次修订 根据2015年5月29日《国家安全监管总局关于废止和修改劳动防护用品和安全培训等领域十部规章的决定》第二次修订)

第一章 总 则

第一条 为加强和规范生产经营单位安全培训工作,提高从业人员安全素质,防范伤亡事故,减轻职业危害,根据安全生产法和有关法律、行政法规,制定本规定。

第二条 工矿商贸生产经营单位(以下简称生产经营单位)从业人员的安全培训,适用本规定。

第三条 生产经营单位负责本单位从业人员安全培训工作。

生产经营单位应当按照安全生产法和有关法律、行政法规和本规定,建立健全安全培训工作制度。

第四条 生产经营单位应当进行安全培训的从业人员包括主要负责人、安全生产管理人员、特种作业人员和其他从业人员。

生产经营单位使用被派遣劳动者的,应当将被派遣劳动者纳入本单位从业人员统一管理,对被派遣劳动者进行岗位安全操作规程和安全操作技能的教育和培训。劳务派遣单位应当对被派遣劳动者进行必要的安全生产教育和培训。

生产经营单位接收中等职业学校、高等学校学生实习的,应当对实习学生进行相应的安全生产教育和培训,提供必要的劳动防护用品。学校应当协助生产经营单位对实习学生进行安全生产教育和培训。

生产经营单位从业人员应当接受安全培训,熟悉有关安全生产规章制度和安全操作规程,具备必要的安全生产知识,掌握本岗位的安全操作技能,了解事故应急处理措施,知悉自身在安全生产方面的权利和义务。

未经安全培训合格的从业人员,不得上岗作业。

第五条 国家安全生产监督管理总局指导全国安全培训工作,依法对全国的安全培训工作实施监督管理。

国务院有关主管部门按照各自职责指导监督本行业安全培训工作,并按照本规定制定实施办法。

国家煤矿安全监察局指导监督检查全国煤矿安全培训工作。

各级安全生产监督管理部门和煤矿安全监察机构(以下简称安全生产监管监察部门)按照各自的职责,依法对生产经营单位的安全培训工作实施监督管理。

第二章 主要负责人、安全生产管理人员的安全培训

第六条 生产经营单位主要负责人和安全生产管理人员应当接受安全培训,具备与所从事的生产经营活动相适应的安全生产知识和管理能力。

第七条 生产经营单位主要负责人安全培训应当包括下列内容:

(一)国家安全生产方针、政策和有关安全生产的法律、法规、规章及标准;

(二)安全生产管理基本知识、安全生产技术、安全生产专业知识;

(三)重大危险源管理、重大事故防范、应急管理和救援组织以及事故调查处理的有关规定;

(四)职业危害及其预防措施;

(五)国内外先进的安全生产管理经验;

(六)典型事故和应急救援案例分析;

(七)其他需要培训的内容。

第八条 生产经营单位安全生产管理人员安全培训应当包括下列内容:

(一)国家安全生产方针、政策和有关安全生产的法律、法规、规章及标准;

(二)安全生产管理、安全生产技术、职业卫生等知识;

(三)伤亡事故统计、报告及职业危害的调查处理方法;

(四)应急管理、应急预案编制以及应急处置的内

容和要求；

（五）国内外先进的安全生产管理经验；

（六）典型事故和应急救援案例分析；

（七）其他需要培训的内容。

第九条 生产经营单位主要负责人和安全生产管理人员初次安全培训时间不得少于32学时。每年再培训时间不得少于12学时。

煤矿、非煤矿山、危险化学品、烟花爆竹、金属冶炼等生产经营单位主要负责人和安全生产管理人员初次安全培训时间不得少于48学时，每年再培训时间不得少于16学时。

第十条 生产经营单位主要负责人和安全生产管理人员的安全培训必须依照安全生产监管监察部门制定的安全培训大纲实施。

非煤矿山、危险化学品、烟花爆竹、金属冶炼等生产经营单位主要负责人和安全生产管理人员的安全培训大纲及考核标准由国家安全生产监督管理总局统一制定。

煤矿主要负责人和安全生产管理人员的安全培训大纲及考核标准由国家煤矿安全监察局制定。

煤矿、非煤矿山、危险化学品、烟花爆竹、金属冶炼以外的其他生产经营单位主要负责人和安全管理人员的安全培训大纲及考核标准，由省、自治区、直辖市安全生产监督管理部门制定。

第三章 其他从业人员的安全培训

第十一条 煤矿、非煤矿山、危险化学品、烟花爆竹、金属冶炼等生产经营单位必须对新上岗的临时工、合同工、劳务工、轮换工、协议工等进行强制性安全培训，保证其具备本岗位安全操作、自救互救以及应急处置所需的知识和技能后，方能安排上岗作业。

第十二条 加工、制造业等生产单位的其他从业人员，在上岗前必须经过厂（矿）、车间（工段、区、队）、班组三级安全培训教育。

生产经营单位应当根据工作性质对其他从业人员进行安全培训，保证其具备本岗位安全操作、应急处置等知识和技能。

第十三条 生产经营单位新上岗的从业人员，岗前安全培训时间不得少于24学时。

煤矿、非煤矿山、危险化学品、烟花爆竹、金属冶炼等生产经营单位新上岗的从业人员安全培训时间不得少于72学时，每年再培训的时间不得少于20学时。

第十四条 厂（矿）级岗前安全培训内容应当包括：

（一）本单位安全生产情况及安全生产基本知识；

（二）本单位安全生产规章制度和劳动纪律；

（三）从业人员安全生产权利和义务；

（四）有关事故案例等。

煤矿、非煤矿山、危险化学品、烟花爆竹、金属冶炼等生产经营单位厂（矿）级安全培训除包括上述内容外，应当增加事故应急救援、事故应急预案演练及防范措施等内容。

第十五条 车间（工段、区、队）级岗前安全培训内容应当包括：

（一）工作环境及危险因素；

（二）所从事工种可能遭受的职业伤害和伤亡事故；

（三）所从事工种的安全职责、操作技能及强制性标准；

（四）自救互救、急救方法、疏散和现场紧急情况的处理；

（五）安全设备设施、个人防护用品的使用和维护；

（六）本车间（工段、区、队）安全生产状况及规章制度；

（七）预防事故和职业危害的措施及应注意的安全事项；

（八）有关事故案例；

（九）其他需要培训的内容。

第十六条 班组级岗前安全培训内容应当包括：

（一）岗位安全操作规程；

（二）岗位之间工作衔接配合的安全与职业卫生事项；

（三）有关事故案例；

（四）其他需要培训的内容。

第十七条 从业人员在本生产经营单位内调整工作岗位或离岗一年以上重新上岗时，应当重新接受车间（工段、区、队）和班组级的安全培训。

生产经营单位采用新工艺、新技术、新材料或者使用新设备时，应当对有关从业人员重新进行有针对性的安全培训。

第十八条 生产经营单位的特种作业人员，必须按照国家有关法律、法规的规定接受专门的安全培训，经考核合格，取得特种作业操作资格证书后，方可上岗作业。

特种作业人员的范围和培训考核管理办法，另行规定。

第四章 安全培训的组织实施

第十九条 生产经营单位从业人员的安全培训工作，由生产经营单位组织实施。

生产经营单位应当坚持以考促学、以讲促学，确保全体从业人员熟练掌握岗位安全生产知识和技能；

煤矿、非煤矿山、危险化学品、烟花爆竹、金属冶炼等生产经营单位还应当完善和落实师傅带徒弟制度。

第二十条 具备安全培训条件的生产经营单位，应当以自主培训为主；可以委托具备安全培训条件的机构，对从业人员进行安全培训。

不具备安全培训条件的生产经营单位，应当委托具备安全培训条件的机构，对从业人员进行安全培训。

生产经营单位委托其他机构进行安全培训的，保证安全培训的责任仍由本单位负责。

第二十一条 生产经营单位应当将安全培训工作纳入本单位年度工作计划。保证本单位安全培训工作所需资金。

生产经营单位的主要负责人负责组织制定并实施本单位安全培训计划。

第二十二条 生产经营单位应当建立健全从业人员安全生产教育和培训档案，由生产经营单位的安全生产管理机构以及安全生产管理人员详细、准确记录培训的时间、内容、参加人员以及考核结果等情况。

第二十三条 生产经营单位安排从业人员进行安全培训期间，应当支付工资和必要的费用。

第五章 监督管理

第二十四条 煤矿、非煤矿山、危险化学品、烟花爆竹、金属冶炼等生产经营单位主要负责人和安全生产管理人员，自任职之日起6个月内，必须经安全生产监管监察部门对其安全生产知识和管理能力考核合格。

第二十五条 安全生产监管监察部门依法对生产经营单位安全培训情况进行监督检查，督促生产经营单位按照国家有关法律法规和本规定开展安全培训工作。

县级以上地方人民政府负责煤矿安全生产监督管理的部门对煤矿井下作业人员的安全培训情况进行监督检查。煤矿安全监察机构对煤矿特种作业人员安全培训及其持证上岗的情况进行监督检查。

第二十六条 各级安全生产监管监察部门对生产经营单位安全培训及其持证上岗的情况进行监督检查，主要包括以下内容：

（一）安全培训制度、计划的制定及其实施的情况；

（二）煤矿、非煤矿山、危险化学品、烟花爆竹、金属冶炼等生产经营单位主要负责人和安全生产管理人员安全培训以及安全生产知识和管理能力考核的情况；其他生产经营单位主要负责人和安全生产管理人员培训的情况；

（三）特种作业人员操作资格证持证上岗的情况；

（四）建立安全生产教育和培训档案，并如实记录的情况；

（五）对从业人员现场抽考本职工作的安全生产知识；

（六）其他需要检查的内容。

第二十七条 安全生产监管监察部门对煤矿、非煤矿山、危险化学品、烟花爆竹、金属冶炼等生产经营单位的主要负责人、安全管理人员应当按照本规定严格考核。考核不得收费。

安全生产监管监察部门负责考核的有关人员不得玩忽职守和滥用职权。

第二十八条 安全生产监管监察部门检查中发现安全生产教育和培训责任落实不到位、有关从业人员未经培训合格的，应当视为生产安全事故隐患，责令生产经营单位立即停止违法行为，限期整改，并依法予以处罚。

第六章 罚 则

第二十九条 生产经营单位有下列行为之一的，由安全生产监管监察部门责令其限期改正，可以处1万元以上3万元以下的罚款：

（一）未将安全培训工作纳入本单位工作计划并保证安全培训工作所需资金的；

（二）从业人员进行安全培训期间未支付工资并承担安全培训费用的。

第三十条 生产经营单位有下列行为之一的，由安全生产监管监察部门责令其限期改正，可以处5万元以下的罚款；逾期未改正的，责令停产停业整顿，并处5万元以上10万元以下的罚款，对其直接负责的主管人员和其他直接责任人员处1万元以上2万元以下的罚款：

（一）煤矿、非煤矿山、危险化学品、烟花爆竹、金属冶炼等生产经营单位主要负责人和安全管理人员未按照规定经考核合格的；

（二）未按照规定对从业人员、被派遣劳动者、实习学生进行安全生产教育和培训或者未如实告知其有关安全生产事项的；

（三）未如实记录安全生产教育和培训情况的；

（四）特种作业人员未按照规定经专门的安全技术培训并取得特种作业人员操作资格证书，上岗作业的。

县级以上地方人民政府负责煤矿安全生产监督管理的部门发现煤矿未按照本规定对井下作业人员进行安全培训的，责令限期改正，处10万元以上50万元以下的罚款；逾期未改正的，责令停产停业整顿。

煤矿安全监察机构发现煤矿特种作业人员无证上岗作业的，责令限期改正，处10万元以上50万元以下的罚款；逾期未改正的，责令停产停业整顿。

第三十一条 安全生产监管监察部门有关人员在考核、发证工作中玩忽职守、滥用职权的，由上级安全生产监管监察部门或者行政监察部门给予记过、记大过的行政处分。

第七章 附 则

第三十二条 生产经营单位主要负责人是指有限责任公司或者股份有限公司的董事长、总经理，其他生产经营单位的厂长、经理、（矿务局）局长、矿长（含实际控制人）等。

生产经营单位安全生产管理人员是指生产经营单位分管安全生产的负责人、安全生产管理机构负责人及其管理人员，以及未设安全生产管理机构的生产经营单位专、兼职安全生产管理人员等。

生产经营单位其他从业人员是指除主要负责人、安全生产管理人员和特种作业人员以外，该单位从事生产经营活动的所有人员，包括其他负责人、其他管理人员、技术人员和各岗位的工人以及临时聘用的人员。

第三十三条 省、自治区、直辖市安全生产监督管理部门和省级煤矿安全监察机构可以根据本规定制定实施细则，报国家安全生产监督管理总局和国家煤矿安全监察局备案。

第三十四条 本规定自2006年3月1日起施行。

安全生产领域违法违纪行为政纪处分暂行规定

（2006年11月22日监察部、国家安全生产监督管理总局令第11号公布 自公布之日起施行）

第一条 为了加强安全生产工作，惩处安全生产领域违法违纪行为，促进安全生产法律法规的贯彻实施，保障人民群众生命财产和公共财产安全，根据《中华人民共和国行政监察法》、《中华人民共和国安全生产法》及其他有关法律法规，制定本规定。

第二条 国家行政机关及其公务员，企业、事业单位中由国家行政机关任命的人员有安全生产领域违法违纪行为，应当给予处分的，适用本规定。

第三条 有安全生产领域违法违纪行为的国家行政机关，对其直接负责的主管人员和其他直接责任人员，以及对有安全生产领域违法违纪行为的国家行政机关公务员（以下统称有关责任人员），由监察机关或者任免机关按照管理权限，依法给予处分。

有安全生产领域违法违纪行为的企业、事业单位，对其直接负责的主管人员和其他直接责任人员，以及对有安全生产领域违法违纪行为的企业、事业单位工作人员中由国家行政机关任命的人员（以下统称有关责任人员），由监察机关或者任免机关按照管理权限，依法给予处分。

第四条 国家行政机关及其公务员有下列行为之一的，对有关责任人员，给予警告、记过或者记大过处分；情节较重的，给予降级或者撤职处分；情节严重的，给予开除处分：

（一）不执行国家安全生产方针政策和安全生产法律、法规、规章以及上级机关、主管部门有关安全生产的决定、命令、指示的；

（二）制定或者采取与国家安全生产方针政策以及安全生产法律、法规、规章相抵触的规定或者措施，造成不良后果或者经上级机关、有关部门指出仍不改正的。

第五条 国家行政机关及其公务员有下列行为之一的，对有关责任人员，给予警告、记过或者记大过处分；情节较重的，给予降级或者撤职处分；情节严重的，给予开除处分：

（一）向不符合法定安全生产条件的生产经营单位或者经营者颁发有关证照的；

（二）对不具备法定条件机构、人员的安全生产资质、资格予以批准认定的；

（三）对经责令整改仍不具备安全生产条件的生产经营单位，不撤销原行政许可、审批或者不依法查处的；

（四）违法委托单位或者个人行使有关安全生产的行政许可权或者审批权的；

（五）有其他违反规定实施安全生产行政许可或者审批行为的。

第六条 国家行政机关及其公务员有下列行为之一的，对有关责任人员，给予警告、记过或者记大过处分；情节较重的，给予降级或者撤职处分；情节严重的，给予开除处分：

（一）批准向合法的生产经营单位或者经营者超量提供剧毒品、火工品等危险物资，造成后果的；

（二）批准向非法或者不具备安全生产条件的生产经营单位或者经营者，提供剧毒品、火工品等危险物资或者其他生产经营条件的。

第七条 国家行政机关公务员利用职权或者职务上的影响，违反规定为个人和亲友谋取私利，有下列行为之一的，给予警告、记过或者记大过处分；情节较重的，给予降级或者撤职处分；情节严重的，给予开除处分：

（一）干预、插手安全生产装备、设备、设施采购或者招标投标等活动的；

(二)干预、插手安全生产行政许可、审批或者安全生产监督执法的;

(三)干预、插手安全生产中介活动的;

(四)有其他干预、插手生产经营活动危及安全生产行为的。

第八条 国家行政机关及其公务员有下列行为之一的,对有关责任人员,给予警告、记过或者记大过处分;情节较重的,给予降级或者撤职处分;情节严重的,给予开除处分:

(一)未按照有关规定对有关单位申报的新建、改建、扩建工程项目的安全设施,与主体工程同时设计、同时施工、同时投入生产和使用中组织审查验收的;

(二)发现存在重大安全隐患,未按规定采取措施,导致生产安全事故发生的;

(三)对发生的生产安全事故瞒报、谎报、拖延不报,或者组织、参与瞒报、谎报、拖延不报的;

(四)生产安全事故发生后,不及时组织抢救的;

(五)对生产安全事故的防范、报告、应急救援有其他失职、渎职行为的。

第九条 国家行政机关及其公务员有下列行为之一的,对有关责任人员,给予警告、记过或者记大过处分;情节较重的,给予降级或者撤职处分;情节严重的,给予开除处分:

(一)阻挠、干涉生产安全事故调查工作的;

(二)阻挠、干涉对事故责任人员进行责任追究的;

(三)不执行对事故责任人员的处理决定,或者擅自改变上级机关批复的对事故责任人员的处理意见的。

第十条 国家行政机关公务员有下列行为之一的,给予警告、记过或者记大过处分;情节较重的,给予降级或者撤职处分;情节严重的,给予开除处分:

(一)本人及其配偶、子女及其配偶违反规定在煤矿等企业投资入股或者在安全生产领域经商办企业的;

(二)违反规定从事安全生产中介活动或者其他营利活动的;

(三)在事故调查处理时,滥用职权、玩忽职守、徇私舞弊的;

(四)利用职务上的便利,索取他人财物,或者非法收受他人财物,在安全生产领域为他人谋取利益的。

对国家行政机关公务员本人违反规定投资入股煤矿的处分,法律、法规另有规定的,从其规定。

第十一条 国有企业及其工作人员有下列行为之一的,对有关责任人员,给予警告、记过或者记大过处分;情节较重的,给予降级、撤职或者留用察看处分;情节严重的,给予开除处分:

(一)未取得安全生产行政许可及相关证照或者不具备安全生产条件从事生产经营活动的;

(二)弄虚作假,骗取安全生产相关证照的;

(三)出借、出租、转让或者冒用安全生产相关证照的;

(四)未按照有关规定保证安全生产所必需的资金投入,导致产生重大安全隐患的;

(五)新建、改建、扩建工程项目的安全设施,不与主体工程同时设计、同时施工、同时投入生产和使用,或者未按规定审批、验收,擅自组织施工和生产的;

(六)被依法责令停产停业整顿、吊销证照、关闭的生产经营单位,继续从事生产经营活动的。

第十二条 国有企业及其工作人员有下列行为之一,导致生产安全事故发生的,对有关责任人员,给予警告、记过或者记大过处分;情节较重的,给予降级、撤职或者留用察看处分;情节严重的,给予开除处分:

(一)对存在的重大安全隐患,未采取有效措施的;

(二)违章指挥,强令工人违章冒险作业的;

(三)未按规定进行安全生产教育和培训并经考核合格,允许从业人员上岗,致使违章作业的;

(四)制造、销售、使用国家明令淘汰或者不符合国家标准的设施、设备、器材或者产品的;

(五)超能力、超强度、超定员组织生产经营,拒不执行有关部门整改指令的;

(六)拒绝执法人员进行现场检查或者在被检查时隐瞒事故隐患,不如实反映情况的;

(七)有其他不履行或者不正确履行安全生产管理职责的。

第十三条 国有企业及其工作人员有下列行为之一的,对有关责任人员,给予记过或者记大过处分;情节较重的,给予降级、撤职或者留用察看处分;情节严重的,给予开除处分:

(一)对发生的生产安全事故瞒报、谎报或者拖延不报的;

(二)组织或者参与破坏事故现场、出具伪证或者隐匿、转移、篡改、毁灭有关证据,阻挠事故调查处理的;

(三)生产安全事故发生后,不及时组织抢救或者擅离职守的。

生产安全事故发生后逃匿的,给予开除处分。

第十四条 国有企业及其工作人员不执行或者不正确执行对事故责任人员作出的处理决定,或者擅自改变上级机关批复的对事故责任人员的处理意见的，对有关责任人员，给予警告、记过或者记大过处分；情节较重的，给予降级、撤职或者留用察看处分；情节严重的，给予开除处分。

第十五条　国有企业负责人及其配偶、子女及其配偶违反规定在煤矿等企业投资入股或者在安全生产领域经商办企业的，对由国家行政机关任命的人员，给予警告、记过或者记大过处分；情节较重的，给予降级、撤职或者留用察看处分；情节严重的，给予开除处分。

第十六条　承担安全评价、培训、认证、资质验证、设计、检测、检验等工作的机构及其工作人员，出具虚假报告等与事实不符的文件、材料，造成安全生产隐患的，对有关责任人员，给予警告、记过或者记大过处分；情节较重的，给予降级、降职或者撤职处分；情节严重的，给予开除留用察看或者开除处分。

第十七条　法律、法规授权的具有管理公共事务职能的组织以及国家行政机关依法委托的组织及其工勤人员以外的工作人员有安全生产领域违法违纪行为，应当给予处分的，参照本规定执行。

企业、事业单位中除由国家行政机关任命的人员外，其他人员有安全生产领域违法违纪行为，应当给予处分的，由企业、事业单位参照本规定执行。

第十八条　有安全生产领域违法违纪行为，需要给予组织处理的，依照有关规定办理。

第十九条　有安全生产领域违法违纪行为，涉嫌犯罪的，移送司法机关依法处理。

第二十条　本规定由监察部和国家安全生产监督管理总局负责解释。

第二十一条　本规定自公布之日起施行。

注册安全工程师管理规定

（2007年1月11日国家安全生产监督管理总局令第11号公布　根据2013年8月29日《国家安全监管总局关于修改〈生产经营单位安全培训规定〉等11件规章的决定》修订）

第一章　总　　则

第一条　为了加强注册安全工程师的管理，保障注册安全工程师依法执业，根据《安全生产法》等有关法律、行政法规，制定本规定。

第二条　取得中华人民共和国注册安全工程师执业资格证书的人员注册以及注册后的执业、继续教育及其监督管理，适用本规定。

第三条　本规定所称注册安全工程师是指取得中华人民共和国注册安全工程师执业资格证书（以下简称资格证书），在生产经营单位从事安全生产管理、安全技术工作或者在安全生产中介机构从事安全生产专业服务工作，并按照本规定注册取得中华人民共和国注册安全工程师执业证（以下简称执业证）和执业印章的人员。

第四条　注册安全工程师应当严格执行国家法律、法规和本规定，恪守职业道德和执业准则。

第五条　国家安全生产监督管理总局（以下简称安全监管总局）对全国注册安全工程师的注册、执业活动实施统一监督管理。国务院有关主管部门（以下简称部门注册机构）对本系统注册安全工程师的注册、执业活动实施监督管理。

省、自治区、直辖市人民政府安全生产监督管理部门对本行政区域内注册安全工程师的注册、执业活动实施监督管理。

省级煤矿安全监察机构（以下与省、自治区、直辖市人民政府安全生产监督管理部门统称省级注册机构）对所辖区域内煤矿安全注册安全工程师的注册、执业活动实施监督管理。

第六条　从业人员300人以上的煤矿、非煤矿矿山、建筑施工单位和危险物品生产、经营单位，应当按照不少于安全生产管理人员15%的比例配备注册安全工程师；安全生产管理人员在7人以下的，至少配备1名。

前款规定以外的其他生产经营单位，应当配备注册安全工程师或者委托安全生产中介机构选派注册安全工程师提供安全生产服务。

安全生产中介机构应当按照不少于安全生产专业服务人员30%的比例配备注册安全工程师。

生产经营单位和安全生产中介机构（以下统称聘用单位）应当为本单位专业技术人员参加注册安全工程师执业资格考试以及注册安全工程师注册、继续教育提供便利。

第二章　注　　册

第七条　取得资格证书的人员，经注册取得执业证和执业印章后方可以注册安全工程师的名义执业。

第八条　申请注册的人员，必须同时具备下列条件：

（一）取得资格证书；

（二）在生产经营单位从事安全生产管理、安全技术工作或者在安全生产中介机构从事安全生产专业服务工作。

第九条　注册安全工程师实行分类注册，注册类别包括：

（一）煤矿安全；

（二）非煤矿矿山安全；

（三）建筑施工安全；

（四）危险物品安全；

（五）其他安全。

第十条 取得资格证书的人员申请注册，按照下列程序办理：

（一）申请人向聘用单位提出申请，聘用单位同意后，将申请人按本规定第十一条、第十三条、第十四条规定的申请材料报送部门、省级注册机构；中央企业总公司（总厂、集团公司）经安全监管总局认可，可以将本企业申请人的申请材料直接报送安全监管总局；申请人和聘用单位应当对申请材料的真实性负责；

（二）部门、省级注册机构在收到申请人的申请材料后，应当作出是否受理的决定，并向申请人出具书面凭证；申请材料不齐全或者不符合要求，应当当场或者在5日内一次性告知申请人需要补正的全部内容。逾期不告知的，自收到申请材料之日起即为受理。部门、省级注册机构自受理申请之日起20日内将初步核查意见和全部申请材料报送安全监管总局；

（三）安全监管总局自收到部门、省级注册机构以及中央企业总公司（总厂、集团公司）报送的材料之日起20日内完成复审并作出书面决定。准予注册的，自作出决定之日起10日内，颁发执业证和执业印章，并在公众媒体上予以公告；不予注册的，应当书面说明理由。

第十一条 申请初始注册应当提交下列材料：

（一）注册申请表；

（二）申请人资格证书（复印件）；

（三）申请人与聘用单位签订的劳动合同或者聘用文件（复印件）；

（四）申请人有效身份证件或者身份证明（复印件）。

第十二条 申请人有下列情形之一的，不予注册：

（一）不具有完全民事行为能力的；

（二）在申请注册过程中有弄虚作假行为的；

（三）同时在两个或者两个以上聘用单位申请注册的；

（四）安全监管总局规定的不予注册的其他情形。

第十三条 注册有效期为3年，自准予注册之日起计算。

注册有效期满需要延续注册的，申请人应当在有效期满30日前，按照本规定第十条规定的程序提出申请。注册审批机关应当在有效期满前作出是否准予延续注册的决定；逾期未作决定的，视为准予延续。

申请延续注册，应当提交下列材料：

（一）注册申请表；

（二）申请人执业证；

（三）申请人与聘用单位签订的劳动合同或者聘用文件（复印件）；

（四）聘用单位出具的申请人执业期间履职情况证明材料；

（五）注册有效期内达到继续教育要求的证明材料。

第十四条 在注册有效期内，注册安全工程师变更执业单位，应当按照本规定第十条规定的程序提出申请，办理变更注册手续。变更注册后仍延续原注册有效期。

申请变更注册，应当提交下列材料：

（一）注册申请表；

（二）申请人执业证；

（三）申请人与原聘用单位合同到期或解聘证明（复印件）；

（四）申请人与新聘用单位签订的劳动合同或者聘用文件（复印件）。

注册安全工程师在办理变更注册手续期间不得执业。

第十五条 有下列情形之一的，注册安全工程师应当及时告知执业证和执业印章颁发机关；重新具备条件的，按照本规定第十一条、第十四条申请重新注册或者变更注册：

（一）注册有效期满未延续注册的；

（二）聘用单位被吊销营业执照的；

（三）聘用单位被吊销相应资质证书的；

（四）与聘用单位解除劳动关系的。

第十六条 执业证颁发机关发现有下列情形之一的，应当将执业证和执业印章收回，并办理注销注册手续：

（一）注册安全工程师受到刑事处罚的；

（二）有本规定第十五条规定情形之一未申请重新注册或者变更注册的；

（三）法律、法规规定的其他情形。

第三章 执　　业

第十七条 注册安全工程师的执业范围包括：

（一）安全生产管理；

（二）安全生产检查；

（三）安全评价或者安全评估；

（四）安全检测检验；

（五）安全生产技术咨询、服务；

（六）安全生产教育和培训；

（七）法律、法规规定的其他安全生产技术服务。

第十八条 注册安全工程师应当由聘用单位委派，并按照注册类别在规定的执业范围内执业，同时在出具的各种文件、报告上签字和加盖执业印章。

第十九条 生产经营单位的下列安全生产工作，应有注册安全工程师参与并签署意见：

（一）制定安全生产规章制度、安全技术操作规程和作业规程；

（二）排查事故隐患，制定整改方案和安全措施；

（三）制定从业人员安全培训计划；

（四）选用和发放劳动防护用品；

（五）生产安全事故调查；

（六）制定重大危险源检测、评估、监控措施和应急救援预案；

（七）其他安全生产工作事项。

第二十条 聘用单位应当为注册安全工程师建立执业活动档案，并保证档案内容的真实性。

第四章 权利和义务

第二十一条 注册安全工程师享有下列权利：

（一）使用注册安全工程师称谓；

（二）从事规定范围内的执业活动；

（三）对执业中发现的不符合安全生产要求的事项提出意见和建议；

（四）参加继续教育；

（五）使用本人的执业证和执业印章；

（六）获得相应的劳动报酬；

（七）对侵犯本人权利的行为进行申诉；

（八）法律、法规规定的其他权利。

第二十二条 注册安全工程师应当履行下列义务：

（一）保证执业活动的质量，承担相应的责任；

（二）接受继续教育，不断提高执业水准；

（三）在本人执业活动所形成的有关报告上署名；

（四）维护国家、公众的利益和受聘单位的合法权益；

（五）保守执业活动中的秘密；

（六）不得出租、出借、涂改、变造执业证和执业印章；

（七）不得同时在两个或者两个以上单位受聘执业；

（八）法律、法规规定的其他义务。

第五章 继续教育

第二十三条 继续教育按照注册类别分类进行。

注册安全工程师在每个注册周期内应当参加继续教育，时间累计不得少于48学时。

第二十四条 继续教育由部门、省级注册机构按照统一制定的大纲组织实施。中央企业注册安全工程师的继续教育可以由中央企业总公司（总厂、集团公司）组织实施。

继续教育应当由具备安全培训条件的机构承担。

第二十五条 煤矿安全、非煤矿矿山安全、危险物品安全（民用爆破器材安全除外）和其他安全类注册安全工程师继续教育大纲，由安全监管总局组织制定；建筑施工安全、民用爆破器材安全注册安全工程师继续教育大纲，由安全监管总局会同国务院有关主管部门组织制定。

第六章 监督管理

第二十六条 安全生产监督管理部门、煤矿安全监察机构和有关主管部门的工作人员应当坚持公开、公正、公平的原则，严格按照法律、行政法规和本规定，对申请注册的人员进行资格审查，颁发执业证和执业印章。

第二十七条 安全监管总局对准予注册以及注销注册、撤销注册、吊销执业证的人员名单向社会公告，接受社会监督。

第二十八条 对注册安全工程师的执业活动，安全生产监督管理部门、煤矿安全监察机构和有关主管部门应当进行监督检查。

第七章 罚 则

第二十九条 安全生产监督管理部门、煤矿安全监察机构或者有关主管部门发现申请人、聘用单位隐瞒有关情况或者提供虚假材料申请注册的，应当不予受理或者不予注册；申请人一年内不得再次申请注册。

第三十条 未经注册擅自以注册安全工程师名义执业的，由县级以上安全生产监督管理部门、有关主管部门或者煤矿安全监察机构责令其停止违法活动，没收违法所得，并处三万元以下的罚款；造成损失的，依法承担赔偿责任。

第三十一条 注册安全工程师以欺骗、贿赂等不正当手段取得执业证的，由县级以上安全生产监督管理部门、有关主管部门或者煤矿安全监察机构处三万元以下的罚款；由执业证颁发机关撤销其注册，当事人三年内不得再次申请注册。

第三十二条 注册安全工程师有下列行为之一的，由县级以上安全生产监督管理部门、有关主管部门或者煤矿安全监察机构处三万元以下的罚款；由执业证颁发机关吊销其执业证，当事人五年内不得再次申请注册；造成损失的，依法承担赔偿责任；构成犯罪的，依法追究刑事责任：

（一）准许他人以本人名义执业的；

（二）以个人名义承接业务、收取费用的；

（三）出租、出借、涂改、变造执业证和执业印章的；

（四）泄漏执业过程中应当保守的秘密并造成严重后果的；

（五）利用执业之便，贪污、索贿、受贿或者谋取不正当利益的；

（六）提供虚假执业活动成果的；

（七）超出执业范围或者聘用单位业务范围从事执业活动的；

（八）法律、法规、规章规定的其他违法行为。

第三十三条 在注册工作中，工作人员有下列行为之一的，依照有关规定给予行政处分：

（一）利用职务之便，索取或者收受他人财物或者谋取不正当利益的；

（二）对发现不符合条件的申请人准予注册的；

（三）对符合条件的申请人不予注册的。

第八章 附 则

第三十四条 获准在中华人民共和国境内就业的外籍人员及香港特别行政区、澳门特别行政区、台湾地区的专业人员，符合本规定要求的，按照本规定执行。

第三十五条 本规定自2007年3月1日起施行。原国家安全生产监督管理局2004年公布的《注册安全工程师注册管理办法》同时废止。

注册安全工程师分类管理办法

（2017年11月2日 安监总人事〔2017〕118号）

第一条 为加强安全生产工作，健全完善注册安全工程师职业资格制度，依据《中华人民共和国安全生产法》及国家职业资格证书制度等规定，制定本办法。

第二条 人力资源社会保障部、国家安全监管总局负责注册安全工程师职业资格制度的制定、指导、监督和检查实施，统筹规划注册安全工程师专业分类。

第三条 注册安全工程师专业类别划分为：煤矿安全、金属非金属矿山安全、化工安全、金属冶炼安全、建筑施工安全、道路运输安全、其他安全（不包括消防安全）。

如需另行增设专业类别，由国务院有关行业主管部门提出意见，人力资源社会保障部、国家安全监管总局共同确定。

第四条 注册安全工程师级别设置为：高级、中级、初级（助理）。

第五条 注册安全工程师按照专业类别进行注册，国家安全监管总局或其授权的机构为注册安全工程师职业资格的注册管理机构。

第六条 注册安全工程师可在相应行业领域生产经营单位和安全评价检测等安全生产专业服务机构中执业。

第七条 高级注册安全工程师采取考试与评审相结合的评价方式，具体办法另行规定。

第八条 中级注册安全工程师职业资格考试按照专业类别实行全国统一考试，考试科目分为公共科目和专业科目，由人力资源社会保障部、国家安全监管总局负责组织实施。

第九条 国家安全监管总局或其授权的机构负责中级注册安全工程师职业资格公共科目和专业科目（建筑施工安全、道路运输安全类别除外）考试大纲的编制和命审题组织工作。

住房城乡建设部、交通运输部或其授权的机构分别负责建筑施工安全、道路运输安全类别中级注册安全工程师职业资格专业科目考试大纲的编制和命审题工作。

人力资源社会保障部负责审定考试大纲，负责组织实施考务工作。

第十条 住房城乡建设部、交通运输部或其授权的机构分别负责其职责范围内建筑施工安全、道路运输安全类别中级注册安全工程师的注册初审工作。各省、自治区、直辖市安全监管部门和经国家安全监管总局授权的机构负责其他中级注册安全工程师的注册初审工作。

国家安全监管总局或其授权的机构负责中级注册安全工程师的注册终审工作。终审通过的建筑施工安全、道路运输安全类别中级注册安全工程师名单分别抄送住房城乡建设部、交通运输部。

第十一条 中级注册安全工程师按照专业类别进行继续教育，其中专业课程学时应不少于继续教育总学时的一半。

第十二条 危险物品的生产、储存单位以及矿山、金属冶炼单位应当有相应专业类别的中级及以上注册安全工程师从事安全生产管理工作。

危险物品的生产、储存单位以及矿山单位安全生产管理人员中的中级及以上注册安全工程师比例应自本办法施行之日起2年内，金属冶炼单位安全生产管理人员中的中级及以上注册安全工程师比例应自本办法施行之日起5年内达到15%左右并逐步提高。

第十三条 助理注册安全工程师职业资格考试使用全国统一考试大纲，考试和注册管理由各省、自治区、直辖市人力资源社会保障部门和安全监管部门会同有关行业主管部门组织实施。

第十四条 取得注册安全工程师职业资格证书

并经注册的人员，表明其具备与所从事的生产经营活动相应的安全生产知识和管理能力，可视为其安全生产知识和管理能力考核合格。

第十五条　注册安全工程师各级别与工程系列安全工程专业职称相对应，不再组织工程系列安全工程专业职称评审。

高级注册安全工程师考评办法出台前，工程系列安全工程专业高级职称评审仍然按现行制度执行。

第十六条　本办法施行之前已取得的注册安全工程师执业资格证书、注册助理安全工程师资格证书，分别视同为中级注册安全工程师职业资格证书、助理注册安全工程师职业资格证书。

本办法所称注册安全工程师是指依法取得注册安全工程师职业资格证书，并经注册的专业技术人员。

第十七条　本办法由人力资源社会保障部、国家安全监管总局按照职责分工分别负责解释，自2018年1月1日起施行。以往规定与本办法不一致的，按照本办法规定执行。

安全生产检测检验机构管理规定

（2007年1月31日国家安全生产监管总局令第12号公布　根据2015年5月29日《国家安全监管总局关于废止和修改劳动防护用品和安全培训等领域十部规章的决定》修订）

第一章　总　　则

第一条　为了加强对安全生产检测检验机构的管理，规范检测检验行为，根据《安全生产法》等有关法律、行政法规，制定本规定。

第二条　安全生产检测检验机构（以下简称检测检验机构）及其检测检验人员从事安全生产检测检验活动，以及安全生产监督管理部门、煤矿安全监察机构对检测检验机构的监督管理，适用本规定。

第三条　检测检验机构应当取得安全生产检测检验资质（以下简称检测检验资质），并在资质有效期和批准的检测检验业务范围内独立开展检测检验活动。

检测检验机构的设置应当充分利用社会现有资源，统筹规划，合理布局，优化结构，数量适当，避免无序竞争。

第四条　检测检验资质分为甲级和乙级。

取得甲级资质的检测检验机构可以在全国工矿商贸生产经营单位从事涉及生产安全的设施设备（特种设备除外）及产品的型式检验、安全标志检验、在用检验、监督监察检验、作业场所安全检测和事故物证分析检验等业务。

取得乙级资质的检测检验机构可以在所在省、自治区、直辖市内工矿商贸生产经营单位从事涉及生产安全的设施设备（特种设备除外）在用检验、监督监察检验、作业场所安全检测和重大事故以下的事故物证分析检验等业务。

安全生产检测检验目录由国家安全生产监督管理总局（以下简称安全监管总局）规定并公布。

第五条　安全监管总局指导、协调、监督全国安全生产检测检验工作和检测检验机构资质管理工作；负责甲级检测检验机构的资质认定和监督检查。

省、自治区、直辖市安全生产监督管理部门指导、协调、监督本行政区域内安全生产检测检验工作；负责本行政区域内乙级非煤矿检测检验机构的资质认定和监督检查。

省级煤矿安全监察机构指导、协调、监督所辖区域内煤矿安全生产检测检验工作；负责所辖区域内乙级煤矿检测检验机构资质的认定和监督检查。

第二章　取得资质的条件和程序

第六条　申请检测检验资质的机构应当具备下列基本条件：

（一）具有法人资格，能够独立、客观、公正地开展检测检验工作；

（二）有与申请业务相适应的固定工作场所、检测检验仪器、设备、设施和环境条件，其中检测检验仪器、设备、设施原值甲级不低于300万元，乙级不低于150万元；

（三）有与申请业务相适应的专业技术人员。甲级机构专业技术人员不低于在编人员总数的70%，其中中级以上技术职称、注册安全工程师和高级技术职称人员分别不低于在编人员总数的40%、15%和15%；乙级机构专业技术人员不低于在编人员总数的60%，其中中级以上技术职称人员和注册安全工程师分别不低于在编人员总数的30%和10%；

（四）甲级机构主持工作的负责人、技术负责人、质量负责人具有与申请业务相适应的高级技术职称，技术负责人有5年以上与安全生产相关的检测检验工作经历；乙级机构主持工作的负责人、技术负责人、质量负责人具有与申请业务相适应的中级以上技术职称或者注册安全工程师资格，技术负责人有3年以上与安全生产相关的检测检验工作经历；

（五）有满足资质认定准则要求的管理体系，并已有效运行3个月以上；

（六）甲级机构要求已取得国家重点实验室或者同等级其他检测检验机构资质，或者已取得乙级检测检验资质3年以上；乙级机构要求以检测检验为主营业务，且从事与安全生产相关的检测检验工作3年以上；

（七）有正常开展业务所需的资金或者经费保障；

（八）法律、行政法规规定的其他条件。

第七条 申请取得检测检验资质，按照下列程序办理：

（一）申请甲级资质的机构向安全监管总局提交申请书及相关资料；申请乙级资质的机构向所在地省级安全生产监督管理部门或者省级煤矿安全监察机构提交申请书及相关资料；

（二）资质受理机关在收到申请资料后5个工作日内完成对申请资料的符合性审查工作，并将审查结果一次性告知申请机构；

（三）资质受理机关自申请资料审查合格之日起20个工作日内安排评审专家对申请机构进行现场评审，评审专家按照资质认定评审准则进行技术评审并提交资质评审报告；

（四）资质受理机关在接到资质评审报告之日起20个工作日内，依据资质评审报告完成对申请机构的资质认定工作。予以认定的，颁发资质证书；不予认定的，书面通知申请机构，并说明理由。资质受理机关作出资质认定决定前，先进行不少于10日的公示。

检测检验资质认定评审准则由安全监管总局制定。

第八条 安全监管总局建立评审专家库，并指定技术服务机构承担专业技术评审工作。

评审专家对评审结果负责。

第九条 检测检验资质有效期为3年。资质有效期届满需要延续的，检测检验机构应当于资质有效期届满6个月前提出换证申请。换证审批程序按照本规定第七条和安全监管总局的相关规定执行。换证工作应当在机构资质有效期满前完成。

在资质有效期内，需要增加检测检验项目的，检测检验机构应当提出增项申请。增项审批程序按照本规定第七条和安全监管总局的相关规定执行。增项评审可与定期监督评审合并进行。

在资质有效期内，依据标准、主要负责人、授权签字人及授权签字事项、机构名称、地址、法定代表人、隶属关系等有关情况发生变更以及减少检测检验项目的，检测检验机构应当在变更后及时报资质证书颁发机关办理变更确认或者备案手续。

第十条 资质证书颁发机关向社会公告取得资质的检测检验机构及其检测检验业务范围、授权签字人及授权签字事项。乙级机构的批准文件应当抄报安全监管总局备案。

检测检验资质证书由安全监管总局制作，资质证书由证书及附件组成。

第三章 检测检验

第十一条 检测检验机构应当依照法律、行政法规、规章、执业准则和相关技术规范、标准，科学、公正、诚信地开展检测检验工作，提供及时、优质、安全的服务，保证检测检验结果真实、准确、客观，并对检测检验结果负责。

检测检验人员应当熟悉安全生产法律、法规、规章、标准和有关规定，具备检测检验工作所需要的专业知识和能力，经过专业培训和考核，并应当只在一个检测检验机构中从事检测检验工作。检测检验人员未经培训或者考核不合格的，不得从事安全生产检测检验工作。

第十二条 检测检验机构及其检测检验人员在从事检测检验活动时，应当恪守职业道德，诚实守信，不得泄露被检测检验单位的技术、商业秘密，不得接受可能影响检测检验公正性的资助，不得从事与检测检验业务范围相关的产品开发、营销等活动，不得利用检测检验机构的名义参与企业的商业性活动。

检测检验收费应当符合法律、行政法规的规定。

第十三条 检测检验机构不得转让或者出借资质证书，不得将所承担的检测检验工作转包给其他检测检验机构，不得设立分支机构。

检测检验机构需要分包个别检测检验项目时，必须选择有资质的检测机构，并对检测检验的最终结果负责。

第十四条 检测检验机构及其检测检验人员应当接受安全生产监督管理部门或者煤矿安全监察机构的监督检查。

检测检验机构在工商注册地外的其他省、自治区、直辖市从事检测检验活动，当地安全生产监督管理部门或者煤矿安全监察机构有权对其活动进行监督管理。

第十五条 发现被检设施设备、产品、作业场所等存在重大事故隐患，检测检验机构必须立即告知检测检验委托方，并及时向安全生产监督管理部门或者煤矿安全监察机构报告，不得隐瞒不报、谎报或者拖延不报。

第四章 监督管理

第十六条 在检测检验资质有效期内，检测检验机构应当接受资质证书颁发机关组织进行的定期和不定期的监督评审或者检查。省级资质证书颁发机关监督评审的结果应当抄报安全监管总局。

安全监管总局可以对乙级机构进行不定期的监督评审或者检查。经委托各省级安全生产监督管理部门或者煤矿安全监察机构可以对本行政区域内甲级机构进行监督检查。

第十七条　检测检验机构应当在每年一月份向资质证书颁发机关报送上一年度的工作总结和本年度的工作计划；乙级机构工作总结和工作计划由所在地省级安全生产监督管理部门或者煤矿安全监察机构汇总后抄报安全监管总局。

第十八条　检测检验机构有下列情形之一的，由资质证书颁发机关注销其检测检验资质：

（一）资质有效期届满未申请换证或者未批准换证的；

（二）机构依法终止的；

（三）资质依法被撤销的；

（四）不宜继续认定资质的其他情形。

被注销资质的机构应当自决定注销其资质之日起7日内将资质证书和相关印章交还资质证书颁发机关，并不得继续以检测检验机构名义从事相关业务活动。

第十九条　安全生产监督管理部门、煤矿安全监察机构工作人员不得干扰检测检验机构的正常活动，不得以任何理由或者方式向检测检验机构收取费用或者变相收取费用。除另有规定外，不得强行要求生产经营单位接受指定的检测检验机构开展检测检验工作。在检测检验资质管理工作中滥用职权、玩忽职守、徇私舞弊的，依照有关规定给予行政处分；构成犯罪的，依法追究刑事责任。

任何单位和个人对违反本规定的行为，有权向安全生产监督管理部门、煤矿安全监察机构举报，安全生产监督管理部门、煤矿安全监察机构应当认真核实、处理，并为举报人保密。

检测检验机构对有关安全生产监督管理部门、煤矿安全监察机构所作出的处理决定有权提出申诉。

第五章　罚　　则

第二十条　检测检验机构未取得资质或者伪造资质证书从事安全生产检测检验活动的，或者资质有效期届满未批准换证继续从事安全生产检测检验活动的，处一万元以上三万元以下的罚款。

第二十一条　检测检验机构或者检测检验人员伪造检测检验结果，出具虚假证明，构成犯罪的，依法追究刑事责任；尚不够刑事处罚的，没收违法所得，违法所得在五千元以上的，并处违法所得二倍以上五倍以下的罚款，没有违法所得或者违法所得不足五千元的，单处或者并处五千元以上二万元以下的罚款，对其直接负责的主管人员和其他直接责任人员处五千元以上五万元以下的罚款；给他人造成损害的，与生产经营单位承担连带赔偿责任。

对有前款违法行为的机构，撤销其检测检验资质。

第二十二条　检测检验机构在监督评审或者监督检查中不合格的，责令限期改正；情节严重的，责令暂停三至六个月检测检验工作，并进行整改；整改后仍不合格的或者连续两次监督评审不合格的，撤销其检测检验资质。

第二十三条　检测检验机构在资质有效期内超出批准的检测检验业务范围从事安全生产检测检验活动的，责令其停止超范围检测检验，处五千元以上二万元以下的罚款；不补办增项手续，继续超范围检测检验的，撤销其检测检验资质。

第二十四条　检测检验机构在资质有效期内应当办理变更确认而未办理的，责令改正；仍不改正，继续从事检测检验活动的，责令暂停三至六个月检测检验工作；逾期仍不改正的，撤销其检测检验资质。

第二十五条　检测检验机构有下列情形之一的，视情节轻重，分别予以责令改正、警告、暂停三至六个月检测检验工作、撤销资质的处罚；情节严重的，并处五千元以上二万元以下的罚款：

（一）检测检验不严格执行相关技术规范、标准的；

（二）出具的检测检验结果错误，造成重大以上事故或者重大损失的；

（三）检测检验人员未经培训、考核的；

（四）泄露被检测检验单位技术、商业秘密的；

（五）利用检测检验机构的名义参与企业的商业性活动等影响诚信和公正的；

（六）弄虚作假骗取资质证书的；

（七）转让或者出借资质证书的；

（八）转包检测检验工作的，分包给没有资质的机构的，设立分支机构的；

（九）阻扰安全生产监督管理部门或者煤矿安全监察机构依法进行监督管理的；

（十）不及时报告重大事故隐患的。

第二十六条　依照本规定第二十条被处罚的，以及被撤销资质的检测检验机构，三年内不得申请或者再次申请检测检验资质。

第二十七条　本规定所规定的行政处罚，由资质证书颁发机关决定。对乙级机构的处罚，报安全监管总局备案；对甲级机构的处罚，可以委托省级安全生产监督管理部门或者煤矿安全监察机构实施。

第六章　附　　则

第二十八条　本规定下列用语的含义：

安全生产检测检验，是指根据《安全生产法》等相关法律法规、规章等规定，依据国家有关标准、规程等技术规范，对工矿商贸生产经营单位影响从业人员安全和健康的设施设备、产品的安全性能和作业场所存在的危险性等进行检测检验，并出具具有证明作用的数据和结果的活动。

安全生产检测检验机构，是指经安全监管总局或者省级安全生产监督管理部门、煤矿安全监察机构认定，为安全生产监督管理部门、煤矿安全监察机构和工矿商贸生产经营单位提供安全生产检测检验技术服务的中介组织。

安全生产检测检验人员，是指在安全生产检测检验机构内从事检测检验工作的专职人员。

第二十九条 有特殊专业技能的境外机构以及在境内的外资机构申请安全生产检测检验资质，参照本规定和其他有关规定由安全监管总局办理。

第三十条 本规定自2007年4月1日起施行。原国家经济贸易委员会2002年公布的《煤矿矿用安全产品检验管理办法》同时废止。

生产安全事故罚款处罚规定（试行）

（2007年7月12日国家安全生产监管总局令第13号公布 根据2011年9月1日《国家安全监管总局关于修改〈《生产安全事故报告和调查处理条例》罚款处罚暂行规定〉部分条款的决定》第一次修订 根据2015年4月2日《国家安全监管总局关于修改〈《生产安全事故报告和调查处理条例》罚款处罚暂行规定〉等四部规章的决定》第二次修订）

第一条 为防止和减少生产安全事故，严格追究生产安全事故发生单位及其有关责任人员的法律责任，正确适用事故罚款的行政处罚，依照《安全生产法》、《生产安全事故报告和调查处理条例》（以下简称《条例》）的规定，制定本规定。

第二条 安全生产监督管理部门和煤矿安全监察机构对生产安全事故发生单位（以下简称事故发生单位）及其主要负责人、直接负责的主管人员和其他责任人员等有关责任人员依照《安全生产法》和《条例》实施罚款的行政处罚，适用本规定。

第三条 本规定所称事故发生单位是指对事故发生负有责任的生产经营单位。

本规定所称主要负责人是指有限责任公司、股份有限公司的董事长或者总经理或者个人经营的投资人，其他生产经营单位的厂长、经理、局长、矿长（含实际控制人）等人员。

第四条 本规定所称事故发生单位主要负责人、直接负责的主管人员和其他直接责任人员的上一年年收入，属于国有生产经营单位的，是指该单位上级主管部门所确定的上一年年收入总额；属于非国有生产经营单位的，是指经财务、税务部门核定的上一年年收入总额。

生产经营单位提供虚假资料或者由于财务、税务部门无法核定等原因致使有关人员的上一年年收入难以确定的，按照下列办法确定：

（一）主要负责人的上一年年收入，按照本省、自治区、直辖市上一年度职工平均工资的5倍以上10倍以下计算；

（二）直接负责的主管人员和其他直接责任人员的上一年年收入，按照本省、自治区、直辖市上一年度职工平均工资的1倍以上5倍以下计算。

第五条 《条例》所称的迟报、漏报、谎报和瞒报，依照下列情形认定：

（一）报告事故的时间超过规定时限的，属于迟报；

（二）因过失对应当上报的事故或者事故发生的时间、地点、类别、伤亡人数、直接经济损失等内容遗漏未报的，属于漏报；

（三）故意不如实报告事故发生的时间、地点、初步原因、性质、伤亡人数和涉险人数、直接经济损失等有关内容的，属于谎报；

（四）隐瞒已经发生的事故，超过规定时限未向安全监管监察部门和有关部门报告，经查证属实的，属于瞒报。

第六条 对事故发生单位及其有关责任人员处以罚款的行政处罚，依照下列规定决定：

（一）对发生特别重大事故的单位及其有关责任人员罚款的行政处罚，由国家安全生产监督管理总局决定；

（二）对发生重大事故的单位及其有关责任人员罚款的行政处罚，由省级人民政府安全生产监督管理部门决定；

（三）对发生较大事故的单位及其有关责任人员罚款的行政处罚，由设区的市级人民政府安全生产监督管理部门决定；

（四）对发生一般事故的单位及其有关责任人员罚款的行政处罚，由县级人民政府安全生产监督管理部门决定。

上级安全生产监督管理部门可以指定下一级安全生产监督管理部门对事故发生单位及其有关责任人员实施行政处罚。

第七条 对煤矿事故发生单位及其有关责任人

员处以罚款的行政处罚，依照下列规定执行：

（一）对发生特别重大事故的煤矿及其有关责任人员罚款的行政处罚，由国家煤矿安全监察局决定；

（二）对发生重大事故和较大事故的煤矿及其有关责任人员罚款的行政处罚，由省级煤矿安全监察机构决定；

（三）对发生一般事故的煤矿及其有关责任人员罚款的行政处罚，由省级煤矿安全监察机构所属分局决定。

上级煤矿安全监察机构可以指定下一级煤矿安全监察机构对事故发生单位及其有关责任人员实施行政处罚。

第八条 特别重大事故以下等级事故，事故发生地与事故发生单位所在地不在同一个县级以上行政区域的，由事故发生地的安全生产监督管理部门或者煤矿安全监察机构依照本规定第六条或者第七条规定的权限实施行政处罚。

第九条 安全生产监督管理部门和煤矿安全监察机构对事故发生单位及其有关责任人员实施罚款的行政处罚，依照《安全生产违法行为行政处罚办法》规定的程序执行。

第十条 事故发生单位及其有关责任人员对安全生产监督管理部门和煤矿安全监察机构给予的行政处罚，享有陈述、申辩的权利；对行政处罚不服的，有权依法申请行政复议或者提起行政诉讼。

第十一条 事故发生单位主要负责人有《安全生产法》第一百零六条、《条例》第三十五条规定的下列行为之一的，依照下列规定处以罚款：

（一）事故发生单位主要负责人在事故发生后不立即组织事故抢救的，处上一年年收入100%的罚款；

（二）事故发生单位主要负责人迟报事故的，处上一年年收入60%至80%的罚款；漏报事故的，处上一年年收入40%至60%的罚款；

（三）事故发生单位主要负责人在事故调查处理期间擅离职守的，处上一年年收入80%至100%的罚款。

第十二条 事故发生单位有《条例》第三十六条规定行为之一的，依照《国家安全监管总局关于印发〈安全生产行政处罚自由裁量标准〉的通知》（安监总政法〔2010〕137号）等规定给予罚款。

第十三条 事故发生单位的主要负责人、直接负责的主管人员和其他直接责任人员有《安全生产法》第一百零六条、《条例》第三十六条规定的下列行为之一的，依照下列规定处以罚款：

（一）伪造、故意破坏事故现场，或者转移、隐匿资金、财产、销毁有关证据、资料，或者拒绝接受调查，或者拒绝提供有关情况和资料，或者在事故调查中作伪证，或者指使他人作伪证的，处上一年年收入80%至90%的罚款；

（二）谎报、瞒报事故或者事故发生后逃匿的，处上一年年收入100%的罚款。

第十四条 事故发生单位对造成3人以下死亡，或者3人以上10人以下重伤（包括急性工业中毒，下同），或者300万元以上1000万元以下直接经济损失的一般事故负有责任的，处20万元以上50万元以下的罚款。

事故发生单位有本条第一款规定的行为且有谎报或者瞒报事故情节的，处50万元的罚款。

第十五条 事故发生单位对较大事故发生负有责任的，依照下列规定处以罚款：

（一）造成3人以上6人以下死亡，或者10人以上30人以下重伤，或者1000万元以上3000万元以下直接经济损失的，处50万元以上70万元以下的罚款；

（二）造成6人以上10人以下死亡，或者30人以上50人以下重伤，或者3000万元以上5000万元以下直接经济损失的，处70万元以上100万元以下的罚款。

事故发生单位对较大事故发生负有责任且有谎报或者瞒报情节的，处100万元的罚款。

第十六条 事故发生单位对重大事故发生负有责任的，依照下列规定处以罚款：

（一）造成10人以上15人以下死亡，或者50人以上70人以下重伤，或者5000万元以上7000万元以下直接经济损失的，处100万元以上300万元以下的罚款；

（二）造成15人以上30人以下死亡，或者70人以上100人以下重伤，或者7000万元以上1亿元以下直接经济损失的，处300万元以上500万元以下的罚款。

事故发生单位对重大事故发生负有责任且有谎报或者瞒报情节的，处500万元的罚款。

第十七条 事故发生单位对特别重大事故发生负有责任的，依照下列规定处以罚款：

（一）造成30人以上40人以下死亡，或者100人以上120人以下重伤，或者1亿元以上1.2亿元以下直接经济损失的，处500万元以上1000万元以下的罚款；

（二）造成40人以上50人以下死亡，或者120人以上150人以下重伤，或者1.2亿元以上1.5亿元以下直接经济损失的，处1000万元以上1500万元以下的罚款；

（三）造成50人以上死亡，或者150人以上重伤，或者1.5亿元以上直接经济损失的，处1500万元以上2000万元以下的罚款。

事故发生单位对特别重大事故发生负有责任且有下列情形之一的，处2000万元的罚款：

（一）谎报特别重大事故的；

（二）瞒报特别重大事故的；

（三）未依法取得有关行政审批或者证照擅自从事生产经营活动的；

（四）拒绝、阻碍行政执法的；

（五）拒不执行有关停产停业、停止施工、停止使用相关设备或者设施的行政执法指令的；

（六）明知存在事故隐患，仍然进行生产经营活动的；

（七）一年内已经发生2起以上较大事故，或者1起重大以上事故，再次发生特别重大事故的；

（八）地下矿山负责人未按照规定带班下井的。

第十八条 事故发生单位主要负责人未依法履行安全生产管理职责，导致事故发生的，依照下列规定处以罚款：

（一）发生一般事故的，处上一年年收入30%的罚款；

（二）发生较大事故的，处上一年年收入40%的罚款；

（三）发生重大事故的，处上一年年收入60%的罚款；

（四）发生特别重大事故的，处上一年年收入80%的罚款。

第十九条 个人经营的投资人未依照《安全生产法》的规定保证安全生产所必需的资金投入，致使生产经营单位不具备安全生产条件，导致发生生产安全事故的，依照下列规定对个人经营的投资人处以罚款：

（一）发生一般事故的，处2万元以上5万元以下的罚款；

（二）发生较大事故的，处5万元以上10万元以下的罚款；

（三）发生重大事故的，处10万元以上15万元以下的罚款；

（四）发生特别重大事故的，处15万元以上20万元以下的罚款。

第二十条 违反《条例》和本规定，事故发生单位及其有关责任人员有两种以上应当处以罚款的行为的，安全生产监督管理部门或者煤矿安全监察机构应当分别裁量，合并作出处罚决定。

第二十一条 对事故发生负有责任的其他单位及其有关责任人员处以罚款的行政处罚，依照相关法律、法规和规章的规定实施。

第二十二条 本规定自公布之日起施行。

安全生产行政复议规定

（2007年10月8日国家安全生产监督管理总局令第14号公布 自2007年11月1日起施行）

第一章 总 则

第一条 为了规范安全生产行政复议工作，解决行政争议，根据《中华人民共和国行政复议法》和《中华人民共和国行政复议法实施条例》，制定本规定。

第二条 公民、法人或者其他组织认为安全生产监督管理部门、煤矿安全监察机构（以下统称安全监管监察部门）的具体行政行为侵犯其合法权益，向安全生产行政复议机关申请行政复议，安全生产行政复议机关受理行政复议申请，作出行政复议决定，适用本规定。

第三条 依法履行行政复议职责的安全监管监察部门是安全生产行政复议机关。安全生产行政复议机关负责法制工作的机构是本机关的行政复议机构（以下简称安全生产行政复议机构）。

安全生产行政复议机关应当领导、支持本机关行政复议机构依法办理行政复议事项，并依照有关规定充实、配备专职行政复议人员，保证行政复议机构的办案能力与工作任务相适应。

第四条 国家安全生产监督管理总局办理行政复议案件按照下列程序，统一受理，分工负责：

（一）政策法规司按照本规定规定的期限，对行政复议申请进行初步审查，做出受理或者不予受理的决定。对决定受理的，将案卷材料转送相关业务司局分口承办；

（二）相关业务司局收到案卷材料后，应当在30日内了解核实有关情况，提出处理意见；

（三）政策法规司根据处理意见，在20日内拟定行政复议决定书，提交本局负责人集体讨论或者主管负责人审定；

（四）本局负责人集体讨论通过或者主管负责人同意后，政策法规司制作行政复议决定书，并送达申请人、被申请人和第三人。

国家煤矿安全监察局和省级及省级以下安全监管监察部门办理行政复议案件参照上述程序执行。

第二章 行政复议范围与管辖

第五条 公民、法人或者其他组织对安全监管监察部门作出的下列具体行政行为不服，可以申请行政复议：

（一）行政处罚决定；

（二）行政强制措施；

(三)行政许可的变更、中止、撤销、撤回等决定；

(四)认为符合法定条件，申请安全监管监察部门办理许可证、资格证等行政许可手续，安全监管监察部门没有依法办理的；

(五)认为安全监管监察部门违法收费或者违法要求履行义务的；

(六)认为安全监管监察部门其他具体行政行为侵犯其合法权益的。

第六条　公民、法人或者其他组织认为安全监管监察部门的具体行政行为所依据的规定不合法，在对具体行政行为申请行政复议时，可以依据行政复议法第七条的规定一并提出审查申请。

第七条　安全监管监察部门作出的下列行政行为，不属于安全生产行政复议范围：

(一)生产安全事故调查报告；

(二)不具有强制力的行政指导行为和信访答复行为；

(三)生产安全事故隐患认定；

(四)公告信息发布；

(五)法律、行政法规规定的非具体行政行为。

第八条　对县级以上地方人民政府安全生产监督管理部门作出的具体行政行为不服的，可以向上一级安全生产监督管理部门申请行政复议，也可以向同级人民政府申请行政复议。已向同级人民政府提出行政复议申请，且同级人民政府已经受理的，上一级安全生产监督管理部门不再受理。

对国家安全生产监督管理总局作出的具体行政行为不服的，向国家安全生产监督管理总局申请行政复议。

第九条　对煤矿安全监察分局作出的具体行政行为不服的，向该分局所隶属的省级煤矿安全监察局申请行政复议。

对省级煤矿安全监察机构作出的具体行政行为不服的，向国家安全生产监督管理总局申请行政复议。

对国家煤矿安全监察局作出的具体行政行为不服的，向国家煤矿安全监察局申请行政复议。

第十条　安全监管监察部门设立的派出机构、内设机构或者其他组织，未经法律、行政法规授权，对外以自己名义作出具体行政行为的，该安全监管监察部门为被申请人。

第十一条　对安全监管监察部门依法委托的机构，以委托的安全监管监察部门名义作出的具体行政行为不服的，依照本规定第八条和第九条的规定申请行政复议。

第十二条　对安全监管监察部门与有关部门共同作出的具体行政行为不服的，可以向其共同的上一级行政机关申请行政复议。共同作出具体行政行为的安全监管监察部门与有关部门为共同被申请人。

对国家安全生产监督管理总局与国务院其他部门共同作出的具体行政行为不服的，可以向国家安全生产监督管理总局或者共同作出具体行政行为的其他任何一个部门提起行政复议申请，由作出具体行政行为的部门共同作出行政复议决定。

第十三条　下级安全监管监察部门依照法律、行政法规、规章规定，经上级安全监管监察部门批准作出具体行政行为的，批准机关为被申请人。

第三章　行政复议的申请与受理

第十四条　安全监管监察部门作出具体行政行为，依法应当向有关公民、法人或者其他组织送达法律文书而未送达的，视为该公民、法人或者其他组织不知道该具体行政行为。

安全监管监察部门作出的具体行政行为对公民、法人或者其他组织的权利、义务可能产生不利影响的，应当告知其申请行政复议的权利、行政复议机关和行政复议申请期限。

第十五条　行政复议可以书面申请，也可以当场口头申请。书面申请可以采取当面递交、邮寄或者传真等方式提出，并在行政复议申请书中载明《行政复议法实施条例》第十九条规定的事项。

当场口头申请的，安全生产行政复议机构应当按照第一款规定的事项，当场制作行政复议申请笔录交申请人核对或者向申请人宣读，并由申请人签字确认。

第十六条　安全生产行政复议机构应当自收到行政复议申请之日起3日内对复议申请是否符合下列条件进行初步审查：

(一)有明确的申请人和被申请人；

(二)申请人与具体行政行为有利害关系；

(三)有具体的行政复议请求和事实依据；

(四)在法定申请期限内提出；

(五)属于本规定第五条规定的行政复议范围；

(六)属于收到行政复议申请的行政复议机关的职责范围；

(七)其他行政复议机关尚未受理同一行政复议申请，人民法院尚未受理同一主体就同一事实提起的行政诉讼。

第十七条　行政复议申请错列被申请人的，安全生产行政复议机构应当告知申请人变更被申请人。

第十八条　行政复议申请材料不齐全或者表述不清楚的，安全生产行政复议机构可以自收到该行政复议申请之日起5日内书面通知申请人补正。补正通知应当载明需要补正的事项和合理的补正期限。

无正当理由逾期不补正的,视为申请人放弃行政复议申请。补正申请材料所用时间不计入行政复议审理期限。

第十九条 经初步审查后,安全生产行政复议机构应当自收到行政复议申请之日起 5 日内按下列规定作出处理:

(一)符合本规定第十六条规定的,予以受理,并制发行政复议受理决定书;

(二)不符合本规定第十六条规定的,决定不予受理,并制发行政复议申请不予受理决定书;

(三)不属于本机关职责范围的,应当告知申请人向有权受理的行政复议机关提出。

第二十条 行政复议期间,安全生产行政复议机构认为申请人以外的公民、法人或者其他组织与被审查的具体行政行为有利害关系的,可以通知其作为第三人参加行政复议。

行政复议期间,申请人以外的公民、法人或者其他组织与被审查的具体行政行为有利害关系的,可以向安全生产行政复议机构申请作为第三人参加行政复议。

第四章 行政复议的审理和决定

第二十一条 安全生产行政复议机构审理行政复议案件,应当由 2 名以上行政复议人员参加。

第二十二条 安全生产行政复议机构应当自行政复议申请受理之日起 7 日内,将行政复议申请书副本或者行政复议申请笔录复印件发送被申请人。

被申请人应当自收到申请书副本或者行政复议申请笔录复印件之日起 10 日内,按照复议机构要求的份数提出书面答复,并提交当初作出具体行政行为的证据、依据和其他有关材料。

被申请人书面答复应当载明下列事项,并加盖单位公章:

(一)作出具体行政行为的基本过程和情况;

(二)作出具体行政行为的事实依据和有关证据材料;

(三)作出具体行政行为所依据的法律、行政法规、规章和规范性文件的文号、具体条款和内容;

(四)对申请人复议请求的意见和理由;

(五)答复的年月日。

第二十三条 有下列情形之一的,被申请人经安全生产行政复议机构允许可以补充相关证据:

(一)在作出具体行政行为时已经收集证据,但因不可抗力等正当理由不能提供的;

(二)申请人或者第三人在行政复议过程中,提出了其在安全监管监察部门实施具体行政行为过程中没有提出的申辩理由或者证据的。

第二十四条 有下列情形之一的,申请人应当提供证明材料:

(一)认为被申请人不履行法定职责的,提供曾经要求被申请人履行法定职责而被申请人未履行的证明材料,但被申请人依法应当主动履行的除外;

(二)申请行政复议时一并提出行政赔偿请求的,提供受具体行政行为侵害而造成损害的证明材料;

(三)申请人自己主张的事实;

(四)法律、行政法规规定由申请人提供证据材料的其他情形。

第二十五条 申请人、被申请人、第三人应当对其提交的证据材料分类编号,对证据材料的来源、证明对象和内容作简要说明,并在证据材料上签字或者盖章,注明提交日期。

证据材料是复印件的,应当经复议机构核对无误,并注明原件存放的单位和处所。

第二十六条 行政复议原则上采取书面审理的方式,但对重大、复杂的案件,申请人提出要求或者安全生产行政复议机构认为必要时,可以采取听证的方式审理。

听证应当保障当事人平等的陈述、质证和辩论的权利。

第二十七条 安全生产行政复议机构采取听证的方式审理复议案件,应当制作听证笔录并载明下列事项:

(一)案由,听证的时间、地点;

(二)申请人、被申请人、第三人及其代理人的基本情况;

(三)听证主持人、听证员、书记员的姓名、职务等;

(四)申请人、被申请人、第三人争议的焦点问题,有关事实、证据和依据;

(五)其他应当记载的事项。

申请人、被申请人、第三人应当核对听证笔录并签字或者盖章。

第二十八条 安全生产行政复议机构认为必要时,可以实地调查核实证据。调查核实时,行政复议人员不得少于 2 人,并应当向当事人或者有关人员出示证件。

需要现场勘验的,现场勘验所用时间不计入行政复议审理期限。

第二十九条 安全生产行政复议期间涉及专门事项需要鉴定的,当事人可以自行委托鉴定机构进行鉴定,也可以申请行政复议机构委托鉴定机构进行鉴定。鉴定费用由当事人承担。鉴定所用时间不计入行政复议审理期限。

第三十条 申请人在行政复议决定作出前自愿

撤回行政复议申请的，经行政复议机构同意，可以撤回。

申请人撤回行政复议申请的，不得以同一事实和理由再次提出行政复议申请。但是，申请人能够证明撤回行政复议申请违背其真实意思表示的除外。

第三十一条　行政复议申请由两个以上申请人共同提出，在行政复议决定作出前，部分申请人撤回行政复议申请的，安全生产行政复议机关应当就其他申请人未撤回的行政复议申请作出行政复议决定。

第三十二条　被申请人在复议期间改变原具体行政行为的，应当书面告知复议机构。

被申请人改变原具体行政行为，申请人撤回复议申请的，行政复议终止；申请人不撤回复议申请的，安全生产行政复议机关经审查认为原具体行政行为违法的，应当作出确认其违法的复议决定；认为原具体行政行为合法的，应当作出维持的复议决定。

第三十三条　公民、法人或者其他组织对安全监管监察部门行使法律、行政法规规定的自由裁量权作出的具体行政行为不服申请行政复议，申请人与被申请人在行政复议决定作出前自愿达成和解的，应当向安全生产行政复议机构提交书面和解协议；和解内容不损害社会公共利益和他人合法权益的，安全生产行政复议机构应当准许。

第三十四条　有下列情形之一的，安全生产行政复议机构可以按照自愿、合法的原则进行调解：

（一）公民、法人或者其他组织对安全监管监察部门行使法律、行政法规规定的自由裁量权作出的具体行政行为不服申请行政复议的；

（二）当事人之间的行政赔偿或者行政补偿的纠纷。

当事人经调解达成协议的，安全生产行政复议机关应当制作行政复议调解书。调解书应当载明行政复议请求、事实、理由和调解结果，并加盖安全生产行政复议机关印章。行政复议调解书经双方当事人签字，即具有法律效力。

调解未达成协议或者调解书生效前一方反悔的，安全生产行政复议机关应当及时作出行政复议决定。

第三十五条　安全生产行政复议机构应当对被申请人作出的具体行政行为进行审查，提出意见，经安全生产行政复议机关集体讨论通过或者负责人同意后，依法作出行政复议决定。

第三十六条　被申请人被责令重新作出具体行政行为的，应当在法律、行政法规、规章规定的期限内重新作出具体行政行为；法律、行政法规、规章未规定期限的，重新作出具体行政行为的期限为60日。

被申请人不得以同一事实和理由作出与原具体行政行为相同或者基本相同的具体行政行为。但因违反法定程序被责令重新作出具体行政行为的除外。

第三十七条　申请人在申请行政复议时一并提出行政赔偿请求，安全生产行政复议机关对符合国家赔偿法有关规定应当给予赔偿的，在决定撤销、变更具体行政行为或者确认具体行政行为违法时，应当同时决定被申请人依法给予赔偿。

申请人在申请行政复议时没有提出行政赔偿请求的，安全生产行政复议机关在依法决定撤销或者变更原具体行政行为确定的罚款以及对设备、设施、器材的扣押、查封等强制措施时，应当同时责令被申请人返还罚款，解除对设备、设施、器材的扣押、查封等强制措施。

第三十八条　安全生产行政复议机关在申请人的行政复议请求范围内，不得作出对申请人更为不利的行政复议决定。

第五章　附　　则

第三十九条　安全生产行政复议机关及其工作人员和被申请人在安全生产行政复议工作中违反本规定的，依照行政复议法及其实施条例的规定，追究法律责任。

第四十条　行政复议期间的计算和行政复议文书的送达，依照民事诉讼法关于期间、送达的规定执行。

本规定关于行政复议期间有关“3日”、“5日”、“7日”的规定是指工作日，不含节假日。

第四十一条　安全生产行政复议案件审理完毕，案件承办人应当将案件材料在10日内立卷、归档。

下一级安全生产行政复议机关应当在作出行政复议决定之日起15日内将行政复议决定书报上一级安全生产行政复议机构备案。

第四十二条　安全监管行政复议机关办理行政复议案件，使用国家安全生产监督管理总局统一制定的文书式样。

煤矿安全监察行政复议机关办理行政复议案件，使用国家煤矿安全监察局统一制定的文书式样。

第四十三条　本规定自2007年11月1日起施行。原国家经济贸易委员会2003年2月18日公布的《安全生产行政复议暂行办法》和原国家安全生产监督管理局（国家煤矿安全监察局）2003年6月20日公布的《煤矿安全监察行政复议规定》同时废止。

安全生产违法行为行政处罚办法

(2007年11月30日国家安全生产监管总局令第15号公布　根据2015年4月2日《国家安全监管总局关于修改〈《生产安全事故报告和调查处理条例》罚款处罚暂行规定〉等四部规章的决定》修订)

第一章　总　　则

第一条　为了制裁安全生产违法行为,规范安全生产行政处罚工作,依照行政处罚法、安全生产法及其他有关法律、行政法规的规定,制定本办法。

第二条　县级以上人民政府安全生产监督管理部门对生产经营单位及其有关人员在生产经营活动中违反有关安全生产的法律、行政法规、部门规章、国家标准、行业标准和规程的违法行为(以下统称安全生产违法行为)实施行政处罚,适用本办法。

煤矿安全监察机构依照本办法和煤矿安全监察行政处罚办法,对煤矿、煤矿安全生产中介机构等生产经营单位及其有关人员的安全生产违法行为实施行政处罚。

有关法律、行政法规对安全生产违法行为行政处罚的种类、幅度或者决定机关另有规定的,依照其规定。

第三条　对安全生产违法行为实施行政处罚,应当遵循公平、公正、公开的原则。

安全生产监督管理部门或者煤矿安全监察机构(以下统称安全监管监察部门)及其行政执法人员实施行政处罚,必须以事实为依据。行政处罚应当与安全生产违法行为的事实、性质、情节以及社会危害程度相当。

第四条　生产经营单位及其有关人员对安全监管监察部门给予的行政处罚,依法享有陈述权、申辩权和听证权;对行政处罚不服的,有权依法申请行政复议或者提起行政诉讼;因违法给予行政处罚受到损害的,有权依法申请国家赔偿。

第二章　行政处罚的种类、管辖

第五条　安全生产违法行为行政处罚的种类:

(一)警告;

(二)罚款;

(三)没收违法所得、没收非法开采的煤炭产品、采掘设备;

(四)责令停产停业整顿、责令停产停业、责令停止建设、责令停止施工;

(五)暂扣或者吊销有关许可证,暂停或者撤销有关执业资格、岗位证书;

(六)关闭;

(七)拘留;

(八)安全生产法律、行政法规规定的其他行政处罚。

第六条　县级以上安全监管监察部门应当按照本章的规定,在各自的职责范围内对安全生产违法行为行政处罚行使管辖权。

安全生产违法行为的行政处罚,由安全生产违法行为发生地的县级以上安全监管监察部门管辖。中央企业及其所属企业、有关人员的安全生产违法行为的行政处罚,由安全生产违法行为发生地的设区的市级以上安全监管监察部门管辖。

暂扣、吊销有关许可证和暂停、撤销有关执业资格、岗位证书的行政处罚,由发证机关决定。其中,暂扣有关许可证和暂停有关执业资格、岗位证书的期限一般不得超过6个月;法律、行政法规另有规定的,依照其规定。

给予关闭的行政处罚,由县级以上安全监管监察部门报请县级以上人民政府按照国务院规定的权限决定。

给予拘留的行政处罚,由县级以上安全监管监察部门建议公安机关依照治安管理处罚法的规定决定。

第七条　两个以上安全监管监察部门因行政处罚管辖权发生争议的,由其共同的上一级安全监管监察部门指定管辖。

第八条　对报告或者举报的安全生产违法行为,安全监管监察部门应当受理;发现不属于自己管辖的,应当及时移送有管辖权的部门。

受移送的安全监管监察部门对管辖权有异议的,应当报请共同的上一级安全监管监察部门指定管辖。

第九条　安全生产违法行为涉嫌犯罪的,安全监管监察部门应当将案件移送司法机关,依法追究刑事责任;尚不够刑事处罚但依法应当给予行政处罚的,由安全监管监察部门管辖。

第十条　上级安全监管监察部门可以直接查处下级安全监管监察部门管辖的案件,也可以将自己管辖的案件交由下级安全监管监察部门管辖。

下级安全监管监察部门可以将重大、疑难案件报请上级安全监管监察部门管辖。

第十一条　上级安全监管监察部门有权对下级安全监管监察部门违法或者不适当的行政处罚予以纠正或者撤销。

第十二条　安全监管监察部门根据需要,可以在其法定职权范围内委托符合《行政处罚法》第十九条规定条件的组织或者乡、镇人民政府以及街道办事处、开发区管理机构等地方人民政府的派出机构实施行政处罚。受委托的单位在委托范围内，以委托的安全监管监察部门名义实施行政处罚。

委托的安全监管监察部门应当监督检查受委托的单位实施行政处罚，并对其实施行政处罚的后果承担法律责任。

第三章 行政处罚的程序

第十三条 安全生产行政执法人员在执行公务时，必须出示省级以上安全生产监督管理部门或者县级以上地方人民政府统一制作的有效行政执法证件。其中对煤矿进行安全监察，必须出示国家安全生产监督管理总局统一制作的煤矿安全监察员证。

第十四条 安全监管监察部门及其行政执法人员在监督检查时发现生产经营单位存在事故隐患的，应当按照下列规定采取现场处理措施：

（一）能够立即排除的，应当责令立即排除；

（二）重大事故隐患排除前或者排除过程中无法保证安全的，应当责令从危险区域撤出作业人员，并责令暂时停产停业、停止建设、停止施工或者停止使用相关设施、设备，限期排除隐患。

隐患排除后，经安全监管监察部门审查同意，方可恢复生产经营和使用。

本条第一款第（二）项规定的责令暂时停产停业、停止建设、停止施工或者停止使用相关设施、设备的期限一般不超过6个月；法律、行政法规另有规定的，依照其规定。

第十五条 对有根据认为不符合安全生产的国家标准或者行业标准的在用设施、设备、器材，违法生产、储存、使用、经营、运输的危险物品，以及违法生产、储存、使用、经营危险物品的作业场所，安全监管监察部门应当依照《行政强制法》的规定予以查封或者扣押。查封或者扣押的期限不得超过30日，情况复杂的，经安全监管监察部门负责人批准，最多可以延长30日，并在查封或者扣押期限内作出处理决定：

（一）对违法事实清楚、依法应当没收的非法财物予以没收；

（二）法律、行政法规规定应当销毁的，依法销毁；

（三）法律、行政法规规定应当解除查封、扣押的，作出解除查封、扣押的决定。

实施查封、扣押，应当制作并当场交付查封、扣押决定书和清单。

第十六条 安全监管监察部门依法对存在重大事故隐患的生产经营单位作出停产停业、停止施工、停止使用相关设施、设备的决定，生产经营单位应当依法执行，及时消除事故隐患。生产经营单位拒不执行，有发生生产安全事故的现实危险的，在保证安全的前提下，经本部门主要负责人批准，安全监管监察部门可以采取通知有关单位停止供电、停止供应民用爆炸物品等措施，强制生产经营单位履行决定。通知应当采用书面形式，有关单位应当予以配合。

安全监管监察部门依照前款规定采取停止供电措施，除有危及生产安全的紧急情形外，应当提前24小时通知生产经营单位。生产经营单位依法履行行政决定、采取相应措施消除事故隐患的，安全监管监察部门应当及时解除前款规定的措施。

第十七条 生产经营单位被责令限期改正或者限期进行隐患排除治理的，应当在规定限期内完成。因不可抗力无法在规定限期内完成的，应当在进行整改或者治理的同时，于限期届满前10日内提出书面延期申请，安全监管监察部门应当在收到申请之日起5日内书面答复是否准予延期。

生产经营单位提出复查申请或者整改、治理限期届满的，安全监管监察部门应当自申请或者限期届满之日起10日内进行复查，填写复查意见书，由被复查单位和安全监管监察部门复查人员签名后存档。逾期未整改、未治理或者整改、治理不合格的，安全监管监察部门应当依法给予行政处罚。

第十八条 安全监管监察部门在作出行政处罚决定前，应当填写行政处罚告知书，告知当事人作出行政处罚决定的事实、理由、依据，以及当事人依法享有的权利，并送达当事人。当事人应当在收到行政处罚告知书之日起3日内进行陈述、申辩，或者依法提出听证要求，逾期视为放弃上述权利。

第十九条 安全监管监察部门应当充分听取当事人的陈述和申辩，对当事人提出的事实、理由和证据，应当进行复核；当事人提出的事实、理由和证据成立的，安全监管监察部门应当采纳。

安全监管监察部门不得因当事人陈述或者申辩而加重处罚。

第二十条 安全监管监察部门对安全生产违法行为实施行政处罚，应当符合法定程序，制作行政执法文书。

第一节 简易程序

第二十一条 违法事实确凿并有法定依据，对个人处以50元以下罚款、对生产经营单位处以1000元以下罚款或者警告的行政处罚的，安全生产行政执法人员可以当场作出行政处罚决定。

第二十二条 安全生产行政执法人员当场作出行政处罚决定，应当填写预定格式、编有号码的行政处罚决定书并当场交付当事人。

安全生产行政执法人员当场作出行政处罚决定

后应当及时报告,并在5日内报所属安全监管监察部门备案。

第二节 一般程序

第二十三条 除依照简易程序当场作出的行政处罚外,安全监管监察部门发现生产经营单位及其有关人员有应当给予行政处罚的行为的,应当予以立案,填写立案审批表,并全面、客观、公正地进行调查,收集有关证据。对确需立即查处的安全生产违法行为,可以先行调查取证,并在5日内补办立案手续。

第二十四条 对已经立案的案件,由立案审批人指定两名或者两名以上安全生产行政执法人员进行调查。

有下列情形之一的,承办案件的安全生产行政执法人员应当回避:

(一)本人是本案的当事人或者当事人的近亲属的;

(二)本人或者其近亲属与本案有利害关系的;

(三)与本人有其他利害关系,可能影响案件的公正处理的。

安全生产行政执法人员的回避,由派出其进行调查的安全监管监察部门的负责人决定。进行调查的安全监管监察部门负责人的回避,由该部门负责人集体讨论决定。回避决定作出之前,承办案件的安全生产行政执法人员不得擅自停止对案件的调查。

第二十五条 进行案件调查时,安全生产行政执法人员不得少于两名。当事人或者有关人员应当如实回答安全生产行政执法人员的询问,并协助调查或者检查,不得拒绝、阻挠或者提供虚假情况。

询问或者检查应当制作笔录。笔录应当记载时间、地点、询问和检查情况,并由被询问人、被检查单位和安全生产行政执法人员签名或者盖章;被询问人、被检查单位要求补正的,应当允许。被询问人或者被检查单位拒绝签名或者盖章的,安全生产行政执法人员应当在笔录上注明原因并签名。

第二十六条 安全生产行政执法人员应当收集、调取与案件有关的原始凭证作为证据。调取原始凭证确有困难的,可以复制,复制件应当注明“经核对与原件无异”的字样和原始凭证存放的单位及其处所,并由出具证据的人员签名或者单位盖章。

第二十七条 安全生产行政执法人员在收集证据时,可以采取抽样取证的方法;在证据可能灭失或者以后难以取得的情况下,经本单位负责人批准,可以先行登记保存,并应当在7日内作出处理决定:

(一)违法事实成立依法应当没收的,作出行政处罚决定,予以没收;依法应当扣留或者封存的,予以扣留或者封存;

(二)违法事实不成立,或者依法不应当予以没收、扣留、封存的,解除登记保存。

第二十八条 安全生产行政执法人员对与案件有关的物品、场所进行勘验检查时,应当通知当事人到场,制作勘验笔录,并由当事人核对无误后签名或者盖章。当事人拒绝到场的,可以邀请在场的其他人员作证,并在勘验笔录中注明原因并签名;也可以采用录音、录像等方式记录有关物品、场所的情况后,再进行勘验检查。

第二十九条 案件调查终结后,负责承办案件的安全生产行政执法人员应当填写案件处理呈批表,连同有关证据材料一并报本部门负责人审批。

安全监管监察部门负责人应当及时对案件调查结果进行审查,根据不同情况,分别作出以下决定:

(一)确有应受行政处罚的违法行为的,根据情节轻重及具体情况,作出行政处罚决定;

(二)违法行为轻微,依法可以不予行政处罚的,不予行政处罚;

(三)违法事实不能成立,不得给予行政处罚;

(四)违法行为涉嫌犯罪的,移送司法机关处理。

对严重安全生产违法行为给予责令停产停业整顿、责令停产停业、责令停止建设、责令停止施工、吊销有关许可证、撤销有关执业资格或者岗位证书、5万元以上罚款、没收违法所得、没收非法开采的煤炭产品或者采掘设备价值5万元以上的行政处罚的,应当由安全监管监察部门的负责人集体讨论决定。

第三十条 安全监管监察部门依照本办法第二十九条的规定给予行政处罚,应当制作行政处罚决定书。行政处罚决定书应当载明下列事项:

(一)当事人的姓名或者名称、地址或者住址;

(二)违法事实和证据;

(三)行政处罚的种类和依据;

(四)行政处罚的履行方式和期限;

(五)不服行政处罚决定,申请行政复议或者提起行政诉讼的途径和期限;

(六)作出行政处罚决定的安全监管监察部门的名称和作出决定的日期。

行政处罚决定书必须盖有作出行政处罚决定的安全监管监察部门的印章。

第三十一条 行政处罚决定书应当在宣告后当场交付当事人;当事人不在场的,安全监管监察部门应当在7日内依照民事诉讼法的有关规定,将行政处罚决定书送达当事人或者其他的法定受送达人:

(一)送达必须有送达回执,由受送达人在送达回执上注明收到日期,签名或者盖章;

(二)送达应当直接送交受送达人。受送达人是个人的,本人不在交他的同住成年家属签收,并在行

政处罚决定书送达回执的备注栏内注明与受送达人的关系;

(三)受送达人是法人或者其他组织的,应当由法人的法定代表人、其他组织的主要负责人或者该法人、组织负责收件的人签收;

(四)受送达人指定代收人的,交代收人签收并注明受当事人委托的情况;

(五)直接送达确有困难的,可以挂号邮寄送达,也可以委托当地安全监管监察部门代为送达,代为送达的安全监管监察部门收到文书后,必须立即交受送达人签收;

(六)当事人或者他的同住成年家属拒绝接收的,送达人应当邀请有关基层组织或者所在单位的代表到场,说明情况,在行政处罚决定书送达回执上记明拒收的事由和日期,由送达人、见证人签名或者盖章,将行政处罚决定书留在当事人的住所;也可以把行政处罚决定书留在受送达人的住所,并采用拍照、录像等方式记录送达过程,即视为送达;

(七)受送达人下落不明,或者用以上方式无法送达的,可以公告送达,自公告发布之日起经过60日,即视为送达。公告送达,应当在案卷中注明原因和经过。

安全监管监察部门送达其他行政处罚执法文书,按照前款规定办理。

第三十二条　行政处罚案件应当自立案之日起30日内作出行政处罚决定;由于客观原因不能完成的,经安全监管监察部门负责人同意,可以延长,但不得超过90日;特殊情况需进一步延长的,应当经上一级安全监管监察部门批准,可延长至180日。

第三节　听证程序

第三十三条　安全监管监察部门作出责令停产停业整顿、责令停产停业、吊销有关许可证、撤销有关执业资格、岗位证书或者较大数额罚款的行政处罚决定之前,应当告知当事人有要求举行听证的权利;当事人要求听证的,安全监管监察部门应当组织听证,不得向当事人收取听证费用。

前款所称较大数额罚款,为省、自治区、直辖市人大常委会或者人民政府规定的数额;没有规定数额的,其数额对个人罚款为2万元以上,对生产经营单位罚款为5万元以上。

第三十四条　当事人要求听证的,应当在安全监管监察部门依照本办法第十八条规定告知后3日内以书面方式提出。

第三十五条　当事人提出听证要求后,安全监管监察部门应当在收到书面申请之日起15日内举行听证会,并在举行听证会的7日前,通知当事人举行听证的时间、地点。

当事人应当按期参加听证。当事人有正当理由要求延期的,经组织听证的安全监管监察部门负责人批准可以延期1次;当事人未按期参加听证,并且未事先说明理由的,视为放弃听证权利。

第三十六条　听证参加人由听证主持人、听证员、案件调查人员、当事人及其委托代理人、书记员组成。

听证主持人、听证员、书记员应当由组织听证的安全监管监察部门负责人指定的非本案调查人员担任。

当事人可以委托1至2名代理人参加听证,并提交委托书。

第三十七条　除涉及国家秘密、商业秘密或者个人隐私外,听证应当公开举行。

第三十八条　当事人在听证中的权利和义务:

(一)有权对案件涉及的事实、适用法律及有关情况进行陈述和申辩;

(二)有权对案件调查人员提出的证据质证并提出新的证据;

(三)如实回答主持人的提问;

(四)遵守听证会场纪律,服从听证主持人指挥。

第三十九条　听证按照下列程序进行:

(一)书记员宣布听证会场纪律、当事人的权利和义务。听证主持人宣布案由,核实听证参加人名单,宣布听证开始;

(二)案件调查人员提出当事人的违法事实、出示证据,说明拟作出的行政处罚的内容及法律依据;

(三)当事人或者其委托代理人对案件的事实、证据、适用的法律等进行陈述和申辩,提交新的证据材料;

(四)听证主持人就案件的有关问题向当事人、案件调查人员、证人询问;

(五)案件调查人员、当事人或者其委托代理人相互辩论;

(六)当事人或者其委托代理人作最后陈述;

(七)听证主持人宣布听证结束。

听证笔录应当当场交当事人核对无误后签名或者盖章。

第四十条　有下列情形之一的,应当中止听证:

(一)需要重新调查取证的;

(二)需要通知新证人到场作证的;

(三)因不可抗力无法继续进行听证的。

第四十一条　有下列情形之一的,应当终止听证:

(一)当事人撤回听证要求的;

(二)当事人无正当理由不按时参加听证的;

（三）拟作出的行政处罚决定已经变更，不适用听证程序的。

第四十二条 听证结束后，听证主持人应当依据听证情况，填写听证会报告书，提出处理意见并附听证笔录报安全监管监察部门负责人审查。安全监管监察部门依照本办法第二十九条的规定作出决定。

第四章 行政处罚的适用

第四十三条 生产经营单位的决策机构、主要负责人、个人经营的投资人（包括实际控制人，下同）未依法保证下列安全生产所必需的资金投入之一，致使生产经营单位不具备安全生产条件的，责令限期改正，提供必需的资金，可以对生产经营单位处1万元以上3万元以下罚款，对生产经营单位的主要负责人、个人经营的投资人处5000元以上1万元以下罚款；逾期未改正的，责令生产经营单位停产停业整顿：

（一）提取或者使用安全生产费用；

（二）用于配备劳动防护用品的经费；

（三）用于安全生产教育和培训的经费；

（四）国家规定的其他安全生产所必须的资金投入。

生产经营单位主要负责人、个人经营的投资人有前款违法行为，导致发生生产安全事故的，依照《生产安全事故罚款处罚规定（试行）》的规定给予处罚。

第四十四条 生产经营单位的主要负责人未依法履行安全生产管理职责，导致生产安全事故发生的，依照《生产安全事故罚款处罚规定（试行）》的规定给予处罚。

第四十五条 生产经营单位及其主要负责人或者其他人员有下列行为之一的，给予警告，并可以对生产经营单位处1万元以上3万元以下罚款，对其主要负责人、其他有关人员处1000元以上1万元以下的罚款：

（一）违反操作规程或者安全管理规定作业的；

（二）违章指挥从业人员或者强令从业人员违章、冒险作业的；

（三）发现从业人员违章作业不加制止的；

（四）超过核定的生产能力、强度或者定员进行生产的；

（五）对被查封或者扣押的设施、设备、器材、危险物品和作业场所，擅自启封或者使用的；

（六）故意提供虚假情况或者隐瞒存在的事故隐患以及其他安全问题的；

（七）拒不执行安全监管监察部门依法下达的安全监管监察指令的。

第四十六条 危险物品的生产、经营、储存单位以及矿山、金属冶炼单位有下列行为之一的，责令改正，并可以处1万元以上3万元以下的罚款：

（一）未建立应急救援组织或者生产经营规模较小、未指定兼职应急救援人员的；

（二）未配备必要的应急救援器材、设备和物资，并进行经常性维护、保养，保证正常运转的。

第四十七条 生产经营单位与从业人员订立协议，免除或者减轻其对从业人员因生产安全事故伤亡依法应承担的责任的，该协议无效；对生产经营单位的主要负责人、个人经营的投资人按照下列规定处以罚款：

（一）在协议中减轻因生产安全事故伤亡对从业人员依法应承担的责任的，处2万元以上5万元以下的罚款；

（二）在协议中免除因生产安全事故伤亡对从业人员依法应承担的责任的，处5万元以上10万元以下的罚款。

第四十八条 生产经营单位不具备法律、行政法规和国家标准、行业标准规定的安全生产条件，经责令停产停业整顿仍不具备安全生产条件的，安全监管监察部门应当提请有管辖权的人民政府予以关闭；人民政府决定关闭的，安全监管监察部门应当依法吊销其有关许可证。

第四十九条 生产经营单位转让安全生产许可证的，没收违法所得，吊销安全生产许可证，并按照下列规定处以罚款：

（一）接受转让的单位和个人未发生生产安全事故的，处10万元以上30万元以下的罚款；

（二）接受转让的单位和个人发生生产安全事故但没有造成人员死亡的，处30万元以上40万元以下的罚款；

（三）接受转让的单位和个人发生人员死亡生产安全事故的，处40万元以上50万元以下的罚款。

第五十条 知道或者应当知道生产经营单位未取得安全生产许可证或者其他批准文件擅自从事生产经营活动，仍为其提供生产经营场所、运输、保管、仓储等条件的，责令立即停止违法行为，有违法所得的，没收违法所得，并处违法所得1倍以上3倍以下的罚款，但是最高不得超过3万元；没有违法所得的，并处5000元以上1万元以下的罚款。

第五十一条 生产经营单位及其有关人员弄虚作假，骗取或者勾结、串通行政审批工作人员取得安全生产许可证书及其他批准文件的，撤销许可及批准文件，并按照下列规定处以罚款：

（一）生产经营单位有违法所得的，没收违法所得，并处违法所得1倍以上3倍以下的罚款，但是最高不得超过3万元；没有违法所得的，并处5000元以上1万元以下的罚款；

（二）对有关人员处1000元以上1万元以下的罚款。

有前款规定违法行为的生产经营单位及其有关人员在3年内不得再次申请该行政许可。

生产经营单位及其有关人员未依法办理安全生产许可证书变更手续的，责令限期改正，并对生产经营单位处1万元以上3万元以下的罚款，对有关人员处1000元以上5000元以下的罚款。

第五十二条 未取得相应资格、资质证书的机构及其有关人员从事安全评价、认证、检测、检验工作，责令停止违法行为，并按照下列规定处以罚款：

（一）机构有违法所得的，没收违法所得，并处违法所得1倍以上3倍以下的罚款，但是最高不得超过3万元；没有违法所得的，并处5000元以上1万元以下的罚款；

（二）有关人员处5000元以上1万元以下的罚款。

第五十三条 生产经营单位及其有关人员触犯不同的法律规定，有两个以上应当给予行政处罚的安全生产违法行为的，安全监管监察部门应当适用不同的法律规定，分别裁量，合并处罚。

第五十四条 对同一生产经营单位及其有关人员的同一安全生产违法行为，不得给予两次以上罚款的行政处罚。

第五十五条 生产经营单位及其有关人员有下列情形之一的，应当从重处罚：

（一）危及公共安全或者其他生产经营单位安全的，经责令限期改正，逾期未改正的；

（二）一年内因同一违法行为受到两次以上行政处罚的；

（三）拒不整改或者整改不力，其违法行为呈持续状态的；

（四）拒绝、阻碍或者以暴力威胁行政执法人员的。

第五十六条 生产经营单位及其有关人员有下列情形之一的，应当依法从轻或者减轻行政处罚：

（一）已满14周岁不满18周岁的公民实施安全生产违法行为的；

（二）主动消除或者减轻安全生产违法行为危害后果的；

（三）受他人胁迫实施安全生产违法行为的；

（四）配合安全监管监察部门查处安全生产违法行为，有立功表现的；

（五）主动投案，向安全监管监察部门如实交待自己的违法行为的；

（六）具有法律、行政法规规定的其他从轻或者减轻处罚情形的。

有从轻处罚情节的，应当在法定处罚幅度的中档以下确定行政处罚标准，但不得低于法定处罚幅度的下限。

本条第一款第（四）项所称的立功表现，是指当事人有揭发他人安全生产违法行为，并经查证属实；或者提供查处其他安全生产违法行为的重要线索，并经查证属实；或者阻止他人实施安全生产违法行为；或者协助司法机关抓捕其他违法犯罪嫌疑人的行为。

安全生产违法行为轻微并及时纠正，没有造成危害后果的，不予行政处罚。

第五章　行政处罚的执行和备案

第五十七条 安全监管监察部门实施行政处罚时，应当同时责令生产经营单位及其有关人员停止、改正或者限期改正违法行为。

第五十八条 本办法所称的违法所得，按照下列规定计算：

（一）生产、加工产品的，以生产、加工产品的销售收入作为违法所得；

（二）销售商品的，以销售收入作为违法所得；

（三）提供安全生产中介、租赁等服务的，以服务收入或者报酬作为违法所得；

（四）销售收入无法计算的，按当地同类同等规模的生产经营单位的平均销售收入计算；

（五）服务收入、报酬无法计算的，按照当地同行业同种服务的平均收入或者报酬计算。

第五十九条 行政处罚决定依法作出后，当事人应当在行政处罚决定的期限内，予以履行；当事人逾期不履的，作出行政处罚决定的安全监管监察部门可以采取下列措施：

（一）到期不缴纳罚款的，每日按罚款数额的3%加处罚款，但不得超过罚款数额；

（二）根据法律规定，将查封、扣押的设施、设备、器材和危险物品拍卖所得价款抵缴罚款；

（三）申请人民法院强制执行。

当事人对行政处罚决定不服申请行政复议或者提起行政诉讼的，行政处罚不停止执行，法律另有规定的除外。

第六十条 安全生产行政执法人员当场收缴罚款的，应当出具省、自治区、直辖市财政部门统一制发的罚款收据；当场收缴的罚款，应当自收缴罚款之日起2日内，交至所属安全监管监察部门；安全监管监察部门应当在2日内将罚款缴付指定的银行。

第六十一条 除依法应当予以销毁的物品外，需要将查封、扣押的设施、设备、器材和危险物品拍卖抵缴罚款的，依照法律或者国家有关规定处理。销毁物品，依照国家有关规定处理；没有规定的，经县级以上安全监管监察部门负责人批准，由两名以上安全生产行政执法人员监督销毁，并制作销毁记录。处理物品，应当制作清单。

第六十二条 罚款、没收违法所得的款项和没收非法开采的煤炭产品、采掘设备，必须按照有关规定上缴，任何单位和个人不得截留、私分或者变相私分。

第六十三条 县级安全生产监督管理部门处以5万元以上罚款、没收违法所得、没收非法生产的煤炭产品或者采掘设备价值5万元以上、责令停产停业、停止建设、停止施工、停产停业整顿、吊销有关资格、岗位证书或者许可证的行政处罚的，应当自作出行政处罚决定之日起10日内报设区的市级安全生产监督管理部门备案。

第六十四条 设区的市级安全生产监管监察部门处以10万元以上罚款、没收违法所得、没收非法生产的煤炭产品或者采掘设备价值10万元以上、责令停产停业、停止建设、停止施工、停产停业整顿、吊销有关资格、岗位证书或者许可证的行政处罚的，应当自作出行政处罚决定之日起10日内报省级安全监管监察部门备案。

第六十五条 省级安全监管监察部门处以50万元以上罚款、没收违法所得、没收非法生产的煤炭产品或者采掘设备价值50万元以上、责令停产停业、停止建设、停止施工、停产停业整顿、吊销有关资格、岗位证书或者许可证的行政处罚的，应当自作出行政处罚决定之日起10日内报国家安全生产监督管理总局或者国家煤矿安全监察局备案。

对上级安全监管监察部门交办案件给予行政处罚的，由决定行政处罚的安全监管监察部门自作出行政处罚决定之日起10日内报上级安全监管监察部门备案。

第六十六条 行政处罚执行完毕后，案件材料应当按照有关规定立卷归档。

案卷立案归档后，任何单位和个人不得擅自增加、抽取、涂改和销毁案卷材料。未经安全监管监察部门负责人批准，任何单位和个人不得借阅案卷。

第六章 附 则

第六十七条 安全生产监督管理部门所用的行政处罚文书式样，由国家安全生产监督管理总局统一制定。

煤矿安全监察机构所用的行政处罚文书式样，由国家煤矿安全监察局统一制定。

第六十八条 本办法所称的生产经营单位，是指合法和非法从事生产或者经营活动的基本单元，包括企业法人、不具备企业法人资格的合伙组织、个体工商户和自然人等生产经营主体。

第六十九条 本办法自2008年1月1日起施行。原国家安全生产监督管理局（国家煤矿安全监察局）2003年5月19日公布的《安全生产违法行为行政处罚办法》、2001年4月27日公布的《煤矿安全监察程序暂行规定》同时废止。

安全生产执法程序规定

（2016年7月15日 安监总政法〔2016〕72号）

第一章 总 则

第一条 为了规范安全生产执法行为，保障公民、法人或者其他组织的合法权益，根据有关法律、行政法规、规章，制定本规定。

第二条 本规定所称安全生产执法，是指安全生产监督管理部门依照法律、行政法规和规章，在履行安全生产（含职业卫生，下同）监督管理职权中，作出的行政许可、行政处罚、行政强制等行政行为。

第三条 安全生产监督管理部门应当建立安全生产执法信息公示制度，将执法的依据、程序和结果等事项向当事人公开，并在本单位官方网站上向社会公示，接受社会公众的监督；涉及国家秘密、商业秘密、个人隐私的除外。

第四条 安全生产监督管理部门应当公正行使安全生产执法职权。行使裁量权应当符合立法目的和原则，采取的措施和手段应当合法、必要、适当；可以采取多种措施和手段实现执法目的的，应当选择有利于保护公民、法人或者其他组织合法权益的措施和手段。

第五条 安全生产监督管理部门在安全生产执法过程中应当依法及时告知当事人、利害关系人相关的执法事实、理由、依据、法定权利和义务。

当事人对安全生产执法，依法享有陈述权、申辩权；有权依法申请行政复议或者提起行政诉讼。

第六条 安全生产执法采用国家安全生产监督管理总局统一制定的《安全生产监督管理部门行政执法文书》格式。

第二章 安全生产执法主体和管辖

第七条 安全生产监督管理部门的内设机构或者派出机构对外行使执法职权时，应当以安全生产监督管理部门的名义作出行政决定，并由该部门承担法律责任。

第八条 依法受委托的机关或者组织在委托的范围内，以委托的安全生产监督管理部门名义行使安全生产执法职权，由此所产生的后果由委托的安全生产监督管理部门承担法律责任。

第九条 委托的安全生产监督管理部门与受委托的机关或者组织之间应当签订委托书。委托书应当载明委托依据、委托事项、权限、期限、双方权利和义务、法律责任等事项。委托的安全生产监督管理部门、受委托的机关或者组织应当将委托的事项、权限、期限向社会公开。

第十条 委托的安全生产监督管理部门应当对受委托机关或者组织办理受委托事项的行为进行指导、监督。

受委托的机关或者组织应当自行完成受委托的事项,不得将受委托的事项再委托给其他行政机关、组织或者个人。

有下列情形之一的,委托的安全生产监督管理部门应当及时解除委托,并向社会公布:

(一)委托期限届满的;

(二)受委托行政机关或者组织超越、滥用行政职权或者不履行行政职责的;

(三)受委托行政机关或者组织不再具备履行相应职责的条件的;

(四)应当解除委托的其他情形。

第十一条 法律、法规和规章对安全生产执法地域管辖未作明确规定的,由行政管理事项发生地的安全生产监督管理部门管辖,但涉及个人资格许可事项的,由行政管理事项发生所在地或者实施资格许可的安全生产监督管理部门管辖。

第十二条 安全生产监督管理部门依照职权启动执法程序后,认为不属于自己管辖的,应当移送有管辖权的同级安全生产监督管理部门,并通知当事人;受移送的安全生产监督管理部门对于不属于自己管辖的,不得再行移送,应当报请其共同的上一级安全生产监督管理部门指定管辖。

第十三条 两个以上安全生产监督管理部门对同一事项都有管辖权的,由最先受理的予以管辖;发生管辖权争议的,由其共同的上一级安全生产监督管理部门指定管辖。情况紧急、不及时采取措施将对公共利益或者公民、法人或者其他组织合法权益造成重大损害的,行政管理事项发生地的安全生产监督管理部门应当进行必要处理,并立即通知有管辖权的安全生产监督管理部门。

第十四条 开展安全生产执法时,有下列情形之一的,安全生产执法人员应当自行申请回避;本人未申请回避的,本级安全生产监督管理部门应当责令其回避;公民、法人或者其他组织依法以书面形式提出回避申请:

(一)本人是本案的当事人或者当事人的近亲属的;

(二)与本人或者本人近亲属有直接利害关系的;

(三)与本人有其他利害关系,可能影响公正执行公务的。

安全生产执法人员的回避,由指派其进行执法工作的安全生产监督管理部门的负责人决定。实施执法工作的安全生产监督管理部门负责人的回避,由该部门负责人集体讨论决定。回避决定作出之前,安全生产执法人员不得擅自停止执法行为。

第三章 安全生产行政许可程序

第十五条 安全生产监督管理部门应当将本部门依法实施的行政许可事项、依据、条件、数量、程序、期限以及需要提交的全部材料的目录和申请书示范文本等进行公示。公示应当采取下列方式:

(一)在实施许可的办公场所设置公示栏、电子显示屏或者将公示信息资料集中在本部门专门场所供公众查阅;

(二)在联合办理、集中办理行政许可的场所公示;

(三)在本部门官方网站上公示。

第十六条 公民、法人或者其他组织依法申请安全生产行政许可的,应当依法向实施许可的安全生产监督管理部门提出。

第十七条 申请人申请安全生产行政许可,应当如实向实施许可的安全生产监督管理部门提交有关材料和反映真实情况,并对其申请材料实质内容的真实性负责。

第十八条 安全生产监督管理部门有多个内设机构办理安全生产行政许可事项的,应当确定一个机构统一受理申请人的申请,统一送达安全生产行政许可决定。

第十九条 申请人可以委托代理人代为提出安全生产行政许可申请,但依法应当由申请人本人申请的除外。

代理人代为提出申请的,应当出具载明委托事项和代理人权限的授权委托书,并出示能证明其身份的证件。

第二十条 公民、法人或者其他组织因安全生产行政许可行为取得的正当权益受法律保护。非因法定事由并经法定程序,安全生产监督管理部门不得撤销、变更、注销已经生效的行政许可决定。

安全生产监督管理部门不得增加法律、法规规定以外的其他行政许可条件。

第二十一条 安全生产监督管理部门实施安全生产行政许可,应当按照以下程序办理:

(一)申请。申请人向实施许可的安全生产监督管理部门提交申请书和法定的文件资料,也可以按规定通过信函、传真、互联网和电子邮件等方式提出安全生产行政许可申请；

（二）受理。实施许可的安全生产监督管理部门按照规定进行初步审查，对符合条件的申请予以受理并出具书面凭证；对申请文件、资料不齐全或者不符合要求的，应当当场告知或者在收到申请文件、资料之日起5个工作日内出具补正通知书，一次告知申请人需要补正的全部内容；对不符合条件的，不予受理并书面告知申请人理由；逾期不告知的，自收到申请材料之日起，即为受理；

（三）审查。实施许可的安全生产监督管理部门对申请材料进行书面审查，按照规定，需要征求有关部门意见的，应当书面征求有关部门意见，并得到书面回复；属于法定听证情形的，实施许可的安全生产监督管理部门应当举行听证；发现行政许可事项直接关系他人重大利益的，应当告知该利害关系人。需要到现场核查的，应当指派两名以上执法人员实施核查，并提交现场核查报告；

（四）作出决定。实施许可的安全生产监督管理部门应当在规定的时间内，作出许可或者不予许可的书面决定。对决定许可的，许可机关应当自作出决定之日起10个工作日内向申请人颁发、送达许可证件或者批准文件；对决定不予许可的，许可机关应当说明理由，并告知申请人享有的法定权利。

依照法律、法规规定实施安全生产行政许可，应当根据考试成绩、考核结果、检验、检测结果作出行政许可决定的，从其规定。

第二十二条 已经取得安全生产行政许可，因法定事由，有关许可事项需要变更的，应当按照有关规定向实施许可的安全生产监督管理部门提出变更申请，并提交相关文件、资料。实施许可的安全生产监督管理部门应当按照有关规定进行审查，办理变更手续。

第二十三条 需要申请安全生产行政许可延期的，应当在规定的期限内，向作出安全生产行政许可的安全生产监督管理部门提出延期申请，并提交延期申请书及规定的申请文件、资料。

提出安全生产许可延期申请时，可以同时提出变更申请，并按有关规定向作出安全生产行政许可的安全生产监督管理部门提交相关文件、资料。

作出安全生产行政许可的安全生产监督管理部门受理延期申请后，应当依照有关规定，对延期申请进行审查，作出是否准予延期的决定；作出安全生产行政许可的安全生产监管管理部门逾期未作出决定的，视为准予延期。

第二十四条 作出安全生产行政许可的安全生产监督管理部门或者其上级安全生产监督管理部门发现公民、法人或者其他组织属于吊销或者撤销法定情形的，应当依法吊销或者撤销该行政许可。

已经取得安全生产行政许可的公民、法人或者其他组织存在有效期届满未按规定提出申请延期、未被批准延期或者被依法吊销、撤销的，作出行政许可的安全生产监督管理部门应当依法注销该安全生产许可，并在新闻媒体或者本机关网站上发布公告。

第四章 安全生产行政处罚程序

第一节 简易程序

第二十五条 安全生产违法事实确凿并有法定依据，对个人处以50元以下罚款、对生产经营单位处以1千元以下罚款或者警告的行政处罚的，安全生产执法人员可以当场作出行政处罚决定。

适用简易程序当场作出行政处罚决定的，应当遵循以下程序：

（一）安全生产执法人员不得少于两名，应当向当事人或者有关人员出示有效的执法证件，表明身份；

（二）行政处罚（当场）决定书，告知当事人作出行政处罚决定的事实、理由和依据；

（三）听取当事人的陈述和申辩，并制作当事人陈述申辩笔录；

（四）将行政处罚决定书当场交付当事人，并由当事人签字确认；

（五）及时报告行政处罚决定，并在5日内报所属安全生产监督管理部门备案。

安全生产执法人员对在边远、水上、交通不便地区，当事人向指定银行缴纳罚款确有困难，经当事人提出，可以当场收缴罚款，但应当出具省级人民政府财政部门统一制发的罚款收据，并自收缴罚款之日起2日内，交至所属安全生产监督管理部门；安全生产监督管理部门应当在2日内将罚款缴付指定的银行。

第二节 一般程序

第二十六条 一般程序适用于依据简易程序作出的行政处罚以外的其他行政处罚案件，遵循以下程序：

（一）立案。

对经初步调查认为生产经营单位涉嫌违反安全生产法律法规和规章的行为、依法应给予行政处罚、属于本部门管辖范围的，应当予以立案，并填写立案审批表。对确需立即查处的安全生产违法行为，可以先行调查取证，并在5日内补办立案手续。

（二）调查取证。

1. 进行案件调查取证时，安全生产执法人员不得少于两名，应当向当事人或者有关人员出示有效的执法证件，表明身份；

2. 向当事人或者有关人员询问时，应制作询问笔录；

3. 安全生产执法人员应当全面、客观、公正地进行调查，收集、调取与案件有关的原始凭证作为证据。调取原始凭证确有困难的，可以复制，复制件应当注明“经核对与原件无异”的字样、采集人、出具人、采集时间和原始凭证存放的单位及其处所，并由出具证据的生产经营单位盖章；个体经营且没有印章的生产经营单位，应当由该个体经营者签名。

4. 安全生产执法人员在收集证据时，可以采取抽样取证的方法；在证据可能灭失或者以后难以取得的情况下，经本部门负责人批准，可以先行登记保存，并应当在7日内依法作出处理决定。

5. 调查取证结束后，负责承办案件的安全生产执法人员拟定处理意见，编写案件调查报告，并交案件承办机构负责人审核，审核后报所在安全生产监督管理部门负责人审批。

（三）案件审理。

安全生产监督管理部门应当建立案件审理制度，对适用一般程序的安全生产行政处罚案件应当由内设的法制机构进行案件的合法性审查。

负责承办案件的安全生产执法人员应当根据审理意见，填写案件处理呈批表，连同有关证据材料一并报本部门负责人审批。

（四）行政处罚告知。

经审批，应当给予行政处罚的案件，安全生产监督管理部门在依法作出行政处罚决定之前，应当告知当事人作出行政处罚决定的事实、理由、依据、拟作出的行政处罚决定、当事人享有的陈述和申辩权利等，并向当事人送达《行政处罚告知书》。

（五）听证告知。

符合听证条件的，应当告知当事人有要求举行听证的权利，并向当事人送达《听证告知书》。

（六）听取当事人陈述申辩。

安全生产监督管理部门听取当事人陈述申辩，除法律法规规定可以采用的方式外，原则上应当形成书面证据证明，没有当事人书面材料的，安全生产执法人员应当制作当事人陈述申辩笔录。

（七）作出行政处罚决定的执行。

安全生产监督管理部门应当对案件调查结果进行审查，并根据不同情况，分别作出以下决定：

1. 依法应受行政处罚的违法行为的，根据情节轻重及具体情况，作出行政处罚决定；

2. 违法行为轻微，依法可以不予行政处罚的，不予行政处罚；违法事实不能成立，不得给予行政处罚；

3. 违法行为涉嫌犯罪的，移送司法机关处理。

对严重安全生产违法行为给予责令停产停业整顿、责令停产停业、责令停止建设、责令停止施工、吊销有关许可证、撤销有关执业资格或者岗位证书、5万元以上罚款、没收违法所得5万元以上的行政处罚的，应当由安全生产监督管理部门的负责人集体讨论决定。

（八）行政处罚决定送达。

《行政处罚决定书》应当当场交付当事人；当事人不在场的，安全监督管理部门应当在7日内，依照《民事诉讼法》的有关规定，将《行政处罚决定书》送达当事人或者其他的法定受送达人。送达必须有送达回执，由受送达人在送达回执上注明收到日期，签名或者盖章。具体可以采用下列方式：

1. 送达应当直接送交受送达人。受送达人是个人的，本人不在时，交他的同住成年家属签收，并在《行政处罚决定书》送达回执的备注栏内注明与受送达人的关系；受送达人是法人或者其他组织的，应当由法人的法定代表人、其他组织的主要负责人或者该法人、组织负责收件的人签收；受送达人指定代收人或者委托代理人的，交代收人或者委托代理人签收并注明受当事人委托的情况；

2. 直接送达确有困难的，可以挂号邮寄送达，也可以委托当地安全监督管理部门代为送达，代为送达的安全监督管理部门收到文书后，应当及时交受送达人签收；

3. 当事人或者他的同住成年家属拒绝接收的，送达人可以邀请有关基层组织或者所在单位的代表到场，说明情况，在《行政处罚决定书》送达回执上记明拒收的事由和日期，由送达人、见证人签名或者盖章，将行政处罚决定书留在当事人的住所；也可以把《行政处罚决定书》留在受送达人的住所，并采用拍照、录像等方式记录送达过程，即视为送达；

4. 受送达人下落不明，或者用以上方式无法送达的，可以公告送达，自公告发布之日起经过60日，即视为送达。公告送达，应当在案卷中注明原因和经过；

5. 经受送达人同意，还可采用传真、电子邮件等能够确认其收悉的方式送达；

6. 法律、法规规定的其他送达方式。

（九）行政处罚决定的执行。

当事人应当在行政处罚决定的期限内，予以履行。当事人按时全部履行处罚决定的，安全生产监督管理部门应该保留相应的凭证；行政处罚部分履行的，应有相应的审批文书；当事人逾期不履行的，作出行政处罚决定的安全生产监督管理部门可按每日以罚款数额的3%加处罚款，但加处罚款的数额不得超出原罚款的数额；根据法律规定，将查封、扣押的设施、设备、器材拍卖所得价款抵缴罚款和申请人民法院强制执行等措施。

当事人对行政处罚决定不服,申请行政复议或者提起行政诉讼的,行政处罚不停止执行,法律、法规另有规定的除外。

(十)备案。

安全生产监督管理部门实施5万元以上罚款、没收违法所得5万元以上、责令停产停业、责令停止建设、责令停止施工、责令停产停业整顿、撤销有关资格、岗位证书或者吊销有关许可证的行政处罚的,按有关规定报上一级安全生产监督管理部门备案。

对上级安全生产监督管理部门交办的案件给予行政处罚的,由决定行政处罚的安全生产监督管理部门自作出行政处罚决定之日起10日内报上级安全生产监督管理部门备案。

(十一)结案。

行政处罚案件应当自立案之日起30日内作出行政处罚决定;由于客观原因不能完成的,经安全生产监督管理部门负责人同意,可以延长,但不得超过90日;特殊情况需进一步延长的,应当经上一级安全生产监督管理部门批准,可延长至180日。

案件执行完毕后,应填写结案审批表,经安全生产监督管理部门负责人批准后结案。

(十二)归档。

安全生产行政处罚案件结案后,应按安全生产执法文书的时间顺序和执法程序排序进行归档。

第三节　听证程序

第二十七条　当事人要求听证的,应当在安全生产监督管理部门告知后3日内以书面方式提出;逾期未提出申请的,视为放弃听证权利。

第二十八条　当事人提出听证要求后,安全生产监督管理部门应当在收到书面申请之日起15日内举行听证会,并在举行听证会的7日前,通知当事人举行听证的时间、地点。

当事人应当按期参加听证。当事人有正当理由要求延期的,经组织听证的安全生产监督管理部门负责人批准可以延期1次;当事人未按期参加听证,并且未事先说明理由的,视为放弃听证权利。

第二十九条　听证参加人由听证主持人、听证员、案件调查人员、当事人、书记员组成。

当事人可以委托1至2名代理人参加听证,并按规定提交委托书。

听证主持人、听证员、书记员应当由组织听证的安全生产监督管理部门负责人指定的非本案调查人员担任。

第三十条　除涉及国家秘密、商业秘密或者个人隐私外,听证应当公开举行。

第三十一条　听证按照下列程序进行:

(一)书记员宣布听证会场纪律、当事人的权利和义务。听证主持人宣布案由,核实听证参加人名单,询问当事人是否申请回避。当事人提出回避申请的,由听证主持人宣布暂停听证;

(二)案件调查人员提出当事人的违法事实、出示证据,说明拟作出的行政处罚的内容及法律依据;

(三)当事人或者其委托代理人对案件的事实、证据、适用的法律等进行陈述和申辩,提交新的证据材料;

(四)听证主持人就案件的有关问题向当事人、案件调查人员、证人询问;

(五)案件调查人员、当事人或者其委托代理人相互辩论与质证;

(六)当事人或者其委托代理人作最后陈述;

(七)听证主持人宣布听证结束。

听证笔录应当当场交当事人核对无误后签名或者盖章。

第三十二条　有下列情形之一的,应当中止听证:

(一)需要重新调查取证的;

(二)需要通知新证人到场作证的;

(三)因不可抗力无法继续进行听证的。

第三十三条　有下列情形之一的,应当终止听证:

(一)当事人撤回听证要求的;

(二)当事人无正当理由不按时参加听证,或者未经听证主持人允许提前退席的;

(三)拟作出的行政处罚决定已经变更,不适用听证程序的。

第三十四条　听证结束后,听证主持人应当依据听证情况,形成听证会报告书,提出处理意见并附听证笔录报送安全生产监督管理部门负责人。

第三十五条　听证结束后,安全生产监督管理部门依照本法第二十六条第七项的规定,作出决定。

第五章　安全生产行政强制程序

第三十六条　安全生产行政强制的种类:

(一)对有根据认为不符合保障安全生产的国家标准或者行业标准的设施、设备、器材以及违法生产、储存、使用、经营的危险物品予以查封或者扣押,对违法生产、储存、使用、经营危险物品的作业场所予以查封;

(二)临时查封易制毒化学品有关场所、扣押相关的证据材料和违法物品;

(三)查封违法生产、储存、使用、经营危险化学品的场所,扣押违法生产、储存、使用、经营的危险化学品以及用于违法生产、使用危险化学品的原材料、设备工具；

（四）通知有关部门、单位强制停止供电，停止供应民用爆炸物品；

（五）封存造成职业病危害事故或者可能导致职业病危害事故发生的材料和设备；

（六）加处罚款；

（七）法律、法规规定的其他安全生产行政强制。

第三十七条 安全生产行政强制应当在法律、法规规定的职权范围内实施。安全生产行政强制措施权不得委托。

安全生产行政强制应当由安全生产监督管理部门具备资格的执法人员实施，其他人员不得实施。

第三十八条 实施安全生产行政强制，应当向安全生产监督管理部门负责人报告并经批准；情况紧急，需要当场实施安全生产行政强制的，执法人员应当在24小时内向安全生产监督管理部门负责人报告，并补办批准手续。安全生产监督管理部门负责人认为不应当采取安全生产行政强制的，应当立即解除。

第三十九条 实施安全生产行政强制应当符合下列规定：

（一）应有两名以上安全生产执法人员到场实施，现场出示执法证件及相关决定；

（二）实施前应当通知当事人到场；

（三）当场告知当事人采取安全生产行政强制的理由、依据以及当事人依法享有的权利、救济途径；

（四）听取当事人的陈述和申辩；

（五）制作现场笔录；

（六）现场笔录由当事人和安全生产执法人员签名或者盖章，当事人拒绝的，在笔录中予以注明；

（七）当事人不到场的，邀请见证人到场，由见证人和执法人员在现场笔录上签名或者盖章；

（八）法律、法规规定的其他程序。

第四十条 安全生产监督管理部门依法对存在重大事故隐患的生产经营单位作出停产停业、停止施工、停止使用相关设施或者设备的决定，生产经营单位应当依法执行，及时消除事故隐患。生产经营单位拒不执行，有发生生产安全事故的现实危险的，在保证安全的前提下，经本部门主要负责人批准，安全生产监督管理部门可以采取通知有关单位停止供电、停止供应民用爆炸物品等措施，强制生产经营单位履行决定，通知应当采用书面形式。

安全生产监督管理部门依照前款规定采取停止供电、停止供应民用爆炸物品措施，除有危及生产安全的紧急情形外，停止供电措施应当提前二十四小时通知生产经营单位。

第四十一条 安全生产监督管理部门依法通知有关单位采取停止供电、停止供应民用爆炸物品等措施决定书的内容应当包括：

（一）生产经营单位名称、地址及法定代表人姓名；

（二）采取停止供电、停止供应民用爆炸物品等措施的理由、依据和期限；

（三）停止供电的区域范围；

（四）安全生产监督管理部门的名称、印章和日期。

对生产经营单位的通知除包含前款规定的内容外，还应当载明申请行政复议或者提起行政诉讼的途径。

第四十二条 生产经营单位依法履行行政决定、采取相应措施消除事故隐患的，经安全生产监督管理部门复核通过，安全生产监督管理部门应当及时作出解除停止供电、停止供应民用爆炸物品等措施并书面通知有关单位。

第四十三条 安全生产监督管理部门适用加处罚款情形的，按照下列规定执行：

（一）在《行政处罚决定书》中，告知加处罚款的标准；

（二）当事人在决定期限内不履行义务，依照《中华人民共和国行政强制法》规定，制作并向当事人送达缴纳罚款《催告书》；

（三）听取当事人陈述、申辩，并制作陈述申辩笔录；

（四）制作并送达《加处罚款决定书》。

第四十四条 当事人仍不履行罚款处罚决定，又不提起行政复议、行政诉讼的，安全生产监督管理部门按照下列规定，依法申请人民法院强制执行：

（一）依照《中华人民共和国行政强制法》第五十四条向当事人送达《催告书》，催促当事人履行有关缴纳罚款、履行行政决定等义务；

（二）缴纳罚款《催告书》送达10日后，由执法机关自提起行政复议、行政诉讼期限届满之日起3个月内向安全生产监督管理部门所在地基层人民法院申请强制执行；执行对象是不动产的，向不动产所在地有管辖权的人民法院申请强制执行，并提交下列材料：

1. 强制执行申请书；
2. 行政决定书及作出决定的事实、理由和依据；
3. 当事人的意见及行政机关催告情况；
4. 申请强制执行标的情况；
5. 法律、行政法规规定的其他材料。

强制执行申请书应当由安全生产监督管理部门负责人签名，加盖本部门的印章，并注明日期。

（三）依照《中华人民共和国行政强制法》第五十九条规定，因情况紧急，为保障公共安全，安全生产监督管理部门可以申请人民法院立即执行；

（四）安全生产监督管理部门对人民法院不予受理或者不予执行的裁定有异议的，可以自收到裁定之日起在15日内向上一级人民法院申请复议。

第六章　附　　则

第四十五条　安全生产监督管理部门以及法律、法规授权的机关或者组织和依法受委托的机关或者组织履行安全生产执法职权，按照有关法律、法规、规章和本规定的程序办理。

第四十六条　省级安全生产监督管理部门可以根据本规定制定相关实施细则。

对安全生产领域失信行为开展联合惩戒的实施办法

（2017年5月9日　安监总办〔2017〕49号）

第一条　为认真贯彻落实《中共中央 国务院关于推进安全生产领域改革发展的意见》和国家发改委等18部门联合印发的《关于对安全生产领域失信生产经营单位及其有关人员开展联合惩戒的合作备忘录》（发改财金〔2016〕1001号，以下简称《备忘录》），对失信生产经营单位及其有关人员实施有效惩戒，督促生产经营单位严格履行安全生产主体责任、依法依规开展生产经营活动，制定本办法。

第二条　生产经营单位及其有关人员存在下列失信行为之一的，纳入联合惩戒对象：

（一）发生较大及以上生产安全责任事故，或1年内累计发生3起及以上造成人员死亡的一般生产安全责任事故的；

（二）未按规定取得安全生产许可，擅自开展生产经营建设活动的；

（三）发现重大生产安全事故隐患，或职业病危害严重超标，不及时整改，仍组织从业人员冒险作业的；

（四）采取隐蔽、欺骗或阻碍等方式逃避、对抗安全监管监察的；

（五）被责令停产停业整顿，仍然从事生产经营建设活动的；

（六）瞒报、谎报、迟报生产安全事故的；

（七）矿山、危险化学品、金属冶炼等高危行业建设项目安全设施未经验收合格即投入生产和使用的；

（八）矿山生产经营单位存在超层越界开采、以探代采行为的；

（九）发生事故后，故意破坏事故现场，伪造有关证据资料，妨碍、对抗事故调查，或主要负责人逃逸的；

（十）安全生产和职业健康技术服务机构出具虚假报告或证明，违规转让或出借资质的。

第三条　存在严重违法违规行为，发生重特大生产安全责任事故，或1年内累计发生2起较大生产安全责任事故，或发生性质恶劣、危害性严重、社会影响大的典型较大生产安全责任事故的联合惩戒对象，纳入安全生产不良记录“黑名单”管理。

第四条　各省级安全监管监察部门要落实主要负责人责任制，建立联合惩戒信息管理制度，严格规范信息的采集、审核、报送和异议处理等相关工作，经主要负责人审签后，于每月10日前将本地区上月拟纳入联合惩戒对象和“黑名单”管理的信息及开展联合惩戒情况报送国家安全监管总局。

第五条　国家安全监管总局办公厅对各地区报送的信息进行分类，会同有关业务司局审核后，报请总局局长办公会审议。审议通过后，通过全国信用信息共享平台和全国企业信用信息公示系统向各有关部门通报，并在国家安全监管总局政府网站和《中国安全生产报》向社会公布。

国家安全监管总局办公厅和有关司局也可通过事故接报系统，以及安全生产巡查、督查、检查等渠道获取有关信息，经严格会审后，报请总局局长办公会审议。审议通过后，直接纳入联合惩戒对象和“黑名单”管理。

第六条　联合惩戒和“黑名单”管理的期限为1年，自公布之日起计算。有关法律法规对管理期限另有规定的，依照其规定执行。

第七条　联合惩戒和“黑名单”管理期满，被惩戒对象须在期满前30个工作日内向所在地县级（含县级）以上安全监管监察部门提出移出申请，经省级安全监管监察部门审核验收，报国家安全监管总局。国家安全监管总局办公厅会同有关司局严格审核，报总局领导审定后予以移出，同时通报相关部门和单位，向社会公布。

第八条　各级安全监管监察部门要会同有关部门对纳入联合惩戒对象和“黑名单”管理的生产经营单位及其有关人员，按照《备忘录》和国务院关于社会信用体系建设的有关规定，依法依规严格落实各项惩戒措施。

第九条　国家安全监管总局建立联合惩戒的跟踪、监测、统计、评估、问责和公开机制，把各地区开展联合惩戒工作情况纳入对各地区年度安全生产工作考核的重要内容。

第十条　各级安全监管监察部门要加强对安全

生产领域失信联合惩戒工作的组织领导，严格落实责任，依法依规开展工作。对弄虚作假、隐瞒不报或迟报的，要严肃问责。

第十一条 本办法由国家安全监管总局办公厅负责解释。

第十二条 本办法自印发之日起执行。

安全生产事故隐患排查治理暂行规定

（2007 年 12 月 28 日国家安全生产监督管理总局令第 16 号公布 自 2008 年 2 月 1 日起施行）

第一章 总 则

第一条 为了建立安全生产事故隐患排查治理长效机制，强化安全生产主体责任，加强事故隐患监督管理，防止和减少事故，保障人民群众生命财产安全，根据安全生产法等法律、行政法规，制定本规定。

第二条 生产经营单位安全生产事故隐患排查治理和安全生产监督管理部门、煤矿安全监察机构（以下统称安全监管监察部门）实施监管监察，适用本规定。

有关法律、行政法规对安全生产事故隐患排查治理另有规定的，依照其规定。

第三条 本规定所称安全生产事故隐患（以下简称事故隐患），是指生产经营单位违反安全生产法律、法规、规章、标准、规程和安全生产管理制度的规定，或者因其他因素在生产经营活动中存在可能导致事故发生的物的危险状态、人的不安全行为和管理上的缺陷。

事故隐患分为一般事故隐患和重大事故隐患。一般事故隐患，是指危害和整改难度较小，发现后能够立即整改排除的隐患。重大事故隐患，是指危害和整改难度较大，应当全部或者局部停产停业，并经过一定时间整改治理方能排除的隐患，或者因外部因素影响致使生产经营单位自身难以排除的隐患。

第四条 生产经营单位应当建立健全事故隐患排查治理制度。

生产经营单位主要负责人对本单位事故隐患排查治理工作全面负责。

第五条 各级安全监管监察部门按照职责对所辖区域内生产经营单位排查治理事故隐患工作依法实施综合监督管理；各级人民政府有关部门在各自职责范围内对生产经营单位排查治理事故隐患工作依法实施监督管理。

第六条 任何单位和个人发现事故隐患，均有权向安全监管监察部门和有关部门报告。

安全监管监察部门接到事故隐患报告后，应当按照职责分工立即组织核实并予以查处；发现所报告事故隐患应当由其他有关部门处理的，应当立即移送有关部门并记录备查。

第二章 生产经营单位的职责

第七条 生产经营单位应当依照法律、法规、规章、标准和规程的要求从事生产经营活动。严禁非法从事生产经营活动。

第八条 生产经营单位是事故隐患排查、治理和防控的责任主体。

生产经营单位应当建立健全事故隐患排查治理和建档监控等制度，逐级建立并落实从主要负责人到每个从业人员的隐患排查治理和监控责任制。

第九条 生产经营单位应当保证事故隐患排查治理所需的资金，建立资金使用专项制度。

第十条 生产经营单位应当定期组织安全生产管理人员、工程技术人员和其他相关人员排查本单位的事故隐患。对排查出的事故隐患，应当按照事故隐患的等级进行登记，建立事故隐患信息档案，并按照职责分工实施监控治理。

第十一条 生产经营单位应当建立事故隐患报告和举报奖励制度，鼓励、发动职工发现和排除事故隐患，鼓励社会公众举报。对发现、排除和举报事故隐患的有功人员，应当给予物质奖励和表彰。

第十二条 生产经营单位将生产经营项目、场所、设备发包、出租的，应当与承包、承租单位签订安全生产管理协议，并在协议中明确各方对事故隐患排查、治理和防控的管理职责。生产经营单位对承包、承租单位的事故隐患排查治理负有统一协调和监督管理的职责。

第十三条 安全监管监察部门和有关部门的监督检查人员依法履行事故隐患监督检查职责时，生产经营单位应当积极配合，不得拒绝和阻挠。

第十四条 生产经营单位应当每季、每年对本单位事故隐患排查治理情况进行统计分析，并分别于下一季度 15 日前和下一年 1 月 31 日前向安全监管监察部门和有关部门报送书面统计分析表。统计分析表应当由生产经营单位主要负责人签字。

对于重大事故隐患，生产经营单位除依照前款规定报送外，应当及时向安全监管监察部门和有关部门报告。重大事故隐患报告内容应当包括：

（一）隐患的现状及其产生原因；

（二）隐患的危害程度和整改难易程度分析；

（三）隐患的治理方案。

第十五条 对于一般事故隐患，由生产经营单位

（车间、分厂、区队等）负责人或者有关人员立即组织整改。

对于重大事故隐患，由生产经营单位主要负责人组织制定并实施事故隐患治理方案。重大事故隐患治理方案应当包括以下内容：

（一）治理的目标和任务；

（二）采取的方法和措施；

（三）经费和物资的落实；

（四）负责治理的机构和人员；

（五）治理的时限和要求；

（六）安全措施和应急预案。

第十六条 生产经营单位在事故隐患治理过程中，应当采取相应的安全防范措施，防止事故发生。事故隐患排除前或者排除过程中无法保证安全的，应当从危险区域内撤出作业人员，并疏散可能危及的其他人员，设置警戒标志，暂时停产停业或者停止使用；对暂时难以停产或者停止使用的相关生产储存装置、设施、设备，应当加强维护和保养，防止事故发生。

第十七条 生产经营单位应当加强对自然灾害的预防。对于因自然灾害可能导致事故灾难的隐患，应当按照有关法律、法规、标准和本规定的要求排查治理，采取可靠的预防措施，制定应急预案。在接到有关自然灾害预报时，应当及时向下属单位发出预警通知；发生自然灾害可能危及生产经营单位和人员安全的情况时，应当采取撤离人员、停止作业、加强监测等安全措施，并及时向当地人民政府及其有关部门报告。

第十八条 地方人民政府或者安全监管监察部门及有关部门挂牌督办并责令全部或者局部停产停业治理的重大事故隐患，治理工作结束后，有条件的生产经营单位应当组织本单位的技术人员和专家对重大事故隐患的治理情况进行评估；其他生产经营单位应当委托具备相应资质的安全评价机构对重大事故隐患的治理情况进行评估。

经治理后符合安全生产条件的，生产经营单位应当向安全监管监察部门和有关部门提出恢复生产的书面申请，经安全监管监察部门和有关部门审查同意后，方可恢复生产经营。申请报告应当包括治理方案的内容、项目和安全评价机构出具的评价报告等。

第三章 监督管理

第十九条 安全监管监察部门应当指导、监督生产经营单位按照有关法律、法规、规章、标准和规程的要求，建立健全事故隐患排查治理等各项制度。

第二十条 安全监管监察部门应当建立事故隐患排查治理监督检查制度，定期组织对生产经营单位事故隐患排查治理情况开展监督检查；应当加强对重点单位的事故隐患排查治理情况的监督检查。对检查过程中发现的重大事故隐患，应当下达整改指令书，并建立信息管理台账。必要时，报告同级人民政府并对重大事故隐患实行挂牌督办。

安全监管监察部门应当配合有关部门做好对生产经营单位事故隐患排查治理情况开展的监督检查，依法查处事故隐患排查治理的非法和违法行为及其责任者。

安全监管监察部门发现属于其他有关部门职责范围内的重大事故隐患的，应该及时将有关资料移送有管辖权的有关部门，并记录备查。

第二十一条 已经取得安全生产许可证的生产经营单位，在其被挂牌督办的重大事故隐患治理结束前，安全监管监察部门应当加强监督检查。必要时，可以提请原许可证颁发机关依法暂扣其安全生产许可证。

第二十二条 安全监管监察部门应当会同有关部门把重大事故隐患整改纳入重点行业领域的安全专项整治中加以治理，落实相应责任。

第二十三条 对挂牌督办并采取全部或者局部停产停业治理的重大事故隐患，安全监管监察部门收到生产经营单位恢复生产的申请报告后，应当在10日内进行现场审查。审查合格的，对事故隐患进行核销，同意恢复生产经营；审查不合格的，依法责令改正或者下达停产整改指令。对整改无望或者生产经营单位拒不执行整改指令的，依法实施行政处罚；不具备安全生产条件的，依法提请县级以上人民政府按照国务院规定的权限予以关闭。

第二十四条 安全监管监察部门应当每季将本行政区域重大事故隐患的排查治理情况和统计分析表逐级报至省级安全监管监察部门备案。

省级安全监管监察部门应当每半年将本行政区域重大事故隐患的排查治理情况和统计分析表报国家安全生产监督管理总局备案。

第四章 罚 则

第二十五条 生产经营单位及其主要负责人未履行事故隐患排查治理职责，导致发生生产安全事故的，依法给予行政处罚。

第二十六条 生产经营单位违反本规定，有下列行为之一的，由安全监管监察部门给予警告，并处三万元以下的罚款：

（一）未建立安全生产事故隐患排查治理等各项制度的；

（二）未按规定上报事故隐患排查治理统计分析表的；

（三）未制定事故隐患治理方案的；

（四）重大事故隐患不报或者未及时报告的；

（五）未对事故隐患进行排查治理擅自生产经营的；

（六）整改不合格或者未经安全监管监察部门审查同意擅自恢复生产经营的。

第二十七条 承担检测检验、安全评价的中介机构，出具虚假评价证明，尚不够刑事处罚的，没收违法所得，违法所得在五千元以上的，并处违法所得二倍以上五倍以下的罚款，没有违法所得或者违法所得不足五千元的，单处或者并处五千元以上二万元以下的罚款，同时可对其直接负责的主管人员和其他直接责任人员处五千元以上五万元以下的罚款；给他人造成损害的，与生产经营单位承担连带赔偿责任。

对有前款违法行为的机构，撤销其相应的资质。

第二十八条 生产经营单位事故隐患排查治理过程中违反有关安全生产法律、法规、规章、标准和规程规定的，依法给予行政处罚。

第二十九条 安全监管监察部门的工作人员未依法履行职责的，按照有关规定处理。

第五章 附 则

第三十条 省级安全监管监察部门可以根据本规定，制定事故隐患排查治理和监督管理实施细则。

第三十一条 事业单位、人民团体以及其他经济组织的事故隐患排查治理，参照本规定执行。

第三十二条 本规定自2008年2月1日起施行。

生产安全事故应急预案管理办法

（2016年6月3日国家安全生产监督管理总局令第88号公布 自2016年7月1日起施行）

第一章 总 则

第一条 为规范生产安全事故应急预案管理工作，迅速有效处置生产安全事故，依据《中华人民共和国突发事件应对法》、《中华人民共和国安全生产法》等法律和《突发事件应急预案管理办法》（国办发〔2013〕101号），制定本办法。

第二条 生产安全事故应急预案（以下简称应急预案）的编制、评审、公布、备案、宣传、教育、培训、演练、评估、修订及监督管理工作，适用本办法。

第三条 应急预案的管理实行属地为主、分级负责、分类指导、综合协调、动态管理的原则。

第四条 国家安全生产监督管理总局负责全国应急预案的综合协调管理工作。

县级以上地方各级安全生产监督管理部门负责本行政区域内应急预案的综合协调管理工作。县级以上地方各级其他负有安全生产监督管理职责的部门按照各自的职责负责有关行业、领域应急预案的管理工作。

第五条 生产经营单位主要负责人负责组织编制和实施本单位的应急预案，并对应急预案的真实性和实用性负责；各分管负责人应当按照职责分工落实应急预案规定的职责。

第六条 生产经营单位应急预案分为综合应急预案、专项应急预案和现场处置方案。

综合应急预案，是指生产经营单位为应对各种生产安全事故而制定的综合性工作方案，是本单位应对生产安全事故的总体工作程序、措施和应急预案体系的总纲。

专项应急预案，是指生产经营单位为应对某一种或者多种类型生产安全事故，或者针对重要生产设施、重大危险源、重大活动防止生产安全事故而制定的专项性工作方案。

现场处置方案，是指生产经营单位根据不同生产安全事故类型，针对具体场所、装置或者设施所制定的应急处置措施。

第二章 应急预案的编制

第七条 应急预案的编制应当遵循以人为本、依法依规、符合实际、注重实效的原则，以应急处置为核心，明确应急职责、规范应急程序、细化保障措施。

第八条 应急预案的编制应当符合下列基本要求：

（一）有关法律、法规、规章和标准的规定；

（二）本地区、本部门、本单位的安全生产实际情况；

（三）本地区、本部门、本单位的危险性分析情况；

（四）应急组织和人员的职责分工明确，并有具体的落实措施；

（五）有明确、具体的应急程序和处置措施，并与其应急能力相适应；

（六）有明确的应急保障措施，满足本地区、本部门、本单位的应急工作需要；

（七）应急预案基本要素齐全、完整，应急预案附件提供的信息准确；

（八）应急预案内容与相关应急预案相互衔接。

第九条 编制应急预案应当成立编制工作小组，由本单位有关负责人任组长，吸收与应急预案有关的职能部门和单位的人员，以及有现场处置经验的人员参加。

第十条 编制应急预案前，编制单位应当进行事故风险评估和应急资源调查。

事故风险评估，是指针对不同事故种类及特点，识别存在的危险危害因素，分析事故可能产生的直接后果以及次生、衍生后果，评估各种后果的危害程度和影响范围，提出防范和控制事故风险措施的过程。

应急资源调查，是指全面调查本地区、本单位第一时间可以调用的应急资源状况和合作区域内可以请求援助的应急资源状况，并结合事故风险评估结论制定应急措施的过程。

第十一条 地方各级安全生产监督管理部门应当根据法律、法规、规章和同级人民政府以及上一级安全生产监督管理部门的应急预案，结合工作实际，组织编制相应的部门应急预案。

部门应急预案应当根据本地区、本部门的实际情况，明确信息报告、响应分级、指挥权移交、警戒疏散等内容。

第十二条 生产经营单位应当根据有关法律、法规、规章和相关标准，结合本单位组织管理体系、生产规模和可能发生的事故特点，确立本单位的应急预案体系，编制相应的应急预案，并体现自救互救和先期处置等特点。

第十三条 生产经营单位风险种类多、可能发生多种类型事故的，应当组织编制综合应急预案。

综合应急预案应当规定应急组织机构及其职责、应急预案体系、事故风险描述、预警及信息报告、应急响应、保障措施、应急预案管理等内容。

第十四条 对于某一种或者多种类型的事故风险，生产经营单位可以编制相应的专项应急预案，或将专项应急预案并入综合应急预案。

专项应急预案应当规定应急指挥机构与职责、处置程序和措施等内容。

第十五条 对于危险性较大的场所、装置或者设施，生产经营单位应当编制现场处置方案。

现场处置方案应当规定应急工作职责、应急处置措施和注意事项等内容。

事故风险单一、危险性小的生产经营单位，可以只编制现场处置方案。

第十六条 生产经营单位应急预案应当包括向上级应急管理机构报告的内容、应急组织机构和人员的联系方式、应急物资储备清单等附件信息。附件信息发生变化时，应当及时更新，确保准确有效。

第十七条 生产经营单位组织应急预案编制过程中，应当根据法律、法规、规章的规定或者实际需要，征求相关应急救援队伍、公民、法人或其他组织的意见。

第十八条 生产经营单位编制的各类应急预案之间应当相互衔接，并与相关人民政府及其部门、应急救援队伍和涉及的其他单位的应急预案相衔接。

第十九条 生产经营单位应当在编制应急预案的基础上，针对工作场所、岗位的特点，编制简明、实用、有效的应急处置卡。

应急处置卡应当规定重点岗位、人员的应急处置程序和措施，以及相关联络人员和联系方式，便于从业人员携带。

第三章 应急预案的评审、公布和备案

第二十条 地方各级安全生产监督管理部门应当组织有关专家对本部门编制的部门应急预案进行审定；必要时，可以召开听证会，听取社会有关方面的意见。

第二十一条 矿山、金属冶炼、建筑施工企业和易燃易爆物品、危险化学品的生产、经营（带储存设施的，下同）、储存企业，以及使用危险化学品达到国家规定数量的化工企业、烟花爆竹生产、批发经营企业和中型规模以上的其他生产经营单位，应当对本单位编制的应急预案进行评审，并形成书面评审纪要。

前款规定以外的其他生产经营单位应当对本单位编制的应急预案进行论证。

第二十二条 参加应急预案评审的人员应当包括有关安全生产及应急管理方面的专家。

评审人员与所评审应急预案的生产经营单位有利害关系的，应当回避。

第二十三条 应急预案的评审或者论证应当注重基本要素的完整性、组织体系的合理性、应急处置程序和措施的针对性、应急保障措施的可行性、应急预案的衔接性等内容。

第二十四条 生产经营单位的应急预案经评审或者论证后，由本单位主要负责人签署公布，并及时发放到本单位有关部门、岗位和相关应急救援队伍。

事故风险可能影响周边其他单位、人员的，生产经营单位应当将有关事故风险的性质、影响范围和应急防范措施告知周边的其他单位和人员。

第二十五条 地方各级安全生产监督管理部门的应急预案，应当报同级人民政府备案，并抄送上一级安全生产监督管理部门。

其他负有安全生产监督管理职责的部门的应急预案，应当抄送同级安全生产监督管理部门。

第二十六条 生产经营单位应当在应急预案公布之日起20个工作日内，按照分级属地原则，向安全生产监督管理部门和有关部门进行告知性备案。

中央企业总部（上市公司）的应急预案，报国务院主管的负有安全生产监督管理职责的部门备案，并抄送国家安全生产监督管理总局；其所属单位的应急预案报所在地的省、自治区、直辖市或者设区的市级人民政府主管的负有安全生产监督管理职责的部门备案，并抄送同级安全生产监督管理部门。

前款规定以外的非煤矿山、金属冶炼和危险化学品生产、经营、储存企业，以及使用危险化学品达到国家规定数量的化工企业、烟花爆竹生产、批发经营企业的应急预案，按照隶属关系报所在地县级以上地方人民政府安全生产监督管理部门备案；其他生产经营单位应急预案的备案，由省、自治区、直辖市人民政府负有安全生产监督管理职责的部门确定。

油气输送管道运营单位的应急预案，除按照本条第一款、第二款的规定备案外，还应当抄送所跨行政区域的县级安全生产监督管理部门。

煤矿企业的应急预案除按照本条第一款、第二款的规定备案外，还应当抄送所在地的煤矿安全监察机构。

第二十七条　生产经营单位申报应急预案备案，应当提交下列材料：

（一）应急预案备案申报表；

（二）应急预案评审或者论证意见；

（三）应急预案文本及电子文档；

（四）风险评估结果和应急资源调查清单。

第二十八条　受理备案登记的负有安全生产监督管理职责的部门应当在5个工作日内对应急预案材料进行核对，材料齐全的，应当予以备案并出具应急预案备案登记表；材料不齐全的，不予备案并一次性告知需要补齐的材料。逾期不予备案又不说明理由的，视为已经备案。

对于实行安全生产许可的生产经营单位，已经进行应急预案备案的，在申请安全生产许可证时，可以不提供相应的应急预案，仅提供应急预案备案登记表。

第二十九条　各级安全生产监督管理部门应当建立应急预案备案登记建档制度，指导、督促生产经营单位做好应急预案的备案登记工作。

第四章　应急预案的实施

第三十条　各级安全生产监督管理部门、各类生产经营单位应当采取多种形式开展应急预案的宣传教育，普及生产安全事故避险、自救和互救知识，提高从业人员和社会公众的安全意识与应急处置技能。

第三十一条　各级安全生产监督管理部门应当将本部门应急预案的培训纳入安全生产培训工作计划，并组织实施本行政区域内重点生产经营单位的应急预案培训工作。

生产经营单位应当组织开展本单位的应急预案、应急知识、自救互救和避险逃生技能的培训活动，使有关人员了解应急预案内容，熟悉应急职责、应急处置程序和措施。

应急培训的时间、地点、内容、师资、参加人员和考核结果等情况应当如实记入本单位的安全生产教育和培训档案。

第三十二条　各级安全生产监督管理部门应当定期组织应急预案演练，提高本部门、本地区生产安全事故应急处置能力。

第三十三条　生产经营单位应当制定本单位的应急预案演练计划，根据本单位的事故风险特点，每年至少组织一次综合应急预案演练或者专项应急预案演练，每半年至少组织一次现场处置方案演练。

第三十四条　应急预案演练结束后，应急预案演练组织单位应当对应急预案演练效果进行评估，撰写应急预案演练评估报告，分析存在的问题，并对应急预案提出修订意见。

第三十五条　应急预案编制单位应当建立应急预案定期评估制度，对预案内容的针对性和实用性进行分析，并对应急预案是否需要修订作出结论。

矿山、金属冶炼、建筑施工企业和易燃易爆物品、危险化学品等危险物品的生产、经营、储存企业、使用危险化学品达到国家规定数量的化工企业、烟花爆竹生产、批发经营企业和中型规模以上的其他生产经营单位，应当每三年进行一次应急预案评估。

应急预案评估可以邀请相关专业机构或者有关专家、有实际应急救援工作经验的人员参加，必要时可以委托安全生产技术服务机构实施。

第三十六条　有下列情形之一的，应急预案应当及时修订并归档：

（一）依据的法律、法规、规章、标准及上位预案中的有关规定发生重大变化的；

（二）应急指挥机构及其职责发生调整的；

（三）面临的事故风险发生重大变化的；

（四）重要应急资源发生重大变化的；

（五）预案中的其他重要信息发生变化的；

（六）在应急演练和事故应急救援中发现问题需要修订的；

（七）编制单位认为应当修订的其他情况。

第三十七条　应急预案修订涉及组织指挥体系与职责、应急处置程序、主要处置措施、应急响应分级等内容变更的，修订工作应当参照本办法规定的应急预案编制程序进行，并按照有关应急预案报备程序重新备案。

第三十八条　生产经营单位应当按照应急预案的规定，落实应急指挥体系、应急救援队伍、应急物资及装备，建立应急物资、装备配备及其使用档案，并对应急物资、装备进行定期检测和维护，使其处于适用状态。

第三十九条　生产经营单位发生事故时，应当第一时间启动应急响应，组织有关力量进行救援，并按照规定将事故信息及应急响应启动情况报告安全生产监督管理部门和其他负有安全生产监督管理职责的部门。

第四十条 生产安全事故应急处置和应急救援结束后，事故发生单位应当对应急预案实施情况进行总结评估。

第五章 监督管理

第四十一条 各级安全生产监督管理部门和煤矿安全监察机构应当将生产经营单位应急预案工作纳入年度监督检查计划，明确检查的重点内容和标准，并严格按照计划开展执法检查。

第四十二条 地方各级安全生产监督管理部门应当每年对应急预案的监督管理工作情况进行总结，并报上一级安全生产监督管理部门。

第四十三条 对于在应急预案管理工作中做出显著成绩的单位和人员，安全生产监督管理部门、生产经营单位可以给予表彰和奖励。

第六章 法律责任

第四十四条 生产经营单位有下列情形之一的，由县级以上安全生产监督管理部门依照《中华人民共和国安全生产法》第九十四条的规定，责令限期改正，可以处5万元以下罚款；逾期未改正的，责令停产停业整顿，并处5万元以上10万元以下罚款，对直接负责的主管人员和其他直接责任人员处1万元以上2万元以下的罚款：

（一）未按照规定编制应急预案的；

（二）未按照规定定期组织应急预案演练的。

第四十五条 生产经营单位有下列情形之一的，由县级以上安全生产监督管理部门责令限期改正，可以处1万元以上3万元以下罚款：

（一）在应急预案编制前未按照规定开展风险评估和应急资源调查的；

（二）未按照规定开展应急预案评审或者论证的；

（三）未按照规定进行应急预案备案的；

（四）事故风险可能影响周边单位、人员的，未将事故风险的性质、影响范围和应急防范措施告知周边单位和人员的；

（五）未按照规定开展应急预案评估的；

（六）未按照规定进行应急预案修订并重新备案的；

（七）未落实应急预案规定的应急物资及装备的。

第七章 附 则

第四十六条 《生产经营单位生产安全事故应急预案备案申报表》和《生产经营单位生产安全事故应急预案备案登记表》由国家安全生产应急救援指挥中心统一制定。

第四十七条 各省、自治区、直辖市安全生产监督管理部门可以依据本办法的规定，结合本地区实际制定实施细则。

第四十八条 本办法自2016年7月1日起施行。

生产安全事故信息报告和处置办法

（2009年6月16日国家安全生产监督管理总局令第21号公布 自2009年7月1日起施行）

第一章 总 则

第一条 为了规范生产安全事故信息的报告和处置工作，根据《安全生产法》、《生产安全事故报告和调查处理条例》等有关法律、行政法规，制定本办法。

第二条 生产经营单位报告生产安全事故信息和安全生产监督管理部门、煤矿安全监察机构对生产安全事故信息的报告和处置工作，适用本办法。

第三条 本办法规定的应当报告和处置的生产安全事故信息（以下简称事故信息），是指已经发生的生产安全事故和较大涉险事故的信息。

第四条 事故信息的报告应当及时、准确和完整，信息的处置应当遵循快速高效、协同配合、分级负责的原则。

安全生产监督管理部门负责各类生产经营单位的事故信息报告和处置工作。煤矿安全监察机构负责煤矿的事故信息报告和处置工作。

第五条 安全生产监督管理部门、煤矿安全监察机构应当建立事故信息报告和处置制度，设立事故信息调度机构，实行24小时不间断调度值班，并向社会公布值班电话，受理事故信息报告和举报。

第二章 事故信息的报告

第六条 生产经营单位发生生产安全事故或者较大涉险事故，其单位负责人接到事故信息报告后应当于1小时内报告事故发生地县级安全生产监督管理部门、煤矿安全监察分局。

发生较大以上生产安全事故的，事故发生单位在依照第一款规定报告的同时，应当在1小时内报告省级安全生产监督管理部门、省级煤矿安全监察机构。

发生重大、特别重大生产安全事故的，事故发生单位在依照本条第一款、第二款规定报告的同时，可以立即报告国家安全生产监督管理总局、国家煤矿安全监察局。

第七条　安全生产监督管理部门、煤矿安全监察机构接到事故发生单位的事故信息报告后，应当按照下列规定上报事故情况，同时书面通知同级公安机关、劳动保障部门、工会、人民检察院和有关部门：

（一）一般事故和较大涉险事故逐级上报至设区的市级安全生产监督管理部门、省级煤矿安全监察机构；

（二）较大事故逐级上报至省级安全生产监督管理部门、省级煤矿安全监察机构；

（三）重大事故、特别重大事故逐级上报至国家安全生产监督管理总局、国家煤矿安全监察局。

前款规定的逐级上报，每一级上报时间不得超过2小时。安全生产监督管理部门依照前款规定上报事故情况时，应当同时报告本级人民政府。

第八条　发生较大生产安全事故或者社会影响重大的事故的，县级、市级安全生产监督管理部门或者煤矿安全监察分局接到事故报告后，在依照本办法第七条规定逐级上报的同时，应当在1小时内先用电话快报省级安全生产监督管理部门、省级煤矿安全监察机构，随后补报文字报告；乡镇安监站（办）可以根据事故情况越级直接报告省级安全生产监督管理部门、省级煤矿安全监察机构。

第九条　发生重大、特别重大生产安全事故或者社会影响恶劣的事故的，县级、市级安全生产监督管理部门或者煤矿安全监察分局接到事故报告后，在依照本办法第七条规定逐级上报的同时，应当在1小时内先用电话快报省级安全生产监督管理部门、省级煤矿安全监察机构，随后补报文字报告；必要时，可以直接用电话报告国家安全生产监督管理总局、国家煤矿安全监察局。

省级安全生产监督管理部门、省级煤矿安全监察机构接到事故报告后，应当在1小时内先用电话快报国家安全生产监督管理总局、国家煤矿安全监察局，随后补报文字报告。

国家安全生产监督管理总局、国家煤矿安全监察局接到事故报告后，应当在1小时内先用电话快报国务院总值班室，随后补报文字报告。

第十条　报告事故信息，应当包括下列内容：

（一）事故发生单位的名称、地址、性质、产能等基本情况；

（二）事故发生的时间、地点以及事故现场情况；

（三）事故的简要经过（包括应急救援情况）；

（四）事故已经造成或者可能造成的伤亡人数（包括下落不明、涉险的人数）和初步估计的直接经济损失；

（五）已经采取的措施；

（六）其他应当报告的情况。

使用电话快报，应当包括下列内容：

（一）事故发生单位的名称、地址、性质；

（二）事故发生的时间、地点；

（三）事故已经造成或者可能造成的伤亡人数（包括下落不明、涉险的人数）。

第十一条　事故具体情况暂时不清楚的，负责事故报告的单位可以先报事故概况，随后补报事故全面情况。

事故信息报告后出现新情况的，负责事故报告的单位应当依照本办法第六条、第七条、第八条、第九条的规定及时续报。较大涉险事故、一般事故、较大事故每日至少续报1次；重大事故、特别重大事故每日至少续报2次。

自事故发生之日起30日内（道路交通、火灾事故自发生之日起7日内），事故造成的伤亡人数发生变化的，应于当日续报。

第十二条　安全生产监督管理部门、煤矿安全监察机构接到任何单位或者个人的事故信息举报后，应当立即与事故单位或者下一级安全生产监督管理部门、煤矿安全监察机构联系，并进行调查核实。

下一级安全生产监督管理部门、煤矿安全监察机构接到上级安全生产监督管理部门、煤矿安全监察机构的事故信息举报核查通知后，应当立即组织查证核实，并在2个月内向上一级安全生产监督管理部门、煤矿安全监察机构报告核实结果。

对发生较大涉险事故的，安全生产监督管理部门、煤矿安全监察机构依照本条第二款规定向上一级安全生产监督管理部门、煤矿安全监察机构报告核实结果；对发生生产安全事故的，安全生产监督管理部门、煤矿安全监察机构应当在5日内对事故情况进行初步查证，并将事故初步查证的简要情况报告上一级安全生产监督管理部门、煤矿安全监察机构，详细核实结果在2个月内报告。

第十三条　事故信息经初步查证后，负责查证的安全生产监督管理部门、煤矿安全监察机构应当立即报告本级人民政府和上一级安全生产监督管理部门、煤矿安全监察机构，并书面通知公安机关、劳动保障部门、工会、人民检察院和有关部门。

第十四条　安全生产监督管理部门与煤矿安全监察机构之间，安全生产监督管理部门、煤矿安全监察机构与其他负有安全生产监督管理职责的部门之间，应当建立有关事故信息的通报制度，及时沟通事故信息。

第十五条　对于事故信息的每周、每月、每年的统计报告，按照有关规定执行。

第三章 事故信息的处置

第十六条 安全生产监督管理部门、煤矿安全监察机构应当建立事故信息处置责任制，做好事故信息的核实、跟踪、分析、统计工作。

第十七条 发生生产安全事故或者较大涉险事故后，安全生产监督管理部门、煤矿安全监察机构应当立即研究、确定并组织实施相关处置措施。安全生产监督管理部门、煤矿安全监察机构负责人按照职责分工负责相关工作。

第十八条 安全生产监督管理部门、煤矿安全监察机构接到生产安全事故报告后，应当按照下列规定派员立即赶赴事故现场：

（一）发生一般事故的，县级安全生产监督管理部门、煤矿安全监察分局负责人立即赶赴事故现场；

（二）发生较大事故的，设区的市级安全生产监督管理部门、省级煤矿安全监察局负责人应当立即赶赴事故现场；

（三）发生重大事故的，省级安全监督管理部门、省级煤矿安全监察局负责人立即赶赴事故现场；

（四）发生特别重大事故的，国家安全生产监督管理总局、国家煤矿安全监察局负责人立即赶赴事故现场。

上级安全生产监督管理部门、煤矿安全监察机构认为必要的，可以派员赶赴事故现场。

第十九条 安全生产监督管理部门、煤矿安全监察机构负责人及其有关人员赶赴事故现场后，应当随时保持与本单位的联系。有关事故信息发生重大变化的，应当依照本办法有关规定及时向本单位或者上级安全生产监督管理部门、煤矿安全监察机构报告。

第二十条 安全生产监督管理部门、煤矿安全监察机构应当依照有关规定定期向社会公布事故信息。

任何单位和个人不得擅自发布事故信息。

第二十一条 安全生产监督管理部门、煤矿安全监察机构应当根据事故信息报告的情况，启动相应的应急救援预案，或者组织有关应急救援队伍协助地方人民政府开展应急救援工作。

第二十二条 安全生产监督管理部门、煤矿安全监察机构按照有关规定组织或者参加事故调查处理工作。

第四章 罚 则

第二十三条 安全生产监督管理部门、煤矿安全监察机构及其工作人员未依法履行事故信息报告和处置职责的，依照有关规定予以处理。

第二十四条 生产经营单位及其有关人员对生产安全事故迟报、漏报、谎报或者瞒报的，依照有关规定予以处罚。

第二十五条 生产经营单位对较大涉险事故迟报、漏报、谎报或者瞒报的，给予警告，并处3万元以下的罚款。

第五章 附 则

第二十六条 本办法所称的较大涉险事故是指：

（一）涉险10人以上的事故；

（二）造成3人以上被困或者下落不明的事故；

（三）紧急疏散人员500人以上的事故；

（四）因生产安全事故对环境造成严重污染（人员密集场所、生活水源、农田、河流、水库、湖泊等）的事故；

（五）危及重要场所和设施安全（电站、重要水利设施、危化品库、油气站和车站、码头、港口、机场及其他人员密集场所等）的事故；

（六）其他较大涉险事故。

第二十七条 省级安全生产监督管理部门、省级煤矿安全监察机构可以根据本办法的规定，制定具体的实施办法。

第二十八条 本办法自2009年7月1日起施行。

安全评价机构管理规定

（2009年7月1日国家安全生产监管总局令第22号公布　根据2013年8月29日《国家安全监管总局关于修改〈生产经营单位安全培训规定〉等11件规章的决定》第一次修订　根据2015年5月29日《国家安全监管总局关于废止和修改劳动防护用品和安全培训等领域十部规章的决定》第二次修订）

第一章 总 则

第一条 为加强安全评价机构的管理，规范安全评价行为，建立公正、公平、竞争、有序的安全评价技术服务体系，根据《安全生产法》、《行政许可法》和有关规定，制定本规定。

第二条 在中华人民共和国境内申请安全评价资质、从事法定安全评价活动以及安全生产监督管理部门、煤矿安全监察机构实施安全评价机构资质监督管理，适用本规定。

第三条 国家对安全评价机构实行资质许可制度。安全评价机构应当取得相应的安全评价资质证书（以下简称资质证书），并在资质证书确定的业务范围内从事安全评价活动。

未取得资质证书的安全评价机构，不得从事法定安全评价活动。

本规定所称的安全评价机构，是指依法从事安全评价活动的社会中介组织。

第四条　安全评价机构的资质分为甲级、乙级两种，根据其专业人员构成、技术条件确定各自的业务范围。安全评价机构业务范围划分标准见附件1。

甲级资质由省、自治区、直辖市安全生产监督管理部门（以下简称省级安全生产监督管理部门）、省级煤矿安全监察机构审核，国家安全生产监督管理总局审批、颁发证书；乙级资质由设区的市级安全生产监督管理部门、煤矿安全监察分局审核，省级安全生产监督管理部门、省级煤矿安全监察机构审批、颁发证书。

省级安全生产监督管理部门、设区的市级安全生产监督管理部门负责除煤矿以外的安全评价机构资质的审批、审核工作，省级煤矿安全监察机构、煤矿安全监察分局负责煤矿的安全评价机构资质的审批、审核工作。

未设立煤矿安全监察机构的省、自治区、直辖市，由省级安全生产监督管理部门、设区的市级安全生产监督管理部门负责煤矿的安全评价机构资质的审批、审核工作。

第五条　根据社会经济发展水平、区域经济结构和安全评价工作的需要，国家对安全评价机构的设置实行统筹规划、合理布局和总量控制。

第六条　取得甲级资质的安全评价机构，可以根据确定的业务范围在全国范围内从事安全评价活动；取得乙级资质的安全评价机构，可以根据确定的业务范围在其所在的省、自治区、直辖市内从事安全评价活动。

下列建设项目或者企业的安全评价，必须由取得甲级资质的安全评价机构承担：

（一）国务院及其投资主管部门审批（核准、备案）的建设项目；

（二）跨省、自治区、直辖市的建设项目；

（三）生产剧毒化学品的建设项目；

（四）生产剧毒化学品的企业和其他大型生产企业。

法律、法规和国务院或其有关部门对安全评价有特殊规定的，依照其规定。

第七条　国家安全生产监督管理总局、省级安全生产监督管理部门、省级煤矿安全监察机构定期向社会公布取得甲级、乙级资质的安全评价机构的名称、业务范围、从业人员、技术装备等相关信息，并接受社会监督。

第二章　取得资质的条件和程序

第八条　安全评价机构申请甲级资质，应当具备下列条件：

（一）具有法人资格，固定资产400万元以上；

（二）有与其开展工作相适应的固定工作场所和设施、设备，具有必要的技术支撑条件；

（三）取得安全评价机构乙级资质3年以上，且没有违法行为记录；

（四）有健全的内部管理制度和安全评价过程控制体系；

（五）有25名以上专职安全评价师，其中一级安全评价师20%以上、二级安全评价师30%以上。按照不少于专职安全评价师30%的比例配备注册安全工程师。安全评价师、注册安全工程师有与其申报业务相适应的专业能力；

（六）法定代表人通过具备安全培训条件的机构组织的相关安全生产和安全评价知识培训，并考试合格；

（七）设有专职技术负责人和过程控制负责人。专职技术负责人有二级以上安全评价师和注册安全工程师资格，并具有与所申报业务相适应的高级专业技术职称；

（八）法律、行政法规、规章规定的其他条件。

第九条　安全评价机构申请乙级资质，应当具备下列条件：

（一）具有法人资格，固定资产200万元以上；

（二）有与其开展工作相适应的固定工作场所和设施设备，具有必要的技术支撑条件；

（三）有健全的内部管理制度和安全评价过程控制体系；

（四）有16名以上专职安全评价师，其中一级安全评价师20%以上、二级安全评价师30%以上。按照不少于专职安全评价师30%的比例配备注册安全工程师。安全评价师、注册安全工程师有与其申报业务相适应的专业能力；

（五）法定代表人通过具备安全培训条件的机构组织的相关安全生产和安全评价知识培训，并考试合格；

（六）设有专职技术负责人和过程控制负责人。专职技术负责人有二级以上安全评价师和注册安全工程师资格，并具有与所申报业务相适应的高级专业技术职称；

（七）法律、行政法规、规章规定的其他条件。

第十条　申请甲级、乙级资质的机构，应当按照本规定第四条的规定，于每年6月向国家安全生产监督管理总局、省级安全生产监督管理部门、省级煤矿安全监察机构（以下简称资质审批机关）提出申请。

第十一条　申请甲级资质，按照下列程序办理：

（一）申请人将安全评价机构资质申请表和本规定第八条规定的证明材料，报所在地省级安全生产监督管理部门、省级煤矿安全监察机构审核；

（二）省级安全生产监督管理部门、省级煤矿安全监察机构应当在5日内对申请人提供的证明材料进行预审以决定是否受理。予以受理的，自受理申请之日起20日内完成审核工作，并将审核报告和证明材料报国家安全生产监督管理总局；不予受理的，向申请人书面说明理由；

（三）国家安全生产监督管理总局接到审核报告和证明材料后，应当按照本规定的要求进行审批，并在20日内完成审批工作。经审批合格的，颁发资质证书；不合格的，不予颁发资质证书，并书面说明理由。

第十二条 申请乙级资质，按照下列程序办理：

（一）申请人将安全评价机构资质申请表和本规定第九条规定的证明材料，报所在地设区的市级安全生产监督管理部门、煤矿安全监察分局审核；

（二）设区的市级安全生产监督管理部门、煤矿安全监察分局应当在5日内对申请人提供的证明材料进行预审并决定是否受理。予以受理的，自受理申请之日起20日内完成审核工作，并将审核报告和证明材料报省级安全生产监督管理部门、省级煤矿安全监察机构；不予受理的，向申请人书面说明理由；

（三）省级安全生产监督管理部门、省级煤矿安全监察机构接到审核报告和证明材料后，应当按照本规定的要求进行审批，并在20日内完成审批工作。经审批合格的，颁发资质证书，并填写乙级资质安全评价机构审批备案表（式样见附件2），自颁发资质证书之日起30日内报国家安全生产监督管理总局备案；不合格的，不予颁发资质证书，并书面说明理由。

第十三条 安全生产监督管理部门、煤矿安全监察机构进行资质审核、审批时，可以采用形式审查、现场审查、综合审查相结合的方式。

形式审查，是指对申请人提供的文件、材料是否符合规定要求所进行的审查。

现场审查，是指对申请人提供的文件、材料的实质内容进行的现场核查。

综合审查，是指对申请人提供的文件、材料及其真实性的综合评定。

安全生产监督管理部门、煤矿安全监察机构需要对申请材料的实质内容进行核实的，应当指派两名以上工作人员进行现场审查。现场审查所需时间不计入资质审核、审批期限。

第十四条 安全评价机构取得资质1年以上，需要增加业务范围的，应当按照本规定第四条的规定于每年9月向资质审批机关提出申请。

申请增加业务范围的程序按照本规定第十一条、第十二条、第十三条的规定办理。

第十五条 安全评价机构的资质证书遗失的，应当及时在有关电视、报刊等媒体上予以声明，并向原资质审批机关申请补发。

第十六条 甲级、乙级资质证书的有效期均为3年。资质证书有效期满需要延期的，安全评价机构应当于期满前3个月向原资质审批机关提出申请，经复审合格后予以办理延期手续；不合格的，不予办理延期手续。

第十七条 安全评价机构有下列情形之一的，应当在发生变化之日起30日内向原资质审批机关申请办理资质证书变更手续：

（一）机构分立或者合并的；

（二）机构名称或者地址发生变化的；

（三）法定代表人、技术负责人发生变化的。

第十八条 安全评价机构有下列情形之一的，资质审批机关应当注销其资质：

（一）资质证书有效期届满未申请延期或者申请延期但不予批准的；

（二）被依法终止的；

（三）自行申请注销的。

第十九条 安全评价机构甲级、乙级资质证书由国家安全生产监督管理总局统一印制。

第三章 安全评价活动

第二十条 安全评价机构应当依照法律、法规、规章、国家标准或者行业标准的规定，遵循客观公正、诚实守信、公平竞争的原则，遵守执业准则，恪守职业道德，依法独立开展安全评价活动，客观、如实地反映所评价的安全事项，并对作出的安全评价结果承担法律责任。

被评价对象的安全生产条件发生重大变化的，被评价对象应当及时委托有资质的安全评价机构重新进行安全评价；未委托重新进行安全评价的，由被评价对象对其产生的后果负责。

第二十一条 安全评价机构开展安全评价业务活动时，应当依法与委托方签订安全评价技术服务合同，明确评价对象、评价范围以及双方的权利、义务和责任。

安全评价机构与被评价对象有利害关系的，应当回避。

建设项目的安全预评价和安全验收评价不得委托同一个安全评价机构。

第二十二条 安全评价机构从事安全评价活动的收费，必须符合法律、法规和有关财政收费的规定。法律、法规和有关财政收费没有规定的，应当按照行业自律标准或者指导性标准收费；没有行业自律和指导性收费标准的，双方可以通过合同协商确定。

省级安全生产监督管理部门、省级煤矿安全监察机构可以根据本行政区域经济发展水平、产业结构以及周边区域收费情况，出台本行政区域的收费指导意见，报国家安全生产监督管理总局备案。

第二十三条　安全评价机构及其从业人员在从事安全评价活动中，不得有下列行为：

（一）泄露被评价对象的技术秘密和商业秘密；

（二）伪造、转让或者租借资质、资格证书；

（三）超出资质证书业务范围从事安全评价活动；

（四）出具虚假或者严重失实的安全评价报告；

（五）转包安全评价项目；

（六）擅自更改、简化评价程序和相关内容；

（七）同时在两个以上安全评价机构从业；

（八）故意贬低、诋毁其他安全评价机构；

（九）从业人员不到现场开展安全评价活动；

（十）法律、法规和规章规定的其他违法、违规行为。

第二十四条　安全评价机构应当建立健全内部管理制度和安全评价过程控制体系。安全评价过程控制记录、被评价对象现场勘查记录、影像资料及相关证明材料，应当及时归档，妥善保管。技术负责人和过程控制负责人应当按照法律、法规、规章和国家标准、行业标准的规定，加强安全评价活动全过程管理。

安全评价机构应当依法与从业人员签订劳动合同，并为其提供必要的劳动防护用品。

第二十五条　取得甲级资质的安全评价机构跨省、自治区、直辖市开展安全评价活动，应当填写甲级资质安全评价机构跨省（自治区、直辖市）开展评价工作报告表（式样见附件3），报送评价项目所在地的省级安全生产监督管理部门、省级煤矿安全监察机构备案，并接受其监督检查。

第二十六条　从事安全评价活动的安全评价师、注册安全工程师应当每年参加必要的继续教育，不断提高安全评价水平。

第二十七条　安全评价行业组织应当加强自律管理，维护安全评价市场秩序，推进安全评价诚信体系建设，建立并完善从业人员管理制度，强化对从业人员的监督。

第四章　监督管理

第二十八条　安全生产监督管理部门、煤矿安全监察机构及其工作人员应当坚持公开、公平、公正的原则，严格按照法律、法规和本规定，审核、审批和颁发资质证书。

第二十九条　对已经取得资质证书的安全评价机构，安全生产监督管理部门、煤矿安全监察机构应当加强监督检查；发现安全评价机构不具备资质条件的，依照规定予以处理。监督检查记录应当经检查人员和安全评价机构负责人签字后归档。

安全评价机构及其从业人员应当接受安全生产监督管理部门、煤矿安全监察机构及其工作人员的监督检查。

对违法违规的安全评价机构和从业人员，安全生产监督管理部门、煤矿安全监察机构应当建立“黑名单”制度，及时向社会公告。

第三十条　安全生产监督管理部门、煤矿安全监察机构应当建立健全安全评价的申诉、投诉和举报制度，受理社会和个人的申诉、投诉和举报，并依法处理。

第三十一条　国家对安全评价机构实行定期考核。

安全评价机构应当每年填写安全评价工作业绩表，经被评价对象确认后，分别报国家安全生产监督管理总局、省级安全生产监督管理部门、省级煤矿安全监察机构备案。安全评价工作业绩表列入安全评价机构考核的重要内容。

对安全评价机构在资质证书有效期内没有开展相应活动的，核减相应的业务范围；定期考核不合格的，依照本规定予以处理。

第三十二条　安全生产监督管理部门、煤矿安全监察机构及其工作人员不得有下列行为：

（一）要求被评价对象接受指定的安全评价机构进行安全评价；

（二）以备案为由，变相设立法律、法规规定以外的行政许可；

（三）采取任何形式的地区保护，限制外地评价机构到本地区开展评价活动；

（四）干预安全评价机构开展正常活动；

（五）以任何理由或者任何方式向安全评价机构收取费用或者变相收取费用；

（六）向安全评价机构摊派财物；

（七）在安全评价机构报销任何费用。

第三十三条　监察机关依照《行政监察法》的规定，对安全生产监督管理部门、煤矿安全监察机构及其工作人员履行安全评价资质监督管理职责实施监察。

第五章　罚　　则

第三十四条　安全生产监督管理部门、煤矿安全监察机构工作人员在对安全评价机构实施行政许可和监督检查工作中滥用职权、玩忽职守、徇私舞弊的，依照有关规定给予处理。

第三十五条　安全评价机构未取得相应资质证

书,或者冒用资质证书、使用伪造的资质证书从事安全评价活动的,给予警告,并处2万元以上3万元以下的罚款。

转让、租借资质证书或者转包安全评价项目的,给予警告,并处1万元以上2万元以下的罚款。

安全评价机构的资质证书有效期届满未办理延期或者未经批准延期擅自从事安全评价活动的,依照本条第一款的规定处罚。

第三十六条 安全评价机构有下列情形之一的,给予警告,并处1万元以下的罚款;情节严重的,暂停资质半年,并处3万元以下的罚款;对相关责任人依法给予处理:

(一)从业人员不到现场开展评价活动的;

(二)安全评价报告与实际情况不符,或者评价报告存在重大疏漏,但尚未造成重大损失的;

(三)未按照有关法律、法规、规章和国家标准、行业标准的规定从事安全评价活动的;

(四)泄露被评价对象的技术秘密和商业秘密的;

(五)采取不正当竞争手段,故意贬低、诋毁其他安全评价机构,并造成严重影响的;

(六)未按规定办理资质证书变更手续的;

(七)定期考核不合格,经整改后仍达不到规定要求的;

(八)内部管理混乱,安全评价过程控制未有效实施的;

(九)未依法与委托方签订安全评价技术服务合同的;

(十)拒绝、阻碍安全生产监督管理部门、煤矿安全监察机构依法监督检查的。

第三十七条 安全评价机构出具虚假证明或者虚假评价报告,尚不构成刑事处罚的,没收违法所得,违法所得在5000元以上的,并处违法所得二倍以上五倍以下的罚款;没有违法所得或者违法所得不足5000元的,单处或者并处5000元以上2万元以下的罚款,对其直接负责的主管人员和其他责任人员处5000元以上5万元以下的罚款;给他人造成损害的,与被评价对象承担连带赔偿责任。

对有前款违法行为的,撤销其相应的资质。

第三十八条 安全评价机构有下列情形之一的,撤销其相应资质:

(一)不符合本规定第八条、第九条规定的资质条件的;

(二)弄虚作假骗取资质证书的;

(三)有其他依法应当撤销资质的情形的。

第三十九条 本规定所规定的行政处罚,由省级以上安全生产监督管理部门、煤矿安全监察机构决定。对甲级资质评价机构的处罚,国家安全生产监督管理总局可以委托省级安全生产监督管理部门、省级煤矿安全监察机构实施。

撤销资质证书的行政处罚由原资质审批机关决定。

第六章 附 则

第四十条 本规定所称安全评价师,是指取得国家职业资格,专门从事安全评价活动的人员。

第四十一条 本规定施行前已经取得相应资质的安全评价机构,应于其资质证书有效期满前3个月,按照本规定的条件和程序,重新申请取得相应的安全评价资质;逾期不申请或者经复审不符合规定的相应资质条件,继续从事安全评价活动的,依照本规定第三十五条第一款的规定处罚。

申请海洋石油天然气开采安全评价机构资质的,由国家安全生产监督管理总局直接受理,其资质条件参照本规定执行。

第四十二条 本规定所称的"以上"、"以下",均包括本数。

第四十三条 本规定自2009年10月1日起施行。原国家安全生产监督管理局(国家煤矿安全监察局)2004年10月20日公布的《安全评价机构管理规定》同时废止。

附件:1. 安全评价机构业务范围划分标准(略)

2. 乙级资质安全评价机构审批备案表(略)

3. 甲级资质安全评价机构跨省(自治区、直辖市)开展评价工作报告表(略)

安全生产监管监察职责和行政执法责任追究的规定

(2009年7月25日国家安全生产监管总局令第24号公布 根据2013年8月29日《国家安全监管总局关于修改〈生产经营单位安全培训规定〉等11件规章的决定》第一次修订 根据2015年4月2日《国家安全监管总局关于修改〈《生产安全事故报告和调查处理条例》罚款处罚暂行规定〉等四部规章的决定》第二次修订)

第一章 总 则

第一条 为促进安全生产监督管理部门、煤矿安全监察机构及其行政执法人员依法履行职责,落实行政执法责任,保障公民、法人和其他组织合法权益,根据《公务员法》、《安全生产法》、《安全生产许可证条例》等法律法规和国务院有关规定,制定本规定。

第二条 县级以上人民政府安全生产监督管理

部门、煤矿安全监察机构(以下统称安全监管监察部门)及其内设机构、行政执法人员履行安全生产监管监察职责和实施行政执法责任追究,适用本规定;法律、法规对行政执法责任追究或者党政领导干部问责另有规定的,依照其规定。

本规定所称行政执法责任追究,是指对作出违法、不当的安全监管监察行政执法行为(以下简称行政执法行为),或者未履行法定职责的安全监管监察部门及其内设机构、行政执法人员,实施行政责任追究(以下简称责任追究)。

第三条 责任追究应当遵循公正公平、有错必纠、责罚相当、惩教结合的原则,做到事实清楚、证据确凿、定性准确、处理适当、程序合法、手续完备。

第四条 责任追究实行回避制度。与违法、不当行政执法行为或者责任人有利害关系,或者有其他特殊关系,可能影响公正处理的人员,实施责任追究时应当回避。

安全监管监察部门负责人的回避由该部门负责人集体讨论决定,其他人员的回避由该部门负责人决定。

第二章 安全生产监管监察和行政执法职责

第五条 县级以上人民政府安全生产监督管理部门依法对本行政区域内安全生产工作实施综合监督管理,指导协调和监督检查本级人民政府有关部门依法履行安全生产监督管理职责;对本行政区域内没有其他行政主管部门负责安全生产监督管理的生产经营单位实施安全生产监督管理;对下级人民政府安全生产工作进行监督检查。

煤矿安全监察机构依法履行国家煤矿安全监察职责,实施煤矿安全监察行政执法,对煤矿安全进行重点监察、专项监察和定期监察,对地方人民政府依法履行煤矿安全生产监督管理职责的情况进行监督检查。

第六条 安全监管监察部门应当依照《安全生产法》和其他有关法律、法规、规章和本级人民政府、上级安全监管监察部门规定的安全监管监察职责,根据各自的监管监察权限、行政执法人员数量、监管监察的生产经营单位状况、技术装备和经费保障等实际情况,制定本部门年度安全监管或者煤矿安全监察执法工作计划,并按照执法工作计划进行监管监察,发现事故隐患,应当依法及时处理。

安全监管执法工作计划应当报本级人民政府批准后实施,并报上一级安全监管部门备案;煤矿安全监察执法工作计划应当报上一级煤矿安全监察机构批准后实施。安全监管和煤矿安全监察执法工作计划因特殊情况需要作出重大调整或者变更的,应当及时报原批准单位批准,并按照批准后的计划执行。

安全监管和煤矿安全监察执法工作计划应当包括监管监察的对象、时间、次数、主要事项、方式和职责分工等内容。根据安全监管监察工作需要,安全监管监察部门可以按照安全监管和煤矿安全监察执法工作计划编制现场检查方案,对作业现场的安全生产实施监督检查。

第七条 安全监管监察部门应当按照各自权限,依照法律、法规、规章和国家标准或者行业标准规定的安全生产条件和程序,履行下列行政审批或者考核职责:

(一)矿山、金属冶炼建设项目和用于生产、储存危险物品的建设项目安全设施的设计审查;

(二)矿山企业、危险化学品和烟花爆竹生产企业的安全生产许可;

(三)危险化学品经营许可;

(四)非药品类易制毒化学品生产、经营许可;

(五)烟花爆竹经营(批发、零售)许可;

(六)矿山、危险化学品、烟花爆竹生产经营单位和金属冶炼单位主要负责人、安全生产管理人员的安全资格认定,特种作业人员(特种设备作业人员除外)操作资格认定;

(七)涉及人身安全、危险性较大的海洋石油开采特种设备和矿山井下特种设备安全使用证或者安全标志的核发;

(八)安全生产检测检验、安全评价机构资质的认可;

(九)注册助理安全工程师资格、注册安全工程师执业资格的考试和注册;

(十)法律、行政法规和国务院设定的其他行政审批或者考核职责。

行政许可申请人对其申请材料实质内容的真实性负责。安全监管监察部门对符合法定条件的申请,应当依法予以受理,并作出准予或者不予行政许可的决定。根据法定条件和程序,需要对申请材料的实质内容进行核实的,应当指派两名以上行政执法人员进行核查。

对未依法取得行政许可或者验收合格擅自从事有关活动的生产经营单位,安全监管监察部门发现或者接到举报后,属于本部门行政许可职责范围的,应当及时依法查处;属于其他部门行政许可职责范围的,应当及时移送相关部门。对已经依法取得本部门行政许可的生产经营单位,发现其不再具备安全生产条件的,安全监管监察部门应当依法暂扣或者吊销原行政许可证件。

第八条 安全监管监察部门应当按照年度安全监管和煤矿安全监察执法工作计划、现场检查方案,

对生产经营单位是否具备有关法律、法规、规章和国家标准或者行业标准规定的安全生产条件进行监督检查,重点监督检查下列事项:

(一)依法通过有关安全生产行政审批的情况;

(二)有关人员的安全生产教育和培训、考核情况;

(三)建立和落实安全生产责任制、安全生产规章制度和操作规程、作业规程的情况;

(四)按照国家规定提取和使用安全生产费用,安排用于配备劳动防护用品、进行安全生产教育和培训的经费,以及其他安全生产投入的情况;

(五)依法设置安全生产管理机构和配备安全生产管理人员的情况;

(六)危险物品的生产、储存单位以及矿山、金属冶炼单位配备或者聘用注册安全工程师的情况;

(七)从业人员、被派遣劳动者和实习学生受到安全生产教育、培训及其教育培训档案的情况;

(八)新建、改建、扩建工程项目的安全设施与主体工程同时设计、同时施工、同时投入生产和使用,以及按规定办理设计审查和竣工验收的情况;

(九)在有较大危险因素的生产经营场所和有关设施、设备上,设置安全警示标志的情况;

(十)对安全设备的维护、保养、定期检测的情况;

(十一)重大危险源登记建档、定期检测、评估、监控和制定应急预案的情况;

(十二)教育和督促从业人员严格执行本单位的安全生产规章制度和安全操作规程,并向从业人员如实告知作业场所和工作岗位存在的危险因素、防范措施以及事故应急措施的情况;

(十三)为从业人员提供符合国家标准或者行业标准的劳动防护用品,并监督、教育从业人员按照使用规则正确佩戴和使用的情况;

(十四)在同一作业区域内进行生产经营活动,可能危及对方生产安全的,与对方签订安全生产管理协议,明确各自的安全生产管理职责和应当采取的安全措施,并指定专职安全生产管理人员进行安全检查与协调的情况;

(十五)对承包单位、承租单位的安全生产工作实行统一协调、管理,定期进行安全检查,督促整改安全问题的情况;

(十六)建立健全生产安全事故隐患排查治理制度,及时发现并消除事故隐患,如实记录事故隐患治理,以及向从业人员通报的情况;

(十七)制定、实施生产安全事故应急预案,定期组织应急预案演练,以及有关应急预案备案的情况;

(十八)危险物品的生产、经营、储存单位以及矿山、金属冶炼单位建立应急救援组织或者兼职救援队伍、签订应急救援协议,以及应急救援器材、设备和物资的配备、维护、保养的情况;

(十九)按照规定报告生产安全事故的情况;

(二十)依法应当监督检查的其他情况。

第九条 安全监管监察部门在监督检查中,发现生产经营单位存在安全生产违法行为或者事故隐患的,应当依法采取下列现场处理措施:

(一)当场予以纠正;

(二)责令限期改正、责令限期达到要求;

(三)责令立即停止作业(施工)、责令立即停止使用、责令立即排除事故隐患;

(四)责令从危险区域撤出作业人员;

(五)责令暂时停产停业、停止建设、停止施工或者停止使用相关设备、设施;

(六)依法应当采取的其他现场处理措施。

第十条 被责令限期改正、限期达到要求、暂时停产停业、停止建设、停止施工或者停止使用的生产经营单位提出复查申请或者整改、治理限期届满的,安全监管监察部门应当自收到申请或者限期届满之日起10日内进行复查,并填写复查意见书,由被复查单位和安全监管监察部门复查人员签名后存档。

煤矿安全监察机构依照有关规定将复查工作移交给县级以上地方人民政府负责煤矿安全生产监督管理的部门的,应当及时将相应的执法文书抄送该部门并备案。县级以上地方人民政府负责煤矿安全生产监督管理的部门应当自收到煤矿申请或者限期届满之日起10日内进行复查,并填写复查意见书,由被复查煤矿和复查人员签名后存档,并将复查意见书及时抄送移交复查的煤矿安全监察机构。

对逾期未整改、治理或者整改、治理不合格的生产经营单位,安全监管监察部门应当依法给予行政处罚,并依法提请县级以上地方人民政府按照规定的权限决定关闭。

第十一条 安全监管监察部门在监督检查中,发现生产经营单位存在安全生产非法、违法行为的,有权依法采取下列行政强制措施:

(一)对有根据认为不符合安全生产的国家标准或者行业标准的在用设施、设备、器材,违法生产、储存、使用、经营、运输的危险物品,以及违法生产、储存、使用、经营危险物品的作业场所予以查封或者扣押,并依法作出处理决定;

(二)扣押相关的证据材料和违法物品,临时查封有关场所;

(三)法律、法规规定的其他行政强制措施。

实施查封、扣押的,应当制作并当场交付查封、扣押决定书和清单。

第十二条 安全监管监察部门依法对存在重大

事故隐患的生产经营单位作出停产停业、停止施工、停止使用相关设施、设备的决定，生产经营单位应当依法执行，及时消除事故隐患。生产经营单位拒不执行，有发生生产安全事故的现实危险的，在保证安全的前提下，经本部门主要负责人批准，安全监管监察部门可以采取通知有关单位停止供电、停止供应民用爆炸物品等措施，强制生产经营单位履行决定。通知应当采用书面形式，有关单位应当予以配合。

安全监管监察部门依照前款规定采取停止供电措施，除有危及生产安全的紧急情形外，应当提前二十四小时通知生产经营单位。生产经营单位依法履行行政决定、采取相应措施消除事故隐患的，安全监管监察部门应当及时解除前款规定的措施。

第十三条　安全监管监察部门在监督检查中，发现生产经营单位存在的安全问题涉及有关地方人民政府或其有关部门的，应当及时向有关地方人民政府报告或其有关部门通报。

第十四条　安全监管监察部门应当严格依照法律、法规和规章规定的行政处罚的行为、种类、幅度和程序，按照各自的管辖权限，对监督检查中发现的生产经营单位及有关人员的安全生产非法、违法行为实施行政处罚。

对到期不缴纳罚款的，安全监管监察部门可以每日按罚款数额的百分之三加处罚款。

生产经营单位拒不执行安全监管监察部门行政处罚决定的，作出行政处罚决定的安全监管监察部门可以依法申请人民法院强制执行；拒不执行处罚决定可能导致生产安全事故的，应当及时向有关地方人民政府报告或其有关部门通报。

第十五条　安全监管监察部门对生产经营单位及其从业人员作出现场处理措施、行政强制措施和行政处罚决定等行政执法行为前，应当充分听取当事人的陈述、申辩，对其提出的事实、理由和证据，应当进行复核。当事人提出的事实、理由和证据成立的，应当予以采纳。

安全监管监察部门对生产经营单位及其从业人员作出现场处理措施、行政强制措施和行政处罚决定等行政执法行为时，应当依法制作有关法律文书，并按照规定送达当事人。

第十六条　安全监管监察部门应当依法履行下列生产安全事故报告和调查处理职责：

（一）建立值班制度，并向社会公布值班电话，受理事故报告和举报；

（二）按照法定的时限、内容和程序逐级上报和补报事故；

（三）接到事故报告后，按照规定派人立即赶赴事故现场，组织或者指导协调事故救援；

（四）按照规定组织或者参加事故调查处理；

（五）对事故发生单位落实事故防范和整改措施的情况进行监督检查；

（六）依法对事故责任单位和有关责任人员实施行政处罚；

（七）依法应当履行的其他职责。

第十七条　安全监管监察部门应当依法受理、调查和处理本部门法定职责范围内的举报事项，并形成书面材料。调查处理情况应当答复举报人，但举报人的姓名、名称、住址不清的除外。对不属于本部门职责范围的举报事项，应当依法予以登记，并告知举报人向有权机关提出。

第十八条　安全监管监察部门应当依法受理行政复议申请，审理行政复议案件，并作出处理或者决定。

第三章　责任追究的范围与承担责任的主体

第十九条　安全监管监察部门及其内设机构、行政执法人员履行本规定第二章规定的行政执法职责，有下列违法或者不当的情形之一，致使行政执法行为被撤销、变更、确认违法，或者被责令履行法定职责、承担行政赔偿责任的，应当实施责任追究：

（一）超越、滥用法定职权的；

（二）主要事实不清、证据不足的；

（三）适用依据错误的；

（四）行政裁量明显不当的；

（五）违反法定程序的；

（六）未按照年度安全监管或者煤矿安全监察执法工作计划、现场检查方案履行法定职责的；

（七）其他违法或者不当的情形。

前款所称的行政执法行为被撤销、变更、确认违法，或者被责令履行法定职责、承担行政赔偿责任，是指行政执法行为被人民法院生效的判决、裁定，或者行政复议机关等有权机关的决定予以撤销、变更、确认违法或者被责令履行法定职责、承担行政赔偿责任的情形。

第二十条　有下列情形之一的，安全监管监察部门及其内设机构、行政执法人员不承担责任：

（一）因生产经营单位、中介机构等行政管理相对人的行为，致使安全监管监察部门及其内设机构、行政执法人员无法作出正确行政执法行为的；

（二）因有关行政执法依据规定不一致，致使行政执法行为适用法律、法规和规章依据不当的；

（三）因不能预见、不能避免并不能克服的不可抗力致使行政执法行为违法、不当或者未履行法定职责的；

（四）违法、不当的行政执法行为情节轻微并及时纠正，没有造成不良后果或者不良后果被及时消除的；

（五）按照批准、备案的安全监管或者煤矿安全监察执法工作计划、现场检查方案和法律、法规、规章规定的方式、程序已经履行安全生产监管监察职责的；

（六）对发现的安全生产非法、违法行为和事故隐患已经依法查处，因生产经营单位及其从业人员拒不执行安全生产监管监察指令导致生产安全事故的；

（七）生产经营单位非法生产或者经责令停产停业整顿后仍不具备安全生产条件，安全监管监察部门已经依法提请县级以上地方人民政府决定取缔或者关闭的；

（八）对拒不执行行政处罚决定的生产经营单位，安全监管监察部门已经依法申请人民法院强制执行的；

（九）安全监管监察部门已经依法向县级以上地方人民政府提出加强和改善安全生产监督管理建议的；

（十）依法不承担责任的其他情形。

第二十一条 承办人直接作出违法或者不当行政执法行为的，由承办人承担责任。

第二十二条 对安全监管监察部门应当经审核、批准作出的行政执法行为，分别按照下列情形区分并承担责任：

（一）承办人未经审核人、批准人审批擅自作出行政执法行为，或者不按审核、批准的内容实施，致使行政执法行为违法或者不当的，由承办人承担责任；

（二）承办人弄虚作假、徇私舞弊，或者承办人提出的意见错误，审核人、批准人没有发现或者发现后未予以纠正，致使行政执法行为违法或者不当的，由承办人承担主要责任，审核人、批准人承担次要责任；

（三）审核人改变或者不采纳承办人的正确意见，批准人批准该审核意见，致使行政执法行为违法或者不当的，由审核人承担主要责任，批准人承担次要责任；

（四）审核人未报请批准人批准而擅自作出决定，致使行政执法行为违法或者不当的，由审核人承担责任；

（五）审核人弄虚作假、徇私舞弊，致使批准人作出错误决定的，由审核人承担责任；

（六）批准人改变或者不采纳承办人、审核人的正确意见，致使行政执法行为违法或者不当的，由批准人承担责任；

（七）未经承办人拟办、审核人审核，批准人直接作出违法或者不当的行政执法行为的，由批准人承担责任。

第二十三条 因安全监管监察部门指派不具有行政执法资格的单位或者人员执法，致使行政执法行为违法或者不当的，由指派部门及其负责人承担责任。

第二十四条 因安全监管监察部门负责人集体研究决定，致使行政执法行为违法或者不当的，主要负责人应当承担主要责任，参与作出决定的其他负责人应当分别承担相应的责任。

安全监管监察部门负责人擅自改变集体决定，致使行政执法行为违法或者不当的，由该负责人承担全部责任。

第二十五条 两名以上行政执法人员共同作出违法或者不当行政执法行为的，由主办人员承担主要责任，其他人员承担次要责任；不能区分主要、次要责任人的，共同承担责任。

因安全监管监察部门内设机构单独决定，致使行政执法行为违法或者不当的，由该机构承担全部责任；因两个以上内设机构共同决定，致使行政执法行为违法或者不当的，由有关内设机构共同承担责任。

第二十六条 经安全监管监察部门内设机构会签作出的行政执法行为，分别按照下列情形区分并承担责任：

（一）主办机构提供的有关事实、证据不真实、不准确或者不完整，会签机构通过审查能够提出正确意见但没有提出，致使行政执法行为违法或者不当的，由主办机构承担主要责任，会签机构承担次要责任；

（二）主办机构没有采纳会签机构提出的正确意见，致使行政执法行为违法或者不当的，由主办机构承担责任。

第二十七条 因执行上级安全监管监察部门的指示、批复，致使行政执法行为违法或者不当的，由作出指示、批复的上级安全监管监察部门承担责任。

因请示、报告单位隐瞒事实或者未完整提供真实情况等原因，致使上级安全监管监察部门作出错误指示、批复的，由请示、报告单位承担责任。

第二十八条 下级安全监管监察部门认为上级的决定或者命令有错误的，可以向上级提出改正、撤销该决定或者命令的意见；上级不改变该决定或者命令，或者要求立即执行的，下级安全监管监察部门应当执行该决定或者命令，其不当或者违法责任由上级安全监管监察部门承担。

第二十九条 上级安全监管监察部门改变、撤销下级安全监管监察部门作出的行政执法行为，致使行政执法行为违法或者不当的，由上级安全监管监察部门及其有关内设机构、行政执法人员依照本章规定分别承担相应责任。

第三十条 安全监管监察部门及其内设机构、行政执法人员不履行法定职责的，应当根据各自的职责分工，依照本章规定区分并承担责任。

第四章 责任追究的方式与适用

第三十一条 对安全监管监察部门及其内设机

构的责任追究包括下列方式：

（一）责令限期改止；

（二）通报批评；

（三）取消当年评优评先资格；

（四）法律、法规和规章规定的其他方式。

对行政执法人员的责任追究包括下列方式：

（一）批评教育；

（二）离岗培训；

（三）取消当年评优评先资格；

（四）暂扣行政执法证件；

（五）调离执法岗位；

（六）法律、法规和规章规定的其他方式。

本条第一款和第二款规定的责任追究方式，可以单独或者合并适用。

第三十二条　对安全监管监察部门及其内设机构、行政执法人员实施责任追究的时候，应当根据违法、不当行政执法行为的事实、性质、情节和对于社会的危害程度，依照本规定的有关条款决定。

第三十三条　违法或者不当行政执法行为的情节较轻、危害较小的，对安全监管监察部门责令限期改正，对行政执法人员予以批评教育或者离岗培训，并取消当年评优评先资格。

违法或者不当行政执法行为的情节较重、危害较大的，对安全监管监察部门责令限期改正，予以通报批评，并取消当年评优评先资格；对行政执法人员予以调离执法岗位或者暂扣行政执法证件，并取消当年评优评先资格。

第三十四条　安全监管监察部门及其内设机构在年度行政执法评议考核中被确定为不合格的，责令限期改正，并予以通报批评、取消当年评优评先资格。

行政执法人员在年度行政执法评议考核中被确定为不称职的，予以离岗培训、暂扣行政执法证件，并取消当年评优评先资格。

第三十五条　一年内被申请行政复议或者被提起行政诉讼的行政执法行为中，被撤销、变更、确认违法的比例占20%以上（含本数，下同）的，应当责令有关安全监管监察部门限期改正，并取消当年评优评先资格。

第三十六条　安全监管监察部门承担行政赔偿责任的，应当依照《国家赔偿法》第十四条的规定，责令有故意或者重大过失的行政执法人员承担全部或者部分行政赔偿费用。

第三十七条　对实施违法或者不当的行政执法行为，或者未履行法定职责的行政执法人员，依照《公务员法》、《行政机关公务员处分条例》等的规定应当给予行政处分或者辞退处理的，依照其规定。

第三十八条　行政执法人员的行政执法行为涉嫌犯罪的，移交司法机关处理。

第三十九条　有下列情形之一的，可以从轻或者减轻追究责任：

（一）违反本规定第十一条至第十四条所规定的职责，未造成严重后果的；

（二）主动采取措施，有效避免损失或者挽回影响的；

（三）积极配合责任追究，并且主动承担责任的；

（四）依法可以从轻的其他情形。

第四十条　有下列情形之一的，应当从重追究责任：

（一）因违法、不当行政执法行为或者不履行法定职责，严重损害国家声誉，或者造成恶劣社会影响，或者致使公共财产、国家和人民利益遭受重大损失的；

（二）滥用职权、玩忽职守、徇私舞弊，致使行政执法行为违法、不当的；

（三）弄虚作假、隐瞒真相，干扰、阻碍责任追究的；

（四）对检举人、控告人、申诉人和实施责任追究的人员打击、报复、陷害的；

（五）一年内出现两次以上应当追究责任的情形的；

（六）依法应当从重追究责任的其他情形。

第五章　责任追究的机关与程序

第四十一条　安全生产监督管理部门及其负责人的责任，按照干部管理权限，由其上级安全生产监督管理部门或者本级人民政府行政监察机关追究；所属内设机构和其他行政执法人员的责任，由所在安全生产监督管理部门追究。

煤矿安全监察机构及其负责人的责任，按照干部管理权限，由其上级煤矿安全监察机构追究；所属内设机构及其行政执法人员的责任，由所在煤矿安全监察机构追究。

第四十二条　安全监管监察部门进行责任追究，按照下列程序办理：

（一）负责法制工作的机构自行政执法行为被确认违法、不当之日起15日内，将有关当事人的情况书面通报本部门负责行政监察工作的机构；

（二）负责行政监察工作的机构自收到法制工作机构通报或者直接收到有关行政执法行为违法、不当的举报之日起60日内调查核实有关情况，提出责任追究的建议，报本部门领导班子集体讨论决定；

（三）负责人事工作的机构自责任追究决定作出之日起15日内落实决定事项。

法律、法规对责任追究的程序另有规定的，依照其规定。

第四十三条 安全监管监察部门实施责任追究应当制作《行政执法责任追究决定书》。《行政执法责任追究决定书》由负责行政监察工作的机构草拟，安全监管监察部门作出决定。

《行政执法责任追究决定书》应当写明责任追究的事实、依据、方式、批准机关、生效时间、当事人的申诉期限及受理机关等。离岗培训和暂扣行政执法证件的，还应当写明培训和暂扣的期限等。

第四十四条 安全监管监察部门作出责任追究决定前，负责行政监察工作的机构应当将追究责任的有关事实、理由和依据告知当事人，并听取其陈述和申辩。对其合理意见，应当予以采纳。

《行政执法责任追究决定书》应当送到当事人，以及当事人所在的单位和内设机构。责任追究决定作出后，作出决定的安全监管监察部门应当派人与当事人谈话，做好思想工作，督促其做好工作交接等后续工作。

当事人对责任追究决定不服的，可以依照《公务员法》等规定申请复核和提出申诉。申诉期间，不停止责任追究决定的执行。

第四十五条 对当事人的责任追究情况应当作为其考核、奖惩、任免的重要依据。安全监管监察部门负责人事工作的机构应当将责任追究的有关材料记入当事人个人档案。

第六章 附 则

第四十六条 本规定所称的安全生产非法行为，是指公民、法人或者其他组织未依法取得安全监管监察部门的行政许可，擅自从事生产经营活动的行为，或者该行政许可已经失效，继续从事生产经营活动的行为。

本规定所称的安全生产违法行为，是指公民、法人或者其他组织违反有关安全生产的法律、法规、规章、国家标准、行业标准的规定，从事生产经营活动的行为。

本规定所称的违法的行政执法行为，是指违反法律、法规、规章规定的职责、程序所作出的具体行政行为。

本规定所称的不当的行政执法行为，是指违反客观、适度、公平、公正、合理等适用法律的一般原则所作出的具体行政行为。

第四十七条 依法授权或者委托行使安全生产行政执法职责的单位及其行政执法人员的责任追究，参照本规定执行。

第四十八条 本规定自2009年10月1日起施行。省、自治区、直辖市人民代表大会及其常务委员会或者省、自治区、直辖市人民政府对地方安全生产监督管理部门及其内设机构、行政执法人员的责任追究另有规定的，依照其规定。

安全生产行政处罚自由裁量适用规则(试行)

(2010年7月15日国家安全生产监督管理总局令第31号公布 自2010年10月1日起施行)

第一章 总 则

第一条 为了正确适用安全生产法律、行政法规和部门规章，规范安全生产监督管理部门合法、适当地行使行政处罚自由裁量权，根据《行政处罚法》、《安全生产法》、《职业病防治法》等法律、行政法规和部门规章的规定，制定本规则。

第二条 县级以上安全生产监督管理部门或其委托实施行政处罚的组织或者机构(以下统称安全监管执法机关)依照安全生产法律、行政法规和部门规章作出行政处罚行使自由裁量权的，适用本规则；具体实施行政处罚需要自由裁量的，参照《安全生产行政处罚自由裁量标准》(以下简称《标准》)执行。

煤矿安全监察机构对煤矿安全生产违法行为作出行政处罚行使自由裁量权的，适用《煤矿安全监察行政处罚自由裁量实施标准(试行)》。

法律、行政法规和地方性法规对行政处罚自由裁量另有规定的，适用其规定；原国家安全监管局、国家安全监管总局公布的部门规章与本规则不一致的，适用本规则。

第三条 本规则所称的行政处罚自由裁量权，是指安全监管执法机关在对安全生产违法行为实施行政处罚时，根据立法目的和行政处罚的原则，在法律、行政法规和部门规章规定的行政处罚的种类和幅度内，综合考量违法的事实、性质、手段、后果、情节和改正措施等因素，正确、适当地确定行政处罚的种类、幅度或者作出不予行政处罚决定的选择适用权限。

第四条 各级安全监管执法机关应当加强对各自管辖范围内安全生产行政处罚自由裁量行为的监督检查。

上级安全监管执法机关有权对下级安全监管执法机关违法或者不当的行政处罚予以纠正或者撤销。

第二章 行政处罚自由裁量的考量原则

第五条 行使行政处罚自由裁量权，应当遵循程序法定原则，严格遵守法律、行政法规和部门规章规定的程序。

第六条　行使行政处罚自由裁量权，应当遵循合法、公平、公正、公开的原则，过罚相当的原则和处罚与教育相结合的原则，依法维护公民、法人和其他组织的合法权益，确保行政处罚自由裁量权行使的合法性和合理性。

第七条　行使行政处罚自由裁量权，应当以事实为依据、以法律为准绳，全面分析违法行为的主体、客体、主观方面、客观方面等因素，综合裁量，合理确定应否给予行政处罚或者应当给予行政处罚的种类、幅度。给予行政处罚的种类、幅度应当与违法行为的事实、性质、情节、认知态度以及社会危害程度相当。

对同一类违法主体实施的性质相同、情节相近或者相似、危害后果基本相当的违法行为，在行使行政处罚自由裁量权时，适用的法律依据、处罚种类应当基本一致，处罚幅度应当基本相当。

第八条　同一个违法行为违反不同法律、行政法规或者部门规章规定的，在适用具体法律条文时应当遵循下列原则：

(一)优先适用法律效力高的规定；

(二)法律效力相同，属于特别规定的优先适用；

(三)法律效力相同，生效时间在后的优先适用。

第九条　法律对同一个违法行为设定了行政处罚的，按照下列原则行使自由裁量权：

(一)同一法律规定实施某个违法行为应当(可以)处以罚款的行政处罚确定的，参照《标准》对其罚款幅度予以细化；

(二)同一法律规定实施某个违法行为应当(可以)处以不同种类(包括警告、没收违法所得、暂扣或者吊销许可证等)的行政处罚的，参照《标准》给予相应种类的行政处罚；

(三)同一法律规定实施某个违法行为根据情节轻重不同处以不同种类的行政处罚的，参照《标准》确定的情节给予相应种类的行政处罚。

第十条　生产经营单位及其有关人员违反不同的法律规定，或者违反同一条款的不同违法情形，有两个以上应当给予行政处罚的违法行为的，应当适用不同的法律规定或者同一法律条款规定的不同违法情形，分别裁量，合并处罚。

第三章　行政处罚自由裁量的适用规则

第十一条　法律、行政法规或者部门规章规定应当先予责令改正或者责令限期改正的，应当先予书面责令当事人在规定期限内予以改正；当事人逾期不改正的，再依法决定行政处罚。

第十二条　法律、行政法规或者部门规章规定的多种处罚应当并处的，不得选择适用；规定可以并处的，可以选择适用。

法律、行政法规或者部门规章明确规定的处罚种类可以单处也可以并处的，可以选择适用，但应分清主罚项和次罚项。

法律、行政法规规定应当先予没收物品、没收违法所得，再作其他处罚的，不得直接选择适用其他处罚。

第十三条　法律、行政法规或者部门规章已经规定处罚种类的，实施自由裁量权时，不得改变行政处罚种类；对当事人实施罚款的，其罚款额不得高于法律、行政法规或者部门规章规定数额的上限，也不得低于其规定数额的下限。

第十四条　当事人有下列情形之一的，应当依法从轻处罚：

(一)已满14周岁不满18周岁的公民实施安全生产违法行为的；

(二)主动消除或者减轻安全生产违法行为危害后果的；

(三)受他人胁迫实施安全生产违法行为的；

(四)配合安全监管执法机关查处安全生产违法行为，有立功表现的；

(五)主动投案，向安全监管执法机关如实交待自己的违法行为的；

(六)具有法律、行政法规规定的其他从轻处罚情形的。

有从轻处罚情节的，应当在法定处罚幅度的中档以下确定行政处罚标准，但不得低于法定处罚幅度的下限。

本条第一款第(四)项所称的立功表现，是指当事人有揭发他人安全生产违法行为，并经查证属实；或者提供查处其他安全生产违法行为的重要线索，并经查证属实；或者阻止他人实施安全生产违法行为；或者协助司法机关抓捕其他违法犯罪嫌疑人的行为。

第十五条　当事人有下列情形之一的，应当依法从重处罚：

(一)危及公共安全或者其他生产经营单位及其人员安全，经责令限期改正，逾期未改正的；

(二)一年内因同一种安全生产违法行为受到两次以上行政处罚的；

(三)拒不整改或者整改不力，其违法行为处于持续状态的；

(四)拒绝、阻碍或者以暴力威胁行政执法人员的；

(五)在处置突发事件期间实施安全生产违法行为的；

(六)隐匿、销毁违法行为证据的；

(七)违法行为情节恶劣，造成人身死亡(重伤、急性工业中毒)或者严重社会影响的；

(八)故意实施违法行为的；

(九)对举报人、证人打击报复的；

（十）未依法排查治理事故隐患的；

（十一）发生生产安全事故后逃匿或者瞒报、谎报的；

（十二）具有法律、行政法规规定的其他从重处罚情形的。

有从重处罚情节的，应当在法定处罚幅度内选择较高或者最高幅度确定处罚标准，但不得高于法定处罚幅度上限。

第十六条 当事人有下列情形之一的，不予处罚：

（一）证据不足，安全生产违法事实不能成立的；

（二）安全生产违法行为轻微并及时纠正，没有造成危害后果的；

（三）不满14周岁的公民实施安全生产违法行为的；

（四）精神病人在不能辨认或者不能控制自己行为时实施安全生产违法行为的；

（五）安全生产违法行为在两年内未被发现的，法律另有规定的除外；

（六）具有法律、行政法规、部门规章规定的其他情形的。

前款第五项规定的期限，从违法行为发生之日起计算，违法行为有连续或者继续状态的，从行为终了之日起计算。

第十七条 《标准》所称的违法所得，按照下列规定计算：

（一）生产、加工产品的，以生产、加工的产品及其销售收入作为违法所得；

（二）销售商品的，以销售收入作为违法所得；

（三）提供安全生产中介、租赁等服务的，以服务收入或者报酬作为违法所得；

（四）销售收入无法计算的，按照当地同类同等规模的生产经营单位的平均销售收入计算；

（五）服务收入、报酬无法计算的，按照当地同行业同种服务的平均收入或者报酬计算。

第四章 行政处罚自由裁量的审核与监督

第十八条 除当场行政处罚外，行政处罚自由裁量结果实行审核制度。

案件调查终结后，案件承办人员应当对拟作出行政处罚的种类和幅度提出建议，并说明行使自由裁量权的事实、理由和依据；案件审核人员应当对处罚依据、额度等提出审核意见，并将审核意见报送安全监管执法机关负责人审查决定；安全监管执法机关已经成立行政处罚案件审核委员会的，审核意见报案件审核委员会审查决定。

对安全生产违法行为给予从轻或者从重处罚的自由裁量结果，应当由安全监管执法机关的负责人集体讨论决定。

第十九条 行政处罚案件实行备案审查制度。

各级安全监管执法机关负责法制工作的机构负责本机关行政处罚案件的备案审查工作，对各类安全生产行政处罚案件的实体内容、执法程序、自由裁量的合法性、适当性以及相关证据进行事后审查，并定期对行政执法案卷进行复查和监督。

第二十条 行使安全生产行政处罚自由裁量权的裁量结果应当公开，允许社会公众查阅，但涉及国家秘密、商业秘密或者个人隐私的除外。

第二十一条 行政监察机关对安全监管执法机关及其工作人员行使行政处罚自由裁量权实施监察。

安全监管执法机关及其工作人员行使行政处罚自由裁量权明显不当的，必须及时予以纠正；对有关责任人员依照《安全生产监管监察职责和行政执法责任追究的暂行规定》处理。

第五章 附　　则

第二十二条 违反《安全生产法》有关规定发生生产安全事故，应当给予生产经营单位的主要负责人、个人经营的投资人和其他责任人员罚款的，依照《安全生产法》第八十条、第八十一条的规定处罚。

违反《安全生产法》以外的有关法律、行政法规、部门规章的规定发生生产安全事故，应当给予生产经营单位的主要负责人、个人经营的投资人和其他责任人员罚款的，依照《生产安全事故报告和调查处理条例》的规定处罚。

第二十三条 行政处罚自由裁量审查和备案审查的具体办法，由地方各级安全监管执法机关根据本机关实际制定，并报上一级安全监管执法机关备案。

第二十四条 安全生产违法行为涉嫌构成刑事犯罪的，应当依据规定程序移交司法机关，不得以罚代刑。

第二十五条 本规则自2010年10月1日起施行。

建设项目安全设施“三同时”监督管理办法

（2010年12月14日国家安全生产监管总局令第36号公布　根据2015年4月2日《国家安全监管总局关于修改〈《生产安全事故报告和调查处理条例》罚款处罚暂行规定〉等四部规章的决定》修订）

第一章 总　　则

第一条 为加强建设项目安全管理，预防和减少生产安全事故,保障从业人员生命和财产安全,根据《中华人民共和国安全生产法》和《国务院关于进一步加强企业安全生产工作的通知》等法律、行政法规和规定,制定本办法。

第二条 经县级以上人民政府及其有关主管部门依法审批、核准或者备案的生产经营单位新建、改建、扩建工程项目(以下统称建设项目)安全设施的建设及其监督管理,适用本办法。

法律、行政法规及国务院对建设项目安全设施建设及其监督管理另有规定的,依照其规定。

第三条 本办法所称的建设项目安全设施,是指生产经营单位在生产经营活动中用于预防生产安全事故的设备、设施、装置、构(建)筑物和其他技术措施的总称。

第四条 生产经营单位是建设项目安全设施建设的责任主体。建设项目安全设施必须与主体工程同时设计、同时施工、同时投入生产和使用(以下简称“三同时”)。安全设施投资应当纳入建设项目概算。

第五条 国家安全生产监督管理总局对全国建设项目安全设施“三同时”实施综合监督管理,并在国务院规定的职责范围内承担有关建设项目安全设施“三同时”的监督管理。

县级以上地方各级安全生产监督管理部门对本行政区域内的建设项目安全设施“三同时”实施综合监督管理,并在本级人民政府规定的职责范围内承担本级人民政府及其有关主管部门审批、核准或者备案的建设项目安全设施“三同时”的监督管理。

跨两个及两个以上行政区域的建设项目安全设施“三同时”由其共同的上一级人民政府安全生产监督管理部门实施监督管理。

上一级人民政府安全生产监督管理部门根据工作需要,可以将其负责监督管理的建设项目安全设施“三同时”工作委托下一级人民政府安全生产监督管理部门实施监督管理。

第六条 安全生产监督管理部门应当加强建设项目安全设施建设的日常安全监管,落实有关行政许可及其监管责任,督促生产经营单位落实安全设施建设责任。

第二章 建设项目安全预评价

第七条 下列建设项目在进行可行性研究时,生产经营单位应当按照国家规定,进行安全预评价:

(一)非煤矿矿山建设项目;

(二)生产、储存危险化学品(包括使用长输管道输送危险化学品,下同)的建设项目;

(三)生产、储存烟花爆竹的建设项目;

(四)金属冶炼建设项目;

(五)使用危险化学品从事生产并且使用量达到规定数量的化工建设项目(属于危险化学品生产的除外,下同);

(六)法律、行政法规和国务院规定的其他建设项目。

第八条 生产经营单位应当委托具有相应资质的安全评价机构,对其建设项目进行安全预评价,并编制安全预评价报告。

建设项目安全预评价报告应当符合国家标准或者行业标准的规定。

生产、储存危险化学品的建设项目和化工建设项目安全预评价报告除符合本条第二款的规定外,还应当符合有关危险化学品建设项目的规定。

第九条 本办法第七条规定以外的其他建设项目,生产经营单位应当对其安全生产条件和设施进行综合分析,形成书面报告备查。

第三章 建设项目安全设施设计审查

第十条 生产经营单位在建设项目初步设计时,应当委托有相应资质的设计单位对建设项目安全设施同时进行设计,编制安全设施设计。

安全设施设计必须符合有关法律、法规、规章和国家标准或者行业标准、技术规范的规定,并尽可能采用先进适用的工艺、技术和可靠的设备、设施。本办法第七条规定的建设项目安全设施设计还应当充分考虑建设项目安全预评价报告提出的安全对策措施。

安全设施设计单位、设计人应当对其编制的设计文件负责。

第十一条 建设项目安全设施设计应当包括下列内容:

(一)设计依据;

(二)建设项目概述;

(三)建设项目潜在的危险、有害因素和危险、有害程度及周边环境安全分析;

(四)建筑及场地布置;

(五)重大危险源分析及检测监控;

(六)安全设施设计采取的防范措施;

(七)安全生产管理机构设置或者安全生产管理人员配备要求;

(八)从业人员安全生产教育和培训要求;

(九)工艺、技术和设备、设施的先进性和可靠性分析;

(十)安全设施专项投资概算;

(十一)安全预评价报告中的安全对策及建议采纳情况;

(十二)预期效果以及存在的问题与建议;

(十三)可能出现的事故预防及应急救援措施;

（十四）法律、法规、规章、标准规定需要说明的其他事项。

第十二条 本办法第七条第（一）项、第（二）项、第（三）项、第（四）项规定的建设项目安全设施设计完成后，生产经营单位应当按照本办法第五条的规定向安全生产监督管理部门提出审查申请，并提交下列文件资料：

（一）建设项目审批、核准或者备案的文件；

（二）建设项目安全设施设计审查申请；

（三）设计单位的设计资质证明文件；

（四）建设项目安全设施设计；

（五）建设项目安全预评价报告及相关文件资料；

（六）法律、行政法规、规章规定的其他文件资料。

安全生产监督管理部门收到申请后，对属于本部门职责范围内的，应当及时进行审查，并在收到申请后5个工作日内作出受理或者不予受理的决定，书面告知申请人；对不属于本部门职责范围内的，应当将有关文件资料转送有审查权的安全生产监督管理部门，并书面告知申请人。

第十三条 对已经受理的建设项目安全设施设计审查申请，安全生产监督管理部门应当自受理之日起20个工作日内作出是否批准的决定，并书面告知申请人。20个工作日内不能作出决定的，经本部门负责人批准，可以延长10个工作日，并应当将延长期限的理由书面告知申请人。

第十四条 建设项目安全设施设计有下列情形之一的，不予批准，并不得开工建设：

（一）无建设项目审批、核准或者备案文件的；

（二）未委托具有相应资质的设计单位进行设计的；

（三）安全预评价报告由未取得相应资质的安全评价机构编制的；

（四）设计内容不符合有关安全生产的法律、法规、规章和国家标准或者行业标准、技术规范的规定的；

（五）未采纳安全预评价报告中的安全对策和建议，且未作充分论证说明的；

（六）不符合法律、行政法规规定的其他条件的。

建设项目安全设施设计审查未予批准的，生产经营单位经过整改后可以向原审查部门申请再审。

第十五条 已经批准的建设项目及其安全设施设计有下列情形之一的，生产经营单位应当报原批准部门审查同意；未经审查同意的，不得开工建设：

（一）建设项目的规模、生产工艺、原料、设备发生重大变更的；

（二）改变安全设施设计且可能降低安全性能的；

（三）在施工期间重新设计的。

第十六条 本办法第七条第（一）项、第（二）项、第（三）项和第（四）项规定以外的建设项目安全设施设计，由生产经营单位组织审查，形成书面报告备查。

第四章 建设项目安全设施施工和竣工验收

第十七条 建设项目安全设施的施工应当由取得相应资质的施工单位进行，并与建设项目主体工程同时施工。

施工单位应当在施工组织设计中编制安全技术措施和施工现场临时用电方案，同时对危险性较大的分部分项工程依法编制专项施工方案，并附具安全验算结果，经施工单位技术负责人、总监理工程师签字后实施。

施工单位应当严格按照安全设施设计和相关施工技术标准、规范施工，并对安全设施的工程质量负责。

第十八条 施工单位发现安全设施设计文件有错漏的，应当及时向生产经营单位、设计单位提出。生产经营单位、设计单位应当及时处理。

施工单位发现安全设施存在重大事故隐患时，应当立即停止施工并报告生产经营单位进行整改。整改合格后，方可恢复施工。

第十九条 工程监理单位应当审查施工组织设计中的安全技术措施或者专项施工方案是否符合工程建设强制性标准。

工程监理单位在实施监理过程中，发现存在事故隐患的，应当要求施工单位整改；情况严重的，应当要求施工单位暂时停止施工，并及时报告生产经营单位。施工单位拒不整改或者不停止施工的，工程监理单位应当及时向有关主管部门报告。

工程监理单位、监理人员应当按照法律、法规和工程建设强制性标准实施监理，并对安全设施工程的工程质量承担监理责任。

第二十条 建设项目安全设施建成后，生产经营单位应当对安全设施进行检查，对发现的问题及时整改。

第二十一条 本办法第七条规定的建设项目竣工后，根据规定建设项目需要试运行（包括生产、使用，下同）的，应当在正式投入生产或者使用前进行试运行。

试运行时间应当不少于30日，最长不得超过180日，国家有关部门有规定或者特殊要求的行业除外。

生产、储存危险化学品的建设项目和化工建设项目，应当在建设项目试运行前将试运行方案报负责建设项目安全许可的安全生产监督管理部门备案。

第二十二条 本办法第七条规定的建设项目安全设施竣工或者试运行完成后，生产经营单位应当委托具有相应资质的安全评价机构对安全设施进行验收评价，并编制建设项目安全验收评价报告。

建设项目安全验收评价报告应当符合国家标准

或者行业标准的规定。

生产、储存危险化学品的建设项目和化工建设项目安全验收评价报告除符合本条第二款的规定外，还应当符合有关危险化学品建设项目的规定。

第二十三条　建设项目竣工投入生产或者使用前，生产经营单位应当组织对安全设施进行竣工验收，并形成书面报告备查。安全设施竣工验收合格后，方可投入生产和使用。

安全监管部门应当按照下列方式之一对本办法第七条第(一)项、第(二)项、第(三)项和第(四)项规定建设项目的竣工验收活动和验收结果的监督核查：

(一)对安全设施竣工验收报告按照不少于总数10%的比例进行随机抽查；

(二)在实施有关安全许可时，对建设项目安全设施竣工验收报告进行审查。

抽查和审查以书面方式为主。对竣工验收报告的实质内容存在疑问，需要到现场核查的，安全监管部门应当指派两名以上工作人员对有关内容进行现场核查。工作人员应当提出现场核查意见，并如实记录在案。

第二十四条　建设项目的安全设施有下列情形之一的，建设单位不得通过竣工验收，并不得投入生产或者使用：

(一)未选择具有相应资质的施工单位施工的；

(二)未按照建设项目安全设施设计文件施工或者施工质量未达到建设项目安全设施设计文件要求的；

(三)建设项目安全设施的施工不符合国家有关施工技术标准的；

(四)未选择具有相应资质的安全评价机构进行安全验收评价或者安全验收评价不合格的；

(五)安全设施和安全生产条件不符合有关安全生产法律、法规、规章和国家标准或者行业标准、技术规范规定的；

(六)发现建设项目试运行期间存在事故隐患未整改的；

(七)未依法设置安全生产管理机构或者配备安全生产管理人员的；

(八)从业人员未经过安全生产教育和培训或者不具备相应资格的；

(九)不符合法律、行政法规规定的其他条件的。

第二十五条　生产经营单位应当按照档案管理的规定，建立建设项目安全设施“三同时”文件资料档案，并妥善保存。

第二十六条　建设项目安全设施未与主体工程同时设计、同时施工或者同时投入使用的，安全生产监督管理部门对与此有关的行政许可一律不予审批，同时责令生产经营单位立即停止施工、限期改正违法行为，对有关生产经营单位和人员依法给予行政处罚。

第五章　法律责任

第二十七条　建设项目安全设施“三同时”违反本办法的规定，安全生产监督管理部门及其工作人员给予审批通过或者颁发有关许可证的，依法给予行政处分。

第二十八条　生产经营单位对本办法第七条第(一)项、第(二)项、第(三)项和第(四)项规定的建设项目有下列情形之一的，责令停止建设或者停产停业整顿，限期改正；逾期未改正的，处50万元以上100万元以下的罚款，对其直接负责的主管人员和其他直接责任人员处2万元以上5万元以下的罚款；构成犯罪的，依照刑法有关规定追究刑事责任：

(一)未按照本办法规定对建设项目进行安全评价的；

(二)没有安全设施设计或者安全设施设计未按照规定报经安全生产监督管理部门审查同意，擅自开工的；

(三)施工单位未按照批准的安全设施设计施工的；

(四)投入生产或者使用前，安全设施未经验收合格的。

第二十九条　已经批准的建设项目安全设施设计发生重大变更，生产经营单位未报原批准部门审查同意擅自开工建设的，责令限期改正，可以并处1万元以上3万元以下的罚款。

第三十条　本办法第七条第(一)项、第(二)项、第(三)项和第(四)项规定以外的建设项目有下列情形之一的，对有关生产经营单位责令限期改正，可以并处5000元以上3万元以下的罚款：

(一)没有安全设施设计的；

(二)安全设施设计未组织审查，并形成书面审查报告的；

(三)施工单位未按照安全设施设计施工的；

(四)投入生产或者使用前，安全设施未经竣工验收合格，并形成书面报告的。

第三十一条　承担建设项目安全评价的机构弄虚作假、出具虚假报告，尚未构成犯罪的，没收违法所得，违法所得在10万元以上的，并处违法所得二倍以上五倍以下的罚款；没有违法所得或者违法所得不足10万元的，单处或者并处10万元以上20万元以下的罚款，对其直接负责的主管人员和其他直接责任人员处2万元以上5万元以下的罚款；给他人造成损害的，与生产经营单位承担连带赔偿责任。

对有前款违法行为的机构，吊销其相应资质。

第三十二条 本办法规定的行政处罚由安全生产监督管理部门决定。法律、行政法规对行政处罚的种类、幅度和决定机关另有规定的,依照其规定。

安全生产监督管理部门对应当由其他有关部门进行处理的"三同时"问题,应当及时移送有关部门并形成记录备查。

第六章 附 则

第三十三条 本办法自2011年2月1日起施行。

安全生产行业标准管理规定

(2004年11月1日国家安全生产监督管理局、国家煤矿安全监察局令第14号公布 自2004年12月1日起施行)

第一章 总 则

第一条 为加强安全生产行业标准(以下统称安全生产标准)的管理,规范安全生产标准的制定和修订程序,根据《标准化法》、《标准化法实施条例》等有关规定,制定本规定。

第二条 本规定所称安全生产标准是指由国家安全生产监督管理局(国家煤矿安全监察局)(以下统称国家局)制定和修订颁布的有关安全生产方面统一的技术、管理、方法等要求。

安全生产标准的范围包括矿山安全、劳动防护用品、危险化学品安全管理、烟花爆竹安全管理和其他工矿商贸安全生产规程等。

第三条 安全生产标准分为强制性标准和推荐性标准。安全生产标准内容涉及需要强制执行的安全生产条件、安全管理等的,为强制性标准;其他为推荐性标准。

第四条 安全生产标准与其他行业标准之间应当协调、统一。

安全生产标准实施后需要上升为国家标准的,应当及时上升为国家标准。安全生产标准在相应的国家标准实施后,即行废止。

第五条 国家局对全国安全生产标准工作实施监督管理,并鼓励有关政府机构、生产经营单位、全国专业标准化技术委员会、行业协会、科学研究机构、学术团体、学校等单位和个人依法从事安全生产标准工作。

第二章 安全生产标准的计划

第六条 下列事项应当制定相应的安全生产标准:

(一)劳动防护用品和矿山安全仪器仪表的品种、规格、质量、等级及劳动防护用品的设计、生产、检验、包装、储存、运输、使用的安全要求;

(二)为实施矿山、危险化学品、烟花爆竹安全管理而规定的有关技术术语、符号、代号、代码、文件格式、制图方法等通用技术语言和安全技术要求;

(三)生产、经营、储存、运输、使用、检测、检验、废弃等方面的安全技术要求;

(四)工矿商贸安全生产规程;

(五)生产经营单位的安全生产条件;

(六)应急救援的规则、规程、标准等技术规范;

(七)安全评价、评估、培训考核的标准、通则、导则、规则等技术规范;

(八)安全中介机构的服务规范与规则、标准;

(九)安全生产监督管理和煤矿安全监察工作的有关技术要求;

(十)法律、行政法规规定的其他安全技术要求。

第七条 安全生产标准的名称应当符合国家标准的有关要求。

安全生产标准的内容是对设计、施工、制造、检测、检验等技术事项作出一系列统一规定的,应将标准化对象的名称与规范、规则连在一起作为安全生产标准的名称。

安全生产标准的内容是对工艺、操作、安装、鉴定、管理等具体安全技术要求和实施程序作出统一规定的,应将标准化对象的名称与安全规程或者规程连在一起作为安全生产标准的名称。

安全生产标准的内容是对某一具体设备、装置、防护用品的安全要求作出规定或者对其试验方法、检测检验规则、标志、包装、运输、储存等方面提出要求的,应将标准化对象的名称与安全技术条件或者技术条件连在一起作为安全生产标准的名称。

安全生产标准的内容仅包括部分技术特征的,应将标准化对象和标准所叙述的技术特征作为安全生产标准的名称。

安全生产标准的内容是全面叙述标准化对象的,应将标准化对象作为安全生产标准的名称。

安全生产标准的内容是通用性规定的,应将标准化对象及其技术特征与导则、通则连在一起作为安全生产标准的名称。

安全生产标准的内容是对生产经营单位的安全生产条件作出规定的,应将标准化对象与安全生产条件连在一起作为安全生产标准的名称。

第八条 国家局根据安全生产工作的需要,组织编制安全生产标准工作规划和年度计划。

第九条 安全生产标准起草单位应于每年12月15日前向国家局提出下年度制定和修订安全生产标准的项目建议。

安全生产标准的项目建议应当包括下列内容：

（一）制定或者修订的必要性；

（二）相关国家标准或者行业标准的情况；

（三）标准的主要内容；

（四）完成时限；

（五）其他有关情况。

第十条　国家局对安全生产标准起草单位提出的安全生产标准的项目建议进行审查，确定年度安全生产标准工作计划，并下达组织实施。

第三章　安全生产标准的起草和审查

第十一条　安全生产标准起草单位应当制定标准完成计划，成立标准起草小组，并确定专门人员负责标准的起草工作。

标准完成计划和标准起草小组名单应当报国家局备案。

第十二条　安全生产标准起草单位应当按照标准完成计划提出安全生产标准征求意见稿，并广泛征求有关单位和专家的意见。

对于有关单位和专家提出的意见，安全生产标准起草单位应予采纳；不予采纳的，应当说明理由。意见处理结果应当按照标准化有关规定编制意见汇总处理表。

第十三条　安全生产标准起草单位应当根据意见处理结果对安全生产标准征求意见稿进行修改，形成安全生产标准送审稿，送国家局或者全国专业标准化技术委员会审查。

安全生产标准送审时，应当附有标准送审稿、标准编制说明、意见汇总处理表和其他有关附件。

第十四条　国家局或者全国专业标准化技术委员会接到安全生产标准送审稿及相关材料后，应当按照下列规定处理：

已经成立全国专业标准化技术委员会的，由全国专业标准化技术委员会按照《全国专业标准化技术委员会章程》的规定组织标准的审查。

没有成立全国专业标准化技术委员会的，由国家局根据安全生产标准涉及的内容邀请生产、使用、经销、科研、院校等方面的单位和专家组织标准的审查；审查时，使用单位的人员不应少于四分之一。

国家局或者全国专业标准化技术委员会在组织安全生产标准审查时，应当对安全生产标准的强制性或者推荐性提出审查意见。

第十五条　安全生产标准审查应当采用会议审查方式进行。会议审查有困难的，可以采用函审方式进行。

会议审查时，应当进行充分讨论，尽量取得一致意见。需要表决时，必须有不少于出席会议代表人数的四分之三同意方为通过。函审时，也必须有四分之三的回函同意方为通过。会议审查结果应当写入会议纪要，会议纪要应当如实反映各方面的意见。函审时应当形成函审结论并附函审单。会议代表的出席率和函审单的回函率应当不低于三分之二。

第十六条　安全生产标准起草单位应当根据会议审查或函审的意见对安全生产标准送审稿进行修改，形成安全生产标准报批稿，报国家局审批。

安全生产标准报批时，应当附有标准报批稿、标准编制说明、标准审查会议纪要或者函审结论及函审单、意见汇总处理表和其他有关附件。采用国际标准或者国外先进标准的，应附有该标准的原文或者译文。

第四章　安全生产标准的发布和备案

第十七条　安全生产标准由国家局统一编号、发布。

安全生产标准的编号由安全生产标准代号、标准顺序号及年号组成。安全生产标准代号为AQ。

第十八条　安全生产标准应当在发布后30日内依法报国务院标准化行政主管部门备案。

第十九条　安全生产标准由国家局指定的出版社统一出版、发行。

第二十条　安全生产标准实施后，应当进行复审。复审周期不超过5年。复审不合格的，应当及时进行修订或者废止。

第五章　附　　则

第二十一条　安全生产标准的编写、说明、审查等内容应当符合国家标准的有关要求。

第二十二条　对于需要制定新的国家标准，或者将安全生产标准上升为国家标准，或者修订国家标准的计划，按照国家标准制定和修订的规定办理。

第二十三条　本规定自2004年12月1日起施行。

安全生产监督罚款管理暂行办法

（2004年11月3日国家安全生产监督管理局、国家煤矿安全监察局令第15号公布　自公布之日起施行）

第一条　为加强安全生产监督罚款管理工作，依法实施安全生产综合监督管理，根据《安全生产法》、《罚款决定与罚款收缴分离实施办法》和《财政部关于做好安全生产监督有关罚款收入管理工作的通知》等法律、法规和有关规定,制定本办法。

第二条 县级以上人民政府安全生产监督管理部门(以下简称安全生产监督管理部门)对生产经营单位及其有关人员在生产经营活动中违反安全生产的法律、行政法规、部门规章、国家标准、行业标准和规程的违法行为(以下简称安全生产违法行为)依法实施罚款,适用本办法。

第三条 安全生产监督罚款实行处罚决定与罚款收缴分离。

安全生产监督管理部门按照有关规定,对安全生产违法行为实施罚款,开具安全生产监督管理行政处罚决定书;被处罚人持安全生产监督管理部门开具的行政处罚决定书到指定的代收银行及其分支机构缴纳罚款。

罚款代收银行的确定以及会计科目的使用应严格按照财政部《罚款代收代缴管理办法》和其他有关规定办理。代收银行的代收手续费按照《财政部、中国人民银行关于代收罚款手续费有关问题的通知》的规定执行。

第四条 罚款票据使用省、自治区、直辖市财政部门统一印制的罚款收据,并由代收银行负责管理。

安全生产监督管理部门可领取小额罚款票据,并负责管理。罚没款票据的使用,应当符合罚款票据管理暂行规定。

尚未实行银行代收的罚款,由县级以上安全生产监督管理部门统一向同级财政部门购领罚款票据,并负责本单位罚款票据的管理。

第五条 安全生产监督罚款收入纳入同级财政预算,实行"收支两条线"管理。

罚款缴库时间按照当地财政部门有关规定办理。

第六条 安全生产监督管理部门定期到代收银行索取缴款票据,据以登记统计,并和安全生产监督管理行政处罚决定书核对。

各地安全生产监督管理部门应于每季度终了后7日内将罚款统计表(格式附后)逐级上报。各省级安全生产监督管理部门应于每半年(年)终了后15日内将罚款统计表报国家安全生产监督管理局。

第七条 安全生产监督管理部门罚款收入的缴库情况,应接受同级财政部门的检查和监督。

第八条 安全生产监督罚款应严格执行国家有关罚款收支管理的规定,对违反"收支两条线"管理的机构和个人,依照《违反行政事业性收费和罚没收入收支两条线管理规定行政处分暂行规定》追究责任。

第九条 本办法自公布之日起施行。

中央企业安全生产监督管理暂行办法

(2008年8月18日国务院国有资产监督管理委员会令第21号公布　自2008年9月1日起施行)

第一章　总　　则

第一条 为履行国有资产出资人安全生产监管职责,督促中央企业全面落实安全生产主体责任,建立安全生产长效机制,防止和减少生产安全事故,保障中央企业职工和人民群众生命财产安全,维护国有资产的保值增值,根据《中华人民共和国安全生产法》、《企业国有资产监督管理暂行条例》、《国务院办公厅关于加强中央企业安全生产工作的通知》(国办发〔2004〕52号)等有关法律法规和规定,制定本办法。

第二条 本办法所称中央企业,是指国务院国有资产监督管理委员会(以下简称国资委)根据国务院授权履行出资人职责的国有及国有控股企业。

第三条 中央企业应当依法接受国家安全生产监督管理部门和所在地省(区、市)、市(地)安全生产监督管理部门以及行业安全生产监督管理部门的监督管理。国资委按照国有资产出资人的职责,对中央企业的安全生产工作履行以下职责:

(一)负责指导督促中央企业贯彻落实国家安全生产方针政策及有关法律法规、标准等;

(二)督促中央企业主要负责人落实安全生产第一责任人的责任和企业安全生产责任制,做好对企业负责人履行安全生产职责的业绩考核;

(三)依照有关规定,参与或者组织开展中央企业安全生产检查、督查,督促企业落实各项安全防范和隐患治理措施;

(四)参与企业特别重大事故的调查,负责落实事故责任追究的有关规定;

(五)督促企业做好统筹规划,把安全生产纳入中长期发展规划,保障职工健康与安全,切实履行社会责任。

第四条 国资委对中央企业安全生产实行分类监督管理。中央企业依据国资委核定的主营业务和安全生产的风险程度分为三类(见附件1):

第一类:主业从事煤炭及非煤矿山开采、建筑施工、危险物品的生产经营储运使用、交通运输的企业;

第二类:主业从事冶金、机械、电子、电力、建材、医药、纺织、仓储、旅游、通信的企业;

第三类:除上述第一、二类企业以外的企业。

企业分类实行动态管理，可以根据主营业务内容的变化进行调整。

第二章　安全生产工作责任

第五条　中央企业是安全生产的责任主体，必须贯彻落实国家安全生产方针政策及有关法律法规、标准，按照“统一领导、落实责任、分级管理、分类指导、全员参与”的原则，逐级建立健全安全生产责任制。安全生产责任制应当覆盖本企业全体职工和岗位、全部生产经营和管理过程。

第六条　中央企业应当按照以下规定建立以企业主要负责人为核心的安全生产领导负责制。

（一）中央企业主要负责人是本企业安全生产的第一责任人，对本企业安全生产工作负总责，应当全面履行《中华人民共和国安全生产法》规定的以下职责：

1. 建立健全本企业安全生产责任制；

2. 组织制定本企业安全生产规章制度和操作规程；

3. 保证本企业安全生产投入的有效实施；

4. 督促、检查本企业的安全生产工作，及时消除生产安全事故隐患；

5. 组织制定并实施本企业的生产安全事故应急救援预案；

6. 及时、如实报告生产安全事故。

（二）中央企业主管生产的负责人统筹组织生产过程中各项安全生产制度和措施的落实，完善安全生产条件，对企业安全生产工作负重要领导责任。

（三）中央企业主管安全生产工作的负责人协助主要负责人落实各项安全生产法律法规、标准，统筹协调和综合管理企业的安全生产工作，对企业安全生产工作负综合管理领导责任。

（四）中央企业其他负责人应当按照分工抓好主管范围内的安全生产工作，对主管范围内的安全生产工作负领导责任。

第七条　中央企业必须建立健全安全生产的组织机构，包括：

（一）安全生产工作的领导机构——安全生产委员会（以下简称安委会），负责统一领导本企业的安全生产工作，研究决策企业安全生产的重大问题。安委会主任应当由企业安全生产第一责任人担任。安委会应当建立工作制度和例会制度。

（二）与企业生产经营相适应的安全生产监督管理机构。

第一类企业应当设置负责安全生产监督管理工作的独立职能部门。

第二类企业应当在有关职能部门中设置负责安全生产监督管理工作的内部专业机构；安全生产任务较重的企业应当设置负责安全生产监督管理工作的独立职能部门。

第三类企业应当明确有关职能部门负责安全生产监督管理工作，配备专职安全生产监督管理人员；安全生产任务较重的企业应当在有关职能部门中设置负责安全生产监督管理工作的内部专业机构。

安全生产监督管理职能部门或者负责安全生产监督管理工作的职能部门是企业安全生产工作的综合管理部门，对其他职能部门的安全生产管理工作进行综合协调和监督。

第八条　中央企业应当明确各职能部门的具体安全生产管理职责；各职能部门应当将安全生产管理职责具体分解到相应岗位。

第九条　中央企业专职安全生产监督管理人员的任职资格和配备数量，应当符合国家和行业的有关规定；国家和行业没有明确规定的，中央企业应当根据本企业的生产经营内容和性质、管理范围、管理跨度等配备专职安全生产监督管理人员。

中央企业应当加强安全队伍建设，提高人员素质，鼓励和支持安全生产监督管理人员取得注册安全工程师资质。安全生产监督管理机构工作人员应当逐步达到以注册安全工程师为主体。

第十条　中央企业工会依法对本企业安全生产与劳动防护进行民主监督，依法维护职工合法权益，有权对建设项目的安全设施与主体工程同时设计、同时施工、同时投入和使用情况进行监督，提出意见。

第十一条　中央企业应当对其独资及控股子企业（包括境外子企业）的安全生产认真履行以下监督管理责任：

（一）监督管理独资及控股子企业安全生产条件具备情况；安全生产监督管理组织机构设置情况；安全生产责任制、安全生产各项规章制度建立情况；安全生产投入和隐患排查治理情况；安全生产应急管理情况；及时、如实报告生产安全事故。

第一类中央企业可以向其列为安全生产重点的独资及控股子企业委派专职安全生产总监，加强对子企业安全生产的监督。

（二）将独资及控股子企业纳入中央企业安全生产管理体系，对其项目建设、收购、并购、转让、运行、停产等影响安全生产的重大事项实行报批制度，严格安全生产的检查、考核、奖惩和责任追究。

对控股但不负责管理的子企业，中央企业应当与管理方商定管理模式，按照《中华人民共和国安全生产法》的要求，通过经营合同、公司章程、协议书等明确安全生产管理责任、目标和要求等。

对参股并负有管理职责的企业，中央企业应当按照有关法律法规的规定与参股企业签订安全生产管理协议书,明确安全生产管理责任。

中央企业各级子企业应当按照以上规定逐级建立健全安全生产责任制,逐级加强安全生产工作的监督管理。

第三章 安全生产工作基本要求

第十二条 中央企业应当制定中长期安全生产发展规划,并将其纳入企业总体发展战略规划,实现安全生产与企业发展的同步规划、同步实施、同步发展。

第十三条 中央企业应当建立健全安全生产管理体系,积极推行和应用国内外先进的安全生产管理方法、体系等,实现安全生产管理的规范化、标准化、科学化、现代化。

中央企业安全生产管理体系应当包括组织体系、制度体系、责任体系、风险控制体系、教育体系、监督保证体系等。

中央企业应当加强安全生产管理体系的运行控制,强化岗位培训、过程督查、总结反馈、持续改进等管理过程,确保体系的有效运行。

第十四条 中央企业应当结合行业特点和企业实际,建立职业健康安全管理体系,消除或者减少职工的职业健康安全风险,保障职工职业健康。

第十五条 中央企业应当建立健全企业安全生产应急管理体系,包括预案体系、组织体系、运行机制、支持保障体系等。加强应急预案的编制、评审、培训、演练和应急救援队伍的建设工作,落实应急物资与装备,提高企业有效应对各类生产安全事故灾难的应急管理能力。

第十六条 中央企业应当加强安全生产风险辨识和评估工作,制定重大危险源的监控措施和管理方案,确保重大危险源始终处于受控状态。

第十七条 中央企业应当建立健全生产安全事故隐患排查和治理工作制度,规范各级生产安全事故隐患排查的频次、控制管理原则、分级管理模式、分级管理内容等。对排查出的隐患要落实专项治理经费和专职负责人,按时完成整改。

第十八条 中央企业应当严格遵守新建、改建、扩建工程项目安全设施与主体工程同时设计、同时施工、同时投入生产和使用的有关规定。

第十九条 中央企业应当严格按照国家和行业的有关规定,足额提取安全生产费用。国家和行业没有明确规定安全生产费用提取比例的中央企业,应当根据企业实际和可持续发展的需要,提取足够的安全生产费用。安全生产费用应当专户核算并编制使用计划,明确费用投入的项目内容、额度、完成期限、责任部门和责任人等,确保安全生产费用投入的落实,并将落实情况随年度业绩考核总结分析报告同时报送国资委。

第二十条 中央企业应当建立健全安全生产的教育和培训制度,严格落实企业负责人、安全生产监督管理人员、特种作业人员的持证上岗制度和培训考核制度;严格落实从业人员的安全生产教育培训制度。

第二十一条 中央企业应当建立安全生产考核和奖惩机制。严格安全生产业绩考核,加大安全生产奖励力度,严肃查处每起责任事故,严格追究事故责任人的责任。

第二十二条 中央企业应当建立健全生产安全事故新闻发布制度和媒体应对工作机制,及时、主动、准确、客观地向新闻媒体公布事故的有关情况。

第二十三条 企业制定和执行的安全生产管理规章制度、标准等应当不低于国家和行业要求。

第四章 安全生产工作报告制度

第二十四条 中央企业应当于每年1月底前将上一年度的安全生产工作总结和本年度的工作安排报送国资委。

第二十五条 中央企业应当按季度、年度对本企业(包括独资及控股并负责管理的企业)所发生的生产安全事故进行统计分析并填制报表(见附件2、附件3),于次季度首月15日前和次年度1月底前报国资委。中央企业生产安全事故统计报表实行零报告制度。

第二十六条 中央企业发生生产安全事故或者因生产安全事故引发突发事件后,应当按以下要求报告国资委:

(一)境内发生较大及以上生产安全事故,中央企业应当编制生产安全事故快报(见附件4),按本办法规定的报告流程(见附件5)迅速报告。事故现场负责人应当立即向本单位负责人报告,单位负责人接到报告后,应当于1小时内向上一级单位负责人报告;以后逐级报告至国资委,且每级时间间隔不得超过2小时。

(二)境内由于生产安全事故引发的特别重大、重大突发公共事件,中央企业接到报告后应当立即向国资委报告。

(三)境外发生生产安全死亡事故,中央企业接到报告后应当立即向国资委报告。

(四)在中央企业管理的区域内发生生产安全事故,中央企业作为业主、总承包商或者分包商应当按本条第(一)款规定报告。

第二十七条 中央企业应当将政府有关部门对

较大事故、重大事故的事故调查报告及批复及时报国资委备案，并将责任追究落实情况报告国资委。

第二十八条　中央企业应当将安全生产工作领导机构及安全生产监督管理机构的名称、组成人员、职责、工作制度及联系方式报国资委备案，并及时报送变动情况。

第二十九条　中央企业应当将安全生产应急预案报国资委备案，并及时报送修订情况。

第三十条　中央企业应当将安全生产方面的重要活动、重要会议、重大举措和成果、重大问题等重要信息和重要事项，及时报告国资委。

第五章　安全生产监督管理与奖惩

第三十一条　国资委参与中央企业特别重大生产安全事故的调查，并根据事故调查报告及国务院批复负责落实或者监督对事故有关责任单位和责任人的处理。

第三十二条　国资委组织开展中央企业安全生产督查，督促中央企业落实安全生产有关规定和改进安全生产工作。中央企业违反本办法有关安全生产监督管理规定的，国资委根据情节轻重要求其改正或者予以通报批评。

中央企业半年内连续发生重大以上生产安全事故，国资委除依据有关规定落实对有关责任单位和责任人的处理外，对中央企业予以通报批评，对其主要负责人进行诫勉谈话。

第三十三条　国资委配合有关部门对中央企业安全生产违法行为的举报进行调查，或者责成有关单位进行调查，依照干部管理权限对有关责任人予以处理。

第三十四条　国资委根据中央企业考核期内发生的生产安全责任事故认定情况，对中央企业负责人经营业绩考核结果进行下列降级或者降分处理（见附件6）：

（一）中央企业负责人年度经营业绩考核期内发生特别重大责任事故并负主要责任的或者发生瞒报事故的，对该中央企业负责人的年度经营业绩考核结果予以降级处理。

（二）中央企业负责人年度经营业绩考核期内发生较大责任事故或者重大责任事故起数达到降级起数的，对该中央企业负责人的年度经营业绩考核结果予以降级处理。

（三）中央企业负责人年度经营业绩考核期内发生较大责任事故和重大责任事故但不够降级标准的，对该中央企业负责人的年度经营业绩考核结果予以降分处理。

（四）中央企业负责人任期经营业绩考核期内连续发生瞒报事故或者发生两起以上特别重大责任事故，对该中央企业负责人的任期经营业绩考核结果予以降级处理。

本办法所称责任事故，是指依据事故调查报告及批复对事故性质的认定，中央企业或者中央企业独资及控股子企业对事故发生负有责任的生产安全事故。

第三十五条　对未严格按照国家和行业有关规定足额提取安全生产费用的中央企业，国资委从企业负责人业绩考核的业绩利润中予以扣减，并予以降分处理。

第三十六条　授权董事会对经理层人员进行经营业绩考核的中央企业，董事会应当将安全生产工作纳入经理层人员年度经营业绩考核，与绩效薪金挂钩，并比照本办法的安全生产业绩考核规定执行。

董事会对经理层的安全生产业绩考核情况纳入国资委对董事会的考核评价内容。对董事会未有效履行监督、考核安全生产职能，企业发生特别重大责任事故并造成严重社会影响的，国资委对董事会予以调整，对有关董事予以解聘。

第三十七条　中央企业负责人年度经营业绩考核中因安全生产问题受到降级处理的，取消其参加该考核年度国资委组织或者参与组织的评优、评先活动资格。

第三十八条　国资委对年度安全生产相对指标达到国内同行业最好水平或者达到国际先进水平的中央企业予以表彰。

第三十九条　国资委对认真贯彻执行本办法，安全生产工作成绩突出的个人和集体予以表彰奖励。

第六章　附　　则

第四十条　生产安全事故等级划分按《生产安全事故报告和调查处理条例》（国务院令第493号）第三条的规定执行。国务院对特殊行业另有规定的，从其规定。

突发公共事件等级划分按《国务院关于实施国家突发公共事件总体应急预案的决定》（国发〔2005〕11号）附件《特别重大、重大突发公共事件分级标准（试行）》中安全事故类的有关规定执行。

第四十一条　境外中央企业除执行本办法外，还应严格遵守所在地的安全生产法律法规。

第四十二条　本办法由国资委负责解释。

第四十三条　本办法自2008年9月1日起施行。

附件1：中央企业安全生产监管分类表（略）

附件2：中央企业生产安全事故季报表（略）

附件3：中央企业生产安全事故年度报表（略）

附件4：中央企业生产安全事故快报（略）

附件5：中央企业生产安全事故报告流程图（略）

附件6：

中央企业生产安全责任事故降分降级处理细则

中央企业的生产安全责任事故纳入中央企业负责人经营业绩考核之中，主要根据企业经营规模、安全生产监管分类及事故的起数、性质、级别和责任情况，对中央企业负责人经营业绩考核结果进行降级或降分处理。

一、降级

（一）中央企业年度内发生下列情况之一的，对中央企业负责人年度经营业绩考核结果予以降低一级处理：

1. 发生生产安全事故，存在瞒报行为的中央企业。

2. 发生特别重大生产安全责任事故，承担主要责任的中央企业。

3. 发生特别重大生产安全责任事故，承担一定责任的第二类中央企业；发生重大以上生产安全责任事故，承担一定责任的第三类中央企业。

4. 较大生产安全责任事故或重大生产安全责任事故达到规定降级起数，且承担主要责任的中央企业（详见表1）。

5. 发生重大环境污染、公共安全等事件，并造成重大社会影响的中央企业。

（二）中央企业任期内连续发生瞒报事故或发生两起以上特别重大生产安全责任事故，对中央企业负责人任期经营业绩考核结果予以降低一级处理。

表1

类型	规模（亿元）	较大责任事故（起数≥）	重大责任事故（起数≥）
第一类企业	销售收入≥3000	6	2
	1500≤销售收入<3000	5	2
	销售收入<1500	4	2
第二类企业	销售收入≥3000	4	1
	1500≤销售收入<3000	3	1
	销售收入<1500	2	1
第三类企业	所有规模	1	1

二、降分

（一）中央企业年度内发生较大生产安全责任事故或重大生产安全责任事故，承担主要责任，事故起数未达到降级标准的，按以下标准对中央企业负责人年度经营业绩考核降分：

1. 第一类企业，较大生产安全责任事故1起扣0.2分-0.4分，重大生产安全责任事故1起扣0.6分-1.2分。

2. 第二类企业，较大生产安全责任事故1起扣0.4分-0.8分。

3. 第三类企业，较大生产安全责任事故1起扣0.4分-0.8分。

（二）中央企业年度内发生较大以上生产安全责任事故，多方共同承担责任，按以下标准对中央企业负责人年度经营业绩考核降分：

1. 第一类企业，较大生产安全责任事故1起扣0.1分-0.2分；重大生产安全责任事故1起扣0.3分-0.6分；特大生产安全责任事故1起扣0.8分-2分。

2. 第二类企业，较大生产安全责任事故1起扣0.2分-0.4分；重大生产安全责任事故1起扣0.6分-1.2分。

（三）中央企业年度内发生较大以上生产安全责任事故，承担管理责任、次要责任、一定责任等非主要责任的，按以下标准对中央企业负责人年度经营业绩考核降分：

1. 第一类企业，较大生产安全责任事故1起扣0.05分-0.1分；重大生产安全责任事故1起扣0.15分-0.3分；特大生产安全责任事故1起扣0.4分-1分。

2. 第二类企业，较大生产安全责任事故1起扣0.1分-0.2分；重大生产安全责任事故1起扣0.3分-0.6分。

3. 第三类企业，较大生产安全责任事故1起扣0.2分-0.4分。

三、其他

1. 中央企业因安全生产受到业绩考核降级处理后，不再另外降分。

2. 煤炭企业按第一类企业中第二档（1500亿元≤销售收入<3000亿元）进行考核。

国家安全监管总局印发关于生产安全事故调查处理中有关问题规定的通知

（2013 年 11 月 20 日　安监总政法〔2013〕115 号）

各省、自治区、直辖市及新疆生产建设兵团安全生产监督管理局，各省级煤矿安全监察局：

为进一步规范生产安全事故的调查处理，认真查处每一起事故，吸取事故教训，有效遏制重特大事故发生，国家安全监管总局制定了《关于生产安全事故调查处理中有关问题的规定》，现印发给你们，请遵照执行。

关于生产安全事故调查处理中有关问题的规定

第一条　为进一步规范安全生产监督管理部门组织的生产安全事故的调查处理，认真查处每一起事故并严厉及时追责，吸取事故教训，有效遏制重特大事故发生，根据《生产安全事故报告和调查处理条例》（国务院令第 493 号，以下简称《条例》）等法律、行政法规，制定本规定。

第二条　《条例》第二条所称生产经营活动，是指在工作时间和工作场所，为实现某种生产、建设或者经营目的而进行的活动，包括与工作有关的预备性或者收尾性活动。

第三条　根据《条例》第三条的规定，按照死亡人数、重伤人数（含急性工业中毒，下同）、直接经济损失三者中最高级别确定事故等级。

因事故造成的失踪人员，自事故发生之日起 30 日后（交通事故、火灾事故自事故发生之日起 7 日后），按照死亡人员进行统计，并重新确定事故等级。

事故造成的直接经济损失，由事故发生单位依照《企业职工伤亡事故经济损失统计标准》（GB6721）提出意见，经事故发生单位上级主管部门同意后，报组织事故调查的安全生产监督管理部门确定；事故发生单位无上级主管部门的，直接报组织事故调查的安全生产监督管理部门确定。

第四条　事故调查工作应当按照“四不放过”和依法依规、实事求是、科学严谨、注重实效的原则认真开展。

第五条　事故调查组应当在查明事故原因，认定事故性质的基础上，分清事故责任，依法依规依纪对相关责任单位和责任人员提出严肃的处理意见，杜绝失之于软、失之于宽、失之于慢的现象。

第六条　对挂牌督办、跟踪督办的事故，组织事故调查的安全生产监督管理部门应当及时向督办机关请示汇报。负责督办的部门应当加强督促检查，并对事故查处进行具体指导，严格审核把关。

第七条　对于中央企业发生的事故，事故发生地的上级安全生产监督管理部门认为必要时，可以提请本级人民政府决定提级调查。

事故发生地与事故发生单位不在同一个县级以上行政区域，事故发生地安全生产监督管理部门认为开展事故调查确有困难的，可以报告本级人民政府提请上一级人民政府决定提级调查。

第八条　事故调查组组长一般由安全生产监督管理部门的人员担任。事故调查组成员应当按照《条例》规定，在事故调查组组长统一领导下开展调查工作。

第九条　事故调查组应当制定事故调查方案，经事故调查组组长批准后执行。事故调查方案应当包括调查工作的原则、目标、任务和事故调查组专门小组的分工、应当查明的问题和线索，调查步骤、方法，完成相关调查的期限、措施、要求等内容。

第十条　事故调查组应当按照下列期限，向负责事故调查的人民政府提交事故调查报告：

（一）特别重大事故依照《条例》的有关规定执行；

（二）重大事故自事故发生之日起一般不得超过 60 日；

（三）较大事故、一般事故自事故发生之日起一般不得超过 30 日。

特殊情况下，经负责事故调查的人民政府批准，可以延长提交事故调查报告的期限，但最长不得超过 30 日。

下列时间不计入事故调查期限，但应当在报送事故调查报告时向负责事故调查的人民政府说明：

（一）瞒报、谎报、迟报事故的调查核实所需的时间；

（二）因事故救援无法进行现场勘察的时间；

（三）挂牌督办、跟踪督办的事故的审核备案时间；

（四）特殊疑难问题技术鉴定所需的时间。

第十一条　事故调查报告应当由事故调查组成员签名。事故调查组成员对事故的原因、性质和事故责任者的处理建议不能取得一致意见时，事故调查组组长有权提出结论性意见；仍有不同意见的，应当进一步协调；经协调仍不能统一意见的，应当报请本级人民政府裁决。

事故调查报告应当对落实事故防范和整改措施、

责任追究等工作提出明确要求。

第十二条 负责事故调查的人民政府应当按照《条例》第三十二条规定的期限对事故调查报告作出批复,并抄送事故调查组成员所在单位和其他有关单位。

第十三条 经过批复的事故调查报告的正文部分由组织事故调查的安全生产监督管理部门按照国家有关规定及时在政府网站或者通过其他方式全文公开,但依法需要保密的内容除外。

第十四条 有关部门和事故发生单位应当自接到事故调查报告及其批复的3个月内,将有关责任人员和单位的处理情况、事故防范和整改措施的落实情况书面报(抄)送组织事故调查的安全生产监督管理部门及其他有关部门。

第十五条 本规定自印发之日起施行。煤矿、海上石油事故的调查处理,依照本规定执行;国家安全生产监督管理总局另有规定的,从其规定。

最高人民法院、最高人民检察院关于办理危害生产安全刑事案件适用法律若干问题的解释

(2015年11月9日最高人民法院审判委员会第1665次会议、2015年12月9日最高人民检察院第十二届检察委员会第44次会议通过 2015年12月14日最高人民法院、最高人民检察院公告公布 自2015年12月16日起施行 法释〔2015〕22号)

第一条 刑法第一百三十四条第一款规定的犯罪主体,包括对生产、作业负有组织、指挥或者管理职责的负责人、管理人员、实际控制人、投资人等人员,以及直接从事生产、作业的人员。

第二条 刑法第一百三十四条第二款规定的犯罪主体,包括对生产、作业负有组织、指挥或者管理职责的负责人、管理人员、实际控制人、投资人等人员。

第三条 刑法第一百三十五条规定的"直接负责的主管人员和其他直接责任人员",是指对安全生产设施或者安全生产条件不符合国家规定负有直接责任的生产经营单位负责人、管理人员、实际控制人、投资人,以及其他对安全生产设施或者安全生产条件负有管理、维护职责的人员。

第四条 刑法第一百三十九条之一规定的"负有报告职责的人员",是指负有组织、指挥或者管理职责的负责人、管理人员、实际控制人、投资人,以及其他负有报告职责的人员。

第五条 明知存在事故隐患、继续作业存在危险,仍然违反有关安全管理的规定,实施下列行为之一的,应当认定为刑法第一百三十四条第二款规定的"强令他人违章冒险作业":

(一)利用组织、指挥、管理职权,强制他人违章作业的;

(二)采取威逼、胁迫、恐吓等手段,强制他人违章作业的;

(三)故意掩盖事故隐患,组织他人违章作业的;

(四)其他强令他人违章作业的行为。

第六条 实施刑法第一百三十二条、第一百三十四条第一款、第一百三十五条、第一百三十五条之一、第一百三十六条、第一百三十九条规定的行为,因而发生安全事故,具有下列情形之一的,应当认定为"造成严重后果"或者"发生重大伤亡事故或者造成其他严重后果",对相关责任人员,处三年以下有期徒刑或者拘役:

(一)造成死亡一人以上,或者重伤三人以上的;

(二)造成直接经济损失一百万元以上的;

(三)其他造成严重后果或者重大安全事故的情形。

实施刑法第一百三十四条第二款规定的行为,因而发生安全事故,具有本条第一款规定情形的,应当认定为"发生重大伤亡事故或者造成其他严重后果",对相关责任人员,处五年以下有期徒刑或者拘役。实施刑法第一百三十七条规定的行为,因而发生安全事故,具有本条第一款规定情形的,应当认定为"造成重大安全事故",对直接责任人员,处五年以下有期徒刑或者拘役,并处罚金。

实施刑法第一百三十八条规定的行为,因而发生安全事故,具有本条第一款第一项规定情形的,应当认定为"发生重大伤亡事故",对直接责任人员,处三年以下有期徒刑或者拘役。

第七条 实施刑法第一百三十二条、第一百三十四条第一款、第一百三十五条、第一百三十五条之一、第一百三十六条、第一百三十九条规定的行为,因而发生安全事故,具有下列情形之一的,对相关责任人员,处三年以上七年以下有期徒刑:

(一)造成死亡三人以上或者重伤十人以上,负事故主要责任的;

(二)造成直接经济损失五百万元以上,负事故主要责任的;

(三)其他造成特别严重后果、情节特别恶劣或者后果特别严重的情形。

实施刑法第一百三十四条第二款规定的行为,因而发生安全事故,具有本条第一款规定情形的,对相

关责任人员，处五年以上有期徒刑。

实施刑法第一百三十七条规定的行为，因而发生安全事故，具有本条第一款规定情形的，对直接责任人员，处五年以上十年以下有期徒刑，并处罚金。

实施刑法第一百三十八条规定的行为，因而发生安全事故，具有下列情形之一的，对直接责任人员，处三年以上七年以下有期徒刑：

（一）造成死亡三人以上或者重伤十人以上，负事故主要责任的；

（二）具有本解释第六条第一款第一项规定情形，同时造成直接经济损失五百万元以上并负事故主要责任的，或者同时造成恶劣社会影响的。

第八条 在安全事故发生后，负有报告职责的人员不报或者谎报事故情况，贻误事故抢救，具有下列情形之一的，应当认定为刑法第一百三十九条之一规定的"情节严重"：

（一）导致事故后果扩大，增加死亡一人以上，或者增加重伤三人以上，或者增加直接经济损失一百万元以上的；

（二）实施下列行为之一，致使不能及时有效开展事故抢救的：

1. 决定不报、迟报、谎报事故情况或者指使、串通有关人员不报、迟报、谎报事故情况的；

2. 在事故抢救期间擅离职守或者逃匿的；

3. 伪造、破坏事故现场，或者转移、藏匿、毁灭遇难人员尸体，或者转移、藏匿受伤人员的；

4. 毁灭、伪造、隐匿与事故有关的图纸、记录、计算机数据等资料以及其他证据的；

（三）其他情节严重的情形。

具有下列情形之一的，应当认定为刑法第一百三十九条之一规定的"情节特别严重"：

（一）导致事故后果扩大，增加死亡三人以上，或者增加重伤十人以上，或者增加直接经济损失五百万元以上的；

（二）采用暴力、胁迫、命令等方式阻止他人报告事故情况，导致事故后果扩大的；

（三）其他情节特别严重的情形。

第九条 在安全事故发生后，与负有报告职责的人员串通，不报或者谎报事故情况，贻误事故抢救，情节严重的，依照刑法第一百三十九条之一的规定，以共犯论处。

第十条 在安全事故发生后，直接负责的主管人员和其他直接责任人员故意阻挠开展抢救，导致人员死亡或者重伤，或者为了逃避法律追究，对被害人进行隐藏、遗弃，致使被害人因无法得到救助而死亡或者重度残疾的，分别依照刑法第二百三十二条、第二百三十四条的规定，以故意杀人罪或者故意伤害罪定罪处罚。

第十一条 生产不符合保障人身、财产安全的国家标准、行业标准的安全设备，或者明知安全设备不符合保障人身、财产安全的国家标准、行业标准而进行销售，致使发生安全事故，造成严重后果的，依照刑法第一百四十六条的规定，以生产、销售不符合安全标准的产品罪定罪处罚。

第十二条 实施刑法第一百三十二条、第一百三十四条至第一百三十九条之一规定的犯罪行为，具有下列情形之一的，从重处罚：

（一）未依法取得安全许可证件或者安全许可证件过期、被暂扣、吊销、注销后从事生产经营活动的；

（二）关闭、破坏必要的安全监控和报警设备的；

（三）已经发现事故隐患，经有关部门或者个人提出后，仍不采取措施的；

（四）一年内曾因危害生产安全违法犯罪活动受过行政处罚或者刑事处罚的；

（五）采取弄虚作假、行贿等手段，故意逃避、阻挠负有安全监督管理职责的部门实施监督检查的；

（六）安全事故发生后转移财产意图逃避承担责任的；

（七）其他从重处罚的情形。

实施前款第五项规定的行为，同时构成刑法第三百八十九条规定的犯罪的，依照数罪并罚的规定处罚。

第十三条 实施刑法第一百三十二条、第一百三十四条至第一百三十九条之一规定的犯罪行为，在安全事故发生后积极组织、参与事故抢救，或者积极配合调查、主动赔偿损失的，可以酌情从轻处罚。

第十四条 国家工作人员违反规定投资入股生产经营，构成本解释规定的有关犯罪的，或者国家工作人员的贪污、受贿犯罪行为与安全事故发生存在关联性的，从重处罚；同时构成贪污、受贿犯罪和危害生产安全犯罪的，依照数罪并罚的规定处罚。

第十五条 国家机关工作人员在履行安全监督管理职责时滥用职权、玩忽职守，致使公共财产、国家和人民利益遭受重大损失的，或者徇私舞弊，对发现的刑事案件依法应当移交司法机关追究刑事责任而不移交，情节严重的，分别依照刑法第三百九十七条、第四百零二条的规定，以滥用职权罪、玩忽职守罪或者徇私舞弊不移交刑事案件罪定罪处罚。

公司、企业、事业单位的工作人员在依法或者受委托行使安全监督管理职责时滥用职权或者玩忽职守，构成犯罪的，应当依照《全国人民代表大会常务委员会关于〈中华人民共和国刑法〉第九章渎职罪主体适用问题的解释》的规定，适用渎职罪的规定追究刑事责任。

第十六条 对于实施危害生产安全犯罪适用缓刑的犯罪分子，可以根据犯罪情况，禁止其在缓刑考验期限内从事与安全生产相关联的特定活动；对于被判处刑罚的犯罪分子，可以根据犯罪情况和预防再犯罪的需要，禁止其自刑罚执行完毕之日或者假释之日起三年至五年内从事与安全生产相关的职业。

第十七条 本解释自2015年12月16日起施行。本解释施行后，《最高人民法院、最高人民检察院关于办理危害矿山生产安全刑事案件具体应用法律若干问题的解释》（法释〔2007〕5号）同时废止。最高人民法院、最高人民检察院此前发布的司法解释和规范性文件与本解释不一致的，以本解释为准。

最高人民法院关于进一步加强危害生产安全刑事案件审判工作的意见

（2011年12月30日 法发〔2011〕20号）

为依法惩治危害生产安全犯罪，促进全国安全生产形势持续稳定好转，保护人民群众生命财产安全，现就进一步加强危害生产安全刑事案件审判工作，制定如下意见。

一、高度重视危害生产安全刑事案件审判工作

1. 充分发挥刑事审判职能作用，依法惩治危害生产安全犯罪，是人民法院为大局服务、为人民司法的必然要求。安全生产关系到人民群众生命财产安全，事关改革、发展和稳定的大局。当前，全国安全生产状况呈现总体稳定、持续好转的发展态势，但形势依然严峻，企业安全生产基础依然薄弱；非法、违法生产，忽视生产安全的现象仍然十分突出；重特大生产安全责任事故时有发生，个别地方和行业重特大责任事故上升。一些重特大生产安全责任事故举国关注，相关案件处理不好，不仅起不到应有的警示作用，不利于生产安全责任事故的防范，也损害党和国家形象，影响社会和谐稳定。各级人民法院要从政治和全局的高度，充分认识审理好危害生产安全刑事案件的重要意义，切实增强工作责任感，严格依法、积极稳妥地审理相关案件，进一步发挥刑事审判工作在创造良好安全生产环境、促进经济平稳较快发展方面的积极作用。

2. 采取有力措施解决存在的问题，切实加强危害生产安全刑事案件审判工作。近年来，各级人民法院依法审理危害生产安全刑事案件，一批严重危害生产安全的犯罪分子及相关职务犯罪分子受到法律制裁，对全国安全生产形势持续稳定好转发挥了积极促进作用。2010年，监察部、国家安全生产监督管理总局会同最高人民法院等部门对部分省市重特大生产安全事故责任追究落实情况开展了专项检查。从检查的情况来看，审判工作总体情况是好的，但仍有个别案件在法律适用或者宽严相济刑事政策具体把握上存在问题，需要切实加强指导。各级人民法院要高度重视，确保相关案件审判工作取得良好的法律效果和社会效果。

二、危害生产安全刑事案件审判工作的原则

3. 严格依法，从严惩处。对严重危害生产安全犯罪，尤其是相关职务犯罪，必须始终坚持严格依法、从严惩处。对于人民群众广泛关注、社会反映强烈的案件要及时审结，回应人民群众关切，维护社会和谐稳定。

4. 区分责任，均衡量刑。危害生产安全犯罪，往往涉案人员较多，犯罪主体复杂，既包括直接从事生产、作业的人员，也包括对生产、作业负有组织、指挥或者管理职责的负责人、管理人员、实际控制人、投资人等，有的还涉及国家机关工作人员渎职犯罪。对相关责任人的处理，要根据事故原因、危害后果、主体职责、过错大小等因素，综合考虑全案，正确划分责任，做到罪责刑相适应。

5. 主体平等，确保公正。审理危害生产安全刑事案件，对于所有责任主体，都必须严格落实法律面前人人平等的刑法原则，确保刑罚适用公正，确保裁判效果良好。

三、正确确定责任

6. 审理危害生产安全刑事案件，政府或相关职能部门依法对事故原因、损失大小、责任划分作出的调查认定，经庭审质证后，结合其他证据，可作为责任认定的依据。

7. 认定相关人员是否违反有关安全管理规定，应当根据相关法律、行政法规，参照地方性法规、规章及国家标准、行业标准，必要时可参考公认的惯例和生产经营单位制定的安全生产规章制度、操作规程。

8. 多个原因行为导致生产安全事故发生的，在区分直接原因与间接原因的同时，应当根据原因行为在引发事故中所具作用的大小，分清主要原因与次要原因，确认主要责任和次要责任，合理确定罪责。

一般情况下，对生产、作业负有组织、指挥或者管理职责的负责人、管理人员、实际控制人、投资人，违反有关安全生产管理规定，对重大生产安全事故的发生起决定性、关键性作用的，应当承担主要责任。

对于直接从事生产、作业的人员违反安全管理规定，发生重大生产安全事故的，要综合考虑行为人的从业资格、从业时间、接受安全生产教育培训情况、现场条件、是否受到他人强令作业、生产经营单位执行

安全生产规章制度的情况等因素认定责任，不能将直接责任简单等同于主要责任。

对于负有安全生产管理、监督职责的工作人员，应根据其岗位职责、履职依据、履职时间等，综合考察工作职责、监管条件、履职能力、履职情况等，合理确定罪责。

四、准确适用法律

9. 严格把握危害生产安全犯罪与以其他危险方法危害公共安全罪的界限，不应将生产经营中违章违规的故意不加区别地视为对危害后果发生的故意。

10. 以行贿方式逃避安全生产监督管理，或者非法、违法生产、作业，导致发生重大生产安全事故，构成数罪的，依照数罪并罚的规定处罚。

违反安全生产管理规定，非法采矿、破坏性采矿或排放、倾倒、处置有害物质严重污染环境，造成重大伤亡事故或者其他严重后果，同时构成危害生产安全犯罪和破坏环境资源保护犯罪的，依照数罪并罚的规定处罚。

11. 安全事故发生后，负有报告职责的国家工作人员不报或者谎报事故情况，贻误事故抢救，情节严重，构成不报、谎报安全事故罪，同时构成职务犯罪或其他危害生产安全犯罪的，依照数罪并罚的规定处罚。

12. 非矿山生产安全事故中，认定"直接负责的主管人员和其他直接责任人员"、"负有报告职责的人员"的主体资格，认定构成"重大伤亡事故或者其他严重后果"、"情节特别恶劣"，不报、谎报事故情况，贻误事故抢救，"情节严重"、"情节特别严重"等，可参照最高人民法院、最高人民检察院《关于办理危害矿山生产安全刑事案件具体应用法律若干问题的解释》的相关规定。

五、准确把握宽严相济刑事政策

13. 审理危害生产安全刑事案件，应综合考虑生产安全事故所造成的伤亡人数、经济损失、环境污染、社会影响、事故原因与被告人职责的关联程度、被告人主观过错大小、事故发生后被告人的施救表现、履行赔偿责任情况等，正确适用刑罚，确保裁判法律效果和社会效果相统一。

14. 造成《关于办理危害矿山生产安全刑事案件具体应用法律若干问题的解释》第四条规定的"重大伤亡事故或者其他严重后果"，同时具有下列情形之一的，也可以认定为刑法第一百三十四条、第一百三十五条规定的"情节特别恶劣"：

(一)非法、违法生产的；

(二)无基本劳动安全设施或未向生产、作业人员提供必要的劳动防护用品，生产、作业人员劳动安全无保障的；

(三)曾因安全生产设施或者安全生产条件不符合国家规定，被监督管理部门处罚或责令改正，一年内再次违规生产致使发生重大生产安全事故的；

(四)关闭、故意破坏必要安全警示设备的；

(五)已发现事故隐患，未采取有效措施，导致发生重大事故的；

(六)事故发生后不积极抢救人员，或者毁灭、伪造、隐藏影响事故调查的证据，或者转移财产逃避责任的；

(七)其他特别恶劣的情节。

15. 相关犯罪中，具有以下情形之一的，依法从重处罚：

(一)国家工作人员违反规定投资入股生产经营企业，构成危害生产安全犯罪的；

(二)贪污贿赂行为与事故发生存在关联性的；

(三)国家工作人员的职务犯罪与事故存在直接因果关系的；

(四)以行贿方式逃避安全生产监督管理，或者非法、违法生产、作业的；

(五)生产安全事故发生后，负有报告职责的国家工作人员不报或者谎报事故情况，贻误事故抢救，尚未构成不报、谎报安全事故罪的；

(六)事故发生后，采取转移、藏匿、毁灭遇难人员尸体，或者毁灭、伪造、隐藏影响事故调查的证据，或者转移财产，逃避责任的；

(七)曾因安全生产设施或者安全生产条件不符合国家规定，被监督管理部门处罚或责令改正，一年内再次违规生产致使发生重大生产安全事故的。

16. 对于事故发生后，积极施救，努力挽回事故损失，有效避免损失扩大；积极配合调查，赔偿受害人损失的，可依法从宽处罚。

六、依法正确适用缓刑和减刑、假释

17. 对于危害后果较轻，在责任事故中不负主要责任，符合法律有关缓刑适用条件的，可以依法适用缓刑，但应注意根据案件具体情况，区别对待，严格控制，避免适用不当造成的负面影响。

18. 对于具有下列情形的被告人，原则上不适用缓刑：

(一)具有本意见第14条、第15条所规定的情形的；

(二)数罪并罚的。

19. 宣告缓刑，可以根据犯罪情况，同时禁止犯罪分子在缓刑考验期限内从事与安全生产有关的特定活动。

20. 办理与危害生产安全犯罪相关的减刑、假释案件，要严格执行刑法、刑事诉讼法和有关司法解释规定。是否决定减刑、假释，既要看罪犯服刑期间的悔改表现，还要充分考虑原判认定的犯罪事实、性质、情节、社会危害程度等情况。

七、加强组织领导，注意协调配合

21. 对于重大、敏感案件，合议庭成员要充分做好庭审前期准备工作，全面、客观掌握案情，确保案件开庭审理稳妥顺利、依法公正。

22. 审理危害生产安全刑事案件，涉及专业技术问题的，应有相关权威部门出具的咨询意见或者司法鉴定意见；可以依法邀请具有相关专业知识的人民陪审员参加合议庭。

23. 对于审判工作中发现的安全生产事故背后的渎职、贪污贿赂等违法犯罪线索，应当依法移送有关部门处理。对于情节轻微，免予刑事处罚的被告人，人民法院可建议有关部门依法给予行政处罚或纪律处分。

24. 被告人具有国家工作人员身份的，案件审结后，人民法院应当及时将生效的裁判文书送达行政监察机关和其他相关部门。

25. 对于造成重大伤亡后果的案件，要充分运用财产保全等法定措施，切实维护被害人依法获得赔偿的权利。对于被告人没有赔偿能力的案件，应当依靠地方党委和政府做好善后安抚工作。

26. 积极参与安全生产综合治理工作。对于审判中发现的安全生产管理方面的突出问题，应当发出司法建议，促使有关部门强化安全生产意识和制度建设，完善事故预防机制，杜绝同类事故发生。

27. 重视做好宣传工作。对于社会关注的典型案件，要重视做好审判情况的宣传报道，规范裁判信息发布，及时回应社会的关切，充分发挥重大、典型案件的教育警示作用。

28. 各级人民法院要在依法履行审判职责的同时，及时总结审判经验，深入开展调查研究，推动审判工作水平不断提高。上级法院要以辖区内发生的重大生产安全责任事故案件为重点，加强对下级法院危害生产安全刑事案件审判工作的监督和指导，适时检查此类案件的审判情况，提出有针对性的指导意见。

典型案例

1. 邵仲国诉黄浦区安监局安全生产行政处罚决定案①

【裁判要旨】

《安全生产法》第81条第2款所称“前款违法行为”，是指该条第一款“生产经营单位的主要负责人未履行本法规定的安全生产管理职责”的行为。这种违法行为无论是否被安全生产监管部门发现并责令限期改正，只要导致发生了生产安全事故，安全生产监管部门都有权依照《安全生产法》第81条第2款规定，直接对生产经营单位的主要负责人给予行政处罚，不必先责令限期改正后再实施行政处罚。

【案情】

原告：邵仲国。

被告：上海市黄浦区安全生产监督管理局，住所地：上海市江西中路。

法定代表人：郑福民，该局局长。

原告邵仲国不服被告上海市黄浦区安全生产监督管理局（以下简称黄浦区安监局）对其作出的安全生产行政处罚决定，向上海市黄浦区人民法院提起行政诉讼。

原告邵仲国诉称：2005年11月7日，被告黄浦区安监局作出第2120050024号行政处罚决定，以原告是上海麦克西饼有限公司（以下简称麦克公司）一次工伤事故的主要责任人为由，根据《中华人民共和国安全生产法》（以下简称《安全生产法》）的相关规定，决定罚款2万元。麦克公司有安全生产制度，相关生产设备也经过质量检验。作为麦克公司的主要负责人，原告只负责经营，生产安全另有他人负责。再有，按照法律规定，只有发生重伤事故才追究主要责任人的法律责任，而是否为重伤事故，应当根据《人体重伤鉴定标准》进行认定。被告按照上海市劳动局《关于贯彻〈企业职工伤亡事故报告和处理规定〉的意见》（以下简称市劳动局意见），把不属于重伤的此次工伤事故认定为重伤事故，并对不是主要责任人的原告进行处罚。该行政处罚决定认定事实不清、适用法律不当，请求判令撤销被告的这一具体行政行为。

原告邵仲国提交以下证据：

1. 第2120050024号行政处罚决定书、特快专递邮件详情单，用以证明被诉具体行政行为客观存在，作为该具体行政行为的相对人，邵仲国的起诉未超过起诉期限；

2. 麦克公司营业执照，该公司于2002年5月制订的安全制度、2005年8月制订的粉糠机操作规程、2005

① 案例来源：《最高人民法院公报》2006年第8期。

年9月制订的治安安全管理制度,济南市产品质量监督检验所于2005年7月对济南大亿机械有限公司送检的膨化食品机械的检验报告,用以证明麦克公司是合法经营者,事故发生前有安全生产制度,相关生产设备也进行过质量检查,事故发生后又完善了相关制度;

3. 上海市黄浦区劳动能力鉴定委员会劳鉴(黄)字0512-0010号《鉴定结论书》,本次工伤事故的受伤职工姜继忠致有关部门的信函及其身份证复印件,上海黄浦粮油食品发展有限公司(以下简称黄浦粮油公司)《关于请求对麦克公司免予行政处罚的报告》,用以证明姜继忠因工伤致残的程度为七级,受伤后恢复良好,姜继忠和麦克公司的上级公司均要求免除对麦克公司所作的行政处罚;

4. 黄浦粮油公司向上海市黄浦区人民政府递交的申诉材料,用以证明麦克公司是受到误导,才在调查报告中承认该公司安全生产管理制度不健全。

被告黄浦区安监局辩称:作为法定的安全生产监督管理部门,被告经过调查查明:在麦克公司此次发生的工伤事故中,员工姜继忠的右手尺、桡骨骨折,第2、4掌骨粉碎性骨折。根据市劳动局意见的规定,被告认定此次工伤事故为重伤事故,并依照《安全生产法》的规定,决定对作为麦克公司主要负责人的原告邵仲国处以2万元罚款。被告的上述具体行政行为,认定事实清楚,适用法律正确,法院应当维持。

被告黄浦区安监局提交以下证据:

1. 麦克公司制作的《事故情况经过》、《陈述笔录》、事故现场照片,用以证明事故发生经过以及事故的起因是麦克公司违反了安全生产管理制度;

2. 工伤事故《紧急通报》、《姜继忠重伤事故调查报告》,用以证明麦克公司的上级公司黄浦粮油公司经调查认为,麦克公司发生的工伤事故为重伤事故,原告邵仲国对事故负有主要责任;

3.《工伤认定书》,用以证明上海市黄浦区劳动和社会保障局认定此次事故为工伤事故;

4. 医院接诊病史、出院记录、出院小结、医疗费现金收据、医疗保险费结算单,用以证明姜继忠的伤情,以及姜继忠是按照工伤进行费用结算;

5.《关于发生姜继忠工伤事故的思想认识》,用以证明原告邵仲国承认其对麦克公司的安全生产管理不够重视,对此次发生的工伤事故负有责任;

6.《立案审批表》、《案件处理报批表》、《行政处罚事先告知书》、送达回执和《行政处罚决定书》,用以证明被告黄浦区安监局作出行政处罚决定经过的程序;

7.《企业职工伤亡事故报告和处理规定》第九条、第十四条,市劳动局意见第五条,用以证明认定此次工伤为重伤的依据;

8.《安全生产法》第十七条第(一)、(二)、(四)项,第八十一条第一、二款,《安全生产违法行为行政处罚办法》第三十六条第一款第(一)、(二)、(四)项及该条第二款第(一)项,用以证明作出行政处罚决定的法律依据;

9.《安全生产违法行为行政处罚办法》第十三条、第十四条、第二十一条第一款、第二十二条,用以证明行政处罚的程序依据;

10.《安全生产法》第九条第一款、《安全生产违法行为行政处罚办法》第三十四条,用以证明作出行政处罚决定的权力依据。

法庭主持了庭审质证。对被告黄浦区安监局提交的证据,原告邵仲国有以下异议:证据2中《姜继忠重伤事故调查报告》称"粉糠机无铭牌标记、无产品合格证、无生产厂家"与事实不符;证据5《关于发生姜继忠工伤事故的思想认识》,是原告在受到误导的情况下所写,其中关于麦克公司无安全生产制度以及原告对麦克公司的安全生产负有责任等内容不真实;证据7中的市劳动局意见效力层次较低,且这个意见应当由劳动行政管理部门执行,不能作为被告的执法依据。依照劳动部办公厅劳办发[1993]140号《企业职工伤亡事故报告统计问题解答》中对重伤的解答,姜继忠的伤势不属重伤范畴,是否构成重伤应当按照司法部、最高人民法院、最高人民检察院、公安部联合发布的《人体重伤鉴定标准》认定。即使适用市劳动局意见,也应适用该意见中有关四肢伤害部分的标准,认定姜继忠的伤势为非重伤,不应适用骨折部分的标准认定为重伤;证据8虽然将《安全生产法》第八十一条第一款列为执法依据,但被告从未责令原告对麦克公司的安全生产管理限期整改,而是直接进行处罚。对黄浦区安监局提交的其他证据,邵仲国无异议。

针对原告邵仲国的质证意见,被告黄浦区安监局又提交了国家安全生产监督管理总局办公厅安监总厅函字[2005]108号《关于〈安全生产法〉第八十条和第八十一条法律适用问题的复函》作为补充证据。该复函明确:《安全生产法》第八十一条第二款规定的"前款违法行为",既包括生产经营单位的主要负责人未履行《安全生产法》规定的安全生产管理职责的行为,也包括经安全生产监管部门责令其限期改正后,逾期仍未改正的行为。黄浦区安监局还提供了上海市人民政府的有关文件,用以证明安全生产监管部门原隶属于劳动行政管理部门,后在机构改革中成立了安全生产监督管理局,劳动行政管理部门中原涉及安全生产监管的职能改由独立的安全生产监督管理局行使。

对原告邵仲国提交的证据,被告黄浦区安监局的质证意见为:证据2中麦克公司2002年5月制订的安全制度、2005年7月济南市产品质量监督检验所的检验报告,以及粉糠机的生产厂家和合格证,在被告对麦克公司的工伤事故进行调查时,原告从未向被告提交过;事故发生后,麦克公司制订的治安安全管理制度和粉糠机操作规程,只能表明该公司在事故发生后完善了安全制度和操作规程,不能证明原告在事故发生前就已经履行了安全生产监督管理职责;证据3中黄浦区劳动能力鉴定委员会对姜继忠作伤残等级鉴定,是要解决劳动者的劳动能力问题,刑事司法部门根据《人体重伤鉴定标准》对受害人作伤情鉴定,是要解决定罪量刑问题,而安全生产监管部门对工伤事故受伤者作伤情鉴定,是要落实《安全生产法》的相关规定,三个鉴定的目的不同,依据和标准不同,之间没有必然联系,不具有比照作用;证据3中姜继忠的信函,其真实性无法确认,只要被告是依法作出行政处罚决定,其他人(包括麦克公司的上级公司)就无权请求免予处罚;证据4中的申诉材料,被告从未收到过,无法确认其真实性。

经质证、认证,上海市黄浦区人民法院查明:

原告邵仲国是麦克公司的经理。

2005年8月10日上午,麦克公司员工姜继忠在操作粉糠机时,右手被卷入粉糠机内,经诊断:姜继忠的右手尺、桡骨骨折,右手第2、4掌骨粉碎性骨折。事故发生后,麦克公司及其上级部门黄浦粮油公司组成调查小组,对事故进行了调查,制作了调查笔录,并于2005年9月20日作出《姜继忠重伤事故调查报告》。报告说,姜继忠是同年7月6日到面包糠车间从事烘箱和包装工作。8月10日,因该车间一职工缺勤,姜继忠被安排暂时顶替操作粉糠机。姜继忠上机操作时,右手被卷入滚筒内造成事故。报告认定的事故原因有:粉糠机结构不合安全要求,开关设置不合理,留有安全隐患;麦克公司安全管理制度留有漏洞,盲目安排新手上重点岗位操作;重点岗位无安全操作规程,等等。报告认为,麦克公司主要负责人邵仲国对此次事故应负主要责任。10月17日,邵仲国在其撰写的《关于发生姜继忠工伤事故的思想认识》中也承认,事故发生的主要原因是麦克公司安全管理工作松懈,安全生产责任制不完善,安全生产规章制度和安全生产操作规程不健全,作为公司主要负责人,其负有不可推卸的责任。被告黄浦区安监局接到麦克公司的事故报告后,向调查小组调取了相关材料,派员到现场进行了调查,拍摄了现场照片,并于2005年10月8日对该起事故立案处理。经审查,黄浦区安监局于10月26日向邵仲国发出《行政处罚事先告知书》,告知拟对邵仲国进行行政处罚的内容和依据,并告知其在7日内有陈述和申辩的权利。因邵仲国未在期限内提出陈述和申辩,黄浦区安监局于11月7日作出第2120050024号行政处罚决定,认定该起事故为重伤事故,邵仲国违反了《安全生产法》第十七条第(一)、(二)、(四)项的规定,依照《安全生产法》第八十一条第二款规定,决定对邵仲国处以罚款2万元。邵仲国不服该处罚决定,提起本案行政诉讼。

诉讼中,双方当事人对安全生产事故造成姜继忠右手尺、桡骨骨折、右手第2、4掌骨粉碎性骨折这一事实无异议。争议焦点在于:1. 姜继忠所受伤害是否属于《安全生产违法行为行政处罚办法》第三十六条第二款第(一)项所指的重伤? 2. 邵仲国是否为麦克公司此次工伤事故的主要负责人?能否成为行政处罚的对象?

【审判】

上海市黄浦区人民法院认为:

一、《安全生产违法行为行政处罚办法》第三十六条第二款第(一)项规定,生产经营单位主要负责人有未建立、健全本单位安全生产责任制,未组织制定本单位安全生产规章制度和操作规程,未督促、检查本单位安全生产工作,及时消除生产安全事故隐患等违法行为,导致发生重伤事故的,对主要负责人处2万元以上5万元以下罚款。

原告邵仲国认为,被告黄浦区安监局按照市劳动局意见第五条,将此次工伤事故认定为重伤事故,不符合劳动部办公厅在《企业职工伤亡事故报告统计问题解答》中对重伤问题的界定。市劳动局意见的效力层次较低,且执法部门是劳动行政管理部门。黄浦区安监局应当按照《人体重伤鉴定标准》,或者参照上海市黄浦区劳动能力鉴定委员会的《鉴定结论书》,认定姜继忠的伤情是否属于重伤,不应适用市劳动局意见;即使适用这个意见,也应当适用该意见中对四肢伤害部分的认定标准,认定姜继忠的伤势为非重伤,不应适用骨折部分的标准认定为重伤。

原告邵仲国在诉讼中提交的劳动部办公厅《企业职工伤亡事故报告统计问题解答》,其内容仅是对重伤作原则性界定,并没有提出重伤认定的具体标准,对本案要解决的伤情认定问题没有实际意义。《人体重伤鉴定标准》第九十五条规定:"本标准仅适用于《中华人民共和国刑法》规定的重伤的法医学鉴定。"本案是对安全生产事故中的伤情进行鉴定,与《人体重伤鉴定标准》分属不同范畴。上海市黄浦区劳动能力鉴定委员会的《鉴定结论书》,只是从劳动能力方面鉴定姜继忠的致残程度,也与本案需要的伤情认定不属同一法律关系。市劳动局意见是为落实国务院制定的《企业职工伤亡事故报告和处理规定》,根据劳动部对该规定所作的解释提出的,具有上位法依据,是合法有效的规范性文件。该意见第五条规定:"除头颅骨、胸骨、脊椎骨、股骨、骨盆骨折外,人体的其余部位骨头(其中手指骨、脚趾骨除外)同时造成两根

(块)骨折的,属严重骨折,均作重伤事故统计、报告和处理。”根据这一规定,姜继忠的伤情无疑应当被认定为重伤。该意见作出时,上海市安全生产监管部门还由劳动行政管理部门主管,尚未独立建制执法。自安全生产监管部门从劳动行政管理部门分离出来独立建制后,劳动行政管理部门的原工伤事故处理职权,已经依法由安全生产监管部门行使。据此,被告黄浦区安监局按照市劳动局意见第五条规定,认定本起事故为重伤事故,符合国家机关职能依法调整的实际。姜继忠的伤情虽然发生在四肢上,但不是四肢软组织损伤,而是骨折。在市劳动局意见对骨折认定标准有专门规定的情况下,对发生在四肢上的骨折,不应适用该意见中关于“四肢伤害”的认定标准。邵仲国关于姜继忠所受伤害不属于重伤的上述理由,均不能成立。

二、《企业职工伤亡事故报告和处理规定》第九条规定:“轻伤、重伤事故,由企业负责人或其指定人员组织生产、技术、安全等有关人员以及工会成员参加的事故调查组,进行调查。”第十二条规定:“事故调查组的职责:(一)查明事故发生原因、过程和人员伤亡、经济损失情况;(二)确定事故责任者;(三)提出事故处理意见和防范措施的建议;(四)写出事故调查报告。”第十四条规定:“事故调查组在查明事故情况以后,如果对事故的分析和事故责任者的处理不能取得一致意见,劳动部门有权提出结论性意见;如果仍有不同意见,应当报上级劳动部门商有关部门处理;仍不能达成一致意见的,报同级人民政府裁决。但不得超过事故处理工作的时限。”此次工伤事故发生后,在麦克公司及其上级公司组成的事故调查小组所作的《姜继忠重伤事故调查报告》中,不但肯定了姜继忠所受伤情为重伤,而且还指出,麦克公司存在安全生产管理缺陷,安全管理工作松懈,安全生产责任制不完善,安全生产制度和安全生产操作规程不健全,粉糠机操作这一重点岗位缺少安全规程,姜继忠在操作粉糠机之前未经岗位培训等问题。该调查报告认为,事故的发生与管理者安全意识淡薄,工作责任心不强有着必然联系,因此确定原告邵仲国对此次事故负主要责任。邵仲国在其撰写的《关于发生姜继忠工伤事故的思想认识》中,也认同调查报告对事故主要原因的分析,承认其作为公司主要负责人,负有不可推卸的责任。被告黄浦区安监局审查上述材料后,根据这些材料,认定邵仲国在事故发生前未依法履行安全生产监督管理职责,依法应承担责任,并无不当。邵仲国称前述思想认识材料是在受误导的情形下所写,内容不实,作为麦克公司的主要负责人,其只负责经营,生产安全另有他人负责,不应将其作为被处罚人。对这些诉讼主张,邵仲国均未提供相应证据,故难以支持。在诉讼中,邵仲国虽然提供了制订日期为2002年5月的麦克公司安全制度及有关生产设备的质检报告,用以证明麦克公司在事故发生前有安全制度,粉糠机作为设备的一部分,产品质检合格。即使这两份证据确实存在于事故发生前,但由于邵仲国无正当理由不向事故调查组和黄浦区安监局提供,依法应自行承担由此引起的不利法律后果。至于邵仲国提供的麦克公司粉糠机操作规程、治安安全管理制度等证据,均于事故发生后制作,只能证明麦克公司在事故发生后完善了安全生产制度,不能证明邵仲国在事故发生前已经履行了安全生产监督管理职责。故邵仲国认为其已履行安全生产管理职责的理由不能成立,不予支持。

《安全生产法》第八十一条第二款规定:“生产经营单位的主要负责人有前款违法行为,导致发生生产安全事故,构成犯罪的,依照刑法有关规定追究刑事责任;尚不够刑事处罚的,给予撤职处分或者处二万元以上二十万元以下的罚款。”而第一款的规定是:“生产经营单位的主要负责人未履行本法规定的安全生产管理职责的,责令限期改正;逾期未改正的,责令生产经营单位停产停业整顿。”显然,第二款所说的“违法行为”,是指第一款中“未履行本法规定的安全生产管理职责”行为。按照第一款规定,对“未履行本法规定的安全生产管理职责”的违法行为,安全生产监管部门发现后,应当责令生产经营单位的主要负责人限期改正,对逾期未改正的,责令停产停业整顿。然而在安全生产监管部门发现前,或者在安全生产监管部门发现并责令改正后,“未履行本法规定的安全生产管理职责”的违法行为导致发生生产安全事故的,则与第一款无关,是第二款规定所指的情形,应当按照第二款规定处理。安全生产监管部门的职责,只是对辖区内各生产经营单位的安全生产工作进行监督管理,以落实《安全生产法》的规定。《安全生产法》颁布施行后,每一个生产经营单位都有自觉遵守执行的义务,并非只有在安全生产监管部门的监督管理下,生产经营单位才有执行《安全生产法》的义务;安全生产监管部门的监督管理不及时或者不到位,也不能因此免除生产经营单位的这种义务。邵仲国认为,对其“未履行本法规定的安全生产管理职责”的违法行为,黄浦区安监局只有先行责令限期改正后才能再对其实施处罚,是对《安全生产法》第八十一条的误解。

综上,依照《安全生产法》第九条第一款、《安全生产违法行为行政处罚办法》第三十四条第一款规定,被告黄浦区安监局对黄浦区内的安全生产工作实施监督管理,对辖区内的安全生产违法行为有实施行政处罚的法定职权。黄浦区安监局在接到事故报告后,派员进行了事故现场调查;在查明麦克公司责任人员的违法行为后,填写了《立案审批表》立案审查;在作出行政处罚前,向原告邵仲国送达了《行政处罚事先告知书》,告知邵仲国可以在7日内陈述和申辩;在陈述和申辩期限届满后,作出《行政处罚决定书》,并给邵仲国送达。黄浦区安监局的执法经过,符合《安全生产违法行为行政处罚办法》第十三条、第十四条、第二十一条、第二十二条、第二十四条规定的程序。黄浦区安监局对邵仲国作出的行政处罚决定,有利于从根本上促进企业落实安全生产岗位责任,健全安全生产制度,防止和减少安全生产事故,保护劳动者合法权益,执法目的是正当的,且罚款数额符合法律规定的处罚幅度。邵仲国提供黄浦粮油公司报告和姜继忠的信函,以姜继忠伤情恢复良好等为由,请求免予对麦克公司和邵仲国本人的处罚。这些材料所提出的理由,不符合法律规定免予行政处罚的条件。至于邵仲国提出其经济困难,无履行处罚能力的诉讼意见,则非本案对被诉行政处罚行为合法性审查的范围,不能作为黄浦区安监局行政处罚行为违法的理由,故不能支持。据此,上海市黄浦区人民法院依照《中华人民共和国行政诉讼法》第五十四条第(一)项之规定,于2006年4月10日判决:

维持被告黄浦区安监局于2005年11月7日对原告邵仲国所作的第2120050024号行政处罚决定。

案件受理费810元,由原告邵仲国负担。

宣判后,双方当事人在上诉期内均未提出上诉,一审判决发生法律效力。

2. 程国义、王金元、谷晋生、王恒茂玩忽职守案①

【裁判要旨】

被告人程国义身为副矿长、机组验收投产领导组成员、机组项目负责人,在接到"建议矿领导研究对已到矿机组采取必要的防范措施"的书面建议后未引起重视,亦未采取安全防范措施。被告人王金元,身为矿党总支书记,主持全矿工作,既不召开会议研究安全防范措施,也不对职工进行安全防范教育。被告人谷晋生,身为分管生产技术的副局长,对机组存放的安全防范工作,不督促,不检查,也未到现场察看。被告人王恒茂,身为区政府主管工业的副区长,从机组到矿直至被烧,没有提过任何具体安全防范要求,更没有到现场检查。四被告人身为国家工作人员,对用巨资引进的采煤机组的存放、保管、安全防范工作,采取极不负责的态度,以致酿成机组大部分设备被烧毁的特大火灾事故,致使公共财产遭受重大损失,构成《刑法》规定的玩忽职守罪。

【案情】

被告人程国义。

被告人王金元。

被告人谷晋生。

被告人王恒茂。

上列各被告人均于一九八六年五月二十九日被逮捕。

被告人程国义、王金元、谷晋生、王恒茂因玩忽职守一案,由山西省太原市人民检察院向太原市中级人民法院提起公诉。太原市中级人民法院依法组成合议庭,于一九八六年八月三十日进行公开审理。经审理查明:

一九八四年十月,原山西省地方煤炭工业管理局安排给太原市古交区砚石沟煤矿引进一台美国马克22型薄煤层采煤机组。在同美方洽谈签订合同后,省煤管局于一九八五年一月和三月,先后组织王金元、程国义、谷晋生、王恒茂等人分别赴美实习和中检。出国人员回国后,省煤管局于同年五月三十日、三十一日召开出国团组汇报和机组开箱验收工作会议,确定程国义、谷晋生、王恒茂为引进机组项目负责人。

一九八五年十一月至一九八六年一月,从美国引进的机组,分三次先后运抵砚石沟矿后,除两大箱放在坑口外,其余四十五箱又六十八件,均堆放在该矿机修车间院内,未加防护,直至一九八六年二月二十一日,才用四块帆布盖上。在存放引进机组的院内,无防火标志,无安全防范措施,院内来往人员很多,管理混乱,使机组在长达三个月的时间内,处于无专人保管的状况,从而导致了一九八六年三月三日因工人康平、翟步高(另案处理)等人在引进机组设备箱上吸烟、打扑克、遗留火种,引燃箱底地面的锯末,造成特大火灾,将机组的大部分设备烧毁,直接经济损失达二百六十多万元,使价值近六百万元的机组无法配套使用。

【审判】

太原市中级人民法院审理认为:被告人程国义,身为副矿长、机组验收投产领导组成员、机组项目负责人,直接参加了引进机组的洽谈和赴美实习。机组到矿前,党总支开会明确程重点抓机组工作,并听取了省商检局讲解关于机组验收场地不准吸烟等注意事项。机组到矿后,矿机电科科长张士武,给程递交了"建议矿领导研究对已到矿机组采取必要的防范措施"的书面建议。这些都未引起程国义的重视,亦未采取安全防范措施。被告人王金元,身为矿党总支书记,当时主持全矿工作,并确定为引进机组验收投产

① 案例来源:《最高人民法院公报》1986年第4期。

领导组副组长，曾参加赴美实习。当引进机组到矿后，既不召开会议研究安全防范措施，也不对职工进行安全防范教育。被告人谷晋生，身为太原市煤管局分管生产技术的副局长，亲自参加了对引进机组的洽谈工作，并以中检组组长身份带队赴美中检。回国后，谷被确定为引进机组项目负责人，但谷对机组存放的安全防范工作，不督促，不检查，一九八六年二月矿上研究机组验收工作时，也未到现场察看。被告人王恒茂，身为区政府主管工业的副区长，曾参加赴美中检。回国后，王被确定为引进机组项目的负责人。但是，从机组到矿直至被烧，王没有提过任何具体安全防范要求，更没有到现场检查。被告人程国义、王金元、谷晋生、王恒茂身为国家工作人员，对用巨资引进的采煤机组的存放、保管、安全防范工作，采取极不负责的态度，以致酿成机组大部分设备被烧毁的特大火灾事故，致使公共财产遭受重大损失，其行为均已构成《中华人民共和国刑法》第一百八十七条规定的玩忽职守罪。

一九八六年九月一日，太原市中级人民法院以玩忽职守罪，判处被告人程国义有期徒刑四年，王金元有期徒刑二年，谷晋生和王恒茂各有期徒刑一年。

被告人程国义、王金元、谷晋生、王恒茂以一审判决认定的罪行与事实不符，量刑重为由，分别向山西省高级人民法院提出上诉。

山西省高级人民法院二审认为，上诉人程国义、王金元、谷晋生、王恒茂身为国家工作人员，对用巨资引进机组的存放保管、安全防范工作，采取极不负责任的态度，以致酿成机组大部分设备被烧毁的特大火灾事故，使国家财产遭受重大损失，其行为均已构成玩忽职守罪。原审判决认定事实清楚，定罪准确，量刑适当，审判程序合法。程国义、王金元、谷晋生、王恒茂的上诉理由不能成立。依照《中华人民共和国刑事诉讼法》第一百三十六条（一）项的规定，于一九八六年九月十六日，裁定驳回上诉，维持原判。

3. 印华四、印华二、陆铭、张小学、孔维能、封正华重大责任事故案①

【基本案情】

被告人印华四，男，汉族，1971年6月11日出生，贵州省盘县金银煤矿投资人。

被告人印华二，男，汉族，1965年12月18日出生，盘县金银煤矿投资人。

被告人陆铭，男，汉族，1971年8月25日出生，盘县金银煤矿承包人。

被告人张小学，男，汉族，1975年11月18日出生，盘县金银煤矿承包人。

被告人孔维能，男，汉族，1973年7月2日出生，盘县金银煤矿安全管理人。

被告人封正华，男，汉族，1964年2月1日出生，盘县金银煤矿技术员。

1999年，被告人印华四、印华二兄弟与印路保（另案处理）共同投资开办金银煤矿。因金银煤矿位于国家规划的松河矿区内，贵州省政府于2007年4月26日在《贵州日报》上公告关闭该煤矿，并注销了采矿权证。后经有关部门协调，金银煤矿与尖山煤矿、阿六寺煤矿整合为松河新成煤业复采四单元，并与松河公司共同组建新公司。整合完成后，印华四、印华二、印路保各占金银煤矿三分之一的股份，印华四担任主要负责人，负责复采四单元的全面管理工作，印华二负责后勤管理，印路保不负责具体管理工作。为解决全省电煤供应紧张问题，并考虑到复采改造单元长期停产可能诱发安全隐患，2007年10月22日，盘县政府县长办公会议研究决定，同意金银煤矿作为松河新成煤业复采四单元的过渡生产系统恢复正常生产。2008年6月21日，为加强对复采改造煤矿的安全监管，盘县政府专题会议作出决定，暂时停止松河新成煤业复采单元过渡系统生产活动。2009年5月6日，盘县政府决定全面停止松河新成煤业复采单元过渡系统的一切生产活动。2010年以后，贵州省各级政府又多次出台规定，严禁煤矿边建设边生产，严厉打击擅自启封已关闭系统组织生产行为。

2008年7月21日，被告人印华四、印华二明知松河新成煤业复采四单元老系统（即金银煤矿）是禁止开展生产的煤矿，仍将该矿发包给被告人张小学和陆铭开采，并安排被告人孔维能和印大春（另案处理）对煤矿进行安全管理，安排被告人封正华担任技术员，负责煤矿的巷道规划和图纸资料设计。张小学和陆铭承包煤矿后招聘工人，并在安全管理不到位、不具备相应安全生产条件的情况下组织工人生产。期间，当地煤炭管理部门和安全监管部门多次对金银煤矿进行查处，严禁该煤矿开展生产，但张小学、陆铭拒不执行监管决定。2011年3月9日，盘县安监局淤泥安监站发现金银煤矿非法生产，遂依法关闭并砌封了矿井口。当日，张小学、孔维能、封正华等人擅自组织工人启封矿井恢复生产。由于该矿井通风设施不符合规定，且未安装瓦斯抽放系统，安全监测监控系统损

① 案例来源：2015年12月15日最高法院公布危害生产安全犯罪典型案例。

坏后一直未重新安装，造成瓦斯不断积聚。同年3月12日0时许，金银煤矿在生产过程中放炮时母线短路产生火花，导致发生重大瓦斯爆炸事故，造成19名工人死亡、15名工人受伤的严重后果。

【裁判结果】

贵州省盘县人民法院一审判决认为，被告人印华四、印华二等人将共同投资开办的金银煤矿（松河新成煤业公司复采四单元）承包给被告人张小学和陆铭开采，印华四负责煤矿全面管理工作，印华二参与管理，印华四、印华二安排被告人孔维能负责煤矿安全管理，实际上履行安全矿长职责，安排被告人封正华担任金银煤矿技术员，负责煤矿生产技术规划管理，六被告人明知金银煤矿被有关部门公告关闭并被注销采矿权证，又经煤炭管理部门和安监部门多次查处并严禁生产，仍在安全管理不到位、不具备安全生产条件的情况下违反法律、法规和企业规章制度的规定，组织工人生产，导致发生重大责任事故，其行为均已构成重大责任事故罪，且情节特别恶劣。张小学案发后主动向公安机关投案并如实供述罪行，具有自首情况，其余五被告人被抓获后如实供述罪行，且事故发生后金银煤矿及各被告人共同积极赔偿事故遇难者经济损失，可以从轻处罚。综上，以重大责任事故罪，分别判处被告人印华四有期徒刑六年六个月，被告人印华二、孔维能、陆铭有期徒刑四年六个月，被告人张小学有期徒刑四年，被告人封正华有期徒刑三年。

【典型意义】

被告人明知金银煤矿已被当地政府作出严禁开展生产的行政决定，且矿井口已被依法查封的情况下，拒不执行停产监管决定，擅自组织生产，对事故隐患未采取任何措施，导致发生特大责任事故，应当从重处罚。被告人印华四、印华二作为金银煤矿投资人，虽然已将煤矿承包给他人，但二人仍负有管理职责，且安排人员担任煤矿安全管理人和技术人员，依法应当认定为重大责任事故罪的犯罪主体。

4. 刘卫平、刘胜杰、楚湘葵重大劳动安全事故、非法采矿、单位行贿案①

【基本案情】

被告人刘卫平，男，汉族，1962年12月6日出生，湖南省湘潭县立胜煤矿投资人、实际控制人之一。

被告人刘胜杰，男，汉族，1973年11月29日出生，湘潭县立胜煤矿投资人、实际控制人之一。

被告人楚湘葵，男，汉族，1962年11月6日出生，湘潭县立胜煤矿投资人、实际控制人之一。

1. 非法采矿、重大劳动安全事故事实：2008年11月15日，被告人刘卫平、刘胜杰、楚湘葵共同承包了湖南省湘潭县立胜煤矿的采矿权。立胜煤矿采矿许可证核准的开采范围为约0.0362平方公里，深度为100米至－124米，有限期为2008年4月至2009年4月。2009年1月13日，因立胜煤矿安全生产许可证、煤炭生产许可证均已过期，湘潭县煤监局下达停产通知；同年4月，因立胜煤矿采矿许可证到期，且存在越界开采行为，湘潭县国土资源局责令立即停产。但刘卫平、刘胜杰、楚湘葵多次采取封闭矿井、临时遣散工人等弄虚作假手段，故意逃避管理部门实施监督检查，拒不执行停产监管决定，长期以技改名义非法组织生产。至2010年1月，立胜煤矿东井已开采至－640米水平，中间井已拓至－420米水平，西井已采至－580米水平，严重超越采矿许可证核准的－124米水平。经湖南省国土资源厅鉴定，立胜煤矿2009年5月1日至2009年12月25日，计采原煤29958.72吨，破坏矿山资源价值9046634.68元。

2010年1月5日12时5分，立胜煤矿中间井（又名新井）三道暗立井（位于－155米至－240米之间）发生因电缆短路引发的火灾事故。事故当日有85人下井，事故发生后安全升井51人，遇难34人，造成直接经济损失2962万元。经鉴定，造成事故的直接原因是立胜煤矿中间井三道暗立井使用非阻燃电缆，吊箩向上提升时碰撞已损坏的电缆芯线，造成电缆相间短路引发火灾，产生大量有毒有害气体，且矿井超深越界非法开采，未形成完整的通风系统和安全出口，烟流扩散造成人员中毒死亡。被告人刘卫平、刘胜杰、楚湘葵作为立胜煤矿负有管理职责的共同投资人和实际控制人，未认真履行职责，在生产经营过程中未采取有效安全防范管理措施，对于立胜煤矿未采用铠装阻燃电缆、未按规定安装和使用检漏继电器、矿井暗立井内敷设大量可燃管线和物体、无独立通风系统、在矿井超深越界区域无安全出口和逃生通道、无防灭火系统、避灾自救设施不完善等安全隐患均负有责任。

2. 单位行贿事实：被告人刘卫平、刘胜杰、楚湘葵为了三人投资和实际控制的立胜煤矿逃避监管部门监督检查，谋取不正当利益，先后向湘潭县煤监局局长郭平洋、湘潭县国土资源管理局主管副局长谭正荣（均另案处理，已判刑）等人行贿共计29万元。另外，刘卫平为给其投资的湘潭县新发煤矿谋取不正当利

① 案例来源：2015年12月15日最高法院公布危害生产安全犯罪典型案例。

益，先后向湘潭市煤炭工业行业管理办公室安全生产科科长刘永松（另案处理，已判刑）等人行贿51.5万元。

【裁判结果】

湖南省湘潭县人民法院一审判决认为，被告人刘卫平、刘胜杰、楚湘葵作为立胜煤矿投资人和实际控制人，违反矿山资源法的规定，未取得采矿许可证即擅自采矿，情节特别严重，行为均已构成非法采矿罪；在立胜煤矿安全生产设施及安全生产条件不符合国家规定的情况下组织生产，因而发生重大伤亡事故，情节特别恶劣，行为均已构成重大劳动安全事故罪；为给自己控制的煤矿谋取不正当利益和逃避监管，向国家机关工作人员行贿，情节严重，行为均已构成单位行贿罪，应依法并罚。刘胜杰系累犯，依法应当从重处罚；刘卫平、刘胜杰、楚湘葵事故发生后均积极组织抢救，配合政府职能部门关闭整合当地其他违规开展生产的煤矿，并对事故遇难者家属进行了足额经济赔偿，可以酌情从轻处罚。综上，对被告人刘卫平以重大劳动安全事故罪判处有期徒刑五年，以非法采矿罪判处有期徒刑六年，并处罚金人民币三百万元，以单位行贿罪判处有期徒刑二年，决定执行有期徒刑九年，并处罚金人民币三百万元；对被告人刘胜杰以重大劳动安全事故罪判处有期徒刑四年，以非法采矿罪判处有期徒刑四年，并处罚金人民币三百万元，以单位行贿罪判处有期徒刑一年，决定执行有期徒刑七年，并处罚金人民币三百万元；对被告人楚湘葵以重大劳动安全事故罪判处有期徒刑四年，以非法采矿罪判处有期徒刑四年，并处罚金人民币三百万元，以单位行贿罪判处有期徒刑一年，决定执行有期徒刑六年六个月，并处罚金人民币三百万元。

一审宣判后，检察机关以一审判决对单位行贿部分事实认定错误、量刑畸轻为由提出抗诉；被告人刘卫平、刘胜杰、楚湘葵以不构成重大劳动安全事故罪和非法采矿罪为由提出上诉。

湖南省湘潭市中级人民法院二审裁定认为，一审判决认定被告人刘卫平、刘胜杰、楚湘葵行贿29万元有误，三人行贿数额应认定为34万元，但不足以影响量刑，依法驳回检察机关部分抗诉，驳回三被告人上诉，维持原判。

【典型意义】

安全生产许可证过期后从事生产经营活动，或者采用封闭矿井口、临时遣散工人等弄虚作假手段和行贿方法故意逃避、阻挠负有安全监督管理职责的部门实施监督检查的，均应当从重处罚。

5. 泸县桃子沟煤业公司、罗剑、李贞元、胡德友、徐英成非法储存爆炸物，罗剑、李贞元、胡德友、徐英成、谢胜良、姜大伦、陈天才、杨万平、卢德全、张长勇、陈远华、周明重大责任事故案①

【基本案情】

被告单位泸县桃子沟煤业有限公司（以下简称桃子沟煤业公司），又名桃子沟煤矿。

被告人罗剑，男，汉族，1981年8月29日出生，桃子沟煤业公司出资人、法定代表人、执行董事。

被告人李贞元，男，汉族，1955年4月8日出生，桃子沟煤业公司出资人、实际控制人。

被告人胡德友，男，汉族，1968年5月10日出生，桃子沟煤业公司行政矿长、矿长助理。

被告人徐英成，男，汉族，1969年7月9日出生，桃子沟煤业公司安全副矿长。

被告人谢胜良，男，汉族，1969年3月18日出生，桃子沟煤业公司调度室主任。

被告人姜大伦，男，汉族，1966年1月11日出生，桃子沟煤业公司生产副矿长。

被告人陈天才，男，汉族，1965年5月24日出生，桃子沟煤业公司技术副矿长。

被告人杨万平，男，汉族，1968年12月5日出生，桃子沟煤业公司掘进副矿长。

被告人卢德全，男，汉族，1963年4月29日出生，桃子沟煤业公司机电副矿长。

被告人张长勇，男，汉族，1973年12月20日出生，2013年4月15日起任桃子沟煤业公司行政矿长。

被告人陈远华，男，汉族，1962年7月18日出生，桃子沟煤业公司夜班副矿长兼掘进队长。

被告人周明，男，汉族，1979年5月17日出生，桃子沟煤业公司股东、监事。

1. 非法储存爆炸物事实：四川省泸县桃子沟煤矿由被告人罗剑、李贞元共同经营，二人各占50%股份，罗剑任法定代表人、执行董事。2012年9月，该矿更名为泸县桃子沟煤业公司，因技改扩建未验收，相关证照尚未更换，桃子沟煤矿和桃子沟煤业公司两个证照同时使用。2013年3月，李贞元将其股份变更登记在其女婿被告人周明名下，由周明任监事，李贞元作

① 案例来源：2015年12月15日最高法院公布危害生产安全犯罪典型案例。

为实际控制人之一，主要负责煤矿安全生产管理。桃子沟煤业公司先后聘任被告人胡德友、张长勇为行政矿长，其中胡德友2012年10月15日至2013年4月14日任行政矿长，4月15日后改任矿长助理；张长勇2013年4月15日起任行政矿长。2013年3月15日，桃子沟煤业公司任命被告人徐英成为安全副矿长、被告人谢胜良为调度室主任、被告人姜大伦为生产副矿长、被告人陈天才为技术副矿长、被告人杨万平为掘进副矿长、被告人卢德全为机电副矿长、被告人陈远华为夜班副矿长兼掘进队长。

2011年9月，桃子沟煤业公司与当地其余7家煤矿以泸县厚源矿业公司名义，共同买下原泸县华叙爆破公司一民用爆炸物品库房，并共同以厚源矿业公司名义与安翔公司签订民用爆炸物品仓库委托管理合同，约定由安翔公司代为运输、储存、配送和回收8家煤矿生产所用民用爆炸物品。桃子沟煤业公司为提高效率、降低成本，2012年底未经有关部门审查、验收，由被告人李贞元派人在井下建成用于储存、发放炸药、雷管的两个硐室。2013年3月，桃子沟煤业公司技改扩建试运行后，未安排专人管理硐室，仅在早、中班轮班时指派一名兼职人员在硐室处发放炸药、雷管，剩余部分储存在硐室内。李贞元明知爆炸物品不按规定回收存在安全隐患，仍指使工人将生产过程中未用完的爆炸物品自行存放；被告人罗剑为掩盖本单位非法储存爆炸物的事实，与被告人胡德友一同指使库管员伪造爆炸物管理台账，逃避监管；胡德友和被告人徐英成无视自身岗位职责和相关法律法规规定，对本单位在井下建造硐室非法储存炸药、雷管和工人随意存放爆炸物不退库等行为未采取有效措施制止。2013年5月15日，桃子沟煤业公司矿井被依法关闭时，在公安民警见证下，安翔公司工作人员从该矿井下共计回收非法储存的炸药622.8千克，雷管1461枚。

2. 重大责任事故事实：桃子沟煤业公司原设计生产能力为3万吨，2009年12月经四川省经委批复技改扩建为9万吨。2012年9月，泸州市经信委批复矿井联合试运行，2013年3月25日泸县安监局批复同意该矿复工复产，并于同年4月7日核准该矿2121采煤工作面和4个掘进工作面进行生产。在技改扩建期间，被告人李贞元未经审批即安排被告人陈天才设计3111采煤工作面，安排被告人谢胜良、姜大伦等人组织工人布置3111采煤工作面，并伺机违规开采。同年3月中旬，李贞元经召集被告人胡德友、徐英成、谢胜良、姜大伦、陈天才、杨万平、卢德全开会讨论，决定开采3111采煤工作面。并于会后共谋以提高采煤单价的方式鼓励工人到3111采煤工作面采煤，同时采取只中班生产、不发放作业人员定位识别卡、不安装瓦斯监控系统及传感器、遇检查时提前封闭巷道等手段逃避监管；被告人张长勇、陈远华发现3111采煤工作面非法开采并存在严重安全隐患的情况后，未采取有效措施予以制止；被告人周明作为该矿股东和监事，对3111工作面亦未尽到相应监管职责。

2013年5月11日14时15分，桃子沟煤业公司3111采煤工作面生产作业过程中因通风设施不完善，且未安装瓦斯监控系统及传感器，导致井下瓦斯积聚达到爆炸浓度的情况未得到有效监测，该工作面六支巷采煤作业点放炮残余炸药燃烧引起瓦斯爆炸，致使28名井下工人遇难，另有18名工人受伤，直接经济损失2449万余元。

【裁判结果】

四川省泸县人民法院一审判决认为：被告单位桃子沟煤业公司违反法律法规规定，在生产矿井内设置爆炸物库房非法储存炸药、雷管，并允许工人在井下自存爆炸物，危害公共安全，情节严重，行为已构成非法储存爆炸物罪；被告人罗剑、李贞元、胡德友、徐英成均系单位直接负责的主管人员，依法应对单位非法储存爆炸物的犯罪行为承担刑事责任；胡德友系累犯，应依法从重处罚。被告人罗剑、李贞元、胡德友、徐英成、谢胜良、姜大伦、陈天才、杨万平、卢德全、张长勇、陈远华、周明在生产、作业过程中违反煤矿生产安全管理规定，未经审批违规作业，对存在的安全隐患未尽到监管职责，导致发生重大安全事故，情节特别恶劣，其行为均已构成重大责任事故罪，其中，罗剑、李贞元、胡德友、徐英成犯非法储存爆炸物罪和重大责任事故罪，应依法并罚。胡德友有多次故意犯罪前科，应酌情从重处罚。综合犯罪事实、情节以及社会危害后果，罗剑、李贞元虽有事故后积极抢救行为，李贞元还有自首情节，但不足以从轻处罚；胡德友、徐英成、谢胜良、姜大伦、陈天才、杨万平、卢德全、张长勇、陈远华、周明等具有自首情节或者事故后积极抢救的从宽情节，均可酌情从轻处罚。综上，对被告单位桃子沟煤业公司以非法储存爆炸物罪判处罚金人民币五十万元；对被告人罗剑、李贞元以非法储存爆炸物罪判处有期徒刑十五年，以重大责任事故罪判处有期徒刑七年，决定执行有期徒刑二十年；对被告人徐英成以非法储存爆炸物罪判处有期徒刑十二年，以重大责任事故罪判处有期徒刑六年六个月，决定执行有期徒刑十七年；对被告人胡德友以非法储存爆炸物罪判处有期徒刑十一年，以重大责任事故罪判处有期徒刑六年六个月，决定执行有期徒刑十六年；对被告人谢胜良、姜大伦、陈天才以重大责任事故罪判处有期徒刑六年六个月；对被告人张长勇以重大责任事故罪判处有期徒刑六年；对被告人杨万平、卢德全、陈远华、周明以重大责任事故罪判处有期徒刑五年。

【典型意义】

被告人李贞元作为桃子沟煤业公司隐名股东和实际控制人之一，负责煤矿安全生产管理，应认定为重大责任事故罪的犯罪主体。被告人在煤矿技改扩建期间违规组织生产，不安装瓦斯监控系统及传感器等必要的安全监控和报警设备，采取不发放作业人员定位识别卡、检查前封闭巷道等弄虚作假手段故意逃避、阻挠负有安全监督管理职责的部门实施监督检查，应当从重处罚。

二、煤矿及非煤矿山安全

中华人民共和国矿山安全法

（1992年11月7日第七届全国人民代表大会常务委员会第二十八次会议通过　根据2009年8月27日第十一届全国人民代表大会常务委员会第十次会议《关于修改部分法律的决定》修正）

第一章　总　　则

第一条　为了保障矿山生产安全，防止矿山事故，保护矿山职工人身安全，促进采矿业的发展，制定本法。

第二条　在中华人民共和国领域和中华人民共和国管辖的其他海域从事矿产资源开采活动，必须遵守本法。

第三条　矿山企业必须具有保障安全生产的设施，建立、健全安全管理制度，采取有效措施改善职工劳动条件，加强矿山安全管理工作，保证安全生产。

第四条　国务院劳动行政主管部门对全国矿山安全工作实施统一监督。

县级以上地方各级人民政府劳动行政主管部门对本行政区域内的矿山安全工作实施统一监督。

县级以上人民政府管理矿山企业的主管部门对矿山安全工作进行管理。

第五条　国家鼓励矿山安全科学技术研究，推广先进技术，改进安全设施，提高矿山安全生产水平。

第六条　对坚持矿山安全生产，防止矿山事故，参加矿山抢险救护，进行矿山安全科学技术研究等方面取得显著成绩的单位和个人，给予奖励。

第二章　矿山建设的安全保障

第七条　矿山建设工程的安全设施必须和主体工程同时设计、同时施工、同时投入生产和使用。

第八条　矿山建设工程的设计文件，必须符合矿山安全规程和行业技术规范，并按照国家规定经管理矿山企业的主管部门批准；不符合矿山安全规程和行业技术规范的，不得批准。

矿山建设工程安全设施的设计必须有劳动行政主管部门参加审查。

矿山安全规程和行业技术规范，由国务院管理矿山企业的主管部门制定。

注释 编制矿山建设项目的可行性研究报告和总体设计，应当对矿山开采的安全条件进行论证。

矿山建设项目的初步设计，应当编制安全专篇。安全专篇的编写要求，由国务院劳动行政主管部门规定。

矿山建设单位在向管理矿山企业的主管部门报送审批矿山建设工程安全设施设计文件时，应当同时报送劳动行政主管部门审查；没有劳动行政主管部门的审查意见，管理矿山企业的主管部门不得批准。

经批准的矿山建设工程安全设施设计需要修改时，应当征求原参加审查的劳动行政主管部门的意见。（参见《矿山安全法实施条例》第6、7条）

第九条　矿山设计下列项目必须符合矿山安全规程和行业技术规范：

（一）矿井的通风系统和供风量、风质、风速；

（二）露天矿的边坡角和台阶的宽度、高度；

（三）供电系统；

（四）提升、运输系统；

（五）防水、排水系统和防火、灭火系统；

（六）防瓦斯系统和防尘系统；

（七）有关矿山安全的其他项目。

第十条　每个矿井必须有两个以上能行人的安全出口，出口之间的直线水平距离必须符合矿山安全规程和行业技术规范。

第十一条　矿山必须有与外界相通的、符合安全要求的运输和通讯设施。

第十二条　矿山建设工程必须按照管理矿山企业的主管部门批准的设计文件施工。

矿山建设工程安全设施竣工后，由管理矿山企业的主管部门验收，并须有劳动行政主管部门参加；不符合矿山安全规程和行业技术规范的，不得验收，不得投入生产。

注释［安全设施的验收］

矿山建设工程应当按照经批准的设计文件施工，保证施工质量；工程竣工后，应当按照国家有关规定申请验收。建设单位应当在验收前60日向管理矿山企业的主管部门、劳动行政主管部门报送矿山建设工程安全设施施工、竣工情况的综合报告。管理矿山企业的主管部门、劳动行政主管部门应当自收到建设单位报送的矿山建设工程安全设施施工、竣工情况的综合报告之日起30日内，对矿山建设工程的安全设施进行检查；不符合矿山安全规程、行业技术规范的，不得验收，不得投入生产或者使用。（参见《矿山安全法实施条例》第8、9条）

第三章　矿山开采的安全保障

第十三条　矿山开采必须具备保障安全生产的条件,执行开采不同矿种的矿山安全规程和行业技术规范。

注释 矿山开采应当有下列图纸资料:(一)地质图(包括水文地质图和工程地质图);(二)矿山总布置图和矿井井上、井下对照图;(三)矿井、巷道、采场布置图;(四)矿山生产和安全保障的主要系统图。(参见《矿山安全法实施条例》第12条)

第十四条　矿山设计规定保留的矿柱、岩柱,在规定的期限内,应当予以保护,不得开采或者毁坏。

注释 矿山企业应当在采矿许可证批准的范围开采,禁止越层、越界开采。(参见《矿山安全法实施条例》第13条)

第十五条　矿山使用的有特殊安全要求的设备、器材、防护用品和安全检测仪器,必须符合国家安全标准或者行业安全标准;不符合国家安全标准或者行业安全标准的,不得使用。

注释 矿山使用的下列设备、器材、防护用品和安全检测仪器,应当符合国家安全标准或者行业安全标准;不符合国家安全标准或者行业安全标准的,不得使用:(一)采掘、支护、装载、运输、提升、通风、排水、瓦斯抽放、压缩空气和起重设备;(二)电动机、变压器、配电柜、电器开关、电控装置;(三)爆破器材、通讯器材、矿灯、电缆、钢丝绳、支护材料、防火材料;(四)各种安全卫生检测仪器仪表;(五)自救器、安全帽、防尘防毒口罩或者面罩、防护服、防护鞋等防护用品和救护设备;(六)经有关主管部门认定的其他有特殊安全要求的设备和器材。(参见《矿山安全法实施条例》第14条)

第十六条　矿山企业必须对机电设备及其防护装置、安全检测仪器,定期检查、维修,保证使用安全。

注释 矿山企业应当对机电设备及其防护装置、安全检测仪器定期检查、维修,并建立技术档案,保证使用安全。非负责设备运行的人员,不得操作设备。非值班电气人员,不得进行电气作业。操作电气设备的人员,应当有可靠的绝缘保护。检修电气设备时,不得带电作业。(参见《矿山安全法实施条例》第15条)

第十七条　矿山企业必须对作业场所中的有毒有害物质和井下空气含氧量进行检测,保证符合安全要求。

注释 矿山作业场所空气中的有毒有害物质的浓度,不得超过国家标准或者行业标准;矿山企业应当按照国家规定的方法,按照下列要求定期检测:(一)粉尘作业点,每月至少检测两次;(二)三硝基甲苯作业点,每月至少检测一次;(三)放射性物质作业点,每月至少检测三次;(四)其他有毒有害物质作业点,井下每月至少检测一次,地面每季度至少检测一次;(五)采用个体采样方法检测呼吸性粉尘的,每季度至少检测一次。(参见《矿山安全法实施条例》第16条)

第十八条　矿山企业必须对下列危害安全的事故隐患采取预防措施:

(一) 冒顶、片帮、边坡滑落和地表塌陷;

(二) 瓦斯爆炸、煤尘爆炸;

(三) 冲击地压、瓦斯突出、井喷;

(四) 地面和井下的火灾、水害;

(五) 爆破器材和爆破作业发生的危害;

(六) 粉尘、有毒有害气体、放射性物质和其他有害物质引起的危害;

(七) 其他危害。

注释 [冒顶、片帮、边坡滑落和地表塌陷等的预防措施]

井下采掘作业,必须按照作业规程的规定管理顶帮。采掘作业通过地质破碎带或者其他顶帮破碎地点时,应当加强支护。露天采剥作业,应当按照设计规定,控制采剥工作面的阶段高度、宽度、边坡角和最终边坡角。采剥作业和排土作业,不得对深部或者邻近井巷造成危害。

[瓦斯、煤尘爆炸等的预防措施]

煤矿和其他有瓦斯爆炸可能性的矿井,应当严格执行瓦斯检查制度,任何人不得携带烟草和点火用具下井。

[冲击地压、瓦斯突出、井喷等的预防措施]

在下列条件下从事矿山开采,应当编制专门设计文件,并报管理矿山企业的主管部门批准:(一)有瓦斯突出的;(二)有冲击地压的;(三)在需要保护的建筑物、构筑物和铁路下面开采的;(四)在水体下面开采的;(五)在地温异常或者有热水涌出的地区开采的。

[火灾、水害等的预防措施]

有自然发火可能性的矿井,应当采取下列措施:(一)及时清出采场浮矿和其他可燃物质,回采结束后及时封闭采空区;(二)采取防火灌浆或者其他有效的预防自然发火的措施;(三)定期检查井巷和采区封闭情况,测定可能自然发火地点的温度和风量;定期检测火区内的温度、气压和空气成份。

井下采掘作业遇下列情形之一时,应当探水前进:(一)接近承压含水层或者含水的断层、流砂层、砾石层、溶洞、陷落柱时;(二)接近与地表水体相通的地质破碎带或者接近连通承压层的未封钻孔时;(三)接近积水的老窑、旧巷或者灌过泥浆的采空区时;(四)发现有出水征兆时;(五)掘开隔离矿柱或者岩柱放水时。

[爆破器材和爆破作业等的预防措施]

矿山的爆破作业和爆破材料的制造、储存、运输、试验及销毁,必须严格执行国家有关规定。

[有害物质引起的危害的预防措施]

井下风量、风质、风速和作业环境的气候,必须符合矿山安全规程的规定。采掘工作面进风风流中,按照体积计算,氧气不得低于20%,二氧化碳不得超过0.5%。井下作业地点的空气温度不得超过28℃;超过时,应当采取降温或者其他防护措施。

开采放射性矿物的矿井,必须采取下列措施,减少氡气析出量:(一)及时封闭采空区和已经报废或者暂时不用的井巷;(二)用留矿法作业的采场采用下行通风;(三)严格管理井下污水。矿山企业对地面、井下产生粉尘的作业,应当采取综合防尘措施,控制粉尘危害。井下风动凿岩,禁止干打眼。(参见《矿山安全法实施条例》第17-25条)

第十九条 矿山企业对使用机械、电气设备,排土场、矸石山、尾矿库与矿山闭坑后可能引起的危害,应当采取预防措施。

第四章 矿山企业的安全管理

第二十条 矿山企业必须建立、健全安全生产责任制。

矿长对本企业的安全生产工作负责。

注释[矿山安全生产责任制]

矿山企业应当建立、健全下列安全生产责任制:(一)行政领导岗位安全生产责任制;(二)职能机构安全生产责任制;(三)岗位人员的安全生产责任制。

[矿长责任]

矿长(含矿务局局长、矿山公司经理,下同)对本企业的安全生产工作负有下列责任:(一)认真贯彻执行《矿山安全法》和本条例以及其他法律、法规中有关矿山安全生产的规定;(二)制定本企业安全生产管理制度;(三)根据需要配备合格的安全工作人员,对每个作业场所进行跟班检查;(四)采取有效措施,改善职工劳动条件,保证安全生产所需要的材料、设备、仪器和劳动防护用品的及时供应;(五)依照本条例的规定,对职工进行安全教育、培训;(六)制定矿山灾害的预防和应急计划;(七)及时采取措施,处理矿山存在的事故隐患;(八)及时、如实向劳动行政主管部门和管理矿山企业的主管部门报告矿山事故。(参见《矿山安全法实施条例》第28、29条)

第二十一条 矿长应当定期向职工代表大会或者职工大会报告安全生产工作,发挥职工代表大会的监督作用。

注释矿长应当定期向职工代表大会或者职工大会报告下列事项,接受民主监督:(一)企业安全生产重大决策;(二)企业安全技术措施计划及其执行情况;(三)职工安全教育、培训计划及其执行情况;(四)职工提出的改善劳动条件的建议和要求的处理情况;(五)重大事故处理情况;(六)有关安全生产的其他重要事项。(参见《矿山安全法实施条例》第31条)

第二十二条 矿山企业职工必须遵守有关矿山安全的法律、法规和企业规章制度。

矿山企业职工有权对危害安全的行为,提出批评、检举和控告。

注释[矿山企业职工的权利]

矿山企业职工享有下列权利:(一)有权获得作业场所安全与职业危害方面的信息;(二)有权向有关部门和工会组织反映矿山安全状况和存在的问题;(三)对任何危害职工安全健康的决定和行为,有权提出批评、检举和控告。

[矿山企业职工的义务]

矿山企业职工应当履行下列义务:(一)遵守有关矿山安全的法律、法规和企业规章制度;(二)维护矿山企业的生产设备、设施;(三)接受安全教育和培训;(四)及时报告危险情况,参加抢险救护。(参见《矿山安全法实施条例》第32、33条)

第二十三条 矿山企业工会依法维护职工生产安全的合法权益,组织职工对矿山安全工作进行监督。

第二十四条 矿山企业违反有关安全的法律、法规,工会有权要求企业行政方面或者有关部门认真处理。

矿山企业召开讨论有关安全生产的会议,应当有工会代表参加,工会有权提出意见和建议。

第二十五条 矿山企业工会发现企业行政方面违章指挥、强令工人冒险作业或者生产过程中发现明显重大事故隐患和职业危害,有权提出解决的建议;发现危及职工生命安全的情况时,有权向矿山企业行政方面建议组织职工撤离危险现场,矿山企业行政方面必须及时作出处理决定。

第二十六条 矿山企业必须对职工进行安全教育、培训;未经安全教育、培训的,不得上岗作业。

矿山企业安全生产的特种作业人员必须接受专门培训,经考核合格取得操作资格证书的,方可上岗作业。

注释[职工安全教育培训]

矿山企业应当按照下列规定对职工进行安全教育、培训:(一)新进矿山的井下作业职工,接受安全教育、培训的时间不得少于72小时,考试合格后,必须在有安全工作经验的职工带领下工作满4个月,然后经再次考核合格，方可独立工作；（二）新进露天矿的职工，接受安全教育、培训的时间不得少于40小时，经考试合格后，方可上岗作业；（三）对调换工种和采用新工艺作业的人员，必须重新培训，经考试合格后，方可上岗作业；（四）所有生产作业人员，每年接受在职安全教育、培训的时间不少于20小时。职工安全教育、培训期间，矿山企业应当支付工资。职工安全教育、培训情况和考核结果，应当记录存档。

矿山企业对职工的安全教育、培训，应当包括下列内容：（一）《矿山安全法》及本条例赋予矿山职工的权利与义务；（二）矿山安全规程及矿山企业有关安全管理的规章制度；（三）与职工本职工作有关的安全知识；（四）各种事故征兆的识别、发生紧急危险情况时的应急措施和撤退路线；（五）自救装备的使用和有关急救方面的知识；（六）有关主管部门规定的其他内容。

［特种作业人员的培训］

瓦斯检查工、爆破工、通风工、信号工、拥罐工、电工、金属焊接（切割）工、矿井泵工、瓦斯抽放工、主扇风机操作工、主提升机操作工、绞车操作工、输送机操作工、尾矿工、安全检查工和矿内机动车司机等特种作业人员应当接受专门技术培训，经考核合格取得操作资格证书后，方可上岗作业。特种作业人员的考核、发证工作按照国家有关规定执行。（参见《矿山安全法实施条例》第35－37条）

第二十七条　矿长必须经过考核，具备安全专业知识，具有领导安全生产和处理矿山事故的能力。

矿山企业安全工作人员必须具备必要的安全专业知识和矿山安全工作经验。

第二十八条　矿山企业必须向职工发放保障安全生产所需的劳动防护用品。

第二十九条　矿山企业不得录用未成年人从事矿山井下劳动。

矿山企业对女职工按照国家规定实行特殊劳动保护，不得分配女职工从事矿山井下劳动。

第三十条　矿山企业必须制定矿山事故防范措施，并组织落实。

第三十一条　矿山企业应当建立由专职或者兼职人员组成的救护和医疗急救组织，配备必要的装备、器材和药物。

注释 矿山企业应当建立由专职的或者兼职的人员组成的矿山救护和医疗急救组织。不具备单独建立专业救护和医疗急救组织的小型矿山企业，除应当建立兼职的救护和医疗急救组织外，还应当与邻近的有专业的救护和医疗急救组织的矿山企业签订救护和急救协议，或者与邻近的矿山企业联合建立专业救护和医疗急救组织。矿山救护和医疗急救组织应当有固定场所、训练器械和训练场地。矿山救护和医疗急救组织的规模和装备标准，由国务院管理矿山企业的有关主管部门规定。（参见《矿山安全法实施条例》第41条）

第三十二条　矿山企业必须从矿产品销售额中按照国家规定提取安全技术措施专项费用。安全技术措施专项费用必须全部用于改善矿山安全生产条件，不得挪作他用。

注释 矿山企业必须按照国家规定的安全条件进行生产，并安排一部分资金，用于下列改善矿山安全生产条件的项目：（一）预防矿山事故的安全技术措施；（二）预防职业危害的劳动卫生技术措施；（三）职工的安全培训；（四）改善矿山安全生产条件的其他技术措施。前款所需资金，由矿山企业按矿山维简费的20%的比例具实列支；没有矿山维简费的矿山企业，按固定资产折旧费的20%的比例具实列支。（参见《矿山安全法实施条例》第42条）

第五章　矿山安全的监督和管理

第三十三条　县级以上各级人民政府劳动行政主管部门对矿山安全工作行使下列监督职责：

（一）检查矿山企业和管理矿山企业的主管部门贯彻执行矿山安全法律、法规的情况；

（二）参加矿山建设工程安全设施的设计审查和竣工验收；

（三）检查矿山劳动条件和安全状况；

（四）检查矿山企业职工安全教育、培训工作；

（五）监督矿山企业提取和使用安全技术措施专项费用的情况；

（六）参加并监督矿山事故的调查和处理；

（七）法律、行政法规规定的其他监督职责。

第三十四条　县级以上人民政府管理矿山企业的主管部门对矿山安全工作行使下列管理职责：

（一）检查矿山企业贯彻执行矿山安全法律、法规的情况；

（二）审查批准矿山建设工程安全设施的设计；

（三）负责矿山建设工程安全设施的竣工验收；

（四）组织矿长和矿山企业安全工作人员的培训工作；

（五）调查和处理重大矿山事故；

（六）法律、行政法规规定的其他管理职责。

第三十五条　劳动行政主管部门的矿山安全监督人员有权进入矿山企业，在现场检查安全状况；发现有危及职工安全的紧急险情时，应当要求矿山企业立即处理。

注释 矿山安全监督人员在执行职务时，有权进入现场检查,参加有关会议,无偿调阅有关资料,向有关单位和人员了解情况。矿山安全监督人员进入现场检查,发现有危及职工安全健康的情况时,有权要求矿山企业立即改正或者限期解决;情况紧急时,有权要求矿山企业立即停止作业,从危险区内撤出作业人员。

劳动行政主管部门可以委托检测机构对矿山作业场所和危险性较大的在用设备、仪器、器材进行抽检。劳动行政主管部门对检查中发现的违反《矿山安全法》和本条例以及其他法律、法规有关矿山安全的规定的情况,应当依法提出处理意见。(参见《矿山安全法实施条例》第44条)

第六章 矿山事故处理

第三十六条 发生矿山事故,矿山企业必须立即组织抢救,防止事故扩大,减少人员伤亡和财产损失,对伤亡事故必须立即如实报告劳动行政主管部门和管理矿山企业的主管部门。

注释 矿山发生事故后,事故现场有关人员应当立即报告矿长或者有关主管人员;矿长或者有关主管人员接到事故报告后,必须立即采取有效措施,组织抢救,防止事故扩大,尽力减少人员伤亡和财产损失。矿山发生重伤、死亡事故后,矿山企业应当在24小时内如实向劳动行政主管部门和管理矿山企业的主管部门报告。劳动行政主管部门和管理矿山企业的主管部门接到死亡事故或者一次重伤3人以上的事故报告后,应当立即报告本级人民政府,并报各自的上一级主管部门。(参见《矿山安全法实施条例》第46-48条)

第三十七条 发生一般矿山事故,由矿山企业负责调查和处理。

发生重大矿山事故,由政府及其有关部门、工会和矿山企业按照行政法规的规定进行调查和处理。

注释 矿山事故发生后,有关部门应当按照国家有关规定,进行事故调查处理。矿山事故调查处理工作应当自事故发生之日起90日内结束;遇有特殊情况,可以适当延长,但是不得超过180日。矿山事故处理结案后,应当公布处理结果。(参见《矿山安全法实施条例》第50、51条)

第三十八条 矿山企业对矿山事故中伤亡的职工按照国家规定给予抚恤或者补偿。

第三十九条 矿山事故发生后,应当尽快消除现场危险,查明事故原因,提出防范措施。现场危险消除后,方可恢复生产。

注释 发生伤亡事故,矿山企业和有关单位应当保护事故现场;因抢救事故,需要移动现场部分物品时,必须作出标志,绘制事故现场图,并详细记录;在消除现场危险,采取防范措施后,方可恢复生产。(参见《矿山安全法实施条例》第49条)

第七章 法律责任

第四十条 违反本法规定,有下列行为之一的,由劳动行政主管部门责令改正,可以并处罚款;情节严重的,提请县级以上人民政府决定责令停产整顿;对主管人员和直接责任人员由其所在单位或者上级主管机关给予行政处分:

(一)未对职工进行安全教育、培训,分配职工上岗作业的;

(二)使用不符合国家安全标准或者行业安全标准的设备、器材、防护用品、安全检测仪器的;

(三)未按照规定提取或者使用安全技术措施专项费用的;

(四)拒绝矿山安全监督人员现场检查或者在被检查时隐瞒事故隐患、不如实反映情况的;

(五)未按照规定及时、如实报告矿山事故的。

注释 依照本条规定处以罚款的,分别按照下列规定执行:(一)未对职工进行安全教育、培训,分配职工上岗作业的,处4万元以下的罚款;(二)使用不符合国家安全标准或者行业安全标准的设备、器材、防护用品和安全检测仪器的,处5万元以下的罚款;(三)未按照规定提取或者使用安全技术措施专项费用的,处5万元以下的罚款;(四)拒绝矿山安全监督人员现场检查或者在被检查时隐瞒事故隐患,不如实反映情况的,处2万元以下的罚款;(五)未按照规定及时、如实报告矿山事故的,处3万元以下的罚款。(参见《矿山安全法实施条例》第52条)

第四十一条 矿长不具备安全专业知识的,安全生产的特种作业人员未取得操作资格证书上岗作业的,由劳动行政主管部门责令限期改正;逾期不改正的,提请县级以上人民政府决定责令停产,调整配备合格人员后,方可恢复生产。

第四十二条 矿山建设工程安全设施的设计未经批准擅自施工的,由管理矿山企业的主管部门责令停止施工;拒不执行的,由管理矿山企业的主管部门提请县级以上人民政府决定由有关主管部门吊销其采矿许可证和营业执照。

第四十三条 矿山建设工程的安全设施未经验收或者验收不合格擅自投入生产的,由劳动行政主管部门会同管理矿山企业的主管部门责令停止生产,并由劳动行政主管部门处以罚款;拒不停止生产的,由劳动行政主管部门提请县级以上人民政府决定由有关主管部门吊销其采矿许可证和营业执照。

第四十四条 已经投入生产的矿山企业,不具备安全生产条件而强行开采的,由劳动行政主管部门会同管理矿山企业的主管部门责令限期改进；逾期仍不具备安全生产条件的，由劳动行政主管部门提请县级以上人民政府决定责令停产整顿或者由有关主管部门吊销其采矿许可证和营业执照。

第四十五条 当事人对行政处罚决定不服的，可以在接到处罚决定通知之日起15日内向作出处罚决定的机关的上一级机关申请复议；当事人也可以在接到处罚决定通知之日起15日内直接向人民法院起诉。

复议机关应当在接到复议申请之日起60日内作出复议决定。当事人对复议决定不服的，可以在接到复议决定之日起15日内向人民法院起诉。复议机关逾期不作出复议决定的，当事人可以在复议期满之日起15日内向人民法院起诉。

当事人逾期不申请复议也不向人民法院起诉、又不履行处罚决定的，作出处罚决定的机关可以申请人民法院强制执行。

第四十六条 矿山企业主管人员违章指挥、强令工人冒险作业，因而发生重大伤亡事故的，依照刑法有关规定追究刑事责任。

注释 矿山企业主管人员有下列行为之一，造成矿山事故的，按照规定给予纪律处分；构成犯罪的，由司法机关依法追究刑事责任：（一）违章指挥、强令工人违章、冒险作业的；（二）对工人屡次违章作业熟视无睹，不加制止的；（三）对重大事故预兆或者已发现的隐患不及时采取措施的；（四）不执行劳动行政主管部门的监督指令或者不采纳有关部门提出的整顿意见，造成严重后果的。（参见《矿山安全法实施条例》第56条）

第四十七条 矿山企业主管人员对矿山事故隐患不采取措施，因而发生重大伤亡事故的，依照刑法有关规定追究刑事责任。

第四十八条 矿山安全监督人员和安全管理人员滥用职权、玩忽职守、徇私舞弊，构成犯罪的，依法追究刑事责任；不构成犯罪的，给予行政处分。

第八章 附 则

第四十九条 国务院劳动行政主管部门根据本法制定实施条例，报国务院批准施行。

省、自治区、直辖市人民代表大会常务委员会可以根据本法和本地区的实际情况，制定实施办法。

第五十条 本法自1993年5月1日起施行。

中华人民共和国煤炭法

（1996年8月29日第八届全国人民代表大会常务委员会第二十一次会议通过 根据2009年8月27日第十一届全国人民代表大会常务委员会第十次会议《关于修改部分法律的决定》第一次修正 根据2011年4月22日第十一届全国人民代表大会常务委员会第二十次会议《关于修改〈中华人民共和国煤炭法〉的决定》第二次修正 根据2013年6月29日第十二届全国人民代表大会常务委员会第三次会议《关于修改〈中华人民共和国文物保护法〉等十二部法律的决定》第三次修正 根据2016年11月7日第十二届全国人民代表大会常务委员会第二十四次会议《关于修改〈中华人民共和国对外贸易法〉等十二部法律的决定》第四次修正）

第一章 总 则

第一条 为了合理开发利用和保护煤炭资源，规范煤炭生产、经营活动，促进和保障煤炭行业的发展，制定本法。

第二条 在中华人民共和国领域和中华人民共和国管辖的其他海域从事煤炭生产、经营活动，适用本法。

第三条 煤炭资源属于国家所有。地表或者地下的煤炭资源的国家所有权，不因其依附的土地的所有权或者使用权的不同而改变。

第四条 国家对煤炭开发实行统一规划、合理布局、综合利用的方针。

第五条 国家依法保护煤炭资源，禁止任何乱采、滥挖破坏煤炭资源的行为。

第六条 国家保护依法投资开发煤炭资源的投资者的合法权益。

国家保障国有煤矿的健康发展。

国家对乡镇煤矿采取扶持、改造、整顿、联合、提高的方针，实行正规合理开发和有序发展。

第七条 煤矿企业必须坚持安全第一、预防为主的安全生产方针，建立健全安全生产的责任制度和群防群治制度。

第八条 各级人民政府及其有关部门和煤矿企业必须采取措施加强劳动保护，保障煤矿职工的安全和健康。

国家对煤矿井下作业的职工采取特殊保护措施。

第九条 国家鼓励和支持在开发利用煤炭资源过程中采用先进的科学技术和管理方法。

煤矿企业应当加强和改善经营管理，提高劳动生产率和经济效益。

第十条 国家维护煤矿矿区的生产秩序、工作秩序,保护煤矿企业设施。

第十一条 开发利用煤炭资源,应当遵守有关环境保护的法律、法规,防治污染和其他公害,保护生态环境。

第十二条 国务院煤炭管理部门依法负责全国煤炭行业的监督管理。国务院有关部门在各自的职责范围内负责煤炭行业的监督管理。

县级以上地方人民政府煤炭管理部门和有关部门依法负责本行政区域内煤炭行业的监督管理。

第十三条 煤炭矿务局是国有煤矿企业,具有独立法人资格。

矿务局和其他具有独立法人资格的煤矿企业、煤炭经营企业依法实行自主经营、自负盈亏、自我约束、自我发展。

第二章 煤炭生产开发规划与煤矿建设

第十四条 国务院煤炭管理部门根据全国矿产资源勘查规划编制全国煤炭资源勘查规划。

第十五条 国务院煤炭管理部门根据全国矿产资源规划规定的煤炭资源,组织编制和实施煤炭生产开发规划。

省、自治区、直辖市人民政府煤炭管理部门根据全国矿产资源规划规定的煤炭资源,组织编制和实施本地区煤炭生产开发规划,并报国务院煤炭管理部门备案。

第十六条 煤炭生产开发规划应当根据国民经济和社会发展的需要制定,并纳入国民经济和社会发展计划。

第十七条 国家制定优惠政策,支持煤炭工业发展,促进煤矿建设。

煤矿建设项目应当符合煤炭生产开发规划和煤炭产业政策。

第十八条 煤矿建设使用土地,应当依照有关法律、行政法规的规定办理。征收土地的,应当依法支付土地补偿费和安置补偿费,做好迁移居民的安置工作。

煤矿建设应当贯彻保护耕地、合理利用土地的原则。

地方人民政府对煤矿建设依法使用土地和迁移居民,应当给予支持和协助。

第十九条 煤矿建设应当坚持煤炭开发与环境治理同步进行。煤矿建设项目的环境保护设施必须与主体工程同时设计、同时施工、同时验收、同时投入使用。

第三章 煤炭生产与煤矿安全

第二十条 煤矿投入生产前,煤矿企业应当依照有关安全生产的法律、行政法规的规定取得安全生产许可证。未取得安全生产许可证的,不得从事煤炭生产。

第二十一条 对国民经济具有重要价值的特殊煤种或者稀缺煤种,国家实行保护性开采。

第二十二条 开采煤炭资源必须符合煤矿开采规程,遵守合理的开采顺序,达到规定的煤炭资源回采率。

煤炭资源回采率由国务院煤炭管理部门根据不同的资源和开采条件确定。

国家鼓励煤矿企业进行复采或者开采边角残煤和极薄煤。

第二十三条 煤矿企业应当加强煤炭产品质量的监督检查和管理。煤炭产品质量应当按照国家标准或者行业标准分等论级。

第二十四条 煤炭生产应当依法在批准的开采范围内进行,不得超越批准的开采范围越界、越层开采。

采矿作业不得擅自开采保安煤柱,不得采用可能危及相邻煤矿生产安全的决水、爆破、贯通巷道等危险方法。

第二十五条 因开采煤炭压占土地或者造成地表土地塌陷、挖损,由采矿者负责进行复垦,恢复到可供利用的状态;造成他人损失的,应当依法给予补偿。

第二十六条 关闭煤矿和报废矿井,应当依照有关法律、法规和国务院煤炭管理部门的规定办理。

第二十七条 国家建立煤矿企业积累煤矿衰老期转产资金的制度。

国家鼓励和扶持煤矿企业发展多种经营。

第二十八条 国家提倡和支持煤矿企业和其他企业发展煤电联产、炼焦、煤化工、煤建材等,进行煤炭的深加工和精加工。

国家鼓励煤矿企业发展煤炭洗选加工,综合开发利用煤层气、煤矸石、煤泥、石煤和泥炭。

第二十九条 国家发展和推广洁净煤技术。

国家采取措施取缔土法炼焦。禁止新建土法炼焦窑炉;现有的土法炼焦限期改造。

第三十条 县级以上各级人民政府及其煤炭管理部门和其他有关部门,应当加强对煤矿安全生产工作的监督管理。

第三十一条 煤矿企业的安全生产管理,实行矿务局长、矿长负责制。

第三十二条 矿务局长、矿长及煤矿企业的其他主要负责人必须遵守有关矿山安全的法律、法规和煤炭行业安全规章、规程,加强对煤矿安全生产工作的管理,执行安全生产责任制度,采取有效措施,防止伤亡和其他安全生产事故的发生。

第三十三条 煤矿企业应当对职工进行安全生产教育、培训;未经安全生产教育、培训的,不得上岗作业。

煤矿企业职工必须遵守有关安全生产的法律、法规、煤炭行业规章、规程和企业规章制度。

第三十四条 在煤矿井下作业中,出现危及职工生命安全并无法排除的紧急情况时,作业现场负责人或者安全管理人员应当立即组织职工撤离危险现场,并及时报告有关方面负责人。

第三十五条 煤矿企业工会发现企业行政方面违章指挥、强令职工冒险作业或者生产过程中发现明显重大事故隐患,可能危及职工生命安全的情况,有权提出解决问题的建议,煤矿企业行政方面必须及时作出处理决定。企业行政方面拒不处理的,工会有权提出批评、检举和控告。

第三十六条 煤矿企业必须为职工提供保障安全生产所需的劳动保护用品。

第三十七条 煤矿企业应当依法为职工参加工伤保险缴纳工伤保险费。鼓励企业为井下作业职工办理意外伤害保险,支付保险费。

第三十八条 煤矿企业使用的设备、器材、火工产品和安全仪器,必须符合国家标准或者行业标准。

第四章 煤炭经营

第三十九条 煤炭经营企业从事煤炭经营,应当遵守有关法律、法规的规定,改善服务,保障供应。禁止一切非法经营活动。

第四十条 煤炭经营应当减少中间环节和取消不合理的中间环节,提倡有条件的煤矿企业直销。

煤炭用户和煤炭销区的煤炭经营企业有权直接从煤矿企业购进煤炭。在煤炭产区可以组成煤炭销售、运输服务机构,为中小煤矿办理经销、运输业务。

禁止行政机关违反国家规定擅自设立煤炭供应的中间环节和额外加收费用。

第四十一条 从事煤炭运输的车站、港口及其他运输企业不得利用其掌握的运力作为参与煤炭经营、谋取不正当利益的手段。

第四十二条 国务院物价行政主管部门会同国务院煤炭管理部门和有关部门对煤炭的销售价格进行监督管理。

第四十三条 煤矿企业和煤炭经营企业供应用户的煤炭质量应当符合国家标准或者行业标准,质级相符,质价相符。用户对煤炭质量有特殊要求的,由供需双方在煤炭购销合同中约定。

煤矿企业和煤炭经营企业不得在煤炭中掺杂、掺假,以次充好。

第四十四条 煤矿企业和煤炭经营企业供应用户的煤炭质量不符合国家标准或者行业标准,或者不符合合同约定,或者质级不符、质价不符,给用户造成损失的,应当依法给予赔偿。

第四十五条 煤矿企业、煤炭经营企业、运输企业和煤炭用户应当依照法律、国务院有关规定或者合同约定供应、运输和接卸煤炭。

运输企业应当将承运的不同质量的煤炭分装、分堆。

第四十六条 煤炭的进出口依照国务院的规定,实行统一管理。

具备条件的大型煤矿企业经国务院对外经济贸易主管部门依法许可,有权从事煤炭出口经营。

第四十七条 煤炭经营管理办法,由国务院依照本法制定。

第五章 煤矿矿区保护

第四十八条 任何单位或者个人不得危害煤矿矿区的电力、通讯、水源、交通及其他生产设施。

禁止任何单位和个人扰乱煤矿矿区的生产秩序和工作秩序。

第四十九条 对盗窃或者破坏煤矿矿区设施、器材及其他危及煤矿矿区安全的行为,一切单位和个人都有权检举、控告。

第五十条 未经煤矿企业同意,任何单位或者个人不得在煤矿企业依法取得土地使用权的有效期间内在该土地上种植、养殖、取土或者修建建筑物、构筑物。

第五十一条 未经煤矿企业同意,任何单位或者个人不得占用煤矿企业的铁路专用线、专用道路、专用航道、专用码头、电力专用线、专用供水管路。

第五十二条 任何单位或者个人需要在煤矿采区范围内进行可能危及煤矿安全的作业时,应当经煤矿企业同意,报煤炭管理部门批准,并采取安全措施后,方可进行作业。

在煤矿矿区范围内需要建设公用工程或者其他工程的,有关单位应当事先与煤矿企业协商并达成协议后,方可施工。

第六章 监督检查

第五十三条 煤炭管理部门和有关部门依法对煤矿企业和煤炭经营企业执行煤炭法律、法规的情况进行监督检查。

第五十四条 煤炭管理部门和有关部门的监督检查人员应当熟悉煤炭法律、法规,掌握有关煤炭专业技术,公正廉洁,秉公执法。

第五十五条 煤炭管理部门和有关部门的监督检查人员进行监督检查时,有权向煤矿企业、煤炭经营企业或者用户了解有关执行煤炭法律、法规的情况,查阅有关资料,并有权进入现场进行检查。

煤矿企业、煤炭经营企业和用户对依法执行监督检查任务的煤炭管理部门和有关部门的监督检查人员应当提供方便。

第五十六条 煤炭管理部门和有关部门的监督检查人员对煤矿企业和煤炭经营企业违反煤炭法律、法规的行为,有权要求其依法改正。

煤炭管理部门和有关部门的监督检查人员进行监督检查时,应当出示证件。

第七章 法律责任

第五十七条 违反本法第二十二条的规定,开采煤炭资源未达到国务院煤炭管理部门规定的煤炭资源回采率的,由煤炭管理部门责令限期改正;逾期仍达不到规定的回采率的,责令停止生产。

第五十八条 违反本法第二十四条的规定,擅自开采保安煤柱或者采用危及相邻煤矿生产安全的危险方法进行采矿作业的,由劳动行政主管部门会同煤炭管理部门责令停止作业;由煤炭管理部门没收违法所得,并处违法所得一倍以上五倍以下的罚款;构成犯罪的,由司法机关依法追究刑事责任;造成损失的,依法承担赔偿责任。

第五十九条 违反本法第四十三条的规定,在煤炭产品中掺杂、掺假,以次充好的,责令停止销售,没收违法所得,并处违法所得一倍以上五倍以下的罚款;构成犯罪的,由司法机关依法追究刑事责任。

第六十条 违反本法第五十条的规定,未经煤矿企业同意,在煤矿企业依法取得土地使用权的有效期间内在该土地上修建建筑物、构筑物的,由当地人民政府动员拆除;拒不拆除的,责令拆除。

第六十一条 违反本法第五十一条的规定,未经煤矿企业同意,占用煤矿企业的铁路专用线、专用道路、专用航道、专用码头、电力专用线、专用供水管路的,由县级以上地方人民政府责令限期改正;逾期不改正的,强制清除,可以并处五万元以下的罚款;造成损失的,依法承担赔偿责任。

第六十二条 违反本法第五十二条的规定,未经批准或者未采取安全措施,在煤矿采区范围内进行危及煤矿安全作业的,由煤炭管理部门责令停止作业,可以并处五万元以下的罚款;造成损失的,依法承担赔偿责任。

第六十三条 有下列行为之一的,由公安机关依照治安管理处罚法的有关规定处罚;构成犯罪的,由司法机关依法追究刑事责任:

(一)阻碍煤矿建设,致使煤矿建设不能正常进行的;

(二)故意损坏煤矿矿区的电力、通讯、水源、交通及其他生产设施的;

(三)扰乱煤矿矿区秩序,致使生产、工作不能正常进行的;

(四)拒绝、阻碍监督检查人员依法执行职务的。

第六十四条 煤矿企业的管理人员违章指挥、强令职工冒险作业,发生重大伤亡事故的,依照刑法有关规定追究刑事责任。

第六十五条 煤矿企业的管理人员对煤矿事故隐患不采取措施予以消除,发生重大伤亡事故的,依照刑法有关规定追究刑事责任。

第六十六条 煤炭管理部门和有关部门的工作人员玩忽职守、徇私舞弊、滥用职权的,依法给予行政处分;构成犯罪的,由司法机关依法追究刑事责任。

第八章 附 则

第六十七条 本法自 1996 年 12 月 1 日起施行。

中华人民共和国
矿山安全法实施条例

(1996 年 10 月 11 日国务院批准 1996 年 10 月 30 日劳动部令第 4 号发布 自发布之日起施行)

第一章 总 则

第一条 根据《中华人民共和国矿山安全法》(以下简称《矿山安全法》),制定本条例。

第二条 《矿山安全法》及本条例中下列用语的含义:

矿山,是指在依法批准的矿区范围内从事矿产资源开采活动的场所及其附属设施。

矿产资源开采活动,是指在依法批准的矿区范围内从事矿产资源勘探和矿山建设、生产、闭坑及有关活动。

第三条 国家采取政策和措施,支持发展矿山安全教育,鼓励矿山安全开采技术、安全管理方法、安全设备与仪器的研究和推广,促进矿山安全科学技术进步。

第四条 各级人民政府、政府有关部门或者企业事业单位对有下列情形之一的单位和个人,按照国家有关规定给予奖励:

(一)在矿山安全管理和监督工作中,忠于职守,作出显著成绩的;

(二)防止矿山事故或者抢险救护有功的;

(三)在推广矿山安全技术、改进矿山安全设施方面，作出显著成绩的；

（四）在矿山安全生产方面提出合理化建议，效果显著的；

（五）在改善矿山劳动条件或者预防矿山事故方面有发明创造和科研成果，效果显著的。

第二章　矿山建设的安全保障

第五条　矿山设计使用的地质勘探报告书，应当包括下列技术资料：

（一）较大的断层、破碎带、滑坡、泥石流的性质和规模；

（二）含水层（包括溶洞）和隔水层的岩性、层厚、产状，含水层之间、地面水和地下水之间的水力联系，地下水的潜水位、水质、水量和流向，地面水流系统和有关水利工程的疏水能力以及当地历年降水量和最高洪水位；

（三）矿山设计范围内原有小窑、老窑的分布范围、开采深度和积水情况；

（四）沼气、二氧化碳赋存情况，矿物自然发火和矿尘爆炸的可能性；

（五）对人体有害的矿物组份、含量和变化规律，勘探区至少一年的天然放射性本底数据；

（六）地温异常和热水矿区的岩石热导率、地温梯度、热水来源、水温、水压和水量，以及圈定的热害区范围；

（七）工业、生活用水的水源和水质；

（八）钻孔封孔资料；

（九）矿山设计需要的其他资料。

第六条　编制矿山建设项目的可行性研究报告和总体设计，应当对矿山开采的安全条件进行论证。

矿山建设项目的初步设计，应当编制安全专篇。安全专篇的编写要求，由国务院劳动行政主管部门规定。

第七条　根据《矿山安全法》第八条的规定，矿山建设单位在向管理矿山企业的主管部门报送审批矿山建设工程安全设施设计文件时，应当同时报送劳动行政主管部门审查；没有劳动行政主管部门的审查意见，管理矿山企业的主管部门不得批准。

经批准的矿山建设工程安全设施设计需要修改时，应当征求原参加审查的劳动行政主管部门的意见。

第八条　矿山建设工程应当按照经批准的设计文件施工，保证施工质量；工程竣工后，应当按照国家有关规定申请验收。

建设单位应当在验收前60日向管理矿山企业的主管部门、劳动行政主管部门报送矿山建设工程安全设施施工、竣工情况的综合报告。

第九条　管理矿山企业的主管部门、劳动行政主管部门应当自收到建设单位报送的矿山建设工程安全设施施工、竣工情况的综合报告之日起30日内，对矿山建设工程的安全设施进行检查；不符合矿山安全规程、行业技术规范的，不得验收，不得投入生产或者使用。

第十条　矿山应当有保障安全生产、预防事故和职业危害的安全设施，并符合下列基本要求：

（一）每个矿井至少有两个独立的能行人的直达地面的安全出口。矿井的每个生产水平（中段）和各个采区（盘区）至少有两个能行人的安全出口，并与直达地面的出口相通。

（二）每个矿井有独立的采用机械通风的通风系统，保证井下作业场所有足够的风量；但是，小型非沼气矿井在保证井下作业场所所需风量的前提下，可以采用自然通风。

（三）井巷断面能满足行人、运输、通风和安全设施、设备的安装、维修及施工需要。

（四）井巷支护和采场顶板管理能保证作业场所的安全。

（五）相邻矿井之间、矿井与露天矿之间、矿井与老窑之间留有足够的安全隔离矿柱。矿山井巷布置留有足够的保障井上和井下安全的矿柱或者岩柱。

（六）露天矿山的阶段高度、平台宽度和边坡角能满足安全作业和边坡稳定的需要。船采沙矿的采池边界与地面建筑物、设备之间有足够的安全距离。

（七）有地面和井下的防水、排水系统，有防止地表水泄入井下和露天采场的措施。

（八）溜矿井有防止和处理堵塞的安全措施。

（九）有自然发火可能性的矿井，主要运输巷道布置在岩层或者不易自然发火的矿层内，并采用预防性灌浆或者其他有效的预防自然发火的措施。

（十）矿山地面消防设施符合国家有关消防的规定。矿井有防灭火设施和器材。

（十一）地面及井下供配电系统符合国家有关规定。

（十二）矿山提升运输设备、装置及设施符合下列要求：

1. 钢丝绳、连接装置、提升容器以及保险链有足够的安全系数；

2. 提升容器与井壁、罐道梁之间及两个提升容器之间有足够的间隙；

3. 提升绞车和提升容器有可靠的安全保护装置；

4. 电机车、架线、轨道的选型能满足安全要求；

5. 运送人员的机械设备有可靠的安全保护装置；

6. 提升运输设备有灵敏可靠的信号装置。

（十三）每个矿井有防尘供水系统。地面和井下所有产生粉尘的作业地点有综合防尘措施。

（十四）有瓦斯、矿尘爆炸可能性的矿井，采用防爆电器设备，并采取防尘和隔爆措施。

（十五）开采放射性矿物的矿井，符合下列要求：

1. 矿井进风量和风质能满足降氡的需要，避免串联通风和污风循环；

2. 主要进风道开在矿脉之外，穿矿脉或者岩体裂隙发育的进风巷道有防止氡析出的措施；

3. 采用后退式回采；

4. 能防止井下污水散流，并采取封闭的排放污水系统。

（十六）矿山储存爆破材料的场所符合国家有关规定。

（十七）排土场、矸石山有防止发生泥石流和其他危害的安全措施，尾矿库有防止溃坝等事故的安全设施。

（十八）有防止山体滑坡和因采矿活动引起地表塌陷造成危害的预防措施。

（十九）每个矿井配置足够数量的通风检测仪表和有毒有害气体与井下环境检测仪器。开采有瓦斯突出的矿井，装备监测系统或者检测仪器。

（二十）有与外界相通的、符合安全要求的运输设施和通讯设施。

（二十一）有更衣室、浴室等设施。

第三章　矿山开采的安全保障

第十一条　采掘作业应当编制作业规程，规定保证作业人员安全的技术措施和组织措施，并在情况变化时及时予以修改和补充。

第十二条　矿山开采应当有下列图纸资料：

（一）地质图（包括水文地质图和工程地质图）；

（二）矿山总布置图和矿井井上、井下对照图；

（三）矿井、巷道、采场布置图；

（四）矿山生产和安全保障的主要系统图。

第十三条　矿山企业应当在采矿许可证批准的范围开采，禁止越层、越界开采。

第十四条　矿山使用的下列设备、器材、防护用品和安全检测仪器，应当符合国家安全标准或者行业安全标准；不符合国家安全标准或者行业安全标准的，不得使用：

（一）采掘、支护、装载、运输、提升、通风、排水、瓦斯抽放、压缩空气和起重设备；

（二）电动机、变压器、配电柜、电器开关、电控装置；

（三）爆破器材、通讯器材、矿灯、电缆、钢丝绳、支护材料、防火材料；

（四）各种安全卫生检测仪器仪表；

（五）自救器、安全帽、防尘防毒口罩或者面罩、防护服、防护鞋等防护用品和救护设备；

（六）经有关主管部门认定的其他有特殊安全要求的设备和器材。

第十五条　矿山企业应当对机电设备及其防护装置、安全检测仪器定期检查、维修，并建立技术档案，保证使用安全。

非负责设备运行的人员，不得操作设备。非值班电气人员，不得进行电气作业。操作电气设备的人员，应当有可靠的绝缘保护。检修电气设备时，不得带电作业。

第十六条　矿山作业场所空气中的有毒有害物质的浓度，不得超过国家标准或者行业标准；矿山企业应当按照国家规定的方法，按照下列要求定期检测：

（一）粉尘作业点，每月至少检测2次；

（二）三硝基甲苯作业点，每月至少检测1次；

（三）放射性物质作业点，每月至少检测3次；

（四）其他有毒有害物质作业点，井下每月至少检测1次，地面每季度至少检测1次；

（五）采用个体采样方法检测呼吸性粉尘的，每季度至少检测1次。

第十七条　井下采掘作业，必须按照作业规程的规定管理顶帮。采掘作业通过地质破碎带或者其他顶帮破碎地点时，应当加强支护。

露天采剥作业，应当按照设计规定，控制采剥工作面的阶段高度、宽度、边坡角和最终边坡角。采剥作业和排土作业，不得对深部或者邻近井巷造成危害。

第十八条　煤矿和其他有瓦斯爆炸可能性的矿井，应当严格执行瓦斯检查制度，任何人不得携带烟草和点火用具下井。

第十九条　在下列条件下从事矿山开采，应当编制专门设计文件，并报管理矿山企业的主管部门批准：

（一）有瓦斯突出的；

（二）有冲击地压的；

（三）在需要保护的建筑物、构筑物和铁路下面开采的；

（四）在水体下面开采的；

（五）在地温异常或者有热水涌出的地区开采的。

第二十条　有自然发火可能性的矿井，应当采取下列措施：

（一）及时清出采场浮矿和其他可燃物质，回采结束后及时封闭采空区；

（二）采取防火灌浆或者其他有效的预防自然发火的措施；

（三）定期检查井巷和采区封闭情况，测定可能自然发火地点的温度和风量；定期检测火区内的温度、气压和空气成份。

第二十一条 井下采掘作业遇下列情形之一时，应当探水前进：

（一）接近承压含水层或者含水的断层、流砂层、砾石层、溶洞、陷落柱时；

（二）接近与地表水体相通的地质破碎带或者接近连通承压层的未封钻孔时；

（三）接近积水的老窑、旧巷或者灌过泥浆的采空区时；

（四）发现有出水征兆时；

（五）掘开隔离矿柱或者岩柱放水时。

第二十二条 井下风量、风质、风速和作业环境的气候，必须符合矿山安全规程的规定。

采掘工作面进风风流中，按照体积计算，氧气不得低于20%，二氧化碳不得超过0.5%。

井下作业地点的空气温度不得超过28℃；超过时，应当采取降温或者其他防护措施。

第二十三条 开采放射性矿物的矿井，必须采取下列措施，减少氡气析出量：

（一）及时封闭采空区和已经报废或者暂时不用的井巷；

（二）用留矿法作业的采场采用下行通风；

（三）严格管理井下污水。

第二十四条 矿山的爆破作业和爆破材料的制造、储存、运输、试验及销毁，必须严格执行国家有关规定。

第二十五条 矿山企业对地面、井下产生粉尘的作业，应当采取综合防尘措施，控制粉尘危害。

井下风动凿岩，禁止干打眼。

第二十六条 矿山企业应当建立、健全对地面陷落区、排土场、矸石山、尾矿库的检查和维护制度；对可能发生的危害，应当采取预防措施。

第二十七条 矿山企业应当按照国家有关规定关闭矿山，对关闭矿山后可能引起的危害采取预防措施。关闭矿山报告应当包括下列内容：

（一）采掘范围及采空区处理情况；

（二）对矿井采取的封闭措施；

（三）对其他不安全因素的处理办法。

第四章 矿山企业的安全管理

第二十八条 矿山企业应当建立、健全下列安全生产责任制：

（一）行政领导岗位安全生产责任制；

（二）职能机构安全生产责任制；

（三）岗位人员的安全生产责任制。

第二十九条 矿长（含矿务局局长、矿山公司经理，下同）对本企业的安全生产工作负有下列责任：

（一）认真贯彻执行《矿山安全法》和本条例以及其他法律、法规中有关矿山安全生产的规定；

（二）制定本企业安全生产管理制度；

（三）根据需要配备合格的安全工作人员，对每个作业场所进行跟班检查；

（四）采取有效措施，改善职工劳动条件，保证安全生产所需要的材料、设备、仪器和劳动防护用品的及时供应；

（五）依照本条例的规定，对职工进行安全教育、培训；

（六）制定矿山灾害的预防和应急计划；

（七）及时采取措施，处理矿山存在的事故隐患；

（八）及时、如实向劳动行政主管部门和管理矿山企业的主管部门报告矿山事故。

第三十条 矿山企业应当根据需要，设置安全机构或者配备专职安全工作人员。专职安全工作人员应当经过培训，具备必要的安全专业知识和矿山安全工作经验，能胜任现场安全检查工作。

第三十一条 矿长应当定期向职工代表大会或者职工大会报告下列事项，接受民主监督：

（一）企业安全生产重大决策；

（二）企业安全技术措施计划及其执行情况；

（三）职工安全教育、培训计划及其执行情况；

（四）职工提出的改善劳动条件的建议和要求的处理情况；

（五）重大事故处理情况；

（六）有关安全生产的其他重要事项。

第三十二条 矿山企业职工享有下列权利：

（一）有权获得作业场所安全与职业危害方面的信息；

（二）有权向有关部门和工会组织反映矿山安全状况和存在的问题；

（三）对任何危害职工安全健康的决定和行为，有权提出批评、检举和控告。

第三十三条 矿山企业职工应当履行下列义务：

（一）遵守有关矿山安全的法律、法规和企业规章制度；

（二）维护矿山企业的生产设备、设施；

（三）接受安全教育和培训；

（四）及时报告危险情况，参加抢险救护。

第三十四条 矿山企业工会有权督促企业行政方面加强职工的安全教育、培训工作，开展安全宣传活动，提高职工的安全生产意识和技术素质。

第三十五条 矿山企业应当按照下列规定对职工进行安全教育、培训：

（一）新进矿山的井下作业职工，接受安全教育、培训的时间不得少于72小时，考试合格后，必须在有安全工作经验的职工带领下工作满4个月，然后经再次考核合格，方可独立工作；

（二）新进露天矿的职工，接受安全教育、培训的时间不得少于40小时，经考试合格后，方可上岗作业；

（三）对调换工种和采用新工艺作业的人员，必须重新培训，经考试合格后，方可上岗作业；

（四）所有生产作业人员，每年接受在职安全教育、培训的时间不少于20小时。

职工安全教育、培训期间，矿山企业应当支付工资。

职工安全教育、培训情况和考核结果，应当记录存档。

第三十六条 矿山企业对职工的安全教育、培训，应当包括下列内容：

（一）《矿山安全法》及本条例赋予矿山职工的权利与义务；

（二）矿山安全规程及矿山企业有关安全管理的规章制度；

（三）与职工本职工作有关的安全知识；

（四）各种事故征兆的识别、发生紧急危险情况时的应急措施和撤退路线；

（五）自救装备的使用和有关急救方面的知识；

（六）有关主管部门规定的其他内容。

第三十七条 瓦斯检查工、爆破工、通风工、信号工、拥罐工、电工、金属焊接（切割）工、矿井泵工、瓦斯抽放工、主扇风机操作工、主提升机操作工、绞车操作工、输送机操作工、尾矿工、安全检查工和矿内机动车司机等特种作业人员应当接受专门技术培训，经考核合格取得操作资格证书后，方可上岗作业。特种作业人员的考核、发证工作按照国家有关规定执行。

第三十八条 对矿长安全资格的考核，应当包括下列内容：

（一）《矿山安全法》和有关法律、法规及矿山安全规程；

（二）矿山安全知识；

（三）安全生产管理能力；

（四）矿山事故处理能力；

（五）安全生产业绩。

第三十九条 矿山企业向职工发放的劳动防护用品应当是经过鉴定和检验合格的产品。劳动防护用品的发放标准由国务院劳动行政主管部门制定。

第四十条 矿山企业应当每年编制矿山灾害预防和应急计划；在每季度末，应当根据实际情况对计划及时进行修改，制定相应的措施。

矿山企业应当使每个职工熟悉矿山灾害预防和应急计划，并且每年至少组织1次矿山救灾演习。

矿山企业应当根据国家有关规定，按照不同作业场所的要求，设置矿山安全标志。

第四十一条 矿山企业应当建立由专职的或者兼职的人员组成的矿山救护和医疗急救组织。不具备单独建立专业救护和医疗急救组织的小型矿山企业，除应当建立兼职的救护和医疗急救组织外，还应当与邻近的有专业的救护和医疗急救组织的矿山企业签订救护和急救协议，或者与邻近的矿山企业联合建立专业救护和医疗急救组织。

矿山救护和医疗急救组织应当有固定场所、训练器械和训练场地。

矿山救护和医疗急救组织的规模和装备标准，由国务院管理矿山企业的有关主管部门规定。

第四十二条 矿山企业必须按照国家规定的安全条件进行生产，并安排一部分资金，用于下列改善矿山安全生产条件的项目：

（一）预防矿山事故的安全技术措施；

（二）预防职业危害的劳动卫生技术措施；

（三）职工的安全培训；

（四）改善矿山安全生产条件的其他技术措施。

前款所需资金，由矿山企业按矿山维简费的20%的比例具实列支；没有矿山维简费的矿山企业，按固定资产折旧费的20%的比例具实列支。

第五章 矿山安全的监督和管理

第四十三条 县级以上各级人民政府劳动行政主管部门，应当根据矿山安全监督工作的实际需要，配备矿山安全监督人员。

矿山安全监督人员必须熟悉矿山安全技术知识，具有矿山安全工作经验，能胜任矿山安全检查工作。

矿山安全监督证件和专用标志由国务院劳动行政主管部门统一制作。

第四十四条 矿山安全监督人员在执行职务时，有权进入现场检查，参加有关会议，无偿调阅有关资料，向有关单位和人员了解情况。

矿山安全监督人员进入现场检查，发现有危及职工安全健康的情况时，有权要求矿山企业立即改正或者限期解决；情况紧急时，有权要求矿山企业立即停止作业，从危险区内撤出作业人员。

劳动行政主管部门可以委托检测机构对矿山作业场所和危险性较大的在用设备、仪器、器材进行抽检。

劳动行政主管部门对检查中发现的违反《矿山安全法》和本条例以及其他法律、法规有关矿山安全的规定的情况，应当依法提出处理意见。

第四十五条 矿山安全监督人员执行公务时，应当出示矿山安全监督证件，秉公执法，并遵守有关规定。

第六章 矿山事故处理

第四十六条 矿山发生事故后，事故现场有关人员应当立即报告矿长或者有关主管人员；矿长或者有关主管人员接到事故报告后，必须立即采取有效措施，组织抢救，防止事故扩大，尽力减少人员伤亡和财产损失。

第四十七条 矿山发生重伤、死亡事故后，矿山企业应当在24小时内如实向劳动行政主管部门和管理矿山企业的主管部门报告。

第四十八条 劳动行政主管部门和管理矿山企业的主管部门接到死亡事故或者1次重伤3人以上的事故报告后，应当立即报告本级人民政府，并报各自的上一级主管部门。

第四十九条 发生伤亡事故，矿山企业和有关单位应当保护事故现场；因抢救事故，需要移动现场部分物品时，必须作出标志，绘制事故现场图，并详细记录；在消除现场危险，采取防范措施后，方可恢复生产。

第五十条 矿山事故发生后，有关部门应当按照国家有关规定，进行事故调查处理。

第五十一条 矿山事故调查处理工作应当自事故发生之日起90日内结束；遇有特殊情况，可以适当延长，但是不得超过180日。矿山事故处理结案后，应当公布处理结果。

第七章 法律责任

第五十二条 依照《矿山安全法》第四十条规定处以罚款的，分别按照下列规定执行：

（一）未对职工进行安全教育、培训，分配职工上岗作业的，处4万元以下的罚款；

（二）使用不符合国家安全标准或者行业安全标准的设备、器材、防护用品和安全检测仪器的，处5万元以下的罚款；

（三）未按照规定提取或者使用安全技术措施专项费用的，处5万元以下的罚款；

（四）拒绝矿山安全监督人员现场检查或者在被检查时隐瞒事故隐患，不如实反映情况的，处2万元以下的罚款；

（五）未按照规定及时、如实报告矿山事故的，处3万元以下的罚款。

第五十三条 依照《矿山安全法》第四十三条规定处以罚款的，罚款幅度为5万元以上10万元以下。

第五十四条 违反本条例第十五条、第十六条、第十七条、第十八条、第十九条、第二十条、第二十一条、第二十二条、第二十三条、第二十五条规定的，由劳动行政主管部门责令改正，可以处2万元以下的罚款。

第五十五条 当事人收到罚款通知书后，应当在15日内到指定的金融机构缴纳罚款；逾期不缴纳的，自逾期之日起每日加收3‰的滞纳金。

第五十六条 矿山企业主管人员有下列行为之一，造成矿山事故的，按照规定给予纪律处分；构成犯罪的，由司法机关依法追究刑事责任：

（一）违章指挥、强令工人违章、冒险作业的；

（二）对工人屡次违章作业熟视无睹，不加制止的；

（三）对重大事故预兆或者已发现的隐患不及时采取措施的；

（四）不执行劳动行政主管部门的监督指令或者不采纳有关部门提出的整顿意见，造成严重后果的。

第八章 附 则

第五十七条 国务院管理矿山企业的主管部门根据《矿山安全法》和本条例修订或者制定的矿山安全规程和行业技术规范，报国务院劳动行政主管部门备案。

第五十八条 石油天然气开采的安全规定，由国务院劳动行政主管部门会同石油工业主管部门制定，报国务院批准后施行。

第五十九条 本条例自发布之日起施行。

乡镇煤矿管理条例

（1994年12月20日国务院令第169号发布 根据2013年7月18日《国务院关于废止和修改部分行政法规的决定》修订）

第一章 总 则

第一条 为了加强乡镇煤矿的行业管理，促进乡镇煤矿的健康发展，制定本条例。

第二条 本条例所称乡镇煤矿，是指在乡（镇）、村开办的集体煤矿企业、私营煤矿企业以及除国有煤矿企业和外商投资煤矿企业以外的其他煤矿企业。

第三条 煤炭资源属于国家所有。地表或者地下的煤炭资源的国家所有权，不因其所依附的土地的所有权或者使用权的不同而改变。

国家对煤炭资源的开发利用实行统一规划、合理布局的方针。

第四条 乡镇煤矿开采煤炭资源，必须依照有关法律、法规的规定，申请领取采矿许可证和安全生产许可证。

第五条 国家扶持、指导和帮助乡镇煤矿的发展。

县级以上地方人民政府应当加强对乡镇煤矿的管理,依法维护乡镇煤矿的生产秩序,保护乡镇煤矿的合法权益;对发展乡镇煤矿作出显著成绩的单位和个人给予奖励。

第六条 乡镇煤矿开采煤炭资源,应当遵循开发与保护并重的原则,依法办矿,安全生产,文明生产。

第七条 国务院煤炭工业主管部门和县级以上地方人民政府负责管理煤炭工业的部门是乡镇煤矿的行业管理部门(以下统称煤炭工业主管部门)。

煤炭工业行业管理的任务是统筹规划、组织协调、提供服务、监督检查。

第二章 资源与规划

第八条 国务院煤炭工业主管部门和省、自治区、直辖市人民政府根据全国矿产资源规划编制行业开发规划和地区开发规划时,应当合理划定乡镇煤矿开采的煤炭资源范围。

第九条 未经国务院煤炭工业主管部门批准,乡镇煤矿不得开采下列煤炭资源:

(一)国家规划煤炭矿区;

(二)对国民经济具有重要价值的煤炭矿区;

(三)国家规定实行保护性开采的稀缺煤种;

(四)重要河流、堤坝和大型水利工程设施下的保安煤柱;

(五)铁路、重要公路和桥梁下的保安煤柱;

(六)重要工业区、重要工程设施、机场、国防工程设施下的保安煤柱;

(七)不能移动的国家重点保护的历史文物、名胜古迹和国家划定的自然保护区、重要风景区下的保安煤柱;

(八)正在建设或者正在开采的矿井的保安煤柱。

第十条 乡镇煤矿在国有煤矿企业矿区范围内开采边缘零星资源,必须征得该国有煤矿企业同意,并经其上级主管部门批准。

乡镇煤矿开采前款规定的煤炭资源,必须与国有煤矿企业签订合理开发利用煤炭资源和维护矿山安全的协议,不得浪费、破坏煤炭资源,影响国有煤矿企业的生产安全。

第十一条 国家重点建设工程需要占用乡镇煤矿的生产井田时,占用单位应当按照国家有关规定给予合理补偿;但是,对违法开办的乡镇煤矿,不予补偿。

第三章 办矿与生产

第十二条 开办乡镇煤矿,必须具备下列条件:

(一)符合国家煤炭工业发展规划;

(二)有经依法批准可供开采的、无争议的煤炭资源;

(三)有与所建矿井生产规模相适应的资金、技术装备和技术人才;

(四)有经过批准的采矿设计或者开采方案;

(五)有符合国家规定的安全生产措施和环境保护措施;

(六)办矿负责人经过技术培训,并持有矿长资格证书;

(七)法律、法规规定的其他条件。

第十三条 申请开办乡镇煤矿,由资源所在地的县级人民政府负责管理煤炭工业的部门审查申请人的办矿条件。

申请开办乡镇煤矿,其矿区范围跨2个县级以上行政区域的,由其共同的上一级人民政府负责管理煤炭工业的部门审查申请人的办矿条件。

经审查符合办矿条件的,申请人应当凭煤炭工业主管部门审查同意的文件,依照有关法律、法规的规定,办理采矿登记手续,领取采矿许可证。

第十四条 乡镇煤矿建成投产前,应当按照国务院关于安全生产许可证管理的规定,申请领取安全生产许可证。

未取得安全生产许可证的乡镇煤矿,不得进行煤炭生产。

第十五条 乡镇煤矿开采煤炭资源,应当采用合理的开采顺序和科学的采矿方法,提高资源回采率和综合利用率,防止资源的浪费。

第十六条 乡镇煤矿应当按照矿井当年的实际产量提取维简费。维简费的提取标准和使用范围按照国家有关规定执行。

第四章 安全与管理

第十七条 乡镇煤矿应当按照国家有关矿山安全的法律、法规和煤炭行业安全规程、技术规范的要求,建立、健全各级安全生产责任制和安全规章制度。

第十八条 县级、乡级人民政府应当加强对乡镇煤矿安全生产工作的监督管理,保证煤矿生产的安全。

乡镇煤矿的矿长和办矿单位的主要负责人,应当加强对煤矿安全生产工作的领导,落实安全生产责任制,采取各种有效措施,防止生产事故的发生。

第十九条 国务院煤炭工业主管部门和县级以上地方人民政府负责管理煤炭工业的部门,应当有计划地对乡镇煤矿的职工进行安全教育和技术培训。

县级以上人民政府负责管理煤炭工业的部门对矿长考核合格后,应当颁发矿长资格证书。

县级以上人民政府负责管理煤炭工业的部门对瓦斯检验工、采煤机司机等特种作业人员按照国家有关规定考核合格后，应当颁发操作资格证书。

第二十条 乡镇煤矿发生伤亡事故，应当按照有关法律、行政法规的规定，及时如实地向上一级人民政府、煤炭工业主管部门及其他有关主管部门报告，并立即采取有效措施，做好救护工作。

第二十一条 乡镇煤矿应当及时测绘井上下工程对照图、采掘工程平面图和通风系统图，并定期向原审查办矿条件的煤炭工业主管部门报送图纸，接受其监督、检查。

第二十二条 乡镇煤矿进行采矿作业，不得采用可能危及相邻煤矿生产安全的决水、爆破、贯通巷道等危险方法。

第二十三条 乡镇煤矿依照有关法律、法规的规定办理关闭矿山手续时，应当向原审查办矿条件的煤炭工业主管部门提交有关采掘工程、不安全隐患等资料。

第二十四条 县级以上人民政府劳动行政主管部门负责对乡镇煤矿安全工作的监督，并有权对取得矿长资格证书的矿长进行抽查。

第五章 罚 则

第二十五条 违反法律、法规关于矿山安全的规定，造成人身伤亡或者财产损失的，依照有关法律、法规的规定给予处罚。

第二十六条 违反本条例规定，有下列情形之一的，由原审查办矿条件的煤炭工业主管部门，根据情节轻重，给予警告、5万元以下的罚款、没收违法所得或者责令停产整顿：

（一）未经煤炭工业主管部门审查同意，擅自开办乡镇煤矿的；

（二）未按照规定向煤炭工业主管部门报送有关图纸资料的。

第二十七条 违反本条例规定，有下列情形之一的，由国务院煤炭工业主管部门或者由其授权的省、自治区、直辖市人民政府煤炭工业主管部门，根据情节轻重，分别给予警告、5万元以下的罚款、没收违法所得或者责令停止开采：

（一）未经国务院煤炭工业主管部门批准，擅自进入国家规划煤炭矿区、对国民经济具有重要价值的煤炭矿区采矿的，或者擅自开采国家规定实行保护性开采的稀缺煤种的；

（二）未经国有煤矿企业的上级主管部门批准，擅自开采国有煤矿企业矿区范围内边缘零星资源的。

第二十八条 县级以上人民政府劳动行政主管部门经抽查发现取得矿长资格证书的矿长不合格的，应当责令限期达到规定条件；逾期仍不合格的，提请本级人民政府决定责令其所在煤矿停产。

第二十九条 煤炭工业主管部门违反本条例规定，有下列情形之一的，对负有直接责任的主管人员和其他直接责任人员给予行政处分：

（一）符合开办乡镇煤矿的条件不予审查同意的，或者不符合条件予以同意的；

（二）符合矿长任职资格不予颁发矿长资格证书的，或者不符合矿长任职资格予以颁发矿长资格证书的。

第三十条 依照本条例第二十六条、第二十七条规定取得的罚没收入，应当全部上缴国库。

第六章 附 则

第三十一条 国务院煤炭工业主管部门可以根据本条例制定实施办法。

第三十二条 本条例自发布之日起施行。

煤矿安全监察条例

（2000年11月7日国务院令第296号公布 根据2013年7月18日《国务院关于废止和修改部分行政法规的决定》修订）

第一章 总 则

第一条 为了保障煤矿安全，规范煤矿安全监察工作，保护煤矿职工人身安全和身体健康，根据煤炭法、矿山安全法、第九届全国人民代表大会第一次会议通过的国务院机构改革方案和国务院关于煤矿安全监察体制的决定，制定本条例。

第二条 国家对煤矿安全实行监察制度。国务院决定设立的煤矿安全监察机构按照国务院规定的职责，依照本条例的规定对煤矿实施安全监察。

第三条 煤矿安全监察机构依法行使职权，不受任何组织和个人的非法干涉。

煤矿及其有关人员必须接受并配合煤矿安全监察机构依法实施的安全监察，不得拒绝、阻挠。

第四条 地方各级人民政府应当加强煤矿安全管理工作，支持和协助煤矿安全监察机构依法对煤矿实施安全监察。

煤矿安全监察机构应当及时向有关地方人民政府通报煤矿安全监察的有关情况，并可以提出加强和改善煤矿安全管理的建议。

第五条 煤矿安全监察应当以预防为主，及时发现和消除事故隐患，有效纠正影响煤矿安全的违法行为，实行安全监察与促进安全管理相结合、教育与惩处相结合。

第六条 煤矿安全监察应当依靠煤矿职工和工会组织。

煤矿职工对事故隐患或者影响煤矿安全的违法行为有权向煤矿安全监察机构报告或者举报。煤矿安全监察机构对报告或者举报有功人员给予奖励。

第七条 煤矿安全监察机构及其煤矿安全监察人员应当依法履行安全监察职责。任何单位和个人对煤矿安全监察机构及其煤矿安全监察人员的违法违纪行为，有权向上级煤矿安全监察机构或者有关机关检举和控告。

第二章 煤矿安全监察机构及其职责

第八条 本条例所称煤矿安全监察机构，是指国家煤矿安全监察机构和在省、自治区、直辖市设立的煤矿安全监察机构（以下简称地区煤矿安全监察机构）及其在大中型矿区设立的煤矿安全监察办事处。

第九条 地区煤矿安全监察机构及其煤矿安全监察办事处负责对划定区域内的煤矿实施安全监察；煤矿安全监察办事处在国家煤矿安全监察机构规定的权限范围内，可以对违法行为实施行政处罚。

第十条 煤矿安全监察机构设煤矿安全监察员。煤矿安全监察员应当公道、正派，熟悉煤矿安全法律、法规和规章，具有相应的专业知识和相关的工作经验，并经考试录用。

煤矿安全监察员的具体管理办法由国家煤矿安全监察机构商国务院有关部门制定。

第十一条 地区煤矿安全监察机构、煤矿安全监察办事处应当对煤矿实施经常性安全检查；对事故多发地区的煤矿，应当实施重点安全检查。国家煤矿安全监察机构根据煤矿安全工作的实际情况，组织对全国煤矿的全面安全检查或者重点安全抽查。

第十二条 地区煤矿安全监察机构、煤矿安全监察办事处应当对每个煤矿建立煤矿安全监察档案。煤矿安全监察人员对每次安全检查的内容、发现的问题及其处理情况，应当作详细记录，并由参加检查的煤矿安全监察人员签名后归档。

第十三条 地区煤矿安全监察机构、煤矿安全监察办事处应当每 15 日分别向国家煤矿安全监察机构、地区煤矿安全监察机构报告一次煤矿安全监察情况；有重大煤矿安全问题的，应当及时采取措施并随时报告。

国家煤矿安全监察机构应当定期公布煤矿安全监察情况。

第十四条 煤矿安全监察人员履行安全监察职责，有权随时进入煤矿作业场所进行检查，调阅有关资料，参加煤矿安全生产会议，向有关单位或者人员了解情况。

第十五条 煤矿安全监察人员在检查中发现影响煤矿安全的违法行为，有权当场予以纠正或者要求限期改正；对依法应当给予行政处罚的行为，由煤矿安全监察机构依照行政处罚法和本条例规定的程序作出决定。

第十六条 煤矿安全监察人员进行现场检查时，发现存在事故隐患的，有权要求煤矿立即消除或者限期解决；发现威胁职工生命安全的紧急情况时，有权要求立即停止作业，下达立即从危险区内撤出作业人员的命令，并立即将紧急情况和处理措施报告煤矿安全监察机构。

第十七条 煤矿安全监察机构在实施安全监察过程中，发现煤矿存在的安全问题涉及有关地方人民政府或其有关部门的，应当向有关地方人民政府或其有关部门提出建议，并向上级人民政府或其有关部门报告。

第十八条 煤矿发生伤亡事故的，由煤矿安全监察机构负责组织调查处理。

煤矿安全监察机构组织调查处理事故，应当依照国家规定的事故调查程序和处理办法进行。

第十九条 煤矿安全监察机构及其煤矿安全监察人员不得接受煤矿的任何馈赠、报酬、福利待遇，不得在煤矿报销任何费用，不得参加煤矿安排、组织或者支付费用的宴请、娱乐、旅游、出访等活动，不得借煤矿安全监察工作在煤矿为自己、亲友或者他人谋取利益。

第三章 煤矿安全监察内容

第二十条 煤矿安全监察机构对煤矿执行煤炭法、矿山安全法和其他有关煤矿安全的法律、法规以及国家安全标准、行业安全标准、煤矿安全规程和行业技术规范的情况实施监察。

第二十一条 煤矿建设工程设计必须符合煤矿安全规程和行业技术规范的要求。煤矿建设工程安全设施设计必须经煤矿安全监察机构审查同意；未经审查同意的，不得施工。

煤矿安全监察机构审查煤矿建设工程安全设施设计，应当自收到申请审查的设计资料之日起 30 日内审查完毕，签署同意或者不同意的意见，并书面答复。

第二十二条 煤矿建设工程竣工后或者投产前，应当经煤矿安全监察机构对其安全设施和条件进行验收；未经验收或者验收不合格的，不得投入生产。

煤矿安全监察机构对煤矿建设工程安全设施和条件进行验收，应当自收到申请验收文件之日起 30 日内验收完毕，签署合格或者不合格的意见，并书面答复。

第二十三条 煤矿安全监察机构应当监督煤矿制定事故预防和应急计划，并检查煤矿制定的发现和消除事故隐患的措施及其落实情况。

第二十四条 煤矿安全监察机构发现煤矿矿井通风、防火、防水、防瓦斯、防毒、防尘等安全设施和条件不符合国家安全标准、行业安全标准、煤矿安全规程和行业技术规范要求的，应当责令立即停止作业或者责令限期达到要求。

第二十五条 煤矿安全监察机构发现煤矿进行独眼井开采的，应当责令关闭。

第二十六条 煤矿安全监察机构发现煤矿作业场所有下列情形之一的，应当责令立即停止作业，限期改正；有关煤矿或其作业场所经复查合格的，方可恢复作业：

(一)未使用专用防爆电器设备的；

(二)未使用专用放炮器的；

(三)未使用人员专用升降容器的；

(四)使用明火明电照明的。

第二十七条 煤矿安全监察机构对煤矿安全技术措施专项费用的提取和使用情况进行监督，对未依法提取或者使用的，应当责令限期改正。

第二十八条 煤矿安全监察机构发现煤矿矿井使用的设备、器材、仪器、仪表、防护用品不符合国家安全标准或者行业安全标准的，应当责令立即停止使用。

第二十九条 煤矿安全监察机构发现煤矿有下列情形之一的，应当责令限期改正：

(一)未依法建立安全生产责任制的；

(二)未设置安全生产机构或者配备安全生产人员的；

(三)矿长不具备安全专业知识的；

(四)特种作业人员未取得资格证书上岗作业的；

(五)分配职工上岗作业前，未进行安全教育、培训的；

(六)未向职工发放保障安全生产所需的劳动防护用品的。

第三十条 煤矿安全监察人员发现煤矿作业场所的瓦斯、粉尘或者其他有毒有害气体的浓度超过国家安全标准或者行业安全标准的，煤矿擅自开采保安煤柱的，或者采用危及相邻煤矿生产安全的决水、爆破、贯通巷道等危险方法进行采矿作业的，应当责令立即停止作业，并将有关情况报告煤矿安全监察机构。

第三十一条 煤矿安全监察人员发现煤矿矿长或者其他主管人员违章指挥工人或者强令工人违章、冒险作业，或者发现工人违章作业的，应当立即纠正或者责令立即停止作业。

第三十二条 煤矿安全监察机构及其煤矿安全监察人员履行安全监察职责，向煤矿有关人员了解情况时，有关人员应当如实反映情况，不得提供虚假情况，不得隐瞒本煤矿存在的事故隐患以及其他安全问题。

第三十三条 煤矿安全监察机构依照本条例的规定责令煤矿限期解决事故隐患、限期改正影响煤矿安全的违法行为或者限期使安全设施和条件达到要求的，应当在限期届满时及时对煤矿的执行情况进行复查并签署复查意见；经有关煤矿申请，也可以在限期内进行复查并签署复查意见。

煤矿安全监察机构及其煤矿安全监察人员依照本条例的规定责令煤矿立即停止作业，责令立即停止使用不符合国家安全标准或者行业安全标准的设备、器材、仪器、仪表、防护用品，或者责令关闭矿井的，应当对煤矿的执行情况随时进行检查。

第三十四条 煤矿安全监察机构及其煤矿安全监察人员履行安全监察职责，应当出示安全监察证件。发出安全监察指令，应当采用书面通知形式；紧急情况下需要采取紧急处置措施，来不及书面通知的，应当随后补充书面通知。

第四章 罚 则

第三十五条 煤矿建设工程安全设施设计未经煤矿安全监察机构审查同意，擅自施工的，由煤矿安全监察机构责令停止施工；拒不执行的，由煤矿安全监察机构移送地质矿产主管部门依法吊销采矿许可证。

第三十六条 煤矿建设工程安全设施和条件未经验收或者验收不合格，擅自投入生产的，由煤矿安全监察机构责令停止生产，处5万元以上10万元以下的罚款；拒不停止生产的，由煤矿安全监察机构移送地质矿产主管部门依法吊销采矿许可证。

第三十七条 煤矿矿井通风、防火、防水、防瓦斯、防毒、防尘等安全设施和条件不符合国家安全标准、行业安全标准、煤矿安全规程和行业技术规范的要求，经煤矿安全监察机构责令限期达到要求，逾期仍达不到要求的，由煤矿安全监察机构责令停产整顿；经停产整顿仍不具备安全生产条件的，由煤矿安全监察机构决定吊销安全生产许可证，并移送地质矿产主管部门依法吊销采矿许可证。

第三十八条 煤矿作业场所未使用专用防爆电器设备、专用放炮器、人员专用升降容器或者使用明火明电照明，经煤矿安全监察机构责令限期改正，逾期不改正的，由煤矿安全监察机构责令停产整顿，可以处3万元以下的罚款。

第三十九条 未依法提取或者使用煤矿安全技术措施专项费用，或者使用不符合国家安全标准或者行业安全标准的设备、器材、仪器、仪表、防护用品，经煤矿安全监察机构责令限期改正或者责令立即停止使用，逾期不改正或者不立即停止使用的，由煤矿安全监察机构处5万元以下的罚款；情节严重的，由煤矿安全监察机构责令停产整顿；对直接负责的主管人员和其他直接责任人员，依法给予纪律处分。

第四十条 煤矿矿长不具备安全专业知识，或者特种作业人员未取得操作资格证书上岗作业，经煤矿安全监察机构责令限期改正，逾期不改正的，责令停产整顿；调整配备合格人员并经复查合格后，方可恢复生产。

第四十一条 分配职工上岗作业前未进行安全教育、培训，经煤矿安全监察机构责令限期改正，逾期不改正的，由煤矿安全监察机构处4万元以下的罚款；情节严重的，由煤矿安全监察机构责令停产整顿；对直接负责的主管人员和其他直接责任人员，依法给予纪律处分。

第四十二条 煤矿作业场所的瓦斯、粉尘或者其他有毒有害气体的浓度超过国家安全标准或者行业安全标准，经煤矿安全监察人员责令立即停止作业，拒不停止作业的，由煤矿安全监察机构责令停产整顿，可以处10万元以下的罚款。

第四十三条 擅自开采保安煤柱，或者采用危及相邻煤矿生产安全的决水、爆破、贯通巷道等危险方法进行采矿作业，经煤矿安全监察人员责令立即停止作业，拒不停止作业的，由煤矿安全监察机构决定吊销安全生产许可证，并移送地质矿产主管部门依法吊销采矿许可证；构成犯罪的，依法追究刑事责任；造成损失的，依法承担赔偿责任。

第四十四条 煤矿矿长或者其他主管人员有下列行为之一的，由煤矿安全监察机构给予警告；造成严重后果，构成犯罪的，依法追究刑事责任：

（一）违章指挥工人或者强令工人违章、冒险作业的；

（二）对工人屡次违章作业熟视无睹，不加制止的；

（三）对重大事故预兆或者已发现的事故隐患不及时采取措施的；

（四）拒不执行煤矿安全监察机构及其煤矿安全监察人员的安全监察指令的。

第四十五条 煤矿有关人员拒绝、阻碍煤矿安全监察机构及其煤矿安全监察人员现场检查，或者提供虚假情况，或者隐瞒存在的事故隐患以及其他安全问题的，由煤矿安全监察机构给予警告，可以并处5万元以上10万元以下的罚款；情节严重的，由煤矿安全监察机构责令停产整顿；对直接负责的主管人员和其他直接责任人员，依法给予撤职直至开除的纪律处分。

第四十六条 煤矿发生事故，有下列情形之一的，由煤矿安全监察机构给予警告，可以并处3万元以上15万元以下的罚款；情节严重的，由煤矿安全监察机构责令停产整顿；对直接负责的主管人员和其他直接责任人员，依法给予降级直至开除的纪律处分；构成犯罪的，依法追究刑事责任：

（一）不按照规定及时、如实报告煤矿事故的；

（二）伪造、故意破坏煤矿事故现场的；

（三）阻碍、干涉煤矿事故调查工作，拒绝接受调查取证、提供有关情况和资料的。

第四十七条 依照本条例规定被吊销采矿许可证的，由工商行政管理部门依法相应吊销营业执照。

第四十八条 煤矿安全监察人员滥用职权、玩忽职守、徇私舞弊，应当发现而没有发现煤矿事故隐患或者影响煤矿安全的违法行为，或者发现事故隐患或者影响煤矿安全的违法行为不及时处理或者报告，或者有违反本条例第十九条规定行为之一，构成犯罪的，依法追究刑事责任；尚不构成犯罪的，依法给予行政处分。

第五章 附 则

第四十九条 未设立地区煤矿安全监察机构的省、自治区、直辖市，省、自治区、直辖市人民政府可以指定有关部门依照本条例的规定对本行政区域内的煤矿实施安全监察。

第五十条 本条例自2000年12月1日起施行。

国务院关于预防煤矿生产安全事故的特别规定

（2005年9月3日国务院令第446号公布 根据2013年7月18日《国务院关于废止和修改部分行政法规的决定》修订）

第一条 为了及时发现并排除煤矿安全生产隐患，落实煤矿安全生产责任，预防煤矿生产安全事故发生，保障职工的生命安全和煤矿安全生产，制定本规定。

第二条 煤矿企业是预防煤矿生产安全事故的责任主体。煤矿企业负责人（包括一些煤矿企业的实际控制人，下同）对预防煤矿生产安全事故负主要责任。

第三条 国务院有关部门和地方各级人民政府应当建立并落实预防煤矿生产安全事故的责任制，监督检查煤矿企业预防煤矿生产安全事故的情况，及时解决煤矿生产安全事故预防工作中的重大问题。

第四条 县级以上地方人民政府负责煤矿安全生产监督管理的部门、国家煤矿安全监察机构设在省、自治区、直辖市的煤矿安全监察机构(以下简称煤矿安全监察机构),对所辖区域的煤矿重大安全生产隐患和违法行为负有检查和依法查处的职责。

县级以上地方人民政府负责煤矿安全生产监督管理的部门、煤矿安全监察机构不依法履行职责,不及时查处所辖区域的煤矿重大安全生产隐患和违法行为的,对直接责任人和主要负责人,根据情节轻重,给予记过、记大过、降级、撤职或者开除的行政处分;构成犯罪的,依法追究刑事责任。

第五条 煤矿未依法取得采矿许可证、安全生产许可证、营业执照和矿长未依法取得矿长资格证、矿长安全资格证的,煤矿不得从事生产。擅自从事生产的,属非法煤矿。

负责颁发前款规定证照的部门,一经发现煤矿无证照或者证照不全从事生产的,应当责令该煤矿立即停止生产,没收违法所得和开采出的煤炭以及采掘设备,并处违法所得 1 倍以上 5 倍以下的罚款;构成犯罪的,依法追究刑事责任;同时于 2 日内提请当地县级以上地方人民政府予以关闭,并可以向上一级地方人民政府报告。

第六条 负责颁发采矿许可证、安全生产许可证、营业执照和矿长资格证、矿长安全资格证的部门,向不符合法定条件的煤矿或者矿长颁发有关证照的,对直接责任人,根据情节轻重,给予降级、撤职或者开除的行政处分;对主要负责人,根据情节轻重,给予记大过、降级、撤职或者开除的行政处分;构成犯罪的,依法追究刑事责任。

前款规定颁发证照的部门,应当加强对取得证照煤矿的日常监督管理,促使煤矿持续符合取得证照应当具备的条件。不依法履行日常监督管理职责的,对主要负责人,根据情节轻重,给予记过、记大过、降级、撤职或者开除的行政处分;构成犯罪的,依法追究刑事责任。

第七条 在乡、镇人民政府所辖区域内发现有非法煤矿并且没有采取有效制止措施的,对乡、镇人民政府的主要负责人以及负有责任的相关负责人,根据情节轻重,给予降级、撤职或者开除的行政处分;在县级人民政府所辖区域内 1 个月内发现有 2 处或者 2 处以上非法煤矿并且没有采取有效制止措施的,对县级人民政府的主要负责人以及负有责任的相关负责人,根据情节轻重,给予降级、撤职或者开除的行政处分;构成犯罪的,依法追究刑事责任。

其他有关机关和部门对存在非法煤矿负有责任的,对主要负责人,属于行政机关工作人员的,根据情节轻重,给予记过、记大过、降级或者撤职的行政处分;不属于行政机关工作人员的,建议有关机关和部门给予相应的处分。

第八条 煤矿的通风、防瓦斯、防水、防火、防煤尘、防冒顶等安全设备、设施和条件应当符合国家标准、行业标准,并有防范生产安全事故发生的措施和完善的应急处理预案。

煤矿有下列重大安全生产隐患和行为的,应当立即停止生产,排除隐患:

(一)超能力、超强度或者超定员组织生产的;

(二)瓦斯超限作业的;

(三)煤与瓦斯突出矿井,未依照规定实施防突出措施的;

(四)高瓦斯矿井未建立瓦斯抽放系统和监控系统,或者瓦斯监控系统不能正常运行的;

(五)通风系统不完善、不可靠的;

(六)有严重水患,未采取有效措施的;

(七)超层越界开采的;

(八)有冲击地压危险,未采取有效措施的;

(九)自然发火严重,未采取有效措施的;

(十)使用明令禁止使用或者淘汰的设备、工艺的;

(十一)年产 6 万吨以上的煤矿没有双回路供电系统的;

(十二)新建煤矿边建设边生产,煤矿改扩建期间,在改扩建的区域生产,或者在其他区域的生产超出安全设计规定的范围和规模的;

(十三)煤矿实行整体承包生产经营后,未重新取得安全生产许可证,从事生产的,或者承包方再次转包的,以及煤矿将井下采掘工作面和井巷维修作业进行劳务承包的;

(十四)煤矿改制期间,未明确安全生产责任人和安全管理机构的,或者在完成改制后,未重新取得或者变更采矿许可证、安全生产许可证和营业执照的;

(十五)有其他重大安全生产隐患的。

第九条 煤矿企业应当建立健全安全生产隐患排查、治理和报告制度。煤矿企业应当对本规定第八条第二款所列情形定期组织排查,并将排查情况每季度向县级以上地方人民政府负责煤矿安全生产监督管理的部门、煤矿安全监察机构写出书面报告。报告应当经煤矿企业负责人签字。

煤矿企业未依照前款规定排查和报告的,由县级以上地方人民政府负责煤矿安全生产监督管理的部门或者煤矿安全监察机构责令限期改正;逾期未改正的,责令停产整顿,并对煤矿企业负责人处 3 万元以上 15 万元以下的罚款。

第十条 煤矿有本规定第八条第二款所列情形之一,仍然进行生产的,由县级以上地方人民政府负责煤矿安全生产监督管理的部门或者煤矿安全监察机构责令停产整顿，提出整顿的内容、时间等具体要求，处50万元以上200万元以下的罚款；对煤矿企业负责人处3万元以上15万元以下的罚款。

对3个月内2次或者2次以上发现有重大安全生产隐患，仍然进行生产的煤矿，县级以上地方人民政府负责煤矿安全生产监督管理的部门、煤矿安全监察机构应当提请有关地方人民政府关闭该煤矿，并由颁发证照的部门立即吊销矿长资格证和矿长安全资格证，该煤矿的法定代表人和矿长5年内不得再担任任何煤矿的法定代表人或者矿长。

第十一条 对被责令停产整顿的煤矿，颁发证照的部门应当暂扣采矿许可证、安全生产许可证、营业执照和矿长资格证、矿长安全资格证。

被责令停产整顿的煤矿应当制定整改方案，落实整改措施和安全技术规定；整改结束后要求恢复生产的，应当由县级以上地方人民政府负责煤矿安全生产监督管理的部门自收到恢复生产申请之日起60日内组织验收完毕；验收合格的，经组织验收的地方人民政府负责煤矿安全生产监督管理的部门的主要负责人签字，并经有关煤矿安全监察机构审核同意，报请有关地方人民政府主要负责人签字批准，颁发证照的部门发还证照，煤矿方可恢复生产；验收不合格的，由有关地方人民政府予以关闭。

被责令停产整顿的煤矿擅自从事生产的，县级以上地方人民政府负责煤矿安全生产监督管理的部门、煤矿安全监察机构应当提请有关地方人民政府予以关闭，没收违法所得，并处违法所得1倍以上5倍以下的罚款；构成犯罪的，依法追究刑事责任。

第十二条 对被责令停产整顿的煤矿，在停产整顿期间，由有关地方人民政府采取有效措施进行监督检查。因监督检查不力，煤矿在停产整顿期间继续生产的，对直接责任人，根据情节轻重，给予降级、撤职或者开除的行政处分；对有关负责人，根据情节轻重，给予记大过、降级、撤职或者开除的行政处分；构成犯罪的，依法追究刑事责任。

第十三条 对提请关闭的煤矿，县级以上地方人民政府负责煤矿安全生产监督管理的部门或者煤矿安全监察机构应当责令立即停止生产；有关地方人民政府应当在7日内作出关闭或者不予关闭的决定，并由其主要负责人签字存档。对决定关闭的，有关地方人民政府应当立即组织实施。

关闭煤矿应当达到下列要求：

（一）吊销相关证照；

（二）停止供应并处理火工用品；

（三）停止供电，拆除矿井生产设备、供电、通讯线路；

（四）封闭、填实矿井井筒，平整井口场地，恢复地貌；

（五）妥善遣散从业人员。

关闭煤矿未达到前款规定要求的，对组织实施关闭的地方人民政府及其有关部门的负责人和直接责任人给予记过、记大过、降级、撤职或者开除的行政处分；构成犯罪的，依法追究刑事责任。

依照本条第一款规定决定关闭的煤矿，仍有开采价值的，经依法批准可以进行拍卖。

关闭的煤矿擅自恢复生产的，依照本规定第五条第二款规定予以处罚；构成犯罪的，依法追究刑事责任。

第十四条 县级以上地方人民政府负责煤矿安全生产监督管理的部门或者煤矿安全监察机构，发现煤矿有本规定第八条第二款所列情形之一的，应当将情况报送有关地方人民政府。

第十五条 煤矿存在瓦斯突出、自然发火、冲击地压、水害威胁等重大安全生产隐患，该煤矿在现有技术条件下难以有效防治的，县级以上地方人民政府负责煤矿安全生产监督管理的部门、煤矿安全监察机构应当责令其立即停止生产，并提请有关地方人民政府组织专家进行论证。专家论证应当客观、公正、科学。有关地方人民政府应当根据论证结论，作出是否关闭煤矿的决定，并组织实施。

第十六条 煤矿企业应当依照国家有关规定对井下作业人员进行安全生产教育和培训，保证井下作业人员具有必要的安全生产知识，熟悉有关安全生产规章制度和安全操作规程，掌握本岗位的安全操作技能，并建立培训档案。未进行安全生产教育和培训或者经教育和培训不合格的人员不得下井作业。

县级以上地方人民政府负责煤矿安全生产监督管理的部门应当对煤矿井下作业人员的安全生产教育和培训情况进行监督检查；煤矿安全监察机构应当对煤矿特种作业人员持证上岗情况进行监督检查。发现煤矿企业未依照国家有关规定对井下作业人员进行安全生产教育和培训或者特种作业人员无证上岗的，应当责令限期改正，处10万元以上50万元以下的罚款；逾期未改正的，责令停产整顿。

县级以上地方人民政府负责煤矿安全生产监督管理的部门、煤矿安全监察机构未履行前款规定的监督检查职责的，对主要负责人，根据情节轻重，给予警告、记过或者记大过的行政处分。

第十七条 县级以上地方人民政府负责煤矿安全生产监督管理的部门、煤矿安全监察机构在监督检查中，1个月内3次或者3次以上发现煤矿企业未依照国家有关规定对井下作业人员进行安全生产教育和培训或者特种作业人员无证上岗的，应当提请有关地方人民政府对该煤矿予以关闭。

第十八条 煤矿拒不执行县级以上地方人民政府负责煤矿安全生产监督管理的部门或者煤矿安全监察机构依法下达的执法指令的,由颁发证照的部门吊销矿长资格证和矿长安全资格证;构成违反治安管理行为的,由公安机关依照治安管理的法律、行政法规的规定处罚;构成犯罪的,依法追究刑事责任。

第十九条 县级以上地方人民政府负责煤矿安全生产监督管理的部门、煤矿安全监察机构对被责令停产整顿或者关闭的煤矿,应当自煤矿被责令停产整顿或者关闭之日起3日内在当地主要媒体公告。

被责令停产整顿的煤矿经验收合格恢复生产的,县级以上地方人民政府负责煤矿安全生产监督管理的部门、煤矿安全监察机构应当自煤矿验收合格恢复生产之日起3日内在同一媒体公告。

县级以上地方人民政府负责煤矿安全生产监督管理的部门、煤矿安全监察机构未依照本条第一款、第二款规定进行公告的,对有关负责人,根据情节轻重,给予警告、记过、记大过或者降级的行政处分。

公告所需费用由同级财政列支。

第二十条 国家机关工作人员和国有企业负责人不得违反国家规定投资入股煤矿(依法取得上市公司股票的除外),不得对煤矿的违法行为予以纵容、包庇。

国家行政机关工作人员和国有企业负责人违反前款规定的,根据情节轻重,给予降级、撤职或者开除的处分;构成犯罪的,依法追究刑事责任。

第二十一条 煤矿企业负责人和生产经营管理人员应当按照国家规定轮流带班下井,并建立下井登记档案。

县级以上地方人民政府负责煤矿安全生产监督管理的部门或者煤矿安全监察机构发现煤矿企业在生产过程中,1周内其负责人或者生产经营管理人员没有按照国家规定带班下井,或者下井登记档案虚假的,责令改正,并对该煤矿企业处3万元以上15万元以下的罚款。

第二十二条 煤矿企业应当免费为每位职工发放煤矿职工安全手册。

煤矿职工安全手册应当载明职工的权利、义务,煤矿重大安全生产隐患的情形和应急保护措施、方法以及安全生产隐患和违法行为的举报电话、受理部门。

煤矿企业没有为每位职工发放符合要求的职工安全手册的,由县级以上地方人民政府负责煤矿安全生产监督管理的部门或者煤矿安全监察机构责令限期改正;逾期未改正的,处5万元以下的罚款。

第二十三条 任何单位和个人发现煤矿有本规定第五条第一款和第八条第二款所列情形之一的,都有权向县级以上地方人民政府负责煤矿安全生产监督管理的部门或者煤矿安全监察机构举报。

受理的举报经调查属实的,受理举报的部门或者机构应当给予最先举报人1000元至1万元的奖励,所需费用由同级财政列支。

县级以上地方人民政府负责煤矿安全生产监督管理的部门或者煤矿安全监察机构接到举报后,应当及时调查处理;不及时调查处理的,对有关责任人,根据情节轻重,给予警告、记过、记大过或者降级的行政处分。

第二十四条 煤矿有违反本规定的违法行为,法律规定由有关部门查处的,有关部门应当依法进行查处。但是,对同一违法行为不得给予两次以上罚款的行政处罚。

第二十五条 国家行政机关工作人员、国有企业负责人有违反本规定的行为,依照本规定应当给予处分的,由监察机关或者任免机关依法作出处分决定。

国家行政机关工作人员、国有企业负责人对处分决定不服的,可以依法提出申诉。

第二十六条 当事人对行政处罚决定不服的,可以依法申请行政复议,或者依法直接向人民法院提起行政诉讼。

第二十七条 省、自治区、直辖市人民政府可以依据本规定制定具体实施办法。

第二十八条 本规定自公布之日起施行。

国务院办公厅关于进一步加强煤矿安全生产工作的意见

(2013年10月2日 国办发〔2013〕99号)

各省、自治区、直辖市人民政府,国务院各部委、各直属机构:

煤炭是我国的主体能源,煤矿安全生产关系煤炭工业持续发展和国家能源安全,关系数百万矿工生命财产安全。近年来,通过各方面共同努力,煤矿安全生产形势持续稳定好转。但事故总量仍然偏大,重特大事故时有发生,暴露出煤矿安全管理中仍存在一些突出问题。党中央、国务院对此高度重视,要求深刻汲取事故教训,坚守发展决不能以牺牲人的生命为代价的红线,始终把矿工生命安全放在首位,大力推进煤矿安全治本攻坚,建立健全煤矿安全长效机制,坚决遏制煤矿重特大事故发生。为进一步加强煤矿安全生产工作,经国务院同意,现提出以下意见:

一、加快落后小煤矿关闭退出

(一)明确关闭对象。重点关闭9万吨/年及以下不具备安全生产条件的煤矿,加快关闭9万吨/年及以下煤与瓦斯突出等灾害严重的煤矿,坚决关闭发生较大及以上责任事故的9万吨/年及以下的煤矿。关闭超层越界拒不退回和资源枯竭的煤矿;关闭拒不执行停产整顿指令仍然组织生产的煤矿。不能实现正规开采的煤矿,一律停产整顿;逾期仍未实现正规开采的,依法实施关闭。没有达到安全质量标准化三级标准的煤矿,限期停产整顿;逾期仍不达标的,依法实施关闭。

(二)加大政策支持力度。通过现有资金渠道加大支持淘汰落后产能力度,地方人民政府应安排配套资金,并向早关、多关的地区倾斜。研究制定信贷、财政优惠政策,鼓励优势煤矿企业兼并重组小煤矿。修订煤炭产业政策,提高煤矿准入标准。国家支持小煤矿集中关闭地区发展替代产业,加强基础设施建设,加快缺煤地区能源输送通道建设,优先保障缺煤地区的铁路运力。

(三)落实关闭目标和责任。到2015年底全国关闭2000处以上小煤矿。各省级人民政府负责小煤矿关闭工作,要制定关闭规划,明确关闭目标并确保按期完成。

二、严格煤矿安全准入

(四)严格煤矿建设项目核准和生产能力核定。一律停止核准新建生产能力低于30万吨/年的煤矿,一律停止核准新建生产能力低于90万吨/年的煤与瓦斯突出矿井。现有煤与瓦斯突出、冲击地压等灾害严重的生产矿井,原则上不再扩大生产能力;2015年底前,重新核定上述矿井的生产能力,核减不具备安全保障能力的生产能力。

(五)严格煤矿生产工艺和技术设备准入。建立完善煤炭生产技术与装备、井下合理生产布局以及能力核定等方面的政策、规范和标准,严禁使用国家明令禁止或淘汰的设备和工艺。煤矿使用的设备必须按规定取得煤矿矿用产品安全标志。

(六)严格煤矿企业和管理人员准入。规范煤矿建设项目安全核准、项目核准和资源配置的程序。未通过安全核准的,不得通过项目核准;未通过项目核准的,不得颁发采矿许可证。不具备相应灾害防治能力的企业申请开采高瓦斯、冲击地压、煤层易自燃、水文地质情况和条件复杂等煤炭资源的,不得通过安全核准。从事煤炭生产的企业必须有相关专业和实践经历的管理团队。煤矿必须配备矿长、总工程师和分管安全、生产、机电的副矿长,以及负责采煤、掘进、机电运输、通风、地质测量工作的专业技术人员。矿长、总工程师和分管安全、生产、机电的副矿长必须具有安全资格证,且严禁在其他煤矿兼职;专业技术人员必须具备煤矿相关专业中专以上学历或注册安全工程师资格,且有3年以上井下工作经历。鼓励专业化的安全管理团队以托管、入股等方式管理小煤矿,提高小煤矿技术、装备和管理水平。建立煤炭安全生产信用报告制度,完善安全生产承诺和安全生产信用分类管理制度,健全安全生产准入和退出信用评价机制。

三、深化煤矿瓦斯综合治理

(七)加强瓦斯管理。认真落实国家关于促进煤层气(煤矿瓦斯)抽采利用的各项政策。高瓦斯、煤与瓦斯突出矿井必须严格执行先抽后采、不抽不采、抽采达标。煤与瓦斯突出矿井必须按规定落实区域防突措施,开采保护层或实施区域性预抽,消除突出危险性,做到不采突出面、不掘突出头。发现瓦斯超限仍然作业的,一律按照事故查处,依法依规处理责任人。

(八)严格煤矿企业瓦斯防治能力评估。完善煤矿企业瓦斯防治能力评估制度,提高评估标准,增加必备性指标。加强评估结果执行情况监督检查,经评估不具备瓦斯防治能力的煤矿企业,所属高瓦斯和煤与瓦斯突出矿井必须停产整顿、兼并重组,直至依法关闭。加强评估机构建设,充实评估人员,落实评估责任,对弄虚作假的单位和个人要严肃追究责任。

四、全面普查煤矿隐蔽致灾因素

(九)强制查明隐蔽致灾因素。加强煤炭地质勘查管理,勘查程度达不到规范要求的,不得为其划定矿区范围。煤矿企业要加强建设、生产期间的地质勘查,查明井田范围内的瓦斯、水、火等隐蔽致灾因素,未查明的必须综合运用物探、钻探等勘查技术进行补充勘查;否则,一律不得继续建设和生产。

(十)建立隐蔽致灾因素普查治理机制。小煤矿集中的矿区,由地方人民政府组织进行区域性水害普查治理,对每个煤矿的老空区积水划定警戒线和禁采线,落实和完善预防性保障措施。国家从中央有关专项资金中予以支持。

五、大力推进煤矿"四化"建设

(十一)加快推进小煤矿机械化建设。国家鼓励和扶持30万吨/年以下的小煤矿机械化改造,对机械化改造提升的符合产业政策规定的最低规模的产能,按生产能力核定办法予以认可。新建、改扩建的煤矿,不采用机械化开采的一律不得核准。

(十二)大力推进煤矿安全质量标准化和自动化、信息化建设。深入推进煤矿安全质量标准化建设工作,强化动态达标和岗位达标。煤矿必须确保安全监控、人员定位、通信联络系统正常运转,并大力推进信息化、物联网技术应用,充分利用和整合现有的生产调度、监测监控、办公自动化等信息化系统,建设完善安全生产综合调度信息平台,做到视频监视、实时监测、远程控制。县级煤矿安全监管部门要与煤矿企业安全生产综合调度信息平台实现联网,随机抽查煤矿安全监控运行情况。地方人民政府要培育发展或建立区域性技术服务机构,为煤矿特别是小煤矿提供技术服务。

六、强化煤矿矿长责任和劳动用工管理

(十三)*严格落实煤矿矿长责任制度*。煤矿矿长要落实安全生产责任,切实保护矿工生命安全,确保煤矿必须证照齐全,严禁无证照或者证照失效非法生产;必须在批准区域正规开采,严禁超层越界或者巷道式采煤、空顶作业;必须做到通风系统可靠,严禁无风、微风、循环风冒险作业;必须做到瓦斯抽采达标,防突措施到位,监控系统有效,瓦斯超限立即撤人,严禁违规作业;必须落实井下探放水规定,严禁开采防隔水煤柱;必须保证井下机电和所有提升设备完好,严禁非阻燃、非防爆设备违规入井;必须坚持矿领导下井带班,确保员工培训合格、持证上岗,严禁违章指挥。达不到要求的煤矿,一律停产整顿。

(十四)*规范煤矿劳动用工管理*。在一定区域内,加强煤矿企业招工信息服务,统一组织报名和资格审查、统一考核、统一签订劳动合同和办理用工备案、统一参加社会保险、统一依法使用劳务派遣用工,并加强监管。严格实施工伤保险实名制;严厉打击无证上岗、持假证上岗。

(十五)*保护煤矿工人权益*。开展行业性工资集体协商,研究确定煤矿工人小时最低工资标准,提高下井补贴标准,提高煤矿工人收入。严格执行国家法定工时制度。停产整顿煤矿必须按期发放工人工资。煤矿必须依法配备劳动保护用品,定期组织职业健康检查,加强尘肺病防治工作,建设标准化的食堂、澡堂和宿舍。

(十六)*提高煤矿工人素质*。加强煤矿班组安全建设,加快变"招工"为"招生",强化矿工实际操作技能培训与考核。所有煤矿从业人员必须经考试合格后持证上岗,严格教考分离、建立统一题库、制定考核办法、对考核合格人员免费颁发上岗证书。健全考务管理体系,建立考试档案,切实做到考试不合格不发证。将煤矿农民工培训纳入各地促进就业规划和职业培训扶持政策范围。

七、提升煤矿安全监管和应急救援科学化水平

(十七)*落实地方政府分级属地监管责任*。地方各级人民政府要切实履行分级属地监管责任,强化"一岗双责",严格执行"一票否决"。强化责任追究,对不履行或履行监管职责不力的,要依纪依法严肃追究相关人员的责任。各地区要按管理权限落实停产整顿煤矿的监管责任人和验收部门,省属煤矿和中央企业煤矿由省级煤矿安全监管部门组织验收,局长签字;市属煤矿由市(地)级煤矿安全监管部门组织验收,市(地)级人民政府主要负责人签字;其他煤矿由县级煤矿安全监管部门组织验收,县级人民政府主要负责人签字。中央企业煤矿必须由市(地)级以上煤矿安全监管部门负责安全监管,不得交由县、乡级人民政府及其部门负责。

(十八)*明确部门安全监管职责*。按照管行业必须管安全、管业务必须管安全、谁主管谁负责的原则,进一步明确各部门监管职责,切实加强基层煤炭行业管理和煤矿安全监管部门能力建设。创新监管监察方式方法,开展突击暗查、交叉执法、联合执法,提高监督管理的针对性和有效性。煤矿安全监管监察部门发现煤矿存在超能力生产等重大安全生产隐患和行为的,要依法责令停产整顿;发现违规建设的,要责令停止施工并依法查处;发现停产整顿期间仍然组织生产的煤矿,要依法提请地方政府关闭。煤矿安全监察机构要严格安全准入,严格煤矿建设工程安全设施的设计审查和竣工验收;依法加强对地方政府煤矿安全生产监管工作的监督检查;对停产整顿煤矿要依法暂扣其安全生产许可证。国土资源部门要严格执行矿产资源规划、煤炭国家规划矿区和矿业权设置方案制度,严厉打击煤矿无证勘查开采、以煤田灭火或地质灾害治理等名义实施露天采煤、以硐探坑探为名实施井下开采、超越批准的矿区范围采矿等违法违规行为。公安部门要停止审批停产整顿煤矿购买民用爆炸物品。电力部门要对停产整顿煤矿限制供电。建设主管部门要加强煤矿施工企业安全生产许可证管理,组织及时修订煤矿设计相应标准规范,会同煤炭行业管理部门强化对煤矿设计、施工和监理单位的资质监管。投资主管部门要提高煤矿安全技术改造资金分配使用的针对性和实效性。

(十九)*加快煤矿应急救援能力建设*。加强国家(区域)矿山应急救援基地建设,其运行维护费用由中央财政和所在地省级财政给予支持。加强地方矿山救护队伍建设,其运行维护费用由地方财政给予支持。煤矿企业按照相关规定建立专职应急救援队伍。没有建立专职救援队伍的,必须建设兼职辅助救护队。煤矿企业要统一生产、通风、安全监控调度,建立快速有效的应急处置机制;每年至少组织一次全员应急演练。加强煤矿事故应急救援指挥,发生重大及以上事故,省级人民政府主要负责人或分管负责人要及时赶赴事故现场。在煤矿抢险救灾中牺牲的救援人员,应当按照国家有关规定申报烈士。

(二十)*加强煤矿应急救援装备建设*。煤矿要按规定建设完善紧急避险、压风自救、供水施救系统,配备井下应急广播系统,储备自救互救器材。煤矿或煤矿集中的矿区,要配备适用的排水设备和应急救援物资。加快研制并配备能够快速打通"生命通道"的先进设备。支持重点开发煤矿应急指挥、通信联络、应急供电等设备和移动平台,以及遇险人员生命探测与搜索定位、灾害现场大型破拆、救援人员特种防护用品和器材等救援装备。

国务院各有关部门要按照职责分工研究制定具体的政策措施,落实工作责任,加强监管监察并认真组织实施。各省级人民政府要结合本地实际制定实施办法,加强组织领导,强化煤矿安全生产责任体系建设,强化监督检查,加强宣传教育,强化社会监督,严格追究责任,确保各项要求得到有效执行。

国务院办公厅转发发展改革委、安全监管总局关于进一步加强煤矿瓦斯防治工作若干意见的通知

(2011 年 5 月 23 日 国办发〔2011〕26 号)

发展改革委、安全监管总局《关于进一步加强煤矿瓦斯防治工作的若干意见》已经国务院同意,现转发给你们,请认真贯彻执行。

关于进一步加强煤矿瓦斯防治工作的若干意见

近年来,国家先后出台了一系列加强煤矿瓦斯(煤层气)防治工作的政策措施,全国煤矿瓦斯抽采利用量大幅度上升,瓦斯事故起数和死亡人数大幅度下降。但随着煤矿开采强度增大、采掘深度增加,瓦斯防治难度越来越大,同时,瓦斯防治责任不落实、措施不到位等问题在一些地方和企业仍然比较突出。为深入贯彻落实《国务院关于进一步加强企业安全生产工作的通知》(国发〔2010〕23 号)和全国煤矿瓦斯防治工作电视电话会议精神,坚决防范遏制煤矿瓦斯重特大事故,现就进一步加强煤矿瓦斯防治工作提出以下意见:

一、进一步落实防治责任

(一)*强化煤矿瓦斯防治工作组织领导*。地方各级人民政府和煤矿企业要以对人民生命安全高度负责的精神,牢固树立瓦斯事故可防可控的理念,全面建设"通风可靠、抽采达标、监控有效、管理到位"的瓦斯综合治理工作体系。各产煤省(区、市)要充分发挥煤矿瓦斯防治(集中整治)领导小组及办公室的作用,落实专职人员和专用经费,强化对瓦斯防治工作的组织推动和综合协调。

(二)*落实煤矿企业瓦斯防治主体责任*。各煤矿企业要不断完善瓦斯防治责任制,细化落实企业负责人及相关人员的瓦斯防治责任。要健全以总工程师为首的瓦斯防治技术管理体系,配齐通风、抽采、防突、地质测量等专业机构和人员。保障安全投入,完善矿井瓦斯防治系统,强化现场管理,加强职工培训,严格按照法律法规和标准规范组织生产,严防瓦斯事故发生。

(三)*严格煤矿瓦斯防治责任考核*。实行瓦斯防治目标管理,重点产煤地区各级政府及企业要通过签订煤矿瓦斯防治目标责任书等有效方式,严格瓦斯防治和抽采利用绩效考核,并加强相关统计工作。没有完成目标任务的,要逐级追究地方政府和企业负责人的责任。各地区要建立健全煤矿安全事故约谈、警示和瓦斯防治督查督办制度,对因管理不到位、职责不清晰、推诿扯皮造成事故的,要按照国家相关法律法规严肃追究责任。

二、提高准入门槛

(四)*严格控制高瓦斯和煤与瓦斯突出矿井建设*。"十二五"期间,停止核准新建 30 万吨/年以下的高瓦斯矿井、45 万吨/年以下的煤与瓦斯突出矿井项目。已批在建的同类矿井项目,由有关部门按照国家瓦斯防治相关政策标准重新组织审查其初步设计,督促完善瓦斯防治措施。

(五)*建立煤矿企业瓦斯防治能力评估制度*。国家煤炭行业管理部门研究制定煤矿企业瓦斯防治能力基本标准,组织开展评估工作,并公布评估结果。经评估不具备瓦斯防治能力的企业,不得新建高瓦斯和煤与瓦斯突出矿井,已建的同类矿井要立即停产整改,或与具备瓦斯防治能力的企业重组;整改不达标或未能实现重组的,地方政府依法予以关闭。

(六)*支持煤与瓦斯突出煤矿企业整合关闭*。国家支持具备瓦斯防治能力的大型煤矿企业以资产为纽带,兼并重组高瓦斯和煤与瓦斯突出的小煤矿。中央和地方财政继续支持小煤矿整顿关闭工作,并对高瓦斯和煤与瓦斯突出小煤矿关闭给予重点支持,具体办法由财政部会同有关部门研究确定。

三、强化基础管理

(七)*落实煤矿瓦斯区域性防突治理措施*。煤矿企业应编制煤与瓦斯突出矿井区域性防突治理技术方案,并报煤炭行业管理部门和煤矿安全监管部门备案后实施。对未落实区域性防突治理措施或区域治理效果不达标的煤与瓦斯突出矿井,要责令停产整顿,经验收合格后方可进行采掘作业活动。地方政府和煤矿企业要制定鼓励措施,支持煤与瓦斯突出矿井落实开采保护层、预抽煤层瓦斯等区域性防突措施。

(八)*强力推进煤矿瓦斯抽采系统建设*。高瓦斯和煤与瓦斯突出矿井,要做到先抽后采、抽采达标。

凡应建未建瓦斯抽采系统或抽采未达标的矿井，要停产整顿，经验收达到相关标准后方可恢复生产。在建的煤与瓦斯突出矿井揭露煤层前，应建地面抽采系统的高瓦斯矿井进入采区施工前，要建成地面瓦斯抽采系统并投入使用。

（九）规范矿井瓦斯等级鉴定管理。高瓦斯和煤与瓦斯突出矿井一律不得降低瓦斯等级。所开采煤层瓦斯压力超过规定限值、相邻矿井同一煤层发生突出事故或鉴定为突出煤层，以及发生瓦斯动力现象等情况的矿井，都要及时进行瓦斯等级鉴定，鉴定完成前，应按煤与瓦斯突出矿井进行管理。要严格鉴定标准和程序，煤矿企业对所提供的鉴定资料真实性负责，鉴定单位对鉴定结果负责，对违法违规、弄虚作假的，要依法依规从严追究责任。

（十）加强矿井揭露煤层管理。煤与瓦斯突出矿井的突出煤层、邻近矿井同一煤层曾出现瓦斯动力现象等矿井煤层揭露设计，应按有关规定认真编制，由煤矿企业技术负责人严格审批后实施。凡未经批准擅自揭露突出煤层，或误揭露突出煤层的，要严肃追究有关责任人责任。

（十一）完善煤矿安全监测监控系统。高瓦斯和煤与瓦斯突出矿井的监测监控系统，必须与煤炭行业管理部门或煤矿安全监管部门联网。未实现联网或不能实时上传数据的，要限期整改，确保信息畅通。各地区要加强区域性监测监控系统服务中心建设，对不具备监测监控系统维护能力的小煤矿提供技术指导和服务，保障设备正常运转。

四、加大政策支持

（十二）加大煤矿瓦斯综合利用力度。地方政府和有关企业要严格落实煤矿瓦斯综合利用政策。煤矿瓦斯电厂富裕电量需要上网的，电网企业要为接入电网提供便利条件，全部收购瓦斯发电富裕电量。上网电价执行当地脱硫标杆电价加补贴电价，补贴加价部分在电网销售电价中解决。地方政府要制定相关政策，推动瓦斯输送利用管网基础设施建设，支持煤矿企业拓宽瓦斯利用范围，提高瓦斯利用率。要完善煤炭、煤层气协调开发体制机制，制定煤层气开发利用管理办法及行业技术标准，指导和规范煤层气产业发展。煤矿瓦斯防治部际协调领导小组办公室要加强对瓦斯综合利用政策执行情况的督促检查，定期通报。

（十三）研究高瓦斯和煤与瓦斯突出矿井税收支持政策。针对高瓦斯和煤与瓦斯突出矿井开采成本高的现实情况，研究鼓励高瓦斯和煤与瓦斯突出矿井加大安全投入的税收支持政策，具体办法由财政部会同税务总局、发展改革委、能源局等部门研究制定。继续通过中央预算内基建资金，支持煤矿安全技术改造和瓦斯治理利用。

（十四）落实煤炭生产安全费用提取使用政策。煤矿企业要严格按照国家关于煤炭生产安全费用提取政策规定和煤矿灾害治理的实际需求，科学合理地确定生产安全费用提取标准，报当地有关部门备案。地方各级人民政府要加强审计监督，确保提取到位、专款专用。对阻碍或不按标准提取使用安全费用的行为要进行严肃查处。

（十五）推进煤矿瓦斯防治技术创新。国家通过科技计划、基金和科技重大专项，加强煤矿瓦斯突出机理等基础理论和低透气性煤层瓦斯赋存规律的研究，及瓦斯抽采工艺、灾害防治等关键技术、重大装备的研发。地方各级人民政府及有关部门要制定政策，引导科研机构和企业加强煤矿瓦斯防治科技创新。煤矿企业要健全瓦斯防治技术集成体系，加大安全科技投入，研究解决生产过程中的突出问题。

（十六）支持和规范煤矿瓦斯防治技术咨询服务。鼓励和支持具备瓦斯防治能力的煤矿企业和科研院所、大专院校等单位成立专业化技术服务机构，开展煤矿瓦斯防治技术咨询和工程服务。专业服务机构为煤矿企业进行技术咨询、安全评价等活动时，必须严格执行国家有关标准和规范，对其提供的相关评价鉴定结论承担法律责任。

五、加强安全监管监察

（十七）实行瓦斯防治重大隐患逐级挂牌督办。各地区要建立健全瓦斯防治重大隐患逐级挂牌督办、公告制度。对存在通风系统不合理、应建未建瓦斯抽采系统、抽采不达标、区域性治理措施不落实等重大隐患的矿井，由省级煤矿安全监管部门或煤炭行业管理部门挂牌督办。各地区应建立瓦斯事故隐患举报奖励制度，公布举报电话，对举报人给予奖励，并依法保护举报人权益。

（十八）从严查处超能力生产行为。地方煤炭行业管理部门要把矿井抽采达标和防突能力作为约束性指标，严格按照标准组织核定矿井生产能力。对超能力生产的高瓦斯和煤与瓦斯突出矿井，要责令停产整顿，并按照《国务院关于预防煤矿生产安全事故的特别规定》（国务院令第446号）等法律法规规定的上限，对煤矿企业及负责人进行处罚。通风系统等发生重大变化的矿井，必须重新进行生产能力核定。

（十九）加强煤矿瓦斯超限管理。煤矿发生瓦斯超限，要立即停产撤人，并比照事故处理查明瓦斯超限原因，落实防范措施。因责任和措施不落实造成瓦斯超限的，要严肃追究有关人员责任。因瓦斯防治措施不到位，1个月内发生2次瓦斯超限的矿井必须停产整顿。凡1个月内发生3次以上瓦斯超限未追查处理，或因瓦斯超限被责令停产整顿期间仍组织生产的矿井,煤炭行业管理部门、煤矿安全监管部门应提请地方政府予以关闭。

(二十)从重处理煤矿瓦斯死亡事故。发生造成人员死亡瓦斯事故的矿井必须停产整顿,停产整顿时限由地方政府确定。凡发生较大及以上瓦斯事故,且地质条件复杂、安全生产系统存在重大隐患、不能有效防范瓦斯事故的矿井,地方政府应当依法予以关闭。

各地区、各部门和各有关单位要加强组织领导,制定具体实施方案,分解落实工作任务,确保执行到位。煤矿瓦斯防治部际协调领导小组及成员单位要加强督促指导。

国务院办公厅关于进一步加快煤层气(煤矿瓦斯)抽采利用的意见

(2013年9月14日 国办发〔2013〕93号)

为适应煤矿瓦斯防治和煤层气产业化发展的新形势,进一步加大政策扶持力度,加快煤层气(煤矿瓦斯)抽采利用,促进煤矿安全生产形势持续稳定好转,经国务院同意,现提出以下意见:

一、加大财政资金支持力度

(一)提高财政补贴标准。综合考虑抽采利用成本和市场销售价格等因素,提高煤层气(煤矿瓦斯)开发利用中央财政补贴标准,进一步调动企业积极性。具体标准由财政部会同发展改革委、能源局等部门研究制定。

(二)强化中央财政奖励资金引导扶持。落实煤炭行业淘汰落后产能及小煤矿整顿关闭扶持政策,安排中央财政奖励资金重点支持关闭高瓦斯和煤与瓦斯突出小煤矿,加快推进煤炭产业结构调整和煤矿企业兼并重组。

(三)加大中央财政建设投资支持力度。统筹安排中央财政建设投资支持煤矿瓦斯治理利用,将保护层开采配套工程、井下瓦斯抽采工程纳入煤矿安全改造投资支持范围,输配管网及利用设施、煤层气开发利用示范项目纳入煤炭产业升级改造投资支持范围,治理利用技术装备研发纳入能源自主创新和能源装备投资支持范围。

(四)落实煤炭生产安全费用提取政策。煤矿企业应严格按照国家有关规定,根据煤矿瓦斯等灾害治理的实际需要,科学合理确定煤炭生产安全费用提取标准,并确保提取到位、专款专用,年度结余资金可结转下年度使用。

二、强化税费政策扶持

(五)完善增值税优惠政策。加快营业税改征增值税改革试点,扩大煤矿企业增值税进项税抵扣范围。结合资源综合利用增值税政策的调整完善,研究制定煤层气(煤矿瓦斯)发电的增值税优惠政策。

(六)加大所得税优惠力度。煤层气(煤矿瓦斯)开发利用财政补贴,符合有关专项用途财政性资金企业所得税处理规定的,作为企业所得税不征税收入处理。财政部、税务总局、安全监管总局等部门,抓紧修改完善安全生产专用设备企业所得税优惠目录。

三、完善煤层气价格和发电上网政策

(七)落实煤层气市场定价机制。各地要严格落实放开煤层气(煤矿瓦斯)出厂价格政策,已纳入地方政府管理的要尽快放开价格,未进入城市公共管网的销售价格由供需双方协商定价,进入城市公共管网的煤层气(煤矿瓦斯)销售价格按不低于同等热值天然气价格确定。

(八)支持煤层气发电上网。煤矿企业利用煤层气(煤矿瓦斯)发电优先自发自用,富裕电量需要上网的,由电网企业全部收购。相关部门和单位应进一步简化煤层气(煤矿瓦斯)发电并网项目核准、环评、用地、电网接入和发电许可等手续,加快审核办理。

(九)完善煤层气发电价格政策。根据煤层气(煤矿瓦斯)发电造价及运营成本变化情况,按照合理成本加合理利润的原则,适时提高煤层气(煤矿瓦斯)发电上网标杆电价,未提高前仍执行现行政策。电网企业因此增加的购电成本,通过调整销售电价统筹解决。

四、加强煤层气开发利用管理

(十)加强煤层气矿业权管理。建立煤层气、煤炭协调开发机制,统筹煤层气、煤炭资源勘查开采布局和时序,合理确定煤层气勘查开采区块。对煤炭规划5年内开始建井开采的区域,按照煤层气开发服务于煤炭开发的原则,采取合作或调整煤层气矿业权范围等方式,优先保证煤炭资源开发需要,并有效开发利用煤层气资源;对煤炭规划5年后开始建井开采的区域,应坚持“先采气、后采煤”,做好采气采煤施工衔接。增设一批煤层气矿业权,通过招投标等竞争方式,优先配置给有开发实力的煤层气和煤炭企业。

(十一)建立勘查开发约束机制。新设煤层气或煤炭探矿权,必须符合矿产资源、煤层气开发利用等规划,并对煤层气、煤炭资源进行综合勘查、评价和储量评审备案。研究提高煤层气最低勘查投入标准,限期提交资源储量报告。对长期勘查投入不足、勘查结束不及时开发的企业,核减其矿业权面积;对具备开发条件的区块,限期完成产能建设;对不按合同实施勘查开发的对外合作项目,依法终止合同。

(十二)鼓励规模化开发利用。统筹规划建设煤层气规模化开发区块输气管网等基础设施，支持大型煤矿区瓦斯输配系统区域联网，推进中小煤矿联合建设瓦斯集输管网。鼓励民间资本参与煤层气勘探开发、储配及输气管道建设。鼓励金融机构积极做好煤层气（煤矿瓦斯）开发利用项目的金融支持服务工作。

（十三）规范煤层气投资项目管理。煤层气开发、输送、利用等建设项目根据投资主体、投资来源和建设规模实行审批、核准或备案制，并在政府核准的投资项目目录等文件中予以明确。研究完善煤层气勘探开发利用管理制度，推动煤层气产业规范有序发展。

五、推进科技创新

（十四）加快科技研发应用。继续实施国家科技重大专项及有关科技计划，进一步加大对煤层气（煤矿瓦斯）基础理论研究和关键技术及装备研发的支持力度。地方政府及有关部门要制定政策，引导科研机构和企业加大科技投入，持续开展煤矿瓦斯防治和煤层气勘探开发技术攻关，推进科技成果尽快转化应用。

（十五）加强创新平台建设。加强煤层气开发利用、煤矿瓦斯治理国家工程（技术）研究中心和产业技术创新战略联盟等创新平台建设，支持煤炭、煤层气企业建立瓦斯防治和煤层气勘探开发研究机构，增强自主研发和集成创新能力。鼓励具有技术、管理优势的企业和科研院校开展相关技术咨询和工程服务。鼓励高等院校和培训机构加强煤层气专业技术人才培养。

六、加强组织领导

（十六）强化协调指导。煤矿瓦斯防治部际协调领导小组要加强组织领导和综合协调，各成员单位要切实履职尽责、密切配合，及时研究解决重大问题。各产煤省（区、市）要健全煤矿瓦斯防治（集中整治）领导小组，明确办公室依托单位，落实专职人员和专门经费，不断完善工作机制和管理制度。

（十七）严格目标考核。各重点产煤省级人民政府要通过签订目标责任书等有效方式，把年度瓦斯事故及死亡人数控制目标、煤层气（煤矿瓦斯）开发利用目标落实到相关市、县人民政府和煤炭、煤层气企业，并严格绩效考核。有关部门要研究将煤层气开发利用量不计入能源消费总量控制指标，提高煤层气（煤矿瓦斯）利用率，促进节能减排。

（十八）加强督促落实。各有关部门要围绕煤矿瓦斯防治和煤层气开发利用重点任务，明确工作责任，抓紧研究出台配套政策措施。各地区要结合实际，制定本地区鼓励和支持政策，指导帮助企业把政策措施落实到位。各级煤矿瓦斯防治协调领导机构要加强督促检查，定期通报有关情况，对在煤矿瓦斯防治和煤层气开发利用工作中作出突出贡献的单位及个人按照国家有关规定给予表彰奖励。

（一）煤矿安全

煤矿安全监察员管理办法

（2003 年 6 月 13 日国家安全监管局国家煤矿安监局令第 2 号公布　根据 2015 年 6 月 8 日《国家安全监管总局关于修改〈煤矿安全监察员管理办法〉等五部煤矿安全规章的决定》修订）

第一条　为加强和规范煤矿安全监察员管理工作，保障煤矿安全监察员依法行政，根据《公务员法》、《安全生产法》、《煤矿安全监察条例》等法律法规，制定本办法。

第二条　煤矿安全监察机构实行煤矿安全监察员制度。煤矿安全监察员是从事煤矿安全监察和行政执法工作的国家公务员。

第三条　国家安全生产监督管理总局、省级煤矿安全监察局按干部管理权限对煤矿安全监察员实行分级管理。

第四条　煤矿安全监察员除符合国家公务员的条件外，还应当具备下列条件：

（一）热爱煤矿安全监察工作，熟悉国家有关煤矿安全的方针、政策、法律、法规、规章、标准、规程；

（二）熟悉煤矿安全监察业务，具有煤矿安全方面的专业知识；

（三）具有大学专科以上学历；

（四）符合国家煤矿安全监察机构规定的工作经历和年龄要求；

（五）身体健康，适应煤矿安全监察工作需要。

第五条　煤矿安全监察员由国家安全生产监督管理总局考核，并颁发煤矿安全监察执法证。

第六条　煤矿安全监察员按照法律行政法规规定的职责实施煤矿安全监察，不受任何组织和个人的非法干涉，煤矿及其有关人员不得拒绝、阻挠。

第七条　煤矿安全监察员依法履行下列职责：

（一）依照安全生产法、煤矿安全监察条例和其他有关安全生产的法律、法规、规章、标准，对煤矿安全实施监察；

（二）对划定区域内的煤矿安全情况实施经常性安全检查和重点检查；

（三）查处煤矿安全违法行为，依法作出现场处理决定或提出实施行政处罚的意见；

(四)参与煤矿建设项目安全设施设计审查以及对建设单位竣工验收活动和验收结果的监督核查;

(五)监督检查煤矿职业危害的防治工作;

(六)参加煤矿伤亡事故的应急救援、调查和处理工作;

(七)法律、法规规定由煤矿安全监察员履行的其他职责。

第八条 煤矿安全监察员履行安全监察职责,具有下列权力:

(一)有权随时进入煤矿作业场所进行检查,调阅有关资料,参加煤矿安全生产会议,向有关单位或者人员了解情况;

(二)在检查中发现影响煤矿安全的违法行为,有权当场予以纠正或者要求限期改正;

(三)进行现场检查时,发现存在事故隐患的,有权要求煤矿立即消除或者限期解决;发现威胁职工生命安全的紧急情况时,有权要求立即停止作业,下达立即从危险区域内撤出作业人员的命令,并立即将紧急情况和处理措施报告煤矿安全监察机构;

(四)发现煤矿作业场所的瓦斯、粉尘或者其他有毒有害气体的浓度超过国家安全标准或者行业安全标准的,煤矿擅自开采保安煤柱的,或者采用危及相邻煤矿生产安全的决水、爆破、贯通巷道等危险方法进行采矿作业的,有权责令立即停止作业,并将有关情况报告煤矿安全监察机构;

(五)发现煤矿矿长或者其他主管人员违章指挥工人或者强令工人违章、冒险作业,或者发现工人违章作业的,有权立即责令纠正或者责令立即停止作业;

(六)发现煤矿使用的设施、设备、器材、劳动防护用品不符合国家安全标准或者行业安全标准的,有权责令其停止使用;需要查封或者扣押的,应当及时报告煤矿安全监察机构依法处理;

(七)法律、法规赋予的其他权力。

第九条 煤矿安全监察机构应当为煤矿安全监察员提供履行职责所需的装备和劳动防护用品。

煤矿安全监察员下井工作,享受井下工作津贴。

第十条 煤矿安全监察员履行安全监察职责,应当向当事人和有关人员出示煤矿安全监察员证。

煤矿安全监察员证只限本人使用,不得伪造、买卖或转借他人。

第十一条 煤矿安全监察员在执行公务时,涉及本人或者涉及本人有关亲属的利害关系的,应当回避。

第十二条 煤矿安全监察员发现煤矿存在事故隐患或危及煤矿安全的违法行为应当及时处理或者向煤矿安全监察机构报告。

煤矿安全监察员对每次安全检查的时间、地点、内容、发现的问题及其处理情况,应当作详细记录、填写执法文书,并由参加检查的煤矿安全监察员签名后归档。

煤矿安全监察员发出安全监察指令,应当填写执法文书并送达行政相对人。

第十三条 煤矿安全监察员应当依法履行煤矿安全监察职责,保守国家秘密和工作秘密,维护国家利益和当事人的合法权益。

第十四条 煤矿安全监察员不得接受煤矿的任何馈赠、报酬、福利待遇,不得在煤矿报销任何费用,不得参加煤矿安排、组织或者支付费用的宴请、娱乐、旅游、出访等活动,不得借煤矿安全监察工作在煤矿为自己、亲友或者他人谋取利益。

第十五条 煤矿安全监察机构负责制定煤矿安全监察员培训规划和办法,组织实施对煤矿安全监察员的岗前培训、年度轮训、特殊培训。煤矿安全监察员每三年应当接受不少于一个月的脱产培训。

第十六条 煤矿安全监察机构应当建立健全煤矿安全监察员的监督约束制度。

煤矿安全监察机构的行政监察部门依照行政监察法的规定,对煤矿安全监察员履行工作职责实施行政监察。

煤矿安全监察机构应当及时受理任何单位和个人对煤矿安全监察员违法违纪行为的检举和控告。

煤矿安全监察员应当自觉接受有关部门、煤矿及其职工和社会的监督。

第十七条 煤矿安全监察员实行定期交流轮岗制度。

第十八条 煤矿安全监察机构按照管理权限和国家有关规定对煤矿安全监察员的德、能、勤、绩、廉进行日常考核和年度考核。考核结果作为煤矿安全监察员使用和奖惩的依据。

第十九条 煤矿安全监察员有下列表现之一的,由煤矿安全监察机构按照国家有关规定予以奖励:

(一)在煤矿安全监察工作中成绩突出,有重大贡献的;

(二)在防止或者抢救煤矿事故中,使国家、煤矿和群众利益免受或者减少损失的;

(三)在煤矿安全监察工作中依法履行职责,使煤矿安全状况有明显好转的;

(四)在煤矿抢险救灾等工作中奋不顾身、作出贡献的;

(五)在煤矿安全技术装备开发与推广方面做出显著成绩的;

(六)同违法违纪行为作斗争有功绩的;

(七)有其他功绩的。

第二十条 煤矿安全监察员有下列行为之一的，由煤矿安全监察机构按国家有关规定给予行政处分；构成犯罪的，依法追究刑事责任。

（一）接受煤矿的馈赠、报酬、礼品、现金、有价证券；

（二）参加煤矿安排、组织或者支付费用的宴请、娱乐、旅游、出访等活动的；

（三）利用职务便利为本人及亲友谋取私利的；

（四）滥施行政处罚或者擅自改变行政处罚决定的；

（五）徇私枉法，包庇、纵容违法单位和个人的；

（六）对被监察的单位和个人进行刁难或者打击报复的；

（七）有其他违法违纪行为的。

第二十一条 煤矿安全监察员滥用职权、玩忽职守、徇私舞弊，有下列行为之一的，给予降级或者撤职的行政处分；构成犯罪的，依法追究刑事责任。

（一）对不符合法定安全生产条件的煤矿予以批准或验收通过的；

（二）发现未依法取得批准、验收的煤矿擅自从事生产活动或者接到举报后不依法予以处理的；

（三）对已经取得批准的煤矿不履行安全监察职责，发现其不再具备安全生产条件而不撤销原批准的；

（四）发现事故隐患或影响煤矿安全的违法行为不依法及时处理或报告的。

第二十二条 本办法自2003年8月1日起施行。2000年12月9日国家煤矿安全监察局发布的《煤矿安全监察员管理暂行办法》同时废止。

煤矿建设项目安全设施监察规定

（2003年7月4日国家安全生产监管局国家煤矿安监局令第6号公布　根据2015年6月8日《国家安全监管总局关于修改〈煤矿安全监察员管理办法〉等五部煤矿安全规章的决定》修订）

第一章　总　　则

第一条 为了规范煤矿建设工程安全设施监察工作，保障煤矿安全生产，根据安全生产法、煤矿安全监察条例以及有关法律、行政法规的规定，制定本规定。

第二条 煤矿安全监察机构对煤矿新建、改建和扩建工程项目（以下简称煤矿建设项目）的安全设施进行监察，适用本规定。

第三条 煤矿建设项目应当进行安全评价，其初步设计应当按规定编制安全专篇。安全专篇应当包括安全条件的论证、安全设施的设计等内容。

第四条 煤矿建设项目的安全设施的设计、施工应当符合工程建设强制性标准、煤矿安全规程和行业技术规范。

第五条 煤矿建设项目施工前，其安全设施设计应当经煤矿安全监察机构审查同意；竣工投入生产或使用前，其安全设施和安全条件应当经煤矿建设单位验收合格。煤矿安全监察机构应当加强对建设单位验收活动和验收结果的监督核查。

第六条 煤矿建设项目安全设施的设计审查，由煤矿安全监察机构按照设计或者新增的生产能力，实行分级负责。

（一）设计或者新增的生产能力在300万吨/年及以上的井工煤矿建设项目和1000万吨/年及以上的露天煤矿建设项目，由国家煤矿安全监察局负责设计审查。

（二）设计或者新增的生产能力在300万吨/年以下的井工煤矿建设项目和1000万吨/年以下的露天煤矿建设项目，由省级煤矿安全监察局负责设计审查。

第七条 未设立煤矿安全监察机构的省、自治区，由省、自治区人民政府指定的负责煤矿安全监察工作的部门负责本规定第六条第二项规定的设计审查。

第八条 经省级煤矿安全监察局审查同意的项目，应及时报国家煤矿安全监察局备案。

第二章　安全评价

第九条 煤矿建设项目的安全评价包括安全预评价和安全验收评价。

煤矿建设项目在可行性研究阶段，应当进行安全预评价；在投入生产或者使用前，应当进行安全验收评价。

第十条 煤矿建设项目的安全评价应由具有国家规定资质的安全中介机构承担。承担煤矿建设项目安全评价的安全中介机构对其作出的安全评价结果负责。

第十一条 煤矿企业应与承担煤矿建设项目安全评价的安全中介机构签订书面委托合同，明确双方各自的权利和义务。

第十二条 承担煤矿建设项目安全评价的安全中介机构，应当按照规定的标准和程序进行评价，提出评价报告。

第十三条 煤矿建设项目安全预评价报告应当包括以下内容：

（一）主要危险、有害因素和危害程度以及对公共安全影响的定性、定量评价；

(二)预防和控制的可能性评价;

(三)建设项目可能造成职业危害的评价;

(四)安全对策措施、安全设施设计原则;

(五)预评价结论;

(六)其他需要说明的事项。

第十四条 煤矿建设项目安全验收评价报告应当包括以下内容:

(一)安全设施符合法律、法规、标准和规程规定以及设计文件的评价;

(二)安全设施在生产或使用中的有效性评价;

(三)职业危害防治措施的有效性评价;

(四)建设项目的整体安全性评价;

(五)存在的安全问题和解决问题的建议;

(六)验收评价结论;

(七)有关试运转期间的技术资料、现场检测、检验数据和统计分析资料;

(八)其他需要说明的事项。

第三章 设计审查

第十五条 煤矿建设项目的安全设施设计应经煤矿安全监察机构审查同意;未经审查同意的,不得施工。

第十六条 煤矿建设项目的安全设施设计,应由具有相应资质的设计单位承担。设计单位对安全设施设计负责。

第十七条 煤矿建设项目的安全设施设计应当包括煤矿水、火、瓦斯、煤尘、顶板等主要灾害的防治措施,所确定的设施、设备、器材等应当符合国家标准和行业标准。

第十八条 煤矿建设项目的安全设施设计审查前,煤矿企业应当按照本规定第六条的规定,向煤矿安全监察机构提出书面申请。

第十九条 申请煤矿建设项目的安全设施设计审查,应当提交下列资料:

(一)安全设施设计审查申请报告及申请表;

(二)建设项目审批、核准或者备案的文件;

(三)采矿许可证或者矿区范围批准文件;

(四)安全预评价报告书;

(五)初步设计及安全专篇;

(六)其他需要说明的材料。

第二十条 煤矿安全监察机构接到审查申请后,应当对上报资料进行审查。有下列情形之一的,为设计审查不合格:

(一)安全设施设计未由具备相应资质的设计单位承担的;

(二)煤矿水、火、瓦斯、煤尘、顶板等主要灾害防治措施不符合规定的;

(三)安全设施设计不符合工程建设强制性标准、煤矿安全规程和行业技术规范的;

(四)所确定的设施、设备、器材不符合国家标准和行业标准的;

(五)不符合国家煤矿安全监察局规定的其他条件的。

第二十一条 煤矿安全监察机构审查煤矿建设项目的安全设施设计,应当自收到审查申请起30日内审查完毕。经审查同意的,应当以文件形式批复;不同意的,应当提出审查意见,并以书面形式答复。

第二十二条 煤矿企业对已批准的煤矿建设项目安全设施设计需作重大变更的,应经原审查机构审查同意。

第四章 施工和联合试运转

第二十三条 煤矿建设项目的安全设施应由具有相应资质的施工单位承担。

施工单位应当按照批准的安全设施设计施工,并对安全设施的工程质量负责。

第二十四条 施工单位在施工期间,发现煤矿建设项目的安全设施设计不合理或者存在重大事故隐患时,应当立即停止施工,并报告煤矿企业。煤矿企业需对安全设施设计作重大变更的,应当按照本规定第二十二条的规定重新审查。

第二十五条 煤矿安全监察机构对煤矿建设工程安全设施的施工情况进行监察。

第二十六条 煤矿建设项目在竣工完成后,应当在正式投入生产或使用前进行联合试运转。联合试运转的时间一般为1至6个月,有特殊情况需要延长的,总时长不得超过12个月。

煤矿建设项目联合试运转,应按规定经有关主管部门批准。

第二十七条 煤矿建设项目联合试运转期间,煤矿企业应当制定可靠的安全措施,做好现场检测、检验,收集有关数据,并编制联合试运转报告。

第二十八条 煤矿建设项目联合试运转正常后,应当进行安全验收评价。

第五章 竣工验收

第二十九条 煤矿建设项目的安全设施和安全条件验收应当由煤矿建设单位负责组织;未经验收合格的,不得投入生产和使用。

煤矿建设单位实行多级管理的,应当由具体负责建设项目施工建设单位的上一级具有法人资格的公司(单位)负责组织验收。

第三十条 煤矿建设单位或者其上一级具有法人资格的公司(单位)组织验收时,应当对有关资料进行审查并组织现场验收。有下列情形之一的，为验收不合格：

（一）安全设施和安全条件不符合设计要求，或未通过工程质量认证的；

（二）安全设施和安全条件不能满足正常生产和使用的；

（三）未按规定建立安全生产管理机构和配备安全生产管理人员的；

（四）矿长和特种作业人员不具备相应资格的；

（五）不符合国家煤矿安全监察局规定的其他条件的。

第六章 附 则

第三十一条 违反本规定的，由煤矿安全监察机构或者省、自治区人民政府指定的负责煤矿安全监察工作的部门依照《安全生产法》及有关法律、行政法规的规定予以行政处罚；构成犯罪的，依照刑法有关规定追究刑事责任。

第三十二条 煤矿建设项目的安全设施设计审查申请表的样式，由国家煤矿安全监察局制定。

第三十三条 本规定自2003年8月15日起施行。《煤矿建设工程安全设施设计审查与竣工验收暂行办法》同时废止。

煤矿安全生产标准化考核定级办法(试行)

（2017年1月24日 煤安监行管〔2017〕5号）

第一条 为深入推进全国煤矿安全生产标准化工作，持续提升煤矿安全保障能力，根据《安全生产法》关于“生产经营单位必须推进安全生产标准化建设”的规定，制定本办法。

第二条 本办法适用于全国所有合法的生产煤矿。

第三条 考核定级标准执行《煤矿安全生产标准化基本要求及评分方法》（以下简称《评分方法》）。

第四条 申报安全生产标准化等级的煤矿必须同时具备《评分方法》设定的基本条件，有任一条基本条件不能满足的，不得参与考核定级。

第五条 煤矿安全生产标准化等级分为一级、二级、三级3个等次，所应达到的标准为：

一级：煤矿安全生产标准化考核评分90分以上（含，以下同），井工煤矿安全风险分级管控、事故隐患排查治理、通风、地质灾害防治与测量、采煤、掘进、机电、运输部分的单项考核评分均不低于90分，其他部分的考核评分均不低于80分，正常工作时单班入井人数不超过1000人、生产能力在30万吨/年以下的矿井单班入井人数不超过100人；露天煤矿安全风险分级管控、事故隐患排查治理、钻孔、爆破、边坡、采装、运输、排土、机电部分的考核评分均不低于90分，其他部分的考核评分均不低于80分。

二级：煤矿安全生产标准化考核评分80分以上，井工煤矿安全风险分级管控、事故隐患排查治理、通风、地质灾害防治与测量、采煤、掘进、机电、运输部分的单项考核评分均不低于80分，其他部分的考核评分均不低于70分；露天煤矿安全风险分级管控、事故隐患排查治理、钻孔、爆破、边坡、采装、运输、排土、机电部分的考核评分均不低于80分，其他部分的考核评分均不低于70分。

三级：煤矿安全生产标准化考核评分70分以上，井工煤矿事故隐患排查治理、通风、地质灾害防治与测量、采煤、掘进、机电、运输部分的单项考核评分均不低于70分，其他部分的考核评分均不低于60分；露天煤矿安全风险分级管控、事故隐患排查治理、钻孔、爆破、边坡、采装、运输、排土、机电部分的考核评分均不低于70分，其他部分的考核评分均不低于60分。

第六条 煤矿安全生产标准化等级实行分级考核定级。

一级标准化申报煤矿由省级煤矿安全生产标准化工作主管部门组织初审，国家煤矿安全监察局组织考核定级。

二级、三级标准化申报煤矿的初审和考核定级部门由省级煤矿安全生产标准化工作主管部门确定。

第七条 煤矿安全生产标准化考核定级按照企业自评申报、检查初审、组织考核、公示监督、公告认定的程序进行。煤矿安全生产标准化考核定级部门原则上应在收到煤矿企业申请后的60个工作日内完成考核定级。

1. 自评申报。煤矿对照《评分方法》全面自评，形成自评报告，填写煤矿安全生产标准化等级申报表，依拟申报的等级自行或由隶属的煤矿企业向负责初审的煤矿安全生产标准化工作主管部门提出申请。

2. 检查初审。负责初审的煤矿安全生产标准化工作主管部门收到企业申请后，应及时进行材料审查和现场检查，经初审合格后上报负责考核定级的部门。

3. 组织考核。考核定级部门在收到经初审合格的煤矿企业安全生产标准化等级申请后，应及时组织对上报的材料进行审核，并在审核合格后，进行现场检查或抽查，对申报煤矿进行考核定级。

对自评材料弄虚作假的煤矿，煤矿安全生产标准化工作主管部门应取消其申报安全生产标准化等级的资格，认定其不达标。煤矿整改完成后方可重新申报。

4. 公示监督。对考核合格的煤矿，煤矿安全生产标准化考核定级部门应在本单位或本级政府的官方网站向社会公示，接受社会监督。公示时间不少于5个工作日。

对考核不合格的煤矿，考核定级部门应书面通知初审部门按下一个标准化等级进行考核。

5. 公告认定。对公示无异议的煤矿，煤矿安全生产标准化考核定级部门应确认其等级，并予以公告。

第八条 煤矿安全生产标准化等级实行有效期管理。一级、二级、三级的有效期均为3年。

第九条 安全生产标准化达标煤矿的监管。

1. 对取得安全生产标准化等级的煤矿应加强动态监管。各级煤矿安全生产标准化工作主管部门应结合属地监管原则，每年按照检查计划按一定比例对达标煤矿进行抽查。对工作中发现已不具备原有标准化水平的煤矿应降低或撤消其取得的安全生产标准化等级；对发现存在重大事故隐患的煤矿应撤消其取得的安全生产标准化等级。

2. 对发生生产安全死亡事故的煤矿，各级煤矿安全生产标准化工作主管部门应立即降低或撤消其取得的安全生产标准化等级。一级、二级煤矿发生一般事故时降为三级，发生较大及以上事故时撤消其等级；三级煤矿发生一般及以上事故时，撤消其等级。

3. 降低或撤消煤矿所取得的安全生产标准化等级时，应及时将相关情况报送原等级考核定级部门，并由原等级考核定级部门进行公告确认。

4. 对安全生产标准化等级被撤消的煤矿，实施撤消决定的标准化工作主管部门应依法责令其立即停止生产、进行整改，待整改合格后、重新提出申请。

因发生生产安全事故被撤消等级的煤矿原则上1年内不得申报二级及以上安全生产标准化等级（省级安全生产标准化主管部门另有规定的除外）。

5. 安全生产标准化达标煤矿应加强日常检查，每月至少组织开展1次全面的自查，并在等级有效期内每年由隶属的煤矿企业组织开展1次全面自查（企业和煤矿一体的由煤矿组织），形成自查报告，并依煤矿安全生产标准化等级向相应的考核定级部门报送自查结果。一级安全生产标准化煤矿的自评结果报送省级煤矿安全生产标准化工作主管部门，由其汇总并于每年年底向国家煤矿安全监察局报送1次。

6. 各级煤矿安全生产标准化主管部门应按照职责分工每年至少通报一次辖区内煤矿安全生产标准化考核定级情况，以及等级被降低和撤消的情况，并报送有关部门。

第十条 煤矿企业采用《煤矿安全风险预控管理体系规范》（AQ/T 1093－2011）开展安全生产标准化创建工作的，可依据其相应的评分方法进行考核定级，考核等级与安全生产标准化相应等级对等，其考核定级工作按照本办法执行。

第十一条 各级煤矿安全生产标准化工作主管部门和煤矿企业应建立安全生产标准化激励政策，对被评为一级、二级安全生产标准化的煤矿给予鼓励。

第十二条 省级煤矿安全生产标准化工作主管部门可根据本办法和本地区工作实际制定实施细则，并及时报送国家煤矿安全监察局。

第十三条 本办法自2017年7月1日起试行，2013年颁布的《煤矿安全质量标准化考核评级办法（试行）》同时废止。

煤矿瓦斯抽采达标暂行规定

（2011年10月16日 安监总煤装〔2011〕163号）

第一章 总 则

第一条 为实现煤矿瓦斯抽采达标，根据《煤矿安全监察条例》等法规、规程，制定本规定。

第二条 煤矿瓦斯抽采以及对煤矿瓦斯抽采达标工作的监督检查适用本规定。

第三条 按照本规定应当进行瓦斯抽采的煤层必须先抽采瓦斯；抽采效果达到标准要求后方可安排采掘作业。

第四条 煤矿瓦斯抽采应当坚持"应抽尽抽、多措并举、抽掘采平衡"的原则。

瓦斯抽采系统应当确保工程超前、能力充足、设施完备、计量准确；瓦斯抽采管理应当确保机构健全、制度完善、执行到位、监督有效。

煤矿应当加强抽采瓦斯的利用，有效控制向大气排放瓦斯。

第五条 应当抽采瓦斯的煤矿企业应当落实瓦斯抽采主体责任，推进瓦斯抽采达标工作。

第六条 各级地方煤矿安全监管部门和各驻地煤矿安全监察机构（以下统称煤矿安全监管监察部门）对辖区内煤矿瓦斯抽采达标工作实施监管监察，对瓦斯抽采未达标的矿井根据本规定要求实施处罚。

第二章 一般规定

第七条 有下列情况之一的矿井必须进行瓦斯

抽采，并实现抽采达标：

（一）开采有煤与瓦斯突出危险煤层的；

（二）一个采煤工作面绝对瓦斯涌出量大于 5m³/min 或者一个掘进工作面绝对瓦斯涌出量大于 3m³/min 的；

（三）矿井绝对瓦斯涌出量大于或等于 40m³/min 的；

（四）矿井年产量为 1.0～1.5Mt，其绝对瓦斯涌出量大于 30m³/min 的；

（五）矿井年产量为 0.6～1.0Mt，其绝对瓦斯涌出量大于 25m³/min 的；

（六）矿井年产量为 0.4～0.6Mt，其绝对瓦斯涌出量大于 20m³/min 的；

（七）矿井年产量等于或小于 0.4Mt，其绝对瓦斯涌出量大于 15m³/min 的。

第八条 煤矿企业主要负责人为所在单位瓦斯抽采的第一责任人，负责组织落实瓦斯抽采工作所需的人力、财力和物力，制定瓦斯抽采达标工作各项制度，明确相关部门和人员的责、权、利，确保各项措施落实到位和瓦斯抽采达标。

煤矿企业、矿井的总工程师或者技术负责人（以下统称技术负责人）对瓦斯抽采工作负技术责任，负责组织编制、审批、检查瓦斯抽采规划、计划、设计、安全技术措施和抽采达标评判报告等；煤矿企业、矿井的分管负责人负责分管范围内瓦斯抽采工作的组织和落实。

煤矿企业、矿井的各职能部门负责人在其职责范围内对瓦斯抽采达标工作负责。

第九条 煤矿企业应当建立瓦斯抽采达标评价工作体系，制定矿井瓦斯抽采达标评判细则，建立瓦斯抽采管理和考核奖惩制度、抽采工程检查验收制度、先抽后采例会制度、技术档案管理制度等。

第十条 煤矿企业应当建立健全专业的瓦斯抽采机构。企业（集团公司）应当设置管理瓦斯抽采工作部门；矿井应当建立负责瓦斯抽采的科、区（队），并配备足够数量的专业工程技术人员。

瓦斯抽采技术和管理人员应当定期参加专业技术培训，瓦斯抽采工应当参加专门培训并取得相关资质后上岗。

第十一条 矿井在编制生产发展规划和年度生产计划时，必须同时组织编制相应的瓦斯抽采达标规划和年度实施计划，确保"抽掘采平衡"。矿井生产规划和计划的编制应当以预期的矿井瓦斯抽采达标煤量为限制条件。

抽采达标规划包括：抽采达标工程（表）、抽采量（表）、抽采设备设施（表）、资金计划（表），抽采达标范围可规划产量（表）、采面接替（表）、巷道掘进（表）等。

年度实施计划包括：年度瓦斯抽采达标的煤层范围及相对应的年度产量安排（表）、采面接替（表）、巷道掘进（表），年度抽采工程（表）、抽采设备设施（表）、施工队伍、抽采时间、抽采量（表）、抽采指标、资金计划（表）以及其他保障措施。

矿井应当积极试验和考察不同抽采方式和参数条件下的煤层瓦斯抽采规律，根据抽采参数、抽采时间和抽采效果之间的关系，确定矿井合理抽采方式下的抽采超前时间，并结合抽采工程施工周期，安排抽采、掘进、回采三者之间的接替关系。

煤矿企业对矿井瓦斯抽采规划、计划、设计、工程施工、设备设施以及抽采计量、效果等每年应当至少进行一次审查。

第十二条 经矿井瓦斯涌出量预测或者矿井瓦斯等级鉴定、评估符合应当进行瓦斯抽采条件的新建、技改和资源整合矿井，其矿井初步设计必须包括瓦斯抽采工程设计内容。

矿井瓦斯抽采工程设计应当与矿井开采设计同步进行；分期建设、分期投产的矿井，其瓦斯抽采工程必须一次设计，并满足分期建设过程中瓦斯抽采达标的要求。

第十三条 矿井确定开拓和开采布局时，应当充分考虑瓦斯抽采达标需要的工程和时间。

煤层群开采的矿井，应当部署抽采采动卸压瓦斯的配套工程。

开采保护层时，必须布置对被保护层进行瓦斯抽采的配套工程，确保抽采达标。

在煤层底（顶）板布置专用抽采瓦斯巷道，采用穿层钻孔抽采瓦斯时，其专用抽采瓦斯巷道应当满足下列要求：

（一）巷道的位置、数量应当满足可实现抽采达标的抽采方法的要求；

（二）巷道施工应当满足抽采达标所需的抽采时间要求；

（三）敷设抽采管路、布置钻场及钻孔的抽采巷道采用矿井全风压通风时，巷道风速不得低于 0.5m/s。

第三章 瓦斯抽采系统

第十四条 煤与瓦斯突出矿井和高瓦斯矿井必须建立地面固定抽采瓦斯系统，其他应当抽采瓦斯的矿井可以建立井下临时抽采瓦斯系统；同时具有煤层瓦斯预抽和采空区瓦斯抽采方式的矿井，根据需要分别建立高、低负压抽采瓦斯系统。

第十五条 泵站的装机能力和管网能力应当满足瓦斯抽采达标的要求。备用泵能力不得小于运行泵中最大一台单泵的能力；运行泵的装机能力不得小于瓦斯抽采达标时应抽采瓦斯量对应工况流量的2倍，即：

$$2\times\frac{100\times\text{抽采达标时抽采量}\times\text{标准大气压力}}{\text{抽采瓦斯浓度}\times(\text{当地大气压力}-\text{泵运行负压})}。$$

预抽瓦斯钻孔的孔口负压不得低于13kPa，卸压瓦斯抽采钻孔的孔口负压不得低于5kPa。

第十六条 瓦斯抽采矿井应当配备瓦斯抽采监控系统，实时监控管网瓦斯浓度、压力或压差、流量、温度参数及设备的开停状态等。

抽采瓦斯计量仪器应当符合相关计量标准要求；计量测点布置应当满足瓦斯抽采达标评价的需要，在泵站、主管、干管、支管及需要单独评价的区域分支、钻场等布置测点。

第十七条 瓦斯抽采管网中应当安装足够数量的放水器，确保及时排除管路中的积水，必要时应设置除渣装置，防止煤泥堵塞管路断面。每个抽采钻孔的接抽管上应留设钻孔抽采负压和瓦斯浓度（必要时还应观测一氧化碳浓度）的观测孔。

煤矿应当加强瓦斯抽采现场管理，确保瓦斯抽采系统的正常运转和瓦斯抽采钻孔的效用，钻孔抽采效果不好或者有发火迹象的，应当及时处理。

第四章 抽采方法及工艺

第十八条 煤矿企业应当根据矿井井上（下）条件、煤层赋存、地质构造、开拓开采部署、瓦斯来源和涌出特点等情况选择先进、适用的瓦斯抽采方法和工艺，设计瓦斯抽采达标的工艺方案，实现瓦斯抽采达标。

预抽煤层瓦斯的工艺方案应当在测定煤层瓦斯压力、瓦斯含量等参数的基础上进行，抽采钻孔控制范围应当满足《煤矿瓦斯抽采基本指标》和《防治煤与瓦斯突出规定》的要求。

卸压瓦斯抽采的工艺方案应当根据邻近煤层瓦斯含量、层间距离与岩性、工作面瓦斯涌出来源分析等进行，采用多种方式实施综合抽采。

抽采达标工艺方案设计应当包括为抽采达标服务的各项工程（井巷工程、抽采钻场和钻孔工程、管网工程、监测计量工程、放水除尘排渣等管路管理工程）的布局、工程量、施工设备、主要器材、进度计划、资金计划、接续关系、有效服务时间、组织管理、安全技术措施及预期抽瓦斯量和效果等。抽采达标的工艺方案设计应当由煤矿技术负责人和主要负责人批准。

采掘工作面进行瓦斯抽采前，必须进行施工设计。施工设计包括抽采钻孔布置图、钻孔参数表（钻孔直径、间距、开孔位置、钻孔方位、倾角、深度等）、施工要求、钻孔（钻场）工程量、施工设备与进度计划、有效抽瓦斯时间、预期效果以及组织管理、安全技术措施等。施工设计相关文件应当由煤矿技术负责人批准。

第十九条 瓦斯抽采工程必须严格按设计施工，并应当进行验收，瓦斯抽采工程竣工图及其他竣工验收资料（参数表等）应当由相关责任人签字。

瓦斯抽采工程竣工资料（图）除应有与设计对应的内容外，还应包括各工程开工时间、竣工时间以及工程施工过程中的异常现象（如喷孔、顶钻、卡钻等）等内容。

第二十条 钻孔施工完毕后应当及时封孔、连接抽采，并确保钻孔封孔严实和准确记录钻孔接抽时间。

第五章 抽采达标评判

第二十一条 抽采瓦斯矿井应当对瓦斯抽采的基础条件和抽采效果进行评判。在基础条件满足瓦斯先抽后采要求的基础上，再对抽采效果是否达标进行评判。

工作面采掘作业前，应当编制瓦斯抽采达标评判报告，并由矿井技术负责人和主要负责人批准。

第二十二条 有下列情况之一的，应当判定为抽采基础条件不达标：

（一）未按本规定要求建立瓦斯抽采系统，或者瓦斯抽采系统没有正常、连续运行的；

（二）无瓦斯抽采规划和年度计划，或者不能达到本规定第十一条要求的；

（三）无矿井瓦斯抽采达标工艺方案设计、无采掘工作面瓦斯抽采施工设计，或者不能达到本规定第十八条要求的；

（四）无采掘工作面瓦斯抽采工程竣工验收资料、竣工验收资料不真实或者不符合本规定第十九条要求的；

（五）没有建立矿井瓦斯抽采达标自评价体系和瓦斯抽采管理制度的；

（六）瓦斯抽采泵站能力和备用泵能力、抽采管网能力等达不到本规定要求的；

（七）瓦斯抽采系统的抽采计量测点不足、计量器具不符合相关计量标准和规范要求或者计量器具使用超过检定有效期，不能进行准确计量的；

（八）缺乏符合标准要求的抽采效果评判用相关测试条件的。

第二十三条 预抽煤层瓦斯效果评判应当包括下列主要内容和步骤：

（一）抽采钻孔有效控制范围界定；

（二）抽采钻孔布孔均匀程度评价；

（三）抽采瓦斯效果评判指标测定；

（四）抽采效果达标评判。

第二十四条 预抽煤层瓦斯的抽采钻孔施工完毕后，应当对预抽钻孔的有效控制范围进行界定，界定方法如下：

（一）对顺层钻孔，钻孔有效控制范围按钻孔长度方向的控制边缘线、最边缘2个钻孔及钻孔开孔位置连线确定。钻孔长度方向的控制边缘线为钻孔有效孔深点连线，相邻有效钻孔中较短孔的终孔点作为相邻钻孔有效孔深点。

（二）对穿层钻孔，钻孔有效控制范围取相邻有效边缘孔的见煤点之间的连线所圈定的范围。

第二十五条 预抽煤层瓦斯的抽采钻孔施工完毕后，应当对预抽钻孔在有效控制范围内均匀程度进行评价。预抽钻孔间距不得大于设计间距。

第二十六条 将钻孔间距基本相同和预抽时间基本一致（预抽时间差异系数小于30%，计算方法参见附录A1）的区域划为一个评价单元。

对同一评价单元预抽瓦斯效果评价时，首先应根据抽采计量等参数按附录A2、A3计算抽采后的残余瓦斯含量或残余瓦斯压力，按附录A4计算可解吸瓦斯量，当其满足本规定第二十七条规定的预期达标指标要求后，再进行现场实测预抽瓦斯效果指标。

按《煤层瓦斯含量井下直接测定方法》（GB/T23250，以下简称《含量测定方法》）现场测定煤层的残余瓦斯含量，按《煤矿井下煤层瓦斯压力的直接测定方法》（AQ/T1047，以下简称《压力测定方法》）现场测定煤层的残余瓦斯压力，依据现场测定的煤层残余瓦斯含量，按附录A4计算现场测定的煤层可解吸瓦斯量。

突出煤层现场测定点应当符合下列要求：

（一）用穿层钻孔或顺层钻孔预抽区段或回采区域煤层瓦斯时，沿采煤工作面推进方向每间隔30～50m至少布置1组测定点。当预抽区段宽度（两侧回采巷道间距加回采巷道外侧控制范围）或预抽回采区域采煤工作面长度未超过120m时，每组测点沿工作面方向至少布置1个测定点，否则至少布置2个测点；

（二）用穿层钻孔预抽煤巷条带煤层瓦斯时，在煤巷条带每间隔30～50m至少布置1个测定点；

（三）用穿层钻孔预抽石门（含立、斜井等）揭煤区域煤层瓦斯时，至少布置4个测定点，分别位于要求预抽区域内的上部、中部和两侧，并且至少有1个测定点位于要求预抽区域内距边缘不大于2m的范围；

（四）用顺层钻孔预抽煤巷条带煤层瓦斯时，在煤巷条带每间隔20～30m至少布置1个测定点，且每个评判区域不得少于3个测定点；

（五）各测定点应布置在原始瓦斯含量较高、钻孔间距较大、预抽时间较短的位置，并尽可能远离预抽钻孔或与周围预抽钻孔保持等距离，且避开采掘巷道的排放范围和工作面的预抽超前距。在地质构造复杂区域适当增加测定点。测定点实际位置和实际测定参数应标注在瓦斯抽采钻孔竣工图上。

第二十七条 预抽煤层瓦斯，应当同时满足以下要求：

（一）钻孔有效控制范围应当满足《煤矿瓦斯抽采基本指标》或《防治煤与瓦斯突出规定》的要求；布孔均匀程度满足本规定第二十四条的要求；

（二）预抽瓦斯效果应当满足如下标准：

1. 对瓦斯涌出量主要来自于开采层的采煤工作面，评价范围内煤的可解吸瓦斯量满足表1规定的，判定采煤工作面评价范围瓦斯抽采效果达标。

表1 采煤工作面回采前煤的可解吸瓦斯量应达到的指标

工作面日产量(t)	可解吸瓦斯量 W_j (m^3/t)
≤1000	≤8
1001～2500	≤7
2501～4000	≤6
4001～6000	≤5.5
6001～8000	≤5
8001～10000	≤4.5
>10000	≤4

2. 对于突出煤层，当评价范围内所有测点测定的煤层残余瓦斯压力或残余瓦斯含量都小于预期的防突效果达标瓦斯压力或瓦斯含量、且施工测定钻孔时没有喷孔、顶钻或其他动力现象时，则评判为突出煤层评价范围预抽瓦斯防突效果达标；否则，判定以超标点为圆心、半径100m范围未达标。预期的防突效果达标瓦斯压力或瓦斯含量按煤层始突深度处的瓦斯压力或瓦斯含量取值；没有考察出煤层始突深度处的煤层瓦斯压力或含量时，分别按照0.74MPa、8m^3/t取值。

3. 对于瓦斯涌出量主要来自于突出煤层的采煤工作面，只有当瓦斯预抽防突效果和煤的可解吸瓦斯量指标都满足达标要求时，方可判定该工作面瓦斯预抽效果达标。

第二十八条 对瓦斯涌出量主要来自于邻近层或围岩的采煤工作面，计算的瓦斯抽采率（采煤工作面瓦斯抽采率按附录A5计算）满足表2规定时，其瓦斯抽采效果判定为达标。

表2 采煤工作面瓦斯抽采率应达到的指标

工作面绝对瓦斯涌出量 Q(m^3/min)	工作面瓦斯抽采率(%)
5≤Q<10	≥20
10≤Q<20	≥30
20≤Q<40	≥40
40≤Q<70	≥50
70≤Q<100	≥60
100≤Q	≥70

第二十九条 采掘工作面同时满足风速不超过4m/s、回风流中瓦斯浓度低于1%时，判定采掘工作面瓦斯抽采效果达标。

第三十条 矿井瓦斯抽采率(矿井瓦斯抽采率按附录A6计算)满足表3规定时，判定矿井瓦斯抽采率达标。

表3 矿井瓦斯抽采率应达到的指标

矿井绝对瓦斯涌出量 Q(m^3/min)	矿井瓦斯抽采率(%)
Q<20	≥25
20≤Q<40	≥35
40≤Q<80	≥40
80≤Q<160	≥45
160≤Q<300	≥50
300≤Q<500	≥55
500≤Q	≥60

第六章 抽采达标责任

第三十一条 矿井应当建立瓦斯抽采达标技术档案，并每季度将达标情况向煤矿安全监管监察部门报告。

第三十二条 核定矿井生产能力时应当把矿井瓦斯抽采达标能力作为约束指标；矿井其他能力均大于瓦斯抽采达标能力的，按瓦斯抽采达标能力确定矿井生产能力。

第三十三条 煤矿建设项目设计和竣工验收时，要同时审查验收瓦斯抽采系统。首采区的首采煤层瓦斯抽采未达标的矿井，不得通过竣工验收。

第三十四条 各级地方煤矿安全监管部门应定期或者不定期地检查煤矿瓦斯抽采达标情况，每半年至少进行一次瓦斯抽采达标专项检查。

各驻地煤矿安全监察机构应当每年至少进行一次煤矿瓦斯抽采达标情况的专项监察。

第三十五条 煤矿瓦斯抽采情况报告和专项检查的主要内容包括抽采系统建设、抽采制度建设、设备设施配备、机构队伍建立、工程规划与计划编制、工程设计与施工、瓦斯抽采、计量和指标测定、参数测定与抽采效果评判等情况和资料。

专项监察的重点包括“抽掘采平衡”能力、抽采系统能力、工作面瓦斯抽采效果评判等。

第三十六条 瓦斯抽采不达标的煤矿，不得组织采掘作业；擅自组织生产作业的，煤矿安全监管监察部门应当责令其限期整改，逾期未整改完成的，责令停产整顿。

第三十七条 有下列情况之一的，煤矿安全监管监察部门应当责令矿井所有井巷揭煤、煤巷(半煤岩巷)掘进和采煤工作面停产：

(一)未进行瓦斯抽采达标评判仍组织生产的；

(二)在瓦斯抽采达标评判中弄虚作假，提供虚假评判报告的。

第三十八条 矿井瓦斯抽采未达标，擅自组织生产造成事故的，煤矿安全监管监察部门应当责令其停产整顿，并依法严肃追究责任。

第七章 附 则

第三十九条 本规定自2012年3月1日起施行。

附录 瓦斯抽采指标计算方法

A1 预抽时间差异系数计算方法：

预抽时间差异系数为预抽时间最长的钻孔抽采天数减去预抽时间最短的钻孔抽采天数的差值与预抽时间最长的钻孔抽采天数之比。预抽时间差异系数按式(1)计算：

$$\eta = \frac{T_{max} - T_{min}}{T_{max}} \times 100\% \qquad (1)$$

式中：η—预抽时间差异系数，%；

T_{max}—预抽时间最长的钻孔抽采天数，d；

T_{min}—预抽时间最短的钻孔抽采天数，d。

A2 瓦斯抽采后煤的残余瓦斯含量计算

按公式(2)计算：

$$W_{CY} = \frac{W_0 G - Q}{G} \qquad (2)$$

式中：W_{CY}—煤的残余瓦斯含量，m^3/t；

W_0—煤的原始瓦斯含量，m^3/t；

Q—评价单元钻孔抽排瓦斯总量，m^3；

G—评价单元参与计算煤炭储量，t。

评价单元参与计算煤炭储量G按公式(3)计算：

$$G = (L - H_1 - H_2 + 2R)(l - h_1 - h_2 + R)m\gamma \qquad (3)$$

式中：L—评价单元煤层走向长度，m；

l—评价单元抽采钻孔控制范围内煤层平均倾向长度，m；

H_1、H_2—分别为评价单元走向方向两端巷道瓦斯预排等值宽度，m。如果无巷道则为0；

h_1、h_2—分别为评价单元倾向方向两侧巷道瓦斯预排等值宽度，m。如果无巷道则为0；

R—抽采钻孔的有效影响半径，m；

m—评价单元平均煤层厚度，m；

γ—评价单元煤的密度，t/m^3。

H_1、H_2、h_1、h_2应根据矿井实测资料确定，如果无实测数据，可参照附表1中的数据或计算式确定。

附表1　巷道预排瓦斯等值宽度

巷道煤壁暴露时间（t/d）	不同煤种巷道预排瓦斯等值宽度（m）		
	无烟煤	瘦煤及焦煤	肥煤、气煤及长焰煤
25	6.5	9.0	11.5
50	7.4	10.5	13.0
100	9.0	12.4	16.0
160	10.5	14.2	18.0
200	11.0	15.4	19.7
250	12.0	16.9	21.5
≥300	13.0	18.0	23.0
预排瓦斯等值宽度亦可采用下式进行计算： 低变质煤：$0.808\times t^{0.55}$ 高变质煤：$(13.85\times0.0183t)/(1+0.0183t)$			

A3 抽采后煤的残余瓦斯压力计算方法：

煤的残余相对瓦斯压力（表压）按下式计算：

$$W_{CY}=\frac{ab(P_{CY}+0.1)}{1+b(P_{CY}+0.1)}\times\frac{100-Ad-Mad}{100}\times\frac{1}{1+0.31Mad}+\frac{\pi(P_{CY}+0.1)}{\gamma P_a}\tag{4}$$

式中：WCY—残余瓦斯含量，m^3/t；

a,b—吸附常数；

P_{CY}—煤层残余相对瓦斯压力，MPa；

P_a—标准大气压力，0.101325 MPa；

A_d—煤的灰分，%；

M_{ad}—煤的水分，%；

π—煤的孔隙率，m^3/m^3；

γ—煤的容重（假密度），t/m^3。

A4 可解吸瓦斯量计算方法：

按公式(5)计算：

$$W_j=W_{CY}-W_{CC}\tag{5}$$

式中：W_j—煤的可解吸瓦斯量，m^3/t；

W_{CY}—抽采瓦斯后煤层的残余瓦斯含量，m^3/t；

W_{CC}—煤在标准大气压力下的残存瓦斯含量，按公式(6)计算。

$$W_{CC}=\frac{0.1ab}{1+0.1b}\times\frac{100-Ad-Mad}{100}\times\frac{1}{1+0.31Mad}+\frac{\pi}{\gamma}\tag{6}$$

A5 采煤工作面瓦斯抽采率计算方法：

按公式(7)计算：

$$\eta_m=\frac{Q_{mc}}{Q_{mc}+Q_{mf}}\tag{7}$$

式中：η_m—工作面瓦斯抽采率，%；

Q_{mc}—回采期间，当月工作面月平均瓦斯抽采量，m^3/min。其测定和计算方法为：在工作面范围内包括地面钻井、井下抽采（含移动抽采）各瓦斯抽采干管上安装瓦斯抽采检测、监测装置，每周至少测定3次，按月取各测定值的平均值之和为当月工作面平均瓦斯抽采量（标准状态下纯瓦斯量）；

Q_{mf}—当月工作面风排瓦斯量，m^3/min。其测定和计算方法为：工作面所有回风流排出瓦斯量减去所有进风流带入的瓦斯量，按天取平均值为当天回采工作面风排瓦斯量（标准状态下纯瓦斯量），取当月中最大一天的风排瓦斯量为当月回采工作面风排瓦斯量（标准状态下纯瓦斯量）。

A6 矿井瓦斯抽采率计算方法：

按公式(8)计算：

$$\eta_k=\frac{Q_{kc}}{Q_{kc}+Q_{kf}}\tag{8}$$

式中：η_k—矿井瓦斯抽采率，%；

Q_{kc}—当月矿井平均瓦斯抽采量，m^3/min。其测定、计算方法为：在井田范围内地面钻井抽采、井下抽采(含移动抽采)各瓦斯抽采站的抽采主管上安装瓦斯抽采检测、监测装置,每天测定不少于12次,按月取各测定值的平均值之和为当月矿井平均瓦斯抽采量(标准状态力下纯瓦斯量);

Q_{kf}—当月矿井风排瓦斯量,m^3/min。其测定、计算方法为:按天取各回风井回风瓦斯平均值之和为当天矿井风排瓦斯量,取当月中最大一天的风排瓦斯量为当月矿井风排瓦斯量。

煤矿瓦斯等级鉴定暂行办法

(2011年10月14日 安监总煤装〔2011〕162号)

第一章 总 则

第一条 为进一步规范煤矿瓦斯等级鉴定工作,加强煤矿瓦斯管理,预防瓦斯事故,保障职工生命安全,根据《安全生产法》、《煤矿安全监察条例》等法律、行政法规,制定本办法。

第二条 井工开采的煤矿(包括新建矿井、改扩建矿井、资源整合矿井、生产矿井等)、相关中介机构应当按照本办法进行煤矿瓦斯等级鉴定。

第三条 国家煤矿安全监察局指导、协调和监督全国煤矿矿井瓦斯等级鉴定工作,负责组织制订煤矿瓦斯等级鉴定的相关法规草案、规章、标准。

各省级煤炭行业管理部门负责辖区内煤矿瓦斯等级鉴定工作和日常管理工作。

各级地方煤矿安全监管部门、各驻地煤矿安全监察机构负责辖区内煤矿瓦斯等级鉴定的监管监察工作。

第四条 煤矿瓦斯等级鉴定结果由省级煤炭行业管理部门审定批准;省级煤炭行业管理部门应当将审批结果及年度矿井瓦斯等级汇总情况抄送省级煤矿安全监管部门和省级煤矿安全监察机构,并报国家煤矿安全监察局、国家能源局备案。

第二章 矿井瓦斯等级划分和认定

第五条 矿井瓦斯等级鉴定应当以独立生产系统的自然井为单位,有多个自然井的煤矿应当按照自然井分别鉴定。

第六条 矿井瓦斯等级应当依据实际测定的瓦斯涌出量、瓦斯涌出形式以及实际发生的瓦斯动力现象、实测的突出危险性参数等确定。

第七条 矿井瓦斯等级划分为:

(一)煤(岩)与瓦斯(二氧化碳)突出矿井(以下简称突出矿井);

(二)高瓦斯矿井;

(三)瓦斯矿井。

第八条 具备下列情形之一的矿井为突出矿井:

(一)发生过煤(岩)与瓦斯(二氧化碳)突出的;

(二)经鉴定具有煤(岩)与瓦斯(二氧化碳)突出煤(岩)层的;

(三)依照有关规定有按照突出管理的煤层,但在规定期限内未完成突出危险性鉴定的。

第九条 具备下列情形之一的矿井为高瓦斯矿井:

(一)矿井相对瓦斯涌出量大于$10m^3/t$;

(二)矿井绝对瓦斯涌出量大于$40m^3/min$;

(三)矿井任一掘进工作面绝对瓦斯涌出量大于$3m^3/min$;

(四)矿井任一采煤工作面绝对瓦斯涌出量大于$5m^3/min$。

第十条 同时满足下列条件的矿井为瓦斯矿井:

(一)矿井相对瓦斯涌出量小于或等于$10m^3/t$;

(二)矿井绝对瓦斯涌出量小于或等于$40m^3/min$;

(三)矿井各掘进工作面绝对瓦斯涌出量均小于或等于$3m^3/min$;

(四)矿井各采煤工作面绝对瓦斯涌出量均小于或等于$5m^3/min$。

第十一条 瓦斯矿井每2年进行一次瓦斯等级鉴定。

高瓦斯矿井和突出矿井不再进行周期性瓦斯等级鉴定工作,但应每年测定和计算矿井、采区、工作面瓦斯涌出量。

经鉴定或者认定为突出矿井的,不得改定为瓦斯矿井或高瓦斯矿井(以下统称非突出矿井)。

第十二条 新建矿井在可行性研究阶段,应当依据地质勘探资料、同一矿区的地质资料和相邻矿井相关资料等,对矿井内采掘工程可能揭露的所有平均厚度在0.3m以上的煤层进行突出危险性评估,评估结果应当在可研报告中表述清楚。

经评估认为有突出危险性煤层的新建矿井,建井期间应当对开采煤层及其他可能对采掘活动造成威胁的煤层进行突出危险性鉴定;未进行突出危险性鉴定的,按突出煤层管理。

第十三条 瓦斯矿井出现下列情况之一的,应当在6个月内完成瓦斯等级鉴定工作:

(一)新建矿井建设完成的;

(二)矿井核定生产能力提高的;

(三)改扩建矿井改扩建完成的;

(四)开采新水平或新煤层的;

(五)资源整合矿井整合完成的。

第十四条 瓦斯矿井生产过程中出现本办法第九条所列情形之一的,煤矿企业应当立即认定该矿井为高瓦斯矿井,并报省级煤炭行业管理部门批准变更矿井瓦斯等级。

第十五条 非突出矿井或者突出矿井的非突出煤层出现下列情况之一的,该煤层应当立即按照突出煤层管理:

(一)采掘过程中出现瓦斯动力现象的;

(二)相邻矿井开采的同一煤层发生突出的;

(三)煤层瓦斯压力达到0.74MPa以上的。

第十六条 矿井有按照突出管理的煤层,可以直接申请省级煤炭行业管理部门批准认定为突出矿井;不直接申请认定的,应当在确定煤层按照突出管理之日起半年内完成该煤层的突出危险性鉴定。

第十七条 矿井发生生产安全事故,经事故调查组分析确定为突出事故的,应当直接认定该煤层为突出煤层、该矿井为突出矿井。

第三章 鉴定管理

第十八条 突出矿井(或者突出煤层)的鉴定工作,由国家安全生产监督管理总局认定的鉴定机构承担。

瓦斯矿井和高瓦斯矿井的鉴定工作,由具备矿井瓦斯等级鉴定能力的煤炭企业或者委托具备相应资质的鉴定机构承担,具体办法由省级煤炭行业管理部门会同省级煤矿安全监管部门和省级煤矿安全监察机构制定,并报国家煤矿安全监察局、国家能源局备案。

第十九条 用于矿井瓦斯等级鉴定或者测定的所有仪器仪表应保证状态完好、测值准确,计量仪器仪表应在其计量检定证的有效期内使用。

第二十条 煤矿委托鉴定机构鉴定时,应与鉴定机构签订合同;合同内容应包括鉴定对象、内容、范围等。

鉴定矿井与鉴定机构应当密切配合,提供的鉴定基础资料、数据等必须真实、完整、可靠。

鉴定机构应当自鉴定合同生效之日起60天内完成高瓦斯矿井和瓦斯矿井的鉴定工作、120天内完成突出矿井鉴定工作。

第二十一条 鉴定机构应当依照法律、法规、技术标准和执业规则公正、诚信、科学地开展矿井瓦斯等级鉴定,并对鉴定结果负责。

矿井应当建立瓦斯鉴定档案,妥善保存鉴定过程中的原始资料。

鉴定机构不得转让或者出借瓦斯鉴定资质,不得将所承担的瓦斯鉴定工作转包或者分包。

第二十二条 鉴定人员应当熟悉相关法律、法规、标准和规定,具备鉴定工作所需要的专业知识和能力,经过专业培训并考核合格后方可从事鉴定工作。

鉴定机构及其鉴定人员从事瓦斯鉴定活动,不得泄露被鉴定单位的技术和商业秘密等信息。

第二十三条 鉴定报告应当有被鉴定矿井名称、鉴定机构名称、鉴定日期以及鉴定负责人、审核人和授权签字人的签字,加盖鉴定机构公章或者鉴定专用章,并附鉴定资质证书复印件。

第二十四条 将有按照突出管理煤层的矿井鉴定为非突出矿井的,省级煤炭行业管理部门应当组织专家对其鉴定程序、方法、报告等进行审查。

第二十五条 矿井名称、鉴定结果、鉴定机构等与鉴定有关信息应当全部公开,接受监督。

省级煤炭行业管理部门应当建立本省(区、市)矿井瓦斯等级鉴定电子档案和数据库。

第二十六条 各级煤矿安全监管部门和煤矿安全监察机构在安全检查和监察活动中,发现矿井瓦斯的实际情况明显高出矿井瓦斯等级的,应当责令矿井立即重新进行瓦斯等级鉴定。

第四章 瓦斯矿井和高瓦斯矿井的鉴定

第二十七条 鉴定开始前应当编制鉴定工作方案,做好仪器准备、人员组织和分工、计划测定路线等。

第二十八条 鉴定应根据当地气候条件选择在矿井绝对瓦斯涌出量最大的月份,且在矿井正常生产时进行。

第二十九条 参数测定工作应当在鉴定月的上、中、下旬各取1天(间隔不少于7天),每天分3个班(或4个班)、每班3次进行。

第三十条 鉴定工作应当准确测定风量、瓦斯浓度、二氧化碳浓度及温度、气压等参数,统计井下瓦斯抽采量、月产煤量,全面收集煤层瓦斯压力、动力现象及预兆、瓦斯喷出、邻近矿井瓦斯等级等资料。

鉴定实测数据与最近6个月以来矿井安全监控系统的监测数据、通风报表和产量报表数据相差超过10%的,应当分析原因,必要时应当重新测定。

第三十一条 测点应当布置在进、回风巷测风站(包括主通风机风硐)内,如无测风站,则选取断面规整且无杂物堆积的一段平直巷道作测点。每一测定班应当在同一时间段的正常生产时间进行。

第三十二条 绝对瓦斯涌出量按矿井、采区和采掘工作面等分别计算,相对瓦斯涌出量按矿井、采区或采煤工作面计算,计算方法见附录B,测定的基础数据和汇总表可参照附录E的格式填写。

第三十三条 瓦斯矿井和高瓦斯矿井鉴定报告应采用统一的表格格式,各省(区、市)可根据实际情况提出统一要求或统一制作(可参考附录E格式),但鉴定报告应包括以下主要内容:

(一)矿井基本情况;

(二)矿井瓦斯和二氧化碳测定基础数据表;

(三)矿井瓦斯和二氧化碳测定结果报告表;

(四)标注有测定地点的矿井通风系统示意图;

(五)矿井瓦斯来源分析;

(六)最近5年内的矿井煤尘爆炸性鉴定、煤层自然发火倾向性鉴定情况及瓦斯爆炸、自然发火情况;

(七)矿井煤(岩)与瓦斯(二氧化碳)突出情况及瓦斯(二氧化碳)喷出情况;

(八)鉴定月份生产状况及鉴定结果简要分析或说明;

(九)鉴定单位和鉴定人员;

(十)矿井瓦斯等级鉴定审批表。

第五章　突出矿井的鉴定

第三十四条　煤层初次发生瓦斯动力现象的,煤矿应当保留发生瓦斯动力现象的现场,及时检测瓦斯动力现象影响区域的瓦斯浓度、风量及其变化等情况,并委托鉴定机构开展鉴定工作。

第三十五条　鉴定机构接受委托后,应当指派3名以上本机构专职技术人员(其中1名具有高级以上职称)进行现场勘测并核实有关资料。

第三十六条　发生瓦斯动力现象的煤层以瓦斯动力现象特征为主要依据进行鉴定的,应当将现场勘测情况与煤与瓦斯突出的基本特征进行对比,当瓦斯动力现象特征基本符合附录C中的特征时,该瓦斯动力现象为煤与瓦斯突出。

依据瓦斯动力现象特征不能确定为煤与瓦斯突出或者没有发生瓦斯动力现象时,以反映煤层突出危险性的实测指标为鉴定依据。

第三十七条　采用煤层突出危险性指标进行突出煤层鉴定的,应当将实际测定的煤层瓦斯压力、煤的坚固性系数、煤的破坏类型、煤的瓦斯放散初速度作为鉴定依据。全部指标均处于表1所示临界值范围的,确定为突出煤层;打钻过程中发生喷孔、顶钻等突出预兆的,确定为突出煤层。

表1　判定煤层突出危险性单项指标的临界值及范围

判定指标	煤的破坏类型	瓦斯放散初速度 Δp	煤的坚固性系数 f	煤层瓦斯压力 p/MPa
有突出危险的临界值及范围	Ⅲ、Ⅳ、Ⅴ	≥10	≤0.5	≥0.74

煤层突出危险性指标未完全达到上述指标的,测点范围内的煤层突出危险性由鉴定机构根据实际情况确定;但当 f≤0.3、p≥0.74MPa,或0.3＜f≤0.5、p≥1.0MPa,或0.5＜f≤0.8、p≥1.50MPa,或p≥2.0MPa的,一般确定为突出煤层;认定为非突出煤层的范围和需要重新鉴定的条件,应当在鉴定报告中明确划定或者说明。

当鉴定结果认定为非突出煤层时,采掘工程进入原鉴定报告圈定的范围以外,或者矿井开拓新水平、新采区,或采深增加超过50m,或者进入新的地质单元时,应当重新测定参数进行鉴定。

第三十八条　采用第三十七条进行突出煤层鉴定的,还应当符合下列要求:

(一)突出危险性指标数据应当为实际测定数据;

(二)指标测定或者采取煤样地点应当能有效代表待鉴定范围的突出危险性,测点应按照不同的地质单元分别布置,测点分布和数量根据煤层范围大小、地质构造复杂程度等确定,但同一地质单元内沿煤层走向测点不应少于2个,沿倾向不应少于3个,并应在埋深最大的开拓工程部位布置有测点;

(三)各指标值取鉴定煤层各测点的最高煤层破坏类型、软分层煤的最小坚固性系数、最大瓦斯放散初速度和最大瓦斯压力值;

(四)所有指标测试应严格按照相关标准执行,测试仪器仪表应保证在其检定有效期内使用,相关材料的性能、型号和有效期等应符合要求。

第三十九条　鉴定报告应对被鉴定矿井给出明确的结论,并包含以下内容:

(一)矿井基本情况;

(二)瓦斯动力现象发生情况或煤层突出危险性指标测定情况;

(三)确定是否为突出矿井(煤层)的主要依据;

(四)鉴定结论;

(五)应采取的措施及管理建议。

采用煤层突出危险性指标鉴定时,鉴定报告还应附有瓦斯参数测点和煤样取样点布置图、煤层瓦斯压力上升曲线图、实验室指标测定报告、现场指标测定所用仪器仪表的规格及其检定证书等。

第四十条　煤与二氧化碳突出矿井(煤层)的鉴定参照煤与瓦斯突出煤层的鉴定方法进行。岩石与二氧化碳(瓦斯)突出矿井的鉴定依据为矿井实际发生的动力现象，当动力现象具有如下基本特征时，应当确定为岩石与二氧化碳(瓦斯)突出矿井：

(一)在炸药直接作用范围外，发生破碎岩石被抛出现象的；

(二)抛出的岩石中，含有大量的砂粒和粉尘的；

(三)产生明显动力效应的；

(四)巷道二氧化碳(瓦斯)涌出量明显增大的；

(五)在岩体中形成孔洞的；

(六)有突出危险的岩层松软，呈片状、碎屑状，其岩芯呈凹凸片状，并具有较大的孔隙率和二氧化碳(瓦斯)含量的。

第六章 鉴定责任

第四十一条 对未按照本办法开展瓦斯等级鉴定的矿井，应当责令其限期整改，逾期未完成整改的，责令其停产整顿。

按照本办法直接升级或者认定为高瓦斯矿井、突出矿井的，应当在确定为高瓦斯矿井、突出矿井之日起1年内完成矿井设备、设施的升级改造，逾期未完成整改的，应当责令其停产整顿。

第四十二条 对在矿井瓦斯等级鉴定过程中弄虚作假、降低矿井瓦斯等级的矿井，应当责令其停产整顿，并提请有关部门暂扣其安全生产许可证。

第四十三条 鉴定机构伪造数据、出具虚假鉴定报告的，应当提请资质审批部门暂停或撤销其鉴定资质，并依据相关法律法规进行处罚。

第四十四条 对违反本办法规定的程序和要求降低矿井瓦斯等级并造成生产安全事故的，应当严肃追究相关责任人的责任，构成犯罪的，依法追究相关人员的刑事责任。

第七章 附 则

第四十五条 本办法所列附录A至附录E为本办法的一部分。

第四十六条 本办法自2012年3月1日起施行。有关规程、标准等规定与本办法不一致的，以本办法为准。

附录A 名词解释

矿井瓦斯等级：根据矿井的瓦斯涌出量和涌出形式等所划分的矿井瓦斯危险程度等级。

突出煤(岩)层：在矿井井田范围内发生过煤(岩)与瓦斯(二氧化碳)突出的煤(岩)层或者经过鉴定为有突出危险的煤层。

煤(岩)与瓦斯(二氧化碳)突出矿井：在矿井开拓、生产范围内有突出煤(岩)层的矿井。

正常生产条件：测定区域(矿井、煤层、翼、水平或采区)的实际产量(包括回采和掘进煤产量)达到该区域核定产量或正常产量60%以上的条件。

瓦斯喷出：从煤体或岩体裂隙、孔洞、钻孔或爆破孔中大量涌出瓦斯(二氧化碳)的异常涌出现象。在20 m巷道范围内，涌出瓦斯(二氧化碳)量大于或等于1.0 m^3/min且持续8 h以上时定为瓦斯(二氧化碳)喷出。

瓦斯动力现象：指煤矿井下发生的有瓦斯参与或伴随大量瓦斯涌出，且产生明显动力效应的现象。

地质单元：指地质特征相近、未受大的地质构造阻隔的整片煤层区域。在同一地质单元内，有基本相同的煤质和相近似的地质构造复杂程度、煤层破坏程度、软分层厚度等，区内煤层基本连续，瓦斯能够沿煤层在区内顺利流动。

喷孔：钻孔施工过程中，在瓦斯压力的作用下，从钻孔短时、断续喷出瓦斯和煤粉，且喷出距离一般大于0.5m的异常动力现象。

附录B 矿井瓦斯等级鉴定中瓦斯涌出量计算方法

B1 绝对瓦斯涌出量计算方法：

矿井、采区或工作面等测定区域绝对瓦斯涌出量是指单位时间内该区域涌出的瓦斯总量，取鉴定月3个测定日中最大的日平均值。绝对瓦斯涌出量为井巷瓦斯涌出量与抽采瓦斯量之和。风排瓦斯涌出量为所有进、回风测点瓦斯流量之差，当测定区域有多个进、回风巷道时，绝对瓦斯涌出量包括所有通风回路瓦斯涌出量之和；抽采瓦斯量取当月抽采瓦斯量(包括地面、井下抽采量)的平均值(不包括排放到测定区域回风巷的局部抽采瓦斯量)。测定日每个通风回路的绝对瓦斯涌出量可按照公式(1)计算：

$$q_{绝} = q_{排} + q_{抽} \tag{1}$$

式中：

$q_{绝}$——测定区域绝对瓦斯(或二氧化碳)涌出总量，m^3/min；

$q_{抽}$——测定区域抽采瓦斯(或二氧化碳)纯量，m^3/min，取鉴定月的平均值；

$q_{排}$——测定区域日平均风排瓦斯(或二氧化碳)量，m^3/min。

$$q_{排} = \frac{1}{n}\sum_{i=1}^{n} q_{排i} = \frac{1}{100 \times n}\sum_{i=1}^{n}(Q_{回i} \cdot C_{回i} - Q_{进i} \cdot C_{进i}) \tag{2}$$

式中：

n——班制，矿井采用三班制时 $n=3$，矿井采用四班制时 $n=4$；

i——测定班序号，采用三班制的矿井 $i=1,2,3$；采用四班制的矿井 $i=1,2,3,4$；

$q_{排i}$——第 i 班的风排瓦斯(或二氧化碳)量,m^3/min;

$Q_{回i}$——第 i 班回风巷风流中的风量,取当班测定3次的平均值,m^3/min;

$C_{回i}$——第 i 班回风巷风流中的瓦斯(或二氧化碳)浓度,取当班测定3次的平均值,%;

$Q_{进i}$——第 i 班进风巷风流中的风量,取当班测定3次的平均值,m^3/min;

$C_{进i}$——第 i 班进风巷风流中的瓦斯(或二氧化碳)浓度,取当班测定3次的平均值,%。

B2 相对瓦斯涌出量计算方法:

矿井、采区、采煤工作面的相对瓦斯涌出量为日绝对瓦斯涌出总量与月平均日产煤量的比值。相对瓦斯涌出量可按公式(3)计算:

$$q_{相} = 1440 \times q_{max}/D \quad (3)$$

式中:

$q_{相}$——相对瓦斯涌出量,m^3/t;

q_{max}——绝对瓦斯涌出量,m^3/min;

D——月平均日产煤量,t/d。

附录C 煤与瓦斯突出基本特征和突出后抛出煤量与瓦斯涌出量计算方法

煤与瓦斯突出可分为煤与瓦斯突然喷出(以下简称突出)、煤的压出伴随瓦斯涌出(以下简称压出)和煤的倾出伴随瓦斯涌出(以下简称倾出)3种类型,其基本特征如下:

C1 突出的基本特征:

(一)突出的煤向外抛出的距离较远,具有分选现象;

(二)抛出煤的堆积角小于自然安息角;

(三)抛出煤的破碎程度较高,含有大量碎煤和一定数量手捻无粒感的煤粉;

(四)有明显的动力效应,如破坏支架,推倒矿车,损坏或移动安装在巷道内的设施等;

(五)有大量的瓦斯涌出,瓦斯涌出量远远超过突出煤的瓦斯含量,有时会使风流逆转;

(六)突出孔洞呈口小腔大的梨形、舌形、倒瓶形、分岔形或其他形状。

C2 压出的基本特征:

(一)压出有两种形式,即煤的整体位移和煤有一定距离的抛出,但位移和抛出的距离都较小;

(二)压出后,在煤层与顶板之间的裂隙中常留有细煤粉,整体位移的煤体上有大量的裂隙;

(三)压出的煤呈块状,无分选现象;

(四)巷道瓦斯涌出量增大,抛出煤的吨煤瓦斯涌出量大于$30m^3/t$;

(五)压出可能无孔洞或呈口大腔小的楔形、半圆形孔洞。

C3 倾出的基本特征:

(一)倾出的煤按自然安息角堆积、无分选现象;

(二)倾出的孔洞多为口大腔小,孔洞轴线沿煤层倾斜或铅锤(厚煤层)方向发展;

(三)无明显动力效应;

(四)常发生在煤质松软的急倾斜煤层中;

(五)巷道瓦斯涌出量明显增加,抛出煤的吨煤瓦斯涌出量大于$30m^3/t$。

C4 瓦斯动力现象抛出煤量和瓦斯涌出量计算原则和方法:

(一)抛出的煤量指由瓦斯动力现象抛出的煤量。煤量可按照实际清理出的煤量为准,或按照煤炭的堆积体积计算。计算时堆积煤炭的密度取值范围为$0.8t/m^3 \sim 1.0t/m^3$,抛出煤炭的粒度差别较大时,可分段按照不同堆积密度计算。

(二)抛出煤的瓦斯涌出量为发生瓦斯动力现象后回风巷中的瓦斯从升高开始,截至恢复到瓦斯动力现象发生前状态的增量。对瓦斯涌出量长时间不能恢复到瓦斯动力现象发生前的瓦斯涌出状态的,计算截止时间为瓦斯涌出量降到$1.0m^3/min$时或瓦斯涌出量降到稳定状态时。

(三)瓦斯涌出量可根据工作面、采区、水平或总回风流中的瓦斯浓度和风量的测定值计算,并应尽量选用瓦斯浓度测值没有超过测量仪器(或传感器)量程的测点资料,当发生瓦斯逆流或局部通风系统遭到破坏时,可选用采区或总回风流中的测点资料计算。瓦斯涌出量可根据瓦斯浓度和风量的测值变化规律,采用曲线拟合后再积分的方法或者采用分段取平均值的方法计算。

附录D 煤的破坏类型分类表

破坏类型	光泽	构造与构造特征	节理性质	节理面性质	断口性质	手试强度
Ⅰ类(非破坏煤)	亮与半亮	层状构造,块状构造,条带清晰明显	一组或二三组节理,节理系统发达,有次序	有充填物(方解石),次生面少,节理、劈理面平整	参差阶状,贝状,波浪状	坚硬,用手难以掰开
Ⅱ类(破坏煤)	亮与半亮	1. 尚未失去层状,较有次序; 2. 条带明显,有时扭曲,有错动; 3. 不规则块状,多棱角; 4. 有挤压特征	次生节理面多,且不规则,与原生节理呈网状节理	节理面有擦纹、滑皮。节理平整,易掰开	参差多角	用手极易剥成小块,中等硬度
Ⅲ类煤(强烈破坏煤)	半亮与半暗	1. 弯曲呈透镜体构造; 2. 小片状构造; 3. 细小碎块,层理紊乱无次序	节理不清,系统不发达,次生节理密度大	有大量擦痕	参差及粒状	用手捻之可成粉末、碎粒
Ⅳ类煤(粉碎煤)	暗淡	粒状或小颗粒胶结而成,形似天然煤团	无节理,成粘块状		粒状	用手捻之可成粉末
Ⅴ类煤(全粉煤)	暗淡	1. 土状构造,似土质煤; 2. 如断层泥状			土状	易捻成粉末,疏松

附录E 矿井瓦斯等级鉴定报告参考格式(略)

防治煤与瓦斯突出规定

(2009年5月14日国家安全生产监督管理总局令第19号公布 根据2013年8月29日《国家安全监管总局关于修改〈生产经营单位安全培训规定〉等11件规章的决定》修订)

第一章 总 则

第一条 为了加强煤与瓦斯突出的防治工作,有效预防煤矿突出事故,保障煤矿职工生命安全,根据《安全生产法》、《矿山安全法》、《国务院关于预防煤矿生产安全事故的特别规定》等法律、行政法规,制定本规定。

第二条 煤矿企业(矿井)、有关单位的煤(岩)与瓦斯(二氧化碳)突出(以下简称突出)的防治工作,适用本规定。

现行煤矿安全规程、规范、标准、规定等有关突出防治的内容与本规定不一致的,依照本规定执行。

第三条 本规定所称突出煤层,是指在矿井井田范围内发生过突出的煤层或者经鉴定有突出危险的煤层。

本规定所称突出矿井,是指在矿井的开拓、生产范围内有突出煤层的矿井。

第四条 有突出矿井的煤矿企业主要负责人及突出矿井的矿长是本单位防突工作的第一责任人。

有突出矿井的煤矿企业、突出矿井应当设置防突机构,建立健全防突管理制度和各级岗位责任制。

第五条 有突出矿井的煤矿企业、突出矿井应当根据突出矿井的实际状况和条件,制定区域综合防突措施和局部综合防突措施。

区域综合防突措施包括下列内容：

(一)区域突出危险性预测；

(二)区域防突措施；

(三)区域措施效果检验；

(四)区域验证。

局部综合防突措施包括下列内容：

(一)工作面突出危险性预测；

(二)工作面防突措施；

(三)工作面措施效果检验；

(四)安全防护措施。

第六条 防突工作坚持区域防突措施先行、局部防突措施补充的原则。突出矿井采掘工作做到不掘突出头、不采突出面。未按要求采取区域综合防突措施的，严禁进行采掘活动。

区域防突工作应当做到多措并举、可保必保、应抽尽抽、效果达标。

第七条 突出矿井发生突出的必须立即停产，并立即分析、查找突出原因。在强化实施综合防突措施消除突出隐患后，方可恢复生产。

非突出矿井首次发生突出的必须立即停产，按本规定的要求建立防突机构和管理制度，编制矿井防突设计，配备安全装备，完善安全设施和安全生产系统，补充实施区域防突措施，达到本规定要求后，方可恢复生产。

第二章 一般规定

第一节 突出煤层和突出矿井鉴定

第八条 地质勘探单位应当查明矿床瓦斯地质情况。井田地质报告应当提供煤层突出危险性的基础资料。

基础资料应当包括下列内容：

(一)煤层赋存条件及其稳定性；

(二)煤的结构类型及工业分析；

(三)煤的坚固性系数、煤层围岩性质及厚度；

(四)煤层瓦斯含量、瓦斯成分和煤的瓦斯放散初速度等指标；

(五)标有瓦斯含量等值线的瓦斯地质图；

(六)地质构造类型及其特征、火成岩侵入形态及其分布、水文地质情况；

(七)勘探过程中钻孔穿过煤层时的瓦斯涌出动力现象；

(八)邻近煤矿的瓦斯情况。

第九条 新建矿井在可行性研究阶段，应当对矿井内采掘工程可能揭露的所有平均厚度在0.3m以上的煤层进行突出危险性评估。

评估结果作为矿井立项、初步设计和指导建井期间揭煤作业的依据。

第十条 经评估认为有突出危险的新建矿井，建井期间应当对开采煤层及其他可能对采掘活动造成威胁的煤层进行突出危险性鉴定。

第十一条 矿井有下列情况之一的，应当立即进行突出煤层鉴定；鉴定未完成前，应当按照突出煤层管理：

(一)煤层有瓦斯动力现象的；

(二)相邻矿井开采的同一煤层发生突出的；

(三)煤层瓦斯压力达到或者超过0.74MPa的。

第十二条 突出煤层和突出矿井的鉴定由煤矿企业委托具有突出危险性鉴定资质的单位进行。鉴定单位应当在接受委托之日起120天内完成鉴定工作。鉴定单位对鉴定结果负责。

煤矿企业应当将鉴定结果报省级煤炭行业管理部门、煤矿安全监管部门、煤矿安全监察机构备案。

煤矿发生瓦斯动力现象造成生产安全事故，经事故调查认定为突出事故的，该煤层即为突出煤层，该矿井即为突出矿井。

第十三条 突出煤层鉴定应当首先根据实际发生的瓦斯动力现象进行。

当动力现象特征不明显或者没有动力现象时，应当根据实际测定的煤层最大瓦斯压力P、软分层煤的破坏类型、煤的瓦斯放散初速度Δp和煤的坚固性系数f等指标进行鉴定。全部指标均达到或者超过表1所列的临界值的，确定为突出煤层。

鉴定单位也可以探索突出煤层鉴定的新方法和新指标。

表1 突出煤层鉴定的单项指标临界值

煤 层	破坏类型	瓦斯放散初速度 Δp	坚固性系数 f	瓦斯压力 (相对压力) $P(MP_a)$
临界值	Ⅲ、Ⅳ、Ⅴ	≥10	≤0.5	≥0.74

第二节 建设和开采基本要求

第十四条 有突出危险的新建矿井及突出矿井的新水平、新采区，必须编制防突专项设计。设计应当包括开拓方式、煤层开采顺序、采区巷道布置、采煤方法、通风系统、防突设施（设备）、区域综合防突措施和局部综合防突措施等内容。

突出矿井新水平、新采区移交生产前，必须经当地人民政府煤矿安全监管部门按管理权限组织防突专项验收；未通过验收的不得移交生产。

突出矿井必须建立满足防突工作要求的地面永久瓦斯抽采系统。

第十五条 突出矿井应当做好防突工程的计划和实施，将防突的预抽煤层瓦斯、保护层开采等工程与矿井采掘部署、工程接替等统一安排，使矿井的开拓区、抽采区、保护层开采区和突出煤层（或被保护层）开采区按比例协调配置，确保在突出煤层采掘前实施区域防突措施。

第十六条 突出矿井的巷道布置应当符合下列要求和原则：

（一）运输和轨道大巷、主要风巷、采区上山和下山（盘区大巷）等主要巷道布置在岩层或非突出煤层中；

（二）减少井巷揭穿突出煤层的次数；

（三）井巷揭穿突出煤层的地点应当合理避开地质构造破坏带；

（四）突出煤层的巷道优先布置在被保护区域或其他卸压区域。

第十七条 突出矿井地质测量工作必须遵守下列规定：

（一）地质测量部门与防突机构、通风部门共同编制矿井瓦斯地质图，图中标明采掘进度、被保护范围、煤层赋存条件、地质构造、突出点的位置、突出强度、瓦斯基本参数及绝对瓦斯涌出量和相对瓦斯涌出量等资料，作为区域突出危险性预测和制定防突措施的依据；

（二）地质测量部门在采掘工作面距离未保护区边缘50m前，编制临近未保护区通知单，并报矿技术负责人审批后交有关采掘区（队）；

（三）突出煤层顶、底板岩巷掘进时，地质测量部门提前进行地质预测，掌握施工动态和围岩变化情况，及时验证提供的地质资料，并定期通报给煤矿防突机构和采掘区（队）；遇有较大变化时，随时通报。

第十八条 突出矿井开采的非突出煤层和高瓦斯矿井的开采煤层，在延深达到或超过50m或开拓新采区时，必须测定煤层瓦斯压力、瓦斯含量及其他与突出危险性相关的参数。

高瓦斯矿井各煤层和突出矿井的非突出煤层在新水平开拓工程的所有煤巷掘进过程中，应当密切观察突出预兆，并在开拓工程首次揭穿这些煤层时执行石门和立井、斜井揭煤工作面的局部综合防突措施。

第十九条 突出煤层的采掘作业应当符合以下规定：

（一）严禁采用水力采煤法、倒台阶采煤法及其他非正规采煤法；

（二）急倾斜煤层适合采用伪倾斜正台阶、掩护支架采煤法；

（三）急倾斜煤层掘进上山时，采用双上山或伪倾斜上山等掘进方式，并加强支护；

（四）掘进工作面与煤层巷道交叉贯通前，被贯通的煤层巷道必须超过贯通位置，其超前距不得小于5m，并且贯通点周围10m内的巷道应加强支护。在掘进工作面与被贯通巷道距离小于60m的作业期间，被贯通巷道内不得安排作业，并保持正常通风，且在放炮时不得有人；

（五）采煤工作面尽可能采用刨煤机或浅截深采煤机采煤；

（六）煤、半煤岩炮掘和炮采工作面，使用安全等级不低于三级的煤矿许用含水炸药（二氧化碳突出煤层除外）。

第二十条 突出煤层的任何区域的任何工作面进行揭煤和采掘作业前，必须采取安全防护措施。

突出矿井的入井人员必须随身携带隔离式自救器。

第二十一条 所有突出煤层外的掘进巷道（包括钻场等）距离突出煤层的最小法向距离小于10m时（在地质构造破坏带小于20m时），必须边探边掘，确保最小法向距离不小于5m。

第二十二条 在同一突出煤层正在采掘的工作面应力集中范围内，不得安排其他工作面进行回采或者掘进。具体范围由矿技术负责人确定，但不得小于30m。

突出煤层的掘进工作面应当避开邻近煤层采煤工作面的应力集中范围。

在突出煤层的煤巷中安装、更换、维修或回收支架时，必须采取预防煤体垮落而引起突出的措施。

第二十三条 突出矿井的通风系统应当符合下列要求：

（一）井巷揭穿突出煤层前，具有独立的、可靠的通风系统；

（二）突出矿井、有突出煤层的采区、突出煤层工作面都有独立的回风系统。采区回风巷是专用回风巷；

（三）在突出煤层中，严禁任何两个采掘工作面之间串联通风；

（四）煤（岩）与瓦斯突出煤层采区回风巷及总回风巷安设高低浓度甲烷传感器；

（五）突出煤层采掘工作面回风侧不得设置调节风量的设施。易自燃煤层的回采工作面确需设置调节设施的，须经煤矿企业技术负责人批准；

（六）严禁在井下安设辅助通风机；

（七）突出煤层掘进工作面的通风方式采用压入式。

第二十四条 煤（岩）与瓦斯突出矿井严禁使用架线式电机车。

煤（岩）与瓦斯突出矿井井下进行电焊、气焊和喷灯焊接时，必须停止突出煤层的掘进、回采、钻孔、支护以及其他所有扰动突出煤层的作业。

第二十五条 清理突出的煤炭时，应当制定防煤尘、防片帮、防冒顶、防瓦斯超限、防火源的安全技术措施。

突出孔洞应当及时充填、封闭严实或者进行支护；当恢复采掘作业时，应当在其附近30m范围内加强支护。

第三节 防突管理及培训

第二十六条 有突出矿井的煤矿企业主要负责人、突出矿井矿长应当分别每季度、每月进行防突专题研究，检查、部署防突工作；保证防突科研工作的投入，解决防突所需的人力、财力、物力；确保抽、掘、采平衡；确保防突工作和措施的落实。

煤矿企业、矿井的技术负责人对防突工作负技术责任，组织编制、审批、检查防突工作规划、计划和措施；煤矿企业、矿井的分管负责人负责落实所分管的防突工作。

煤矿企业、矿井的各职能部门负责人对本职范围内的防突工作负责；区（队）、班组长对管辖范围内防突工作负直接责任；防突人员对所在岗位的防突工作负责。

煤矿企业、矿井的安全监察部门负责对防突工作的监督检查。

第二十七条 有突出矿井的煤矿企业、突出矿井应当设置满足防突工作需要的专业防突队伍。

突出矿井应当编制突出事故应急预案。

第二十八条 有突出矿井的煤矿企业、突出矿井在编制年度、季度、月度生产建设计划时，必须一同编制年度、季度、月度防突措施计划，保证抽、掘、采平衡。

防突措施计划及人力、物力、财力保障安排由技术负责人组织编制，煤矿企业主要负责人、突出矿井矿长审批，分管负责人、分管副矿长组织实施。

第二十九条 各项防突措施按照下列要求贯彻实施：

（一）施工防突措施的区（队）在施工前，负责向本区（队）职工贯彻并严格组织实施防突措施；

（二）采掘作业时，应当严格执行防突措施的规定并有详细准确的记录。由于地质条件或者其他原因不能执行所规定的防突措施的，施工区（队）必须立即停止作业并报告矿调度室，经矿井技术负责人组织有关人员到现场调查后，由原措施编制部门提出修改或补充措施，并按原措施的审批程序重新审批后方可继续施工；其他部门或者个人不得改变已批准的防突措施；

（三）煤矿企业的主要负责人、技术负责人应当每季度至少一次到现场检查各项防突措施的落实情况。矿长和矿井技术负责人应当每月至少一次到现场检查各项防突措施的落实情况；

（四）煤矿企业、矿井的防突机构应当随时检查综合防突措施的实施情况，并及时将检查结果分别向煤矿企业负责人、煤矿企业技术负责人和矿长、矿井技术负责人汇报，有关负责人应当对发现的问题立即组织解决；

（五）煤矿企业、矿井进行安全检查时，必须检查综合防突措施的编制、审批和贯彻执行情况。

第三十条 突出煤层采掘工作面每班必须设专职瓦斯检查工并随时检查瓦斯；发现有突出预兆时，瓦斯检查工有权停止作业，协助班组长立即组织人员按避灾路线撤出，并报告矿调度室。

在突出煤层中，专职爆破工必须固定在同一工作面工作。

第三十一条 防突技术资料的管理工作应当符合下列要求：

（一）每次发生突出后，矿井防突机构指定专人进行现场调查，认真填写突出记录卡片，提交专题调查报告，分析突出发生的原因，总结经验教训，提出对策措施；

（二）每年第一季度将上年度发生煤与瓦斯突出矿井的基本情况调查表（见附录A）、煤与瓦斯突出记录卡片（见附录B）、矿井煤与瓦斯突出汇总表（见附录C）连同总结资料报省级煤矿安全监管部门、驻地煤矿安全监察机构；

（三）所有有关防突工作的资料均存档；

（四）煤矿企业每年对全年的防突技术资料进行系统分析总结，提出整改措施。

第三十二条 突出矿井的管理人员和井下工作人员必须接受防突知识的培训，经考试合格后方准上岗作业。

各类人员的培训达到下列要求：

（一）突出矿井的井下工作人员的培训包括防突

基本知识和规章制度等内容；

（二）突出矿井的区（队）长、班组长和有关职能部门的工作人员的培训包括突出的危害及发生的规律、区域和局部综合防突措施、防突的规章制度等内容；

（三）突出矿井的防突员，属于特种作业人员，每年必须接受一次防突知识、操作技能的专项培训。专项培训包括防突的理论知识、突出发生的规律、区域和局部综合防突措施以及有关防突的规章制度等内容；

（四）有突出矿井的煤矿企业和突出矿井的主要负责人、技术负责人应当接受防突专项培训。专项培训包括防突的理论知识和实践知识、突出发生的规律、区域和局部综合防突措施以及防突的规章制度等内容。

第三章　区域综合防突措施

第一节　区域综合防突措施基本程序和要求

第三十三条　突出矿井应当对突出煤层进行区域突出危险性预测（以下简称区域预测）。经区域预测后，突出煤层划分为突出危险区和无突出危险区。

未进行区域预测的区域视为突出危险区。

区域预测分为新水平、新采区开拓前的区域预测（以下简称开拓前区域预测）和新采区开拓完成后的区域预测（以下简称开拓后区域预测）。

第三十四条　突出煤层区域预测的范围由煤矿企业根据突出矿井的开拓方式、巷道布置等情况划定。

第三十五条　新水平、新采区开拓前，当预测区域的煤层缺少或者没有井下实测瓦斯参数时，可以主要依据地质勘探资料、上水平及邻近区域的实测和生产资料等进行开拓前区域预测。

开拓前区域预测结果仅用于指导新水平、新采区的设计和新水平、新采区开拓工程的揭煤作业。

第三十六条　开拓后区域预测应当主要依据预测区域煤层瓦斯的井下实测资料，并结合地质勘探资料、上水平及邻近区域的实测和生产资料等进行。

开拓后区域预测结果用于指导工作面的设计和采掘生产作业。

第三十七条　对已确切掌握煤层突出危险区域的分布规律，并有可靠的预测资料的，区域预测工作可由矿技术负责人组织实施；否则，应当委托有煤与瓦斯突出危险性鉴定资质的单位进行区域预测。

区域预测结果应当由煤矿企业技术负责人批准确认。

第三十八条　经评估为有突出危险煤层的新建矿井建井期间，以及突出煤层经开拓前区域预测为突出危险区的新水平、新采区开拓过程中的所有揭煤作业，必须采取区域综合防突措施并达到要求指标。

经开拓前区域预测为无突出危险区的煤层进行新水平、新采区开拓、准备过程中的所有揭煤作业应当采取局部综合防突措施。

第三十九条　经开拓后区域预测为突出危险区的煤层，必须采取区域防突措施并进行区域措施效果检验。经效果检验仍为突出危险区的，必须继续进行或者补充实施区域防突措施。

经开拓后区域预测或者经区域措施效果检验后为无突出危险区的煤层进行揭煤和采掘作业时，必须采用工作面预测方法进行区域验证。

所有区域防突措施均由煤矿企业技术负责人批准。

第四十条　区域防突措施应当优先采用开采保护层。

突出矿井首次开采某个保护层时，应当对被保护层进行区域措施效果检验及保护范围的实际考察。如果被保护层的最大膨胀变形量大于千分之三，则检验和考察结果可适用于其他区域的同一保护层和被保护层；否则，应当对每个预计的被保护区域进行区域措施效果检验。此外，若保护层与被保护层的层间距离、岩性及保护层开采厚度等发生了较大变化时，应当再次进行效果检验和保护范围考察。

保护效果检验、保护范围考察结果报煤矿企业技术负责人批准。

第四十一条　突出危险区的煤层不具备开采保护层条件的，必须采用预抽煤层瓦斯区域防突措施并进行区域措施效果检验。

预抽煤层瓦斯区域措施效果检验结果应当经矿技术负责人批准。

第二节　区域突出危险性预测

第四十二条　区域预测一般根据煤层瓦斯参数结合瓦斯地质分析的方法进行，也可以采用其他经试验证实有效的方法。

根据煤层瓦斯压力或者瓦斯含量进行区域预测的临界值应当由具有突出危险性鉴定资质的单位进行试验考察。在试验前和应用前应当由煤矿企业技术负责人批准。

区域预测新方法的研究试验应当由具有突出危险性鉴定资质的单位进行，并在试验前由煤矿企业技术负责人批准。

第四十三条　根据煤层瓦斯参数结合瓦斯地质分析的区域预测方法应当按照下列要求进行：

（一）煤层瓦斯风化带为无突出危险区域；

(二)根据已开采区域确切掌握的煤层赋存特征、地质构造条件、突出分布的规律和对预测区域煤层地质构造的探测、预测结果,采用瓦斯地质分析的方法划分出突出危险区域。当突出点及具有明显突出预兆的位置分布与构造带有直接关系时,则根据上部区域突出点及具有明显突出预兆的位置分布与地质构造的关系确定构造线两侧突出危险区边缘到构造线的最远距离,并结合下部区域的地质构造分布划分出下部区域构造线两侧的突出危险区;否则,在同一地质单元内,突出点及具有明显突出预兆的位置以上20m(埋深)及以下的范围为突出危险区(如图1);

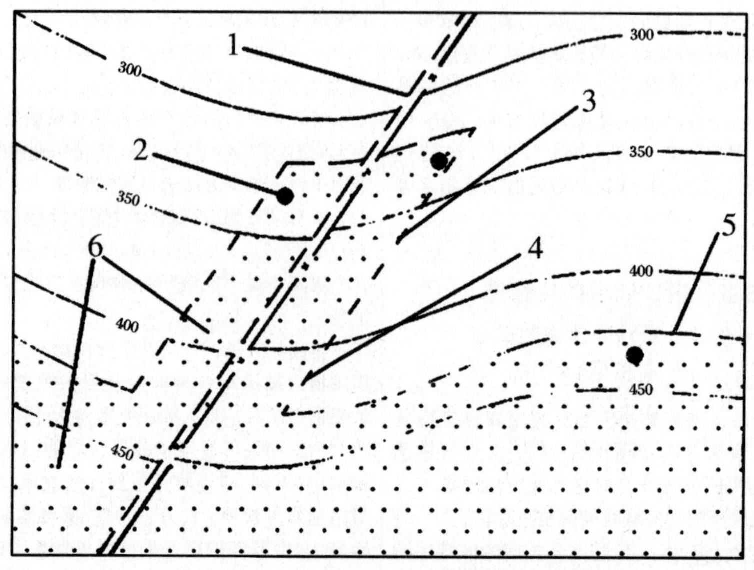

图1 根据瓦斯地质分析划分突出危险区域示意图

1—断层;2—突出点;3—上部区域突出点在断层两侧的最远距离线;4—推测下部区域断层两侧的突出危险区边界线;5—推测的下部区域突出危险区上边界线;6—突出危险区(阴影部分)

(三)在上述(一)、(二)项划分出的无突出危险区和突出危险区以外的区域,应当根据煤层瓦斯压力P进行预测。如果没有或者缺少煤层瓦斯压力资料,也可根据煤层瓦斯含量W进行预测。预测所依据的临界值应根据试验考察确定,在确定前可暂按表2预测。

表2 根据煤层瓦斯压力或瓦斯含量进行区域预测的临界值

瓦斯压力P(MPa)	瓦斯含量W(m^3/t)	区域类别
P<0.74	W<8	无突出危险区
除上述情况以外的其他情况		突出危险区

第四十四条 采用本规定第四十三条进行开拓后区域预测时,还应当符合下列要求:

(一)预测所主要依据的煤层瓦斯压力、瓦斯含量等参数应为井下实测数据;

(二)测定煤层瓦斯压力、瓦斯含量等参数的测试点在不同地质单元内根据其范围、地质复杂程度等实际情况和条件分别布置;同一地质单元内沿煤层走向布置测试点不少于2个,沿倾向不少于3个,并有测试点位于埋深最大的开拓工程部位。

第三节 区域防突措施

第四十五条 区域防突措施是指在突出煤层进行采掘前,对突出煤层较大范围采取的防突措施。区域防突措施包括开采保护层和预抽煤层瓦斯两类。

开采保护层分为上保护层和下保护层两种方式。

预抽煤层瓦斯可采用的方式有：地面井预抽煤层瓦斯以及井下穿层钻孔或顺层钻孔预抽区段煤层瓦斯、穿层钻孔预抽煤巷条带煤层瓦斯、顺层钻孔或穿层钻孔预抽回采区域煤层瓦斯、穿层钻孔预抽石门（含立、斜井等）揭煤区域煤层瓦斯、顺层钻孔预抽煤巷条带煤层瓦斯等。

预抽煤层瓦斯区域防突措施应当按上述所列方式的优先顺序选取，或一并采用多种方式的预抽煤层瓦斯措施。

第四十六条 选择保护层必须遵守下列规定：

（一）在突出矿井开采煤层群时，如在有效保护垂距内存在厚度0.5m及以上的无突出危险煤层，除因突出煤层距离太近而威胁保护层工作面安全或可能破坏突出煤层开采条件的情况外，首先开采保护层。有条件的矿井，也可以将软岩层作为保护层开采；

（二）当煤层群中有几个煤层都可作为保护层时，综合比较分析，择优开采保护效果最好的煤层；

（三）当矿井中所有煤层都有突出危险时，选择突出危险程度较小的煤层作保护层先行开采，但采掘前必须按本规定的要求采取预抽煤层瓦斯区域防突措施并进行效果检验；

（四）优先选择上保护层。在选择开采下保护层时，不得破坏被保护层的开采条件。

第四十七条 开采保护层区域防突措施应当符合下列要求：

（一）开采保护层时，同时抽采被保护层的瓦斯；

（二）开采近距离保护层时，采取措施防止被保护层初期卸压瓦斯突然涌入保护层采掘工作面或误穿突出煤层；

（三）正在开采的保护层工作面超前于被保护层的掘进工作面，其超前距离不得小于保护层与被保护层层间垂距的3倍，并不得小于100m；

（四）开采保护层时，采空区内不得留有煤（岩）柱。特殊情况需留煤（岩）柱时，经煤矿企业技术负责人批准，并作好记录，将煤（岩）柱的位置和尺寸准确地标在采掘工程平面图上。每个被保护层的瓦斯地质图应当标出煤（岩）柱的影响范围，在这个范围内进行采掘工作前，首先采取预抽煤层瓦斯区域防突措施。

当保护层留有不规则煤柱时，按照其最外缘的轮廓划出平直轮廓线，并根据保护层与被保护层之间的层间距变化，确定煤柱影响范围。在被保护层进行采掘工作时，还应当根据采掘瓦斯动态及时修改。

第四十八条 保护层和被保护层开采设计依据的保护层有效保护范围等有关参数应当根据试验考察确定，并报煤矿企业技术负责人批准后执行。

首次开采保护层时，可参照附录D确定沿倾斜的保护范围、沿走向（始采线、终采线）的保护范围、保护层与被保护层之间的最大保护垂距、开采下保护层时不破坏上部被保护层的最小层间距离等参数。

第四十九条 采取各种方式的预抽煤层瓦斯区域防突措施时，应当符合下列要求：

（一）穿层钻孔或顺层钻孔预抽区段煤层瓦斯区域防突措施的钻孔应当控制区段内的整个开采块段、两侧回采巷道及其外侧一定范围内的煤层。要求钻孔控制回采巷道外侧的范围是：倾斜、急倾斜煤层巷道上帮轮廓线外至少20m，下帮至少10m；其他为巷道两侧轮廓线外至少各15m。以上所述的钻孔控制范围均为沿层面的距离，以下同；

（二）穿层钻孔预抽煤巷条带煤层瓦斯区域防突措施的钻孔应当控制整条煤层巷道及其两侧一定范围内的煤层。该范围与本条第（一）项中回采巷道外侧的要求相同；

（三）顺层钻孔或穿层钻孔预抽回采区域煤层瓦斯区域防突措施的钻孔应当控制整个开采块段的煤层；

（四）穿层钻孔预抽石门（含立、斜井等）揭煤区域煤层瓦斯区域防突措施应当在揭煤工作面距煤层的最小法向距离7m以前实施（在构造破坏带应适当加大距离）。钻孔的最小控制范围是：石门和立井、斜井揭煤处巷道轮廓线外12m（急倾斜煤层底部或下帮6m），同时还应当保证控制范围的外边缘到巷道轮廓线（包括预计前方揭煤段巷道的轮廓线）的最小距离不小于5m，且当钻孔不能一次穿透煤层全厚时，应当保持煤孔最小超前距15m；

（五）顺层钻孔预抽煤巷条带煤层瓦斯区域防突措施的钻孔应控制的条带长度不小于60m，巷道两侧的控制范围与本条第（一）项中回采巷道外侧的要求相同；

（六）当煤巷掘进和回采工作面在预抽防突效果有效的区域内作业时，工作面距未预抽或者预抽防突效果无效范围的前方边界不得小于20m；

（七）厚煤层分层开采时，预抽钻孔应控制开采的分层及其上部至少20m、下部至少10m（均为法向距离，且仅限于煤层部分）。

第五十条 预抽煤层瓦斯钻孔应当在整个预抽区域内均匀布置，钻孔间距应当根据实际考察的煤层有效抽放半径确定。

预抽瓦斯钻孔封堵必须严密。穿层钻孔的封孔段长度不得小于5m，顺层钻孔的封孔段长度不得小于8m。

应当做好每个钻孔施工参数的记录及抽采参数的测定。钻孔孔口抽采负压不得小于13kPa。预抽瓦斯浓度低于30%时,应当采取改进封孔的措施,以提高封孔质量。

第四节 区域措施效果检验

第五十一条 开采保护层的保护效果检验主要采用残余瓦斯压力、残余瓦斯含量、顶底板位移量及其他经试验(应符合本规定第四十二条要求的程序)证实有效的指标和方法,也可以结合煤层的透气性系数变化率等辅助指标。

当采用残余瓦斯压力、残余瓦斯含量检验时,应当根据实测的最大残余瓦斯压力或者最大残余瓦斯含量按本规定第四十三条第(三)项的方法对预计被保护区域的保护效果进行判断。若检验结果仍为突出危险区,保护效果为无效。

第五十二条 采用预抽煤层瓦斯区域防突措施时,应当以预抽区域的煤层残余瓦斯压力或者残余瓦斯含量为主要指标或其他经试验(应符合本规定第四十二条要求的程序)证实有效的指标和方法进行措施效果检验。其中,在采用残余瓦斯压力或者残余瓦斯含量指标对穿层钻孔、顺层钻孔预抽煤巷条带煤层瓦斯区域防突措施和穿层钻孔预抽石门(含立、斜井等)揭煤区域煤层瓦斯区域防突措施进行检验时,必须依据实际的直接测定值,其他方式的预抽煤层瓦斯区域防突措施可采用直接测定值或根据预抽前的瓦斯含量及抽、排瓦斯量等参数间接计算的残余瓦斯含量值。

对穿层钻孔预抽石门(含立、斜井等)揭煤区域煤层瓦斯区域防突措施也可以参照本规定第七十三条的方法采用钻屑瓦斯解吸指标进行措施效果检验。

检验期间还应当观察、记录在煤层中进行钻孔等作业时发生的喷孔、顶钻及其他突出预兆。

第五十三条 对预抽煤层瓦斯区域防突措施进行检验时,应当根据经试验考察(应符合本规定第四十二条要求的程序)确定的临界值进行评判。在确定前可以按照如下指标进行评判:可采用残余瓦斯压力指标进行检验,如果没有或者缺少残余瓦斯压力资料,也可根据残余瓦斯含量进行检验,并且煤层残余瓦斯压力小于0.74MPa或残余瓦斯含量小于$8m^3/t$的预抽区域为无突出危险区,否则,即为突出危险区,预抽防突效果无效;也可以采用钻屑瓦斯解吸指标对穿层钻孔预抽石门(含立、斜井等)揭煤区域煤层瓦斯区域防突措施进行检验,如果所有实测的指标值均小于表4的临界值则为无突出危险区,否则,即为突出危险区,预抽防突效果无效。

但若检验期间在煤层中进行钻孔等作业时发现了喷孔、顶钻及其他明显突出预兆时,发生明显突出预兆的位置周围半径100m内的预抽区域判定为措施无效,所在区域煤层仍属突出危险区。

当采用煤层残余瓦斯压力或残余瓦斯含量的直接测定值进行检验时,若任何一个检验测试点的指标测定值达到或超过了有突出危险的临界值而判定为预抽防突效果无效时,则此检验测试点周围半径100m内的预抽区域均判定为预抽防突效果无效,即为突出危险区。

第五十四条 对预抽煤层瓦斯区域防突措施进行检验时,均应当首先分析、检查预抽区域内钻孔的分布等是否符合设计要求,不符合设计要求的,不予检验。

第五十五条 采用直接测定煤层残余瓦斯压力或残余瓦斯含量等参数进行预抽煤层瓦斯区域措施效果检验时,应当符合下列要求:

(一)对穿层钻孔或顺层钻孔预抽区段煤层瓦斯区域防突措施进行检验时若区段宽度(两侧回采巷道间距加回采巷道外侧控制范围)未超过120m,以及对预抽回采区域煤层瓦斯区域防突措施进行检验时若回采工作面长度未超过120m,则沿回采工作面推进方向每间隔30~50m至少布置1个检验测试点;若预抽区段煤层瓦斯区域防突措施的区段宽度或预抽回采区域煤层瓦斯区域防突措施的回采工作面长度大于120m时,则在回采工作面推进方向每间隔30~50m,至少沿工作面方向布置2个检验测试点。

当预抽区段煤层瓦斯的钻孔在回采区域和煤巷条带的布置方式或参数不同时,按照预抽回采区域煤层瓦斯区域防突措施和穿层钻孔预抽煤巷条带煤层瓦斯区域防突措施的检验要求分别进行检验;

(二)对穿层钻孔预抽煤巷条带煤层瓦斯区域防突措施进行检验时,在煤巷条带每间隔30~50m至少布置1个检验测试点;

(三)对穿层钻孔预抽石门(含立、斜井等)揭煤区域煤层瓦斯区域防突措施进行检验时,至少布置4个检验测试点,分别位于要求预抽区域内的上部、中部和两侧,并且至少有1个检验测试点位于要求预抽区域内距边缘不大于2m的范围;

(四)对顺层钻孔预抽煤巷条带煤层瓦斯区域防突措施进行检验时,在煤巷条带每间隔20~30m至少布置1个检验测试点,且每个检验区域不得少于3个检验测试点;

(五)各检验测试点应布置于所在部位钻孔密度较小、孔间距较大、预抽时间较短的位置,并尽可能远离测试点周围的各预抽钻孔或尽可能与周围预抽钻孔保持等距离,且避开采掘巷道的排放范围和工作面的预抽超前距。在地质构造复杂区域适当增加检验测试点。

第五十六条 采用间接计算的残余瓦斯含量进

行预抽煤层瓦斯区域措施效果检验时，应当符合下列要求：

（一）当预抽区域内钻孔的间距和预抽时间差别较大时，根据孔间距和预抽时间划分评价单元分别计算检验指标；

（二）若预抽钻孔控制边缘外侧为未采动煤体，在计算检验指标时根据不同煤层的透气性及钻孔在不同预抽时间的影响范围等情况，在钻孔控制范围边缘外适当扩大评价计算区域的煤层范围。但检验结果仅适用于预抽钻孔控制范围。

第五节　区域验证

第五十七条　在石门揭煤工作面对无突出危险区进行的区域验证，应当采用本规定第七十一条所列的石门揭煤工作面突出危险性预测方法进行。

在煤巷掘进工作面和回采工作面分别采用本规定第七十四条、第七十八条所列的工作面预测方法对无突出危险区进行区域验证时，应当按照下列要求进行：

（一）在工作面进入该区域时，立即连续进行至少两次区域验证；

（二）工作面每推进10～50m（在地质构造复杂区域或采取了预抽煤层瓦斯区域防突措施以及其他必要情况时宜取小值）至少进行两次区域验证；

（三）在构造破坏带连续进行区域验证；

（四）在煤巷掘进工作面还应当至少打1个超前距不小于10m的超前钻孔或者采取超前物探措施，探测地质构造和观察突出预兆。

第五十八条　当区域验证为无突出危险时，应当采取安全防护措施后进行采掘作业。但若为采掘工作面在该区域进行的首次区域验证时，采掘前还应保留足够的突出预测超前距。

只要有一次区域验证为有突出危险或超前钻孔等发现了突出预兆，则该区域以后的采掘作业均应当执行局部综合防突措施。

第四章　局部综合防突措施

第一节　局部综合防突措施基本程序和要求

第五十九条　工作面突出危险性预测（以下简称工作面预测）是预测工作面煤体的突出危险性，包括石门和立井、斜井揭煤工作面、煤巷掘进工作面和采煤工作面的突出危险性预测等。工作面预测应当在工作面推进过程中进行。

采掘工作面经工作面预测后划分为突出危险工作面和无突出危险工作面。

未进行工作面预测的采掘工作面，应当视为突出危险工作面。

第六十条　突出危险工作面必须采取工作面防突措施，并进行措施效果检验。经检验证实措施有效后，即判定为无突出危险工作面；当措施无效时，仍为突出危险工作面，必须采取补充防突措施，并再次进行措施效果检验，直到措施有效。

无突出危险工作面必须在采取安全防护措施并保留足够的突出预测超前距或防突措施超前距的条件下进行采掘作业。

煤巷掘进和回采工作面应保留的最小预测超前距均为2m。

工作面应保留的最小防突措施超前距为：煤巷掘进工作面5m，回采工作面3m；在地质构造破坏严重地带应适当增加超前距，但煤巷掘进工作面不小于7m，回采工作面不小于5m。

每次工作面防突措施施工完成后，应当绘制工作面防突措施竣工图。

第六十一条　石门和立井、斜井揭穿突出煤层前，必须准确控制煤层层位，掌握煤层的赋存位置、形态。

在揭煤工作面掘进至距煤层最小法向距离10m之前，应当至少打两个穿透煤层全厚且进入顶（底）板不小于0.5m的前探取芯钻孔，并详细记录岩芯资料。当需要测定瓦斯压力时，前探钻孔可用作测定钻孔；若二者不能共用时，则测定钻孔应布置在该区域各钻孔见煤点间距最大的位置。

在地质构造复杂、岩石破碎的区域，揭煤工作面掘进至距煤层最小法向距离20m之前必须布置一定数量的前探钻孔，以保证能确切掌握煤层厚度、倾角变化、地质构造和瓦斯情况。

也可用物探等手段探测煤层的层位、赋存形态和底（顶）板岩石致密性等情况。

第六十二条　石门和立井、斜井工作面从距突出煤层底（顶）板的最小法向距离5m开始到穿过煤层进入顶（底）板2m（最小法向距离）的过程均属于揭煤作业。揭煤作业前应编制揭煤的专项防突设计，报煤矿企业技术负责人批准。

揭煤作业应当具有相应技术能力的专业队伍施工，并按照下列作业程序进行：

（一）探明揭煤工作面和煤层的相对位置；

（二）在与煤层保持适当距离的位置进行工作面预测（或区域验证）；

（三）工作面预测（或区域验证）有突出危险时，采取工作面防突措施；

（四）实施工作面措施效果检验；

（五）掘进至远距离爆破揭穿煤层前的工作面位

置,采用工作面预测或措施效果检验的方法进行最后验证;

(六)采取安全防护措施并用远距离爆破揭开或穿过煤层;

(七)在岩石巷道与煤层连接处加强支护。

第六十三条 石门和立井、斜井揭煤工作面的突出危险性预测必须在距突出煤层最小法向距离5m(地质构造复杂、岩石破碎的区域,应适当加大法向距离)前进行。

在经工作面预测或措施效果检验为无突出危险工作面时,可掘进至远距离爆破揭穿煤层前的工作面位置,再采用工作面预测的方法进行最后验证。若经验证仍为无突出危险工作面时,则在采取安全防护措施的条件下采用远距离爆破揭穿煤层;否则,必须采取或补充工作面防突措施。

当工作面预测或措施效果检验为突出危险工作面时,必须采取或补充工作面防突措施,直到经措施效果检验为无突出危险工作面。

第六十四条 石门和立井、斜井工作面从掘进至距突出煤层的最小法向距离5m开始,必须采用物探或钻探手段边探边掘,保证工作面到煤层的最小法向距离不小于远距离爆破揭开突出煤层前要求的最小距离。

采用远距离爆破揭开突出煤层时,要求石门、斜井揭煤工作面与煤层间的最小法向距离是:急倾斜煤层2m,其他煤层1.5m。要求立井揭煤工作面与煤层间的最小法向距离是:急倾斜煤层1.5m,其他煤层2m。如果岩石松软、破碎,还应适当增加法向距离。

第六十五条 在揭煤工作面用远距离爆破揭开突出煤层后,若未能一次揭穿至煤层顶(底)板,则仍应当按照远距离爆破的要求执行,直至完成揭煤作业全过程。

第六十六条 当石门或立井、斜井揭穿厚度小于0.3m的突出煤层时,可直接用远距离爆破方式揭穿煤层。

第六十七条 突出煤层的每个煤巷掘进工作面和采煤工作面都应当编制工作面专项防突设计,报矿技术负责人批准。实施过程中当煤层赋存条件变化较大或巷道设计发生变化时,还应当作出补充或修改设计。

第六十八条 在实施局部综合防突措施的煤巷掘进工作面和回采工作面,若预测指标为无突出危险,则只有当上一循环的预测指标也是无突出危险时,方可确定为无突出危险工作面,并在采取安全防护措施、保留足够的预测超前距的条件下进行采掘作业;否则,仍要执行一次工作面防突措施和措施效果检验。

第二节 工作面突出危险性预测

第六十九条 对于各类工作面,除本规定载明应该或可以采用的工作面预测方法外,其他新方法的研究试验应当由具有突出危险性鉴定资质的单位进行;在试验前,应当由煤矿企业技术负责人批准。

应针对各煤层发生煤与瓦斯突出的特点和条件试验确定工作面预测的敏感指标和临界值,并作为判定工作面突出危险性的主要依据。试验应由具有突出危险性鉴定资质的单位进行,在试验前和应用前应当由煤矿企业技术负责人批准。

第七十条 在主要采用敏感指标进行工作面预测的同时,可以根据实际条件测定一些辅助指标(如瓦斯含量、工作面瓦斯涌出量动态变化、声发射、电磁辐射、钻屑温度、煤体温度等),采用物探、钻探等手段探测前方地质构造,观察分析工作面揭露的地质构造、采掘作业及钻孔等发生的各种现象,实现工作面突出危险性的多元信息综合预测和判断。

工作面地质构造、采掘作业及钻孔等发生的各种现象主要有以下方面:

(一)煤层的构造破坏带,包括断层、剧烈褶曲、火成岩侵入等;

(二)煤层赋存条件急剧变化;

(三)采掘应力叠加;

(四)工作面出现喷孔、顶钻等动力现象;

(五)工作面出现明显的突出预兆。

在突出煤层,当出现上述第(四)、(五)情况时,应判定为突出危险工作面;当有上述第(一)、(二)、(三)情况时,除已经实施了工作面防突措施的以外,应视为突出危险工作面并实施相关措施。

第七十一条 石门揭煤工作面的突出危险性预测应当选用综合指标法、钻屑瓦斯解吸指标法或其他经试验证实有效的方法进行。

立井、斜井揭煤工作面的突出危险性预测按照石门揭煤工作面的各项要求和方法执行。

第七十二条 采用综合指标法预测石门揭煤工作面突出危险性时,应当由工作面向煤层的适当位置至少打3个钻孔测定煤层瓦斯压力P。近距离煤层群的层间距小于5m或层间岩石破碎时,应当测定各煤层的综合瓦斯压力。

测压钻孔在每米煤孔采一个煤样测定煤的坚固性系数f,把每个钻孔中坚固性系数最小的煤样混合后测定煤的瓦斯放散初速度△p,则此值及所有钻孔中测定的最小坚固性系数f值作为软分层煤的瓦斯放散初速度和坚固性系数参数值。综合指标D、K的计算公式为:

$$D=\left[\frac{0.0075H}{f}-3\right]\times(P-0.74) \qquad (1)$$

$$K = \frac{\Delta p}{f} \quad (2)$$

式中 D —工作面突出危险性的D综合指标；

K —工作面突出危险性的K综合指标；

H —煤层埋藏深度，m；

P —煤层瓦斯压力，取各个测压钻孔实测瓦斯压力的最大值，MPa；

△p—软分层煤的瓦斯放散初速度；

f —软分层煤的坚固性系数。

各煤层石门揭煤工作面突出预测综合指标D、K的临界值应根据试验考察确定，在确定前可暂按表3所列的临界值进行预测。

当测定的综合指标D、K都小于临界值，或者指标K小于临界值且式(1)中两括号内的计算值都为负值时，若未发现其他异常情况，该工作面即为无突出危险工作面；否则，判定为突出危险工作面。

表3 石门揭煤工作面突出危险性预测综合指标D、K参考临界值

综合指标D	综合指标K	
	无烟煤	其他煤种
0.25	20	15

第七十三条 采用钻屑瓦斯解吸指标法预测石门揭煤工作面突出危险性时，由工作面向煤层的适当位置至少打3个钻孔，在钻孔钻进到煤层时每钻进1m采集一次孔口排出的粒径1~3mm的煤钻屑，测定其瓦斯解吸指标K_1或Δh_2值。测定时，应考虑不同钻进工艺条件下的排渣速度。

各煤层石门揭煤工作面钻屑瓦斯解吸指标的临界值应根据试验考察确定，在确定前可暂按表4中所列的指标临界值预测突出危险性。

表4 钻屑瓦斯解吸指标法预测石门揭煤工作面突出危险性的参考临界值

煤 样	Δh_2指标临界值(Pa)	K_1指标临界值(mL/g·min$^{\frac{1}{2}}$)
干煤样	200	0.5
湿煤样	160	0.4

如果所有实测的指标值均小于临界值，并且未发现其他异常情况，则该工作面为无突出危险工作面；否则，为突出危险工作面。

第七十四条 可采用下列方法预测煤巷掘进工作面的突出危险性：

(一)钻屑指标法；

(二)复合指标法；

(三)R值指标法；

(四)其他经试验证实有效的方法。

第七十五条 采用钻屑指标法预测煤巷掘进工作面突出危险性时，在近水平、缓倾斜煤层工作面应向前方煤体至少施工3个、在倾斜或急倾斜煤层至少施工2个直径42mm、孔深8~10m的钻孔，测定钻屑瓦斯解吸指标和钻屑量。

钻孔应尽可能布置在软分层中，一个钻孔位于掘进巷道断面中部，并平行于掘进方向，其他钻孔的终孔点应位于巷道断面两侧轮廓线外2~4m处。

钻孔每钻进1m测定该1m段的全部钻屑量S，每钻进2m至少测定一次钻屑瓦斯解吸指标K_1或Δh_2值。

各煤层采用钻屑指标法预测煤巷掘进工作面突出危险性的指标临界值应根据试验考察确定，在确定前可暂按表5的临界值确定工作面的突出危险性。

表5 钻屑指标法预测煤巷掘进工作面突出危险性的参考临界值

钻屑瓦斯解吸指标Δh_2 Pa	钻屑瓦斯解吸指标K_1 (mL/g·min$^{\frac{1}{2}}$)	钻屑量S	
		(kg/m)	(L/m)
200	0.5	6	5.4

如果实测得到的S、K_1 或Δh_2 的所有测定值均小于临界值，并且未发现其他异常情况，则该工作面预测为无突出危险工作面；否则，为突出危险工作面。

第七十六条 采用复合指标法预测煤巷掘进工作面突出危险性时，在近水平、缓倾斜煤层工作面应当向前方煤体至少施工3个、在倾斜或急倾斜煤层至少施工2个直径42mm、孔深8～10m的钻孔，测定钻孔瓦斯涌出初速度和钻屑量指标。

钻孔应当尽量布置在软分层中，一个钻孔位于掘进巷道断面中部，并平行于掘进方向，其他钻孔开孔口靠近巷道两帮0.5m处，终孔点应位于巷道断面两侧轮廓线外2～4m处。

钻孔每钻进1m测定该1m段的全部钻屑量S，并在暂停钻进后2min内测定钻孔瓦斯涌出初速度q。测定钻孔瓦斯涌出初速度时，测量室的长度为1.0m。

各煤层采用复合指标法预测煤巷掘进工作面突出危险性的指标临界值应根据试验考察确定，在确定前可暂按表6的临界值进行预测。

如果实测得到的指标q、S的所有测定值均小于临界值，并且未发现其他异常情况，则该工作面预测为无突出危险工作面；否则，为突出危险工作面。

表6 复合指标法预测煤巷掘进工作面突出危险性的参考临界值

钻孔瓦斯涌出初速度q（L/min）	钻屑量S	
	（kg/m）	（L/m）
5	6	5.4

第七十七条 采用R值指标法预测煤巷掘进工作面突出危险性时，在近水平、缓倾斜煤层工作面应向前方煤体至少施工3个、在倾斜或急倾斜煤层至少施工2个直径42mm、孔深8～10m的钻孔，测定钻孔瓦斯涌出初速度和钻屑量指标。

钻孔应当尽可能布置在软分层中，一个钻孔位于掘进巷道断面中部，并平行于掘进方向，其他钻孔的终孔点应位于巷道断面两侧轮廓线外2～4m处。

钻孔每钻进1m收集并测定该1m段的全部钻屑量S，并在暂停钻进后2min内测定钻孔瓦斯涌出初速度q。测定钻孔瓦斯涌出初速度时，测量室的长度为1.0m。

根据每个钻孔的最大钻屑量S_{max}和最大钻孔瓦斯涌出初速度q_{max}按式(3)计算各孔的R值：

$$R=(S_{max}-1.8)(q_{max}-4) \qquad (3)$$

式中 S_{max}—每个钻孔沿孔长的最大钻屑量，L/m；

q_{max}—每个钻孔的最大钻孔瓦斯涌出初速度，L/min。

判定各煤层煤巷掘进工作面突出危险性的临界值应根据试验考察确定，在确定前可暂按以下指标进行预测：

当所有钻孔的R值有R<6且未发现其他异常情况时，该工作面可预测为无突出危险工作面；否则，判定为突出危险工作面。

第七十八条 对采煤工作面的突出危险性预测，可参照本规定第七十四条所列的煤巷掘进工作面预测方法进行。但应沿采煤工作面每隔10～15m布置一个预测钻孔，深度5～10m，除此之外的各项操作等均与煤巷掘进工作面突出危险性预测相同。

判定采煤工作面突出危险性的各指标临界值应根据试验考察确定，在确定前可参照煤巷掘进工作面突出危险性预测的临界值。

第三节 工作面防突措施

第七十九条 工作面防突措施是针对经工作面预测尚有突出危险的局部煤层实施的防突措施。其有效作用范围一般仅限于当前工作面周围的较小区域。

第八十条 石门和立井、斜井揭穿突出煤层的专项防突设计至少应当包括下列主要内容：

（一）石门和立井、斜井揭煤区域煤层、瓦斯、地质构造及巷道布置的基本情况；

（二）建立安全可靠的独立通风系统及加强控制通风风流设施的措施；

（三）控制突出煤层层位、准确确定安全岩柱厚度的措施，测定煤层瓦斯压力的钻孔等工程布置、实施方案；

（四）揭煤工作面突出危险性预测及防突措施效果检验的方法、指标，预测及检验钻孔布置等；

（五）工作面防突措施；

（六）安全防护措施及组织管理措施；

（七）加强过煤层段巷道的支护及其他措施。

第八十一条 石门揭煤工作面的防突措施包括预抽瓦斯、排放钻孔、水力冲孔、金属骨架、煤体固化或其他经试验证明有效的措施。

立井揭煤工作面可以选用前款规定中除水力冲孔以外的各项措施。

金属骨架、煤体固化措施，应当在采用了其他防突措施并检验有效后方可在揭开煤层前实施。斜井揭煤工作面的防突措施应当参考石门揭煤工作面防突措施进行。

对所实施的防突措施都必须进行实际考察，得出符合本矿井实际条件的有关参数。

根据工作面岩层情况，实施工作面防突措施时要求揭煤工作面与突出煤层间的最小法向距离为：预抽瓦斯、排放钻孔及水力冲孔均为5m，金属骨架、煤体固化措施为2m。当井巷断面较大、岩石破碎程度较高时，还应适当加大距离。

第八十二条 在石门和立井揭煤工作面采用预抽瓦斯、排放钻孔防突措施时，钻孔直径一般为75～120mm。石门揭煤工作面钻孔的控制范围是：石门的两侧和上部轮廓线外至少5m，下部至少3m。立井揭煤工作面钻孔控制范围是：近水平、缓倾斜、倾斜煤层为井筒四周轮廓线外至少5m；急倾斜煤层沿走向两侧及沿倾斜上部轮廓线外至少5m，下部轮廓线外至少3m。钻孔的孔底间距应根据实际考察情况确定。

揭煤工作面施工的钻孔应当尽可能穿透煤层全厚。当不能一次打穿煤层全厚时，可分段施工，但第一次实施的钻孔穿煤长度不得小于15m，且进入煤层掘进时，必须至少留有5m的超前距离（掘进到煤层顶或底板时不在此限）。

预抽瓦斯和排放钻孔在揭穿煤层之前应当保持自然排放或抽采状态。

第八十三条 水力冲孔措施一般适用于打钻时具有自喷（喷煤、喷瓦斯）现象的煤层。石门揭煤工作面采用水力冲孔防突措施时，钻孔应至少控制自揭煤巷道至轮廓线外3～5m的煤层，冲孔顺序为先冲对角孔后冲边上孔，最后冲中间孔。水压视煤层的软硬程度而定。石门全断面冲出的总煤量（t）数值不得小于煤层厚度（m）乘以20。若有钻孔冲出的煤量较少时，应在该孔周围补孔。

第八十四条 石门和立井揭煤工作面金属骨架措施一般在石门上部和两侧或立井周边外0.5～1.0m范围内布置骨架孔。骨架钻孔应穿过煤层并进入煤层顶（底）板至少0.5m，当钻孔不能一次施工至煤层顶板时，则进入煤层的深度不应小于15m。钻孔间距一般不大于0.3m，对于松软煤层要架两排金属骨架，钻孔间距应小于0.2m。骨架材料可选用8kg/m的钢轨、型钢或直径不小于50mm钢管，其伸出孔外端用金属框架支撑或砌入碹内。插入骨架材料后，应向孔内灌注水泥砂浆等不燃性固化材料。

揭开煤层后，严禁拆除金属骨架。

第八十五条 石门和立井揭煤工作面煤体固化措施适用于松软煤层，用以增加工作面周围煤体的强度。向煤体注入固化材料的钻孔应施工至煤层顶板0.5m以上，一般钻孔间距不大于0.5m，钻孔位于巷道轮廓线外0.5～2.0m的范围内，根据需要也可在巷道轮廓线外布置多排环状钻孔。当钻孔不能一次施工至煤层顶板时，则进入煤层的深度不应小于10m。

各钻孔应当在孔口封堵牢固后方可向孔内注入固化材料。可以根据注入压力升高的情况或注入量决定是否停止注入。

固化操作时，所有人员不得正对孔口。

在巷道四周环状固化钻孔外侧的煤体中，预抽或排放瓦斯钻孔自固化作业到完成揭煤前应保持抽采或自然排放状态，否则，应打一定数量的排放瓦斯钻孔。从固化完成到揭煤结束的时间超过5天时，必须重新进行工作面突出危险性预测或措施效果检验。

第八十六条 煤巷掘进和采煤工作面的专项防突设计应当至少包括下列内容：

（一）煤层、瓦斯、地质构造及邻近区域巷道布置的基本情况；

（二）建立安全可靠的独立通风系统及加强控制通风风流设施的措施；

（三）工作面突出危险性预测及防突措施效果检验的方法、指标以及预测、效果检验钻孔布置等；

（四）防突措施的选取及施工设计；

（五）安全防护措施；

（六）组织管理措施。

矿井各煤层采用的煤巷掘进工作面和采煤工作面各种局部防突措施的效果和参数等都要经实际考察确定。

第八十七条 有突出危险的煤巷掘进工作面应当优先选用超前钻孔（包括超前预抽瓦斯钻孔、超前排放钻孔）防突措施。如果采用松动爆破、水力冲孔、水力疏松或其他工作面防突措施时，必须经试验考察确认防突效果有效后方可使用。前探支架措施应当配合其他措施一起使用。

下山掘进时，不得选用水力冲孔、水力疏松措施。倾角8°以上的上山掘进工作面不得选用松动爆破、水力冲孔、水力疏松措施。

第八十八条 煤巷掘进工作面在地质构造破坏带或煤层赋存条件急剧变化处不能按原措施设计要求实施时，必须打钻孔查明煤层赋存条件，然后采用直径为42～75mm的钻孔排放瓦斯。

若突出煤层煤巷掘进工作面前方遇到落差超过煤层厚度的断层，应按石门揭煤的措施执行。

第八十九条 煤巷掘进工作面采用超前钻孔作为工作面防突措施时，应当符合下列要求：

（一）巷道两侧轮廓线外钻孔的最小控制范围：近水平、缓倾斜煤层5m，倾斜、急倾斜煤层上帮7m、下帮3m。当煤层厚度大于巷道高度时，在垂直煤层方

向上的巷道上部煤层控制范围不小于7m,巷道下部煤层控制范围不小于3m;

(二)钻孔在控制范围内应当均匀布置,在煤层的软分层中可适当增加钻孔数。预抽钻孔或超前排放钻孔的孔数、孔底间距等应当根据钻孔的有效抽放或排放半径确定;

(三)钻孔直径应当根据煤层赋存条件、地质构造和瓦斯情况确定,一般为75~120mm,地质条件变化剧烈地带也可采用直径42~75mm的钻孔。若钻孔直径超过120mm时,必须采用专门的钻进设备和制定专门的施工安全措施;

(四)煤层赋存状态发生变化时,及时探明情况,再重新确定超前钻孔的参数;

(五)钻孔施工前,加强工作面支护,打好迎面支架,背好工作面煤壁。

第九十条 煤巷掘进工作面采用松动爆破防突措施时,应当符合下列要求:

(一)松动爆破钻孔的孔径一般为42mm,孔深不得小于8m。松动爆破应至少控制到巷道轮廓线外3m的范围。孔数根据松动爆破的有效影响半径确定。松动爆破的有效影响半径通过实测确定;

(二)松动爆破孔的装药长度为孔长减去5.5~6m;

(三)松动爆破按远距离爆破的要求执行。

第九十一条 煤巷掘进工作面水力冲孔措施应当符合下列要求:

(一)在厚度不超过4m的突出煤层,按扇形布置至少5个孔,在地质构造破坏带或煤层较厚时,适当增加孔数。孔底间距控制在3m左右,孔深通常为20~25m,冲孔钻孔超前掘进工作面的距离不得小于5m。冲孔孔道沿软分层前进;

(二)冲孔前,掘进工作面必须架设迎面支架,并用木板和立柱背紧背牢,对冲孔地点的巷道支架必须检查和加固。冲孔后或暂停冲孔时,退出钻杆,并将导管内的煤冲洗出来,以防止煤、水、瓦斯突然喷出伤人。

第九十二条 煤巷掘进工作面水力疏松措施应当符合下列要求:

(一)沿工作面间隔一定距离打浅孔,钻孔与工作面推进方向一致,然后利用封孔器封孔,向钻孔内注入高压水。注水参数应根据煤层性质合理选择。如未实测确定,可参考如下参数:钻孔间距4.0m,孔径42~50mm,孔长6.0~10m,封孔2~4m,注水压力13~15MPa,注水时以煤壁已出水或注水压力下降30%后方可停止注水;

(二)水力疏松后的允许推进度,一般不宜超过封孔深度,其孔间距不超过注水有效半径的两倍;

(三)单孔注水时间不低于9min。若提前漏水,则在邻近钻孔2.0m左右处补打注水钻孔。

第九十三条 前探支架可用于松软煤层的平巷工作面。一般是向工作面前方打钻孔,孔内插入钢管或钢轨,其长度可按两次掘进循环的长度再加0.5m,每掘进一次打一排钻孔,形成两排钻孔交替前进,钻孔间距为0.2~0.3m。

第九十四条 采煤工作面可采用的工作面防突措施有超前排放钻孔、预抽瓦斯、松动爆破、注水湿润煤体或其他经试验证实有效的防突措施。

第九十五条 采煤工作面采用超前排放钻孔和预抽瓦斯作为工作面防突措施时,钻孔直径一般为75~120mm,钻孔在控制范围内应当均匀布置,在煤层的软分层中可适当增加钻孔数;超前排放钻孔和预抽钻孔的孔数、孔底间距等应当根据钻孔的有效排放或抽放半径确定。

第九十六条 采煤工作面的松动爆破防突措施适用于煤质较硬、围岩稳定性较好的煤层。松动爆破孔间距根据实际情况确定,一般2~3m,孔深不小于5m,炮泥封孔长度不得小于1m。应当适当控制装药量,以免孔口煤壁垮塌。

松动爆破时,应当按远距离爆破的要求执行。

第九十七条 采煤工作面浅孔注水湿润煤体措施可用于煤质较硬的突出煤层。注水孔间距根据实际情况确定,孔深不小于4m,向煤体注水压力不得低于8MPa。当发现水由煤壁或相邻注水钻孔中流出时,即可停止注水。

第四节 工作面措施效果检验

第九十八条 在实施钻孔法防突措施效果检验时,分布在工作面各部位的检验钻孔应当布置于所在部位防突措施钻孔密度相对较小、孔间距相对较大的位置,并远离周围的各防突措施钻孔或尽可能与周围各防突措施钻孔保持等距离。在地质构造复杂地带应根据情况适当增加检验钻孔。

工作面防突措施效果检验必须包括以下两部分内容:

(一)检查所实施的工作面防突措施是否达到了设计要求和满足有关的规章、标准等,并了解、收集工作面及实施措施的相关情况、突出预兆等(包括喷孔、卡钻等),作为措施效果检验报告的内容之一,用于综合分析、判断;

(二)各检验指标的测定情况及主要数据。

第九十九条 对石门和其他揭煤工作面进行防突措施效果检验时,应当选择本规定第七十一条所列的钻屑瓦斯解吸指标法或其他经试验证实有效的方法,但所有用钻孔方式检验的方法中检验孔数均不得少于5个,分别位于石门的上部、中部、下部和两侧。

如检验结果的各项指标都在该煤层突出危险临界值以下,且未发现其他异常情况,则措施有效;反之,判定为措施无效。

第一百条 煤巷掘进工作面执行防突措施后,应当选择本规定第七十四条所列的方法进行措施效果检验。

检验孔应当不少于3个,深度应当小于或等于防突措施钻孔。

如果煤巷掘进工作面措施效果检验指标均小于指标临界值,且未发现其他异常情况,则措施有效;否则,判定为措施无效。

当检验结果措施有效时,若检验孔与防突措施钻孔向巷道掘进方向的投影长度(简称投影孔深)相等,则可在留足防突措施超前距(见本规定第六十条)并采取安全防护措施的条件下掘进。当检验孔的投影孔深小于防突措施钻孔时,则应当在留足所需的防突措施超前距并同时保留有至少2m检验孔投影孔深超前距的条件下,采取安全防护措施后实施掘进作业。

第一百零一条 对采煤工作面防突措施效果的检验应当参照采煤工作面突出危险性预测的方法和指标实施。但应当沿采煤工作面每隔10~15m布置一个检验钻孔,深度应当小于或等于防突措施钻孔。

如果采煤工作面检验指标均小于指标临界值,且未发现其他异常情况,则措施有效;否则,判定为措施无效。

当检验结果措施有效时,若检验孔与防突措施钻孔深度相等,则可在留足防突措施超前距(见本规定第六十条)并采取安全防护措施的条件下回采。当检验孔的深度小于防突措施钻孔时,则应当在留足所需的防突措施超前距并同时保留有2m检验孔超前距的条件下,采取安全防护措施后实施回采作业。

第五节 安全防护措施

第一百零二条 有突出煤层的采区必须设置采区避难所。避难所的位置应当根据实际情况确定。

避难所应当符合下列要求:

(一)避难所设置向外开启的隔离门,隔离门设置标准按照反向风门标准安设。室内净高不得低于2m,深度满足扩散通风的要求,长度和宽度应根据可能同时避难的人数确定,但至少能满足15人避难,且每人使用面积不得少于0.5m²。避难所内支护保持良好,并设有与矿(井)调度室直通的电话;

(二)避难所内放置足量的饮用水、安设供给空气的设施,每人供风量不得少于0.3m³/min。如果用压缩空气供风时,设有减压装置和带有阀门控制的呼吸嘴;

(三)避难所内应根据设计的最多避难人数配备足够数量的隔离式自救器。

第一百零三条 在突出煤层的石门揭煤和煤巷掘进工作面进风侧,必须设置至少2道牢固可靠的反向风门。风门之间的距离不得小于4m。

反向风门距工作面的距离和反向风门的组数,应当根据掘进工作面的通风系统和预计的突出强度确定,但反向风门距工作面回风巷不得小于10m,与工作面的最近距离一般不得小于70m,如小于70m。时应设置至少三道反向风门。

反向风门墙垛可用砖、料石或混凝土砌筑,嵌入巷道周边岩石的深度可根据岩石的性质确定,但不得小于0.2m;墙垛厚度不得小于0.8m。在煤巷构筑反向风门时,风门墙体四周必须掏槽,掏槽深度见硬帮硬底后再进入实体煤不小于0.5m。通过反向风门墙垛的风筒、水沟、刮板输送机道等,必须设有逆向隔断装置。

人员进入工作面时必须把反向风门打开、顶牢。工作面放炮和无人时,反向风门必须关闭。

第一百零四条 为降低放炮诱发突出的强度,可根据情况在炮掘工作面安设挡栏。挡栏可以用金属、矸石或木垛等构成。金属挡栏一般是由槽钢排列成的方格框架,框架中槽钢的间隔为0.4m,槽钢彼此用卡环固定,使用时在迎工作面的框架上再铺上金属网,然后用木支柱将框架撑成45°的斜面。一组挡拦通常由两架组成,间距为6~8m。可根据预计的突出强度在设计中确定挡栏距工作面的距离。

第一百零五条 井巷揭穿突出煤层和突出煤层的炮掘、炮采工作面必须采取远距离爆破安全防护措施。

石门揭煤采用远距离爆破时,必须制定包括放炮地点、避灾路线及停电、撤人和警戒范围等的专项措施。

在矿井尚未构成全风压通风的建井初期,在石门揭穿有突出危险煤层的全部作业过程中,与此石门有关的其他工作面必须停止工作。在实施揭穿突出煤层的远距离爆破时,井下全部人员必须撤至地面,井下必须全部断电,立井口附近地面20m范围内或斜井口前方50m、两侧20m范围内严禁有任何火源。

煤巷掘进工作面采用远距离爆破时,放炮地点必须设在进风侧反向风门之外的全风压通风的新鲜风流中或避难所内,放炮地点距工作面的距离由矿技术负责人根据曾经发生的最大突出强度等具体情况确定,但不得小于300m;采煤工作面放炮地点到工作面的距离由矿技术负责人根据具体情况确定,但不得小于100m。

远距离爆破时,回风系统必须停电、撤人。放炮后进入工作面检查的时间由矿技术负责人根据情况确定,但不得少于30min。

第一百零六条 突出煤层的采掘工作面应设置工作面避难所或压风自救系统。应根据具体情况设置其中之一或混合设置,但掘进距离超过500m的巷道内必须设置工作面避难所。

工作面避难所应当设在采掘工作面附近和爆破工操纵放炮的地点。根据具体条件确定避难所的数量及其距采掘工作面的距离。工作面避难所应当能够满足工作面最多作业人数时的避难要求,其他要求与采区避难所相同。

压风自救系统应当达到下列要求:

(一)压风自救装置安装在掘进工作面巷道和回采工作面巷道内的压缩空气管道上;

(二)在以下每个地点都应至少设置一组压风自救装置:距采掘工作面25~40m的巷道内、放炮地点、撤离人员与警戒人员所在的位置以及回风道有人作业处等。在长距离的掘进巷道中,应根据实际情况增加设置;

(三)每组压风自救装置应可供5~8个人使用,平均每人的压缩空气供给量不得少于0.1m³/min。

第五章 防治岩石与二氧化碳(瓦斯)突出措施

第一百零七条 在矿井范围内发生过突出的岩层即为岩石与二氧化碳(瓦斯)突出岩层(以下简称突出岩层)。

在开拓、生产范围内有突出岩层的矿井即为岩石与二氧化碳(瓦斯)突出矿井(以下简称岩石突出矿井)。

煤矿企业应当对岩石突出矿井、突出岩层分别参照本规定对于突出矿井、突出煤层管理的各项要求,专门制定满足安全生产需要的管理措施,报省级煤炭行业管理部门审批,并报省级煤矿安全监察机构备案。

第一百零八条 在突出岩层内掘进巷道或揭穿该岩层时,必须采取工作面突出危险性预测、工作面防治岩石突出措施、工作面防突措施效果检验、安全防护措施的局部综合防突措施。

当预测有突出危险时,必须采取防治岩石突出措施。只有经措施效果检验证实措施有效后,方可在采取安全防护措施的情况下进行掘进作业。

岩石与二氧化碳(瓦斯)突出危险性预测可以采用岩芯法或突出预兆法。措施效果检验应采用岩芯法。

安全防护措施应当按照防治煤与瓦斯突出的安全防护措施实施。

第一百零九条 采用岩芯法预测工作面岩石与二氧化碳(瓦斯)突出危险性时,在工作面前方岩体内打直径50~70mm、长度不小于10m的钻孔,取出全部岩芯,并从孔深2m处起记录岩芯中的圆片数。

工作面突出危险性的判定方法为:

(一)当取出的岩芯中大部分长度在150mm以上,且有裂缝围绕,个别为小圆柱体或圆片时,预测为一般突出危险地带;

(二)取出的1m长的岩芯内,部分岩芯出现20~30个圆片,其余岩芯为长50~100mm的圆柱体并有环状裂隙时,预测为中等突出危险地带;

(三)当lm长的岩芯内具有20~40个凸凹状圆片时,预测为严重突出危险地带;

(四)岩芯中没有圆片和岩芯表面上没有环状裂缝时,预测为无突出危险地带。

第一百一十条 采用突出预兆法预测工作面岩石与二氧化碳(瓦斯)突出危险性时,具有下列情况之一的,确定为岩石与二氧化碳(瓦斯)突出危险工作面:

(一)岩石呈薄片状或松软碎屑状的;

(二)工作面爆破后,进尺超过炮眼深度的;

(三)有明显的火成岩侵入或工作面二氧化碳(瓦斯)涌出量明显增大的。

第一百一十一条 在岩石与二氧化碳(瓦斯)突出危险的岩层中掘进巷道时,可以采取钻眼爆破工程参数优化、超前钻孔、松动爆破、开卸压槽及在工作面附近设置挡栏等防治岩石与二氧化碳(瓦斯)突出措施。

采取上述措施的,应当符合下列要求:

(一)在一般或中等程度突出危险地带,可以采用浅孔爆破措施或远距离多段放炮法,以减少对岩体的震动强度、降低突出频率和强度。远距离多段放炮法的作法是,先在工作面打6个掏槽眼、6个辅助眼,呈椭圆形布置,使爆破后形成椭圆形超前孔洞,然后爆破周边炮眼,其炮眼距超前孔洞周边应大于0.6m,孔洞超前距不小于2m;

(二)在严重突出危险地带,可以采用超前钻孔和松动爆破措施。超前钻孔直径不小于75mm,孔数根据巷道断面大小、突出危险岩层赋存及单个排放钻孔有效作用半径考察确定,但不得少于3个,孔深应大于40m,钻孔超前工作面的安全距离不得小于5m。

深孔松动爆破孔径一般60~75mm,孔长15~25m,封孔深度不小于5m,孔数4~5个,其中爆破孔1~2个,其他孔不装药,以提高松动效果。

第六章 罚 则

第一百一十二条 煤矿企业违反本规定第七条

规定的，责令停止施工或停产整顿，处150万元以上200万元以下的罚款，对煤矿企业负责人处10万元以上15万元以下的罚款。

第一百一十三条 煤矿企业违反本规定第十条、第十一条、第十八条规定的，责令停止施工或停产整顿，处100万元以上150万元以下的罚款，提出限期改正的要求；对煤矿企业负责人处9万元以上12万元以下的罚款。逾期仍未改正的，提请地方人民政府予以关闭。

第一百一十四条 煤矿企业违反本规定第十四条第一款和第二款、第十五条、第十七条、第二十七条第二款、第二十八条、第二十九条规定的，责令限期改正，处5万元以上10万元以下的罚款；逾期未改正的，责令停止施工或停产整顿。

第一百一十五条 煤矿企业违反本规定第十六条、第十九条、第二十一条、第二十二条第一款和第二款规定的，责令限期改正，处50万元以上100万元以下的罚款；逾期未改正的，责令停止施工或停产整顿。

第一百一十六条 煤矿企业违反本规定第十四条第三款、第二十四条第一款规定，仍然进行生产的，责令停产整顿，处150万元以上200万元以下的罚款；对煤矿企业负责人处10万元以上15万元以下的罚款。

第一百一十七条 煤矿企业违反本规定第二十二条第三款、第二十四条第二款、第二十五条规定的，责令限期改正，处3万元以上5万元以下的罚款；逾期未改正的，责令停止施工或停产整顿。

第一百一十八条 煤矿企业违反本规定第二十三条规定，仍然进行生产的，责令停产整顿，处50万元以上100万元以下的罚款；对煤矿企业负责人处5万元以上10万元以下的罚款。

第一百一十九条 煤矿企业违反本规定第二十六条、第二十七条第一款、第三十二条规定的，责令限期改正，处3万元以上5万元以下的罚款；逾期未改正的，暂扣安全生产许可证。

第一百二十条 煤矿企业违反本规定第三十条规定的，责令限期改正，处2万元以下的罚款；逾期未改正的，责令停止施工或停产整顿。

第一百二十一条 煤矿企业未按本规定要求落实区域和局部综合防突措施，或防突措施不达标，仍然组织生产的，责令停产整顿，处100万元以上200万元以下的罚款，提出限期改正的要求，逾期仍不改正的，提请地方人民政府予以关闭。

第一百二十二条 评估或鉴定机构弄虚作假，提供虚假评估或鉴定结论的，由鉴定机构资质管理部门取消鉴定资质；由于提供虚假鉴定结论造成生产安全事故的，对相关责任人员依法给予处分或者移交司法机关追究刑事责任。

第一百二十三条 煤矿企业违反本规定造成事故的，由煤矿安全监察机构按照事故调查处理的有关规定组织调查处理，并依法给予行政处罚。

第七章 附 则

第一百二十四条 本规定自2009年8月1日起施行，原煤炭工业部1995年发布的《防治煤与瓦斯突出细则》同时废止。

附录A：煤与瓦斯突出矿井基本情况调查表（略）

附录B：煤与瓦斯突出记录卡片（略）

附录C：矿井煤与瓦斯突出汇总表（略）

附录D：保护层保护范围的确定（略）

附录E：防治煤与瓦斯突出基本流程参考示意图（略）

煤矿防治水规定

（2009年9月21日国家安全生产监督管理总局令第28号公布 自2009年12月1日起施行）

第一章 总 则

第一条 为加强煤矿的防治水工作，防止和减少水害事故，保障煤矿职工生命安全，根据《安全生产法》、《矿山安全法》、《国务院关于预防煤矿生产安全事故的特别规定》等法律、行政法规，制定本规定。

第二条 煤矿企业（矿井）、有关单位的防治水工作，适用本规定。

现行煤矿安全规程、规范、标准等有关防治水的内容与本规定不一致的，依照本规定执行。

第三条 防治水工作应当坚持预测预报、有疑必探、先探后掘、先治后采的原则，采取防、堵、疏、排、截的综合治理措施。

第四条 煤矿企业、矿井的主要负责人（含法定代表人、实际控制人，下同）是本单位防治水工作的第一责任人，总工程师（技术负责人，下同）具体负责防治水的技术管理工作。

第五条 煤矿企业、矿井应当按照本单位的水害情况，配备满足工作需要的防治水专业技术人员，配齐专用探放水设备，建立专门的探放水作业队伍。

水文地质条件复杂、极复杂的煤矿企业、矿井，除符合本条第一款规定外，还应当设立专门的防治水机构。

第六条 煤矿企业、矿井应当建立健全水害防治岗位责任制、水害防治技术管理制度、水害预测预报制度和水害隐患排查治理制度。

第七条 煤矿企业、矿井应当编制本单位的防治水中长期规划和年度计划，并组织实施。

第八条 煤矿企业、矿井的井田范围内及周边区域水文地质条件不清楚的，应当采取有效措施，查明水害情况。在水害情况查明前，严禁进行采掘活动。

发现矿井有透水征兆时，应当立即停止受水害威胁区域内的采掘作业，撤出作业人员到安全地点，采取有效安全措施，分析查找透水原因。

第九条 煤矿企业、矿井应当对职工进行防治水知识的教育和培训，保证职工具备必要的防治水知识，提高防治水工作的技能和抵御水灾的能力。

第十条 煤矿企业、矿井应当加强防治水技术研究和科技攻关，推广使用防治水的新技术、新装备和新工艺，提高防治水工作的科技水平。

水文地质条件复杂、极复杂的煤矿企业、矿井，应当装备必要的防治水抢险救灾设备。

第二章 矿井水文地质类型划分及基础资料

第一节 矿井水文地质类型划分

第十一条 根据矿井受采掘破坏或者影响的含水层及水体、矿井及周边老空水分布状况、矿井涌水量或者突水量分布规律、矿井开采受水害影响程度以及防治水工作难易程度，矿井水文地质类型划分为简单、中等、复杂、极复杂等4种（见表2－1）。

表2－1 矿井水文地质类型

分类依据		类别			
		简单	中等	复杂	极复杂
受采掘破坏或影响的含水层及水体	含水层性质及补给条件	受采掘破坏或影响的孔隙、裂隙、岩溶含水层，补给条件差，补给来源少或极少	受采掘破坏或影响的孔隙、裂隙、岩溶含水层，补给条件一般，有一定的补给水源	受采掘破坏或影响的主要是岩溶含水层、厚层砂砾石含水层、老空水、地表水，其补给条件好，补给水源充沛	受采掘破坏或影响的是岩溶含水层、老空水、地表水，其补给条件很好，补给来源极其充沛，地表泄水条件差
	单位涌水量q（$L \cdot s^{-1} \cdot m^{-1}$）	$q \leq 0.1$	$0.1 < q \leq 1.0$	$1.0 < q \leq 5.0$	$q > 5.0$
矿井及周边老空水分布状况		无老空积水	存在少量老空积水，位置、范围、积水量清楚	存在少量老空积水，位置、范围、积水量不清楚	存在大量老空积水，位置、范围、积水量不清楚
矿井涌水量（$m^3 \cdot h^{-1}$）	正常Q_1 最大Q_2	$Q_1 \leq 180$（西北地区$Q_1 \leq 90$） $Q_2 \leq 300$（西北地区$Q_2 \leq 210$）	$180 < Q_1 \leq 600$（西北地区$90 < Q_1 \leq 180$） $300 < Q_2 \leq 1200$（西北地区$210 < Q_2 \leq 600$）	$600 < Q_1 \leq 2100$（西北地区$180 < Q_1 \leq 1200$） $1200 < Q_2 \leq 3000$（西北地区$600 < Q_2 \leq 2100$）	$Q_1 > 2100$（西北地区$Q_1 > 1200$） $Q_2 > 3000$（西北地区$Q_2 > 2100$）
突水量Q_3（$m^3 \cdot h^{-1}$）		无	$Q_3 \leq 600$	$600 < Q_3 \leq 1800$	$Q_3 > 1800$
开采受水害影响程度		采掘工程不受水害影响	矿井偶有突水，采掘工程受水害影响，但不威胁矿井安全	矿井时有突水，采掘工程、矿井安全受水害威胁	矿井突水频繁，采掘工程、矿井安全受水害严重威胁

续表

分类依据	类别			
	简单	中等	复杂	极复杂
防治水工作难易程度	防治水工作简单	防治水工作简单或易于进行	防治水工程量较大，难度较高	防治水工程量大，难度高

注：1. 单位涌水量以井田主要充水含水层中有代表性的为准。

2. 在单位涌水量 q，矿井涌水量 Q_1、Q_2 和矿井突水量 Q_3 中，以最大值作为分类依据。

3. 同一井田煤层较多，且水文地质条件变化较大时，应当分煤层进行矿井水文地质类型划分。

4. 按分类依据就高不就低的原则，确定矿井水文地质类型。

第十二条 矿井应当对本单位的水文地质情况进行研究，编制矿井水文地质类型划分报告，并确定本单位的矿井水文地质类型。矿井水文地质类型划分报告，由煤矿企业总工程师负责组织审定。

矿井水文地质类型划分报告，应当包括下列主要内容：

（一）矿井所在位置、范围及四邻关系，自然地理等情况；

（二）以往地质和水文地质工作评述；

（三）井田水文地质条件及含水层和隔水层分布规律和特征；

（四）矿井充水因素分析，井田及周边老空区分布状况；

（五）矿井涌水量的构成分析，主要突水点位置、突水量及处理情况；

（六）对矿井开采受水害影响程度和防治水工作难易程度评价；

（七）矿井水文地质类型划分及防治水工作建议。

第十三条 矿井水文地质类型应当每3年进行重新确定。当发生重大突水事故后，矿井应当在1年内重新确定本单位的水文地质类型。

重大突水事故，是指突水量首次达到300m^3/h以上或者造成死亡3人以上的突水事故。

第二节 矿井防治水基础资料

第十四条 矿井应当编制井田地质报告、建井设计和建井地质报告。井田地质报告、建井设计和建井地质报告应当有相应的防治水内容。

第十五条 矿井应当按照规定编制下列防治水图件：

（一）矿井充水性图；

（二）矿井涌水量与各种相关因素动态曲线图；

（三）矿井综合水文地质图；

（四）矿井综合水文地质柱状图；

（五）矿井水文地质剖面图。

其他有关防治水图件由矿井根据实际需要编制。

矿井应当建立数字化图件，内容真实可靠，并每半年对图纸内容进行修正完善。

矿井水文地质主要图件内容及要求见附录一。

第十六条 矿井应当建立下列防治水基础台账：

（一）矿井涌水量观测成果台账；

（二）气象资料台账；

（三）地表水文观测成果台账；

（四）钻孔水位、井泉动态观测成果及河流渗漏台账；

（五）抽（放）水试验成果台账；

（六）矿井突水点台账；

（七）井田地质钻孔综合成果台账；

（八）井下水文地质钻孔成果台账；

（九）水质分析成果台账；

（十）水源水质受污染观测资料台账；

（十一）水源井（孔）资料台账；

（十二）封孔不良钻孔资料台账；

（十三）矿井和周边煤矿采空区相关资料台账；

（十四）水闸门（墙）观测资料台账；

（十五）其他专门项目的资料台账。

矿井防治水基础台账，应当认真收集、整理，实行计算机数据库管理，长期保存，并每半年修正1次。

第十七条 新建矿井应当按照矿井建井的有关规定，在建井期间收集、整理、分析有关矿井水文地质资料，并在建井完成后将资料全部移交给生产单位。

新建矿井应当编制下列主要图件：

（一）水文地质观测台账和成果；

（二）突水点台账、记录和有关防治水的技术总结，以及注浆堵水记录和有关资料；

（三）井筒及主要巷道水文地质实测剖面；

（四）建井水文地质补充勘探成果；

（五）建井水文地质报告（可与建井地质报告合在一起）。

第十八条 矿井在废弃关闭之前，应当编写闭坑报告。闭坑报告应当包括下列主要内容：

（一）闭坑前的矿井采掘空间分布情况，对可能存在的充水水源、通道、积水量和水位等情况的分析评价；

（二）闭坑对邻近生产矿井安全的影响和采取的防治水措施。

闭坑报告（包括图纸资料）应当报所在地煤炭行业管理部门备案。

第十九条 矿井应当建立水文地质信息管理系统，实现矿井水文地质文字资料收集、数据采集、图件绘制、计算评价和矿井防治水预测预报一体化。

第三章 水文地质补充调查与勘探

第一节 水文地质补充调查

第二十条 当矿区或者矿井现有水文地质资料不能满足生产建设的需要时，应当针对存在的问题进行专项水文地质补充调查。矿区或者矿井未进行过水文地质调查或者水文地质工作程度较低的，应当进行补充水文地质调查。

第二十一条 水文地质补充调查范围应当覆盖一个具有相对独立补给、径流、排泄条件的地下水系统。

第二十二条 水文地质补充调查除采用传统方法外，还可采用遥感、全球卫星定位、地理信息系统等新技术、新方法。

第二十三条 水文地质补充调查，应当包括下列主要内容：

（一）资料收集。收集降水量、蒸发量、气温、气压、相对湿度、风向、风速及其历年月平均值和两极值等气象资料。收集调查区内以往勘查研究成果，动态观测资料，勘探钻孔、供水井钻探及抽水试验资料；

（二）地貌地质的情况。调查收集由开采或地下水活动诱发的崩塌、滑坡、人工湖等地貌变化、岩溶发育矿区的各种岩溶地貌形态。对第四系松散覆盖层和基岩露头，查明其时代、岩性、厚度、富水性及地下水的补排方式等情况，并划分含水层或相对隔水层。查明地质构造的形态、产状、性质、规模、破碎带（范围、充填物、胶结程度、导水性）及有无泉水出露等情况，初步分析研究其对矿井开采的影响；

（三）地表水体的情况。调查与收集矿区河流、水渠、湖泊、积水区、山塘和水库等地表水体的历年水位、流量、积水量、最大洪水淹没范围、含泥砂量、水质和地表水体与下伏含水层的水力关系等。对可能渗漏补给地下水的地段应当进行详细调查，并进行渗漏量监测；

（四）井泉的情况。调查井泉的位置、标高、深度、出水层位、涌水量、水位、水质、水温、有无气体溢出、溢出类型、流量（浓度）及其补给水源，并素描泉水出露的地形地质平面图和剖面图；

（五）古井老窑的情况。调查古井老窑的位置及开采、充水、排水的资料及老窑停采原因等情况，察看地形，圈出采空区，并估算积水量；

（六）生产矿井的情况。调查研究矿区内生产矿井的充水因素、充水方式、突水层位、突水点的位置与突水量，矿井涌水量的动态变化与开采水平、开采面积的关系，以往发生水害的观测研究资料和防治水措施及效果；

（七）周边矿井的情况。调查周边矿井的位置、范围、开采层位、充水情况、地质构造、采煤方法、采出煤量、隔离煤柱以及与相邻矿井的空间关系，以往发生水害的观测研究资料，并收集系统完整的采掘工程平面图及有关资料；

（八）地面岩溶的情况。调查岩溶发育的形态、分布范围。详细调查对地下水运动有明显影响的补给和排泄通道，必要时可进行连通试验和暗河测绘工作。分析岩溶发育规律和地下水径流方向，圈定补给区，测定补给区内的渗漏情况，估算地下水径流量。对有岩溶塌陷的区域，进行岩溶塌陷的测绘工作。

第二节 地面水文地质观测

第二十四条 矿区、矿井地面水文地质观测应当包括下列主要内容：

（一）进行气象观测。距离气象台（站）大于30km的矿区（井），设立气象观测站。站址的选择和气象观测项目，符合气象台（站）的要求。距气象台（站）小于30km的矿区（井），可以不设立气象观测站，仅建立雨量观测站；

（二）进行地表水观测。地表水观测项目与地表水调查内容相同。一般情况下，每月进行1次地表水观测；雨季或暴雨后，根据工作需要，增加相应的观测次数；

（三）进行地下水动态观测。观测点应当布置在下列地段和层位：

1. 对矿井生产建设有影响的主要含水层；

2. 影响矿井充水的地下水强径流带（构造破碎带）；

3. 可能与地表水有水力联系的含水层；

4. 矿井先期开采的地段；

5. 在开采过程中水文地质条件可能发生变化的地段；

6. 人为因素可能对矿井充水有影响的地段；

7. 井下主要突水点附近，或者具有突水威胁的地段；

8. 疏干边界或隔水边界处。

观测点的布置，应当尽量利用现有钻孔、井、泉等。观测内容包括水位、水温和水质等。对泉水的观测,还应当观测其流量。

观测点应当统一编号,设置固定观测标志,测定坐标和标高,并标绘在综合水文地质图上。观测点的标高应当每年复测1次;如有变动,应当随时补测。

第二十五条 矿井应当在开采前的1个水文年内进行地面水文地质观测工作。在采掘过程中,应当坚持日常观测工作;在未掌握地下水的动态规律前,应当每7-10日观测1次;待掌握地下水的动态规律后,应当每月观测1-3次;当雨季或者遇有异常情况时,应当适当增加观测次数。水质监测每年不少于2次,丰、枯水期各1次。

技术人员进行观测工作时,应当按照固定的时间和顺序进行,并尽可能在最短时间内测完,并注意观测的连续性和精度。钻孔水位观测每回应当有2次读数,其差值不得大于2cm,取值可用平均数。测量工具使用前应当校验。水文地质类型属于复杂、极复杂的矿井,应当尽量使用智能自动水位仪观测、记录和传输数据。

第三节 井下水文地质观测

第二十六条 对新开凿的井筒、主要穿层石门及开拓巷道,应当及时进行水文地质观测和编录,并绘制井筒、石门、巷道的实测水文地质剖面图或展开图。

当井巷穿过含水层时,应当详细描述其产状、厚度、岩性、构造、裂隙或者岩溶的发育与充填情况,揭露点的位置及标高、出水形式、涌水量和水温等,并采取水样进行水质分析。

遇含水层裂隙时,应当测定其产状、长度、宽度、数量、形状、尖灭情况、充填程度及充填物等,观察地下水活动的痕迹,绘制裂隙玫瑰图,并选择有代表性的地段测定岩石的裂隙率。测定的面积:较密集裂隙,可取1-2m²;稀疏裂隙,可取4-10m²。其计算公式为

$$K_T = \frac{\sum lb}{A} \times 100\%$$

式中 K_T—裂隙率,%;

A—测定面积,m²;

l—裂隙长度,m;

b—裂隙宽度,m。

遇岩溶时,应当观测其形态、发育情况、分布状况、有无充填物和充填物成分及充水状况等,并绘制岩溶素描图。

遇断裂构造时,应当测定其断距、产状、断层带宽度,观测断裂带充填物成分、胶结程度及导水性等。

遇褶曲时,应当观测其形态、产状及破碎情况等。

遇陷落柱时,应当观测陷落柱内外地层岩性与产状、裂隙与岩溶发育程度及涌水等情况,判定陷落柱发育高度,并编制卡片、附平面图、剖面图和素描图。

遇突水点时,应当详细观测记录突水的时间、地点、确切位置,出水层位、岩性、厚度,出水形式,围岩破坏情况等,并测定涌水量、水温、水质和含砂量等。同时,应当观测附近的出水点和观测孔涌水量和水位的变化,并分析突水原因。各主要突水点可以作为动态观测点进行系统观测,并应当编制卡片,附平面图和素描图。

对于大中型煤矿发生300m³/h以上的突水、小型煤矿发生60m³/h以上的突水,或者因突水造成采掘区域和矿井被淹的,应当将突水情况及时上报所在地煤矿安全监察机构和地方人民政府负责煤矿安全生产监督管理的部门、煤炭行业管理部门。

按照突水点每小时突水量的大小,将突水点划分为小突水点、中等突水点、大突水点、特大突水点等4个等级:

(一)小突水点:$Q \leqslant 60m^3/h$;

(二)中等突水点:$60m^3/h < Q \leqslant 600m^3/h$;

(三)大突水点:$600m^3/h < Q \leqslant 1800m^3/h$;

(四)特大突水点:$Q > 1800m^3/h$。

第二十七条 矿井应当加强矿井涌水量的观测工作和水质的监测工作。

矿井应当分井、分水平设观测站进行涌水量的观测,每月观测次数不少于3次。对于出水较大的断裂破碎带、陷落柱,应当单独设立观测站进行观测,每月观测1-3次。对于水质的监测每年不少于2次,丰、枯水期各1次。涌水量出现异常、井下发生突水或者受降水影响矿井的雨季时段,观测频率应当适当增加。

对于井下新揭露的出水点,在涌水量尚未稳定或尚未掌握其变化规律前,一般应当每日观测1次。对溃入性涌水,在未查明突水原因前,应当每隔1-2h观测1次,以后可适当延长观测间隔时间,并采取水样进行水质分析。涌水量稳定后,可按井下正常观测时间观测。

当采掘工作面上方影响范围内有地表水体、富水性强的含水层、穿过与富水性强的含水层相连通的构造断裂带或接近老空积水区时,应当每日观测涌水情况,掌握水量变化。含水层富水性的等级标准见附录二。

对于新凿立井、斜井,垂深每延深10m,应当观测1次涌水量。掘进至新的含水层时,如果不到规定的距离,也应当在含水层的顶底板各测1次涌水量。

当进行矿井涌水量观测时,应当注重观测的连续性和精度,采用容积法、堰测法、浮标法、流速仪法或者其他先进的测水方法。测量工具和仪表应当定期

校验，以减少人为误差。

第二十八条 当井下对含水层进行疏水降压时，在涌水量、水压稳定前，应当每小时观测1－2次钻孔涌水量和水压；待涌水量、水压基本稳定后，按照正常观测的要求进行。疏放老空水的，应当每日进行观测。

第四节 水文地质补充勘探

第二十九条 矿井有下列情形之一的，应当进行水文地质补充勘探工作：

（一）矿井主要勘探目的层未开展过水文地质勘探工作的；

（二）矿井原勘探工程量不足，水文地质条件尚未查清的；

（三）矿井经采掘揭露煤岩层后，水文地质条件比原勘探报告复杂的；

（四）矿井经长期开采，水文地质条件已发生较大变化，原勘探报告不能满足生产要求的；

（五）矿井开拓延深、开采新煤系（组）或者扩大井田范围设计需要的；

（六）矿井巷道顶板处于特殊地质条件部位或者深部煤层下伏强充水含水层，煤层底板带压，专门防治水工程提出特殊要求的；

（七）各种井巷工程穿越强富水性含水层时，施工需要的。

第三十条 水文地质补充勘探工程量布置，应当满足相应的工作程度，并达到防治水工作的要求。

矿井进行水文地质补充勘探时，应当对包括勘探矿区在内的区域地下水系统进行整体分析研究；在矿井井田以外区域，应当以水文地质测绘调查为主；在矿井井田以内区域，应当以水文地质物探、钻探和抽（放）水试验等为主。

矿井水文地质补充勘探工作应当根据矿井水文地质类型和具体条件，综合运用水文地质补充调查、地球物理勘探、水文地质钻探、抽（放）水试验、水化学和同位素分析、地下水动态观测、采样测试等各种勘查技术手段，积极采用新技术、新方法。

矿井水文地质补充勘探应当编制补充勘探设计，经煤矿企业总工程师组织审查后实施。补充勘探设计应当依据充分、目的明确、工程布置针对性强，并充分利用矿井现有条件，做到井上、井下相结合。

水文地质补充勘探工作完成后，应当及时提交成果报告或者资料，由煤矿企业总工程师组织审查、验收。

第五节 地面水文地质补充勘探

第三十一条 矿井进行水文地质钻探时，每个钻孔都应当按照勘探设计要求进行单孔设计，包括钻孔结构、孔斜、岩芯采取率、封孔止水要求、终孔直径、终孔层位、简易水文观测、抽水试验、地球物理测井及采样测试、封孔质量、孔口装置和测量标志要求等。

钻孔施工主要技术指标，应当符合下列要求：

（一）以煤层底板水害为主的矿井，其水文地质补充勘探钻孔的终孔深度，以揭露下伏主要含水层段为原则；

（二）所有勘探钻孔均进行水文测井工作。对有条件的，可以进行流量测井、超声成像、钻孔电视探测等，配合钻探取芯划分含、隔水层，为取得有关参数提供依据；

（三）主要含水层或试验段（观测段）采用清水钻进。遇特殊情况需改用泥浆钻进时，经钻孔施工单位地质部门同意后，可以采用低固相优质泥浆，并采取有效的洗孔措施；

（四）钻孔孔径视钻孔目的确定。抽水试验孔试验段孔径，以满足设计的抽水量和安装抽水设备为原则；水位观测孔观测段孔径，应当满足止水和水位观测的要求；

（五）抽水试验钻孔的孔斜，满足选用抽水设备和水位观测仪器的工艺要求；

（六）钻孔取芯钻进，并进行岩芯描述。岩芯采取率：岩石大于70%；破碎带大于50%；黏土大于70%；砂和砂砾层大于30%。当采用水文物探测井，能够正确划分地层和含（隔）水层位置及厚度时，可以适当减少取芯；

（七）在钻孔分层（段）隔离止水时，通过提水、注水和水文测井等不同方法，检查止水效果，并作正式记录；不合格的，重新止水；

（八）除长期动态观测钻孔外，其余钻孔都使用高标号水泥浆封孔，并取样检查封孔质量；

（九）观测孔竣工后，进行抽水洗孔，以确保观测层（段）不被淤塞。

水文地质钻孔应当做好简易水文地质观测，其技术要求参照相关规程、规范进行。对没有简易水文地质观测资料的钻孔，应当降低其质量等级或者不予验收。

水文地质观测孔，应当安装孔口装置和长期观测测量标志，并采取有效措施予以保护，保证坚固耐用、观测方便；遇有损坏或堵塞时，应当及时进行处理。

第三十二条 生产矿井水文地质补充勘探的抽水试验质量，应当达到有关国家标准、行业标准的规定。

抽水试验的水位降深，应当根据设备能力达到最大降深，降深次数不少于3次，降距合理分布。当受开采影响导致钻孔水位较深时，可以仅做1次最大降深抽水试验。在降深过程的观测中，应当考虑非稳定流计算的要求，并适当延长时间。

对水文地质复杂型或者极复杂型的矿井，如果采用小口径抽水不能查明水文地质、工程地质（地面岩溶塌陷）条件时，可以进行井下放水试验；如果井下条件不具备的，应当进行大口径、大流量群孔抽水试验。采取群孔抽水试验，应当单独编制设计，经煤矿企业总工程师组织审查同意后实施。

大口径群孔抽水试验的延续时间，应当根据水位流量过程曲线稳定趋势而确定，一般不少于10日；当受开采疏水干扰，导致水位无法稳定时，应当根据具体情况研究确定。

为查明受采掘破坏影响的含水层与其他含水层或者地表水体等之间有无水力联系，可以结合抽（放）水进行连通（示踪）试验。

抽水前，应当对试验孔、观测孔及井上、井下有关的水文地质点，进行水位（压）、流量观测。必要时，可以另外施工专门钻孔测定大口径群孔的中心水位。

第三十三条 对于因矿井防渗漏研究岩石渗透性，或者因含水层水位很深致使无法进行抽水试验的，可以进行注水试验。

注水试验应当编制试验设计。试验设计包括试验层段的起、止深度；孔径及套管下入层位、深度及止水方法；采用的注水设备、注水试验方法，以及注水试验质量要求等内容。

注水试验施工主要技术指标，应当符合下列要求：

（一）根据岩层的岩性和孔隙、裂隙发育深度，确定试验孔段，并严格做好止水工作；

（二）注水试验前，彻底洗孔，以保证疏通含水层，并测定钻孔水温和注入水的温度；

（三）注水试验正式注水前及正式注水结束后，进行静止水位和恢复水位的观测。

第三十四条 物探工作布置、参数确定、检查点数量和重复测量误差、资料处理等，应当符合有关国家标准、行业标准的规定。

进行物探作业前，应当根据勘探区的水文地质条件、被探测地质体的地球物理特征和不同的工作目的等因素确定勘探方案。进行物探作业时，可以采用多种物探方法进行综合探测。

物探工作结束后，应当提交相应的综合成果图件。物探成果应当与其他勘探成果相结合，经相互验证后，可以作为矿井采掘设计的依据。

第六节 井下水文地质勘探

第三十五条 井下水文地质勘探应当遵守下列规定：

（一）采用井下物探、钻探、监测、测试等手段；

（二）采用井下与地面相结合的综合勘探方法；

（三）井下勘探施工作业时，保证矿井安全生产，并采取可靠的安全防范措施。

第三十六条 矿井有下列情形之一的，应当在井下进行水文地质勘探：

（一）采用地面水文地质勘探难以查清问题，需在井下进行放水试验或者连通（示踪）试验的；

（二）煤层顶、底板有含水（流）砂层或者岩溶含水层，需进行疏水开采试验的；

（三）受地表水体和地形限制或者受开采塌陷影响，地面没有施工条件的；

（四）孔深或者地下水位埋深过大，地面无法进行水文地质试验的。

第三十七条 井下水文地质勘探应当符合下列要求：

（一）钻孔的各项技术要求、安全措施等钻孔施工设计，经矿井总工程师批准后方可实施；

（二）施工并加固钻机硐室，保证正常的工作条件；

（三）钻机安装牢固。钻孔首先下好孔口管，并进行耐压试验。在正式施工前，安装孔口安全闸阀，以保证控制放水。安全闸阀的抗压能力大于最大水压。在揭露含水层前，安装好孔口防喷装置；

（四）按照设计进行施工，并严格执行施工安全措施；

（五）进行连通试验，不得选用污染水源的示踪剂；

（六）对于停用或者报废的钻孔，及时封堵，并提交封孔报告。

第三十八条 放水试验应当遵循下列原则：

（一）编制放水试验设计，确定试验方法、各次降深值和放水量。放水量视矿井现有最大排水能力而确定，原则上放水试验能影响到的观测孔应当有明显的水位降深。其设计由煤矿企业总工程师组织审查批准；

（二）做好放水试验前的准备工作，固定人员，检验校正观测仪器和工具，检查排水设备能力和排水线路；

（三）放水前，在同一时间对井上下观测孔和出水点的水位、水压、涌水量、水温和水质进行一次统测；

（四）根据具体情况确定放水试验的延续时间。当涌水量、水位难以稳定时，试验延续时间一般不少于10－15日。选取观测时间间隔，应当考虑到非稳定流计算的需要。中心水位或者水压与涌水量进行同步观测；

（五）观测数据及时登入台账，并绘制涌水量——

水位历时曲线；

（六）放水试验结束后，及时进行资料整理，提交放水试验总结报告。

第三十九条 对于受水害威胁的矿井，采用常规水文地质勘探方法难以进行开采评价时，可以根据条件采用穿层石门或者专门凿井进行疏水降压开采试验。

进行疏水降压开采试验，应当符合下列规定：

（一）有专门的施工设计，其设计由煤矿企业总工程师组织审查批准；

（二）预计最大涌水量；

（三）建立能保证排出最大涌水量的排水系统；

（四）选择适当位置建筑防水闸门；

（五）做好钻孔超前探水和放水降压工作；

（六）做好井上下水位、水压、涌水量的观测工作。

第四十条 矿井可以根据本单位的实际，采用直流电法（电阻率法）、音频电穿透法、瞬变电磁法、电磁频率测深法、无线电波透视法、地质雷达法、浅层地震勘探、瑞利波勘探、槽波地震勘探方法等物探方法，并结合钻探方法对资料进行验证。

第四章 矿井防治水

第一节 地面防治水

第四十一条 矿井应当查清矿区及其附近地面水流系统的汇水、渗漏情况，疏水能力和有关水利工程等情况；了解当地水库、水电站大坝、江河大堤、河道、河道中障碍物等情况；掌握当地历年降水量和最高洪水位资料，建立疏水、防水和排水系统。

第四十二条 矿井井口和工业场地内建筑物的标高，应当高于当地历年最高洪水位。

如果在山区，除符合本条第一款的规定外，还应当避开可能发生泥石流、滑坡的地段。

矿井井口及工业场地内建筑物的标高低于当地历年最高洪水位的，应当修筑堤坝、沟渠或者采取其他防排水措施。

第四十三条 当矿井井口附近或者塌陷区内外的地表水体可能溃入井下时，应当采取安全防范措施。

严禁开采煤层露头的防隔水煤（岩）柱。

在地表容易积水的地点，应当修筑沟渠，排泄积水。修筑沟渠时，应当避开露头、裂隙和导水岩层。特别低洼地点不能修筑沟渠排水的，应当填平压实。如果低洼地带范围太大无法填平时，应当采取水泵或者建排洪站专门排水，防止低洼地带积水渗入井下。

当矿井受到河流、山洪威胁时，应当修筑堤坝和泄洪渠，防止洪水侵入。

对于排到地面的矿井水，应当妥善处理，避免再渗入井下。

对于漏水的沟渠（包括农田水利的灌溉沟渠）和河床，应当及时堵漏或者改道。地面裂缝和塌陷地点应当及时填塞。进行填塞工作时，应当采取相应的安全措施，防止人员陷入塌陷坑内。

在有滑坡危险的地段，可能威胁煤矿安全时，应当采取防止滑坡措施。

第四十四条 严禁将矸石、炉灰、垃圾等杂物堆放在山洪、河流可能冲刷到的地段，以免冲到工业场地和建筑物附近或者淤塞河道、沟渠。

第四十五条 对于正在使用的钻孔，应当按照规定安装孔口盖。对于报废的钻孔，应当及时封孔，防止地表水或者含水层的水流入井下。观测孔、注浆孔、电缆孔、与井下或者含水层相通的钻孔，其孔口管应当高出当地最高洪水位。

第四十六条 报废的立井应当填实封堵，或者在井口浇注1个大于井筒断面的坚实的钢筋混凝土盖板，并设置栅栏和标志。

报废的斜井应当填实封堵，或者在井口以下斜长20m处砌筑1座砖、石或者混凝土墙，再用泥土填至井口，并加砌封墙。

报废的平硐，应当从硐口向里用泥土填实至少20m，再砌封墙。报废井口的周围有地面水影响的，应当设置排水沟。

封填报废的立井、斜井和平硐时，应当做好隐蔽工程记录，并填图归档。

第四十七条 矿井应当与气象、水利、防汛等部门进行联系，建立灾害性天气预警和预防机制。煤矿应当及时掌握可能危及煤矿安全生产的暴雨洪水灾害信息，密切关注灾害性天气的预报预警信息；及时掌握汛情水情，采取安全防范措施；加强与周边相邻矿井信息沟通，发现矿井出现异常情况时，立即向周边相邻矿井进行预警。

第四十八条 矿井应当安排专人负责对本井田范围内可能波及的周边废弃老窑、地面塌陷坑、采动裂隙以及可能影响矿井安全生产的水库、湖泊、河流、涵闸、堤防工程等重点部位进行巡视检查。当接到暴雨灾害预警信息和警报后，应当实施24h不间断巡查。在矿区每次降大到暴雨的前后，应当派专业人员及时观测矿井涌水量变化情况。

第四十九条 矿井应当建立暴雨洪水可能引发淹井等事故灾害紧急情况下及时撤出井下人员的制度，明确启动标准、指挥部门、联络人员、撤人程序等。当发现暴雨洪水灾害严重可能引发淹井时，应当立即撤出作业人员到安全地点。经确认隐患完全消除后，方可恢复生产。

第五十条 矿井在雨季前,应当全面检查防范暴雨洪水引发事故灾难防范措施的落实情况。对检查出的事故隐患,应当落实责任,并限定在汛期前完成整改。防治水工程应当有专门设计,工程竣工后由矿井总工程师负责组织验收。

第二节 防隔水煤(岩)柱的留设

第五十一条 相邻矿井的分界处,应当留防隔水煤(岩)柱。矿井以断层分界的,应当在断层两侧留有防隔水煤(岩)柱。

第五十二条 受水害威胁的矿井,有下列情况之一的,应当留设防隔水煤(岩)柱:

(一)煤层露头风化带;

(二)在地表水体、含水冲积层下和水淹区邻近地带;

(三)与富水性强的含水层间存在水力联系的断层、裂隙带或者强导水断层接触的煤层;

(四)有大量积水的老窑和采空区;

(五)导水、充水的陷落柱、岩溶洞穴或地下暗河;

(六)分区隔离开采边界;

(七)受保护的观测孔、注浆孔和电缆孔等。

第五十三条 矿井应当根据矿井的地质构造、水文地质条件、煤层赋存条件、围岩物理力学性质、开采方法及岩层移动规律等因素确定相应的防隔水煤(岩)柱的尺寸。防隔水煤(岩)柱的尺寸要求见附录三。

矿井防隔水煤(岩)柱应当由矿井地测机构组织编制专门设计,经矿井总工程师组织有关单位审查批准后实施。

第五十四条 矿井防隔水煤(岩)柱一经确定,不得随意变动。严禁在各类防隔水煤(岩)柱中进行采掘活动。

第五十五条 开采水淹区下的废弃防隔水煤(岩)柱时,应当彻底疏放上部积水。严禁顶水作业。

第五十六条 有突水历史或带压开采的矿井,应当分水平或分采区实行隔离开采。在分区之前,应当留设防隔水煤(岩)柱并建立防水闸门,以便在发生突水时,能够控制水势、减少灾情、保障矿井安全。

第三节 排水系统

第五十七条 矿井应当配备与矿井涌水量相匹配的水泵、排水管路、配电设备和水仓等,确保矿井能够正常排水。

第五十八条 矿井井下排水设备应当符合矿井排水的要求。除正在检修的水泵外,应当有工作水泵和备用水泵。工作水泵的能力,应当能在20h内排出矿井24h的正常涌水量(包括充填水及其他用水)。备用水泵的能力应当不小于工作水泵能力的70%。工作和备用水泵的总能力,应当能在20h内排出矿井24h的最大涌水量。检修水泵的能力,应当不小于工作水泵能力的25%。

水文地质条件复杂或者极复杂的矿井,除符合本条第一款规定外,可以在主泵房内预留安装一定数量水泵的位置,或者增加相应的排水能力。

水管应当有一定的备用量。工作水管的能力,应当能配合工作水泵在20h内排出矿井24h的正常涌水量。工作和备用水管的总能力,应当能配合工作和备用水泵在20h内排出矿井24h的最大涌水量。

配电设备的能力应当与工作、备用和检修水泵的能力相匹配,并能保证全部水泵同时运转。

有突水淹井危险的矿井,可以另行增建抗灾强排水系统。

第五十九条 矿井主要泵房应当至少有2个安全出口,一个出口用斜巷通到井筒,并高出泵房底板7m以上;另一个出口通到井底车场。在通到井底车场的出口通路内,应当设置易于关闭的既能防水又能防火的密闭门。泵房和水仓的连接通道,应当设置可靠的控制闸门。

第六十条 矿井主要水仓应当有主仓和副仓,当一个水仓清理时,另一个水仓能够正常使用。

新建、改扩建矿井或者生产矿井的新水平,正常涌水量在1000m^3/h以下时,主要水仓的有效容量应当能容纳8h的正常涌水量。

正常涌水量大于1000m^3/h的矿井,主要水仓有效容量可以按照下式计算:

$$V=2(Q+3000)$$

式中 V—主要水仓的有效容量,m^3;

Q—矿井每小时的正常涌水量,m^3。

采区水仓的有效容量应当能容纳4h的采区正常涌水量。

矿井最大涌水量与正常涌水量相差大的矿井,排水能力和水仓容量应当由有资质的设计单位编制专门设计,由煤矿企业总工程师组织审查批准。

水仓进口处应当设置箅子。对水砂充填、水力采煤和其他涌水中带有大量杂质的矿井,还应当设置沉淀池。水仓的空仓容量应当经常保持在总容量的50%以上。

第六十一条 水泵、水管、闸阀、排水用的配电设备和输电线路,应当经常检查和维护。在每年雨季前,应当全面检修1次,并对全部工作水泵和备用水泵进行1次联合排水试验,发现问题,及时处理。

水仓、沉淀池和水沟中的淤泥,应当及时清理;每年雨季前,应当清理1次。

第六十二条 对于采用平硐泄水的矿井,其平硐的总过水能力应当不小于历年最大渗入矿井水量的1.2倍；水沟或者泄水巷的标高，应当比主运输巷道的标高低。

第六十三条 在水文地质条件复杂、极复杂矿区建设新井的，应当在井筒底留设潜水泵窝，老矿井也应当改建增设潜水泵窝。井筒开凿到底后，井底附近应当设置具有一定能力的临时排水设施，保证临时变电所、临时水仓形成之前的施工安全。

第六十四条 对于在建矿井，在永久排水系统形成前，各施工区应当设置临时排水系统，并保证有足够的排水能力。

第六十五条 生产矿井延深水平，只有在建成新水平的防、排水系统后，方可开拓掘进。

第四节 水闸门与水闸墙

第六十六条 水文地质条件复杂、极复杂的矿井，应当在井底车场周围设置防水闸门，或者在正常排水系统基础上安装配备排水能力不小于最大涌水量的潜水电泵排水系统。

第六十七条 在矿井有突水危险的采掘区域，应当在其附近设置防水闸门。不具备建筑防水闸门的隔离条件的，可以不建筑防水闸门，但应当制定严格的其他防治水措施，并经煤矿企业主要负责人审批同意。

第六十八条 建筑防水闸门应当符合下列规定：

(一)防水闸门由具有相应资质的单位进行设计，门体采用定型设计；

(二)防水闸门的施工及其质量，符合设计要求。闸门和闸门硐室不得漏水；

(三)防水闸门硐室前、后两端，分别砌筑不小于5m的混凝土护碹，碹后用混凝土填实，不得空帮、空顶。防水闸门硐室和护碹采用高标号水泥进行注浆加固，注浆压力符合设计要求；

(四)防水闸门来水一侧15－25m处，加设1道挡物箅子门。防水闸门与箅子门之间，不得停放车辆或堆放杂物。来水时，先关箅子门，后关防水闸门。如果采用双向防水闸门，在两侧各设1道箅子门；

(五)通过防水闸门的轨道、电机车架空线、带式输送机等能够灵活易拆。通过防水闸门墙体的各种管路和安设在闸门外侧的闸阀的耐压能力，与防水闸门所设计压力相一致。电缆、管道通过防水闸门墙体处，用堵头和阀门封堵严密，不得漏水；

(六)防水闸门安设观测水压的装置，并有放水管和放水闸阀；

(七)防水闸门竣工后，按照设计要求进行验收。对新掘进巷道内建筑的防水闸门，进行注水耐压试验；水闸门内巷道的长度不得大于15m，试验的压力不得低于设计水压，其稳压时间在24h以上，试压时有专门安全措施。

第六十九条 防水闸门应当灵活可靠，并保证每年进行2次关闭试验，其中1次在雨季前进行。关闭闸门所用的工具和零配件应当由专人保管，并在专门地点存放，任何人不得挪用丢失。

第七十条 井下需要构筑水闸墙的，应当由具有相应资质的单位进行设计，按照设计进行施工，并按照规定进行竣工验收；否则，不得投入使用。

第七十一条 报废巷道封闭时，在报废的暗井和倾斜巷道下口的密闭水闸墙应当留泄水孔，每月定期进行观测，雨季加密观测。

第五节 疏干开采和带压开采

第七十二条 煤层(组)顶板导水裂缝带范围内分布有富水性强的含水层，应当进行疏干开采。

垮落带与导水裂缝带最大高度可根据《建筑物、水体、铁路及主要井巷煤柱留设与压煤开采规程》中的有关公式计算和现场实测等方法综合确定。

第七十三条 被松散富水性强的含水层覆盖且浅埋的缓倾斜煤层，需要疏干开采时，应当进行专门水文地质勘探或者补充勘探，以查明水文地质条件，并根据勘探评价成果确定疏干地段、制定疏干方案，经煤矿企业总工程师审批同意后执行。

第七十四条 疏干开采半固结或者较松散的古近系、新近系含水层覆盖的煤层时，开采前应当遵守下列规定：

(一)查明流砂层的埋藏分布条件，研究其相变及成因类型；

(二)查明流砂层的富水性、水理性，预计涌水量和预测可疏干性，建立动态观测网，观测疏干速度和疏干半径；

(三)在疏干开采试验中，应当观测研究导水裂缝带发育高度，水砂分离方法、跑砂休止角，巷道开口时溃水溃砂的最小垂直距离、钻孔超前探放水安全距离等；

(四)研究对溃水溃砂引起地面塌陷的预测及处理方法。

第七十五条 如果煤层顶板受开采破坏后，其导水裂缝带波及范围内存在富水性强的含水层(体)的，在掘进、回采前，应当对含水层采取超前疏干措施；进行专门水文地质勘探和试验，并编制疏干方案，选定疏干方式和方法，综合评价疏干开采条件和技术经济合理性。疏干方案由煤矿企业总工程师审定。

第七十六条 在矿井疏干开采过程中，应当进行定性、定量分析，可以应用"三图双预测法"进行顶板水害分区评价和预测。有条件的矿井可以应用数值模拟技术，进行导水裂缝带发育高度、疏干水量和地下水流场变化的模拟和预测。

第七十七条 当承压含水层与开采煤层之间的隔水层能够承受的水头值大于实际水头值时，开采后，隔水层不容易被破坏，煤层底板水突然涌出可能性小，可以进行带压开采，但应当制定安全措施，由煤矿企业总工程师审批。

安全隔水层厚度和突水系数计算公式见附录四。

第七十八条 当承压含水层与开采煤层之间的隔水层能够承受的水头值小于实际水头值时，开采前应当遵守下列规定：

（一）采取疏水降压的方法，把承压含水层的水头值降到隔水层能允许的安全水头值以下，并制定安全措施，由煤矿企业总工程师批准。总结适合本矿区（井）的安全水头值，指导安全生产。矿井排水考虑与矿区供水、生态环境保护相结合，推广应用矿井排水、供水、生态环保三位一体优化结合的管理模式和方法；

（二）承压含水层的集中补给边界已经基本查清情况下，可以预先进行帷幕注浆，截断水源，然后疏水降压开采；

（三）当承压含水层的补给水源充沛，不具备疏水降压和帷幕注浆的条件时，可以酌情采用局部注浆加固底板隔水层和改造含水层为弱含水层的方法，但应当编制专门的设计，在有充分防范措施的条件下进行试采，并制定专门的防止淹井措施，由煤矿企业总工程师批准。

安全水头压力值计算公式见附录五。

第七十九条 有条件的矿井可以采用“脆弱性指数法”或者“五图双系数法”等方法，对底板突水危险性进行综合分区评价，可以采用比拟法、解析法和数值模拟法等方法预计最大涌水量。

第六节 注浆堵水

第八十条 井筒预注浆应当符合下列规定：

（一）当井筒预计穿过较厚裂隙含水层或者裂隙含水层较薄但层数较多时，可以选用地面预注浆；

（二）在制定注浆方案前，施工井筒检查孔，以获取含水层的埋深、厚度、岩性及简易水文观测、抽（压）水试验、水质分析等资料；

（三）注浆起始深度，确定在风化带以下较完整的岩层内。注浆终止深度，大于井筒要穿过的最下部含水层的埋深或者超过井筒深度 10－20m；

（四）当含水层富水性较弱时，可以在井筒工作面直接注浆。

第八十一条 注浆封堵突水点应当符合下列规定：

（一）圈定突水点位置，分析突水点附近的地质构造，查明降压漏斗形态，分析突水前后水文观测孔和井、泉的动态变化，必要时需进行连通（示踪）试验；

（二）探明突水补给水源的充沛程度或者来水含水层的富水性，以及突水通道的性质和大小等；

（三）封堵突水点，注浆前，做连通试验和压（注）水试验；注浆前后，做好矿井排水对比分析；

（四）编制注浆堵水方案，经煤矿企业总工程师组织审查同意后实施。

第八十二条 采用帷幕注浆方案前，应当对帷幕截流进行可行性研究。

帷幕注浆方案经论证确定后，应当查清地层层序、地质构造、边界条件，帷幕端点是否具备隔水层或闭合性断层及其隔水性能、地下水向矿井的渗流量、地下水流速和流向等水文地质条件。

编制帷幕注浆方案，经煤矿企业总工程师组织审查同意后实施。

第八十三条 当井下巷道穿过与河流、湖泊、溶洞、含水层等存在水力联系的导水断层、裂隙（带）、陷落柱等构造时，应当探水前进。如果前方有水，应当超前预注浆封堵加固，必要时可预先构筑防水闸门或者采取其他防治水措施。否则，不准施工。穿过含水层段的井巷，应当按照防水的要求进行壁后注浆处理。

第八十四条 当回采工作面内有导水的断层、裂隙或陷落柱时，应当按照规定留设防隔水煤（岩）柱，也可以采用注浆方法封堵导水通道；否则，不准采煤。注浆改造的工作面可以先进行物探，查明水文地质条件，根据物探资料打孔注浆改造，再用物探与钻探验证注浆改造效果。

第八十五条 涌水量大、有突水威胁的矿区，应当建立注浆专业队伍，负责注浆堵水工作。

第八十六条 工作面煤采完后，对于已经失去使用价值而需关闭的局部疏水降压钻孔，应当进行注浆封闭，并在有关图纸上标明其位置。

第八十七条 废弃矿井闭坑淹没前，应当采用物探、化探和钻探等方法，探测矿井边界防隔水煤（岩）柱破坏状况及其可能的透水地段，采用注浆堵水工程隔断废弃矿井与相邻生产矿井的水力联系，避免矿井发生水害事故。

第五章 井下探放水

第八十八条 对于采掘工作面受水害影响的矿井，应当坚持预测预报、有疑必探、先探后掘、先治后采的原则，进行充水条件分析，并遵守下列规定：

（一）每年年初，根据每年的采掘接续计划，结合矿井水文地质资料，全面分析水害隐患，提出水害分析预测表及水害预测图；

（二）在采掘过程中，对预测图、表逐月进行检查，不断补充和修正。发现水患险情，及时发出水害通知单，并报告矿调度室，通知可能受水害威胁地点的人员撤到安全地点；

（三）采掘工作面年度和月度水害预测资料及时报送矿井总工程师及生产安全部门。

采掘工作面水害分析预报表和预测图模式见附录六。

第八十九条 水文地质条件复杂、极复杂的矿井，在地面无法查明矿井水文地质条件和充水因素时，应当坚持有掘必探的原则，加强探放水工作。

第九十条 在矿井受水害威胁的区域，进行巷道掘进前，应当采用钻探、物探和化探等方法查清水文地质条件。地测机构应当提出水文地质情况分析报告，并提出水害防范措施，经矿井总工程师组织生产、安监和地测等有关单位审查批准后，方可进行施工。

第九十一条 矿井工作面采煤前，应当采用物探、钻探、巷探和化探等方法查清工作面内断层、陷落柱和含水层（体）富水性等情况。地测机构应当提出专门水文地质情况报告，经矿井总工程师组织生产、安监和地测等有关单位审查批准后，方可进行回采。发现断层、裂隙和陷落柱等构造充水的，应当采取注浆加固或者留设防隔水煤（岩）柱等安全措施。否则，不得回采。

第九十二条 采掘工作面遇有下列情况之一的，应当进行探放水：

（一）接近水淹或者可能积水的井巷、老空或者相邻煤矿；

（二）接近含水层、导水断层、暗河、溶洞和导水陷落柱；

（三）打开防隔水煤（岩）柱进行放水前；

（四）接近可能与河流、湖泊、水库、蓄水池、水井等相通的断层破碎带；

（五）接近有出水可能的钻孔；

（六）接近水文地质条件复杂的区域；

（七）采掘破坏影响范围内有承压含水层或者含水构造、煤层与含水层间的防隔水煤（岩）柱厚度不清楚可能发生突水；

（八）接近有积水的灌浆区；

（九）接近其他可能突水的地区。

探水前，应当确定探水线并绘制在采掘工程平面图上。

第九十三条 采掘工作面探水前，应当编制探放水设计，确定探水警戒线，并采取防止瓦斯和其他有害气体危害等安全措施。探放水钻孔的布置和超前距离，应当根据水头高低、煤（岩）层厚度和硬度等确定。探放水设计由地测机构提出，经矿井总工程师组织审定同意，按设计进行探放水。

第九十四条 布置探放水钻孔应当遵循下列规定：

（一）探放老空水、陷落柱水和钻孔水时，探水钻孔成组布设，并在巷道前方的水平面和竖直面内呈扇形。钻孔终孔位置以满足平距3m为准，厚煤层内各孔终孔的垂距不得超过1.5m；

（二）探放断裂构造水和岩溶水等时，探水钻孔沿掘进方向的前方及下方布置。底板方向的钻孔不得少于2个；

（三）煤层内，原则上禁止探放水压高于1MPa的充水断层水、含水层水及陷落柱水等。如确实需要的，可以先建筑防水闸墙，并在闸墙外向内探放水；

（四）上山探水时，一般进行双巷掘进，其中一条超前探水和汇水，另一条用来安全撤人。双巷间每隔30－50m掘1个联络巷，并设挡水墙。

第九十五条 井下探放水应当使用专用的探放水钻机。严禁使用煤电钻探放水。

第九十六条 在安装钻机进行探水前，应当符合下列规定：

（一）加强钻孔附近的巷道支护，并在工作面迎头打好坚固的立柱和拦板；

（二）清理巷道，挖好排水沟。探水钻孔位于巷道低洼处时，配备与探放水量相适应的排水设备；

（三）在打钻地点或其附近安设专用电话；

（四）依据设计，确定主要探水孔位置时，由测量人员进行标定。负责探放水工作的人员亲临现场，共同确定钻孔的方位、倾角、深度和钻孔数量；

（五）在预计水压大于0.1MPa的地点探水时，预先固结套管。套管口安装闸阀，套管深度在探放水设计中规定。预先开掘安全躲避硐，制定包括撤人的避灾路线等安全措施，并使每个作业人员了解和掌握；

（六）钻孔内水压大于1.5MPa时，采用反压和有防喷装置的方法钻进，并制定防止孔口管和煤（岩）壁突然鼓出的措施。

第九十七条 探水钻孔除兼作堵水或者疏水用的钻孔外，终孔孔径一般不得大于75mm。

第九十八条 探水钻孔超前距离和止水套管长度，应当符合下列规定：

（一）探放老空积水的超前钻距，根据水压、煤（岩）层厚度和强度及安全措施等情况确定，但最小水平钻距不得小于30m，止水套管长度不得小于10m；

（二）沿岩层探放含水层、断层和陷落柱等含水体时，按表5－1确定探水钻孔超前距离和止水套管长度。

表5-1 岩层中探水钻孔超前钻距和止水套管长度

水压(MPa)	钻孔超前钻距(m)	止水套管长(m)
<1.0	>10	>5
1.0-2.0	>15	>10
2.0-3.0	>20	>15
>3.0	>25	>20

第九十九条 在探放水钻进时,发现煤岩松软、片帮、来压或者钻眼中水压、水量突然增大和顶钻等透水征兆时,应当立即停止钻进,但不得拔出钻杆;应当立即向矿井调度室汇报,派人监测水情。发现情况危急,应当立即撤出所有受水威胁区域的人员到安全地点,然后采取安全措施,进行处理。

第一百条 探放老空水前,应当首先分析查明老空水体的空间位置、积水量和水压。探放水孔应当钻入老空水体,并监视放水全过程,核对放水量,直到老空水放完为止。当钻孔接近老空时,预计可能发生瓦斯或者其他有害气体涌出的,应当设有瓦斯检查员或者矿山救护队员在现场值班,随时检查空气成分。如果瓦斯或者其他有害气体浓度超过有关规定,应当立即停止钻进,切断电源,撤出人员,并报告矿井调度室,及时处理。

第一百零一条 钻孔放水前,应当估计积水量,并根据矿井排水能力和水仓容量,控制放水流量,防止淹井;放水时,应当设有专人监测钻孔出水情况,测定水量和水压,做好记录。如果水量突然变化,应当及时处理,并立即报告矿调度室。

第六章 水体下采煤

第一百零二条 在河流、湖泊、水库和海域等地面水体下采煤,应当留足防隔水煤(岩)柱。在松散含水层下开采时,应当按照水体采动等级留设不同类型的防隔水煤(岩)柱(防水、防砂或者防塌煤岩柱)。在基岩含水层(体)或者含水断裂带下开采时,应当对开采前后覆岩的渗透性及含水层之间的水力联系进行分析评价,确定采用留设防隔水煤(岩)柱或者采用疏干方法保证安全开采。

第一百零三条 在水体下采煤,其防隔水煤(岩)柱的留设,应当根据矿井水文地质及工程地质条件、开采方法、开采高度和顶板控制方法等,按照《建筑物、水体、铁路及主要井巷煤柱留设与压煤开采规程》中有关水体下开采的规定,由具有乙级及以上资质的煤炭设计单位编制可行性方案和开采设计,报省级煤炭行业管理部门审查批准后实施。采煤过程中,应当严格按照批准的设计要求,控制开采范围、开采高度和防隔水煤(岩)柱尺寸。

第一百零四条 在采掘过程中,当发现地质条件变化,需要缩小防隔水煤(岩)柱尺寸、提高开采上限时,应当进行可行性研究,并经省级煤炭行业管理部门审查批准后方可进行试采。

第一百零五条 为了合理地确定留设防隔水煤(岩)柱尺寸,应当对开采煤层上覆岩层进行专门水文地质工程地质勘探。

专门水文地质工程地质勘探应当包括下列内容:

(一)查明与煤层开采有关的上覆岩层水文地质结构,包括含水层、隔水层的厚度和分布,含水层水位、水质、富水性,各含水层之间的水力联系及补给、径流、排泄条件,断层的富水性、导水性;

(二)采用钻探、物探等方法探明工作面上方基岩面的起伏和基岩厚度。在松散含水层下开采时,特别应当查明松散层底部隔水层的厚度、变化与分布情况;

(三)通过岩芯工程地质编录和数字测井等,查明上覆岩土层的工程地质类型、覆岩组合及结构特征,采取岩土样进行物理力学性质测试。

第一百零六条 水体下防隔水煤(岩)柱,应当按照裂缝角与水体采动等级所要求的防隔水煤(岩)柱相结合的原则设计。进行水体下开采的防隔水煤(岩)柱留设尺寸预计时,覆岩垮落带、导水裂缝带高度、保护层尺寸可以按照《建筑物、水体、铁路及主要井巷煤柱留设与压煤开采规程》中的公式计算,或者根据类似地质条件下的经验数据结合基于工程地质模型的力学分析、数值模拟等多种方法综合确定,同时还应当结合覆岩原始导水情况和开采引起的导水裂缝带进行叠加分析综合确定。涉及到水体下开采的矿区,应当开展覆岩垮落带、导水裂缝带高度和范围的实测工作,逐步积累经验,指导本矿区水体下开采工作。

采用放顶煤开采的保护层厚度,应当根据对上覆岩土层结构和岩性、顶板垮落带、导水裂缝带高度以及开采经验等分析确定。留设防砂和防塌煤(岩)柱开采的,应当结合上覆土层、风化带的临界水力坡度,进行抗渗透破坏评价,确保不发生溃水和溃砂事故。

第一百零七条 临近水体下的采掘工作,应当遵守下列规定:

(一)采用有效控制采高和开采范围的采煤方法,防止急倾斜煤层抽冒。在工作面范围内存在高角度

断层时,采取有效措施,防止断层导水或者沿断层带抽冒破坏;

(二)在水体下开采缓倾斜及倾斜煤层时,宜采用倾斜分层长壁开采方法,并尽量减少第一、第二分层的采厚;上下分层同一位置的采煤间歇时间不小于4－6个月,岩性坚硬顶板间歇时间适当延长。留设防砂和防塌煤(岩)柱,采用放顶煤开采方法时,先试验后推广;

(三)严禁在水体下开采急倾斜煤层;

(四)开采煤层组时,采用间隔式采煤方法。如果仍不能满足安全开采的,修改煤柱设计,加大煤柱尺寸,保障矿井安全;

(五)当地表水体或松散层富水性强的含水层下无隔水层时,开采浅部煤层及在采厚大、含水层富水性中等以上、预计导水裂缝带大于水体与煤层间距时,采用充填法、条带开采和限制开采厚度等控制导水裂缝带发展高度的开采方法。对于易于疏降的中等富水性以上松散层底部含水层,可以采用疏降含水层水位或者疏干等方法,以保证安全开采。

第一百零八条 进行水体下采掘活动时,应当加强水情和水体底界面变形的监测。试采结束后,矿井应当提交试采总结报告,研究规律,指导水体下采煤。

第七章 露天煤矿防治水

第一百零九条 露天煤矿应当在每年年初制定防排水计划和措施。雨季前,煤矿应当对防排水设施进行全面检查。对低于当地洪水位的建筑,煤矿应当按照规定采取修筑堤坝、沟渠和疏通水沟等防洪措施。

第一百一十条 露天煤矿地表及边坡上的防排水设施,应当避开有滑坡危险的地段。排水沟应当经常检查、清淤,防止渗漏、倒灌或者漫流。当采场内有滑坡区时,应当在滑坡区周围设置截水沟。当水沟经过有变形、裂缝的边坡地段时,应当采取防渗措施。

第一百一十一条 当采用采掘场坑底储水的排水方式时,其排水期限应当符合下列规定:

(一)因储水而停止采煤的工作面数少于采煤工作面总数的1/3时,不得大于15日;

(二)因储水而停止采煤的工作面占采煤工作面总数的1/3－1/2时,不得大于7日;

(三)因储水而停止采煤的工作面多于采煤工作面总数的1/2时,不得大于3日;

(四)采用井巷排水时,采取安全措施,备用水泵的能力不得小于工作水泵能力的50%。

第一百一十二条 当地层含水影响采矿工程正常进行时,应当进行疏干。疏干工程应当超前采矿工程。在矿床疏干漏斗范围内,如果地面出现裂缝、塌陷,应当圈定范围加以防护、设置警示标志,并采取安全措施。(半)地下疏干泵房应当设通风装置。

第一百一十三条 受地下水影响较大和已经进行疏干排水工程的边坡,应当进行地下水位、水压及涌水量的观测,分析地下水对边坡稳定的影响程度及疏干的效果,制定地下水治理措施。

第一百一十四条 因地下水水位升高,可能造成排土场或者采场滑坡的,应当进行地下水疏干。

第八章 水害应急救援

第一节 应急预案及实施

第一百一十五条 煤矿企业、矿井应当根据本单位的主要水害类型和可能发生的水害事故,制定水害应急预案和现场处置方案。应急预案内容应当具有针对性、科学性和可操作性。处置方案应当包括发生不可预见性水害事故时,人员安全撤离的具体措施,每年都应当对应急预案修订完善并进行1次救灾演练。

第一百一十六条 矿井管理人员和调度室人员应当熟悉水害应急预案和现场处置方案。

第一百一十七条 矿井应当设置安全出口,规定避水灾路线,设置贴有反光膜的清晰路标,并让全体职工熟知,以便一旦突水,能够安全撤离,避免意外伤亡事故。

第一百一十八条 井下泵房应当积极推广无人值守和远程监控集控系统,加强排水系统检测与维修,时刻保持水仓容量不小于50%和排水系统运转正常。受水威胁严重的矿井,应当实现井下泵房无人值守和地面远程监控,推广使用地面操控的潜水泵排水系统。

第一百一十九条 现场发现水情的作业人员,应当立即向矿井调度室报告有关突水地点及水情,并通知周围有关人员撤离到安全地点或升井。

第一百二十条 矿井调度室接到水情报告后,应当立即启动本矿井水害应急预案,根据来水方向、地点、水量等因素,确定人员安全撤离的路径,通知井下受水患影响地点的人员马上撤离到安全地点或者升井,向值班负责人和矿井主要负责人汇报,并将水患情况通报周边所有矿井。

第一百二十一条 当发生突水时,矿井应当立即做好关闭防水闸门的准备,在确认人员全部撤离后,方可关闭防水闸门。

第一百二十二条 矿井应当根据水患的影响程度,及时调整井下通风系统,避免风流紊乱、有害气体超限。

第一百二十三条 矿井应当将防范暴雨洪水引

发煤矿事故灾难的情况纳入《事故应急救援预案》和《灾害预防处理计划》中，落实防范暴雨洪水所需的物资、设备和资金，建立专业抢险救灾队伍，或者与专业抢险救灾队伍签订协议。

第一百二十四条 矿井应当加强与各级抢险救灾机构的联系，掌握抢救技术装备情况，一旦发生水害事故，立即启动相应的应急预案，争取社会救援，实施事故抢救。

第一百二十五条 水害事故发生后，矿井应当依照有关规定报告政府有关部门，不得迟报、漏报、谎报或者瞒报。

第二节 排水恢复被淹井巷

第一百二十六条 恢复被淹井巷前，应当编制突水淹井调查报告。报告应当包括下列主要内容：

（一）突水淹井过程，突水点位置，突水时间，突水形式，水源分析，淹没速度和涌水量变化等；

（二）突水淹没范围，估算积水量；

（三）预计排水中的涌水量。查清淹没前井巷各个部分的涌水量，推算突水点的最大涌水量和稳定涌水量，预计恢复中各不同标高段的涌水量，并设计恢复过程中排水量曲线；

（四）提供分析突水原因用的有关水文地质点（孔、井、泉）的动态资料和曲线，水文地质平面图、剖面图，矿井充水性图和水化学资料等。

第一百二十七条 矿井恢复时，应当设有专人跟班定时测定涌水量和下降水面高程，并做好记录；观察记录恢复后井巷的冒顶、片帮和淋水等情况；观察记录突水点的具体位置、涌水量和水温等，并作突水点素描；定时对地面观测孔、井、泉等水文地质点进行动态观测，并观察地面有无塌陷、裂缝现象等。

第一百二十八条 排除井筒和下山的积水及恢复被淹井巷前，应当制定防止被水封住的有害气体突然涌出的安全措施。排水过程中，应当有矿山救护队检查水面上的空气成分；发现有害气体，及时处理。

第一百二十九条 矿井恢复后，应当全面整理淹没和恢复两个过程的图纸和资料，确定突水原因，提出避免发生重复事故的措施意见，并总结排水恢复中水文地质工作的经验和教训。

第九章 罚 则

第一百三十条 煤矿企业违反本规定第五条第一款规定的，给予警告，并处2万元以下的罚款。

煤矿企业违反本规定第五条第二款规定仍然进行生产的，责令停产整顿，处50万元以上100万元以下的罚款；对煤矿企业负责人处3万元以上5万元以下的罚款。

第一百三十一条 煤矿企业违反本规定第八条第一款规定的，责令停产整顿，处50万元以上100万元以下的罚款；对煤矿企业负责人处10万元以上15万元以下的罚款。

煤矿企业违反本规定第八条第二款规定的，责令停产整顿，处150万元以上200万元以下的罚款；对煤矿企业负责人处12万元以上15万元以下的罚款。

第一百三十二条 煤矿企业违反本规定第十四条、第十五条规定的，给予警告，并处1万元以上3万元以下的罚款；对煤矿企业负责人处1万元以下的罚款。

煤矿企业违反本规定第十四条、第十五条规定，提供虚假防治水图件应付检查或者影响事故抢险救援的，给予警告，可以并处5万元以上10万元以下的罚款；情节严重的，责令停产整顿。

第一百三十三条 煤矿企业违反本规定第二十六条规定，有下列情形之一的，处3万元以下的罚款；对企业负责人处1万元以下的罚款。

（一）遇突水点时，未详细观测记录突水的时间、地点、确切位置、出水层位、岩性、厚度、出水形式、围岩破坏情况，并未测定涌水量、水温、水质、含砂量的；

（二）未按照规定观测突水点附近的出水点和观测孔涌水量、水位的变化，并分析突水原因的；

（三）未按照规定对各主要突水点进行系统观测，并编制卡片、平面图和素描图的；

（四）未按规定上报突水事故的。

第一百三十四条 煤矿企业违反本规定第五十四条、第五十五条规定的，责令停产整顿，处100万元以上150万元以下的罚款；对企业负责人处7万元以上12万元以下的罚款。

第一百三十五条 煤矿企业违反本规定第七十条规定的，责令停产整顿，处10万元以上50万元以下的罚款；对企业负责人处1万元以上3万元以下的罚款。

第一百三十六条 煤矿企业违反本规定第九十条、第九十一条规定的，给予警告，并处1万元以上3万元以下的罚款；对企业负责人处1万元以下的罚款。

第一百三十七条 煤矿企业违反本规定第九十二条规定的，处2万元以下的罚款。

第一百三十八条 煤矿企业违反本规定第九十五条规定的，责令停产整顿，处10万元以上50万元以下的罚款；对企业负责人处1万元以上3万元以下的罚款。

第一百三十九条 煤矿企业违反本规定造成透水事故的，按照有关规定进行调查处理，并依法给予行政处罚。

第一百四十条 本规定设定的行政处罚，由煤矿安全监察机构或者地方人民政府负责煤矿安全生产监督管理职责的部门实施。

第十章 附 则

第一百四十一条 本规定下列用语的含义：

老空，是指采空区、老窑和已经报废井巷的总称。

采空区，是指采煤以后不再维护的空间。

水淹区域，是指被水淹没的井巷和被水淹没的老空的总称。

矿井正常涌水量，是指矿井开采期间，单位时间内流入矿井的水量。

矿井最大涌水量，是指矿井开采期间，正常情况下矿井涌水量的高峰值。

安全水头，是指不致引起矿井突水的承压水头最大值。

防隔水煤（岩）柱，是指为确保近水体安全采煤而留设的煤层开采上（下）限至水体底（顶）界面之间的煤岩层区段。

探放水，是指包括探水和放水的总称。探水是指采矿过程中用超前勘探方法，查明采掘工作面顶底板、侧帮和前方等水体的具体空间位置和状况等情况。放水是指为了预防水害事故，在探明情况后采取钻孔等安全方法将水体放出。

垮落带，是指由采煤引起的上覆岩层破裂并向采空区垮落的岩层范围。

导水裂缝带，是指开采煤层上方一定范围内的岩层发生垮落和断裂，产生裂缝，且具有导水性的岩层范围。

抽冒，是指在浅部厚煤层、急倾斜煤层及断层破碎带和基岩风化带附近采煤或掘巷时，顶板岩层或煤层本身在较小范围内垮落超过正常高度的现象。

带压开采，是指在具有承压水压力的含水层上进行的采煤。

隔水层厚度，是指开采煤层底板至含水层顶面之间隔水的完整岩层的厚度。

三图双预测法，是指一种解决煤层顶板充水水源、通道和强度三大问题的顶板水害评价方法。三图是指煤层顶板充水含水层富水性分区图、顶板垮裂安全性分区图和顶板涌（突）水条件综合分区图。双预测是指顶板充水含水层预处理前、后回采工作面分段和整体工程涌水量预测。

脆弱性指数法，是指将可确定底板突水多种主控因素权重系数的信息融合与具有强大空间信息分析处理功能的GIS耦合于一体的煤层底板水害评价方法。

五图双系数法，是指一种煤层底板水害评价方法。五图是指底板保护层破坏深度等值线图、底板保护层厚度等值线图、煤层底板以上水头等值线图、有效保护层厚度等值线图、带压开采评价图。双系数是指带压系数和突水系数。

第一百四十二条 本规定自2009年12月1日起施行。1984年5月15日原煤炭工业部颁发的《矿井水文地质规程》（试行）和1986年9月9日原煤炭工业部颁发的《煤矿防治水工作条例》（试行）同时废止。

附录一：矿井水文地质主要图件内容及要求（略）

附录二：含水层富水性的等级标准（略）

附录三：防隔水煤（岩）柱的尺寸要求（略）

附录四：安全隔水层厚度和突水系数计算公式（略）

附录五：安全水头压力值计算公式（略）

附录六：采掘工作面水害分析预报表和预测图模式（略）

煤矿领导带班下井及安全监督检查规定

（2010年9月7日国家安全生产监管总局令第33号公布　根据2015年6月8日《国家安全监管总局关于修改〈煤矿安全监察员管理办法〉等五部煤矿安全规章的决定》修订）

第一章 总 则

第一条 为落实煤矿领导带班下井制度，根据《国务院关于进一步加强企业安全生产工作的通知》（国发〔2010〕23号）和有关法律、行政法规的规定，制定本规定。

第二条 煤矿领导带班下井和县级以上地方人民政府煤炭行业管理部门、煤矿安全生产监督管理部门（以下分别简称为煤炭行业管理部门、煤矿安全监管部门），以及煤矿安全监察机构对其实施监督检查，适用本规定。

第三条 煤炭行业管理部门是落实煤矿领导带班下井制度的主管部门，负责督促煤矿抓好有关制度的建设和落实。

煤矿安全监管部门对煤矿领导带班下井进行日常性的监督检查，对煤矿违反带班下井制度的行为依法作出现场处理或者实施行政处罚。

煤矿安全监察机构对煤矿领导带班下井实施国家监察，对煤矿违反带班下井制度的行为依法作出现场处理或者实施行政处罚。

第四条 本规定所称的煤矿，是指煤矿生产矿井和新建、改建、扩建、技术改造、资源整合重组等建设矿井及其施工单位。

本规定所称煤矿领导，是指煤矿的主要负责人、领导班子成员和副总工程师。

建设矿井的领导，是指煤矿建设单位和从事煤矿建设的施工单位的主要负责人、领导班子成员和副总工程师。

第五条 煤矿是落实领导带班下井制度的责任主体，每班必须有矿领导带班下井，并与工人同时下井、同时升井。

煤矿的主要负责人对落实领导带班下井制度全面负责。

煤矿集团公司应当加强对所属煤矿领导带班下井的情况实施监督检查。

第六条 任何单位和个人对煤矿领导未按照规定带班下井或者弄虚作假的，均有权向煤炭行业管理部门、煤矿安全监管部门、煤矿安全监察机构举报和报告。

第二章 带班下井

第七条 煤矿应当建立健全领导带班下井制度，并严格考核。带班下井制度应当明确带班下井人员、每月带班下井的个数、在井下工作时间、带班下井的任务、职责权限、群众监督和考核奖惩等内容。

煤矿的主要负责人每月带班下井不得少于5个。

煤矿领导带班下井时，其领导姓名应当在井口明显位置公示。煤矿领导每月带班下井工作计划的完成情况，应当在煤矿公示栏公示，接受群众监督。

第八条 煤矿领导带班下井制度应当按照煤矿的隶属关系报送所在地煤炭行业管理部门，同时抄送煤矿安全监管部门和驻地煤矿安全监察机构。

第九条 煤矿领导带班下井时，应当履行下列职责：

（一）加强对采煤、掘进、通风等重点部位、关键环节的检查巡视，全面掌握当班井下的安全生产状况；

（二）及时发现和组织消除事故隐患和险情，及时制止违章违纪行为，严禁违章指挥，严禁超能力组织生产；

（三）遇到险情时，立即下达停产撤人命令，组织涉险区域人员及时、有序撤离到安全地点。

第十条 煤矿领导带班下井实行井下交接班制度。

上一班的带班领导应当在井下向接班的领导详细说明井下安全状况、存在的问题及原因、需要注意的事项等，并认真填写交接班记录簿。

第十一条 煤矿应当建立领导带班下井档案管理制度。

煤矿领导升井后，应当及时将下井的时间、地点、经过路线、发现的问题及处理情况、意见等有关情况进行登记，并由专人负责整理和存档备查。

煤矿领导带班下井的相关记录和煤矿井下人员定位系统存储信息保存期不少于一年。

第十二条 煤矿没有领导带班下井的，煤矿从业人员有权拒绝下井作业。煤矿不得因此降低从业人员工资、福利等待遇或者解除与其订立的劳动合同。

第三章 监督检查

第十三条 煤炭行业管理部门应当加强对煤矿领导带班下井的日常管理和督促检查。煤矿安全监管部门应当将煤矿建立并执行领导带班下井制度作为日常监督检查的重要内容，每季度至少对所辖区域煤矿领导带班下井执行情况进行一次监督检查。

煤矿领导带班下井执行情况应当在当地主要媒体向社会公布，接受社会监督。

第十四条 煤矿安全监察机构应当将煤矿领导带班下井制度执行情况纳入年度监察执法计划，每年至少进行两次专项监察或者重点监察。

煤矿领导带班下井的专项监察或者重点监察的情况应当报告上一级煤矿安全监察机构，并通报有关地方人民政府。

第十五条 煤炭行业管理部门、煤矿安全监管部门、煤矿安全监察机构对煤矿领导带班下井情况进行监督检查，可以采取现场随机询问煤矿从业人员、查阅井下交接班及下井档案记录、听取煤矿从业人员反映、调阅煤矿井下人员定位系统监控记录等方式。

第十六条 煤炭行业管理部门、煤矿安全监管部门、煤矿安全监察机构对煤矿领导带班下井情况进行监督检查时，重点检查下列内容：

（一）是否建立健全煤矿领导带班下井制度，包括井下交接班制度和带班下井档案管理制度；

（二）煤矿领导特别是煤矿主要负责人带班下井情况；

（三）是否制订煤矿领导每月轮流带班下井工作计划以及工作计划执行、公示、考核和奖惩等情况；

（四）煤矿领导带班下井在井下履行职责情况，特别是重大事故隐患和险情的处置情况；

（五）煤矿领导井下交接班记录、带班下井档案等情况；

（六）群众举报有关问题的查处情况。

第十七条 煤炭行业管理部门、煤矿安全监管部门、煤矿安全监察机构应当建立举报制度，公开举报电话、信箱或者电子邮件地址，受理有关举报；对于受理的举报,应当认真调查核实;经查证属实的,依法从重处罚。

第四章　法律责任

第十八条　煤矿有下列情形之一的,给予警告,并处3万元罚款;对煤矿主要负责人处1万元罚款:

(一)未建立健全煤矿领导带班下井制度的;

(二)未建立煤矿领导井下交接班制度的;

(三)未建立煤矿领导带班下井档案管理制度的;

(四)煤矿领导每月带班下井情况未按照规定公示的;

(五)未按规定填写煤矿领导下井交接班记录簿、带班下井记录或者保存带班下井相关记录档案的。

第十九条　煤矿领导未按规定带班下井,或者带班下井档案虚假的,责令改正,并对该煤矿处15万元的罚款,对违反规定的煤矿领导按照擅离职守处理,对煤矿主要负责人处1万元的罚款。

第二十条　对发生事故而没有煤矿领导带班下井的煤矿,依法责令停产整顿,暂扣或者吊销煤矿安全生产许可证,并依照下列规定处以罚款;情节严重的,提请有关人民政府依法予以关闭:

(一)发生一般事故的,处50万元的罚款;

(二)发生较大事故的,处100万元的罚款;

(三)发生重大事故的,处500万元的罚款;

(四)发生特别重大事故的,处2000万元的罚款。

第二十一条　对发生事故而没有煤矿领导带班下井的煤矿,对其主要负责人依法暂扣或者吊销其安全资格证,并依照下列规定处以罚款:

(一)发生一般事故的,处上一年年收入30%的罚款;

(二)发生较大事故的,处上一年年收入40%的罚款;

(三)发生重大事故的,处上一年年收入60%的罚款;

(四)发生特别重大事故的,处上一年年收入80%的罚款。

煤矿的主要负责人未履行《安全生产法》规定的安全生产管理职责,导致发生生产安全事故,受到刑事处罚或者撤职处分的,自刑罚执行完毕或者受处分之日起,5年内不得担任任何生产经营单位的主要负责人;对重大、特别重大生产安全事故负有责任的,终身不得担任煤矿的主要负责人

第二十二条　本规定的行政处罚,由煤矿安全监管部门、煤矿安全监察机构依照各自的法定职权决定。

第五章　附　　则

第二十三条　省级煤炭行业管理部门会同煤矿安全监管部门可以依照本规定制定实施细则,报国家安全生产监督管理总局、国家煤矿安监局备案。

第二十四条　中央企业所属煤矿按照分级属地管理原则,由省(市、区)、设区的市人民政府煤炭行业管理部门、煤矿安全监管部门和煤矿安全监察机构负责监督监察。

第二十五条　露天煤矿领导带班下井参照本规定执行。

第二十六条　本规定自2010年10月7日起施行。

煤矿安全监察行政处罚办法

(2003年7月2日国家安全监管局国家煤矿安监局令第4号公布　根据2015年6月8日《国家安全监管总局关于修改〈煤矿安全监察员管理办法〉等五部煤矿安全规章的决定》修订)

第一条　为了制裁煤矿安全违法行为,规范煤矿安全监察行政处罚工作,保障煤矿依法进行生产,根据煤矿安全监察条例及其他有关法律、行政法规的规定,制定本办法。

第二条　国家煤矿安全监察局、省级煤矿安全监察局和煤矿安全监察分局(以下简称煤矿安全监察机构),对煤矿及其有关人员违反有关安全生产的法律、行政法规、部门规章、国家标准、行业标准和规程的行为(以下简称煤矿安全违法行为)实施行政处罚,适用本办法。本办法未作规定的,适用安全生产违法行为行政处罚办法。

有关法律、行政法规对行政处罚另有规定的,依照其规定。

第三条　省级煤矿安全监察局、煤矿安全监察分局实施行政处罚按照属地原则进行管辖。

国家煤矿安全监察局认为应由其实施行政处罚的,由国家煤矿安全监察局管辖。

两个以上煤矿安全监察机构因行政处罚管辖权发生争议的,由其共同的上一级煤矿安全监察机构指定管辖。

第四条　当事人对煤矿安全监察机构所给予的行政处罚,享有陈述、申辩权;对行政处罚不服的,有权依法申请行政复议或者提起行政诉讼。

当事人因煤矿安全监察机构违法给予行政处罚受到损害的,有权依法提出赔偿要求。

第五条　煤矿安全监察员执行公务时,应当出示煤矿安全监察执法证件。

第六条　煤矿安全监察机构及其煤矿安全监察员对检查中发现的煤矿安全违法行为,可以作出下列

现场处理决定：

(一)当场予以纠正或者要求限期改正；

(二)责令限期达到要求；

(三)责令立即停止作业(施工)或者立即停止使用。

经现场处理决定后拒不改正，或者依法应当给予行政处罚的煤矿安全违法行为，依法作出行政处罚决定。

第七条 煤矿或者施工单位有下列行为之一的，责令停止建设或者停产停业整顿，限期改正；逾期未改正的，处50万元以上100万元以下的罚款，对其直接负责的主管人员和其他直接责任人员处2万元以上5万元以下的罚款；构成犯罪的，依照刑法有关规定追究刑事责任：

(一)未按照规定对煤矿建设项目进行安全评价的；

(二)煤矿建设项目没有安全设施设计或者安全设施设计未按照规定报经有关部门审查同意的；

(三)煤矿建设项目的施工单位未按照批准的安全设施设计施工的；

(四)煤矿建设项目竣工投入生产或者使用前，安全设施未经验收合格的。

第八条 煤矿矿井通风、防火、防水、防瓦斯、防毒、防尘等安全设施不符合法定要求的，责令限期达到要求；逾期仍达不到要求的，责令停产整顿。

第九条 煤矿作业场所有下列情形之一的，责令限期改正；逾期不改正的，责令停产整顿，并处3万元以下的罚款：

(一)未使用专用防爆电器设备的；

(二)未使用专用放炮器的；

(三)未使用人员专用升降容器的；

(四)使用明火明电照明的。

第十条 煤矿未依法提取或者使用煤矿安全技术措施专项费用的，责令限期改正，提供必需的资金；逾期不改正的，处5万元以下的罚款，责令停产整顿。

有前款违法行为，导致发生生产安全事故的，对煤矿主要负责人给予撤职处分，对个人经营的投资人处2万元以上20万元以下的罚款；构成犯罪的，依照刑法有关规定追究刑事责任。

第十一条 煤矿使用不符合国家安全标准或者行业安全标准的设备、器材、仪器、仪表、防护用品的，责令限期改正或者责令立即停止使用；逾期不改正或者不立即停止使用的，处5万元以下的罚款；情节严重的，责令停产整顿。

第十二条 煤矿企业的机电设备、安全仪器，未按照下列规定操作、检查、维修和建立档案的，责令改正，可以并处2万元以下的罚款：

(一)未定期对机电设备及其防护装置、安全检测仪器检查、维修和建立技术档案的；

(二)非负责设备运行人员操作设备的；

(三)非值班电气人员进行电气作业的；

(四)操作电气设备的人员，没有可靠的绝缘保护和检修电气设备带电作业的。

第十三条 煤矿井下采掘作业，未按照作业规程的规定管理顶帮；通过地质破碎带或者其他顶帮破碎地点时，未加强支护；露天采剥作业，未按照设计规定，控制采剥工作面的阶段高度、宽度、边坡角和最终边坡角；采剥作业和排土作业，对深部或者邻近井巷造成危害的，责令改正，可以并处2万元以下的罚款。

第十四条 煤矿未严格执行瓦斯检查制度，入井人员携带烟草和点火用具下井的，责令改正，可以并处2万元以下的罚款。

第十五条 煤矿在有瓦斯突出、冲击地压条件下从事采掘作业；在未加保护的建筑物、构筑物和铁路、水体下面开采；在地温异常或者热水涌出的地区开采，未编制专门设计文件和报主管部门批准的，责令改正，可以并处2万元以下的罚款。

第十六条 煤矿作业场所的瓦斯、粉尘或者其他有毒有害气体的浓度超过国家安全标准或者行业安全标准的，责令立即停止作业；拒不停止作业的，责令停产整顿，可以并处10万元以下的罚款。

第十七条 有自然发火可能性的矿井，未按规定采取有效的预防自然发火措施的，责令改正，可以并处2万元以下的罚款。

第十八条 煤矿在有可能发生突水危险的地区从事采掘作业，未采取探放水措施的，责令改正，可以并处2万元以下的罚款。

第十九条 煤矿井下风量、风质、风速和作业环境的气候，不符合煤矿安全规程的规定的，责令改正，可以并处2万元以下的罚款。

第二十条 煤矿对产生粉尘的作业场所，未采取综合防尘措施，或者未按规定对粉尘进行检测的，责令改正，可以并处2万元以下的罚款。

第二十一条 擅自开采保安煤柱，或者采用危及相邻煤矿生产安全的决水、爆破、贯通巷道等危险方法进行采矿作业，责令立即停止作业；拒不停止作业的，由煤矿安全监察机构决定吊销安全生产许可证，并移送地质矿产主管部门依法吊销采矿许可证。

第二十二条 煤矿违反有关安全生产法律、行政法规的规定，拒绝、阻碍煤矿安全监察机构依法实施监督检查的，责令改正；拒不改正的，处2万元以上20万元以下的罚款；对其直接负责的主管人员和其他直接责任人员处1万元以上2万元以下的罚款；构成犯罪的，依照刑法有关规定追究刑事责任。

煤矿提供虚假情况，或者隐瞒存在的事故隐患以及其他安全问题的，由煤矿安全监察机构给予警告，可以并处5万元以上10万元以下的罚款；情节严重的，责令停产整顿。

第二十三条 煤矿发生事故，对煤矿、煤矿主要负责人以及其他有关责任单位、人员依照《安全生产法》及有关法律、行政法规的规定予以行政处罚；构成犯罪的，依照刑法有关规定追究刑事责任。

第二十四条 经停产整顿仍不具备法定安全生产条件给予关闭的行政处罚，由煤矿安全监察机构报请县级以上人民政府按照国务院规定的权限决定。

第二十五条 煤矿安全监察机构及其煤矿安全监察员实施行政处罚时，应当符合《安全生产违法行为行政处罚办法》规定的程序并使用统一的煤矿安全监察行政执法文书。

第二十六条 未设立省级煤矿安全监察局的省、自治区，由省、自治区人民政府指定的负责煤矿安全监察工作的部门依照本办法的规定对本行政区域内的煤矿安全违法行为实施行政处罚。

第二十七条 本办法自2003年8月15日起施行。《煤矿安全监察行政处罚暂行办法》同时废止。

煤矿企业安全生产许可证实施办法

（2016年2月16日国家安全生产监督管理总局令第86号公布　根据2017年3月6日《国家安全监管总局关于修改和废止部分规章及规范性文件的决定》修订）

第一章　总　　则

第一条 为了规范煤矿企业安全生产条件，加强煤矿企业安全生产许可证的颁发管理工作，根据《安全生产许可证条例》和有关法律、行政法规，制定本实施办法。

第二条 煤矿企业必须依照本实施办法的规定取得安全生产许可证。未取得安全生产许可证的，不得从事生产活动。

煤层气地面开采企业安全生产许可证的管理办法，另行制定。

第三条 煤矿企业除本企业申请办理安全生产许可证外，其所属矿（井、露天坑）也应当申请办理安全生产许可证，一矿（井、露天坑）一证。

煤矿企业实行多级管理的，其上级煤矿企业也应当申请办理安全生产许可证。

第四条 安全生产许可证的颁发管理工作实行企业申请、两级发证、属地监管的原则。

第五条 国家煤矿安全监察局指导、监督全国煤矿企业安全生产许可证的颁发管理工作，负责符合本办法第三条规定的中央管理的煤矿企业总部（总公司、集团公司）安全生产许可证的颁发和管理。

省级煤矿安全监察局负责前款规定以外的其他煤矿企业安全生产许可证的颁发和管理；未设立煤矿安全监察机构的省、自治区，由省、自治区人民政府指定的部门（以下与省级煤矿安全监察局统称省级安全生产许可证颁发管理机关）负责本行政区域内煤矿企业安全生产许可证的颁发和管理。

国家煤矿安全监察局和省级安全生产许可证颁发管理机关统称安全生产许可证颁发管理机关。

第二章　安全生产条件

第六条 煤矿企业取得安全生产许可证，应当具备下列安全生产条件：

（一）建立、健全主要负责人、分管负责人、安全生产管理人员、职能部门、岗位安全生产责任制；制定安全目标管理、安全奖惩、安全技术审批、事故隐患排查治理、安全检查、安全办公会议、地质灾害普查、井下劳动组织定员、矿领导带班下井、井工煤矿入井检身与出入井人员清点等安全生产规章制度和各工种操作规程；

（二）安全投入满足安全生产要求，并按照有关规定足额提取和使用安全生产费用；

（三）设置安全生产管理机构，配备专职安全生产管理人员；煤与瓦斯突出矿井、水文地质类型复杂矿井还应设置专门的防治煤与瓦斯突出管理机构和防治水管理机构；

（四）主要负责人和安全生产管理人员的安全生产知识和管理能力经考核合格；

（五）参加工伤保险，为从业人员缴纳工伤保险费；

（六）制定重大危险源检测、评估和监控措施；

（七）制定应急救援预案，并按照规定设立矿山救护队，配备救护装备；不具备单独设立矿山救护队条件的煤矿企业，所属煤矿应当设立兼职救护队，并与邻近的救护队签订救护协议；

（八）制定特种作业人员培训计划、从业人员培训计划、职业危害防治计划；

（九）法律、行政法规规定的其他条件。

第七条 煤矿除符合本实施办法第六条规定的条件外，还必须符合下列条件：

（一）特种作业人员经有关业务主管部门考核合格，取得特种作业操作资格证书；

（二）从业人员进行安全生产教育培训，并经考试合格；

（三）制定职业危害防治措施、综合防尘措施，建立粉尘检测制度，为从业人员配备符合国家标准或者行业标准的劳动防护用品；

（四）依法进行安全评价；

（五）制定矿井灾害预防和处理计划；

（六）依法取得采矿许可证，并在有效期内。

第八条 井工煤矿除符合本实施办法第六条、第七条规定的条件外，其安全设施、设备、工艺还必须符合下列条件：

（一）矿井至少有2个能行人的通达地面的安全出口，各个出口之间的距离不得小于30米；井下每一个水平到上一个水平和各个采（盘）区至少有两个便于行人的安全出口，并与通达地面的安全出口相连接；采煤工作面有两个畅通的安全出口，一个通到进风巷道，另一个通到回风巷道。在用巷道净断面满足行人、运输、通风和安全设施及设备安装、检修、施工的需要；

（二）按规定进行瓦斯等级、煤层自燃倾向性和煤尘爆炸危险性鉴定；

（三）矿井有完善的独立通风系统。矿井、采区和采掘工作面的供风能力满足安全生产要求，矿井使用安装在地面的矿用主要通风机进行通风，并有同等能力的备用主要通风机，主要通风机按规定进行性能检测；生产水平和采区实行分区通风；高瓦斯和煤与瓦斯突出矿井、开采容易自燃煤层的矿井、煤层群联合布置矿井的每个采区设置专用回风巷，掘进工作面使用专用局部通风机进行通风，矿井有反风设施；

（四）矿井有安全监控系统，传感器的设置、报警和断电符合规定，有瓦斯检查制度和矿长、技术负责人瓦斯日报审查签字制度，配备足够的专职瓦斯检查员和瓦斯检测仪器；按规定建立瓦斯抽采系统，开采煤与瓦斯突出危险煤层的有预测预报、防治措施、效果检验和安全防护的综合防突措施；

（五）有防尘供水系统，有地面和井下排水系统；有水害威胁的矿井还应有专用探放水设备；

（六）制定井上、井下防火措施；有地面消防水池和井下消防管路系统，井上、井下有消防材料库；开采容易自燃和自燃煤层的矿井还应有防灭火专项设计和综合预防煤层自然发火的措施；

（七）矿井有两回路电源线路；严禁井下配电变压器中性点直接接地；井下电气设备的选型符合防爆要求，有短路、过负荷、接地、漏电等保护，掘进工作面的局部通风机按规定采用专用变压器、专用电缆、专用开关，实现风电、瓦斯电闭锁；

（八）运送人员的装置应当符合有关规定。使用检测合格的钢丝绳；带式输送机采用非金属聚合物制造的输送带的阻燃性能和抗静电性能符合规定，设置安全保护装置；

（九）有通信联络系统，按规定建立人员位置监测系统；

（十）按矿井瓦斯等级选用相应的煤矿许用炸药和电雷管，爆破工作由专职爆破工担任；

（十一）不得使用国家有关危及生产安全淘汰目录规定的设备及生产工艺；使用的矿用产品应有安全标志；

（十二）配备足够数量的自救器，自救器的选用型号应与矿井灾害类型相适应，按规定建立安全避险系统；

（十三）有反映实际情况的图纸：矿井地质图和水文地质图，井上下对照图，巷道布置图，采掘工程平面图，通风系统图，井下运输系统图，安全监控系统布置图和断电控制图，人员位置监测系统图，压风、排水、防尘、防火注浆、抽采瓦斯等管路系统图，井下通信系统图，井上、下配电系统图和井下电气设备布置图，井下避灾路线图。采掘工作面有符合实际情况的作业规程。

第九条 露天煤矿除符合本实施办法第六条、第七条规定的条件外，其安全设施、设备、工艺还必须符合下列条件：

（一）按规定设置栅栏、安全挡墙、警示标志；

（二）露天采场最终边坡的台阶坡面角和边坡角符合最终边坡设计要求；

（三）配电线路、电动机、变压器的保护符合安全要求；

（四）爆炸物品的领用、保管和使用符合规定；

（五）有边坡工程、地质勘探工程、岩土物理力学试验和稳定性分析，有边坡监测措施；

（六）有防排水设施和措施；

（七）地面和采场内的防灭火措施符合规定；开采有自然发火倾向的煤层或者开采范围内存在火区时，制定专门防灭火措施；

（八）有反映实际情况的图纸：地形地质图，工程地质平面图、断面图、综合水文地质图，采剥、排土工程平面图和运输系统图，供配电系统图，通信系统图，防排水系统图，边坡监测系统平面图，井工采空区与露天矿平面对照图。

第三章 安全生产许可证的申请和颁发

第十条 煤矿企业依据本实施办法第五条的规定向安全生产许可证颁发管理机关申请领取安全生产许可证。

第十一条 申请领取安全生产许可证应当提供下列文件、资料：

（一）煤矿企业提供的文件、资料：

1. 安全生产许可证申请书；

2. 主要负责人安全生产责任制材料(复制件),各分管负责人、安全生产管理人员以及职能部门负责人安全生产责任制目录清单;

3. 安全生产规章制度目录清单;

4. 设置安全生产管理机构、配备专职安全生产管理人员的文件(复制件);

5. 主要负责人、安全生产管理人员安全生产知识和管理能力考核合格的证明材料;

6. 特种作业人员培训计划,从业人员安全生产教育培训计划;

7. 为从业人员缴纳工伤保险费的有关证明材料;

8. 重大危险源检测、评估和监控措施;

9. 事故应急救援预案,设立矿山救护队的文件或者与专业救护队签订的救护协议。

(二)煤矿提供的文件、资料和图纸:

1. 安全生产许可证申请书;

2. 采矿许可证(复制件);

3. 主要负责人安全生产责任制(复制件),各分管负责人、安全生产管理人员以及职能部门负责人安全生产责任制目录清单;

4. 安全生产规章制度和操作规程目录清单;

5. 设置安全生产管理机构和配备专职安全生产管理人员的文件(复制件);

6. 矿长、安全生产管理人员安全生产知识和管理能力考核合格的证明材料;

7. 特种作业人员操作资格证书的证明材料;

8. 从业人员安全生产教育培训计划和考试合格的证明材料;

9. 为从业人员缴纳工伤保险费的有关证明材料;

10. 具备资质的中介机构出具的安全评价报告;

11. 矿井瓦斯等级鉴定文件;高瓦斯、煤与瓦斯突出矿井瓦斯参数测定报告,煤层自燃倾向性和煤尘爆炸危险性鉴定报告;

12. 矿井灾害预防和处理计划;

13. 井工煤矿采掘工程平面图,通风系统图;

14. 露天煤矿采剥工程平面图,边坡监测系统平面图;

15. 事故应急救援预案,设立矿山救护队的文件或者与专业矿山救护队签订的救护协议;

16. 井工煤矿主要通风机、主提升机、空压机、主排水泵的检测检验合格报告。

第十二条 安全生产许可证颁发管理机关对申请人提交的申请书及文件、资料,应当按照下列规定处理:

(一)申请事项不属于本机关职权范围的,即时作出不予受理的决定,并告知申请人向有关行政机关申请;

(二)申请材料存在可以当场更正的错误的,允许或者要求申请人当场更正,并即时出具受理的书面凭证,通过互联网申请的,符合要求后即时提供电子受理回执;

(三)申请材料不齐全或者不符合要求的,应当当场或者在5个工作日内一次告知申请人需要补正的全部内容,逾期不告知的,自收到申请材料之日起即为受理;

(四)申请材料齐全、符合要求或者按照要求全部补正的,自收到申请材料或者全部补正材料之日起为受理。

第十三条 煤矿企业应当对其向安全生产许可证颁发管理机关提交的文件、资料和图纸的真实性负责。

从事安全评价、检测检验的机构应当对其出具的安全评价报告、检测检验结果负责。

第十四条 对已经受理的申请,安全生产许可证颁发管理机关应当指派有关人员对申请材料进行审查;对申请材料实质内容存在疑问,认为需要到现场核查的,应当到现场进行核查。

第十五条 负责审查的有关人员提出审查意见。

安全生产许可证颁发管理机关应当对有关人员提出的审查意见进行讨论,并在受理申请之日起45个工作日内作出颁发或者不予颁发安全生产许可证的决定。

对决定颁发的,安全生产许可证颁发管理机关应当自决定之日起10个工作日内送达或者通知申请人领取安全生产许可证;对不予颁发的,应当在10个工作日内书面通知申请人并说明理由。

第十六条 经审查符合本实施办法规定的,安全生产许可证颁发管理机关应当分别向煤矿企业及其所属煤矿颁发安全生产许可证。

第十七条 安全生产许可证的有效期为3年。安全生产许可证有效期满需要延期的,煤矿企业应当于期满前3个月按照本实施办法第十条的规定,向原安全生产许可证颁发管理机关提出延期申请,并提交本实施办法第十一条规定的文件、资料和安全生产许可证正本、副本。

第十八条 对已经受理的延期申请,安全生产许可证颁发管理机关应当按照本实施办法的规定办理安全生产许可证延期手续。

第十九条 煤矿企业在安全生产许可证有效期内符合下列条件,在安全生产许可证有效期届满时,经原安全生产许可证颁发管理机关同意,不再审查,直接办理延期手续:

(一)严格遵守有关安全生产的法律法规和本实施办法;

(二)接受安全生产许可证颁发管理机关及煤矿

安全监察机构的监督检查；

（三）未因存在严重违法行为纳入安全生产不良记录“黑名单”管理；

（四）未发生生产安全死亡事故；

（五）煤矿安全质量标准化等级达到二级及以上。

第二十条 煤矿企业在安全生产许可证有效期内有下列情形之一的，应当向原安全生产许可证颁发管理机关申请变更安全生产许可证：

（一）变更主要负责人的；

（二）变更隶属关系的；

（三）变更经济类型的；

（四）变更煤矿企业名称的；

（五）煤矿改建、扩建工程经验收合格的。

变更本条第一款第一、二、三、四项的，自工商营业执照变更之日起10个工作日内提出申请；变更本条第一款第五项的，应当在改建、扩建工程验收合格后10个工作日内提出申请。

申请变更本条第一款第一项的，应提供变更后的工商营业执照副本和主要负责人任命文件（或者聘书）；申请变更本条第一款第二、三、四项的，应提供变更后的工商营业执照副本；申请变更本条第一款第五项的，应提供改建、扩建工程安全设施及条件竣工验收合格的证明材料。

第二十一条 对于本实施办法第二十条第一款第一、二、三、四项的变更申请，安全生产许可证颁发管理机关在对申请人提交的相关文件、资料审核后，即可办理安全生产许可证变更。

对于本实施办法第二十条第一款第五项的变更申请，安全生产许可证颁发管理机关应当按照本实施办法第十四条、第十五条的规定办理安全生产许可证变更。

第二十二条 经安全生产许可证颁发管理机关审查同意延期、变更安全生产许可证的，安全生产许可证颁发管理机关应当收回原安全生产许可证正本，换发新的安全生产许可证正本；在安全生产许可证副本上注明延期、变更内容，并加盖公章。

第二十三条 煤矿企业停办、关闭的，应当自停办、关闭决定之日起10个工作日内向原安全生产许可证颁发管理机关申请注销安全生产许可证，并提供煤矿开采现状报告、实测图纸和遗留事故隐患的报告及防治措施。

第二十四条 安全生产许可证分为正本和副本，具有同等法律效力，正本为悬挂式，副本为折页式。

安全生产许可证颁发管理机关应当在安全生产许可证正本、副本上载明煤矿企业名称、主要负责人、注册地址、隶属关系、经济类型、有效期、发证机关、发证日期等内容。

安全生产许可证正本、副本的式样由国家煤矿安全监察局制定。

安全生产许可证相关的行政许可文书由国家煤矿安全监察局规定统一的格式。

第四章　安全生产许可证的监督管理

第二十五条 煤矿企业取得安全生产许可证后，应当加强日常安全生产管理，不得降低安全生产条件。

第二十六条 煤矿企业不得转让、冒用、买卖、出租、出借或者使用伪造的安全生产许可证。

第二十七条 安全生产许可证颁发管理机关应当坚持公开、公平、公正的原则，严格依照本实施办法的规定审查、颁发安全生产许可证。

安全生产许可证颁发管理机关工作人员在安全生产许可证颁发、管理和监督检查工作中，不得索取或者接受煤矿企业的财物，不得谋取其他利益。

第二十八条 安全生产许可证颁发管理机关发现有下列情形之一的，应当撤销已经颁发的安全生产许可证：

（一）超越职权颁发安全生产许可证的；

（二）违反本实施办法规定的程序颁发安全生产许可证的；

（三）不具备本实施办法规定的安全生产条件颁发安全生产许可证的；

（四）以欺骗、贿赂等不正当手段取得安全生产许可证的。

第二十九条 取得安全生产许可证的煤矿企业有下列情形之一的，安全生产许可证颁发管理机关应当注销其安全生产许可证：

（一）终止煤炭生产活动的；

（二）安全生产许可证被依法撤销的；

（三）安全生产许可证被依法吊销的；

（四）安全生产许可证有效期满未申请办理延期手续。

第三十条 煤矿企业隐瞒有关情况或者提供虚假材料申请安全生产许可证的，安全生产许可证颁发管理机关不予受理，且在一年内不得再次申请安全生产许可证。

第三十一条 安全生产许可证颁发管理机关应当每年向社会公布一次煤矿企业取得安全生产许可证的情况。

第三十二条 安全生产许可证颁发管理机关应当将煤矿企业安全生产许可证颁发管理情况通报煤矿企业所在地市级以上人民政府及其指定的负责煤矿安全监管工作的部门。

第三十三条 安全生产许可证颁发管理机关应

当建立、健全安全生产许可证档案管理制度。

第三十四条 省级安全生产许可证颁发管理机关应当于每年1月15日前将所负责行政区域内上年度煤矿企业安全生产许可证颁发和管理情况报国家煤矿安全监察局，同时通报本级安全生产监督管理部门。

第三十五条 任何单位或者个人对违反《安全生产许可证条例》和本实施办法规定的行为，有权向安全生产许可证颁发管理机关或者监察机关等有关部门举报。

第五章 罚 则

第三十六条 安全生产许可证颁发管理机关工作人员有下列行为之一的，给予降级或者撤职的处分；构成犯罪的，依法追究刑事责任：

（一）向不符合本实施办法规定的安全生产条件的煤矿企业颁发安全生产许可证的；

（二）发现煤矿企业未依法取得安全生产许可证擅自从事生产活动不依法处理的；

（三）发现取得安全生产许可证的煤矿企业不再具备本实施办法规定的安全生产条件不依法处理的；

（四）接到对违反本实施办法规定行为的举报后，不依法处理的；

（五）在安全生产许可证颁发、管理和监督检查工作中，索取或者接受煤矿企业的财物，或者谋取其他利益的。

第三十七条 承担安全评价、检测、检验工作的机构，出具虚假安全评价、检测、检验报告或者证明的，没收违法所得；违法所得在10万元以上的，并处违法所得2倍以上5倍以下的罚款，没有违法所得或者违法所得不足10万元的，单处或者并处10万元以上20万元以下的罚款，对其直接负责的主管人员和其他直接责任人员处2万元以上5万元以下的罚款；给他人造成损害的，与煤矿企业承担连带赔偿责任；构成犯罪的，依照刑法有关规定追究刑事责任。

对有前款违法行为的机构，依法吊销其相应资质。

第三十八条 安全生产许可证颁发管理机关应当加强对取得安全生产许可证的煤矿企业的监督检查，发现其不再具备本实施办法规定的安全生产条件的，应当责令限期整改，依法暂扣安全生产许可证；经整改仍不具备本实施办法规定的安全生产条件的，依法吊销安全生产许可证。

第三十九条 取得安全生产许可证的煤矿企业，倒卖、出租、出借或者以其他形式非法转让安全生产许可证的，没收违法所得，处10万元以上50万元以下的罚款，吊销其安全生产许可证；构成犯罪的，依法追究刑事责任。

第四十条 发现煤矿企业有下列行为之一的，责令停止生产，没收违法所得，并处10万元以上50万元以下的罚款；构成犯罪的，依法追究刑事责任：

（一）未取得安全生产许可证，擅自进行生产的；

（二）接受转让的安全生产许可证的；

（三）冒用安全生产许可证的；

（四）使用伪造安全生产许可证的。

第四十一条 在安全生产许可证有效期满未申请办理延期手续，继续进行生产的，责令停止生产，限期补办延期手续，没收违法所得，并处5万元以上10万元以下的罚款；逾期仍不申请办理延期手续，依照本实施办法第二十九条、第四十条的规定处理。

第四十二条 在安全生产许可证有效期内，主要负责人、隶属关系、经济类型、煤矿企业名称发生变化，未按本实施办法申请办理变更手续的，责令限期补办变更手续，并处1万元以上3万元以下罚款。

改建、扩建工程已经验收合格，未按本实施办法规定申请办理变更手续擅自投入生产的，责令停止生产，限期补办变更手续，并处1万元以上3万元以下罚款；逾期仍不办理变更手续，继续进行生产的，依照本实施办法第四十条的规定处罚。

第六章 附 则

第四十三条 本实施办法规定的行政处罚，由安全生产许可证颁发管理机关决定。除吊销安全生产许可证外，安全生产许可证颁发管理机关可以委托有关省级煤矿安全监察局、煤矿安全监察分局实施行政处罚。

第四十四条 本实施办法自2016年4月1日起施行。原国家安全生产监督管理局（国家煤矿安全监察局）2004年5月17日公布、国家安全生产监督管理总局2015年6月8日修改的《煤矿企业安全生产许可证实施办法》同时废止。

（二）非煤矿山安全

尾矿库安全监督管理规定

（2011年5月4日国家安全生产监管总局令第38号公布 根据2015年5月26日《国家安全监管总局关于废止和修改非煤矿矿山领域九部规章的决定》修订）

第一章 总 则

第一条 为了预防和减少尾矿库生产安全事故，

保障人民群众生命和财产安全,根据《安全生产法》、《矿山安全法》等有关法律、行政法规,制定本规定。

第二条 尾矿库的建设、运行、回采、闭库及其安全管理与监督工作,适用本规定。

核工业矿山尾矿库、电厂灰渣库的安全监督管理工作,不适用本规定。

第三条 尾矿库建设、运行、回采、闭库的安全技术要求以及尾矿库等别划分标准,按照《尾矿库安全技术规程》(AQ2006－2005)执行。

第四条 尾矿库生产经营单位(以下简称生产经营单位)应当建立健全尾矿库安全生产责任制,建立健全安全生产规章制度和安全技术操作规程,对尾矿库实施有效的安全管理。

第五条 生产经营单位应当保证尾矿库具备安全生产条件所必需的资金投入,建立相应的安全管理机构或者配备相应的安全管理人员、专业技术人员。

第六条 生产经营单位主要负责人和安全管理人员应当依照有关规定经培训考核合格并取得安全资格证书。

直接从事尾矿库放矿、筑坝、巡坝、排洪和排渗设施操作的作业人员必须取得特种作业操作证书,方可上岗作业。

第七条 国家安全生产监督管理总局负责在国务院规定的职责范围内对有关尾矿库建设项目进行安全设施设计审查。

前款规定以外的其他尾矿库建设项目安全设施设计审查,由省级安全生产监督管理部门按照分级管理的原则作出规定。

第八条 鼓励生产经营单位应用尾矿库在线监测、尾矿充填、干式排尾、尾矿综合利用等先进适用技术。

一等、二等、三等尾矿库应当安装在线监测系统。

鼓励生产经营单位将尾矿回采再利用后进行回填。

第二章　尾矿库建设

第九条 尾矿库建设项目包括新建、改建、扩建以及回采、闭库的尾矿库建设工程。

尾矿库建设项目安全设施设计审查与竣工验收应当符合有关法律、行政法规的规定。

第十条 尾矿库的勘察单位应当具有矿山工程或者岩土工程类勘察资质。设计单位应当具有金属非金属矿山工程设计资质。安全评价单位应当具有尾矿库评价资质。施工单位应当具有矿山工程施工资质。施工监理单位应当具有矿山工程监理资质。

尾矿库的勘察、设计、安全评价、施工、监理等单位除符合前款规定外,还应当按照尾矿库的等别符合下列规定:

(一)一等、二等、三等尾矿库建设项目,其勘察、设计、安全评价、监理单位具有甲级资质,施工单位具有总承包一级或者特级资质;

(二)四等、五等尾矿库建设项目,其勘察、设计、安全评价、监理单位具有乙级或者乙级以上资质,施工单位具有总承包三级或者三级以上资质,或者专业承包一级、二级资质。

第十一条 尾矿库建设项目应当进行安全设施设计,对尾矿库库址及尾矿坝稳定性、尾矿库防洪能力、排洪设施和安全观测设施的可靠性进行充分论证。

第十二条 尾矿库库址应当由设计单位根据库容、坝高、库区地形条件、水文地质、气象、下游居民区和重要工业构筑物等情况,经科学论证后,合理确定。

第十三条 尾矿库建设项目应当进行安全设施设计并经安全生产监督管理部门审查批准后方可施工。无安全设施设计或者安全设施设计未经审查批准的,不得施工。

严禁未经设计并审查批准擅自加高尾矿库坝体。

第十四条 尾矿库施工应当执行有关法律、行政法规和国家标准、行业标准的规定,严格按照设计施工,确保工程质量,并做好施工记录。

生产经营单位应当建立尾矿库工程档案和日常管理档案,特别是隐蔽工程档案、安全检查档案和隐患排查治理档案,并长期保存。

第十五条 施工中需要对设计进行局部修改的,应当经原设计单位同意;对涉及尾矿库库址、等别、排洪方式、尾矿坝坝型等重大设计变更的,应当报原审批部门批准。

第十六条 尾矿库建设项目安全设施试运行应当向安全生产监督管理部门书面报告,试运行时间不得超过6个月,且尾砂排放不得超过初期坝坝顶标高。试运行结束后,建设单位应当组织安全设施竣工验收,并形成书面报告备查。

安全生产监督管理部门应当加强对建设单位验收活动和验收结果的监督核查。

第十七条 尾矿库建设项目安全设施经验收合格后,生产经营单位应当及时按照《非煤矿矿山企业安全生产许可证实施办法》的有关规定,申请尾矿库安全生产许可证。未依法取得安全生产许可证的尾矿库,不得投入生产运行。

生产经营单位在申请尾矿库安全生产许可证时,对于验收申请时已提交的符合颁证条件的文件、资料可以不再提交;安全生产监督管理部门在审核颁发安全生产许可证时,可以不再审查。

第三章　尾矿库运行

第十八条 对生产运行的尾矿库,未经技术论证和安全生产监督管理部门的批准，任何单位和个人不得对下列事项进行变更：

（一）筑坝方式；

（二）排放方式；

（三）尾矿物化特性；

（四）坝型、坝外坡坡比、最终堆积标高和最终坝轴线的位置；

（五）坝体防渗、排渗及反滤层的设置；

（六）排洪系统的型式、布置及尺寸；

（七）设计以外的尾矿、废料或者废水进库等。

第十九条 尾矿库应当每三年至少进行一次安全现状评价。安全现状评价应当符合国家标准或者行业标准的要求。

尾矿库安全现状评价工作应当有能够进行尾矿坝稳定性验算、尾矿库水文计算、构筑物计算的专业技术人员参加。

上游式尾矿坝堆积至二分之一至三分之二最终设计坝高时，应当对坝体进行一次全面勘察，并进行稳定性专项评价。

第二十条 尾矿库经安全现状评价或者专家论证被确定为危库、险库和病库的，生产经营单位应当分别采取下列措施：

（一）确定为危库的，应当立即停产，进行抢险，并向尾矿库所在地县级人民政府、安全生产监督管理部门和上级主管单位报告；

（二）确定为险库的，应当立即停产，在限定的时间内消除险情，并向尾矿库所在地县级人民政府、安全生产监督管理部门和上级主管单位报告；

（三）确定为病库的，应当在限定的时间内按照正常库标准进行整治，消除事故隐患。

第二十一条 生产经营单位应当建立健全防汛责任制，实施24小时监测监控和值班值守，并针对可能发生的垮坝、漫顶、排洪设施损毁等生产安全事故和影响尾矿库运行的洪水、泥石流、山体滑坡、地震等重大险情制定并及时修订应急救援预案，配备必要的应急救援器材、设备，放置在便于应急时使用的地方。

应急预案应当按照规定报相应的安全生产监督管理部门备案，并每年至少进行一次演练。

第二十二条 生产经营单位应当编制尾矿库年度、季度作业计划，严格按照作业计划生产运行，做好记录并长期保存。

第二十三条 生产经营单位应当建立尾矿库事故隐患排查治理制度，按照本规定和《尾矿库安全技术规程》的规定，及时发现并消除事故隐患。事故隐患排查治理情况应当如实记录，建立隐患排查治理档案，并向从业人员通报。

第二十四条 尾矿库出现下列重大险情之一的，生产经营单位应当按照安全监管权限和职责立即报告当地县级安全生产监督管理部门和人民政府，并启动应急预案，进行抢险：

（一）坝体出现严重的管涌、流土等现象的；

（二）坝体出现严重裂缝、坍塌和滑动迹象的；

（三）库内水位超过限制的最高洪水位的；

（四）在用排水井倒塌或者排水管（洞）坍塌堵塞的；

（五）其他危及尾矿库安全的重大险情。

第二十五条 尾矿库发生坝体坍塌、洪水漫顶等事故时，生产经营单位应当立即启动应急预案，进行抢险，防止事故扩大，避免和减少人员伤亡及财产损失，并立即报告当地县级安全生产监督管理部门和人民政府。

第二十六条 未经生产经营单位进行技术论证并同意，以及尾矿库建设项目安全设施设计原审批部门批准，任何单位和个人不得在库区从事爆破、采砂、地下采矿等危害尾矿库安全的作业。

第四章 尾矿库回采和闭库

第二十七条 尾矿回采再利用工程应当进行回采勘察、安全预评价和回采设计，回采设计应当包括安全设施设计，并编制安全专篇。

回采安全设施设计应当报安全生产监督管理部门审查批准。

生产经营单位应当按照回采设计实施尾矿回采，并在尾矿回采期间进行日常安全管理和检查，防止尾矿回采作业对尾矿坝安全造成影响。

尾矿全部回采后不再进行排尾作业的，生产经营单位应当及时报安全生产监督管理部门履行尾矿库注销手续。具体办法由省级安全生产监督管理部门制定。

第二十八条 尾矿库运行到设计最终标高或者不再进行排尾作业的，应当在一年内完成闭库。特殊情况不能按期完成闭库的，应当报经相应的安全生产监督管理部门同意后方可延期，但延长期限不得超过6个月。

库容小于10万立方米且总坝高低于10米的小型尾矿库闭库程序，由省级安全生产监督管理部门根据本地实际制定。

第二十九条 尾矿库运行到设计最终标高的前12个月内，生产经营单位应当进行闭库前的安全现状评价和闭库设计，闭库设计应当包括安全设施设计。

闭库安全设施设计应当经有关安全生产监督管理部门审查批准。

第三十条 尾矿库闭库工程安全设施验收，应当具备下列条件：

(一)尾矿库已停止使用;

(二)尾矿库闭库工程安全设施设计已经有关安全生产监督管理部门审查批准;

(三)有完备的闭库工程安全设施施工记录、竣工报告、竣工图和施工监理报告等;

(四)法律、行政法规和国家标准、行业标准规定的其他条件。

第三十一条 尾矿库闭库工程安全设施验收应当审查下列内容及资料:

(一)尾矿库库址所在行政区域位置、占地面积及尾矿库下游村庄、居民等情况;

(二)尾矿库建设和运行时间以及在建设和运行中曾经出现过的重大问题及其处理措施;

(三)尾矿库主要技术参数,包括初期坝结构、筑坝材料、堆坝方式、坝高、总库容、尾矿坝外坡坡比、尾矿粒度、尾矿堆积量、防洪排水型式等;

(四)闭库工程安全设施设计及审批文件;

(五)闭库工程安全设施设计的主要工程措施和闭库工程施工概况;

(六)闭库工程安全验收评价报告;

(七)闭库工程安全设施竣工报告及竣工图;

(八)施工监理报告;

(九)其他相关资料。

第三十二条 尾矿库闭库工作及闭库后的安全管理由原生产经营单位负责。对解散或者关闭破产的生产经营单位,其已关闭或者废弃的尾矿库的管理工作,由生产经营单位出资人或其上级主管单位负责;无上级主管单位或者出资人不明确的,由安全生产监督管理部门提请县级以上人民政府指定管理单位。

第五章 监督管理

第三十三条 安全生产监督管理部门应当严格按照有关法律、行政法规、国家标准、行业标准以及本规定要求和“分级属地”的原则,进行尾矿库建设项目安全设施设计审查;不符合规定条件的,不得批准。审查不得收取费用。

第三十四条 安全生产监督管理部门应当建立本行政区域内尾矿库安全生产监督检查档案,记录监督检查结果、生产安全事故及违法行为查处等情况。

第三十五条 安全生产监督管理部门应当加强对尾矿库生产经营单位安全生产的监督检查,对检查中发现的事故隐患和违法违规生产行为,依法作出处理。

第三十六条 安全生产监督管理部门应当建立尾矿库安全生产举报制度,公开举报电话、信箱或者电子邮件地址,受理有关举报;对受理的举报,应当认真调查核实;经查证属实的,应当依法作出处理。

第三十七条 安全生产监督管理部门应当加强本行政区域内生产经营单位应急预案的备案管理,并将尾矿库事故应急救援纳入地方各级人民政府应急救援体系。

第六章 法律责任

第三十八条 安全生产监督管理部门的工作人员,未依法履行尾矿库安全监督管理职责的,依照有关规定给予行政处分。

第三十九条 生产经营单位或者尾矿库管理单位违反本规定第八条第二款、第十九条、第二十条、第二十一条、第二十二条、第二十四条、第二十六条、第二十九条第一款规定的,给予警告,并处1万元以上3万元以下的罚款;对主管人员和直接责任人员由其所在单位或者上级主管单位给予行政处分;构成犯罪的,依法追究刑事责任。

生产经营单位或者尾矿库管理单位违反本规定第二十三条规定的,依照《安全生产法》实施处罚。

第四十条 生产经营单位或者尾矿库管理单位违反本规定第十八条规定的,给予警告,并处3万元的罚款;情节严重的,依法责令停产整顿或者提请县级以上地方人民政府按照规定权限予以关闭。

第四十一条 生产经营单位违反本规定第二十八条第一款规定不主动实施闭库的,给予警告,并处3万元的罚款。

第四十二条 本规定规定的行政处罚由安全生产监督管理部门决定。

法律、行政法规对行政处罚决定机关和处罚种类、幅度另有规定的,依照其规定。

第七章 附 则

第四十三条 本规定自2011年7月1日起施行。国家安全生产监督管理总局2006年公布的《尾矿库安全监督管理规定》(国家安全生产监督管理总局令第6号)同时废止。

小型露天采石场安全管理与监督检查规定

(2011年5月4日国家安全生产监管总局令第39号公布 根据2015年5月26日《国家安全监管总局关于废止和修改非煤矿矿山领域九部规章的决定》修订)

第一章 总 则

第一条 为预防和减少小型露天采石场生产安

全事故，保障从业人员的安全与健康，根据《安全生产法》、《矿山安全法》、《安全生产许可证条例》等有关法律、行政法规，制定本规定。

第二条 年生产规模不超过50万吨的山坡型露天采石作业单位（以下统称小型露天采石场）的安全生产及对其监督管理，适用本规定。

开采型材和金属矿产资源的小型露天矿山的安全生产及对其监督管理，不适用本规定。

第三条 县级以上地方人民政府安全生产监督管理部门对小型露天采石场的安全生产实施监督管理。所辖区域内有小型露天采石场的乡（镇）应当明确负责安全生产工作的管理人员及其职责。

第二章 安全生产保障

第四条 小型露天采石场主要负责人对本单位的安全生产工作负总责，应当组织制定和落实安全生产责任制，改善劳动条件和作业环境，保证安全生产投入的有效实施。

小型露天采石场主要负责人应当经安全生产监督管理部门考核合格并取得安全资格证书。

第五条 小型露天采石场应当建立健全安全生产管理制度和岗位安全操作规程，至少配备一名专职安全生产管理人员。

安全生产管理人员应当按照国家有关规定经安全生产监督管理部门考核合格并取得安全资格证书。

第六条 小型露天采石场应当至少配备一名专业技术人员，或者聘用专业技术人员、注册安全工程师、委托相关技术服务机构为其提供安全生产管理服务。

第七条 小型露天采石场新进矿山的作业人员应当接受不少于40小时的安全培训，已在岗的作业人员应当每年接受不少于20小时的安全再培训。

特种作业人员必须按照国家有关规定经专门的安全技术培训并考核合格，取得特种作业操作证书后，方可上岗作业。

第八条 小型露天采石场必须参加工伤保险，按照国家有关规定提取和使用安全生产费用。

第九条 新建、改建、扩建小型露天采石场应当由具有建设主管部门认定资质的设计单位编制开采设计或者开采方案。采石场布置和开采方式发生重大变化时，应当重新编制开采设计或者开采方案，并由原审查部门审查批准。

第十条 小型露天采石场新建、改建、扩建工程项目安全设施应当按照规定履行设计审查程序。

第十一条 小型露天采石场应当依法取得非煤矿矿山企业安全生产许可证。未取得安全生产许可证的，不得从事生产活动。

在安全生产许可证有效期内采矿许可证到期失效的，小型露天采石场应当在采矿许可证到期前15日内向原安全生产许可证颁发管理机关报告，并交回安全生产许可证正本和副本。

第十二条 相邻的采石场开采范围之间最小距离应当大于300米。对可能危及对方生产安全的，双方应当签订安全生产管理协议，明确各自的安全生产管理职责和应当采取的安全措施，指定专门人员进行安全检查与协调。

第十三条 小型露天采石场应当采用中深孔爆破，严禁采用扩壶爆破、掏底崩落、掏挖开采和不分层的“一面墙”等开采方式。

不具备实施中深孔爆破条件的，由所在地安全生产监督管理部门聘请有关专家进行论证，经论证符合要求的，方可采用浅孔爆破开采。

小型露天采石场实施中深孔爆破条件的审核办法，由省级安全生产监督管理部门制定。

第十四条 不采用爆破方式直接使用挖掘机进行采矿作业的，台阶高度不得超过挖掘机最大挖掘高度。

第十五条 小型露天采石场应当采用台阶式开采。不能采用台阶式开采的，应当自上而下分层顺序开采。

分层开采的分层高度、最大开采高度（第一分层的坡顶线到最后一分层的坡底线的垂直距离）和最终边坡角由设计确定，实施浅孔爆破作业时，分层数不得超过6个，最大开采高度不得超过30米；实施中深孔爆破作业时，分层高度不得超过20米，分层数不得超过3个，最大开采高度不得超过60米。

分层开采的凿岩平台宽度由设计确定，最小凿岩平台宽度不得小于4米。

分层开采的底部装运平台宽度由设计确定，且应当满足调车作业所需的最小平台宽度要求。

第十六条 小型露天采石场应当遵守国家有关民用爆炸物品和爆破作业的安全规定，由具有相应资格的爆破作业人员进行爆破，设置爆破警戒范围，实行定时爆破制度。不得在爆破警戒范围内避炮。

禁止在雷雨、大雾、大风等恶劣天气条件下进行爆破作业。雷电高发地区应当选用非电起爆系统。

第十七条 对爆破后产生的大块矿岩应当采用机械方式进行破碎，不得使用爆破方式进行二次破碎。

第十八条 承包爆破作业的专业服务单位应当取得爆破作业单位许可证，承包采矿和剥离作业的采掘施工单位应当持有非煤矿矿山企业安全生产许可证。

第十九条 采石场上部需要剥离的，剥离工作面应当超前于开采工作面4米以上。

第二十条 小型露天采石场在作业前和作业中以及每次爆破后,应当对坡面进行安全检查。发现工作面有裂痕,或者在坡面上有浮石、危石和伞檐体可能塌落时,应当立即停止作业并撤离人员至安全地点,采取安全措施和消除隐患。

采石场的入口道路及相关危险源点应当设置安全警示标志,严禁任何人员在边坡底部休息和停留。

第二十一条 在坡面上进行排险作业时,作业人员应当系安全带,不得站在危石、浮石上及悬空作业。严禁在同一坡面上下双层或者多层同时作业。

距工作台阶坡底线50米范围内不得从事碎石加工作业。

第二十二条 小型露天采石场应当采用机械铲装作业,严禁使用人工装运矿岩。

同一工作面有两台铲装机械作业时,最小间距应当大于铲装机械最大回转半径的2倍。

严禁自卸汽车运载易燃、易爆物品;严禁超载运输;装载与运输作业时,严禁在驾驶室外侧、车斗内站人。

第二十三条 废石、废碴应当排放到废石场。废石场的设置应当符合设计要求和有关安全规定。顺山或顺沟排放废石、废碴的,应当有防止泥石流的具体措施。

第二十四条 电气设备应当有接地、过流、漏电保护装置。变电所应当有独立的避雷系统和防火、防潮与防止小动物窜入带电部位的措施。

第二十五条 小型露天采石场应当制定完善的防洪措施。对开采境界上方汇水影响安全的,应当设置截水沟。

第二十六条 小型露天采石场应当制定应急救援预案,建立兼职救援队伍,明确救援人员的职责,并与邻近的矿山救护队或者其他具备救护条件的单位签订救护协议。发生生产安全事故时,应当立即组织抢救,并在1小时内向当地安全生产监督管理部门报告。

第二十七条 小型露天采石场应当加强粉尘检测和防治工作,采取有效措施防治职业危害,建立职工健康档案,为从业人员提供符合国家标准或者行业标准的劳动防护用品和劳动保护设施,并指导监督其正确使用。

第二十八条 小型露天采石场应当在每年年末测绘采石场开采现状平面图和剖面图,并归档管理。

第三章 监督检查

第二十九条 安全生产监督管理部门应当加强对小型露天采石场的监督检查,对检查中发现的事故隐患和安全生产违法违规行为,依法作出现场处理或者实施行政处罚。

第三十条 安全生产监督管理部门应当建立健全本行政区域内小型露天采石场的安全生产档案,记录监督检查结果、生产安全事故和违法行为查处等情况。

第三十一条 对于未委托具备相应资质的设计单位编制开采设计或者开采方案,以及周边300米范围内存在生产生活设施的小型露天采石场,不得对其进行审查和验收。

第三十二条 安全生产监督管理部门应当加强对小型露天采石场实施中深孔爆破条件的监督检查。严格限制小型露天采石场采用浅孔爆破开采方式。

第三十三条 安全生产监督管理部门应当督促小型露天采石场加强对承包作业的采掘施工单位的管理,明确双方安全生产责任。

第三十四条 安全生产监督管理部门应当加强本行政区域内小型露天采石场应急预案的管理,督促乡(镇)人民政府做好事故应急救援的协调工作。

第四章 法律责任

第三十五条 安全生产监督管理部门及其工作人员违反法律法规和本规定,未依法履行对小型露天采石场安全生产监督检查职责的,依法给予行政处分。

第三十六条 违反本规定第六条规定的,责令限期改正,并处1万元以下的罚款。

第三十七条 违反本规定第十条第一款规定的,责令停止建设或者停产停业整顿,限期改正;逾期未改正的,处50万元以上100万元以下的罚款,对其直接负责的主管人员和其他直接责任人员处2万元以上5万元以下的罚款;构成犯罪的,依照刑法有关规定追究刑事责任。

第三十八条 违反本规定第十一条第一款规定的,责令停止生产,没收违法所得,并处10万元以上50万元以下的罚款。

第三十九条 违反本规定第十二条、第十三条第一、二款、第十四条、第十五条、第十六条、第十七条、第十九条、第二十条第一款、第二十一条、第二十二条规定的,给予警告,并处1万元以上3万元以下的罚款。

第四十条 违反本规定第二十三条、第二十四条、第二十五条、第二十八条规定的,给予警告,并处2万元以下的罚款。

第四十一条 本规定规定的行政处罚由安全生产监督管理部门决定。法律、行政法规对行政处罚另有规定的,依照其规定。

第五章 附 则

第四十二条 省、自治区、直辖市人民政府安全生产监督管理部门可以根据本规定制定实施细则，报国家安全生产监督管理总局备案。

第四十三条 本规定自2011年7月1日起施行。2004年12月28日原国家安全生产监督管理局（国家煤矿安全监察局）公布的《小型露天采石场安全生产暂行规定》（原国家安全生产监督管理局〈国家煤矿安全监察局〉令第19号）同时废止。

非煤矿矿山企业安全生产许可证实施办法

（2009年6月8日国家安全生产监管总局令第20号公布 根据2015年5月26日《国家安全监管总局关于废止和修改非煤矿矿山领域九部规章的决定》修订）

第一章 总 则

第一条 为了严格规范非煤矿矿山企业安全生产条件，做好非煤矿矿山企业安全生产许可证的颁发管理工作，根据《安全生产许可证条例》等法律、行政法规，制定本实施办法。

第二条 非煤矿矿山企业必须依照本实施办法的规定取得安全生产许可证。

未取得安全生产许可证的，不得从事生产活动。

第三条 非煤矿矿山企业安全生产许可证的颁发管理工作实行企业申请、两级发证、属地监管的原则。

第四条 国家安全生产监督管理总局指导、监督全国非煤矿矿山企业安全生产许可证的颁发管理工作，负责海洋石油天然气企业安全生产许可证的颁发和管理。

省、自治区、直辖市人民政府安全生产监督管理部门（以下简称省级安全生产许可证颁发管理机关）负责本行政区域内除本条第一款规定以外的非煤矿矿山企业安全生产许可证的颁发和管理。

省级安全生产许可证颁发管理机关可以委托设区的市级安全生产监督管理部门实施非煤矿矿山企业安全生产许可证的颁发管理工作；但中央管理企业所属非煤矿矿山的安全生产许可证颁发管理工作不得委托实施。

第五条 本实施办法所称的非煤矿矿山企业包括金属非金属矿山企业及其尾矿库、地质勘探单位、采掘施工企业、石油天然气企业。

金属非金属矿山企业，是指从事金属和非金属矿产资源开采活动的下列单位：

1. 专门从事矿产资源开采的生产单位；

2. 从事矿产资源开采、加工的联合生产企业及其矿山生产单位；

3. 其他非矿山企业中从事矿山生产的单位。

尾矿库，是指筑坝拦截谷口或者围地构成的，用以贮存金属非金属矿石选别后排出尾矿的场所，包括氧化铝厂赤泥库，不包括核工业矿山尾矿库及电厂灰渣库。

地质勘探单位，是指采用钻探工程、坑探工程对金属非金属矿产资源进行勘探作业的单位。

采掘施工企业，是指承担金属非金属矿山采掘工程施工的单位。

石油天然气企业，是指从事石油和天然气勘探、开发生产、储运的单位。

第二章 安全生产条件和申请

第六条 非煤矿矿山企业取得安全生产许可证，应当具备下列安全生产条件：

（一）建立健全主要负责人、分管负责人、安全生产管理人员、职能部门、岗位安全生产责任制；制定安全检查制度、职业危害预防制度、安全教育培训制度、生产安全事故管理制度、重大危险源监控和重大隐患整改制度、设备安全管理制度、安全生产档案管理制度、安全生产奖惩制度等规章制度；制定作业安全规程和各工种操作规程；

（二）安全投入符合安全生产要求，依照国家有关规定足额提取安全生产费用；

（三）设置安全生产管理机构，或者配备专职安全生产管理人员；

（四）主要负责人和安全生产管理人员经安全生产监督管理部门考核合格，取得安全资格证书；

（五）特种作业人员经有关业务主管部门考核合格，取得特种作业操作资格证书；

（六）其他从业人员依照规定接受安全生产教育和培训，并经考试合格；

（七）依法参加工伤保险，为从业人员缴纳保险费；

（八）制定防治职业危害的具体措施，并为从业人员配备符合国家标准或者行业标准的劳动防护用品；

（九）新建、改建、扩建工程项目依法进行安全评价，其安全设施经验收合格；

（十）危险性较大的设备、设施按照国家有关规定进行定期检测检验；

（十一）制定事故应急救援预案，建立事故应急救援组织，配备必要的应急救援器材、设备；生产规模较小可以不建立事故应急救援组织的，应当指定兼职的应急救援人员，并与邻近的矿山救护队或者其他应急救援组织签订救护协议；

（十二）符合有关国家标准、行业标准规定的其他条件。

第七条 海洋石油天然气企业申请领取安全生产许可证，向国家安全生产监督管理总局提出申请。

本条第一款规定以外的其他非煤矿矿山企业申请领取安全生产许可证，向企业所在地省级安全生产许可证颁发管理机关或其委托的设区的市级安全生产监督管理部门提出申请。

第八条 非煤矿矿山企业申请领取安全生产许可证，应当提交下列文件、资料：

（一）安全生产许可证申请书；

（二）工商营业执照复印件；

（三）采矿许可证复印件；

（四）各种安全生产责任制复印件；

（五）安全生产规章制度和操作规程目录清单；

（六）设置安全生产管理机构或者配备专职安全生产管理人员的文件复印件；

（七）主要负责人和安全生产管理人员安全资格证书复印件；

（八）特种作业人员操作资格证书复印件；

（九）足额提取安全生产费用的证明材料；

（十）为从业人员缴纳工伤保险费的证明材料；因特殊情况不能办理工伤保险的，可以出具办理安全生产责任保险的证明材料；

（十一）涉及人身安全、危险性较大的海洋石油开采特种设备和矿山井下特种设备由具备相应资质的检测检验机构出具合格的检测检验报告，并取得安全使用证或者安全标志；

（十二）事故应急救援预案，设立事故应急救援组织的文件或者与矿山救护队、其他应急救援组织签订的救护协议；

（十三）矿山建设项目安全设施验收合格的书面报告。

第九条 非煤矿矿山企业总部申请领取安全生产许可证，不需要提交本实施办法第八条第（三）、（八）、（九）、（十）、（十一）、（十二）、（十三）项规定的文件、资料。

第十条 金属非金属矿山企业从事爆破作业的，除应当依照本实施办法第八条的规定提交相应文件、资料外，还应当提交《爆破作业单位许可证》。

第十一条 尾矿库申请领取安全生产许可证，不需要提交本实施办法第八条第（三）项规定的文件、资料。

第十二条 地质勘探单位申请领取安全生产许可证，不需要提交本实施办法第八条第（三）、（九）、（十三）项规定的文件、资料，但应当提交地质勘查资质证书复印件；从事爆破作业的，还应当提交《爆破作业单位许可证》。

第十三条 采掘施工企业申请领取安全生产许可证，不需要提交本实施办法第八条第（三）、（九）、（十三）项规定的文件、资料，但应当提交矿山工程施工相关资质证书复印件；从事爆破作业的，还应当提交《爆破作业单位许可证》。

第十四条 石油天然气勘探单位申请领取安全生产许可证，不需要提交本实施办法第八条第（三）、（十三）项规定的文件、资料；石油天然气管道储运单位申请领取安全生产许可证不需要提交本实施办法第八条第（三）项规定的文件、资料。

第十五条 非煤矿矿山企业应当对其向安全生产许可证颁发管理机关提交的文件、资料实质内容的真实性负责。

从事安全评价、检测检验的中介机构应当对其出具的安全评价报告、检测检验结果负责。

第三章　受理、审核和颁发

第十六条 安全生产许可证颁发管理机关对非煤矿矿山企业提交的申请书及文件、资料，应当依照下列规定分别处理：

（一）申请事项不属于本机关职权范围的，应当即时作出不予受理的决定，并告知申请人向有关机关申请；

（二）申请材料存在可以当场更正的错误的，应当允许或者要求申请人当场更正，并即时出具受理的书面凭证；

（三）申请材料不齐全或者不符合要求的，应当当场或者在5个工作日内一次性书面告知申请人需要补正的全部内容，逾期不告知的，自收到申请材料之日起即为受理；

（四）申请材料齐全、符合要求或者依照要求全部补正的，自收到申请材料或者全部补正材料之日起为受理。

第十七条 安全生产许可证颁发管理机关应当依照本实施办法规定的法定条件组织，对非煤矿矿山企业提交的申请材料进行审查，并在受理申请之日起45日内作出颁发或者不予颁发安全生产许可证的决定。安全生产许可证颁发管理机关认为有必要到现场对非煤矿矿山企业提交的申请材料进行复核的，应当到现场进行复核。复核时间不计算在本款规定的期限内。

对决定颁发的，安全生产许可证颁发管理机关应当自决定之日起10个工作日内送达或者通知申请人领取安全生产许可证；对决定不予颁发的，应当在10个工作日内书面通知申请人并说明理由。

第十八条 安全生产许可证颁发管理机关应当

依照下列规定颁发非煤矿矿山企业安全生产许可证：

（一）对金属非金属矿山企业，向企业及其所属各独立生产系统分别颁发安全生产许可证；对于只有一个独立生产系统的企业，只向企业颁发安全生产许可证；

（二）对中央管理的陆上石油天然气企业，向企业总部直接管理的分公司、子公司以及下一级与油气勘探、开发生产、储运直接相关的生产作业单位分别颁发安全生产许可证；对设有分公司、子公司的地方石油天然气企业，向企业总部及其分公司、子公司颁发安全生产许可证；对其他陆上石油天然气企业，向具有法人资格的企业颁发安全生产许可证；

（三）对海洋石油天然气企业，向企业及其直接管理的分公司、子公司以及下一级与油气开发生产直接相关的生产作业单位、独立生产系统分别颁发安全生产许可证；对其他海洋石油天然气企业，向具有法人资格的企业颁发安全生产许可证；

（四）对地质勘探单位，向最下级具有企事业法人资格的单位颁发安全生产许可证。对采掘施工企业，向企业颁发安全生产许可证；

（五）对尾矿库单独颁发安全生产许可证。

第四章 安全生产许可证延期和变更

第十九条 安全生产许可证的有效期为3年。安全生产许可证有效期满后需要延期的，非煤矿矿山企业应当在安全生产许可证有效期届满前3个月向原安全生产许可证颁发管理机关申请办理延期手续，并提交下列文件、资料：

（一）延期申请书；

（二）安全生产许可证正本和副本；

（三）本实施办法第二章规定的相应文件、资料。

金属非金属矿山独立生产系统和尾矿库，以及石油天然气独立生产系统和作业单位还应当提交由具备相应资质的中介服务机构出具的合格的安全现状评价报告。

金属非金属矿山独立生产系统和尾矿库在提出延期申请之前6个月内经考评合格达到安全标准化等级的，可以不提交安全现状评价报告，但需要提交安全标准化等级的证明材料。

安全生产许可证颁发管理机关应当依照本实施办法第十六条、第十七条的规定，对非煤矿矿山企业提交的材料进行审查，并作出是否准予延期的决定。决定准予延期的，应当收回原安全生产许可证，换发新的安全生产许可证；决定不准予延期的，应当书面告知申请人并说明理由。

第二十条 非煤矿矿山企业符合下列条件的，当安全生产许可证有效期届满申请延期时，经原安全生产许可证颁发管理机关同意，不再审查，直接办理延期手续：

（一）严格遵守有关安全生产的法律法规的；

（二）取得安全生产许可证后，加强日常安全生产管理，未降低安全生产条件，并达到安全标准化等级二级以上的；

（三）接受安全生产许可证颁发管理机关及所在地人民政府安全生产监督管理部门的监督检查的；

（四）未发生死亡事故的。

第二十一条 非煤矿矿山企业在安全生产许可证有效期内有下列情形之一的，应当自工商营业执照变更之日起30个工作日内向原安全生产许可证颁发管理机关申请变更安全生产许可证：

（一）变更单位名称的；

（二）变更主要负责人的；

（三）变更单位地址的；

（四）变更经济类型的；

（五）变更许可范围的。

第二十二条 非煤矿矿山企业申请变更安全生产许可证时，应当提交下列文件、资料：

（一）变更申请书；

（二）安全生产许可证正本和副本；

（三）变更后的工商营业执照、采矿许可证复印件及变更说明材料。

变更本实施办法第二十一条第（二）项的，还应当提交变更后的主要负责人的安全资格证书复印件。

对已经受理的变更申请，安全生产许可证颁发管理机关对申请人提交的文件、资料审查无误后，应当在10个工作日内办理变更手续。

第二十三条 安全生产许可证申请书、审查书、延期申请书和变更申请书由国家安全生产监督管理总局统一格式。

第二十四条 非煤矿矿山企业安全生产许可证分为正本和副本，正本和副本具有同等法律效力，正本为悬挂式，副本为折页式。

非煤矿矿山企业安全生产许可证由国家安全生产监督管理总局统一印制和编号。

第五章 安全生产许可证的监督管理

第二十五条 非煤矿矿山企业取得安全生产许可证后，应当加强日常安全生产管理，不得降低安全生产条件，并接受所在地县级以上安全生产监督管理部门的监督检查。

第二十六条 地质勘探单位、采掘施工单位在登记注册的省、自治区、直辖市以外从事作业的，应当向作业所在地县级以上安全生产监督管理部门书面报告。

第二十七条 非煤矿矿山企业不得转让、冒用、买卖、出租、出借或者使用伪造的安全生产许可证。

第二十八条 非煤矿矿山企业发现在安全生产许可证有效期内采矿许可证到期失效的,应当在采矿许可证到期前15日内向原安全生产许可证颁发管理机关报告,并交回安全生产许可证正本和副本。

采矿许可证被暂扣、撤销、吊销和注销的,非煤矿矿山企业应当在暂扣、撤销、吊销和注销后5日内向原安全生产许可证颁发管理机关报告,并交回安全生产许可证正本和副本。

第二十九条 安全生产许可证颁发管理机关应当坚持公开、公平、公正的原则,严格依照本实施办法的规定审查、颁发安全生产许可证。

安全生产许可证颁发管理机关工作人员在安全生产许可证颁发、管理和监督检查工作中,不得索取或者接受非煤矿矿山企业的财物,不得谋取其他利益。

第三十条 安全生产许可证颁发管理机关发现有下列情形之一的,应当撤销已经颁发的安全生产许可证:

(一)超越职权颁发安全生产许可证的;

(二)违反本实施办法规定的程序颁发安全生产许可证的;

(三)不具备本实施办法规定的安全生产条件颁发安全生产许可证的;

(四)以欺骗、贿赂等不正当手段取得安全生产许可证的。

第三十一条 取得安全生产许可证的非煤矿矿山企业有下列情形之一的,安全生产许可证颁发管理机关应当注销其安全生产许可证:

(一)终止生产活动的;

(二)安全生产许可证被依法撤销的;

(三)安全生产许可证被依法吊销的。

第三十二条 非煤矿矿山企业隐瞒有关情况或者提供虚假材料申请安全生产许可证的,安全生产许可证颁发管理机关不予受理,该企业在1年内不得再次申请安全生产许可证。

非煤矿矿山企业以欺骗、贿赂等不正当手段取得安全生产许可证后被依法予以撤销的,该企业3年内不得再次申请安全生产许可证。

第三十三条 县级以上地方人民政府安全生产监督管理部门负责本行政区域内取得安全生产许可证的非煤矿矿山企业的日常监督检查,并将监督检查中发现的问题及时报告安全生产许可证颁发管理机关。中央管理的非煤矿矿山企业由设区的市级以上地方人民政府安全生产监督管理部门负责日常监督检查。

国家安全生产监督管理总局负责取得安全生产许可证的中央管理的非煤矿矿山企业总部和海洋石油天然气企业的日常监督检查。

第三十四条 安全生产许可证颁发管理机关每6个月向社会公布取得安全生产许可证的非煤矿矿山企业名单。

第三十五条 安全生产许可证颁发管理机关应当将非煤矿矿山企业安全生产许可证颁发管理情况通报非煤矿矿山企业所在地县级以上地方人民政府及其安全生产监督管理部门。

第三十六条 安全生产许可证颁发管理机关应当加强对非煤矿矿山企业安全生产许可证的监督管理,建立、健全非煤矿矿山企业安全生产许可证信息管理制度。

省级安全生产许可证颁发管理机关应当在安全生产许可证颁发之日起1个月内将颁发和管理情况录入到全国统一的非煤矿矿山企业安全生产许可证管理系统。

第三十七条 任何单位或者个人对违反《安全生产许可证条例》和本实施办法规定的行为,有权向安全生产许可证颁发管理机关或者监察机关等有关部门举报。

第六章　罚　　则

第三十八条 安全生产许可证颁发管理机关工作人员有下列行为之一的,给予降级或者撤职的行政处分;构成犯罪的,依法追究刑事责任:

(一)向不符合本实施办法规定的安全生产条件的非煤矿矿山企业颁发安全生产许可证的;

(二)发现非煤矿矿山企业未依法取得安全生产许可证擅自从事生产活动,不依法处理的;

(三)发现取得安全生产许可证的非煤矿矿山企业不再具备本实施办法规定的安全生产条件,不依法处理的;

(四)接到对违反本实施办法规定行为的举报后,不及时处理的;

(五)在安全生产许可证颁发、管理和监督检查工作中,索取或者接受非煤矿矿山企业的财物,或者谋取其他利益的。

第三十九条 承担安全评价、认证、检测、检验工作的机构,出具虚假证明的,没收违法所得;违法所得在10万元以上的,并处违法所得2倍以上5倍以下的罚款;没有违法所得或者违法所得不足10万元的,单处或者并处10万元以上20万元以下的罚款;对其直接负责的主管人员和其他直接责任人员处2万元以上5万元以下的罚款;给他人造成损害的,与建设单位承担连带赔偿责任;构成犯罪的,依照刑法有关规定追究刑事责任。

对有前款违法行为的机构，吊销其相应资质。

第四十条 取得安全生产许可证的非煤矿矿山企业不再具备本实施办法第六条规定的安全生产条件之一的，应当暂扣或者吊销其安全生产许可证。

第四十一条 取得安全生产许可证的非煤矿矿山企业有下列行为之一的，吊销其安全生产许可证：

（一）倒卖、出租、出借或者以其他形式非法转让安全生产许可证的；

（二）暂扣安全生产许可证后未按期整改或者整改后仍不具备安全生产条件的。

第四十二条 非煤矿矿山企业有下列行为之一的，责令停止生产，没收违法所得，并处10万元以上50万元以下的罚款：

（一）未取得安全生产许可证，擅自进行生产的；

（二）接受转让的安全生产许可证的；

（三）冒用安全生产许可证的；

（四）使用伪造的安全生产许可证的。

第四十三条 非煤矿矿山企业在安全生产许可证有效期内出现采矿许可证有效期届满和采矿许可证被暂扣、撤销、吊销、注销的情况，未依照本实施办法第二十八条的规定向安全生产许可证颁发管理机关报告并交回安全生产许可证的，处1万元以上3万元以下罚款。

第四十四条 非煤矿矿山企业在安全生产许可证有效期内，出现需要变更安全生产许可证的情形，未按本实施办法第二十一条的规定申请、办理变更手续的，责令限期办理变更手续，并处1万元以上3万元以下罚款。

地质勘探单位、采掘施工单位在登记注册地以外进行跨省作业，未按照本实施办法第二十六条的规定书面报告的，责令限期办理书面报告手续，并处1万元以上3万元以下的罚款。

第四十五条 非煤矿矿山企业在安全生产许可证有效期满未办理延期手续，继续进行生产的，责令停止生产，限期补办延期手续，没收违法所得，并处5万元以上10万元以下的罚款；逾期仍不办理延期手续，继续进行生产的，依照本实施办法第四十二条的规定处罚。

第四十六条 非煤矿矿山企业转让安全生产许可证的，没收违法所得，并处10万元以上50万元以下的罚款。

第四十七条 本实施办法规定的行政处罚，由安全生产许可证颁发管理机关决定。安全生产许可证颁发管理机关可以委托县级以上安全生产监督管理部门实施行政处罚。但撤销、吊销安全生产许可证和撤销有关资格的行政处罚除外。

第七章 附 则

第四十八条 本实施办法所称非煤矿矿山企业独立生产系统，是指具有相对独立的采掘生产系统及通风、运输（提升）、供配电、防排水等辅助系统的作业单位。

第四十九条 危险性较小的地热、温泉、矿泉水、卤水、砖瓦用粘土等资源开采活动的安全生产许可，由省级安全生产许可证颁发管理机关决定。

第五十条 同时开采煤炭与金属非金属矿产资源且以煤炭、煤层气为主采矿种的煤系矿山企业应当申请领取煤矿企业安全生产许可证，不再申请领取非煤矿矿山企业安全生产许可证。

第五十一条 本实施办法自公布之日起施行。2004年5月17日原国家安全生产监督管理局（国家煤矿安全监察局）公布的《非煤矿山企业安全生产许可证实施办法》同时废止。

冶金企业安全生产监督管理规定

（2009年9月8日国家安全生产监督管理总局令第26号公布 自2009年11月1日起施行）

第一章 总 则

第一条 为了加强冶金企业安全生产监督管理工作，防止和减少生产安全事故和职业危害，保障从业人员的生命安全与健康，根据安全生产法等法律、行政法规，制定本规定。

第二条 从事炼铁、炼钢、轧钢、铁合金生产作业活动和钢铁企业内与主工艺流程配套的辅助工艺环节的安全生产及其监督管理，适用本规定。

第三条 国家安全生产监督管理总局对全国冶金安全生产工作实施监督管理。

县级以上地方人民政府安全生产监督管理部门按照属地监管、分级负责的原则，对本行政区域内的冶金安全生产工作实施监督管理。

第四条 冶金企业是安全生产的责任主体，其主要负责人是本单位安全生产第一责任人，相关负责人在各自职责内对本单位安全生产工作负责。集团公司对其所属分公司、子公司、控股公司的安全生产工作负管理责任。

第二章 安全保障

第五条 冶金企业应当遵守有关安全生产法律、法规、规章和国家标准或者行业标准的规定。

焦化、氧气及相关气体制备、煤气生产(不包括回收)等危险化学品生产单位应当按照国家有关规定,取得危险化学品生产企业安全生产许可证。

第六条 冶金企业应当建立健全安全生产责任制和安全生产管理制度,完善各工种、岗位的安全技术操作规程。

第七条 冶金企业的从业人员超过300人的,应当设置安全生产管理机构,配备不少于从业人员3‰比例的专职安全生产管理人员;从业人员在300人以下的,应当配备专职或者兼职安全生产管理人员。

第八条 冶金企业应当保证安全生产所必须的资金投入,并用于下列范围:

(一)完善、改造和维护安全防护设备设施;

(二)安全生产教育培训和配备劳动防护用品;

(三)安全评价、重大危险源监控、重大事故隐患评估和整改;

(四)职业危害防治,职业危害因素检测、监测和职业健康体检;

(五)设备设施安全性能检测检验;

(六)应急救援器材、装备的配备及应急救援演练;

(七)其他与安全生产直接相关的物品或者活动。

第九条 冶金企业主要负责人、安全生产管理人员应当接受安全生产教育和培训,具备与本单位所从事的生产经营活动相适应的安全生产知识和管理能力。特种作业人员必须按照国家有关规定经专门的安全培训考核合格,取得特种作业操作资格证书后,方可上岗作业。

冶金企业应当定期对从业人员进行安全生产教育和培训,保证从业人员具备必要的安全生产知识,了解有关的安全生产法律法规,熟悉规章制度和安全技术操作规程,掌握本岗位的安全操作技能。未经安全生产教育和培训合格的从业人员,不得上岗作业。

冶金企业应当按照有关规定对从事煤气生产、储存、输送、使用、维护检修的人员进行专门的煤气安全基本知识、煤气安全技术、煤气监测方法、煤气中毒紧急救护技术等内容的培训,并经考核合格后,方可安排其上岗作业。

第十条 冶金企业的新建、改建、扩建工程项目(以下统称建设项目)的安全设施、职业危害防护设施必须符合有关安全生产法律、法规、规章和国家标准或者行业标准的规定,并与主体工程同时设计、同时施工、同时投入生产和使用(以下统称"三同时")。安全设施和职业危害防护设施的投资应当纳入建设项目概算。

建设单位对建设项目的安全设施"三同时"负责。

建设单位应当按照有关规定组织建设项目安全设施的设计审查和竣工验收。

第十一条 建设项目在可行性研究阶段应当委托具有相应资质的中介机构进行安全预评价。

建设项目进行初步设计时,应当选择具有相应资质的设计单位按照规定编制安全专篇。安全专篇应当包括有关安全预评价报告的内容,符合有关安全生产法律、法规、规章和国家标准或者行业标准的规定。

第十二条 建设项目安全设施应当由具有相应资质的施工单位施工。施工单位应当按照设计方案进行施工,并对安全设施的施工质量负责。

建设项目安全设施设计作重大变更的,应当经原设计单位同意,并报安全生产监督管理部门备案。

第十三条 建设项目安全设施竣工后,应当委托具有相应资质的中介机构进行安全验收评价。建设项目安全设施经验收合格后,方可投入生产和使用。

安全预评价报告、安全专篇、安全验收评价报告应当报安全生产监督管理部门备案。

第十四条 冶金企业应当对本单位存在的各类危险源进行辨识,实行分级管理。对于构成重大危险源的,应当登记建档,进行定期检测、评估和监控,并报安全生产监督管理部门备案。

第十五条 冶金企业应当按照国家有关规定,加强职业危害的防治与职业健康监护工作,采取有效措施控制职业危害,保证作业场所的职业卫生条件符合法律、行政法规和国家标准或者行业标准的规定。

计量检测用的放射源应当按照有关规定取得放射物品使用许可证。

第十六条 冶金企业应当建立隐患排查治理制度,开展安全检查;对检查中发现的事故隐患,应当及时整改;暂时不能整改完毕的,应当制定具体整改计划,并采取可靠的安全保障措施。检查及整改情况应当记录在案。

第十七条 冶金企业应当加强对施工、检修等工程项目和生产经营项目、场所(以下简称工程项目)承包单位的安全管理,不得将工程项目发包给不具备相应资质的单位。工程项目承包协议应当明确规定双方的安全生产责任和义务。安全措施费用应当纳入工程项目承包费用。

冶金企业应当全面负责工程项目的安全生产工作,承包单位应当服从统一管理,并对工程项目的现场安全管理具体负责。

工程项目不得违法转包、分包。

第十八条 冶金企业应当从合法的劳务公司录用劳务人员,并与劳务公司签订合同,对劳务人员进行统一的安全生产教育和培训。

第十九条 冶金企业应当建立健全事故应急救援体系,制定相应的事故应急预案,配备必要的应急救援装备与器材，定期开展应急宣传、教育、培训、演练，并按照规定对事故应急预案进行评审和备案。

第二十条 冶金企业应当建立安全检查与隐患整改记录、安全培训记录、事故记录、从业人员健康监护记录、危险源管理记录、安全资金投入和使用记录、安全管理台账、劳动防护用品发放台账、“三同时”审查和验收资料、有关设计资料及图纸、安全预评价报告、安全专篇、安全验收评价报告等档案管理制度，对有关安全生产的文件、报告、记录等及时归档。

第二十一条 冶金企业的会议室、活动室、休息室、更衣室等人员密集场所应当设置在安全地点，不得设置在高温液态金属的吊运影响范围内。

第二十二条 冶金企业内承受重荷载和受高温辐射、热渣喷溅、酸碱腐蚀等危害的建(构)筑物，应当按照有关规定定期进行安全鉴定。

第二十三条 冶金企业应当在煤气储罐区等可能发生煤气泄漏、聚集的场所，设置固定式煤气检测报警仪，建立预警系统，悬挂醒目的安全警示牌，并加强通风换气。

进入煤气区域作业的人员，应当携带煤气检测报警仪器；在作业前，应当检查作业场所的煤气含量，并采取可靠的安全防护措施，经检查确认煤气含量符合规定后，方可进入作业。

第二十四条 氧气系统应当采取可靠的安全措施，防止氧气燃爆事故以及氮气、氩气、珠光砂窒息事故。

第二十五条 冶金企业应当为从业人员配备与工作岗位相适应的符合国家标准或者行业标准的劳动防护用品，并监督、教育从业人员按照使用规则佩戴、使用。

从业人员在作业过程中，应当严格遵守本单位的安全生产规章制度和操作规程，服从管理，正确佩戴和使用劳动防护用品。

第二十六条 冶金企业对涉及煤气、氧气、氢气等危险化学品生产、输送、使用、储存的设施以及油库、电缆隧道(沟)等重点防火部位，应当按照有关规定采取有效、可靠的防火防爆措施。

第二十七条 冶金企业应当根据本单位的安全生产实际状况，科学、合理确定煤气柜容积，按照《工业企业煤气安全规程》(GB6222)的规定，合理选择柜址位置，设置安全保护装置，制定煤气柜事故应急预案。

第二十八条 冶金企业应当定期对安全设备设施和安全保护装置进行检查、校验。对超过使用年限和不符合国家产业政策的设备，及时予以报废。对现有设备设施进行更新或者改造的，不得降低其安全技术性能。

第二十九条 冶金企业从事检修作业前，应当制定相应的安全技术措施及应急预案，并组织落实。对危险性较大的检修作业，其安全技术措施和应急预案应当经本单位负责安全生产管理的机构审查同意。在可能发生火灾、爆炸的区域进行动火作业，应当按照有关规定执行动火审批制度。

第三十条 冶金企业应当积极开展安全生产标准化工作，逐步提高企业的安全生产水平。

冶金企业发生生产安全事故后，应当按照有关规定及时报告安全生产监督管理部门和有关部门，并组织事故应急救援。

第三章 监督管理

第三十一条 安全生产监督管理部门及其监督检查人员应当加强对冶金企业安全生产的监督检查，对违反安全生产法律、法规、规章、国家标准或者行业标准和本规定的安全生产违法行为，依法实施行政处罚。

第三十二条 安全生产监督管理部门应当建立健全建设项目安全预评价、安全专篇、安全验收评价的备案管理制度，加强建设项目安全设施的“三同时”的监督检查。

第三十三条 安全生产监督管理部门应当加强对监督检查人员的冶金专业知识培训，提高行政执法能力。

安全生产监督管理部门应当为进入冶金企业特定作业场所进行监督检查的人员，配备必需的个体防护用品和监测检查仪器。

第三十四条 监督检查人员执行监督检查任务时，必须出示有效的执法证件，并由2人以上共同进行；检查及处理情况应当依法记录在案。对涉及被检查单位的技术秘密和业务秘密，应当为其保密。

第三十五条 安全生产监督管理部门应当加强本行政区域内冶金企业应急预案的备案管理，并将重大冶金事故应急救援纳入地方人民政府整体应急救援体系。

第四章 罚 则

第三十六条 监督检查人员在对冶金企业进行监督检查时，滥用职权、玩忽职守、徇私舞弊的，依照有关规定给予行政处分；构成犯罪的，依法追究刑事责任。

第三十七条 冶金企业违反本规定第二十一条、第二十三条、第二十四条、第二十七条规定的，给予警告，并处1万元以上3万元以下的罚款。

第三十八条 冶金企业有下列行为之一的，责令限期改正；逾期未改正的，处2万元以下的罚款：

(一)安全预评价报告、安全专篇、安全验收评价报告未按照规定备案的;

(二)煤气生产、输送、使用、维护检修人员未经培训合格上岗作业的;

(三)未从合法的劳务公司录用劳务人员,或者未与劳务公司签订合同,或者未对劳务人员进行统一安全生产教育和培训的。

第五章 附 则

第三十九条 本规定自 2009 年 11 月 1 日起施行。

金属非金属矿山重大生产安全事故隐患判定标准(试行)

(2017 年 9 月 1 日 安监总管一〔2017〕98 号)

一、金属非金属地下矿山重大生产安全事故隐患

(一)安全出口不符合国家标准、行业标准或设计要求。

(二)使用国家明令禁止使用的设备、材料和工艺。

(三)相邻矿山的井巷相互贯通。

(四)没有及时填绘图,现状图与实际严重不符。

(五)露天转地下开采,地表与井下形成贯通,未按照设计要求采取相应措施。

(六)地表水系穿过矿区,未按照设计要求采取防治水措施。

(七)排水系统与设计要求不符,导致排水能力降低。

(八)井口标高在当地历史最高洪水位 1 米以下,未采取相应防护措施。

(九)水文地质类型为中等及复杂的矿井没有设立专门防治水机构、配备探放水作业队伍或配齐专用探放水设备。

(十)水文地质类型复杂的矿山关键巷道防水门设置与设计要求不符。

(十一)有自燃发火危险的矿山,未按照国家标准、行业标准或设计采取防火措施。

(十二)在突水威胁区域或可疑区域进行采掘作业,未进行探放水。

(十三)受地表水倒灌威胁的矿井在强降雨天气或其来水上游发生洪水期间,不实施停产撤人。

(十四)相邻矿山开采错动线重叠,未按照设计要求采取相应措施。

(十五)开采错动线以内存在居民村庄,或存在重要设备设施时未按照设计要求采取相应措施。

(十六)擅自开采各种保安矿柱或其形式及参数劣于设计值。

(十七)未按照设计要求对生产形成的采空区进行处理。

(十八)具有严重地压条件,未采取预防地压灾害措施。

(十九)巷道或者采场顶板未按照设计要求采取支护措施。

(二十)矿井未按照设计要求建立机械通风系统,或风速、风量、风质不符合国家标准或行业标准的要求。

(二十一)未配齐具有矿用产品安全标志的便携式气体检测报警仪和自救器。

(二十二)提升系统的防坠器、阻车器等安全保护装置或信号闭锁措施失效;未定期试验或检测检验。

(二十三)一级负荷没有采用双回路或双电源供电,或单一电源不能满足全部一级负荷需要。

(二十四)地面向井下供电的变压器或井下使用的普通变压器采用中性接地。

二、金属非金属露天矿山重大生产安全事故隐患

(一)地下转露天开采,未探明采空区或未对采空区实施专项安全技术措施。

(二)使用国家明令禁止使用的设备、材料和工艺。

(三)未采用自上而下、分台阶或分层的方式进行开采。

(四)工作帮坡角大于设计工作帮坡角,或台阶(分层)高度超过设计高度。

(五)擅自开采或破坏设计规定保留的矿柱、岩柱和挂帮矿体。

(六)未按国家标准或行业标准对采场边坡、排土场稳定性进行评估。

(七)高度 200 米及以上的边坡或排土场未进行在线监测。

(八)边坡存在滑移现象。

(九)上山道路坡度大于设计坡度 10% 以上。

(十)封闭圈深度 30 米及以上的凹陷露天矿山,未按照设计要求建设防洪、排洪设施。

(十一)雷雨天气实施爆破作业。

(十二)危险级排土场。

三、尾矿库重大生产安全事故隐患

(一)库区和尾矿坝上存在未按批准的设计方案进行开采、挖掘、爆破等活动。

(二)坝体出现贯穿性横向裂缝,且出现较大范围管涌、流土变形,坝体出现深层滑动迹象。

(三)坝外坡坡比陡于设计坡比。

（四）坝体超过设计坝高，或超设计库容储存尾矿。

（五）尾矿堆积坝上升速率大于设计堆积上升速率。

（六）未按法规、国家标准或行业标准对坝体稳定性进行评估。

（七）浸润线埋深小于控制浸润线埋深。

（八）安全超高和干滩长度小于设计规定。

（九）排洪系统构筑物严重堵塞或坍塌，导致排水能力急剧下降。

（十）设计以外的尾矿、废料或者废水进库。

（十一）多种矿石性质不同的尾砂混合排放时，未按设计要求进行排放。

（十二）冬季未按照设计要求采用冰下放矿作业。

金属非金属地下矿山企业领导带班下井及监督检查暂行规定

（2010年10月13日国家安全生产监管总局令第34号公布　根据2015年5月26日《国家安全监管总局关于废止和修改非煤矿矿山领域九部规章的决定》修订）

第一章　总　　则

第一条　为落实金属非金属地下矿山企业领导带班下井制度，强化现场安全管理，及时发现和消除事故隐患，根据《国务院关于进一步加强企业安全生产工作的通知》（国发〔2010〕23号）和国家有关规定，制定本规定。

第二条　金属非金属地下矿山企业（以下简称矿山企业）领导带班下井和县级以上安全生产监督管理部门对其实施监督检查，适用本规定。

第三条　本规定所称的矿山企业，是指金属非金属地下矿山生产企业及其所属各独立生产系统的矿井和新建、改建、扩建、技术改造等建设矿井。

本规定所称的矿山企业领导，是指矿山企业的主要负责人、领导班子成员和副总工程师。

第四条　矿山企业是落实领导带班下井制度的责任主体，必须确保每个班次至少有1名领导在井下现场带班，并与工人同时下井、同时升井。

矿山企业的主要负责人对落实领导带班下井制度全面负责。

第五条　安全生产监督管理部门对矿山企业落实领导带班下井制度情况进行监督检查，并依法作出现场处理或者实施行政处罚。

有关行业主管部门应当根据《国务院关于进一步加强企业安全生产工作的通知》的要求，按照各自职责做好矿山企业领导带班下井制度的落实工作，配合安全生产监督管理部门开展矿山企业领导带班下井情况的监督检查和考核奖惩等工作。

第六条　任何单位和个人发现矿山企业领导未按照规定执行带班下井制度或者弄虚作假的，均有权向安全生产监督管理部门举报和报告。对举报和报告属实的，给予奖励。

第七条　矿山企业应当建立健全领导带班下井制度，制定领导带班下井考核奖惩办法和月度计划，建立和完善领导带班下井档案。

第二章　带班下井

第八条　矿山企业领导带班下井月度计划，应当明确每个工作班次带班下井的领导名单、下井及升井的时间以及特殊情况下的请假与调换人员审批程序等内容。

领导带班下井月度计划应当在本单位网站和办公楼及矿井井口予以公告，接受群众监督。

第九条　矿山企业应当每月对领导带班下井情况进行考核。领导带班下井情况与其经济收入挂钩，对按照规定带班下井并认真履行职责的，给予奖励；对未按照规定带班下井、冒名顶替下井或者弄虚作假的，按照有关规定予以处理。

矿山企业领导带班下井的月度计划完成情况，应当在矿山企业公示栏公示，接受群众监督。

第十条　矿山企业领导带班下井时，应当履行下列职责：

（一）加强对井下重点部位、关键环节的安全检查及检查巡视，全面掌握井下的安全生产情况；

（二）及时发现和组织消除事故隐患和险情，及时制止违章违纪行为，严禁违章指挥，严禁超能力组织生产；

（三）遇到险情时，立即下达停产撤人命令，组织涉险区域人员及时、有序撤离到安全地点。

第十一条　矿山企业领导应当认真填写带班下井交接班记录，并向接班的领导详细说明井下安全生产状况、存在的主要问题及其处理情况、需要注意的事项等。

第十二条　矿山企业领导升井后，应当及时将下井及升井的时间、地点、经过路线、发现的问题及处理结果等有关情况进行登记，以存档备查。

第十三条　矿山企业从业人员应当遵章守纪，服从带班下井领导的指挥和管理。

矿山企业没有领导带班下井的，矿山企业从业人员有权拒绝下井作业。从业人员在井下作业过程中，发现并确认带班下井领导无故提前升井的，经向班组长或者队长说明后有权提前升井。

矿山企业不得因从业人员依据前款规定拒绝下井或者提前升井而降低从业人员工资、福利等待遇或者解除与其订立的劳动合同。

第三章 监督检查

第十四条 安全生产监督管理部门应当将矿山企业领导带班下井制度的建立、执行、考核、奖惩等情况作为安全监管的重要内容，并将其纳入年度安全监管执法工作计划，定期进行检查。

第十五条 安全生产监督管理部门应当充分发挥电视、广播、报纸、网络等新闻媒体的作用，加强对本行政区域内矿山企业领导带班下井情况的社会监督。

第十六条 安全生产监督管理部门应当建立举报制度，公开举报电话、信箱或者电子邮件地址，受理有关举报；对于受理的举报，应当认真调查核实；经查证属实的，依法从重处罚。

第十七条 安全生产监督管理部门应当定期将矿山企业领导带班下井制度监督检查结果和处罚情况予以公告，接受社会监督。

第四章 法律责任

第十八条 矿山企业未按照规定建立健全领导带班下井制度或者未制定领导带班下井月度计划的，给予警告，并处 3 万元的罚款；对其主要负责人给予警告，并处 1 万元的罚款；情节严重的，依法暂扣其安全生产许可证，责令停产整顿。

第十九条 矿山企业存在下列行为之一的，责令限期整改，并处 3 万元的罚款；对其主要负责人给予警告，并处 1 万元的罚款：

(一)未制定领导带班下井制度的；

(二)未按照规定公告领导带班下井月度计划的；

(三)未按照规定公示领导带班下井月度计划完成情况的。

第二十条 矿山企业领导未按照规定填写带班下井交接班记录、带班下井登记档案，或者弄虚作假的，给予警告，并处 1 万元的罚款。

第二十一条 矿山企业领导未按照规定带班下井的，对矿山企业给予警告，处 3 万元的罚款；情节严重的，依法责令停产整顿；对违反规定的矿山企业领导按照擅离职守处理，并处 1 万元的罚款。

第二十二条 对发生生产安全事故而没有领导带班下井的矿山企业，依法责令停产整顿，暂扣或者吊销安全生产许可证，并依照下列规定处以罚款；情节严重的，提请有关人民政府依法予以关闭：

(一)发生一般事故，处 50 万元的罚款；

(二)发生较大事故，处 100 万元的罚款；

(三)发生重大事故，处 500 万元的罚款；

(四)发生特别重大事故，处 2000 万元的罚款。

第二十三条 对发生生产安全事故而没有领导带班下井的矿山企业，对其主要负责人依法暂扣或者吊销其安全资格证，并依照下列规定处以罚款：

(一)发生一般事故，处上一年年收入 30% 的罚款；

(二)发生较大事故，处上一年年收入 40% 的罚款；

(三)发生重大事故，处上一年年收入 60% 的罚款；

(四)发生特别重大事故，处上一年年收入 80% 的罚款。

对重大、特别重大生产安全事故负有主要责任的矿山企业，其主要负责人终身不得担任任何矿山企业的矿长(董事长、总经理)。

第五章 附 则

第二十四条 各省、自治区、直辖市人民政府安全生产监督管理部门可以根据实际情况制定实施细则，报国家安全生产监督管理总局备案。

第二十五条 为矿山企业提供采掘工程服务的采掘施工企业领导带班下井，按照本规定执行。

第二十六条 本办法自 2010 年 11 月 15 日起施行。

金属与非金属矿产资源地质勘探安全生产监督管理暂行规定

(2010 年 12 月 3 日国家安全生产监管总局令第 35 号公布 根据 2015 年 5 月 26 日《国家安全监管总局关于废止和修改非煤矿矿山领域九部规章的决定》修订)

第一章 总 则

第一条 为加强金属与非金属矿产资源地质勘探作业安全的监督管理，预防和减少生产安全事故，根据安全生产法等有关法律、行政法规，制定本规定。

第二条 从事金属与非金属矿产资源地质勘探作业的安全生产及其监督管理，适用本规定。

生产矿山企业的探矿活动不适用本规定。

第三条 本规定所称地质勘探作业，是指在依法批准的勘查作业区范围内从事金属与非金属矿产资源地质勘探的活动。

本规定所称地质勘探单位，是指依法取得地质勘查资质并从事金属与非金属矿产资源地质勘探活动的企事业单位。

第四条 地质勘探单位对本单位地质勘探作业安全生产负主体责任，其主要负责人对本单位的安全生产工作全面负责。

国务院有关部门和省、自治区、直辖市人民政府所属从事矿产地质勘探及管理的企事业法人组织（以下统称地质勘探主管单位），负责对其所属地质勘探单位的安全生产工作进行监督和管理。

第五条 国家安全生产监督管理总局对全国地质勘探作业的安全生产工作实施监督管理。

县级以上地方各级人民政府安全生产监督管理部门对本行政区域内地质勘探作业的安全生产工作实施监督管理。

第二章 安全生产职责

第六条 地质勘探单位应当遵守有关安全生产法律、法规、规章、国家标准以及行业标准的规定，加强安全生产管理，排查治理事故隐患，确保安全生产。

第七条 从事钻探工程、坑探工程施工的地质勘探单位应当取得安全生产许可证。

第八条 地质勘探单位从事地质勘探活动，应当持本单位地质勘查资质证书和地质勘探项目任务批准文件或者合同书，向工作区域所在地县级安全生产监督管理部门书面报告，并接受其监督检查。

第九条 地质勘探单位应当建立健全下列安全生产制度和规程：

（一）主要负责人、分管负责人、安全生产管理人员和职能部门、岗位的安全生产责任制度；

（二）岗位作业安全规程和工种操作规程；

（三）现场安全生产检查制度；

（四）安全生产教育培训制度；

（五）重大危险源检测监控制度；

（六）安全投入保障制度；

（七）事故隐患排查治理制度；

（八）事故信息报告、应急预案管理和演练制度；

（九）劳动防护用品、野外救生用品和野外特殊生活用品配备使用制度；

（十）安全生产考核和奖惩制度；

（十一）其他必须建立的安全生产制度。

第十条 地质勘探单位及其主管单位应当按照下列规定设置安全生产管理机构或者配备专职安全生产管理人员：

（一）地质勘探单位从业人员超过100人的，应当设置安全生产管理机构，并按不低于从业人员1%的比例配备专职安全生产管理人员；从业人员在100人以下的，应当配备不少于2名的专职安全生产管理人员；

（二）所属地质勘探单位从业人员总数在3000人以上的地质勘探主管单位，应当设置安全生产管理机构，并按不低于从业人员总数1‰的比例配备专职安全生产管理人员；从业人员总数在3000人以下的，应当设置安全生产管理机构或者配备不少于1名的专职安全生产管理人员。

专职安全生产管理人员中应当有注册安全工程师。

第十一条 地质勘探单位的主要负责人和安全生产管理人员应当具备与本单位所从事地质勘探活动相适应的安全生产知识和管理能力，并经安全生产监督管理部门考核合格。

地质勘探单位的特种作业人员必须经专门的安全技术培训并考核合格，取得特种作业操作证后，方可上岗作业。

第十二条 地质勘探单位从事坑探工程作业的人员，首次上岗作业前应当接受不少于72小时的安全生产教育和培训，以后每年应当接受不少于20小时的安全生产再培训。

第十三条 地质勘探单位应当按照国家有关规定提取和使用安全生产费用。安全生产费用列入生产成本，并实行专户存储、规范使用。

第十四条 地质勘探工程的设计、施工和安全管理应当符合《地质勘探安全规程》（AQ2004－2005）的规定。

第十五条 坑探工程的设计方案中应当设有安全专篇。安全专篇应当经所在地安全生产监督管理部门审查同意；未经审查同意的，有关单位不得施工。

坑探工程安全专篇的具体审查办法由省、自治区、直辖市人民政府安全生产监督管理部门制定。

第十六条 地质勘探单位不得将其承担的地质勘探工程项目转包给不具备安全生产条件或者相应地质勘查资质的地质勘探单位，不得允许其他单位以本单位的名义从事地质勘探活动。

第十七条 地质勘探单位不得以探矿名义从事非法采矿活动。

第十八条 地质勘探单位应当为从业人员配备必要的劳动防护用品、野外救生用品和野外特殊生活用品。

第十九条 地质勘探单位应当根据本单位实际情况制定野外作业突发事件等安全生产应急预案，建立健全应急救援组织或者与邻近的应急救援组织签订救护协议，配备必要的应急救援器材和设备，按照有关规定组织开展应急演练。

应急预案应当按照有关规定报安全生产监督管理部门和地质勘探主管单位备案。

第二十条 地质勘探主管单位应当按照国家有关规定，定期检查所属地质勘探单位落实安全生产责任制和安全生产费用提取使用、安全生产教育培训、事故隐患排查治理等情况，并组织实施安全生产绩效考核。

第二十一条 地质勘探单位发生生产安全事故后，应当按照有关规定向事故发生地县级以上安全生产监督管理部门和地质勘探主管单位报告。

第三章 监督管理

第二十二条 安全生产监督管理部门应当加强对地质勘探单位安全生产的监督检查，对检查中发现的事故隐患和安全生产违法违规行为，依法作出现场处理或者实施行政处罚。

第二十三条 安全生产监督管理部门应当建立完善地质勘探单位管理制度，及时掌握本行政区域内地质勘探单位的作业情况。

第二十四条 安全生产监督管理部门应当按照本规定的要求开展对坑探工程安全专篇的审查，建立安全专篇审查档案。

第四章 法律责任

第二十五条 地质勘探单位有下列情形之一的，责令限期改正，可以处5万元以下的罚款；逾期未改正的，责令停产停业整顿，并处5万元以上10万元以下的罚款，对其直接负责的主管人员和其他直接责任人员处1万元以上2万元以下的罚款：

(一)未按照本规定设立安全生产管理机构或者配备专职安全生产管理人员的；

(二)特种作业人员未持证上岗作业的；

(三)从事坑探工程作业的人员未按照规定进行安全生产教育和培训的。

第二十六条 地质勘探单位有下列情形之一的，给予警告，并处3万元以下的罚款：

(一)未按照本规定建立有关安全生产制度和规程的；

(二)未按照规定提取和使用安全生产费用的；

(三)坑探工程安全专篇未经安全生产监督管理部门审查同意擅自施工的。

第二十七条 地质勘探单位未按照规定向工作区域所在地县级安全生产监督管理部门书面报告的，给予警告，并处2万元以下的罚款。

第二十八条 地质勘探单位将其承担的地质勘探工程项目转包给不具备安全生产条件或者相应资质的地质勘探单位的，责令限期改正，没收违法所得；违法所得10万元以上的，并处违法所得2倍以上5倍以下的罚款；没有违法所得或者违法所得不足10万元的，单处或者并处10万元以上20万元以下的罚款；对其直接负责的主管人员和其他直接责任人员处1万元以上2万元以下的罚款；导致发生生产安全事故给他人造成损害的，与承包方承担连带赔偿责任。

第二十九条 本规定规定的行政处罚由县级以上安全生产监督管理部门实施。

第五章 附 则

第三十条 本规定自2011年1月1日起施行。

非煤矿山外包工程安全管理暂行办法

(2013年8月23日国家安全生产监管总局令第62号公布 根据2015年5月26日《国家安全监管总局关于废止和修改非煤矿矿山领域九部规章的决定》修订)

第一章 总 则

第一条 为了加强非煤矿山外包工程的安全管理和监督，明确安全生产责任，防止和减少生产安全事故(以下简称事故)，依据《中华人民共和国安全生产法》、《中华人民共和国矿山安全法》和其他有关法律、行政法规，制定本办法。

第二条 在依法批准的矿区范围内，以外包工程的方式从事金属非金属矿山的勘探、建设、生产、闭坑等工程施工作业活动，以及石油天然气的勘探、开发、储运等工程与技术服务活动的安全管理和监督，适用本办法。

从事非煤矿山各类房屋建筑及其附属设施的建造和安装，以及露天采矿场矿区范围以外地面交通建设的外包工程的安全管理和监督，不适用本办法。

第三条 非煤矿山外包工程(以下简称外包工程)的安全生产，由发包单位负主体责任，承包单位对其施工现场的安全生产负责。

外包工程有多个承包单位的，发包单位应当对多个承包单位的安全生产工作实施统一协调、管理，定期进行安全检查，发现安全问题的，应当及时督促整改。

第四条 承担外包工程的勘察单位、设计单位、监理单位、技术服务机构及其他有关单位应当依照法律、法规、规章和国家标准、行业标准的规定，履行各自的安全生产职责，承担相应的安全生产责任。

第五条 非煤矿山企业应当建立外包工程安全

生产的激励和约束机制，提升非煤矿山外包工程安全生产管理水平。

第二章 发包单位的安全生产职责

第六条 发包单位应当依法设置安全生产管理机构或者配备专职安全生产管理人员，对外包工程的安全生产实施管理和监督。

发包单位不得擅自压缩外包工程合同约定的工期，不得违章指挥或者强令承包单位及其从业人员冒险作业。

发包单位应当依法取得非煤矿山安全生产许可证。

第七条 发包单位应当审查承包单位的非煤矿山安全生产许可证和相应资质，不得将外包工程发包给不具备安全生产许可证和相应资质的承包单位。

承包单位的项目部承担施工作业的，发包单位除审查承包单位的安全生产许可证和相应资质外，还应当审查项目部的安全生产管理机构、规章制度和操作规程、工程技术人员、主要设备设施、安全教育培训和负责人、安全生产管理人员、特种作业人员持证上岗等情况。

承担施工作业的项目部不符合本办法第二十一条规定的安全生产条件的，发包单位不得向该承包单位发包工程。

第八条 发包单位应当与承包单位签订安全生产管理协议，明确各自的安全生产管理职责。安全生产管理协议应当包括下列内容：

（一）安全投入保障；

（二）安全设施和施工条件；

（三）隐患排查与治理；

（四）安全教育与培训；

（五）事故应急救援；

（六）安全检查与考评；

（七）违约责任。

安全生产管理协议的文本格式由国家安全生产监督管理总局另行制定。

第九条 发包单位是外包工程安全投入的责任主体，应当按照国家有关规定和合同约定及时、足额向承包单位提供保障施工作业安全所需的资金，明确安全投入项目和金额，并监督承包单位落实到位。

对合同约定以外发生的隐患排查治理和地下矿山通风、支护、防治水等所需的费用，发包单位应当提供合同价款以外的资金，保障安全生产需要。

第十条 石油天然气总发包单位、分项发包单位以及金属非金属矿山总发包单位，应当每半年对其承包单位的施工资质、安全生产管理机构、规章制度和操作规程、施工现场安全管理和履行本办法第二十七条规定的信息报告义务等情况进行一次检查；发现承包单位存在安全生产问题的，应当督促其立即整改。

第十一条 金属非金属矿山分项发包单位，应当将承包单位及其项目部纳入本单位的安全管理体系，实行统一管理，重点加强对地下矿山领导带班下井、地下矿山从业人员出入井统计、特种作业人员、民用爆炸物品、隐患排查与治理、职业病防护等管理，并对外包工程的作业现场实施全过程监督检查。

第十二条 金属非金属矿山总发包单位对地下矿山一个生产系统进行分项发包的，承包单位原则上不得超过3家，避免相互影响生产、作业安全。

前款规定的发包单位在地下矿山正常生产期间，不得将主通风、主提升、供排水、供配电、主供风系统及其设备设施的运行管理进行分项发包。

第十三条 发包单位应当向承包单位进行外包工程的技术交底，按照合同约定向承包单位提供与外包工程安全生产相关的勘察、设计、风险评价、检测检验和应急救援等资料，并保证资料的真实性、完整性和有效性。

第十四条 发包单位应当建立健全外包工程安全生产考核机制，对承包单位每年至少进行一次安全生产考核。

第十五条 发包单位应当按照国家有关规定建立应急救援组织，编制本单位事故应急预案，并定期组织演练。

外包工程实行总发包的，发包单位应当督促总承包单位统一组织编制外包工程事故应急预案；实行分项发包的，发包单位应当将承包单位编制的外包工程现场应急处置方案纳入本单位应急预案体系，并定期组织演练。

第十六条 发包单位在接到外包工程事故报告后，应当立即启动相关事故应急预案，或者采取有效措施，组织抢救，防止事故扩大，并依照《生产安全事故报告和调查处理条例》的规定，立即如实地向事故发生地县级以上人民政府安全生产监督管理部门和负有安全生产监督管理职责的有关部门报告。

外包工程发生事故的，其事故数据纳入发包单位的统计范围。

发包单位和承包单位应当根据事故调查报告及其批复承担相应的事故责任。

第三章 承包单位的安全生产职责

第十七条 承包单位应当依照有关法律、法规、规章和国家标准、行业标准的规定，以及承包合同和安全生产管理协议的约定，组织施工作业，确保安全生产。

承包单位有权拒绝发包单位的违章指挥和强令

冒险作业。

第十八条 外包工程实行总承包的,总承包单位对施工现场的安全生产负总责;分项承包单位按照分包合同的约定对总承包单位负责。总承包单位和分项承包单位对分包工程的安全生产承担连带责任。

总承包单位依法将外包工程分包给其他单位的,其外包工程的主体部分应当由总承包单位自行完成。

禁止承包单位转包其承揽的外包工程。禁止分项承包单位将其承揽的外包工程再次分包。

第十九条 承包单位应当依法取得非煤矿山安全生产许可证和相应等级的施工资质,并在其资质范围内承包工程。

承包金属非金属矿山建设和闭坑工程的资质等级,应当符合《建筑业企业资质等级标准》的规定。

承包金属非金属矿山生产、作业工程的资质等级,应当符合下列要求:

(一)总承包大型地下矿山工程和深凹露天、高陡边坡及地质条件复杂的大型露天矿山工程的,具备矿山工程施工总承包二级以上(含本级,下同)施工资质;

(二)总承包中型、小型地下矿山工程的,具备矿山工程施工总承包三级以上施工资质;

(三)总承包其他露天矿山工程和分项承包金属非金属矿山工程的,具备矿山工程施工总承包或者相关的专业承包资质,具体规定由省级人民政府安全生产监督管理部门制定。

承包尾矿库外包工程的资质,应当符合《尾矿库安全监督管理规定》。

承包金属非金属矿山地质勘探工程的资质等级,应当符合《金属与非金属矿产资源地质勘探安全生产监督管理暂行规定》。

承包石油天然气勘探、开发工程的资质等级,由国家安全生产监督管理总局或者国务院有关部门按照各自的管理权限确定。

第二十条 承包单位应当加强对所属项目部的安全管理,每半年至少进行一次安全生产检查,对项目部人员每年至少进行一次安全生产教育培训与考核。

禁止承包单位以转让、出租、出借资质证书等方式允许他人以本单位的名义承揽工程。

第二十一条 承包单位及其项目部应当根据承揽工程的规模和特点,依法健全安全生产责任体系,完善安全生产管理基本制度,设置安全生产管理机构,配备专职安全生产管理人员和有关工程技术人员。

承包地下矿山工程的项目部应当配备与工程施工作业相适应的专职工程技术人员,其中至少有1名注册安全工程师或者具有5年以上井下工作经验的安全生产管理人员。项目部具备初中以上文化程度的从业人员比例应当不低于50%。

项目部负责人应当取得安全生产管理人员安全资格证。承包地下矿山工程的项目部负责人不得同时兼任其他工程的项目部负责人。

第二十二条 承包单位应当依照法律、法规、规章的规定以及承包合同和安全生产管理协议的约定,及时将发包单位投入的安全资金落实到位,不得挪作他用。

第二十三条 承包单位应当依照有关规定制定施工方案,加强现场作业安全管理,及时发现并消除事故隐患,落实各项规章制度和安全操作规程。

承包单位发现事故隐患后应当立即治理;不能立即治理的应当采取必要的防范措施,并及时书面报告发包单位协商解决,消除事故隐患。

地下矿山工程承包单位及其项目部的主要负责人和领导班子其他成员应当严格依照《金属非金属地下矿山企业领导带班下井及监督检查暂行规定》执行带班下井制度。

第二十四条 承包单位应当接受发包单位组织的安全生产培训与指导,加强对本单位从业人员的安全生产教育和培训,保证从业人员掌握必需的安全生产知识和操作技能。

第二十五条 外包工程实行总承包的,总承包单位应当统一组织编制外包工程应急预案。总承包单位和分项承包单位应当按照国家有关规定和应急预案的要求,分别建立应急救援组织或者指定应急救援人员,配备救援设备设施和器材,并定期组织演练。

外包工程实行分项承包的,分项承包单位应当根据建设工程施工的特点、范围以及施工现场容易发生事故的部位和环节,编制现场应急处置方案,并配合发包单位定期进行演练。

第二十六条 外包工程发生事故后,事故现场有关人员应当立即向承包单位及项目部负责人报告。

承包单位及项目部负责人接到事故报告后,应当立即如实地向发包单位报告,并启动相应的应急预案,采取有效措施,组织抢救,防止事故扩大。

第二十七条 承包单位在登记注册地以外的省、自治区、直辖市从事施工作业的,应当向作业所在地的县级人民政府安全生产监督管理部门书面报告外包工程概况和本单位资质等级、主要负责人、安全生产管理人员、特种作业人员、主要安全设施设备等情况,并接受其监督检查。

第四章 监督管理

第二十八条 承包单位发生较大以上责任事故

或者一年内发生三起以上一般事故的，事故发生地的省级人民政府安全生产监督管理部门应当向承包单位登记注册地的省级人民政府安全生产监督管理部门通报。

发生重大以上事故的，事故发生地省级人民政府安全生产监督管理部门应当邀请承包单位的安全生产许可证颁发机关参加事故调查处理工作。

第二十九条 安全生产监督管理部门应当加强对外包工程的安全生产监督检查，重点检查下列事项：

（一）发包单位非煤矿山安全生产许可证、安全生产管理协议、安全投入等情况；

（二）承包单位的施工资质、应当依法取得的非煤矿山安全生产许可证、安全投入落实、承包单位及其项目部的安全生产管理机构、技术力量配备、相关人员的安全资格和持证等情况；

（三）违法发包、转包、分项发包等行为。

第三十条 安全生产监督管理部门应当建立外包工程安全生产信息平台，将承包单位取得有关许可、施工资质和承揽工程、发生事故等情况载入承包单位安全生产业绩档案，实施安全生产信誉评定和公告制度。

第三十一条 外包工程发生事故的，事故数据应当纳入事故发生地的统计范围。

第五章 法律责任

第三十二条 发包单位违反本办法第六条的规定，违章指挥或者强令承包单位及其从业人员冒险作业的，责令改正，处1万元以上3万元以下的罚款；造成损失的，依法承担赔偿责任。

第三十三条 发包单位与承包单位、总承包单位与分项承包单位未依照本办法第八条规定签订安全生产管理协议的，责令限期改正，可以处5万元以下的罚款，对其直接负责的主管人员和其他直接责任人员可以处以1万元以下罚款；逾期未改正的，责令停产停业整顿。

第三十四条 有关发包单位有下列行为之一的，责令限期改正，给予警告，并处1万元以上3万元以下的罚款：

（一）违反本办法第十条、第十四条的规定，未对承包单位实施安全生产监督检查或者考核的；

（二）违反本办法第十一条的规定，未将承包单位及其项目部纳入本单位的安全管理体系，实行统一管理的；

（三）违反本办法第十三条的规定，未向承包单位进行外包工程技术交底，或者未按照合同约定向承包单位提供有关资料的。

第三十五条 对地下矿山实行分项发包的发包单位违反本办法第十二条的规定，在地下矿山正常生产期间，将主通风、主提升、供排水、供配电、主供风系统及其设备设施的运行管理进行分项发包的，责令限期改正，处2万元以上3万元以下罚款。

第三十六条 承包地下矿山工程的项目部负责人违反本办法第二十一条的规定，同时兼任其他工程的项目部负责人的，责令限期改正，处5000元以上1万元以下罚款。

第三十七条 承包单位违反本办法第二十二条的规定，将发包单位投入的安全资金挪作他用的，责令限期改正，给予警告，并处1万元以上3万元以下罚款。

承包单位未按照本办法第二十三条的规定排查治理事故隐患的，责令立即消除或者限期消除；承包单位拒不执行的，责令停产停业整顿，并处10万元以上50万元以下的罚款，对其直接负责的主管人员和其他直接责任人员处2万元以上5万元以下的罚款。

第三十八条 承包单位违反本办法第二十条规定对项目部疏于管理，未定期对项目部人员进行安全生产教育培训与考核或者未对项目部进行安全生产检查的，责令限期改正，可以处5万元以下的罚款；逾期未改正的，责令停产停业整顿，并处5万元以上10万元以下的罚款，对其直接负责的主管人员和其他直接责任人员处1万元以上2万元以下的罚款。

承包单位允许他人以本单位的名义承揽工程的，移送有关部门依法处理。

第三十九条 承包单位违反本办法第二十七条的规定，在登记注册的省、自治区、直辖市以外从事施工作业，未向作业所在地县级人民政府安全生产监督管理部门书面报告本单位取得有关许可和施工资质，以及所承包工程情况的，责令限期改正，处1万元以上3万元以下的罚款。

第四十条 安全生产监督管理部门的行政执法人员在外包工程安全监督管理过程中滥用职权、玩忽职守、徇私舞弊的，依照有关规定给予处分；构成犯罪的，依法追究刑事责任。

第四十一条 本办法规定的行政处罚，由县级人民政府以上安全生产监督管理部门实施。

有关法律、行政法规、规章对非煤矿山外包工程安全生产违法行为的行政处罚另有规定的，依照其规定。

第六章 附 则

第四十二条 本办法下列用语的含义：

（一）非煤矿山，是指金属矿、非金属矿、水气矿和除煤矿以外的能源矿，以及石油天然气管道储运（不

含成品油管道)及其附属设施的总称;

(二)金属非金属矿山,是指金属矿、非金属矿、水气矿和除煤矿、石油天然气以外的能源矿,以及选矿厂、尾矿库、排土场等矿山附属设施的总称;

(三)外包工程,是指发包单位与本单位以外的承包单位签订合同,由承包单位承揽与矿产资源开采活动有关的工程、作业活动或者技术服务项目;

(四)发包单位,是指将矿产资源开采活动有关的工程、作业活动或者技术服务项目,发包给外单位施工的非煤矿山企业;

(五)分项发包,是指发包单位将矿产资源开采活动有关的工程、作业活动或者技术服务项目,分为若干部分发包给若干承包单位进行施工的行为;

(六)总承包单位,是指整体承揽矿产资源开采活动或者独立生产系统的所有工程、作业活动或者技术服务项目的承包单位;

(七)承包单位,是指承揽矿产资源开采活动有关的工程、作业活动或者技术服务项目的单位;

(八)项目部,是指承包单位在承揽工程所在地设立的,负责其所承揽工程施工的管理机构;

(九)生产期间,是指新建矿山正式投入生产后或者矿山改建、扩建时仍然进行生产,并规模出产矿产品的时期。

第四十三条 省、自治区、直辖市人民政府安全生产监督管理部门可以根据本办法制定实施细则,并报国家安全生产监督管理总局备案。

第四十四条 本办法自 2013 年 10 月 1 日起施行。

典型案例

1. 李发奎、李成奎、李向奎、苏正喜、苏强全、邓开兴非法买卖、储存爆炸物,非法采矿,重大劳动安全事故,不报安全事故,行贿案①

【基本案情】

被告人李发奎,男,汉族,1971 年 5 月 30 日出生,河北省蔚县南留庄镇东寨村党支部书记,蔚县李家洼煤矿开采有限责任公司股东、李家洼煤矿新立井投资人。

被告人李成奎,男,汉族,1963 年 1 月 28 日出生,蔚县李家洼煤矿开采有限责任公司法定代表人、股东,李家洼煤矿新立井投资人。

被告人李向奎,男,汉族,1964 年 12 月 1 日出生,蔚县李家洼煤矿开采有限责任公司股东、李家洼煤矿新立井投资人。

被告人苏正喜,男,汉族,1953 年 10 月 19 日出生,蔚县松西二井煤矿矿长。

被告人苏强全,男,汉族,1977 年 1 月 27 日出生,蔚县李家洼煤矿新立井经营矿长。

被告人邓开兴,男,汉族,1969 年 10 月 7 日出生,蔚县李家洼煤矿新立井包工队经理。

1. 关于非法买卖、储存爆炸物事实:因李家洼煤矿新立井无合法手续,被告人李发奎、李成奎等非法购买炸药、雷管用于生产。2008 年 3、4 月份,被告人苏正喜告知李发奎需购买炸药、雷管,李发奎安排苏正喜通过魏满荣(另案处理)联系非法购买炸药 3 吨、雷管 3500 枚。之后,李发奎、苏正喜又向刘成生(另案处理)非法购买炸药 3 吨、雷管 5000 枚。2008 年 7 月 14 日 9 时 30 分,新立井井下非法存放的炸药自燃起火,造成 34 人死亡、1 人失踪。

2. 关于非法采矿事实:2004 年 11 月,被告人李发奎、李成奎、李向奎未取得采矿许可证,在蔚县白草村乡西细庄井田东翼建成李家洼煤矿新立井擅自采矿。其间,被政府相关部门责令停止采矿时采取伪造假协议等手段拒不执行。2007 年至 2008 年,被告人苏正喜、苏强全分别担任新立井经营矿长;被告人邓开兴在其兄邓开才(另案处理)承包新立井采煤期间担任包工队经理,负责采煤和安全管理工作。经评估,新立井从 2006 年 6 月出煤至 2008 年 7 月期间共盗采煤炭 11.46 万吨,价值人民币 2400.18 万元。

3. 关于重大劳动安全事故事实:被告人李发奎、李成奎、李向奎、苏强全、邓开兴明知新立井是独眼井,安全生产设施、安全生产条件均不符合国家规定,仍从事生产作业。2008 年 7 月 14 日 9 时 30 分,该井井下存放的炸药在潮湿环境下热分解,形成自燃,燃烧产生大量一氧化碳、氮氧化合物等有毒有害物质,造成 34 人死亡、1 人失踪,直接经济损失 1924.38 万元。

4. 关于不报安全事故事实:上述安全责任事故发生后,被告人李发奎、李成奎、李向奎、苏正喜、苏强全等人未向有关部门上报,自行组织人员盲目施救,造

① 案例来源:2012 年 3 月 10 日最高人民法院公布三起危害生产安全犯罪典型案例。

成次生矿难事故。为隐瞒事故，又安排将其中28具死亡人员的尸体转移到河北省阳原县殡仪馆火化，并封闭事故井口，拆毁、转移井架等设备，破坏井下及地面事故现场，销毁新立井账本和技术资料等。

5. 关于行贿事实：2006年至2008年7月，被告人李发奎、李成奎、李向奎为谋取不正当利益，分别多次向多名国家工作人员行贿，共计价值人民币76.13万元。

【裁判结果】

河北省张家口市中级人民法院一审判决、河北省高级人民法院复核裁定认为，被告人李发奎、李成奎、苏正喜等非法买卖、储存炸药、雷管，造成严重后果，情节严重，构成非法买卖、储存爆炸物罪；被告人李发奎、李成奎、李向奎、苏正喜、苏强全、邓开兴违反矿产资源法规，未取得采矿许可证擅自采矿，被责令停止开采而拒不执行，造成矿产资源严重破坏，构成非法采矿罪；被告人李发奎、李成奎、李向奎明知矿井安全生产设施和安全生产条件不符合国家规定，仍然组织矿工进行井下生产作业，造成重大伤亡事故，情节特别恶劣，构成重大劳动安全事故罪；被告人李发奎、李成奎、李向奎、苏正喜、苏强全在安全事故发生后，分工负责，相互配合，隐瞒事故真相，贻误事故抢救，情节特别严重，构成不报安全事故罪；被告人李发奎、李成奎、李向奎为谋取不正当利益，共同或单独多次给予国家工作人员钱物，构成行贿罪；被告人李发奎在非法买卖、储存爆炸物、非法采矿、重大劳动安全事故、不报安全事故、行贿犯罪中起主要作用，应承担主要责任。被告人李成奎在非法买卖、储存爆炸物罪具体实施中作用次于李发奎，可依法从轻处罚；在其他犯罪中应承担主要责任。被告人李向奎、苏正喜、苏强全、邓开兴在犯罪中地位、作用次于李发奎、李成奎。被告人苏强全有自首情节，依法从轻处罚。依法对被告人李发奎以非法买卖、储存爆炸物罪判处死刑，缓期二年执行，剥夺政治权利终身；以非法采矿罪判处有期徒刑五年，并处罚金人民币1000万元；以重大劳动安全事故罪判处有期徒刑七年；以不报安全事故罪判处有期徒刑五年；以行贿罪判处有期徒刑二年，决定执行死刑，缓期二年执行，剥夺政治权利终身，并处罚金人民币1000万元。对被告人李成奎以非法买卖、储存爆炸物罪判处无期徒刑，剥夺政治权利终身；以非法采矿罪判处有期徒刑七年，并处罚金人民币1500万元；以重大劳动安全事故罪判处有期徒刑七年；以不报安全事故罪判处有期徒刑五年；以行贿罪判处有期徒刑三年，决定执行无期徒刑，剥夺政治权利终身，并处罚金人民币1500万元。对被告人苏正喜、李向奎、苏强全、邓开兴数罪并罚或单处后，决定执行刑罚分别为有期徒刑十七年，剥夺政治权利三年，并处罚金人民币100万元；有期徒刑六年，并处罚金人民币500万元；有期徒刑三年，并处罚金人民币50万元；有期徒刑二年六个月，并处罚金人民币10万元。

2. 岳超胜、谢荣仁重大责任事故案[①]

【基本案情】

被告人岳超胜，男，汉族，1963年10月13日出生，黑龙江省龙煤矿业集团股份有限公司鹤岗分公司新兴煤矿矿长（以下简称新兴煤矿）。

被告人谢荣仁，男，汉族，1960年6月14日出生，新兴煤矿副矿长。

新兴煤矿因未建立地面永久瓦斯抽放系统，安全生产许可证已过期且被暂扣。2009年1月13日至9月18日，黑龙江省煤矿监察局及其鹤滨监察分局7次责令新兴煤矿停产整改，但新兴煤矿拒不执行。新兴煤矿三水平113工作面探煤巷施工中未按作业规程打超前钻探，违章作业。同年9月10日至10月18日，新兴煤矿隐患排查会及矿务会三次将三水平113工作面未打超前钻探措施列为重大安全隐患，均确定负责"一通三防"工作的被告人谢荣仁（副矿长）为整改责任人，但谢荣仁未予整改，被告人岳超胜（矿长）没有督促落实，负责全矿技术管理工作的总工程师董钦奎（已判刑）和负责安全监督检查工作的监察处长刘宗团（已判刑）亦未要求隐患单位整改落实。二开拓区区长、副区长张立君、王守安（已判刑）继续在三水平113工作面违章施工作业。同年11月21日2时，三水平113工作面作业中发生煤与瓦斯突出事故，岳超胜、谢荣仁现场指挥中未下令切断二水平电源，致使三水平113工作面突出的瓦斯进入二水平工作面，遇电火花后发生爆炸，造成108人死亡、133人受伤（其中重伤6人），直接经济损失5614.65万元。

【裁判结果】

黑龙江省鹤岗市兴山区人民法院判决认为，被告人岳超胜、谢荣仁在生产中违反安全管理规定，发生重大伤亡事故，均已构成重大责任事故罪。被告人岳超胜作为矿长，多次拒不执行煤矿监察部门停产整改指令，组织违法生产，对违章作业监管不力，在发生煤与瓦斯突出事故后，现场指挥中未下令切断瓦斯突出波及的二水平区域电源，造成特别重大事故，后果特

---

① 案例来源：2012年3月10日最高人民法院公布三起危害生产安全犯罪典型案例。

别严重，应依法从重处罚。被告人谢荣仁作为主管“一通三防”副矿长，拒不执行煤矿监察部门停产整改指令而违法生产，在违法生产中，多次不履行打超前钻探、排除安全隐患职责，发生煤与瓦斯突出事故后，现场指挥中未下令切断瓦斯突出波及的二水平区域电源，造成特别重大事故，后果特别严重，应从重处罚。依法以重大责任事故罪分别判处被告人岳超胜有期徒刑七年（与另案私分国有资产罪所判刑罚有期徒刑六个月并罚，决定执行有期徒刑七年，罚金人民币3万元），被告人谢荣仁有期徒刑七年。

宣判后，岳超胜、谢荣仁均没有提起上诉，判决已生效。

三、交通运输安全

中华人民共和国道路交通安全法

(2003年10月28日第十届全国人民代表大会常务委员会第五次会议通过 根据2007年12月29日第十届全国人民代表大会常务委员会第三十一次会议《关于修改〈中华人民共和国道路交通安全法〉的决定》第一次修正 根据2011年4月22日第十一届全国人民代表大会常务委员会第二十次会议《关于修改〈中华人民共和国道路交通安全法〉的决定》第二次修正)

理解与适用

《中华人民共和国道路交通安全法》(以下简称《道路交通安全法》)由2003年10月28日第十届全国人民代表大会常务委员会第五次会议通过,自2004年5月1日起施行。2007年12月29日十届全国人大常委会第三十一次会议通过了《关于修改〈中华人民共和国道路交通安全法〉的决定》,主要就第76条关于交通事故的赔偿责任进行了修正,该修改决定于2008年5月1日起施行。2011年4月22日十一届全国人大常委会第二十次会议审议通过了《关于修改〈中华人民共和国道路交通安全法〉的决定》,定于2011年5月1日起施行。

本法共8章124条,系统地规范了车辆和驾驶人管理、明确了道路通行条件和各种道路交通主体的通行规则、确立了新的道路交通事故处理原则和机制、加强了对公安机关交通管理部门及其交通警察的执法监督、完善了违反交通安全管理行为的法律责任。对于本法,需要重点注意:

1.《道路交通安全法》区分不同责任主体,针对不同赔偿义务人确立了一个归责原则体系,对于不同责任主体之间的责任承担适用不同的归责原则:(1)机动车之间的交通事故责任适用过错责任;(2)机动车与非机动车驾驶人、行人之间的交通事故适用无过错责任或严格责任。对于以上原则的理解和应用,可以参见《中华人民共和国侵权责任法》第6章内容。

2. 机动车与行人、非机动车驾驶人发生交通事故的民事赔偿责任。机动车作为高速运输工具,对行人、非机动车驾驶人的生命财产安全具有一定危险性。本法第76条第1款规定,机动车之间发生交通事故的,由有过错的一方承担赔偿责任;双方都有过错的,按照各自过错的比例分担责任。机动车与非机动车驾驶人、行人之间发生交通事故,非机动车驾驶人、行人没有过错的,由机动车一方承担赔偿责任;有证据证明非机动车驾驶人、行人有过错的,根据过错程度适当减轻机动车一方的赔偿责任;机动车一方没有过错的,承担不超过10%的赔偿责任。

3. 第三者责任强制保险和道路交通事故社会救助基金。《道路交通安全法》规定了机动车实行第三者责任强制保险制度,并设立道路交通事故社会救助基金。利用强制保险解决交通事故损害赔偿,通过浮动保费减少交通安全违法行为和交通事故。同时建立道路交通事故社会救助基金,用于支付交通事故受伤人员的抢救费用。

4. 交通事故可私了。在道路上发生交通事故,未造成人员伤亡,当事人对事实及成因无争议的,可以即行撤离现场,恢复交通,自行协商处理损害赔偿事宜。

5. 肇事逃逸责任。造成交通事故后逃逸的,由公安机关交通管理部门吊销机动车驾驶证,且终生不得重新取得机动车驾驶证。

6. 酒后驾车责任。本法在2011年修订时加大了对饮酒、醉酒后驾车的处罚力度。对于饮酒驾车的处罚,修订后的道交法将罚款从200元以上500元以下提高至1000元以上2000元以下,将暂扣机动车驾驶证期限1个月以上3个月以下改为6个月,并对再次饮酒后驾驶机动车的,处10日以下拘留和1000元以上2000元以下罚款,并处吊销机动车驾驶证。对饮酒后驾驶营运机动车的,增加了15日拘留的处罚,将罚款从500元提高至5000元,并将暂扣改为吊销,且5年内不得重新取得机动车驾驶证。对酒驾发生重大交通事故构成犯罪的,终生不得重新取得机动车驾驶证。刑法修正案八规定对醉酒驾驶机动车的行为作出刑事处罚规定后,不需要再对醉酒驾驶机动车的行为人实行拘留处罚,因此,删去道路交通安全法对醉酒后驾驶机动车违法行为人拘留的规定。同时,将暂扣机动车驾驶证改为吊销机动车驾驶证，5 年内不得重新取得机动车驾驶证。对醉酒后驾驶营运机动车的，将暂扣驾驶证改为吊销驾驶证，依法追究刑事责任且 10 年内不得重新取得机动车驾驶证，重新取得机动车驾驶证后，不得驾驶营运机动车。

7.《道路交通安全法》明确了交通事故认定书的证据能力。交通事故认定不能作为公安机关的具体行政行为而被提起行政复议或行政诉讼。交通事故认定书主要起一个事实认定、事故成因分析作用，是一个专业的技术性的分析结果。对于人民法院而言，这个认定书具有证据能力，而不是进行损害赔偿的当然依据。当事人在道路交通事故损害赔偿诉讼或调解中，双方当事人都可以将交通事故认定书作为自己主张的证据，也可以就交通事故认定书作为证据的真实性、可靠性和科学性提出质疑。

第一章 总 则

第一条 【立法宗旨】为了维护道路交通秩序，预防和减少交通事故，保护人身安全，保护公民、法人和其他组织的财产安全及其他合法权益，提高通行效率，制定本法。

注释 道路，是指公路、城市道路和虽在单位管辖范围内但允许社会机动车通行的地方，包括广场、公共停车场等用于公众通行的场所。

第二条 【适用范围】中华人民共和国境内的车辆驾驶人、行人、乘车人以及与道路交通活动有关的单位和个人，都应当遵守本法。

注释 本法所指的车辆包括机动车和非机动车。机动车，是指以动力装置驱动或者牵引，上道路行驶的供人员乘用或者用于运送物品以及进行工程专项作业的轮式车辆；非机动车，是指以人力或者畜力驱动，上道路行驶的交通工具，以及虽有动力装置驱动但设计最高时速、空车质量、外形尺寸符合有关国家标准的残疾人机动轮椅车、电动自行车等交通工具。

特别指出的是，警车、消防车、救护车、工程救险车等特种车辆也在本法调整的范围内。

链接《道路交通安全法实施条例》第 2 条[适用范围]

第三条 【基本原则】道路交通安全工作，应当遵循依法管理、方便群众的原则，保障道路交通有序、安全、畅通。

第四条 【道路交通安全管理规划及实施】各级人民政府应当保障道路交通安全管理工作与经济建设和社会发展相适应。

县级以上地方各级人民政府应当适应道路交通发展的需要，依据道路交通安全法律、法规和国家有关政策，制定道路交通安全管理规划，并组织实施。

链接《道路交通安全法实施条例》第 3 条[地方政府对道路交通安全工作的责任]

第五条 【道路交通安全工作的管辖】国务院公安部门负责全国道路交通安全管理工作。县级以上地方各级人民政府公安机关交通管理部门负责本行政区域内的道路交通安全管理工作。

县级以上各级人民政府交通、建设管理部门依据各自职责，负责有关的道路交通工作。

链接《道路交通安全法实施条例》第 3 条[地方政府对道路交通安全工作的责任]；《道路交通安全违法行为处理程序规定》第 4 -6 条

案例 李某某与某市公安局交通警察支队平安区第一大队交通行政处罚纠纷上诉案(辽宁省沈阳市中级人民法院〔2006〕沈行终字第 131 号)

案件适用要点：(1)县级以上公安机关交通管理部门对本行政区域内交通违法行为依法享有处罚权。

(2)就可以当场作出处罚决定的处罚数额而言，《行政处罚法》规定为 50 元以下，《道路交通安全法》规定为 200 元以下，《行政处罚法》是一般法，《道路交通安全法》是特别法，根据“特别法优于一般法”的原则，在可以当场作出处罚决定的数额上应当适用《道路交通安全法》的规定。

第六条 【道路交通安全宣传】各级人民政府应当经常进行道路交通安全教育，提高公民的道路交通安全意识。

公安机关交通管理部门及其交通警察执行职务时，应当加强道路交通安全法律、法规的宣传，并模范遵守道路交通安全法律、法规。

机关、部队、企业事业单位、社会团体以及其他组织，应当对本单位的人员进行道路交通安全教育。

教育行政部门、学校应当将道路交通安全教育纳入法制教育的内容。

新闻、出版、广播、电视等有关单位，有进行道路交通安全教育的义务。

第七条 【道路交通安全管理的发展要求】对道路交通安全管理工作，应当加强科学研究，推广、使用先进的管理方法、技术、设备。

第二章 车辆和驾驶人

第一节 机动车、非机动车

第八条 【机动车登记制度】国家对机动车实行登记制度。机动车经公安机关交通管理部门登记后，方可上道路行驶。尚未登记的机动车，需要临时上道路行驶的，应当取得临时通行牌证。

注释 尚未登记的机动车，需要临时上道路行驶的，应当取得临时通行牌证。这里的临时通行牌证主要是指根据实际的需要，由主管部门核发的机动车可以短时间上道路行驶的号牌和其他证件。在实践中，凡属下列情形的机动车均应领取临时号牌：(1)未销售的；(2)购买、调拨、赠予等方式获得机动车后尚未注册登记的；(3)进行科研、定型试验的；(4)因轴荷、总质量、外廓尺寸超出国家标准不予办理注册登记的特型车。

链接《机动车登记规定》

第九条 【注册登记】申请机动车登记，应当提交以下证明、凭证：

（一）机动车所有人的身份证明；

（二）机动车来历证明；

（三）机动车整车出厂合格证明或者进口机动车进口凭证；

（四）车辆购置税的完税证明或者免税凭证；

（五）法律、行政法规规定应当在机动车登记时提交的其他证明、凭证。

公安机关交通管理部门应当自受理申请之日起五个工作日内完成机动车登记审查工作，对符合前款规定条件的，应当发放机动车登记证书、号牌和行驶证；对不符合前款规定条件的，应当向申请人说明不予登记的理由。

公安机关交通管理部门以外的任何单位或者个人不得发放机动车号牌或者要求机动车悬挂其他号牌，本法另有规定的除外。

机动车登记证书、号牌、行驶证的式样由国务院公安部门规定并监制。

链接《道路交通安全法实施条例》第5条；《机动车登记规定》第5-9条；《车船税法》

第十条 【机动车应符合国家安全技术标准】准予登记的机动车应当符合机动车国家安全技术标准。申请机动车登记时，应当接受对该机动车的安全技术检验。但是，经国家机动车产品主管部门依据机动车国家安全技术标准认定的企业生产的机动车型，该车型的新车在出厂时经检验符合机动车国家安全技术标准，获得检验合格证的，免予安全技术检验。

链接《道路交通安全法实施条例》第15条［机动车安全技术检验］

第十一条 【机动车上道行驶手续和号牌悬挂】驾驶机动车上道路行驶，应当悬挂机动车号牌，放置检验合格标志、保险标志，并随车携带机动车行驶证。

机动车号牌应当按照规定悬挂并保持清晰、完整，不得故意遮挡、污损。

任何单位和个人不得收缴、扣留机动车号牌。

链接《道路交通安全法实施条例》第13条［机动车号牌悬挂、检验合格标志、保险标志粘贴］；《机动车登记规定》第31条、第44条、第49-51条

第十二条 【变更登记】有下列情形之一的，应当办理相应的登记：

（一）机动车所有权发生转移的；

（二）机动车登记内容变更的；

（三）机动车用作抵押的；

（四）机动车报废的。

链接《物权法》第24条；《道路交通安全法实施条例》第4-9条

第十三条 【机动车安检】对登记后上道路行驶的机动车，应当依照法律、行政法规的规定，根据车辆用途、载客载货数量、使用年限等不同情况，定期进行安全技术检验。对提供机动车行驶证和机动车第三者责任强制保险单的，机动车安全技术检验机构应当予以检验，任何单位不得附加其他条件。对符合机动车国家安全技术标准的，公安机关交通管理部门应当发给检验合格标志。

对机动车的安全技术检验实行社会化。具体办法由国务院规定。

机动车安全技术检验实行社会化的地方，任何单位不得要求机动车到指定的场所进行检验。

公安机关交通管理部门、机动车安全技术检验机构不得要求机动车到指定的场所进行维修、保养。

机动车安全技术检验机构对机动车检验收取费用，应当严格执行国务院价格主管部门核定的收费标准。

链接《道路交通安全法实施条例》第15-17条

第十四条 【强制报废制度】国家实行机动车强制报废制度，根据机动车的安全技术状况和不同用途，规定不同的报废标准。

应当报废的机动车必须及时办理注销登记。

达到报废标准的机动车不得上道路行驶。报废的大型客、货车及其他营运车辆应当在公安机关交通管理部门的监督下解体。

注释 报废汽车（包括摩托车、农用运输车），是指达到国家报废标准，或者虽未达到国家报废标准，但发动机或者底盘严重损坏，经检验不符合国家机动车运行安全技术条件或者国家机动车污染物排放标准的机动车。

已注册登记的机动车达到国家规定的强制报废标准的，公安机关交通管理部门应当在报废期满的2个月前通知机动车所有人办理注销登记。机动车所有人应当在报废期满前将机动车交售给机动车回收企业，由机动车回收企业将报废的机动车登记证书、号牌、行驶证交公安机关交通管理部门注销。机动车所有人逾期不办理注销登记的，公安机关交通管理部

门应当公告该机动车登记证书、号牌、行驶证作废。[参见《道路交通安全法实施条例》第9条]

链接《道路交通安全法实施条例》第9条[机动车注销登记];《机动车强制报废标准规定》

第十五条 【特种车辆标志图案的喷涂和警报器、标志灯具的安装、使用】警车、消防车、救护车、工程救险车应当按照规定喷涂标志图案,安装警报器、标志灯具。其他机动车不得喷涂、安装、使用上述车辆专用的或者与其相类似的标志图案、警报器或者标志灯具。

警车、消防车、救护车、工程救险车应当严格按照规定的用途和条件使用。

公路监督检查的专用车辆,应当依照公路法的规定,设置统一的标志和示警灯。

第十六条 【禁止拼装、改变、伪造、变造等违法行为】任何单位或者个人不得有下列行为:

(一)拼装机动车或者擅自改变机动车已登记的结构、构造或者特征;

(二)改变机动车型号、发动机号、车架号或者车辆识别代号;

(三)伪造、变造或者使用伪造、变造的机动车登记证书、号牌、行驶证、检验合格标志、保险标志;

(四)使用其他机动车的登记证书、号牌、行驶证、检验合格标志、保险标志。

注释 拼装机动车,一般是指使用报废或者不合格的机动车的发动机、方向机、变速器、前后桥、车架以及其他零配件组装机动车。

第十七条 【机动车第三者责任强制保险制度和道路交通事故社会救助基金】国家实行机动车第三者责任强制保险制度,设立道路交通事故社会救助基金。具体办法由国务院规定。

注释 我国的机动车第三者责任强制保险制度以《机动车交通事故责任强制保险条例》为基础。机动车交通事故责任强制保险,是指由保险公司对被保险机动车发生道路交通事故造成本车人员、被保险人以外的受害人的人身伤亡、财产损失,在责任限额内予以赔偿的强制性责任保险。(参见《机动车交通事故责任强制保险条例》第3条)

交通事故社会救助基金,是指国家依法设立的用于向道路交通事故中受害人先行垫付人身伤亡的丧葬费用、部分或者全部抢救费用的基金。救助基金的具体管理办法,由国务院财政部门会同保监会、国务院公安部门、国务院卫生主管部门、国务院农业主管部门制定。根据国家有关规定,有下列情形之一时,道路交通事故中受害人人身伤亡的丧葬费用、部分或者全部抢救费用,由救助基金先行垫付,救助基金管理机构有权向道路交通事故责任人追偿:(1)抢救费用超过机动车交通事故责任强制保险责任限额的;(2)肇事机动车未参加机动车交通事故责任强制保险的;(3)机动车肇事后逃逸的。救助基金的来源包括:(1)按照机动车交通事故责任强制保险的保险费的一定比例提取的资金;(2)地方政府按照保险公司经营交强险缴纳营业税数额给予的财政补助;(3)对未按照规定投保机动车交通事故责任强制保险的机动车的所有人、管理人的罚款;(4)救助基金孳息;(5)救助基金管理机构依法向道路交通事故责任人追偿的资金;(6)社会捐款;(7)其他资金。

链接《道路交通安全法实施条例》第5条[机动车注册登记];《机动车交通事故责任强制保险条例》第3条[定义]、第24条[道路交通事故社会救助基金]、第25条[救助基金的来源]、第26条[救助基金具体管理办法的制定];《道路交通事故社会救助基金管理试行办法》

第十八条 【非机动车的管理】依法应当登记的非机动车,经公安机关交通管理部门登记后,方可上道路行驶。

依法应当登记的非机动车的种类,由省、自治区、直辖市人民政府根据当地实际情况规定。

非机动车的外形尺寸、质量、制动器、车铃和夜间反光装置,应当符合非机动车安全技术标准。

第二节 机动车驾驶人

第十九条 【驾驶证】驾驶机动车,应当依法取得机动车驾驶证。

申请机动车驾驶证,应当符合国务院公安部门规定的驾驶许可条件;经考试合格后,由公安机关交通管理部门发给相应类别的机动车驾驶证。

持有境外机动车驾驶证的人,符合国务院公安部门规定的驾驶许可条件,经公安机关交通管理部门考核合格的,可以发给中国的机动车驾驶证。

驾驶人应当按照驾驶证载明的准驾车型驾驶机动车;驾驶机动车时,应当随身携带机动车驾驶证。

公安机关交通管理部门以外的任何单位或者个人,不得收缴、扣留机动车驾驶证。

注释 准驾车型代号表示机动车驾驶人准予驾驶的车辆种类,如大型客车(A1)、中型货车(B1)、小型汽车(C1)等。根据机动车驾驶证上的准驾车型代号,机动车驾驶人可以驾驶该代号代表的一种或者几种机动车。一般来说,取得准驾大型机动车资格的,可以驾驶小型机动车。取得准驾小型机动车资格的,需要增加驾驶车类时,应经考试合格后在机动车驾驶证上签注。

根据《机动车驾驶证申领和使用规定》的规定,申请机动车驾驶证的人,应当符合下列规定:

一、年龄条件：

1. 申请小型汽车、小型自动挡汽车、残疾人专用小型自动挡载客汽车、轻便摩托车准驾车型的，在18周岁以上、70周岁以下；

2. 申请低速载货汽车、三轮汽车、普通三轮摩托车、普通二轮摩托车或者轮式自行机械车准驾车型的，在18周岁以上，60周岁以下；

3. 申请城市公交车、大型货车、无轨电车或者有轨电车准驾车型的，在20周岁以上，50周岁以下；

4. 申请中型客车准驾车型的，在21周岁以上，50周岁以下；

5. 申请牵引车准驾车型的，在24周岁以上，50周岁以下；

6. 申请大型客车准驾车型的，在26周岁以上，50周岁以下；

7. 接受全日制驾驶职业教育的学生，申请大型客车、牵引车准驾车型的，在20周岁以上，50周岁以下。

二、身体条件：

1. 身高：申请大型客车、牵引车、城市公交车、大型货车、无轨电车准驾车型的，身高为155厘米以上。申请中型客车准驾车型的，身高为150厘米以上；

2. 视力：申请大型客车、牵引车、城市公交车、中型客车、大型货车、无轨电车或者有轨电车准驾车型的，两眼裸视力或者矫正视力达到对数视力表5.0以上。申请其他准驾车型的，两眼裸视力或者矫正视力达到对数视力表4.9以上。单眼视力障碍，优眼裸视力或者矫正视力达到对数视力表5.0以上，且水平视野达到150度的，可以申请小型汽车、小型自动挡汽车、低速载货汽车、三轮汽车、残疾人专用小型自动挡载客汽车准驾车型的机动车驾驶证；

3. 辨色力：无红绿色盲；

4. 听力：两耳分别距音叉50厘米能辨别声源方向。有听力障碍但佩戴助听设备能够达到以上条件的，可以申请小型汽车、小型自动挡汽车准驾车型的机动车驾驶证；

5. 上肢：双手拇指健全，每只手其他手指必须有三指健全，肢体和手指运动功能正常。但手指末节残缺或者左手有三指健全，且双手手掌完整的，可以申请小型汽车、小型自动挡汽车、低速载货汽车、三轮汽车准驾车型的机动车驾驶证；

6. 下肢：双下肢健全且运动功能正常，不等长度不得大于5厘米。但左下肢缺失或者丧失运动功能的，可以申请小型自动挡汽车准驾车型的机动车驾驶证；

7. 躯干、颈部：无运动功能障碍；

8. 右下肢、双下肢缺失或者丧失运动功能但能够自主坐立，且上肢符合本项第5目规定的，可以申请残疾人专用小型自动挡载客汽车准驾车型的机动车驾驶证。一只手掌缺失，另一只手拇指健全，其他手指有两指健全，上肢和手指运动功能正常，且下肢符合本项第6目规定的，可以申请残疾人专用小型自动挡载客汽车准驾车型的机动车驾驶证。

链接《机动车驾驶证申领和使用规定》

第二十条 【驾驶培训】机动车的驾驶培训实行社会化，由交通主管部门对驾驶培训学校、驾驶培训班实行资格管理，其中专门的拖拉机驾驶培训学校、驾驶培训班由农业（农业机械）主管部门实行资格管理。

驾驶培训学校、驾驶培训班应当严格按照国家有关规定，对学员进行道路交通安全法律、法规、驾驶技能的培训，确保培训质量。

任何国家机关以及驾驶培训和考试主管部门不得举办或者参与举办驾驶培训学校、驾驶培训班。

链接《道路交通安全法实施条例》第20条[学习机动车驾驶]、第21条[申请机动车驾驶证考试]、第22条[机动车驾驶证有效期、实习期]

第二十一条 【上路行驶前的安全检查】驾驶人驾驶机动车上道路行驶前，应当对机动车的安全技术性能进行认真检查；不得驾驶安全设施不全或者机件不符合技术标准等具有安全隐患的机动车。

注释 安全技术性能检查，包括检视车辆的制动系统及各部机件连接的紧固情况，检查机油、空气、燃油滤清器和蓄电池等是否清洁，是否有漏水、漏油、漏气、漏电等现象，刹车是否灵敏。

案例 建华公司等与符某某道路交通事故损害赔偿纠纷上诉案（海南省三亚市中级人民法院〔2007〕三亚民一终字第68号）

案件适用要点：驾驶人上路前未作机动车安全技术性能检查，驾驶制动不良的车辆，发生交通事故的应当承担相应的责任。

第二十二条 【机动车驾驶人应当安全驾驶】机动车驾驶人应当遵守道路交通安全法律、法规的规定，按照操作规范安全驾驶、文明驾驶。

饮酒、服用国家管制的精神药品或者麻醉药品，或者患有妨碍安全驾驶机动车的疾病，或者过度疲劳影响安全驾驶的，不得驾驶机动车。

任何人不得强迫、指使、纵容驾驶人违反道路交通安全法律、法规和机动车安全驾驶要求驾驶机动车。

链接《道路交通安全法实施条例》第62条[驾驶机动车的禁止性规定]；《机动车驾驶证申领和使用规定》第77条第4-6项

第二十三条 【机动车驾驶证定期审验】公安机关交通管理部门依照法律、行政法规的规定，定期对机动车驾驶证实施审验。

第二十四条 【累积记分制度】公安机关交通管

理部门对机动车驾驶人违反道路交通安全法律、法规的行为，除依法给予行政处罚外，实行累积记分制度。公安机关交通管理部门对累积记分达到规定分值的机动车驾驶人，扣留机动车驾驶证，对其进行道路交通安全法律、法规教育，重新考试；考试合格的，发还其机动车驾驶证。

对遵守道路交通安全法律、法规，在一年内无累积记分的机动车驾驶人，可以延长机动车驾驶证的审验期。具体办法由国务院公安部门规定。

第三章　道路通行条件

第二十五条　【道路交通信号和分类】全国实行统一的道路交通信号。

交通信号包括交通信号灯、交通标志、交通标线和交通警察的指挥。

交通信号灯、交通标志、交通标线的设置应当符合道路交通安全、畅通的要求和国家标准，并保持清晰、醒目、准确、完好。

根据通行需要，应当及时增设、调换、更新道路交通信号。增设、调换、更新限制性的道路交通信号，应当提前向社会公告，广泛进行宣传。

链接《道路交通安全法实施条例》第 29 条[交通信号灯]；第 30 条[交通标志]；第 31 条[交通警察的指挥]；第 32 条[人行横道、过街天桥、地下通道的设置]；第 36 条[警告标志、安全防护设施的设置]；第 37 条[交通标志、标线的改善]；第 41 条[方向指示信号灯]；第 42 条[闪光警告信号灯]

案例 白某某诉某市高速公路大队行政处罚及行政赔偿案（陕西省西安市中级人民法院〔2006〕西行终字第 88 号）

案件适用要点：（1）公安交通管理机关，按照本辖区交通管理的需要，在履行职能过程中，有权设置限速标志。

（2）公安机关交通管理部门根据交通技术监控记录资料，可以对违法的机动车所有人、管理人及驾驶人予以处罚。

第二十六条　【交通信号灯分类和示义】交通信号灯由红灯、绿灯、黄灯组成。红灯表示禁止通行，绿灯表示准许通行，黄灯表示警示。

第二十七条　【铁路道口的警示标志】铁路与道路平面交叉的道口，应当设置警示灯、警示标志或者安全防护设施。无人看守的铁路道口，应当在距道口一定距离处设置警示标志。

第二十八条　【道路交通信号的保护】任何单位和个人不得擅自设置、移动、占用、损毁交通信号灯、交通标志、交通标线。

道路两侧及隔离带上种植的树木或者其他植物，设置的广告牌、管线等，应当与交通设施保持必要的距离，不得遮挡路灯、交通信号灯、交通标志，不得妨碍安全视距，不得影响通行。

第二十九条　【公共交通的规划、设计、建设和对交通安全隐患的防范】道路、停车场和道路配套设施的规划、设计、建设，应当符合道路交通安全、畅通的要求，并根据交通需求及时调整。

公安机关交通管理部门发现已经投入使用的道路存在交通事故频发路段，或者停车场、道路配套设施存在交通安全严重隐患的，应当及时向当地人民政府报告，并提出防范交通事故、消除隐患的建议，当地人民政府应当及时作出处理决定。

第三十条　【道路或交通信号毁损的处置措施】道路出现坍塌、坑漕、水毁、隆起等损毁或者交通信号灯、交通标志、交通标线等交通设施损毁、灭失的，道路、交通设施的养护部门或者管理部门应当设置警示标志并及时修复。

公安机关交通管理部门发现前款情形，危及交通安全，尚未设置警示标志的，应当及时采取安全措施，疏导交通，并通知道路、交通设施的养护部门或者管理部门。

第三十一条　【未经许可不得占道从事非交通活动】未经许可，任何单位和个人不得占用道路从事非交通活动。

注释 非交通活动，主要是指在道路上从事打场、晒粮、放牧、堆放物品、倾倒垃圾、摆摊设点、停放车辆、挖沟引水或者进行商品展销、体育活动、福利募捐、义诊义卖、咨询宣传等活动。

链接《公路法》第 7 条、第 44 - 57 条、第 77 条；《公路安全保护条例》第 16 条

案例 王某某诉南某某等人身损害赔偿案（北京市第二中级人民法院〔2004〕二中民终字第 09639 号）

案件适用要点：未经许可，不得在道路上从事非交通活动，公共停车场属于道路范畴，在公共停车场从事放风筝的非交通活动，发生交通事故，应当承担相应责任。

第三十二条　【占用道路施工的处置措施】因工程建设需要占用、挖掘道路，或者跨越、穿越道路架设、增设管线设施，应当事先征得道路主管部门的同意；影响交通安全的，还应当征得公安机关交通管理部门的同意。

施工作业单位应当在经批准的路段和时间内施工作业，并在距离施工作业地点来车方向安全距离处设置明显的安全警示标志，采取防护措施；施工作业完毕，应当迅速清除道路上的障碍物，消除安全隐患，经道路主管部门和公安机关交通管理部门验收合格，符合通行要求后，方可恢复通行。

对未中断交通的施工作业道路，公安机关交通管理部门应当加强交通安全监督检查，维护道路交通秩序。

注释 道路施工需要车辆绕行的，施工单位应当在绕行处设置标志；不能绕行的，应当修建临时通道，保证车辆和行人通行。需要封闭道路中断交通的，除紧急情况外，应当提前5日向社会公告。

链接《道路交通安全法实施条例》第35条[道路养护施工的安全和畅通要求]；《公路法》第76条

案例 黄某某与欧丽公司道路施工损害赔偿纠纷上诉案（江西省赣州市中级人民法院〔2007〕赣中民四终字第19号）

案件适用要点：施工人在道路施工路段安全距离处未设置明显的安全警示标志和采取防护措施，发生交通事故，施工人应当承担相应责任。

第三十三条 【停车场、停车泊位的设置】新建、改建、扩建的公共建筑、商业街区、居住区、大（中）型建筑等，应当配建、增建停车场；停车泊位不足的，应当及时改建或者扩建；投入使用的停车场不得擅自停止使用或者改作他用。

在城市道路范围内，在不影响行人、车辆通行的情况下，政府有关部门可以施划停车泊位。

链接《道路交通安全法实施条例》第33条[施划停车泊位]

案例 陈某某与城市管理行政执法局交通违章行政处罚纠纷上诉案（广东省佛山市中级人民法院〔2006〕佛中法行终字第49号）

案件适用要点：（1）机动车应当按照政府有关部门施划的停车泊位停放，违法停车应当受到行政处罚。

（2）在城市道路范围内，只有有权机关可以施划停车泊位，非经授权，任何单位和个人不得在城市道路范围内划定停车区域。

第三十四条 【行人过街设施、盲道的设置】学校、幼儿园、医院、养老院门前的道路没有行人过街设施的，应当施划人行横道线，设置提示标志。

城市主要道路的人行道，应当按照规划设置盲道。盲道的设置应当符合国家标准。

第四章 道路通行规定

第一节 一般规定

第三十五条 【右侧通行】机动车、非机动车实行右侧通行。

第三十六条 【车道划分和通行规则】根据道路条件和通行需要，道路划分为机动车道、非机动车道和人行道的，机动车、非机动车、行人实行分道通行。没有划分机动车道、非机动车道和人行道的，机动车在道路中间通行，非机动车和行人在道路两侧通行。

链接《道路交通安全法实施条例》第44条[机动车道]

第三十七条 【专用车道只准许规定车辆通行】道路划设专用车道的，在专用车道内，只准许规定的车辆通行，其他车辆不得进入专用车道内行驶。

第三十八条 【遵守交通信号】车辆、行人应当按照交通信号通行；遇有交通警察现场指挥时，应当按照交通警察的指挥通行；在没有交通信号的道路上，应当在确保安全、畅通的原则下通行。

案例 潘某某不服某市公安局交通管理局第四支队道路交通事故责任认定一案（重庆市第一中级人民法院〔2005〕渝一中行终字第57号）

案件适用要点：违反执勤警察交通指挥，驶入临时交通限制、禁止车辆通行路段，发生交通事故，应当承担相应责任。

第三十九条 【交通管理部门可根据情况采取管理措施并提前公告】公安机关交通管理部门根据道路和交通流量的具体情况，可以对机动车、非机动车、行人采取疏导、限制通行、禁止通行等措施。遇有大型群众性活动、大范围施工等情况，需要采取限制交通的措施，或者作出与公众的道路交通活动直接有关的决定，应当提前向社会公告。

注释 限制通行，是指根据不同的情况，规定不同的车辆或者行人可以通行。禁止通行，是指各种车辆和行人都不允许通行。禁止通行的措施一般是在有大型活动或重要会议以及道路或交通中断的情况下采用，如道路施工、城市建设等。实践中，公安机关交通管理部门对某个路段采取限制通行或禁止通行的措施时，一般会在限制或禁止通行的地方设立限制通行或禁止通行的告示牌。有时也采取由交通警察现场指挥疏导交通的做法。限制通行和禁止通行的交通措施通常多数是由公安机关交通管理部门根据道路和交通流量的具体情况所采取的临时性的措施，一旦道路通行情况有所改善，公安机关交通管理部门就会及时撤销限制通行或禁止通行的措施，恢复正常的交通秩序。

第四十条 【交通管制】遇有自然灾害、恶劣气象条件或者重大交通事故等严重影响交通安全的情形，采取其他措施难以保证交通安全时，公安机关交通管理部门可以实行交通管制。

注释 交通管制，是指根据现实情况的需要，为了防止道路交通状况的进一步恶化和造成交通事故损害的扩大，由公安机关交通管理部门采取措施禁止相关机动车辆通行的措施。这种交通管制措施，是公安机关交通管理部门在法定的特殊情况下才可采用的一种方法。

第四十一条 【授权国务院规定道路通行的其他具体规定】有关道路通行的其他具体规定，由国务院规定。

第二节 机动车通行规定

第四十二条 【机动车行驶速度】机动车上道路行驶，不得超过限速标志标明的最高时速。在没有限速标志的路段，应当保持安全车速。

夜间行驶或者在容易发生危险的路段行驶，以及遇有沙尘、冰雹、雨、雪、雾、结冰等气象条件时，应当降低行驶速度。

注释 根据《道路交通安全法实施条例》的规定，在没有限速标志、标线的道路上，机动车不得超过下列最高行驶速度：(1)没有道路中心线的道路，城市道路为每小时30公里，公路为每小时40公里；(2)同方向只有一条机动车道的道路，城市道路为每小时50公里，公路为每小时70公里。机动车行驶中遇有下列情形之一的，最高行驶速度不得超过每小时30公里，其中拖拉机、电瓶车、轮式专用机械车不得超过每小时15公里：(1)进出非机动车道，通过铁路道口、急弯路、窄路、窄桥时；(2)掉头、转弯、下陡坡时；(3)遇雾、雨、雪、沙尘、冰雹，能见度在50米以内时；(4)在冰雪、泥泞的道路上行驶时；(5)牵引发生故障的机动车时。

链接《道路交通安全法实施条例》第45条[机动车行驶速度限制]；第46条[机动车在特殊条件下行驶速度限制]；第67条[机动车在单位院内、居民居住区内行驶]；《刑法修正案(九)》第8条

案例 李某某诉某市公安局交通警察支队交通行政处罚决定上诉案(上海市第二中级人民法院〔2006〕沪二中行终字第163号)

案件适用要点：驾驶人违反限速标志，超速行驶，应当受到相应行政处罚。

第四十三条 【不得超车的情形】同车道行驶的机动车，后车应当与前车保持足以采取紧急制动措施的安全距离。有下列情形之一的，不得超车：

(一)前车正在左转弯、掉头、超车的；

(二)与对面来车有会车可能的；

(三)前车为执行紧急任务的警车、消防车、救护车、工程救险车的；

(四)行经铁路道口、交叉路口、窄桥、弯道、陡坡、隧道、人行横道、市区交通流量大的路段等没有超车条件的。

第四十四条 【交叉路口通行规则】机动车通过交叉路口，应当按照交通信号灯、交通标志、交通标线或者交通警察的指挥通过；通过没有交通信号灯、交通标志、交通标线或者交通警察指挥的交叉路口时，应当减速慢行，并让行人和优先通行的车辆先行。

第四十五条 【交通不畅条件下的行驶】机动车遇有前方车辆停车排队等候或者缓慢行驶时，不得借道超车或者占用对面车道，不得穿插等候的车辆。

在车道减少的路段、路口，或者在没有交通信号灯、交通标志、交通标线或者交通警察指挥的交叉路口遇到停车排队等候或者缓慢行驶时，机动车应当依次交替通行。

链接《道路交通安全法实施条例》第53条[机动车在交通不畅的条件下的行驶]

第四十六条 【铁路道口通行规则】机动车通过铁路道口时，应当按照交通信号或者管理人员的指挥通行；没有交通信号或者管理人员的，应当减速或者停车，在确认安全后通过。

链接《铁路法》第47条；《道路交通安全法实施条例》第65条[机动车载运超限物品行经铁路道口和机动车行经渡口]

第四十七条 【避让行人】机动车行经人行横道时，应当减速行驶；遇行人正在通过人行横道，应当停车让行。

机动车行经没有交通信号的道路时，遇行人横过道路，应当避让。

第四十八条 【机动车载物】机动车载物应当符合核定的载质量，严禁超载；载物的长、宽、高不得违反装载要求，不得遗洒、飘散载运物。

机动车运载超限的不可解体的物品，影响交通安全的，应当按照公安机关交通管理部门指定的时间、路线、速度行驶，悬挂明显标志。在公路上运载超限的不可解体的物品，并应当依照公路法的规定执行。

机动车载运爆炸物品、易燃易爆化学物品以及剧毒、放射性等危险物品，应当经公安机关批准后，按指定的时间、路线、速度行驶，悬挂警示标志并采取必要的安全措施。

注释 机动车载物不得超过机动车行驶证上核定的载质量，装载长度、宽度不得超出车厢，并应当遵守下列规定：(1)重型、中型载货汽车，半挂车载物，高度从地面起不得超过4米，载运集装箱的车辆不得超过4.2米；(2)其他载货的机动车载物，高度从地面起不得超过2.5米；(3)摩托车载物，高度从地面起不得超过1.5米，长度不得超出车身0.2米。两轮摩托车载物宽度左右各不得超出车把0.15米，三轮摩托车载物宽度不得超过车身；(4)载客汽车除车身外部的行李架和内置的行李箱外，不得载货。载客汽车行李架载货，从车顶起高度不得超过0.5米，从地面起高度不得超过4米。

链接《公路安全保护条例》第35、36条

第四十九条 【机动车载人】机动车载人不得超过核定的人数，客运机动车不得违反规定载货。

注释 机动车载人应当遵守下列规定:(1)公路载客汽车不得超过核定的载客人数,但按照规定免票的儿童除外,在载客人数已满的情况下,按照规定免票的儿童不得超过核定载客人数的10%;(2)载货汽车车厢不得载客。在城市道路上,货运机动车在留有安全位置的情况下,车厢内可以附载临时作业人员1人至5人。载物高度超过车厢栏板时,货物上不得载人;(3)摩托车后座不得乘坐未满12周岁的未成年人,轻便摩托车不得载人。

链接《道路交通安全法实施条例》第55条[机动车载人]

第五十条 【货运车运营规则】禁止货运机动车载客。

货运机动车需要附载作业人员的,应当设置保护作业人员的安全措施。

第五十一条 【安全带及安全头盔的使用】机动车行驶时,驾驶人、乘坐人员应当按规定使用安全带,摩托车驾驶人及乘坐人员应当按规定戴安全头盔。

第五十二条 【机动车故障处置】机动车在道路上发生故障,需要停车排除故障时,驾驶人应当立即开启危险报警闪光灯,将机动车移至不妨碍交通的地方停放;难以移动的,应当持续开启危险报警闪光灯,并在来车方向设置警告标志等措施扩大示警距离,必要时迅速报警。

链接《道路交通安全法实施条例》第60条[机动车在道路上发生故障或者交通事故时的安全措施]

第五十三条 【特种车辆的优先通行权】警车、消防车、救护车、工程救险车执行紧急任务时,可以使用警报器、标志灯具;在确保安全的前提下,不受行驶路线、行驶方向、行驶速度和信号灯的限制,其他车辆和行人应当让行。

警车、消防车、救护车、工程救险车非执行紧急任务时,不得使用警报器、标志灯具,不享有前款规定的道路优先通行权。

链接《道路交通安全法实施条例》第66条[警报器的使用]

第五十四条 【养护、工程作业等车辆的作业通行权】道路养护车辆、工程作业车进行作业时,在不影响过往车辆通行的前提下,其行驶路线和方向不受交通标志、标线限制,过往车辆和人员应当注意避让。

洒水车、清扫车等机动车应当按照安全作业标准作业;在不影响其他车辆通行的情况下,可以不受车辆分道行驶的限制,但是不得逆向行驶。

第五十五条 【拖拉机的通行和营运】高速公路、大中城市中心城区内的道路,禁止拖拉机通行。其他禁止拖拉机通行的道路,由省、自治区、直辖市人民政府根据当地实际情况规定。

在允许拖拉机通行的道路上,拖拉机可以从事货运,但是不得用于载人。

注释 上道路行驶的拖拉机,是指手扶拖拉机等最高设计行驶速度不超过每小时20公里的轮式拖拉机和最高设计行驶速度不超过每小时40公里、牵引挂车方可从事道路运输的轮式拖拉机。同时,本法考虑到我国地域广阔,地形复杂,全国各省都有各自的特色,因此本条还规定,拖拉机的其他禁行道路,由省、自治区、直辖市人民政府根据当地的实际情况规定。

链接《道路交通安全法实施条例》第111条[拖拉机的概念]

第五十六条 【机动车的停泊】机动车应当在规定地点停放。禁止在人行道上停放机动车;但是,依照本法第三十三条规定施划的停车泊位除外。

在道路上临时停车的,不得妨碍其他车辆和行人通行。

注释 根据《道路交通安全法实施条例》的规定,机动车在道路上临时停车,应当遵守下列规定:(1)在设有禁停标志、标线的路段,在机动车道与非机动车道、人行道之间设有隔离设施的路段以及人行横道、施工地段,不得停车;(2)交叉路口、铁路道口、急弯路、宽度不足4米的窄路、桥梁、陡坡、隧道以及距离上述地点50米以内的路段,不得停车;(3)公共汽车站、急救站、加油站、消防栓或者消防队(站)门前以及距离上述地点30米以内的路段,除使用上述设施的以外,不得停车;(4)车辆停稳前不得开车门和上下人员,开关车门不得妨碍其他车辆和行人通行;(5)路边停车应当紧靠道路右侧,机动车驾驶人不得离车,上下人员或者装卸物品后,立即驶离;(6)城市公共汽车不得在站点以外的路段停车上下乘客。

链接《道路交通安全法实施条例》第63条[机动车临时停车]

第三节 非机动车通行规定

第五十七条 【非机动车通行规则】驾驶非机动车在道路上行驶应当遵守有关交通安全的规定。非机动车应当在非机动车道内行驶;在没有非机动车道的道路上,应当靠车行道的右侧行驶。

第五十八条 【非机动车行驶速度限制】残疾人机动轮椅车、电动自行车在非机动车道内行驶时,最高时速不得超过十五公里。

链接《道路交通安全法实施条例》第70条[驾驶非机动车横过道路、借用机动车道行驶]、第71条[非机动车载物、载人]、第72条[在道路上驾驶非机动车]

第五十九条 【非机动车的停放】非机动车应当

在规定地点停放。未设停放地点的,非机动车停放不得妨碍其他车辆和行人通行。

第六十条 【畜力车使用规则】驾驭畜力车,应当使用驯服的牲畜;驾驭畜力车横过道路时,驾驭人应当下车牵引牲畜;驾驭人离开车辆时,应当拴系牲畜。

链接《道路交通安全法实施条例》第73条[驾驶畜力车在道路上行驶的规定]

第四节 行人和乘车人通行规定

第六十一条 【行人通行规则】行人应当在人行道内行走,没有人行道的靠路边行走。

第六十二条 【行人横过道路规则】行人通过路口或者横过道路,应当走人行横道或者过街设施;通过有交通信号灯的人行横道,应当按照交通信号灯指示通行;通过没有交通信号灯、人行横道的路口,或者在没有过街设施的路段横过道路,应当在确认安全后通过。

第六十三条 【行人禁止行为】行人不得跨越、倚坐道路隔离设施,不得扒车、强行拦车或者实施妨碍道路交通安全的其他行为。

注释道路隔离设施主要包括隔离护栏、路间绿化带等用于将来往车辆隔开的设施。

链接《道路交通安全法实施条例》第74条[行人禁止性行为]、第76条[行人在道路上列队通行]

第六十四条 【特殊行人通行规则】学龄前儿童以及不能辨认或者不能控制自己行为的精神疾病患者、智力障碍者在道路上通行,应当由其监护人、监护人委托的人或者对其负有管理、保护职责的人带领。

盲人在道路上通行,应当使用盲杖或者采取其他导盲手段,车辆应当避让盲人。

链接《侵权责任法》第32、38、39、40条;《最高人民法院关于审理人身损害赔偿案件适用法律若干问题的解释》第7条

第六十五条 【行人通过铁路道口规则】行人通过铁路道口时,应当按照交通信号或者管理人员的指挥通行;没有交通信号和管理人员的,应当在确认无火车驶临后,迅速通过。

第六十六条 【乘车规则】乘车人不得携带易燃易爆等危险物品,不得向车外抛洒物品,不得有影响驾驶人安全驾驶的行为。

第五节 高速公路的特别规定

第六十七条 【高速公路通行规则、时速限制】行人、非机动车、拖拉机、轮式专用机械车、铰接式客车、全挂拖斗车以及其他设计最高时速低于七十公里的机动车,不得进入高速公路。高速公路限速标志标明的最高时速不得超过一百二十公里。

第六十八条 【故障处理】机动车在高速公路上发生故障时,应当依照本法第五十二条的有关规定办理;但是,警告标志应当设置在故障车来车方向一百五十米以外,车上人员应当迅速转移到右侧路肩上或者应急车道内,并且迅速报警。

机动车在高速公路上发生故障或者交通事故,无法正常行驶的,应当由救援车、清障车拖曳、牵引。

注释机动车在高速公路上发生故障或者事故被拖曳、牵引,应当符合以下条件:一是机动车在高速公路上发生故障或者交通事故。二是该机动车无法正常行驶,如经过简单维修可以继续行驶,或者发生的是轻微交通事故经双方协商已经得到解决的,则无须拖曳、牵引。三是对故障车或者事故车的拖曳、牵引应当由救援车、清障车实施,不得由其他机动车实施,因救援车或者清障车属于专门用于拖曳、牵引的车辆,其动力性、技术性和安全性是其他车辆无法代替的。

第六十九条 【不得在高速公路上拦截车辆】任何单位、个人不得在高速公路上拦截检查行驶的车辆,公安机关的人民警察依法执行紧急公务除外。

第五章 交通事故处理

第七十条 【交通事故处理及报警】在道路上发生交通事故,车辆驾驶人应当立即停车,保护现场;造成人身伤亡的,车辆驾驶人应当立即抢救受伤人员,并迅速报告执勤的交通警察或者公安机关交通管理部门。因抢救受伤人员变动现场的,应当标明位置。乘车人、过往车辆驾驶人、过往行人应当予以协助。

在道路上发生交通事故,未造成人身伤亡,当事人对事实及成因无争议的,可以即行撤离现场,恢复交通,自行协商处理损害赔偿事宜;不即行撤离现场的,应当迅速报告执勤的交通警察或者公安机关交通管理部门。

在道路上发生交通事故,仅造成轻微财产损失,并且基本事实清楚的,当事人应当先撤离现场再进行协商处理。

注释交通事故,是指车辆在道路上因过错或者意外造成的人身伤亡或者财产损失的事件。

链接《道路交通事故处理程序规定》第13、14条

第七十一条 【交通事故逃逸的处理】车辆发生交通事故后逃逸的,事故现场目击人员和其他知情人员应当向公安机关交通管理部门或者交通警察举报。举报属实的,公安机关交通管理部门应当给予奖励。

注释交通肇事逃逸,是指发生交通事故后,交通事故当事人为逃避法律追究,驾驶车辆或者遗弃车辆逃离交通事故现场的行为。发生交通事故后当事人逃逸的,逃逸的当事人承担全部责任。但是,有证据证明对方当事人也有过错的,可以减轻责任。

链接《刑法》第 133 条、第 233－235 条;《最高人民法院关于审理交通肇事刑事案件具体应用法律若干问题的解释》

第七十二条 【交警处理交通事故程序】公安机关交通管理部门接到交通事故报警后,应当立即派交通警察赶赴现场,先组织抢救受伤人员,并采取措施,尽快恢复交通。

交通警察应当对交通事故现场进行勘验、检查,收集证据;因收集证据的需要,可以扣留事故车辆,但是应当妥善保管,以备核查。

对当事人的生理、精神状况等专业性较强的检验,公安机关交通管理部门应当委托专门机构进行鉴定。鉴定结论应当由鉴定人签名。

链接《道路交通安全法实施条例》第 89 条[处理交通事故的简易程序、一般程序和现场处理道路交通事故职责]、第 90 条[抢救事故受伤人员费用];《道路交通事故处理程序规定》第 16－18 条、第 27－42 条;《机动车交通事故责任强制保险条例》第 31 条

第七十三条 【交通事故认定书】公安机关交通管理部门应当根据交通事故现场勘验、检查、调查情况和有关的检验、鉴定结论,及时制作交通事故认定书,作为处理交通事故的证据。交通事故认定书应当载明交通事故的基本事实、成因和当事人的责任,并送达当事人。

注释公安机关交通管理部门,应当根据当事人的行为对发生道路交通事故所起的作用以及过错的严重程度,确定当事人的责任:(1)因一方当事人的过错导致道路交通事故的,承担全部责任;(2)因两方或者两方以上当事人的过错发生道路交通事故的,根据其行为对事故发生的作用以及过错的严重程度,分别承担主要责任、同等责任和次要责任;(3)各方均无导致交通事故的过错,属于交通意外事故的,各方均无责任;(4)一方当事人故意造成交通事故的,他方无责任。

链接《道路交通安全法实施条例》第 93 条[交通事故认定书制作期限];《道路交通事故处理程序规定》第 59－70 条

第七十四条 【交通事故的调解或起诉】对交通事故损害赔偿的争议,当事人可以请求公安机关交通管理部门调解,也可以直接向人民法院提起民事诉讼。

经公安机关交通管理部门调解,当事人未达成协议或者调解书生效后不履行的,当事人可以向人民法院提起民事诉讼。

链接《道路交通安全法实施条例》第 94 条[交通事故损害赔偿争议申请调解条件和期限]、第 95 条[交通事故损害赔偿争议的调解期限、调解协议效力]、第 96 条[交通事故损害赔偿调解和诉讼的关系];《道路交通事故处理程序规定》第 84－94 条;《最高人民法院关于审理人身损害赔偿案件适用法律若干问题的解释》

第七十五条 【受伤人员的抢救及费用承担】医疗机构对交通事故中的受伤人员应当及时抢救,不得因抢救费用未及时支付而拖延救治。肇事车辆参加机动车第三者责任强制保险的,由保险公司在责任限额范围内支付抢救费用;抢救费用超过责任限额的,未参加机动车第三者责任强制保险或者肇事后逃逸的,由道路交通事故社会救助基金先行垫付部分或者全部抢救费用,道路交通事故社会救助基金管理机构有权向交通事故责任人追偿。

注释抢救费用,是指机动车发生道路交通事故导致人员受伤时,医疗机构参照国务院卫生主管部门组织制定的有关临床诊疗指南,对生命体征不平稳和虽然生命体征平稳但如果不采取处理措施会产生生命危险,或者导致残疾、器官功能障碍,或者导致病程明显延长的受伤人员,采取必要的处理措施所发生的医疗费用。

链接《侵权责任法》第 53 条;《机动车交通事故责任强制保险条例》第 21 条[赔偿范围]、第 45 条[强制保险与第三者责任保险的衔接];《道路交通安全法实施条例》第 90 条[抢救事故受伤人员费用];《道路交通事故处理程序规定》第 42 条

第七十六条 【交通事故赔偿责任】机动车发生交通事故造成人身伤亡、财产损失的,由保险公司在机动车第三者责任强制保险责任限额范围内予以赔偿;不足的部分,按照下列规定承担赔偿责任:

(一)机动车之间发生交通事故的,由有过错的一方承担赔偿责任;双方都有过错的,按照各自过错的比例分担责任。

(二)机动车与非机动车驾驶人、行人之间发生交通事故,非机动车驾驶人、行人没有过错的,由机动车一方承担赔偿责任;有证据证明非机动车驾驶人、行人有过错的,根据过错程度适当减轻机动车一方的赔偿责任;机动车一方没有过错的,承担不超过百分之十的赔偿责任。

交通事故的损失是由非机动车驾驶人、行人故意碰撞机动车造成的,机动车一方不承担赔偿责任。

注释机动车第三者责任强制保险的适用规则如下:1. 在强制保险责任限额范围内赔偿。机动车发生交通事故造成人身伤亡、财产损失的,首先由保险公司在机动车第三者责任强制保险责任限额范围内予以赔偿。机动车第三者责任强制保险是解决道路交通事故赔偿问题的重要制度。机动车发生交通事故,包括机动车与机动车之间,机动车与非机动车驾驶人、行人之间,都是先由保险公司在机动车第三者责任强制保险责任限额内予以赔偿,不足的部分才由机动车一方承担赔偿责任。这对及时、充分地使受害人获得

赔偿,分散机动车驾驶人的风险,有重要意义。2. 在第三人强制保险责任限额范围内赔偿后不足的部分,赔偿责任才由有过错的机动车方承担。

使用盗窃的机动车辆肇事,造成被害人物质损失的,肇事人应当依法承担损害赔偿责任,被盗机动车辆的所有人不承担损害赔偿责任。

连环购车未办理过户手续,因车辆已经交付,原车主既不能支配该车的营运,也不能从该车的营运中获得利益,故原车主不应对机动车发生交通事故致人损害承担责任。但是,连环购车未办理过户手续的行为,违反有关行政管理法规的,应受其规定的调整。

链接《民法总则》第8章;《机动车交通事故责任强制保险条例》第21条;《最高人民法院关于贯彻执行〈中华人民共和国民法通则〉若干问题的意见(试行)》142-164;《侵权责任法》第52条;《最高人民法院关于审理人身损害赔偿案件适用法律若干问题的解释》;《最高人民法院关于确定民事侵权精神损害赔偿责任若干问题的解释》;《最高人民法院关于交通事故中的财产损失是否包括被损车辆停运损失问题的批复》;《最高人民法院关于被盗机动车辆肇事后由谁承担损害赔偿责任问题的批复》;《最高人民法院关于购买人使用分期付款购买的车辆从事运输因交通事故造成他人财产损失保留车辆所有权的出卖方不应承担民事责任的批复》;《最高人民法院关于连环购车未办理过户手续,原车主是否对机动车发生交通事故致人损害承担责任的请示的批复》;《道路交通事故处理程序规定》第60、61条

第七十七条 【道路外交通事故处理】车辆在道路以外通行时发生的事故,公安机关交通管理部门接到报案的,参照本法有关规定办理。

链接《道路交通安全法实施条例》第97条[在道路以外发生的交通事故以及车辆、行人与火车发生的交通事故以及在渡口发生的交通事故的处理依据]

第六章 执法监督

第七十八条 【交警管理及考核上岗】公安机关交通管理部门应当加强对交通警察的管理,提高交通警察的素质和管理道路交通的水平。

公安机关交通管理部门应当对交通警察进行法制和交通安全管理业务培训、考核。交通警察经考核不合格的,不得上岗执行职务。

链接《道路交通安全法实施条例》第101条[执法质量考核评议和执法过错追究]

第七十九条 【依法履行法定职责】公安机关交通管理部门及其交通警察实施道路交通安全管理,应当依据法定的职权和程序,简化办事手续,做到公正、严格、文明、高效。

第八十条 【执行职务要求】交通警察执行职务时,应当按照规定着装,佩带人民警察标志,持有人民警察证件,保持警容严整,举止端庄,指挥规范。

第八十一条 【收费标准】依照本法发放牌证等收取工本费,应当严格执行国务院价格主管部门核定的收费标准,并全部上缴国库。

第八十二条 【处罚和收缴分离原则】公安机关交通管理部门依法实施罚款的行政处罚,应当依照有关法律、行政法规的规定,实施罚款决定与罚款收缴分离;收缴的罚款以及依法没收的违法所得,应当全部上缴国库。

链接《行政处罚法》第46条

第八十三条 【回避制度】交通警察调查处理道路交通安全违法行为和交通事故,有下列情形之一的,应当回避:

(一)是本案的当事人或者当事人的近亲属;

(二)本人或者其近亲属与本案有利害关系;

(三)与本案当事人有其他关系,可能影响案件的公正处理。

链接《道路交通事故处理程序规定》第105条

第八十四条 【执法监督】公安机关交通管理部门及其交通警察的行政执法活动,应当接受行政监察机关依法实施的监督。

公安机关督察部门应当对公安机关交通管理部门及其交通警察执行法律、法规和遵守纪律的情况依法进行监督。

上级公安机关交通管理部门应当对下级公安机关交通管理部门的执法活动进行监督。

第八十五条 【举报、投诉制度】公安机关交通管理部门及其交通警察执行职务,应当自觉接受社会和公民的监督。

任何单位和个人都有权对公安机关交通管理部门及其交通警察不严格执法以及违法违纪行为进行检举、控告。收到检举、控告的机关,应当依据职责及时查处。

链接《道路交通安全法实施条例》第98条[公开办事制度、办事程序]、第100条[公布举报电话、受理群众投诉]

第八十六条 【交警执法保障】任何单位不得给公安机关交通管理部门下达或者变相下达罚款指标;公安机关交通管理部门不得以罚款数额作为考核交通警察的标准。

公安机关交通管理部门及其交通警察对超越法律、法规规定的指令,有权拒绝执行,并同时向上级机关报告。

第七章 法律责任

第八十七条 【交通管理部门的职权】公安机关

交通管理部门及其交通警察对道路交通安全违法行为，应当及时纠正。

公安机关交通管理部门及其交通警察应当依据事实和本法的有关规定对道路交通安全违法行为予以处罚。对于情节轻微，未影响道路通行的，指出违法行为，给予口头警告后放行。

第八十八条 【处罚种类】对道路交通安全违法行为的处罚种类包括：警告、罚款、暂扣或者吊销机动车驾驶证、拘留。

链接《行政处罚法》第8条；《道路交通安全违法行为处理程序规定》第40-41条

第八十九条 【对违法行人、乘车人、非机动车驾驶人的处罚】行人、乘车人、非机动车驾驶人违反道路交通安全法律、法规关于道路通行规定的，处警告或者五元以上五十元以下罚款；非机动车驾驶人拒绝接受罚款处罚的，可以扣留其非机动车。

第九十条 【对违法机动车驾驶人的处罚】机动车驾驶人违反道路交通安全法律、法规关于道路通行规定的，处警告或者二十元以上二百元以下罚款。本法另有规定的，依照规定处罚。

第九十一条 【饮酒、醉酒驾车处罚】饮酒后驾驶机动车的，处暂扣六个月机动车驾驶证，并处一千元以上二千元以下罚款。因饮酒后驾驶机动车被处罚，再次饮酒后驾驶机动车的，处十日以下拘留，并处一千元以上二千元以下罚款，吊销机动车驾驶证。

醉酒驾驶机动车的，由公安机关交通管理部门约束至酒醒，吊销机动车驾驶证，依法追究刑事责任；五年内不得重新取得机动车驾驶证。

饮酒后驾驶营运机动车的，处十五日拘留，并处五千元罚款，吊销机动车驾驶证，五年内不得重新取得机动车驾驶证。

醉酒驾驶营运机动车的，由公安机关交通管理部门约束至酒醒，吊销机动车驾驶证，依法追究刑事责任；十年内不得重新取得机动车驾驶证，重新取得机动车驾驶证后，不得驾驶营运机动车。

饮酒后或者醉酒驾驶机动车发生重大交通事故，构成犯罪的，依法追究刑事责任，并由公安机关交通管理部门吊销机动车驾驶证，终生不得重新取得机动车驾驶证。

注释根据相关规定，检验违法行为人体内酒精、国家管制的精神药品、麻醉药品含量的，应当按照下列程序实施：

（一）由交通警察将违法行为人带到医疗机构进行抽血或者提取尿液；

（二）对酒后行为失控的，可以使用约束带或者警绳等约束性警械；

（三）公安机关交通管理部门应当将抽取的血液或者提取的尿液及时送交有检验资格的机构进行检测，并将检测结果书面告知违法行为人。

检验违法行为人体内酒精、国家管制的精神药品、麻醉药品含量的，应当通知其家属。但无法通知的除外。

特别需要注意的是，2011年《刑法修正案（八）》将醉酒驾驶规定为交通肇事罪的一种情况。虽然该修正案只规定追究醉酒驾驶机动车的刑事责任，没有明确规定情节严重或情节恶劣的前提条件，但根据刑法总则第13条规定的原则，危害社会行为情节显著轻微危害不大的，不认为是犯罪。对在道路上醉酒驾驶机动车的行为需要追究刑事责任的，要注意与行政处罚相衔接，防止可依据本法处罚的行为，直接诉至法院追究刑事责任。2015年《刑法修正案（九）》也对此进行了规定。

车辆驾驶人员血液酒精含量阈值

驾驶行为类别	阈值（mg/100mL）
饮酒后驾车	≥20，<80
醉酒后驾车	≥80

链接《刑法》第133条之一；《最高人民法院关于印发醉酒驾车犯罪法律适用问题指导意见及相关典型案例的通知》；《车辆驾驶人员血液、呼气酒精含量阈值与检验（GB 19522-2010）》

案例孙伟铭以危险方法危害公共安全案（四川省高级人民法院〔2009〕川刑终字第690号）

案件适用要点：驾驶人无视交通法规和公共安全，在未取得驾驶证的情况下，长期驾驶机动车辆，多次违反交通法规，且在醉酒驾车发生交通事故后，继续驾车超限速行驶，冲撞多辆车辆，造成数人伤亡的严重后果，说明其主观上对危害结果的发生持放任态度，具有危害公共安全的间接故意，其行为已构成以危险方法危害公共安全罪。

第九十二条 【超载行为处罚】公路客运车辆载客超过额定乘员的，处二百元以上五百元以下罚款；超过额定乘员百分之二十或者违反规定载货的，处五百元以上二千元以下罚款。

货运机动车超过核定载质量的，处二百元以上五百元以下罚款；超过核定载质量百分之三十或者违反规定载客的，处五百元以上二千元以下罚款。

有前两款行为的，由公安机关交通管理部门扣留机动车至违法状态消除。

运输单位的车辆有本条第一款、第二款规定的情形，经处罚不改的，对直接负责的主管人员处二千元以上五千元以下罚款。

链接《道路交通安全法实施条例》第106条［超载行为的处理］；《公路安全保护条例》第64-67条

第九十三条 【对违法泊车的处理及拖车规则】对违反道路交通安全法律、法规关于机动车停放、临时停车规定的，可以指出违法行为，并予以口头警告，令其立即驶离。

机动车驾驶人不在现场或者虽在现场但拒绝立即驶离，妨碍其他车辆、行人通行的，处二十元以上二百元以下罚款，并可以将该机动车拖移至不妨碍交通的地点或者公安机关交通管理部门指定的地点停放。公安机关交通管理部门拖车不得向当事人收取费用，并应当及时告知当事人停放地点。

因采取不正确的方法拖车造成机动车损坏的，应当依法承担补偿责任。

案例 苏某某与交通警察大队交通管理行政处罚纠纷上诉案（广东省广州市中级人民法院〔2007〕穗中法行终字第154号）

案件适用要点：机动车违章停放，机动车驾驶人不在现场，妨碍其他车辆、行人通行的，可处二十元以上二百元以下罚款。

第九十四条 【对机动车安检机构的管理】机动车安全技术检验机构实施机动车安全技术检验超过国务院价格主管部门核定的收费标准收取费用的，退还多收取的费用，并由价格主管部门依照《中华人民共和国价格法》的有关规定给予处罚。

机动车安全技术检验机构不按照机动车国家安全技术标准进行检验，出具虚假检验结果的，由公安机关交通管理部门处所收检验费用五倍以上十倍以下罚款，并依法撤销其检验资格；构成犯罪的，依法追究刑事责任。

链接《道路交通安全法》第13条［机动车安检］；《刑法》第229条

第九十五条 【未悬挂号牌、未放置标志、未携带证件、未合理安放号牌的处理】上道路行驶的机动车未悬挂机动车号牌，未放置检验合格标志、保险标志，或者未随车携带行驶证、驾驶证的，公安机关交通管理部门应当扣留机动车，通知当事人提供相应的牌证、标志或者补办相应手续，并可以依照本法第九十条的规定予以处罚。当事人提供相应的牌证、标志或者补办相应手续的，应当及时退还机动车。

故意遮挡、污损或者不按规定安装机动车号牌的，依照本法第九十条的规定予以处罚。

第九十六条 【对伪造、变造行为的处罚】伪造、变造或者使用伪造、变造的机动车登记证书、号牌、行驶证、驾驶证的，由公安机关交通管理部门予以收缴，扣留该机动车，处十五日以下拘留，并处二千元以上五千元以下罚款；构成犯罪的，依法追究刑事责任。

伪造、变造或者使用伪造、变造的检验合格标志、保险标志的，由公安机关交通管理部门予以收缴，扣留该机动车，处十日以下拘留，并处一千元以上三千元以下罚款；构成犯罪的，依法追究刑事责任。

使用其他车辆的机动车登记证书、号牌、行驶证、检验合格标志、保险标志的，由公安机关交通管理部门予以收缴，扣留该机动车，处二千元以上五千元以下罚款。

当事人提供相应的合法证明或者补办相应手续的，应当及时退还机动车。

注释 根据本条规定，行为人的上述行为构成犯罪的，依法追究刑事责任。我国《刑法》没有对上述三种行为作出明确的规定，但基于机动车牌照是国家行政机关对机动车管理的重要组成部分，使用伪造车牌的行为实际上是侵犯国家权力的行为，因此在司法实践中，一般是按照《刑法》第280条第1款的规定，以伪造、变造、买卖国家机关公文、证件、印章罪定罪处罚。

链接《机动车交通事故责任强制保险条例》第40条［伪造、变造或者使用伪造、变造的保险标志或者使用其他机动车保险标志的法律责任］；《道路交通安全违法行为处理程序规定》第25条、第37条；《刑法》第280－281条、第375条

案例 吕某与某市公安局交通警察支队高速公路第四大队等道路交通事故人身损害赔偿纠纷上诉案（辽宁省沈阳市中级人民法院〔2006〕沈民（1）权终字第161号）

案件适用要点：使用伪造的机动车号牌，发生交通事故，应当承担相应责任。

第九十七条 【对非法安装警报器、标志灯具的处罚】非法安装警报器、标志灯具的，由公安机关交通管理部门强制拆除，予以收缴，并处二百元以上二千元以下罚款。

第九十八条 【对未投保交强险的处罚】机动车所有人、管理人未按照国家规定投保机动车第三者责任强制保险的，由公安机关交通管理部门扣留车辆至依照规定投保后，并处依照规定投保最低责任限额应缴纳的保险费的二倍罚款。

依照前款缴纳的罚款全部纳入道路交通事故社会救助基金。具体办法由国务院规定。

链接《机动车交通事故责任强制保险条例》第3条［定义］、第38条［未按照规定投保的法律责任］；《道路交通安全违法行为处理程序规定》第25条

第九十九条 【其他违法行为的处罚】有下列行为之一的，由公安机关交通管理部门处二百元以上二千元以下罚款：

（一）未取得机动车驾驶证、机动车驾驶证被吊销或者机动车驾驶证被暂扣期间驾驶机动车的；

（二）将机动车交由未取得机动车驾驶证或者机动车驾驶证被吊销、暂扣的人驾驶的；

（三）造成交通事故后逃逸，尚不构成犯罪的；

（四）机动车行驶超过规定时速百分之五十的；

（五）强迫机动车驾驶人违反道路交通安全法律、法规和机动车安全驾驶要求驾驶机动车，造成交通事故，尚不构成犯罪的；

（六）违反交通管制的规定强行通行，不听劝阻的；

（七）故意损毁、移动、涂改交通设施，造成危害后果，尚不构成犯罪的；

（八）非法拦截、扣留机动车辆，不听劝阻，造成交通严重阻塞或者较大财产损失的。

行为人有前款第二项、第四项情形之一的，可以并处吊销机动车驾驶证；有第一项、第三项、第五项至第八项情形之一的，可以并处十五日以下拘留。

第一百条　【驾驶拼装及应报废机动车的处理】驾驶拼装的机动车或者已达到报废标准的机动车上道路行驶的，公安机关交通管理部门应当予以收缴，强制报废。

对驾驶前款所列机动车上道路行驶的驾驶人，处二百元以上二千元以下罚款，并吊销机动车驾驶证。

出售已达到报废标准的机动车的，没收违法所得，处销售金额等额的罚款，对该机动车依照本条第一款的规定处理。

链接《侵权责任法》第51条

第一百零一条　【交通事故刑事责任及终生禁驾规定】违反道路交通安全法律、法规的规定，发生重大交通事故，构成犯罪的，依法追究刑事责任，并由公安机关交通管理部门吊销机动车驾驶证。

造成交通事故后逃逸的，由公安机关交通管理部门吊销机动车驾驶证，且终生不得重新取得机动车驾驶证。

注释根据刑法的规定，违反交通运输管理法规，因而发生重大事故，致人重伤、死亡或者使公私财产遭受重大损失的，处三年以下有期徒刑或者拘役；交通运输肇事后逃逸或者有其他特别恶劣情节的，处三年以上七年以下有期徒刑；因逃逸致人死亡的，处七年以上有期徒刑。

链接《刑法》第133条、第133条之一、第233－235条；《道路交通安全违法行为处理程序规定》第32－36条、第57、58条；《最高人民法院关于审理交通肇事刑事案件具体应用法律若干问题的解释》第1－9条

第一百零二条　【对专业运输单位的管理】对六个月内发生二次以上特大交通事故负有主要责任或者全部责任的专业运输单位，由公安机关交通管理部门责令消除安全隐患，未消除安全隐患的机动车，禁止上道路行驶。

第一百零三条　【机动车的生产和销售管理】国家机动车产品主管部门未按照机动车国家安全技术标准严格审查，许可不合格机动车型投入生产的，对负有责任的主管人员和其他直接责任人员给予降级或者撤职的行政处分。

机动车生产企业经国家机动车产品主管部门许可生产的机动车型，不执行机动车国家安全技术标准或者不严格进行机动车成品质量检验，致使质量不合格的机动车出厂销售的，由质量技术监督部门依照《中华人民共和国产品质量法》的有关规定给予处罚。

擅自生产、销售未经国家机动车产品主管部门许可生产的机动车型的，没收非法生产、销售的机动车成品及配件，可以并处非法产品价值三倍以上五倍以下罚款；有营业执照的，由工商行政管理部门吊销营业执照，没有营业执照的，予以查封。

生产、销售拼装的机动车或者生产、销售擅自改装的机动车的，依照本条第三款的规定处罚。

有本条第二款、第三款、第四款所列违法行为，生产或者销售不符合机动车国家安全技术标准的机动车，构成犯罪的，依法追究刑事责任。

第一百零四条　【擅自挖掘、占用道路的处理】未经批准，擅自挖掘道路、占用道路施工或者从事其他影响道路交通安全活动的，由道路主管部门责令停止违法行为，并恢复原状，可以依法给予罚款；致使通行的人员、车辆及其他财产遭受损失的，依法承担赔偿责任。

有前款行为，影响道路交通安全活动的，公安机关交通管理部门可以责令停止违法行为，迅速恢复交通。

第一百零五条　【道路施工、管理单位未履行职责的责任】道路施工作业或者道路出现损毁，未及时设置警示标志、未采取防护措施，或者应当设置交通信号灯、交通标志、交通标线而没有设置或者应当及时变更交通信号灯、交通标志、交通标线而没有及时变更，致使通行的人员、车辆及其他财产遭受损失的，负有相关职责的单位应当依法承担赔偿责任。

第一百零六条　【对妨碍交通标志行为的管理】在道路两侧及隔离带上种植树木、其他植物或者设置广告牌、管线等，遮挡路灯、交通信号灯、交通标志，妨碍安全视距的，由公安机关交通管理部门责令行为人排除妨碍；拒不执行的，处二百元以上二千元以下罚款，并强制排除妨碍，所需费用由行为人负担。

第一百零七条　【当场处罚】对道路交通违法行为人予以警告、二百元以下罚款，交通警察可以当场作出行政处罚决定，并出具行政处罚决定书。

行政处罚决定书应当载明当事人的违法事实、行政处罚的依据、处罚内容、时间、地点以及处罚机关名称，并由执法人员签名或者盖章。

注释 需要注意，本款对当场处罚的有关程序未作规定的事项，如违法事实应当确凿并有法定依据、执法人员应当向当事人出示执法身份证件等，应当依照《行政处罚法》的相关规定执行。

链接《行政处罚法》第47、48条；《道路交通安全法实施条例》第108条[简易处罚程序]、第109条[道路交通安全违法行为行政处罚的管辖]、第110条[当事人的陈述和申辩权]；《道路交通安全违法行为处理程序规定》第40－43条、第51条

案例 廖宗荣诉重庆市公安局交通管理局第二支队道路交通管理行政处罚决定案(《最高人民法院公报》2007年第1卷)

案件适用要点：(1)依照《中华人民共和国道路交通安全法》第八十七条规定，交通警察执行职务时，对所在辖区内发现的道路安全违法行为，有权即时纠正。交通警察对违法行为所作陈述如果没有相反证据否定其客观真实性，且没有证据证明该交通警察与违法行为人之间存在利害关系，交通警察的陈述应当作为证明违法行为存在的优势证据。

(2)交通警察一人执法时，对违法行为人当场给予200元以下罚款，符合道路交通安全法关于依法管理，方便群众，保障道路交通有序、安全、畅通的原则和该法第一百零七条的规定，也符合《道路交通安全违法行为处理程序规定》第八条的规定，是合法的具体行政行为。

第一百零八条　【罚款的缴纳】当事人应当自收到罚款的行政处罚决定书之日起十五日内，到指定的银行缴纳罚款。

对行人、乘车人和非机动车驾驶人的罚款，当事人无异议的，可以当场予以收缴罚款。

罚款应当开具省、自治区、直辖市财政部门统一制发的罚款收据；不出具财政部门统一制发的罚款收据的，当事人有权拒绝缴纳罚款。

第一百零九条　【逾期不缴纳罚款的处理】当事人逾期不履行行政处罚决定的，作出行政处罚决定的行政机关可以采取下列措施：

（一）到期不缴纳罚款的，每日按罚款数额的百分之三加处罚款；

（二）申请人民法院强制执行。

注释 行政强制执行是指公民、法人或者其他组织不履行行政机关依法所作行政处理决定中规定的义务，有关国家机关依法强制其履行义务或者达到与履行义务相同状态的行为。我国行政强制执行的基本制度是以申请人民法院强制执行为原则，以行政机关强制执行为例外。

链接《行政处罚法》第51条

第一百一十条　【扣留机动车驾驶证的规则】执行职务的交通警察认为应当对道路交通违法行为人给予暂扣或者吊销机动车驾驶证处罚的，可以先予扣留机动车驾驶证，并在二十四小时内将案件移交公安机关交通管理部门处理。

道路交通违法行为人应当在十五日内到公安机关交通管理部门接受处理。无正当理由逾期未接受处理的，吊销机动车驾驶证。

公安机关交通管理部门暂扣或者吊销机动车驾驶证的，应当出具行政处罚决定书。

第一百一十一条　【有权作出拘留裁决的机关】对违反本法规定予以拘留的行政处罚，由县、市公安局、公安分局或者相当于县一级的公安机关裁决。

注释 根据本法规定，可以予以拘留处罚的主要有以下几种情形：(1)未取得机动车驾驶证、机动车驾驶证被吊销或者机动车驾驶证被暂扣期间驾驶机动车的；(2)造成交通事故后逃逸，尚不构成犯罪的；(3)强迫机动车驾驶人违反道路交通安全法律法规和机动车安全驾驶要求驾驶机动车，造成交通事故，尚不构成犯罪的；(4)违反交通管制的规定强行通行，不听劝阻的；(5)故意损毁、移动、涂改交通设施，造成危害后果，尚不构成犯罪的；(6)非法拦截、扣留机动车辆，不听劝阻，造成交通严重阻塞或者较大财产损失的。关于拘留处罚的程序，应当依照《行政处罚法》、《治安管理处罚法》等相关法律的规定执行。

第一百一十二条　【扣留车辆的规则】公安机关交通管理部门扣留机动车、非机动车，应当当场出具凭证，并告知当事人在规定期限内到公安机关交通管理部门接受处理。

公安机关交通管理部门对被扣留的车辆应当妥善保管，不得使用。

逾期不来接受处理，并且经公告三个月仍不来接受处理的，对扣留的车辆依法处理。

第一百一十三条　【暂扣、吊销的期限】暂扣机动车驾驶证的期限从处罚决定生效之日起计算；处罚决定生效前先予扣留机动车驾驶证的，扣留一日折抵暂扣期限一日。

吊销机动车驾驶证后重新申请领取机动车驾驶证的期限，按照机动车驾驶证管理规定办理。

第一百一十四条　【根据技术监控记录进行的处罚】公安机关交通管理部门根据交通技术监控记录资料，可以对违法的机动车所有人或者管理人依法予以处罚。对能够确定驾驶人的，可以依照本法的规定依法予以处罚。

案例 白某某不服西安市公安局交通管理支队高速公路大队行政处罚附带行政赔偿案(陕西省西安市中级人民法院〔2006〕西行终字第88号)

案件适用要点：公安机关交通管理部门根据交通

技术监控记录资料，可以对违法的机动车所有人、管理人及驾驶人予以处罚。

第一百一十五条 【对交警及交管部门违法行为的处理】交通警察有下列行为之一的，依法给予行政处分：

（一）为不符合法定条件的机动车发放机动车登记证书、号牌、行驶证、检验合格标志的；

（二）批准不符合法定条件的机动车安装、使用警车、消防车、救护车、工程救险车的警报器、标志灯具，喷涂标志图案的；

（三）为不符合驾驶许可条件、未经考试或者考试不合格人员发放机动车驾驶证的；

（四）不执行罚款决定与罚款收缴分离制度或者不按规定将依法收取的费用、收缴的罚款及没收的违法所得全部上缴国库的；

（五）举办或者参与举办驾驶学校或者驾驶培训班、机动车修理厂或者收费停车场等经营活动的；

（六）利用职务上的便利收受他人财物或者谋取其他利益的；

（七）违法扣留车辆、机动车行驶证、驾驶证、车辆号牌的；

（八）使用依法扣留的车辆的；

（九）当场收取罚款不开具罚款收据或者不如实填写罚款额的；

（十）徇私舞弊，不公正处理交通事故的；

（十一）故意刁难，拖延办理机动车牌证的；

（十二）非执行紧急任务时使用警报器、标志灯具的；

（十三）违反规定拦截、检查正常行驶的车辆的；

（十四）非执行紧急公务时拦截搭乘机动车的；

（十五）不履行法定职责的。

公安机关交通管理部门有前款所列行为之一的，对直接负责的主管人员和其他直接责任人员给予相应的行政处分。

第一百一十六条 【对违规交警的处分】依照本法第一百一十五条的规定，给予交通警察行政处分的，在作出行政处分决定前，可以停止其执行职务；必要时，可以予以禁闭。

依照本法第一百一十五条的规定，交通警察受到降级或者撤职行政处分的，可以予以辞退。

交通警察受到开除处分或者被辞退的，应当取消警衔；受到撤职以下行政处分的交通警察，应当降低警衔。

链接《公务员法》第55－59条

第一百一十七条 【对构成犯罪的交警追究刑事责任】交通警察利用职权非法占有公共财物，索取、收受贿赂，或者滥用职权、玩忽职守，构成犯罪的，依法追究刑事责任。

第一百一十八条 【公安交管部门、交警违法赔偿责任】公安机关交通管理部门及其交通警察有本法第一百一十五条所列行为之一，给当事人造成损失的，应当依法承担赔偿责任。

第八章　附　　则

第一百一十九条 【本法用语含义】本法中下列用语的含义：

（一）“道路”，是指公路、城市道路和虽在单位管辖范围但允许社会机动车通行的地方，包括广场、公共停车场等用于公众通行的场所。

（二）“车辆”，是指机动车和非机动车。

（三）“机动车”，是指以动力装置驱动或者牵引，上道路行驶的供人员乘用或者用于运送物品以及进行工程专项作业的轮式车辆。

（四）“非机动车”，是指以人力或者畜力驱动，上道路行驶的交通工具，以及虽有动力装置驱动但设计最高时速、空车质量、外形尺寸符合有关国家标准的残疾人机动轮椅车、电动自行车等交通工具。

（五）“交通事故”，是指车辆在道路上因过错或者意外造成的人身伤亡或者财产损失的事件。

第一百二十条 【军警机动车管理】中国人民解放军和中国人民武装警察部队在编机动车牌证、在编机动车检验以及机动车驾驶人考核工作，由中国人民解放军、中国人民武装警察部队有关部门负责。

第一百二十一条 【拖拉机管理】对上道路行驶的拖拉机，由农业（农业机械）主管部门行使本法第八条、第九条、第十三条、第十九条、第二十三条规定的公安机关交通管理部门的管理职权。

农业（农业机械）主管部门依照前款规定行使职权，应当遵守本法有关规定，并接受公安机关交通管理部门的监督；对违反规定的，依照本法有关规定追究法律责任。

本法施行前由农业（农业机械）主管部门发放的机动车牌证，在本法施行后继续有效。

注释 需要注意的是，任何车辆，包括拖拉机上道路行驶，都要服从交通警察的指挥和管理，对于违反道路交通安全法律、法规的，公安机关交通管理部门及其交通警察依法予以处罚。

第一百二十二条 【境外车辆入境管理】国家对入境的境外机动车的道路交通安全实施统一管理。

第一百二十三条 【授权制定执行具体标准】省、自治区、直辖市人民代表大会常务委员会可以根据本地区的实际情况，在本法规定的罚款幅度内，规定具体的执行标准。

第一百二十四条 【生效日期】本法自 2004 年 5 月 1 日起施行。

中华人民共和国民用航空法

(1995 年 10 月 30 日第八届全国人民代表大会常务委员会第十六次会议通过 根据2009 年 8 月 27 日第十一届全国人民代表大会常务委员会第十次会议《关于修改部分法律的决定》第一次修正 根据 2015 年 4 月 24 日第十二届全国人民代表大会常务委员会第十四次会议《关于修改〈中华人民共和国计量法〉等五部法律的决定》第二次修正 根据 2016 年 11 月 7 日第十二届全国人民代表大会常务委员会第二十四次会议《关于修改〈中华人民共和国对外贸易法〉等十二部法律的决定》第三次修正 根据 2017 年 11 月 4 日第十二届全国人民代表大会常务委员会第三十次会议《关于修改〈中华人民共和国会计法〉等十一部法律的决定》第四次修正)

第一章 总 则

第一条 为了维护国家的领空主权和民用航空权利,保障民用航空活动安全和有秩序地进行,保护民用航空活动当事人各方的合法权益,促进民用航空事业的发展,制定本法。

第二条 中华人民共和国的领陆和领水之上的空域为中华人民共和国领空。中华人民共和国对领空享有完全的、排他的主权。

第三条 国务院民用航空主管部门对全国民用航空活动实施统一监督管理;根据法律和国务院的决定,在本部门的权限内,发布有关民用航空活动的规定、决定。

国务院民用航空主管部门设立的地区民用航空管理机构依照国务院民用航空主管部门的授权,监督管理各该地区的民用航空活动。

第四条 国家扶持民用航空事业的发展,鼓励和支持发展民用航空的科学研究和教育事业,提高民用航空科学技术水平。

国家扶持民用航空器制造业的发展,为民用航空活动提供安全、先进、经济、适用的民用航空器。

第二章 民用航空器国籍

第五条 本法所称民用航空器,是指除用于执行军事、海关、警察飞行任务外的航空器。

第六条 经中华人民共和国国务院民用航空主管部门依法进行国籍登记的民用航空器,具有中华人民共和国国籍,由国务院民用航空主管部门发给国籍登记证书。

国务院民用航空主管部门设立中华人民共和国民用航空器国籍登记簿,统一记载民用航空器的国籍登记事项。

第七条 下列民用航空器应当进行中华人民共和国国籍登记:

(一) 中华人民共和国国家机构的民用航空器;

(二) 依照中华人民共和国法律设立的企业法人的民用航空器;企业法人的注册资本中有外商出资的,其机构设置、人员组成和中方投资人的出资比例,应当符合行政法规的规定;

(三) 国务院民用航空主管部门准予登记的其他民用航空器。

自境外租赁的民用航空器,承租人符合前款规定,该民用航空器的机组人员由承租人配备的,可以申请登记中华人民共和国国籍,但是必须先予注销该民用航空器原国籍登记。

第八条 依法取得中华人民共和国国籍的民用航空器,应当标明规定的国籍标志和登记标志。

第九条 民用航空器不得具有双重国籍。未注销外国国籍的民用航空器不得在中华人民共和国申请国籍登记。

第三章 民用航空器权利

第一节 一般规定

第十条 本章规定的对民用航空器的权利,包括对民用航空器构架、发动机、螺旋桨、无线电设备和其他一切为了在民用航空器上使用的,无论安装于其上或者暂时拆离的物品的权利。

第十一条 民用航空器权利人应当就下列权利分别向国务院民用航空主管部门办理权利登记:

(一) 民用航空器所有权;

(二) 通过购买行为取得并占有民用航空器的权利;

(三) 根据租赁期限为六个月以上的租赁合同占有民用航空器的权利;

(四) 民用航空器抵押权。

第十二条 国务院民用航空主管部门设立民用航空器权利登记簿。同一民用航空器的权利登记事项应当记载于同一权利登记簿中。

民用航空器权利登记事项,可以供公众查询、复制或者摘录。

第十三条 除民用航空器经依法强制拍卖外,在已经登记的民用航空器权利得到补偿或者民用航空器权利人同意之前,民用航空器的国籍登记或者权利登记不得转移至国外。

第二节 民用航空器所有权和抵押权

第十四条 民用航空器所有权的取得、转让和消灭,应当向国务院民用航空主管部门登记;未经登记的,不得对抗第三人。

民用航空器所有权的转让,应当签订书面合同。

第十五条 国家所有的民用航空器,由国家授予法人经营管理或者使用的,本法有关民用航空器所有人的规定适用于该法人。

第十六条 设定民用航空器抵押权,由抵押权人和抵押人共同向国务院民用航空主管部门办理抵押权登记;未经登记的,不得对抗第三人。

第十七条 民用航空器抵押权设定后,未经抵押权人同意,抵押人不得将被抵押民用航空器转让他人。

第三节 民用航空器优先权

第十八条 民用航空器优先权,是指债权人依照本法第十九条规定,向民用航空器所有人、承租人提出赔偿请求,对产生该赔偿请求的民用航空器具有优先受偿的权利。

第十九条 下列各项债权具有民用航空器优先权:

(一)援救该民用航空器的报酬;

(二)保管维护该民用航空器的必需费用。

前款规定的各项债权,后发生的先受偿。

第二十条 本法第十九条规定的民用航空器优先权,其债权人应当自援救或者保管维护工作终了之日起三个月内,就其债权向国务院民用航空主管部门登记。

第二十一条 为了债权人的共同利益,在执行人民法院判决以及拍卖过程中产生的费用,应当从民用航空器拍卖所得价款中先行拨付。

第二十二条 民用航空器优先权先于民用航空器抵押权受偿。

第二十三条 本法第十九条规定的债权转移的,其民用航空器优先权随之转移。

第二十四条 民用航空器优先权应当通过人民法院扣押产生优先权的民用航空器行使。

第二十五条 民用航空器优先权自援救或者保管维护工作终了之日起满三个月时终止;但是,债权人就其债权已经依照本法第二十条规定登记,并具有下列情形之一的除外:

(一)债权人、债务人已经就此项债权的金额达成协议;

(二)有关此项债权的诉讼已经开始。

民用航空器优先权不因民用航空器所有权的转让而消灭;但是,民用航空器经依法强制拍卖的除外。

第四节 民用航空器租赁

第二十六条 民用航空器租赁合同,包括融资租赁合同和其他租赁合同,应当以书面形式订立。

第二十七条 民用航空器的融资租赁,是指出租人按照承租人对供货方和民用航空器的选择,购得民用航空器,出租给承租人使用,由承租人定期交纳租金。

第二十八条 融资租赁期间,出租人依法享有民用航空器所有权,承租人依法享有民用航空器的占有、使用、收益权。

第二十九条 融资租赁期间,出租人不得干扰承租人依法占有、使用民用航空器;承租人应当适当地保管民用航空器,使之处于原交付时的状态,但是合理损耗和经出租人同意的对民用航空器的改变除外。

第三十条 融资租赁期满,承租人应当将符合本法第二十九条规定状态的民用航空器退还出租人;但是,承租人依照合同行使购买民用航空器的权利或者为继续租赁而占有民用航空器的除外。

第三十一条 民用航空器融资租赁中的供货方,不就同一损害同时对出租人和承租人承担责任。

第三十二条 融资租赁期间,经出租人同意,在不损害第三人利益的情况下,承租人可以转让其对民用航空器的占有权或者租赁合同约定的其他权利。

第三十三条 民用航空器的融资租赁和租赁期限为六个月以上的其他租赁,承租人应当就其对民用航空器的占有权向国务院民用航空主管部门办理登记;未经登记的,不得对抗第三人。

第四章 民用航空器适航管理

第三十四条 设计民用航空器及其发动机、螺旋桨和民用航空器上设备,应当向国务院民用航空主管部门申请领取型号合格证书。经审查合格的,发给型号合格证书。

第三十五条 生产、维修民用航空器及其发动机、螺旋桨和民用航空器上设备,应当向国务院民用航空主管部门申请领取生产许可证书、维修许可证书。经审查合格的,发给相应的证书。

第三十六条 外国制造人生产的任何型号的民用航空器及其发动机、螺旋桨和民用航空器上设备,首次进口中国的,该外国制造人应当向国务院民用航空主管部门申请领取型号认可证书。经审查合格的,发给型号认可证书。

已取得外国颁发的型号合格证书的民用航空器及其发动机、螺旋桨和民用航空器上设备,首次在中国境内生产的，该型号合格证书的持有人应当向国务院民用航空主管部门申请领取型号认可证书。经审查合格的，发给型号认可证书。

第三十七条 具有中华人民共和国国籍的民用航空器，应当持有国务院民用航空主管部门颁发的适航证书，方可飞行。

出口民用航空器及其发动机、螺旋桨和民用航空器上设备，制造人应当向国务院民用航空主管部门申请领取出口适航证书。经审查合格的，发给出口适航证书。

租用的外国民用航空器，应当经国务院民用航空主管部门对其原国籍登记国发给的适航证书审查认可或者另发适航证书，方可飞行。

民用航空器适航管理规定，由国务院制定。

第三十八条 民用航空器的所有人或者承租人应当按照适航证书规定的使用范围使用民用航空器，做好民用航空器的维修保养工作，保证民用航空器处于适航状态。

第五章 航空人员

第一节 一般规定

第三十九条 本法所称航空人员，是指下列从事民用航空活动的空勤人员和地面人员：

（一）空勤人员，包括驾驶员、飞行机械人员、乘务员；

（二）地面人员，包括民用航空器维修人员、空中交通管制员、飞行签派员、航空电台通信员。

第四十条 航空人员应当接受专门训练，经考核合格，取得国务院民用航空主管部门颁发的执照，方可担任其执照载明的工作。

空勤人员和空中交通管制员在取得执照前，还应当接受国务院民用航空主管部门认可的体格检查单位的检查，并取得国务院民用航空主管部门颁发的体格检查合格证书。

第四十一条 空勤人员在执行飞行任务时，应当随身携带执照和体格检查合格证书，并接受国务院民用航空主管部门的查验。

第四十二条 航空人员应当接受国务院民用航空主管部门定期或者不定期的检查和考核；经检查、考核合格的，方可继续担任其执照载明的工作。

空勤人员还应当参加定期的紧急程序训练。

空勤人员间断飞行的时间超过国务院民用航空主管部门规定时限的，应当经过检查和考核；乘务员以外的空勤人员还应当经过带飞。经检查、考核、带飞合格的，方可继续担任其执照载明的工作。

第二节 机 组

第四十三条 民用航空器机组由机长和其他空勤人员组成。机长应当由具有独立驾驶该型号民用航空器的技术和经验的驾驶员担任。

机组的组成和人员数额，应当符合国务院民用航空主管部门的规定。

第四十四条 民用航空器的操作由机长负责，机长应当严格履行职责，保护民用航空器及其所载人员和财产的安全。

机长在其职权范围内发布的命令，民用航空器所载人员都应当执行。

第四十五条 飞行前，机长应当对民用航空器实施必要的检查；未经检查，不得起飞。

机长发现民用航空器、机场、气象条件等不符合规定，不能保证飞行安全的，有权拒绝起飞。

第四十六条 飞行中，对于任何破坏民用航空器、扰乱民用航空器内秩序、危害民用航空器所载人员或者财产安全以及其他危及飞行安全的行为，在保证安全的前提下，机长有权采取必要的适当措施。

飞行中，遇到特殊情况时，为保证民用航空器及其所载人员的安全，机长有权对民用航空器作出处置。

第四十七条 机长发现机组人员不适宜执行飞行任务的，为保证飞行安全，有权提出调整。

第四十八条 民用航空器遇险时，机长有权采取一切必要措施，并指挥机组人员和航空器上其他人员采取抢救措施。在必须撤离遇险民用航空器的紧急情况下，机长必须采取措施，首先组织旅客安全离开民用航空器；未经机长允许，机组人员不得擅自离开民用航空器；机长应当最后离开民用航空器。

第四十九条 民用航空器发生事故，机长应当直接或者通过空中交通管制单位，如实将事故情况及时报告国务院民用航空主管部门。

第五十条 机长收到船舶或者其他航空器的遇险信号，或者发现遇险的船舶、航空器及其人员，应当将遇险情况及时报告就近的空中交通管制单位并给予可能的合理的援助。

第五十一条 飞行中，机长因故不能履行职务的，由仅次于机长职务的驾驶员代理机长；在下一个经停地起飞前，民用航空器所有人或者承租人应当指派新机长接任。

第五十二条 只有一名驾驶员，不需配备其他空勤人员的民用航空器，本节对机长的规定，适用于该驾驶员。

第六章 民 用 机 场

第五十三条 本法所称民用机场，是指专供民用航空器起飞、降落、滑行、停放以及进行其他活动使用的划定区域，包括附属的建筑物、装置和设施。

本法所称民用机场不包括临时机场。

军民合用机场由国务院、中央军事委员会另行制定管理办法。

第五十四条 民用机场的建设和使用应当统筹安排、合理布局，提高机场的使用效率。

全国民用机场的布局和建设规划，由国务院民用航空主管部门会同国务院其他有关部门制定，并按照国家规定的程序，经批准后组织实施。

省、自治区、直辖市人民政府应当根据全国民用机场的布局和建设规划，制定本行政区域内的民用机场建设规划，并按照国家规定的程序报经批准后，将其纳入本级国民经济和社会发展规划。

第五十五条 民用机场建设规划应当与城市建设规划相协调。

第五十六条 新建、改建和扩建民用机场，应当符合依法制定的民用机场布局和建设规划，符合民用机场标准，并按照国家规定报经有关主管机关批准并实施。

不符合依法制定的民用机场布局和建设规划的民用机场建设项目，不得批准。

第五十七条 新建、扩建民用机场，应当由民用机场所在地县级以上地方人民政府发布公告。

前款规定的公告应当在当地主要报纸上刊登，并在拟新建、扩建机场周围地区张贴。

第五十八条 禁止在依法划定的民用机场范围内和按照国家规定划定的机场净空保护区域内从事下列活动：

（一）修建可能在空中排放大量烟雾、粉尘、火焰、废气而影响飞行安全的建筑物或者设施；

（二）修建靶场、强烈爆炸物仓库等影响飞行安全的建筑物或者设施；

（三）修建不符合机场净空要求的建筑物或者设施；

（四）设置影响机场目视助航设施使用的灯光、标志或者物体；

（五）种植影响飞行安全或者影响机场助航设施使用的植物；

（六）饲养、放飞影响飞行安全的鸟类动物和其他物体；

（七）修建影响机场电磁环境的建筑物或者设施。

禁止在依法划定的民用机场范围内放养牲畜。

第五十九条 民用机场新建、扩建的公告发布前，在依法划定的民用机场范围内和按照国家规定划定的机场净空保护区域内存在的可能影响飞行安全的建筑物、构筑物、树木、灯光和其他障碍物体，应当在规定的期限内清除；对由此造成的损失，应当给予补偿或者依法采取其他补救措施。

第六十条 民用机场新建、扩建的公告发布后，任何单位和个人违反本法和有关行政法规的规定，在依法划定的民用机场范围内和按照国家规定划定的机场净空保护区域内修建、种植或者设置影响飞行安全的建筑物、构筑物、树木、灯光和其他障碍物体的，由机场所在地县级以上地方人民政府责令清除；由此造成的损失，由修建、种植或者设置该障碍物体的人承担。

第六十一条 在民用机场及其按照国家规定划定的净空保护区域以外，对可能影响飞行安全的高大建筑物或者设施，应当按照国家有关规定设置飞行障碍灯和标志，并使其保持正常状态。

第六十二条 民用机场应当持有机场使用许可证，方可开放使用。

民用机场具备下列条件，并按照国家规定经验收合格后，方可申请机场使用许可证：

（一）具备与其运营业务相适应的飞行区、航站区、工作区以及服务设施和人员；

（二）具备能够保障飞行安全的空中交通管制、通信导航、气象等设施和人员；

（三）具备符合国家规定的安全保卫条件；

（四）具备处理特殊情况的应急计划以及相应的设施和人员；

（五）具备国务院民用航空主管部门规定的其他条件。

国际机场还应当具备国际通航条件，设立海关和其他口岸检查机关。

第六十三条 民用机场使用许可证由机场管理机构向国务院民用航空主管部门申请，经国务院民用航空主管部门审查批准后颁发。

第六十四条 设立国际机场，由国务院民用航空主管部门报请国务院审查批准。

国际机场的开放使用，由国务院民用航空主管部门对外公告；国际机场资料由国务院民用航空主管部门统一对外提供。

第六十五条 民用机场应当按照国务院民用航空主管部门的规定，采取措施，保证机场内人员和财产的安全。

第六十六条 供运输旅客或者货物的民用航空器使用的民用机场，应当按照国务院民用航空主管部门规定的标准，设置必要设施，为旅客和货物托运人、收货人提供良好服务。

第六十七条 民用机场管理机构应当依照环境保护法律、行政法规的规定，做好机场环境保护工作。

第六十八条 民用航空器使用民用机场及其助航设施的，应当缴纳使用费、服务费；使用费、服务费的收费标准，由国务院民用航空主管部门制定。

第六十九条 民用机场废弃或者改作他用，民用机场管理机构应当依照国家规定办理报批手续。

第七章 空中航行

第一节 空域管理

第七十条 国家对空域实行统一管理。

第七十一条 划分空域，应当兼顾民用航空和国防安全的需要以及公众的利益，使空域得到合理、充分、有效的利用。

第七十二条 空域管理的具体办法，由国务院、中央军事委员会制定。

第二节 飞行管理

第七十三条 在一个划定的管制空域内，由一个空中交通管制单位负责该空域内的航空器的空中交通管制。

第七十四条 民用航空器在管制空域内进行飞行活动，应当取得空中交通管制单位的许可。

第七十五条 民用航空器应当按照空中交通管制单位指定的航路和飞行高度飞行；因故确需偏离指定的航路或者改变飞行高度飞行的，应当取得空中交通管制单位的许可。

第七十六条 在中华人民共和国境内飞行的航空器，必须遵守统一的飞行规则。

进行目视飞行的民用航空器，应当遵守目视飞行规则，并与其他航空器、地面障碍物体保持安全距离。

进行仪表飞行的民用航空器，应当遵守仪表飞行规则。

飞行规则由国务院、中央军事委员会制定。

第七十七条 民用航空器机组人员的飞行时间、执勤时间不得超过国务院民用航空主管部门规定的时限。

民用航空器机组人员受到酒类饮料、麻醉剂或者其他药物的影响，损及工作能力的，不得执行飞行任务。

第七十八条 民用航空器除按照国家规定经特别批准外，不得飞入禁区；除遵守规定的限制条件外，不得飞入限制区。

前款规定的禁区和限制区，依照国家规定划定。

第七十九条 民用航空器不得飞越城市上空；但是，有下列情形之一的除外：

(一) 起飞、降落或者指定的航路所必需的；

(二) 飞行高度足以使该航空器在发生紧急情况时离开城市上空，而不致危及地面上的人员、财产安全的；

(三) 按照国家规定的程序获得批准的。

第八十条 飞行中，民用航空器不得投掷物品；但是，有下列情形之一的除外：

(一) 飞行安全所必需的；

(二) 执行救助任务或者符合社会公共利益的其他飞行任务所必需的。

第八十一条 民用航空器未经批准不得飞出中华人民共和国领空。

对未经批准正在飞离中华人民共和国领空的民用航空器，有关部门有权根据具体情况采取必要措施，予以制止。

第三节 飞行保障

第八十二条 空中交通管制单位应当为飞行中的民用航空器提供空中交通服务，包括空中交通管制服务、飞行情报服务和告警服务。

提供空中交通管制服务，旨在防止民用航空器同航空器、民用航空器同障碍物体相撞，维持并加速空中交通的有秩序的活动。

提供飞行情报服务，旨在提供有助于安全和有效地实施飞行的情报和建议。

提供告警服务，旨在当民用航空器需要搜寻援救时，通知有关部门，并根据要求协助该有关部门进行搜寻援救。

第八十三条 空中交通管制单位发现民用航空器偏离指定航路、迷失航向时，应当迅速采取一切必要措施，使其回归航路。

第八十四条 航路上应当设置必要的导航、通信、气象和地面监视设备。

第八十五条 航路上影响飞行安全的自然障碍物体，应当在航图上标明；航路上影响飞行安全的人工障碍物体，应当设置飞行障碍灯和标志，并使其保持正常状态。

第八十六条 在距离航路边界三十公里以内的地带，禁止修建靶场和其他可能影响飞行安全的设施；但是，平射轻武器靶场除外。

在前款规定地带以外修建固定的或者临时性对空发射场，应当按照国家规定获得批准；对空发射场的发射方向，不得与航路交叉。

第八十七条 任何可能影响飞行安全的活动，应当依法获得批准，并采取确保飞行安全的必要措施，方可进行。

第八十八条 国务院民用航空主管部门应当依

法对民用航空无线电台和分配给民用航空系统使用的专用频率实施管理。

任何单位或者个人使用的无线电台和其他仪器、装置，不得妨碍民用航空无线电专用频率的正常使用。对民用航空无线电专用频率造成有害干扰的，有关单位或者个人应当迅速排除干扰；未排除干扰前，应当停止使用该无线电台或者其他仪器、装置。

第八十九条 邮电通信企业应当对民用航空电信传递优先提供服务。

国家气象机构应当对民用航空气象机构提供必要的气象资料。

第四节 飞行必备文件

第九十条 从事飞行的民用航空器，应当携带下列文件：

（一）民用航空器国籍登记证书；

（二）民用航空器适航证书；

（三）机组人员相应的执照；

（四）民用航空器航行记录簿；

（五）装有无线电设备的民用航空器，其无线电台执照；

（六）载有旅客的民用航空器，其所载旅客姓名及其出发地点和目的地点的清单；

（七）载有货物的民用航空器，其所载货物的舱单和明细的申报单；

（八）根据飞行任务应当携带的其他文件。

民用航空器未按规定携带前款所列文件的，国务院民用航空主管部门或者其授权的地区民用航空管理机构可以禁止该民用航空器起飞。

第八章 公共航空运输企业

第九十一条 公共航空运输企业，是指以营利为目的，使用民用航空器运送旅客、行李、邮件或者货物的企业法人。

第九十二条 企业从事公共航空运输，应当向国务院民用航空主管部门申请领取经营许可证。

第九十三条 取得公共航空运输经营许可，应当具备下列条件：

（一）有符合国家规定的适应保证飞行安全要求的民用航空器；

（二）有必需的依法取得执照的航空人员；

（三）有不少于国务院规定的最低限额的注册资本；

（四）法律、行政法规规定的其他条件。

第九十四条 公共航空运输企业的组织形式、组织机构适用公司法的规定。

本法施行前设立的公共航空运输企业，其组织形式、组织机构不完全符合公司法规定的，可以继续沿用原有的规定，适用前款规定的日期由国务院规定。

第九十五条 公共航空运输企业应当以保证飞行安全和航班正常，提供良好服务为准则，采取有效措施，提高运输服务质量。

公共航空运输企业应当教育和要求本企业职工严格履行职责，以文明礼貌、热情周到的服务态度，认真做好旅客和货物运输的各项服务工作。

旅客运输航班延误的，应当在机场内及时通告有关情况。

第九十六条 公共航空运输企业申请经营定期航班运输（以下简称航班运输）的航线，暂停、终止经营航线，应当报经国务院民用航空主管部门批准。

公共航空运输企业经营航班运输，应当公布班期时刻。

第九十七条 公共航空运输企业的营业收费项目，由国务院民用航空主管部门确定。

国内航空运输的运价管理办法，由国务院民用航空主管部门会同国务院物价主管部门制定，报国务院批准后执行。

国际航空运输运价的制定按照中华人民共和国政府与外国政府签订的协定、协议的规定执行；没有协定、协议的，参照国际航空运输市场价格确定。

第九十八条 公共航空运输企业从事不定期运输，应当经国务院民用航空主管部门批准，并不得影响航班运输的正常经营。

第九十九条 公共航空运输企业应当依照国务院制定的公共航空运输安全保卫规定，制定安全保卫方案，并报国务院民用航空主管部门备案。

第一百条 公共航空运输企业不得运输法律、行政法规规定的禁运物品。

公共航空运输企业未经国务院民用航空主管部门批准，不得运输作战军火、作战物资。

禁止旅客随身携带法律、行政法规规定的禁运物品乘坐民用航空器。

第一百零一条 公共航空运输企业运输危险品，应当遵守国家有关规定。

禁止以非危险品品名托运危险品。

禁止旅客随身携带危险品乘坐民用航空器。除因执行公务并按照国家规定经过批准外，禁止旅客携带枪支、管制刀具乘坐民用航空器。禁止违反国务院民用航空主管部门的规定将危险品作为行李托运。

危险品品名由国务院民用航空主管部门规定并公布。

第一百零二条 公共航空运输企业不得运输拒绝接受安全检查的旅客，不得违反国家规定运输未经安全检查的行李。

公共航空运输企业必须按照国务院民用航空主管部门的规定,对承运的货物进行安全检查或者采取其他保证安全的措施。

第一百零三条 公共航空运输企业从事国际航空运输的民用航空器及其所载人员、行李、货物应当接受边防、海关、检疫等主管部门的检查;但是,检查时应当避免不必要的延误。

第一百零四条 公共航空运输企业应当依照有关法律、行政法规的规定优先运输邮件。

第一百零五条 公共航空运输企业应当投保地面第三人责任险。

第九章 公共航空运输

第一节 一般规定

第一百零六条 本章适用于公共航空运输企业使用民用航空器经营的旅客、行李或者货物的运输,包括公共航空运输企业使用民用航空器办理的免费运输。

本章不适用于使用民用航空器办理的邮件运输。

对多式联运方式的运输,本章规定适用于其中的航空运输部分。

第一百零七条 本法所称国内航空运输,是指根据当事人订立的航空运输合同,运输的出发地点、约定的经停地点和目的地点均在中华人民共和国境内的运输。

本法所称国际航空运输,是指根据当事人订立的航空运输合同,无论运输有无间断或者有无转运,运输的出发地点、目的地点或者约定的经停地点之一不在中华人民共和国境内的运输。

第一百零八条 航空运输合同各方认为几个连续的航空运输承运人办理的运输是一项单一业务活动的,无论其形式是以一个合同订立或者数个合同订立,应当视为一项不可分割的运输。

第二节 运输凭证

第一百零九条 承运人运送旅客,应当出具客票。旅客乘坐民用航空器,应当交验有效客票。

第一百一十条 客票应当包括的内容由国务院民用航空主管部门规定,至少应当包括以下内容:

(一) 出发地点和目的地点;

(二) 出发地点和目的地点均在中华人民共和国境内,而在境外有一个或者数个约定的经停地点的,至少注明一个经停地点;

(三) 旅客航程的最终目的地点、出发地点或者约定的经停地点之一不在中华人民共和国境内,依照所适用的国际航空运输公约的规定,应当在客票上声明此项运输适用该公约的,客票上应当载有该项声明。

第一百一十一条 客票是航空旅客运输合同订立和运输合同条件的初步证据。

旅客未能出示客票、客票不符合规定或者客票遗失,不影响运输合同的存在或者有效。

在国内航空运输中,承运人同意旅客不经其出票而乘坐民用航空器的,承运人无权援用本法第一百二十八条有关赔偿责任限制的规定。

在国际航空运输中,承运人同意旅客不经其出票而乘坐民用航空器的,或者客票上未依照本法第一百一十条第(三)项的规定声明的,承运人无权援用本法第一百二十九条有关赔偿责任限制的规定。

第一百一十二条 承运人载运托运行李时,行李票可以包含在客票之内或者与客票相结合。除本法第一百一十条的规定外,行李票还应当包括下列内容:

(一) 托运行李的件数和重量;

(二) 需要声明托运行李在目的地点交付时的利益的,注明声明金额。

行李票是行李托运和运输合同条件的初步证据。

旅客未能出示行李票、行李票不符合规定或者行李票遗失,不影响运输合同的存在或者有效。

在国内航空运输中,承运人载运托运行李而不出具行李票的,承运人无权援用本法第一百二十八条有关赔偿责任限制的规定。

在国际航空运输中,承运人载运托运行李而不出具行李票的,或者行李票上未依照本法第一百一十条第(三)项的规定声明的,承运人无权援用本法第一百二十九条有关赔偿责任限制的规定。

第一百一十三条 承运人有权要求托运人填写航空货运单,托运人有权要求承运人接受该航空货运单。托运人未能出示航空货运单、航空货运单不符合规定或者航空货运单遗失,不影响运输合同的存在或者有效。

第一百一十四条 托运人应当填写航空货运单正本一式三份,连同货物交给承运人。

航空货运单第一份注明"交承运人",由托运人签字、盖章;第二份注明"交收货人",由托运人和承运人签字、盖章;第三份由承运人在接受货物后签字、盖章,交给托运人。

承运人根据托运人的请求填写航空货运单的,在没有相反证据的情况下,应当视为代托运人填写。

第一百一十五条 航空货运单应当包括的内容由国务院民用航空主管部门规定,至少应当包括以下内容:

(一) 出发地点和目的地点;

(二) 出发地点和目的地点均在中华人民共和国

境内，而在境外有一个或者数个约定的经停地点的，至少注明一个经停地点；

（三）货物运输的最终目的地点、出发地点或者约定的经停地点之一不在中华人民共和国境内，依照所适用的国际航空运输公约的规定，应当在货运单上声明此项运输适用该公约的，货运单上应当载有该项声明。

第一百一十六条 在国内航空运输中，承运人同意未经填具航空货运单而载运货物的，承运人无权援用本法第一百二十八条有关赔偿责任限制的规定。

在国际航空运输中，承运人同意未经填具航空货运单而载运货物的，或者航空货运单上未依照本法第一百一十五条第（三）项的规定声明的，承运人无权援用本法第一百二十九条有关赔偿责任限制的规定。

第一百一十七条 托运人应当对航空货运单上所填关于货物的说明和声明的正确性负责。

因航空货运单上所填的说明和声明不符合规定、不正确或者不完全，给承运人或者承运人对之负责的其他人造成损失的，托运人应当承担赔偿责任。

第一百一十八条 航空货运单是航空货物运输合同订立和运输条件以及承运人接受货物的初步证据。

航空货运单上关于货物的重量、尺寸、包装和包装件数的说明具有初步证据的效力。除经过承运人和托运人当面查对并在航空货运单上注明经过查对或者书写关于货物的外表情况的说明外，航空货运单上关于货物的数量、体积和情况的说明不能构成不利于承运人的证据。

第一百一十九条 托运人在履行航空货物运输合同规定的义务的条件下，有权在出发地机场或者目的地机场将货物提回，或者在途中经停时中止运输，或者在目的地点或者途中要求将货物交给非航空货运单上指定的收货人，或者要求将货物运回出发地机场；但是，托运人不得因行使此种权利而使承运人或者其他托运人遭受损失，并应当偿付由此产生的费用。

托运人的指示不能执行的，承运人应当立即通知托运人。

承运人按照托运人的指示处理货物，没有要求托运人出示其所收执的航空货运单，给该航空货运单的合法持有人造成损失的，承运人应当承担责任，但是不妨碍承运人向托运人追偿。

收货人的权利依照本法第一百二十条规定开始时，托运人的权利即告终止；但是，收货人拒绝接受航空货运单或者货物，或者承运人无法同收货人联系的，托运人恢复其对货物的处置权。

第一百二十条 除本法第一百一十九条所列情形外，收货人于货物到达目的地点，并在缴付应付款项和履行航空货运单上所列运输条件后，有权要求承运人移交航空货运单并交付货物。

除另有约定外，承运人应当在货物到达后立即通知收货人。

承运人承认货物已经遗失，或者货物在应当到达之日起七日后仍未到达的，收货人有权向承运人行使航空货物运输合同所赋予的权利。

第一百二十一条 托运人和收货人在履行航空货物运输合同规定的义务的条件下，无论为本人或者他人的利益，可以以本人的名义分别行使本法第一百一十九条和第一百二十条所赋予的权利。

第一百二十二条 本法第一百一十九条、第一百二十条和第一百二十一条的规定，不影响托运人同收货人之间的相互关系，也不影响从托运人或者收货人获得权利的第三人之间的关系。

任何与本法第一百一十九条、第一百二十条和第一百二十一条规定不同的合同条款，应当在航空货运单上载明。

第一百二十三条 托运人应当提供必需的资料和文件，以便在货物交付收货人前完成法律、行政法规规定的有关手续；因没有此种资料、文件，或者此种资料、文件不充足或者不符合规定造成的损失，除由于承运人或者其受雇人、代理人的过错造成的外，托运人应当对承运人承担责任。

除法律、行政法规另有规定外，承运人没有对前款规定的资料或者文件进行检查的义务。

第三节　承运人的责任

第一百二十四条 因发生在民用航空器上或者在旅客上、下民用航空器过程中的事件，造成旅客人身伤亡的，承运人应当承担责任；但是，旅客的人身伤亡完全是由于旅客本人的健康状况造成的，承运人不承担责任。

第一百二十五条 因发生在民用航空器上或者在旅客上、下民用航空器过程中的事件，造成旅客随身携带物品毁灭、遗失或者损坏的，承运人应当承担责任。因发生在航空运输期间的事件，造成旅客的托运行李毁灭、遗失或者损坏的，承运人应当承担责任。

旅客随身携带物品或者托运行李的毁灭、遗失或者损坏完全是由于行李本身的自然属性、质量或者缺陷造成的，承运人不承担责任。

本章所称行李，包括托运行李和旅客随身携带的物品。

因发生在航空运输期间的事件，造成货物毁灭、遗失或者损坏的，承运人应当承担责任；但是，承运人证明货物的毁灭、遗失或者损坏完全是由于下列原因之一造成的，不承担责任：

（一）货物本身的自然属性、质量或者缺陷；

（二）承运人或者其受雇人、代理人以外的人包装货物的，货物包装不良；

（三）战争或者武装冲突；

（四）政府有关部门实施的与货物入境、出境或者过境有关的行为。

本条所称航空运输期间，是指在机场内、民用航空器上或者机场外降落的任何地点，托运行李、货物处于承运人掌管之下的全部期间。

航空运输期间，不包括机场外的任何陆路运输、海上运输、内河运输过程；但是，此种陆路运输、海上运输、内河运输是为了履行航空运输合同而装载、交付或者转运，在没有相反证据的情况下，所发生的损失视为在航空运输期间发生的损失。

第一百二十六条 旅客、行李或者货物在航空运输中因延误造成的损失，承运人应当承担责任；但是，承运人证明本人或者其受雇人、代理人为了避免损失的发生，已经采取一切必要措施或者不可能采取此种措施的，不承担责任。

第一百二十七条 在旅客、行李运输中，经承运人证明，损失是由索赔人的过错造成或者促成的，应当根据造成或者促成此种损失的过错的程度，相应免除或者减轻承运人的责任。旅客以外的其他人就旅客死亡或者受伤提出赔偿请求时，经承运人证明，死亡或者受伤是旅客本人的过错造成或者促成的，同样应当根据造成或者促成此种损失的过错的程度，相应免除或者减轻承运人的责任。

在货物运输中，经承运人证明，损失是由索赔人或者代行权利人的过错造成或者促成的，应当根据造成或者促成此种损失的过错的程度，相应免除或者减轻承运人的责任。

第一百二十八条 国内航空运输承运人的赔偿责任限额由国务院民用航空主管部门制定，报国务院批准后公布执行。

旅客或者托运人在交运托运行李或者货物时，特别声明在目的地点交付时的利益，并在必要时支付附加费的，除承运人证明旅客或者托运人声明的金额高于托运行李或者货物在目的地点交付时的实际利益外，承运人应当在声明金额范围内承担责任；本法第一百二十九条的其他规定，除赔偿责任限额外，适用于国内航空运输。

第一百二十九条 国际航空运输承运人的赔偿责任限额按照下列规定执行：

（一）对每名旅客的赔偿责任限额为16600计算单位；但是，旅客可以同承运人书面约定高于本项规定的赔偿责任限额。

（二）对托运行李或者货物的赔偿责任限额，每公斤为17计算单位。旅客或者托运人在交运托运行李或者货物时，特别声明在目的地点交付时的利益，并在必要时支付附加费的，除承运人证明旅客或者托运人声明的金额高于托运行李或者货物在目的地点交付时的实际利益外，承运人应当在声明金额范围内承担责任。

托运行李或者货物的一部分或者托运行李、货物中的任何物件毁灭、遗失、损坏或者延误的，用以确定承运人赔偿责任限额的重量，仅为该一包件或者数包件的总重量；但是，因托运行李或者货物的一部分或者托运行李、货物中的任何物件的毁灭、遗失、损坏或者延误，影响同一份行李票或者同一份航空货运单所列其他包件的价值的，确定承运人的赔偿责任限额时，此种包件的总重量也应当考虑在内。

（三）对每名旅客随身携带的物品的赔偿责任限额为332计算单位。

第一百三十条 任何旨在免除本法规定的承运人责任或者降低本法规定的赔偿责任限额的条款，均属无效；但是，此种条款的无效，不影响整个航空运输合同的效力。

第一百三十一条 有关航空运输中发生的损失的诉讼，不论其根据如何，只能依照本法规定的条件和赔偿责任限额提出，但是不妨碍谁有权提起诉讼以及他们各自的权利。

第一百三十二条 经证明，航空运输中的损失是由于承运人或者其受雇人、代理人的故意或者明知可能造成损失而轻率地作为或者不作为造成的，承运人无权援用本法第一百二十八条、第一百二十九条有关赔偿责任限制的规定；证明承运人的受雇人、代理人有此种作为或者不作为的，还应当证明该受雇人、代理人是在受雇、代理范围内行事。

第一百三十三条 就航空运输中的损失向承运人的受雇人、代理人提起诉讼时，该受雇人、代理人证明他是在受雇、代理范围内行事的，有权援用本法第一百二十八条、第一百二十九条有关赔偿责任限制的规定。

在前款规定情形下，承运人及其受雇人、代理人的赔偿总额不得超过法定的赔偿责任限额。

经证明，航空运输中的损失是由于承运人的受雇人、代理人的故意或者明知可能造成损失而轻率地作为或者不作为造成的，不适用本条第一款和第二款的规定。

第一百三十四条 旅客或者收货人收受托运行李或者货物而未提出异议，为托运行李或者货物已经完好交付并与运输凭证相符的初步证据。

托运行李或者货物发生损失的，旅客或者收货人应当在发现损失后向承运人提出异议。托运行李发生损失的，至迟应当自收到托运行李之日起七日内提出；货物发生损失的，至迟应当自收到货物之日起十四日内提出。托运行李或者货物发生延误的，至迟应当自托运行李或者货物交付旅客或者收货人处置之日起二十一日内提出。

任何异议均应当在前款规定的期间内写在运输凭证上或者另以书面提出。

除承运人有欺诈行为外，旅客或者收货人未在本条第二款规定的期间内提出异议的，不能向承运人提出索赔诉讼。

第一百三十五条 航空运输的诉讼时效期间为二年，自民用航空器到达目的地点、应当到达目的地点或者运输终止之日起计算。

第一百三十六条 由几个航空承运人办理的连续运输，接受旅客、行李或者货物的每一个承运人应当受本法规定的约束，并就其根据合同办理的运输区段作为运输合同的订约一方。

对前款规定的连续运输，除合同明文约定第一承运人应当对全程运输承担责任外，旅客或者其继承人只能对发生事故或者延误的运输区段的承运人提起诉讼。

托运行李或者货物的毁灭、遗失、损坏或者延误，旅客或者托运人有权对第一承运人提起诉讼，旅客或者收货人有权对最后承运人提起诉讼，旅客、托运人和收货人均可以对发生毁灭、遗失、损坏或者延误的运输区段的承运人提起诉讼。上述承运人应当对旅客、托运人或者收货人承担连带责任。

第四节 实际承运人履行航空运输的特别规定

第一百三十七条 本节所称缔约承运人，是指以本人名义与旅客或者托运人，或者与旅客或者托运人的代理人，订立本章调整的航空运输合同的人。

本节所称实际承运人，是指根据缔约承运人的授权，履行前款全部或者部分运输的人，不是指本章规定的连续承运人；在没有相反证明时，此种授权被认为是存在的。

第一百三十八条 除本节另有规定外，缔约承运人和实际承运人都应当受本章规定的约束。缔约承运人应当对合同约定的全部运输负责。实际承运人应当对其履行的运输负责。

第一百三十九条 实际承运人的作为和不作为，实际承运人的受雇人、代理人在受雇、代理范围内的作为和不作为，关系到实际承运人履行的运输的，应当视为缔约承运人的作为和不作为。

缔约承运人的作为和不作为，缔约承运人的受雇人、代理人在受雇、代理范围内的作为和不作为，关系到实际承运人履行的运输的，应当视为实际承运人的作为和不作为；但是，实际承运人承担的责任不因此种作为或者不作为而超过法定的赔偿责任限额。

任何有关缔约承运人承担本章未规定的义务或者放弃本章赋予的权利的特别协议，或者任何有关依照本法第一百二十八条、第一百二十九条规定所作的在目的地点交付时利益的特别声明，除经实际承运人同意外，均不得影响实际承运人。

第一百四十条 依照本章规定提出的索赔或者发出的指示，无论是向缔约承运人还是向实际承运人提出或者发出的，具有同等效力；但是，本法第一百一十九条规定的指示，只在向缔约承运人发出时，方有效。

第一百四十一条 实际承运人的受雇人、代理人或者缔约承运人的受雇人、代理人，证明他是在受雇、代理范围内行事的，就实际承运人履行的运输而言，有权援用本法第一百二十八条、第一百二十九条有关赔偿责任限制的规定，但是依照本法规定不得援用赔偿责任限制规定的除外。

第一百四十二条 对于实际承运人履行的运输，实际承运人、缔约承运人以及他们的在受雇、代理范围内行事的受雇人、代理人的赔偿总额不得超过依照本法得以从缔约承运人或者实际承运人获得赔偿的最高数额；但是，其中任何人都不承担超过对他适用的赔偿责任限额。

第一百四十三条 对实际承运人履行的运输提起的诉讼，可以分别对实际承运人或者缔约承运人提起，也可以同时对实际承运人和缔约承运人提起；被提起诉讼的承运人有权要求另一承运人参加应诉。

第一百四十四条 除本法第一百四十三条规定外，本节规定不影响实际承运人和缔约承运人之间的权利、义务。

第十章 通用航空

第一百四十五条 通用航空，是指使用民用航空器从事公共航空运输以外的民用航空活动，包括从事工业、农业、林业、渔业和建筑业的作业飞行以及医疗卫生、抢险救灾、气象探测、海洋监测、科学实验、教育训练、文化体育等方面的飞行活动。

第一百四十六条 从事通用航空活动，应当具备下列条件：

（一）有与所从事的通用航空活动相适应，符合保证飞行安全要求的民用航空器；

（二）有必需的依法取得执照的航空人员；

（三）符合法律、行政法规规定的其他条件。

从事经营性通用航空，限于企业法人。

第一百四十七条 从事非经营性通用航空的，应当向国务院民用航空主管部门办理登记。

从事经营性通用航空的，应当向国务院民用航空主管部门申请领取通用航空经营许可证。

第一百四十八条 通用航空企业从事经营性通用航空活动，应当与用户订立书面合同，但是紧急情况下的救护或者救灾飞行除外。

第一百四十九条 组织实施作业飞行时，应当采取有效措施，保证飞行安全，保护环境和生态平衡，防止对环境、居民、作物或者牲畜等造成损害。

第一百五十条 从事通用航空活动的，应当投保地面第三人责任险。

第十一章 搜寻援救和事故调查

第一百五十一条 民用航空器遇到紧急情况时，应当发送信号，并向空中交通管制单位报告，提出援救请求；空中交通管制单位应当立即通知搜寻援救协调中心。民用航空器在海上遇到紧急情况时，还应当向船舶和国家海上搜寻援救组织发送信号。

第一百五十二条 发现民用航空器遇到紧急情况或者收听到民用航空器遇到紧急情况的信号的单位或者个人，应当立即通知有关的搜寻援救协调中心、海上搜寻援救组织或者当地人民政府。

第一百五十三条 收到通知的搜寻援救协调中心、地方人民政府和海上搜寻援救组织，应当立即组织搜寻援救。

收到通知的搜寻援救协调中心，应当设法将已经采取的搜寻援救措施通知遇到紧急情况的民用航空器。

搜寻援救民用航空器的具体办法，由国务院规定。

第一百五十四条 执行搜寻援救任务的单位或者个人，应当尽力抢救民用航空器所载人员，按照规定对民用航空器采取抢救措施并保护现场，保存证据。

第一百五十五条 民用航空器事故的当事人以及有关人员在接受调查时，应当如实提供现场情况和与事故有关的情节。

第一百五十六条 民用航空器事故调查的组织和程序，由国务院规定。

第十二章 对地面第三人损害的赔偿责任

第一百五十七条 因飞行中的民用航空器或者从飞行中的民用航空器上落下的人或者物，造成地面(包括水面，下同)上的人身伤亡或者财产损害的，受害人有权获得赔偿；但是，所受损害并非造成损害的事故的直接后果，或者所受损害仅是民用航空器依照国家有关的空中交通规则在空中通过造成的，受害人无权要求赔偿。

前款所称飞行中，是指自民用航空器为实际起飞而使用动力时起至着陆冲程终了时止；就轻于空气的民用航空器而言，飞行中是指自其离开地面时起至其重新着地时止。

第一百五十八条 本法第一百五十七条规定的赔偿责任，由民用航空器的经营人承担。

前款所称经营人，是指损害发生时使用民用航空器的人。民用航空器的使用权已经直接或者间接地授予他人，本人保留对该民用航空器的航行控制权的，本人仍被视为经营人。

经营人的受雇人、代理人在受雇、代理过程中使用民用航空器，无论是否在其受雇、代理范围内行事，均视为经营人使用民用航空器。

民用航空器登记的所有人应当被视为经营人，并承担经营人的责任；除非在判定其责任的诉讼中，所有人证明经营人是他人，并在法律程序许可的范围内采取适当措施使该人成为诉讼当事人之一。

第一百五十九条 未经对民用航空器有航行控制权的人同意而使用民用航空器，对地面第三人造成损害的，有航行控制权的人除证明本人已经适当注意防止此种使用外，应当与该非法使用人承担连带责任。

第一百六十条 损害是武装冲突或者骚乱的直接后果，依照本章规定应当承担责任的人不承担责任。

依照本章规定应当承担责任的人对民用航空器的使用权业经国家机关依法剥夺的，不承担责任。

第一百六十一条 依照本章规定应当承担责任的人证明损害是完全由于受害人或者其受雇人、代理人的过错造成的，免除其赔偿责任；应当承担责任的人证明损害是部分由于受害人或者其受雇人、代理人的过错造成的，相应减轻其赔偿责任。但是，损害是由于受害人的受雇人、代理人的过错造成时，受害人证明其受雇人、代理人的行为超出其所授权的范围的，不免除或者不减轻应当承担责任的人的赔偿责任。

一人对另一人的死亡或者伤害提起诉讼，请求赔偿时，损害是该另一人或者其受雇人、代理人的过错造成的，适用前款规定。

第一百六十二条 两个以上的民用航空器在飞行中相撞或者相扰，造成本法第一百五十七条规定的应当赔偿的损害，或者两个以上的民用航空器共同造成此种损害的，各有关民用航空器均应当被认为已经造成此种损害，各有关民用航空器的经营人均应当承担责任。

第一百六十三条 本法第一百五十八条第四款和第一百五十九条规定的人，享有依照本章规定经营人所能援用的抗辩权。

第一百六十四条 除本章有明确规定外,经营人、所有人和本法第一百五十九条规定的应当承担责任的人,以及他们的受雇人、代理人,对于飞行中的民用航空器或者从飞行中的民用航空器上落下的人或者物造成的地面上的损害不承担责任,但是故意造成此种损害的人除外。

第一百六十五条 本章不妨碍依照本章规定应当对损害承担责任的人向他人追偿的权利。

第一百六十六条 民用航空器的经营人应当投保地面第三人责任险或者取得相应的责任担保。

第一百六十七条 保险人和担保人除享有与经营人相同的抗辩权,以及对伪造证件进行抗辩的权利外,对依照本章规定提出的赔偿请求只能进行下列抗辩:

(一) 损害发生在保险或者担保终止有效后;然而保险或者担保在飞行中期满的,该项保险或者担保在飞行计划中所载下一次降落前继续有效,但是不得超过二十四小时;

(二) 损害发生在保险或者担保所指定的地区范围外,除非飞行超出该范围是由于不可抗力、援助他人所必需,或者驾驶、航行或者领航上的差错造成的。

前款关于保险或者担保继续有效的规定,只在对受害人有利时适用。

第一百六十八条 仅在下列情形下,受害人可以直接对保险人或者担保人提起诉讼,但是不妨碍受害人根据有关保险合同或者担保合同的法律规定提起直接诉讼的权利:

(一) 根据本法第一百六十七条第(一)项、第(二)项规定,保险或者担保继续有效的;

(二) 经营人破产的。

除本法第一百六十七条第一款规定的抗辩权,保险人或者担保人对受害人依照本章规定提起的直接诉讼不得以保险或者担保的无效或者追溯力终止为由进行抗辩。

第一百六十九条 依照本法第一百六十六条规定提供的保险或者担保,应当被专门指定优先支付本章规定的赔偿。

第一百七十条 保险人应当支付给经营人的款项,在本章规定的第三人的赔偿请求未满足前,不受经营人的债权人的扣留和处理。

第一百七十一条 地面第三人损害赔偿的诉讼时效期间为二年,自损害发生之日起计算;但是,在任何情况下,时效期间不得超过自损害发生之日起三年。

第一百七十二条 本章规定不适用于下列损害:

(一) 对飞行中的民用航空器或者对该航空器上的人或者物造成的损害;

(二) 为受害人同经营人或者同发生损害时对民用航空器有使用权的人订立的合同所约束,或者为适用两方之间的劳动合同的法律有关职工赔偿的规定所约束的损害;

(三) 核损害。

第十三章 对外国民用航空器的特别规定

第一百七十三条 外国人经营的外国民用航空器,在中华人民共和国境内从事民用航空活动,适用本章规定;本章没有规定的,适用本法其他有关规定。

第一百七十四条 外国民用航空器根据其国籍登记国政府与中华人民共和国政府签订的协定、协议的规定,或者经中华人民共和国国务院民用航空主管部门批准或者接受,方可飞入、飞出中华人民共和国领空和在中华人民共和国境内飞行、降落。

对不符合前款规定,擅自飞入、飞出中华人民共和国领空的外国民用航空器,中华人民共和国有关机关有权采取必要措施,令其在指定的机场降落;对虽然符合前款规定,但是有合理的根据认为需要对其进行检查的,有关机关有权令其在指定的机场降落。

第一百七十五条 外国民用航空器飞入中华人民共和国领空,其经营人应当提供有关证明书,证明其已经投保地面第三人责任险或者已经取得相应的责任担保;其经营人未提供有关证明书的,中华人民共和国国务院民用航空主管部门有权拒绝其飞入中华人民共和国领空。

第一百七十六条 外国民用航空器的经营人经其本国政府指定,并取得中华人民共和国国务院民用航空主管部门颁发的经营许可证,方可经营中华人民共和国政府与该外国政府签订的协定、协议规定的国际航班运输;外国民用航空器的经营人经其本国政府批准,并获得中华人民共和国国务院民用航空主管部门批准,方可经营中华人民共和国境内一地和境外一地之间的不定期航空运输。

前款规定的外国民用航空器经营人,应当依照中华人民共和国法律、行政法规的规定,制定相应的安全保卫方案,报中华人民共和国国务院民用航空主管部门备案。

第一百七十七条 外国民用航空器的经营人,不得经营中华人民共和国境内两点之间的航空运输。

第一百七十八条 外国民用航空器,应当按照中华人民共和国国务院民用航空主管部门批准的班期时刻或者飞行计划飞行;变更班期时刻或者飞行计划的,其经营人应当获得中华人民共和国国务院民用航空主管部门的批准;因故变更或者取消飞行的,其经营人应当及时报告中华人民共和国国务院民用航空主管部门。

第一百七十九条 外国民用航空器应当在中华

人民共和国国务院民用航空主管部门指定的设关机场起飞或者降落。

第一百八十条 中华人民共和国国务院民用航空主管部门和其他主管机关,有权在外国民用航空器降落或者飞出时查验本法第九十条规定的文件。

外国民用航空器及其所载人员、行李、货物,应当接受中华人民共和国有关主管机关依法实施的入境出境、海关、检疫等检查。

实施前两款规定的查验、检查,应当避免不必要的延误。

第一百八十一条 外国民用航空器国籍登记国发给或者核准的民用航空器适航证书、机组人员合格证书和执照,中华人民共和国政府承认其有效;但是,发给或者核准此项证书或者执照的要求,应当等于或者高于国际民用航空组织制定的最低标准。

第一百八十二条 外国民用航空器在中华人民共和国搜寻援救区内遇险,其所有人或者国籍登记国参加搜寻援救工作,应当经中华人民共和国国务院民用航空主管部门批准或者按照两国政府协议进行。

第一百八十三条 外国民用航空器在中华人民共和国境内发生事故,其国籍登记国和其他有关国家可以指派观察员参加事故调查。事故调查报告和调查结果,由中华人民共和国国务院民用航空主管部门告知该外国民用航空器的国籍登记国和其他有关国家。

第十四章 涉外关系的法律适用

第一百八十四条 中华人民共和国缔结或者参加的国际条约同本法有不同规定的,适用国际条约的规定;但是,中华人民共和国声明保留的条款除外。

中华人民共和国法律和中华人民共和国缔结或者参加的国际条约没有规定的,可以适用国际惯例。

第一百八十五条 民用航空器所有权的取得、转让和消灭,适用民用航空器国籍登记国法律。

第一百八十六条 民用航空器抵押权适用民用航空器国籍登记国法律。

第一百八十七条 民用航空器优先权适用受理案件的法院所在地法律。

第一百八十八条 民用航空运输合同当事人可以选择合同适用的法律,但是法律另有规定的除外;合同当事人没有选择的,适用与合同有最密切联系的国家的法律。

第一百八十九条 民用航空器对地面第三人的损害赔偿,适用侵权行为地法律。

民用航空器在公海上空对水面第三人的损害赔偿,适用受理案件的法院所在地法律。

第一百九十条 依照本章规定适用外国法律或者国际惯例,不得违背中华人民共和国的社会公共利益。

第十五章 法律责任

第一百九十一条 以暴力、胁迫或者其他方法劫持航空器的,依照刑法有关规定追究刑事责任。

第一百九十二条 对飞行中的民用航空器上的人员使用暴力,危及飞行安全的,依照刑法有关规定追究刑事责任。

第一百九十三条 违反本法规定,隐匿携带炸药、雷管或者其他危险品乘坐民用航空器,或者以非危险品品名托运危险品的,依照刑法有关规定追究刑事责任。

企业事业单位犯前款罪的,判处罚金,并对直接负责的主管人员和其他直接责任人员依照前款规定追究刑事责任。

隐匿携带枪支子弹、管制刀具乘坐民用航空器的,依照刑法有关规定追究刑事责任。

第一百九十四条 公共航空运输企业违反本法第一百零一条的规定运输危险品的,由国务院民用航空主管部门没收违法所得,可以并处违法所得一倍以下的罚款。

公共航空运输企业有前款行为,导致发生重大事故的,没收违法所得,判处罚金;并对直接负责的主管人员和其他直接责任人员依照刑法有关规定追究刑事责任。

第一百九十五条 故意在使用中的民用航空器上放置危险品或者唆使他人放置危险品,足以毁坏该民用航空器,危及飞行安全的,依照刑法有关规定追究刑事责任。

第一百九十六条 故意传递虚假情报,扰乱正常飞行秩序,使公私财产遭受重大损失的,依照刑法有关规定追究刑事责任。

第一百九十七条 盗窃或者故意损毁、移动使用中的航行设施,危及飞行安全,足以使民用航空器发生坠落、毁坏危险的,依照刑法有关规定追究刑事责任。

第一百九十八条 聚众扰乱民用机场秩序的,依照刑法有关规定追究刑事责任。

第一百九十九条 航空人员玩忽职守,或者违反规章制度,导致发生重大飞行事故,造成严重后果的,依照刑法有关规定追究刑事责任。

第二百条 违反本法规定,尚不够刑事处罚,应当给予治安管理处罚的,依照治安管理处罚法的规定处罚。

第二百零一条 违反本法第三十七条的规定,民用航空器无适航证书而飞行,或者租用的外国民用航空器未经国务院民用航空主管部门对其原国籍登记国发给的适航证书审查认可或者另发适航证书而飞行的,由国务院民用航空主管部门责令停止飞行,没收违法所得,可以并处违法所得一倍以上五倍以下的罚款;没有违法所得的,处以十万元以上一百万元以下的罚款。

适航证书失效或者超过适航证书规定范围飞行的,依照前款规定处罚。

第二百零二条 违反本法第三十四条、第三十六条第二款的规定,将未取得型号合格证书、型号认可证书的民用航空器及其发动机、螺旋桨或者民用航空器上的设备投入生产的,由国务院民用航空主管部门责令停止生产,没收违法所得,可以并处违法所得一倍以下的罚款;没有违法所得的,处以五万元以上五十万元以下的罚款。

第二百零三条 违反本法第三十五条的规定,未取得生产许可证书、维修许可证书而从事生产、维修活动的,违反本法第九十二条、第一百四十七条第二款的规定,未取得公共航空运输经营许可证或者通用航空经营许可证而从事公共航空运输或者从事经营性通用航空的,国务院民用航空主管部门可以责令停止生产、维修或者经营活动。

第二百零四条 已取得本法第三十五条规定的生产许可证书、维修许可证书的企业,因生产、维修的质量问题造成严重事故的,国务院民用航空主管部门可以吊销其生产许可证书或者维修许可证书。

第二百零五条 违反本法第四十条的规定,未取得航空人员执照、体格检查合格证书而从事相应的民用航空活动的,由国务院民用航空主管部门责令停止民用航空活动,在国务院民用航空主管部门规定的限期内不得申领有关执照和证书,对其所在单位处以二十万元以下的罚款。

第二百零六条 有下列违法情形之一的,由国务院民用航空主管部门对民用航空器的机长给予警告或者吊扣执照一个月至六个月的处罚,情节较重的,可以给予吊销执照的处罚:

(一)机长违反本法第四十五条第一款的规定,未对民用航空器实施检查而起飞的;

(二)民用航空器违反本法第七十五条的规定,未按照空中交通管制单位指定的航路和飞行高度飞行,或者违反本法第七十九条的规定飞越城市上空的。

第二百零七条 违反本法第七十四条的规定,民用航空器未经空中交通管制单位许可进行飞行活动的,由国务院民用航空主管部门责令停止飞行,对该民用航空器所有人或者承租人处以一万元以上十万元以下的罚款;对该民用航空器的机长给予警告或者吊扣执照一个月至六个月的处罚,情节较重的,可以给予吊销执照的处罚。

第二百零八条 民用航空器的机长或者机组其他人员有下列行为之一的,由国务院民用航空主管部门给予警告或者吊扣执照一个月至六个月的处罚;有第(二)项或者第(三)项所列行为的,可以给予吊销执照的处罚:

(一)在执行飞行任务时,不按照本法第四十一条的规定携带执照和体格检查合格证书的;

(二)民用航空器遇险时,违反本法第四十八条的规定离开民用航空器的;

(三)违反本法第七十七条第二款的规定执行飞行任务的。

第二百零九条 违反本法第八十条的规定,民用航空器在飞行中投掷物品的,由国务院民用航空主管部门给予警告,可以对直接责任人员处以二千元以上二万元以下的罚款。

第二百一十条 违反本法第六十二条的规定,未取得机场使用许可证开放使用民用机场的,由国务院民用航空主管部门责令停止开放使用;没收违法所得,可以并处违法所得一倍以下的罚款。

第二百一十一条 公共航空运输企业、通用航空企业违反本法规定,情节较重的,除依照本法规定处罚外,国务院民用航空主管部门可以吊销其经营许可证。

第二百一十二条 国务院民用航空主管部门和地区民用航空管理机构的工作人员,玩忽职守、滥用职权、徇私舞弊,构成犯罪的,依法追究刑事责任;尚不构成犯罪的,依法给予行政处分。

第十六章　附　　则

第二百一十三条 本法所称计算单位,是指国际货币基金组织规定的特别提款权;其人民币数额为法院判决之日、仲裁机构裁决之日或者当事人协议之日,按照国家外汇主管机关规定的国际货币基金组织的特别提款权对人民币的换算办法计算得出的人民币数额。

第二百一十四条 本法自1996年3月1日起施行。

中华人民共和国
海上交通安全法

(1983年9月2日第六届全国人民代表大会常务委员会第二次会议通过　根据2016年11月7日第十二届全国人民代表大会常务委员会第二十四次会议《关于修改〈中华人民共和国对外贸易法〉等十二部法律的决定》修正)

目　　录

第一章　总　　则

第一条　为加强海上交通管理，保障船舶、设施和人命财产的安全，维护国家权益，特制定本法。

第二条　本法适用于在中华人民共和国沿海水域航行、停泊和作业的一切船舶、设施和人员以及船舶、设施的所有人、经营人。

第三条　中华人民共和国港务监督机构，是对沿海水域的交通安全实施统一监督管理的主管机关。

第二章　船舶检验和登记

第四条　船舶和船上有关航行安全的重要设备必须具有船舶检验部门签发的有效技术证书。

第五条　船舶必须持有船舶国籍证书，或船舶登记证书，或船舶执照。

第三章　船舶、设施上的人员

第六条　船舶应当按照标准定额配备足以保证船舶安全的合格船员。

第七条　船长、轮机长、驾驶员、轮机员、无线电报务员话务员以及水上飞机、潜水器的相应人员，必须持有合格的职务证书。

其他船员必须经过相应的专业技术训练。

第八条　设施应当按照国家规定，配备掌握避碰、信号、通信、消防、救生等专业技能的人员。

第九条　船舶、设施上的人员必须遵守有关海上交通安全的规章制度和操作规程，保障船舶、设施航行、停泊和作业的安全。

第四章　航行、停泊和作业

第十条　船舶、设施航行、停泊和作业，必须遵守中华人民共和国的有关法律、行政法规和规章。

第十一条　外国籍非军用船舶，未经主管机关批准，不得进入中华人民共和国的内水和港口。但是，因人员病急、机件故障、遇难、避风等意外情况，未及获得批准，可以在进入的同时向主管机关紧急报告，并听从指挥。

外国籍军用船舶，未经中华人民共和国政府批准，不得进入中华人民共和国领海。

第十二条　国际航行船舶进出中华人民共和国港口，必须接受主管机关的检查。

本国籍国内航行船舶进出港口，必须向主管机关报告船舶的航次计划、适航状态、船员配备和载货载客等情况。

第十三条　外国籍船舶进出中华人民共和国港口或者在港内航行、移泊以及靠离港外系泊点、装卸站等，必须由主管机关指派引航员引航。

第十四条　船舶进出港口或者通过交通管制区、通航密集区和航行条件受到限制的区域时，必须遵守中华人民共和国政府或主管机关公布的特别规定。

第十五条　除经主管机关特别许可外，禁止船舶进入或穿越禁航区。

第十六条　大型设施和移动式平台的海上拖带，必须经船舶检验部门进行拖航检验，并报主管机关核准。

第十七条　主管机关发现船舶的实际状况同证书所载不相符合时，有权责成其申请重新检验或者通知其所有人、经营人采取有效的安全措施。

第十八条　主管机关认为船舶对港口安全具有威胁时，有权禁止其进港或令其离港。

第十九条　船舶、设施有下列情况之一的，主管机关有权禁止其离港，或令其停航、改航、停止作业：

一、违反中华人民共和国有关的法律、行政法规或规章；

二、处于不适航或不适拖状态；

三、发生交通事故，手续未清；

四、未向主管机关或有关部门交付应承担的费用，也未提供适当的担保；

五、主管机关认为有其他妨害或者可能妨害海上交通安全的情况。

第五章　安全保障

第二十条　在沿海水域进行水上水下施工以及划定相应的安全作业区，必须报经主管机关核准公告。无关的船舶不得进入安全作业区。施工单位不得擅自扩大安全作业区的范围。

在港区内使用岸线或者进行水上水下施工包括架空施工，还必须附图报经主管机关审核同意。

第二十一条　在沿海水域划定禁航区，必须经国务院或主管机关批准。但是，为军事需要划定禁航区，可以由国家军事主管部门批准。

禁航区由主管机关公布。

第二十二条 未经主管机关批准,不得在港区、锚地、航道、通航密集区以及主管机关公布的航路内设置、构筑设施或者进行其他有碍航行安全的活动。

对在上述区域内擅自设置、构筑的设施,主管机关有权责令其所有人限期搬迁或拆除。

第二十三条 禁止损坏助航标志和导航设施。损坏助航标志或导航设施的,应当立即向主管机关报告,并承担赔偿责任。

第二十四条 船舶、设施发现下列情况,应当迅速报告主管机关:

一、助航标志或导航设施变异、失常;

二、有妨碍航行安全的障碍物、漂流物;

三、其他有碍航行安全的异常情况。

第二十五条 航标周围不得建造或设置影响其工作效能的障碍物。航标和航道附近有碍航行安全的灯光,应当妥善遮蔽。

第二十六条 设施的搬迁、拆除,沉船沉物的打捞清除,水下工程的善后处理,都不得遗留有碍航行和作业安全的隐患。在未妥善处理前,其所有人或经营人必须负责设置规定的标志,并将碍航物的名称、形状、尺寸、位置和深度准确地报告主管机关。

第二十七条 港口码头、港外系泊点、装卸站和船闸,应当加强安全管理,保持良好状态。

第二十八条 主管机关根据海上交通安全的需要,确定、调整交通管制区和港口锚地。港外锚地的划定,由主管机关报上级机关批准后公告。

第二十九条 主管机关按照国家规定,负责统一发布航行警告和航行通告。

第三十条 为保障航行、停泊和作业的安全,有关部门应当保持通信联络畅通,保持助航标志、导航设施明显有效,及时提供海洋气象预报和必要的航海图书资料。

第三十一条 船舶、设施发生事故,对交通安全造成或者可能造成危害时,主管机关有权采取必要的强制性处置措施。

第六章 危险货物运输

第三十二条 船舶、设施储存、装卸、运输危险货物,必须具备安全可靠的设备和条件,遵守国家关于危险货物管理和运输的规定。

第三十三条 船舶装运危险货物,必须向主管机关办理申报手续,经批准后,方可进出港口或装卸。

第七章 海难救助

第三十四条 船舶、设施或飞机遇难时,除发出呼救信号外,还应当以最迅速的方式将出事时间、地点、受损情况、救助要求以及发生事故的原因,向主管机关报告。

第三十五条 遇难船舶、设施或飞机及其所有人、经营人应当采取一切有效措施组织自救。

第三十六条 事故现场附近的船舶、设施,收到求救信号或发现有人遭遇生命危险时,在不严重危及自身安全的情况下,应当尽力救助遇难人员,并迅速向主管机关报告现场情况和本船舶、设施的名称、呼号和位置。

第三十七条 发生碰撞事故的船舶、设施,应当互通名称、国籍和登记港,并尽一切可能救助遇难人员。在不严重危及自身安全的情况下,当事船舶不得擅自离开事故现场。

第三十八条 主管机关接到求救报告后,应当立即组织救助。有关单位和在事故现场附近的船舶、设施,必须听从主管机关的统一指挥。

第三十九条 外国派遣船舶或飞机进入中华人民共和国领海或领海上空搜寻救助遇难的船舶或人员,必须经主管机关批准。

第八章 打捞清除

第四十条 对影响安全航行、航道整治以及有潜在爆炸危险的沉没物、漂浮物,其所有人、经营人应当在主管机关限定的时间内打捞清除。否则,主管机关有权采取措施强制打捞清除,其全部费用由沉没物、漂浮物的所有人、经营人承担。

本条规定不影响沉没物、漂浮物的所有人、经营人向第三方索赔的权利。

第四十一条 未经主管机关批准,不得擅自打捞或拆除沿海水域内的沉船沉物。

第九章 交通事故的调查处理

第四十二条 船舶、设施发生交通事故,应当向主管机关递交事故报告书和有关资料,并接受调查处理。

事故的当事人和有关人员,在接受主管机关调查时,必须如实提供现场情况和与事故有关的情节。

第四十三条 船舶、设施发生的交通事故,由主管机关查明原因,判明责任。

第十章 法律责任

第四十四条 对违反本法的,主管机关可视情节,给予下列一种或几种处罚:

一、警告;

二、扣留或吊销职务证书;

三、罚款。

第四十五条 当事人对主管机关给予的罚款、吊销职务证书处罚不服的,可以在接到处罚通知之日起十五天内,向人民法院起诉;期满不起诉又不履行的,由主管机关申请人民法院强制执行。

第四十六条 因海上交通事故引起的民事纠纷,可以由主管机关调解处理,不愿意调解或调解不成的,当事人可以向人民法院起诉;涉外案件的当事人,还可以根据书面协议提交仲裁机构仲裁。

第四十七条 对违反本法构成犯罪的人员,由司法机关依法追究刑事责任。

第十一章 特别规定

第四十八条 国家渔政渔港监督管理机构,在以渔业为主的渔港水域内,行使本法规定的主管机关的职权,负责交通安全的监督管理,并负责沿海水域渔业船舶之间的交通事故的调查处理。具体实施办法由国务院另行规定。

第四十九条 海上军事管辖区和军用船舶、设施的内部管理,为军事目的进行水上水下作业的管理,以及公安船舶的检验登记、人员配备、进出港签证,由国家有关主管部门依据本法另行规定。

第十二章 附 则

第五十条 本法下列用语的含义是:

“沿海水域”是指中华人民共和国沿海的港口、内水和领海以及国家管辖的一切其他海域。

“船舶”是指各类排水或非排水船、筏、水上飞机、潜水器和移动式平台。

“设施”是指水上水下各种固定或浮动建筑、装置和固定平台。

“作业”是指在沿海水域调查、勘探、开采、测量、建筑、疏浚、爆破、救助、打捞、拖带、捕捞、养殖、装卸、科学试验和其他水上水下施工。

第五十一条 国务院主管部门依据本法,制定实施细则,报国务院批准施行。

第五十二条 过去颁布的海上交通安全法规与本法相抵触的,以本法为准。

第五十三条 本法自1984年1月1日起施行。

中华人民共和国铁路法

(1990年9月7日第七届全国人民代表大会常务委员会第十五次会议通过 根据2009年8月27日第十一届全国人民代表大会常务委员会第十次会议《关于修改部分法律的决定》第一次修正 根据2015年4月24日第十二届全国人民代表大会常务委员会第十四次会议《关于修改〈中华人民共和国义务教育法〉等五部法律的决定》第二次修正)

第一章 总 则

第一条 为了保障铁路运输和铁路建设的顺利进行,适应社会主义现代化建设和人民生活的需要,制定本法。

第二条 本法所称铁路,包括国家铁路、地方铁路、专用铁路和铁路专用线。

国家铁路是指由国务院铁路主管部门管理的铁路。

地方铁路是指由地方人民政府管理的铁路。

专用铁路是指由企业或者其他单位管理,专为本企业或者本单位内部提供运输服务的铁路。

铁路专用线是指由企业或者其他单位管理的与国家铁路或者其他铁路线路接轨的岔线。

第三条 国务院铁路主管部门主管全国铁路工作,对国家铁路实行高度集中、统一指挥的运输管理体制,对地方铁路、专用铁路和铁路专用线进行指导、协调、监督和帮助。

国家铁路运输企业行使法律、行政法规授予的行政管理职能。

第四条 国家重点发展国家铁路,大力扶持地方铁路的发展。

第五条 铁路运输企业必须坚持社会主义经营方向和为人民服务的宗旨,改善经营管理,切实改进路风,提高运输服务质量。

第六条 公民有爱护铁路设施的义务。禁止任何人破坏铁路设施,扰乱铁路运输的正常秩序。

第七条 铁路沿线各级地方人民政府应当协助铁路运输企业保证铁路运输安全畅通,车站、列车秩序良好,铁路设施完好和铁路建设顺利进行。

第八条 国家铁路的技术管理规程,由国务院铁路主管部门制定,地方铁路、专用铁路的技术管理办法,参照国家铁路的技术管理规程制定。

第九条 国家鼓励铁路科学技术研究,提高铁路科学技术水平。对在铁路科学技术研究中有显著成绩的单位和个人给予奖励。

第二章 铁路运输营业

第十条 铁路运输企业应当保证旅客和货物运输的安全,做到列车正点到达。

第十一条 铁路运输合同是明确铁路运输企业与旅客、托运人之间权利义务关系的协议。

旅客车票、行李票、包裹票和货物运单是合同或者合同的组成部分。

第十二条 铁路运输企业应当保证旅客按车票载明的日期、车次乘车,并到达目的站。因铁路运输企业的责任造成旅客不能按车票载明的日期、车次乘车的,铁路运输企业应当按照旅客的要求,退还全部票款或者安排改乘到达相同目的站的其他列车。

第十三条 铁路运输企业应当采取有效措施做

好旅客运输服务工作，做到文明礼貌、热情周到，保持车站和车厢内的清洁卫生，提供饮用开水，做好列车上的饮食供应工作。

铁路运输企业应当采取措施，防止对铁路沿线环境的污染。

第十四条 旅客乘车应当持有效车票。对无票乘车或者持失效车票乘车的，应当补收票款，并按照规定加收票款；拒不交付的，铁路运输企业可以责令下车。

第十五条 国家铁路和地方铁路根据发展生产、搞活流通的原则，安排货物运输计划。

对抢险救灾物资和国家规定需要优先运输的其他物资，应予优先运输。

地方铁路运输的物资需要经由国家铁路运输的，其运输计划应当纳入国家铁路的运输计划。

第十六条 铁路运输企业应当按照合同约定的期限或者国务院铁路主管部门规定的期限，将货物、包裹、行李运到目的站；逾期运到的，铁路运输企业应当支付违约金。

铁路运输企业逾期三十日仍未将货物、包裹、行李交付收货人或者旅客的，托运人、收货人或者旅客有权按货物、包裹、行李灭失向铁路运输企业要求赔偿。

第十七条 铁路运输企业应当对承运的货物、包裹、行李自接受承运时起到交付时止发生的灭失、短少、变质、污染或者损坏，承担赔偿责任：

（一）托运人或者旅客根据自愿申请办理保价运输的，按照实际损失赔偿，但最高不超过保价额。

（二）未按保价运输承运的，按照实际损失赔偿，但最高不超过国务院铁路主管部门规定的赔偿限额；如果损失是由于铁路运输企业的故意或者重大过失造成的，不适用赔偿限额的规定，按照实际损失赔偿。

托运人或者旅客根据自愿可以向保险公司办理货物运输保险，保险公司按照保险合同的约定承担赔偿责任。

托运人或者旅客根据自愿，可以办理保价运输，也可以办理货物运输保险；还可以既不办理保价运输，也不办理货物运输保险。不得以任何方式强迫办理保价运输或者货物运输保险。

第十八条 由于下列原因造成的货物、包裹、行李损失的，铁路运输企业不承担赔偿责任：

（一）不可抗力。

（二）货物或者包裹、行李中的物品本身的自然属性，或者合理损耗。

（三）托运人、收货人或者旅客的过错。

第十九条 托运人应当如实填报托运单，铁路运输企业有权对填报的货物和包裹的品名、重量、数量进行检查。经检查，申报与实际不符的，检查费用由托运人承担；申报与实际相符的，检查费用由铁路运输企业承担，因检查对货物和包裹中的物品造成的损坏由铁路运输企业赔偿。

托运人因申报不实而少交的运费和其他费用应当补交，铁路运输企业按照国务院铁路主管部门的规定加收运费和其他费用。

第二十条 托运货物需要包装的，托运人应当按照国家包装标准或者行业包装标准包装；没有国家包装标准或者行业包装标准的，应当妥善包装，使货物在运输途中不因包装原因而受损坏。

铁路运输企业对承运的容易腐烂变质的货物和活动物，应当按照国务院铁路主管部门的规定和合同的约定，采取有效的保护措施。

第二十一条 货物、包裹、行李到站后，收货人或者旅客应当按照国务院铁路主管部门规定的期限及时领取，并支付托运人未付或者少付的运费和其他费用；逾期领取的，收货人或者旅客应当按照规定交付保管费。

第二十二条 自铁路运输企业发出领取货物通知之日起满三十日仍无人领取的货物，或者收货人书面通知铁路运输企业拒绝领取的货物，铁路运输企业应当通知托运人，托运人自接到通知之日起满三十日未作答复的，由铁路运输企业变卖；所得价款在扣除保管等费用后尚有余款的，应当退还托运人，无法退还、自变卖之日起一百八十日内托运人又未领回的，上缴国库。

自铁路运输企业发出领取通知之日起满九十日仍无人领取的包裹或者到站后满九十日仍无人领取的行李，铁路运输企业应当公告，公告满九十日仍无人领取的，可以变卖；所得价款在扣除保管等费用后尚有余款的，托运人、收货人或者旅客可以自变卖之日起一百八十日内领回，逾期不领回的，上缴国库。

对危险物品和规定限制运输的物品，应当移交公安机关或者有关部门处理，不得自行变卖。

对不宜长期保存的物品，可以按照国务院铁路主管部门的规定缩短处理期限。

第二十三条 因旅客、托运人或者收货人的责任给铁路运输企业造成财产损失的，由旅客、托运人或者收货人承担赔偿责任。

第二十四条 国家鼓励专用铁路兼办公共旅客、货物运输营业；提倡铁路专用线与有关单位按照协议共用。

专用铁路兼办公共旅客、货物运输营业的，应当报经省、自治区、直辖市人民政府批准。

专用铁路兼办公共旅客、货物运输营业的，适用本法关于铁路运输企业的规定。

第二十五条 铁路的旅客票价率和货物、行李的运价率实行政府指导价或者政府定价,竞争性领域实行市场调节价。政府指导价、政府定价的定价权限和具体适用范围以中央政府和地方政府的定价目录为依据。铁路旅客、货物运输杂费的收费项目和收费标准,以及铁路包裹运价率由铁路运输企业自主制定。

第二十六条 铁路的旅客票价,货物、包裹、行李的运价,旅客和货物运输杂费的收费项目和收费标准,必须公告;未公告的不得实施。

第二十七条 国家铁路、地方铁路和专用铁路印制使用的旅客、货物运输票证,禁止伪造和变造。

禁止倒卖旅客车票和其他铁路运输票证。

第二十八条 托运、承运货物、包裹、行李,必须遵守国家关于禁止或者限制运输物品的规定。

第二十九条 铁路运输企业与公路、航空或者水上运输企业相互间实行国内旅客、货物联运,依照国家有关规定办理;国家没有规定的,依照有关各方的协议办理。

第三十条 国家铁路、地方铁路参加国际联运,必须经国务院批准。

第三十一条 铁路军事运输依照国家有关规定办理。

第三十二条 发生铁路运输合同争议的,铁路运输企业和托运人、收货人或者旅客可以通过调解解决;不愿意调解解决或者调解不成的,可以依据合同中的仲裁条款或者事后达成的书面仲裁协议,向国家规定的仲裁机构申请仲裁。

当事人一方在规定的期限内不履行仲裁机构的仲裁决定的,另一方可以申请人民法院强制执行。

当事人没有在合同中订立仲裁条款,事后又没有达成书面仲裁协议的,可以向人民法院起诉。

第三章 铁路建设

第三十三条 铁路发展规划应当依据国民经济和社会发展以及国防建设的需要制定,并与其他方式的交通运输发展规划相协调。

第三十四条 地方铁路、专用铁路、铁路专用线的建设计划必须符合全国铁路发展规划,并征得国务院铁路主管部门或者国务院铁路主管部门授权的机构的同意。

第三十五条 在城市规划区范围内,铁路的线路、车站、枢纽以及其他有关设施的规划,应当纳入所在城市的总体规划。

铁路建设用地规划,应当纳入土地利用总体规划。为远期扩建、新建铁路需要的土地,由县级以上人民政府在土地利用总体规划中安排。

第三十六条 铁路建设用地,依照有关法律、行政法规的规定办理。

有关地方人民政府应当支持铁路建设,协助铁路运输企业做好铁路建设征收土地工作和拆迁安置工作。

第三十七条 已经取得使用权的铁路建设用地,应当依照批准的用途使用,不得擅自改作他用;其他单位或者个人不得侵占。

侵占铁路建设用地的,由县级以上地方人民政府土地管理部门责令停止侵占、赔偿损失。

第三十八条 铁路的标准轨距为1435毫米。新建国家铁路必须采用标准轨距。

窄轨铁路的轨距为762毫米或者1000毫米。

新建和改建铁路的其他技术要求应当符合国家标准或者行业标准。

第三十九条 铁路建成后,必须依照国家基本建设程序的规定,经验收合格,方能交付正式运行。

第四十条 铁路与道路交叉处,应当优先考虑设置立体交叉;未设立体交叉的,可以根据国家有关规定设置平交道口或者人行过道。在城市规划区内设置平交道口或者人行过道,由铁路运输企业或者建有专用铁路、铁路专用线的企业或者其他单位和城市规划主管部门共同决定。

拆除已经设置的平交道口或者人行过道,由铁路运输企业或者建有专用铁路、铁路专用线的企业或者其他单位和当地人民政府商定。

第四十一条 修建跨越河流的铁路桥梁,应当符合国家规定的防洪、通航和水流的要求。

第四章 铁路安全与保护

第四十二条 铁路运输企业必须加强对铁路的管理和保护,定期检查、维修铁路运输设施,保证铁路运输设施完好,保障旅客和货物运输安全。

第四十三条 铁路公安机关和地方公安机关分工负责共同维护铁路治安秩序。车站和列车内的治安秩序,由铁路公安机关负责维护;铁路沿线的治安秩序,由地方公安机关和铁路公安机关共同负责维护,以地方公安机关为主。

第四十四条 电力主管部门应当保证铁路牵引用电以及铁路运营用电中重要负荷的电力供应。铁路运营用电中重要负荷的供应范围由国务院铁路主管部门和国务院电力主管部门商定。

第四十五条 铁路线路两侧地界以外的山坡地由当地人民政府作为水土保持的重点进行整治。铁路隧道顶上的山坡地由铁路运输企业协助当地人民政府进行整治。铁路地界以内的山坡地由铁路运输企业进行整治。

第四十六条 在铁路线路和铁路桥梁、涵洞两侧一定距离内,修建山塘、水库、堤坝,开挖河道、干渠,采石挖砂,打井取水,影响铁路路基稳定或者危害铁路桥梁、涵洞安全的,由县级以上地方人民政府责令停止建设或者采挖、打井等活动,限期恢复原状或者责令采取必要的安全防护措施。

在铁路线路上架设电力、通讯线路,埋置电缆、管道设施,穿凿通过铁路路基的地下坑道,必须经铁路运输企业同意,并采取安全防护措施。

在铁路弯道内侧、平交道口和人行过道附近,不得修建妨碍行车瞭望的建筑物和种植妨碍行车瞭望的树木。修建妨碍行车瞭望的建筑物的,由县级以上地方人民政府责令限期拆除。种植妨碍行车瞭望的树木的,由县级以上地方人民政府责令有关单位或者个人限期迁移或者修剪、砍伐。

违反前三款的规定,给铁路运输企业造成损失的单位或者个人,应当赔偿损失。

第四十七条 禁止擅自在铁路线路上铺设平交道口和人行过道。

平交道口和人行过道必须按照规定设置必要的标志和防护设施。

行人和车辆通过铁路平交道口和人行过道时,必须遵守有关通行的规定。

第四十八条 运输危险品必须按照国务院铁路主管部门的规定办理,禁止以非危险品品名托运危险品。

禁止旅客携带危险品进站上车。铁路公安人员和国务院铁路主管部门规定的铁路职工,有权对旅客携带的物品进行运输安全检查。实施运输安全检查的铁路职工应当佩戴执勤标志。

危险品的品名由国务院铁路主管部门规定并公布。

第四十九条 对损毁、移动铁路信号装置及其他行车设施或者在铁路线路上放置障碍物的,铁路职工有权制止,可以扭送公安机关处理。

第五十条 禁止偷乘货车、攀附行进中的列车或者击打列车。对偷乘货车、攀附行进中的列车或者击打列车的,铁路职工有权制止。

第五十一条 禁止在铁路线路上行走、坐卧。对在铁路线路上行走、坐卧的,铁路职工有权制止。

第五十二条 禁止在铁路线路两侧二十米以内或者铁路防护林地内放牧。对在铁路线路两侧二十米以内或者铁路防护林地内放牧的,铁路职工有权制止。

第五十三条 对聚众拦截列车或者聚众冲击铁路行车调度机构的,铁路职工有权制止;不听制止的,公安人员现场负责人有权命令解散;拒不解散的,公安人员现场负责人有权依照国家有关规定决定采取必要手段强行驱散,并对拒不服从的人员强行带离现场或者予以拘留。

第五十四条 对哄抢铁路运输物资的,铁路职工有权制止,可以扭送公安机关处理;现场公安人员可以予以拘留。

第五十五条 在列车内,寻衅滋事,扰乱公共秩序,危害旅客人身、财产安全的,铁路职工有权制止,铁路公安人员可以予以拘留。

第五十六条 在车站和旅客列车内,发生法律规定需要检疫的传染病时,由铁路卫生检疫机构进行检疫;根据铁路卫生检疫机构的请求,地方卫生检疫机构应予协助。

货物运输的检疫,依照国家规定办理。

第五十七条 发生铁路交通事故,铁路运输企业应当依照国务院和国务院有关主管部门关于事故调查处理的规定办理,并及时恢复正常行车,任何单位和个人不得阻碍铁路线路开通和列车运行。

第五十八条 因铁路行车事故及其他铁路运营事故造成人身伤亡的,铁路运输企业应当承担赔偿责任;如果人身伤亡是因不可抗力或者由于受害人自身的原因造成的,铁路运输企业不承担赔偿责任。

违章通过平交道口或者人行过道,或者在铁路线路上行走、坐卧造成的人身伤亡,属于受害人自身的原因造成的人身伤亡。

第五十九条 国家铁路的重要桥梁和隧道,由中国人民武装警察部队负责守卫。

第五章 法律责任

第六十条 违反本法规定,携带危险品进站上车或者以非危险品品名托运危险品,导致发生重大事故的,依照刑法有关规定追究刑事责任。企业事业单位、国家机关、社会团体犯本款罪的,处以罚金,对其主管人员和直接责任人员依法追究刑事责任。

携带炸药、雷管或者非法携带枪支子弹、管制刀具进站上车的,依照刑法有关规定追究刑事责任。

第六十一条 故意损毁、移动铁路行车信号装置或者在铁路线路上放置足以使列车倾覆的障碍物的,依照刑法有关规定追究刑事责任。

第六十二条 盗窃铁路线路上行车设施的零件、部件或者铁路线路上的器材,危及行车安全的,依照刑法有关规定追究刑事责任。

第六十三条 聚众拦截列车、冲击铁路行车调度机构不听制止的,对首要分子和骨干分子依照刑法有关规定追究刑事责任。

第六十四条 聚众哄抢铁路运输物资的,对首要分子和骨干分子依照刑法有关规定追究刑事责任。

铁路职工与其他人员勾结犯前款罪的，从重处罚。

第六十五条　在列车内，抢劫旅客财物，伤害旅客的，依照刑法有关规定从重处罚。

在列车内，寻衅滋事，侮辱妇女，情节恶劣的，依照刑法有关规定追究刑事责任；敲诈勒索旅客财物的，依照刑法有关规定追究刑事责任。

第六十六条　倒卖旅客车票，构成犯罪的，依照刑法有关规定追究刑事责任。铁路职工倒卖旅客车票或者与其他人员勾结倒卖旅客车票的，依照刑法有关规定追究刑事责任。

第六十七条　违反本法规定，尚不够刑事处罚，应当给予治安管理处罚的，依照治安管理处罚法的规定处罚。

第六十八条　擅自在铁路线路上铺设平交道口、人行过道的，由铁路公安机关或者地方公安机关责令限期拆除，可以并处罚款。

第六十九条　铁路运输企业违反本法规定，多收运费、票款或者旅客、货物运输杂费的，必须将多收的费用退还付款人，无法退还的上缴国库。将多收的费用据为己有或者侵吞私分的，依照刑法有关规定追究刑事责任。

第七十条　铁路职工利用职务之便走私的，或者与其他人员勾结走私的，依照刑法有关规定追究刑事责任。

第七十一条　铁路职工玩忽职守、违反规章制度造成铁路运营事故的，滥用职权、利用办理运输业务之便谋取私利的，给予行政处分；情节严重、构成犯罪的，依照刑法有关规定追究刑事责任。

第六章　附　　则

第七十二条　本法所称国家铁路运输企业是指铁路局和铁路分局。

第七十三条　国务院根据本法制定实施条例。

第七十四条　本法自1991年5月1日起施行。

放射性物品运输安全管理条例

（2009年9月14日国务院令第562号公布　自2010年1月1日起施行）

第一章　总　　则

第一条　为了加强对放射性物品运输的安全管理，保障人体健康，保护环境，促进核能、核技术的开发与和平利用，根据《中华人民共和国放射性污染防治法》，制定本条例。

第二条　放射性物品的运输和放射性物品运输容器的设计、制造等活动，适用本条例。

本条例所称放射性物品，是指含有放射性核素，并且其活度和比活度均高于国家规定的豁免值的物品。

第三条　根据放射性物品的特性及其对人体健康和环境的潜在危害程度，将放射性物品分为一类、二类和三类。

一类放射性物品，是指Ⅰ类放射源、高水平放射性废物、乏燃料等释放到环境后对人体健康和环境产生重大辐射影响的放射性物品。

二类放射性物品，是指Ⅱ类和Ⅲ类放射源、中等水平放射性废物等释放到环境后对人体健康和环境产生一般辐射影响的放射性物品。

三类放射性物品，是指Ⅳ类和Ⅴ类放射源、低水平放射性废物、放射性药品等释放到环境后对人体健康和环境产生较小辐射影响的放射性物品。

放射性物品的具体分类和名录，由国务院核安全监管部门会同国务院公安、卫生、海关、交通运输、铁路、民航、核工业行业主管部门制定。

第四条　国务院核安全监管部门对放射性物品运输的核与辐射安全实施监督管理。

国务院公安、交通运输、铁路、民航等有关主管部门依照本条例规定和各自的职责，负责放射性物品运输安全的有关监督管理工作。

县级以上地方人民政府环境保护主管部门和公安、交通运输等有关主管部门，依照本条例规定和各自的职责，负责本行政区域放射性物品运输安全的有关监督管理工作。

第五条　运输放射性物品，应当使用专用的放射性物品运输包装容器（以下简称运输容器）。

放射性物品的运输和放射性物品运输容器的设计、制造，应当符合国家放射性物品运输安全标准。

国家放射性物品运输安全标准，由国务院核安全监管部门制定，由国务院核安全监管部门和国务院标准化主管部门联合发布。国务院核安全监管部门制定国家放射性物品运输安全标准，应当征求国务院公安、卫生、交通运输、铁路、民航、核工业行业主管部门的意见。

第六条　放射性物品运输容器的设计、制造单位应当建立健全责任制度，加强质量管理，并对所从事的放射性物品运输容器的设计、制造活动负责。

放射性物品的托运人（以下简称托运人）应当制定核与辐射事故应急方案，在放射性物品运输中采取有效的辐射防护和安全保卫措施，并对放射性物品运输中的核与辐射安全负责。

第七条　任何单位和个人对违反本条例规定的行为，有权向国务院核安全监管部门或者其他依法履行放射性物品运输安全监督管理职责的部门举报。

接到举报的部门应当依法调查处理，并为举报人保密。

第二章 放射性物品运输容器的设计

第八条 放射性物品运输容器设计单位应当建立健全和有效实施质量保证体系，按照国家放射性物品运输安全标准进行设计，并通过试验验证或者分析论证等方式，对设计的放射性物品运输容器的安全性能进行评价。

第九条 放射性物品运输容器设计单位应当建立健全档案制度，按照质量保证体系的要求，如实记录放射性物品运输容器的设计和安全性能评价过程。

进行一类放射性物品运输容器设计，应当编制设计安全评价报告书；进行二类放射性物品运输容器设计，应当编制设计安全评价报告表。

第十条 一类放射性物品运输容器的设计，应当在首次用于制造前报国务院核安全监管部门审查批准。

申请批准一类放射性物品运输容器的设计，设计单位应当向国务院核安全监管部门提出书面申请，并提交下列材料：

（一）设计总图及其设计说明书；

（二）设计安全评价报告书；

（三）质量保证大纲。

第十一条 国务院核安全监管部门应当自受理申请之日起45个工作日内完成审查，对符合国家放射性物品运输安全标准的，颁发一类放射性物品运输容器设计批准书，并公告批准文号；对不符合国家放射性物品运输安全标准的，书面通知申请单位并说明理由。

第十二条 设计单位修改已批准的一类放射性物品运输容器设计中有关安全内容的，应当按照原申请程序向国务院核安全监管部门重新申请领取一类放射性物品运输容器设计批准书。

第十三条 二类放射性物品运输容器的设计，设计单位应当在首次用于制造前，将设计总图及其设计说明书、设计安全评价报告表报国务院核安全监管部门备案。

第十四条 三类放射性物品运输容器的设计，设计单位应当编制设计符合国家放射性物品运输安全标准的证明文件并存档备查。

第三章 放射性物品运输容器的制造与使用

第十五条 放射性物品运输容器制造单位，应当按照设计要求和国家放射性物品运输安全标准，对制造的放射性物品运输容器进行质量检验，编制质量检验报告。

未经质量检验或者经检验不合格的放射性物品运输容器，不得交付使用。

第十六条 从事一类放射性物品运输容器制造活动的单位，应当具备下列条件：

（一）有与所从事的制造活动相适应的专业技术人员；

（二）有与所从事的制造活动相适应的生产条件和检测手段；

（三）有健全的管理制度和完善的质量保证体系。

第十七条 从事一类放射性物品运输容器制造活动的单位，应当申请领取一类放射性物品运输容器制造许可证（以下简称制造许可证）。

申请领取制造许可证的单位，应当向国务院核安全监管部门提出书面申请，并提交其符合本条例第十六条规定条件的证明材料和申请制造的运输容器型号。

禁止无制造许可证或者超出制造许可证规定的范围从事一类放射性物品运输容器的制造活动。

第十八条 国务院核安全监管部门应当自受理申请之日起45个工作日内完成审查，对符合条件的，颁发制造许可证，并予以公告；对不符合条件的，书面通知申请单位并说明理由。

第十九条 制造许可证应当载明下列内容：

（一）制造单位名称、住所和法定代表人；

（二）许可制造的运输容器的型号；

（三）有效期限；

（四）发证机关、发证日期和证书编号。

第二十条 一类放射性物品运输容器制造单位变更单位名称、住所或者法定代表人的，应当自工商变更登记之日起20日内，向国务院核安全监管部门办理制造许可证变更手续。

一类放射性物品运输容器制造单位变更制造的运输容器型号的，应当按照原申请程序向国务院核安全监管部门重新申请领取制造许可证。

第二十一条 制造许可证有效期为5年。

制造许可证有效期届满，需要延续的，一类放射性物品运输容器制造单位应当于制造许可证有效期届满6个月前，向国务院核安全监管部门提出延续申请。

国务院核安全监管部门应当在制造许可证有效期届满前作出是否准予延续的决定。

第二十二条 从事二类放射性物品运输容器制造活动的单位，应当在首次制造活动开始30日前，将其具备与所从事的制造活动相适应的专业技术人员、生产条件、检测手段，以及具有健全的管理制度和完善的质量保证体系的证明材料，报国务院核安全监管部门备案。

第二十三条 一类、二类放射性物品运输容器制造单位，应当按照国务院核安全监管部门制定的编码规则，对其制造的一类、二类放射性物品运输容器统一编码，并于每年1月31日前将上一年度的运输容器编码清单报国务院核安全监管部门备案。

第二十四条 从事三类放射性物品运输容器制造活动的单位，应当于每年1月31日前将上一年度制造的运输容器的型号和数量报国务院核安全监管部门备案。

第二十五条 放射性物品运输容器使用单位应当对其使用的放射性物品运输容器定期进行保养和维护，并建立保养和维护档案；放射性物品运输容器达到设计使用年限，或者发现放射性物品运输容器存在安全隐患的，应当停止使用，进行处理。

一类放射性物品运输容器使用单位还应当对其使用的一类放射性物品运输容器每两年进行一次安全性能评价，并将评价结果报国务院核安全监管部门备案。

第二十六条 使用境外单位制造的一类放射性物品运输容器的，应当在首次使用前报国务院核安全监管部门审查批准。

申请使用境外单位制造的一类放射性物品运输容器的单位，应当向国务院核安全监管部门提出书面申请，并提交下列材料：

（一）设计单位所在国核安全监管部门颁发的设计批准文件的复印件；

（二）设计安全评价报告书；

（三）制造单位相关业绩的证明材料；

（四）质量合格证明；

（五）符合中华人民共和国法律、行政法规规定，以及国家放射性物品运输安全标准或者经国务院核安全监管部门认可的标准的说明材料。

国务院核安全监管部门应当自受理申请之日起45个工作日内完成审查，对符合国家放射性物品运输安全标准的，颁发使用批准书；对不符合国家放射性物品运输安全标准的，书面通知申请单位并说明理由。

第二十七条 使用境外单位制造的二类放射性物品运输容器的，应当在首次使用前将运输容器质量合格证明和符合中华人民共和国法律、行政法规规定，以及国家放射性物品运输安全标准或者经国务院核安全监管部门认可的标准的说明材料，报国务院核安全监管部门备案。

第二十八条 国务院核安全监管部门办理使用境外单位制造的一类、二类放射性物品运输容器审查批准和备案手续，应当同时为运输容器确定编码。

第四章 放射性物品的运输

第二十九条 托运放射性物品的，托运人应当持有生产、销售、使用或者处置放射性物品的有效证明，使用与所托运的放射性物品类别相适应的运输容器进行包装，配备必要的辐射监测设备、防护用品和防盗、防破坏设备，并编制运输说明书、核与辐射事故应急响应指南、装卸作业方法、安全防护指南。

运输说明书应当包括放射性物品的品名、数量、物理化学形态、危害风险等内容。

第三十条 托运一类放射性物品的，托运人应当委托有资质的辐射监测机构对其表面污染和辐射水平实施监测，辐射监测机构应当出具辐射监测报告。

托运二类、三类放射性物品的，托运人应当对其表面污染和辐射水平实施监测，并编制辐射监测报告。

监测结果不符合国家放射性物品运输安全标准的，不得托运。

第三十一条 承运放射性物品应当取得国家规定的运输资质。承运人的资质管理，依照有关法律、行政法规和国务院交通运输、铁路、民航、邮政主管部门的规定执行。

第三十二条 托运人和承运人应当对直接从事放射性物品运输的工作人员进行运输安全和应急响应知识的培训，并进行考核；考核不合格的，不得从事相关工作。

托运人和承运人应当按照国家放射性物品运输安全标准和国家有关规定，在放射性物品运输容器和运输工具上设置警示标志。

国家利用卫星定位系统对一类、二类放射性物品运输工具的运输过程实行在线监控。具体办法由国务院核安全监管部门会同国务院有关部门制定。

第三十三条 托运人和承运人应当按照国家职业病防治的有关规定，对直接从事放射性物品运输的工作人员进行个人剂量监测，建立个人剂量档案和职业健康监护档案。

第三十四条 托运人应当向承运人提交运输说明书、辐射监测报告、核与辐射事故应急响应指南、装卸作业方法、安全防护指南，承运人应当查验、收存。托运人提交文件不齐全的，承运人不得承运。

第三十五条 托运一类放射性物品的，托运人应当编制放射性物品运输的核与辐射安全分析报告书，报国务院核安全监管部门审查批准。

放射性物品运输的核与辐射安全分析报告书应当包括放射性物品的品名、数量、运输容器型号、运输方式、辐射防护措施、应急措施等内容。

国务院核安全监管部门应当自受理申请之日起45个工作日内完成审查，对符合国家放射性物品运输安全标准的，颁发核与辐射安全分析报告批准书；对不符合国家放射性物品运输安全标准的，书面通知申请单位并说明理由。

第三十六条 放射性物品运输的核与辐射安全分析报告批准书应当载明下列主要内容：

（一）托运人的名称、地址、法定代表人；

（二）运输放射性物品的品名、数量；

（三）运输放射性物品的运输容器型号和运输方式；

（四）批准日期和有效期限。

第三十七条 一类放射性物品启运前，托运人应当将放射性物品运输的核与辐射安全分析报告批准书、辐射监测报告，报启运地的省、自治区、直辖市人民政府环境保护主管部门备案。

收到备案材料的环境保护主管部门应当及时将有关情况通报放射性物品运输的途经地和抵达地的省、自治区、直辖市人民政府环境保护主管部门。

第三十八条 通过道路运输放射性物品的，应当经公安机关批准，按照指定的时间、路线、速度行驶，并悬挂警示标志，配备押运人员，使放射性物品处于押运人员的监管之下。

通过道路运输核反应堆乏燃料的，托运人应当报国务院公安部门批准。通过道路运输其他放射性物品的，托运人应当报启运地县级以上人民政府公安机关批准。具体办法由国务院公安部门商国务院核安全监管部门制定。

第三十九条 通过水路运输放射性物品的，按照水路危险货物运输的法律、行政法规和规章的有关规定执行。

通过铁路、航空运输放射性物品的，按照国务院铁路、民航主管部门的有关规定执行。

禁止邮寄一类、二类放射性物品。邮寄三类放射性物品的，按照国务院邮政管理部门的有关规定执行。

第四十条 生产、销售、使用或者处置放射性物品的单位，可以依照《中华人民共和国道路运输条例》的规定，向设区的市级人民政府道路运输管理机构申请非营业性道路危险货物运输资质，运输本单位的放射性物品，并承担本条例规定的托运人和承运人的义务。

申请放射性物品非营业性道路危险货物运输资质的单位，应当具备下列条件：

（一）持有生产、销售、使用或者处置放射性物品的有效证明；

（二）有符合本条例规定要求的放射性物品运输容器；

（三）有具备辐射防护与安全防护知识的专业技术人员和经考试合格的驾驶人员；

（四）有符合放射性物品运输安全防护要求，并经检测合格的运输工具、设施和设备；

（五）配备必要的防护用品和依法经定期检定合格的监测仪器；

（六）有运输安全和辐射防护管理规章制度以及核与辐射事故应急措施。

放射性物品非营业性道路危险货物运输资质的具体条件，由国务院交通运输主管部门会同国务院核安全监管部门制定。

第四十一条 一类放射性物品从境外运抵中华人民共和国境内，或者途经中华人民共和国境内运输的，托运人应当编制放射性物品运输的核与辐射安全分析报告书，报国务院核安全监管部门审查批准。审查批准程序依照本条例第三十五条第三款的规定执行。

二类、三类放射性物品从境外运抵中华人民共和国境内，或者途经中华人民共和国境内运输的，托运人应当编制放射性物品运输的辐射监测报告，报国务院核安全监管部门备案。

托运人、承运人或者其代理人向海关办理有关手续，应当提交国务院核安全监管部门颁发的放射性物品运输的核与辐射安全分析报告批准书或者放射性物品运输的辐射监测报告备案证明。

第四十二条 县级以上人民政府组织编制的突发环境事件应急预案，应当包括放射性物品运输中可能发生的核与辐射事故应急响应的内容。

第四十三条 放射性物品运输中发生核与辐射事故的，承运人、托运人应当按照核与辐射事故应急响应指南的要求，做好事故应急工作，并立即报告事故发生地的县级以上人民政府环境保护主管部门。接到报告的环境保护主管部门应当立即派人赶赴现场，进行现场调查，采取有效措施控制事故影响，并及时向本级人民政府报告，通报同级公安、卫生、交通运输等有关主管部门。

接到报告的县级以上人民政府及其有关主管部门应当按照应急预案做好应急工作，并按照国家突发事件分级报告的规定及时上报核与辐射事故信息。

核反应堆乏燃料运输的核事故应急准备与响应，还应当遵守国家核应急的有关规定。

第五章 监督检查

第四十四条 国务院核安全监管部门和其他依

法履行放射性物品运输安全监督管理职责的部门，应当依据各自职责对放射性物品运输安全实施监督检查。

国务院核安全监管部门应当将其已批准或者备案的一类、二类、三类放射性物品运输容器的设计、制造情况和放射性物品运输情况通报设计、制造单位所在地和运输途经地的省、自治区、直辖市人民政府环境保护主管部门。省、自治区、直辖市人民政府环境保护主管部门应当加强对本行政区域放射性物品运输安全的监督检查和监督性监测。

被检查单位应当予以配合，如实反映情况，提供必要的资料，不得拒绝和阻碍。

第四十五条 国务院核安全监管部门和省、自治区、直辖市人民政府环境保护主管部门以及其他依法履行放射性物品运输安全监督管理职责的部门进行监督检查，监督检查人员不得少于2人，并应当出示有效的行政执法证件。

国务院核安全监管部门和省、自治区、直辖市人民政府环境保护主管部门以及其他依法履行放射性物品运输安全监督管理职责的部门的工作人员，对监督检查中知悉的商业秘密负有保密义务。

第四十六条 监督检查中发现经批准的一类放射性物品运输容器设计确有重大设计安全缺陷的，由国务院核安全监管部门责令停止该型号运输容器的制造或者使用，撤销一类放射性物品运输容器设计批准书。

第四十七条 监督检查中发现放射性物品运输活动有不符合国家放射性物品运输安全标准情形的，或者一类放射性物品运输容器制造单位有不符合制造许可证规定条件情形的，应当责令限期整改；发现放射性物品运输活动可能对人体健康和环境造成核与辐射危害的，应当责令停止运输。

第四十八条 国务院核安全监管部门和省、自治区、直辖市人民政府环境保护主管部门以及其他依法履行放射性物品运输安全监督管理职责的部门，对放射性物品运输活动实施监测，不得收取监测费用。

国务院核安全监管部门和省、自治区、直辖市人民政府环境保护主管部门以及其他依法履行放射性物品运输安全监督管理职责的部门，应当加强对监督管理人员辐射防护与安全防护知识的培训。

第六章 法律责任

第四十九条 国务院核安全监管部门和省、自治区、直辖市人民政府环境保护主管部门或者其他依法履行放射性物品运输安全监督管理职责的部门有下列行为之一的，对直接负责的主管人员和其他直接责任人员依法给予处分；直接负责的主管人员和其他直接责任人员构成犯罪的，依法追究刑事责任：

（一）未依照本条例规定作出行政许可或者办理批准文件的；

（二）发现违反本条例规定的行为不予查处，或者接到举报不依法处理的；

（三）未依法履行放射性物品运输核与辐射事故应急职责的；

（四）对放射性物品运输活动实施监测收取监测费用的；

（五）其他不依法履行监督管理职责的行为。

第五十条 放射性物品运输容器设计、制造单位有下列行为之一的，由国务院核安全监管部门责令停止违法行为，处50万元以上100万元以下的罚款；有违法所得的，没收违法所得：

（一）将未取得设计批准书的一类放射性物品运输容器设计用于制造的；

（二）修改已批准的一类放射性物品运输容器设计中有关安全内容，未重新取得设计批准书即用于制造的。

第五十一条 放射性物品运输容器设计、制造单位有下列行为之一的，由国务院核安全监管部门责令停止违法行为，处5万元以上10万元以下的罚款；有违法所得的，没收违法所得：

（一）将不符合国家放射性物品运输安全标准的二类、三类放射性物品运输容器设计用于制造的；

（二）将未备案的二类放射性物品运输容器设计用于制造的。

第五十二条 放射性物品运输容器设计单位有下列行为之一的，由国务院核安全监管部门责令限期改正；逾期不改正的，处1万元以上5万元以下的罚款：

（一）未对二类、三类放射性物品运输容器的设计进行安全性能评价的；

（二）未如实记录二类、三类放射性物品运输容器设计和安全性能评价过程的；

（三）未编制三类放射性物品运输容器设计符合国家放射性物品运输安全标准的证明文件并存档备查的。

第五十三条 放射性物品运输容器制造单位有下列行为之一的，由国务院核安全监管部门责令停止违法行为，处50万元以上100万元以下的罚款；有违法所得的，没收违法所得：

（一）未取得制造许可证从事一类放射性物品运输容器制造活动的；

（二）制造许可证有效期届满，未按照规定办理延续手续，继续从事一类放射性物品运输容器制造活动的；

（三）超出制造许可证规定的范围从事一类放射性物品运输容器制造活动的；

（四）变更制造的一类放射性物品运输容器型号，未按照规定重新领取制造许可证的；

（五）将未经质量检验或者经检验不合格的一类放射性物品运输容器交付使用的。

有前款第（三）项、第（四）项和第（五）项行为之一，情节严重的，吊销制造许可证。

第五十四条 一类放射性物品运输容器制造单位变更单位名称、住所或者法定代表人，未依法办理制造许可证变更手续的，由国务院核安全监管部门责令限期改正；逾期不改正的，处2万元的罚款。

第五十五条 放射性物品运输容器制造单位有下列行为之一的，由国务院核安全监管部门责令停止违法行为，处5万元以上10万元以下的罚款；有违法所得的，没收违法所得：

（一）在二类放射性物品运输容器首次制造活动开始前，未按照规定将有关证明材料报国务院核安全监管部门备案的；

（二）将未经质量检验或者经检验不合格的二类、三类放射性物品运输容器交付使用的。

第五十六条 放射性物品运输容器制造单位有下列行为之一的，由国务院核安全监管部门责令限期改正；逾期不改正的，处1万元以上5万元以下的罚款：

（一）未按照规定对制造的一类、二类放射性物品运输容器统一编码的；

（二）未按照规定将制造的一类、二类放射性物品运输容器编码清单报国务院核安全监管部门备案的；

（三）未按照规定将制造的三类放射性物品运输容器的型号和数量报国务院核安全监管部门备案的。

第五十七条 放射性物品运输容器使用单位未按照规定对使用的一类放射性物品运输容器进行安全性能评价，或者未将评价结果报国务院核安全监管部门备案的，由国务院核安全监管部门责令限期改正；逾期不改正的，处1万元以上5万元以下的罚款。

第五十八条 未按照规定取得使用批准书使用境外单位制造的一类放射性物品运输容器的，由国务院核安全监管部门责令停止违法行为，处50万元以上100万元以下的罚款。

未按照规定办理备案手续使用境外单位制造的二类放射性物品运输容器的，由国务院核安全监管部门责令停止违法行为，处5万元以上10万元以下的罚款。

第五十九条 托运人未按照规定编制放射性物品运输说明书、核与辐射事故应急响应指南、装卸作业方法、安全防护指南的，由国务院核安全监管部门责令限期改正；逾期不改正的，处1万元以上5万元以下的罚款。

托运人未按照规定将放射性物品运输的核与辐射安全分析报告批准书、辐射监测报告备案的，由启运地的省、自治区、直辖市人民政府环境保护主管部门责令限期改正；逾期不改正的，处1万元以上5万元以下的罚款。

第六十条 托运人或者承运人在放射性物品运输活动中，有违反有关法律、行政法规关于危险货物运输管理规定行为的，由交通运输、铁路、民航等有关主管部门依法予以处罚。

违反有关法律、行政法规规定邮寄放射性物品的，由公安机关和邮政管理部门依法予以处罚。在邮寄进境物品中发现放射性物品的，由海关依照有关法律、行政法规的规定处理。

第六十一条 托运人未取得放射性物品运输的核与辐射安全分析报告批准书托运一类放射性物品的，由国务院核安全监管部门责令停止违法行为，处50万元以上100万元以下的罚款。

第六十二条 通过道路运输放射性物品，有下列行为之一的，由公安机关责令限期改正，处2万元以上10万元以下的罚款；构成犯罪的，依法追究刑事责任：

（一）未经公安机关批准通过道路运输放射性物品的；

（二）运输车辆未按照指定的时间、路线、速度行驶或者未悬挂警示标志的；

（三）未配备押运人员或者放射性物品脱离押运人员监管的。

第六十三条 托运人有下列行为之一的，由启运地的省、自治区、直辖市人民政府环境保护主管部门责令停止违法行为，处5万元以上20万元以下的罚款：

（一）未按照规定对托运的放射性物品表面污染和辐射水平实施监测的；

（二）将经监测不符合国家放射性物品运输安全标准的放射性物品交付托运的；

（三）出具虚假辐射监测报告的。

第六十四条 未取得放射性物品运输的核与辐射安全分析报告批准书或者放射性物品运输的辐射监测报告备案证明，将境外的放射性物品运抵中华人民共和国境内，或者途经中华人民共和国境内运输的，由海关责令托运人退运该放射性物品，并依照海关法律、行政法规给予处罚；构成犯罪的，依法追究刑事责任。托运人不明的，由承运人承担退运该放射性物品的责任，或者承担该放射性物品的处置费用。

第六十五条 违反本条例规定，在放射性物品运输中造成核与辐射事故的，由县级以上地方人民政府环境保护主管部门处以罚款，罚款数额按照核与辐射事故造成的直接损失的20%计算；构成犯罪的，依法追究刑事责任。

托运人、承运人未按照核与辐射事故应急响应指南的要求，做好事故应急工作并报告事故的，由县级以上地方人民政府环境保护主管部门处5万元以上20万元以下的罚款。

因核与辐射事故造成他人损害的，依法承担民事责任。

第六十六条 拒绝、阻碍国务院核安全监管部门或者其他依法履行放射性物品运输安全监督管理职责的部门进行监督检查，或者在接受监督检查时弄虚作假的，由监督检查部门责令改正，处1万元以上2万元以下的罚款；构成违反治安管理行为的，由公安机关依法给予治安管理处罚；构成犯罪的，依法追究刑事责任。

第七章 附　　则

第六十七条 军用放射性物品运输安全的监督管理，依照《中华人民共和国放射性污染防治法》第六十条的规定执行。

第六十八条 本条例自2010年1月1日起施行。

铁路交通事故应急救援和调查处理条例

（2007年7月11日中华人民共和国国务院令第501号公布　根据2012年11月9日《国务院关于修改和废止部分行政法规的决定》修订）

第一章 总　　则

第一条 为了加强铁路交通事故的应急救援工作，规范铁路交通事故调查处理，减少人员伤亡和财产损失，保障铁路运输安全和畅通，根据《中华人民共和国铁路法》和其他有关法律的规定，制定本条例。

第二条 铁路机车车辆在运行过程中与行人、机动车、非机动车、牲畜及其他障碍物相撞，或者铁路机车车辆发生冲突、脱轨、火灾、爆炸等影响铁路正常行车的铁路交通事故（以下简称事故）的应急救援和调查处理，适用本条例。

第三条 国务院铁路主管部门应当加强铁路运输安全监督管理，建立健全事故应急救援和调查处理的各项制度，按照国家规定的权限和程序，负责组织、指挥、协调事故的应急救援和调查处理工作。

第四条 铁路管理机构应当加强日常的铁路运输安全监督检查，指导、督促铁路运输企业落实事故应急救援的各项规定，按照规定的权限和程序，组织、参与、协调本辖区内事故的应急救援和调查处理工作。

第五条 国务院其他有关部门和有关地方人民政府应当按照各自的职责和分工，组织、参与事故的应急救援和调查处理工作。

第六条 铁路运输企业和其他有关单位、个人应当遵守铁路运输安全管理的各项规定，防止和避免事故的发生。

事故发生后，铁路运输企业和其他有关单位应当及时、准确地报告事故情况，积极开展应急救援工作，减少人员伤亡和财产损失，尽快恢复铁路正常行车。

第七条 任何单位和个人不得干扰、阻碍事故应急救援、铁路线路开通、列车运行和事故调查处理。

第二章 事 故 等 级

第八条 根据事故造成的人员伤亡、直接经济损失、列车脱轨辆数、中断铁路行车时间等情形，事故等级分为特别重大事故、重大事故、较大事故和一般事故。

第九条 有下列情形之一的，为特别重大事故：

（一）造成30人以上死亡，或者100人以上重伤（包括急性工业中毒，下同），或者1亿元以上直接经济损失的；

（二）繁忙干线客运列车脱轨18辆以上并中断铁路行车48小时以上的；

（三）繁忙干线货运列车脱轨60辆以上并中断铁路行车48小时以上的。

第十条 有下列情形之一的，为重大事故：

（一）造成10人以上30人以下死亡，或者50人以上100人以下重伤，或者5000万元以上1亿元以下直接经济损失的；

（二）客运列车脱轨18辆以上的；

（三）货运列车脱轨60辆以上的；

（四）客运列车脱轨2辆以上18辆以下，并中断繁忙干线铁路行车24小时以上或者中断其他线路铁路行车48小时以上的；

（五）货运列车脱轨6辆以上60辆以下，并中断繁忙干线铁路行车24小时以上或者中断其他线路铁路行车48小时以上的。

第十一条 有下列情形之一的，为较大事故：

（一）造成3人以上10人以下死亡，或者10人以上50人以下重伤，或者1000万元以上5000万元以下直接经济损失的；

（二）客运列车脱轨2辆以上18辆以下的；

（三）货运列车脱轨6辆以上60辆以下的；

（四）中断繁忙干线铁路行车6小时以上的；

（五）中断其他线路铁路行车10小时以上的。

第十二条 造成3人以下死亡，或者10人以下重伤，或者1000万元以下直接经济损失的，为一般事故。

除前款规定外，国务院铁路主管部门可以对一般事故的其他情形作出补充规定。

第十三条 本章所称的“以上”包括本数，所称的“以下”不包括本数。

第三章 事故报告

第十四条 事故发生后，事故现场的铁路运输企业工作人员或者其他人员应当立即报告邻近铁路车站、列车调度员或者公安机关。有关单位和人员接到报告后，应当立即将事故情况报告事故发生地铁路管理机构。

第十五条 铁路管理机构接到事故报告，应当尽快核实有关情况，并立即报告国务院铁路主管部门；对特别重大事故、重大事故，国务院铁路主管部门应当立即报告国务院并通报国家安全生产监督管理等有关部门。

发生特别重大事故、重大事故、较大事故或者有人员伤亡的一般事故，铁路管理机构还应当通报事故发生地县级以上地方人民政府及其安全生产监督管理部门。

第十六条 事故报告应当包括下列内容：

（一）事故发生的时间、地点、区间（线名、公里、米）、事故相关单位和人员；

（二）发生事故的列车种类、车次、部位、计长、机车型号、牵引辆数、吨数；

（三）承运旅客人数或者货物品名、装载情况；

（四）人员伤亡情况，机车车辆、线路设施、道路车辆的损坏情况，对铁路行车的影响情况；

（五）事故原因的初步判断；

（六）事故发生后采取的措施及事故控制情况；

（七）具体救援请求。

事故报告后出现新情况的，应当及时补报。

第十七条 国务院铁路主管部门、铁路管理机构和铁路运输企业应当向社会公布事故报告值班电话，受理事故报告和举报。

第四章 事故应急救援

第十八条 事故发生后，列车司机或者运转车长应当立即停车，采取紧急处置措施；对无法处置的，应当立即报告邻近铁路车站、列车调度员进行处置。

为保障铁路旅客安全或者因特殊运输需要不宜停车的，可以不停车；但是，列车司机或者运转车长应当立即将事故情况报告邻近铁路车站、列车调度员，接到报告的邻近铁路车站、列车调度员应当立即进行处置。

第十九条 事故造成中断铁路行车的，铁路运输企业应当立即组织抢修，尽快恢复铁路正常行车；必要时，铁路运输调度指挥部门应当调整运输径路，减少事故影响。

第二十条 事故发生后，国务院铁路主管部门、铁路管理机构、事故发生地县级以上地方人民政府或者铁路运输企业应当根据事故等级启动相应的应急预案；必要时，成立现场应急救援机构。

第二十一条 现场应急救援机构根据事故应急救援工作的实际需要，可以借用有关单位和个人的设施、设备和其他物资。借用单位使用完毕应当及时归还，并支付适当费用；造成损失的，应当赔偿。

有关单位和个人应当积极支持、配合救援工作。

第二十二条 事故造成重大人员伤亡或者需要紧急转移、安置铁路旅客和沿线居民的，事故发生地县级以上地方人民政府应当及时组织开展救治和转移、安置工作。

第二十三条 国务院铁路主管部门、铁路管理机构或者事故发生地县级以上地方人民政府根据事故救援的实际需要，可以请求当地驻军、武装警察部队参与事故救援。

第二十四条 有关单位和个人应当妥善保护事故现场以及相关证据，并在事故调查组成立后将相关证据移交事故调查组。因事故救援、尽快恢复铁路正常行车需要改变事故现场的，应当做出标记、绘制现场示意图、制作现场视听资料，并做出书面记录。

任何单位和个人不得破坏事故现场，不得伪造、隐匿或者毁灭相关证据。

第二十五条 事故中死亡人员的尸体经法定机构鉴定后，应当及时通知死者家属认领；无法查找死者家属的，按照国家有关规定处理。

第五章 事故调查处理

第二十六条 特别重大事故由国务院或者国务院授权的部门组织事故调查组进行调查。

重大事故由国务院铁路主管部门组织事故调查组进行调查。

较大事故和一般事故由事故发生地铁路管理机构组织事故调查组进行调查；国务院铁路主管部门认为必要时，可以组织事故调查组对较大事故和一般事故进行调查。

根据事故的具体情况，事故调查组由有关人民政府、公安机关、安全生产监督管理部门、监察机关等单位派人组成，并应当邀请人民检察院派人参加。事故调查组认为必要时，可以聘请有关专家参与事故调查。

第二十七条 事故调查组应当按照国家有关规定开展事故调查，并在下列调查期限内向组织事故调查组的机关或者铁路管理机构提交事故调查报告：

（一）特别重大事故的调查期限为60日；

（二）重大事故的调查期限为30日；

（三）较大事故的调查期限为20日；

（四）一般事故的调查期限为10日。

事故调查期限自事故发生之日起计算。

第二十八条 事故调查处理，需要委托有关机构进行技术鉴定或者对铁路设备、设施及其他财产损失状况以及中断铁路行车造成的直接经济损失进行评估的，事故调查组应当委托具有国家规定资质的机构进行技术鉴定或者评估。技术鉴定或者评估所需时间不计入事故调查期限。

第二十九条 事故调查报告形成后，报经组织事故调查组的机关或者铁路管理机构同意，事故调查组工作即告结束。组织事故调查组的机关或者铁路管理机构应当自事故调查组工作结束之日起15日内，根据事故调查报告，制作事故认定书。

事故认定书是事故赔偿、事故处理以及事故责任追究的依据。

第三十条 事故责任单位和有关人员应当认真吸取事故教训，落实防范和整改措施，防止事故再次发生。

国务院铁路主管部门、铁路管理机构以及其他有关行政机关应当对事故责任单位和有关人员落实防范和整改措施的情况进行监督检查。

第三十一条 事故的处理情况，除依法应当保密的外，应当由组织事故调查组的机关或者铁路管理机构向社会公布。

第六章 事故赔偿

第三十二条 事故造成人身伤亡的，铁路运输企业应当承担赔偿责任；但是人身伤亡是不可抗力或者受害人自身原因造成的，铁路运输企业不承担赔偿责任。

违章通过平交道口或者人行过道，或者在铁路线路上行走、坐卧造成的人身伤亡，属于受害人自身的原因造成的人身伤亡。

第三十三条 事故造成铁路旅客人身伤亡和自带行李损失的，铁路运输企业对每名铁路旅客人身伤亡的赔偿责任限额为人民币15万元，对每名铁路旅客自带行李损失的赔偿责任限额为人民币2000元。

铁路运输企业与铁路旅客可以书面约定高于前款规定的赔偿责任限额。（2012年11月9日删除）

第三十四条 事故造成铁路运输企业承运的货物、包裹、行李损失的，铁路运输企业应当依照《中华人民共和国铁路法》的规定承担赔偿责任。

第三十五条 除本条例第三十三条、第三十四条的规定外，事故造成其他人身伤亡或者财产损失的，依照国家有关法律、行政法规的规定赔偿。

第三十六条 事故当事人对事故损害赔偿有争议的，可以通过协商解决，或者请求组织事故调查组的机关或者铁路管理机构组织调解，也可以直接向人民法院提起民事诉讼。

第七章 法律责任

第三十七条 铁路运输企业及其职工违反法律、行政法规的规定，造成事故的，由国务院铁路主管部门或者铁路管理机构依法追究行政责任。

第三十八条 违反本条例的规定，铁路运输企业及其职工不立即组织救援，或者迟报、漏报、瞒报、谎报事故的，对单位，由国务院铁路主管部门或者铁路管理机构处10万元以上50万元以下的罚款；对个人，由国务院铁路主管部门或者铁路管理机构处4000元以上2万元以下的罚款；属于国家工作人员的，依法给予处分；构成犯罪的，依法追究刑事责任。

第三十九条 违反本条例的规定，国务院铁路主管部门、铁路管理机构以及其他行政机关未立即启动应急预案，或者迟报、漏报、瞒报、谎报事故的，对直接负责的主管人员和其他直接责任人员依法给予处分；构成犯罪的，依法追究刑事责任。

第四十条 违反本条例的规定，干扰、阻碍事故救援、铁路线路开通、列车运行和事故调查处理的，对单位，由国务院铁路主管部门或者铁路管理机构处4万元以上20万元以下的罚款；对个人，由国务院铁路主管部门或者铁路管理机构处2000元以上1万元以下的罚款；情节严重的，对单位，由国务院铁路主管部门或者铁路管理机构处20万元以上100万元以下的罚款；对个人，由国务院铁路主管部门或者铁路管理机构处1万元以上5万元以下的罚款；属于国家工作人员的，依法给予处分；构成违反治安管理行为的，由公安机关依法给予治安管理处罚；构成犯罪的，依法追究刑事责任。

第八章 附 则

第四十一条 本条例于2007年9月1日起施行。1979年7月16日国务院批准发布的《火车与其他车辆碰撞和铁路路外人员伤亡事故处理暂行规定》和

1994年8月13日国务院批准发布的《铁路旅客运输损害赔偿规定》同时废止。

铁路安全管理条例

(2013年7月24日国务院第18次常务会议通过 2013年8月17日中华人民共和国国务院令第639号公布 自2014年1月1日起施行)

第一章 总 则

第一条 为了加强铁路安全管理，保障铁路运输安全和畅通，保护人身安全和财产安全，制定本条例。

第二条 铁路安全管理坚持安全第一、预防为主、综合治理的方针。

第三条 国务院铁路行业监督管理部门负责全国铁路安全监督管理工作，国务院铁路行业监督管理部门设立的铁路监督管理机构负责辖区内的铁路安全监督管理工作。国务院铁路行业监督管理部门和铁路监督管理机构统称铁路监管部门。

国务院有关部门依照法律和国务院规定的职责，负责铁路安全管理的有关工作。

第四条 铁路沿线地方各级人民政府和县级以上地方人民政府有关部门应当按照各自职责，加强保障铁路安全的教育，落实护路联防责任制，防范和制止危害铁路安全的行为，协调和处理保障铁路安全的有关事项，做好保障铁路安全的有关工作。

第五条 从事铁路建设、运输、设备制造维修的单位应当加强安全管理，建立健全安全生产管理制度，落实企业安全生产主体责任，设置安全管理机构或者配备安全管理人员，执行保障生产安全和产品质量安全的国家标准、行业标准，加强对从业人员的安全教育培训，保证安全生产所必需的资金投入。

铁路建设、运输、设备制造维修单位的工作人员应当严格执行规章制度，实行标准化作业，保证铁路安全。

第六条 铁路监管部门、铁路运输企业等单位应当按照国家有关规定制定突发事件应急预案，并组织应急演练。

第七条 禁止扰乱铁路建设、运输秩序。禁止损坏或者非法占用铁路设施设备、铁路标志和铁路用地。

任何单位或者个人发现损坏或者非法占用铁路设施设备、铁路标志、铁路用地以及其他影响铁路安全的行为，有权报告铁路运输企业，或者向铁路监管部门、公安机关或者其他有关部门举报。接到报告的铁路运输企业、接到举报的部门应当根据各自职责及时处理。

对维护铁路安全作出突出贡献的单位或者个人，按照国家有关规定给予表彰奖励。

第二章 铁路建设质量安全

第八条 铁路建设工程的勘察、设计、施工、监理以及建设物资、设备的采购，应当依法进行招标。

第九条 从事铁路建设工程勘察、设计、施工、监理活动的单位应当依法取得相应资质，并在其资质等级许可的范围内从事铁路工程建设活动。

第十条 铁路建设单位应当选择具备相应资质等级的勘察、设计、施工、监理单位进行工程建设，并对建设工程的质量安全进行监督检查，制作检查记录留存备查。

第十一条 铁路建设工程的勘察、设计、施工、监理应当遵守法律、行政法规关于建设工程质量和安全管理的规定，执行国家标准、行业标准和技术规范。

铁路建设工程的勘察、设计、施工单位依法对勘察、设计、施工的质量负责，监理单位依法对施工质量承担监理责任。

高速铁路和地质构造复杂的铁路建设工程实行工程地质勘察监理制度。

第十二条 铁路建设工程的安全设施应当与主体工程同时设计、同时施工、同时投入使用。安全设施投资应当纳入建设项目概算。

第十三条 铁路建设工程使用的材料、构件、设备等产品，应当符合有关产品质量的强制性国家标准、行业标准。

第十四条 铁路建设工程的建设工期，应当根据工程地质条件、技术复杂程度等因素，按照国家标准、行业标准和技术规范合理确定、调整。

任何单位和个人不得违反前款规定要求铁路建设、设计、施工单位压缩建设工期。

第十五条 铁路建设工程竣工，应当按照国家有关规定组织验收，并由铁路运输企业进行运营安全评估。经验收、评估合格，符合运营安全要求的，方可投入运营。

第十六条 在铁路线路及其邻近区域进行铁路建设工程施工，应当执行铁路营业线施工安全管理规定。铁路建设单位应当会同相关铁路运输企业和工程设计、施工单位制定安全施工方案，按照方案进行施工。施工完毕应当及时清理现场，不得影响铁路运营安全。

第十七条 新建、改建设计开行时速120公里以上列车的铁路或者设计运输量达到国务院铁路行业监督管理部门规定的较大运输量标准的铁路，需要与道路交叉的，应当设置立体交叉设施。

新建、改建高速公路、一级公路或者城市道路中的快速路，需要与铁路交叉的，应当设置立体交叉设施，并优先选择下穿铁路的方案。

已建成的属于前两款规定情形的铁路、道路为平面交叉的，应当逐步改造为立体交叉。

新建、改建高速铁路需要与普通铁路、道路、渡槽、管线等设施交叉的，应当优先选择高速铁路上跨方案。

第十八条 设置铁路与道路立体交叉设施及其附属安全设施所需费用的承担，按照下列原则确定：

（一）新建、改建铁路与既有道路交叉的，由铁路方承担建设费用；道路方要求超过既有道路建设标准建设所增加的费用，由道路方承担；

（二）新建、改建道路与既有铁路交叉的，由道路方承担建设费用；铁路方要求超过既有铁路线路建设标准建设所增加的费用，由铁路方承担；

（三）同步建设的铁路和道路需要设置立体交叉设施以及既有铁路道口改造为立体交叉的，由铁路方和道路方按照公平合理的原则分担建设费用。

第十九条 铁路与道路立体交叉设施及其附属安全设施竣工验收合格后，应当按照国家有关规定移交有关单位管理、维护。

第二十条 专用铁路、铁路专用线需要与公用铁路网接轨的，应当符合国家有关铁路建设、运输的安全管理规定。

第三章　铁路专用设备质量安全

第二十一条 设计、制造、维修或者进口新型铁路机车车辆，应当符合国家标准、行业标准，并分别向国务院铁路行业监督管理部门申请领取型号合格证、制造许可证、维修许可证或者进口许可证，具体办法由国务院铁路行业监督管理部门制定。

铁路机车车辆的制造、维修、使用单位应当遵守有关产品质量的法律、行政法规以及国家其他有关规定，确保投入使用的机车车辆符合安全运营要求。

第二十二条 生产铁路道岔及其转辙设备、铁路信号控制软件和控制设备、铁路通信设备、铁路牵引供电设备的企业，应当符合下列条件并经国务院铁路行业监督管理部门依法审查批准：

（一）有按照国家标准、行业标准检测、检验合格的专业生产设备；

（二）有相应的专业技术人员；

（三）有完善的产品质量保证体系和安全管理制度；

（四）法律、行政法规规定的其他条件。

第二十三条 铁路机车车辆以外的直接影响铁路运输安全的铁路专用设备，依法应当进行产品认证的，经认证合格方可出厂、销售、进口、使用。

第二十四条 用于危险化学品和放射性物品运输的铁路罐车、专用车辆以及其他容器的生产和检测、检验，依照有关法律、行政法规的规定执行。

第二十五条 用于铁路运输的安全检测、监控、防护设施设备，集装箱和集装化用具等运输器具，专用装卸机械、索具、篷布、装载加固材料或者装置，以及运输包装、货物装载加固等，应当符合国家标准、行业标准和技术规范。

第二十六条 铁路机车车辆以及其他铁路专用设备存在缺陷，即由于设计、制造、标识等原因导致同一批次、型号或者类别的铁路专用设备普遍存在不符合保障人身、财产安全的国家标准、行业标准的情形或者其他危及人身、财产安全的不合理危险的，应当立即停止生产、销售、进口、使用；设备制造者应当召回缺陷产品，采取措施消除缺陷。具体办法由国务院铁路行业监督管理部门制定。

第四章　铁路线路安全

第二十七条 铁路线路两侧应当设立铁路线路安全保护区。铁路线路安全保护区的范围，从铁路线路路堤坡脚、路堑坡顶或者铁路桥梁（含铁路、道路两用桥，下同）外侧起向外的距离分别为：

（一）城市市区高速铁路为 10 米，其他铁路为 8 米；

（二）城市郊区居民居住区高速铁路为 12 米，其他铁路为 10 米；

（三）村镇居民居住区高速铁路为 15 米，其他铁路为 12 米；

（四）其他地区高速铁路为 20 米，其他铁路为 15 米。

前款规定距离不能满足铁路运输安全保护需要的，由铁路建设单位或者铁路运输企业提出方案，铁路监督管理机构或者县级以上地方人民政府依照本条第三款规定程序划定。

在铁路用地范围内划定铁路线路安全保护区的，由铁路监督管理机构组织铁路建设单位或者铁路运输企业划定并公告。在铁路用地范围外划定铁路线路安全保护区的，由县级以上地方人民政府根据保障铁路运输安全和节约用地的原则，组织有关铁路监督管理机构、县级以上地方人民政府国土资源等部门划定并公告。

铁路线路安全保护区与公路建筑控制区、河道管理范围、水利工程管理和保护范围、航道保护范围或者石油、电力以及其他重要设施保护区重叠的，由县级以上地方人民政府组织有关部门依照法律、行政法规的规定协商划定并公告。

新建、改建铁路的铁路线路安全保护区范围，应当自铁路建设工程初步设计批准之日起30日内,由县级以上地方人民政府依照本条例的规定划定并公告。铁路建设单位或者铁路运输企业应当根据工程竣工资料进行勘界,绘制铁路线路安全保护区平面图,并根据平面图设立标桩。

第二十八条 设计开行时速120公里以上列车的铁路应当实行全封闭管理。铁路建设单位或者铁路运输企业应当按照国务院铁路行业监督管理部门的规定在铁路用地范围内设置封闭设施和警示标志。

第二十九条 禁止在铁路线路安全保护区内烧荒、放养牲畜、种植影响铁路线路安全和行车瞭望的树木等植物。

禁止向铁路线路安全保护区排污、倾倒垃圾以及其他危害铁路安全的物质。

第三十条 在铁路线路安全保护区内建造建筑物、构筑物等设施,取土、挖砂、挖沟、采空作业或者堆放、悬挂物品,应当征得铁路运输企业同意并签订安全协议,遵守保证铁路安全的国家标准、行业标准和施工安全规范,采取措施防止影响铁路运输安全。铁路运输企业应当派员对施工现场实行安全监督。

第三十一条 铁路线路安全保护区内既有的建筑物、构筑物危及铁路运输安全的,应当采取必要的安全防护措施;采取安全防护措施后仍不能保证安全的,依照有关法律的规定拆除。

拆除铁路线路安全保护区内的建筑物、构筑物,清理铁路线路安全保护区内的植物,或者对他人在铁路线路安全保护区内已依法取得的采矿权等合法权利予以限制,给他人造成损失的,应当依法给予补偿或者采取必要的补救措施。但是,拆除非法建设的建筑物、构筑物的除外。

第三十二条 在铁路线路安全保护区及其邻近区域建造或者设置的建筑物、构筑物、设备等,不得进入国家规定的铁路建筑限界。

第三十三条 在铁路线路两侧建造、设立生产、加工、储存或者销售易燃、易爆或者放射性物品等危险物品的场所、仓库,应当符合国家标准、行业标准规定的安全防护距离。

第三十四条 在铁路线路两侧从事采矿、采石或者爆破作业,应当遵守有关采矿和民用爆破的法律法规,符合国家标准、行业标准和铁路安全保护要求。

在铁路线路路堤坡脚、路堑坡顶、铁路桥梁外侧起向外各1000米范围内,以及在铁路隧道上方中心线两侧各1000米范围内,确需从事露天采矿、采石或者爆破作业的,应当与铁路运输企业协商一致,依照有关法律法规的规定报县级以上地方人民政府有关部门批准,采取安全防护措施后方可进行。

第三十五条 高速铁路线路路堤坡脚、路堑坡顶或者铁路桥梁外侧起向外各200米范围内禁止抽取地下水。

在前款规定范围外,高速铁路线路经过的区域属于地面沉降区域,抽取地下水危及高速铁路安全的,应当设置地下水禁止开采区或者限制开采区,具体范围由铁路监督管理机构会同县级以上地方人民政府水行政主管部门提出方案,报省、自治区、直辖市人民政府批准并公告。

第三十六条 在电气化铁路附近从事排放粉尘、烟尘及腐蚀性气体的生产活动,超过国家规定的排放标准,危及铁路运输安全的,由县级以上地方人民政府有关部门依法责令整改,消除安全隐患。

第三十七条 任何单位和个人不得擅自在铁路桥梁跨越处河道上下游各1000米范围内围垦造田、拦河筑坝、架设浮桥或者修建其他影响铁路桥梁安全的设施。

因特殊原因确需在前款规定的范围内进行围垦造田、拦河筑坝、架设浮桥等活动的,应当进行安全论证,负责审批的机关在批准前应当征求有关铁路运输企业的意见。

第三十八条 禁止在铁路桥梁跨越处河道上下游的下列范围内采砂、淘金:

(一)跨河桥长500米以上的铁路桥梁,河道上游500米,下游3000米;

(二)跨河桥长100米以上不足500米的铁路桥梁,河道上游500米,下游2000米;

(三)跨河桥长不足100米的铁路桥梁,河道上游500米,下游1000米。

有关部门依法在铁路桥梁跨越处河道上下游划定的禁采范围大于前款规定的禁采范围的,按照划定的禁采范围执行。

县级以上地方人民政府水行政主管部门、国土资源主管部门应当按照各自职责划定禁采区域、设置禁采标志,制止非法采砂、淘金行为。

第三十九条 在铁路桥梁跨越处河道上下游各500米范围内进行疏浚作业,应当进行安全技术评价,有关河道、航道管理部门应当征求铁路运输企业的意见,确认安全或者采取安全技术措施后,方可批准进行疏浚作业。但是,依法进行河道、航道日常养护、疏浚作业的除外。

第四十条 铁路、道路两用桥由所在地铁路运输企业和道路管理部门或者道路经营企业定期检查、共同维护,保证桥梁处于安全的技术状态。

铁路、道路两用桥的墩、梁等共用部分的检测、维修由铁路运输企业和道路管理部门或者道路经营企业共同负责,所需费用按照公平合理的原则分担。

第四十一条 铁路的重要桥梁和隧道按照国家

有关规定由中国人民武装警察部队负责守卫。

第四十二条 船舶通过铁路桥梁应当符合桥梁的通航净空高度并遵守航行规则。

桥区航标中的桥梁航标、桥柱标、桥梁水尺标由铁路运输企业负责设置、维护,水面航标由铁路运输企业负责设置,航道管理部门负责维护。

第四十三条 下穿铁路桥梁、涵洞的道路应当按照国家标准设置车辆通过限高、限宽标志和限高防护架。城市道路的限高、限宽标志由当地人民政府指定的部门设置并维护,公路的限高、限宽标志由公路管理部门设置并维护。限高防护架在铁路桥梁、涵洞、道路建设时设置,由铁路运输企业负责维护。

机动车通过下穿铁路桥梁、涵洞的道路,应当遵守限高、限宽规定。

下穿铁路涵洞的管理单位负责涵洞的日常管理、维护,防止淤塞、积水。

第四十四条 铁路线路安全保护区内的道路和铁路线路路堑上的道路、跨越铁路线路的道路桥梁,应当按照国家有关规定设置防止车辆以及其他物体进入、坠入铁路线路的安全防护设施和警示标志,并由道路管理部门或者道路经营企业维护、管理。

第四十五条 架设、铺设铁路信号和通信线路、杆塔应当符合国家标准、行业标准和铁路安全防护要求。铁路运输企业、为铁路运输提供服务的电信企业应当加强对铁路信号和通信线路、杆塔的维护和管理。

第四十六条 设置或者拓宽铁路道口、铁路人行过道,应当征得铁路运输企业的同意。

第四十七条 铁路与道路交叉的无人看守道口应当按照国家标准设置警示标志;有人看守道口应当设置移动栏杆、列车接近报警装置、警示灯、警示标志、铁路道口路段标线等安全防护设施。

道口移动栏杆、列车接近报警装置、警示灯等安全防护设施由铁路运输企业设置、维护;警示标志、铁路道口路段标线由铁路道口所在地的道路管理部门设置、维护。

第四十八条 机动车或者非机动车在铁路道口内发生故障或者装载物掉落的,应当立即将故障车辆或者掉落的装载物移至铁路道口停止线以外或者铁路线路最外侧钢轨 5 米以外的安全地点。无法立即移至安全地点的,应当立即报告铁路道口看守人员;在无人看守道口,应当立即在道口两端采取措施拦停列车,并就近通知铁路车站或者公安机关。

第四十九条 履带车辆等可能损坏铁路设施设备的车辆、物体通过铁路道口,应当提前通知铁路道口管理单位,在其协助、指导下通过,并采取相应的安全防护措施。

第五十条 在下列地点,铁路运输企业应当按照国家标准、行业标准设置易于识别的警示、保护标志:

(一)铁路桥梁、隧道的两端;

(二)铁路信号、通信光(电)缆的埋设、铺设地点;

(三)电气化铁路接触网、自动闭塞供电线路和电力贯通线路等电力设施附近易发生危险的地点。

第五十一条 禁止毁坏铁路线路、站台等设施设备和铁路路基、护坡、排水沟、防护林木、护坡草坪、铁路线路封闭网及其他铁路防护设施。

第五十二条 禁止实施下列危及铁路通信、信号设施安全的行为:

(一)在埋有地下光(电)缆设施的地面上方进行钻探,堆放重物、垃圾,焚烧物品,倾倒腐蚀性物质;

(二)在地下光(电)缆两侧各 1 米的范围内建造、搭建建筑物、构筑物等设施;

(三)在地下光(电)缆两侧各 1 米的范围内挖砂、取土;

(四)在过河光(电)缆两侧各 100 米的范围内挖砂、抛锚或者进行其他危及光(电)缆安全的作业。

第五十三条 禁止实施下列危害电气化铁路设施的行为:

(一)向电气化铁路接触网抛掷物品;

(二)在铁路电力线路导线两侧各 500 米的范围内升放风筝、气球等低空飘浮物体;

(三)攀登铁路电力线路杆塔或者在杆塔上架设、安装其他设施设备;

(四)在铁路电力线路杆塔、拉线周围 20 米范围内取土、打桩、钻探或者倾倒有害化学物品;

(五)触碰电气化铁路接触网。

第五十四条 县级以上各级人民政府及其有关部门、铁路运输企业应当依照地质灾害防治法律法规的规定,加强铁路沿线地质灾害的预防、治理和应急处理等工作。

第五十五条 铁路运输企业应当对铁路线路、铁路防护设施和警示标志进行经常性巡查和维护;对巡查中发现的安全问题应当立即处理,不能立即处理的应当及时报告铁路监督管理机构。巡查和处理情况应当记录留存。

第五章 铁路运营安全

第五十六条 铁路运输企业应当依照法律、行政法规和国务院铁路行业监督管理部门的规定,制定铁路运输安全管理制度,完善相关作业程序,保障铁路旅客和货物运输安全。

第五十七条 铁路机车车辆的驾驶人员应当参加国务院铁路行业监督管理部门组织的考试,考试合格方可上岗。具体办法由国务院铁路行业监督管理部门制定。

第五十八条 铁路运输企业应当加强铁路专业技术岗位和主要行车工种岗位从业人员的业务培训和安全培训,提高从业人员的业务技能和安全意识。

第五十九条 铁路运输企业应当加强运输过程中的安全防护,使用的运输工具、装载加固设备以及其他专用设施设备应当符合国家标准、行业标准和安全要求。

第六十条 铁路运输企业应当建立健全铁路设施设备的检查防护制度,加强对铁路设施设备的日常维护检修,确保铁路设施设备性能完好和安全运行。

铁路运输企业的从业人员应当按照操作规程使用、管理铁路设施设备。

第六十一条 在法定假日和传统节日等铁路运输高峰期或者恶劣气象条件下,铁路运输企业应当采取必要的安全应急管理措施,加强铁路运输安全检查,确保运输安全。

第六十二条 铁路运输企业应当在列车、车站等场所公告旅客、列车工作人员以及其他进站人员遵守的安全管理规定。

第六十三条 公安机关应当按照职责分工,维护车站、列车等铁路场所和铁路沿线的治安秩序。

第六十四条 铁路运输企业应当按照国务院铁路行业监督管理部门的规定实施火车票实名购买、查验制度。

实施火车票实名购买、查验制度的,旅客应当凭有效身份证件购票乘车;对车票所记载身份信息与所持身份证件或者真实身份不符的持票人,铁路运输企业有权拒绝其进站乘车。

铁路运输企业应当采取有效措施为旅客实名购票、乘车提供便利,并加强对旅客身份信息的保护。铁路运输企业工作人员不得窃取、泄露旅客身份信息。

第六十五条 铁路运输企业应当依照法律、行政法规和国务院铁路行业监督管理部门的规定,对旅客及其随身携带、托运的行李物品进行安全检查。

从事安全检查的工作人员应当佩戴安全检查标志,依法履行安全检查职责,并有权拒绝不接受安全检查的旅客进站乘车和托运行李物品。

第六十六条 旅客应当接受并配合铁路运输企业在车站、列车实施的安全检查,不得违法携带、夹带管制器具,不得违法携带、托运烟花爆竹、枪支弹药等危险物品或者其他违禁物品。

禁止或者限制携带的物品种类及其数量由国务院铁路行业监督管理部门会同公安机关规定,并在车站、列车等场所公布。

第六十七条 铁路运输托运人托运货物、行李、包裹,不得有下列行为:

(一)匿报、谎报货物品名、性质、重量;

(二)在普通货物中夹带危险货物,或者在危险货物中夹带禁止配装的货物;

(三)装车、装箱超过规定重量。

第六十八条 铁路运输企业应当对承运的货物进行安全检查,并不得有下列行为:

(一)在非危险货物办理站办理危险货物承运手续;

(二)承运未接受安全检查的货物;

(三)承运不符合安全规定、可能危害铁路运输安全的货物。

第六十九条 运输危险货物应当依照法律法规和国家其他有关规定使用专用的设施设备,托运人应当配备必要的押运人员和应急处理器材、设备以及防护用品,并使危险货物始终处于押运人员的监管之下;危险货物发生被盗、丢失、泄漏等情况,应当按照国家有关规定及时报告。

第七十条 办理危险货物运输业务的工作人员和装卸人员、押运人员,应当掌握危险货物的性质、危害特性、包装容器的使用特性和发生意外的应急措施。

第七十一条 铁路运输企业和托运人应当按照操作规程包装、装卸、运输危险货物,防止危险货物泄漏、爆炸。

第七十二条 铁路运输企业和托运人应当依照法律法规和国家其他有关规定包装、装载、押运特殊药品,防止特殊药品在运输过程中被盗、被劫或者发生丢失。

第七十三条 铁路管理信息系统及其设施的建设和使用,应当符合法律法规和国家其他有关规定的安全技术要求。

铁路运输企业应当建立网络与信息安全应急保障体系,并配备相应的专业技术人员负责网络和信息系统的安全管理工作。

第七十四条 禁止使用无线电台(站)以及其他仪器、装置干扰铁路运营指挥调度无线电频率的正常使用。

铁路运营指挥调度无线电频率受到干扰的,铁路运输企业应当立即采取排查措施并报告无线电管理机构、铁路监管部门;无线电管理机构、铁路监管部门应当依法排除干扰。

第七十五条 电力企业应当依法保障铁路运输所需电力的持续供应,并保证供电质量。

铁路运输企业应当加强用电安全管理,合理配置供电电源和应急自备电源。

遇有特殊情况影响铁路电力供应的，电力企业和铁路运输企业应当按照各自职责及时组织抢修，尽快恢复正常供电。

第七十六条 铁路运输企业应当加强铁路运营食品安全管理，遵守有关食品安全管理的法律法规和国家其他有关规定，保证食品安全。

第七十七条 禁止实施下列危害铁路安全的行为：

（一）非法拦截列车、阻断铁路运输；

（二）扰乱铁路运输指挥调度机构以及车站、列车的正常秩序；

（三）在铁路线路上放置、遗弃障碍物；

（四）击打列车；

（五）擅自移动铁路线路上的机车车辆，或者擅自开启列车车门、违规操纵列车紧急制动设备；

（六）拆盗、损毁或者擅自移动铁路设施设备、机车车辆配件、标桩、防护设施和安全标志；

（七）在铁路线路上行走、坐卧或者在未设道口、人行过道的铁路线路上通过；

（八）擅自进入铁路线路封闭区域或者在未设置行人通道的铁路桥梁、隧道通行；

（九）擅自开启、关闭列车的货车阀、盖或者破坏施封状态；

（十）擅自开启列车中的集装箱箱门，破坏箱体、阀、盖或者施封状态；

（十一）擅自松动、拆解、移动列车中的货物装载加固材料、装置和设备；

（十二）钻车、扒车、跳车；

（十三）从列车上抛扔杂物；

（十四）在动车组列车上吸烟或者在其他列车的禁烟区域吸烟；

（十五）强行登乘或者以拒绝下车等方式强占列车；

（十六）冲击、堵塞、占用进出站通道或者候车区、站台。

第六章 监督检查

第七十八条 铁路监管部门应当对从事铁路建设、运输、设备制造维修的企业执行本条例的情况实施监督检查，依法查处违反本条例规定的行为，依法组织或者参与铁路安全事故的调查处理。

铁路监管部门应当建立企业违法行为记录和公告制度，对违反本条例被依法追究法律责任的从事铁路建设、运输、设备制造维修的企业予以公布。

第七十九条 铁路监管部门应当加强对铁路运输高峰期和恶劣气象条件下运输安全的监督管理，加强对铁路运输的关键环节、重要设施设备的安全状况以及铁路运输突发事件应急预案的建立和落实情况的监督检查。

第八十条 铁路监管部门和县级以上人民政府安全生产监督管理部门应当建立信息通报制度和运输安全生产协调机制。发现重大安全隐患，铁路运输企业难以自行排除的，应当及时向铁路监管部门和有关地方人民政府报告。地方人民政府获悉铁路沿线有危及铁路运输安全的重要情况，应当及时通报有关的铁路运输企业和铁路监管部门。

第八十一条 铁路监管部门发现安全隐患，应当责令有关单位立即排除。重大安全隐患排除前或者排除过程中无法保证安全的，应当责令从危险区域内撤出人员、设备，停止作业；重大安全隐患排除后方可恢复作业。

第八十二条 实施铁路安全监督检查的人员执行监督检查任务时，应当佩戴标志或者出示证件。任何单位和个人不得阻碍、干扰安全监督检查人员依法履行安全检查职责。

第七章 法律责任

第八十三条 铁路建设单位和铁路建设的勘察、设计、施工、监理单位违反本条例关于铁路建设质量安全管理的规定的，由铁路监管部门依照有关工程建设、招标投标管理的法律、行政法规的规定处罚。

第八十四条 铁路建设单位未对高速铁路和地质构造复杂的铁路建设工程实行工程地质勘察监理，或者在铁路线路及其邻近区域进行铁路建设工程施工不执行铁路营业线施工安全管理规定，影响铁路运营安全的，由铁路监管部门责令改正，处10万元以上50万元以下的罚款。

第八十五条 依法应当进行产品认证的铁路专用设备未经认证合格，擅自出厂、销售、进口、使用的，依照《中华人民共和国认证认可条例》的规定处罚。

第八十六条 铁路机车车辆以及其他专用设备制造者未按规定召回缺陷产品，采取措施消除缺陷的，由国务院铁路行业监督管理部门责令改正；拒不改正的，处缺陷产品货值金额1%以上10%以下的罚款；情节严重的，由国务院铁路行业监督管理部门吊销相应的许可证件。

第八十七条 有下列情形之一的，由铁路监督管理机构责令改正，处2万元以上10万元以下的罚款：

（一）用于铁路运输的安全检测、监控、防护设施设备，集装箱和集装化用具等运输器具、专用装卸机械、索具、篷布、装载加固材料或者装置、运输包装、货物装载加固等，不符合国家标准、行业标准和技术规范；

（二）不按照国家有关规定和标准设置、维护铁路封闭设施、安全防护设施；

（三）架设、铺设铁路信号和通信线路、杆塔不符合国家标准、行业标准和铁路安全防护要求，或者未对铁路信号和通信线路、杆塔进行维护和管理；

（四）运输危险货物不依照法律法规和国家其他有关规定使用专用的设施设备。

第八十八条 在铁路线路安全保护区内烧荒、放养牲畜、种植影响铁路线路安全和行车瞭望的树木等植物，或者向铁路线路安全保护区排污、倾倒垃圾以及其他危害铁路安全的物质的，由铁路监督管理机构责令改正，对单位可以处5万元以下的罚款，对个人可以处2000元以下的罚款。

第八十九条 未经铁路运输企业同意或者未签订安全协议，在铁路线路安全保护区内建造建筑物、构筑物等设施，取土、挖砂、挖沟、采空作业或者堆放、悬挂物品，或者违反保证铁路安全的国家标准、行业标准和施工安全规范，影响铁路运输安全的，由铁路监督管理机构责令改正，可以处10万元以下的罚款。

铁路运输企业未派员对铁路线路安全保护区内施工现场进行安全监督的，由铁路监督管理机构责令改正，可以处3万元以下的罚款。

第九十条 在铁路线路安全保护区及其邻近区域建造或者设置的建筑物、构筑物、设备等进入国家规定的铁路建筑限界，或者在铁路线路两侧建造、设立生产、加工、储存或者销售易燃、易爆或者放射性物品等危险物品的场所、仓库不符合国家标准、行业标准规定的安全防护距离的，由铁路监督管理机构责令改正，对单位处5万元以上20万元以下的罚款，对个人处1万元以上5万元以下的罚款。

第九十一条 有下列行为之一的，分别由铁路沿线所在地县级以上地方人民政府水行政主管部门、国土资源主管部门或者无线电管理机构等依照有关水资源管理、矿产资源管理、无线电管理等法律、行政法规的规定处罚：

（一）未经批准在铁路线路两侧各1000米范围内从事露天采矿、采石或者爆破作业；

（二）在地下水禁止开采区或者限制开采区抽取地下水；

（三）在铁路桥梁跨越处河道上下游各1000米范围内围垦造田、拦河筑坝、架设浮桥或者修建其他影响铁路桥梁安全的设施；

（四）在铁路桥梁跨越处河道上下游禁止采砂、淘金的范围内采砂、淘金；

（五）干扰铁路运营指挥调度无线电频率正常使用。

第九十二条 铁路运输企业、道路管理部门或者道路经营企业未履行铁路、道路两用桥检查、维护职责的，由铁路监督管理机构或者上级道路管理部门责令改正；拒不改正的，由铁路监督管理机构或者上级道路管理部门指定其他单位进行养护和维修，养护和维修费用由拒不履行义务的铁路运输企业、道路管理部门或者道路经营企业承担。

第九十三条 机动车通过下穿铁路桥梁、涵洞的道路未遵守限高、限宽规定的，由公安机关依照道路交通安全管理法律、行政法规的规定处罚。

第九十四条 违反本条例第四十八条、第四十九条关于铁路道口安全管理的规定的，由铁路监督管理机构责令改正，处1000元以上5000元以下的罚款。

第九十五条 违反本条例第五十一条、第五十二条、第五十三条、第七十七条规定的，由公安机关责令改正，对单位处1万元以上5万元以下的罚款，对个人处500元以上2000元以下的罚款。

第九十六条 铁路运输托运人托运货物、行李、包裹时匿报、谎报货物品名、性质、重量，或者装车、装箱超过规定重量的，由铁路监督管理机构责令改正，可以处2000元以下的罚款；情节较重的，处2000元以上2万元以下的罚款；将危险化学品谎报或者匿报为普通货物托运的，处10万元以上20万元以下的罚款。

铁路运输托运人在普通货物中夹带危险货物，或者在危险货物中夹带禁止配装的货物的，由铁路监督管理机构责令改正，处3万元以上20万元以下的罚款。

第九十七条 铁路运输托运人运输危险货物未配备必要的应急处理器材、设备、防护用品，或者未按照操作规程包装、装卸、运输危险货物的，由铁路监督管理机构责令改正，处1万元以上5万元以下的罚款。

第九十八条 铁路运输托运人运输危险货物不按照规定配备必要的押运人员，或者发生危险货物被盗、丢失、泄漏等情况不按照规定及时报告的，由公安机关责令改正，处1万元以上5万元以下的罚款。

第九十九条 旅客违法携带、夹带管制器具或者违法携带、托运烟花爆竹、枪支弹药等危险物品或者其他违禁物品的，由公安机关依法给予治安管理处罚。

第一百条 铁路运输企业有下列情形之一的，由铁路监管部门责令改正，处2万元以上10万元以下的罚款：

（一）在非危险货物办理站办理危险货物承运手续；

（二）承运未接受安全检查的货物；

（三）承运不符合安全规定、可能危害铁路运输安全的货物；

（四）未按照操作规程包装、装卸、运输危险货物。

第一百零一条 铁路监管部门及其工作人员应当严格按照本条例规定的处罚种类和幅度，根据违法行为的性质和具体情节行使行政处罚权，具体办法由国务院铁路行业监督管理部门制定。

第一百零二条 铁路运输企业工作人员窃取、泄露旅客身份信息的，由公安机关依法处罚。

第一百零三条 从事铁路建设、运输、设备制造维修的单位违反本条例规定，对直接负责的主管人员和其他直接责任人员依法给予处分。

第一百零四条 铁路监管部门及其工作人员不依照本条例规定履行职责的，对负有责任的领导人员和直接责任人员依法给予处分。

第一百零五条 违反本条例规定，给铁路运输企业或者其他单位、个人财产造成损失的，依法承担民事责任。

违反本条例规定，构成违反治安管理行为的，由公安机关依法给予治安管理处罚；构成犯罪的，依法追究刑事责任。

第八章 附　　则

第一百零六条 专用铁路、铁路专用线的安全管理参照本条例的规定执行。

第一百零七条 本条例所称高速铁路，是指设计开行时速250公里以上（含预留），并且初期运营时速200公里以上的客运列车专线铁路。

第一百零八条 本条例自2014年1月1日起施行。2004年12月27日国务院公布的《铁路运输安全保护条例》同时废止。

（一）道路运输安全

放射性物品道路运输管理规定

（2010年10月27日交通运输部发布　根据2016年9月2日《交通运输部关于修改〈放射性物品道路运输管理规定〉的决定》修正）

第一章 总　　则

第一条 为了规范放射性物品道路运输活动，保障人民生命财产安全，保护环境，根据《道路运输条例》和《放射性物品运输安全管理条例》，制定本规定。

第二条 从事放射性物品道路运输活动的，应当遵守本规定。

第三条 本规定所称放射性物品，是指含有放射性核素，并且其活度和比活度均高于国家规定的豁免值的物品。

本规定所称放射性物品道路运输专用车辆（以下简称专用车辆），是指满足特定技术条件和要求，用于放射性物品道路运输的载货汽车。

本规定所称放射性物品道路运输，是指使用专用车辆通过道路运输放射性物品的作业过程。

第四条 根据放射性物品的特性及其对人体健康和环境的潜在危害程度，将放射性物品分为一类、二类和三类。

一类放射性物品，是指Ⅰ类放射源、高水平放射性废物、乏燃料等释放到环境后对人体健康和环境产生重大辐射影响的放射性物品。

二类放射性物品，是指Ⅱ类和Ⅲ类放射源、中等水平放射性废物等释放到环境后对人体健康和环境产生一般辐射影响的放射性物品。

三类放射性物品，是指Ⅳ类和Ⅴ类放射源、低水平放射性废物、放射性药品等释放到环境后对人体健康和环境产生较小辐射影响的放射性物品。

放射性物品的具体分类和名录，按照国务院核安全监管部门会同国务院公安、卫生、海关、交通运输、铁路、民航、核工业行业主管部门制定的放射性物品具体分类和名录执行。

第五条 从事放射性物品道路运输应当保障安全，依法运输，诚实信用。

第六条 国务院交通运输主管部门主管全国放射性物品道路运输管理工作。

县级以上地方人民政府交通运输主管部门负责组织领导本行政区域放射性物品道路运输管理工作。

县级以上道路运输管理机构负责具体实施本行政区域放射性物品道路运输管理工作。

第二章 运输资质许可

第七条 申请从事放射性物品道路运输经营的，应当具备下列条件：

（一）有符合要求的专用车辆和设备。

1. 专用车辆要求。

（1）专用车辆的技术要求应当符合《道路运输车辆技术管理规定》有关规定；

（2）车辆为企业自有，且数量为5辆以上；

（3）核定载质量在1吨及以下的车辆为厢式或者封闭货车；

（4）车辆配备满足在线监控要求，且具有行驶记录仪功能的卫星定位系统。

2. 设备要求。

（1）配备有效的通讯工具；

(2)配备必要的辐射防护用品和依法经定期检定合格的监测仪器。

(二)有符合要求的从业人员。

1. 专用车辆的驾驶人员取得相应机动车驾驶证,年龄不超过60周岁;

2. 从事放射性物品道路运输的驾驶人员、装卸管理人员、押运人员经所在地设区的市级人民政府交通运输主管部门考试合格,取得注明从业资格类别为“放射性物品道路运输”的道路运输从业资格证(以下简称道路运输从业资格证);

3. 有具备辐射防护与相关安全知识的安全管理人员。

(三)有健全的安全生产管理制度。

1. 有关安全生产应急预案;

2. 从业人员、车辆、设备及停车场地安全管理制度;

3. 安全生产作业规程和辐射防护管理措施;

4. 安全生产监督检查和责任制度。

第八条 生产、销售、使用或者处置放射性物品的单位(含在放射性废物收贮过程中的从事放射性物品运输的省、自治区、直辖市城市放射性废物库营运单位),符合下列条件的,可以使用自备专用车辆从事为本单位服务的非经营性放射性物品道路运输活动:

(一)持有有关部门依法批准的生产、销售、使用、处置放射性物品的有效证明;

(二)有符合国家规定要求的放射性物品运输容器;

(三)有具备辐射防护与安全防护知识的专业技术人员;

(四)具备满足第七条规定条件的驾驶人员、专用车辆、设备和安全生产管理制度,但专用车辆的数量可以少于5辆。

第九条 国家鼓励技术力量雄厚、设备和运输条件好的生产、销售、使用或者处置放射性物品的单位按照第八条规定的条件申请从事非经营性放射性物品道路运输。

第十条 申请从事放射性物品道路运输经营的企业,应当向所在地设区的市级道路运输管理机构提出申请,并提交下列材料:

(一)《放射性物品道路运输经营申请表》,包括申请人基本信息、拟申请运输的放射性物品范围(类别或者品名)等内容;

(二)企业负责人身份证明及复印件,经办人身份证明及复印件和委托书;

(三)证明专用车辆、设备情况的材料,包括:

1. 未购置车辆的,应当提交拟投入车辆承诺书。内容包括拟购车辆数量、类型、技术等级、总质量、核定载质量、车轴数以及车辆外廓尺寸等有关情况;

2. 已购置车辆的,应当提供车辆行驶证、车辆技术等级评定结论及复印件等有关材料;

3. 对辐射防护用品、监测仪器等设备配置情况的说明材料。

(四)有关驾驶人员、装卸管理人员、押运人员的道路运输从业资格证及复印件,驾驶人员的驾驶证及复印件,安全管理人员的工作证明;

(五)企业经营方案及相关安全生产管理制度文本。

第十一条 申请从事非经营性放射性物品道路运输的单位,向所在地设区的市级道路运输管理机构提出申请时,除提交第十条第(三)项、第(五)项规定的材料外,还应当提交下列材料:

(一)《放射性物品道路运输申请表》,包括申请人基本信息、拟申请运输的放射性物品范围(类别或者品名)等内容;

(二)单位负责人身份证明及复印件,经办人身份证明及复印件和委托书;

(三)有关部门依法批准生产、销售、使用或者处置放射性物品的有效证明;

(四)放射性物品运输容器、监测仪器检测合格证明;

(五)对放射性物品运输需求的说明材料;

(六)有关驾驶人员的驾驶证、道路运输从业资格证及复印件;

(七)有关专业技术人员的工作证明,依法应当取得相关从业资格证件的,还应当提交有效的从业资格证件及复印件。

第十二条 设区的市级道路运输管理机构应当按照《道路运输条例》和《交通运输行政许可实施程序规定》以及本规定规范的程序实施行政许可。

决定准予许可的,应当向被许可人作出准予行政许可的书面决定,并在10日内向放射性物品道路运输经营申请人发放《道路运输经营许可证》,向非经营性放射性物品道路运输申请人颁发《放射性物品道路运输许可证》。决定不予许可的,应当书面通知申请人并说明理由。

第十三条 对申请时未购置专用车辆,但提交拟投入车辆承诺书的,被许可人应当自收到《道路运输经营许可证》或者《放射性物品道路运输许可证》之日起半年内落实拟投入车辆承诺书。做出许可决定的道路运输管理机构对被许可人落实拟投入车辆承诺书的落实情况进行核实,符合许可要求的,应当为专用车辆配发《道路运输证》。

对申请时已购置专用车辆,且按照第十条、第十一条规定提交了专用车辆有关材料的,做出许可决定的道路运输管理机构应当对专用车辆情况进行核实，符合许可要求的，应当在向被许可人颁发《道路运输经营许可证》或者《放射性物品道路运输许可证》的同时，为专用车辆配发《道路运输证》。

做出许可决定的道路运输管理机构应当在《道路运输证》有关栏目内注明允许运输放射性物品的范围（类别或者品名）。对从事非经营性放射性物品道路运输的，还应当在《道路运输证》上加盖“非经营性放射性物品道路运输专用章”。

第十四条 放射性物品道路运输企业或者单位终止放射性物品运输业务的，应当在终止之日30日前书面告知做出原许可决定的道路运输管理机构。属于经营性放射性物品道路运输业务的，做出原许可决定的道路运输管理机构应当在接到书面告知之日起10日内将放射性道路运输企业终止放射性物品运输业务的有关情况向社会公布。

放射性物品道路运输企业或者单位应当在终止放射性物品运输业务之日起10日内将相关许可证件缴回原发证机关。

第三章　专用车辆、设备管理

第十五条 放射性物品道路运输企业或者单位应当按照有关车辆及设备管理的标准和规定，维护、检测、使用和管理专用车辆和设备，确保专用车辆和设备技术状况良好。

第十六条 设区的市级道路运输管理机构应当按照《道路运输车辆技术管理规定》的规定定期对专用车辆是否符合第七条、第八条规定的许可条件进行审验，每年审验一次。

第十七条 设区的市级道路运输管理机构应当对监测仪器定期检定合格证明和专用车辆投保危险货物承运人责任险情况进行检查。检查可以结合专用车辆定期审验的频率一并进行。

第十八条 禁止使用报废的、擅自改装的、检测不合格的或者其他不符合国家规定要求的车辆、设备从事放射性物品道路运输活动。

第十九条 禁止专用车辆用于非放射性物品运输，但集装箱运输车（包括牵引车、挂车）、甩挂运输的牵引车以及运输放射性药品的专用车辆除外。

按照本条第一款规定使用专用车辆运输非放射性物品的，不得将放射性物品与非放射性物品混装。

第四章　放射性物品运输

第二十条 道路运输放射性物品的托运人（以下简称托运人）应当制定核与辐射事故应急方案，在放射性物品运输中采取有效的辐射防护和安全保卫措施，并对放射性物品运输中的核与辐射安全负责。

第二十一条 道路运输放射性物品的承运人（以下简称承运人）应当取得相应的放射性物品道路运输资质，并对承运事项是否符合本企业或者单位放射性物品运输资质许可的运输范围负责。

第二十二条 非经营性放射性物品道路运输单位应当按照《放射性物品运输安全管理条例》《道路运输条例》和本规定的要求履行托运人和承运人的义务，并负相应责任。

非经营性放射性物品道路运输单位不得从事放射性物品道路运输经营活动。

第二十三条 承运人与托运人订立放射性物品道路运输合同前，应当查验、收存托运人提交的下列材料：

（一）运输说明书，包括放射性物品的品名、数量、物理化学形态、危害风险等内容；

（二）辐射监测报告，其中一类放射性物品的辐射监测报告由托运人委托有资质的辐射监测机构出具；二、三类放射性物品的辐射监测报告由托运人出具；

（三）核与辐射事故应急响应指南；

（四）装卸作业方法指南；

（五）安全防护指南。

托运人将本条第一款第（四）项、第（五）项要求的内容在运输说明书中一并作出说明的，可以不提交第（四）项、第（五）项要求的材料。

托运人提交材料不齐全的，或者托运的物品经监测不符合国家放射性物品运输安全标准的，承运人不得与托运人订立放射性物品道路运输合同。

第二十四条 一类放射性物品启运前，承运人应当向托运人查验国务院核安全主管部门关于核与辐射安全分析报告书的审批文件以及公安部门关于准予道路运输放射性物品的审批文件。

二、三类放射性物品启运前，承运人应当向托运人查验公安部门关于准予道路运输放射性物品的审批文件。

第二十五条 托运人应当按照《放射性物质安全运输规程》（GB11806）等有关国家标准和规定，在放射性物品运输容器上设置警示标志。

第二十六条 专用车辆运输放射性物品过程中，应当悬挂符合国家标准《道路危险货物运输车辆标志》（GB13392）要求的警示标志。

第二十七条 专用车辆不得违反国家有关规定超载、超限运输放射性物品。

第二十八条 在放射性物品道路运输过程中，除驾驶人员外，还应当在专用车辆上配备押运人员，确保放射性物品处于押运人员监管之下。运输一类放射性物品的，承运人必要时可以要求托运人随车提供技术指导。

第二十九条 驾驶人员、装卸管理人员和押运人员上岗时应当随身携带道路运输从业资格证，专用车辆驾驶人员还应当随车携带《道路运输证》。

第三十条 驾驶人员、装卸管理人员和押运人员应当按照托运人所提供的资料了解所运输的放射性物品的性质、危害特性、包装物或者容器的使用要求、装卸要求以及发生突发事件时的处置措施。

第三十一条 放射性物品运输中发生核与辐射事故的，承运人、托运人应当按照核与辐射事故应急响应指南的要求，结合本企业安全生产应急预案的有关内容，做好事故应急工作，并立即报告事故发生地的县级以上人民政府环境保护主管部门。

第三十二条 放射性物品道路运输企业或者单位应当聘用具有相应道路运输从业资格证的驾驶人员、装卸管理人员和押运人员，并定期对驾驶人员、装卸管理人员和押运人员进行运输安全生产和基本应急知识等方面的培训，确保驾驶人员、装卸管理人员和押运人员熟悉有关安全生产法规、标准以及相关操作规程等业务知识和技能。

放射性物品道路运输企业或者单位应当对驾驶人员、装卸管理人员和押运人员进行运输安全生产和基本应急知识等方面的考核；考核不合格的，不得从事相关工作。

第三十三条 放射性物品道路运输企业或者单位应当按照国家职业病防治的有关规定，对驾驶人员、装卸管理人员和押运人员进行个人剂量监测，建立个人剂量档案和职业健康监护档案。

第三十四条 放射性物品道路运输企业或者单位应当投保危险货物承运人责任险。

第三十五条 放射性物品道路运输企业或者单位不得转让、出租、出借放射性物品道路运输许可证件。

第三十六条 县级以上道路运输管理机构应当督促放射性物品道路运输企业或者单位对专用车辆、设备及安全生产制度等安全条件建立相应的自检制度，并加强监督检查。

县级以上道路运输管理机构工作人员依法对放射性物品道路运输活动进行监督检查的，应当按照劳动保护规定配备必要的安全防护设备。

第五章 法律责任

第三十七条 拒绝、阻碍道路运输管理机构依法履行放射性物品运输安全监督检查，或者在接受监督检查时弄虚作假的，由县级以上道路运输管理机构责令改正，处1万元以上2万元以下的罚款；构成违反治安管理行为的，交由公安机关依法给予治安管理处罚；构成犯罪的，依法追究刑事责任。

第三十八条 违反本规定，未取得有关放射性物品道路运输资质许可，有下列情形之一的，由县级以上道路运输管理机构责令停止运输，有违法所得的，没收违法所得，处违法所得2倍以上10倍以下的罚款；没有违法所得或者违法所得不足2万元的，处3万元以上10万元以下的罚款。构成犯罪的，依法追究刑事责任：

（一）无资质许可擅自从事放射性物品道路运输的；

（二）使用失效、伪造、变造、被注销等无效放射性物品道路运输许可证件从事放射性物品道路运输的；

（三）超越资质许可事项，从事放射性物品道路运输的；

（四）非经营性放射性物品道路运输单位从事放射性物品道路运输经营的。

第三十九条 违反本规定，放射性物品道路运输企业或者单位擅自改装已取得《道路运输证》的专用车辆的，由县级以上道路运输管理机构责令改正，处5000元以上2万元以下的罚款。

第四十条 违反本规定，未随车携带《道路运输证》的，由县级以上道路运输管理机构责令改正，对放射性物品道路运输企业或者单位处警告或者20元以上200元以下的罚款。

第四十一条 放射性物品道路运输活动中，由不符合本规定第七条、第八条规定条件的人员驾驶专用车辆的，由县级以上道路运输管理机构责令改正，处200元以上2000元以下的罚款；构成犯罪的，依法追究刑事责任。

第四十二条 违反本规定，放射性物品道路运输企业或者单位有下列行为之一，由县级以上道路运输管理机构责令限期投保；拒不投保的，由原许可的设区的市级道路运输管理机构吊销《道路运输经营许可证》或者《放射性物品道路运输许可证》，或者在许可证件上注销相应的许可范围：

（一）未投保危险货物承运人责任险的；

（二）投保的危险货物承运人责任险已过期，未继续投保的。

第四十三条 违反本规定，放射性物品道路运输企业或者单位非法转让、出租放射性物品道路运输许可证件的，由县级以上道路运输管理机构责令停止违法行为，收缴有关证件，处2000元以上1万元以下的罚款；有违法所得的，没收违法所得。

第四十四条 违反本规定，放射性物品道路运输企业或者单位已不具备许可要求的有关安全条件，存在重大运输安全隐患的，由县级以上道路运输管理机构责令限期改正；在规定时间内不能按要求改正且情节严重的，由原许可机关吊销《道路运输经营许可证》或者《放射性物品道路运输许可证》，或者在许可证件上注销相应的许可范围。

第四十五条 县级以上道路运输管理机构工作人员在实施道路运输监督检查过程中，发现放射性物品道路运输企业或者单位有违规情形，且按照《放射性物品运输安全管理条例》等有关法律法规的规定，应当由公安部门、核安全监管部门或者环境保护等部门处罚情形的，应当通报有关部门依法处理。

第六章 附　则

第四十六条 军用放射性物品道路运输不适用于本规定。

第四十七条 本规定自2011年1月1日起施行。

放射性物品运输安全监督管理办法

（2016年3月14日环境保护部令第38号公布自2016年5月1日起施行）

第一章 总　则

第一条 为加强对放射性物品运输安全的监督管理，依据《放射性物品运输安全管理条例》，制定本办法。

第二条 本办法适用于对放射性物品运输和放射性物品运输容器的设计、制造和使用过程的监督管理。

第三条 国务院核安全监管部门负责对全国放射性物品运输的核与辐射安全实施监督管理，具体职责为：

（一）负责对放射性物品运输容器的设计、制造和使用等进行监督检查；

（二）负责对放射性物品运输过程中的核与辐射事故应急给予支持和指导；

（三）负责对放射性物品运输安全监督管理人员进行辐射防护与安全防护知识培训。

第四条 省、自治区、直辖市环境保护主管部门负责对本行政区域内放射性物品运输的核与辐射安全实施监督管理，具体职责为：

（一）负责对本行政区域内放射性物品运输活动的监督检查；

（二）负责在本行政区域内放射性物品运输过程中的核与辐射事故的应急准备和应急响应工作；

（三）负责对本行政区域内放射性物品运输安全监督管理人员进行辐射防护与安全防护知识培训。

第五条 放射性物品运输单位和放射性物品运输容器的设计、制造和使用单位，应当对其活动负责，并配合国务院核安全监管部门和省、自治区、直辖市环境保护主管部门进行监督检查，如实反映情况，提供必要的资料。

第六条 监督检查人员应当依法实施监督检查，并为被检查者保守商业秘密。

第二章 放射性物品运输容器设计活动的监督管理

第七条 放射性物品运输容器设计单位应当具备与设计工作相适应的设计人员、工作场所和设计手段，按照放射性物品运输容器设计的相关规范和标准从事设计活动，并为其设计的放射性物品运输容器的制造和使用单位提供必要的技术支持。从事一类放射性物品运输容器设计的单位应当依法取得设计批准书。

放射性物品运输容器设计单位应当在设计阶段明确首次使用前对运输容器的结构、包容、屏蔽、传热和核临界安全功能进行检查的方法和要求。

第八条 放射性物品运输容器设计单位应当加强质量管理，建立健全质量保证体系，编制质量保证大纲并有效实施。

放射性物品运输容器设计单位对其所从事的放射性物品运输容器设计活动负责。

第九条 放射性物品运输容器设计单位应当通过试验验证或者分析论证等方式，对其设计的放射性物品运输容器的安全性能进行评价。

安全性能评价应当贯穿整个设计过程，保证放射性物品运输容器的设计满足所有的安全要求。

第十条 放射性物品运输容器设计单位应当按照国务院核安全监管部门规定的格式和内容编制设计安全评价文件。

设计安全评价文件应当包括结构评价、热评价、包容评价、屏蔽评价、临界评价、货包（放射性物品运输容器与其放射性内容物）操作规程、验收试验和维修大纲，以及运输容器的工程图纸等内容。

第十一条 放射性物品运输容器设计单位对其设计的放射性物品运输容器进行试验验证的，应当在验证开始前至少二十个工作日提请国务院核安全监管部门进行试验见证，并提交下列文件：

（一）初步设计说明书和计算报告；

（二）试验验证方式和试验大纲；

（三）试验验证计划。

国务院核安全监管部门应当及时组织对设计单位的试验验证过程进行见证，并做好相应的记录。

开展特殊形式和低弥散放射性物品设计试验验

证的单位,应当依照本条第一款的规定提请试验见证。

第十二条 国务院核安全监管部门应当对放射性物品运输容器设计活动进行监督检查。

申请批准一类放射性物品运输容器的设计,国务院核安全监管部门原则上应当对该设计活动进行一次现场检查;对于二类、三类放射性物品运输容器的设计,国务院核安全监管部门应当结合试验见证情况进行现场抽查。

国务院核安全监管部门可以结合放射性物品运输容器的制造和使用情况,对放射性物品运输容器设计单位进行监督检查。

第十三条 国务院核安全监管部门对放射性物品运输容器设计单位进行监督检查时,应当检查质量保证大纲和试验验证的实施情况、人员配备、设计装备、设计文件、安全性能评价过程记录、以往监督检查发现问题的整改落实情况等。

第十四条 一类放射性物品运输容器设计批准书颁发前的监督检查中,发现放射性物品运输容器设计单位的设计活动不符合法律法规要求的,国务院核安全监管部门应当暂缓或者不予颁发设计批准书。

监督检查中发现经批准的一类放射性物品运输容器设计确有重大设计安全缺陷的,国务院核安全监管部门应当责令停止该型号运输容器的制造或者使用,撤销一类放射性物品运输容器设计批准书。

第三章 放射性物品运输容器制造活动的监督管理

第十五条 放射性物品运输容器制造单位应当具备与制造活动相适应的专业技术人员、生产条件和检测手段,采用经设计单位确认的设计图纸和文件。一类放射性物品运输容器制造单位应当依法取得一类放射性物品运输容器制造许可证后,方可开展制造活动。

放射性物品运输容器制造单位应当在制造活动开始前,依据设计提出的技术要求编制制造过程工艺文件,并严格执行;采用特种工艺的,应当进行必要的工艺试验或者工艺评定。

第十六条 放射性物品运输容器制造单位应当加强质量管理,建立健全质量保证体系,编制质量保证大纲并有效实施。

放射性物品运输容器制造单位对其所从事的放射性物品运输容器制造质量负责。

第十七条 放射性物品运输容器制造单位应当按照设计要求和有关标准,对放射性物品运输容器的零部件和整体容器进行质量检验,编制质量检验报告。未经质量检验或者经检验不合格的放射性物品运输容器,不得交付使用。

第十八条 一类、二类放射性物品运输容器制造单位,应当按照本办法规定的编码规则,对其制造的一类、二类放射性物品运输容器进行统一编码。

一类、二类放射性物品运输容器制造单位,应当于每年1月31日前将上一年度制造的运输容器的编码清单报国务院核安全监管部门备案。

三类放射性物品运输容器制造单位,应当于每年1月31日前将上一年度制造的运输容器的型号及其数量、设计总图报国务院核安全监管部门备案。

第十九条 一类放射性物品运输容器制造单位应当在每次制造活动开始前至少三十日,向国务院核安全监管部门提交制造质量计划。国务院核安全监管部门应当根据制造活动的特点选取检查点并通知制造单位。

一类放射性物品运输容器制造单位应当根据制造活动的实际进度,在国务院核安全监管部门选取的检查点制造活动开始前,至少提前十个工作日书面报告国务院核安全监管部门。

第二十条 国务院核安全监管部门应当对放射性物品运输容器的制造过程进行监督检查。

对一类放射性物品运输容器的制造活动应当至少组织一次现场检查;对二类放射性物品运输容器的制造,应当对制造过程进行不定期抽查;对三类放射性物品运输容器的制造,应当根据每年的备案情况进行不定期抽查。

第二十一条 国务院核安全监管部门对放射性物品运输容器制造单位进行现场监督检查时,应当检查以下内容:

(一)一类放射性物品运输容器制造单位遵守制造许可证的情况;

(二)质量保证体系的运行情况;

(三)人员资格情况;

(四)生产条件和检测手段与所从事制造活动的适应情况;

(五)编制的工艺文件与采用的技术标准以及有关技术文件的符合情况;

(六)工艺过程的实施情况以及零部件采购过程中的质量保证情况;

(七)制造过程记录;

(八)重大质量问题的调查和处理,以及整改要求的落实情况等。

第二十二条 国务院核安全监管部门在监督检查中,发现一类放射性物品运输容器制造单位有不符合制造许可证规定情形的,由国务院核安全监管部门责令限期整改。

监督检查中发现放射性物品运输容器制造确有重大质量问题或者违背设计要求的,由国务院核安全监管部门责令停止该型号运输容器的制造或者使用。

第二十三条 一类放射性物品运输容器的使用单位在采购境外单位制造的运输容器时,应当在对外贸易合同中明确运输容器的设计、制造符合我国放射性物品运输安全法律法规要求,以及境外单位配合国务院核安全监管部门监督检查的义务。

采购境外单位制造的一类放射性物品运输容器的使用单位,应当在相应制造活动开始前至少三个月通知国务院核安全监管部门,并配合国务院核安全监管部门对境外单位一类放射性物品运输容器制造活动实施监督检查。

采购境外单位制造的一类放射性物品运输容器成品的使用单位,应当在使用批准书申请时提交相应的文件,证明该容器质量满足设计要求。

第四章 放射性物品运输活动的监督管理

第二十四条 托运人对放射性物品运输的核与辐射安全和应急工作负责,对拟托运物品的合法性负责,并依法履行各项行政审批手续。托运一类放射性物品的托运人应当依法取得核与辐射安全分析报告批复后方可从事运输活动。托运人应当对直接从事放射性物品运输的工作人员进行运输安全和应急响应知识的培训和考核,并建立职业健康档案。

承运人应当对直接从事放射性物品运输的工作人员进行运输安全和应急响应知识的培训和考核,并建立职业健康档案。对托运人提交的有关资料,承运人应当进行查验、收存,并配合托运人做好运输过程中的安全保卫和核与辐射事故应急工作。

放射性物品运输应当有明确并且具备核与辐射安全法律法规规定条件的接收人。接收人应当对所接收的放射性物品进行核对验收,发现异常应当及时通报托运人和承运人。

第二十五条 托运人应当根据拟托运放射性物品的潜在危害建立健全应急响应体系,针对具体运输活动编制应急响应指南,并在托运前提交承运人。

托运人应当会同承运人定期开展相应的应急演习。

第二十六条 托运人应当对每个放射性物品运输容器在制造完成后、首次使用前进行详细检查,确保放射性物品运输容器的包容、屏蔽、传热、核临界安全功能符合设计要求。

第二十七条 托运人应当按照运输容器的特点,制定每次启运前检查或者试验程序,并按照程序进行检查。检查时应当核实内容物符合性,并对运输容器的吊装设备、密封性能、温度、压力等进行检测和检查,确保货包的热和压力已达到平衡、稳定状态,密闭性能完好。

对装有易裂变材料的放射性物品运输容器,还应当检查中子毒物和其他临界控制措施是否符合要求。

每次检查或者试验应当由获得托运人授权的操作人员进行,并制作书面记录。

检查不符合要求的,不得启运。

第二十八条 托运一类放射性物品的,托运人应当委托有资质的辐射监测机构在启运前对其表面污染和辐射水平实施监测,辐射监测机构应当出具辐射监测报告。

托运二类、三类放射性物品的,托运人应当对其表面污染和辐射水平实施监测,并编制辐射监测报告,存档备查。

监测结果不符合国家放射性物品运输安全标准的,不得托运。

第二十九条 托运人应当根据放射性物品运输安全标准,限制单个运输工具上放射性物品货包的数量。

承运人应当按照托运人的要求运输货包。放射性物品运输和中途贮存期间,承运人应当妥善堆放,采取必要的隔离措施,并严格执行辐射防护和监测要求。

第三十条 托运人和承运人应当采取措施,确保货包和运输工具外表面的非固定污染不超过放射性物品运输安全标准的要求。

在运输途中货包受损、发生泄漏或者有泄漏可能的,托运人和承运人应当立即采取措施保护现场,限制非专业人员接近,并由具备辐射防护与安全防护知识的专业技术人员按放射性物品运输安全标准要求评定货包的污染程度和辐射水平,消除或者减轻货包泄漏、损坏造成的后果。

经评定,货包泄漏量超过放射性物品运输安全标准要求的,托运人和承运人应当立即报告事故发生地的县级以上环境保护主管部门,并在环境保护主管部门监督下将货包移至临时场所。货包完成修理和去污之后,方可向外发送。

第三十一条 放射性物品运输中发生核与辐射安全事故时,托运人和承运人应当根据核与辐射事故应急响应指南的要求,做好事故应急工作,并立即报告事故发生地的县级以上环境保护主管部门。相关部门应当按照应急预案做好事故应急响应工作。

第三十二条 一类放射性物品启运前,托运人应当将放射性物品运输的核与辐射安全分析报告批准书、辐射监测报告,报启运地的省、自治区、直辖市环境保护主管部门备案。

启运地的省、自治区、直辖市环境保护主管部门收到托运人的备案材料后，应当将一类放射性物品运输辐射监测备案表及时通报途经地和抵达地的省、自治区、直辖市环境保护主管部门。

第三十三条 对一类放射性物品的运输，启运地的省、自治区、直辖市环境保护主管部门应当在启运前对放射性物品运输托运人的运输准备情况进行监督检查。

对运输频次比较高、运输活动比较集中的地区，可以根据实际情况制定监督检查计划，原则上检查频次每月不少于一次；对二类放射性物品的运输，可以根据实际情况开展抽查，原则上检查频次每季度不少于一次；对三类放射性物品的运输，可以根据实际情况实施抽查，原则上检查频次每年不少于一次。

途经地和抵达地的省、自治区、直辖市环境保护主管部门不得中途拦截检查；发生特殊情况的除外。

第三十四条 省、自治区、直辖市环境保护主管部门应当根据运输货包的类别和数量，按照放射性物品运输安全标准对本行政区域内放射性物品运输货包的表面污染和辐射水平开展启运前的监督性监测。监督性监测不得收取费用。

辐射监测机构和托运人应当妥善保存原始记录和监测报告，并配合省、自治区、直辖市环境保护主管部门进行监督性监测。

第三十五条 放射性物品从境外运抵中华人民共和国境内，或者途经中华人民共和国境内运输的，应当根据放射性物品的分类，分别按照法律法规规定的一类、二类、三类放射性物品运输的核与辐射安全监督管理要求进行运输。

第三十六条 放射性物品运输容器使用单位应当按照放射性物品运输安全标准和设计要求制定容器的维修和维护程序，严格按照程序进行维修和维护，并建立维修、维护和保养档案。放射性物品运输容器达到设计使用年限，或者发现放射性物品运输容器存在安全隐患的，应当停止使用，进行处理。

第三十七条 一类放射性物品运输容器使用单位应当对其使用的一类放射性物品运输容器每两年进行一次安全性能评价。安全性能评价应当在两年使用期届满前至少三个月进行，并在使用期届满前至少两个月编制定期安全性能评价报告。

定期安全性能评价报告，应当包括运输容器的运行历史和现状、检查和检修及发现问题的处理情况、定期检查和试验等内容。使用单位应当做好接受监督检查的准备。必要时，国务院核安全监管部门可以根据运输容器使用特点和使用情况，选取检查点并组织现场检查。

一类放射性物品运输容器使用单位应当于两年使用期届满前至少三十日，将安全性能评价结果报国务院核安全监管部门备案。

第三十八条 放射性物品启运前的监督检查包括以下内容：

（一）运输容器及放射性内容物：检查运输容器的日常维修和维护记录、定期安全性能评价记录（限一类放射性物品运输容器）、编码（限一类、二类放射性物品运输容器）等，确保运输容器及内容物均符合设计的要求；

（二）托运人启运前辐射监测情况，以及随车辐射监测设备的配备；

（三）表面污染和辐射水平；

（四）标记、标志和标牌是否符合要求；

（五）运输说明书，包括特殊的装卸作业要求、安全防护指南、放射性物品的品名、数量、物理化学形态、危害风险以及必要的运输路线的指示等；

（六）核与辐射事故应急响应指南；

（七）核与辐射安全分析报告批准书、运输容器设计批准书等相关证书的持有情况；

（八）直接从事放射性物品运输的工作人员的运输安全、辐射防护和应急响应知识的培训和考核情况；

（九）直接从事放射性物品运输的工作人员的辐射防护管理情况。

对一类、二类放射性物品运输的监督检查，还应当包括卫星定位系统的配备情况。

对重要敏感的放射性物品运输活动，国务院核安全监管部门应当根据核与辐射安全分析报告及其批复的要求加强监督检查。

第三十九条 国务院核安全监管部门和省、自治区、直辖市环境保护主管部门在监督检查中发现放射性物品运输活动有不符合国家放射性物品运输安全标准情形的，应当责令限期整改；发现放射性物品运输活动可能对人体健康和环境造成核与辐射危害的，应当责令停止运输。

第五章　附　　则

第四十条 本办法自2016年5月1日起施行。

附

放射性物品运输容器统一编码规则

1.1 一类、二类放射性物品运输容器编码规则

C N / X X X / X - X X - (NNSA)

其中：

第1-2位：国家或地区代码，CN代表中国。

第3位："/"，隔离符。

第4－6位：主管部门为该设计指定的设计批准编号或备案编号。

第7位："/"，隔离符。

第8位：批准书类型或容器类型：

一类放射性物品运输容器设计批准书类型：

AF：易裂变A型运输容器设计批准书

B(U)：B(U)型运输容器设计批准书

B(U)F：易裂变材料B(U)型运输容器设计批准书

B(M)：B(M)型运输容器设计批准书

B(M)F：易裂变材料B(M)型运输容器设计批准书

C：C型运输容器设计批准书

CF：易裂变材料C型运输容器设计批准书

IF：易裂变材料工业运输容器设计批准书

H：非易裂变物质或除六氟化铀以外的易裂变物质运输容器的设计批准书。

二类放射性物品运输容器类型有A，IP3等。

第9位："－"。

第10－11位：依据IAEA标准的版本，用年份后2位数字表示。如1996年版本，则填写96。

第12位："－"。

第13位：(NNSA)作为一位，代表国务院核安全监管部门批准的一类放射性物品运输容器和备案的二类放射性物品运输容器。

一类、二类运输容器编码规则，应当在国务院核安全监管部门设计批准或备案编号的基础上增加制造单位名称(用代码表示，按照申请的顺序从001开始，以此类推，100代表境外单位制造)和流水号(No.01、No.02、No.03…依次类推)。

1.2 **一类、二类放射性物品运输容器编码卡格式**

1.字体均为宋体，应当为刻印，不得手写。

2.编码卡材料要适合存档和长期保存。

3.编码卡尺寸可根据容器大小按比例调整尺寸，但应当以便于识别为准。

一类、二类放射性物品运输容器制造编码卡应当至少包括下列内容：

容器名称	
容器编码	
容器外形尺寸	
制造单位	
出厂日期	

填写说明：

1.容器编码为按一类、二类放射性物品运输容器编码规则进行的编码。

2.容器外形尺寸填写容器的最大形状尺寸。如：圆柱体，Φ4m×10m，长方体，2m×3m×5m。

3.本卡不能留空，不清楚的项目填"未知"。

道路危险货物运输管理规定

(2013年1月23日交通运输部发布　根据2016年4月11日《交通运输部关于修改〈道路危险货物运输管理规定〉的决定》修正)

第一章　总　　则

第一条　为规范道路危险货物运输市场秩序，保障人民生命财产安全，保护环境，维护道路危险货物运输各方当事人的合法权益，根据《中华人民共和国道路运输条例》和《危险化学品安全管理条例》等有关法律、行政法规，制定本规定。

第二条　从事道路危险货物运输活动，应当遵守本规定。军事危险货物运输除外。

法律、行政法规对民用爆炸物品、烟花爆竹、放射性物品等特定种类危险货物的道路运输另有规定的，从其规定。

第三条　本规定所称危险货物，是指具有爆炸、易燃、毒害、感染、腐蚀等危险特性，在生产、经营、运输、储存、使用和处置中，容易造成人身伤亡、财产损毁或者环境污染而需要特别防护的物质和物品。危险货物以列入国家标准《危险货物品名表》(GB12268)的为准，未列入《危险货物品名表》的，以有关法律、行政法规的规定或者国务院有关部门公布的结果为准。

本规定所称道路危险货物运输，是指使用载货汽车通过道路运输危险货物的作业全过程。

本规定所称道路危险货物运输车辆，是指满足特定技术条件和要求，从事道路危险货物运输的载货汽车(以下简称专用车辆)。

第四条　危险货物的分类、分项、品名和品名编号应当按照国家标准《危险货物分类和品名编号》(GB6944)、《危险货物品名表》(GB12268)执行。危险货物的危险程度依据国家标准《危险货物运输包装通用技术条件》(GB12463)，分为Ⅰ、Ⅱ、Ⅲ等级。

第五条　从事道路危险货物运输应当保障安全，依法运输，诚实信用。

第六条　国家鼓励技术力量雄厚、设备和运输条件好的大型专业危险化学品生产企业从事道路危险货物运输，鼓励道路危险货物运输企业实行集约化、专业化经营，鼓励使用厢式、罐式和集装箱等专用车辆运输危险货物。

第七条 交通运输部主管全国道路危险货物运输管理工作。

县级以上地方人民政府交通运输主管部门负责组织领导本行政区域的道路危险货物运输管理工作。

县级以上道路运输管理机构负责具体实施道路危险货物运输管理工作。

第二章 道路危险货物运输许可

第八条 申请从事道路危险货物运输经营,应当具备下列条件:

(一)有符合下列要求的专用车辆及设备:

1. 自有专用车辆(挂车除外)5 辆以上;运输剧毒化学品、爆炸品的,自有专用车辆(挂车除外)10 辆以上。

2. 专用车辆的技术要求应当符合《道路运输车辆技术管理规定》有关规定。

3. 配备有效的通讯工具。

4. 专用车辆应当安装具有行驶记录功能的卫星定位装置。

5. 运输剧毒化学品、爆炸品、易制爆危险化学品的,应当配备罐式、厢式专用车辆或者压力容器等专用容器。

6. 罐式专用车辆的罐体应当经质量检验部门检验合格,且罐体载货后总质量与专用车辆核定载质量相匹配。运输爆炸品、强腐蚀性危险货物的罐式专用车辆的罐体容积不得超过 20 立方米,运输剧毒化学品的罐式专用车辆的罐体容积不得超过 10 立方米,但符合国家有关标准的罐式集装箱除外。

7. 运输剧毒化学品、爆炸品、强腐蚀性危险货物的非罐式专用车辆,核定载质量不得超过 10 吨,但符合国家有关标准的集装箱运输专用车辆除外。

8. 配备与运输的危险货物性质相适应的安全防护、环境保护和消防设施设备。

(二)有符合下列要求的停车场地:

1. 自有或者租借期限为 3 年以上,且与经营范围、规模相适应的停车场地,停车场地应当位于企业注册地市级行政区域内。

2. 运输剧毒化学品、爆炸品专用车辆以及罐式专用车辆,数量为 20 辆(含)以下的,停车场地面积不低于车辆正投影面积的 1.5 倍,数量为 20 辆以上的,超过部分,每辆车的停车场地面积不低于车辆正投影面积;运输其他危险货物的,专用车辆数量为 10 辆(含)以下的,停车场地面积不低于车辆正投影面积的 1.5 倍;数量为 10 辆以上的,超过部分,每辆车的停车场地面积不低于车辆正投影面积。

3. 停车场地应当封闭并设立明显标志,不得妨碍居民生活和威胁公共安全。

(三)有符合下列要求的从业人员和安全管理人员:

1. 专用车辆的驾驶人员取得相应机动车驾驶证,年龄不超过 60 周岁。

2. 从事道路危险货物运输的驾驶人员、装卸管理人员、押运人员应当经所在地设区的市级人民政府交通运输主管部门考试合格,并取得相应的从业资格证;从事剧毒化学品、爆炸品道路运输的驾驶人员、装卸管理人员、押运人员,应当经考试合格,取得注明为"剧毒化学品运输"或者"爆炸品运输"类别的从业资格证。

3. 企业应当配备专职安全管理人员。

(四)有健全的安全生产管理制度:

1. 企业主要负责人、安全管理部门负责人、专职安全管理人员安全生产责任制度。

2. 从业人员安全生产责任制度。

3. 安全生产监督检查制度。

4. 安全生产教育培训制度。

5. 从业人员、专用车辆、设备及停车场地安全管理制度。

6. 应急救援预案制度。

7. 安全生产作业规程。

8. 安全生产考核与奖惩制度。

9. 安全事故报告、统计与处理制度。

第九条 符合下列条件的企事业单位,可以使用自备专用车辆从事为本单位服务的非经营性道路危险货物运输:

(一)属于下列企事业单位之一:

1. 省级以上安全生产监督管理部门批准设立的生产、使用、储存危险化学品的企业。

2. 有特殊需求的科研、军工等企事业单位。

(二)具备第八条规定的条件,但自有专用车辆(挂车除外)的数量可以少于 5 辆。

第十条 申请从事道路危险货物运输经营的企业,应当依法向工商行政管理机关办理有关登记手续后,向所在地设区的市级道路运输管理机构提出申请,并提交以下材料:

(一)《道路危险货物运输经营申请表》,包括申请人基本信息、申请运输的危险货物范围(类别、项别或品名,如果为剧毒化学品应当标注"剧毒")等内容。

(二)拟担任企业法定代表人的投资人或者负责人的身份证明及其复印件,经办人身份证明及其复印件和书面委托书。

(三)企业章程文本。

(四)证明专用车辆、设备情况的材料,包括:

1. 未购置专用车辆、设备的,应当提交拟投入专用车辆、设备承诺书。承诺书内容应当包括车辆数量、类型、技术等级、总质量、核定载质量、车轴数以及车辆外廓尺寸；通讯工具和卫星定位装置配备情况；罐式专用车辆的罐体容积；罐式专用车辆罐体载货后的总质量与车辆核定载质量相匹配情况；运输剧毒化学品、爆炸品、易制爆危险化学品的专用车辆核定载质量等有关情况。承诺期限不得超过1年。

2. 已购置专用车辆、设备的，应当提供车辆行驶证、车辆技术等级评定结论；通讯工具和卫星定位装置配备；罐式专用车辆的罐体检测合格证或者检测报告及复印件等有关材料。

（五）拟聘用专职安全管理人员、驾驶人员、装卸管理人员、押运人员的，应当提交拟聘用承诺书，承诺期限不得超过1年；已聘用的应当提交从业资格证及其复印件以及驾驶证及其复印件。

（六）停车场地的土地使用证、租借合同、场地平面图等材料。

（七）相关安全防护、环境保护、消防设施设备的配备情况清单。

（八）有关安全生产管理制度文本。

第十一条 申请从事非经营性道路危险货物运输的单位，向所在地设区的市级道路运输管理机构提出申请时，除提交第十条第（四）项至第（八）项规定的材料外，还应当提交以下材料：

（一）《道路危险货物运输申请表》，包括申请人基本信息、申请运输的物品范围（类别、项别或品名，如果为剧毒化学品应当标注“剧毒”）等内容。

（二）下列形式之一的单位基本情况证明：

1. 省级以上安全生产监督管理部门颁发的危险化学品生产、使用等证明。

2. 能证明科研、军工等企事业单位性质或者业务范围的有关材料。

（三）特殊运输需求的说明材料。

（四）经办人的身份证明及其复印件以及书面委托书。

第十二条 设区的市级道路运输管理机构应当按照《中华人民共和国道路运输条例》和《交通行政许可实施程序规定》，以及本规定所明确的程序和时限实施道路危险货物运输行政许可，并进行实地核查。

决定准予许可的，应当向被许可人出具《道路危险货物运输行政许可决定书》，注明许可事项，具体内容应当包括运输危险货物的范围（类别、项别或品名，如果为剧毒化学品应当标注“剧毒”），专用车辆数量、要求以及运输性质，并在10日内向道路危险货物运输经营申请人发放《道路运输经营许可证》，向非经营性道路危险货物运输申请人发放《道路危险货物运输许可证》。

市级道路运输管理机构应当将准予许可的企业或单位的许可事项等，及时以书面形式告知县级道路运输管理机构。

决定不予许可的，应当向申请人出具《不予交通行政许可决定书》。

第十三条 被许可人已获得其他道路运输经营许可的，设区的市级道路运输管理机构应当为其换发《道路运输经营许可证》，并在经营范围中加注新许可的事项。如果原《道路运输经营许可证》是由省级道路运输管理机构发放的，由原许可机关按照上述要求予以换发。

第十四条 被许可人应当按照承诺期限落实拟投入的专用车辆、设备。

原许可机关应当对被许可人落实的专用车辆、设备予以核实，对符合许可条件的专用车辆配发《道路运输证》，并在《道路运输证》经营范围栏内注明允许运输的危险货物类别、项别或者品名，如果为剧毒化学品应标注“剧毒”；对从事非经营性道路危险货物运输的车辆，还应当加盖“非经营性危险货物运输专用章”。

被许可人未在承诺期限内落实专用车辆、设备的，原许可机关应当撤销许可决定，并收回已核发的许可证明文件。

第十五条 被许可人应当按照承诺期限落实拟聘用的专职安全管理人员、驾驶人员、装卸管理人员和押运人员。

被许可人未在承诺期限内按照承诺聘用专职安全管理人员、驾驶人员、装卸管理人员和押运人员的，原许可机关应当撤销许可决定，并收回已核发的许可证明文件。

第十六条 道路运输管理机构不得许可一次性、临时性的道路危险货物运输。

第十七条 中外合资、中外合作、外商独资形式投资道路危险货物运输的，应当同时遵守《外商投资道路运输业管理规定》。

第十八条 道路危险货物运输企业设立子公司从事道路危险货物运输的，应当向子公司注册地设区的市级道路运输管理机构申请运输许可。设立分公司的，应当向分公司注册地设区的市级道路运输管理机构备案。

第十九条 道路危险货物运输企业或者单位需要变更许可事项的，应当向原许可机关提出申请，按照本章有关许可的规定办理。

道路危险货物运输企业或者单位变更法定代表人、名称、地址等工商登记事项的，应当在30日内向原许可机关备案。

第二十条 道路危险货物运输企业或者单位终止危险货物运输业务的，应当在终止之日的30日前告知原许可机关，并在停业后10日内将《道路运输经营许可证》或者《道路危险货物运输许可证》以及《道路运输证》交回原许可机关。

第三章 专用车辆、设备管理

第二十一条 道路危险货物运输企业或者单位应当按照《道路运输车辆技术管理规定》中有关车辆管理的规定，维护、检测、使用和管理专用车辆，确保专用车辆技术状况良好。

第二十二条 设区的市级道路运输管理机构应当定期对专用车辆进行审验，每年审验一次。审验按照《道路运输车辆技术管理规定》进行，并增加以下审验项目：

（一）专用车辆投保危险货物承运人责任险情况；

（二）必需的应急处理器材、安全防护设施设备和专用车辆标志的配备情况；

（三）具有行驶记录功能的卫星定位装置的配备情况。

第二十三条 禁止使用报废的、擅自改装的、检测不合格的、车辆技术等级达不到一级的和其他不符合国家规定的车辆从事道路危险货物运输。

除铰接列车、具有特殊装置的大型物件运输专用车辆外，严禁使用货车列车从事危险货物运输；倾卸式车辆只能运输散装硫磺、萘饼、粗蒽、煤焦沥青等危险货物。

禁止使用移动罐体（罐式集装箱除外）从事危险货物运输。

第二十四条 用于装卸危险货物的机械及工具的技术状况应当符合行业标准《汽车运输危险货物规则》（JT617）规定的技术要求。

第二十五条 罐式专用车辆的常压罐体应当符合国家标准《道路运输液体危险货物罐式车辆第1部分：金属常压罐体技术要求》（GB18564.1）、《道路运输液体危险货物罐式车辆第2部分：非金属常压罐体技术要求》（GB18564.2）等有关技术要求。

使用压力容器运输危险货物的，应当符合国家特种设备安全监督管理部门制订并公布的《移动式压力容器安全技术监察规程》（TSG R0005）等有关技术要求。

压力容器和罐式专用车辆应当在质量检验部门出具的压力容器或者罐体检验合格的有效期内承运危险货物。

第二十六条 道路危险货物运输企业或者单位对重复使用的危险货物包装物、容器，在重复使用前应当进行检查；发现存在安全隐患的，应当维修或者更换。

道路危险货物运输企业或者单位应当对检查情况作出记录，记录的保存期限不得少于2年。

第二十七条 道路危险货物运输企业或者单位应当到具有污染物处理能力的机构对常压罐体进行清洗（置换）作业，将废气、污水等污染物集中收集，消除污染，不得随意排放，污染环境。

第四章 道路危险货物运输

第二十八条 道路危险货物运输企业或者单位应当严格按照道路运输管理机构决定的许可事项从事道路危险货物运输活动，不得转让、出租道路危险货物运输许可证件。

严禁非经营性道路危险货物运输单位从事道路危险货物运输经营活动。

第二十九条 危险货物托运人应当委托具有道路危险货物运输资质的企业承运。

危险货物托运人应当对托运的危险货物种类、数量和承运人等相关信息予以记录，记录的保存期限不得少于1年。

第三十条 危险货物托运人应当严格按照国家有关规定妥善包装并在外包装设置标志，并向承运人说明危险货物的品名、数量、危害、应急措施等情况。需要添加抑制剂或者稳定剂的，托运人应当按照规定添加，并告知承运人相关注意事项。

危险货物托运人托运危险化学品的，还应当提交与托运的危险化学品完全一致的安全技术说明书和安全标签。

第三十一条 不得使用罐式专用车辆或者运输有毒、感染性、腐蚀性危险货物的专用车辆运输普通货物。

其他专用车辆可以从事食品、生活用品、药品、医疗器具以外的普通货物运输，但应当由运输企业对专用车辆进行消除危害处理，确保不对普通货物造成污染、损害。

不得将危险货物与普通货物混装运输。

第三十二条 专用车辆应当按照国家标准《道路运输危险货物车辆标志》（GB13392）的要求悬挂标志。

第三十三条 运输剧毒化学品、爆炸品的企业或者单位，应当配备专用停车区域，并设立明显的警示标牌。

第三十四条 专用车辆应当配备符合有关国家标准以及与所载运的危险货物相适应的应急处理器材和安全防护设备。

第三十五条 道路危险货物运输企业或者单位不得运输法律、行政法规禁止运输的货物。

法律、行政法规规定的限运、凭证运输货物，道路危险货物运输企业或者单位应当按照有关规定办理相关运输手续。

法律、行政法规规定托运人必须办理有关手续后方可运输的危险货物，道路危险货物运输企业应当查验有关手续齐全有效后方可承运。

第三十六条 道路危险货物运输企业或者单位应当采取必要措施，防止危险货物脱落、扬散、丢失以及燃烧、爆炸、泄漏等。

第三十七条 驾驶人员应当随车携带《道路运输证》。驾驶人员或者押运人员应当按照《汽车运输危险货物规则》(JT617)的要求，随车携带《道路运输危险货物安全卡》。

第三十八条 在道路危险货物运输过程中，除驾驶人员外，还应当在专用车辆上配备押运人员，确保危险货物处于押运人员监管之下。

第三十九条 道路危险货物运输途中，驾驶人员不得随意停车。

因住宿或者发生影响正常运输的情况需要较长时间停车的，驾驶人员、押运人员应当设置警戒带，并采取相应的安全防范措施。

运输剧毒化学品或者易制爆危险化学品需要较长时间停车的，驾驶人员或者押运人员应当向当地公安机关报告。

第四十条 危险货物的装卸作业应当遵守安全作业标准、规程和制度，并在装卸管理人员的现场指挥或者监控下进行。

危险货物运输托运人和承运人应当按照合同约定指派装卸管理人员；若合同未予约定，则由负责装卸作业的一方指派装卸管理人员。

第四十一条 驾驶人员、装卸管理人员和押运人员上岗时应当随身携带从业资格证。

第四十二条 严禁专用车辆违反国家有关规定超载、超限运输。

道路危险货物运输企业或者单位使用罐式专用车辆运输货物时，罐体载货后的总质量应当和专用车辆核定载质量相匹配；使用牵引车运输货物时，挂车载货后的总质量应当与牵引车的准牵引总质量相匹配。

第四十三条 道路危险货物运输企业或者单位应当要求驾驶人员和押运人员在运输危险货物时，严格遵守有关部门关于危险货物运输线路、时间、速度方面的有关规定，并遵守有关部门关于剧毒、爆炸危险品道路运输车辆在重大节假日通行高速公路的相关规定。

第四十四条 道路危险货物运输企业或者单位应当通过卫星定位监控平台或者监控终端及时纠正和处理超速行驶、疲劳驾驶、不按规定线路行驶等违法违规驾驶行为。

监控数据应当至少保存3个月，违法驾驶信息及处理情况应当至少保存3年。

第四十五条 道路危险货物运输从业人员必须熟悉有关安全生产的法规、技术标准和安全生产规章制度、安全操作规程，了解所装运危险货物的性质、危害特性、包装物或者容器的使用要求和发生意外事故时的处置措施，并严格执行《汽车运输危险货物规则》(JT617)、《汽车运输、装卸危险货物作业规程》(JT618)等标准，不得违章作业。

第四十六条 道路危险货物运输企业或者单位应当通过岗前培训、例会、定期学习等方式，对从业人员进行经常性安全生产、职业道德、业务知识和操作规程的教育培训。

第四十七条 道路危险货物运输企业或者单位应当加强安全生产管理，制定突发事件应急预案，配备应急救援人员和必要的应急救援器材、设备，并定期组织应急救援演练，严格落实各项安全制度。

第四十八条 道路危险货物运输企业或者单位应当委托具备资质条件的机构，对本企业或单位的安全管理情况每3年至少进行一次安全评估，出具安全评估报告。

第四十九条 在危险货物运输过程中发生燃烧、爆炸、污染、中毒或者被盗、丢失、流散、泄漏等事故，驾驶人员、押运人员应当立即根据应急预案和《道路运输危险货物安全卡》的要求采取应急处置措施，并向事故发生地公安部门、交通运输主管部门和本运输企业或者单位报告。运输企业或者单位接到事故报告后，应当按照本单位危险货物应急预案组织救援，并向事故发生地安全生产监督管理部门和环境保护、卫生主管部门报告。

道路危险货物运输管理机构应当公布事故报告电话。

第五十条 在危险货物装卸过程中，应当根据危险货物的性质，轻装轻卸，堆码整齐，防止混杂、撒漏、破损，不得与普通货物混合堆放。

第五十一条 道路危险货物运输企业或者单位应当为其承运的危险货物投保承运人责任险。

第五十二条 道路危险货物运输企业异地经营(运输线路起讫点均不在企业注册地市域内)累计3个月以上的，应当向经营地设区的市级道路运输管理机构备案并接受其监管。

第五章 监督检查

第五十三条 道路危险货物运输监督检查按照《道路货物运输及站场管理规定》执行。

道路运输管理机构工作人员应当定期或者不定期对道路危险货物运输企业或者单位进行现场检查。

第五十四条 道路运输管理机构工作人员对在异地取得从业资格的人员监督检查时，可以向原发证机关申请提供相应的从业资格档案资料，原发证机关应当予以配合。

第五十五条 道路运输管理机构在实施监督检查过程中，经本部门主要负责人批准，可以对没有随车携带《道路运输证》又无法当场提供其他有效证明文件的危险货物运输专用车辆予以扣押。

第五十六条 任何单位和个人对违反本规定的行为，有权向道路危险货物运输管理机构举报。

道路危险货物运输管理机构应当公布举报电话，并在接到举报后及时依法处理；对不属于本部门职责的，应当及时移送有关部门处理。

第六章 法律责任

第五十七条 违反本规定，有下列情形之一的，由县级以上道路运输管理机构责令停止运输经营，有违法所得的，没收违法所得，处违法所得2倍以上10倍以下的罚款；没有违法所得或者违法所得不足2万元的，处3万元以上10万元以下的罚款；构成犯罪的，依法追究刑事责任：

（一）未取得道路危险货物运输许可，擅自从事道路危险货物运输的；

（二）使用失效、伪造、变造、被注销等无效道路危险货物运输许可证件从事道路危险货物运输的；

（三）超越许可事项，从事道路危险货物运输的；

（四）非经营性道路危险货物运输单位从事道路危险货物运输经营的。

第五十八条 违反本规定，道路危险货物运输企业或者单位非法转让、出租道路危险货物运输许可证件的，由县级以上道路运输管理机构责令停止违法行为，收缴有关证件，处2000元以上1万元以下的罚款；有违法所得的，没收违法所得。

第五十九条 违反本规定，道路危险货物运输企业或者单位有下列行为之一，由县级以上道路运输管理机构责令限期投保；拒不投保的，由原许可机关吊销《道路运输经营许可证》或者《道路危险货物运输许可证》，或者吊销相应的经营范围：

（一）未投保危险货物承运人责任险的；

（二）投保的危险货物承运人责任险已过期，未继续投保的。

第六十条 违反本规定，道路危险货物运输企业或者单位不按照规定随车携带《道路运输证》的，由县级以上道路运输管理机构责令改正，处警告或者20元以上200元以下的罚款。

第六十一条 违反本规定，道路危险货物运输企业或者单位以及托运人有下列情形之一的，由县级以上道路运输管理机构责令改正，并处5万元以上10万元以下的罚款，拒不改正的，责令停产停业整顿；构成犯罪的，依法追究刑事责任：

（一）驾驶人员、装卸管理人员、押运人员未取得从业资格上岗作业的；

（二）托运人不向承运人说明所托运的危险化学品的种类、数量、危险特性以及发生危险情况的应急处置措施，或者未按照国家有关规定对所托运的危险化学品妥善包装并在外包装上设置相应标志的；

（三）未根据危险化学品的危险特性采取相应的安全防护措施，或者未配备必要的防护用品和应急救援器材的；

（四）运输危险化学品需要添加抑制剂或者稳定剂，托运人未添加或者未将有关情况告知承运人的。

第六十二条 违反本规定，道路危险货物运输企业或者单位未配备专职安全管理人员的，由县级以上道路运输管理机构责令改正，可以处1万元以下的罚款；拒不改正的，对危险化学品运输企业或单位处1万元以上5万元以下的罚款，对运输危险化学品以外其他危险货物的企业或单位处1万元以上2万元以下的罚款。

第六十三条 违反本规定，道路危险化学品运输托运人有下列行为之一的，由县级以上道路运输管理机构责令改正，处10万元以上20万元以下的罚款，有违法所得的，没收违法所得；拒不改正的，责令停产停业整顿；构成犯罪的，依法追究刑事责任：

（一）委托未依法取得危险货物道路运输许可的企业承运危险化学品的；

（二）在托运的普通货物中夹带危险化学品，或者将危险化学品谎报或者匿报为普通货物托运的。

第六十四条 违反本规定，道路危险货物运输企业擅自改装已取得《道路运输证》的专用车辆及罐式专用车辆罐体的，由县级以上道路运输管理机构责令改正，并处5000元以上2万元以下的罚款。

第七章 附 则

第六十五条 本规定对道路危险货物运输经营未作规定的，按照《道路货物运输及站场管理规定》执行；对非经营性道路危险货物运输未作规定的，参照《道路货物运输及站场管理规定》执行。

第六十六条 道路危险货物运输许可证件和《道路运输证》工本费的具体收费标准由省、自治区、直辖市人民政府财政、价格主管部门会同同级交通运输主管部门核定。

第六十七条 交通运输部可以根据相关行业协

会的申请,经组织专家论证后,统一公布可以按照普通货物实施道路运输管理的危险货物。

第六十八条 本规定自2013年7月1日起施行。交通部2005年发布的《道路危险货物运输管理规定》(交通部令2005年第9号)及交通运输部2010年发布的《关于修改〈道路危险货物运输管理规定〉的决定》(交通运输部令2010年第5号)同时废止。

(二)铁路运输安全

铁路运输基础设备生产企业审批办法

(2013年12月26日交通运输部令2013年第21号公布 自2014年1月1日起施行)

第一章 总 则

第一条 为规范铁路运输基础设备生产企业行政许可工作,加强铁路运输安全监督管理,保障公众生命财产安全,依据《中华人民共和国行政许可法》和《铁路安全管理条例》等法律、行政法规和国家有关规定,制定本办法。

第二条 本办法所称铁路运输基础设备是指铁路道岔及其转辙设备、铁路信号控制软件和控制设备、铁路通信设备、铁路牵引供电设备。铁路运输基础设备目录由国家铁路局制定、调整并公布。

第三条 在中华人民共和国境内生产铁路运输基础设备的企业,应当向国家铁路局提出申请,经审查合格取得“铁路运输基础设备生产企业许可证”(以下简称“生产许可证”)。

第二章 条件与程序

第四条 申请企业应当符合下列条件:

(一)有按照国家标准、行业标准检测、检验合格的专业生产设备;

(二)有相应的专业技术人员;

(三)有完善的产品质量保证体系和安全管理制度;

(四)法律、行政法规规定的其他条件。

第五条 申请企业应当提交下列材料:

(一)行政许可申请书;

(二)企业法人营业执照副本;

(三)生产设备、设施及相关计量器具明细表;

(四)专业技术人员名单、技术职务、技术等级、所学专业和所从事专业等材料;

(五)企业质量保证体系文件和安全管理制度及有效运转的证明材料;

(六)申请企业拟生产的产品目录清单及申请产品的相关标准、技术条件、设计和工艺等技术材料;

(七)拟生产产品试验、验证、考核、认证等相关材料;

(八)技术评审(鉴定)证书或者审查意见;

(九)法律法规要求的其他材料。

行政许可申请书采用格式文本,文本格式由国家铁路局制定。

第六条 国家铁路局对申请企业提交的申请材料,应当根据下列情况分别作出处理:

(一)申请材料存在可以当场更正的错误的,应当允许申请人当场更正;

(二)申请材料不齐全或者不符合法定形式的,应当当场或者在5个工作日内一次告知申请人需要补正的全部内容,逾期不告知的,自收到申请材料之日起即为受理;

(三)申请材料齐全、符合法定形式,或者申请企业按要求提交全部补正申请材料的,应当受理行政许可申请。

国家铁路局受理或者不予受理行政许可申请,应当出具加盖国家铁路局行政许可专用章和注明日期的书面凭证。

第七条 国家铁路局受理行政许可申请后,应当对申请材料进行审查,需要时可组织现场核实、检验、检测及专家评审。

第八条 申请材料经审查合格的,国家铁路局应当依法作出准予行政许可的书面决定;不合格的,依法作出不予许可的书面决定,说明理由并送达申请企业。

第九条 国家铁路局应当自受理申请之日起20个工作日内作出行政许可决定。20个工作日内不能作出决定的,经国家铁路局负责人批准,可以延长10个工作日,并将延长期限的理由告知申请企业。

检验、检测和专家评审时间不计算在上述期限内。

第十条 国家铁路局作出准予行政许可决定的,应当自作出许可决定之日起10个工作日内向申请企业颁发、送达许可证件。

第三章 证书管理

第十一条 生产许可证应当注明企业名称、生产地点、适用范围和有效起止日期。生产许可证有效期为5年,有效期届满后,被许可企业需要延续已取得的生产许可证有效期的,应当在有效期届满60个工作日前向国家铁路局提出申请。

第十二条 被许可企业生产条件发生较大变化(包括生产地址变化、生产线重大技术改造、委外加工企业变更等)时,应当向国家铁路局重新申请许可。

第十三条 被许可企业名称、生产地址名称等发生变更的,应当向国家铁路局申请办理生产许可证变更手续。

第四章 监督管理

第十四条 国家铁路局及其铁路监督管理机构应当对被许可企业进行监督检查,监督检查时被许可企业应当配合检查并按要求提交相关材料。

被许可企业应当按年度向国家铁路局提交企业产品质量保证和安全管理情况自查报告。

第十五条 监督检查的主要内容包括:

(一)取得生产许可证应当具备条件的保持情况;

(二)生产许可证使用情况。

监督检查不合格的企业,应当进行整改,并在60个工作日内向国家铁路局提出复查申请。

第十六条 申请企业隐瞒有关情况或者提供虚假材料申请行政许可的,国家铁路局不予受理或者不予行政许可,并给予警告,申请企业在1年内不得再次申请该行政许可。

第十七条 有下列情形之一的,国家铁路局根据利害关系人的请求或者依据职权,可以撤销行政许可:

(一)行政机关工作人员滥用职权、玩忽职守作出准予行政许可决定的;

(二)超越法定职权作出准予行政许可决定的;

(三)违反法定程序作出准予行政许可决定的;

(四)对不具备申请资格或者不符合法定条件的申请企业准予行政许可的;

(五)依法可以撤销行政许可的其他情形。

被许可人以欺骗、贿赂等不正当手段取得行政许可的,应当予以撤销。申请人在3年内不得再次申请该行政许可。

第十八条 有下列情形之一的,国家铁路局应当依法办理有关行政许可的注销手续:

(一)行政许可有效期届满未延续的;

(二)被许可企业依法终止的;

(三)行政许可依法被撤销,或者行政许可证件依法被吊销的;

(四)因不可抗力导致行政许可事项无法实施的;

(五)法律、法规规定的应当注销行政许可的其他情形。

第五章 附 则

第十九条 国家铁路局依据本办法制定实施细则。

第二十条 本办法自2014年1月1日起施行。2005年4月1日原铁道部公布的《铁路运输安全设备生产企业认定办法》(铁道部令第15号)同时废止。

铁路安全生产违法行为公告办法

(2015年5月19日 国铁安监〔2015〕20号)

第一条 为规范铁路安全监管行为,促进生产经营单位依法守信,强化社会监督,依据《安全生产法》、《铁路安全管理条例》等法律法规和相关规定,制定本办法。

第二条 国家铁路局及地区铁路监督管理局(以下统称铁路监管部门)依法履职过程中,如实记录生产经营单位涉及铁路安全的违法行为信息,并建立信息库;对违法行为情节严重的,向社会公告,并将公告信息通报该生产经营单位的上级单位和相关主管部门。

第三条 铁路监管部门应当坚持职权法授、程序法定、行为法限、责任法究,认真履行监督检查、行政处罚、事故调查、处理投诉举报等职责,对相关生产经营单位违法行为公告应当做到公平公正、客观真实,并主动接受社会监督。

第四条 违法行为公告工作中涉及国家秘密、商业秘密、个人隐私的内容不得公开。但经权利人同意公开或者铁路监管部门认为不公开可能对公共利益造成重大影响的涉及商业秘密、个人隐私的内容,可以公开。

第五条 国家铁路局政府网站设铁路安全生产违法行为公告平台。对生产经营单位的下列违法行为信息,由国家铁路局、各地区铁路监督管理局按照“谁执法、谁公告”的原则进行公告。

(一)因违法行为造成铁路交通较大及以上事故的,应当于事故结案20个工作日内,向社会公告违法单位名称、违法行为、处理情况、处理依据和实施机关等。

(二)受到行政处罚的,应当于处罚结案20个工作日内,向社会公告违法单位名称、违法行为、处罚决定、处罚依据和处罚实施机关等。

(三)在监督检查中或者处理投诉举报中发现的情节严重的违法行为,经核实无误的,应当定期向社会公告违法单位名称、违法行为、处理情况、处理依据和实施机关等。

(四)对于法律法规或国家规定公告的其他事项,依照其规定进行公告。

第六条 被公告的生产经营单位认为公告信息与实际处理决定内容不符的,可向实施公告的铁路监管部门提出书面更正意见,并提供相关证据。铁路监管部门接到书面材料后,应在20个工作日内核查完毕,将核查结果告知当事人,经核查应当更正的及时给予更正。铁路监管部门在作出答复前不停止对违法行为的公告。

第七条 违法行为公告期一般不少于半年。被公告的生产经营单位应当向实施公告的铁路监管部门报告整改情况。达到整改要求的,实施公告的铁路监管部门应当在公告期限届满后撤除违法行为公告信息。未达到整改要求的,继续保留公告信息,直至整改合格。

第八条 行政处罚决定被依法变更、撤销或者停止执行的,铁路监管部门应当及时对相关公告信息予以变更或者撤除,并在公告平台上予以声明。

第九条 按照国家安全生产诚信体系建设的有关规定,生产经营单位的违法行为符合国家管理的安全生产诚信"黑名单"不良行为的,由国家铁路局提报国务院安全生产委员会办公室,由其依法向社会公告;符合省级管理的安全生产诚信"黑名单"不良行为的,由地区铁路监督管理局提报违法生产经营单位所在地的省级地方人民政府安全生产委员会办公室,由其依法向社会公告。

第十条 铁路监管部门工作人员在生产经营单位违法行为公告信息制作、发布中有玩忽职守、弄虚作假或者徇私舞弊等行为的,由其所在单位或者上级主管机关予以通报批评,并依纪依法追究直接责任人和有关领导的责任;构成犯罪的,移送司法机关依法追究刑事责任。

第十一条 本办法自发布之日起施行。

(三)航空运输安全

公共航空旅客运输飞行中安全保卫工作规则

(2017年2月7日交通运输部令2017年第3号公布 自2017年3月10日起施行)

第一章 总 则

第一条 为了规范公共航空旅客运输飞行中的安全保卫工作,加强民航反恐怖主义工作,保障民用航空安全和秩序,根据《中华人民共和国民用航空法》《中华人民共和国安全生产法》《中华人民共和国反恐怖主义法》和《中华人民共和国民用航空安全保卫条例》的有关规定,制定本规则。

第二条 本规则适用于中华人民共和国境内设立的公共航空运输企业从事公共航空旅客运输的航空器飞行中驾驶舱和客舱的安全保卫工作。

前款规定的公共航空运输企业及其工作人员和旅客应当遵守本规则。

第三条 中国民用航空局(以下简称民航局)对全国范围内公共航空旅客运输飞行中的安全保卫工作实施指导、监督和检查。

中国民用航空地区管理局(以下简称地区管理局)对本辖区内公共航空旅客运输飞行中安全保卫工作实施指导、监督和检查。

第四条 公共航空运输企业对其从事旅客运输的航空器飞行中安全保卫工作承担主体责任。

第二章 工作职责

第五条 公共航空运输企业应当设立或指定专门的航空安保机构,负责飞行中安全保卫工作。

公共航空运输企业的分公司应当设立或指定相应的航空安保机构,基地等分支机构也应当设立或指定相应机构或配备人员,负责飞行中安全保卫工作。

第六条 公共航空运输企业应当按照相关规定配备和管理航空安全员队伍。

公共航空运输企业应当建立航空安全员技术等级制度,对航空安全员实行技术等级管理。

第七条 公共航空运输企业应当按照相关规定派遣航空安全员。

在航空安全员飞行值勤期,公共航空运输企业不得安排其从事其他岗位工作。

第八条 公共航空运输企业应当建立并严格执行飞行中安全保卫工作经费保障制度。经费保障应当满足飞行中安全保卫工作运行、培训、质量控制以及设施设备等方面的需要。

涉及到民航反恐怖主义工作的,应满足反恐怖主义专项经费保障制度的要求。

第九条 公共航空运输企业应当按照相关规定,为航空安全员配备装备,并对装备实施统一管理,明确管理责任,建立管理工作制度,确保装备齐全有效。

装备管理工作记录应当保留12个月以上。

第十条 机长在履行飞行中安全保卫职责时,行使下列权力:

(一)在航空器起飞前,发现未依法对航空器采取安全保卫措施的,有权拒绝起飞;

(二)对扰乱航空器内秩序,妨碍机组成员履行职责,不听劝阻的,可以要求机组成员对行为人采取必要的管束措施,或在起飞前、降落后要求其离机;

(三)对航空器上的非法干扰行为等严重危害飞行安全的行为,可以要求机组成员启动相应处置程

序,采取必要的制止、制服措施;

(四)处置航空器上的扰乱行为或者非法干扰行为,必要时请求旅客协助;

(五)在航空器上出现扰乱行为或者非法干扰行为等严重危害飞行安全行为时,根据需要改变原定飞行计划或对航空器做出适当处置。

第十一条 机长统一负责飞行中的安全保卫工作。航空安全员在机长领导下,承担飞行中安全保卫的具体工作。机组其他成员应当协助机长、航空安全员共同做好飞行中安全保卫工作。

机组成员应当按照相关规定,履行下列职责:

(一)按照分工对航空器驾驶舱和客舱实施安保检查;

(二)根据安全保卫工作需要查验旅客及机组成员以外的工作人员的登机凭证;

(三)制止未经授权的人员或物品进入驾驶舱或客舱;

(四)对扰乱航空器内秩序或妨碍机组成员履行职责,且不听劝阻的,采取必要的管束措施,或在起飞前、降落后要求其离机;

(五)对严重危害飞行安全的行为,采取必要的措施;

(六)实施运输携带武器人员、押解犯罪嫌疑人、遣返人员等任务的飞行中安保措施;

(七)法律、行政法规和规章规定的其他职责。

第十二条 旅客应当遵守相关规定,保持航空器内的良好秩序;发现航空器上可疑情况时,可以向机组成员举报。旅客在协助机组成员处置扰乱行为或者非法干扰行为时,应当听从机组成员指挥。

第三章 工作措施

第十三条 公共航空运输企业应当根据本规则及其他相关规定,制定飞行中安全保卫措施,明确机组成员飞行中安全保卫职责,并纳入本单位航空安全保卫方案。

第十四条 公共航空运输企业应当建立并严格执行飞行中安全保卫工作值班制度和备勤制度,保证信息传递畅通,确保可以根据飞行中安全保卫工作的需要调整和增派人员。

第十五条 公共航空运输企业应当按照相关规定,在飞行中的航空器内配备安保资料,包括:

(一)适合本机型的客舱安保搜查单;

(二)发现爆炸物或可疑物时的处置程序;

(三)本机型航空器最低风险爆炸位置的相关资料;

(四)航空器客舱安保检查单;

(五)航班机组报警单;

(六)其他规定的安保资料。

机上安保资料应当注意妥善保管,严防丢失被盗;机组成员应当熟知机上安保资料的存放位置和使用要求。

第十六条 公共航空运输企业应当为航空安全员在航空器上预留座位,座位的安排应当紧邻过道以便于航空安全员执勤为原则,固定位置最长不得超过6个月。

第十七条 公共航空运输企业应当建立航前协同会制度。

机长负责召集机组全体成员参加航前协同会,明确飞行中安全保卫应急处置预案。

第十八条 公共航空运输企业应当建立并严格执行飞行中安全保卫工作执勤日志管理制度。

第十九条 国家警卫对象乘机时,公共航空运输企业应当按照国家相关规定采取飞行中安全保卫措施。

第二十条 携带武器人员、押解犯罪嫌疑人或遣返人员乘机的,公共航空运输企业应当按照国家相关规定,采取飞行中安全保卫措施。

第二十一条 公共航空运输企业应当严格控制航空器上含酒精饮料的供应量,避免机上人员饮酒过量。

第二十二条 航空器驾驶舱和客舱的安保检查由机组成员在旅客登机前、下机后共同实施,防止航空器上留有未经授权的人员和武器、爆炸物等危险违禁物品。

第二十三条 机组成员应当对飞行中的航空器驾驶舱采取保护措施,除下列人员外,任何人不得进入飞行中的航空器驾驶舱:

(一)机组成员;

(二)正在执行任务的民航局或者地区管理局的监察员或委任代表;

(三)得到机长允许并且其进入驾驶舱对于安全运行是必需或者有益的人员;

(四)经机长允许,并经公共航空运输企业特别批准的其他人员。

第二十四条 机组成员应当按照机长授权处置扰乱行为和非法干扰行为。

根据机上案(事)件处置程序,发生扰乱行为时,机组成员应当口头予以制止,制止无效的,应当采取管束措施;发生非法干扰行为时,机组成员应当采取一切必要处置措施。

第二十五条 出现严重危害航空器及所载人员生命安全的紧急情况,机组成员无法与机长联系时,应当立即采取必要处置措施。

第二十六条 机组成员对扰乱行为或非法干扰

行为处置,应当依照规定及时报案,移交证据材料。

第二十七条 国内民用航空旅客运输中发生非法干扰行为时,公共航空运输企业应当立即向民航局、企业所在地和事发地民航地区管理局报告,并在处置结束后15个工作日内按照相关规定书面报告民航地区管理局。

航空器起飞后发生的事件,提交给最先降落地机场所在地民航地区管理局;航空器未起飞时发生的事件,提交给起飞地机场所在地民航地区管理局。

国际民用航空旅客运输中发生非法干扰行为时,公共航空运输企业应当立即报告民航局,并在处置结束后15个工作日内将书面报告提交给民航局。

第二十八条 航空安全员应当按照相关规定,携带齐全并妥善保管执勤装备、证件及安保资料。

第二十九条 航空安全员在饮用含酒精饮料之后的8小时之内,或其呼出气体中所含酒精浓度达到或者超过0.04克/210升,或处在酒精作用状态之下,或受到药物影响损及工作能力时,不得在航空器上履行职责。

公共航空运输企业不得派遣存在前款所列情况的航空安全员在其航空器上履行飞行中安全保卫职责。

第三十条 航空安全员值勤、飞行值勤期、休息期的定义,飞行值勤期限制、累积飞行时间、值勤时间限制和休息时间的附加要求,依照《大型飞机公共航空运输承运人运行合格审定规则》中对客舱乘务员的规定执行。

其中,飞行值勤期限制规定中,航空安全员最低数量配备标准应当执行相关派遣规定的要求。

第三十一条 公共航空运输企业不得派遣航空安全员在超出本规定的值勤期限制、飞行时间限制或不符合休息期要求的情况下执勤。

航空安全员不得接受超出规定范围的执勤派遣。

第四章 培训质量控制

第三十二条 公共航空运输企业应当按照国家民用航空安全保卫培训方案和国家民用航空安全保卫质量控制计划,落实飞行中安全保卫工作的培训和质量控制要求。

公共航空运输企业每年至少应当组织一次驾驶员、乘务员和航空安全员共同参与的飞行中安全保卫实战演练。

第三十三条 公共航空运输企业应当按照相关规定,提供满足机组成员飞行中安全保卫工作培训需要的场所、装备器械、设施、设备、教材、人员及其他保障。

第三十四条 公共航空运输企业应当按照相关规定,组织新招录航空安全员进行实习飞行。

实习飞行应当由经民航局培训的教员指导实施。

第三十五条 公共航空运输企业应当建立飞行中安全保卫业务培训考核机制,并为机组成员建立和保存飞行中安全保卫业务培训记录,该培训记录保存至少36个日历月。

航空安全员不再服务于该企业时,公共航空运输企业应当自其离职之日起,将前款要求的培训记录保存至少12个日历月。航空安全员自离职之日起11个日历月内提出要求时,公共航空运输企业应当在1个日历月之内向其提供飞行中安全保卫培训记录复印件。

第五章 法律责任

第三十六条 公共航空运输企业有下列行为之一的,由地区管理局责令限期改正;逾期未改正的,处以警告或一万元以下罚款:

(一)违反本规则第五条第二款,公共航空运输企业分公司或基地,未按规定设立或指定航空安保机构,配备人员的;

(二)违反本规则第九条第二款,未按规定保存航空安全员装备管理工作记录的;

(三)违反本规则第十五条第一款,未按规定配备齐全安保资料的;

(四)违反本规则第十六条,未按规定为航空安全员在航空器上预留座位的;

(五)违反本规则第三十三条,未按规定提供满足机组成员飞行中安全保卫工作培训需要的场所、装备器械、设施、设备、教材、人员及其他保障的;

(六)违反本规则第三十四条,未按规定组织实习飞行,或从事实习飞行带飞的教员不符合相关规定要求的;

(七)违反本规则第三十五条第二款,未按规定提供航空安全员飞行中安全保卫培训记录复印件的。

第三十七条 公共航空运输企业有下列行为之一的,由地区管理局责令限期改正;逾期未改正的,处以一万元以上三万元以下罚款:

(一)违反本规则第五条第一款,公共航空运输企业未按规定设立或指定专门航空安保机构的;

(二)违反本规则第六条,未按规定配备和管理航空安全员队伍,或未建立航空安全员技术等级制度的;

(三)违反本规则第十三条,未按规定制定飞行中安全保卫措施并将其纳入本单位航空安全保卫方案的;

(四)违反本规则第十四条,未建立有关值班制度和备勤制度或未严格执行的;

(五)违反本规则第十七条第一款,未建立航前协同会制度的;

(六)违反本规则第十八条,未按规定建立飞行中安全保卫工作执勤日志管理制度或未严格执行的。

第三十八条 公共航空运输企业违反本规则第七条第二款,在航空安全员飞行值勤期间,安排其从事其他岗位工作的;由地区管理局责令其停止违法行为,并处以警告或者一万元以下罚款。

第三十九条 公共航空运输企业有下列行为之一的,由地区管理局责令其停止违法行为,处以一万元以上三万元以下罚款:

(一)违反本规则第二十九条第二款,派遣不符合规定的航空安全员在航空器上履行飞行中安全保卫职责的;

(二)违反本规则第三十条、第三十一条第一款,未按规定执行航空安全员飞行值勤期限制、累积飞行时间、值勤时间限制和休息时间的。

第四十条 公共航空运输企业违反本规则第二十七条,迟报、漏报或者隐瞒不报信息的,由民航行政机关予以警告并处以一万元以上三万元以下罚款。

第四十一条 公共航空运输企业违反本规则第七条第一款,未按规定派遣航空安全员的,处以一万元以上三万元以下罚款;未按规定派遣航空安全员,且造成事故隐患的,由民航行政机关依据《中华人民共和国安全生产法》第九十九条责令公共航空运输企业立即消除或者限期消除;公共航空运输企业拒不执行的,责令停产停业整顿,并处十万元以上五十万元以下的罚款,对其直接负责的主管人员和其他直接责任人员处二万元以上五万元以下的罚款。

第四十二条 公共航空运输企业违反本规则第八条第一款,不能保证飞行中安全保卫工作经费,致使公共航空运输企业不具备安全运行条件的,由民航行政机关依据《中华人民共和国安全生产法》第九十条责令限期改正,提供必需的资金;逾期未改正的,责令停产停业整顿。

第四十三条 公共航空运输企业违反本规则第八条第二款、第九条第一款,安保经费保障未达到反恐怖主义工作专项经费保障制度相关要求的,或未按规定配备安保人员和相应设备设施,由具有管辖权公安机关,按照《中华人民共和国反恐怖主义法》第八十八条给予警告、并责令改正,拒不改正的,处十万元以下罚款,并对其直接负责的主管人员和其他直接责任人员处一万元以下罚款。

第四十四条 公共航空运输企业有下列情形之一的,由民航行政机关依据《中华人民共和国安全生产法》第九十四条责令公共航空运输企业限期改正,可以处五万元以下罚款;逾期未改正的,责令停产停业整顿,并处五万元以上十万元以下罚款,对其直接负责的主管人员和其他直接责任人员处一万元以上二万元以下罚款:

(一)违反本规则第三十二条第一款,未进行航空安保培训的;

(二)违反本规则第三十二条第二款,未按规定组织飞行中安全保卫实战演练的;

(三)违反本规则第三十五条第一款,未如实记录航空安保培训情况的。

第四十五条 机组成员违反本规则第十一条、第十五条第二款、第十七条第二款、第二十二条、第二十三条、第二十九条第一款,未按照本规则规定履行安全保卫职责的,由地区管理局处以警告或一千元以下罚款。

第四十六条 航空安全员有下列行为之一的,由地区管理局处以一千元以下罚款:

(一)违反本规则第二十八条,未按规定携带齐全、妥善保管执勤装备和安保资料的;

(二)违反本规则第三十一条第二款,接受超出规定范围的执勤派遣。

航空安全员违反本规则第二十八条未按规定携带证件,按照《中华人民共和国民用航空法》相关规定进行处罚。

第四十七条 旅客违反本规则有关规定,由具有管辖权的公安机关依据《中华人民共和国治安管理处罚法》给予处罚。

第四十八条 对公共航空运输企业的行政处罚、行政强制等处理措施及其执行情况记入守法信用信息记录,并按照有关规定进行公示。

第六章　附　　则

第四十九条 本规则使用的部分术语定义如下:

飞行中,是指航空器从装载完毕、机舱外部各门均已关闭时起,直至打开任一机舱门以便卸载时为止。航空器强迫降落时,在主管当局接管对该航空器及其所载人员和财产的责任前,应当被认为仍在飞行中。

机组成员,是指在飞行中民用航空器上执行任务的驾驶员、乘务员、航空安全员和其他空勤人员。

航空安全员,是指为了保证航空器及其所载人员安全,在民用航空器上执行安全保卫任务,具有航空安全员资质的人员。

非法干扰行为,是指危害民用航空安全的行为或未遂行为,主要包括:

(一)非法劫持航空器;

(二)毁坏使用中的航空器;

(三)在航空器上或机场扣留人质;

(四)强行闯入航空器、机场或航空设施场所;

（五）为犯罪目的而将武器或危险装置、材料带入航空器或机场；

（六）利用使用中的航空器造成死亡、严重人身伤害，或对财产或环境的严重破坏；

（七）散播危害飞行中或地面上的航空器、机场或民航设施场所内的旅客、机组、地面人员或大众安全的虚假信息。

扰乱行为，是指在民用机场或在航空器上不遵守规定，或不听从机场工作人员或机组成员指示，从而扰乱机场或航空器上良好秩序的行为。航空器上的扰乱行为主要包括：

（一）强占座位、行李架的；

（二）打架斗殴、寻衅滋事的；

（三）违规使用手机或其他禁止使用的电子设备的；

（四）盗窃、故意损坏或者擅自移动救生物品等航空设施设备或强行打开应急舱门的；

（五）吸烟（含电子香烟）、使用火种的；

（六）猥亵客舱内人员或性骚扰的；

（七）传播淫秽物品及其他非法印制物的；

（八）妨碍机组成员履行职责的；

（九）扰乱航空器上秩序的其他行为。

第五十条 本规则自2017年3月10日起施行。2016年4月4日起施行的《公共航空旅客运输飞行中安全保卫工作规则》（交通运输部令2016年第5号）同时废止。

最高人民法院关于审理道路交通事故损害赔偿案件适用法律若干问题的解释

（2012年11月27日 法释〔2012〕19号）

为正确审理道路交通事故损害赔偿案件，根据《中华人民共和国侵权责任法》《中华人民共和国合同法》《中华人民共和国道路交通安全法》《中华人民共和国保险法》《中华人民共和国民事诉讼法》等法律的规定，结合审判实践，制定本解释。

一、关于主体责任的认定

第一条 机动车发生交通事故造成损害，机动车所有人或者管理人有下列情形之一，人民法院应当认定其对损害的发生有过错，并适用侵权责任法第四十九条的规定确定其相应的赔偿责任：

（一）知道或者应当知道机动车存在缺陷，且该缺陷是交通事故发生原因之一的；

（二）知道或者应当知道驾驶人无驾驶资格或者未取得相应驾驶资格的；

（三）知道或者应当知道驾驶人因饮酒、服用国家管制的精神药品或者麻醉药品，或者患有妨碍安全驾驶机动车的疾病等依法不能驾驶机动车的；

（四）其他应当认定机动车所有人或者管理人有过错的。

第二条 未经允许驾驶他人机动车发生交通事故造成损害，当事人依照侵权责任法第四十九条的规定请求由机动车驾驶人承担赔偿责任的，人民法院应予支持。机动车所有人或者管理人有过错的，承担相应的赔偿责任，但具有侵权责任法第五十二条规定情形的除外。

第三条 以挂靠形式从事道路运输经营活动的机动车发生交通事故造成损害，属于该机动车一方责任，当事人请求由挂靠人和被挂靠人承担连带责任的，人民法院应予支持。

第四条 被多次转让但未办理转移登记的机动车发生交通事故造成损害，属于该机动车一方责任，当事人请求由最后一次转让并交付的受让人承担赔偿责任的，人民法院应予支持。

第五条 套牌机动车发生交通事故造成损害，属于该机动车一方责任，当事人请求由套牌机动车的所有人或者管理人承担赔偿责任的，人民法院应予支持；被套牌机动车所有人或者管理人同意套牌的，应当与套牌机动车的所有人或者管理人承担连带责任。

第六条 拼装车、已达到报废标准的机动车或者依法禁止行驶的其他机动车被多次转让，并发生交通事故造成损害，当事人请求由所有的转让人和受让人承担连带责任的，人民法院应予支持。

第七条 接受机动车驾驶培训的人员，在培训活动中驾驶机动车发生交通事故造成损害，属于该机动车一方责任，当事人请求驾驶培训单位承担赔偿责任的，人民法院应予支持。

第八条 机动车试乘过程中发生交通事故造成试乘人损害，当事人请求提供试乘服务者承担赔偿责任的，人民法院应予支持。试乘人有过错的，应当减轻提供试乘服务者的赔偿责任。

第九条 因道路管理维护缺陷导致机动车发生交通事故造成损害，当事人请求道路管理者承担相应赔偿责任的，人民法院应予支持，但道路管理者能够证明已按照法律、法规、规章、国家标准、行业标准或者地方标准尽到安全防护、警示等管理维护义务的除外。

依法不得进入高速公路的车辆、行人，进入高速公路发生交通事故造成自身损害，当事人请求高速公路管理者承担赔偿责任的，适用侵权责任法第七十六条的规定。

第十条 因在道路上堆放、倾倒、遗撒物品等妨碍通行的行为，导致交通事故造成损害，当事人请求行为人承担赔偿责任的，人民法院应予支持。道路管理者不能证明已按照法律、法规、规章、国家标准、行业标准或者地方标准尽到清理、防护、警示等义务的，应当承担相应的赔偿责任。

第十一条 未按照法律、法规、规章或者国家标准、行业标准、地方标准的强制性规定设计、施工，致使道路存在缺陷并造成交通事故，当事人请求建设单位与施工单位承担相应赔偿责任的，人民法院应予支持。

第十二条 机动车存在产品缺陷导致交通事故造成损害，当事人请求生产者或者销售者依照侵权责任法第五章的规定承担赔偿责任的，人民法院应予支持。

第十三条 多辆机动车发生交通事故造成第三人损害，当事人请求多个侵权人承担赔偿责任的，人民法院应当区分不同情况，依照侵权责任法第十条、第十一条或者第十二条的规定，确定侵权人承担连带责任或者按份责任。

二、关于赔偿范围的认定

第十四条 道路交通安全法第七十六条规定的"人身伤亡"，是指机动车发生交通事故侵害被侵权人的生命权、健康权等人身权益所造成的损害，包括侵权责任法第十六条和第二十二条规定的各项损害。

道路交通安全法第七十六条规定的"财产损失"，是指因机动车发生交通事故侵害被侵权人的财产权益所造成的损失。

第十五条 因道路交通事故造成下列财产损失，当事人请求侵权人赔偿的，人民法院应予支持：

（一）维修被损坏车辆所支出的费用、车辆所载物品的损失、车辆施救费用；

（二）因车辆灭失或者无法修复，为购买交通事故发生时与被损坏车辆价值相当的车辆重置费用；

（三）依法从事货物运输、旅客运输等经营性活动的车辆，因无法从事相应经营活动所产生的合理停运损失；

（四）非经营性车辆因无法继续使用，所产生的通常替代性交通工具的合理费用。

三、关于责任承担的认定

第十六条 同时投保机动车第三者责任强制保险（以下简称"交强险"）和第三者责任商业保险（以下简称"商业三者险"）的机动车发生交通事故造成损害，当事人同时起诉侵权人和保险公司的，人民法院应当按照下列规则确定赔偿责任：

（一）先由承保交强险的保险公司在责任限额范围内予以赔偿；

（二）不足部分，由承保商业三者险的保险公司根据保险合同予以赔偿；

（三）仍有不足的，依照道路交通安全法和侵权责任法的相关规定由侵权人予以赔偿。

被侵权人或者其近亲属请求承保交强险的保险公司优先赔偿精神损害的，人民法院应予支持。

第十七条 投保人允许的驾驶人驾驶机动车致使投保人遭受损害，当事人请求承保交强险的保险公司在责任限额范围内予以赔偿的，人民法院应予支持，但投保人为本车上人员的除外。

第十八条 有下列情形之一导致第三人人身损害，当事人请求保险公司在交强险责任限额范围内予以赔偿，人民法院应予支持：

（一）驾驶人未取得驾驶资格或者未取得相应驾驶资格的；

（二）醉酒、服用国家管制的精神药品或者麻醉药品后驾驶机动车发生交通事故的；

（三）驾驶人故意制造交通事故的。

保险公司在赔偿范围内向侵权人主张追偿权的，人民法院应予支持。追偿权的诉讼时效期间自保险公司实际赔偿之日起计算。

第十九条 未依法投保交强险的机动车发生交通事故造成损害，当事人请求投保义务人在交强险责任限额范围内予以赔偿的，人民法院应予支持。

投保义务人和侵权人不是同一人，当事人请求投保义务人和侵权人在交强险责任限额范围内承担连带责任的，人民法院应予支持。

第二十条 具有从事交强险业务资格的保险公司违法拒绝承保、拖延承保或者违法解除交强险合同，投保义务人在向第三人承担赔偿责任后，请求该保险公司在交强险责任限额范围内承担相应赔偿责任的，人民法院应予支持。

第二十一条 多辆机动车发生交通事故造成第三人损害，损失超出各机动车交强险责任限额之和的，由各保险公司在各自责任限额范围内承担赔偿责任；损失未超出各机动车交强险责任限额之和，当事人请求由各保险公司按照其责任限额与责任限额之和的比例承担赔偿责任的，人民法院应予支持。

依法分别投保交强险的牵引车和挂车连接使用时发生交通事故造成第三人损害，当事人请求由各保险公司在各自的责任限额范围内平均赔偿的，人民法院应予支持。

多辆机动车发生交通事故造成第三人损害，其中部分机动车未投保交强险，当事人请求先由已承保交强险的保险公司在责任限额范围内予以赔偿的，人民法院应予支持。保险公司就超出其应承担的部分向未投保交强险的投保义务人或者侵权人行使追偿权的，人民法院应予支持。

第二十二条 同一交通事故的多个被侵权人同时起诉的，人民法院应当按照各被侵权人的损失比例确定交强险的赔偿数额。

第二十三条 机动车所有权在交强险合同有效期内发生变动，保险公司在交通事故发生后，以该机动车未办理交强险合同变更手续为由主张免除赔偿责任的，人民法院不予支持。

机动车在交强险合同有效期内发生改装、使用性质改变等导致危险程度增加的情形，发生交通事故后，当事人请求保险公司在责任限额范围内予以赔偿的，人民法院应予支持。

前款情形下，保险公司另行起诉请求投保义务人按照重新核定后的保险费标准补足当期保险费的，人民法院应予支持。

第二十四条 当事人主张交强险人身伤亡保险金请求权转让或者设定担保的行为无效的，人民法院应予支持。

四、关于诉讼程序的规定

第二十五条 人民法院审理道路交通事故损害赔偿案件，应当将承保交强险的保险公司列为共同被告。但该保险公司已经在交强险责任限额范围内予以赔偿且当事人无异议的除外。

人民法院审理道路交通事故损害赔偿案件，当事人请求将承保商业三者险的保险公司列为共同被告的，人民法院应予准许。

第二十六条 被侵权人因道路交通事故死亡，无近亲属或者近亲属不明，未经法律授权的机关或者有关组织向人民法院起诉主张死亡赔偿金的，人民法院不予受理。

侵权人以已向未经法律授权的机关或者有关组织支付死亡赔偿金为理由，请求保险公司在交强险责任限额范围内予以赔偿的，人民法院不予支持。

被侵权人因道路交通事故死亡，无近亲属或者近亲属不明，支付被侵权人医疗费、丧葬费等合理费用的单位或者个人，请求保险公司在交强险责任限额范围内予以赔偿的，人民法院应予支持。

第二十七条 公安机关交通管理部门制作的交通事故认定书，人民法院应依法审查并确认其相应的证明力，但有相反证据推翻的除外。

五、关于适用范围的规定

第二十八条 机动车在道路以外的地方通行时引发的损害赔偿案件，可以参照适用本解释的规定。

第二十九条 本解释施行后尚未终审的案件，适用本解释；本解释施行前已经终审，当事人申请再审或者按照审判监督程序决定再审的案件，不适用本解释。

最高人民法院关于铁路运输法院案件管辖范围的若干规定

（2012年7月17日 法释〔2012〕10号）

为确定铁路运输法院管理体制改革后的案件管辖范围，根据《中华人民共和国刑事诉讼法》、《中华人民共和国民事诉讼法》，规定如下：

第一条 铁路运输法院受理同级铁路运输检察院依法提起公诉的刑事案件。

下列刑事公诉案件，由犯罪地的铁路运输法院管辖：

（一）车站、货场、运输指挥机构等铁路工作区域发生的犯罪；

（二）针对铁路线路、机车车辆、通讯、电力等铁路设备、设施的犯罪；

（三）铁路运输企业职工在执行职务中发生的犯罪。

在列车上的犯罪，由犯罪发生后该列车最初停靠的车站所在地或者目的地的铁路运输法院管辖；但在国际列车上的犯罪，按照我国与相关国家签订的有关管辖协定确定管辖，没有协定的，由犯罪发生后该列车最初停靠的中国车站所在地或者目的地的铁路运输法院管辖。

第二条 本规定第一条第二、三款范围内发生的刑事自诉案件，自诉人向铁路运输法院提起自诉的，铁路运输法院应当受理。

第三条 下列涉及铁路运输、铁路安全、铁路财产的民事诉讼，由铁路运输法院管辖：

（一）铁路旅客和行李、包裹运输合同纠纷；

（二）铁路货物运输合同和铁路货物运输保险合同纠纷；

（三）国际铁路联运合同和铁路运输企业作为经营人的多式联运合同纠纷；

（四）代办托运、包装整理、仓储保管、接取送达等铁路运输延伸服务合同纠纷；

（五）铁路运输企业在装卸作业、线路维修等方面发生的委外劳务、承包等合同纠纷；

（六）与铁路及其附属设施的建设施工有关的合同纠纷；

（七）铁路设备、设施的采购、安装、加工承揽、维护、服务等合同纠纷；

（八）铁路行车事故及其他铁路运营事故造成的人身、财产损害赔偿纠纷；

（九）违反铁路安全保护法律、法规，造成铁路线路、机车车辆、安全保障设施及其他财产损害的侵权纠纷；

（十）因铁路建设及铁路运输引起的环境污染侵权纠纷；

（十一）对铁路运输企业财产权属发生争议的纠纷。

第四条 铁路运输基层法院就本规定第一条至第三条所列案件作出的判决、裁定，当事人提起上诉或铁路运输检察院提起抗诉的二审案件，由相应的铁路运输中级法院受理。

第五条 省、自治区、直辖市高级人民法院可以指定辖区内的铁路运输基层法院受理本规定第三条以外的其他第一审民事案件，并指定该铁路运输基层法院驻在地的中级人民法院或铁路运输中级法院受理对此提起上诉的案件。此类案件发生管辖权争议的，由该高级人民法院指定管辖。

省、自治区、直辖市高级人民法院可以指定辖区内的铁路运输中级法院受理对其驻在地基层人民法院一审民事判决、裁定提起上诉的案件。

省、自治区、直辖市高级人民法院对本院及下级人民法院的执行案件，认为需要指定执行的，可以指定辖区内的铁路运输法院执行。

第六条 各高级人民法院指定铁路运输法院受理案件的范围，报最高人民法院批准后实施。

第七条 本院以前作出的有关规定与本规定不一致的，以本规定为准。

本规定施行前，各铁路运输法院依照此前的规定已经受理的案件，不再调整。

最高人民法院关于审理铁路运输人身损害赔偿纠纷案件适用法律若干问题的解释

（2010年3月3日　法释〔2010〕5号）

为正确审理铁路运输人身损害赔偿纠纷案件，依法维护各方当事人的合法权益，根据《中华人民共和国民法通则》、《中华人民共和国铁路法》、《中华人民共和国民事诉讼法》等法律的规定，结合审判实践，就有关适用法律问题作如下解释：

第一条 人民法院审理铁路行车事故及其他铁路运营事故造成的铁路运输人身损害赔偿纠纷案件，适用本解释。

与铁路运输企业建立劳动合同关系或者形成劳动关系的铁路职工在执行职务中发生的人身损害，依照有关调整劳动关系的法律规定及其他相关法律规定处理。

第二条 铁路运输人身损害的受害人、依法由受害人承担扶养义务的被扶养人以及死亡受害人的近亲属为赔偿权利人，有权请求赔偿。

第三条 赔偿权利人要求对方当事人承担侵权责任的，由事故发生地、列车最先到达地或者被告住所地铁路运输法院管辖；赔偿权利人依照合同法要求承运人承担违约责任予以人身损害赔偿的，由运输始发地、目的地或者被告住所地铁路运输法院管辖。

第四条 铁路运输造成人身损害的，铁路运输企业应当承担赔偿责任；法律另有规定的，依照其规定。

第五条 铁路运输中发生人身损害，铁路运输企业举证证明有下列情形之一的，不承担赔偿责任：

（一）不可抗力造成的；

（二）受害人故意以卧轨、碰撞等方式造成的。

第六条 因受害人翻越、穿越、损毁、移动铁路线路两侧防护围墙、栅栏或者其他防护设施穿越铁路线路，偷乘货车，攀附行进中的列车，在未设置人行通道的铁路桥梁、隧道内通行，攀爬高架铁路线路，以及其他未经许可进入铁路线路、车站、货场等铁路作业区域的过错行为，造成人身损害的，应当根据受害人的过错程度适当减轻铁路运输企业的赔偿责任，并按照以下情形分别处理：

（一）铁路运输企业未充分履行安全防护、警示等义务，受害人有上述过错行为的，铁路运输企业应当在全部损失的百分之八十至百分之二十之间承担赔偿责任；

（二）铁路运输企业已充分履行安全防护、警示等义务，受害人仍施以上述过错行为的，铁路运输企业应当在全部损失的百分之二十至百分之十之间承担赔偿责任。

第七条 受害人横向穿越未封闭的铁路线路时存在过错，造成人身损害的，按照前条规定处理。

受害人不听从值守人员劝阻或者无视禁行警示信号、标志硬行通过铁路平交道口、人行过道，或者沿铁路线路纵向行走，或者在铁路线路上坐卧，造成人身损害，铁路运输企业举证证明已充分履行安全防护、警示等义务的，不承担赔偿责任。

第八条 铁路运输造成无民事行为能力人人身损害的，铁路运输企业应当承担赔偿责任；监护人有过错的，按照过错程度减轻铁路运输企业的赔偿责任，但铁路运输企业承担的赔偿责任应当不低于全部损失的百分之五十。

铁路运输造成限制民事行为能力人人身损害的，铁路运输企业应当承担赔偿责任；监护人及受害人自身有过错的，按照过错程度减轻铁路运输企业的赔偿责任，但铁路运输企业承担的赔偿责任应当不低于全部损失的百分之四十。

第九条 铁路机车车辆与机动车发生碰撞造成机动车驾驶人员以外的人人身损害的，由铁路运输企业与机动车一方对受害人承担连带赔偿责任。铁路运输企业与机动车一方之间，按照各自的过错分担责任；双方均无过错的，按照公平原则分担责任。对受害人实际承担赔偿责任超出应当承担份额的一方，有权向另一方追偿。

铁路机车车辆与机动车发生碰撞造成机动车驾驶人员人身损害的，按照本解释第四条至第七条的规定处理。

第十条 在非铁路运输企业实行监护的铁路无人看守道口发生事故造成人身损害的，由铁路运输企业按照本解释的有关规定承担赔偿责任。道口管理单位有过错的，铁路运输企业对赔偿权利人承担赔偿责任后，有权向道口管理单位追偿。

第十一条 对于铁路桥梁、涵洞等设施负有管理、维护等职责的单位，因未尽职责使该铁路桥梁、涵洞等设施不能正常使用，导致行人、车辆穿越铁路线路造成人身损害的，铁路运输企业按照本解释有关规定承担赔偿责任后，有权向该单位追偿。

第十二条 铁路旅客运送期间发生旅客人身损害，赔偿权利人要求铁路运输企业承担违约责任的，人民法院应当依照《中华人民共和国合同法》第二百九十条、第三百零一条、第三百零二条等规定，确定铁路运输企业是否承担责任及责任的大小；赔偿权利人要求铁路运输企业承担侵权赔偿责任的，人民法院应当依照有关侵权责任的法律规定，确定铁路运输企业是否承担赔偿责任及责任的大小。

第十三条 铁路旅客运送期间因第三人侵权造成旅客人身损害的，由实施侵权行为的第三人承担赔偿责任。铁路运输企业有过错的，应当在能够防止或者制止损害的范围内承担相应的补充赔偿责任。铁路运输企业承担赔偿责任后，有权向第三人追偿。

车外第三人投掷石块等击打列车造成车内旅客人身损害，赔偿权利人要求铁路运输企业先予赔偿的，人民法院应当予以支持。铁路运输企业赔付后，有权向第三人追偿。

第十四条 有权作出事故认定的组织依照《铁路交通事故应急救援和调查处理条例》等有关规定制作的事故认定书，经庭审质证，对于事故认定书所认定的事实，当事人没有相反证据和理由足以推翻的，人民法院应当作为认定事实的根据。

第十五条 在专用铁路及铁路专用线上因运输造成人身损害，依法应当由肇事工具或者设备的所有人、使用人或者管理人承担赔偿责任的，适用本解释。

第十六条 本院以前发布的司法解释与本解释不一致的，以本解释为准。

本解释施行前已经终审，本解释施行后当事人申请再审或者按照审判监督程序决定再审的案件，不适用本解释。

公报案例

淮安市人民检察院诉康兆永、王刚危险物品肇事案①

【裁判要旨】

一、有危险货物运输从业资格的人员，明知使用具有安全隐患的机动车超载运输剧毒化学品，有可能引发危害公共安全的事故，却轻信能够避免，以致这种事故发生并造成严重后果的，构成《刑法》第一百三十六条规定的危险物品肇事罪。

二、从事剧毒化学品运输工作的专业人员，在发生交通事故致使剧毒化学品泄漏后，有义务利用随车配备的应急处理器材和防护用品抢救对方车辆上的受伤人员，有义务在现场附近设置警戒区域，有义务及时报警并在报警时主动说明危险物品的特征、可能发生的危害，以及需要采取何种救助工具与救助方式才能防止、减轻以至消除危害，有义务在现场等待抢险人员的到来，利用自己对剧毒危险化学品的专业知识以及对运输车辆构造的了解，协助抢险人员处置突发事故。从事剧毒化学品运输工作的专业人员不履行这些义务，应当对由此造成的特别严重后果承担责任。

【案情】

公诉机关：江苏省淮安市人民检察院。

被告人：康兆永，男，30岁，山东省济宁市人，济宁市远达石化有限公司驾驶员，住济宁市任城区，2005年4月9日被逮捕。

被告人：王刚，男，38岁，山东省宁阳县人，济宁市远达石化有限公司驾驶员，住宁阳县泗店镇，2005年4月9日被逮捕。

江苏省淮安市人民检察院以被告人康兆永、王刚

① 案例来源：《最高人民法院公报》2006年第8期。

犯危险物品肇事罪，向江苏省淮安市中级人民法院提起公诉。

起诉书指控：被告人康兆永、王刚驾驶安装报废轮胎的拖挂罐体车，超限超载运输40.44吨液氯，途中因轮胎爆裂导致交通肇事，使液氯大量泄漏。事故发生后，二人既不救助对方车辆的遇险人员，也不在现场设置任何警示标志，而是跑到现场附近的麦田里，王刚打电话报警，报警时未说明危害情况。尔后二人在麦田里观望约3小时后逃离，次日下午向南京警方投案自首。此次事故，造成485人中毒，其中29人死亡，一万余名村民被迫疏散转移，近9000头（只）家畜、家禽死亡，2万余亩农作物绝收或受损，大量树木、鱼塘和村民的食用粮、家用电器受污染、腐蚀，各类经济损失约2000余万元。康兆永、王刚的行为，触犯《中华人民共和国刑法》（以下简称《刑法》）第一百三十六条规定，构成危险物品肇事罪，请依法追究其刑事责任。鉴于康兆永、王刚能投案自首，依法可从轻处罚。

公诉机关提交户籍证明等书证、证人证言、被害人陈述、被告人供述、报警电话录音视听资料、道路交通事故技术鉴定书、肇事车辆检验报告、被害人尸体检验鉴定结论、现场勘查笔录、现场图、照片及交通事故认定书、淮安市人民政府的"情况说明"等证据。

被告人康兆永对上述指控未作辩解，其辩护人认为：1. 尸体检验鉴定结论上没有死亡时间，不能说明29名被害人是在此次事故中死亡；淮安市人民政府"情况说明"中的直接经济损失只是估算数字，不能作为认定本案经济损失的依据。因此，认定康兆永的行为造成特别严重后果，证据不足。2. 本次事故发生后，公安机关的接警人员未能问清楚事故的具体原因，以致不能及时有效地层开救助，并且在事故处理过程中又引发液氯二次泄漏，由此造成的特别严重后果，不应由康兆永承担罪责。3. 康兆永离开现场后，次日即投案自首，不存在逃逸行为。综上所述，康兆永的行为虽然构成危险物品肇事罪，但后果不是特别严重，应当在三年以下量刑。

被告人王刚对上述指控未作辩解，其辩护人认为：1. 王刚在事发后能及时报警，客观上减轻了犯罪的社会危害性。2. 王刚在事发后投案自首，依法可以从轻处罚。3. 王刚平时表现好，犯罪后认罪悔罪态度较好。请求法院对王刚减轻处罚。

【审判】

淮安市中级人民法院经审理查明：

被告人康兆永、王刚均是山东省济宁市远达石化有限公司（以下简称远达公司）雇佣的驾驶员，均领取了危险货物运输从业资格证和道路危险货物运输操作证，具有从事危险品运输的专业资格。远达公司经营化工产品和原料的批发、零售，由于不具备运输危险品资质，遂与济宁科迪化学危险货物运输中心（以下简称科迪中心）签订委托管理合同，将远达公司的危险品运输车辆和驾驶人员挂靠入户到科迪中心名下，从而取得运输危险品资质，但车辆和人员仍由远达公司经理马建国（另案处理，因危险物品肇事罪被判处有期徒刑六年）实际管理。

2005年3月28日上午，受马建国指令，远达公司驻南京车队队长张凤哲安排被告人康兆永、王刚驾驶鲁H00099号牵引车，牵引LJ－0065号拖挂罐体车，去山东省临沂市沂州化工有限公司（以下简称沂州化工公司）拖运远达公司销售给江苏钟山石化有限公司的液氯。3月29日上午，王刚到沂州化工公司申请装货。该公司负责销售工作的销售二部经理刘超和公司副总经理朱平书（另案处理，因危险物品肇事罪各被判处有期徒刑三年零六个月）违反LJ－0065号拖挂罐体车的核定载重量，批准为该车充装40.44吨液氯。装车后，康兆永驾车、王刚押车，二人沿京沪高速公路由北向南行驶。当日约18时40分，该车行至沂淮江段103KM＋525M处时，左前轮轮胎突然爆裂，致使车辆方向失控，撞毁中间隔离护栏，冲入对面上行车道。LJ－0065号拖挂罐体车与鲁H00099号牵引车脱离，向左侧翻在道路上。事发时，恰有山东临沂籍驾驶员马建军驾驶鲁Q08477号半挂车在上行车道由南向北驶来。马建军紧急避让未成功，鲁Q08477号车车体左侧与侧翻的LJ－0065号拖挂罐体车顶部碰刮后冲下护坡，马建军被夹在驾驶座位中间，同车副驾驶马宇被摔出车外，后马宇帮助马建军转移至公路中间的隔离带。碰刮中，LJ－0065号拖挂罐体车顶部的液相阀和气相阀脱落，罐内液氯大量泄漏。

被告人康兆永、王刚看到液氯泄漏后，立即越过高速公路的西边护网，逃至附近麦田里。逃跑过程中，王刚用手机拨打"110"电话报警称："有辆装危险品液氯的拖挂罐体车，在京沪高速公路淮阴北出口南15公里处翻车。"当晚，康兆永、王刚潜伏在附近的麦田观望现场抢险，约二三小时后逃离现场至淮安市区住宿，次日上午乘车逃至南京，下午向南京警方投案自首。

该起液氯泄漏事故，造成马建军、马宇及事故现场周边的淮阴区、涟水县大量群众中毒，其中马建军、张周氏等29人因氯气中毒死亡，王凯、严海浪等400余人住院治疗，陈兵等1800余人门诊留治，1万余名村民被迫疏散转移，并造成数千头（只）家畜、家禽死亡，大面积农作物绝收或受损，大量树木、鱼塘和村民的食用粮、家用电器受污染、腐蚀，财产损失巨大。

事后经公安部道路交通管理科学研究所对鲁H00099号拖挂罐体车轮胎爆裂原因进行鉴定，结论为:1. 该车长期在超载情况下行驶,轮胎气压高于标准压力,使轮胎刚性增大,胎冠中间部位凸出,与地面接触面积减少,受力增大,引起胎冠中央过度磨损,胎冠及花纹底部开裂,形成众多裂纹。2. 由于超载引起轮胎过度变形和轮胎气压升高,在行驶中随着轮胎内部温度的升高,轮胎帘线过度伸张,橡胶复合材料的物理特性连续遭到破坏;加上轮胎胎冠原有裂纹处应力集中,在交变载荷的重复作用下,应力超过材料的强度极限,开裂处产生逐渐扩大的破坏,形成帘线与橡胶间的粘着失效,胎肩与胎冠处产生部分脱空现象,行驶中脱空部位温度过高,帘线负荷能力下降,导致帘布层折断,胎冠和胎肩爆裂。3. 左前轮紧贴爆裂胎冠及胎肩的帘布层断裂的端头较为整齐,属突然爆裂所致,而其余帘布层帘线的断裂端头均发粘、发毛且卷曲,呈明显碾压所致。4. 该车使用的左右前轮、第二、第三轴左后轮的轮胎花纹深度以及磨损程度,均不符合GB7258－2004国家标准,且未达到同一轴轮胎规格和花纹相同的要求。该车使用存在严重交通安全隐患的报废轮胎,行驶中发生爆胎是必然现象。

淮安市公安局交通巡逻警察支队京沪高速公路大队对交通事故责任作如下认定:康兆永驾驶机件不符合安全技术标准的车辆运输剧毒化学品且严重超载,导致左前轮爆胎,罐车侧翻,液氯泄漏,是造成此次特大事故的直接原因。王刚作为驾驶员兼押运员,对运输剧毒化学品的车辆安全行驶负有重要监管职责,却纵容安全机件不符合技术标准且严重超载的剧毒化学危险品车辆上路行驶,是造成此次事故发生的又一直接原因。事故发生后,康兆永、王刚逃离现场,应共同负事故的全部责任。

上述事实,有以下证据证实:

1. 机动车驾驶证、危险货物运输从业资格证、道路危险货物运输操作证以及被告人康兆永、王刚的供述,证实康兆永、王刚有危险品运输的专业资格,被远达公司雇佣,从事危险品运输工作。

2. 马建国、张凤哲、荣宗太、郜忠伟、杜本元的证人证言笔录、化学危险货物运输车辆委托管理合同,证实远达公司的危险品运输人员和车辆挂靠在科迪中心,实际由马建国经营管理。

3. 远达公司、沂州化工公司及科迪中心的营业执照、远达公司与江苏化建的液氯买卖合同、道路运输经营许可证、剧毒化学品购买凭证和运输通行证等书证,被告人康兆永、王刚的供述以及马建国、张凤哲、刘超、朱平书、施建国、沈守超、丁胜等证人的证言笔录,证实远达公司从沂州化工公司购买液氯销售、运输到南京的情况。

4. 行驶证、拖挂罐体车使用证、液氯计划单、包装单、检斤单、代销货发票、提取代销货发票记录、照片以及刘超、朱平书、王艳红等证人的证言笔录、被告人康兆永、王刚的当庭供述,证实LJ－0065号拖挂罐体车充装介质为液氯,最大充装重量为30吨,2005年3月29日LJ－0065号拖挂罐体车实际装载40.44吨液氯。

5. "110"接警单、王刚报警电话录音、南京市公安局交通管理局第七大队情况说明以及被告人康兆永、王刚的当庭供述,证实2005年3月29日下午,康兆永驾驶并由王刚押运的拖挂罐体车行驶至京沪高速路淮安段时,因左前轮胎爆胎而发生交通事故,导致液氯大量泄漏;康兆永、王刚在现场附近的麦田观望,王刚仅用电话报警,没有留在现场救助对方车辆上的人员和协助警方进行事故处理,直至次日下午到南京警方投案。

6. 被害人马宇的陈述笔录,证实马建军驾驶的货车与对面车道上冲过来的车辆相撞,己方车辆冲下路边护坡,后马建军与自己均被对方拖挂罐体车泄漏的气体毒害,马建军中毒死亡,当时对方车辆无人前来救助,自己因被救护人员及时送往医院抢救才脱险。

7. 交通事故现场勘查笔录、现场图、现场照片以及证人宋剑峰的证言笔录,证实事故现场位于京沪高速公路沂淮江段103KM＋525M处,鲁H00099号牵引车左前轮胎爆裂泄气,牵引车与拖挂罐体车脱离,拖挂罐体车左侧翻在上行车道,罐顶部液相阀、气相阀脱落,液氯泄漏;鲁008477号解放半挂车冲入公路护坡,车上装载的空液化气钢瓶散落在护坡及边沟。

8. 公安部交通管理科学研究所出具的道路交通事故技术鉴定书,认定鲁H00099号车左右前轮、第二、三轴左后轮使用的轮胎均为报废轮胎,发生爆胎是必然现象。

9. 淮安市公安局交巡警支队京沪高速公路大队出具的交通事故责任认定书,认定被告人康兆永、王刚违反《道路交通安全法》第二十一条、第二十二条第三款规定,共同负事故全部责任。

10. 淮安市锅炉压力容器检验研究所出具的检验鉴定报告,证实LJ－0065号拖挂罐体车顶部的气相与液相阀根部与罐体连接的螺栓断裂,阀门脱落,造成罐体敞口,氯气大量泄漏。

11. 法医检验鉴定结论及照片、公安机关和有关村委会出具的被害人身份证明、被害人唐广庭、宋宝国、赵龙广、刘琴、冯林、徐敏军、张中军、唐广国、周成虎等人的陈述笔录、医院病程记录等,证实马建军、张周氏、唐爱国等29名被害人因氯气中毒死亡,唐广庭、宋宝国、赵龙广等人中毒后到医院救治。

12. 淮安市人民政府的"情况说明",证实此次液氯泄漏事故造成的直接经济损失和相关群众人身及财产损失的情况。

13. 淮安市价格认证中心出具的价格评估报告、交通事故车损估价鉴定结论书,证实鲁008477号车损为64532元、石油液化气钢瓶损失为57541.5元。

以上证据经质证、认证,足以作为认定本案事实的根据。

《刑法》第一百三十六条规定:"违反爆炸性、易燃性、放射性、毒害性、腐蚀性物品的管理规定,在生产、储存、运输、使用中发生重大事故,造成严重后果的,处三年以下有期徒刑或者拘役;后果特别严重的,处三年以上七年以下有期徒刑。"在控辩双方一致确认被告人康兆永、王刚的行为已经触犯《刑法》第一百三十六条规定的情况下,本案争议焦点是:康兆永、王刚的行为造成的后果属于严重还是特别严重?

淮安市中级人民法院认为:

本案涉及的危害社会后果,是道路运输过程中的交通事故导致液氯大量泄漏造成的。液氯,是《危险化学品名录(2002版)》中列明的剧毒危险化学品。依照《刑法》第一百三十六条规定追究行为人的刑事责任,首先应当看行为人是否实施了违反管理规定的行为,其次看违反管理规定的行为与危害后果之间是否存在因果关系,再次看危害后果的严重程度。

本案发生于2005年3月29日,当时与道路运输液氯行为相关的法律和管理规定,有《中华人民共和国道路交通安全法》(以下简称《道路交通安全法》)、《中华人民共和国道路运输条例》(以下简称《道路运输条例》)和《危险化学品安全管理条例》。

《危险化学品安全管理条例》第三十五条第一款规定:"国家对危险化学品的运输实行资质认定制度;未经资质认定,不得运输危险化学品"。第三十七条第一款规定:"危险化学品运输企业,应当对其驾驶员、船员、装卸管理人员、押运人员进行有关安全知识培训;驾驶员、船员、装卸管理人员、押运人员必须掌握危险化学品运输的安全知识,并经所在地设区的市级人民政府交通部门考核合格(船员经海事管理机构考核合格),取得上岗资格证,方可上岗作业。"第二款规定:"运输危险化学品的驾驶员、船员、装卸人员和押运人员必须了解所运载的危险化学品的性质、危害特性、包装容器的使用特性和发生意外时的应急措施。运输危险化学品,必须配备必要的应急处理器材和防护用品。"被告人康兆永、王刚分别领取了危险货物运输从业资格证、道路危险货物运输操作证,证明二人了解道路运输液氯的安全知识,有从事道路运输液氯的专业资格,同时也证明在道路运输液氯的过程中,必要的应急处理器材和防护用品都随车配备。

《道路交通安全法》第二十一条规定:"驾驶人驾驶机动车上道路行驶前,应当对机动车的安全技术性能进行认真检查;不得驾驶安全设施不全或者机件不符合技术标准等具有安全隐患的机动车。"第二十二条第一款规定:"机动车驾驶人应当遵守道路交通安全法律、法规的规定,按照操作规范安全驾驶、文明驾驶。"第三款规定:"任何人不得强迫、指使、纵容驾驶人违反道路交通安全法律、法规和机动车安全驾驶要求驾驶机动车。"《危险化学品安全管理条例》第四十三条第一款规定:"通过公路运输危险化学品,必须配备押运人员,并随时处于押运人员的监管之下,不得超装、超载,不得进入危险化学品运输车辆禁止通行的区域;确需进入禁止通行区域的,应当事先向当地公安部门报告,由公安部门为其指定行车时间和路线,运输车辆必须遵守公安部门规定的行车时间和路线。"根据查明的事实,LJ-0065号拖挂罐体车核定的最大充装重量为30吨液氯,而本次事故发生前实际充装了40.44吨液氯,严重超载;牵引LJ-0065号拖挂罐体车的鲁H00099号车,使用了多个应当报废的轮胎,以至在行驶中左前轮爆胎,方向失控,酿成交通事故。被告人康兆永、王刚都持有机动车驾驶证,对机动车的安全技术要求,不仅了解且有一定实践经验;二人还持有危险货物运输从业资格证、道路危险货物运输操作证,对用存在安全隐患的机动车运输液氯可能发生的危险,二人事先有充分的认识。但是,康兆永仍驾驶着存在安全隐患且严重超载的机动车上路行驶,王刚作为危险品运输的专业押运人员,不尽监管职责,纵容康兆永实施违反道路交通安全法律的行为。二人明知他们的行为有可能引发危害公共安全的事故,却轻信能够避免,以致事故发生。对事故的发生,二人主观上存在重大过失,负有不可推卸的责任。

《道路交通安全法》第七十条规定:"在道路上发生交通事故,车辆驾驶人应当立即停车,保护现场;造成人身伤亡的,车辆驾驶人应当立即抢救受伤人员,并迅速报告执勤的交通警察或者公安机关交通管理部门。因抢救受伤人员变动现场的,应当标明位置。"《危险化学品安全管理条例》第四十四条规定:"剧毒化学品在公路运输途中发生被盗、丢失、流散、泄漏等情况时,承运人及押运人员必须立即向当地公安部门报告,并采取一切可能的警示措施。"作为专门从事剧毒危险化学品运输的驾驶员、押运员,被告人康兆永、王刚对液氯泄漏后的危险性是十分清楚的。交通事故导致液氯泄漏后,康兆永、王刚有义务利用随车配备的应急处理器材和防护用品,抢救对方车辆上的受伤人员,在现场附近设置警戒区域,有义务及时报警,并在报警时主动说明危险物品的特征、可能发生的危害,以及需要采取何种救助工具与救助方式才能防止、减轻以至消除危害，有义务在现场等待抢险人员的到来，利用自己对剧毒危险化学品的专业知识以及对运输车辆构造的了解，协助抢险人员处置突发事故，尽量减少事故损失，防止事故蔓延、扩大。但在事故发生后，康兆永、王刚不但未尽以上应尽的义务，反而迅速逃离现场。王刚虽然在逃离途中通过电话报警，但报警时未说明需要其说明的情况。抢险人员到来后，二人未协助抢险，而是在附近的麦田里观望，以致此次液氯泄漏在极短的时间内迅速衍化为重大公共灾难事件。康兆永、王刚的行为，与本案的特别严重后果之间存在直接因果关系，应当对本案的特别严重后果承担责任。康兆永的辩护人提出，警方接警时未能向报警人问清楚事故具体原因，抢险时处理措施不当造成液氯二次泄漏，扩大了危害后果，故本案的特别严重后果与康兆永的行为无关，不应由康兆永承担罪责。该辩护理由不能成立，不予采纳。

《危险化学品安全管理条例》第五十二条规定，发生危险化学品事故，有关地方人民政府应当做好指挥、领导工作，采取必要措施，减少事故损失，防止事故蔓延、扩大。在本案液氯泄漏事故发生后，淮安市人民政府依法履行指挥和领导职责，立即采取必要措施营救受害人员，迅速控制危害源，并对受害群众的人身及财产损失情况进行调查，组织相关方面专业人员进行评估，根据评估结果出具"情况说明"。淮安市人民政府的"情况说明"，是其履行法定职责的结果。"情况说明"反映的众多人员中毒和财产损失巨大等事实，客观存在；但"情况说明"中的直接经济损失数额，是由评估产生的，尚需其他证据予以印证。起诉书在没有提交其他证据的情况下，根据"情况说明"提供的数字指控本次事故造成各类经济损失为2000余万元，对这一具体数额不予确认。根据法医鉴定，29名被害人均死于氯气中毒。法医鉴定中虽然没有29名被害人的具体死亡时间，但基于29名被害人均是在本案的液氯泄漏后死亡，死因又是氯气中毒的事实，足以认定29名被害人的死亡是被告人康兆永、王刚运输液氯肇事的行为所致。据此，对康兆永的辩护人所提不能以"情况说明"中的数字认定本案经济损失的辩护意见，予以采纳，对其所提不能认定29名被害人在此次事故中死亡的辩护意见，不予采纳。

综上所述，被告人康兆永驾驶不符合安全标准的机动车超载运输剧毒危险化学品液氯，被告人王刚不尽押运职责，纵容康兆永实施上述违法行为，二人共同违反毒害性物品的管理规定，以致在运输中发生液氯泄漏的重大事故，其行为已经触犯《刑法》第一百三十六条规定，构成危险物品肇事罪。事故发生后，二人不尽救助对方受伤人员、设置警戒区域和协助抢险人员处置事故的法定义务，而是逃离现场，致使损害后果特别严重，依照《刑法》第一百三十六条规定，应当在三年以上七年以下有期徒刑的幅度内量刑。公诉机关指控的罪名成立，予以支持。

《刑法》第六十七条规定："犯罪以后自动投案，如实供述自己的罪行的，是自首。对于自首的犯罪分子，可以从轻或者减轻处罚。其中，犯罪较轻的，可以免除处罚。"第六十二条规定："犯罪分子具有本法规定的从重处罚、从轻处罚情节的，应当在法定刑的限度以内判处刑罚。"事故发生的次日，被告人康兆永、王刚向公安机关投案，投案后亦能如实供述自己的罪行，有自首情节。对康兆永、王刚，依法可从轻处罚，王刚辩护人所提王刚有自首、报警和认罪态度好等情节的辩护意见，应予采纳。但是根据康兆永、王刚在本案中的犯罪事实、犯罪性质、犯罪情节以及对社会的危害程度，依照《刑法》第六十一条规定，只能从轻处罚，不能减轻处罚，故对王刚的辩护人关于应减轻处罚，以及康兆永的辩护人关于应在三年以下量刑的辩护意见，均不予采纳。

据此，淮安市中级人民法院于2006年2月21日判决：

被告人康兆永犯危险物品肇事罪，判处有期徒刑六年六个月。

被告人王刚犯危险物品肇事罪，判处有期徒刑六年六个月。

一审宣判后，公诉机关在法定期限内未提出抗诉，被告人康兆永、王刚也未上诉，一审判决发生法律效力。

四、建筑施工安全

中华人民共和国建筑法

（1997 年 11 月 1 日第八届全国人民代表大会常务委员会第二十八次会议通过　根据 2011 年 4 月 22 日第十一届全国人民代表大会常务委员会第二十次会议《关于修改〈中华人民共和国建筑法〉的决定》修正）

理解与适用

《建筑法》是我国建设工程法律制度的主要依据。该法共八章八十五条，涵盖建筑许可、建筑工程发包与承包、建筑工程监理、建筑安全生产管理、建筑工程质量管理以及法律责任等方面。主要内容包括：

1. 适用范围。《建筑法》适用于在我国境内从事的建筑活动，以及对建筑活动进行监督管理的行为。所谓建筑活动，是指各类房屋建筑及其附属设施的建造和与其配套的线路、管道、设备的安装活动。建设工程质量问题属于本法调整的对象，但建设工程使用的经过加工、制作的用于销售的建筑材料、建筑构配件和设备的质量问题，则受《产品质量法》调整。

2. 建筑许可制度。《建筑法》规定的建筑许可制度，包括建筑工程施工许可以及对从业资格的规定。建筑工程在开工之前，建设单位应当按照规定申领施工许可证。但不是所有的建筑工程都需要申领施工许可证。《建筑法》授权国务院建设行政主管部门根据实际情况确定一个限额，限额以下小型工程的施工不需要申请领取施工许可证。对于应当领取施工许可证方能施工的工程，未取得施工许可证或者施工报告未经批准擅自施工的，应当责令改正，不符合开工条件的则应当责令停止施工，可以处以罚款。

3. 建筑工程发包与承包。(1)发包的方式。建筑工程的发包方与承包方应当订立书面合同，约定双方的权利义务。发包的方式原则上采取招标投标的方式，对于不适于招标发包的，可以以委托的方式直接发包。《建筑法》提倡对工程实行总承包。对于平行发包，即肢解发包的做法，《建筑法》是明令禁止的。发包人可以将建筑工程的勘察、设计、施工、设备采购中的一项或多项发包给一个工程总承包单位，但不得将应当由一个承包单位完成的建筑工程肢解成若干部分发包给几个承包单位。(2)共同承包。大型建筑工程或者结构复杂的建筑工程，可以由两个以上的承包单位共同承包，共同承包的各方对承包合同承担连带责任。如果共同承包各方的资质等级不同，承包工程的范围应当以资质等级低的单位的业务许可范围为准。(3)转包与分包。建筑工程总承包单位不得将其承包的工程转包。建筑工程分包的，除总承包合同约定的以外，必须经建设单位认可。建筑工程施工总承包单位分包的，建筑工程主体结构的施工仍然必须由总承包单位自行完成。分包单位必须具备相应的资质条件。分包单位与总承包单位之间的权利义务关系由合同约定，但两者对发包人承担连带责任。分包单位不得将其承包的部分工程再行分包。

4. 建筑安全生产。建筑安全是建筑生产活动的生命线。《建筑法》对其做了专章规定。对建设单位、施工单位等在预防事故、安全培训、事故处理等方面的义务做了全面的规定。

5. 建筑工程质量。建筑工程勘察、设计、施工的质量都必须符合国家有关建筑工程安全标准的要求。国家对从事建筑活动的单位推行质量体系认证制度。建筑工程所涉单位必须依法行事，确保建筑工程质量。建筑工程竣工验收后方可交付使用。此外，建筑工程还实行质量保修制度，保修的期限根据保证建筑物合理寿命年限内正常使用，维护使用者合法权益的原则确定。在建筑物的合理使用寿命内，因建筑工程质量不合格受到损害的，有权向责任者要求赔偿。

第一章　总　　则

第一条　【立法目的】为了加强对建筑活动的监督管理，维护建筑市场秩序，保证建筑工程的质量和安全，促进建筑业健康发展，制定本法。

注释［建筑市场］

建筑市场，是指以建筑工程项目的建设单位或称业主（发包方）和从事建筑工程的勘察、设计、施工、监理等业务活动的法人或自然人（承包方）以及有关的中介机构为市场主体，以建筑工程项目的勘察、设计、施工等建筑活动的工作成果或者以工程监理的监理服务为市场交易客体的建筑工程项目承发包交易活动的统称。它既包括在一些地方已经建成的通常设有交易大厅和固定交易场位，专供发包方和承包方在其中进行承发包交易活动的有形的市场，也包括没有固定的交易场所，发包方和承包方主要通过广告、通讯、中介等方式进行承发包交易活动的无形市场。

第二条　【适用范围】在中华人民共和国境内从事建筑活动，实施对建筑活动的监督管理，应当遵守本法。

本法所称建筑活动，是指各类房屋建筑及其附属设施的建造和与其配套的线路、管道、设备的安装活动。

第三条　【建设活动要求】建筑活动应当确保建筑工程质量和安全，符合国家的建筑工程安全标准。

第四条　【国家扶持】国家扶持建筑业的发展，支持建筑科学技术研究，提高房屋建筑设计水平，鼓励节约能源和保护环境，提倡采用先进技术、先进设备、先进工艺、新型建筑材料和现代管理方式。

注释国家推广使用民用建筑节能的新技术、新工艺、新材料和新设备，限制使用或者禁止使用能源消耗高的技术、工艺、材料和设备。建设单位、设计单位、施工单位不得在建筑活动中使用列入禁止使用目录的技术、工艺、材料和设备。

第五条　【从业要求】从事建筑活动应当遵守法律、法规，不得损害社会公共利益和他人的合法权益。

任何单位和个人都不得妨碍和阻挠依法进行的建筑活动。

第六条　【管理部门】国务院建设行政主管部门对全国的建筑活动实施统一监督管理。

第二章　建筑许可

第一节　建筑工程施工许可

第七条　【许可证的领取】建筑工程开工前，建设单位应当按照国家有关规定向工程所在地县级以上人民政府建设行政主管部门申请领取施工许可证；但是，国务院建设行政主管部门确定的限额以下的小型工程除外。

按照国务院规定的权限和程序批准开工报告的建筑工程，不再领取施工许可证。

注释在中华人民共和国境内从事各类房屋建筑及其附属设施的建造、装修装饰和与其配套的线路、管道、设备的安装，以及城镇市政基础设施工程的施工，建设单位在开工前应当依照《建筑工程施工许可管理办法》的规定，向工程所在地的县级以上人民政府建设行政主管部门申请领取施工许可证。工程投资额在30万元以下或者建筑面积在300平方米以下的建筑工程，可以不申请办理施工许可证。省、自治区、直辖市人民政府建设行政主管部门可以根据当地的实际情况，对限额进行调整，并报国务院建设行政主管部门备案。按照国务院规定的权限和程序批准开工报告的建筑工程，不再领取施工许可证。

根据规定必须申请领取施工许可证的建筑工程未取得施工许可证的，一律不得开工。任何单位和个人不得将应该申请领取施工许可证的工程项目分解为若干限额以下的工程项目，规避申请领取施工许可证。

链接《建筑工程施工许可管理办法》第2、3条

第八条　【申领条件】申请领取施工许可证，应当具备下列条件：

（一）已经办理该建筑工程用地批准手续；

（二）在城市规划区的建筑工程，已经取得规划许可证；

（三）需要拆迁的，其拆迁进度符合施工要求；

（四）已经确定建筑施工企业；

（五）有满足施工需要的施工图纸及技术资料；

（六）有保证工程质量和安全的具体措施；

（七）建设资金已经落实；

（八）法律、行政法规规定的其他条件。

建设行政主管部门应当自收到申请之日起十五日内，对符合条件的申请颁发施工许可证。

注释《建筑工程施工许可管理办法》对建设单位申请领取施工许可证应当具备的条件进行了更加详细的说明。其中规定：(1)已经确定施工企业，按照规定应该招标的工程没有招标，应该公开招标的工程没有公开招标，或者肢解发包工程，以及将工程发包给不具备相应资质条件的，所确定的施工企业无效。(2)有满足施工需要的施工图纸及技术资料，要求施工图设计文件已按规定进行了审查。(3)有保证工程质量和安全的具体措施。是指施工企业编制的施工组织设计中有根据建筑工程特点制定的相应质量、安全技术措施，专业性较强的工程项目编制的专项质量、安全施工组织设计，并按照规定办理了工程质量、安全

监督手续。(4)建设资金问题。建设工期不足一年的,到位资金原则上不得少于工程合同价的50%,建设工期超过一年的,到位资金原则上不得少于工程合同价的30%。建设单位应当提供银行出具的到位资金证明,有条件的可以实行银行付款保函或者其他第三方担保。

施工许可证的领取程序。申请办理施工许可证,应当按照下列程序进行:(1)建设单位向发证机关领取《建筑工程施工许可证申请表》。(2)建设单位持加盖单位及法定代表人印鉴的《建筑工程施工许可证申请表》,并附法律规定的证明文件,向发证机关提出申请。(3)发证机关在收到建设单位报送的《建筑工程施工许可证申请表》和所附证明文件后,对于符合条件的,应当自收到申请之日起15日内颁发施工许可证;对于证明文件不齐全或者失效的,应当限期要求建设单位补正,审批时间可以自证明文件补正齐全后作相应顺延;对于不符合条件的,应当自收到申请之日起15日内书面通知建设单位,并说明理由。建筑工程在施工过程中,建设单位或者施工单位发生变更的,应当重新申请领取施工许可证。

链接《建筑工程施工许可管理办法》第4、5条

第九条 【开工期限】建设单位应当自领取施工许可证之日起三个月内开工。因故不能按期开工的,应当向发证机关申请延期;延期以两次为限,每次不超过三个月。既不开工又不申请延期或者超过延期时限的,施工许可证自行废止。

第十条 【施工中止与恢复】在建的建筑工程因故中止施工的,建设单位应当自中止施工之日起一个月内,向发证机关报告,并按照规定做好建筑工程的维护管理工作。

建筑工程恢复施工时,应当向发证机关报告;中止施工满一年的工程恢复施工前,建设单位应当报发证机关核验施工许可证。

第十一条 【不能按期施工处理】按照国务院有关规定批准开工报告的建筑工程,因故不能按期开工或者中止施工的,应当及时向批准机关报告情况。因故不能按期开工超过六个月的,应当重新办理开工报告的批准手续。

第二节 从业资格

第十二条 【从业条件】从事建筑活动的建筑施工企业、勘察单位、设计单位和工程监理单位,应当具备下列条件:

(一)有符合国家规定的注册资本;

(二)有与其从事的建筑活动相适应的具有法定执业资格的专业技术人员;

(三)有从事相关建筑活动所应有的技术装备;

(四)法律、行政法规规定的其他条件。

第十三条 【资质等级】从事建筑活动的建筑施工企业、勘察单位、设计单位和工程监理单位,按照其拥有的注册资本、专业技术人员、技术装备和已完成的建筑工程业绩等资质条件,划分为不同的资质等级,经资质审查合格,取得相应等级的资质证书后,方可在其资质等级许可的范围内从事建筑活动。

注释[建筑业企业资质]

建筑业企业应当按照其拥有的资产、主要人员、已完成的建筑工程业绩和技术装备等条件申请资质,经审查合格,取得建筑业企业资质证书后,方可在资质许可的范围内从事建筑施工活动。建筑业企业资质分为施工总承包、专业承包和施工劳务三个序列。施工总承包资质、专业承包资质按照工程性质和技术特点分别划分为若干资质类别。各资质类别按照规定的条件划分为若干资质等级。施工劳务资质不分类别和等级。建筑业企业资质标准和取得相应资质的企业可以承担工程的具体范围,由国务院住房城乡建设主管部门会同国务院有关部门制定。

[建设工程勘察设计企业资质]

国家对从事建设工程勘察、设计活动的单位,实行资质管理制度。具体办法由国务院建设行政主管部门商国务院有关部门制定。建设工程勘察、设计单位应当在其资质等级许可的范围内承揽建设工程勘察、设计业务。禁止建设工程勘察、设计单位超越其资质等级许可的范围或者以其他建设工程勘察、设计单位的名义承揽建设工程勘察、设计业务。禁止建设工程勘察、设计单位允许其他单位或者个人以本单位的名义承揽建设工程勘察、设计业务。

[工程监理企业资质]

从事建设工程监理活动的企业,应当按照规定取得工程监理企业资质,并在工程监理企业资质证书许可的范围内从事工程监理活动。工程监理企业资质分为综合资质、专业资质和事务所资质。其中,专业资质按照工程性质和技术特点划分为若干工程类别。综合资质、事务所资质不分级别。专业资质分为甲级、乙级;其中,房屋建筑、水利水电、公路和市政公用专业资质可设立丙级。

链接《建筑业企业资质管理规定》第3、5-11条;《建设工程勘察设计管理条例》第7、8条;《工程监理企业资质管理规定》第3、6-8条

案例 中国天衡国际经济贸易合作公司与石狮市德辉开发建设有限公司建筑工程承包合同纠纷、垫资合同纠纷案(中华人民共和国最高人民法院民事判决书〔1997〕民终字第38号)

案件适用要点:天衡公司没有承包建设工程的资质等级,即不具备建设工程总承包的主体资格,其与

德辉公司签订的《工程承包协议书》应属无效。合同无效,双方均有过错,应各自承担相应责任。

第十四条 【执业资格的取得】从事建筑活动的专业技术人员,应当依法取得相应的执业资格证书,并在执业资格证书许可的范围内从事建筑活动。

注释[注册建筑师执业资格]

注册建筑师,是指依法取得注册建筑师证书并从事房屋建筑设计及相关业务的人员。注册建筑师分为一级注册建筑师和二级注册建筑师。国家实行注册建筑师全国统一考试制度。注册建筑师考试合格,取得相应的注册建筑师资格的,可以申请注册。准予注册的申请人,分别由全国注册建筑师管理委员会和省、自治区、直辖市注册建筑师管理委员会核发由国务院建设行政主管部门统一制作的一级注册建筑师证书或者二级注册建筑师证书。

注册建筑师的执业范围:(1)建筑设计;(2)建筑设计技术咨询;(3)建筑物调查与鉴定;(4)对本人主持设计的项目进行施工指导和监督;(5)国务院建设行政主管部门规定的其他业务。

注册建筑师执行业务,应当加入建筑设计单位。

[注册结构工程师执业资格]

注册结构工程师,是指取得中华人民共和国注册结构工程师执业资格证书和注册证书,从事房屋结构、桥梁结构及塔架结构等工程设计及相关业务的专业技术人员。注册结构工程师分为一级注册结构工程师和二级注册结构工程师。注册结构工程师考试实行全国统一大纲、统一命题、统一组织的办法,原则上每年举行一次。注册结构工程师资格考试合格者,由省、自治区、直辖市人事(职改)部门颁发人事部统一印制、加盖建设部和人事部印章的中华人民共和国注册结构工程师执业资格证书。取得注册结构工程师执业资格证书者,要从事结构工程设计业务的,须申请注册。准予注册的申请人,分别由全国注册结构工程师管理委员会和省、自治区、直辖市注册结构工程师管理委员会核发由建设部统一制作的注册结构工程师注册证书。

注册结构工程师的执业范围:(1)结构工程设计;(2)结构工程设计技术咨询;(3)建筑物、构筑物、工程设施等调查和鉴定;(4)对本人主持设计的项目进行施工指导和监督;(5)建设部和国务院有关部门规定的其他业务。一级注册结构工程师的执业范围不受工程规模及工程复杂程度的限制。

注册结构工程师执行业务,应当加入一个勘察设计单位。

[监理工程师]

注册监理工程师,是指经考试取得中华人民共和国监理工程师资格证书,并按照规定注册,取得中华人民共和国注册监理工程师注册执业证书和执业印章,从事工程监理及相关业务活动的专业技术人员。未取得注册证书和执业印章的人员,不得以注册监理工程师的名义从事工程监理及相关业务活动。注册监理工程师实行注册执业管理制度。取得资格证书的人员,经过注册方能以注册监理工程师的名义执业。注册监理工程师依据其所学专业、工作经历、工程业绩,按照《工程监理企业资质管理规定》划分的工程类别,按专业注册。每人最多可以申请两个专业注册。取得资格证书的人员申请注册,由省、自治区、直辖市人民政府建设主管部门初审,国务院建设主管部门审批。

取得资格证书的人员,应当受聘于一个具有建设工程勘察、设计、施工、监理、招标代理、造价咨询等一项或者多项资质的单位,经注册后方可从事相应的执业活动。从事工程监理执业活动的,应当受聘并注册于一个具有工程监理资质的单位。

链接《注册建筑师条例》第2、7-21条;《注册结构工程师执业资格制度暂行规定》第3、6-19条;《注册监理工程师管理规定》第3-7条

第三章 建筑工程发包与承包

第一节 一般规定

第十五条 【承包合同】建筑工程的发包单位与承包单位应当依法订立书面合同,明确双方的权利和义务。

发包单位和承包单位应当全面履行合同约定的义务。不按照合同约定履行义务的,依法承担违约责任。

注释建设工程合同是承包人进行工程建设,发包人支付价款的合同。建设工程合同包括工程勘察、设计、施工合同。建设工程合同应当采用书面形式。国家重大建设工程合同,应当按照国家规定的程序和国家批准的投资计划、可行性研究报告等文件订立。勘察、设计合同的内容包括提交有关基础资料和文件(包括概预算)的期限、质量要求、费用以及其他协作条件等条款。施工合同的内容包括工程范围、建设工期、中间交工工程的开工和竣工时间、工程质量、工程造价、技术资料交付时间、材料和设备供应责任、拨款和结算、竣工验收、质量保修范围和质量保证期、双方相互协作等条款。

链接《合同法》第269、270、273-275条

第十六条 【活动原则】建筑工程发包与承包的招标投标活动,应当遵循公开、公正、平等竞争的原则,择优选择承包单位。

建筑工程的招标投标,本法没有规定的,适用有关招标投标法律的规定。

第十七条 【禁止行贿、索贿】发包单位及其工作人员在建筑工程发包中不得收受贿赂、回扣或者索取其他好处。

承包单位及其工作人员不得利用向发包单位及其工作人员行贿、提供回扣或者给予其他好处等不正当手段承揽工程。

第十八条 【造价约定】建筑工程造价应当按照国家有关规定，由发包单位与承包单位在合同中约定。公开招标发包的，其造价的约定，须遵守招标投标法律的规定。

发包单位应当按照合同的约定，及时拨付工程款项。

注释[合同定价]

当事人对建设工程的计价标准或者计价方法有约定的，按照约定结算工程价款。因设计变更导致建设工程的工程量或者质量标准发生变化，当事人对该部分工程价款不能协商一致的，可以参照签订建设工程施工合同时当地建设行政主管部门发布的计价方法或者计价标准结算工程价款。建设工程施工合同有效，但建设工程经竣工验收不合格的，按照以下情形分别处理：(1)修复后的建设工程经竣工验收合格，发包人请求承包人承担修复费用的，应予支持；(2)修复后的建设工程经竣工验收不合格，承包人请求支付工程价款的，不予支持。因建设工程不合格造成的损失，发包人有过错的，也应承担相应的民事责任。当事人对欠付工程价款利息计付标准有约定的，按照约定处理；没有约定的，按照中国人民银行发布的同期同类贷款利率计息。

[投标报价]

投标报价应当满足招标文件要求。投标报价应当依据企业定额和市场价格信息，并按照国务院和省、自治区、直辖市人民政府建设行政主管部门发布的工程造价计价办法进行编制。招标投标工程可以采用工程量清单方法编制招标标底和投标报价。工程量清单应当依据招标文件、施工设计图纸、施工现场条件和国家制定的统一工程量计算规则、分部分项工程项目划分、计量单位等进行编制。

链接《建筑工程施工发包与承包计价管理办法》第7、8条；《最高人民法院关于审理建设工程施工合同纠纷案件适用法律问题的解释》第3、16、17条

第二节 发 包

第十九条 【发包方式】建筑工程依法实行招标发包，对不适于招标发包的可以直接发包。

注释建设单位选择承包单位和材料供应单位，通常有两种方式：一是招标采购，包括公开招标和邀请招标。二是直接发包，即建设单位不经过价格比较，直接将工程的勘察、设计、施工、监理、材料设备供应等委托给有关单位。

根据《招标投标法》的规定，在中华人民共和国境内进行下列工程建设项目包括项目的勘察、设计、施工、监理以及与工程建设有关的重要设备、材料等的采购，必须进行招标：(1)大型基础设施、公用事业等关系社会公共利益、公众安全的项目；(2)全部或者部分使用国有资金投资或者国家融资的项目；(3)使用国际组织或者外国政府贷款、援助资金的项目。《工程建设项目招标范围和规模标准规定》规定，本规定第2条至第6条范围内的各类工程建设项目，包括项目的勘察、设计、施工、监理以及与工程建设有关的重要设备、材料等的采购，达到下列标准之一的，必须进行招标：(1)施工单项合同估算价在200万元人民币以上的；(2)重要设备、材料等货物的采购，单项合同估算价在100万元人民币以上的；(3)勘察、设计、监理等服务的采购，单项合同估算价在50万元人民币以上的；(4)单项合同估算价低于第(1)、(2)、(3)项规定的标准，但项目总投资额在3000万元人民币以上的。

建设项目的勘察、设计，采用特定专利或者专有技术的，或者其建筑艺术造型有特殊要求的，经项目主管部门批准，可以不进行招标，可以直接发包。

凡按照规定应该招标的工程不进行招标，应该公开招标的工程不公开招标的，招标单位所确定的承包单位一律无效。

链接《招标投标法》第3条；《工程建设项目招标范围和规模标准规定》第2－8条；《建设部关于进一步加强工程招标投标管理的规定》一

第二十条 【公开招标、开标方式】建筑工程实行公开招标的，发包单位应当依照法定程序和方式，发布招标公告，提供载有招标工程的主要技术要求、主要的合同条款、评标的标准和方法以及开标、评标、定标的程序等内容的招标文件。

开标应当在招标文件规定的时间、地点公开进行。开标后应当按照招标文件规定的评标标准和程序对标书进行评价、比较，在具备相应资质条件的投标者中，择优选定中标者。

第二十一条 【招标组织和监督】建筑工程招标的开标、评标、定标由建设单位依法组织实施，并接受有关行政主管部门的监督。

注释各地工程招标投标监督管理机构应当依据《行政处罚法》的规定，通过法规授权或接受建设行政主管部门依法委托而取得行政执法权。其主要的工作职能是：(1)审查招标申请，判定招标单位是否具备招标资格，招标工程是否具备招标条件，招标方式是否符合规定；(2)审查招标文件，判定评标的原则、标准、

方法和程序,以及合同的主要条款是否合法;(3)监督开标、评标和定标,重点是监督开标是否按照招标文件规定的时间、地点公开进行,评标是否按照招标文件和规定的原则、标准、方法和程序进行,定标是否依据评标报告中所推荐的中标候选人名单择优选定,工程是否发包给依法中标并具有相应资质条件的承包单位;(4)按照赋予的行政执法权,依法对招标各方的违法行为进行查处。

链接《建设部关于进一步加强工程招标投标管理的规定》四

第二十二条 【发包约束】建筑工程实行招标发包的,发包单位应当将建筑工程发包给依法中标的承包单位。建筑工程实行直接发包的,发包单位应当将建筑工程发包给具有相应资质条件的承包单位。

第二十三条 【禁止限定发包】政府及其所属部门不得滥用行政权力,限定发包单位将招标发包的建筑工程发包给指定的承包单位。

第二十四条 【总承包原则】提倡对建筑工程实行总承包,禁止将建筑工程肢解发包。

建筑工程的发包单位可以将建筑工程的勘察、设计、施工、设备采购一并发包给一个工程总承包单位,也可以将建筑工程勘察、设计、施工、设备采购的一项或者多项发包给一个工程总承包单位;但是,不得将应当由一个承包单位完成的建筑工程肢解成若干部分发包给几个承包单位。

注释[肢解发包]

肢解发包是指建设单位将应当由一个承包单位完成的建设工程分解成若干部分发包给不同的承包单位的行为。建设单位发包工程时,应该根据工程特点,以有利于工程的质量、进度、成本控制为原则,合理划分标段,不得肢解发包工程。这一规定的目的在于限定建设单位发包工程的最小单位。按照国际惯例,建设单位在组织实施建设工程时,一般要确定一个总包单位来协调各分包的关系,或确定一个项目管理公司来协调各承包单位的关系,很少有建设单位把工程的设计分别委托几个单位,或把工程的施工分别发包给几个单位实施的。在我国建设市场中有一些建设单位将按其性质的技术联系应当由一个承包单位整体承包的工程,肢解成若干部分,分别发包给几个承包单位,由于建设单位一般不具备工程管理的专业知识和经验,使得整个工程建设在管理和技术上缺乏应有的统筹协调,往往造成施工现场秩序的混乱,责任不清,严重影响工程建设质量,出了问题也很难找到责任方。因此,国家禁止建设单位将建设工程肢解发包。

链接《建设工程质量管理条例》第7、55、78条

第二十五条 【建筑材料采购】按照合同约定,建筑材料、建筑构配件和设备由工程承包单位采购的,发包单位不得指定承包单位购入用于工程的建筑材料、建筑构配件和设备或者指定生产厂、供应商。

注释按照合同约定,由建设单位采购建筑材料、建筑构配件和设备的,建设单位应当保证建筑材料、建筑构配件和设备符合设计文件和合同要求。建设单位不得明示或者暗示施工单位使用不合格的建筑材料、建筑构配件和设备。

链接《建设工程质量管理条例》第14条

第三节 承　　包

第二十六条 【资质等级许可】承包建筑工程的单位应当持有依法取得的资质证书,并在其资质等级许可的业务范围内承揽工程。

禁止建筑施工企业超越本企业资质等级许可的业务范围或者以任何形式用其他建筑施工企业的名义承揽工程。禁止建筑施工企业以任何形式允许其他单位或者个人使用本企业的资质证书、营业执照,以本企业的名义承揽工程。

注释承包人未取得建筑施工企业资质或者超越资质等级的,建设工程施工合同无效。

链接《建设工程质量管理条例》第18、25、34条;《最高人民法院关于审理建设工程施工合同纠纷案件适用法律问题的解释》第1、5条

第二十七条 【共同承包】大型建筑工程或者结构复杂的建筑工程,可以由两个以上的承包单位联合共同承包。共同承包的各方对承包合同的履行承担连带责任。

两个以上不同资质等级的单位实行联合共同承包的,应当按照资质等级低的单位的业务许可范围承揽工程。

第二十八条 【禁止转包、分包】禁止承包单位将其承包的全部建筑工程转包给他人,禁止承包单位将其承包的全部建筑工程肢解以后以分包的名义分别转包给他人。

注释[违法分包]

违法分包,是指下列行为:(1)总承包单位将建设工程分包给不具备相应资质条件的单位的;(2)建设工程总承包合同中未有约定,又未经建设单位认可,承包单位将其承包的部分建设工程交由其他单位完成的;(3)施工总承包单位将建设工程主体结构的施工分包给其他单位的;(4)分包单位将其承包的建设工程再分包的。

[转包]

转包,是指承包单位承包建设工程后,不履行合同约定的责任和义务,将其承包的全部建设工程转给他人或者将其承包的全部建设工程肢解以后以分包

的名义分别转给其他单位承包的行为。

链接《建设工程质量管理条例》第78条

第二十九条 【分包认可和责任制】建筑工程总承包单位可以将承包工程中的部分工程发包给具有相应资质条件的分包单位;但是,除总承包合同中约定的分包外,必须经建设单位认可。施工总承包的,建筑工程主体结构的施工必须由总承包单位自行完成。

建筑工程总承包单位按照总承包合同的约定对建设单位负责;分包单位按照分包合同的约定对总承包单位负责。总承包单位和分包单位就分包工程对建设单位承担连带责任。

禁止总承包单位将工程分包给不具备相应资质条件的单位。禁止分包单位将其承包的工程再分包。

注释[施工分包]

施工分包,是指建筑业企业将其所承包的房屋建筑和市政基础设施工程中的专业工程或者劳务作业发包给其他建筑业企业完成的活动。

合法分包应具备四个条件:(1)可以将承包工程中的部分工程进行分包,但实行施工总承包的,建筑工程主体结构的施工必须由总承包单位自行完成;(2)分包单位应当具有相应的资质条件;(3)除总承包合同约定的分包外,其他分包须经建设单位认可;(4)禁止分包单位将其承包的工程再分包,凡违反上述条件之一的,应定为违法分包。建设单位应当依法把好分包认可关。

对于不具备分包条件或者不符合分包规定的,建设单位有权在签订合同或者承包单位提出分包要求时不予认可。建设单位以发现承包单位进行转包或者违法分包的,有权要求其改正,并应报请建设行政主管部门予以查处。建设单位一般不得直接指定分包单位;确有特殊情况需要指定的,须征得承包单位同意。监理单位应当依法把好合同履约关。凡实行监理的工程、工程监理人员发现承包单位违反合同约定进行转包或者违法分包的,应当按照《建筑法》第32条的规定,要求承包单位改正或者报告建设单位要求其改正,对于拒不改正的,应当报请建设行政主管部门予以查处。

各级建设行政主管部门必须严格执法,对工程的承包方活动实施跟踪管理。依法加大对工程转包和违法分包行为的查处力度。要按照《建筑法》的规定,对于转包和违法分包工程的承包单位,责令其改正,没收违法所得,并处以罚款,可以责令停业整顿,降低资质等级;情节严重的,吊销资质证书。

对于因转包工程或者违法分包的工程不符合规定和质量标准而造成的损失,承包单位必须同接受转包或者分包的单位承担连带赔偿责任。

链接《建设部关于进一步加强工程招标投标管理的规定》六

第四章 建筑工程监理

第三十条 【监理制度推行】国家推行建筑工程监理制度。

国务院可以规定实行强制监理的建筑工程的范围。

第三十一条 【监理委托】实行监理的建筑工程,由建设单位委托具有相应资质条件的工程监理单位监理。建设单位与其委托的工程监理单位应当订立书面委托监理合同。

第三十二条 【监理监督】建筑工程监理应当依照法律、行政法规及有关的技术标准、设计文件和建筑工程承包合同,对承包单位在施工质量、建设工期和建设资金使用等方面,代表建设单位实施监督。

工程监理人员认为工程施工不符合工程设计要求、施工技术标准和合同约定的,有权要求建筑施工企业改正。

工程监理人员发现工程设计不符合建筑工程质量标准或者合同约定的质量要求的,应当报告建设单位要求设计单位改正。

第三十三条 【监理事项通知】实施建筑工程监理前,建设单位应当将委托的工程监理单位、监理的内容及监理权限,书面通知被监理的建筑施工企业。

第三十四条 【监理范围与职责】工程监理单位应当在其资质等级许可的监理范围内,承担工程监理业务。

工程监理单位应当根据建设单位的委托,客观、公正地执行监理任务。

工程监理单位与被监理工程的承包单位以及建筑材料、建筑构配件和设备供应单位不得有隶属关系或者其他利害关系。

工程监理单位不得转让工程监理业务。

第三十五条 【违约责任】工程监理单位不按照委托监理合同的约定履行监理义务,对应当监督检查的项目不检查或者不按照规定检查,给建设单位造成损失的,应当承担相应的赔偿责任。

工程监理单位与承包单位串通,为承包单位谋取非法利益,给建设单位造成损失的,应当与承包单位承担连带赔偿责任。

第五章 建筑安全生产管理

第三十六条 【管理方针、目标】建筑工程安全生产管理必须坚持安全第一、预防为主的方针,建立健全安全生产的责任制度和群防群治制度。

第三十七条 【工程设计要求】建筑工程设计应

当符合按照国家规定制定的建筑安全规程和技术规范，保证工程的安全性能。

注释 设计单位应当按照法律、法规和工程建设强制性标准进行设计，防止因设计不合理导致生产安全事故的发生。设计单位应当考虑施工安全操作和防护的需要，对涉及施工安全的重点部位和环节在设计文件中注明，并对防范生产安全事故提出指导意见。采用新结构、新材料、新工艺的建设工程和特殊结构的建设工程，设计单位应当在设计中提出保障施工作业人员安全和预防生产安全事故的措施建议。设计单位和注册建筑师等注册执业人员应当对其设计负责。

链接《建设工程安全生产管理条例》第13条

第三十八条 【安全措施编制】建筑施工企业在编制施工组织设计时，应当根据建筑工程的特点制定相应的安全技术措施；对专业性较强的工程项目，应当编制专项安全施工组织设计，并采取安全技术措施。

第三十九条 【现场安全防范】建筑施工企业应当在施工现场采取维护安全、防范危险、预防火灾等措施；有条件的，应当对施工现场实行封闭管理。

施工现场对毗邻的建筑物、构筑物和特殊作业环境可能造成损害的，建筑施工企业应当采取安全防护措施。

注释 施工单位应当在施工现场入口处、施工起重机械、临时用电设施、脚手架、出入通道口、楼梯口、电梯井口、孔洞口、桥梁口、隧道口、基坑边沿、爆破物及有害危险气体和液体存放处等危险部位，设置明显的安全警示标志。安全警示标志必须符合国家标准。施工单位应当根据不同施工阶段和周围环境及季节、气候的变化，在施工现场采取相应的安全施工措施。施工现场暂时停止施工的，施工单位应当做好现场防护，所需费用由责任方承担，或者按照合同约定执行。施工单位应当将施工现场的办公、生活区与作业区分开设置，并保持安全距离；办公、生活区的选址应当符合安全性要求。职工的膳食、饮水、休息场所等应当符合卫生标准。施工单位不得在尚未竣工的建筑物内设置员工集体宿舍。施工现场临时搭建的建筑物应当符合安全使用要求。施工现场使用的装配式活动房屋应当具有产品合格证。

施工单位应当在施工现场建立消防安全责任制度，确定消防安全责任人，制定用火、用电、使用易燃易爆材料等各项消防安全管理制度和操作规程，设置消防通道、消防水源，配备消防设施和灭火器材，并在施工现场入口处设置明显标志。

在城市市区内的建设工程，施工单位应当对施工现场实行封闭围挡。

链接《建设工程安全生产管理条例》第四章

第四十条 【地下管线保护】建设单位应当向建筑施工企业提供与施工现场相关的地下管线资料，建筑施工企业应当采取措施加以保护。

注释 建设单位应当向施工单位提供施工现场及毗邻区域内供水、排水、供电、供气、供热、通信、广播电视等地下管线资料，气象和水文观测资料，相邻建筑物和构筑物、地下工程的有关资料，并保证资料的真实、准确、完整。建设单位因建设工程需要，向有关部门或者单位查询前述规定的资料时，有关部门或者单位应当及时提供。施工单位对因建设工程施工可能造成损害的毗邻建筑物、构筑物和地下管线等，应当采取专项防护措施。

链接《建设工程安全生产管理条例》第6、30条

第四十一条 【污染控制】建筑施工企业应当遵守有关环境保护和安全生产的法律、法规的规定，采取控制和处理施工现场的各种粉尘、废气、废水、固体废物以及噪声、振动对环境的污染和危害的措施。

第四十二条 【须审批事项】有下列情形之一的，建设单位应当按照国家有关规定办理申请批准手续：

（一）需要临时占用规划批准范围以外场地的；

（二）可能损坏道路、管线、电力、邮电通讯等公共设施的；

（三）需要临时停水、停电、中断道路交通的；

（四）需要进行爆破作业的；

（五）法律、法规规定需要办理报批手续的其他情形。

第四十三条 【安全生产管理部门】建设行政主管部门负责建筑安全生产的管理，并依法接受劳动行政主管部门对建筑安全生产的指导和监督。

第四十四条 【施工企业安全责任】建筑施工企业必须依法加强对建筑安全生产的管理，执行安全生产责任制度，采取有效措施，防止伤亡和其他安全生产事故的发生。

建筑施工企业的法定代表人对本企业的安全生产负责。

注释 施工单位主要负责人依法对本单位的安全生产工作全面负责。施工单位应当建立健全安全生产责任制度和安全生产教育培训制度，制定安全生产规章制度和操作规程，保证本单位安全生产条件所需资金的投入，对所承担的建设工程进行定期和专项安全检查，并做好安全检查记录。

施工单位的项目负责人应当由取得相应执业资格的人员担任，对建设工程项目的安全施工负责，落实安全生产责任制度、安全生产规章制度和操作规程，确保安全生产费用的有效使用，并根据工程的特点组织制定安全施工措施，消除安全事故隐患，及时、如实报告生产安全事故。

链接《建设工程安全生产管理条例》第21条

第四十五条 【现场安全责任单位】施工现场安全由建筑施工企业负责。实行施工总承包的，由总承包单位负责。分包单位向总承包单位负责，服从总承包单位对施工现场的安全生产管理。

注释 建设工程实行施工总承包的，由总承包单位对施工现场的安全生产负总责。总承包单位应当自行完成建设工程主体结构的施工。总承包单位依法将建设工程分包给其他单位的，分包合同中应当明确各自的安全生产方面的权利、义务。总承包单位和分包单位对分包工程的安全生产承担连带责任。分包单位应当服从总承包单位的安全生产管理，分包单位不服从管理导致生产安全事故的，由分包单位承担主要责任。

链接《建设工程安全生产管理条例》第24条

第四十六条 【安全生产教育培训】建筑施工企业应当建立健全劳动安全生产教育培训制度，加强对职工安全生产的教育培训；未经安全生产教育培训的人员，不得上岗作业。

注释 垂直运输机械作业人员、安装拆卸工、爆破作业人员、起重信号工、登高架设作业人员等特种作业人员，必须按照国家有关规定经过专门的安全作业培训，并取得特种作业操作资格证书后，方可上岗作业。施工单位的主要负责人、项目负责人、专职安全生产管理人员应当经建设行政主管部门或者其他有关部门考核合格后方可任职。施工单位应当对管理人员和作业人员每年至少进行一次安全生产教育培训，其教育培训情况记入个人工作档案。安全生产教育培训考核不合格的人员，不得上岗。作业人员进入新的岗位或者新的施工现场前，应当接受安全生产教育培训。未经教育培训或者教育培训考核不合格的人员，不得上岗作业。施工单位在采用新技术、新工艺、新设备、新材料时，应当对作业人员进行相应的安全生产教育培训。

链接《建设工程安全生产管理条例》第25、36、37条

第四十七条 【施工安全保障】建筑施工企业和作业人员在施工过程中，应当遵守有关安全生产的法律、法规和建筑行业安全规章、规程，不得违章指挥或者违章作业。作业人员有权对影响人身健康的作业程序和作业条件提出改进意见，有权获得安全生产所需的防护用品。作业人员对危及生命安全和人身健康的行为有权提出批评、检举和控告。

注释 施工单位应当向作业人员提供安全防护用具和安全防护服装，并书面告知危险岗位的操作规程和违章操作的危害。作业人员有权对施工现场的作业条件、作业程序和作业方式中存在的安全问题提出批评、检举和控告，有权拒绝违章指挥和强令冒险作业。在施工中发生危及人身安全的紧急情况时，作业人员有权立即停止作业或者在采取必要的应急措施后撤离危险区域。

链接《建设工程安全生产管理条例》第32条

第四十八条 【企业承保】建筑施工企业应当依法为职工参加工伤保险缴纳工伤保险费。鼓励企业为从事危险作业的职工办理意外伤害保险，支付保险费。

第四十九条 【变动设计方案】涉及建筑主体和承重结构变动的装修工程，建设单位应当在施工前委托原设计单位或者具有相应资质条件的设计单位提出设计方案；没有设计方案的，不得施工。

注释 [建筑主体]

建筑主体，是指建筑实体的结构构造，包括屋盖、楼盖、梁、柱、支撑、墙体、连接接点和基础等。

[承重结构]

承重结构，是指直接将本身自重与各种外加作用力系统地传递给基础地基的主要结构构件和其连接接点，包括承重墙体、立杆、柱、框架柱、支墩、楼板、梁、屋架、悬索等。

[装修禁止行为]

住宅室内装饰装修活动，禁止下列行为：(1)未经原设计单位或者具有相应资质等级的设计单位提出设计方案，变动建筑主体和承重结构；(2)将没有防水要求的房间或者阳台改为卫生间、厨房间；(3)扩大承重墙上原有的门窗尺寸，拆除连接阳台的砖、混凝土墙体；(4)损坏房屋原有节能设施，降低节能效果；(5)其他影响建筑结构和使用安全的行为。

装修人从事住宅室内装饰装修活动，未经批准，不得有下列行为：(1)搭建建筑物、构筑物；(2)改变住宅外立面，在非承重外墙上开门、窗；(3)拆改供暖管道和设施；(4)拆改燃气管道和设施。第(1)项、第(2)项行为，应当经城市规划行政主管部门批准；第(3)项行为，应当经供暖管理单位批准；第(4)项行为应当经燃气管理单位批准。

链接《建设工程安全生产管理条例》第15条；《住宅室内装饰装修管理办法》第5－8条

第五十条 【房屋拆除安全】房屋拆除应当由具备保证安全条件的建筑施工单位承担，由建筑施工单位负责人对安全负责。

注释 设单位应当将拆除工程发包给具有相应资质等级的施工单位。建设单位应当在拆除工程施工15日前，将下列资料报送建设工程所在地的县级以上地方人民政府建设行政主管部门或者其他有关部门备案：(1)施工单位资质等级证明；(2)拟拆除建筑物、构筑物及可能危及毗邻建筑的说明；(3)拆除施工组织方案；(4)堆放、清除废弃物的措施。实施爆破作业的，应当遵守国家有关民用爆炸物品管理的规定。

链接《建设工程安全生产管理条例》第11、20、54条

第五十一条 【事故应急处理】施工中发生事故时，建筑施工企业应当采取紧急措施减少人员伤亡和事故损失，并按照国家有关规定及时向有关部门报告。

注释 施工单位发生生产安全事故，应当按照国家有关伤亡事故报告和调查处理的规定，及时、如实地向负责安全生产监督管理的部门、建设行政主管部门或者其他有关部门报告；特种设备发生事故的，还应当同时向特种设备安全监督管理部门报告。接到报告的部门应当按照国家有关规定，如实上报。实行施工总承包的建设工程，由总承包单位负责上报事故。发生生产安全事故后，施工单位应当采取措施防止事故扩大，保护事故现场。需要移动现场物品时，应当做出标记和书面记录，妥善保管有关证物。

链接《建设工程安全生产管理条例》第50、51条

第六章 建筑工程质量管理

第五十二条 【工程质量管理】建筑工程勘察、设计、施工的质量必须符合国家有关建筑工程安全标准的要求，具体管理办法由国务院规定。

有关建筑工程安全的国家标准不能适应确保建筑安全的要求时，应当及时修订。

第五十三条 【质量体系认证】国家对从事建筑活动的单位推行质量体系认证制度。从事建筑活动的单位根据自愿原则可以向国务院产品质量监督管理部门或者国务院产品质量监督管理部门授权的部门认可的认证机构申请质量体系认证。经认证合格的，由认证机构颁发质量体系认证证书。

第五十四条 【工程质量保证】建设单位不得以任何理由，要求建筑设计单位或者建筑施工企业在工程设计或者施工作业中，违反法律、行政法规和建筑工程质量、安全标准，降低工程质量。

建筑设计单位和建筑施工企业对建设单位违反前款规定提出的降低工程质量的要求，应当予以拒绝。

注释 建设工程发包单位不得迫使承包方以低于成本的价格竞标，不得任意压缩合理工期。建设单位不得明示或者暗示设计单位或者施工单位违反工程建设强制性标准，降低建设工程质量。按照合同约定，由建设单位采购建筑材料、建筑构配件和设备的，建设单位应当保证建筑材料、建筑构配件和设备符合设计文件和合同要求。建设单位不得明示或者暗示施工单位使用不合格的建筑材料、建筑构配件和设备。

链接《建设工程质量管理条例》第10、14条

第五十五条 【工程质量责任制】建筑工程实行总承包的，工程质量由工程总承包单位负责，总承包单位将建筑工程分包给其他单位的，应当对分包工程的质量与分包单位承担连带责任。分包单位应当接受总承包单位的质量管理。

注释 施工单位对建设工程的施工质量负责。施工单位应当建立质量责任制，确定工程项目的项目经理、技术负责人和施工管理负责人。建设工程实行总承包的，总承包单位应当对全部建设工程质量负责；建设工程勘察、设计、施工、设备采购的一项或者多项实行总承包的，总承包单位应当对其承包的建设工程或者采购的设备的质量负责。总承包单位依法将建设工程分包给其他单位的，分包单位应当按照分包合同的约定对其分包工程的质量向总承包单位负责，总承包单位与分包单位对分包工程的质量承担连带责任。

链接《建设工程质量管理条例》第26、27条

第五十六条 【工程勘察、设计职责】建筑工程的勘察、设计单位必须对其勘察、设计的质量负责。勘察、设计文件应当符合有关法律、行政法规的规定和建筑工程质量、安全标准、建筑工程勘察、设计技术规范以及合同的约定。设计文件选用的建筑材料、建筑构配件和设备，应当注明其规格、型号、性能等技术指标，其质量要求必须符合国家规定的标准。

注释 勘察、设计单位必须按照工程建设强制性标准进行勘察、设计，并对其勘察、设计的质量负责。注册建筑师、注册结构工程师等注册执业人员应当在设计文件上签字，对设计文件负责。勘察单位提供的地质、测量、水文等勘察成果必须真实、准确。设计单位应当根据勘察成果文件进行建设工程设计。设计文件应当符合国家规定的设计深度要求，注明工程合理使用年限。设计单位在设计文件中选用的建筑材料、建筑构配件和设备，应当注明规格、型号、性能等技术指标，其质量要求必须符合国家规定的标准。设计单位应当就审查合格的施工图设计文件向施工单位作出详细说明。设计单位应当参与建设工程质量事故分析，并对因设计造成的质量事故，提出相应的技术处理方案。

链接《建设工程质量管理条例》第三章

第五十七条 【建筑材料供给】建筑设计单位对设计文件选用的建筑材料、建筑构配件和设备，不得指定生产厂、供应商。

注释 除有特殊要求的建筑材料、专用设备、工艺生产线等外，设计单位不得指定生产厂、供应商。

链接《建设工程质量管理条例》第22条

第五十八条 【施工质量责任制】建筑施工企业对工程的施工质量负责。

建筑施工企业必须按照工程设计图纸和施工技术标准施工，不得偷工减料。工程设计的修改由原设计单位负责，建筑施工企业不得擅自修改工程设计。

注释 施工单位在施工过程中发现设计文件和图纸有差错的，应当及时提出意见和建议。

链接《建设工程质量管理条例》第28条

第五十九条 【建设材料设备检验】建筑施工企业必须按照工程设计要求、施工技术标准和合同的约定，对建筑材料、建筑构配件和设备进行检验，不合格的不得使用。

第六十条 【地基和主体结构质量保证】建筑物在合理使用寿命内，必须确保地基基础工程和主体结构的质量。

建筑工程竣工时，屋顶、墙面不得留有渗漏、开裂等质量缺陷；对已发现的质量缺陷，建筑施工企业应当修复。

第六十一条 【工程验收】交付竣工验收的建筑工程，必须符合规定的建筑工程质量标准，有完整的工程技术经济资料和经签署的工程保修书，并具备国家规定的其他竣工条件。

建筑工程竣工经验收合格后，方可交付使用；未经验收或者验收不合格的，不得交付使用。

注释 建设单位收到建设工程竣工报告后，应当组织设计、施工、工程监理等有关单位进行竣工验收。建设工程竣工验收应当具备下列条件：(1)完成建设工程设计和合同约定的各项内容；(2)有完整的技术档案和施工管理资料；(3)有工程使用的主要建筑材料、建筑构配件和设备的进场试验报告；(4)有勘察、设计、施工、工程监理等单位分别签署的质量合格文件；(5)有施工单位签署的工程保修书。建设工程经验收合格的，方可交付使用。

建设单位申请办理竣工验收备案应提交以下材料：(1)房屋建筑和市政基础设施工程竣工验收备案表；(2)建设工程竣工验收报告(包括工程报建日期，施工许可证号，施工图设计文件审查意见，勘察、设计、施工、工程监理等单位分别签署的工程验收文件及验收人员签署的竣工验收原始文件等)；(3)规划、消防、环保等部门出具的认可文件或者准许使用文件；(4)施工单位签署的工程质量保修书，住宅工程的《住宅工程质量保证书》和《住宅工程使用说明书》。

建设单位应当严格按照国家有关档案管理的规定，及时收集、整理建设项目各环节的文件资料，建立、健全建设项目档案，并在建设工程竣工验收后，及时向建设行政主管部门或者其他有关部门移交建设项目档案。施工单位对施工中出现质量问题的建设工程或者竣工验收不合格的建设工程，应当负责返修。

建设单位应当自建设工程竣工验收合格之日起15日内，将建设工程竣工验收报告和规划、公安消防、环保等部门出具的认可文件或者准许使用文件报建设行政主管部门或者其他有关部门备案。建设行政主管部门或者其他有关部门发现建设单位在竣工验收过程中有违反国家有关建设工程质量管理规定行为的，责令停止使用，重新组织竣工验收。

链接《建设工程质量管理条例》第16、17、32、49、56、58、59条；《房屋建筑和市政基础设施工程竣工验收备案管理办法》

第六十二条 【工程质量保修】建筑工程实行质量保修制度。

建筑工程的保修范围应当包括地基基础工程、主体结构工程、屋面防水工程和其他土建工程，以及电气管线、上下水管线的安装工程，供热、供冷系统工程等项目；保修的期限应当按照保证建筑物合理寿命年限内正常使用，维护使用者合法权益的原则确定。具体的保修范围和最低保修期限由国务院规定。

注释 建设工程实行质量保修制度。建设工程承包单位在向建设单位提交工程竣工验收报告时，应当向建设单位出具质量保修书。质量保修书中应当明确建设工程的保修范围、保修期限和保修责任等。

在正常使用条件下，建设工程的最低保修期限为：(1)基础设施工程、房屋建筑的地基基础工程和主体结构工程，为设计文件规定的该工程的合理使用年限；(2)屋面防水工程、有防水要求的卫生间、房间和外墙面的防渗漏，为5年；(3)供热与供冷系统，为2个采暖期、供冷期；(4)电气管线、给排水管道、设备安装和装修工程，为2年。其他项目的保修期限由发包方与承包方约定。建设工程的保修期，自竣工验收合格之日起计算。

建设工程在保修范围和保修期限内发生质量问题的，施工单位应当履行保修义务，并对造成的损失承担赔偿责任。建设工程在超过合理使用年限后需要继续使用的，产权所有人应当委托具有相应资质等级的勘察、设计单位鉴定，并根据鉴定结果采取加固、维修等措施，重新界定使用期。

链接《建设工程质量管理条例》第六章

第六十三条 【质量投诉】任何单位和个人对建筑工程的质量事故、质量缺陷都有权向建设行政主管部门或者其他有关部门进行检举、控告、投诉。

第七章 法律责任

第六十四条 【擅自施工处罚】违反本法规定，未取得施工许可证或者开工报告未经批准擅自施工的，责令改正，对不符合开工条件的责令停止施工，可以处以罚款。

第六十五条 【非法发包、承揽处罚】发包单位将工程发包给不具有相应资质条件的承包单位的，或者违反本法规定将建筑工程肢解发包的，责令改正，处以罚款。

超越本单位资质等级承揽工程的，责令停止违法行为，处以罚款，可以责令停业整顿，降低资质等级；情节严重的，吊销资质证书；有违法所得的，予以没收。

未取得资质证书承揽工程的，予以取缔，并处罚款；有违法所得的，予以没收。

以欺骗手段取得资质证书的，吊销资质证书，处以罚款；构成犯罪的，依法追究刑事责任。

第六十六条 【非法转让承揽工程处罚】建筑施工企业转让、出借资质证书或者以其他方式允许他人以本企业的名义承揽工程的，责令改正，没收违法所得，并处罚款，可以责令停业整顿，降低资质等级；情节严重的，吊销资质证书。对因该项承揽工程不符合规定的质量标准造成的损失，建筑施工企业与使用本企业名义的单位或者个人承担连带赔偿责任。

第六十七条 【转包处罚】承包单位将承包的工程转包的，或者违反本法规定进行分包的，责令改正，没收违法所得，并处罚款，可以责令停业整顿，降低资质等级；情节严重的，吊销资质证书。

承包单位有前款规定的违法行为的，对因转包工程或者违法分包的工程不符合规定的质量标准造成的损失，与接受转包或者分包的单位承担连带赔偿责任。

第六十八条 【行贿、索贿刑事责任】在工程发包与承包中索贿、受贿、行贿，构成犯罪的，依法追究刑事责任；不构成犯罪的，分别处以罚款，没收贿赂的财物，对直接负责的主管人员和其他直接责任人员给予处分。

对在工程承包中行贿的承包单位，除依照前款规定处罚外，可以责令停业整顿，降低资质等级或者吊销资质证书。

第六十九条 【非法监理处罚】工程监理单位与建设单位或者建筑施工企业串通，弄虚作假、降低工程质量的，责令改正，处以罚款，降低资质等级或者吊销资质证书；有违法所得的，予以没收；造成损失的，承担连带赔偿责任；构成犯罪的，依法追究刑事责任。

工程监理单位转让监理业务的，责令改正，没收违法所得，可以责令停业整顿，降低资质等级；情节严重的，吊销资质证书。

第七十条 【擅自变动施工处罚】违反本法规定，涉及建筑主体或者承重结构变动的装修工程擅自施工的，责令改正，处以罚款；造成损失的，承担赔偿责任；构成犯罪的，依法追究刑事责任。

第七十一条 【安全事故处罚】建筑施工企业违反本法规定，对建筑安全事故隐患不采取措施予以消除的，责令改正，可以处以罚款；情节严重的，责令停业整顿，降低资质等级或者吊销资质证书；构成犯罪的，依法追究刑事责任。

建筑施工企业的管理人员违章指挥、强令职工冒险作业，因而发生重大伤亡事故或者造成其他严重后果的，依法追究刑事责任。

链接《建设工程安全生产管理条例》第七章；《刑法》第134、397条

第七十二条 【质量降低处罚】建设单位违反本法规定，要求建筑设计单位或者建筑施工企业违反建筑工程质量、安全标准，降低工程质量的，责令改正，可以处以罚款；构成犯罪的，依法追究刑事责任。

第七十三条 【非法设计处罚】建筑设计单位不按照建筑工程质量、安全标准进行设计的，责令改正，处以罚款；造成工程质量事故的，责令停业整顿，降低资质等级或者吊销资质证书，没收违法所得，并处罚款；造成损失的，承担赔偿责任；构成犯罪的，依法追究刑事责任。

第七十四条 【非法施工处罚】建筑施工企业在施工中偷工减料的，使用不合格的建筑材料、建筑构配件和设备的，或者有其他不按照工程设计图纸或者施工技术标准施工的行为的，责令改正，处以罚款；情节严重的，责令停业整顿，降低资质等级或者吊销资质证书；造成建筑工程质量不符合规定的质量标准的，负责返工、修理，并赔偿因此造成的损失；构成犯罪的，依法追究刑事责任。

第七十五条 【不保修处罚及赔偿】建筑施工企业违反本法规定，不履行保修义务或者拖延履行保修义务的，责令改正，可以处以罚款，并对在保修期内因屋顶、墙面渗漏、开裂等质量缺陷造成的损失，承担赔偿责任。

第七十六条 【行政处罚机关】本法规定的责令停业整顿、降低资质等级和吊销资质证书的行政处罚，由颁发资质证书的机关决定；其他行政处罚，由建设行政主管部门或者有关部门依照法律和国务院规定的职权范围决定。

依照本法规定被吊销资质证书的，由工商行政管理部门吊销其营业执照。

第七十七条 【非法颁证处罚】违反本法规定，对不具备相应资质等级条件的单位颁发该等级资质证书的，由其上级机关责令收回所发的资质证书，对直接负责的主管人员和其他直接责任人员给予行政处分；构成犯罪的，依法追究刑事责任。

第七十八条 【限包处罚】政府及其所属部门的工作人员违反本法规定，限定发包单位将招标发包的工程发包给指定的承包单位的，由上级机关责令改正；构成犯罪的，依法追究刑事责任。

第七十九条 【非法颁证、验收处罚】负责颁发建筑工程施工许可证的部门及其工作人员对不符合施

工条件的建筑工程颁发施工许可证的，负责工程质量监督检查或者竣工验收的部门及其工作人员对不合格的建筑工程出具质量合格文件或者按合格工程验收的，由上级机关责令改正，对责任人员给予行政处分；构成犯罪的，依法追究刑事责任；造成损失的，由该部门承担相应的赔偿责任。

第八十条 【**损害赔偿**】在建筑物的合理使用寿命内，因建筑工程质量不合格受到损害的，有权向责任者要求赔偿。

注释 建设工程在保修范围和保修期限内发生质量问题的，施工单位应当履行保修义务，并对造成的损失承担赔偿责任。

链接《建设工程质量管理条例》第41条

第八章 附 则

第八十一条 【**适用范围补充**】本法关于施工许可、建筑施工企业资质审查和建筑工程发包、承包、禁止转包，以及建筑工程监理、建筑工程安全和质量管理的规定，适用于其他专业建筑工程的建筑活动，具体办法由国务院规定。

第八十二条 【**监管收费**】建设行政主管部门和其他有关部门在对建筑活动实施监督管理中，除按照国务院有关规定收取费用外，不得收取其他费用。

第八十三条 【**适用范围特别规定**】省、自治区、直辖市人民政府确定的小型房屋建筑工程的建筑活动，参照本法执行。

依法核定作为文物保护的纪念建筑物和古建筑等的修缮，依照文物保护的有关法律规定执行。

抢险救灾及其他临时性房屋建筑和农民自建低层住宅的建筑活动，不适用本法。

第八十四条 【**军用工程特别规定**】军用房屋建筑工程建筑活动的具体管理办法，由国务院、中央军事委员会依据本法制定。

第八十五条 【**施行日期**】本法自1998年3月1日起施行。

建设工程质量管理条例

（2000年1月30日国务院令第279号发布 根据2017年10月7日《国务院关于修改部分行政法规的决定》修订）

第一章 总 则

第一条 为了加强对建设工程质量的管理，保证建设工程质量，保护人民生命和财产安全，根据《中华人民共和国建筑法》，制定本条例。

第二条 凡在中华人民共和国境内从事建设工程的新建、扩建、改建等有关活动及实施对建设工程质量监督管理的，必须遵守本条例。

本条例所称建设工程，是指土木工程、建筑工程、线路管道和设备安装工程及装修工程。

第三条 建设单位、勘察单位、设计单位、施工单位、工程监理单位依法对建设工程质量负责。

第四条 县级以上人民政府建设行政主管部门和其他有关部门应当加强对建设工程质量的监督管理。

第五条 从事建设工程活动，必须严格执行基本建设程序，坚持先勘察、后设计、再施工的原则。

县级以上人民政府及其有关部门不得超越权限审批建设项目或者擅自简化基本建设程序。

第六条 国家鼓励采用先进的科学技术和管理方法，提高建设工程质量。

第二章 建设单位的质量责任和义务

第七条 建设单位应当将工程发包给具有相应资质等级的单位。

建设单位不得将建设工程肢解发包。

第八条 建设单位应当依法对工程建设项目的勘察、设计、施工、监理以及与工程建设有关的重要设备、材料等的采购进行招标。

第九条 建设单位必须向有关的勘察、设计、施工、工程监理等单位提供与建设工程有关的原始资料。

原始资料必须真实、准确、齐全。

第十条 建设工程发包单位不得迫使承包方以低于成本的价格竞标，不得任意压缩合理工期。

建设单位不得明示或者暗示设计单位或者施工单位违反工程建设强制性标准，降低建设工程质量。

第十一条 施工图设计文件审查的具体办法，由国务院建设行政主管部门、国务院其他有关部门制定。

施工图设计文件未经审查批准的，不得使用。

第十二条 实行监理的建设工程，建设单位应当委托具有相应资质等级的工程监理单位进行监理，也可以委托具有工程监理相应资质等级并与被监理工程的施工承包单位没有隶属关系或者其他利害关系的该工程的设计单位进行监理。

下列建设工程必须实行监理：

（一）国家重点建设工程；

（二）大中型公用事业工程；

（三）成片开发建设的住宅小区工程；

（四）利用外国政府或者国际组织贷款、援助资金的工程；

（五）国家规定必须实行监理的其他工程。

第十三条 建设单位在领取施工许可证或者开工报告前，应当按照国家有关规定办理工程质量监督手续。

第十四条 按照合同约定，由建设单位采购建筑材料、建筑构配件和设备的，建设单位应当保证建筑材料、建筑构配件和设备符合设计文件和合同要求。

建设单位不得明示或者暗示施工单位使用不合格的建筑材料、建筑构配件和设备。

第十五条 涉及建筑主体和承重结构变动的装修工程，建设单位应当在施工前委托原设计单位或者具有相应资质等级的设计单位提出设计方案；没有设计方案的，不得施工。

房屋建筑使用者在装修过程中，不得擅自变动房屋建筑主体和承重结构。

第十六条 建设单位收到建设工程竣工报告后，应当组织设计、施工、工程监理等有关单位进行竣工验收。

建设工程竣工验收应当具备下列条件：

（一）完成建设工程设计和合同约定的各项内容；

（二）有完整的技术档案和施工管理资料；

（三）有工程使用的主要建筑材料、建筑构配件和设备的进场试验报告；

（四）有勘察、设计、施工、工程监理等单位分别签署的质量合格文件；

（五）有施工单位签署的工程保修书。

建设工程经验收合格的，方可交付使用。

第十七条 建设单位应当严格按照国家有关档案管理的规定，及时收集、整理建设项目各环节的文件资料，建立、健全建设项目档案，并在建设工程竣工验收后，及时向建设行政主管部门或者其他有关部门移交建设项目档案。

第三章 勘察、设计单位的质量责任和义务

第十八条 从事建设工程勘察、设计的单位应当依法取得相应等级的资质证书，并在其资质等级许可的范围内承揽工程。

禁止勘察、设计单位超越其资质等级许可的范围或者以其他勘察、设计单位的名义承揽工程。禁止勘察、设计单位允许其他单位或者个人以本单位的名义承揽工程。

勘察、设计单位不得转包或者违法分包所承揽的工程。

第十九条 勘察、设计单位必须按照工程建设强制性标准进行勘察、设计，并对其勘察、设计的质量负责。

注册建筑师、注册结构工程师等注册执业人员应当在设计文件上签字，对设计文件负责。

第二十条 勘察单位提供的地质、测量、水文等勘察成果必须真实、准确。

第二十一条 设计单位应当根据勘察成果文件进行建设工程设计。

设计文件应当符合国家规定的设计深度要求，注明工程合理使用年限。

第二十二条 设计单位在设计文件中选用的建筑材料、建筑构配件和设备，应当注明规格、型号、性能等技术指标，其质量要求必须符合国家规定的标准。

除有特殊要求的建筑材料、专用设备、工艺生产线等外，设计单位不得指定生产厂、供应商。

第二十三条 设计单位应当就审查合格的施工图设计文件向施工单位作出详细说明。

第二十四条 设计单位应当参与建设工程质量事故分析，并对因设计造成的质量事故，提出相应的技术处理方案。

第四章 施工单位的质量责任和义务

第二十五条 施工单位应当依法取得相应等级的资质证书，并在其资质等级许可的范围内承揽工程。

禁止施工单位超越本单位资质等级许可的业务范围或者以其他施工单位的名义承揽工程。禁止施工单位允许其他单位或者个人以本单位的名义承揽工程。

施工单位不得转包或者违法分包工程。

第二十六条 施工单位对建设工程的施工质量负责。

施工单位应当建立质量责任制，确定工程项目的项目经理、技术负责人和施工管理负责人。

建设工程实行总承包的，总承包单位应当对全部建设工程质量负责；建设工程勘察、设计、施工、设备采购的一项或者多项实行总承包的，总承包单位应当对其承包的建设工程或者采购的设备的质量负责。

第二十七条 总承包单位依法将建设工程分包给其他单位的，分包单位应当按照分包合同的约定对其分包工程的质量向总承包单位负责，总承包单位与分包单位对分包工程的质量承担连带责任。

第二十八条 施工单位必须按照工程设计图纸和施工技术标准施工，不得擅自修改工程设计，不得偷工减料。

施工单位在施工过程中发现设计文件和图纸有差错的，应当及时提出意见和建议。

第二十九条 施工单位必须按照工程设计要求、施工技术标准和合同约定，对建筑材料、建筑构配件、设备和商品混凝土进行检验，检验应当有书面记录和专人签字；未经检验或者检验不合格的，不得使用。

第三十条 施工单位必须建立、健全施工质量的检验制度，严格工序管理，作好隐蔽工程的质量检查和记录。隐蔽工程在隐蔽前，施工单位应当通知建设单位和建设工程质量监督机构。

第三十一条 施工人员对涉及结构安全的试块、试件以及有关材料，应当在建设单位或者工程监理单位监督下现场取样，并送具有相应资质等级的质量检测单位进行检测。

第三十二条 施工单位对施工中出现质量问题的建设工程或者竣工验收不合格的建设工程，应当负责返修。

第三十三条 施工单位应当建立、健全教育培训制度，加强对职工的教育培训；未经教育培训或者考核不合格的人员，不得上岗作业。

第五章 工程监理单位的质量责任和义务

第三十四条 工程监理单位应当依法取得相应等级的资质证书，并在其资质等级许可的范围内承担工程监理业务。

禁止工程监理单位超越本单位资质等级许可的范围或者以其他工程监理单位的名义承担工程监理业务。禁止工程监理单位允许其他单位或者个人以本单位的名义承担工程监理业务。

工程监理单位不得转让工程监理业务。

第三十五条 工程监理单位与被监理工程的施工承包单位以及建筑材料、建筑构配件和设备供应单位有隶属关系或者其他利害关系的，不得承担该项建设工程的监理业务。

第三十六条 工程监理单位应当依照法律、法规以及有关技术标准、设计文件和建设工程承包合同，代表建设单位对施工质量实施监理，并对施工质量承担监理责任。

第三十七条 工程监理单位应当选派具备相应资格的总监理工程师和监理工程师进驻施工现场。

未经监理工程师签字，建筑材料、建筑构配件和设备不得在工程上使用或者安装，施工单位不得进行下一道工序的施工。未经总监理工程师签字，建设单位不拨付工程款，不进行竣工验收。

第三十八条 监理工程师应当按照工程监理规范的要求，采取旁站、巡视和平行检验等形式，对建设工程实施监理。

第六章 建设工程质量保修

第三十九条 建设工程实行质量保修制度。

建设工程承包单位在向建设单位提交工程竣工验收报告时，应当向建设单位出具质量保修书。质量保修书中应当明确建设工程的保修范围、保修期限和保修责任等。

第四十条 在正常使用条件下，建设工程的最低保修期限为：

（一）基础设施工程、房屋建筑的地基基础工程和主体结构工程，为设计文件规定的该工程的合理使用年限；

（二）屋面防水工程、有防水要求的卫生间、房间和外墙面的防渗漏，为5年；

（三）供热与供冷系统，为2个采暖期、供冷期；

（四）电气管线、给排水管道、设备安装和装修工程，为2年。

其他项目的保修期限由发包方与承包方约定。

建设工程的保修期，自竣工验收合格之日起计算。

第四十一条 建设工程在保修范围和保修期限内发生质量问题的，施工单位应当履行保修义务，并对造成的损失承担赔偿责任。

第四十二条 建设工程在超过合理使用年限后需要继续使用的，产权所有人应当委托具有相应资质等级的勘察、设计单位鉴定，并根据鉴定结果采取加固、维修等措施，重新界定使用期。

第七章 监督管理

第四十三条 国家实行建设工程质量监督管理制度。

国务院建设行政主管部门对全国的建设工程质量实施统一监督管理。国务院铁路、交通、水利等有关部门按照国务院规定的职责分工，负责对全国的有关专业建设工程质量的监督管理。

县级以上地方人民政府建设行政主管部门对本行政区域内的建设工程质量实施监督管理。县级以上地方人民政府交通、水利等有关部门在各自的职责范围内，负责对本行政区域内的专业建设工程质量的监督管理。

第四十四条 国务院建设行政主管部门和国务院铁路、交通、水利等有关部门应当加强对有关建设工程质量的法律、法规和强制性标准执行情况的监督检查。

第四十五条 国务院发展计划部门按照国务院规定的职责，组织稽察特派员，对国家出资的重大建设项目实施监督检查。

国务院经济贸易主管部门按照国务院规定的职责，对国家重大技术改造项目实施监督检查。

第四十六条 建设工程质量监督管理，可以由建设行政主管部门或者其他有关部门委托的建设工程质量监督机构具体实施。

从事房屋建筑工程和市政基础设施工程质量监督的机构，必须按照国家有关规定经国务院建设行政主管部门或者省、自治区、直辖市人民政府建设行政主管部门考核；从事专业建设工程质量监督的机构，必须按照国家有关规定经国务院有关部门或者省、自治区、直辖市人民政府有关部门考核。经考核合格后，方可实施质量监督。

第四十七条 县级以上地方人民政府建设行政主管部门和其他有关部门应当加强对有关建设工程质量的法律、法规和强制性标准执行情况的监督检查。

第四十八条 县级以上人民政府建设行政主管部门和其他有关部门履行监督检查职责时，有权采取下列措施：

（一）要求被检查的单位提供有关工程质量的文件和资料；

（二）进入被检查单位的施工现场进行检查；

（三）发现有影响工程质量的问题时，责令改正。

第四十九条 建设单位应当自建设工程竣工验收合格之日起15日内，将建设工程竣工验收报告和规划、公安消防、环保等部门出具的认可文件或者准许使用文件报建设行政主管部门或者其他有关部门备案。

建设行政主管部门或者其他有关部门发现建设单位在竣工验收过程中有违反国家有关建设工程质量管理规定行为的，责令停止使用，重新组织竣工验收。

第五十条 有关单位和个人对县级以上人民政府建设行政主管部门和其他有关部门进行的监督检查应当支持与配合，不得拒绝或者阻碍建设工程质量监督检查人员依法执行职务。

第五十一条 供水、供电、供气、公安消防等部门或者单位不得明示或者暗示建设单位、施工单位购买其指定的生产供应单位的建筑材料、建筑构配件和设备。

第五十二条 建设工程发生质量事故，有关单位应当在24小时内向当地建设行政主管部门和其他有关部门报告。对重大质量事故，事故发生地的建设行政主管部门和其他有关部门应当按照事故类别和等级向当地人民政府和上级建设行政主管部门和其他有关部门报告。

特别重大质量事故的调查程序按照国务院有关规定办理。

第五十三条 任何单位和个人对建设工程的质量事故、质量缺陷都有权检举、控告、投诉。

第八章 罚 则

第五十四条 违反本条例规定，建设单位将建设工程发包给不具有相应资质等级的勘察、设计、施工单位或者委托给不具有相应资质等级的工程监理单位的，责令改正，处50万元以上100万元以下的罚款。

第五十五条 违反本条例规定，建设单位将建设工程肢解发包的，责令改正，处工程合同价款0.5%以上1%以下的罚款；对全部或者部分使用国有资金的项目，并可以暂停项目执行或者暂停资金拨付。

第五十六条 违反本条例规定，建设单位有下列行为之一的，责令改正，处20万元以上50万元以下的罚款：

（一）迫使承包方以低于成本的价格竞标的；

（二）任意压缩合理工期的；

（三）明示或者暗示设计单位或者施工单位违反工程建设强制性标准，降低工程质量的；

（四）施工图设计文件未经审查或者审查不合格，擅自施工的；

（五）建设项目必须实行工程监理而未实行工程监理的；

（六）未按照国家规定办理工程质量监督手续的；

（七）明示或者暗示施工单位使用不合格的建筑材料、建筑构配件和设备的；

（八）未按照国家规定将竣工验收报告、有关认可文件或者准许使用文件报送备案的。

第五十七条 违反本条例规定，建设单位未取得施工许可证或者开工报告未经批准，擅自施工的，责令停止施工，限期改正，处工程合同价款1%以上2%以下的罚款。

第五十八条 违反本条例规定，建设单位有下列行为之一的，责令改正，处工程合同价款2%以上4%以下的罚款；造成损失的，依法承担赔偿责任：

（一）未组织竣工验收，擅自交付使用的；

（二）验收不合格，擅自交付使用的；

（三）对不合格的建设工程按照合格工程验收的。

第五十九条 违反本条例规定，建设工程竣工验收后，建设单位未向建设行政主管部门或者其他有关部门移交建设项目档案的，责令改正，处1万元以上10万元以下的罚款。

第六十条 违反本条例规定，勘察、设计、施工、工程监理单位超越本单位资质等级承揽工程的，责令停止违法行为，对勘察、设计单位或者工程监理单位处合同约定的勘察费、设计费或者监理酬金1倍以上2倍以下的罚款;对施工单位处工程合同价款2%以上4%以下的罚款,可以责令停业整顿,降低资质等级;情节严重的,吊销资质证书;有违法所得的,予以没收。

未取得资质证书承揽工程的,予以取缔,依照前款规定处以罚款;有违法所得的,予以没收。

以欺骗手段取得资质证书承揽工程的,吊销资质证书,依照本条第一款规定处以罚款;有违法所得的,予以没收。

第六十一条 违反本条例规定,勘察、设计、施工、工程监理单位允许其他单位或者个人以本单位名义承揽工程的,责令改正,没收违法所得,对勘察、设计单位和工程监理单位处合同约定的勘察费、设计费和监理酬金1倍以上2倍以下的罚款;对施工单位处工程合同价款2%以上4%以下的罚款;可以责令停业整顿,降低资质等级;情节严重的,吊销资质证书。

第六十二条 违反本条例规定,承包单位将承包的工程转包或者违法分包的,责令改正,没收违法所得,对勘察、设计单位处合同约定的勘察费、设计费25%以上50%以下的罚款;对施工单位处工程合同价款0.5%以上1%以下的罚款;可以责令停业整顿,降低资质等级;情节严重的,吊销资质证书。

工程监理单位转让工程监理业务的,责令改正,没收违法所得,处合同约定的监理酬金25%以上50%以下的罚款;可以责令停业整顿,降低资质等级;情节严重的,吊销资质证书。

第六十三条 违反本条例规定,有下列行为之一的,责令改正,处10万元以上30万元以下的罚款:

(一)勘察单位未按照工程建设强制性标准进行勘察的;

(二)设计单位未根据勘察成果文件进行工程设计的;

(三)设计单位指定建筑材料、建筑构配件的生产厂、供应商的;

(四)设计单位未按照工程建设强制性标准进行设计的。

有前款所列行为,造成工程质量事故的,责令停业整顿,降低资质等级;情节严重的,吊销资质证书;造成损失的,依法承担赔偿责任。

第六十四条 违反本条例规定,施工单位在施工中偷工减料的,使用不合格的建筑材料、建筑构配件和设备的,或者有不按照工程设计图纸或者施工技术标准施工的其他行为的,责令改正,处工程合同价款2%以上4%以下的罚款;造成建设工程质量不符合规定的质量标准的,负责返工、修理,并赔偿因此造成的损失;情节严重的,责令停业整顿,降低资质等级或者吊销资质证书。

第六十五条 违反本条例规定,施工单位未对建筑材料、建筑构配件、设备和商品混凝土进行检验,或者未对涉及结构安全的试块、试件以及有关材料取样检测的,责令改正,处10万元以上20万元以下的罚款;情节严重的,责令停业整顿,降低资质等级或者吊销资质证书;造成损失的,依法承担赔偿责任。

第六十六条 违反本条例规定,施工单位不履行保修义务或者拖延履行保修义务的,责令改正,处10万元以上20万元以下的罚款,并对在保修期内因质量缺陷造成的损失承担赔偿责任。

第六十七条 工程监理单位有下列行为之一的,责令改正,处50万元以上100万元以下的罚款,降低资质等级或者吊销资质证书;有违法所得的,予以没收;造成损失的,承担连带赔偿责任:

(一)与建设单位或者施工单位串通,弄虚作假、降低工程质量的;

(二)将不合格的建设工程、建筑材料、建筑构配件和设备按照合格签字的。

第六十八条 违反本条例规定,工程监理单位与被监理工程的施工承包单位以及建筑材料、建筑构配件和设备供应单位有隶属关系或者其他利害关系承担该项建设工程的监理业务的,责令改正,处5万元以上10万元以下的罚款,降低资质等级或者吊销资质证书;有违法所得的,予以没收。

第六十九条 违反本条例规定,涉及建筑主体或者承重结构变动的装修工程,没有设计方案擅自施工的,责令改正,处50万元以上100万元以下的罚款;房屋建筑使用者在装修过程中擅自变动房屋建筑主体和承重结构的,责令改正,处5万元以上10万元以下的罚款。

有前款所列行为,造成损失的,依法承担赔偿责任。

第七十条 发生重大工程质量事故隐瞒不报、谎报或者拖延报告期限的,对直接负责的主管人员和其他责任人员依法给予行政处分。

第七十一条 违反本条例规定,供水、供电、供气、公安消防等部门或者单位明示或者暗示建设单位或者施工单位购买其指定的生产供应单位的建筑材料、建筑构配件和设备的,责令改正。

第七十二条 违反本条例规定,注册建筑师、注册结构工程师、监理工程师等注册执业人员因过错造成质量事故的,责令停止执业1年;造成重大质量事故的,吊销执业资格证书,5年以内不予注册;情节特别恶劣的,终身不予注册。

第七十三条 依照本条例规定,给予单位罚款处罚的,对单位直接负责的主管人员和其他直接责任人员处单位罚款数额 5% 以上 10% 以下的罚款。

第七十四条 建设单位、设计单位、施工单位、工程监理单位违反国家规定，降低工程质量标准，造成重大安全事故，构成犯罪的，对直接责任人员依法追究刑事责任。

第七十五条 本条例规定的责令停业整顿，降低资质等级和吊销资质证书的行政处罚，由颁发资质证书的机关决定；其他行政处罚，由建设行政主管部门或者其他有关部门依照法定职权决定。

依照本条例规定被吊销资质证书的，由工商行政管理部门吊销其营业执照。

第七十六条 国家机关工作人员在建设工程质量监督管理工作中玩忽职守、滥用职权、徇私舞弊，构成犯罪的，依法追究刑事责任；尚不构成犯罪的，依法给予行政处分。

第七十七条 建设、勘察、设计、施工、工程监理单位的工作人员因调动工作、退休等原因离开该单位后，被发现在该单位工作期间违反国家有关建设工程质量管理规定，造成重大工程质量事故的，仍应当依法追究法律责任。

第九章 附 则

第七十八条 本条例所称肢解发包，是指建设单位将应当由一个承包单位完成的建设工程分解成若干部分发包给不同的承包单位的行为。

本条例所称违法分包，是指下列行为：

（一）总承包单位将建设工程分包给不具备相应资质条件的单位的；

（二）建设工程总承包合同中未有约定，又未经建设单位认可，承包单位将其承包的部分建设工程交由其他单位完成的；

（三）施工总承包单位将建设工程主体结构的施工分包给其他单位的；

（四）分包单位将其承包的建设工程再分包的。

本条例所称转包，是指承包单位承包建设工程后，不履行合同约定的责任和义务，将其承包的全部建设工程转给他人或者将其承包的全部建设工程肢解以后以分包的名义分别转给其他单位承包的行为。

第七十九条 本条例规定的罚款和没收的违法所得，必须全部上缴国库。

第八十条 抢险救灾及其他临时性房屋建筑和农民自建低层住宅的建设活动，不适用本条例。

第八十一条 军事建设工程的管理，按照中央军事委员会的有关规定执行。

第八十二条 本条例自发布之日起施行。

建设工程勘察设计管理条例

（2000 年 9 月 25 日中华人民共和国国务院令第 293 号公布 根据 2015 年 6 月 12 日《国务院关于修改〈建设工程勘察设计管理条例〉的决定》第一次修订 根据 2017 年 10 月 7 日《国务院关于修改部分行政法规的决定》第二次修订）

第一章 总 则

第一条 为了加强对建设工程勘察、设计活动的管理，保证建设工程勘察、设计质量，保护人民生命和财产安全，制定本条例。

第二条 从事建设工程勘察、设计活动，必须遵守本条例。

本条例所称建设工程勘察，是指根据建设工程的要求，查明、分析、评价建设场地的地质地理环境特征和岩土工程条件，编制建设工程勘察文件的活动。

本条例所称建设工程设计，是指根据建设工程的要求，对建设工程所需的技术、经济、资源、环境等条件进行综合分析、论证，编制建设工程设计文件的活动。

第三条 建设工程勘察、设计应当与社会、经济发展水平相适应，做到经济效益、社会效益和环境效益相统一。

第四条 从事建设工程勘察、设计活动，应当坚持先勘察、后设计、再施工的原则。

第五条 县级以上人民政府建设行政主管部门和交通、水利等有关部门应当依照本条例的规定，加强对建设工程勘察、设计活动的监督管理。

建设工程勘察、设计单位必须依法进行建设工程勘察、设计，严格执行工程建设强制性标准，并对建设工程勘察、设计的质量负责。

第六条 国家鼓励在建设工程勘察、设计活动中采用先进技术、先进工艺、先进设备、新型材料和现代管理方法。

第二章 资质资格管理

第七条 国家对从事建设工程勘察、设计活动的单位，实行资质管理制度。具体办法由国务院建设行政主管部门商国务院有关部门制定。

第八条 建设工程勘察、设计单位应当在其资质等级许可的范围内承揽建设工程勘察、设计业务。

禁止建设工程勘察、设计单位超越其资质等级许可的范围或者以其他建设工程勘察、设计单位的名义承揽建设工程勘察、设计业务。禁止建设工程勘察、设计单位允许其他单位或者个人以本单位的名义承揽建设工程勘察、设计业务。

第九条 国家对从事建设工程勘察、设计活动的专业技术人员，实行执业资格注册管理制度。

未经注册的建设工程勘察、设计人员，不得以注册执业人员的名义从事建设工程勘察、设计活动。

第十条 建设工程勘察、设计注册执业人员和其他专业技术人员只能受聘于一个建设工程勘察、设计单位；未受聘于建设工程勘察、设计单位的，不得从事建设工程的勘察、设计活动。

第十一条 建设工程勘察、设计单位资质证书和执业人员注册证书，由国务院建设行政主管部门统一制作。

第三章 建设工程勘察设计发包与承包

第十二条 建设工程勘察、设计发包依法实行招标发包或者直接发包。

第十三条 建设工程勘察、设计应当依照《中华人民共和国招标投标法》的规定，实行招标发包。

第十四条 建设工程勘察、设计方案评标，应当以投标人的业绩、信誉和勘察、设计人员的能力以及勘察、设计方案的优劣为依据，进行综合评定。

第十五条 建设工程勘察、设计的招标人应当在评标委员会推荐的候选方案中确定中标方案。但是，建设工程勘察、设计的招标人认为评标委员会推荐的候选方案不能最大限度满足招标文件规定的要求的，应当依法重新招标。

第十六条 下列建设工程的勘察、设计，经有关主管部门批准，可以直接发包：

（一）采用特定的专利或者专有技术的；

（二）建筑艺术造型有特殊要求的；

（三）国务院规定的其他建设工程的勘察、设计。

第十七条 发包方不得将建设工程勘察、设计业务发包给不具有相应勘察、设计资质等级的建设工程勘察、设计单位。

第十八条 发包方可以将整个建设工程的勘察、设计发包给一个勘察、设计单位；也可以将建设工程的勘察、设计分别发包给几个勘察、设计单位。

第十九条 除建设工程主体部分的勘察、设计外，经发包方书面同意，承包方可以将建设工程其他部分的勘察、设计再分包给其他具有相应资质等级的建设工程勘察、设计单位。

第二十条 建设工程勘察、设计单位不得将所承揽的建设工程勘察、设计转包。

第二十一条 承包方必须在建设工程勘察、设计资质证书规定的资质等级和业务范围内承揽建设工程的勘察、设计业务。

第二十二条 建设工程勘察、设计的发包方与承包方，应当执行国家规定的建设工程勘察、设计程序。

第二十三条 建设工程勘察、设计的发包方与承包方应当签订建设工程勘察、设计合同。

第二十四条 建设工程勘察、设计发包方与承包方应当执行国家有关建设工程勘察费、设计费的管理规定。

第四章 建设工程勘察设计文件的编制与实施

第二十五条 编制建设工程勘察、设计文件，应当以下列规定为依据：

（一）项目批准文件；

（二）城乡规划；

（三）工程建设强制性标准；

（四）国家规定的建设工程勘察、设计深度要求。

铁路、交通、水利等专业建设工程，还应当以专业规划的要求为依据。

第二十六条 编制建设工程勘察文件，应当真实、准确，满足建设工程规划、选址、设计、岩土治理和施工的需要。

编制方案设计文件，应当满足编制初步设计文件和控制概算的需要。

编制初步设计文件，应当满足编制施工招标文件、主要设备材料订货和编制施工图设计文件的需要。

编制施工图设计文件，应当满足设备材料采购、非标准设备制作和施工的需要，并注明建设工程合理使用年限。

第二十七条 设计文件中选用的材料、构配件、设备，应当注明其规格、型号、性能等技术指标，其质量要求必须符合国家规定的标准。

除有特殊要求的建筑材料、专用设备和工艺生产线等外，设计单位不得指定生产厂、供应商。

第二十八条 建设单位、施工单位、监理单位不得修改建设工程勘察、设计文件；确需修改建设工程勘察、设计文件的，应当由原建设工程勘察、设计单位修改。经原建设工程勘察、设计单位书面同意，建设单位也可以委托其他具有相应资质的建设工程勘察、设计单位修改。修改单位对修改的勘察、设计文件承担相应责任。

施工单位、监理单位发现建设工程勘察、设计文件不符合工程建设强制性标准、合同约定的质量要求的，应当报告建设单位，建设单位有权要求建设工程勘察、设计单位对建设工程勘察、设计文件进行补充、修改。

建设工程勘察、设计文件内容需要作重大修改的，建设单位应当报经原审批机关批准后，方可修改。

第二十九条 建设工程勘察、设计文件中规定采用的新技术、新材料,可能影响建设工程质量和安全,又没有国家技术标准的,应当由国家认可的检测机构进行试验、论证,出具检测报告,并经国务院有关部门或者省、自治区、直辖市人民政府有关部门组织的建设工程技术专家委员会审定后,方可使用。

第三十条 建设工程勘察、设计单位应当在建设工程施工前,向施工单位和监理单位说明建设工程勘察、设计意图,解释建设工程勘察、设计文件。

建设工程勘察、设计单位应当及时解决施工中出现的勘察、设计问题。

第五章 监督管理

第三十一条 国务院建设行政主管部门对全国的建设工程勘察、设计活动实施统一监督管理。国务院铁路、交通、水利等有关部门按照国务院规定的职责分工,负责对全国的有关专业建设工程勘察、设计活动的监督管理。

县级以上地方人民政府建设行政主管部门对本行政区域内的建设工程勘察、设计活动实施监督管理。县级以上地方人民政府交通、水利等有关部门在各自的职责范围内,负责对本行政区域内的有关专业建设工程勘察、设计活动的监督管理。

第三十二条 建设工程勘察、设计单位在建设工程勘察、设计资质证书规定的业务范围内跨部门、跨地区承揽勘察、设计业务的,有关地方人民政府及其所属部门不得设置障碍,不得违反国家规定收取任何费用。

第三十三条 施工图设计文件审查机构应当对房屋建筑工程、市政基础设施工程施工图设计文件中涉及公共利益、公众安全、工程建设强制性标准的内容进行审查。县级以上人民政府交通运输等有关部门应当按照职责对施工图设计文件中涉及公共利益、公众安全、工程建设强制性标准的内容进行审查。

施工图设计文件未经审查批准的,不得使用。

第三十四条 任何单位和个人对建设工程勘察、设计活动中的违法行为都有权检举、控告、投诉。

第六章 罚 则

第三十五条 违反本条例第八条规定的,责令停止违法行为,处合同约定的勘察费、设计费1倍以上2倍以下的罚款,有违法所得的,予以没收;可以责令停业整顿,降低资质等级;情节严重的,吊销资质证书。

未取得资质证书承揽工程的,予以取缔,依照前款规定处以罚款;有违法所得的,予以没收。

以欺骗手段取得资质证书承揽工程的,吊销资质证书,依照本条第一款规定处以罚款;有违法所得的,予以没收。

第三十六条 违反本条例规定,未经注册,擅自以注册建设工程勘察、设计人员的名义从事建设工程勘察、设计活动的,责令停止违法行为,没收违法所得,处违法所得2倍以上5倍以下罚款;给他人造成损失的,依法承担赔偿责任。

第三十七条 违反本条例规定,建设工程勘察、设计注册执业人员和其他专业技术人员未受聘于一个建设工程勘察、设计单位或者同时受聘于两个以上建设工程勘察、设计单位,从事建设工程勘察、设计活动的,责令停止违法行为,没收违法所得,处违法所得2倍以上5倍以下的罚款;情节严重的,可以责令停止执行业务或者吊销资格证书;给他人造成损失的,依法承担赔偿责任。

第三十八条 违反本条例规定,发包方将建设工程勘察、设计业务发包给不具有相应资质等级的建设工程勘察、设计单位的,责令改正,处50万元以上100万元以下的罚款。

第三十九条 违反本条例规定,建设工程勘察、设计单位将所承揽的建设工程勘察、设计转包的,责令改正,没收违法所得,处合同约定的勘察费、设计费25%以上50%以下的罚款,可以责令停业整顿,降低资质等级;情节严重的,吊销资质证书。

第四十条 违反本条例规定,勘察、设计单位未依据项目批准文件,城乡规划及专业规划,国家规定的建设工程勘察、设计深度要求编制建设工程勘察、设计文件的,责令限期改正;逾期不改正的,处10万元以上30万元以下的罚款;造成工程质量事故或者环境污染和生态破坏的,责令停业整顿,降低资质等级;情节严重的,吊销资质证书;造成损失的,依法承担赔偿责任。

第四十一条 违反本条例规定,有下列行为之一的,依照《建设工程质量管理条例》第六十三条的规定给予处罚:

(一)勘察单位未按照工程建设强制性标准进行勘察的;

(二)设计单位未根据勘察成果文件进行工程设计的;

(三)设计单位指定建筑材料、建筑构配件的生产厂、供应商的;

(四)设计单位未按照工程建设强制性标准进行设计的。

第四十二条 本条例规定的责令停业整顿、降低资质等级和吊销资质证书、资格证书的行政处罚,由颁发资质证书、资格证书的机关决定;其他行政处罚,由建设行政主管部门或者其他有关部门依据法定职权范围决定。

依照本条例规定被吊销资质证书的，由工商行政管理部门吊销其营业执照。

第四十三条 国家机关工作人员在建设工程勘察、设计活动的监督管理工作中玩忽职守、滥用职权、徇私舞弊，构成犯罪的，依法追究刑事责任；尚不构成犯罪的，依法给予行政处分。

第七章 附 则

第四十四条 抢险救灾及其他临时性建筑和农民自建两层以下住宅的勘察、设计活动，不适用本条例。

第四十五条 军事建设工程勘察、设计的管理，按照中央军事委员会的有关规定执行。

第四十六条 本条例自公布之日起施行。

建设工程安全生产管理条例

（2003年11月24日国务院令第393号公布 自2004年2月1日起施行）

第一章 总 则

第一条 为了加强建设工程安全生产监督管理，保障人民群众生命和财产安全，根据《中华人民共和国建筑法》、《中华人民共和国安全生产法》，制定本条例。

第二条 在中华人民共和国境内从事建设工程的新建、扩建、改建和拆除等有关活动及实施对建设工程安全生产的监督管理，必须遵守本条例。

本条例所称建设工程，是指土木工程、建筑工程、线路管道和设备安装工程及装修工程。

第三条 建设工程安全生产管理，坚持安全第一、预防为主的方针。

第四条 建设单位、勘察单位、设计单位、施工单位、工程监理单位及其他与建设工程安全生产有关的单位，必须遵守安全生产法律、法规的规定，保证建设工程安全生产，依法承担建设工程安全生产责任。

第五条 国家鼓励建设工程安全生产的科学技术研究和先进技术的推广应用，推进建设工程安全生产的科学管理。

第二章 建设单位的安全责任

第六条 建设单位应当向施工单位提供施工现场及毗邻区域内供水、排水、供电、供气、供热、通信、广播电视等地下管线资料，气象和水文观测资料，相邻建筑物和构筑物、地下工程的有关资料，并保证资料的真实、准确、完整。

建设单位因建设工程需要，向有关部门或者单位查询前款规定的资料时，有关部门或者单位应当及时提供。

第七条 建设单位不得对勘察、设计、施工、工程监理等单位提出不符合建设工程安全生产法律、法规和强制性标准规定的要求，不得压缩合同约定的工期。

第八条 建设单位在编制工程概算时，应当确定建设工程安全作业环境及安全施工措施所需费用。

第九条 建设单位不得明示或者暗示施工单位购买、租赁、使用不符合安全施工要求的安全防护用具、机械设备、施工机具及配件、消防设施和器材。

第十条 建设单位在申请领取施工许可证时，应当提供建设工程有关安全施工措施的资料。

依法批准开工报告的建设工程，建设单位应当自开工报告批准之日起15日内，将保证安全施工的措施报送建设工程所在地的县级以上地方人民政府建设行政主管部门或者其他有关部门备案。

第十一条 建设单位应当将拆除工程发包给具有相应资质等级的施工单位。

建设单位应当在拆除工程施工15日前，将下列资料报送建设工程所在地的县级以上地方人民政府建设行政主管部门或者其他有关部门备案：

（一）施工单位资质等级证明；

（二）拟拆除建筑物、构筑物及可能危及毗邻建筑的说明；

（三）拆除施工组织方案；

（四）堆放、清除废弃物的措施。

实施爆破作业的，应当遵守国家有关民用爆炸物品管理的规定。

第三章 勘察、设计、工程监理及其他有关单位的安全责任

第十二条 勘察单位应当按照法律、法规和工程建设强制性标准进行勘察，提供的勘察文件应当真实、准确，满足建设工程安全生产的需要。

勘察单位在勘察作业时，应当严格执行操作规程，采取措施保证各类管线、设施和周边建筑物、构筑物的安全。

第十三条 设计单位应当按照法律、法规和工程建设强制性标准进行设计，防止因设计不合理导致生产安全事故的发生。

设计单位应当考虑施工安全操作和防护的需要，对涉及施工安全的重点部位和环节在设计文件中注明，并对防范生产安全事故提出指导意见。

采用新结构、新材料、新工艺的建设工程和特殊结构的建设工程，设计单位应当在设计中提出保障施工作业人员安全和预防生产安全事故的措施建议。

设计单位和注册建筑师等注册执业人员应当对其设计负责。

第十四条 工程监理单位应当审查施工组织设计中的安全技术措施或者专项施工方案是否符合工程建设强制性标准。

工程监理单位在实施监理过程中，发现存在安全事故隐患的，应当要求施工单位整改；情况严重的，应当要求施工单位暂时停止施工，并及时报告建设单位。施工单位拒不整改或者不停止施工的，工程监理单位应当及时向有关主管部门报告。

工程监理单位和监理工程师应当按照法律、法规和工程建设强制性标准实施监理，并对建设工程安全生产承担监理责任。

第十五条 为建设工程提供机械设备和配件的单位，应当按照安全施工的要求配备齐全有效的保险、限位等安全设施和装置。

第十六条 出租的机械设备和施工机具及配件，应当具有生产（制造）许可证、产品合格证。

出租单位应当对出租的机械设备和施工机具及配件的安全性能进行检测，在签订租赁协议时，应当出具检测合格证明。

禁止出租检测不合格的机械设备和施工机具及配件。

第十七条 在施工现场安装、拆卸施工起重机械和整体提升脚手架、模板等自升式架设设施，必须由具有相应资质的单位承担。

安装、拆卸施工起重机械和整体提升脚手架、模板等自升式架设设施，应当编制拆装方案、制定安全施工措施，并由专业技术人员现场监督。

施工起重机械和整体提升脚手架、模板等自升式架设设施安装完毕后，安装单位应当自检，出具自检合格证明，并向施工单位进行安全使用说明，办理验收手续并签字。

第十八条 施工起重机械和整体提升脚手架、模板等自升式架设设施的使用达到国家规定的检验检测期限的，必须经具有专业资质的检验检测机构检测。经检测不合格的，不得继续使用。

第十九条 检验检测机构对检测合格的施工起重机械和整体提升脚手架、模板等自升式架设设施，应当出具安全合格证明文件，并对检测结果负责。

第四章　施工单位的安全责任

第二十条 施工单位从事建设工程的新建、扩建、改建和拆除等活动，应当具备国家规定的注册资本、专业技术人员、技术装备和安全生产等条件，依法取得相应等级的资质证书，并在其资质等级许可的范围内承揽工程。

第二十一条 施工单位主要负责人依法对本单位的安全生产工作全面负责。施工单位应当建立健全安全生产责任制度和安全生产教育培训制度，制定安全生产规章制度和操作规程，保证本单位安全生产条件所需资金的投入，对所承担的建设工程进行定期和专项安全检查，并做好安全检查记录。

施工单位的项目负责人应当由取得相应执业资格的人员担任，对建设工程项目的安全施工负责，落实安全生产责任制度、安全生产规章制度和操作规程，确保安全生产费用的有效使用，并根据工程的特点组织制定安全施工措施，消除安全事故隐患，及时、如实报告生产安全事故。

第二十二条 施工单位对列入建设工程概算的安全作业环境及安全施工措施所需费用，应当用于施工安全防护用具及设施的采购和更新、安全施工措施的落实、安全生产条件的改善，不得挪作他用。

第二十三条 施工单位应当设立安全生产管理机构，配备专职安全生产管理人员。

专职安全生产管理人员负责对安全生产进行现场监督检查。发现安全事故隐患，应当及时向项目负责人和安全生产管理机构报告；对于违章指挥、违章操作的，应当立即制止。

专职安全生产管理人员的配备办法由国务院建设行政主管部门会同国务院其他有关部门制定。

第二十四条 建设工程实行施工总承包的，由总承包单位对施工现场的安全生产负总责。

总承包单位应当自行完成建设工程主体结构的施工。

总承包单位依法将建设工程分包给其他单位的，分包合同中应当明确各自的安全生产方面的权利、义务。总承包单位和分包单位对分包工程的安全生产承担连带责任。

分包单位应当服从总承包单位的安全生产管理，分包单位不服从管理导致生产安全事故的，由分包单位承担主要责任。

第二十五条 垂直运输机械作业人员、安装拆卸工、爆破作业人员、起重信号工、登高架设作业人员等特种作业人员，必须按照国家有关规定经过专门的安全作业培训，并取得特种作业操作资格证书后，方可上岗作业。

第二十六条 施工单位应当在施工组织设计中编制安全技术措施和施工现场临时用电方案，对下列达到一定规模的危险性较大的分部分项工程编制专项施工方案，并附具安全验算结果，经施工单位技术负责人、总监理工程师签字后实施，由专职安全生产管理人员进行现场监督：

（一）基坑支护与降水工程；

（二）土方开挖工程；

（三）模板工程；

（四）起重吊装工程；

（五）脚手架工程；

（六）拆除、爆破工程；

（七）国务院建设行政主管部门或者其他有关部门规定的其他危险性较大的工程。

对前款所列工程中涉及深基坑、地下暗挖工程、高大模板工程的专项施工方案，施工单位还应当组织专家进行论证、审查。

本条第一款规定的达到一定规模的危险性较大工程的标准，由国务院建设行政主管部门会同国务院其他有关部门制定。

第二十七条 建设工程施工前，施工单位负责项目管理的技术人员应当对有关安全施工的技术要求向施工作业班组、作业人员作出详细说明，并由双方签字确认。

第二十八条 施工单位应当在施工现场入口处、施工起重机械、临时用电设施、脚手架、出入通道口、楼梯口、电梯井口、孔洞口、桥梁口、隧道口、基坑边沿、爆破物及有害危险气体和液体存放处等危险部位，设置明显的安全警示标志。安全警示标志必须符合国家标准。

施工单位应当根据不同施工阶段和周围环境及季节、气候的变化，在施工现场采取相应的安全施工措施。施工现场暂时停止施工的，施工单位应当做好现场防护，所需费用由责任方承担，或者按照合同约定执行。

第二十九条 施工单位应当将施工现场的办公、生活区与作业区分开设置，并保持安全距离；办公、生活区的选址应当符合安全性要求。职工的膳食、饮水、休息场所等应当符合卫生标准。施工单位不得在尚未竣工的建筑物内设置员工集体宿舍。

施工现场临时搭建的建筑物应当符合安全使用要求。施工现场使用的装配式活动房屋应当具有产品合格证。

第三十条 施工单位对因建设工程施工可能造成损害的毗邻建筑物、构筑物和地下管线等，应当采取专项防护措施。

施工单位应当遵守有关环境保护法律、法规的规定，在施工现场采取措施，防止或者减少粉尘、废气、废水、固体废物、噪声、振动和施工照明对人和环境的危害和污染。

在城市市区内的建设工程，施工单位应当对施工现场实行封闭围挡。

第三十一条 施工单位应当在施工现场建立消防安全责任制度，确定消防安全责任人，制定用火、用电、使用易燃易爆材料等各项消防安全管理制度和操作规程，设置消防通道、消防水源，配备消防设施和灭火器材，并在施工现场入口处设置明显标志。

第三十二条 施工单位应当向作业人员提供安全防护用具和安全防护服装，并书面告知危险岗位的操作规程和违章操作的危害。

作业人员有权对施工现场的作业条件、作业程序和作业方式中存在的安全问题提出批评、检举和控告，有权拒绝违章指挥和强令冒险作业。

在施工中发生危及人身安全的紧急情况时，作业人员有权立即停止作业或者在采取必要的应急措施后撤离危险区域。

第三十三条 作业人员应当遵守安全施工的强制性标准、规章制度和操作规程，正确使用安全防护用具、机械设备等。

第三十四条 施工单位采购、租赁的安全防护用具、机械设备、施工机具及配件，应当具有生产（制造）许可证、产品合格证，并在进入施工现场前进行查验。

施工现场的安全防护用具、机械设备、施工机具及配件必须由专人管理，定期进行检查、维修和保养，建立相应的资料档案，并按照国家有关规定及时报废。

第三十五条 施工单位在使用施工起重机械和整体提升脚手架、模板等自升式架设设施前，应当组织有关单位进行验收，也可以委托具有相应资质的检验检测机构进行验收；使用承租的机械设备和施工机具及配件的，由施工总承包单位、分包单位、出租单位和安装单位共同进行验收。验收合格的方可使用。

《特种设备安全监察条例》规定的施工起重机械，在验收前应当经有相应资质的检验检测机构监督检验合格。

施工单位应当自施工起重机械和整体提升脚手架、模板等自升式架设设施验收合格之日起30日内，向建设行政主管部门或者其他有关部门登记。登记标志应当置于或者附着于该设备的显著位置。

第三十六条 施工单位的主要负责人、项目负责人、专职安全生产管理人员应当经建设行政主管部门或者其他有关部门考核合格后方可任职。

施工单位应当对管理人员和作业人员每年至少进行一次安全生产教育培训，其教育培训情况记入个人工作档案。安全生产教育培训考核不合格的人员，不得上岗。

第三十七条 作业人员进入新的岗位或者新的施工现场前，应当接受安全生产教育培训。未经教育培训或者教育培训考核不合格的人员，不得上岗作业。

施工单位在采用新技术、新工艺、新设备、新材料时,应当对作业人员进行相应的安全生产教育培训。

第三十八条 施工单位应当为施工现场从事危险作业的人员办理意外伤害保险。

意外伤害保险费由施工单位支付。实行施工总承包的,由总承包单位支付意外伤害保险费。意外伤害保险期限自建设工程开工之日起至竣工验收合格止。

第五章 监督管理

第三十九条 国务院负责安全生产监督管理的部门依照《中华人民共和国安全生产法》的规定,对全国建设工程安全生产工作实施综合监督管理。

县级以上地方人民政府负责安全生产监督管理的部门依照《中华人民共和国安全生产法》的规定,对本行政区域内建设工程安全生产工作实施综合监督管理。

第四十条 国务院建设行政主管部门对全国的建设工程安全生产实施监督管理。国务院铁路、交通、水利等有关部门按照国务院规定的职责分工,负责有关专业建设工程安全生产的监督管理。

县级以上地方人民政府建设行政主管部门对本行政区域内的建设工程安全生产实施监督管理。县级以上地方人民政府交通、水利等有关部门在各自的职责范围内,负责本行政区域内的专业建设工程安全生产的监督管理。

第四十一条 建设行政主管部门和其他有关部门应当将本条例第十条、第十一条规定的有关资料的主要内容抄送同级负责安全生产监督管理的部门。

第四十二条 建设行政主管部门在审核发放施工许可证时,应当对建设工程是否有安全施工措施进行审查,对没有安全施工措施的,不得颁发施工许可证。

建设行政主管部门或者其他有关部门对建设工程是否有安全施工措施进行审查时,不得收取费用。

第四十三条 县级以上人民政府负有建设工程安全生产监督管理职责的部门在各自的职责范围内履行安全监督检查职责时,有权采取下列措施:

(一)要求被检查单位提供有关建设工程安全生产的文件和资料;

(二)进入被检查单位施工现场进行检查;

(三)纠正施工中违反安全生产要求的行为;

(四)对检查中发现的安全事故隐患,责令立即排除;重大安全事故隐患排除前或者排除过程中无法保证安全的,责令从危险区域内撤出作业人员或者暂时停止施工。

第四十四条 建设行政主管部门或者其他有关部门可以将施工现场的监督检查委托给建设工程安全监督机构具体实施。

第四十五条 国家对严重危及施工安全的工艺、设备、材料实行淘汰制度。具体目录由国务院建设行政主管部门会同国务院其他有关部门制定并公布。

第四十六条 县级以上人民政府建设行政主管部门和其他有关部门应当及时受理对建设工程生产安全事故及安全事故隐患的检举、控告和投诉。

第六章 生产安全事故的应急救援和调查处理

第四十七条 县级以上地方人民政府建设行政主管部门应当根据本级人民政府的要求,制定本行政区域内建设工程特大生产安全事故应急救援预案。

第四十八条 施工单位应当制定本单位生产安全事故应急救援预案,建立应急救援组织或者配备应急救援人员,配备必要的应急救援器材、设备,并定期组织演练。

第四十九条 施工单位应当根据建设工程施工的特点、范围,对施工现场易发生重大事故的部位、环节进行监控,制定施工现场生产安全事故应急救援预案。实行施工总承包的,由总承包单位统一组织编制建设工程生产安全事故应急救援预案,工程总承包单位和分包单位按照应急救援预案,各自建立应急救援组织或者配备应急救援人员,配备救援器材、设备,并定期组织演练。

第五十条 施工单位发生生产安全事故,应当按照国家有关伤亡事故报告和调查处理的规定,及时、如实地向负责安全生产监督管理的部门、建设行政主管部门或者其他有关部门报告;特种设备发生事故的,还应当同时向特种设备安全监督管理部门报告。接到报告的部门应当按照国家有关规定,如实上报。

实行施工总承包的建设工程,由总承包单位负责上报事故。

第五十一条 发生生产安全事故后,施工单位应当采取措施防止事故扩大,保护事故现场。需要移动现场物品时,应当做出标记和书面记录,妥善保管有关证物。

第五十二条 建设工程生产安全事故的调查、对事故责任单位和责任人的处罚与处理,按照有关法律、法规的规定执行。

第七章 法律责任

第五十三条 违反本条例的规定,县级以上人民政府建设行政主管部门或者其他有关行政管理部门的工作人员,有下列行为之一的,给予降级或者撤职的行政处分;构成犯罪的,依照刑法有关规定追究刑事责任:

（一）对不具备安全生产条件的施工单位颁发资质证书的；

（二）对没有安全施工措施的建设工程颁发施工许可证的；

（三）发现违法行为不予查处的；

（四）不依法履行监督管理职责的其他行为。

第五十四条 违反本条例的规定，建设单位未提供建设工程安全生产作业环境及安全施工措施所需费用的，责令限期改正；逾期未改正的，责令该建设工程停止施工。

建设单位未将保证安全施工的措施或者拆除工程的有关资料报送有关部门备案的，责令限期改正，给予警告。

第五十五条 违反本条例的规定，建设单位有下列行为之一的，责令限期改正，处 20 万元以上 50 万元以下的罚款；造成重大安全事故，构成犯罪的，对直接责任人员，依照刑法有关规定追究刑事责任；造成损失的，依法承担赔偿责任：

（一）对勘察、设计、施工、工程监理等单位提出不符合安全生产法律、法规和强制性标准规定的要求的；

（二）要求施工单位压缩合同约定的工期的；

（三）将拆除工程发包给不具有相应资质等级的施工单位的。

第五十六条 违反本条例的规定，勘察单位、设计单位有下列行为之一的，责令限期改正，处 10 万元以上 30 万元以下的罚款；情节严重的，责令停业整顿，降低资质等级，直至吊销资质证书；造成重大安全事故，构成犯罪的，对直接责任人员，依照刑法有关规定追究刑事责任；造成损失的，依法承担赔偿责任：

（一）未按照法律、法规和工程建设强制性标准进行勘察、设计的；

（二）采用新结构、新材料、新工艺的建设工程和特殊结构的建设工程，设计单位未在设计中提出保障施工作业人员安全和预防生产安全事故的措施建议的。

第五十七条 违反本条例的规定，工程监理单位有下列行为之一的，责令限期改正；逾期未改正的，责令停业整顿，并处 10 万元以上 30 万元以下的罚款；情节严重的，降低资质等级，直至吊销资质证书；造成重大安全事故，构成犯罪的，对直接责任人员，依照刑法有关规定追究刑事责任；造成损失的，依法承担赔偿责任：

（一）未对施工组织设计中的安全技术措施或者专项施工方案进行审查的；

（二）发现安全事故隐患未及时要求施工单位整改或者暂时停止施工的；

（三）施工单位拒不整改或者不停止施工，未及时向有关主管部门报告的；

（四）未依照法律、法规和工程建设强制性标准实施监理的。

第五十八条 注册执业人员未执行法律、法规和工程建设强制性标准的，责令停止执业 3 个月以上 1 年以下；情节严重的，吊销执业资格证书，5 年内不予注册；造成重大安全事故的，终身不予注册；构成犯罪的，依照刑法有关规定追究刑事责任。

第五十九条 违反本条例的规定，为建设工程提供机械设备和配件的单位，未按照安全施工的要求配备齐全有效的保险、限位等安全设施和装置的，责令限期改正，处合同价款 1 倍以上 3 倍以下的罚款；造成损失的，依法承担赔偿责任。

第六十条 违反本条例的规定，出租单位出租未经安全性能检测或者经检测不合格的机械设备和施工机具及配件的，责令停业整顿，并处 5 万元以上 10 万元以下的罚款；造成损失的，依法承担赔偿责任。

第六十一条 违反本条例的规定，施工起重机械和整体提升脚手架、模板等自升式架设设施安装、拆卸单位有下列行为之一的，责令限期改正，处 5 万元以上 10 万元以下的罚款；情节严重的，责令停业整顿，降低资质等级，直至吊销资质证书；造成损失的，依法承担赔偿责任：

（一）未编制拆装方案、制定安全施工措施的；

（二）未由专业技术人员现场监督的；

（三）未出具自检合格证明或者出具虚假证明的；

（四）未向施工单位进行安全使用说明，办理移交手续的。

施工起重机械和整体提升脚手架、模板等自升式架设设施安装、拆卸单位有前款规定的第（一）项、第（三）项行为，经有关部门或者单位职工提出后，对事故隐患仍不采取措施，因而发生重大伤亡事故或者造成其他严重后果，构成犯罪的，对直接责任人员，依照刑法有关规定追究刑事责任。

第六十二条 违反本条例的规定，施工单位有下列行为之一的，责令限期改正；逾期未改正的，责令停业整顿，依照《中华人民共和国安全生产法》的有关规定处以罚款；造成重大安全事故，构成犯罪的，对直接责任人员，依照刑法有关规定追究刑事责任：

（一）未设立安全生产管理机构、配备专职安全生产管理人员或者分部分项工程施工时无专职安全生产管理人员现场监督的；

（二）施工单位的主要负责人、项目负责人、专职安全生产管理人员、作业人员或者特种作业人员，未经安全教育培训或者经考核不合格即从事相关工作的；

（三）未在施工现场的危险部位设置明显的安全警示标志，或者未按照国家有关规定在施工现场设置消防通道、消防水源、配备消防设施和灭火器材的；

（四）未向作业人员提供安全防护用具和安全防护服装的；

（五）未按照规定在施工起重机械和整体提升脚手架、模板等自升式架设设施验收合格后登记的；

（六）使用国家明令淘汰、禁止使用的危及施工安全的工艺、设备、材料的。

第六十三条 违反本条例的规定，施工单位挪用列入建设工程概算的安全生产作业环境及安全施工措施所需费用的，责令限期改正，处挪用费用20%以上50%以下的罚款；造成损失的，依法承担赔偿责任。

第六十四条 违反本条例的规定，施工单位有下列行为之一的，责令限期改正；逾期未改正的，责令停业整顿，并处5万元以上10万元以下的罚款；造成重大安全事故，构成犯罪的，对直接责任人员，依照刑法有关规定追究刑事责任：

（一）施工前未对有关安全施工的技术要求作出详细说明的；

（二）未根据不同施工阶段和周围环境及季节、气候的变化，在施工现场采取相应的安全施工措施，或者在城市市区内的建设工程的施工现场未实行封闭围挡的；

（三）在尚未竣工的建筑物内设置员工集体宿舍的；

（四）施工现场临时搭建的建筑物不符合安全使用要求的；

（五）未对因建设工程施工可能造成损害的毗邻建筑物、构筑物和地下管线等采取专项防护措施的。

施工单位有前款规定第（四）项、第（五）项行为，造成损失的，依法承担赔偿责任。

第六十五条 违反本条例的规定，施工单位有下列行为之一的，责令限期改正；逾期未改正的，责令停业整顿，并处10万元以上30万元以下的罚款；情节严重的，降低资质等级，直至吊销资质证书；造成重大安全事故，构成犯罪的，对直接责任人员，依照刑法有关规定追究刑事责任；造成损失的，依法承担赔偿责任：

（一）安全防护用具、机械设备、施工机具及配件在进入施工现场前未经查验或者查验不合格即投入使用的；

（二）使用未经验收或者验收不合格的施工起重机械和整体提升脚手架、模板等自升式架设设施的；

（三）委托不具有相应资质的单位承担施工现场安装、拆卸施工起重机械和整体提升脚手架、模板等自升式架设设施的；

（四）在施工组织设计中未编制安全技术措施、施工现场临时用电方案或者专项施工方案的。

第六十六条 违反本条例的规定，施工单位的主要负责人、项目负责人未履行安全生产管理职责的，责令限期改正；逾期未改正的，责令施工单位停业整顿；造成重大安全事故、重大伤亡事故或者其他严重后果，构成犯罪的，依照刑法有关规定追究刑事责任。

作业人员不服管理、违反规章制度和操作规程冒险作业造成重大伤亡事故或者其他严重后果，构成犯罪的，依照刑法有关规定追究刑事责任。

施工单位的主要负责人、项目负责人有前款违法行为，尚不够刑事处罚的，处2万元以上20万元以下的罚款或者按照管理权限给予撤职处分；自刑罚执行完毕或者受处分之日起，5年内不得担任任何施工单位的主要负责人、项目负责人。

第六十七条 施工单位取得资质证书后，降低安全生产条件的，责令限期改正；经整改仍未达到与其资质等级相适应的安全生产条件的，责令停业整顿，降低其资质等级直至吊销资质证书。

第六十八条 本条例规定的行政处罚，由建设行政主管部门或者其他有关部门依照法定职权决定。

违反消防安全管理规定的行为，由公安消防机构依法处罚。

有关法律、行政法规对建设工程安全生产违法行为的行政处罚决定机关另有规定的，从其规定。

第八章　附　　则

第六十九条 抢险救灾和农民自建低层住宅的安全生产管理，不适用本条例。

第七十条 军事建设工程的安全生产管理，按照中央军事委员会的有关规定执行。

第七十一条 本条例自2004年2月1日起施行。

建筑施工企业安全生产许可证管理规定

（2004年7月5日建设部令第128号公布　2015年1月22日根据《住房和城乡建设部关于修改〈政公用设施抗灾设防管理规定〉等部门规章的决定》修订）

第一章　总　　则

第一条 为了严格规范建筑施工企业安全生产条件，进一步加强安全生产监督管理，防止和减少生产安全事故，根据《安全生产许可证条例》、《建设工程安全生产管理条例》等有关行政法规，制定本规定。

第二条 国家对建筑施工企业实行安全生产许可制度。

建筑施工企业未取得安全生产许可证的，不得从事建筑施工活动。

本规定所称建筑施工企业，是指从事土木工程、建筑工程、线路管道和设备安装工程及装修工程的新建、扩建、改建和拆除等有关活动的企业。

第三条 国务院住房城乡住房城乡建设主管部门负责对全国建筑施工企业安全生产许可证的颁发和管理工作进行监督指导。

省、自治区、直辖市人民政府住房城乡住房城乡建设主管部门负责本行政区域内建筑施工企业安全生产许可证的颁发和管理工作。

市、县人民政府住房城乡建设主管部门负责本行政区域内建筑施工企业安全生产许可证的监督管理，并将监督检查中发现的企业违法行为及时报告安全生产许可证颁发管理机关。

第二章 安全生产条件

第四条 建筑施工企业取得安全生产许可证，应当具备下列安全生产条件：

（一）建立、健全安全生产责任制，制定完备的安全生产规章制度和操作规程；

（二）保证本单位安全生产条件所需资金的投入；

（三）设置安全生产管理机构，按照国家有关规定配备专职安全生产管理人员；

（四）主要负责人、项目负责人、专职安全生产管理人员经住房城乡建设主管部门或者其他有关部门考核合格；

（五）特种作业人员经有关业务主管部门考核合格，取得特种作业操作资格证书；

（六）管理人员和作业人员每年至少进行一次安全生产教育培训并考核合格；

（七）依法参加工伤保险，依法为施工现场从事危险作业的人员办理意外伤害保险，为从业人员交纳保险费；

（八）施工现场的办公、生活区及作业场所和安全防护用具、机械设备、施工机具及配件符合有关安全生产法律、法规、标准和规程的要求；

（九）有职业危害防治措施，并为作业人员配备符合国家标准或者行业标准的安全防护用具和安全防护服装；

（十）有对危险性较大的分部分项工程及施工现场易发生重大事故的部位、环节的预防、监控措施和应急预案；

（十一）有生产安全事故应急救援预案、应急救援组织或者应急救援人员，配备必要的应急救援器材、设备；

（十二）法律、法规规定的其他条件。

第三章 安全生产许可证的申请与颁发

第五条 建筑施工企业从事建筑施工活动前，应当依照本规定向企业注册所在地省、自治区、直辖市人民政府住房城乡建设主管部门申请领取安全生产许可证。

第六条 建筑施工企业申请安全生产许可证时，应当向住房城乡建设主管部门提供下列材料：

（一）建筑施工企业安全生产许可证申请表；

（二）企业法人营业执照；

（三）第四条规定的相关文件、材料。

建筑施工企业申请安全生产许可证，应当对申请材料实质内容的真实性负责，不得隐瞒有关情况或者提供虚假材料。

第七条 住房城乡建设主管部门应当自受理建筑施工企业的申请之日起45日内审查完毕；经审查符合安全生产条件的，颁发安全生产许可证；不符合安全生产条件的，不予颁发安全生产许可证，书面通知企业并说明理由。企业自接到通知之日起应当进行整改，整改合格后方可再次提出申请。

住房城乡建设主管部门审查建筑施工企业安全生产许可证申请，涉及铁路、交通、水利等有关专业工程时，可以征求铁路、交通、水利等有关部门的意见。

第八条 安全生产许可证的有效期为3年。安全生产许可证有效期满需要延期的，企业应当于期满前3个月向原安全生产许可证颁发管理机关申请办理延期手续。

企业在安全生产许可证有效期内，严格遵守有关安全生产的法律法规，未发生死亡事故的，安全生产许可证有效期届满时，经原安全生产许可证颁发管理机关同意，不再审查，安全生产许可证有效期延期3年。

第九条 建筑施工企业变更名称、地址、法定代表人等，应当在变更后10日内，到原安全生产许可证颁发管理机关办理安全生产许可证变更手续。

第十条 建筑施工企业破产、倒闭、撤销的，应当将安全生产许可证交回原安全生产许可证颁发管理机关予以注销。

第十一条 建筑施工企业遗失安全生产许可证，应当立即向原安全生产许可证颁发管理机关报告，并在公众媒体上声明作废后，方可申请补办。

第十二条 安全生产许可证申请表采用建设部规定的统一式样。

安全生产许可证采用国务院安全生产监督管理

部门规定的统一式样。

安全生产许可证分正本和副本，正、副本具有同等法律效力。

第四章 监督管理

第十三条 县级以上人民政府住房城乡建设主管部门应当加强对建筑施工企业安全生产许可证的监督管理。住房城乡建设主管部门在审核发放施工许可证时，应当对已经确定的建筑施工企业是否有安全生产许可证进行审查，对没有取得安全生产许可证的，不得颁发施工许可证。

第十四条 跨省从事建筑施工活动的建筑施工企业有违反本规定行为的，由工程所在地的省级人民政府住房城乡建设主管部门将建筑施工企业在本地区的违法事实、处理结果和处理建议抄告原安全生产许可证颁发管理机关。

第十五条 建筑施工企业取得安全生产许可证后，不得降低安全生产条件，并应当加强日常安全生产管理，接受住房城乡建设主管部门的监督检查。安全生产许可证颁发管理机关发现企业不再具备安全生产条件的，应当暂扣或者吊销安全生产许可证。

第十六条 安全生产许可证颁发管理机关或者其上级行政机关发现有下列情形之一的，可以撤销已经颁发的安全生产许可证：

（一）安全生产许可证颁发管理机关工作人员滥用职权、玩忽职守颁发安全生产许可证的；

（二）超越法定职权颁发安全生产许可证的；

（三）违反法定程序颁发安全生产许可证的；

（四）对不具备安全生产条件的建筑施工企业颁发安全生产许可证的；

（五）依法可以撤销已经颁发的安全生产许可证的其他情形。

依照前款规定撤销安全生产许可证，建筑施工企业的合法权益受到损害的，住房城乡建设主管部门应当依法给予赔偿。

第十七条 安全生产许可证颁发管理机关应当建立、健全安全生产许可证档案管理制度，定期向社会公布企业取得安全生产许可证的情况，每年向同级安全生产监督管理部门通报建筑施工企业安全生产许可证颁发和管理情况。

第十八条 建筑施工企业不得转让、冒用安全生产许可证或者使用伪造的安全生产许可证。

第十九条 住房城乡建设主管部门工作人员在安全生产许可证颁发、管理和监督检查工作中，不得索取或者接受建筑施工企业的财物，不得谋取其他利益。

第二十条 任何单位或者个人对违反本规定的行为，有权向安全生产许可证颁发管理机关或者监察机关等有关部门举报。

第五章 罚　　则

第二十一条 违反本规定，住房城乡建设主管部门工作人员有下列行为之一的，给予降级或者撤职的行政处分；构成犯罪的，依法追究刑事责任：

（一）向不符合安全生产条件的建筑施工企业颁发安全生产许可证的；

（二）发现建筑施工企业未依法取得安全生产许可证擅自从事建筑施工活动，不依法处理的；

（三）发现取得安全生产许可证的建筑施工企业不再具备安全生产条件，不依法处理的；

（四）接到对违反本规定行为的举报后，不及时处理的；

（五）在安全生产许可证颁发、管理和监督检查工作中，索取或者接受建筑施工企业的财物，或者谋取其他利益的。

由于建筑施工企业弄虚作假，造成前款第（一）项行为的，对住房城乡建设主管部门工作人员不予处分。

第二十二条 取得安全生产许可证的建筑施工企业，发生重大安全事故的，暂扣安全生产许可证并限期整改。

第二十三条 建筑施工企业不再具备安全生产条件的，暂扣安全生产许可证并限期整改；情节严重的，吊销安全生产许可证。

第二十四条 违反本规定，建筑施工企业未取得安全生产许可证擅自从事建筑施工活动的，责令其在建项目停止施工，没收违法所得，并处10万元以上50万元以下的罚款；造成重大安全事故或者其他严重后果，构成犯罪的，依法追究刑事责任。

第二十五条 违反本规定，安全生产许可证有效期满未办理延期手续，继续从事建筑施工活动的，责令其在建项目停止施工，限期补办延期手续，没收违法所得，并处5万元以上10万元以下的罚款；逾期仍不办理延期手续，继续从事建筑施工活动的，依照本规定第二十四条的规定处罚。

第二十六条 违反本规定，建筑施工企业转让安全生产许可证的，没收违法所得，处10万元以上50万元以下的罚款，并吊销安全生产许可证；构成犯罪的，依法追究刑事责任；接受转让的，依照本规定第二十四条的规定处罚。

冒用安全生产许可证或者使用伪造的安全生产许可证的，依照本规定第二十四条的规定处罚。

第二十七条 违反本规定，建筑施工企业隐瞒有关情况或者提供虚假材料申请安全生产许可证的，不予受理或者不予颁发安全生产许可证，并给予警告，1年内不得申请安全生产许可证。

建筑施工企业以欺骗、贿赂等不正当手段取得安全生产许可证的，撤销安全生产许可证，3年内不得再次申请安全生产许可证；构成犯罪的，依法追究刑事责任。

第二十八条 本规定的暂扣、吊销安全生产许可证的行政处罚，由安全生产许可证的颁发管理机关决定；其他行政处罚，由县级以上地方人民政府住房城乡建设主管部门决定。

第六章 附 则

第二十九条 本规定施行前已依法从事建筑施工活动的建筑施工企业，应当自《安全生产许可证条例》施行之日起(2004年1月13日起)1年内向住房城乡建设主管部门申请办理建筑施工企业安全生产许可证；逾期不办理安全生产许可证，或者经审查不符合本规定的安全生产条件，未取得安全生产许可证，继续进行建筑施工活动的，依照本规定第二十四条的规定处罚。

第三十条 本规定自公布之日起施行。

建筑起重机械安全监督管理规定

(2008年1月28日建设部令第166号公布 自2008年6月1日起施行)

第一条 为了加强建筑起重机械的安全监督管理，防止和减少生产安全事故，保障人民群众生命和财产安全，依据《建设工程安全生产管理条例》、《特种设备安全监察条例》、《安全生产许可证条例》，制定本规定。

第二条 建筑起重机械的租赁、安装、拆卸、使用及其监督管理，适用本规定。

本规定所称建筑起重机械，是指纳入特种设备目录，在房屋建筑工地和市政工程工地安装、拆卸、使用的起重机械。

第三条 国务院建设主管部门对全国建筑起重机械的租赁、安装、拆卸、使用实施监督管理。

县级以上地方人民政府建设主管部门对本行政区域内的建筑起重机械的租赁、安装、拆卸、使用实施监督管理。

第四条 出租单位出租的建筑起重机械和使用单位购置、租赁、使用的建筑起重机械应当具有特种设备制造许可证、产品合格证、制造监督检验证明。

第五条 出租单位在建筑起重机械首次出租前，自购建筑起重机械的使用单位在建筑起重机械首次安装前，应当持建筑起重机械特种设备制造许可证、产品合格证和制造监督检验证明到本单位工商注册所在地县级以上地方人民政府建设主管部门办理备案。

第六条 出租单位应当在签订的建筑起重机械租赁合同中，明确租赁双方的安全责任，并出具建筑起重机械特种设备制造许可证、产品合格证、制造监督检验证明、备案证明和自检合格证明，提交安装使用说明书。

第七条 有下列情形之一的建筑起重机械，不得出租、使用：

(一)属国家明令淘汰或者禁止使用的；

(二)超过安全技术标准或者制造厂家规定的使用年限的；

(三)经检验达不到安全技术标准规定的；

(四)没有完整安全技术档案的；

(五)没有齐全有效的安全保护装置的。

第八条 建筑起重机械有本规定第七条第(一)、(二)、(三)项情形之一的，出租单位或者自购建筑起重机械的使用单位应当予以报废，并向原备案机关办理注销手续。

第九条 出租单位、自购建筑起重机械的使用单位，应当建立建筑起重机械安全技术档案。

建筑起重机械安全技术档案应当包括以下资料：

(一)购销合同、制造许可证、产品合格证、制造监督检验证明、安装使用说明书、备案证明等原始资料；

(二)定期检验报告、定期自行检查记录、定期维护保养记录、维修和技术改造记录、运行故障和生产安全事故记录、累计运转记录等运行资料；

(三)历次安装验收资料。

第十条 从事建筑起重机械安装、拆卸活动的单位(以下简称安装单位)应当依法取得建设主管部门颁发的相应资质和建筑施工企业安全生产许可证，并在其资质许可范围内承揽建筑起重机械安装、拆卸工程。

第十一条 建筑起重机械使用单位和安装单位应当在签订的建筑起重机械安装、拆卸合同中明确双方的安全生产责任。

实行施工总承包的，施工总承包单位应当与安装单位签订建筑起重机械安装、拆卸工程安全协议书。

第十二条 安装单位应当履行下列安全职责：

(一)按照安全技术标准及建筑起重机械性能要求，编制建筑起重机械安装、拆卸工程专项施工方案，并由本单位技术负责人签字；

(二)按照安全技术标准及安装使用说明书等检

查建筑起重机械及现场施工条件；

（三）组织安全施工技术交底并签字确认；

（四）制定建筑起重机械安装、拆卸工程生产安全事故应急救援预案；

（五）将建筑起重机械安装、拆卸工程专项施工方案，安装、拆卸人员名单，安装、拆卸时间等材料报施工总承包单位和监理单位审核后，告知工程所在地县级以上地方人民政府建设主管部门。

第十三条 安装单位应当按照建筑起重机械安装、拆卸工程专项施工方案及安全操作规程组织安装、拆卸作业。

安装单位的专业技术人员、专职安全生产管理人员应当进行现场监督，技术负责人应当定期巡查。

第十四条 建筑起重机械安装完毕后，安装单位应当按照安全技术标准及安装使用说明书的有关要求对建筑起重机械进行自检、调试和试运转。自检合格的，应当出具自检合格证明，并向使用单位进行安全使用说明。

第十五条 安装单位应当建立建筑起重机械安装、拆卸工程档案。

建筑起重机械安装、拆卸工程档案应当包括以下资料：

（一）安装、拆卸合同及安全协议书；

（二）安装、拆卸工程专项施工方案；

（三）安全施工技术交底的有关资料；

（四）安装工程验收资料；

（五）安装、拆卸工程生产安全事故应急救援预案。

第十六条 建筑起重机械安装完毕后，使用单位应当组织出租、安装、监理等有关单位进行验收，或者委托具有相应资质的检验检测机构进行验收。建筑起重机械经验收合格后方可投入使用，未经验收或者验收不合格的不得使用。

实行施工总承包的，由施工总承包单位组织验收。

建筑起重机械在验收前应当经有相应资质的检验检测机构监督检验合格。

检验检测机构和检验检测人员对检验检测结果、鉴定结论依法承担法律责任。

第十七条 使用单位应当自建筑起重机械安装验收合格之日起30日内，将建筑起重机械安装验收资料、建筑起重机械安全管理制度、特种作业人员名单等，向工程所在地县级以上地方人民政府建设主管部门办理建筑起重机械使用登记。登记标志置于或者附着于该设备的显著位置。

第十八条 使用单位应当履行下列安全职责：

（一）根据不同施工阶段、周围环境以及季节、气候的变化，对建筑起重机械采取相应的安全防护措施；

（二）制定建筑起重机械生产安全事故应急救援预案；

（三）在建筑起重机械活动范围内设置明显的安全警示标志，对集中作业区做好安全防护；

（四）设置相应的设备管理机构或者配备专职的设备管理人员；

（五）指定专职设备管理人员、专职安全生产管理人员进行现场监督检查；

（六）建筑起重机械出现故障或者发生异常情况的，立即停止使用，消除故障和事故隐患后，方可重新投入使用。

第十九条 使用单位应当对在用的建筑起重机械及其安全保护装置、吊具、索具等进行经常性和定期的检查、维护和保养，并做好记录。

使用单位在建筑起重机械租期结束后，应当将定期检查、维护和保养记录移交出租单位。

建筑起重机械租赁合同对建筑起重机械的检查、维护、保养另有约定的，从其约定。

第二十条 建筑起重机械在使用过程中需要附着的，使用单位应当委托原安装单位或者具有相应资质的安装单位按照专项施工方案实施，并按照本规定第十六条规定组织验收。验收合格后方可投入使用。

建筑起重机械在使用过程中需要顶升的，使用单位委托原安装单位或者具有相应资质的安装单位按照专项施工方案实施后，即可投入使用。

禁止擅自在建筑起重机械上安装非原制造厂制造的标准节和附着装置。

第二十一条 施工总承包单位应当履行下列安全职责：

（一）向安装单位提供拟安装设备位置的基础施工资料，确保建筑起重机械进场安装、拆卸所需的施工条件；

（二）审核建筑起重机械的特种设备制造许可证、产品合格证、制造监督检验证明、备案证明等文件；

（三）审核安装单位、使用单位的资质证书、安全生产许可证和特种作业人员的特种作业操作资格证书；

（四）审核安装单位制定的建筑起重机械安装、拆卸工程专项施工方案和生产安全事故应急救援预案；

（五）审核使用单位制定的建筑起重机械生产安全事故应急救援预案；

（六）指定专职安全生产管理人员监督检查建筑起重机械安装、拆卸、使用情况；

（七）施工现场有多台塔式起重机作业时，应当组织制定并实施防止塔式起重机相互碰撞的安全措施。

第二十二条 监理单位应当履行下列安全职责：

（一）审核建筑起重机械特种设备制造许可证、产品合格证、制造监督检验证明、备案证明等文件；

（二）审核建筑起重机械安装单位、使用单位的资质证书、安全生产许可证和特种作业人员的特种作业操作资格证书；

（三）审核建筑起重机械安装、拆卸工程专项施工方案；

（四）监督安装单位执行建筑起重机械安装、拆卸工程专项施工方案情况；

（五）监督检查建筑起重机械的使用情况；

（六）发现存在生产安全事故隐患的，应当要求安装单位、使用单位限期整改，对安装单位、使用单位拒不整改的，及时向建设单位报告。

第二十三条 依法发包给两个及两个以上施工单位的工程，不同施工单位在同一施工现场使用多台塔式起重机作业时，建设单位应当协调组织制定防止塔式起重机相互碰撞的安全措施。

安装单位、使用单位拒不整改生产安全事故隐患的，建设单位接到监理单位报告后，应当责令安装单位、使用单位立即停工整改。

第二十四条 建筑起重机械特种作业人员应当遵守建筑起重机械安全操作规程和安全管理制度，在作业中有权拒绝违章指挥和强令冒险作业，有权在发生危及人身安全的紧急情况时立即停止作业或者采取必要的应急措施后撤离危险区域。

第二十五条 建筑起重机械安装拆卸工、起重信号工、起重司机、司索工等特种作业人员应当经建设主管部门考核合格，并取得特种作业操作资格证书后，方可上岗作业。

省、自治区、直辖市人民政府建设主管部门负责组织实施建筑施工企业特种作业人员的考核。

特种作业人员的特种作业操作资格证书由国务院建设主管部门规定统一的样式。

第二十六条 建设主管部门履行安全监督检查职责时，有权采取下列措施：

（一）要求被检查的单位提供有关建筑起重机械的文件和资料；

（二）进入被检查单位和被检查单位的施工现场进行检查；

（三）对检查中发现的建筑起重机械生产安全事故隐患，责令立即排除；重大生产安全事故隐患排除前或者排除过程中无法保证安全的，责令从危险区域撤出作业人员或者暂时停止施工。

第二十七条 负责办理备案或者登记的建设主管部门应当建立本行政区域内的建筑起重机械档案，按照有关规定对建筑起重机械进行统一编号，并定期向社会公布建筑起重机械的安全状况。

第二十八条 违反本规定，出租单位、自购建筑起重机械的使用单位，有下列行为之一的，由县级以上地方人民政府建设主管部门责令限期改正，予以警告，并处以5000元以上1万元以下罚款：

（一）未按照规定办理备案的；

（二）未按照规定办理注销手续的；

（三）未按照规定建立建筑起重机械安全技术档案的。

第二十九条 违反本规定，安装单位有下列行为之一的，由县级以上地方人民政府建设主管部门责令限期改正，予以警告，并处以5000元以上3万元以下罚款：

（一）未履行第十二条第（二）、（四）、（五）项安全职责的；

（二）未按照规定建立建筑起重机械安装、拆卸工程档案的；

（三）未按照建筑起重机械安装、拆卸工程专项施工方案及安全操作规程组织安装、拆卸作业的。

第三十条 违反本规定，使用单位有下列行为之一的，由县级以上地方人民政府建设主管部门责令限期改正，予以警告，并处以5000元以上3万元以下罚款：

（一）未履行第十八条第（一）、（二）、（四）、（六）项安全职责的；

（二）未指定专职设备管理人员进行现场监督检查的；

（三）擅自在建筑起重机械上安装非原制造厂制造的标准节和附着装置的。

第三十一条 违反本规定，施工总承包单位未履行第二十一条第（一）、（三）、（四）、（五）、（七）项安全职责的，由县级以上地方人民政府建设主管部门责令限期改正，予以警告，并处以5000元以上3万元以下罚款。

第三十二条 违反本规定，监理单位未履行第二十二条第（一）、（二）、（四）、（五）项安全职责的，由县级以上地方人民政府建设主管部门责令限期改正，予以警告，并处以5000元以上3万元以下罚款。

第三十三条 违反本规定，建设单位有下列行为之一的，由县级以上地方人民政府建设主管部门责令限期改正，予以警告，并处以5000元以上3万元以下罚款；逾期未改的，责令停止施工：

（一）未按照规定协调组织制定防止多台塔式起重机相互碰撞的安全措施的；

（二）接到监理单位报告后，未责令安装单位、使用单位立即停工整改的。

第三十四条 违反本规定，建设主管部门的工作人员有下列行为之一的，依法给予处分；构成犯罪的，依法追究刑事责任：

（一）发现违反本规定的违法行为不依法查处的；

（二）发现在用的建筑起重机械存在严重生产安全事故隐患不依法处理的；

（三）不依法履行监督管理职责的其他行为。

第三十五条 本规定自2008年6月1日起施行。

典型案例

梁宗刚、邵迎、杨军重大责任事故案①

【基本案情】

被告人梁宗刚，男，汉族，1980年9月24日出生，中铁二十四局集团江苏工程有限公司南京市城市快速内环西线南延四标段项目部（以下简称内环项目部）常务副经理。

被告人邵迎，男，汉族，1982年10月2日出生，内环项目部总工程师。

被告人杨军，男，汉族，1970年10月14日出生，南京诚明建设咨询有限公司南京市城市快速内环西线南延四标段专业监理工程师。

2010年11月，南京市城市快速内环西线南延工程四标段项目部五联钢箱梁吊装完毕后，被告人梁宗刚、邵迎等人为赶工期、施工方便，擅自变更设计要求的施工程序，在钢箱梁支座未注浆锚固、两端压重混凝土未浇筑的情况下，安排施工人员进行桥面防撞墙施工。被告人杨军明知施工单位擅自改变施工程序，未能履行监理职责。2010年11月26日20时30分左右，在对B17－B18跨钢箱梁进行桥面防撞墙施工时，该钢箱梁发生倾覆坠落事故，造成正在桥面施工的工人吴存安等7人死亡、桥下工人林先桥等3人受伤、直接经济损失700万元的严重后果。经调查认定，事故直接原因为：B17－B18跨钢箱梁吊装完成后，钢箱梁支座未注浆锚栓，梁体与桥墩间无有效连接；钢箱梁两端未进行浇筑压重混凝土，钢箱梁梁体处于不稳定状况；当工人在桥面使用振捣浇筑外弦防撞墙混凝土时，产生了不利的偏心荷载，导致钢箱梁整体失衡倾覆。此为一起施工单位违反施工顺序、施工组织混乱，监理单位未认真履职，监督部门监管不到位，设计单位交底不细造成的生产安全责任事故。

【裁判结果】

江苏省南京市雨花台区人民法院一审判决、南京市中级人民法院二审裁定认为，被告人梁宗刚、邵迎、杨军在施工和监理过程中，违反有关安全管理规定，发生重大伤亡事故，情节特别恶劣，其行为均已构成重大责任事故罪。考虑到三被告人事发后第一时间赶到现场，开展施救工作，积极配合调查；有自首情节，认罪、悔罪；事故系多因一果造成，各被告人责任较分散；案发后能积极赔偿被害人亲属的损失和做好安抚工作，部分被害人亲属出具了谅解书，依法以重大责任事故罪判处被告人梁宗刚有期徒刑三年，被告人邵迎有期徒刑三年，被告人杨军有期徒刑三年，缓刑四年。

① 案例来源：2012年3月10日最高人民法院公布三起危害生产安全犯罪典型案例。

五、消防安全

中华人民共和国消防法

（1998 年 4 月 29 日第九届全国人民代表大会常务委员会第二次会议通过　2008 年 10 月 28 日第十一届全国人民代表大会常务委员会第五次会议修订）

理解与适用

消防法是保障社会消防安全，加强消防管理工作的重要依据，是维护消防安全管理秩序的有力的法律武器。国家一直重视消防工作和消防法制建设。《中华人民共和国消防法》于 1998 年 4 月 29 日第九届全国人民代表大会常务委员会第二次会议通过，2008 年 10 月 28 日第十一届全国人民代表大会常务委员会第五次会议对其作了全面修订，自 2009 年 5 月 1 日起施行。修订后的消防法主要在消防安全管理制度、消防安全责任以及消防执法监督等方面进行了修改完善，主要内容包括：

1. 坚持贯彻“预防为主、防消结合”的方针，同时明确规定了“政府统一领导、部门依法监管、单位全面负责、群众积极参与”的消防工作原则。从以下四个方面规定了消防责任主体的义务和责任：(1) 进一步明确了地方人民政府在火灾预防、灭火救援等方面的职责。(2) 进一步明确了政府有关部门、团体在消防安全教育、消防安全检查等方面的职责。(3) 赋予公安派出所消防管理职责。(4) 进一步强化了社会组织在保障消防安全方面的具体义务。

2. 按照政府职能转变和市场经济条件下消防工作的新特点，对消防安全管理制度进行了改革，包括改革建设工程消防监督管理制度，明确了消防设计审核、消防验收和备案、抽查制度；规定了消防产品的强制性产品认证和技术鉴定制度，建立了部门执法合作机制；加强了公安机关消防监督检查制度，明确了公安派出所日常消防监督检查和消防宣传教育的职责等。

3. 规定鼓励和引导相关企业投保火灾公众责任保险，鼓励保险公司开展火灾公众责任保险。

4. 进一步加强消防队伍的应急救援职能，加强公安消防队和专职消防队的应急救援能力建设及必要的保障措施。

5. 加强和完善消防安全法律责任，增加了应予行政处罚的违反消防法的行为；取消了一些消防行政处罚责令限期改正的前置条件；调整了消防行政处罚的种类；具体规定了消防行政处罚的罚款数额；明确了消防行政处罚的主体等。

第一章　总　　则

第一条　【立法目的】为了预防火灾和减少火灾危害，加强应急救援工作，保护人身、财产安全，维护公共安全，制定本法。

第二条　【消防工作的方针、原则】消防工作贯彻预防为主、防消结合的方针，按照政府统一领导、部门依法监管、单位全面负责、公民积极参与的原则，实行消防安全责任制，建立健全社会化的消防工作网络。

注释 1. 预防为主、防消结合是我国消防工作的方针，贯穿于整个消防法中。

2. 政府统一领导、部门依法监管、单位全面负责、公民积极参与是消防工作的原则。消防工作是一项重要的社会公共安全事业，既有较强的法规性、政策性，也因为关系到千家万户的利益，而具有广泛的社会性和群众性，因此，加强消防工作需要综合发挥各方面的作用：政府作为社会公共安全事业的管理者，应当担负领导责任；专门机关作为法律和政策的执行者，应当依法监督管理消防事务；社会各界也应当有组织地积极参与消防。具体而言：

(1) 政府统一领导，就是政府应当从总体上指挥、部署、规划、支持和协调全国或本行政区域的消防工作，各级人民政府应当将消防工作纳入国民经济和社会发展计划，负责本行政区域内的消防工作。

(2) 部门依法监管，就是政府各部门在各自的职责范围内切实加大执法力度，依法加强监管，包括公安机关依法对消防工作实施监督管理，并由其消防机构负责实施；政府其他有关部门在各自的职责范围内，依照消防法和其他相关法律、法规的规定做好消防工作。

(3) 单位全面负责，是指各单位要全面落实消防安全责任制，建立并落实消防安全自我管理、自我检查、自我整改机制，做好各项消防工作，确保本单位消防安全。

(4) 公民积极参与，这一原则要求充分发挥专门消防机构的主导作用，由公安消防机构统一监督管理消防工作的同时，在防火和火灾扑救中注意广泛发动群众、组织群众、依靠群众，切实发挥群众的智慧和力量。

3. 消防安全责任制。消防安全责任制是要求各级政府、各部门、各单位在消防安全工作中，依照法律规定，各负其责的责任制度，将消防责任落实到具体环节和个人，切实做到"谁主管，谁负责；谁在岗，谁负责"。

4. 社会化消防网络。消防工作是一项综合性的工作，"政府""部门""单位""公民"都是消防工作的主体，政府统一领导、部门依法监管、单位全面负责、公民积极参与，建立健全社会化的消防工作网络，共同构筑消防安全工作格局，任何一方都非常重要，不可偏废。

第三条 【各级人民政府的消防工作职责】国务院领导全国的消防工作。地方各级人民政府负责本行政区域内的消防工作。

各级人民政府应当将消防工作纳入国民经济和社会发展计划，保障消防工作与经济社会发展相适应。

第四条 【消防工作监督管理体制】国务院公安部门对全国的消防工作实施监督管理。县级以上地方人民政府公安机关对本行政区域内的消防工作实施监督管理，并由本级人民政府公安机关消防机构负责实施。军事设施的消防工作，由其主管单位监督管理，公安机关消防机构协助；矿井地下部分、核电厂、海上石油天然气设施的消防工作，由其主管单位监督管理。

县级以上人民政府其他有关部门在各自的职责范围内，依照本法和其他相关法律、法规的规定做好消防工作。

法律、行政法规对森林、草原的消防工作另有规定的，从其规定。

注释 1. 一般消防工作的监督管理体制

(1)公安部在国务院领导下对全国范围内的消防工作进行规划、部署、监督检查；

(2)县级以上地方人民政府公安机关在本级人民政府领导下对本行政区域内的消防工作实施监督管理；

(3)公安机关内部的消防机构是消防工作的具体实施机构。

2. 对特殊领域消防工作的监督管理

对于军事设施、矿井地下部分、核电厂、海上石油天然气设施的消防工作，由各自主管单位监督管理。

其中，对于军事设施消防工作的监督管理，由主管单位监督管理，公安机关消防机构协助，公安机关消防机构对军事设施的消防工作应当予以支持和帮助，但并不是指其参与军事设施的消防工作的监督管理。

3. 森林、草原的消防工作也依据本条的规定，但是法律、行政法规对其另有规定的、从其规定。

链接《森林法》第 20－21 条；《森林防火条例》第 1－2 条，第 6－10 条，第 12 条；《草原法》第 41 条、第 53 条；《草原防火条例》第 1－2 条。

第五条 【单位、个人的消防义务】任何单位和个人都有维护消防安全、保护消防设施、预防火灾、报告火警的义务。任何单位和成年人都有参加有组织的灭火工作的义务。

第六条 【消防宣传教育义务】各级人民政府应当组织开展经常性的消防宣传教育，提高公民的消防安全意识。

机关、团体、企业、事业等单位，应当加强对本单位人员的消防宣传教育。

公安机关及其消防机构应当加强消防法律、法规的宣传，并督促、指导、协助有关单位做好消防宣传教育工作。

教育、人力资源行政主管部门和学校、有关职业培训机构应当将消防知识纳入教育、教学、培训的内容。

新闻、广播、电视等有关单位，应当有针对性地面向社会进行消防宣传教育。

工会、共产主义青年团、妇女联合会等团体应当结合各自工作对象的特点，组织开展消防宣传教育。

村民委员会、居民委员会应当协助人民政府以及公安机关等部门，加强消防宣传教育。

注释 消防工作作为一项重要的社会公共安全事业，具有广泛的社会性和群众性，本法第 2 条确立了"政府统一领导、部门依法监管、单位全面负责、公民积极参与"的消防工作原则。要建立消防工作社会化网络，就需要社会公众充分认识到消防工作的重要性，因此，应当根据防消结合、预防为主的方针，把消防宣传教育作为预防工作的前提性工作，形成在政府主导下、紧紧依靠社会各部门、各行业以及全体公民的积极参与与支持，全方位宣传和学习消防安全知识的宣传教育格局。

第七条 【鼓励支持消防事业，表彰奖励有突出贡献的单位、个人】国家鼓励、支持消防科学研究和技术创新，推广使用先进的消防和应急救援技术、设备；

鼓励、支持社会力量开展消防公益活动。

对在消防工作中有突出贡献的单位和个人，应当按照国家有关规定给予表彰和奖励。

第二章 火灾预防

第八条 【消防规划】地方各级人民政府应当将包括消防安全布局、消防站、消防供水、消防通信、消防车通道、消防装备等内容的消防规划纳入城乡规划，并负责组织实施。

城乡消防安全布局不符合消防安全要求的，应当调整、完善；公共消防设施、消防装备不足或者不适应实际需要的，应当增建、改建、配置或者进行技术改造。

注释 1. 地方各级人民政府应将消防规划纳入城乡规划。消防规划是城乡规划的重要内容之一，主要包括了消防安全布局、消防站、消防供水、消防通信、消防通道、消防装备等方面的内容。公共消防设施，应与其他市政基础设施统一规划、统一设计、统一建设。

2. 城乡消防安全布局不符合消防安全要求的，应当调整、完善；公共消防设施、消防设备不足或者不适应实际需要的，应当增建、改建、配置或者进行技术改造。

3. 本法第55条规定了公安机关消防机构在消防监督检查中发现城乡消防安全布局、公共消防设施不符合消防安全要求，或者发现本地区存在影响公共安全的重大火灾隐患后的报告义务，以及接到报告后的人民政府应进行的处理措施。

链接《消防法》第55条；《城乡规划法》第35条

第九条 【消防设计施工的要求】建设工程的消防设计、施工必须符合国家工程建设消防技术标准。建设、设计、施工、工程监理等单位依法对建设工程的消防设计、施工质量负责。

第十条 【消防设计文件备案与抽查】按照国家工程建设消防技术标准需要进行消防设计的建设工程，除本法第十一条另有规定的外，建设单位应当自依法取得施工许可之日起七个工作日内，将消防设计文件报公安机关消防机构备案，公安机关消防机构应当进行抽查。

注释［备案］

(1) 备案主体是建设单位，即建设工程的所有者；

(2) 备案的主管机关是公安机关消防机构；

(3) 备案对象是消防设计文件；

(4) 备案时间是建设单位依法取得施工许可之日起的7个工作日内。这里所规定的备案不属于行政许可，不影响建设单位领取施工许可证后的开工。但是，本法第58条规定了未依法备案的相关法律后果。

［抽查］

对于建设单位报公安机关消防机构备案的消防设计文件，公安机关消防机构应当进行抽查。应当注意，备案与抽查本身并不影响建设工程的施工，但如果经抽查发现消防设计文件不合格的，依本法第12条规定，该建设工程应当停止施工。根据本法第14条规定，备案与抽查的具体办法，由国务院公安部门规定。

［适用范围］

按照国家工程建设消防技术标准需要进行消防设计的建设工程，既包括建设工程的整体部分，也包括建设工程的局部；既包括新建的建设工程，也包括改建、扩建、建筑内部装修以及用途变更的建设工程项目，不能做狭义理解。但不包括：

(1) 本法第11条规定的建设工程，即国务院公安部门规定的大型的人员密集场所和其他特殊建设工程。这些工程适用消防设计事前审核制度，而不是事后的备案与抽查。

(2) 有些建设工程根据相关规定并不需要进行消防设计，如一些小型房屋建筑工程、抢险救灾及其他临时性房屋建筑和农民自建低层住宅等。

链接《消防法》第11－12条、第58条；《建设工程消防监督管理规定》第2－4条、第7条、第19条

第十一条 【消防设计审核】国务院公安部门规定的大型的人员密集场所和其他特殊建设工程，建设单位应当将消防设计文件报送公安机关消防机构审核。公安机关消防机构依法对审核的结果负责。

注释 1. "大型的人员密集场所"，根据本法第73条规定，是指大型的宾馆、饭店、商场、集贸市场、客运车站候车室、客运码头候船厅、民用机场航站楼、体育场馆、会堂、公共娱乐场所等公众聚集场所，大型的医院门诊楼、病房楼，大型的学校教学楼、图书馆、食堂和集体宿舍，大型养老院，大型福利院，大型托儿所、幼儿园，大型的公共图书馆阅览室，大型的公共展览馆、博物馆展示厅，大型的劳动密集型企业的生产加工车间和员工集体宿舍，以及大型的旅游、宗教活动场所等。

2. 公安机关消防机构依法对审核的结果负责，若有失职、渎职行为的，按照本法第71、72条的规定追究其法律责任。

链接《消防法》第10－11条，第71－73条；《建设工程消防监督管理规定》第13－20条

第十二条 【消防设计未经审核或者消防设计不合格的法律后果】依法应当经公安机关消防机构进行消防设计审核的建设工程，未经依法审核或者审核不合格的，负责审批该工程施工许可的部门不得给予施工许可，建设单位、施工单位不得施工；其他建设工程取得施工许可后经依法抽查不合格的，应当停止施工。

第十三条 【消防验收和备案、抽查】按照国家工程建设消防技术标准需要进行消防设计的建设工程竣工，依照下列规定进行消防验收、备案：

（一）本法第十一条规定的建设工程，建设单位应当向公安机关消防机构申请消防验收；

（二）其他建设工程，建设单位在验收后应当报公安机关消防机构备案，公安机关消防机构应当进行抽查。

依法应当进行消防验收的建设工程，未经消防验收或者消防验收不合格的，禁止投入使用；其他建设工程经依法抽查不合格的，应当停止使用。

注释 1. 实行消防验收和备案、抽查制度的适用范围：并不适用于所有的建设工程，而是适用于按照国家工程建设消防技术标准需要进行消防设计的建设工程。有些建设工程根据相关规定并不需要进行消防设计，如一些小型房屋建筑工程、抢险救灾及其他临时性房屋建筑和农民自建低层住宅等。

2. 适用前提：建设工程竣工，即建设工程已按照设计要求完成全部施工任务，由建筑施工企业交付给建设单位准备投入使用的。竣工后，建设单位按照规定，区分不同对象，分别申请消防验收或者向公安机关消防机构备案。

3. 消防验收制度

（1）只有本法第11条规定的建设工程，即国务院公安部门规定的大型的人员密集场所和其他特殊建设工程，才由公安消防机构实行消防验收制度。也就是说，这些工程既实行消防设计事先审核制度，又实行消防验收制度。

（2）除第11条之外的其他建设工程，是在建设单位验收后，再报公安机关消防机构备案，由公安机关消防机构进行抽查。这里所说的“验收”并不是指消防验收，而是指建筑法所规定的竣工验收，并非由公安机关消防机构进行的验收。

4. 未经消防验收或者消防验收不合格的法律后果：禁止投入使用。消防验收属于一种行政许可，根据本法和建筑法等法律法规的规定，只有经公安机关消防机构验收合格，并且经竣工验收合格的建设工程才可以投入使用。经消防验收不合格的，建设单位应当组织修复或者返工，消除火灾隐患，而不能擅自将建设工程投入使用。

链接《建设工程质量管理条例》第16条、第49条；《建设工程消防监督管理规定》第24－26条

案例 王某等与某县公安局消防大队公安消防行政管理行政争议纠纷上诉案（海南省海南中级人民法院行政判决书〔2006〕海南行终字第49号）

案件适用要点：本案中，第三人在建设工程竣工后，未经消防验收就擅自投入使用，后经举报，公安消防机构立案调查认定其行为违法，责令其限期改正。在第三人改正后，该公安消防机构对该建设工程的消防车通道、疏散通道、室外消火栓系统进行了竣工消防验收，认定该工程消防验收合格，在消防方面具备使用条件。并经复查，确认消防验收合格。

第十四条 【消防设计审核、消防验收、备案和抽查的具体办法】建设工程消防设计审核、消防验收、备案和抽查的具体办法，由国务院公安部门规定。

链接《建设工程消防监督管理规定》

第十五条 【公众聚集场所的消防安全检查】公众聚集场所在投入使用、营业前，建设单位或者使用单位应当向场所所在地的县级以上地方人民政府公安机关消防机构申请消防安全检查。

公安机关消防机构应当自受理申请之日起十个工作日内，根据消防技术标准和管理规定，对该场所进行消防安全检查。未经消防安全检查或者经检查不符合消防安全要求的，不得投入使用、营业。

注释 1. 申请条件

（1）申请时间：公众聚集场所在投入使用、营业前。

（2）申请主体：建设单位或者使用单位。

（3）向谁申请：场所所在地的县级以上地方人民政府公安机关消防机构。

2. 检查时间：公安机关消防机构应当自受理申请之日起10个工作日内，根据有关规定对该场所进行安全检查。

3. 检查后，对符合消防安全要求的，公安机关消防机构应当作出准予行政许可的书面决定，发给同意该场所投入使用、营业的《消防安全检查意见书》，建设单位或使用单位可以据此向有关部门办理相关使用、营业手续；对于不符合消防安全要求的，应当作出不予行政许可的书面决定，发给不同意该场所投入使用、营业的《消防安全检查意见书》；对于未经消防安全检查或者经检查不符合消防安全要求的公众聚集场所，不得投入使用、营业。

链接《机关、团体、企业、事业单位消防安全管理规定》第16条

第十六条 【单位的消防安全职责】机关、团体、企业、事业等单位应当履行下列消防安全职责：

（一）落实消防安全责任制，制定本单位的消防安全制度、消防安全操作规程，制定灭火和应急疏散预案；

（二）按照国家标准、行业标准配置消防设施、器材，设置消防安全标志，并定期组织检验、维修，确保完好有效；

（三）对建筑消防设施每年至少进行一次全面检测，确保完好有效，检测记录应当完整准确，存

档备查；

（四）保障疏散通道、安全出口、消防车通道畅通，保证防火防烟分区、防火间距符合消防技术标准；

（五）组织防火检查，及时消除火灾隐患；

（六）组织进行有针对性的消防演练；

（七）法律、法规规定的其他消防安全职责。

单位的主要负责人是本单位的消防安全责任人。

注释 1. 消防安全责任制。消防安全责任制要求机关、团体、企业、事业等单位建立起一套由单位的主要负责人、部门负责人、职工共同参与的消防安全责任制，进行消防安全自我管理、自我检查、自我整改。单位的主要负责人是本单位的消防安全责任人。只有消防安全的各项制度健全、职责清楚、目标明确、管理严格、责任落实，才能及时消除火灾隐患，创造良好的消防安全环境，确保本单位的消防安全。

2. 按照国家标准、行业标准配置消防设施、器材，设置消防安全标志，并定期组织检验、维修，确保完好有效。具体包括三层含义：

（1）消防设施、器材应当按照国家标准进行配置；没有国家标准的，应当按照行业标准进行配置。其中，根据本法第73条规定，“消防设施”是指火灾自动报警系统、自动灭火系统、消火栓系统、防烟排烟系统以及应急广播和应急照明、安全疏散设施等；“消防器材”是指灭火器、防烟面罩、缓降器、救生器材以及其他灭火工具等。

（2）设置消防安全标志。根据消防安全标志的规定，可分为火灾报警和手动控制装置的标志、火灾时疏散途径的标志、灭火设备的标志、具有火灾爆炸危险的地方或物质的标志、方向辅助标志、文字辅助标志等。

（3）定期组织检验、维修，确保完好有效。各单位除自己对消防设施、器材、安全标志进行定期检验、维修外，还可以委托获得资质的专业维修企业进行检验、维修。

3. 对建筑消防设施每年至少进行一次全面的检测，发现问题及时进行维修或更换，并且将检测的有关情况完整准确地记录下来，存档备查。对建筑消防设施进行全面检测，可以委托依法获得相应资质、资格的消防设施检测服务机构和执行人员进行。

4. 单位要保证防火防烟分区、防火间距符合消防技术标准；要组织进行有针对性的消防演练。

链接《机关、团体、企业、事业单位消防安全管理规定》第4－6条、第18条、第21条、第26－29条

第十七条 【消防安全重点单位的消防安全职责】县级以上地方人民政府公安机关消防机构应当将发生火灾可能性较大以及发生火灾可能造成重大的人身伤亡或者财产损失的单位，确定为本行政区域内的消防安全重点单位，并由公安机关报本级人民政府备案。

消防安全重点单位除应当履行本法第十六条规定的职责外，还应当履行下列消防安全职责：

（一）确定消防安全管理人，组织实施本单位的消防安全管理工作；

（二）建立消防档案，确定消防安全重点部位，设置防火标志，实行严格管理；

（三）实行每日防火巡查，并建立巡查记录；

（四）对职工进行岗前消防安全培训，定期组织消防安全培训和消防演练。

注释 1. 消防安全重点单位。是指发生火灾可能性较大以及发生火灾可能造成重大的人身伤亡或者财产损失的单位。消防重点单位由县级以上地方人民政府公安机关消防机构确定，并由公安机关报本级人民政府备案。

2. 消防安全重点单位的消防安全职责：

（1）本法第16条规定的一般单位的6项消防安全职责。

（2）确定消防安全管理人，组织实施本单位的消防安全管理工作；消防安全管理人对本单位的消防安全责任人负责。

（3）首先，建立消防档案，并根据情况及时更新，对消防档案实行统一保管和备查。其次，确定消防安全重点部位，即本单位人员集中、物资集中、容易发生火灾或者发生火灾影响全局的部位和场所，并设置防火标志，严格管理，根据重点部位的重要程度和火灾危险性采取人防、物防、技术防范的手段，做到定点、定人、定措施，确保消防安全。

（4）实行每日防火巡查，并建立巡查记录。

（5）对职工进行岗前消防安全培训，定期组织消防安全培训和消防演练。

链接《机关、团体、企业、事业单位消防安全管理规定》第7条、第13条、第19条、第25条、第36条、第38－43条

第十八条 【共用建筑物的消防安全责任】同一建筑物由两个以上单位管理或者使用的，应当明确各方的消防安全责任，并确定责任人对共用的疏散通道、安全出口、建筑消防设施和消防车通道进行统一管理。

住宅区的物业服务企业应当对管理区域内的共用消防设施进行维护管理，提供消防安全防范服务。

第十九条 【易燃易爆危险品生产经营场所的设置要求】生产、储存、经营易燃易爆危险品的场所不得与居住场所设置在同一建筑物内，并应当与居住场所保持安全距离。

生产、储存、经营其他物品的场所与居住场所设

置在同一建筑物内的，应当符合国家工程建设消防技术标准。

注释 1. 不得与居住场所设置在同一建筑物内的情形：生产、储存、经营的对象是易燃易爆危险品。此种情形下，生产、储存、经营易燃易爆危险品的场所还应当与居住场所保持安全距离。

2. 可以与居住场所设置在同一建筑物内的情形：除易燃易爆品以外的其他物品的生产、储存、经营场所。但是在此种情形下，也应当符合国家工程建设消防技术标准的规定。也就是说，生产、储存、经营其他物品的一些危险的场所，如果依照国家工程建设消防技术标准的规定，不能与居住场所设置在同一建筑物内的，也必须按照相应规定执行。

链接《安全生产法》第39条

第二十条 【大型群众性活动的消防安全】举办大型群众性活动，承办人应当依法向公安机关申请安全许可，制定灭火和应急疏散预案并组织演练，明确消防安全责任分工，确定消防安全管理人员，保持消防设施和消防器材配置齐全、完好有效，保证疏散通道、安全出口、疏散指示标志、应急照明和消防车通道符合消防技术标准和管理规定。

注释 大型群众性活动规模大、参加人员多、危险系数高、安全问题突出，一旦发生火灾，给人民群众的生命和财产安全将带来较为严重的损害。因此，举办大型群众性活动的承办人应当做到：

1. 依法向公安机关申请安全许可。举办大型群众性活动的承办人必须在举行活动前，根据所举办活动的性质、活动范围的大小以及活动场地等具体情况确定各项消防安全措施，并依法向公安机关申请安全许可。

2. 制定灭火和应急疏散预案并组织演练。"灭火预案"主要针对活动区域的具体情况，根据火灾危险性、现场环境、人员装备，在火灾发生前指定的灭火行动方案、计划。"应急疏散预案"是指在紧急情况下为保证大型群众性活动场所的人员安全撤离而事先制定的计划、方案。承办大型群众性活动的单位必须将应急疏散预案中的疏散任务落实到具体人，并确定如何带领在场人员迅速脱离火灾现场，分几路疏散，疏散路线，疏散的指挥者等。

3. 明确消防安全责任分工。大型群众性活动的承办人对其承办活动的消防安全负责，其主要负责人为消防安全负责人。

4. 确定消防安全管理人员，即由大型群众性活动的承办人根据需要确定的，组织实施和具体落实消防安全管理工作的主管负责人。

5. 保持消防设施和消防器材配备齐全、完好有效。

6. 保证疏散通道、安全出口、疏散指示标志、应急照明和消防车通道符合消防技术标准和管理规定。

链接《大型群众性活动安全管理条例》第2条、第3条、第5-8条、第11-15条、第21条；《机关、团体、企业、事业单位消防安全管理规定》第11条

第二十一条 【特殊场所和特种作业防火要求】禁止在具有火灾、爆炸危险的场所吸烟、使用明火。因施工等特殊情况需要使用明火作业的，应当按照规定事先办理审批手续，采取相应的消防安全措施；作业人员应当遵守消防安全规定。

进行电焊、气焊等具有火灾危险作业的人员和自动消防系统的操作人员，必须持证上岗，并遵守消防安全操作规程。

注释 [具有火灾、爆炸危险的场所]

是指那些存放易燃易爆物品，具有引起火灾危险或者爆炸危险的特殊场所，如仓库、油罐区等极易引起火灾需要实施预防措施的场所。

在具有火灾、爆炸危险的特殊场所，法律除了明确禁止使用明火外，还明确了禁止吸烟。

[例外规定]

(1) 必须是因施工等特殊情况的需要；

(2) 作业单位必须按照规定，经过批准，并事先办理审批手续；

(3) 作业单位应当采取相应的消防安全措施，如安排专人在作业现场监护，疏散无关人员，配置有关消防器材等措施；

(4) 作业人员须遵守消防安全规定。

[必须持证上岗的两类人员]

(1)进行电焊、气焊等具有火灾危险作业的人员。这里所说的"具有火灾危险作业的人员"，是指从事操作、保管易燃易爆物品的有关人员，如电工、油漆工等。

(2)进行自动消防系统的操作人员。

链接《机关、团体、企业、事业单位消防安全管理规定》第20条；《民用机场运行安全管理规定》第150-151条、第246条

第二十二条 【危险物品生产经营单位设置的消防安全要求】生产、储存、装卸易燃易爆危险品的工厂、仓库和专用车站、码头的设置，应当符合消防技术标准。易燃易爆气体和液体的充装站、供应站、调压站，应当设置在符合消防安全要求的位置，并符合防火防爆要求。

已经设置的生产、储存、装卸易燃易爆危险品的工厂、仓库和专用车站、码头，易燃易爆气体和液体的充装站、供应站、调压站，不再符合前款规定的，地方人民政府应当组织、协调有关部门、单位限期解决，消除安全隐患。

第二十三条 【易燃易爆危险品和可燃物资仓库管理】生产、储存、运输、销售、使用、销毁易燃易爆危险品，必须执行消防技术标准和管理规定。

进入生产、储存易燃易爆危险品的场所，必须执行消防安全规定。禁止非法携带易燃易爆危险品进入公共场所或者乘坐公共交通工具。

储存可燃物资仓库的管理，必须执行消防技术标准和管理规定。

第二十四条 【消防产品标准、强制性产品认证和技术鉴定制度】消防产品必须符合国家标准；没有国家标准的，必须符合行业标准。禁止生产、销售或者使用不合格的消防产品以及国家明令淘汰的消防产品。

依法实行强制性产品认证的消防产品，由具有法定资质的认证机构按照国家标准、行业标准的强制性要求认证合格后，方可生产、销售、使用。实行强制性产品认证的消防产品目录，由国务院产品质量监督部门会同国务院公安部门制定并公布。

新研制的尚未制定国家标准、行业标准的消防产品，应当按照国务院产品质量监督部门会同国务院公安部门规定的办法，经技术鉴定符合消防安全要求的，方可生产、销售、使用。

依照本条规定经强制性产品认证合格或者技术鉴定合格的消防产品，国务院公安部门消防机构应当予以公布。

注释 1. 消防产品的质量的强制性标准。

(1)消防产品必须符合国家标准，没有国家标准的，必须符合行业标准；对于不合格的或者国家明令淘汰的消防产品，禁止生产、销售和进口。

(2)对于新研制的尚未制定国家标准、行业标准的消防产品，应当根据相关规定经技术鉴定符合消防安全要求后，方可生产、销售、适用。

2. 消防产品的强制性产品认证制度。

(1) 适用范围：由国务院产品质量监督部门会同国务院公安部门制定并公布的消防产品目录上的消防产品；

(2) 认证机构：由具有法定资质的认证机构认证；

(3) 认证依据：国家标准、行业标准的强制性要求；

(4) 认证结果：只有经认证合格后，方可生产、销售、使用。

链接《标准化法》第 10－12 条；《产品质量法》第 12－14 条；《政府信息公开条例》第 9 条

第二十五条 【对消防产品质量的监督检查】产品质量监督部门、工商行政管理部门、公安机关消防机构应当按照各自职责加强对消防产品质量的监督检查。

注释 有权对消防产品进行监督检查的监督机关：产品质量监督部门、工商行政管理部门、公安机关消防机构。具体而言：

1. 产品质量监督部门应当按照法定职责加强对消防产品质量的监督检查。《产品质量法》相关条文规定，国家对产品质量实行以抽查为主要方式的监督检查制度，对可能危及人体健康和人身、财产安全的产品，影响国计民生的重要工业产品以及消费者、有关组织反映有质量问题的产品进行抽查。国务院和省、自治区、直辖市人民政府的产品质量监督部门应当定期发布其监督抽查的产品的质量状况公告。本法第 65 条也明确规定，违反本法规定，生产、销售不合格的消防产品或者国家明令淘汰的消防产品的，产品质量监督部门可依照《产品质量法》的规定从重处罚。

2. 工商行政管理部门应当按照法定职责加强对消防产品质量的监督检查。本法第 65 条明确规定，违反本法规定，生产、销售不合格的消防产品或者国家明令淘汰的消防产品的，工商行政管理部门可依照《产品质量法》的规定从重处罚。

3. 公安机关消防机构应当按照法定职责加强对消防产品质量的监督检查。本法第 4 条规定公安机关对消防工作实施监督管理。本法第五章又专门规定了监督检查一章，对公安机关消防机构的消防监督检查职责作了规定。本条规定了公安机关消防机构对消防产品质量的监督检查职责，并在第 65 条中对公安机关消防机构的处罚权限作了明确规定。

链接《产品质量法》第 8 条、第 15 条、第 16 条、第 17 条、第 18 条、第 56 条、第 57 条、第 65 条

第二十六条 【建筑构件、建筑材料和室内装修、装饰材料的防火要求】建筑构件、建筑材料和室内装修、装饰材料的防火性能必须符合国家标准；没有国家标准的，必须符合行业标准。

人员密集场所室内装修、装饰，应当按照消防技术标准的要求，使用不燃、难燃材料。

第二十七条 【电器产品、燃气用具产品标准及其安装、使用的消防安全要求】电器产品、燃气用具的产品标准，应当符合消防安全的要求。

电器产品、燃气用具的安装、使用及其线路、管路的设计、敷设、维护保养、检测，必须符合消防技术标准和管理规定。

第二十八条 【保护消防设施、器材，保障消防通道畅通】任何单位、个人不得损坏、挪用或者擅自拆除、停用消防设施、器材，不得埋压、圈占、遮挡消火栓或者占用防火间距，不得占用、堵塞、封闭疏散通道、安全出口、消防车通道。人员密集场所的门窗不得设置影响逃生和灭火救援的障碍物。

第二十九条 【公共消防设施的维护】负责公共

消防设施维护管理的单位，应当保持消防供水、消防通信、消防车通道等公共消防设施的完好有效。在修建道路以及停电、停水、截断通信线路时有可能影响消防队灭火救援的，有关单位必须事先通知当地公安机关消防机构。

第三十条 【加强农村消防工作】地方各级人民政府应当加强对农村消防工作的领导，采取措施加强公共消防设施建设，组织建立和督促落实消防安全责任制。

第三十一条 【重要防火时期的消防工作】在农业收获季节、森林和草原防火期间、重大节假日期间以及火灾多发季节，地方各级人民政府应当组织开展有针对性的消防宣传教育，采取防火措施，进行消防安全检查。

第三十二条 【基层组织的群众性消防工作】乡镇人民政府、城市街道办事处应当指导、支持和帮助村民委员会、居民委员会开展群众性的消防工作。村民委员会、居民委员会应当确定消防安全管理人，组织制定防火安全公约，进行防火安全检查。

注释［群众性消防工作］

(1)由谁来开展：村民委员会、居民委员会；

(2)由谁来指导、支持和帮助：乡镇人民政府、城市街道办事处；

(3)具体内容：村民委员会、居民委员会应当确定消防安全管理人、组织制定防火安全公约、进行防火安全检查。

第三十三条 【火灾公众责任保险】国家鼓励、引导公众聚集场所和生产、储存、运输、销售易燃易爆危险品的企业投保火灾公众责任保险；鼓励保险公司承保火灾公众责任保险。

注释［火灾公众责任保险］

(1)火灾公众责任保险属于责任保险的一种。所谓责任保险，又称为第三者责任保险，是指被保险人对第三者负损害赔偿责任时，由保险人承担其赔偿责任的一种保险。

(2)国家鼓励、引导投保火灾公众责任保险的企业范围，主要是公众聚集场所和生产、储存、运输、销售易燃易爆危险品的企业。

第三十四条 【对消防安全技术服务的规范】消防产品质量认证、消防设施检测、消防安全监测等消防技术服务机构和执业人员，应当依法获得相应的资质、资格；依照法律、行政法规、国家标准、行业标准和执业准则，接受委托提供消防技术服务，并对服务质量负责。

第三章 消防组织

第三十五条 【消防组织建设】各级人民政府应当加强消防组织建设，根据经济社会发展的需要，建立多种形式的消防组织，加强消防技术人才培养，增强火灾预防、扑救和应急救援的能力。

第三十六条 【政府建立消防队】县级以上地方人民政府应当按照国家规定建立公安消防队、专职消防队，并按照国家标准配备消防装备，承担火灾扑救工作。

乡镇人民政府应当根据当地经济发展和消防工作的需要，建立专职消防队、志愿消防队，承担火灾扑救工作。

注释 1. 对于县级以上地方人民政府建立消防队的要求：应当按照有关规定建立公安消防队、专职消防队，并按照国家标准配备消防装备。这主要是考虑到县级以上地方，无论是从经济社会发展的需要，还是经济负担能力出发，都有必要、有条件设立专门的消防队伍。但是由于各地经济社会发展不平衡，我国目前仍然有相当数量县级地方，公安消防力量尚不能覆盖。因此，未建立公安消防队的城市人民政府应当按照国家规定的消防站建设标准，抓紧建立公安消防队、专职消防队。

2. 对于乡镇人民政府建立消防队的要求：根据当地经济发展水平和消防工作的需要，建立专职消防队、志愿消防队，承担火灾扑救工作。志愿消防队针对的是在一些经济欠发达的乡镇，短期内建立专职消防队确实存在一定困难的，应当因地制宜，建立多种形式的志愿消防队。志愿消防队虽然在人员、装备等方面与专业消防队存在一定差距，但在公安机关消防机构的支持和指导下，通过有针对性的训练，在本乡镇火灾预防、火灾扑救工作中也能起到重要作用。

第三十七条 【应急救援职责】公安消防队、专职消防队按照国家规定承担重大灾害事故和其他以抢救人员生命为主的应急救援工作。

第三十八条 【消防队的能力建设】公安消防队、专职消防队应当充分发挥火灾扑救和应急救援专业力量的骨干作用；按照国家规定，组织实施专业技能训练，配备并维护保养装备器材，提高火灾扑救和应急救援的能力。

第三十九条 【单位建立专职消防队】下列单位应当建立单位专职消防队，承担本单位的火灾扑救工作：

(一)大型核设施单位、大型发电厂、民用机场、主要港口；

(二)生产、储存易燃易爆危险品的大型企业；

(三)储备可燃的重要物资的大型仓库、基地；

(四)第一项、第二项、第三项规定以外的火灾危险性较大、距离公安消防队较远的其他大型企业；

（五）距离公安消防队较远、被列为全国重点文物保护单位的古建筑群的管理单位。

注释 单位专职消防队主要承担本单位的火灾扑救工作。但是其除了承担本单位的火灾扑救任务外，还有义务对发生火灾单位的邻近单位给予支援。

本条明确列举了应当建立单位专职消防队的单位：

(1) 大型核设施单位、大型发电厂、民用机场、主要港口。其中主要港口是指地理位置重要、吞吐量较大、对经济发展影响较广的港口。主要港口的名录由国务院交通主管部门征求国务院有关部门意见后确定并公布。

(2) 生产、储存易燃易爆危险品的大型企业。易燃易爆危险品主要包括爆炸品、压缩气体和液化气体、易燃液体、易燃固体、自燃物品和遇湿易燃物品等。

(3) 储备可燃的重要物资的大型仓库、基地。主要是指储存粮食、棉花、石油、煤炭、药品等具有可燃性的重要物资的大型仓库、基地。

(4) 第一项、第二项、第三项规定以外的火灾危险性较大、距离公安消防队较远的其他大型企业。主要是指纺织、造纸、烟草、集贸市场等生产、经营、储存易燃物品，人员聚集，火灾危害较大的企业单位。

(5) 距离公安消防较远、被列为全国重点文物保护单位的古建筑群的管理单位。其中此处的“古建筑群”是指某一地域比较集中的若干古建筑物，而不是指某一单一的古建筑物。

(6) 同时需要注意，这些单位专职消防队除了承担本单位的火灾扑救任务外，还有义务对发生火灾单位的邻近单位给予支援。

第四十条　【专职消防队的验收及队员福利待遇】专职消防队的建立，应当符合国家有关规定，并报当地公安机关消防机构验收。

专职消防队的队员依法享受社会保险和福利待遇。

第四十一条　【群众性消防组织】机关、团体、企业、事业等单位以及村民委员会、居民委员会根据需要，建立志愿消防队等多种形式的消防组织，开展群众性自防自救工作。

注释 群众性消防组织，是指机关、团体、企业、事业等单位以及村民委员会、居民委员会根据火灾自防自救的需要建立的志愿消防队等多种形式的民间消防组织。

链接《机关、团体、企业、事业单位消防安全管理规定》第23条

第四十二条　【公安机关消防机构与专职消防队、志愿消防队等消防组织的关系】公安机关消防机构应当对专职消防队、志愿消防队等消防组织进行业务指导；根据扑救火灾的需要，可以调动指挥专职消防队参加火灾扑救工作。

第四章　灭火救援

第四十三条　【火灾应急预案、应急反应和处置机制】县级以上地方人民政府应当组织有关部门针对本行政区域内的火灾特点制定应急预案，建立应急反应和处置机制，为火灾扑救和应急救援工作提供人员、装备等保障。

第四十四条　【火灾报警；现场疏散、扑救；消防队接警出动】任何人发现火灾都应当立即报警。任何单位、个人都应当无偿为报警提供便利，不得阻拦报警。严禁谎报火警。

人员密集场所发生火灾，该场所的现场工作人员应当立即组织、引导在场人员疏散。

任何单位发生火灾，必须立即组织力量扑救。邻近单位应当给予支援。

消防队接到火警，必须立即赶赴火灾现场，救助遇险人员，排除险情，扑灭火灾。

注释 1. 对于发现火灾的任何人，应当立即报警。这于本法第5条中规定的任何单位和个人都有报告火警的义务相呼应。其中，“无偿为报警提供便利”，是指为报警人提供报警所需要的通讯、交通或者其他便利，不得收取费用或者索要报酬。“不得阻拦报警”，是指对报警人的报警行为，不能以任何理由加以阻止，设置障碍。“谎报火警”，是指故意向有关部门报告虚构事实的火灾。对于谎报火警或者阻拦火灾报警的，按本法第62、64条追究相关法律责任。

2. 对于人员密集场所的现场工作人员，在发生火灾后应担负起疏散群众的义务，不应当在火灾发生时临阵脱逃。

3. 发生火灾时，火灾发生单位除应当立即报警以外，还必须立即组织本单位或者其他人员根据其指定的应急预案迅速开展火灾扑救和自救工作。“邻近单位应当给予支援”是指与发生火灾单位毗邻的单位，在发现火灾后，应当对发生火灾单位进行灭火给予必要的人力、物力等各方面的支援。

4. 消防队接到火警后，必须立即赶赴火场。根据《公安消防部队执勤战斗条令》的规定，公安消防中队执勤人员听到出动信号，必须按照规定着装登车，首车驶离车库时间一般不得超过一分钟。中队值班首长应当检查登车情况，并随首车出动。公安消防部队执行灭火与应急救援任务，应当坚持“救人第一，科学施救”的指导思想，按照“第一时间调集足够警力和有效装备，第一时间到场展开，第一时间实施救人，第一时间进行排烟降毒，第一时间控制灾情发展，最大限

度地减少损失和危害”的要求，组织实施灭火与应急救援行动。

链接《公安消防部队执勤战斗条令》第44－50条、第76－77条

第四十五条 【组织火灾现场扑救及火灾现场总指挥的权限】公安机关消防机构统一组织和指挥火灾现场扑救，应当优先保障遇险人员的生命安全。

火灾现场总指挥根据扑救火灾的需要，有权决定下列事项：

（一）使用各种水源；

（二）截断电力、可燃气体和可燃液体的输送，限制用火用电；

（三）划定警戒区，实行局部交通管制；

（四）利用临近建筑物和有关设施；

（五）为了抢救人员和重要物资，防止火势蔓延，拆除或者破损毗邻火灾现场的建筑物、构筑物或者设施等；

（六）调动供水、供电、供气、通信、医疗救护、交通运输、环境保护等有关单位协助灭火救援。

根据扑救火灾的紧急需要，有关地方人民政府应当组织人员、调集所需物资支援灭火。

注释［优先保障遇险人员的生命安全］

以法律规范的形式明确规定了“救人第一”的基本原则，这不仅符合法律的一般原则，也是国际惯例的通常做法。

链接《公安消防部队执勤战斗条令》第4条、第51－68条、第81－90条

第四十六条 【重大灾害事故应急救援实行统一领导】公安消防队、专职消防队参加火灾以外的其他重大灾害事故的应急救援工作，由县级以上人民政府统一领导。

第四十七条 【消防交通优先】消防车、消防艇前往执行火灾扑救或者应急救援任务，在确保安全的前提下，不受行驶速度、行驶路线、行驶方向和指挥信号的限制，其他车辆、船舶以及行人应当让行，不得穿插超越；收费公路、桥梁免收车辆通行费。交通管理指挥人员应当保证消防车、消防艇迅速通行。

赶赴火灾现场或者应急救援现场的消防人员和调集的消防装备、物资，需要铁路、水路或者航空运输的，有关单位应当优先运输。

注释

（1）消防车、消防艇前往执行火灾扑救或者应急救援任务时，在确保安全的前提下，不受行驶速度、行驶路线、行驶方向和指挥信号的限制。但需注意，在给予交通优先的规定的同时，也必须遵守其限制性规定，即“在确保安全的前提下”；

（2）其他车辆行人要让行，收费公路、桥梁免收车辆通行费。这一规定也是为了节省赶赴救灾现场的时间；

（3）交通管理指挥人员也应当保证消防车、消防艇的迅速通行，以确保其不因交通堵塞等因素而影响到赶赴抢险救援现场执行救灾任务。

第四十八条 【消防设施、器材严禁挪作他用】消防车、消防艇以及消防器材、装备和设施，不得用于与消防和应急救援工作无关的事项。

第四十九条 【扑救火灾、应急救援免收费用】公安消防队、专职消防队扑救火灾、应急救援，不得收取任何费用。

单位专职消防队、志愿消防队参加扑救外单位火灾所损耗的燃料、灭火剂和器材、装备等，由火灾发生地的人民政府给予补偿。

注释 公安消防队、专职消防队的日常开支和设施配置由国家财政和地方人民政府以及本单位的专项经费提供保障。他们在扑救火灾、应急救援，不得以任何借口收取任何费用。在扑救外单位火灾中所损耗的相关装备等，由火灾发生地的人民政府给予补偿。

第五十条 【医疗抚恤】对因参加扑救火灾或者应急救援受伤、致残或者死亡的人员，按照国家有关规定给予医疗、抚恤。

第五十一条 【火灾事故调查】公安机关消防机构有权根据需要封闭火灾现场，负责调查火灾原因，统计火灾损失。

火灾扑灭后，发生火灾的单位和相关人员应当按照公安机关消防机构的要求保护现场，接受事故调查，如实提供与火灾有关的情况。

公安机关消防机构根据火灾现场勘验、调查情况和有关的检验、鉴定意见，及时制作火灾事故认定书，作为处理火灾事故的证据。

注释 1. 公安机关消防机构有权根据需要封闭火灾现场，负责调查火灾原因，统计火灾损失。

（1）公安机关消防机构根据需要依法封闭火灾现场时，要对火灾现场的封闭范围的划分做到严谨、准确、适当，避免不适当地扩大火灾现场的封闭范围，影响群众的交通和日常生活秩序。

（2）在调查火灾原因时，公安机关消防机构可以依照火灾事故调查规定采取必要和相应的手段及措施；在调查火灾时应当本着实事求是的原则，对发生火灾的原因、主要责任方、由火灾损失引起的赔偿问题、是否需要追究有关责任方的刑事责任等问题做出认真调查核实。

2. 公安消防机构根据火灾现场勘验、调查情况和有关的检验、鉴定意见，及时制作火灾事故认定书，作为处理火灾事故的证据。当事人对公安消防机构所

作出的火灾事故认定书不服的,可以提起诉讼,寻求救济。

链接《火灾事故调查规定》

案例 某公安分局消防支队与夏某等消防行政确认纠纷上诉案(湖北省武汉市中级人民法院行政判决书〔2008〕武行终字第125号)

案件适用要点:案例中,由于消防支队作出的火灾事故责任认定漏列主体、程序错误,对火灾事故负直接领导责任定责不当,因此一审法院判定撤销其做出的火灾事故责任认定,并责令其重新作出行政行为。二审维持原判。

第五章 监督检查

第五十二条 【人民政府的监督检查】地方各级人民政府应当落实消防工作责任制,对本级人民政府有关部门履行消防安全职责的情况进行监督检查。

县级以上地方人民政府有关部门应当根据本系统的特点,有针对性地开展消防安全检查,及时督促整改火灾隐患。

注释[消防工作责任制]

1. 明确落实主体:地方各级人民政府。这是对原消防法的补充,改变了原消防工作仅仅停留在公安机关消防机构孤军奋战的局面。地方各级人民政府应当在落实消防工作责任制方面率先垂范,同时,对本级人民政府有关部门履行消防安全职责的情况进行监督检查。

2. 县级以上地方人民政府有关部门应当根据本系统的特点,有针对性地开展消防安全检查,及时督促整改火灾隐患。

3. 需要特别重视的是,修订后的消防法专门新增了"监督检查"这一章,着力规范和约束政府及政府各部门,特别是公安机关及其消防机构权力的行使,强化了对其依法履行职责的监督。

第五十三条 【公安机关消防机构的监督检查】公安机关消防机构应当对机关、团体、企业、事业等单位遵守消防法律、法规的情况依法进行监督检查。公安派出所可以负责日常消防监督检查、开展消防宣传教育,具体办法由国务院公安部门规定。

公安机关消防机构、公安派出所的工作人员进行消防监督检查,应当出示证件。

注释 消防工作是一项重要的社会公共安全事业,关系到千家万户的切身利益,因此公安机关消防机构具有对机关、团体、企业、事业等单位遵守消防法律法规的情况依法进行监督检查的职责,这既是公安消防机构的权力,也是其不可推卸的职责。

链接《消防监督检查规定》

案例 冯某诉某市公安消防局不履行法定职责案(江苏省南京市中级人民法院行政判决书〔2000〕宁行终字第84号)

案件适用要点:本案中,第三人的建筑工程未经消防验收即投入使用,违反了消防法律规定。市公安消防局接到举报后对该建设工程进行调查,并发出消防验收不合格通知,责令其限期整改;此后又责令其停止使用,并处3万元罚款的行政处罚。然而第三人虽然交纳了罚款,但并未完全按照要求进行整改,消防隐患依然存在。市公安消防局并未有效监督第三人实施消防整改措施,属于监督不力,应当继续履行其监督检查的职责。

第五十四条 【消除火灾隐患】公安机关消防机构在消防监督检查中发现火灾隐患的,应当通知有关单位或者个人立即采取措施消除隐患;不及时消除隐患可能严重威胁公共安全的,公安机关消防机构应当依照规定对危险部位或者场所采取临时查封措施。

注释 1. 火灾隐患。是指明显存在的或者潜在的可能引起火灾的各种成因和情况,包括人为的和物质的成因。根据《消防监督检查规定》第38条规定,具有下列情形之一的,应当确定为火灾隐患:(1)影响人员安全疏散或者灭火救援行动,不能立即改正的;(2)消防设施未保持完好有效,影响防火灭火功能的;(3)擅自改变防火分区,容易导致火势蔓延、扩大的;(4)在人员密集场所违反消防安全规定,使用、储存易燃易爆危险品,不能立即改正的;(5)不符合城市消防安全布局要求,影响公共安全的;(6)其他可能增加火灾实质危险性或者危害性的情形。重大火灾隐患按照国家有关标准认定。

2. 公安消防机构在发现火灾隐患后的处理办法:

(1)应当通知有关单位或者个人立即采取措施消除;

(2)对具有下列情形之一,不及时消除可能严重威胁公共安全的,应当对危险部位或者场所予以临时查封:①疏散通道、安全出口数量不足或者严重堵塞,已不具备安全疏散条件的;②建筑消防设施严重损坏,不再具备防火灭火功能的;③人员密集场所违反消防安全规定,使用、储存易燃易爆危险品的;④公众聚集场所违反消防技术标准,采用易燃、可燃材料装修装饰,可能导致重大人员伤亡的;⑤其他可能严重威胁公共安全的火灾隐患。临时查封期限不得超过一个月。但逾期未消除火灾隐患的,不受查封期限的限制。

链接《消防监督检查规定》第38条

第五十五条 【重大消防隐患的发现及处理】公安机关消防机构在消防监督检查中发现城乡消防安全布局、公共消防设施不符合消防安全要求,或者发现本地区存在影响公共安全的重大火灾隐患的,应当由公安机关书面报告本级人民政府。

接到报告的人民政府应当及时核实情况，组织或者责成有关部门、单位采取措施，予以整改。

第五十六条 【公安机关消防机构及其工作人员应当遵循的执法原则】公安机关消防机构及其工作人员应当按照法定的职权和程序进行消防设计审核、消防验收和消防安全检查，做到公正、严格、文明、高效。

公安机关消防机构及其工作人员进行消防设计审核、消防验收和消防安全检查等，不得收取费用，不得利用消防设计审核、消防验收和消防安全检查谋取利益。公安机关消防机构及其工作人员不得利用职务为用户、建设单位指定或者变相指定消防产品的品牌、销售单位或者消防技术服务机构、消防设施施工单位。

注释［公安消防执法原则］

(1)要在法定权限内按照法定程序进行；

(2)要做到公正、严格、文明；

(3)不得以权谋私：一是不得收取费用或谋取利益；二是应给予用户自由选择消防产品、销售单位、消防技术服务机构或消防设施施工单位的权利，对此公安消防机构以及人员不得指定或变相指定。否则将依据本法第71条承担相应法律责任。

链接《消防监督检查规定》第35－36条；《建设工程消防监督管理规定》第27－37条

第五十七条 【对公安机关消防机构及其工作人员的社会和公民监督】公安机关消防机构及其工作人员执行职务，应当自觉接受社会和公民的监督。

任何单位和个人都有权对公安机关消防机构及其工作人员在执法中的违法行为进行检举、控告。收到检举、控告的机关，应当按照职责及时查处。

第六章 法律责任

第五十八条 【对不符合消防设计审核、消防验收、消防安全检查要求的行为的处罚】违反本法规定，有下列行为之一的，责令停止施工、停止使用或者停产停业，并处三万元以上三十万元以下罚款：

（一）依法应当经公安机关消防机构进行消防设计审核的建设工程，未经依法审核或者审核不合格，擅自施工的；

（二）消防设计经公安机关消防机构依法抽查不合格，不停止施工的；

（三）依法应当进行消防验收的建设工程，未经消防验收或者消防验收不合格，擅自投入使用的；

（四）建设工程投入使用后经公安机关消防机构依法抽查不合格，不停止使用的；

（五）公众聚集场所未经消防安全检查或者经检查不符合消防安全要求，擅自投入使用、营业的。

建设单位未依照本法规定将消防设计文件报公安机关消防机构备案，或者在竣工后未依照本法规定报公安机关消防机构备案的，责令限期改正，处五千元以下罚款。

第五十九条 【对不按消防技术标准设计、施工的行为的处罚】违反本法规定，有下列行为之一的，责令改正或者停止施工，并处一万元以上十万元以下罚款：

（一）建设单位要求建筑设计单位或者建筑施工企业降低消防技术标准设计、施工的；

（二）建筑设计单位不按照消防技术标准强制性要求进行消防设计的；

（三）建筑施工企业不按照消防设计文件和消防技术标准施工，降低消防施工质量的；

（四）工程监理单位与建设单位或者建筑施工企业串通，弄虚作假，降低消防施工质量的。

第六十条 【对违背消防安全职责行为的处罚】单位违反本法规定，有下列行为之一的，责令改正，处五千元以上五万元以下罚款：

（一）消防设施、器材或者消防安全标志的配置、设置不符合国家标准、行业标准，或者未保持完好有效的；

（二）损坏、挪用或者擅自拆除、停用消防设施、器材的；

（三）占用、堵塞、封闭疏散通道、安全出口或者有其他妨碍安全疏散行为的；

（四）埋压、圈占、遮挡消火栓或者占用防火间距的；

（五）占用、堵塞、封闭消防车通道，妨碍消防车通行的；

（六）人员密集场所在门窗上设置影响逃生和灭火救援的障碍物的；

（七）对火灾隐患经公安机关消防机构通知后不及时采取措施消除的。

个人有前款第二项、第三项、第四项、第五项行为之一的，处警告或者五百元以下罚款。

有本条第一款第三项、第四项、第五项、第六项行为，经责令改正拒不改正的，强制执行，所需费用由违法行为人承担。

第六十一条 【对易燃易爆危险品生产经营场所设置不符合规定的处罚】生产、储存、经营易燃易爆危险品的场所与居住场所设置在同一建筑物内，或者未与居住场所保持安全距离的，责令停产停业，并处五千元以上五万元以下罚款。

生产、储存、经营其他物品的场所与居住场所设置在同一建筑物内，不符合消防技术标准的，依照前款规定处罚。

链接《安全生产法》第 102 条；《民用爆炸物品安全管理条例》第 49 条；《危险化学品安全管理条例》第 80 条；《烟花爆竹安全管理条例》第 37 条

第六十二条 【对涉及消防的违反治安管理行为的处罚】有下列行为之一的，依照《中华人民共和国治安管理处罚法》的规定处罚：

（一）违反有关消防技术标准和管理规定生产、储存、运输、销售、使用、销毁易燃易爆危险品的；

（二）非法携带易燃易爆危险品进入公共场所或者乘坐公共交通工具的；

（三）谎报火警的；

（四）阻碍消防车、消防艇执行任务的；

（五）阻碍公安机关消防机构的工作人员依法执行职务的。

注释 对本条所列的五种行为给予治安管理处罚时，既要按照《治安管理处罚法》规定的处罚种类和幅度进行处罚，也要遵照《治安管理处罚法》规定的程序进行处罚。

链接《治安管理处罚法》第 25 条、第 30 条、第 50 条

第六十三条 【对违反危险场所消防管理规定行为的处罚】违反本法规定，有下列行为之一的，处警告或者五百元以下罚款；情节严重的，处五日以下拘留：

（一）违反消防安全规定进入生产、储存易燃易爆危险品场所的；

（二）违反规定使用明火作业或者在具有火灾、爆炸危险的场所吸烟、使用明火的。

注释 本条规定了两种违反特定危险场所消防管理规定的违法行为，并规定了相应的处罚。需要注意的是，对这两种行为所规定的相应处罚。其中，"情节严重"是指行为造成的火灾危险较大，经劝阻仍不改正等，由执法机关根据实际情况掌握。相比修订前的消防法，本条不仅明确了罚款数额，适当减轻了拘留处罚，还划分了两个档次，便于执法机关根据违法行为的不同程度做出不同处罚。

链接《仓库防火安全管理规则》第 27－30 条；《机关、团体、企业、事业单位消防安全管理规定》第 20 条

第六十四条 【对过失引起火灾、阻拦报火警等行为的处罚】违反本法规定，有下列行为之一，尚不构成犯罪的，处十日以上十五日以下拘留，可以并处五百元以下罚款；情节较轻的，处警告或者五百元以下罚款：

（一）指使或者强令他人违反消防安全规定，冒险作业的；

（二）过失引起火灾的；

（三）在火灾发生后阻拦报警，或者负有报告职责的人员不及时报警的；

（四）扰乱火灾现场秩序，或者拒不执行火灾现场指挥员指挥，影响灭火救援的；

（五）故意破坏或者伪造火灾现场的；

（六）擅自拆封或者使用被公安机关消防机构查封的场所、部位的。

注释 1. 指使或者强令他人违反消防安全规定，冒险作业。主要是指单位负责施工、生产、作业的管理人员或者指挥生产、作业的人员，明知自己的行为违反了消防安全规定，却仍然指示或者强迫命令他人违反消防安全规定作业，致使作业场所的消防安全处于危险之中的行为。

2. 过失引起火灾的。是指行为人应当预见自己的行为可能引起火灾，因为疏忽大意而没有预见；或者已经预见而轻信能够避免，以致发生火灾的行为。

3. 阻拦报警。是指以暴力、威胁或者其他方法故意阻碍、阻止、拦挡他人报火警的行为。

4. 扰乱火灾现场秩序，是指使用暴力、威胁或者其他方法，破坏火灾现场的秩序，扰乱消防组织和群众迅速、及时组织力量扑灭火灾的行为；拒不执行火灾现场指挥员指挥，影响灭火救援的行为，是指有关人员对于火灾现场指挥员根据本法第 45 条规定决定的事项，抗拒执行他的指挥，影响迅速、及时扑灭火灾的行为。

5. 破坏火灾现场，是指采取破坏手段使人看不出火灾现场的真实情况，如移动现场物品，破坏现场痕迹等；伪造火灾现场，是指将火灾现场伪装成另一种情况给人以假象，甚至制造本不存在的假火灾现场等。

6. 本条规定的"拆封"，是指拆去公安机关消防机构设置的封条等查封标记；"使用"是将公安机关消防机构禁止使用的场所、部位重新投入使用。

7. 特别需要注意的是，对于本条规定明确的这些行为依照本法予以行政处罚的前提是"尚不构成犯罪的"，一旦这些行为情节严重到一定程度，就可能构成刑法上的犯罪。

链接《刑法》第 115 条、第 134 条

第六十五条 【对生产、销售、使用不合格或国家明令淘汰的消防产品行为的处理】违反本法规定，生产、销售不合格的消防产品或者国家明令淘汰的消防产品的，由产品质量监督部门或者工商行政管理部门依照《中华人民共和国产品质量法》的规定从重处罚。

人员密集场所使用不合格的消防产品或者国家明令淘汰的消防产品的，责令限期改正；逾期不改正的，处五千元以上五万元以下罚款，并对其直接负责的主管人员和其他直接责任人员处五百元以上二千元以下罚款；情节严重的，责令停产停业。

公安机关消防机构对于本条第二款规定的情形，除依法对使用者予以处罚外，应当将发现不合格的消

防产品和国家明令淘汰的消防产品的情况通报产品质量监督部门、工商行政管理部门。产品质量监督部门、工商行政管理部门应当对生产者、销售者依法及时查处。

第六十六条 【对电器产品、燃气用具的安装、使用等不符合消防技术标准和管理规定的处罚】电器产品、燃气用具的安装、使用及其线路、管路的设计、敷设、维护保养、检测不符合消防技术标准和管理规定的，责令限期改正；逾期不改正的，责令停止使用，可以并处一千元以上五千元以下罚款。

第六十七条 【单位未履行消防安全职责的法律责任】机关、团体、企业、事业等单位违反本法第十六条、第十七条、第十八条、第二十一条第二款规定的，责令限期改正；逾期不改正的，对其直接负责的主管人员和其他直接责任人员依法给予处分或者给予警告处罚。

第六十八条 【人员密集场所现场工作人员不履行职责的法律责任】人员密集场所发生火灾，该场所的现场工作人员不履行组织、引导在场人员疏散的义务，情节严重，尚不构成犯罪的，处五日以上十日以下拘留。

第六十九条 【消防技术服务机构失职的法律责任】消防产品质量认证、消防设施检测等消防技术服务机构出具虚假文件的，责令改正，处五万元以上十万元以下罚款，并对直接负责的主管人员和其他直接责任人员处一万元以上五万元以下罚款；有违法所得的，并处没收违法所得；给他人造成损失的，依法承担赔偿责任；情节严重的，由原许可机关依法责令停止执业或者吊销相应资质、资格。

前款规定的机构出具失实文件，给他人造成损失的，依法承担赔偿责任；造成重大损失的，由原许可机关依法责令停止执业或者吊销相应资质、资格。

第七十条 【对违反消防法行为的处罚程序】本法规定的行政处罚，除本法另有规定的外，由公安机关消防机构决定；其中拘留处罚由县级以上公安机关依照《中华人民共和国治安管理处罚法》的有关规定决定。

公安机关消防机构需要传唤消防安全违法行为人的，依照《中华人民共和国治安管理处罚法》的有关规定执行。

被责令停止施工、停止使用、停产停业的，应当在整改后向公安机关消防机构报告，经公安机关消防机构检查合格，方可恢复施工、使用、生产、经营。

当事人逾期不执行停产停业、停止使用、停止施工决定的，由作出决定的公安机关消防机构强制执行。

责令停产停业，对经济和社会生活影响较大的，由公安机关消防机构提出意见，并由公安机关报请本级人民政府依法决定。本级人民政府组织公安机关等部门实施。

第七十一条 【有关主管部门的工作人员滥用职权、玩忽职守、徇私舞弊的法律责任】公安机关消防机构的工作人员滥用职权、玩忽职守、徇私舞弊，有下列行为之一，尚不构成犯罪的，依法给予处分：

（一）对不符合消防安全要求的消防设计文件、建设工程、场所准予审核合格、消防验收合格、消防安全检查合格的；

（二）无故拖延消防设计审核、消防验收、消防安全检查，不在法定期限内履行职责的；

（三）发现火灾隐患不及时通知有关单位或者个人整改的；

（四）利用职务为用户、建设单位指定或者变相指定消防产品的品牌、销售单位或者消防技术服务机构、消防设施施工单位的；

（五）将消防车、消防艇以及消防器材、装备和设施用于与消防和应急救援无关的事项的；

（六）其他滥用职权、玩忽职守、徇私舞弊的行为。

建设、产品质量监督、工商行政管理等其他有关行政主管部门的工作人员在消防工作中滥用职权、玩忽职守、徇私舞弊，尚不构成犯罪的，依法给予处分。

第七十二条 【违反消防法构成犯罪的刑事责任】违反本法规定，构成犯罪的，依法追究刑事责任。

第七章 附 则

第七十三条 【专门用语的含义】本法下列用语的含义：

（一）消防设施，是指火灾自动报警系统、自动灭火系统、消火栓系统、防烟排烟系统以及应急广播和应急照明、安全疏散设施等。

（二）消防产品，是指专门用于火灾预防、灭火救援和火灾防护、避难、逃生的产品。

（三）公众聚集场所，是指宾馆、饭店、商场、集贸市场、客运车站候车室、客运码头候船厅、民用机场航站楼、体育场馆、会堂以及公共娱乐场所等。

（四）人员密集场所，是指公众聚集场所，医院的门诊楼、病房楼，学校的教学楼、图书馆、食堂和集体宿舍，养老院，福利院，托儿所，幼儿园，公共图书馆的阅览室，公共展览馆、博物馆的展示厅，劳动密集型企业的生产加工车间和员工集体宿舍，旅游、宗教活动场所等。

第七十四条 【生效日期】本法自 2009 年 5 月 1 日起施行。

森林防火条例

（1988年1月16日国务院公布　2008年11月19日国务院第36次常务会议修订通过　2008年12月1日国务院令第541号公布　自2009年1月1日起施行）

第一章　总　　则

第一条　为了有效预防和扑救森林火灾，保障人民生命财产安全，保护森林资源，维护生态安全，根据《中华人民共和国森林法》，制定本条例。

第二条　本条例适用于中华人民共和国境内森林火灾的预防和扑救。但是，城市市区的除外。

第三条　森林防火工作实行预防为主、积极消灭的方针。

第四条　国家森林防火指挥机构负责组织、协调和指导全国的森林防火工作。

国务院林业主管部门负责全国森林防火的监督和管理工作，承担国家森林防火指挥机构的日常工作。

国务院其他有关部门按照职责分工，负责有关的森林防火工作。

第五条　森林防火工作实行地方各级人民政府行政首长负责制。

县级以上地方人民政府根据实际需要设立的森林防火指挥机构，负责组织、协调和指导本行政区域的森林防火工作。

县级以上地方人民政府林业主管部门负责本行政区域森林防火的监督和管理工作，承担本级人民政府森林防火指挥机构的日常工作。

县级以上地方人民政府其他有关部门按照职责分工，负责有关的森林防火工作。

第六条　森林、林木、林地的经营单位和个人，在其经营范围内承担森林防火责任。

第七条　森林防火工作涉及两个以上行政区域的，有关地方人民政府应当建立森林防火联防机制，确定联防区域，建立联防制度，实行信息共享，并加强监督检查。

第八条　县级以上人民政府应当将森林防火基础设施建设纳入国民经济和社会发展规划，将森林防火经费纳入本级财政预算。

第九条　国家支持森林防火科学研究，推广和应用先进的科学技术，提高森林防火科技水平。

第十条　各级人民政府、有关部门应当组织经常性的森林防火宣传活动，普及森林防火知识，做好森林火灾预防工作。

第十一条　国家鼓励通过保险形式转移森林火灾风险，提高林业防灾减灾能力和灾后自我救助能力。

第十二条　对在森林防火工作中作出突出成绩的单位和个人，按照国家有关规定，给予表彰和奖励。

对在扑救重大、特别重大森林火灾中表现突出的单位和个人，可以由森林防火指挥机构当场给予表彰和奖励。

第二章　森林火灾的预防

第十三条　省、自治区、直辖市人民政府林业主管部门应当按照国务院林业主管部门制定的森林火险区划等级标准，以县为单位确定本行政区域的森林火险区划等级，向社会公布，并报国务院林业主管部门备案。

第十四条　国务院林业主管部门应当根据全国森林火险区划等级和实际工作需要，编制全国森林防火规划，报国务院或者国务院授权的部门批准后组织实施。

县级以上地方人民政府林业主管部门根据全国森林防火规划，结合本地实际，编制本行政区域的森林防火规划，报本级人民政府批准后组织实施。

第十五条　国务院有关部门和县级以上地方人民政府应当按照森林防火规划，加强森林防火基础设施建设，储备必要的森林防火物资，根据实际需要整合、完善森林防火指挥信息系统。

国务院和省、自治区、直辖市人民政府根据森林防火实际需要，充分利用卫星遥感技术和现有军用、民用航空基础设施，建立相关单位参与的航空护林协作机制，完善航空护林基础设施，并保障航空护林所需经费。

第十六条　国务院林业主管部门应当按照有关规定编制国家重大、特别重大森林火灾应急预案，报国务院批准。

县级以上地方人民政府林业主管部门应当按照有关规定编制森林火灾应急预案，报本级人民政府批准，并报上一级人民政府林业主管部门备案。

县级人民政府应当组织乡（镇）人民政府根据森林火灾应急预案制定森林火灾应急处置办法；村民委员会应当按照森林火灾应急预案和森林火灾应急处置办法的规定，协助做好森林火灾应急处置工作。

县级以上人民政府及其有关部门应当组织开展必要的森林火灾应急预案的演练。

第十七条　森林火灾应急预案应当包括下列内容：

（一）森林火灾应急组织指挥机构及其职责；

（二）森林火灾的预警、监测、信息报告和处理；

（三）森林火灾的应急响应机制和措施；

（四）资金、物资和技术等保障措施；

（五）灾后处置。

第十八条 在林区依法开办工矿企业、设立旅游区或者新建开发区的，其森林防火设施应当与该建设项目同步规划、同步设计、同步施工、同步验收；在林区成片造林的，应当同时配套建设森林防火设施。

第十九条 铁路的经营单位应当负责本单位所属林地的防火工作，并配合县级以上地方人民政府做好铁路沿线森林火灾危险地段的防火工作。

电力、电信线路和石油天然气管道的森林防火责任单位，应当在森林火灾危险地段开设防火隔离带，并组织人员进行巡护。

第二十条 森林、林木、林地的经营单位和个人应当按照林业主管部门的规定，建立森林防火责任制，划定森林防火责任区，确定森林防火责任人，并配备森林防火设施和设备。

第二十一条 地方各级人民政府和国有林业企业、事业单位应当根据实际需要，成立森林火灾专业扑救队伍；县级以上地方人民政府应当指导森林经营单位和林区的居民委员会、村民委员会、企业、事业单位建立森林火灾群众扑救队伍。专业的和群众的火灾扑救队伍应当定期进行培训和演练。

第二十二条 森林、林木、林地的经营单位配备的兼职或者专职护林员负责巡护森林，管理野外用火，及时报告火情，协助有关机关调查森林火灾案件。

第二十三条 县级以上地方人民政府应当根据本行政区域内森林资源分布状况和森林火灾发生规律，划定森林防火区，规定森林防火期，并向社会公布。

森林防火期内，各级人民政府森林防火指挥机构和森林、林木、林地的经营单位和个人，应当根据森林火险预报，采取相应的预防和应急准备措施。

第二十四条 县级以上人民政府森林防火指挥机构，应当组织有关部门对森林防火区内有关单位的森林防火组织建设、森林防火责任制落实、森林防火设施建设等情况进行检查；对检查中发现的森林火灾隐患，县级以上地方人民政府林业主管部门应当及时向有关单位下达森林火灾隐患整改通知书，责令限期整改，消除隐患。

被检查单位应当积极配合，不得阻挠、妨碍检查活动。

第二十五条 森林防火期内，禁止在森林防火区野外用火。因防治病虫鼠害、冻害等特殊情况确需野外用火的，应当经县级人民政府批准，并按照要求采取防火措施，严防失火；需要进入森林防火区进行实弹演习、爆破等活动的，应当经省、自治区、直辖市人民政府林业主管部门批准，并采取必要的防火措施；中国人民解放军和中国人民武装警察部队因处置突发事件和执行其他紧急任务需要进入森林防火区的，应当经其上级主管部门批准，并采取必要的防火措施。

第二十六条 森林防火期内，森林、林木、林地的经营单位应当设置森林防火警示宣传标志，并对进入其经营范围的人员进行森林防火安全宣传。

森林防火期内，进入森林防火区的各种机动车辆应当按照规定安装防火装置，配备灭火器材。

第二十七条 森林防火期内，经省、自治区、直辖市人民政府批准，林业主管部门、国务院确定的重点国有林区的管理机构可以设立临时性的森林防火检查站，对进入森林防火区的车辆和人员进行森林防火检查。

第二十八条 森林防火期内，预报有高温、干旱、大风等高火险天气的，县级以上地方人民政府应当划定森林高火险区，规定森林高火险期。必要时，县级以上地方人民政府可以根据需要发布命令，严禁一切野外用火；对可能引起森林火灾的居民生活用火应当严格管理。

第二十九条 森林高火险期内，进入森林高火险区的，应当经县级以上地方人民政府批准，严格按照批准的时间、地点、范围活动，并接受县级以上地方人民政府林业主管部门的监督管理。

第三十条 县级以上人民政府林业主管部门和气象主管机构应当根据森林防火需要，建设森林火险监测和预报台站，建立联合会商机制，及时制作发布森林火险预警预报信息。

气象主管机构应当无偿提供森林火险天气预报服务。广播、电视、报纸、互联网等媒体应当及时播发或者刊登森林火险天气预报。

第三章　森林火灾的扑救

第三十一条 县级以上地方人民政府应当公布森林火警电话，建立森林防火值班制度。

任何单位和个人发现森林火灾，应当立即报告。接到报告的当地人民政府或者森林防火指挥机构应当立即派人赶赴现场，调查核实，采取相应的扑救措施，并按照有关规定逐级报上级人民政府和森林防火指挥机构。

第三十二条 发生下列森林火灾，省、自治区、直辖市人民政府森林防火指挥机构应当立即报告国家森林防火指挥机构，由国家森林防火指挥机构按照规定报告国务院，并及时通报国务院有关部门：

（一）国界附近的森林火灾；

（二）重大、特别重大森林火灾；

（三）造成3人以上死亡或者10人以上重伤的森林火灾；

（四）威胁居民区或者重要设施的森林火灾；

（五）24小时尚未扑灭明火的森林火灾；

（六）未开发原始林区的森林火灾；

（七）省、自治区、直辖市交界地区危险性大的森林火灾；

（八）需要国家支援扑救的森林火灾。

本条第一款所称“以上”包括本数。

第三十三条 发生森林火灾，县级以上地方人民政府森林防火指挥机构应当按照规定立即启动森林火灾应急预案；发生重大、特别重大森林火灾，国家森林防火指挥机构应当立即启动重大、特别重大森林火灾应急预案。

森林火灾应急预案启动后，有关森林防火指挥机构应当在核实火灾准确位置、范围以及风力、风向、火势的基础上，根据火灾现场天气、地理条件，合理确定扑救方案，划分扑救地段，确定扑救责任人，并指定负责人及时到达森林火灾现场具体指挥森林火灾的扑救。

第三十四条 森林防火指挥机构应当按照森林火灾应急预案，统一组织和指挥森林火灾的扑救。

扑救森林火灾，应当坚持以人为本、科学扑救，及时疏散、撤离受火灾威胁的群众，并做好火灾扑救人员的安全防护，尽最大可能避免人员伤亡。

第三十五条 扑救森林火灾应当以专业火灾扑救队伍为主要力量；组织群众扑救队伍扑救森林火灾的，不得动员残疾人、孕妇和未成年人以及其他不适宜参加森林火灾扑救的人员参加。

第三十六条 武装警察森林部队负责执行国家赋予的森林防火任务。武装警察森林部队执行森林火灾扑救任务，应当接受火灾发生地县级以上地方人民政府森林防火指挥机构的统一指挥；执行跨省、自治区、直辖市森林火灾扑救任务的，应当接受国家森林防火指挥机构的统一指挥。

中国人民解放军执行森林火灾扑救任务的，依照《军队参加抢险救灾条例》的有关规定执行。

第三十七条 发生森林火灾，有关部门应当按照森林火灾应急预案和森林防火指挥机构的统一指挥，做好扑救森林火灾的有关工作。

气象主管机构应当及时提供火灾地区天气预报和相关信息，并根据天气条件适时开展人工增雨作业。

交通运输主管部门应当优先组织运送森林火灾扑救人员和扑救物资。

通信主管部门应当组织提供应急通信保障。

民政部门应当及时设置避难场所和救灾物资供应点，紧急转移并妥善安置灾民，开展受灾群众救助工作。

公安机关应当维护治安秩序，加强治安管理。

商务、卫生等主管部门应当做好物资供应、医疗救护和卫生防疫等工作。

第三十八条 因扑救森林火灾的需要，县级以上人民政府森林防火指挥机构可以决定采取开设防火隔离带、清除障碍物、应急取水、局部交通管制等应急措施。

因扑救森林火灾需要征用物资、设备、交通运输工具的，由县级以上人民政府决定。扑火工作结束后，应当及时返还被征用的物资、设备和交通工具，并依照有关法律规定给予补偿。

第三十九条 森林火灾扑灭后，火灾扑救队伍应当对火灾现场进行全面检查，清理余火，并留有足够人员看守火场，经当地人民政府森林防火指挥机构检查验收合格，方可撤出看守人员。

第四章 灾后处置

第四十条 按照受害森林面积和伤亡人数，森林火灾分为一般森林火灾、较大森林火灾、重大森林火灾和特别重大森林火灾：

（一）一般森林火灾：受害森林面积在1公顷以下或者其他林地起火的，或者死亡1人以上3人以下的，或者重伤1人以上10人以下的；

（二）较大森林火灾：受害森林面积在1公顷以上100公顷以下的，或者死亡3人以上10人以下的，或者重伤10人以上50人以下的；

（三）重大森林火灾：受害森林面积在100公顷以上1000公顷以下的，或者死亡10人以上30人以下的，或者重伤50人以上100人以下的；

（四）特别重大森林火灾：受害森林面积在1000公顷以上的，或者死亡30人以上的，或者重伤100人以上的。

本条第一款所称“以上”包括本数，“以下”不包括本数。

第四十一条 县级以上人民政府林业主管部门应当会同有关部门及时对森林火灾发生原因、肇事者、受害森林面积和蓄积、人员伤亡、其他经济损失等情况进行调查和评估，向当地人民政府提出调查报告；当地人民政府应当根据调查报告，确定森林火灾责任单位和责任人，并依法处理。

森林火灾损失评估标准，由国务院林业主管部门会同有关部门制定。

第四十二条 县级以上地方人民政府林业主管部门应当按照有关要求对森林火灾情况进行统计，报上级人民政府林业主管部门和本级人民政府统计机构，并及时通报本级人民政府有关部门。

森林火灾统计报告表由国务院林业主管部门制定，报国家统计局备案。

第四十三条 森林火灾信息由县级以上人民政府森林防火指挥机构或者林业主管部门向社会发布。重大、特别重大森林火灾信息由国务院林业主管部门发布。

第四十四条 对因扑救森林火灾负伤、致残或者死亡的人员，按照国家有关规定给予医疗、抚恤。

第四十五条 参加森林火灾扑救的人员的误工补贴和生活补助以及扑救森林火灾所发生的其他费用，按照省、自治区、直辖市人民政府规定的标准，由火灾肇事单位或者个人支付；起火原因不清的，由起火单位支付；火灾肇事单位、个人或者起火单位确实无力支付的部分，由当地人民政府支付。误工补贴和生活补助以及扑救森林火灾所发生的其他费用，可以由当地人民政府先行支付。

第四十六条 森林火灾发生后，森林、林木、林地的经营单位和个人应当及时采取更新造林措施，恢复火烧迹地森林植被。

第五章 法律责任

第四十七条 违反本条例规定，县级以上地方人民政府及其森林防火指挥机构、县级以上人民政府林业主管部门或者其他有关部门及其工作人员，有下列行为之一的，由其上级行政机关或者监察机关责令改正；情节严重的，对直接负责的主管人员和其他直接责任人员依法给予处分；构成犯罪的，依法追究刑事责任：

（一）未按照有关规定编制森林火灾应急预案的；

（二）发现森林火灾隐患未及时下达森林火灾隐患整改通知书的；

（三）对不符合森林防火要求的野外用火或者实弹演习、爆破等活动予以批准的；

（四）瞒报、谎报或者故意拖延报告森林火灾的；

（五）未及时采取森林火灾扑救措施的；

（六）不依法履行职责的其他行为。

第四十八条 违反本条例规定，森林、林木、林地的经营单位或者个人未履行森林防火责任的，由县级以上地方人民政府林业主管部门责令改正，对个人处500元以上5000元以下罚款，对单位处1万元以上5万元以下罚款。

第四十九条 违反本条例规定，森林防火区内的有关单位或者个人拒绝接受森林防火检查或者接到森林火灾隐患整改通知书逾期不消除火灾隐患的，由县级以上地方人民政府林业主管部门责令改正，给予警告，对个人并处200元以上2000元以下罚款，对单位并处5000元以上1万元以下罚款。

第五十条 违反本条例规定，森林防火期内未经批准擅自在森林防火区内野外用火的，由县级以上地方人民政府林业主管部门责令停止违法行为，给予警告，对个人并处200元以上3000元以下罚款，对单位并处1万元以上5万元以下罚款。

第五十一条 违反本条例规定，森林防火期内未经批准在森林防火区内进行实弹演习、爆破等活动的，由县级以上地方人民政府林业主管部门责令停止违法行为，给予警告，并处5万元以上10万元以下罚款。

第五十二条 违反本条例规定，有下列行为之一的，由县级以上地方人民政府林业主管部门责令改正，给予警告，对个人并处200元以上2000元以下罚款，对单位并处2000元以上5000元以下罚款：

（一）森林防火期内，森林、林木、林地的经营单位未设置森林防火警示宣传标志的；

（二）森林防火期内，进入森林防火区的机动车辆未安装森林防火装置的；

（三）森林高火险期内，未经批准擅自进入森林高火险区活动的。

第五十三条 违反本条例规定，造成森林火灾，构成犯罪的，依法追究刑事责任；尚不构成犯罪的，除依照本条例第四十八条、第四十九条、第五十条、第五十一条、第五十二条的规定追究法律责任外，县级以上地方人民政府林业主管部门可以责令责任人补种树木。

第六章 附 则

第五十四条 森林消防专用车辆应当按照规定喷涂标志图案，安装警报器、标志灯具。

第五十五条 在中华人民共和国边境地区发生的森林火灾，按照中华人民共和国政府与有关国家政府签订的有关协定开展扑救工作；没有协定的，由中华人民共和国政府和有关国家政府协商办理。

第五十六条 本条例自2009年1月1日起施行。

草原防火条例

（1993年10月5日国务院令第130号公布 2008年11月19日国务院第36次常务会议修订通过 2008年11月29日国务院令第542号公布 自2009年1月1日起施行）

第一章 总 则

第一条 为了加强草原防火工作，积极预防和扑救草原火灾，保护草原，保障人民生命和财产安全，根据《中华人民共和国草原法》，制定本条例。

第二条 本条例适用于中华人民共和国境内草原火灾的预防和扑救。但是，林区和城市市区的除外。

第三条 草原防火工作实行预防为主、防消结合的方针。

第四条 县级以上人民政府应当加强草原防火工作的组织领导，将草原防火所需经费纳入本级财政预算，保障草原火灾预防和扑救工作的开展。

草原防火工作实行地方各级人民政府行政首长负责制和部门、单位领导负责制。

第五条 国务院草原行政主管部门主管全国草原防火工作。

县级以上地方人民政府确定的草原防火主管部门主管本行政区域内的草原防火工作。

县级以上人民政府其他有关部门在各自的职责范围内做好草原防火工作。

第六条 草原的经营使用单位和个人，在其经营使用范围内承担草原防火责任。

第七条 草原防火工作涉及两个以上行政区域或者涉及森林防火、城市消防的，有关地方人民政府及有关部门应当建立联防制度，确定联防区域，制定联防措施，加强信息沟通和监督检查。

第八条 各级人民政府或者有关部门应当加强草原防火宣传教育活动，提高公民的草原防火意识。

第九条 国家鼓励和支持草原火灾预防和扑救的科学技术研究，推广先进的草原火灾预防和扑救技术。

第十条 对在草原火灾预防和扑救工作中有突出贡献或者成绩显著的单位、个人，按照国家有关规定给予表彰和奖励。

第二章 草原火灾的预防

第十一条 国务院草原行政主管部门根据草原火灾发生的危险程度和影响范围等，将全国草原划分为极高、高、中、低四个等级的草原火险区。

第十二条 国务院草原行政主管部门根据草原火险区划和草原防火工作的实际需要，编制全国草原防火规划，报国务院或者国务院授权的部门批准后组织实施。

县级以上地方人民政府草原防火主管部门根据全国草原防火规划，结合本地实际，编制本行政区域的草原防火规划，报本级人民政府批准后组织实施。

第十三条 草原防火规划应当主要包括下列内容：

（一）草原防火规划制定的依据；

（二）草原防火组织体系建设；

（三）草原防火基础设施和装备建设；

（四）草原防火物资储备；

（五）保障措施。

第十四条 县级以上人民政府应当组织有关部门和单位，按照草原防火规划，加强草原火情瞭望和监测设施、防火隔离带、防火道路、防火物资储备库（站）等基础设施建设，配备草原防火交通工具、灭火器械、观察和通信器材等装备，储存必要的防火物资，建立和完善草原防火指挥信息系统。

第十五条 国务院草原行政主管部门负责制订全国草原火灾应急预案，报国务院批准后组织实施。

县级以上地方人民政府草原防火主管部门负责制订本行政区域的草原火灾应急预案，报本级人民政府批准后组织实施。

第十六条 草原火灾应急预案应当主要包括下列内容：

（一）草原火灾应急组织机构及其职责；

（二）草原火灾预警与预防机制；

（三）草原火灾报告程序；

（四）不同等级草原火灾的应急处置措施；

（五）扑救草原火灾所需物资、资金和队伍的应急保障；

（六）人员财产撤离、医疗救治、疾病控制等应急方案。

草原火灾根据受害草原面积、伤亡人数、受灾牲畜数量以及对城乡居民点、重要设施、名胜古迹、自然保护区的威胁程度等，分为特别重大、重大、较大、一般四个等级。具体划分标准由国务院草原行政主管部门制定。

第十七条 县级以上地方人民政府应当根据草原火灾发生规律，确定本行政区域的草原防火期，并向社会公布。

第十八条 在草原防火期内，因生产活动需要在草原上野外用火的，应当经县级人民政府草原防火主管部门批准。用火单位或者个人应当采取防火措施，防止失火。

在草原防火期内，因生活需要在草原上用火的，应当选择安全地点，采取防火措施，用火后彻底熄灭余火。

除本条第一款、第二款规定的情形外，在草原防火期内，禁止在草原上野外用火。

第十九条 在草原防火期内，禁止在草原上使用枪械狩猎。

在草原防火期内，在草原上进行爆破、勘察和施工等活动的，应当经县级以上地方人民政府草原防火主管部门批准，并采取防火措施，防止失火。

在草原防火期内，部队在草原上进行实弹演习、处置突发性事件和执行其他任务，应当采取必要的防火措施。

第二十条 在草原防火期内，在草原上作业或者行驶的机动车辆，应当安装防火装置，严防漏火、喷火和闸瓦脱落引起火灾。在草原上行驶的公共交通工具上的司机和乘务人员，应当对旅客进行草原防火宣传。司机、乘务人员和旅客不得丢弃火种。

在草原防火期内，对草原上从事野外作业的机械设备，应当采取防火措施；作业人员应当遵守防火安全操作规程，防止失火。

第二十一条 在草原防火期内，经本级人民政府批准，草原防火主管部门应当对进入草原、存在火灾隐患的车辆以及可能引发草原火灾的野外作业活动进行草原防火安全检查。发现存在火灾隐患的，应当告知有关责任人员采取措施消除火灾隐患；拒不采取措施消除火灾隐患的，禁止进入草原或者在草原上从事野外作业活动。

第二十二条 在草原防火期内，出现高温、干旱、大风等高火险天气时，县级以上地方人民政府应当将极高草原火险区、高草原火险区以及一旦发生草原火灾可能造成人身重大伤亡或者财产重大损失的区域划为草原防火管制区，规定管制期限，及时向社会公布，并报上一级人民政府备案。

在草原防火管制区内，禁止一切野外用火。对可能引起草原火灾的非野外用火，县级以上地方人民政府或者草原防火主管部门应当按照管制要求，严格管理。

进入草原防火管制区的车辆，应当取得县级以上地方人民政府草原防火主管部门颁发的草原防火通行证，并服从防火管制。

第二十三条 草原上的农(牧)场、工矿企业和其他生产经营单位，以及驻军单位、自然保护区管理单位和农村集体经济组织等，应当在县级以上地方人民政府的领导和草原防火主管部门的指导下，落实草原防火责任制，加强火源管理，消除火灾隐患，做好本单位的草原防火工作。

铁路、公路、电力和电信线路以及石油天然气管道等的经营单位，应当在其草原防火责任区内，落实防火措施，防止发生草原火灾。

承包经营草原的个人对其承包经营的草原，应当加强火源管理，消除火灾隐患，履行草原防火义务。

第二十四条 省、自治区、直辖市人民政府可以根据本地的实际情况划定重点草原防火区，报国务院草原行政主管部门备案。

重点草原防火区的县级以上地方人民政府和自然保护区管理单位，应当根据需要建立专业扑火队；有关乡(镇)、村应当建立群众扑火队。扑火队应当进行专业培训，并接受县级以上地方人民政府的指挥、调动。

第二十五条 县级以上人民政府草原防火主管部门和气象主管机构，应当联合建立草原火险预报预警制度。气象主管机构应当根据草原防火的实际需要，做好草原火险气象等级预报和发布工作；新闻媒体应当及时播报草原火险气象等级预报。

第三章 草原火灾的扑救

第二十六条 从事草原火情监测以及在草原上从事生产经营活动的单位和个人，发现草原火情的，应当采取必要措施，并及时向当地人民政府或者草原防火主管部门报告。其他发现草原火情的单位和个人，也应当及时向当地人民政府或者草原防火主管部门报告。

当地人民政府或者草原防火主管部门接到报告后，应当立即组织人员赶赴现场，核实火情，采取控制和扑救措施，防止草原火灾扩大。

第二十七条 当地人民政府或者草原防火主管部门应当及时将草原火灾发生时间、地点、估测过火面积、火情发展趋势等情况报上级人民政府及其草原防火主管部门；境外草原火灾威胁到我国草原安全的，还应当报告境外草原火灾距我国边境距离、沿边境蔓延长度以及对我国草原的威胁程度等情况。

禁止瞒报、谎报或者授意他人瞒报、谎报草原火灾。

第二十八条 县级以上地方人民政府应当根据草原火灾发生情况确定火灾等级，并及时启动草原火灾应急预案。特别重大、重大草原火灾以及境外草原火灾威胁到我国草原安全的，国务院草原行政主管部门应当及时启动草原火灾应急预案。

第二十九条 草原火灾应急预案启动后，有关地方人民政府应当按照草原火灾应急预案的要求，立即组织、指挥草原火灾的扑救工作。

扑救草原火灾应当首先保障人民群众的生命安全，有关地方人民政府应当及时动员受到草原火灾威胁的居民以及其他人员转移到安全地带，并予以妥善安置；情况紧急时，可以强行组织避灾疏散。

第三十条 县级以上人民政府有关部门应当按照草原火灾应急预案的分工，做好相应的草原火灾应急工作。

气象主管机构应当做好气象监测和预报工作，及时向当地人民政府提供气象信息，并根据天气条件适时实施人工增雨。

民政部门应当及时设置避难场所和救济物资供应点，开展受灾群众救助工作。

卫生主管部门应当做好医疗救护、卫生防疫工作。

铁路、交通、航空等部门应当优先运送救灾物资、设备、药物、食品。

通信主管部门应当组织提供应急通信保障。

公安部门应当及时查处草原火灾案件，做好社会治安维护工作。

第三十一条 扑救草原火灾应当组织和动员专业扑火队和受过专业培训的群众扑火队；接到扑救命令的单位和个人，必须迅速赶赴指定地点，投入扑救工作。

扑救草原火灾，不得动员残疾人、孕妇、未成年人和老年人参加。

需要中国人民解放军和中国人民武装警察部队参加草原火灾扑救的，依照《军队参加抢险救灾条例》的有关规定执行。

第三十二条 根据扑救草原火灾的需要，有关地方人民政府可以紧急征用物资、交通工具和相关的设施、设备；必要时，可以采取清除障碍物、建设隔离带、应急取水、局部交通管制等应急管理措施。

因救灾需要，紧急征用单位和个人的物资、交通工具、设施、设备或者占用其房屋、土地的，事后应当及时返还，并依照有关法律规定给予补偿。

第三十三条 发生特别重大、重大草原火灾的，国务院草原行政主管部门应当立即派员赶赴火灾现场，组织、协调、督导火灾扑救，并做好跨省、自治区、直辖市草原防火物资的调用工作。

发生威胁林区安全的草原火灾的，有关草原防火主管部门应当及时通知有关林业主管部门。

境外草原火灾威胁到我国草原安全的，国务院草原行政主管部门应当立即派员赶赴有关现场，组织、协调、督导火灾预防，并及时将有关情况通知外交部。

第三十四条 国家实行草原火灾信息统一发布制度。特别重大、重大草原火灾以及威胁到我国草原安全的境外草原火灾信息，由国务院草原行政主管部门发布；其他草原火灾信息，由省、自治区、直辖市人民政府草原防火主管部门发布。

第三十五条 重点草原防火区的县级以上地方人民政府可以根据草原火灾应急预案的规定，成立草原防火指挥部，行使本章规定的本级人民政府在草原火灾扑救中的职责。

第四章　灾后处置

第三十六条 草原火灾扑灭后，有关地方人民政府草原防火主管部门或者其指定的单位应当对火灾现场进行全面检查，清除余火，并留有足够的人员看守火场。经草原防火主管部门检查验收合格，看守人员方可撤出。

第三十七条 草原火灾扑灭后，有关地方人民政府应当组织有关部门及时做好灾民安置和救助工作，保障灾民的基本生活条件，做好卫生防疫工作，防止传染病的发生和传播。

第三十八条 草原火灾扑灭后，有关地方人民政府应当组织有关部门及时制定草原恢复计划，组织实施补播草籽和人工种草等技术措施，恢复草场植被，并做好畜禽检疫工作，防止动物疫病的发生。

第三十九条 草原火灾扑灭后，有关地方人民政府草原防火主管部门应当及时会同公安等有关部门，对火灾发生时间、地点、原因以及肇事人等进行调查并提出处理意见。

草原防火主管部门应当对受灾草原面积、受灾畜禽种类和数量、受灾珍稀野生动植物种类和数量、人员伤亡以及物资消耗和其他经济损失等情况进行统计，对草原火灾给城乡居民生活、工农业生产、生态环境造成的影响进行评估，并按照国务院草原行政主管部门的规定上报。

第四十条 有关地方人民政府草原防火主管部门应当严格按照草原火灾统计报表的要求，进行草原火灾统计，向上一级人民政府草原防火主管部门报告，并抄送同级公安部门、统计机构。草原火灾统计报表由国务院草原行政主管部门会同国务院公安部门制定，报国家统计部门备案。

第四十一条 对因参加草原火灾扑救受伤、致残或者死亡的人员，按照国家有关规定给予医疗、抚恤。

第五章　法律责任

第四十二条 违反本条例规定，县级以上人民政府草原防火主管部门或者其他有关部门及其工作人员，有下列行为之一的，由其上级行政机关或者监察机关责令改正；情节严重的，对直接负责的主管人员和其他直接责任人员依法给予处分；构成犯罪的，依法追究刑事责任：

（一）未按照规定制订草原火灾应急预案的；

（二）对不符合草原防火要求的野外用火或者爆破、勘察和施工等活动予以批准的；

（三）对不符合条件的车辆发放草原防火通行证的；

（四）瞒报、谎报或者授意他人瞒报、谎报草原火灾的；

（五）未及时采取草原火灾扑救措施的；

（六）不依法履行职责的其他行为。

第四十三条 截留、挪用草原防火资金或者侵占、挪用草原防火物资的，依照有关财政违法行为处罚处分的法律、法规进行处理；构成犯罪的，依法追究刑事责任。

第四十四条 违反本条例规定，有下列行为之一的，由县级以上地方人民政府草原防火主管部门责令停止违法行为，采取防火措施，并限期补办有关手续，对有关责任人员处2000元以上5000元以下罚款，对有关责任单位处5000元以上2万元以下罚款：

（一）未经批准在草原上野外用火或者进行爆破、勘察和施工等活动的；

（二）未取得草原防火通行证进入草原防火管制区的。

第四十五条 违反本条例规定，有下列行为之一的，由县级以上地方人民政府草原防火主管部门责令停止违法行为，采取防火措施，消除火灾隐患，并对有关责任人员处200元以上2000元以下罚款，对有关责任单位处2000元以上2万元以下罚款；拒不采取防火措施、消除火灾隐患的，由县级以上地方人民政府草原防火主管部门代为采取防火措施、消除火灾隐患，所需费用由违法单位或者个人承担：

（一）在草原防火期内，经批准的野外用火未采取防火措施的；

（二）在草原上作业和行驶的机动车辆未安装防火装置或者存在火灾隐患的；

（三）在草原上行驶的公共交通工具上的司机、乘务人员或者旅客丢弃火种的；

（四）在草原上从事野外作业的机械设备作业人员不遵守防火安全操作规程或者对野外作业的机械设备未采取防火措施的；

（五）在草原防火管制区内未按照规定用火的。

第四十六条 违反本条例规定，草原上的生产经营等单位未建立或者未落实草原防火责任制的，由县级以上地方人民政府草原防火主管部门责令改正，对有关责任单位处5000元以上2万元以下罚款。

第四十七条 违反本条例规定，故意或者过失引发草原火灾，构成犯罪的，依法追究刑事责任。

第六章　附　　则

第四十八条 草原消防车辆应当按照规定喷涂标志图案，安装警报器、标志灯具。

第四十九条 本条例自2009年1月1日起施行。

建设工程消防监督管理规定

（2009年4月30日公安部令第106号公布　根据2012年7月17日《公安部关于修改〈建设工程消防监督管理规定〉的决定》修订）

第一章　总　　则

第一条 为了加强建设工程消防监督管理，落实建设工程消防设计、施工质量和安全责任，规范消防监督管理行为，依据《中华人民共和国消防法》、《建设工程质量管理条例》，制定本规定。

第二条 本规定适用于新建、扩建、改建（含室内外装修、建筑保温、用途变更）等建设工程的消防监督管理。

本规定不适用住宅室内装修、村民自建住宅、救灾和其他非人员密集场所的临时性建筑的建设活动。

第三条 建设、设计、施工、工程监理等单位应当遵守消防法规、建设工程质量管理法规和国家消防技术标准，对建设工程消防设计、施工质量和安全负责。

公安机关消防机构依法实施建设工程消防设计审核、消防验收和备案、抽查，对建设工程进行消防监督。

第四条 除省、自治区人民政府公安机关消防机构外，县级以上地方人民政府公安机关消防机构承担辖区建设工程的消防设计审核、消防验收和备案抽查工作。具体分工由省级公安机关消防机构确定，并报公安部消防局备案。

跨行政区域的建设工程消防设计审核、消防验收和备案抽查工作，由其共同的上一级公安机关消防机构指定管辖。

第五条 公安机关消防机构实施建设工程消防监督管理，应当遵循公正、严格、文明、高效的原则。

第六条 建设工程的消防设计、施工必须符合国家工程建设消防技术标准。

新颁布的国家工程建设消防技术标准实施之前，建设工程的消防设计已经公安机关消防机构审核合格或者备案的，分别按原审核意见或者备案时的标准执行。

第七条 公安机关消防机构对建设工程进行消防设计审核、消防验收和备案抽查，应当由两名以上执法人员实施。

第二章　消防设计、施工的质量责任

第八条 建设单位不得要求设计、施工、工程监理等有关单位和人员违反消防法规和国家工程建设消防技术标准，降低建设工程消防设计、施工质量，并承担下列消防设计、施工的质量责任：

（一）依法申请建设工程消防设计审核、消防验收，依法办理消防设计和竣工验收消防备案手续并接受抽查；建设工程内设置的公众聚集场所未经消防安全检查或者经检查不符合消防安全要求的，不得投入使用、营业；

（二）实行工程监理的建设工程，应当将消防施工质量一并委托监理；

（三）选用具有国家规定资质等级的消防设计、施工单位；

（四）选用合格的消防产品和满足防火性能要求的建筑构件、建筑材料及装修材料；

（五）依法应当经消防设计审核、消防验收的建设工程，未经审核或者审核不合格的，不得组织施工；未经验收或者验收不合格的，不得交付使用。

第九条 设计单位应当承担下列消防设计的质量责任：

（一）根据消防法规和国家工程建设消防技术标准进行消防设计，编制符合要求的消防设计文件，不得违反国家工程建设消防技术标准强制性要求进行设计；

（二）在设计中选用的消防产品和具有防火性能要求的建筑构件、建筑材料、装修材料，应当注明规格、性能等技术指标，其质量要求必须符合国家标准或者行业标准；

（三）参加建设单位组织的建设工程竣工验收，对建设工程消防设计实施情况签字确认。

第十条 施工单位应当承担下列消防施工的质量和安全责任：

（一）按照国家工程建设消防技术标准和经消防设计审核合格或者备案的消防设计文件组织施工，不得擅自改变消防设计进行施工，降低消防施工质量；

（二）查验消防产品和具有防火性能要求的建筑构件、建筑材料及装修材料的质量，使用合格产品，保证消防施工质量；

（三）建立施工现场消防安全责任制度，确定消防安全负责人。加强对施工人员的消防教育培训，落实动火、用电、易燃可燃材料等消防管理制度和操作规程。保证在建工程竣工验收前消防通道、消防水源、消防设施和器材、消防安全标志等完好有效。

第十一条 工程监理单位应当承担下列消防施工的质量监理责任：

（一）按照国家工程建设消防技术标准和经消防设计审核合格或者备案的消防设计文件实施工程监理；

（二）在消防产品和具有防火性能要求的建筑构件、建筑材料、装修材料施工、安装前，核查产品质量证明文件，不得同意使用或者安装不合格的消防产品和防火性能不符合要求的建筑构件、建筑材料、装修材料；

（三）参加建设单位组织的建设工程竣工验收，对建设工程消防施工质量签字确认。

第十二条 社会消防技术服务机构应当依法设立，社会消防技术服务工作应当依法开展。为建设工程消防设计、竣工验收提供图纸审查、安全评估、检测等消防技术服务的机构和人员，应当依法取得相应的资质、资格，按照法律、行政法规、国家标准、行业标准和执业准则提供消防技术服务，并对出具的审查、评估、检验、检测意见负责。

第三章 消防设计审核和消防验收

第十三条 对具有下列情形之一的人员密集场所，建设单位应当向公安机关消防机构申请消防设计审核，并在建设工程竣工后向出具消防设计审核意见的公安机关消防机构申请消防验收：

（一）建筑总面积大于二万平方米的体育场馆、会堂，公共展览馆、博物馆的展示厅；

（二）建筑总面积大于一万五千平方米的民用机场航站楼、客运车站候车室、客运码头候船厅；

（三）建筑总面积大于一万平方米的宾馆、饭店、商场、市场；

（四）建筑总面积大于二千五百平方米的影剧院，公共图书馆的阅览室，营业性室内健身、休闲场馆，医院的门诊楼，大学的教学楼、图书馆、食堂，劳动密集型企业的生产加工车间，寺庙、教堂；

（五）建筑总面积大于一千平方米的托儿所、幼儿园的儿童用房，儿童游乐厅等室内儿童活动场所，养老院、福利院，医院、疗养院的病房楼，中小学校的教学楼、图书馆、食堂，学校的集体宿舍，劳动密集型企业的员工集体宿舍；

（六）建筑总面积大于五百平方米的歌舞厅、录像厅、放映厅、卡拉OK厅、夜总会、游艺厅、桑拿浴室、网吧、酒吧，具有娱乐功能的餐馆、茶馆、咖啡厅。

第十四条 对具有下列情形之一的特殊建设工程，建设单位应当向公安机关消防机构申请消防设计审核，并在建设工程竣工后向出具消防设计审核意见的公安机关消防机构申请消防验收：

（一）设有本规定第十三条所列的人员密集场所的建设工程；

（二）国家机关办公楼、电力调度楼、电信楼、邮政楼、防灾指挥调度楼、广播电视楼、档案楼；

（三）本条第一项、第二项规定以外的单体建筑面积大于四万平方米或者建筑高度超过五十米的公共建筑；

（四）国家标准规定的一类高层住宅建筑；

（五）城市轨道交通、隧道工程，大型发电、变配电工程；

（六）生产、储存、装卸易燃易爆危险物品的工厂、仓库和专用车站、码头，易燃易爆气体和液体的充装站、供应站、调压站。

第十五条 建设单位申请消防设计审核应当提供下列材料：

（一）建设工程消防设计审核申报表；

(二)建设单位的工商营业执照等合法身份证明文件;

(三)设计单位资质证明文件;

(四)消防设计文件;

(五)法律、行政法规规定的其他材料。

依法需要办理建设工程规划许可的,应当提供建设工程规划许可证明文件;依法需要城乡规划主管部门批准的临时性建筑,属于人员密集场所的,应当提供城乡规划主管部门批准的证明文件。

第十六条 具有下列情形之一的,建设单位除提供本规定第十五条所列材料外,应当同时提供特殊消防设计文件,或者设计采用的国际标准、境外消防技术标准的中文文本,以及其他有关消防设计的应用实例、产品说明等技术资料:

(一)国家工程建设消防技术标准没有规定的;

(二)消防设计文件拟采用的新技术、新工艺、新材料可能影响建设工程消防安全,不符合国家标准规定的;

(三)拟采用国际标准或者境外消防技术标准的。

第十七条 公安机关消防机构应当自受理消防设计审核申请之日起二十日内出具书面审核意见。但是依照本规定需要组织专家评审的,专家评审时间不计算在审核时间内。

第十八条 公安机关消防机构应当依照消防法规和国家工程建设消防技术标准对申报的消防设计文件进行审核。对符合下列条件的,公安机关消防机构应当出具消防设计审核合格意见;对不符合条件的,应当出具消防设计审核不合格意见,并说明理由:

(一)设计单位具备相应的资质;

(二)消防设计文件的编制符合公安部规定的消防设计文件申报要求;

(三)建筑的总平面布局和平面布置、耐火等级、建筑构造、安全疏散、消防给水、消防电源及配电、消防设施等的消防设计符合国家工程建设消防技术标准;

(四)选用的消防产品和具有防火性能要求的建筑材料符合国家工程建设消防技术标准和有关管理规定。

第十九条 对具有本规定第十六条情形之一的建设工程,公安机关消防机构应当在受理消防设计审核申请之日起五日内将申请材料报送省级人民政府公安机关消防机构组织专家评审。

省级人民政府公安机关消防机构应当在收到申请材料之日起三十日内会同同级住房和城乡建设行政主管部门召开专家评审会,对建设单位提交的特殊消防设计文件进行评审。参加评审的专家应当具有相关专业高级技术职称,总数不应少于七人,并应当出具专家评审意见。评审专家有不同意见的,应当注明。

省级人民政府公安机关消防机构应当在专家评审会后五日内将专家评审意见书面通知报送申请材料的公安机关消防机构,同时报公安部消防局备案。

对三分之二以上评审专家同意的特殊消防设计文件,可以作为消防设计审核的依据。

第二十条 建设、设计、施工单位不得擅自修改经公安机关消防机构审核合格的建设工程消防设计。确需修改的,建设单位应当向出具消防设计审核意见的公安机关消防机构重新申请消防设计审核。

第二十一条 建设单位申请消防验收应当提供下列材料:

(一)建设工程消防验收申报表;

(二)工程竣工验收报告和有关消防设施的工程竣工图纸;

(三)消防产品质量合格证明文件;

(四)具有防火性能要求的建筑构件、建筑材料、装修材料符合国家标准或者行业标准的证明文件、出厂合格证;

(五)消防设施检测合格证明文件;

(六)施工、工程监理、检测单位的合法身份证明和资质等级证明文件;

(七)建设单位的工商营业执照等合法身份证明文件;

(八)法律、行政法规规定的其他材料。

第二十二条 公安机关消防机构应当自受理消防验收申请之日起二十日内组织消防验收,并出具消防验收意见。

第二十三条 公安机关消防机构对申报消防验收的建设工程,应当依照建设工程消防验收评定标准对已经消防设计审核合格的内容组织消防验收。

对综合评定结论为合格的建设工程,公安机关消防机构应当出具消防验收合格意见;对综合评定结论为不合格的,应当出具消防验收不合格意见,并说明理由。

第四章 消防设计和竣工验收的备案抽查

第二十四条 对本规定第十三条、第十四条规定以外的建设工程,建设单位应当在取得施工许可、工程竣工验收合格之日起七日内,通过省级公安机关消防机构网站进行消防设计、竣工验收消防备案,或者到公安机关消防机构业务受理场所进行消防设计、竣工验收消防备案。

建设单位在进行建设工程消防设计或者竣工验收消防备案时,应当分别向公安机关消防机构提供备案申报表、本规定第十五条规定的相关材料及施工许可文件复印件或者本规定第二十一条规定的相关材料。按照住房和城乡建设行政主管部门的有关规定进行施工图审查的，还应当提供施工图审查机构出具的审查合格文件复印件。

依法不需要取得施工许可的建设工程，可以不进行消防设计、竣工验收消防备案。

第二十五条 公安机关消防机构收到消防设计、竣工验收消防备案申报后，对备案材料齐全的，应当出具备案凭证；备案材料不齐全或者不符合法定形式的，应当当场或者在五日内一次告知需要补正的全部内容。

公安机关消防机构应当在已经备案的消防设计、竣工验收工程中，随机确定检查对象并向社会公告。对确定为检查对象的，公安机关消防机构应当在二十日内按照消防法规和国家工程建设消防技术标准完成图纸检查，或者按照建设工程消防验收评定标准完成工程检查，制作检查记录。检查结果应当向社会公告，检查不合格的，还应当书面通知建设单位。

建设单位收到通知后，应当停止施工或者停止使用，组织整改后向公安机关消防机构申请复查。公安机关消防机构应当在收到书面申请之日起二十日内进行复查并出具书面复查意见。

建设、设计、施工单位不得擅自修改已经依法备案的建设工程消防设计。确需修改的，建设单位应当重新申报消防设计备案。

第二十六条 建设工程的消防设计、竣工验收未依法报公安机关消防机构备案的，公安机关消防机构应当依法处罚，责令建设单位在五日内备案，并确定为检查对象；对逾期不备案的，公安机关消防机构应当在备案期限届满之日起五日内通知建设单位停止施工或者停止使用。

第五章 执法监督

第二十七条 上级公安机关消防机构对下级公安机关消防机构建设工程消防监督管理情况进行监督、检查和指导。

第二十八条 公安机关消防机构办理建设工程消防设计审核、消防验收，实行主责承办、技术复核、审验分离和集体会审等制度。

公安机关消防机构实施消防设计审核、消防验收的主责承办人、技术复核人和行政审批人应当依照职责对消防执法质量负责。

第二十九条 建设工程消防设计与竣工验收消防备案的抽查比例由省级公安机关消防机构结合辖区内施工图审查机构的审查质量、消防设计和施工质量情况确定并向社会公告。对设有人员密集场所的建设工程的抽查比例不应低于百分之五十。

公安机关消防机构及其工作人员应当依照本规定对建设工程消防设计和竣工验收实施备案抽查，不得擅自确定检查对象。

第三十条 办理消防设计审核、消防验收、备案抽查的公安机关消防机构工作人员是申请人、利害关系人的近亲属，或者与申请人、利害关系人有其他关系可能影响办理公正的，应当回避。

第三十一条 公安机关消防机构接到公民、法人和其他组织有关建设工程违反消防法律法规和国家工程建设消防技术标准的举报，应当在三日内组织人员核查，核查处理情况应当及时告知举报人。

第三十二条 公安机关消防机构实施建设工程消防监督管理时，不得对消防技术服务机构、消防产品设定法律法规规定以外的地区性准入条件。

第三十三条 公安机关消防机构及其工作人员不得指定或者变相指定建设工程的消防设计、施工、工程监理单位和消防技术服务机构。不得指定消防产品和建筑材料的品牌、销售单位。不得参与或者干预建设工程消防设施施工、消防产品和建筑材料采购的招投标活动。

第三十四条 公安机关消防机构实施消防设计审核、消防验收和备案、抽查，不得收取任何费用。

第三十五条 公安机关消防机构实施建设工程消防监督管理的依据、范围、条件、程序、期限及其需要提交的全部材料的目录和申请书示范文本应当在互联网网站、受理场所、办公场所公示。

消防设计审核、消防验收、备案抽查的结果，除涉及国家秘密、商业秘密和个人隐私的以外，应当予以公开，公众有权查阅。

第三十六条 消防设计审核合格意见、消防验收合格意见具有下列情形之一的，出具许可意见的公安机关消防机构或者其上级公安机关消防机构，根据利害关系人的请求或者依据职权，可以依法撤销许可意见：

（一）对不具备申请资格或者不符合法定条件的申请人作出的；

（二）建设单位以欺骗、贿赂等不正当手段取得的；

（三）公安机关消防机构超出法定职责和权限作出的；

（四）公安机关消防机构违反法定程序作出的；

（五）公安机关消防机构工作人员滥用职权、玩忽职守作出的。

依照前款规定撤销消防设计审核合格意见、消防验收合格意见，可能对公共利益造成重大损害的，不予撤销。

第三十七条 公民、法人和其他组织对公安机关消防机构建设工程消防监督管理中作出的具体行政行为不服的，可以向本级人民政府公安机关申请行政复议。

第六章 法律责任

第三十八条 违反本规定的，依照《中华人民共和国消防法》第五十八条、第五十九条、第六十五条第二款、第六十六条、第六十九条规定给予处罚；构成犯罪的，依法追究刑事责任。

建设、设计、施工、工程监理单位、消防技术服务机构及其从业人员违反有关消防法规、国家工程建设消防技术标准，造成危害后果的，除依法给予行政处罚或者追究刑事责任外，还应当依法承担民事赔偿责任。

第三十九条 建设单位在申请消防设计审核、消防验收时，提供虚假材料的，公安机关消防机构不予受理或者不予许可并处警告。

第四十条 违反本规定并及时纠正，未造成危害后果的，可以从轻、减轻或者免予处罚。

第四十一条 依法应当经公安机关消防机构进行消防设计审核的建设工程未经消防设计审核和消防验收，擅自投入使用的，分别处罚，合并执行。

第四十二条 有下列情形之一的，应当依法从重处罚：

（一）已经通过消防设计审核，擅自改变消防设计，降低消防安全标准的；

（二）建设工程未依法进行备案，且不符合国家工程建设消防技术标准强制性要求的；

（三）经责令限期备案逾期不备案的；

（四）工程监理单位与建设单位或者施工单位串通，弄虚作假，降低消防施工质量的。

第四十三条 有下列情形之一的，公安机关消防机构应当函告同级住房和城乡建设行政主管部门：

（一）建设工程被公安机关消防机构责令停止施工、停止使用的；

（二）建设工程经消防设计、竣工验收抽查不合格的；

（三）其他需要函告的。

第四十四条 公安机关消防机构的人员玩忽职守、滥用职权、徇私舞弊，构成犯罪的，依法追究刑事责任。有下列行为之一，尚未构成犯罪的，依照有关规定给予处分：

（一）对不符合法定条件的建设工程出具消防设计审核合格意见、消防验收合格意见或者通过消防设计、竣工验收消防备案抽查的；

（二）对符合法定条件的建设工程消防设计、消防验收的申请或者消防设计、竣工验收的备案、抽查，不予受理、审核、验收或者拖延办理的；

（三）指定或者变相指定设计单位、施工单位、工程监理单位的；

（四）指定或者变相指定消防产品品牌、销售单位或者技术服务机构、消防设施施工单位的；

（五）利用职务接受有关单位或者个人财物的。

第七章 附 则

第四十五条 本规定中的建筑材料包含建筑保温材料。

第四十六条 国家工程建设消防技术标准强制性要求，是指国家工程建设消防技术标准强制性条文。

第四十七条 本规定中的“日”是指工作日，不含法定节假日。

第四十八条 执行本规定所需要的法律文书式样，由公安部制定。

第四十九条 本规定自2009年5月1日起施行。1996年10月16日发布的《建筑工程消防监督审核管理规定》（公安部令第30号）同时废止。

消防监督检查规定

（2009年4月30日公安部令第107号公布 根据2012年7月17日《公安部关于修改〈消防监督检查规定〉的决定》修订）

第一章 总 则

第一条 为了加强和规范消防监督检查工作，督促机关、团体、企业、事业等单位（以下简称单位）履行消防安全职责，依据《中华人民共和国消防法》，制定本规定。

第二条 本规定适用于公安机关消防机构和公安派出所依法对单位遵守消防法律、法规情况进行消防监督检查。

第三条 直辖市、市（地区、州、盟）、县（市辖区、县级市、旗）公安机关消防机构具体实施消防监督检查，确定本辖区内的消防安全重点单位并由所属公安机关报本级人民政府备案。

公安派出所可以对居民住宅区的物业服务企业、居民委员会、村民委员会履行消防安全职责的情况和上级公安机关确定的单位实施日常消防监督检查。

公安派出所日常消防监督检查的单位范围由省级公安机关消防机构、公安派出所工作主管部门共同研究拟定，报省级公安机关确定。

第四条 上级公安机关消防机构应当对下级公安机关消防机构实施消防监督检查的情况进行指导和监督。

公安机关消防机构应当与公安派出所共同做好辖区消防监督工作，并对公安派出所开展日常消防监督检查工作进行指导，定期对公安派出所民警进行消防监督业务培训。

第五条 对消防监督检查的结果，公安机关消防机构可以通过适当方式向社会公告；对检查发现的影响公共安全的火灾隐患应当定期公布，提示公众注意消防安全。

第二章 消防监督检查的形式和内容

第六条 消防监督检查的形式有：

（一）对公众聚集场所在投入使用、营业前的消防安全检查；

（二）对单位履行法定消防安全职责情况的监督抽查；

（三）对举报投诉的消防安全违法行为的核查；

（四）对大型群众性活动举办前的消防安全检查；

（五）根据需要进行的其他消防监督检查。

第七条 公安机关消防机构根据本地区火灾规律、特点等消防安全需要组织监督抽查；在火灾多发季节，重大节日、重大活动前或者期间，应当组织监督抽查。

消防安全重点单位应当作为监督抽查的重点，非消防安全重点单位必须在监督抽查的单位数量中占有一定比例。对属于人员密集场所的消防安全重点单位每年至少监督检查一次。

第八条 公众聚集场所在投入使用、营业前，建设单位或者使用单位应当向场所所在地的县级以上人民政府公安机关消防机构申请消防安全检查，并提交下列材料：

（一）消防安全检查申报表；

（二）营业执照复印件或者工商行政管理机关出具的企业名称预先核准通知书；

（三）依法取得的建设工程消防验收或者进行竣工验收消防备案的法律文件复印件；

（四）消防安全制度、灭火和应急疏散预案、场所平面布置图；

（五）员工岗前消防安全教育培训记录和自动消防系统操作人员取得的消防行业特有工种职业资格证书复印件；

（六）法律、行政法规规定的其他材料。

依照《建设工程消防监督管理规定》不需要进行竣工验收消防备案的公众聚集场所申请消防安全检查的，还应当提交场所室内装修消防设计施工图、消防产品质量合格证明文件，以及装修材料防火性能符合消防技术标准的证明文件、出厂合格证。

公安机关消防机构对消防安全检查的申请，应当按照行政许可有关规定受理。

第九条 对公众聚集场所投入使用、营业前进行消防安全检查，应当检查下列内容：

（一）建筑物或者场所是否依法通过消防验收合格或者进行竣工验收消防备案抽查合格；依法进行竣工验收消防备案但没有进行备案抽查的建筑物或者场所是否符合消防技术标准；

（二）消防安全制度、灭火和应急疏散预案是否制定；

（三）自动消防系统操作人员是否持证上岗，员工是否经过岗前消防安全培训；

（四）消防设施、器材是否符合消防技术标准并完好有效；

（五）疏散通道、安全出口和消防车通道是否畅通；

（六）室内装修材料是否符合消防技术标准；

（七）外墙门窗上是否设置影响逃生和灭火救援的障碍物。

第十条 对单位履行法定消防安全职责情况的监督抽查，应当根据单位的实际情况检查下列内容：

（一）建筑物或者场所是否依法通过消防验收或者进行竣工验收消防备案，公众聚集场所是否通过投入使用、营业前的消防安全检查；

（二）建筑物或者场所的使用情况是否与消防验收或者进行竣工验收消防备案时确定的使用性质相符；

（三）消防安全制度、灭火和应急疏散预案是否制定；

（四）消防设施、器材和消防安全标志是否定期组织维修保养，是否完好有效；

（五）电器线路、燃气管路是否定期维护保养、检测；

（六）疏散通道、安全出口、消防车通道是否畅通，防火分区是否改变，防火间距是否被占用；

（七）是否组织防火检查、消防演练和员工消防安全教育培训，自动消防系统操作人员是否持证上岗；

（八）生产、储存、经营易燃易爆危险品的场所是否与居住场所设置在同一建筑物内；

（九）生产、储存、经营其他物品的场所与居住场所设置在同一建筑物内的，是否符合消防技术标准；

（十）其他依法需要检查的内容。

对人员密集场所还应当抽查室内装修材料是否符合消防技术标准、外墙门窗上是否设置影响逃生和灭火救援的障碍物。

第十一条 对消防安全重点单位履行法定消防安全职责情况的监督抽查，除检查本规定第十条规定的内容外，还应当检查下列内容：

（一）是否确定消防安全管理人；

（二）是否开展每日防火巡查并建立巡查记录；

（三）是否定期组织消防安全培训和消防演练；

（四）是否建立消防档案、确定消防安全重点部位。

对属于人员密集场所的消防安全重点单位，还应当检查单位灭火和应急疏散预案中承担灭火和组织疏散任务的人员是否确定。

第十二条 在大型群众性活动举办前对活动现场进行消防安全检查，应当重点检查下列内容：

（一）室内活动使用的建筑物（场所）是否依法通过消防验收或者进行竣工验收消防备案，公众聚集场所是否通过使用、营业前的消防安全检查；

（二）临时搭建的建筑物是否符合消防安全要求；

（三）是否制定灭火和应急疏散预案并组织演练；

（四）是否明确消防安全责任分工并确定消防安全管理人员；

（五）活动现场消防设施、器材是否配备齐全并完好有效；

（六）活动现场的疏散通道、安全出口和消防车通道是否畅通；

（七）活动现场的疏散指示标志和应急照明是否符合消防技术标准并完好有效。

第十三条 对大型的人员密集场所和其他特殊建设工程的施工现场进行消防监督检查，应当重点检查施工单位履行下列消防安全职责的情况：

（一）是否明确施工现场消防安全管理人员，是否制定施工现场消防安全制度、灭火和应急疏散预案；

（二）在建工程内是否设置人员住宿、可燃材料及易燃易爆危险品储存等场所；

（三）是否设置临时消防给水系统、临时消防应急照明，是否配备消防器材，并确保完好有效；

（四）是否设有消防车通道并畅通；

（五）是否组织员工消防安全教育培训和消防演练；

（六）施工现场人员宿舍、办公用房的建筑构件燃烧性能、安全疏散是否符合消防技术标准。

第三章 消防监督检查的程序

第十四条 公安机关消防机构实施消防监督检查时，检查人员不得少于两人，并出示执法身份证件。

消防监督检查应当填写检查记录，如实记录检查情况。

第十五条 对公众聚集场所投入使用、营业前的消防安全检查，公安机关消防机构应当自受理申请之日起十个工作日内进行检查，自检查之日起三个工作日内作出同意或者不同意投入使用或者营业的决定，并送达申请人。

第十六条 对大型群众性活动现场在举办前进行的消防安全检查，公安机关消防机构应当在接到本级公安机关治安部门书面通知之日起三个工作日内进行检查，并将检查记录移交本级公安机关治安部门。

第十七条 公安机关消防机构接到对消防安全违法行为的举报投诉，应当及时受理、登记，并按照《公安机关办理行政案件程序规定》的相关规定处理。

第十八条 公安机关消防机构应当按照下列时限，对举报投诉的消防安全违法行为进行实地核查：

（一）对举报投诉占用、堵塞、封闭疏散通道、安全出口或者其他妨碍安全疏散行为，以及擅自停用消防设施的，应当在接到举报投诉后二十四小时内进行核查；

（二）对举报投诉本款第一项以外的消防安全违法行为，应当在接到举报投诉之日起三个工作日内进行核查。

核查后，对消防安全违法行为应当依法处理。处理情况应当及时告知举报投诉人；无法告知的，应当在受理登记中注明。

第十九条 在消防监督检查中，公安机关消防机构对发现的依法应当责令立即改正的消防安全违法行为，应当当场制作、送达责令立即改正通知书，并依法予以处罚；对依法应当责令限期改正的，应当自检查之日起三个工作日内制作、送达责令限期改正通知书，并依法予以处罚。

对违法行为轻微并当场改正完毕，依法可以不予行政处罚的，可以口头责令改正，并在检查记录上注明。

第二十条 对依法责令限期改正的，应当根据改正违法行为的难易程度合理确定改正期限。

公安机关消防机构应当在责令限期改正期限届满或者收到当事人的复查申请之日起三个工作日内进行复查。对逾期不改正的，依法予以处罚。

第二十一条 在消防监督检查中，发现城乡消防安全布局、公共消防设施不符合消防安全要求，或者发现本地区存在影响公共安全的重大火灾隐患的，公安机关消防机构应当组织集体研究确定，自检查之日起七个工作日内提出处理意见，由所属公安机关书面报告本级人民政府解决；对影响公共安全的重大火灾隐患，还应当在确定之日起三个工作日内制作、送达重大火灾隐患整改通知书。

重大火灾隐患判定涉及复杂或者疑难技术问题

的，公安机关消防机构应当在确定前组织专家论证。组织专家论证的，前款规定的期限可以延长十个工作日。

第二十二条 公安机关消防机构在消防监督检查中发现火灾隐患，应当通知有关单位或者个人立即采取措施消除；对具有下列情形之一，不及时消除可能严重威胁公共安全的，应当对危险部位或者场所予以临时查封：

（一）疏散通道、安全出口数量不足或者严重堵塞，已不具备安全疏散条件的；

（二）建筑消防设施严重损坏，不再具备防火灭火功能的；

（三）人员密集场所违反消防安全规定，使用、储存易燃易爆危险品的；

（四）公众聚集场所违反消防技术标准，采用易燃、可燃材料装修，可能导致重大人员伤亡的；

（五）其他可能严重威胁公共安全的火灾隐患。

临时查封期限不得超过三十日。临时查封期限届满后，当事人仍未消除火灾隐患的，公安机关消防机构可以再次依法予以临时查封。

第二十三条 临时查封应当由公安机关消防机构负责人组织集体研究决定。决定临时查封的，应当研究确定查封危险部位或者场所的范围、期限和实施方法，并自检查之日起三个工作日内制作、送达临时查封决定书。

情况紧急、不当场查封可能严重威胁公共安全的，消防监督检查人员可以在口头报请公安机关消防机构负责人同意后当场对危险部位或者场所实施临时查封，并在临时查封后二十四小时内由公安机关消防机构负责人组织集体研究，制作、送达临时查封决定书。经集体研究认为不应当采取临时查封措施的，应当立即解除。

第二十四条 临时查封由公安机关消防机构负责人组织实施。需要公安机关其他部门或者公安派出所配合的，公安机关消防机构应当报请所属公安机关组织实施。

实施临时查封应当遵守下列规定：

（一）实施临时查封时，通知当事人到场，当场告知当事人采取临时查封的理由、依据以及当事人依法享有的权利、救济途径，听取当事人的陈述和申辩；

（二）当事人不到场的，邀请见证人到场，由见证人和消防监督检查人员在现场笔录上签名或者盖章；

（三）在危险部位或者场所及其有关设施、设备上加贴封条或者采取其他措施，使危险部位或者场所停止生产、经营或者使用；

（四）对实施临时查封情况制作现场笔录，必要时，可以进行现场照相或者录音录像。

实施临时查封后，当事人请求进入被查封的危险部位或者场所整改火灾隐患的，应当允许。但不得在被查封的危险部位或者场所生产、经营或者使用。

第二十五条 火灾隐患消除后，当事人应当向作出临时查封决定的公安机关消防机构申请解除临时查封。公安机关消防机构应当自收到申请之日起三个工作日内进行检查，自检查之日起三个工作日内作出是否同意解除临时查封的决定，并送达当事人。

对检查确认火灾隐患已消除的，应当作出解除临时查封的决定。

第二十六条 对当事人有《中华人民共和国消防法》第六十条第一款第三项、第四项、第五项、第六项规定的消防安全违法行为，经责令改正拒不改正的，公安机关消防机构应当按照《中华人民共和国行政强制法》第五十一条、第五十二条的规定组织强制清除或者拆除相关障碍物、妨碍物，所需费用由违法行为人承担。

第二十七条 当事人不执行公安机关消防机构作出的停产停业、停止使用、停止施工决定的，作出决定的公安机关消防机构应当自履行期限届满之日起三个工作日内催告当事人履行义务。当事人收到催告书后有权进行陈述和申辩。公安机关消防机构应当充分听取当事人的意见，记录、复核当事人提出的事实、理由和证据。当事人提出的事实、理由或者证据成立的，应当采纳。

经催告，当事人逾期仍不履行义务且无正当理由的，公安机关消防机构负责人应当组织集体研究强制执行方案，确定执行的方式和时间。强制执行决定书应当自决定之日起三个工作日内制作、送达当事人。

第二十八条 强制执行由作出决定的公安机关消防机构负责人组织实施。需要公安机关其他部门或者公安派出所配合的，公安机关消防机构应当报请所属公安机关组织实施；需要其他行政部门配合的，公安机关消防机构应当提出意见，并由所属公安机关报请本级人民政府组织实施。

实施强制执行应当遵守下列规定：

（一）实施强制执行时，通知当事人到场，当场向当事人宣读强制执行决定，听取当事人的陈述和申辩；

（二）当事人不到场的，邀请见证人到场，由见证人和消防监督检查人员在现场笔录上签名或者盖章；

（三）对实施强制执行过程制作现场笔录，必要时，可以进行现场照相或者录音录像；

（四）除情况紧急外，不得在夜间或者法定节假日实施强制执行；

（五）不得对居民生活采取停止供水、供电、供热、供燃气等方式迫使当事人履行义务。

有《中华人民共和国行政强制法》第三十九条、第四十条规定的情形之一的，中止执行或者终结执行。

第二十九条 对被责令停止施工、停止使用、停产停业处罚的当事人申请恢复施工、使用、生产、经营的，公安机关消防机构应当自收到书面申请之日起三个工作日内进行检查，自检查之日起三个工作日内作出决定，送达当事人。

对当事人已改正消防安全违法行为、具备消防安全条件的，公安机关消防机构应当同意恢复施工、使用、生产、经营；对违法行为尚未改正、不具备消防安全条件的，应当不同意恢复施工、使用、生产、经营，并说明理由。

第四章 公安派出所日常消防监督检查

第三十条 公安派出所对其日常监督检查范围的单位，应当每年至少进行一次日常消防监督检查。

公安派出所对群众举报投诉的消防安全违法行为，应当及时受理，依法处理；对属于公安机关消防机构管辖的，应当依照《公安机关办理行政案件程序规定》在受理后及时移送公安机关消防机构处理。

第三十一条 公安派出所对单位进行日常消防监督检查，应当检查下列内容：

（一）建筑物或者场所是否依法通过消防验收或者进行竣工验收消防备案，公众聚集场所是否依法通过投入使用、营业前的消防安全检查；

（二）是否制定消防安全制度；

（三）是否组织防火检查、消防安全宣传教育培训、灭火和应急疏散演练；

（四）消防车通道、疏散通道、安全出口是否畅通，室内消火栓、疏散指示标志、应急照明、灭火器是否完好有效；

（五）生产、储存、经营易燃易爆危险品的场所是否与居住场所设置在同一建筑物内。

对设有建筑消防设施的单位，公安派出所还应当检查单位是否对建筑消防设施定期组织维修保养。

对居民住宅区的物业服务企业进行日常消防监督检查，公安派出所除检查本条第一款第（二）至（四）项内容外，还应当检查物业服务企业对管理区域内共用消防设施是否进行维护管理。

第三十二条 公安派出所对居民委员会、村民委员会进行日常消防监督检查，应当检查下列内容：

（一）消防安全管理人是否确定；

（二）消防安全工作制度、村（居）民防火安全公约是否制定；

（三）是否开展消防宣传教育、防火安全检查；

（四）是否对社区、村庄消防水源（消火栓）、消防车通道、消防器材进行维护管理；

（五）是否建立志愿消防队等多种形式消防组织。

第三十三条 公安派出所民警在日常消防监督检查时，发现被检查单位有下列行为之一的，应当责令依法改正：

（一）未制定消防安全制度、未组织防火检查和消防安全教育培训、消防演练的；

（二）占用、堵塞、封闭疏散通道、安全出口的；

（三）占用、堵塞、封闭消防车通道，妨碍消防车通行的；

（四）埋压、圈占、遮挡消火栓或者占用防火间距的；

（五）室内消火栓、灭火器、疏散指示标志和应急照明未保持完好有效的；

（六）人员密集场所在外墙门窗上设置影响逃生和灭火救援的障碍物的；

（七）违反消防安全规定进入生产、储存易燃易爆危险品场所的；

（八）违反规定使用明火作业或者在具有火灾、爆炸危险的场所吸烟、使用明火的；

（九）生产、储存和经营易燃易爆危险品的场所与居住场所设置在同一建筑物内的；

（十）未对建筑消防设施定期组织维修保养的。

公安派出所发现被检查单位的建筑物未依法通过消防验收，或者进行竣工验收消防备案，擅自投入使用的；公众聚集场所未依法通过使用、营业前的消防安全检查，擅自使用、营业的，应当在检查之日起五个工作日内书面移交公安机关消防机构处理。

公安派出所民警进行日常消防监督检查，应当填写检查记录，记录发现的消防安全违法行为、责令改正的情况。

第三十四条 公安派出所在日常消防监督检查中，发现存在严重威胁公共安全的火灾隐患，应当在责令改正的同时书面报告乡镇人民政府或者街道办事处和公安机关消防机构。

第五章 执法监督

第三十五条 公安机关消防机构应当健全消防监督检查工作制度，建立执法档案，定期进行执法质量考评，落实执法过错责任追究。

公安机关消防机构及其工作人员进行消防监督检查，应当自觉接受单位和公民的监督。

第三十六条 公安机关消防机构及其工作人员在消防监督检查中有下列情形的，对直接负责的主管人员和其他直接责任人员应当依法给予处分；构成犯罪的，依法追究刑事责任：

(一)不按规定制作、送达法律文书,不按照本规定履行消防监督检查职责,拒不改正的;

(二)对不符合消防安全条件的公众聚集场所准予消防安全检查合格的;

(三)无故拖延消防安全检查,不在法定期限内履行职责的;

(四)未按照本规定组织开展消防监督抽查的;

(五)发现火灾隐患不及时通知有关单位或者个人整改的;

(六)利用消防监督检查职权为用户指定消防产品的品牌、销售单位或者指定消防技术服务机构、消防设施施工、维修保养单位的;

(七)接受被检查单位、个人财物或者其他不正当利益的;

(八)其他滥用职权、玩忽职守、徇私舞弊的行为。

第三十七条 公安机关消防机构工作人员的近亲属严禁在其管辖的区域或者业务范围内经营消防公司、承揽消防工程、推销消防产品。

违反前款规定的,按照有关规定对公安机关消防机构工作人员予以处分。

第六章 附 则

第三十八条 具有下列情形之一的,应当确定为火灾隐患:

(一)影响人员安全疏散或者灭火救援行动,不能立即改正的;

(二)消防设施未保持完好有效,影响防火灭火功能的;

(三)擅自改变防火分区,容易导致火势蔓延、扩大的;

(四)在人员密集场所违反消防安全规定,使用、储存易燃易爆危险品,不能立即改正的;

(五)不符合城市消防安全布局要求,影响公共安全的;

(六)其他可能增加火灾实质危险性或者危害性的情形。

重大火灾隐患按照国家有关标准认定。

第三十九条 有固定生产经营场所且具有一定规模的个体工商户,应当纳入消防监督检查范围。具体标准由省、自治区、直辖市公安机关消防机构确定并公告。

第四十条 铁路、港航、民航公安机关和国有林区的森林公安机关在管辖范围内实施消防监督检查参照本规定执行。

第四十一条 执行本规定所需要的法律文书式样,由公安部制定。

第四十二条 本规定自2009年5月1日起施行。2004年6月9日发布的《消防监督检查规定》(公安部令第73号)同时废止。

火灾事故调查规定

(2009年4月30日公安部令第108号公布 根据2012年7月17日《公安部关于修改〈火灾事故调查规定〉的决定》修订)

第一章 总 则

第一条 为了规范火灾事故调查,保障公安机关消防机构依法履行职责,保护火灾当事人的合法权益,根据《中华人民共和国消防法》,制定本规定。

第二条 公安机关消防机构调查火灾事故,适用本规定。

第三条 火灾事故调查的任务是调查火灾原因,统计火灾损失,依法对火灾事故作出处理,总结火灾教训。

第四条 火灾事故调查应当坚持及时、客观、公正、合法的原则。

任何单位和个人不得妨碍和非法干预火灾事故调查。

第二章 管 辖

第五条 火灾事故调查由县级以上人民政府公安机关主管,并由本级公安机关消防机构实施;尚未设立公安机关消防机构的,由县级人民政府公安机关实施。

公安派出所应当协助公安机关火灾事故调查部门维护火灾现场秩序,保护现场,控制火灾肇事嫌疑人。

铁路、港航、民航公安机关和国有林区的森林公安机关消防机构负责调查其消防监督范围内发生的火灾。

第六条 火灾事故调查由火灾发生地公安机关消防机构按照下列分工进行:

(一)一次火灾死亡十人以上的,重伤二十人以上或者死亡、重伤二十人以上的,受灾五十户以上的,由省、自治区人民政府公安机关消防机构负责组织调查;

(二)一次火灾死亡一人以上的,重伤十人以上的,受灾三十户以上的,由设区的市或者相当于同级的人民政府公安机关消防机构负责组织调查;

(三)一次火灾重伤十人以下或者受灾三十户以下的,由县级人民政府公安机关消防机构负责调查。

直辖市人民政府公安机关消防机构负责组织调查一次火灾死亡三人以上的,重伤二十人以上或者死亡、重伤二十人以上的，受灾五十户以上的火灾事故，直辖市的区、县级人民政府公安机关消防机构负责调查其他火灾事故。

仅有财产损失的火灾事故调查，由省级人民政府公安机关结合本地实际作出管辖规定，报公安部备案。

第七条 跨行政区域的火灾，由最先起火地的公安机关消防机构按照本规定第六条的分工负责调查，相关行政区域的公安机关消防机构予以协助。

对管辖权发生争议的，报请共同的上一级公安机关消防机构指定管辖。县级人民政府公安机关负责实施的火灾事故调查管辖权发生争议的，由共同的上一级主管公安机关指定。

第八条 上级公安机关消防机构应当对下级公安机关消防机构火灾事故调查工作进行监督和指导。

上级公安机关消防机构认为必要时，可以调查下级公安机关消防机构管辖的火灾。

第九条 公安机关消防机构接到火灾报警，应当及时派员赶赴现场，并指派火灾事故调查人员开展火灾事故调查工作。

第十条 具有下列情形之一的，公安机关消防机构应当立即报告主管公安机关通知具有管辖权的公安机关刑侦部门，公安机关刑侦部门接到通知后应当立即派员赶赴现场参加调查；涉嫌放火罪的，公安机关刑侦部门应当依法立案侦查，公安机关消防机构予以协助：

（一）有人员死亡的火灾；

（二）国家机关、广播电台、电视台、学校、医院、养老院、托儿所、幼儿园、文物保护单位、邮政和通信、交通枢纽等部门和单位发生的社会影响大的火灾；

（三）具有放火嫌疑的火灾。

第十一条 军事设施发生火灾需要公安机关消防机构协助调查的，由省级人民政府公安机关消防机构或者公安部消防局调派火灾事故调查专家协助。

第三章 简易程序

第十二条 同时具有下列情形的火灾，可以适用简易调查程序：

（一）没有人员伤亡的；

（二）直接财产损失轻微的；

（三）当事人对火灾事故事实没有异议的；

（四）没有放火嫌疑的。

前款第二项的具体标准由省级人民政府公安机关确定，报公安部备案。

第十三条 适用简易调查程序的，可以由一名火灾事故调查人员调查，并按照下列程序实施：

（一）表明执法身份，说明调查依据；

（二）调查走访当事人、证人，了解火灾发生过程、火灾烧损的主要物品及建筑物受损等与火灾有关的情况；

（三）查看火灾现场并进行照相或者录像；

（四）告知当事人调查的火灾事故事实，听取当事人的意见，当事人提出的事实、理由或者证据成立的，应当采纳；

（五）当场制作火灾事故简易调查认定书，由火灾事故调查人员、当事人签字或者捺指印后交付当事人。

火灾事故调查人员应当在二日内将火灾事故简易调查认定书报所属公安机关消防机构备案。

第四章 一般程序

第一节 一般规定

第十四条 除依照本规定适用简易调查程序的外，公安机关消防机构对火灾进行调查时，火灾事故调查人员不得少于两人。必要时，可以聘请专家或者专业人员协助调查。

第十五条 公安部和省级人民政府公安机关应当成立火灾事故调查专家组，协助调查复杂、疑难的火灾。专家组的专家协助调查火灾的，应当出具专家意见。

第十六条 火灾发生地的县级公安机关消防机构应当根据火灾现场情况，排除现场险情，保障现场调查人员的安全，并初步划定现场封闭范围，设置警戒标志，禁止无关人员进入现场，控制火灾肇事嫌疑人。

公安机关消防机构应当根据火灾事故调查需要，及时调整现场封闭范围，并在现场勘验结束后及时解除现场封闭。

第十七条 封闭火灾现场的，公安机关消防机构应当在火灾现场对封闭的范围、时间和要求等予以公告。

第十八条 公安机关消防机构应当自接到火灾报警之日起三十日内作出火灾事故认定；情况复杂、疑难的，经上一级公安机关消防机构批准，可以延长三十日。

火灾事故调查中需要进行检验、鉴定的，检验、鉴定时间不计入调查期限。

第二节 现场调查

第十九条 火灾事故调查人员应当根据调查需要，对发现、扑救火灾人员，熟悉起火场所、部位和生产工艺人员，火灾肇事嫌疑人和被侵害人等知情人员进行询问。对火灾肇事嫌疑人可以依法传唤。必要时,可以要求被询问人到火灾现场进行指认。

询问应当制作笔录,由火灾事故调查人员和被询问人签名或者捺指印。被询问人拒绝签名和捺指印的,应当在笔录中注明。

第二十条 勘验火灾现场应当遵循火灾现场勘验规则,采取现场照相或者录像、录音,制作现场勘验笔录和绘制现场图等方法记录现场情况。

对有人员死亡的火灾现场进行勘验的,火灾事故调查人员应当对尸体表面进行观察并记录,对尸体在火灾现场的位置进行调查。

现场勘验笔录应当由火灾事故调查人员、证人或者当事人签名。证人、当事人拒绝签名或者无法签名的,应当在现场勘验笔录上注明。现场图应当由制图人、审核人签字。

第二十一条 现场提取痕迹、物品,应当按照下列程序实施:

(一)量取痕迹、物品的位置、尺寸,并进行照相或者录像;

(二)填写火灾痕迹、物品提取清单,由提取人、证人或者当事人签名;证人、当事人拒绝签名或者无法签名的,应当在清单上注明;

(三)封装痕迹、物品,粘贴标签,标明火灾名称和封装痕迹、物品的名称、编号及其提取时间,由封装人、证人或者当事人签名;证人、当事人拒绝签名或者无法签名的,应当在标签上注明。

提取的痕迹、物品,应当妥善保管。

第二十二条 根据调查需要,经负责火灾事故调查的公安机关消防机构负责人批准,可以进行现场实验。现场实验应当照相或者录像,制作现场实验报告,并由实验人员签字。现场实验报告应当载明下列事项:

(一)实验的目的;

(二)实验时间、环境和地点;

(三)实验使用的仪器或者物品;

(四)实验过程;

(五)实验结果;

(六)其他与现场实验有关的事项。

第三节 检验、鉴定

第二十三条 现场提取的痕迹、物品需要进行专门性技术鉴定的,公安机关消防机构应当委托依法设立的鉴定机构进行,并与鉴定机构约定鉴定期限和鉴定检材的保管期限。

公安机关消防机构可以根据需要委托依法设立的价格鉴证机构对火灾直接财产损失进行鉴定。

第二十四条 有人员死亡的火灾,为了确定死因,公安机关消防机构应当立即通知本级公安机关刑事科学技术部门进行尸体检验。公安机关刑事科学技术部门应当出具尸体检验鉴定文书,确定死亡原因。

第二十五条 卫生行政主管部门许可的医疗机构具有执业资格的医生出具的诊断证明,可以作为公安机关消防机构认定人身伤害程度的依据。但是,具有下列情形之一的,应当由法医进行伤情鉴定:

(一)受伤程度较重,可能构成重伤的;

(二)火灾受伤人员要求作鉴定的;

(三)当事人对伤害程度有争议的;

(四)其他应当进行鉴定的情形。

第二十六条 对受损单位和个人提供的由价格鉴证机构出具的鉴定意见,公安机关消防机构应当审查下列事项:

(一)鉴证机构、鉴证人是否具有资质、资格;

(二)鉴证机构、鉴证人是否盖章签名;

(三)鉴定意见依据是否充分;

(四)鉴定是否存在其他影响鉴定意见正确性的情形。

对符合规定的,可以作为证据使用;对不符合规定的,不予采信。

第四节 火灾损失统计

第二十七条 受损单位和个人应当于火灾扑灭之日起七日内向火灾发生地的县级公安机关消防机构如实申报火灾直接财产损失,并附有效证明材料。

第二十八条 公安机关消防机构应当根据受损单位和个人的申报、依法设立的价格鉴证机构出具的火灾直接财产损失鉴定意见以及调查核实情况,按照有关规定,对火灾直接经济损失和人员伤亡进行如实统计。

第五节 火灾事故认定

第二十九条 公安机关消防机构应当根据现场勘验、调查询问和有关检验、鉴定意见等调查情况,及时作出起火原因的认定。

第三十条 对起火原因已经查清的,应当认定起火时间、起火部位、起火点和起火原因;对起火原因无法查清的,应当认定起火时间、起火点或者起火部位以及有证据能够排除和不能排除的起火原因。

第三十一条 公安机关消防机构在作出火灾事故认定前,应当召集当事人到场,说明拟认定的起火原因,听取当事人意见;当事人不到场的,应当记录在案。

第三十二条 公安机关消防机构应当制作火灾事故认定书,自作出之日起七日内送达当事人,并告知当事人申请复核的权利。无法送达的,可以在作出火灾事故认定之日起七日内公告送达。公告期为二十日,公告期满即视为送达。

第三十三条 对较大以上的火灾事故或者特殊的火灾事故,公安机关消防机构应当开展消防技术调查,形成消防技术调查报告,逐级上报至省级人民政府公安机关消防机构,重大以上的火灾事故调查报告报公安部消防局备案。调查报告应当包括下列内容:

(一)起火场所概况;

(二)起火经过和火灾扑救情况;

(三)火灾造成的人员伤亡、直接经济损失统计情况;

(四)起火原因和灾害成因分析;

(五)防范措施。

火灾事故等级的确定标准按照公安部的有关规定执行。

第三十四条 公安机关消防机构作出火灾事故认定后,当事人可以申请查阅、复制、摘录火灾事故认定书、现场勘验笔录和检验、鉴定意见,公安机关消防机构应当自接到申请之日起七日内提供,但涉及国家秘密、商业秘密、个人隐私或者移交公安机关其他部门处理的依法不予提供,并说明理由。

第六节 复 核

第三十五条 当事人对火灾事故认定有异议的,可以自火灾事故认定书送达之日起十五日内,向上一级公安机关消防机构提出书面复核申请;对省级人民政府公安机关消防机构作出的火灾事故认定有异议的,向省级人民政府公安机关提出书面复核申请。

复核申请应当载明申请人的基本情况,被申请人的名称,复核请求,申请复核的主要事实、理由和证据,申请人的签名或者盖章,申请复核的日期。

第三十六条 复核机构应当自收到复核申请之日起七日内作出是否受理的决定并书面通知申请人。有下列情形之一的,不予受理:

(一)非火灾当事人提出复核申请的;

(二)超过复核申请期限的;

(三)复核机构维持原火灾事故认定或者直接作出火灾事故复核认定的;

(四)适用简易调查程序作出火灾事故认定的。

公安机关消防机构受理复核申请的,应当书面通知其他当事人,同时通知原认定机构。

第三十七条 原认定机构应当自接到通知之日起十日内,向复核机构作出书面说明,并提交火灾事故调查案卷。

第三十八条 复核机构应当对复核申请和原火灾事故认定进行书面审查,必要时,可以向有关人员进行调查;火灾现场尚存且未被破坏的,可以进行复核勘验。

复核审查期间,复核申请人撤回复核申请的,公安机关消防机构应当终止复核。

第三十九条 复核机构应当自受理复核申请之日起三十日内,作出复核决定,并按照本规定第三十二条规定的时限送达申请人、其他当事人和原认定机构。对需要向有关人员进行调查或者火灾现场复核勘验的,经复核机构负责人批准,复核期限可以延长三十日。

原火灾事故认定主要事实清楚、证据确实充分、程序合法,起火原因认定正确的,复核机构应当维持原火灾事故认定。

原火灾事故认定具有下列情形之一的,复核机构应当直接作出火灾事故复核认定或者责令原认定机构重新作出火灾事故认定,并撤销原认定机构作出的火灾事故认定:

(一)主要事实不清,或者证据不确实充分的;

(二)违反法定程序,影响结果公正的;

(三)认定行为存在明显不当,或者起火原因认定错误的;

(四)超越或者滥用职权的。

第四十条 原认定机构接到重新作出火灾事故认定的复核决定后,应当重新调查,在十五日内重新作出火灾事故认定。

复核机构直接作出火灾事故认定和原认定机构重新作出火灾事故认定前,应当向申请人、其他当事人说明重新认定情况;原认定机构重新作出的火灾事故认定书,应当按照本规定第三十二条规定的时限送达当事人,并报复核机构备案。

复核以一次为限。当事人对原认定机构重新作出的火灾事故认定,可以按照本规定第三十五条的规定申请复核。

第五章 火灾事故调查的处理

第四十一条 公安机关消防机构在火灾事故调查过程中,应当根据下列情况分别作出处理:

(一)涉嫌失火罪、消防责任事故罪的,按照《公安机关办理刑事案件程序规定》立案侦查;涉嫌其他犯罪的,及时移送有关主管部门办理;

(二)涉嫌消防安全违法行为的,按照《公安机关办理行政案件程序规定》调查处理;涉嫌其他违法行为的,及时移送有关主管部门调查处理;

(三)依照有关规定应当给予处分的,移交有关主管部门处理。

对经过调查不属于火灾事故的,公安机关消防机构应当告知当事人处理途径并记录在案。

第四十二条 公安机关消防机构向有关主管部门移送案件的，应当在本级公安机关消防机构负责人批准后的二十四小时内移送，并根据案件需要附下列材料：

（一）案件移送通知书；

（二）案件调查情况；

（三）涉案物品清单；

（四）询问笔录，现场勘验笔录，检验、鉴定意见以及照相、录像、录音等资料；

（五）其他相关材料。

构成放火罪需要移送公安机关刑侦部门处理的，火灾现场应当一并移交。

第四十三条 公安机关其他部门应当自接受公安机关消防机构移送的涉嫌犯罪案件之日起十日内，进行审查并作出决定。依法决定立案的，应当书面通知移送案件的公安机关消防机构；依法不予立案的，应当说明理由，并书面通知移送案件的公安机关消防机构，退回案卷材料。

第四十四条 公安机关消防机构及其工作人员有下列行为之一的，依照有关规定给予责任人员处分；构成犯罪的，依法追究刑事责任：

（一）指使他人错误认定或者故意错误认定起火原因的；

（二）瞒报火灾、火灾直接经济损失、人员伤亡情况的；

（三）利用职务上的便利，索取或者非法收受他人财物的；

（四）其他滥用职权、玩忽职守、徇私舞弊的行为。

第六章 附 则

第四十五条 本规定中下列用语的含义：

（一）“当事人”，是指与火灾发生、蔓延和损失有直接利害关系的单位和个人。

（二）“户”，用于统计居民、村民住宅火灾，按照公安机关登记的家庭户统计。

（三）本规定中十五日以内（含本数）期限的规定是指工作日，不含法定节假日。

（四）本规定所称的“以上”含本数、本级，“以下”不含本数。

第四十六条 火灾事故调查中有关回避、证据、调查取证、鉴定等要求，本规定没有规定的，按照《公安机关办理行政案件程序规定》执行。

第四十七条 执行本规定所需要的法律文书式样，由公安部制定。

第四十八条 本规定自2009年5月1日起施行。1999年3月15日发布施行的《火灾事故调查规定》（公安部令第37号）和2008年3月18日发布施行的《火灾事故调查规定修正案》（公安部令第100号）同时废止。

社会消防安全教育培训规定

（2009年4月13日公安部、教育部、民政部、人力资源和社会保障部、住房和城乡建设部、文化部、国家广播电影电视总局、国家安全生产监督管理总局、国家旅游局令第109号公布 自2009年6月1日起施行）

第一章 总 则

第一条 为了加强社会消防安全教育培训工作，提高公民消防安全素质，有效预防火灾，减少火灾危害，根据《中华人民共和国消防法》等有关法律法规，制定本规定。

第二条 机关、团体、企业、事业等单位（以下统称单位）、社区居民委员会、村民委员会依照本规定开展消防安全教育培训工作。

第三条 公安、教育、民政、人力资源和社会保障、住房和城乡建设、文化、广电、安全监管、旅游、文物等部门应当按照各自职能，依法组织和监督管理消防安全教育培训工作，并纳入相关工作检查、考评。

各部门应当建立协作机制，定期研究、共同做好消防安全教育培训工作。

第四条 消防安全教育培训的内容应当符合全国统一的消防安全教育培训大纲的要求，主要包括：

（一）国家消防工作方针、政策；

（二）消防法律法规；

（三）火灾预防知识；

（四）火灾扑救、人员疏散逃生和自救互救知识；

（五）其他应当教育培训的内容。

第二章 管理职责

第五条 公安机关应当履行下列职责，并由公安机关消防机构具体实施：

（一）掌握本地区消防安全教育培训工作情况，向本级人民政府及相关部门提出工作建议；

（二）协调有关部门指导和监督社会消防安全教育培训工作；

（三）会同教育行政部门、人力资源和社会保障部门对消防安全专业培训机构实施监督管理；

（四）定期对社区居民委员会、村民委员会的负责人和专（兼）职消防队、志愿消防队的负责人开展消防安全培训。

第六条 教育行政部门应当履行下列职责：

（一）将学校消防安全教育培训工作纳入教育培

训规划，并进行教育督导和工作考核；

（二）指导和监督学校将消防安全知识纳入教学内容；

（三）将消防安全知识纳入学校管理人员和教师在职培训内容；

（四）依法在职责范围内对消防安全专业培训机构进行审批和监督管理。

第七条 民政部门应当履行下列职责：

（一）将消防安全教育培训工作纳入减灾规划并组织实施，结合救灾、扶贫济困和社会优抚安置、慈善等工作开展消防安全教育；

（二）指导社区居民委员会、村民委员会和各类福利机构开展消防安全教育培训工作；

（三）负责消防安全专业培训机构的登记，并实施监督管理。

第八条 人力资源和社会保障部门应当履行下列职责：

（一）指导和监督机关、企业和事业单位将消防安全知识纳入干部、职工教育、培训内容；

（二）依法在职责范围内对消防安全专业培训机构进行审批和监督管理。

第九条 住房和城乡建设行政部门应当指导和监督勘察设计单位、施工单位、工程监理单位、施工图审查机构、城市燃气企业、物业服务企业、风景名胜区经营管理单位和城市公园绿地管理单位等开展消防安全教育培训工作，将消防法律法规和工程建设消防技术标准纳入建设行业相关执业人员的继续教育和从业人员的岗位培训及考核内容。

第十条 文化、文物行政部门应当积极引导创作优秀消防安全文化产品，指导和监督文物保护单位、公共娱乐场所和公共图书馆、博物馆、文化馆、文化站等文化单位开展消防安全教育培训工作。

第十一条 广播影视行政部门应当指导和协调广播影视制作机构和广播电视播出机构，制作、播出相关消防安全节目，开展公益性消防安全宣传教育，指导和监督电影院开展消防安全教育培训工作。

第十二条 安全生产监督管理部门应当履行下列职责：

（一）指导、监督矿山、危险化学品、烟花爆竹等生产经营单位开展消防安全教育培训工作；

（二）将消防安全知识纳入安全生产监管监察人员和矿山、危险化学品、烟花爆竹等生产经营单位主要负责人、安全生产管理人员以及特种作业人员培训考核内容；

（三）将消防法律法规和有关消防技术标准纳入注册安全工程师培训及执业资格考试内容。

第十三条 旅游行政部门应当指导和监督相关旅游企业开展消防安全教育培训工作，督促旅行社加强对游客的消防安全教育，并将消防安全条件纳入旅游饭店、旅游景区等相关行业标准，将消防安全知识纳入旅游从业人员的岗位培训及考核内容。

第三章 消防安全教育培训

第十四条 单位应当根据本单位的特点，建立健全消防安全教育培训制度，明确机构和人员，保障教育培训工作经费，按照下列规定对职工进行消防安全教育培训：

（一）定期开展形式多样的消防安全宣传教育；

（二）对新上岗和进入新岗位的职工进行上岗前消防安全培训；

（三）对在岗的职工每年至少进行一次消防安全培训；

（四）消防安全重点单位每半年至少组织一次、其他单位每年至少组织一次灭火和应急疏散演练。

单位对职工的消防安全教育培训应当将本单位的火灾危险性、防火灭火措施、消防设施及灭火器材的操作使用方法、人员疏散逃生知识等作为培训的重点。

第十五条 各级各类学校应当开展下列消防安全教育工作：

（一）将消防安全知识纳入教学内容；

（二）在开学初、放寒（暑）假前、学生军训期间，对学生普遍开展专题消防安全教育；

（三）结合不同课程实验课的特点和要求，对学生进行有针对性的消防安全教育；

（四）组织学生到当地消防站参观体验；

（五）每学年至少组织学生开展一次应急疏散演练；

（六）对寄宿学生开展经常性的安全用火用电教育和应急疏散演练。

各级各类学校应当至少确定一名熟悉消防安全知识的教师担任消防安全课教员，并选聘消防专业人员担任学校的兼职消防辅导员。

第十六条 中小学校和学前教育机构应当针对不同年龄阶段学生认知特点，保证课时或者采取学科渗透、专题教育的方式，每学期对学生开展消防安全教育。

小学阶段应当重点开展火灾危险及危害性、消防安全标志标识、日常生活防火、火灾报警、火场自救逃生常识等方面的教育。

初中和高中阶段应当重点开展消防法律法规、防火灭火基本知识和灭火器材使用等方面的教育。

学前教育机构应当采取游戏、儿歌等寓教于乐的方式，对幼儿开展消防安全常识教育。

第十七条 高等学校应当每学年至少举办一次消防安全专题讲座，在校园网络、广播、校内报刊等开设消防安全教育栏目，对学生进行消防法律法规、防火灭火知识、火灾自救他救知识和火灾案例教育。

第十八条 国家支持和鼓励有条件的普通高等学校和中等职业学校根据经济社会发展需要，设置消防类专业或者开设消防类课程，培养消防专业人才，并依法面向社会开展消防安全培训。

人民警察训练学校应当根据教育培训对象的特点，科学安排培训内容，开设消防基础理论和消防管理课程，并列入学生必修课程。

师范院校应当将消防安全知识列入学生必修内容。

第十九条 社区居民委员会、村民委员会应当开展下列消防安全教育工作：

（一）组织制定防火安全公约；

（二）在社区、村庄的公共活动场所设置消防宣传栏，利用文化活动站、学习室等场所，对居民、村民开展经常性的消防安全宣传教育；

（三）组织志愿消防队、治安联防队和灾害信息员、保安人员等开展消防安全宣传教育；

（四）利用社区、乡村广播、视频设备定时播放消防安全常识，在火灾多发季节、农业收获季节、重大节日和乡村民俗活动期间，有针对性地开展消防安全宣传教育。

社区居民委员会、村民委员会应当确定至少一名专（兼）职消防安全员，具体负责消防安全宣传教育工作。

第二十条 物业服务企业应当在物业服务工作范围内，根据实际情况积极开展经常性消防安全宣传教育，每年至少组织一次本单位员工和居民参加的灭火和应急疏散演练。

第二十一条 由两个以上单位管理或者使用的同一建筑物，负责公共消防安全管理的单位应当对建筑物内的单位和职工进行消防安全宣传教育，每年至少组织一次灭火和应急疏散演练。

第二十二条 歌舞厅、影剧院、宾馆、饭店、商场、集贸市场、体育场馆、会堂、医院、客运车站、客运码头、民用机场、公共图书馆和公共展览馆等公共场所应当按照下列要求对公众开展消防安全宣传教育：

（一）在安全出口、疏散通道和消防设施等处的醒目位置设置消防安全标志、标识等；

（二）根据需要编印场所消防安全宣传资料供公众取阅；

（三）利用单位广播、视频设备播放消防安全知识。

养老院、福利院、救助站等单位，应当对服务对象开展经常性的用火用电和火场自救逃生安全教育。

第二十三条 旅游景区、城市公园绿地的经营管理单位、大型群众性活动主办单位应当在景区、公园绿地、活动场所醒目位置设置疏散路线、消防设施示意图和消防安全警示标识，利用广播、视频设备、宣传栏等开展消防安全宣传教育。

导游人员、旅游景区工作人员应当向游客介绍景区消防安全常识和管理要求。

第二十四条 在建工程的施工单位应当开展下列消防安全教育工作：

（一）建设工程施工前应当对施工人员进行消防安全教育；

（二）在建设工地醒目位置、施工人员集中住宿场所设置消防安全宣传栏，悬挂消防安全挂图和消防安全警示标识；

（三）对明火作业人员进行经常性的消防安全教育；

（四）组织灭火和应急疏散演练。

在建工程的建设单位应当配合施工单位做好上述消防安全教育工作。

第二十五条 新闻、广播、电视等单位应当积极开设消防安全教育栏目，制作节目，对公众开展公益性消防安全宣传教育。

第二十六条 公安、教育、民政、人力资源和社会保障、住房和城乡建设、安全监管、旅游部门管理的培训机构，应当根据教育培训对象特点和实际需要进行消防安全教育培训。

第四章 消防安全培训机构

第二十七条 国家机构以外的社会组织或者个人利用非国家财政性经费，举办消防安全专业培训机构，面向社会从事消防安全专业培训的，应当经省级教育行政部门或者人力资源和社会保障部门依法批准，并到省级民政部门申请民办非企业单位登记。

第二十八条 成立消防安全专业培训机构应当符合下列条件：

（一）具有法人条件，有规范的名称和必要的组织机构；

（二）注册资金或者开办费一百万元以上；

（三）有健全的组织章程和培训、考试制度；

（四）具有与培训规模和培训专业相适应的专（兼）职教员队伍；

（五）有同时培训二百人以上规模的固定教学场所、训练场地，具有满足技能培训需要的消防设施、设备和器材；

（六）消防安全专业培训需要的其他条件。

前款第（四）项所指专（兼）职教员队伍中，专职教员应当不少于教员总数的二分之一；具有建筑、消防等相关专业中级以上职称，并有五年以上消防相关工作经历的教员不少于十人；消防安全管理、自动消防设施、灭火救援等专业课程应当分别配备理论教员和实习操作教员不少于两人。

第二十九条 申请成立消防安全专业培训机构，依照国家有关法律法规，应当向省级教育行政部门或者人力资源和社会保障部门申请。

省级教育行政部门或者人力资源和社会保障部门受理申请后，可以征求同级公安机关消防机构的意见。

省级公安机关消防机构收到省级教育行政部门或者人力资源和社会保障部门移送的申请材料后，应当配合对申请成立消防安全培训专业机构的师资条件、场地和设施、设备、器材等进行核查，并出具书面意见。

教育行政部门或者人力资源和社会保障部门根据有关民办职业培训机构的规定，并综合公安机关消防机构出具的书面意见进行评定，符合条件的予以批准，并向社会公告。

第三十条 消防安全专业培训机构应当按照有关法律法规、规章和章程规定，开展消防安全专业培训，保证培训质量。

消防安全专业培训机构开展消防安全专业培训，应当将消防安全管理、建筑防火和自动消防设施施工、操作、检测、维护技能作为培训的重点，对经理论和技能操作考核合格的人员，颁发培训证书。

消防安全专业培训的收费标准，应当符合国家有关规定，并向社会公布。

第三十一条 省级教育行政部门或者人力资源和社会保障部门应当依法对消防安全专业培训机构进行管理，监督、指导消防安全专业培训机构依法开展活动。

省级教育行政部门或者人力资源和社会保障部门应当对消防安全专业培训机构定期组织质量评估，并向社会公布监督评估情况。省级教育行政部门或者人力资源和社会保障部门在对消防安全专业培训机构进行质量评估时，可以邀请公安机关消防机构专业人员参加。

第五章 奖　　惩

第三十二条 地方各级人民政府及有关部门对在消防安全教育培训工作中有突出贡献或者成绩显著的单位和个人，应当给予表彰奖励。

单位对消防安全教育培训工作成绩突出的职工，应当给予表彰奖励。

第三十三条 地方各级人民政府公安、教育、民政、人力资源和社会保障、住房和城乡建设、文化、广电、安全监管、旅游、文物等部门不依法履行消防安全教育培训工作职责的，上级部门应当给予批评；对直接责任人员由上级部门和所在单位视情节轻重，根据权限依法给予批评教育或者建议有权部门给予处分。

公安机关消防机构工作人员在协助审查消防安全专业培训机构的工作中疏于职守的，由上级机关责令改正；情节严重的，对直接负责的主管人员和其他直接责任人员依法给予处分。

第三十四条 学校未按照本规定第十五条、第十六条、第十七条、第十八条规定开展消防安全教育工作的，教育、公安、人力资源和社会保障等主管部门应当按照职责分工责令其改正，并视情对学校负责人和其他直接责任人员给予处分。

第三十五条 单位违反本规定，构成违反消防管理行为的，由公安机关消防机构依照《中华人民共和国消防法》予以处罚。

第三十六条 社会组织或者个人未经批准擅自举办消防安全专业培训机构的，或者消防安全专业培训机构在培训活动中有违法违规行为的，由教育、人力资源和社会保障、民政等部门依据各自职责依法予以处理。

第六章 附　　则

第三十七条 全国统一的消防安全教育培训大纲由公安部会同教育部、人力资源和社会保障部共同制定。

六、危险化学品安全

危险化学品安全管理条例

（2002年1月26日国务院令第344号公布 2011年3月2日国务院令第591号修订通过 根据2013年12月7日《国务院关于修改部分行政法规的决定》修订）

第一章 总 则

第一条 为了加强危险化学品的安全管理，预防和减少危险化学品事故，保障人民群众生命财产安全，保护环境，制定本条例。

第二条 危险化学品生产、储存、使用、经营和运输的安全管理，适用本条例。

废弃危险化学品的处置，依照有关环境保护的法律、行政法规和国家有关规定执行。

第三条 本条例所称危险化学品，是指具有毒害、腐蚀、爆炸、燃烧、助燃等性质，对人体、设施、环境具有危害的剧毒化学品和其他化学品。

危险化学品目录，由国务院安全生产监督管理部门会同国务院工业和信息化、公安、环境保护、卫生、质量监督检验检疫、交通运输、铁路、民用航空、农业主管部门，根据化学品危险特性的鉴别和分类标准确定、公布，并适时调整。

第四条 危险化学品安全管理，应当坚持安全第一、预防为主、综合治理的方针，强化和落实企业的主体责任。

生产、储存、使用、经营、运输危险化学品的单位（以下统称危险化学品单位）的主要负责人对本单位的危险化学品安全管理工作全面负责。

危险化学品单位应当具备法律、行政法规规定和国家标准、行业标准要求的安全条件，建立、健全安全管理规章制度和岗位安全责任制度，对从业人员进行安全教育、法制教育和岗位技术培训。从业人员应当接受教育和培训，考核合格后上岗作业；对有资格要求的岗位，应当配备依法取得相应资格的人员。

第五条 任何单位和个人不得生产、经营、使用国家禁止生产、经营、使用的危险化学品。

国家对危险化学品的使用有限制性规定的，任何单位和个人不得违反限制性规定使用危险化学品。

第六条 对危险化学品的生产、储存、使用、经营、运输实施安全监督管理的有关部门（以下统称负有危险化学品安全监督管理职责的部门），依照下列规定履行职责：

（一）安全生产监督管理部门负责危险化学品安全监督管理综合工作，组织确定、公布、调整危险化学品目录，对新建、改建、扩建生产、储存危险化学品（包括使用长输管道输送危险化学品，下同）的建设项目进行安全条件审查，核发危险化学品安全生产许可证、危险化学品安全使用许可证和危险化学品经营许可证，并负责危险化学品登记工作。

（二）公安机关负责危险化学品的公共安全管理，核发剧毒化学品购买许可证、剧毒化学品道路运输通行证，并负责危险化学品运输车辆的道路交通安全管理。

（三）质量监督检验检疫部门负责核发危险化学品及其包装物、容器（不包括储存危险化学品的固定式大型储罐，下同）生产企业的工业产品生产许可证，并依法对其产品质量实施监督，负责对进出口危险化学品及其包装实施检验。

（四）环境保护主管部门负责废弃危险化学品处置的监督管理，组织危险化学品的环境危害性鉴定和环境风险程度评估，确定实施重点环境管理的危险化学品，负责危险化学品环境管理登记和新化学物质环境管理登记；依照职责分工调查相关危险化学品环境污染事故和生态破坏事件，负责危险化学品事故现场的应急环境监测。

（五）交通运输主管部门负责危险化学品道路运输、水路运输的许可以及运输工具的安全管理，对危险化学品水路运输安全实施监督，负责危险化学品道路运输企业、水路运输企业驾驶人员、船员、装卸管理人员、押运人员、申报人员、集装箱装箱现场检查员的资格认定。铁路监管部门负责危险化学品铁路运输及其运输工具的安全管理。民用航空主管部门负责危险化学品航空运输以及航空运输企业及其运输工具的安全管理。

（六）卫生主管部门负责危险化学品毒性鉴定的管理，负责组织、协调危险化学品事故受伤人员的医疗卫生救援工作。

（七）工商行政管理部门依据有关部门的许可证件，核发危险化学品生产、储存、经营、运输企业营业执照，查处危险化学品经营企业违法采购危险化学品的行为。

（八）邮政管理部门负责依法查处寄递危险化学品的行为。

第七条 负有危险化学品安全监督管理职责的部门依法进行监督检查，可以采取下列措施：

（一）进入危险化学品作业场所实施现场检查，向有关单位和人员了解情况，查阅、复制有关文件、资料；

（二）发现危险化学品事故隐患，责令立即消除或者限期消除；

（三）对不符合法律、行政法规、规章规定或者国家标准、行业标准要求的设施、设备、装置、器材、运输工具，责令立即停止使用；

（四）经本部门主要负责人批准，查封违法生产、储存、使用、经营危险化学品的场所，扣押违法生产、储存、使用、经营、运输的危险化学品以及用于违法生产、使用、运输危险化学品的原材料、设备、运输工具；

（五）发现影响危险化学品安全的违法行为，当场予以纠正或者责令限期改正。

负有危险化学品安全监督管理职责的部门依法进行监督检查，监督检查人员不得少于 2 人，并应当出示执法证件；有关单位和个人对依法进行的监督检查应当予以配合，不得拒绝、阻碍。

第八条 县级以上人民政府应当建立危险化学品安全监督管理工作协调机制，支持、督促负有危险化学品安全监督管理职责的部门依法履行职责，协调、解决危险化学品安全监督管理工作中的重大问题。

负有危险化学品安全监督管理职责的部门应当相互配合、密切协作，依法加强对危险化学品的安全监督管理。

第九条 任何单位和个人对违反本条例规定的行为，有权向负有危险化学品安全监督管理职责的部门举报。负有危险化学品安全监督管理职责的部门接到举报，应当及时依法处理；对不属于本部门职责的，应当及时移送有关部门处理。

第十条 国家鼓励危险化学品生产企业和使用危险化学品从事生产的企业采用有利于提高安全保障水平的先进技术、工艺、设备以及自动控制系统，鼓励对危险化学品实行专门储存、统一配送、集中销售。

第二章 生产、储存安全

第十一条 国家对危险化学品的生产、储存实行统筹规划、合理布局。

国务院工业和信息化主管部门以及国务院其他有关部门依据各自职责，负责危险化学品生产、储存的行业规划和布局。

地方人民政府组织编制城乡规划，应当根据本地区的实际情况，按照确保安全的原则，规划适当区域专门用于危险化学品的生产、储存。

第十二条 新建、改建、扩建生产、储存危险化学品的建设项目（以下简称建设项目），应当由安全生产监督管理部门进行安全条件审查。

建设单位应当对建设项目进行安全条件论证，委托具备国家规定的资质条件的机构对建设项目进行安全评价，并将安全条件论证和安全评价的情况报告报建设项目所在地设区的市级以上人民政府安全生产监督管理部门；安全生产监督管理部门应当自收到报告之日起45 日内作出审查决定，并书面通知建设单位。具体办法由国务院安全生产监督管理部门制定。

新建、改建、扩建储存、装卸危险化学品的港口建设项目，由港口行政管理部门按照国务院交通运输主管部门的规定进行安全条件审查。

第十三条 生产、储存危险化学品的单位，应当对其铺设的危险化学品管道设置明显标志，并对危险化学品管道定期检查、检测。

进行可能危及危险化学品管道安全的施工作业，施工单位应当在开工的 7 日前书面通知管道所属单位，并与管道所属单位共同制定应急预案，采取相应的安全防护措施。管道所属单位应当指派专门人员到现场进行管道安全保护指导。

第十四条 危险化学品生产企业进行生产前，应当依照《安全生产许可证条例》的规定，取得危险化学品安全生产许可证。

生产列入国家实行生产许可证制度的工业产品目录的危险化学品的企业，应当依照《中华人民共和国工业产品生产许可证管理条例》的规定，取得工业产品生产许可证。

负责颁发危险化学品安全生产许可证、工业产品生产许可证的部门，应当将其颁发许可证的情况及时向同级工业和信息化主管部门、环境保护主管部门和公安机关通报。

第十五条 危险化学品生产企业应当提供与其生产的危险化学品相符的化学品安全技术说明书，并在危险化学品包装（包括外包装件）上粘贴或者拴挂与包装内危险化学品相符的化学品安全标签。化学品安全技术说明书和化学品安全标签所载明的内容应当符合国家标准的要求。

危险化学品生产企业发现其生产的危险化学品有新的危险特性的，应当立即公告，并及时修订其化学品安全技术说明书和化学品安全标签。

第十六条 生产实施重点环境管理的危险化学品的企业，应当按照国务院环境保护主管部门的规定，将该危险化学品向环境中释放等相关信息向环境保护主管部门报告。环境保护主管部门可以根据情况采取相应的环境风险控制措施。

第十七条 危险化学品的包装应当符合法律、行政法规、规章的规定以及国家标准、行业标准的要求。

危险化学品包装物、容器的材质以及危险化学品包装的型式、规格、方法和单件质量(重量),应当与所包装的危险化学品的性质和用途相适应。

第十八条 生产列入国家实行生产许可证制度的工业产品目录的危险化学品包装物、容器的企业,应当依照《中华人民共和国工业产品生产许可证管理条例》的规定,取得工业产品生产许可证;其生产的危险化学品包装物、容器经国务院质量监督检验检疫部门认定的检验机构检验合格,方可出厂销售。

运输危险化学品的船舶及其配载的容器,应当按照国家船舶检验规范进行生产,并经海事管理机构认定的船舶检验机构检验合格,方可投入使用。

对重复使用的危险化学品包装物、容器,使用单位在重复使用前应当进行检查;发现存在安全隐患的,应当维修或者更换。使用单位应当对检查情况作出记录,记录的保存期限不得少于2年。

第十九条 危险化学品生产装置或者储存数量构成重大危险源的危险化学品储存设施(运输工具加油站、加气站除外),与下列场所、设施、区域的距离应当符合国家有关规定:

(一)居住区以及商业中心、公园等人员密集场所;

(二)学校、医院、影剧院、体育场(馆)等公共设施;

(三)饮用水源、水厂以及水源保护区;

(四)车站、码头(依法经许可从事危险化学品装卸作业的除外)、机场以及通信干线、通信枢纽、铁路线路、道路交通干线、水路交通干线、地铁风亭以及地铁站出入口;

(五)基本农田保护区、基本草原、畜禽遗传资源保护区、畜禽规模化养殖场(养殖小区)、渔业水域以及种子、种畜禽、水产苗种生产基地;

(六)河流、湖泊、风景名胜区、自然保护区;

(七)军事禁区、军事管理区;

(八)法律、行政法规规定的其他场所、设施、区域。

已建的危险化学品生产装置或者储存数量构成重大危险源的危险化学品储存设施不符合前款规定的,由所在地设区的市级人民政府安全生产监督管理部门会同有关部门监督其所属单位在规定期限内进行整改;需要转产、停产、搬迁、关闭的,由本级人民政府决定并组织实施。

储存数量构成重大危险源的危险化学品储存设施的选址,应当避开地震活动断层和容易发生洪灾、地质灾害的区域。

本条例所称重大危险源,是指生产、储存、使用或者搬运危险化学品,且危险化学品的数量等于或者超过临界量的单元(包括场所和设施)。

第二十条 生产、储存危险化学品的单位,应当根据其生产、储存的危险化学品的种类和危险特性,在作业场所设置相应的监测、监控、通风、防晒、调温、防火、灭火、防爆、泄压、防毒、中和、防潮、防雷、防静电、防腐、防泄漏以及防护围堤或者隔离操作等安全设施、设备,并按照国家标准、行业标准或者国家有关规定对安全设施、设备进行经常性维护、保养,保证安全设施、设备的正常使用。

生产、储存危险化学品的单位,应当在其作业场所和安全设施、设备上设置明显的安全警示标志。

第二十一条 生产、储存危险化学品的单位,应当在其作业场所设置通讯、报警装置,并保证处于适用状态。

第二十二条 生产、储存危险化学品的企业,应当委托具备国家规定的资质条件的机构,对本企业的安全生产条件每3年进行一次安全评价,提出安全评价报告。安全评价报告的内容应当包括对安全生产条件存在的问题进行整改的方案。

生产、储存危险化学品的企业,应当将安全评价报告以及整改方案的落实情况报所在地县级人民政府安全生产监督管理部门备案。在港区内储存危险化学品的企业,应当将安全评价报告以及整改方案的落实情况报港口行政管理部门备案。

第二十三条 生产、储存剧毒化学品或者国务院公安部门规定的可用于制造爆炸物品的危险化学品(以下简称易制爆危险化学品)的单位,应当如实记录其生产、储存的剧毒化学品、易制爆危险化学品的数量、流向,并采取必要的安全防范措施,防止剧毒化学品、易制爆危险化学品丢失或者被盗;发现剧毒化学品、易制爆危险化学品丢失或者被盗的,应当立即向当地公安机关报告。

生产、储存剧毒化学品、易制爆危险化学品的单位,应当设置治安保卫机构,配备专职治安保卫人员。

第二十四条 危险化学品应当储存在专用仓库、专用场地或者专用储存室(以下统称专用仓库)内,并由专人负责管理;剧毒化学品以及储存数量构成重大危险源的其他危险化学品,应当在专用仓库内单独存放,并实行双人收发、双人保管制度。

危险化学品的储存方式、方法以及储存数量应当符合国家标准或者国家有关规定。

第二十五条 储存危险化学品的单位应当建立危险化学品出入库核查、登记制度。

对剧毒化学品以及储存数量构成重大危险源的其他危险化学品,储存单位应当将其储存数量、储存地点以及管理人员的情况，报所在地县级人民政府安全生产监督管理部门（在港区内储存的，报港口行政管理部门）和公安机关备案。

第二十六条 危险化学品专用仓库应当符合国家标准、行业标准的要求，并设置明显的标志。储存剧毒化学品、易制爆危险化学品的专用仓库，应当按照国家有关规定设置相应的技术防范设施。

储存危险化学品的单位应当对其危险化学品专用仓库的安全设施、设备定期进行检测、检验。

第二十七条 生产、储存危险化学品的单位转产、停产、停业或者解散的，应当采取有效措施，及时、妥善处置其危险化学品生产装置、储存设施以及库存的危险化学品，不得丢弃危险化学品；处置方案应当报所在地县级人民政府安全生产监督管理部门、工业和信息化主管部门、环境保护主管部门和公安机关备案。安全生产监督管理部门应当会同环境保护主管部门和公安机关对处置情况进行监督检查，发现未依照规定处置的，应当责令其立即处置。

第三章 使用安全

第二十八条 使用危险化学品的单位，其使用条件（包括工艺）应当符合法律、行政法规的规定和国家标准、行业标准的要求，并根据所使用的危险化学品的种类、危险特性以及使用量和使用方式，建立、健全使用危险化学品的安全管理规章制度和安全操作规程，保证危险化学品的安全使用。

第二十九条 使用危险化学品从事生产并且使用量达到规定数量的化工企业（属于危险化学品生产企业的除外，下同），应当依照本条例的规定取得危险化学品安全使用许可证。

前款规定的危险化学品使用量的数量标准，由国务院安全生产监督管理部门会同国务院公安部门、农业主管部门确定并公布。

第三十条 申请危险化学品安全使用许可证的化工企业，除应当符合本条例第二十八条的规定外，还应当具备下列条件：

（一）有与所使用的危险化学品相适应的专业技术人员；

（二）有安全管理机构和专职安全管理人员；

（三）有符合国家规定的危险化学品事故应急预案和必要的应急救援器材、设备；

（四）依法进行了安全评价。

第三十一条 申请危险化学品安全使用许可证的化工企业，应当向所在地设区的市级人民政府安全生产监督管理部门提出申请，并提交其符合本条例第三十条规定条件的证明材料。设区的市级人民政府安全生产监督管理部门应当依法进行审查，自收到证明材料之日起45日内作出批准或者不予批准的决定。予以批准的，颁发危险化学品安全使用许可证；不予批准的，书面通知申请人并说明理由。

安全生产监督管理部门应当将其颁发危险化学品安全使用许可证的情况及时向同级环境保护主管部门和公安机关通报。

第三十二条 本条例第十六条关于生产实施重点环境管理的危险化学品的企业的规定，适用于使用实施重点环境管理的危险化学品从事生产的企业；第二十条、第二十一条、第二十三条第一款、第二十七条关于生产、储存危险化学品的单位的规定，适用于使用危险化学品的单位；第二十二条关于生产、储存危险化学品的企业的规定，适用于使用危险化学品从事生产的企业。

第四章 经营安全

第三十三条 国家对危险化学品经营（包括仓储经营，下同）实行许可制度。未经许可，任何单位和个人不得经营危险化学品。

依法设立的危险化学品生产企业在其厂区范围内销售本企业生产的危险化学品，不需要取得危险化学品经营许可。

依照《中华人民共和国港口法》的规定取得港口经营许可证的港口经营人，在港区内从事危险化学品仓储经营，不需要取得危险化学品经营许可。

第三十四条 从事危险化学品经营的企业应当具备下列条件：

（一）有符合国家标准、行业标准的经营场所，储存危险化学品的，还应当有符合国家标准、行业标准的储存设施；

（二）从业人员经过专业技术培训并经考核合格；

（三）有健全的安全管理规章制度；

（四）有专职安全管理人员；

（五）有符合国家规定的危险化学品事故应急预案和必要的应急救援器材、设备；

（六）法律、法规规定的其他条件。

第三十五条 从事剧毒化学品、易制爆危险化学品经营的企业，应当向所在地设区的市级人民政府安全生产监督管理部门提出申请，从事其他危险化学品经营的企业，应当向所在地县级人民政府安全生产监督管理部门提出申请（有储存设施的，应当向所在地设区的市级人民政府安全生产监督管理部门提出申请）。申请人应当提交其符合本条例第三十四条规定条件的证明材料。设区的市级人民政府安全生产监督管理部门或者县级人民政府安全生产监督管理部门应当依法进行审查，并对申请人的经营场所、储存设施进行现场核查，自收到证明材料之日起30日内作出批准或者不予批准的决定。予以批准的，颁发危险化学品经营许可证；不予批准的，书面通知申请人并说明理由。

设区的市级人民政府安全生产监督管理部门和县级人民政府安全生产监督管理部门应当将其颁发危险化学品经营许可证的情况及时向同级环境保护主管部门和公安机关通报。

申请人持危险化学品经营许可证向工商行政管理部门办理登记手续后，方可从事危险化学品经营活动。法律、行政法规或者国务院规定经营危险化学品还需要经其他有关部门许可的，申请人向工商行政管理部门办理登记手续时还应当持相应的许可证件。

第三十六条 危险化学品经营企业储存危险化学品的，应当遵守本条例第二章关于储存危险化学品的规定。危险化学品商店内只能存放民用小包装的危险化学品。

第三十七条 危险化学品经营企业不得向未经许可从事危险化学品生产、经营活动的企业采购危险化学品，不得经营没有化学品安全技术说明书或者化学品安全标签的危险化学品。

第三十八条 依法取得危险化学品安全生产许可证、危险化学品安全使用许可证、危险化学品经营许可证的企业，凭相应的许可证件购买剧毒化学品、易制爆危险化学品。民用爆炸物品生产企业凭民用爆炸物品生产许可证购买易制爆危险化学品。

前款规定以外的单位购买剧毒化学品的，应当向所在地县级人民政府公安机关申请取得剧毒化学品购买许可证；购买易制爆危险化学品的，应当持本单位出具的合法用途说明。

个人不得购买剧毒化学品（属于剧毒化学品的农药除外）和易制爆危险化学品。

第三十九条 申请取得剧毒化学品购买许可证，申请人应当向所在地县级人民政府公安机关提交下列材料：

（一）营业执照或者法人证书（登记证书）的复印件；

（二）拟购买的剧毒化学品品种、数量的说明；

（三）购买剧毒化学品用途的说明；

（四）经办人的身份证明。

县级人民政府公安机关应当自收到前款规定的材料之日起3日内，作出批准或者不予批准的决定。予以批准的，颁发剧毒化学品购买许可证；不予批准的，书面通知申请人并说明理由。

剧毒化学品购买许可证管理办法由国务院公安部门制定。

第四十条 危险化学品生产企业、经营企业销售剧毒化学品、易制爆危险化学品，应当查验本条例第三十八条第一款、第二款规定的相关许可证件或者证明文件，不得向不具有相关许可证件或者证明文件的单位销售剧毒化学品、易制爆危险化学品。对持剧毒化学品购买许可证购买剧毒化学品的，应当按照许可证载明的品种、数量销售。

禁止向个人销售剧毒化学品（属于剧毒化学品的农药除外）和易制爆危险化学品。

第四十一条 危险化学品生产企业、经营企业销售剧毒化学品、易制爆危险化学品，应当如实记录购买单位的名称、地址、经办人的姓名、身份证号码以及所购买的剧毒化学品、易制爆危险化学品的品种、数量、用途。销售记录以及经办人的身份证明复印件、相关许可证件复印件或者证明文件的保存期限不得少于1年。

剧毒化学品、易制爆危险化学品的销售企业、购买单位应当在销售、购买后5日内，将所销售、购买的剧毒化学品、易制爆危险化学品的品种、数量以及流向信息报所在地县级人民政府公安机关备案，并输入计算机系统。

第四十二条 使用剧毒化学品、易制爆危险化学品的单位不得出借、转让其购买的剧毒化学品、易制爆危险化学品；因转产、停产、搬迁、关闭等确需转让的，应当向具有本条例第三十八条第一款、第二款规定的相关许可证件或者证明文件的单位转让，并在转让后将有关情况及时向所在地县级人民政府公安机关报告。

第五章 运输安全

第四十三条 从事危险化学品道路运输、水路运输的，应当分别依照有关道路运输、水路运输的法律、行政法规的规定，取得危险货物道路运输许可、危险货物水路运输许可，并向工商行政管理部门办理登记手续。

危险化学品道路运输企业、水路运输企业应当配备专职安全管理人员。

第四十四条 危险化学品道路运输企业、水路运输企业的驾驶人员、船员、装卸管理人员、押运人员、申报人员、集装箱装箱现场检查员应当经交通运输主管部门考核合格，取得从业资格。具体办法由国务院交通运输主管部门制定。

危险化学品的装卸作业应当遵守安全作业标准、规程和制度，并在装卸管理人员的现场指挥或者监控下进行。水路运输危险化学品的集装箱装箱作业应当在集装箱装箱现场检查员的指挥或者监控下进行，并符合积载、隔离的规范和要求；装箱作业完毕后，集装箱装箱现场检查员应当签署装箱证明书。

第四十五条 运输危险化学品，应当根据危险化学品的危险特性采取相应的安全防护措施，并配备必要的防护用品和应急救援器材。

用于运输危险化学品的槽罐以及其他容器应当封口严密，能够防止危险化学品在运输过程中因温度、湿度或者压力的变化发生渗漏、洒漏；槽罐以及其他容器的溢流和泄压装置应当设置准确、起闭灵活。

运输危险化学品的驾驶人员、船员、装卸管理人员、押运人员、申报人员、集装箱装箱现场检查员，应当了解所运输的危险化学品的危险特性及其包装物、容器的使用要求和出现危险情况时的应急处置方法。

第四十六条 通过道路运输危险化学品的，托运人应当委托依法取得危险货物道路运输许可的企业承运。

第四十七条 通过道路运输危险化学品的，应当按照运输车辆的核定载质量装载危险化学品，不得超载。

危险化学品运输车辆应当符合国家标准要求的安全技术条件，并按照国家有关规定定期进行安全技术检验。

危险化学品运输车辆应当悬挂或者喷涂符合国家标准要求的警示标志。

第四十八条 通过道路运输危险化学品的，应当配备押运人员，并保证所运输的危险化学品处于押运人员的监控之下。

运输危险化学品途中因住宿或者发生影响正常运输的情况，需要较长时间停车的，驾驶人员、押运人员应当采取相应的安全防范措施；运输剧毒化学品或者易制爆危险化学品的，还应当向当地公安机关报告。

第四十九条 未经公安机关批准，运输危险化学品的车辆不得进入危险化学品运输车辆限制通行的区域。危险化学品运输车辆限制通行的区域由县级人民政府公安机关划定，并设置明显的标志。

第五十条 通过道路运输剧毒化学品的，托运人应当向运输始发地或者目的地县级人民政府公安机关申请剧毒化学品道路运输通行证。

申请剧毒化学品道路运输通行证，托运人应当向县级人民政府公安机关提交下列材料：

（一）拟运输的剧毒化学品品种、数量的说明；

（二）运输始发地、目的地、运输时间和运输路线的说明；

（三）承运人取得危险货物道路运输许可、运输车辆取得营运证以及驾驶人员、押运人员取得上岗资格的证明文件；

（四）本条例第三十八条第一款、第二款规定的购买剧毒化学品的相关许可证件，或者海关出具的进出口证明文件。

县级人民政府公安机关应当自收到前款规定的材料之日起 7 日内，作出批准或者不予批准的决定。予以批准的，颁发剧毒化学品道路运输通行证；不予批准的，书面通知申请人并说明理由。

剧毒化学品道路运输通行证管理办法由国务院公安部门制定。

第五十一条 剧毒化学品、易制爆危险化学品在道路运输途中丢失、被盗、被抢或者出现流散、泄漏等情况的，驾驶人员、押运人员应当立即采取相应的警示措施和安全措施，并向当地公安机关报告。公安机关接到报告后，应当根据实际情况立即向安全生产监督管理部门、环境保护主管部门、卫生主管部门通报。有关部门应当采取必要的应急处置措施。

第五十二条 通过水路运输危险化学品的，应当遵守法律、行政法规以及国务院交通运输主管部门关于危险货物水路运输安全的规定。

第五十三条 海事管理机构应当根据危险化学品的种类和危险特性，确定船舶运输危险化学品的相关安全运输条件。

拟交付船舶运输的化学品的相关安全运输条件不明确的，货物所有人或者代理人应当委托相关技术机构进行评估，明确相关安全运输条件并经海事管理机构确认后，方可交付船舶运输。

第五十四条 禁止通过内河封闭水域运输剧毒化学品以及国家规定禁止通过内河运输的其他危险化学品。

前款规定以外的内河水域，禁止运输国家规定禁止通过内河运输的剧毒化学品以及其他危险化学品。

禁止通过内河运输的剧毒化学品以及其他危险化学品的范围，由国务院交通运输主管部门会同国务院环境保护主管部门、工业和信息化主管部门、安全生产监督管理部门，根据危险化学品的危险特性、危险化学品对人体和水环境的危害程度以及消除危害后果的难易程度等因素规定并公布。

第五十五条 国务院交通运输主管部门应当根据危险化学品的危险特性，对通过内河运输本条例第五十四条规定以外的危险化学品（以下简称通过内河运输危险化学品）实行分类管理，对各类危险化学品的运输方式、包装规范和安全防护措施等分别作出规定并监督实施。

第五十六条 通过内河运输危险化学品，应当由依法取得危险货物水路运输许可的水路运输企业承运，其他单位和个人不得承运。托运人应当委托依法取得危险货物水路运输许可的水路运输企业承运，不得委托其他单位和个人承运。

第五十七条 通过内河运输危险化学品，应当使用依法取得危险货物适装证书的运输船舶。水路运输企业应当针对所运输的危险化学品的危险特性，制定运输船舶危险化学品事故应急救援预案，并为运输船舶配备充足、有效的应急救援器材和设备。

通过内河运输危险化学品的船舶，其所有人或者经营人应当取得船舶污染损害责任保险证书或者财务担保证明。船舶污染损害责任保险证书或者财务担保证明的副本应当随船携带。

第五十八条 通过内河运输危险化学品，危险化学品包装物的材质、型式、强度以及包装方法应当符合水路运输危险化学品包装规范的要求。国务院交通运输主管部门对单船运输的危险化学品数量有限制性规定的，承运人应当按照规定安排运输数量。

第五十九条 用于危险化学品运输作业的内河码头、泊位应当符合国家有关安全规范，与饮用水取水口保持国家规定的距离。有关管理单位应当制定码头、泊位危险化学品事故应急预案，并为码头、泊位配备充足、有效的应急救援器材和设备。

用于危险化学品运输作业的内河码头、泊位，经交通运输主管部门按照国家有关规定验收合格后方可投入使用。

第六十条 船舶载运危险化学品进出内河港口，应当将危险化学品的名称、危险特性、包装以及进出港时间等事项，事先报告海事管理机构。海事管理机构接到报告后，应当在国务院交通运输主管部门规定的时间内作出是否同意的决定，通知报告人，同时通报港口行政管理部门。定船舶、定航线、定货种的船舶可以定期报告。

在内河港口内进行危险化学品的装卸、过驳作业，应当将危险化学品的名称、危险特性、包装和作业的时间、地点等事项报告港口行政管理部门。港口行政管理部门接到报告后，应当在国务院交通运输主管部门规定的时间内作出是否同意的决定，通知报告人，同时通报海事管理机构。

载运危险化学品的船舶在内河航行，通过过船建筑物的，应当提前向交通运输主管部门申报，并接受交通运输主管部门的管理。

第六十一条 载运危险化学品的船舶在内河航行、装卸或者停泊，应当悬挂专用的警示标志，按照规定显示专用信号。

载运危险化学品的船舶在内河航行，按照国务院交通运输主管部门的规定需要引航的，应当申请引航。

第六十二条 载运危险化学品的船舶在内河航行，应当遵守法律、行政法规和国家其他有关饮用水水源保护的规定。内河航道发展规划应当与依法经批准的饮用水水源保护区划定方案相协调。

第六十三条 托运危险化学品的，托运人应当向承运人说明所托运的危险化学品的种类、数量、危险特性以及发生危险情况的应急处置措施，并按照国家有关规定对所托运的危险化学品妥善包装，在外包装上设置相应的标志。

运输危险化学品需要添加抑制剂或者稳定剂的，托运人应当添加，并将有关情况告知承运人。

第六十四条 托运人不得在托运的普通货物中夹带危险化学品，不得将危险化学品匿报或者谎报为普通货物托运。

任何单位和个人不得交寄危险化学品或者在邮件、快件内夹带危险化学品，不得将危险化学品匿报或者谎报为普通物品交寄。邮政企业、快递企业不得收寄危险化学品。

对涉嫌违反本条第一款、第二款规定的，交通运输主管部门、邮政管理部门可以依法开拆查验。

第六十五条 通过铁路、航空运输危险化学品的安全管理，依照有关铁路、航空运输的法律、行政法规、规章的规定执行。

第六章 危险化学品登记与事故应急救援

第六十六条 国家实行危险化学品登记制度，为危险化学品安全管理以及危险化学品事故预防和应急救援提供技术、信息支持。

第六十七条 危险化学品生产企业、进口企业，应当向国务院安全生产监督管理部门负责危险化学品登记的机构（以下简称危险化学品登记机构）办理危险化学品登记。

危险化学品登记包括下列内容：

（一）分类和标签信息；

（二）物理、化学性质；

（三）主要用途；

（四）危险特性；

（五）储存、使用、运输的安全要求；

（六）出现危险情况的应急处置措施。

对同一企业生产、进口的同一品种的危险化学品，不进行重复登记。危险化学品生产企业、进口企业发现其生产、进口的危险化学品有新的危险特性的，应当及时向危险化学品登记机构办理登记内容变更手续。

危险化学品登记的具体办法由国务院安全生产监督管理部门制定。

第六十八条 危险化学品登记机构应当定期向工业和信息化、环境保护、公安、卫生、交通运输、铁路、质量监督检验检疫等部门提供危险化学品登记的有关信息和资料。

第六十九条 县级以上地方人民政府安全生产

监督管理部门应当会同工业和信息化、环境保护、公安、卫生、交通运输、铁路、质量监督检验检疫等部门，根据本地区实际情况，制定危险化学品事故应急预案，报本级人民政府批准。

第七十条 危险化学品单位应当制定本单位危险化学品事故应急预案，配备应急救援人员和必要的应急救援器材、设备，并定期组织应急救援演练。

危险化学品单位应当将其危险化学品事故应急预案报所在地设区的市级人民政府安全生产监督管理部门备案。

第七十一条 发生危险化学品事故，事故单位主要负责人应当立即按照本单位危险化学品应急预案组织救援，并向当地安全生产监督管理部门和环境保护、公安、卫生主管部门报告；道路运输、水路运输过程中发生危险化学品事故的，驾驶人员、船员或者押运人员还应当向事故发生地交通运输主管部门报告。

第七十二条 发生危险化学品事故，有关地方人民政府应当立即组织安全生产监督管理、环境保护、公安、卫生、交通运输等有关部门，按照本地区危险化学品事故应急预案组织实施救援，不得拖延、推诿。

有关地方人民政府及其有关部门应当按照下列规定，采取必要的应急处置措施，减少事故损失，防止事故蔓延、扩大：

（一）立即组织营救和救治受害人员，疏散、撤离或者采取其他措施保护危害区域内的其他人员；

（二）迅速控制危害源，测定危险化学品的性质、事故的危害区域及危害程度；

（三）针对事故对人体、动植物、土壤、水源、大气造成的现实危害和可能产生的危害，迅速采取封闭、隔离、洗消等措施；

（四）对危险化学品事故造成的环境污染和生态破坏状况进行监测、评估，并采取相应的环境污染治理和生态修复措施。

第七十三条 有关危险化学品单位应当为危险化学品事故应急救援提供技术指导和必要的协助。

第七十四条 危险化学品事故造成环境污染的，由设区的市级以上人民政府环境保护主管部门统一发布有关信息。

第七章 法律责任

第七十五条 生产、经营、使用国家禁止生产、经营、使用的危险化学品的，由安全生产监督管理部门责令停止生产、经营、使用活动，处20万元以上50万元以下的罚款，有违法所得的，没收违法所得；构成犯罪的，依法追究刑事责任。

有前款规定行为的，安全生产监督管理部门还应当责令其对所生产、经营、使用的危险化学品进行无害化处理。

违反国家关于危险化学品使用的限制性规定使用危险化学品的，依照本条第一款的规定处理。

第七十六条 未经安全条件审查，新建、改建、扩建生产、储存危险化学品的建设项目的，由安全生产监督管理部门责令停止建设，限期改正；逾期不改正的，处50万元以上100万元以下的罚款；构成犯罪的，依法追究刑事责任。

未经安全条件审查，新建、改建、扩建储存、装卸危险化学品的港口建设项目的，由港口行政管理部门依照前款规定予以处罚。

第七十七条 未依法取得危险化学品安全生产许可证从事危险化学品生产，或者未依法取得工业产品生产许可证从事危险化学品及其包装物、容器生产的，分别依照《安全生产许可证条例》、《中华人民共和国工业产品生产许可证管理条例》的规定处罚。

违反本条例规定，化工企业未取得危险化学品安全使用许可证，使用危险化学品从事生产的，由安全生产监督管理部门责令限期改正，处10万元以上20万元以下的罚款；逾期不改正的，责令停产整顿。

违反本条例规定，未取得危险化学品经营许可证从事危险化学品经营的，由安全生产监督管理部门责令停止经营活动，没收违法经营的危险化学品以及违法所得，并处10万元以上20万元以下的罚款；构成犯罪的，依法追究刑事责任。

第七十八条 有下列情形之一的，由安全生产监督管理部门责令改正，可以处5万元以下的罚款；拒不改正的，处5万元以上10万元以下的罚款；情节严重的，责令停产停业整顿：

（一）生产、储存危险化学品的单位未对其铺设的危险化学品管道设置明显的标志，或者未对危险化学品管道定期检查、检测的；

（二）进行可能危及危险化学品管道安全的施工作业，施工单位未按照规定书面通知管道所属单位，或者未与管道所属单位共同制定应急预案、采取相应的安全防护措施，或者管道所属单位未指派专门人员到现场进行管道安全保护指导的；

（三）危险化学品生产企业未提供化学品安全技术说明书，或者未在包装（包括外包装件）上粘贴、拴挂化学品安全标签的；

（四）危险化学品生产企业提供的化学品安全技术说明书与其生产的危险化学品不相符，或者在包装（包括外包装件）粘贴、拴挂的化学品安全标签与包装内危险化学品不相符，或者化学品安全技术说明书、化学品安全标签所载明的内容不符合国家标准要求的；

（五）危险化学品生产企业发现其生产的危险化

学品有新的危险特性不立即公告，或者不及时修订其化学品安全技术说明书和化学品安全标签的；

（六）危险化学品经营企业经营没有化学品安全技术说明书和化学品安全标签的危险化学品的；

（七）危险化学品包装物、容器的材质以及包装的型式、规格、方法和单件质量（重量）与所包装的危险化学品的性质和用途不相适应的；

（八）生产、储存危险化学品的单位未在作业场所和安全设施、设备上设置明显的安全警示标志，或者未在作业场所设置通讯、报警装置的；

（九）危险化学品专用仓库未设专人负责管理，或者对储存的剧毒化学品以及储存数量构成重大危险源的其他危险化学品未实行双人收发、双人保管制度的；

（十）储存危险化学品的单位未建立危险化学品出入库核查、登记制度的；

（十一）危险化学品专用仓库未设置明显标志的；

（十二）危险化学品生产企业、进口企业不办理危险化学品登记，或者发现其生产、进口的危险化学品有新的危险特性不办理危险化学品登记内容变更手续的。

从事危险化学品仓储经营的港口经营人有前款规定情形的，由港口行政管理部门依照前款规定予以处罚。储存剧毒化学品、易制爆危险化学品的专用仓库未按照国家有关规定设置相应的技术防范设施的，由公安机关依照前款规定予以处罚。

生产、储存剧毒化学品、易制爆危险化学品的单位未设置治安保卫机构、配备专职治安保卫人员的，依照《企业事业单位内部治安保卫条例》的规定处罚。

第七十九条 危险化学品包装物、容器生产企业销售未经检验或者经检验不合格的危险化学品包装物、容器的，由质量监督检验检疫部门责令改正，处10万元以上20万元以下的罚款，有违法所得的，没收违法所得；拒不改正的，责令停产停业整顿；构成犯罪的，依法追究刑事责任。

将未经检验合格的运输危险化学品的船舶及其配载的容器投入使用的，由海事管理机构依照前款规定予以处罚。

第八十条 生产、储存、使用危险化学品的单位有下列情形之一的，由安全生产监督管理部门责令改正，处5万元以上10万元以下的罚款；拒不改正的，责令停产停业整顿直至由原发证机关吊销其相关许可证件，并由工商行政管理部门责令其办理经营范围变更登记或者吊销其营业执照；有关责任人员构成犯罪的，依法追究刑事责任：

（一）对重复使用的危险化学品包装物、容器，在重复使用前不进行检查的；

（二）未根据其生产、储存的危险化学品的种类和危险特性，在作业场所设置相关安全设施、设备，或者未按照国家标准、行业标准或者国家有关规定对安全设施、设备进行经常性维护、保养的；

（三）未依照本条例规定对其安全生产条件定期进行安全评价的；

（四）未将危险化学品储存在专用仓库内，或者未将剧毒化学品以及储存数量构成重大危险源的其他危险化学品在专用仓库内单独存放的；

（五）危险化学品的储存方式、方法或者储存数量不符合国家标准或者国家有关规定的；

（六）危险化学品专用仓库不符合国家标准、行业标准的要求的；

（七）未对危险化学品专用仓库的安全设施、设备定期进行检测、检验的。

从事危险化学品仓储经营的港口经营人有前款规定情形的，由港口行政管理部门依照前款规定予以处罚。

第八十一条 有下列情形之一的，由公安机关责令改正，可以处1万元以下的罚款；拒不改正的，处1万元以上5万元以下的罚款：

（一）生产、储存、使用剧毒化学品、易制爆危险化学品的单位不如实记录生产、储存、使用的剧毒化学品、易制爆危险化学品的数量、流向的；

（二）生产、储存、使用剧毒化学品、易制爆危险化学品的单位发现剧毒化学品、易制爆危险化学品丢失或者被盗，不立即向公安机关报告的；

（三）储存剧毒化学品的单位未将剧毒化学品的储存数量、储存地点以及管理人员的情况报所在地县级人民政府公安机关备案的；

（四）危险化学品生产企业、经营企业不如实记录剧毒化学品、易制爆危险化学品购买单位的名称、地址、经办人的姓名、身份证号码以及所购买的剧毒化学品、易制爆危险化学品的品种、数量、用途，或者保存销售记录和相关材料的时间少于1年的；

（五）剧毒化学品、易制爆危险化学品的销售企业、购买单位未在规定的时限内将所销售、购买的剧毒化学品、易制爆危险化学品的品种、数量以及流向信息报所在地县级人民政府公安机关备案的；

（六）使用剧毒化学品、易制爆危险化学品的单位依照本条例规定转让其购买的剧毒化学品、易制爆危险化学品，未将有关情况向所在地县级人民政府公安机关报告的。

生产、储存危险化学品的企业或者使用危险化学品从事生产的企业未按照本条例规定将安全评价报告以及整改方案的落实情况报安全生产监督管理部门或者港口行政管理部门备案，或者储存危险化学品的单位未将其剧毒化学品以及储存数量构成重大危险源的其他危险化学品的储存数量、储存地点以及管理人员的情况报安全生产监督管理部门或者港口行政管理部门备案的，分别由安全生产监督管理部门或者港口行政管理部门依照前款规定予以处罚。

生产实施重点环境管理的危险化学品的企业或者使用实施重点环境管理的危险化学品从事生产的企业未按照规定将相关信息向环境保护主管部门报告的，由环境保护主管部门依照本条第一款的规定予以处罚。

第八十二条 生产、储存、使用危险化学品的单位转产、停产、停业或者解散，未采取有效措施及时、妥善处置其危险化学品生产装置、储存设施以及库存的危险化学品，或者丢弃危险化学品的，由安全生产监督管理部门责令改正，处5万元以上10万元以下的罚款；构成犯罪的，依法追究刑事责任。

生产、储存、使用危险化学品的单位转产、停产、停业或者解散，未依照本条例规定将其危险化学品生产装置、储存设施以及库存危险化学品的处置方案报有关部门备案的，分别由有关部门责令改正，可以处1万元以下的罚款；拒不改正的，处1万元以上5万元以下的罚款。

第八十三条 危险化学品经营企业向未经许可违法从事危险化学品生产、经营活动的企业采购危险化学品的，由工商行政管理部门责令改正，处10万元以上20万元以下的罚款；拒不改正的，责令停业整顿直至由原发证机关吊销其危险化学品经营许可证，并由工商行政管理部门责令其办理经营范围变更登记或者吊销其营业执照。

第八十四条 危险化学品生产企业、经营企业有下列情形之一的，由安全生产监督管理部门责令改正，没收违法所得，并处10万元以上20万元以下的罚款；拒不改正的，责令停产停业整顿直至吊销其危险化学品安全生产许可证、危险化学品经营许可证，并由工商行政管理部门责令其办理经营范围变更登记或者吊销其营业执照：

（一）向不具有本条例第三十八条第一款、第二款规定的相关许可证件或者证明文件的单位销售剧毒化学品、易制爆危险化学品的；

（二）不按照剧毒化学品购买许可证载明的品种、数量销售剧毒化学品的；

（三）向个人销售剧毒化学品（属于剧毒化学品的农药除外）、易制爆危险化学品的。

不具有本条例第三十八条第一款、第二款规定的相关许可证件或者证明文件的单位购买剧毒化学品、易制爆危险化学品，或者个人购买剧毒化学品（属于剧毒化学品的农药除外）、易制爆危险化学品的，由公安机关没收所购买的剧毒化学品、易制爆危险化学品，可以并处5000元以下的罚款。

使用剧毒化学品、易制爆危险化学品的单位出借或者向不具有本条例第三十八条第一款、第二款规定的相关许可证件的单位转让其购买的剧毒化学品、易制爆危险化学品，或者向个人转让其购买的剧毒化学品（属于剧毒化学品的农药除外）、易制爆危险化学品的，由公安机关责令改正，处10万元以上20万元以下的罚款；拒不改正的，责令停产停业整顿。

第八十五条 未依法取得危险货物道路运输许可、危险货物水路运输许可，从事危险化学品道路运输、水路运输的，分别依照有关道路运输、水路运输的法律、行政法规的规定处罚。

第八十六条 有下列情形之一的，由交通运输主管部门责令改正，处5万元以上10万元以下的罚款；拒不改正的，责令停产停业整顿；构成犯罪的，依法追究刑事责任：

（一）危险化学品道路运输企业、水路运输企业的驾驶人员、船员、装卸管理人员、押运人员、申报人员、集装箱装箱现场检查员未取得从业资格上岗作业的；

（二）运输危险化学品，未根据危险化学品的危险特性采取相应的安全防护措施，或者未配备必要的防护用品和应急救援器材的；

（三）使用未依法取得危险货物适装证书的船舶，通过内河运输危险化学品的；

（四）通过内河运输危险化学品的承运人违反国务院交通运输主管部门对单船运输的危险化学品数量的限制性规定运输危险化学品的；

（五）用于危险化学品运输作业的内河码头、泊位不符合国家有关安全规范，或者未与饮用水取水口保持国家规定的安全距离，或者未经交通运输主管部门验收合格投入使用的；

（六）托运人不向承运人说明所托运的危险化学品的种类、数量、危险特性以及发生危险情况的应急处置措施，或者未按照国家有关规定对所托运的危险化学品妥善包装并在外包装上设置相应标志的；

（七）运输危险化学品需要添加抑制剂或者稳定剂，托运人未添加或者未将有关情况告知承运人的。

第八十七条 有下列情形之一的，由交通运输主管部门责令改正，处10万元以上20万元以下的罚款，有违法所得的，没收违法所得；拒不改正的，责令停产停业整顿；构成犯罪的，依法追究刑事责任：

（一）委托未依法取得危险货物道路运输许可、危险货物水路运输许可的企业承运危险化学品的；

（二）通过内河封闭水域运输剧毒化学品以及国家规定禁止通过内河运输的其他危险化学品的；

（三）通过内河运输国家规定禁止通过内河运输

的剧毒化学品以及其他危险化学品的；

（四）在托运的普通货物中夹带危险化学品，或者将危险化学品谎报或者匿报为普通货物托运的。

在邮件、快件内夹带危险化学品，或者将危险化学品谎报为普通物品交寄的，依法给予治安管理处罚；构成犯罪的，依法追究刑事责任。

邮政企业、快递企业收寄危险化学品的，依照《中华人民共和国邮政法》的规定处罚。

第八十八条 有下列情形之一的，由公安机关责令改正，处5万元以上10万元以下的罚款；构成违反治安管理行为的，依法给予治安管理处罚；构成犯罪的，依法追究刑事责任：

（一）超过运输车辆的核定载质量装载危险化学品的；

（二）使用安全技术条件不符合国家标准要求的车辆运输危险化学品的；

（三）运输危险化学品的车辆未经公安机关批准进入危险化学品运输车辆限制通行的区域的；

（四）未取得剧毒化学品道路运输通行证，通过道路运输剧毒化学品的。

第八十九条 有下列情形之一的，由公安机关责令改正，处1万元以上5万元以下的罚款；构成违反治安管理行为的，依法给予治安管理处罚：

（一）危险化学品运输车辆未悬挂或者喷涂警示标志，或者悬挂或者喷涂的警示标志不符合国家标准要求的；

（二）通过道路运输危险化学品，不配备押运人员的；

（三）运输剧毒化学品或者易制爆危险化学品途中需要较长时间停车，驾驶人员、押运人员不向当地公安机关报告的；

（四）剧毒化学品、易制爆危险化学品在道路运输途中丢失、被盗、被抢或者发生流散、泄露等情况，驾驶人员、押运人员不采取必要的警示措施和安全措施，或者不向当地公安机关报告的。

第九十条 对发生交通事故负有全部责任或者主要责任的危险化学品道路运输企业，由公安机关责令消除安全隐患，未消除安全隐患的危险化学品运输车辆，禁止上道路行驶。

第九十一条 有下列情形之一的，由交通运输主管部门责令改正，可以处1万元以下的罚款；拒不改正的，处1万元以上5万元以下的罚款：

（一）危险化学品道路运输企业、水路运输企业未配备专职安全管理人员的；

（二）用于危险化学品运输作业的内河码头、泊位的管理单位未制定码头、泊位危险化学品事故应急救援预案，或者未为码头、泊位配备充足、有效的应急救援器材和设备的。

第九十二条 有下列情形之一的，依照《中华人民共和国内河交通安全管理条例》的规定处罚：

（一）通过内河运输危险化学品的水路运输企业未制定运输船舶危险化学品事故应急救援预案，或者未为运输船舶配备充足、有效的应急救援器材和设备的；

（二）通过内河运输危险化学品的船舶的所有人或者经营人未取得船舶污染损害责任保险证书或者财务担保证明的；

（三）船舶载运危险化学品进出内河港口，未将有关事项事先报告海事管理机构并经其同意的；

（四）载运危险化学品的船舶在内河航行、装卸或者停泊，未悬挂专用的警示标志，或者未按照规定显示专用信号，或者未按照规定申请引航的。

未向港口行政管理部门报告并经其同意，在港口内进行危险化学品的装卸、过驳作业的，依照《中华人民共和国港口法》的规定处罚。

第九十三条 伪造、变造或者出租、出借、转让危险化学品安全生产许可证、工业产品生产许可证，或者使用伪造、变造的危险化学品安全生产许可证、工业产品生产许可证的，分别依照《安全生产许可证条例》、《中华人民共和国工业产品生产许可证管理条例》的规定处罚。

伪造、变造或者出租、出借、转让本条例规定的其他许可证，或者使用伪造、变造的本条例规定的其他许可证的，分别由相关许可证的颁发管理机关处10万元以上20万元以下的罚款，有违法所得的，没收违法所得；构成违反治安管理行为的，依法给予治安管理处罚；构成犯罪的，依法追究刑事责任。

第九十四条 危险化学品单位发生危险化学品事故，其主要负责人不立即组织救援或者不立即向有关部门报告的，依照《生产安全事故报告和调查处理条例》的规定处罚。

危险化学品单位发生危险化学品事故，造成他人人身伤害或者财产损失的，依法承担赔偿责任。

第九十五条 发生危险化学品事故，有关地方人民政府及其有关部门不立即组织实施救援，或者不采取必要的应急处置措施减少事故损失，防止事故蔓延、扩大的，对直接负责的主管人员和其他直接责任人员依法给予处分；构成犯罪的，依法追究刑事责任。

第九十六条 负有危险化学品安全监督管理职责的部门的工作人员，在危险化学品安全监督管理工作中滥用职权、玩忽职守、徇私舞弊，构成犯罪的，依法追究刑事责任；尚不构成犯罪的，依法给予处分。

第八章　附　　则

第九十七条 监控化学品、属于危险化学品的药品和农药的安全管理，依照本条例的规定执行；法律、行政法规另有规定的，依照其规定。

民用爆炸物品、烟花爆竹、放射性物品、核能物质以及用于国防科研生产的危险化学品的安全管理，不适用本条例。

法律、行政法规对燃气的安全管理另有规定的，依照其规定。

危险化学品容器属于特种设备的，其安全管理依照有关特种设备安全的法律、行政法规的规定执行。

第九十八条 危险化学品的进出口管理，依照有关对外贸易的法律、行政法规、规章的规定执行；进口的危险化学品的储存、使用、经营、运输的安全管理，依照本条例的规定执行。

危险化学品环境管理登记和新化学物质环境管理登记，依照有关环境保护的法律、行政法规、规章的规定执行。危险化学品环境管理登记，按照国家有关规定收取费用。

第九十九条 公众发现、捡拾的无主危险化学品，由公安机关接收。公安机关接收或者有关部门依法没收的危险化学品，需要进行无害化处理的，交由环境保护主管部门组织其认定的专业单位进行处理，或者交由有关危险化学品生产企业进行处理。处理所需费用由国家财政负担。

第一百条 化学品的危险特性尚未确定的，由国务院安全生产监督管理部门、国务院环境保护主管部门、国务院卫生主管部门分别负责组织对该化学品的物理危险性、环境危害性、毒理特性进行鉴定。根据鉴定结果，需要调整危险化学品目录的，依照本条例第三条第二款的规定办理。

第一百零一条 本条例施行前已经使用危险化学品从事生产的化工企业，依照本条例规定需要取得危险化学品安全使用许可证的，应当在国务院安全生产监督管理部门规定的期限内，申请取得危险化学品安全使用许可证。

第一百零二条 本条例自2011年12月1日起施行。

中华人民共和国
监控化学品管理条例

（1995年12月27日国务院令第190号发布　根据2011年1月8日《国务院关于废止和修改部分行政法规的决定》修订）

第一条 为了加强对监控化学品的管理，保障公民的人身安全和保护环境，制定本条例。

第二条 在中华人民共和国境内从事监控化学品的生产、经营和使用活动，必须遵守本条例。

第三条 本条例所称监控化学品，是指下列各类化学品：

第一类：可作为化学武器的化学品；

第二类：可作为生产化学武器前体的化学品；

第三类：可作为生产化学武器主要原料的化学品；

第四类：除炸药和纯碳氢化合物外的特定有机化学品。

前款各类监控化学品的名录由国务院化学工业主管部门提出，报国务院批准后公布。

第四条 国务院化学工业主管部门负责全国监控化学品的管理工作。省、自治区、直辖市人民政府化学工业主管部门负责本行政区域内监控化学品的管理工作。

第五条 生产、经营或者使用监控化学品的，应当依照本条例和国家有关规定向国务院化学工业主管部门或者省、自治区、直辖市人民政府化学工业主管部门申报生产、经营或者使用监控化学品的有关资料、数据和使用目的，接受化学工业主管部门的检查监督。

第六条 国家严格控制第一类监控化学品的生产。

为科研、医疗、制造药物或者防护目的需要生产第一类监控化学品的，应当报国务院化学工业主管部门批准，并在国务院化学工业主管部门指定的小型设施中生产。

严禁在未经国务院化学工业主管部门指定的设施中生产第一类监控化学品。

第七条 国家对第二类、第三类监控化学品和第四类监控化学品中含磷、硫、氟的特定有机化学品的生产，实行特别许可制度；未经特别许可的，任何单位和个人均不得生产。特别许可办法，由国务院化学工业主管部门制定。

第八条 新建、扩建或者改建用于生产第二类、第三类监控化学品和第四类监控化学品中含磷、硫、氟的特定有机化学品的设施，应当向所在地省、自治区、直辖市人民政府化学工业主管部门提出申请，经省、自治区、直辖市人民政府化学工业主管部门审查签署意见，报国务院化学工业主管部门批准后，方可开工建设；工程竣工后，经所在地省、自治区、直辖市人民政府化学工业主管部门验收合格，并报国务院化学工业主管部门批准后，方可投产使用。

新建、扩建或者改建用于生产第四类监控化学品中不含磷、硫、氟的特定有机化学品的设施，应当在开工生产前向所在地省、自治区、直辖市人民政府化学工业主管部门备案。

第九条 监控化学品应当在专用的化工仓库中储存,并设专人管理。监控化学品的储存条件应当符合国家有关规定。

第十条 储存监控化学品的单位,应当建立严格的出库、入库检查制度和登记制度;发现丢失、被盗时,应当立即报告当地公安机关和所在地省、自治区、直辖市人民政府化学工业主管部门;省、自治区、直辖市人民政府化学工业主管部门应当积极配合公安机关进行查处。

第十一条 对变质或者过期失效的监控化学品,应当及时处理。处理方案报所在地省、自治区、直辖市人民政府化学工业主管部门批准后实施。

第十二条 为科研、医疗、制造药物或者防护目的需要使用第一类监控化学品的,应当向国务院化学工业主管部门提出申请,经国务院化学工业主管部门审查批准后,凭批准文件同国务院化学工业主管部门指定的生产单位签订合同,并将合同副本报送国务院化学工业主管部门备案。

第十三条 需要使用第二类监控化学品的,应当向所在地省、自治区、直辖市人民政府化学工业主管部门提出申请,经省、自治区、直辖市人民政府化学工业主管部门审查批准后,凭批准文件同国务院化学工业主管部门指定的经销单位签订合同,并将合同副本报送所在地省、自治区、直辖市人民政府化学工业主管部门备案。

第十四条 国务院化学工业主管部门会同国务院对外经济贸易主管部门指定的单位(以下简称被指定单位),可以从事第一类监控化学品和第二类、第三类监控化学品及其生产技术、专用设备的进出口业务。

需要进口或者出口第一类监控化学品和第二类、第三类监控化学品及其生产技术、专用设备的,应当委托被指定单位代理进口或者出口。除被指定单位外,任何单位和个人均不得从事这类进出口业务。

第十五条 国家严格控制第一类监控化学品的进口和出口。非为科研、医疗、制造药物或者防护目的,不得进口第一类监控化学品。

接受委托进口第一类监控化学品的被指定单位,应当向国务院化学工业主管部门提出申请,并提交产品最终用途的说明和证明;经国务院化学工业主管部门审查签署意见后,报国务院审查批准。被指定单位凭国务院的批准文件向国务院对外经济贸易主管部门申请领取进口许可证。

第十六条 接受委托进口第二类、第三类监控化学品及其生产技术、专用设备的被指定单位,应当向国务院化学工业主管部门提出申请,并提交所进口的化学品、生产技术或者专用设备最终用途的说明和证明;经国务院化学工业主管部门审查批准后,被指定单位凭国务院化学工业主管部门的批准文件向国务院对外经济贸易主管部门申请领取进口许可证。

第十七条 接受委托出口第一类监控化学品的被指定单位,应当向国务院化学工业主管部门提出申请,并提交进口国政府或者政府委托机构出具的所进口的化学品仅用于科研、医疗、制造药物或者防护目的和不转口第三国的保证书;经国务院化学工业主管部门审查签署意见后,报国务院审查批准。被指定单位凭国务院的批准文件向国务院对外经济贸易主管部门申请领取出口许可证。

第十八条 接受委托出口第二类、第三类监控化学品及其生产技术、专用设备的被指定单位,应当向国务院化学工业主管部门提出申请,并提交进口国政府或者政府委托机构出具的所进口的化学品、生产技术、专用设备不用于生产化学武器和不转口第三国的保证书;经国务院化学工业主管部门审查批准后,被指定单位凭国务院化学工业主管部门的批准文件向国务院对外经济贸易主管部门申请领取出口许可证。

第十九条 使用监控化学品的,应当与其申报的使用目的相一致;需要改变使用目的的,应当报原审批机关批准。

第二十条 使用第一类、第二类监控化学品的,应当按照国家有关规定,定期向所在地省、自治区、直辖市人民政府化学工业主管部门报告消耗此类监控化学品的数量和使用此类监控化学品生产最终产品的数量。

第二十一条 违反本条例规定,生产监控化学品的,由省、自治区、直辖市人民政府化学工业主管部门责令限期改正;逾期不改正的,可以处20万元以下的罚款;情节严重的,可以提请省、自治区、直辖市人民政府责令停产整顿。

第二十二条 违反本条例规定,使用监控化学品的,由省、自治区、直辖市人民政府化学工业主管部门责令限期改正;逾期不改正的,可以处5万元以下的罚款。

第二十三条 违反本条例规定,经营监控化学品的,由省、自治区、直辖市人民政府化学工业主管部门没收其违法经营的监控化学品和违法所得,可以并处违法经营额1倍以上2倍以下的罚款。

第二十四条 违反本条例规定,隐瞒、拒报有关监控化学品的资料、数据,或者妨碍、阻挠化学工业主管部门依照本条例的规定履行检查监督职责的,由省、自治区、直辖市人民政府化学工业主管部门处以5万元以下的罚款。

第二十五条 违反本条例规定，构成违反治安管理行为的，依照《中华人民共和国治安管理处罚法》的有关规定处罚；构成犯罪的，依法追究刑事责任。

第二十六条 在本条例施行前已经从事生产、经营或者使用监控化学品的，应当依照本条例的规定，办理有关手续。

第二十七条 本条例自发布之日起施行。

附件：（略）

危险化学品重大危险源监督管理暂行规定

（2011年8月5日国家安全生产监管总局令第40号公布 根据2015年5月27日《国家安全监管总局关于废止和修改危险化学品等领域七部规章的决定》修订）

第一章 总 则

第一条 为了加强危险化学品重大危险源的安全监督管理，防止和减少危险化学品事故的发生，保障人民群众生命财产安全，根据《中华人民共和国安全生产法》和《危险化学品安全管理条例》等有关法律、行政法规，制定本规定。

第二条 从事危险化学品生产、储存、使用和经营的单位（以下统称危险化学品单位）的危险化学品重大危险源的辨识、评估、登记建档、备案、核销及其监督管理，适用本规定。

城镇燃气、用于国防科研生产的危险化学品重大危险源以及港区内危险化学品重大危险源的安全监督管理，不适用本规定。

第三条 本规定所称危险化学品重大危险源（以下简称重大危险源），是指按照《危险化学品重大危险源辨识》（GB18218）标准辨识确定，生产、储存、使用或者搬运危险化学品的数量等于或者超过临界量的单元（包括场所和设施）。

第四条 危险化学品单位是本单位重大危险源安全管理的责任主体，其主要负责人对本单位的重大危险源安全管理工作负责，并保证重大危险源安全生产所必需的安全投入。

第五条 重大危险源的安全监督管理实行属地监管与分级管理相结合的原则。

县级以上地方人民政府安全生产监督管理部门按照有关法律、法规、标准和本规定，对本辖区内的重大危险源实施安全监督管理。

第六条 国家鼓励危险化学品单位采用有利于提高重大危险源安全保障水平的先进适用的工艺、技术、设备以及自动控制系统，推进安全生产监督管理部门重大危险源安全监管的信息化建设。

第二章 辨识与评估

第七条 危险化学品单位应当按照《危险化学品重大危险源辨识》标准，对本单位的危险化学品生产、经营、储存和使用装置、设施或者场所进行重大危险源辨识，并记录辨识过程与结果。

第八条 危险化学品单位应当对重大危险源进行安全评估并确定重大危险源等级。危险化学品单位可以组织本单位的注册安全工程师、技术人员或者聘请有关专家进行安全评估，也可以委托具有相应资质的安全评价机构进行安全评估。

依照法律、行政法规的规定，危险化学品单位需要进行安全评价的，重大危险源安全评估可以与本单位的安全评价一起进行，以安全评价报告代替安全评估报告，也可以单独进行重大危险源安全评估。

重大危险源根据其危险程度，分为一级、二级、三级和四级，一级为最高级别。重大危险源分级方法由本规定附件1列示。

第九条 重大危险源有下列情形之一的，应当委托具有相应资质的安全评价机构，按照有关标准的规定采用定量风险评价方法进行安全评估，确定个人和社会风险值：

（一）构成一级或者二级重大危险源，且毒性气体实际存在（在线）量与其在《危险化学品重大危险源辨识》中规定的临界量比值之和大于或等于1的；

（二）构成一级重大危险源，且爆炸品或液化易燃气体实际存在（在线）量与其在《危险化学品重大危险源辨识》中规定的临界量比值之和大于或等于1的。

第十条 重大危险源安全评估报告应当客观公正、数据准确、内容完整、结论明确、措施可行，并包括下列内容：

（一）评估的主要依据；

（二）重大危险源的基本情况；

（三）事故发生的可能性及危害程度；

（四）个人风险和社会风险值（仅适用定量风险评价方法）；

（五）可能受事故影响的周边场所、人员情况；

（六）重大危险源辨识、分级的符合性分析；

（七）安全管理措施、安全技术和监控措施；

（八）事故应急措施；

（九）评估结论与建议。

危险化学品单位以安全评价报告代替安全评估报告的，其安全评价报告中有关重大危险源的内容应当符合本条第一款规定的要求。

第十一条 有下列情形之一的，危险化学品单位应当对重大危险源重新进行辨识、安全评估及分级：

（一）重大危险源安全评估已满三年的；

（二）构成重大危险源的装置、设施或者场所进行新建、改建、扩建的；

（三）危险化学品种类、数量、生产、使用工艺或者储存方式及重要设备、设施等发生变化，影响重大危险源级别或者风险程度的；

（四）外界生产安全环境因素发生变化，影响重大危险源级别和风险程度的；

（五）发生危险化学品事故造成人员死亡，或者10人以上受伤，或者影响到公共安全的；

（六）有关重大危险源辨识和安全评估的国家标准、行业标准发生变化的。

第三章 安全管理

第十二条 危险化学品单位应当建立完善重大危险源安全管理规章制度和安全操作规程，并采取有效措施保证其得到执行。

第十三条 危险化学品单位应当根据构成重大危险源的危险化学品种类、数量、生产、使用工艺（方式）或者相关设备、设施等实际情况，按照下列要求建立健全安全监测监控体系，完善控制措施：

（一）重大危险源配备温度、压力、液位、流量、组份等信息的不间断采集和监测系统以及可燃气体和有毒有害气体泄漏检测报警装置，并具备信息远传、连续记录、事故预警、信息存储等功能；一级或者二级重大危险源，具备紧急停车功能。记录的电子数据的保存时间不少于30天；

（二）重大危险源的化工生产装置装备满足安全生产要求的自动化控制系统；一级或者二级重大危险源，装备紧急停车系统；

（三）对重大危险源中的毒性气体、剧毒液体和易燃气体等重点设施，设置紧急切断装置；毒性气体的设施，设置泄漏物紧急处置装置。涉及毒性气体、液化气体、剧毒液体的一级或者二级重大危险源，配备独立的安全仪表系统（SIS）；

（四）重大危险源中储存剧毒物质的场所或者设施，设置视频监控系统；

（五）安全监测监控系统符合国家标准或者行业标准的规定。

第十四条 通过定量风险评价确定的重大危险源的个人和社会风险值，不得超过本规定附件2列示的个人和社会可容许风险限值标准。

超过个人和社会可容许风险限值标准的，危险化学品单位应当采取相应的降低风险措施。

第十五条 危险化学品单位应当按照国家有关规定，定期对重大危险源的安全设施和安全监测监控系统进行检测、检验，并进行经常性维护、保养，保证重大危险源的安全设施和安全监测监控系统有效、可靠运行。维护、保养、检测应当作好记录，并由有关人员签字。

第十六条 危险化学品单位应当明确重大危险源中关键装置、重点部位的责任人或者责任机构，并对重大危险源的安全生产状况进行定期检查，及时采取措施消除事故隐患。事故隐患难以立即排除的，应当及时制定治理方案，落实整改措施、责任、资金、时限和预案。

第十七条 危险化学品单位应当对重大危险源的管理和操作岗位人员进行安全操作技能培训，使其了解重大危险源的危险特性，熟悉重大危险源安全管理规章制度和安全操作规程，掌握本岗位的安全操作技能和应急措施。

第十八条 危险化学品单位应当在重大危险源所在场所设置明显的安全警示标志，写明紧急情况下的应急处置办法。

第十九条 危险化学品单位应当将重大危险源可能发生的事故后果和应急措施等信息，以适当方式告知可能受影响的单位、区域及人员。

第二十条 危险化学品单位应当依法制定重大危险源事故应急预案，建立应急救援组织或者配备应急救援人员，配备必要的防护装备及应急救援器材、设备、物资，并保障其完好和方便使用；配合地方人民政府安全生产监督管理部门制定所在地区涉及本单位的危险化学品事故应急预案。

对存在吸入性有毒、有害气体的重大危险源，危险化学品单位应当配备便携式浓度检测设备、空气呼吸器、化学防护服、堵漏器材等应急器材和设备；涉及剧毒气体的重大危险源，还应当配备两套以上（含本数）气密型化学防护服；涉及易燃易爆气体或者易燃液体蒸气的重大危险源，还应当配备一定数量的便携式可燃气体检测设备。

第二十一条 危险化学品单位应当制定重大危险源事故应急预案演练计划，并按照下列要求进行事故应急预案演练：

（一）对重大危险源专项应急预案，每年至少进行一次；

（二）对重大危险源现场处置方案，每半年至少进行一次。

应急预案演练结束后，危险化学品单位应当对应急预案演练效果进行评估，撰写应急预案演练评估报告，分析存在的问题，对应急预案提出修订意见，并及时修订完善。

第二十二条 危险化学品单位应当对辨识确认

的重大危险源及时、逐项进行登记建档。

重大危险源档案应当包括下列文件、资料：

（一）辨识、分级记录；

（二）重大危险源基本特征表；

（三）涉及的所有化学品安全技术说明书；

（四）区域位置图、平面布置图、工艺流程图和主要设备一览表；

（五）重大危险源安全管理规章制度及安全操作规程；

（六）安全监测监控系统、措施说明、检测、检验结果；

（七）重大危险源事故应急预案、评审意见、演练计划和评估报告；

（八）安全评估报告或者安全评价报告；

（九）重大危险源关键装置、重点部位的责任人、责任机构名称；

（十）重大危险源场所安全警示标志的设置情况；

（十一）其他文件、资料。

第二十三条 危险化学品单位在完成重大危险源安全评估报告或者安全评价报告后15日内，应当填写重大危险源备案申请表，连同本规定第二十二条规定的重大危险源档案材料（其中第二款第五项规定的文件资料只需提供清单），报送所在地县级人民政府安全生产监督管理部门备案。

县级人民政府安全生产监督管理部门应当每季度将辖区内的一级、二级重大危险源备案材料报送至设区的市级人民政府安全生产监督管理部门。设区的市级人民政府安全生产监督管理部门应当每半年将辖区内的一级重大危险源备案材料报送至省级人民政府安全生产监督管理部门。

重大危险源出现本规定第十一条所列情形之一的，危险化学品单位应当及时更新档案，并向所在地县级人民政府安全生产监督管理部门重新备案。

第二十四条 危险化学品单位新建、改建和扩建危险化学品建设项目，应当在建设项目竣工验收前完成重大危险源的辨识、安全评估和分级、登记建档工作，并向所在地县级人民政府安全生产监督管理部门备案。

第四章 监督检查

第二十五条 县级人民政府安全生产监督管理部门应当建立健全危险化学品重大危险源管理制度，明确责任人员，加强资料归档。

第二十六条 县级人民政府安全生产监督管理部门应当在每年1月15日前，将辖区内上一年度重大危险源的汇总信息报送至设区的市级人民政府安全生产监督管理部门。设区的市级人民政府安全生产监督管理部门应当在每年1月31日前，将辖区内上一年度重大危险源的汇总信息报送至省级人民政府安全生产监督管理部门。省级人民政府安全生产监督管理部门应当在每年2月15日前，将辖区内上一年度重大危险源的汇总信息报送至国家安全生产监督管理总局。

第二十七条 重大危险源经过安全评价或者安全评估不再构成重大危险源的，危险化学品单位应当向所在地县级人民政府安全生产监督管理部门申请核销。

申请核销重大危险源应当提交下列文件、资料：

（一）载明核销理由的申请书；

（二）单位名称、法定代表人、住所、联系人、联系方式；

（三）安全评价报告或者安全评估报告。

第二十八条 县级人民政府安全生产监督管理部门应当自收到申请核销的文件、资料之日起30日内进行审查，符合条件的，予以核销并出具证明文书；不符合条件的，说明理由并书面告知申请单位。必要时，县级人民政府安全生产监督管理部门应当聘请有关专家进行现场核查。

第二十九条 县级人民政府安全生产监督管理部门应当每季度将辖区内一级、二级重大危险源的核销材料报送至设区的市级人民政府安全生产监督管理部门。设区的市级人民政府安全生产监督管理部门应当每半年将辖区内一级重大危险源的核销材料报送至省级人民政府安全生产监督管理部门。

第三十条 县级以上地方各级人民政府安全生产监督管理部门应当加强对存在重大危险源的危险化学品单位的监督检查，督促危险化学品单位做好重大危险源的辨识、安全评估及分级、登记建档、备案、监测监控、事故应急预案编制、核销和安全管理工作。

首次对重大危险源的监督检查应当包括下列主要内容：

（一）重大危险源的运行情况、安全管理规章制度及安全操作规程制定和落实情况；

（二）重大危险源的辨识、分级、安全评估、登记建档、备案情况；

（三）重大危险源的监测监控情况；

（四）重大危险源安全设施和安全监测监控系统的检测、检验以及维护保养情况；

（五）重大危险源事故应急预案的编制、评审、备案、修订和演练情况；

（六）有关从业人员的安全培训教育情况；

（七）安全标志设置情况；

（八）应急救援器材、设备、物资配备情况；

（九）预防和控制事故措施的落实情况。

安全生产监督管理部门在监督检查中发现重大危险源存在事故隐患的，应当责令立即排除；重大事故隐患排除前或者排除过程中无法保证安全的，应当责令从危险区域内撤出作业人员，责令暂时停产停业或者停止使用；重大事故隐患排除后，经安全生产监督管理部门审查同意，方可恢复生产经营和使用。

第三十一条 县级以上地方各级人民政府安全生产监督管理部门应当会同本级人民政府有关部门，加强对工业（化工）园区等重大危险源集中区域的监督检查，确保重大危险源与周边单位、居民区、人员密集场所等重要目标和敏感场所之间保持适当的安全距离。

第五章 法律责任

第三十二条 危险化学品单位有下列行为之一的，由县级以上人民政府安全生产监督管理部门责令限期改正，可以处10万元以下的罚款；逾期未改正的，责令停产停业整顿，并处10万元以上20万元以下的罚款，对其直接负责的主管人员和其他直接责任人员处2万元以上5万元以下的罚款；构成犯罪的，依照刑法有关规定追究刑事责任：

（一）未按照本规定要求对重大危险源进行安全评估或者安全评价的；

（二）未按照本规定要求对重大危险源进行登记建档的；

（三）未按照本规定及相关标准要求对重大危险源进行安全监测监控的；

（四）未制定重大危险源事故应急预案的。

第三十三条 危险化学品单位有下列行为之一的，由县级以上人民政府安全生产监督管理部门责令限期改正，可以处5万元以下的罚款；逾期未改正的，处5万元以上20万元以下的罚款，对其直接负责的主管人员和其他直接责任人员处1万元以上2万元以下的罚款；情节严重的，责令停产停业整顿；构成犯罪的，依照刑法有关规定追究刑事责任：

（一）未在构成重大危险源的场所设置明显的安全警示标志的；

（二）未对重大危险源中的设备、设施等进行定期检测、检验的。

第三十四条 危险化学品单位有下列情形之一的，由县级以上人民政府安全生产监督管理部门给予警告，可以并处5000元以上3万元以下的罚款：

（一）未按照标准对重大危险源进行辨识的；

（二）未按照本规定明确重大危险源中关键装置、重点部位的责任人或者责任机构的；

（三）未按照本规定建立应急救援组织或者配备应急救援人员，以及配备必要的防护装备及器材、设备、物资，并保障其完好的；

（四）未按照本规定进行重大危险源备案或者核销的；

（五）未将重大危险源可能引发的事故后果、应急措施等信息告知可能受影响的单位、区域及人员的；

（六）未按照本规定要求开展重大危险源事故应急预案演练的。

第三十五条 危险化学品单位未按照本规定对重大危险源的安全生产状况进行定期检查，采取措施消除事故隐患的，责令立即消除或者限期消除；危险化学品单位拒不执行的，责令停产停业整顿，并处10万元以上20万元以下的罚款，对其直接负责的主管人员和其他直接责任人员处2万元以上5万元以下的罚款。

第三十六条 承担检测、检验、安全评价工作的机构，出具虚假证明的，没收违法所得；违法所得在10万元以上的，并处违法所得2倍以上5倍以下的罚款；没有违法所得或者违法所得不足10万元的，单处或者并处10万元以上20万元以下的罚款；对其直接负责的主管人员和其他直接责任人员处2万元以上5万元以下的罚款；给他人造成损害的，与危险化学品单位承担连带赔偿责任；构成犯罪的，依照刑法有关规定追究刑事责任。

对有前款违法行为的机构，依法吊销其相应资质。

第六章 附 则

第三十七条 本规定自2011年12月1日起施行。

附件：1. 危险化学品重大危险源分级方法（略）

2. 可容许风险标准（略）

危险化学品建设项目安全监督管理办法

（2012年1月30日国家安全生产监管总局令第45号公布 根据2015年5月27日《国家安全监管总局关于废止和修改危险化学品等领域七部规章的决定》修订）

第一章 总 则

第一条 为了加强危险化学品建设项目安全监督管理，规范危险化学品建设项目安全审查，根据《中华人民共和国安全生产法》和《危险化学品安全管理条例》等法律、行政法规，制定本办法。

第二条 中华人民共和国境内新建、改建、扩建危险化学品生产、储存的建设项目以及伴有危险化学品产生的化工建设项目(包括危险化学品长输管道建设项目,以下统称建设项目),其安全管理及其监督管理,适用本办法。

危险化学品的勘探、开采及其辅助的储存,原油和天然气勘探、开采及其辅助的储存、海上输送,城镇燃气的输送及储存等建设项目,不适用本办法。

第三条 本办法所称建设项目安全审查,是指建设项目安全条件审查、安全设施的设计审查。建设项目的安全审查由建设单位申请,安全生产监督管理部门根据本办法分级负责实施。

建设项目安全设施竣工验收由建设单位负责依法组织实施。

建设项目未经安全审查和安全设施竣工验收的,不得开工建设或者投入生产(使用)。

第四条 国家安全生产监督管理总局指导、监督全国建设项目安全审查和建设项目安全设施竣工验收的实施工作,并负责实施下列建设项目的安全审查:

(一)国务院审批(核准、备案)的;

(二)跨省、自治区、直辖市的。

省、自治区、直辖市人民政府安全生产监督管理部门(以下简称省级安全生产监督管理部门)指导、监督本行政区域内建设项目安全审查和建设项目安全设施竣工验收的监督管理工作,确定并公布本部门和本行政区域内由设区的市级人民政府安全生产监督管理部门(以下简称市级安全生产监督管理部门)实施的前款规定以外的建设项目范围,并报国家安全生产监督管理总局备案。

第五条 建设项目有下列情形之一的,应当由省级安全生产监督管理部门负责安全审查:

(一)国务院投资主管部门审批(核准、备案)的;

(二)生产剧毒化学品的;

(三)省级安全生产监督管理部门确定的本办法第四条第一款规定以外的其他建设项目。

第六条 负责实施建设项目安全审查的安全生产监督管理部门根据工作需要,可以将其负责实施的建设项目安全审查工作,委托下一级安全生产监督管理部门实施。委托实施安全审查的,审查结果由委托的安全生产监督管理部门负责。跨省、自治区、直辖市的建设项目和生产剧毒化学品的建设项目,不得委托实施安全审查。

建设项目有下列情形之一的,不得委托县级人民政府安全生产监督管理部门实施安全审查:

(一)涉及国家安全生产监督管理总局公布的重点监管危险化工工艺的;

(二)涉及国家安全生产监督管理总局公布的重点监管危险化学品中的有毒气体、液化气体、易燃液体、爆炸品,且构成重大危险源的。

接受委托的安全生产监督管理部门不得将其受托的建设项目安全审查工作再委托其他单位实施。

第七条 建设项目的设计、施工、监理单位和安全评价机构应当具备相应的资质,并对其工作成果负责。

涉及重点监管危险化工工艺、重点监管危险化学品或者危险化学品重大危险源的建设项目,应当由具有石油化工医药行业相应资质的设计单位设计。

第二章 建设项目安全条件审查

第八条 建设单位应当在建设项目的可行性研究阶段,委托具备相应资质的安全评价机构对建设项目进行安全评价。

安全评价机构应当根据有关安全生产法律、法规、规章和国家标准、行业标准,对建设项目进行安全评价,出具建设项目安全评价报告。安全评价报告应当符合《危险化学品建设项目安全评价细则》的要求。

第九条 建设项目有下列情形之一的,应当由甲级安全评价机构进行安全评价:

(一)国务院及其投资主管部门审批(核准、备案)的;

(二)生产剧毒化学品的;

(三)跨省、自治区、直辖市的;

(四)法律、法规、规章另有规定的。

第十条 建设单位应当在建设项目开始初步设计前,向与本办法第四条、第五条规定相应的安全生产监督管理部门申请建设项目安全条件审查,提交下列文件、资料,并对其真实性负责:

(一)建设项目安全条件审查申请书及文件;

(二)建设项目安全评价报告;

(三)建设项目批准、核准或者备案文件和规划相关文件(复制件);

(四)工商行政管理部门颁发的企业营业执照或者企业名称预先核准通知书(复制件)。

第十一条 建设单位申请安全条件审查的文件、资料齐全,符合法定形式的,安全生产监督管理部门应当当场予以受理,并书面告知建设单位。

建设单位申请安全条件审查的文件、资料不齐全或者不符合法定形式的,安全生产监督管理部门应当自收到申请文件、资料之日起五个工作日内一次性书面告知建设单位需要补正的全部内容;逾期不告知的,收到申请文件、资料之日起即为受理。

第十二条 对已经受理的建设项目安全条件审查申请,安全生产监督管理部门应当指派有关人员或者组织专家对申请文件、资料进行审查,并自受理申请之日起四十五日内向建设单位出具建设项目安全条件审查意见书。建设项目安全条件审查意见书的有效期为两年。

根据法定条件和程序，需要对申请文件、资料的实质内容进行核实的，安全生产监督管理部门应当指派两名以上工作人员对建设项目进行现场核查。

建设单位整改现场核查发现的有关问题和修改申请文件、资料所需时间不计算在本条规定的期限内。

第十三条 建设项目有下列情形之一的，安全条件审查不予通过：

（一）安全评价报告存在重大缺陷、漏项的，包括建设项目主要危险、有害因素辨识和评价不全或者不准确的；

（二）建设项目与周边场所、设施的距离或者拟建场址自然条件不符合有关安全生产法律、法规、规章和国家标准、行业标准的规定的；

（三）主要技术、工艺未确定，或者不符合有关安全生产法律、法规、规章和国家标准、行业标准的规定的；

（四）国内首次使用的化工工艺，未经省级人民政府有关部门组织的安全可靠性论证的；

（五）对安全设施设计提出的对策与建议不符合法律、法规、规章和国家标准、行业标准的规定的；

（六）未委托具备相应资质的安全评价机构进行安全评价的；

（七）隐瞒有关情况或者提供虚假文件、资料的。

建设项目未通过安全条件审查的，建设单位经过整改后可以重新申请建设项目安全条件审查。

第十四条 已经通过安全条件审查的建设项目有下列情形之一的，建设单位应当重新进行安全评价，并申请审查：

（一）建设项目周边条件发生重大变化的；

（二）变更建设地址的；

（三）主要技术、工艺路线、产品方案或者装置规模发生重大变化的；

（四）建设项目在安全条件审查意见书有效期内未开工建设，期限届满后需要开工建设的。

第三章 建设项目安全设施设计审查

第十五条 设计单位应当根据有关安全生产的法律、法规、规章和国家标准、行业标准以及建设项目安全条件审查意见书，按照《化工建设项目安全设计管理导则》（AQ/T3033），对建设项目安全设施进行设计，并编制建设项目安全设施设计专篇。建设项目安全设施设计专篇应当符合《危险化学品建设项目安全设施设计专篇编制导则》的要求。

第十六条 建设单位应当在建设项目初步设计完成后、详细设计开始前，向出具建设项目安全条件审查意见书的安全生产监督管理部门申请建设项目安全设施设计审查，提交下列文件、资料，并对其真实性负责：

（一）建设项目安全设施设计审查申请书及文件；

（二）设计单位的设计资质证明文件（复制件）；

（三）建设项目安全设施设计专篇。

第十七条 建设单位申请安全设施设计审查的文件、资料齐全，符合法定形式的，安全生产监督管理部门应当当场予以受理；未经安全条件审查或者审查未通过的，不予受理。受理或者不予受理的情况，安全生产监督管理部门应当书面告知建设单位。

安全设施设计审查申请文件、资料不齐全或者不符合要求的，安全生产监督管理部门应当自收到申请文件、资料之日起五个工作日内一次性书面告知建设单位需要补正的全部内容；逾期不告知的，收到申请文件、资料之日起即为受理。

第十八条 对已经受理的建设项目安全设施设计审查申请，安全生产监督管理部门应当指派有关人员或者组织专家对申请文件、资料进行审查，并在受理申请之日起二十个工作日内作出同意或者不同意建设项目安全设施设计专篇的决定，向建设单位出具建设项目安全设施设计的审查意见书；二十个工作日内不能出具审查意见的，经本部门负责人批准，可以延长十个工作日，并应当将延长的期限和理由告知建设单位。

根据法定条件和程序，需要对申请文件、资料的实质内容进行核实的，安全生产监督管理部门应当指派两名以上工作人员进行现场核查。

建设单位整改现场核查发现的有关问题和修改申请文件、资料所需时间不计算在本条规定的期限内。

第十九条 建设项目安全设施设计有下列情形之一的，审查不予通过：

（一）设计单位资质不符合相关规定的；

（二）未按照有关安全生产的法律、法规、规章和国家标准、行业标准的规定进行设计的；

（三）对未采纳的建设项目安全评价报告中的安全对策和建议，未作充分论证说明的；

（四）隐瞒有关情况或者提供虚假文件、资料的。

建设项目安全设施设计审查未通过的，建设单位经过整改后可以重新申请建设项目安全设施设计的审查。

第二十条 已经审查通过的建设项目安全设施设计有下列情形之一的，建设单位应当向原审查部门申请建设项目安全设施变更设计的审查：

（一）改变安全设施设计且可能降低安全性能的；

（二）在施工期间重新设计的。

第四章　建设项目试生产（使用）

第二十一条　建设项目安全设施施工完成后，建设单位应当按照有关安全生产法律、法规、规章和国家标准、行业标准的规定，对建设项目安全设施进行检验、检测，保证建设项目安全设施满足危险化学品生产、储存的安全要求，并处于正常适用状态。

第二十二条　建设单位应当组织建设项目的设计、施工、监理等有关单位和专家，研究提出建设项目试生产（使用）（以下简称试生产〈使用〉）可能出现的安全问题及对策，并按照有关安全生产法律、法规、规章和国家标准、行业标准的规定，制定周密的试生产（使用）方案。试生产（使用）方案应当包括下列有关安全生产的内容：

（一）建设项目设备及管道试压、吹扫、气密、单机试车、仪表调校、联动试车等生产准备的完成情况；

（二）投料试车方案；

（三）试生产（使用）过程中可能出现的安全问题、对策及应急预案；

（四）建设项目周边环境与建设项目安全试生产（使用）相互影响的确认情况；

（五）危险化学品重大危险源监控措施的落实情况；

（六）人力资源配置情况；

（七）试生产（使用）起止日期。

建设项目试生产期限应当不少于30日，不超过1年。

第二十三条　建设单位在采取有效安全生产措施后，方可将建设项目安全设施与生产、储存、使用的主体装置、设施同时进行试生产（使用）。

试生产（使用）前，建设单位应当组织专家对试生产（使用）方案进行审查。

试生产（使用）时，建设单位应当组织专家对试生产（使用）条件进行确认，对试生产（使用）过程进行技术指导。

第五章　建设项目安全设施竣工验收

第二十四条　建设项目安全设施施工完成后，施工单位应当编制建设项目安全设施施工情况报告。建设项目安全设施施工情况报告应当包括下列内容：

（一）施工单位的基本情况，包括施工单位以往所承担的建设项目施工情况；

（二）施工单位的资质情况（提供相关资质证明材料复印件）；

（三）施工依据和执行的有关法律、法规、规章和国家标准、行业标准；

（四）施工质量控制情况；

（五）施工变更情况，包括建设项目在施工和试生产期间有关安全生产的设施改动情况。

第二十五条　建设项目试生产期间，建设单位应当按照本办法的规定委托有相应资质的安全评价机构对建设项目及其安全设施试生产（使用）情况进行安全验收评价，且不得委托在可行性研究阶段进行安全评价的同一安全评价机构。

安全评价机构应当根据有关安全生产的法律、法规、规章和国家标准、行业标准进行评价。建设项目安全验收评价报告应当符合《危险化学品建设项目安全评价细则》的要求。

第二十六条　建设项目投入生产和使用前，建设单位应当组织人员进行安全设施竣工验收，作出建设项目安全设施竣工验收是否通过的结论。参加验收人员的专业能力应当涵盖建设项目涉及的所有专业内容。

建设单位应当向参加验收人员提供下列文件、资料，并组织进行现场检查：

（一）建设项目安全设施施工、监理情况报告；

（二）建设项目安全验收评价报告；

（三）试生产（使用）期间是否发生事故、采取的防范措施以及整改情况报告；

（四）建设项目施工、监理单位资质证书（复制件）；

（五）主要负责人、安全生产管理人员、注册安全工程师资格证书（复制件），以及特种作业人员名单；

（六）从业人员安全教育、培训合格的证明材料；

（七）劳动防护用品配备情况说明；

（八）安全生产责任制文件，安全生产规章制度清单、岗位操作安全规程清单；

（九）设置安全生产管理机构和配备专职安全生产管理人员的文件（复制件）；

（十）为从业人员缴纳工伤保险费的证明材料（复制件）。

第二十七条　建设项目安全设施有下列情形之一的，建设项目安全设施竣工验收不予通过：

（一）未委托具备相应资质的施工单位施工的；

（二）未按照已经通过审查的建设项目安全设施设计施工或者施工质量未达到建设项目安全设施设计文件要求的；

（三）建设项目安全设施的施工不符合国家标准、行业标准的规定的；

（四）建设项目安全设施竣工后未按照本办法的规定进行检验、检测，或者经检验、检测不合格的；

（五）未委托具备相应资质的安全评价机构进行

安全验收评价的；

（六）安全设施和安全生产条件不符合或者未达到有关安全生产法律、法规、规章和国家标准、行业标准的规定的；

（七）安全验收评价报告存在重大缺陷、漏项，包括建设项目主要危险、有害因素辨识和评价不正确的；

（八）隐瞒有关情况或者提供虚假文件、资料的；

（九）未按照本办法规定向参加验收人员提供文件、材料，并组织现场检查的。

建设项目安全设施竣工验收未通过的，建设单位经过整改后可以再次组织建设项目安全设施竣工验收。

第二十八条 建设单位组织安全设施竣工验收合格后，应将验收过程中涉及的文件、资料存档，并按照有关法律法规及其配套规章的规定申请有关危险化学品的其他安全许可。

第六章 监督管理

第二十九条 建设项目在通过安全条件审查之后、安全设施竣工验收之前，建设单位发生变更的，变更后的建设单位应当及时将证明材料和有关情况报送负责建设项目安全审查的安全生产监督管理部门。

第三十条 有下列情形之一的，负责审查的安全生产监督管理部门或者其上级安全生产监督管理部门可以撤销建设项目的安全审查：

（一）滥用职权、玩忽职守的；

（二）超越法定职权的；

（三）违反法定程序的；

（四）申请人不具备申请资格或者不符合法定条件的；

（五）依法可以撤销的其他情形。

建设单位以欺骗、贿赂等不正当手段通过安全审查的，应当予以撤销。

第三十一条 安全生产监督管理部门应当建立健全建设项目安全审查档案及其管理制度，并及时将建设项目的安全审查情况通报有关部门。

第三十二条 各级安全生产监督管理部门应当按照各自职责，依法对建设项目安全审查情况进行监督检查，对检查中发现的违反本办法的情况，应当依法作出处理，并通报实施安全审查的安全生产监督管理部门。

第三十三条 市级安全生产监督管理部门应当在每年1月31日前，将本行政区域内上一年度建设项目安全审查的实施情况报告省级安全生产监督管理部门。

省级安全生产监督管理部门应当在每年2月15日前，将本行政区域内上一年度建设项目安全审查的实施情况报告国家安全生产监督管理总局。

第七章 法律责任

第三十四条 安全生产监督管理部门工作人员徇私舞弊、滥用职权、玩忽职守，未依法履行危险化学品建设项目安全审查和监督管理职责的，依法给予处分。

第三十五条 未经安全条件审查或者安全条件审查未通过，新建、改建、扩建生产、储存危险化学品的建设项目的，责令停止建设，限期改正；逾期不改正的，处50万元以上100万元以下的罚款；构成犯罪的，依法追究刑事责任。

建设项目发生本办法第十五条规定的变化后，未重新申请安全条件审查，以及审查未通过擅自建设的，依照前款规定处罚。

第三十六条 建设单位有下列行为之一的，依照《中华人民共和国安全生产法》有关建设项目安全设施设计审查、竣工验收的法律责任条款给予处罚：

（一）建设项目安全设施设计未经审查或者审查未通过，擅自建设的；

（二）建设项目安全设施设计发生本办法第二十一条规定的情形之一，未经变更设计审查或者变更设计审查未通过，擅自建设的；

（三）建设项目的施工单位未根据批准的安全设施设计施工的；

（四）建设项目安全设施未经竣工验收或者验收不合格，擅自投入生产（使用）的。

第三十七条 建设单位有下列行为之一的，责令改正，可以处1万元以下的罚款；逾期未改正的，处1万元以上3万元以下的罚款：

（一）建设项目安全设施竣工后未进行检验、检测的；

（二）在申请建设项目安全审查时提供虚假文件、资料的；

（三）未组织有关单位和专家研究提出试生产（使用）可能出现的安全问题及对策，或者未制定周密的试生产（使用）方案，进行试生产（使用）的；

（四）未组织有关专家对试生产（使用）方案进行审查、对试生产（使用）条件进行检查确认的。

第三十八条 建设单位隐瞒有关情况或者提供虚假材料申请建设项目安全审查的，不予受理或者审查不予通过，给予警告，并自安全生产监督管理部门发现之日起一年内不得再次申请该审查。

建设单位采用欺骗、贿赂等不正当手段取得建设项目安全审查的，自安全生产监督管理部门撤销建设项目安全审查之日起三年内不得再次申请该审查。

第三十九条 承担安全评价、检验、检测工作的机构出具虚假报告、证明的，依照《中华人民共和国安全生产法》的有关规定给予处罚。

第八章 附 则

第四十条 对于规模较小、危险程度较低和工艺路线简单的建设项目，安全生产监督管理部门可以适当简化建设项目安全审查的程序和内容。

第四十一条 建设项目分期建设的，可以分期进行安全条件审查、安全设施设计审查、试生产及安全设施竣工验收。

第四十二条 本办法所称新建项目，是指有下列情形之一的项目：

（一）新设立的企业建设危险化学品生产、储存装置（设施），或者现有企业建设与现有生产、储存活动不同的危险化学品生产、储存装置（设施）的；

（二）新设立的企业建设伴有危险化学品产生的化学品生产装置（设施），或者现有企业建设与现有生产活动不同的伴有危险化学品产生的化学品生产装置（设施）的。

第四十三条 本办法所称改建项目，是指有下列情形之一的项目：

（一）企业对在役危险化学品生产、储存装置（设施），在原址更新技术、工艺、主要装置（设施）、危险化学品种类的；

（二）企业对在役伴有危险化学品产生的化学品生产装置（设施），在原址更新技术、工艺、主要装置（设施）的。

第四十四条 本办法所称扩建项目，是指有下列情形之一的项目：

（一）企业建设与现有技术、工艺、主要装置（设施）、危险化学品品种相同，但生产、储存装置（设施）相对独立的；

（二）企业建设与现有技术、工艺、主要装置（设施）相同，但生产装置（设施）相对独立的伴有危险化学品产生的。

第四十五条 实施建设项目安全审查所需的有关文书的内容和格式，由国家安全生产监督管理总局另行规定。

第四十六条 省级安全生产监督管理部门可以根据本办法的规定，制定和公布本行政区域内需要简化安全条件审查和分期安全条件审查的建设项目范围及其审查内容，并报国家安全生产监督管理总局备案。

第四十七条 本办法施行后，负责实施建设项目安全审查的安全生产监督管理部门发生变化的（已通过安全设施竣工验收的建设项目除外），原安全生产监督管理部门应当将建设项目安全审查实施情况及档案移交根据本办法负责实施建设项目安全审查的安全生产监督管理部门。

第四十八条 本办法自2012年4月1日起施行。国家安全生产监督管理总局2006年9月2日公布的《危险化学品建设项目安全许可实施办法》同时废止。

危险化学品生产企业安全生产许可证实施办法

（2011年8月5日国家安全生产监管总局令第41号公布　根据2015年5月27日《国家安全监管总局关于废止和修改危险化学品等领域七部规章的决定》第一次修订　根据2017年3月6日《国家安全监管总局关于修改和废止部分规章及规范性文件的决定》第二次修订）

第一章 总 则

第一条 为了严格规范危险化学品生产企业安全生产条件，做好危险化学品生产企业安全生产许可证的颁发和管理工作，根据《安全生产许可证条例》、《危险化学品安全管理条例》等法律、行政法规，制定本实施办法。

第二条 本办法所称危险化学品生产企业（以下简称企业），是指依法设立且取得工商营业执照或者工商核准文件从事生产最终产品或者中间产品列入《危险化学品目录》的企业。

第三条 企业应当依照本办法的规定取得危险化学品安全生产许可证（以下简称安全生产许可证）。未取得安全生产许可证的企业，不得从事危险化学品的生产活动。

第四条 安全生产许可证的颁发管理工作实行企业申请、两级发证、属地监管的原则。

第五条 国家安全生产监督管理总局指导、监督全国安全生产许可证的颁发管理工作。

省、自治区、直辖市安全生产监督管理部门（以下简称省级安全生产监督管理部门）负责本行政区域内中央企业及其直接控股涉及危险化学品生产的企业（总部）以外的企业安全生产许可证的颁发管理。

第六条 省级安全生产监督管理部门可以将其负责的安全生产许可证颁发工作，委托企业所在地设区的市级或者县级安全生产监督管理部门实施。涉及剧毒化学品生产的企业安全生产许可证颁发工作，不得委托实施。国家安全生产监督管理总局公布的涉及危险化工工艺和重点监管危险化学品的企业安全生产许可证颁发工作，不得委托县级安全生产监督管理部门实施。

受委托的设区的市级或者县级安全生产监督管理部门在受委托的范围内，以省级安全生产监督管理部门的名义实施许可，但不得再委托其他组织和个人实施。

国家安全生产监督管理总局、省级安全生产监督管理部门和受委托的设区的市级或者县级安全生产监督管理部门统称实施机关。

第七条 省级安全生产监督管理部门应当将受委托的设区的市级或者县级安全生产监督管理部门以及委托事项予以公告。

省级安全生产监督管理部门应当指导、监督受委托的设区的市级或者县级安全生产监督管理部门颁发安全生产许可证，并对其法律后果负责。

第二章 申请安全生产许可证的条件

第八条 企业选址布局、规划设计以及与重要场所、设施、区域的距离应当符合下列要求：

（一）国家产业政策；当地县级以上（含县级）人民政府的规划和布局；新设立企业建在地方人民政府规划的专门用于危险化学品生产、储存的区域内；

（二）危险化学品生产装置或者储存危险化学品数量构成重大危险源的储存设施，与《危险化学品安全管理条例》第十九条第一款规定的八类场所、设施、区域的距离符合有关法律、法规、规章和国家标准或者行业标准的规定；

（三）总体布局符合《化工企业总图运输设计规范》（GB50489）、《工业企业总平面设计规范》（GB50187）、《建筑设计防火规范》（GB50016）等标准的要求。

石油化工企业除符合本条第一款规定条件外，还应当符合《石油化工企业设计防火规范》（GB50160）的要求。

第九条 企业的厂房、作业场所、储存设施和安全设施、设备、工艺应当符合下列要求：

（一）新建、改建、扩建建设项目经具备国家规定资质的单位设计、制造和施工建设；涉及危险化工工艺、重点监管危险化学品的装置，由具有综合甲级资质或者化工石化专业甲级设计资质的化工石化设计单位设计；

（二）不得采用国家明令淘汰、禁止使用和危及安全生产的工艺、设备；新开发的危险化学品生产工艺必须在小试、中试、工业化试验的基础上逐步放大到工业化生产；国内首次使用的化工工艺，必须经过省级人民政府有关部门组织的安全可靠性论证；

（三）涉及危险化工工艺、重点监管危险化学品的装置装设自动化控制系统；涉及危险化工工艺的大型化工装置装设紧急停车系统；涉及易燃易爆、有毒有害气体化学品的场所装设易燃易爆、有毒有害介质泄漏报警等安全设施；

（四）生产区与非生产区分开设置，并符合国家标准或者行业标准规定的距离；

（五）危险化学品生产装置和储存设施之间及其与建（构）筑物之间的距离符合有关标准规范的规定。

同一厂区内的设备、设施及建（构）筑物的布置必须适用同一标准的规定。

第十条 企业应当有相应的职业危害防护设施，并为从业人员配备符合国家标准或者行业标准的劳动防护用品。

第十一条 企业应当依据《危险化学品重大危险源辨识》（GB18218），对本企业的生产、储存和使用装置、设施或者场所进行重大危险源辨识。

对已确定为重大危险源的生产和储存设施，应当执行《危险化学品重大危险源监督管理暂行规定》。

第十二条 企业应当依法设置安全生产管理机构，配备专职安全生产管理人员。配备的专职安全生产管理人员必须能够满足安全生产的需要。

第十三条 企业应当建立全员安全生产责任制，保证每位从业人员的安全生产责任与职务、岗位相匹配。

第十四条 企业应当根据化工工艺、装置、设施等实际情况，制定完善下列主要安全生产规章制度：

（一）安全生产例会等安全生产会议制度；

（二）安全投入保障制度；

（三）安全生产奖惩制度；

（四）安全培训教育制度；

（五）领导干部轮流现场带班制度；

（六）特种作业人员管理制度；

（七）安全检查和隐患排查治理制度；

（八）重大危险源评估和安全管理制度；

（九）变更管理制度；

（十）应急管理制度；

（十一）生产安全事故或者重大事件管理制度；

（十二）防火、防爆、防中毒、防泄漏管理制度；

（十三）工艺、设备、电气仪表、公用工程安全管理制度；

（十四）动火、进入受限空间、吊装、高处、盲板抽堵、动土、断路、设备检维修等作业安全管理制度；

（十五）危险化学品安全管理制度；

（十六）职业健康相关管理制度；

（十七）劳动防护用品使用维护管理制度；

（十八）承包商管理制度；

（十九）安全管理制度及操作规程定期修订制度。

第十五条 企业应当根据危险化学品的生产工

艺、技术、设备特点和原辅料、产品的危险性编制岗位操作安全规程。

第十六条 企业主要负责人、分管安全负责人和安全生产管理人员必须具备与其从事的生产经营活动相适应的安全生产知识和管理能力，依法参加安全生产培训，并经考核合格，取得安全合格证书。

企业分管安全负责人、分管生产负责人、分管技术负责人应当具有一定的化工专业知识或者相应的专业学历，专职安全生产管理人员应当具备国民教育化工化学类（或安全工程）中等职业教育以上学历或者化工化学类中级以上专业技术职称。

企业应当有危险物品安全类注册安全工程师从事安全生产管理工作。

特种作业人员应当依照《特种作业人员安全技术培训考核管理规定》，经专门的安全技术培训并考核合格，取得特种作业操作证书。

本条第一、二、四款规定以外的其他从业人员应当按照国家有关规定，经安全教育培训合格。

第十七条 企业应当按照国家规定提取与安全生产有关的费用，并保证安全生产所必须的资金投入。

第十八条 企业应当依法参加工伤保险，为从业人员缴纳保险费。

第十九条 企业应当依法委托具备国家规定资质的安全评价机构进行安全评价，并按照安全评价报告的意见对存在的安全生产问题进行整改。

第二十条 企业应当依法进行危险化学品登记，为用户提供化学品安全技术说明书，并在危险化学品包装（包括外包装件）上粘贴或者拴挂与包装内危险化学品相符的化学品安全标签。

第二十一条 企业应当符合下列应急管理要求：

（一）按照国家有关规定编制危险化学品事故应急预案并报有关部门备案；

（二）建立应急救援组织，规模较小的企业可以不建立应急救援组织，但应指定兼职的应急救援人员；

（三）配备必要的应急救援器材、设备和物资，并进行经常性维护、保养，保证正常运转。

生产、储存和使用氯气、氨气、光气、硫化氢等吸入性有毒有害气体的企业，除符合本条第一款的规定外，还应当配备至少两套以上全封闭防化服；构成重大危险源的，还应当设立气体防护站（组）。

第二十二条 企业除符合本章规定的安全生产条件，还应当符合有关法律、行政法规和国家标准或者行业标准规定的其他安全生产条件。

第三章 安全生产许可证的申请

第二十三条 中央企业及其直接控股涉及危险化学品生产的企业（总部）以外的企业向所在地省级安全生产监督管理部门或其委托的安全生产监督管理部门申请安全生产许可证。

第二十四条 新建企业安全生产许可证的申请，应当在危险化学品生产建设项目安全设施竣工验收通过后10个工作日内提出。

第二十五条 企业申请安全生产许可证时，应当提交下列文件、资料，并对其内容的真实性负责：

（一）申请安全生产许可证的文件及申请书；

（二）安全生产责任制文件，安全生产规章制度、岗位操作安全规程清单；

（三）设置安全生产管理机构，配备专职安全生产管理人员的文件复制件；

（四）主要负责人、分管安全负责人、安全生产管理人员和特种作业人员的安全合格证或者特种作业操作证复制件；

（五）与安全生产有关的费用提取和使用情况报告，新建企业提交有关安全生产费用提取和使用规定的文件；

（六）为从业人员缴纳工伤保险费的证明材料；

（七）危险化学品事故应急救援预案的备案证明文件；

（八）危险化学品登记证复制件；

（九）工商营业执照副本或者工商核准文件复制件；

（十）具备资质的中介机构出具的安全评价报告；

（十一）新建企业的竣工验收报告；

（十二）应急救援组织或者应急救援人员，以及应急救援器材、设备设施清单。

有危险化学品重大危险源的企业，除提交本条第一款规定的文件、资料外，还应当提供重大危险源及其应急预案的备案证明文件、资料。

第四章 安全生产许可证的颁发

第二十六条 实施机关收到企业申请文件、资料后，应当按照下列情况分别作出处理：

（一）申请事项依法不需要取得安全生产许可证的，即时告知企业不予受理；

（二）申请事项依法不属于本实施机关职责范围的，即时作出不予受理的决定，并告知企业向相应的实施机关申请；

（三）申请材料存在可以当场更正的错误的，允许企业当场更正，并受理其申请；

（四）申请材料不齐全或者不符合法定形式的，当场告知或者在5个工作日内出具补正告知书，一次告知企业需要补正的全部内容；逾期不告知的，自收到申请材料之日起即为受理；

（五）企业申请材料齐全、符合法定形式，或者按照实施机关要求提交全部补正材料的，立即受理其申请。

实施机关受理或者不予受理行政许可申请，应当出具加盖本机关专用印章和注明日期的书面凭证。

第二十七条 安全生产许可证申请受理后，实施机关应当组织对企业提交的申请文件、资料进行审查。对企业提交的文件、资料实质内容存在疑问，需要到现场核查的，应当指派工作人员就有关内容进行现场核查。工作人员应当如实提出现场核查意见。

第二十八条 实施机关应当在受理之日起45个工作日内作出是否准予许可的决定。审查过程中的现场核查所需时间不计算在本条规定的期限内。

第二十九条 实施机关作出准予许可决定的，应当自决定之日起10个工作日内颁发安全生产许可证。

实施机关作出不予许可的决定的，应当在10个工作日内书面告知企业并说明理由。

第三十条 企业在安全生产许可证有效期内变更主要负责人、企业名称或者注册地址的，应当自工商营业执照或者隶属关系变更之日起10个工作日内向实施机关提出变更申请，并提交下列文件、资料：

（一）变更后的工商营业执照副本复制件；

（二）变更主要负责人的，还应当提供主要负责人经安全生产监督管理部门考核合格后颁发的安全合格证复制件；

（三）变更注册地址的，还应当提供相关证明材料。

对已经受理的变更申请，实施机关应当在对企业提交的文件、资料审查无误后，方可办理安全生产许可证变更手续。

企业在安全生产许可证有效期内变更隶属关系的，仅需提交隶属关系变更证明材料报实施机关备案。

第三十一条 企业在安全生产许可证有效期内，当原生产装置新增产品或者改变工艺技术对企业的安全生产产生重大影响时，应当对该生产装置或者工艺技术进行专项安全评价，并对安全评价报告中提出的问题进行整改；在整改完成后，向原实施机关提出变更申请，提交安全评价报告。实施机关按照本办法第三十条的规定办理变更手续。

第三十二条 企业在安全生产许可证有效期内，有危险化学品新建、改建、扩建建设项目（以下简称建设项目）的，应当在建设项目安全设施竣工验收合格之日起10个工作日内向原实施机关提出变更申请，并提交建设项目安全设施竣工验收报告等相关文件、资料。实施机关按照本办法第二十七条、第二十八条和第二十九条的规定办理变更手续。

第三十三条 安全生产许可证有效期为3年。企业安全生产许可证有效期届满后继续生产危险化学品的，应当在安全生产许可证有效期届满前3个月提出延期申请，并提交延期申请书和本办法第二十五条规定的申请文件、资料。

实施机关按照本办法第二十六条、第二十七条、第二十八条、第二十九条的规定进行审查，并作出是否准予延期的决定。

第三十四条 企业在安全生产许可证有效期内，符合下列条件的，其安全生产许可证届满时，经原实施机关同意，可不提交第二十五条第一款第二、七、八、十、十一项规定的文件、资料，直接办理延期手续：

（一）严格遵守有关安全生产的法律、法规和本办法的；

（二）取得安全生产许可证后，加强日常安全生产管理，未降低安全生产条件，并达到安全生产标准化等级二级以上的；

（三）未发生死亡事故的。

第三十五条 安全生产许可证分为正、副本，正本为悬挂式，副本为折页式，正、副本具有同等法律效力。

实施机关应当分别在安全生产许可证正、副本上载明编号、企业名称、主要负责人、注册地址、经济类型、许可范围、有效期、发证机关、发证日期等内容。其中，正本上的"许可范围"应当注明"危险化学品生产"，副本上的"许可范围"应当载明生产场所地址和对应的具体品种、生产能力。

安全生产许可证有效期的起始日为实施机关作出许可决定之日，截止日为起始日至三年后同一日期的前一日。有效期内有变更事项的，起始日和截止日不变，载明变更日期。

第三十六条 企业不得出租、出借、买卖或者以其他形式转让其取得的安全生产许可证，或者冒用他人取得的安全生产许可证、使用伪造的安全生产许可证。

第五章 监督管理

第三十七条 实施机关应当坚持公开、公平、公正的原则，依照本办法和有关安全生产行政许可的法律、法规规定，颁发安全生产许可证。

实施机关工作人员在安全生产许可证颁发及其监督管理工作中，不得索取或者接受企业的财物，不得谋取其他非法利益。

第三十八条 实施机关应当加强对安全生产许可证的监督管理，建立、健全安全生产许可证档案管理制度。

第三十九条 有下列情形之一的，实施机关应当撤销已经颁发的安全生产许可证：

（一）超越职权颁发安全生产许可证的；

（二）违反本办法规定的程序颁发安全生产许可证的；

（三）以欺骗、贿赂等不正当手段取得安全生产许可证的。

第四十条 企业取得安全生产许可证后有下列情形之一的，实施机关应当注销其安全生产许可证：

（一）安全生产许可证有效期届满未被批准延续的；

（二）终止危险化学品生产活动的；

（三）安全生产许可证被依法撤销的；

（四）安全生产许可证被依法吊销的。

安全生产许可证注销后，实施机关应当在当地主要新闻媒体或者本机关网站上发布公告，并通报企业所在地人民政府和县级以上安全生产监督管理部门。

第四十一条 省级安全生产监督管理部门应当在每年1月15日前，将本行政区域内上年度安全生产许可证的颁发和管理情况报国家安全生产监督管理总局。

国家安全生产监督管理总局、省级安全生产监督管理部门应当定期向社会公布企业取得安全生产许可的情况，接受社会监督。

第六章 法律责任

第四十二条 实施机关工作人员有下列行为之一的，给予降级或者撤职的处分；构成犯罪的，依法追究刑事责任：

（一）向不符合本办法第二章规定的安全生产条件的企业颁发安全生产许可证的；

（二）发现企业未依法取得安全生产许可证擅自从事危险化学品生产活动，不依法处理的；

（三）发现取得安全生产许可证的企业不再具备本办法第二章规定的安全生产条件，不依法处理的；

（四）接到对违反本办法规定行为的举报后，不及时依法处理的；

（五）在安全生产许可证颁发和监督管理工作中，索取或者接受企业的财物，或者谋取其他非法利益的。

第四十三条 企业取得安全生产许可证后发现其不具备本办法规定的安全生产条件的，依法暂扣其安全生产许可证1个月以上6个月以下；暂扣期满仍不具备本办法规定的安全生产条件的，依法吊销其安全生产许可证。

第四十四条 企业出租、出借或者以其他形式转让安全生产许可证的，没收违法所得，处10万元以上50万元以下的罚款，并吊销安全生产许可证；构成犯罪的，依法追究刑事责任。

第四十五条 企业有下列情形之一的，责令停止生产危险化学品，没收违法所得，并处10万元以上50万元以下的罚款；构成犯罪的，依法追究刑事责任：

（一）未取得安全生产许可证，擅自进行危险化学品生产的；

（二）接受转让的安全生产许可证的；

（三）冒用或者使用伪造的安全生产许可证的。

第四十六条 企业在安全生产许可证有效期届满未办理延期手续，继续进行生产的，责令停止生产，限期补办延期手续，没收违法所得，并处5万元以上10万元以下的罚款；逾期仍不办理延期手续，继续进行生产的，依照本办法第四十五条的规定进行处罚。

第四十七条 企业在安全生产许可证有效期内主要负责人、企业名称、注册地址、隶属关系发生变更或者新增产品、改变工艺技术对企业安全生产产生重大影响，未按照本办法第三十条规定的时限提出安全生产许可证变更申请的，责令限期申请，处1万元以上3万元以下的罚款。

第四十八条 企业在安全生产许可证有效期内，其危险化学品建设项目安全设施竣工验收合格后，未按照本办法第三十二条规定的时限提出安全生产许可证变更申请并且擅自投入运行的，责令停止生产，限期申请，没收违法所得，并处1万元以上3万元以下的罚款。

第四十九条 发现企业隐瞒有关情况或者提供虚假材料申请安全生产许可证的，实施机关不予受理或者不予颁发安全生产许可证，并给予警告，该企业在1年内不得再次申请安全生产许可证。

企业以欺骗、贿赂等不正当手段取得安全生产许可证的，自实施机关撤销其安全生产许可证之日起3年内，该企业不得再次申请安全生产许可证。

第五十条 安全评价机构有下列情形之一的，给予警告，并处1万元以下的罚款；情节严重的，暂停资质半年，并处1万元以上3万元以下的罚款；对相关责任人依法给予处理：

（一）从业人员不到现场开展安全评价活动的；

（二）安全评价报告与实际情况不符，或者安全评价报告存在重大疏漏，但尚未造成重大损失的；

（三）未按照有关法律、法规、规章和国家标准或者行业标准的规定从事安全评价活动的。

第五十一条 承担安全评价、检测、检验的机构出具虚假证明的，没收违法所得；违法所得在10万元以上的，并处违法所得2倍以上5倍以下的罚款；没有违法所得或者违法所得不足10万元的，单处或者并处10万元以上20万元以下的罚款；对其直接负责的主管人员和其他直接责任人员处2万元以上5万元以下的罚款；给他人造成损害的，与企业承担连带赔偿责任；构成犯罪的，依照刑法有关规定追究刑事责任。

对有前款违法行为的机构，依法吊销其相应资质。

第五十二条 本办法规定的行政处罚，由国家安全生产监督管理总局、省级安全生产监督管理部门决定。省级安全生产监督管理部门可以委托设区的市级或者县级安全生产监督管理部门实施。

第七章 附 则

第五十三条 将纯度较低的化学品提纯至纯度较高的危险化学品的，适用本办法。购买某种危险化学品进行分装（包括充装）或者加入非危险化学品的溶剂进行稀释，然后销售或者使用的，不适用本办法。

第五十四条 本办法下列用语的含义：

（一）危险化学品目录，是指国家安全生产监督管理总局会同国务院工业和信息化、公安、环境保护、卫生、质量监督检验检疫、交通运输、铁路、民用航空、农业主管部门，依据《危险化学品安全管理条例》公布的危险化学品目录。

（二）中间产品，是指为满足生产的需要，生产一种或者多种产品为下一个生产过程参与化学反应的原料。

（三）作业场所，是指可能使从业人员接触危险化学品的任何作业活动场所，包括从事危险化学品的生产、操作、处置、储存、装卸等场所。

第五十五条 安全生产许可证由国家安全生产监督管理总局统一印制。

危险化学品安全生产许可的文书、安全生产许可证的格式、内容和编号办法，由国家安全生产监督管理总局另行规定。

第五十六条 省级安全生产监督管理部门可以根据当地实际情况制定安全生产许可证颁发管理的细则，并报国家安全生产监督管理总局备案。

第五十七条 本办法自2011年12月1日起施行。原国家安全生产监督管理局（国家煤矿安全监察局）2004年5月17日公布的《危险化学品生产企业安全生产许可证实施办法》同时废止。

危险化学品安全使用许可证实施办法

（2012年11月16日国家安全监管总局令第57号公布　根据2015年5月27日《国家安全监管总局关于废止和修改危险化学品等领域七部规章的决定》第一次修订　根据2017年3月6日《国家安全监管总局关于修改和废止部分规章及规范性文件的决定》第二次修订）

第一章 总 则

第一条 为了严格使用危险化学品从事生产的化工企业安全生产条件，规范危险化学品安全使用许可证的颁发和管理工作，根据《危险化学品安全管理条例》和有关法律、行政法规，制定本办法。

第二条 本办法适用于列入危险化学品安全使用许可适用行业目录、使用危险化学品从事生产并且达到危险化学品使用量的数量标准的化工企业（危险化学品生产企业除外，以下简称企业）。

使用危险化学品作为燃料的企业不适用本办法。

第三条 企业应当依照本办法的规定取得危险化学品安全使用许可证（以下简称安全使用许可证）。

第四条 安全使用许可证的颁发管理工作实行企业申请、市级发证、属地监管的原则。

第五条 国家安全生产监督管理总局负责指导、监督全国安全使用许可证的颁发管理工作。

省、自治区、直辖市人民政府安全生产监督管理部门（以下简称省级安全生产监督管理部门）负责指导、监督本行政区域内安全使用许可证的颁发管理工作。

设区的市级人民政府安全生产监督管理部门（以下简称发证机关）负责本行政区域内安全使用许可证的审批、颁发和管理，不得再委托其他单位、组织或者个人实施。

第二章 申请安全使用许可证的条件

第六条 企业与重要场所、设施、区域的距离和总体布局应当符合下列要求，并确保安全：

（一）储存危险化学品数量构成重大危险源的储存设施，与《危险化学品安全管理条例》第十九条第一款规定的八类场所、设施、区域的距离符合国家有关法律、法规、规章和国家标准或者行业标准的规定；

（二）总体布局符合《工业企业总平面设计规范》（GB50187）、《化工企业总图运输设计规范》（GB50489）、

《建筑设计防火规范》(GB50016)等相关标准的要求;石油化工企业还应当符合《石油化工企业设计防火规范》(GB50160)的要求;

(三)新建企业符合国家产业政策、当地县级以上(含县级)人民政府的规划和布局。

第七条 企业的厂房、作业场所、储存设施和安全设施、设备、工艺应当符合下列要求:

(一)新建、改建、扩建使用危险化学品的化工建设项目(以下统称建设项目)由具备国家规定资质的设计单位设计和施工单位建设;其中,涉及国家安全生产监督管理总局公布的重点监管危险化工工艺、重点监管危险化学品的装置,由具备石油化工医药行业相应资质的设计单位设计;

(二)不得采用国家明令淘汰、禁止使用和危及安全生产的工艺、设备;新开发的使用危险化学品从事化工生产的工艺(以下简称化工工艺),在小试、中试、工业化试验的基础上逐步放大到工业化生产;国内首次使用的化工工艺,经过省级人民政府有关部门组织的安全可靠性论证;

(三)涉及国家安全生产监督管理总局公布的重点监管危险化工工艺、重点监管危险化学品的装置装设自动化控制系统;涉及国家安全生产监督管理总局公布的重点监管危险化工工艺的大型化工装置装设紧急停车系统;涉及易燃易爆、有毒有害气体化学品的作业场所装设易燃易爆、有毒有害介质泄漏报警等安全设施;

(四)新建企业的生产区与非生产区分开设置,并符合国家标准或者行业标准规定的距离;

(五)新建企业的生产装置和储存设施之间及其建(构)筑物之间的距离符合国家标准或者行业标准的规定。

同一厂区内(生产或者储存区域)的设备、设施及建(构)筑物的布置应当适用同一标准的规定。

第八条 企业应当依法设置安全生产管理机构,按照国家规定配备专职安全生产管理人员。配备的专职安全生产管理人员必须能够满足安全生产的需要。

第九条 企业主要负责人、分管安全负责人和安全生产管理人员必须具备与其从事生产经营活动相适应的安全知识和管理能力,参加安全资格培训,并经考核合格,取得安全合格证书。

特种作业人员应当依照《特种作业人员安全技术培训考核管理规定》,经专门的安全技术培训并考核合格,取得特种作业操作证书。

本条第一款、第二款规定以外的其他从业人员应当按照国家有关规定,经安全教育培训合格。

第十条 企业应当建立全员安全生产责任制,保证每位从业人员的安全生产责任与职务、岗位相匹配。

第十一条 企业根据化工工艺、装置、设施等实际情况,至少应当制定、完善下列主要安全生产规章制度:

(一)安全生产例会等安全生产会议制度;

(二)安全投入保障制度;

(三)安全生产奖惩制度;

(四)安全培训教育制度;

(五)领导干部轮流现场带班制度;

(六)特种作业人员管理制度;

(七)安全检查和隐患排查治理制度;

(八)重大危险源的评估和安全管理制度;

(九)变更管理制度;

(十)应急管理制度;

(十一)生产安全事故或者重大事件管理制度;

(十二)防火、防爆、防中毒、防泄漏管理制度;

(十三)工艺、设备、电气仪表、公用工程安全管理制度;

(十四)动火、进入受限空间、吊装、高处、盲板抽堵、临时用电、动土、断路、设备检维修等作业安全管理制度;

(十五)危险化学品安全管理制度;

(十六)职业健康相关管理制度;

(十七)劳动防护用品使用维护管理制度;

(十八)承包商管理制度;

(十九)安全管理制度及操作规程定期修订制度。

第十二条 企业应当根据工艺、技术、设备特点和原辅料的危险性等情况编制岗位安全操作规程。

第十三条 企业应当依法委托具备国家规定资质条件的安全评价机构进行安全评价,并按照安全评价报告的意见对存在的安全生产问题进行整改。

第十四条 企业应当有相应的职业病危害防护设施,并为从业人员配备符合国家标准或者行业标准的劳动防护用品。

第十五条 企业应当依据《危险化学品重大危险源辨识》(GB18218),对本企业的生产、储存和使用装置、设施或者场所进行重大危险源辨识。

对于已经确定为重大危险源的,应当按照《危险化学品重大危险源监督管理暂行规定》进行安全管理。

第十六条 企业应当符合下列应急管理要求:

(一)按照国家有关规定编制危险化学品事故应急预案,并报送有关部门备案;

(二)建立应急救援组织,明确应急救援人员,配备必要的应急救援器材、设备设施,并按照规定定期进行应急预案演练。

储存和使用氯气、氨气等对皮肤有强烈刺激的吸入性有毒有害气体的企业,除符合本条第一款的规定外,还应当配备至少两套以上全封闭防化服;构成重大危险源的,还应当设立气体防护站(组)。

第十七条 企业除符合本章规定的安全使用条件外,还应当符合有关法律、行政法规和国家标准或者行业标准规定的其他安全使用条件。

第三章 安全使用许可证的申请

第十八条 企业向发证机关申请安全使用许可证时,应当提交下列文件、资料,并对其内容的真实性负责:

(一)申请安全使用许可证的文件及申请书;

(二)新建企业的选址布局符合国家产业政策、当地县级以上人民政府的规划和布局的证明材料复制件;

(三)安全生产责任制文件,安全生产规章制度、岗位安全操作规程清单;

(四)设置安全生产管理机构,配备专职安全生产管理人员的文件复制件;

(五)主要负责人、分管安全负责人、安全生产管理人员安全合格证和特种作业人员操作证复制件;

(六)危险化学品事故应急救援预案的备案证明文件;

(七)由供货单位提供的所使用危险化学品的安全技术说明书和安全标签;

(八)工商营业执照副本或者工商核准文件复制件;

(九)安全评价报告及其整改结果的报告;

(十)新建企业的建设项目安全设施竣工验收报告;

(十一)应急救援组织、应急救援人员,以及应急救援器材、设备设施清单。

有危险化学品重大危险源的企业,除应当提交本条第一款规定的文件、资料外,还应当提交重大危险源的备案证明文件。

第十九条 新建企业安全使用许可证的申请,应当在建设项目安全设施竣工验收通过之日起10个工作日内提出。

第四章 安全使用许可证的颁发

第二十条 发证机关收到企业申请文件、资料后,应当按照下列情况分别作出处理:

(一)申请事项依法不需要取得安全使用许可证的,当场告知企业不予受理;

(二)申请材料存在可以当场更正的错误的,允许企业当场更正;

(三)申请材料不齐全或者不符合法定形式的,当场或者在5个工作日内一次告知企业需要补正的全部内容,并出具补正告知书;逾期不告知的,自收到申请材料之日起即为受理;

(四)企业申请材料齐全、符合法定形式,或者按照发证机关要求提交全部补正申请材料的,立即受理其申请。

发证机关受理或者不予受理行政许可申请,应当出具加盖本机关专用印章和注明日期的书面凭证。

第二十一条 安全使用许可证申请受理后,发证机关应当组织人员对企业提交的申请文件、资料进行审查。对企业提交的文件、资料内容存在疑问,需要到现场核查的,应当指派工作人员对有关内容进行现场核查。工作人员应当如实提出书面核查意见。

第二十二条 发证机关应当在受理之日起45日内作出是否准予许可的决定。发证机关现场核查和企业整改有关问题所需时间不计算在本条规定的期限内。

第二十三条 发证机关作出准予许可的决定的,应当自决定之日起10个工作日内颁发安全使用许可证。

发证机关作出不予许可的决定的,应当在10个工作日内书面告知企业并说明理由。

第二十四条 企业在安全使用许可证有效期内变更主要负责人、企业名称或者注册地址的,应当自工商营业执照变更之日起10个工作日内提出变更申请,并提交下列文件、资料:

(一)变更申请书;

(二)变更后的工商营业执照副本复制件;

(三)变更主要负责人的,还应当提供主要负责人经安全生产监督管理部门考核合格后颁发的安全合格证复制件;

(四)变更注册地址的,还应当提供相关证明材料。

对已经受理的变更申请,发证机关对企业提交的文件、资料审查无误后,方可办理安全使用许可证变更手续。

企业在安全使用许可证有效期内变更隶属关系的,应当在隶属关系变更之日起10日内向发证机关提交证明材料。

第二十五条 企业在安全使用许可证有效期内,有下列情形之一的,发证机关按照本办法第二十条、第二十一条、第二十二条、第二十三条的规定办理变更手续:

(一)增加使用的危险化学品品种,且达到危险化学品使用量的数量标准规定的;

(二)涉及危险化学品安全使用许可范围的新建、改建、扩建建设项目的;

(三)改变工艺技术对企业的安全生产条件产生重大影响的。

有本条第一款第一项规定情形的企业,应当在增加前提出变更申请。

有本条第一款第二项规定情形的企业,应当在建设项目安全设施竣工验收合格之日起10个工作日内向原发证机关提出变更申请,并提交建设项目安全设施竣工验收报告等相关文件、资料。

有本条第一款第一项、第三项规定情形的企业,应当进行专项安全验收评价,并对安全评价报告中提出的问题进行整改;在整改完成后,向原发证机关提出变更申请并提交安全验收评价报告。

第二十六条 安全使用许可证有效期为3年。企业安全使用许可证有效期届满后需要继续使用危险化学品从事生产、且达到危险化学品使用量的数量标准规定的,应当在安全使用许可证有效期届满前3个月提出延期申请,并提交本办法第十八条规定的文件、资料。

发证机关按照本办法第二十条、第二十一条、第二十二条、第二十三条的规定进行审查,并作出是否准予延期的决定。

第二十七条 企业取得安全使用许可证后,符合下列条件的,其安全使用许可证届满办理延期手续时,经原发证机关同意,可以不提交第十八条第一款第二项、第五项、第九项和第十八条第二款规定的文件、资料,直接办理延期手续:

(一)严格遵守有关法律、法规和本办法的;

(二)取得安全使用许可证后,加强日常安全管理,未降低安全使用条件,并达到安全生产标准化等级二级以上的;

(三)未发生造成人员死亡的生产安全责任事故的。

企业符合本条第一款第二项、第三项规定条件的,应当在延期申请书中予以说明,并出具二级以上安全生产标准化证书复印件。

第二十八条 安全使用许可证分为正本、副本,正本为悬挂式,副本为折页式,正、副本具有同等法律效力。

发证机关应当分别在安全使用许可证正、副本上注明编号、企业名称、主要负责人、注册地址、经济类型、许可范围、有效期、发证机关、发证日期等内容。其中,“许可范围”正本上注明“危险化学品使用”,副本上注明使用危险化学品从事生产的地址和对应的具体品种、年使用量。

第二十九条 企业不得伪造、变造安全使用许可证,或者出租、出借、转让其取得的安全使用许可证,或者使用伪造、变造的安全使用许可证。

第五章 监督管理

第三十条 发证机关应当坚持公开、公平、公正的原则,依照本办法和有关行政许可的法律法规规定,颁发安全使用许可证。

发证机关工作人员在安全使用许可证颁发及其监督管理工作中,不得索取或者接受企业的财物,不得谋取其他非法利益。

第三十一条 发证机关应当加强对安全使用许可证的监督管理,建立、健全安全使用许可证档案管理制度。

第三十二条 有下列情形之一的,发证机关应当撤销已经颁发的安全使用许可证:

(一)滥用职权、玩忽职守颁发安全使用许可证的;

(二)超越职权颁发安全使用许可证的;

(三)违反本办法规定的程序颁发安全使用许可证的;

(四)对不具备申请资格或者不符合法定条件的企业颁发安全使用许可证的;

(五)以欺骗、贿赂等不正当手段取得安全使用许可证的。

第三十三条 企业取得安全使用许可证后有下列情形之一的,发证机关应当注销其安全使用许可证:

(一)安全使用许可证有效期届满未被批准延期的;

(二)终止使用危险化学品从事生产的;

(三)继续使用危险化学品从事生产,但使用量降低后未达到危险化学品使用量的数量标准规定的;

(四)安全使用许可证被依法撤销的;

(五)安全使用许可证被依法吊销的。

安全使用许可证注销后,发证机关应当在当地主要新闻媒体或者本机关网站上予以公告,并向省级和企业所在地县级安全生产监督管理部门通报。

第三十四条 发证机关应当将其颁发安全使用许可证的情况及时向同级环境保护主管部门和公安机关通报。

第三十五条 发证机关应当于每年1月10日前,将本行政区域内上年度安全使用许可证的颁发和管理情况报省级安全生产监督管理部门,并定期向社会公布企业取得安全使用许可证的情况,接受社会监督。

省级安全生产监督管理部门应当于每年1月15

日前,将本行政区域内上年度安全使用许可证的颁发和管理情况报国家安全生产监督管理总局。

第六章 法律责任

第三十六条 发证机关工作人员在对危险化学品使用许可证的颁发管理工作中滥用职权、玩忽职守、徇私舞弊,构成犯罪的,依法追究刑事责任;尚不构成犯罪的,依法给予处分。

第三十七条 企业未取得安全使用许可证,擅自使用危险化学品从事生产,且达到危险化学品使用量的数量标准规定的,责令立即停止违法行为并限期改正,处10万元以上20万元以下的罚款;逾期不改正的,责令停产整顿。

企业在安全使用许可证有效期届满后未办理延期手续,仍然使用危险化学品从事生产,且达到危险化学品使用量的数量标准规定的,依照前款规定给予处罚。

第三十八条 企业伪造、变造或者出租、出借、转让安全使用许可证,或者使用伪造、变造的安全使用许可证的,处10万元以上20万元以下的罚款,有违法所得的,没收违法所得;构成违反治安管理行为的,依法给予治安管理处罚;构成犯罪的,依法追究刑事责任。

第三十九条 企业在安全使用许可证有效期内主要负责人、企业名称、注册地址、隶属关系发生变更,未按照本办法第二十四条规定的时限提出安全使用许可证变更申请或者将隶属关系变更证明材料报发证机关的,责令限期办理变更手续,处1万元以上3万元以下的罚款。

第四十条 企业在安全使用许可证有效期内有下列情形之一,未按照本办法第二十五条的规定提出变更申请,继续从事生产的,责令限期改正,处1万元以上3万元以下的罚款:

(一)增加使用的危险化学品品种,且达到危险化学品使用量的数量标准规定的;

(二)涉及危险化学品安全使用许可范围的新建、改建、扩建建设项目,其安全设施已经竣工验收合格的;

(三)改变工艺技术对企业的安全生产条件产生重大影响的。

第四十一条 发现企业隐瞒有关情况或者提供虚假文件、资料申请安全使用许可证的,发证机关不予受理或者不予颁发安全使用许可证,并给予警告,该企业在1年内不得再次申请安全使用许可证。

企业以欺骗、贿赂等不正当手段取得安全使用许可证的,自发证机关撤销其安全使用许可证之日起3年内,该企业不得再次申请安全使用许可证。

第四十二条 安全评价机构有下列情形之一的,给予警告,并处1万元以下的罚款;情节严重的,暂停资质6个月,并处1万元以上3万元以下的罚款;对相关责任人依法给予处理:

(一)从业人员不到现场开展安全评价活动的;

(二)安全评价报告与实际情况不符,或者安全评价报告存在重大疏漏,但尚未造成重大损失的;

(三)未按照有关法律、法规、规章和国家标准或者行业标准的规定从事安全评价活动的。

第四十三条 承担安全评价的机构出具虚假证明的,没收违法所得;违法所得在10万元以上的,并处违法所得2倍以上5倍以下的罚款;没有违法所得或者违法所得不足10万元的,单处或者并处10万元以上20万元以下的罚款;对其直接负责的主管人员和其他直接责任人员处2万元以上5万元以下的罚款;给他人造成损害的,与企业承担连带赔偿责任;构成犯罪的,依照刑法有关规定追究刑事责任。

对有前款违法行为的机构,依法吊销其相应资质。

第四十四条 本办法规定的行政处罚,由安全生产监督管理部门决定;但本办法第三十八条规定的行政处罚,由发证机关决定;第四十二条、第四十三条规定的行政处罚,依照《安全评价机构管理规定》执行。

第七章 附则

第四十五条 本办法下列用语的含义:

(一)危险化学品安全使用许可适用行业目录,是指国家安全生产监督管理总局根据《危险化学品安全管理条例》和有关国家标准、行业标准公布的需要取得危险化学品安全使用许可的化工企业类别;

(二)危险化学品使用量的数量标准,由国家安全生产监督管理总局会同国务院公安部门、农业主管部门根据《危险化学品安全管理条例》公布;

(三)本办法所称使用量,是指企业使用危险化学品的年设计使用量和实际使用量的较大值;

(四)本办法所称大型化工装置,是指按照原建设部《工程设计资质标准》(建市〔2007〕86号)中的《化工石化医药行业建设项目设计规模划分表》确定的大型项目的化工生产装置。

第四十六条 危险化学品安全使用许可的文书、危险化学品安全使用许可证的样式、内容和编号办法,由国家安全生产监督管理总局另行规定。

第四十七条 省级安全生产监督管理部门可以根据当地实际情况制定安全使用许可证管理的细则,并报国家安全生产监督管理总局备案。

第四十八条 本办法施行前已经进行生产的企业,应当自本办法施行之日起18个月内,依照本办法的规定向发证机关申请办理安全使用许可证;逾期不申请办理安全使用许可证,或者经审查不符合本办法规定的安全使用条件,未取得安全使用许可证,继续进行生产的,依照本办法第三十七条的规定处罚。

第四十九条 本办法自2013年5月1日起施行。

危险化学品经营许可证管理办法

(2012年7月17日国家安全生产监管总局令第55号公布 根据2015年5月27日《国家安全监管总局关于废止和修改危险化学品等领域七部规章的决定》修订)

第一章 总 则

第一条 为了严格危险化学品经营安全条件,规范危险化学品经营活动,保障人民群众生命、财产安全,根据《中华人民共和国安全生产法》和《危险化学品安全管理条例》,制定本办法。

第二条 在中华人民共和国境内从事列入《危险化学品目录》的危险化学品的经营(包括仓储经营)活动,适用本办法。

民用爆炸物品、放射性物品、核能物质和城镇燃气的经营活动,不适用本办法。

第三条 国家对危险化学品经营实行许可制度。经营危险化学品的企业,应当依照本办法取得危险化学品经营许可证(以下简称经营许可证)。未取得经营许可证,任何单位和个人不得经营危险化学品。

从事下列危险化学品经营活动,不需要取得经营许可证:

(一)依法取得危险化学品安全生产许可证的危险化学品生产企业在其厂区范围内销售本企业生产的危险化学品的;

(二)依法取得港口经营许可证的港口经营人在港区内从事危险化学品仓储经营的。

第四条 经营许可证的颁发管理工作实行企业申请、两级发证、属地监管的原则。

第五条 国家安全生产监督管理总局指导、监督全国经营许可证的颁发和管理工作。

省、自治区、直辖市人民政府安全生产监督管理部门指导、监督本行政区域内经营许可证的颁发和管理工作。

设区的市级人民政府安全生产监督管理部门(以下简称市级发证机关)负责下列企业的经营许可证审批、颁发:

(一)经营剧毒化学品的企业;

(二)经营易制爆危险化学品的企业;

(三)经营汽油加油站的企业;

(四)专门从事危险化学品仓储经营的企业;

(五)从事危险化学品经营活动的中央企业所属省级、设区的市级公司(分公司);

(六)带有储存设施经营除剧毒化学品、易制爆危险化学品以外的其他危险化学品的企业。

县级人民政府安全生产监督管理部门(以下简称县级发证机关)负责本行政区域内本条第三款规定以外企业的经营许可证审批、颁发;没有设立县级发证机关的,其经营许可证由市级发证机关审批、颁发。

第二章 申请经营许可证的条件

第六条 从事危险化学品经营的单位(以下统称申请人)应当依法登记注册为企业,并具备下列基本条件:

(一)经营和储存场所、设施、建筑物符合《建筑设计防火规范》(GB50016)、《石油化工企业设计防火规范》(GB50160)、《汽车加油加气站设计与施工规范》(GB50156)、《石油库设计规范》(GB50074)等相关国家标准、行业标准的规定;

(二)企业主要负责人和安全生产管理人员具备与本企业危险化学品经营活动相适应的安全生产知识和管理能力,经专门的安全生产培训和安全生产监督管理部门考核合格,取得相应安全资格证书;特种作业人员经专门的安全作业培训,取得特种作业操作证书;其他从业人员依照有关规定经安全生产教育和专业技术培训合格;

(三)有健全的安全生产规章制度和岗位操作规程;

(四)有符合国家规定的危险化学品事故应急预案,并配备必要的应急救援器材、设备;

(五)法律、法规和国家标准或者行业标准规定的其他安全生产条件。

前款规定的安全生产规章制度,是指全员安全生产责任制度、危险化学品购销管理制度、危险化学品安全管理制度(包括防火、防爆、防中毒、防泄漏管理等内容)、安全投入保障制度、安全生产奖惩制度、安全生产教育培训制度、隐患排查治理制度、安全风险管理制度、应急管理制度、事故管理制度、职业卫生管理制度等。

第七条 申请人经营剧毒化学品的,除符合本办法第六条规定的条件外,还应当建立剧毒化学品双人验收、双人保管、双人发货、双把锁、双本账等管理制度。

第八条 申请人带有储存设施经营危险化学品的,除符合本办法第六条规定的条件外,还应当具备下列条件：

（一）新设立的专门从事危险化学品仓储经营的，其储存设施建立在地方人民政府规划的用于危险化学品储存的专门区域内；

（二）储存设施与相关场所、设施、区域的距离符合有关法律、法规、规章和标准的规定；

（三）依照有关规定进行安全评价，安全评价报告符合《危险化学品经营企业安全评价细则》的要求；

（四）专职安全生产管理人员具备国民教育化工化学类或者安全工程类中等职业教育以上学历，或者化工化学类中级以上专业技术职称，或者危险物品安全类注册安全工程师资格；

（五）符合《危险化学品安全管理条例》、《危险化学品重大危险源监督管理暂行规定》、《常用危险化学品贮存通则》（GB15603）的相关规定。

申请人储存易燃、易爆、有毒、易扩散危险化学品的，除符合本条第一款规定的条件外，还应当符合《石油化工可燃气体和有毒气体检测报警设计规范》（GB50493）的规定。

第三章　经营许可证的申请与颁发

第九条　申请人申请经营许可证，应当依照本办法第五条规定向所在地市级或者县级发证机关（以下统称发证机关）提出申请，提交下列文件、资料，并对其真实性负责：

（一）申请经营许可证的文件及申请书；

（二）安全生产规章制度和岗位操作规程的目录清单；

（三）企业主要负责人、安全生产管理人员、特种作业人员的相关资格证书（复制件）和其他从业人员培训合格的证明材料；

（四）经营场所产权证明文件或者租赁证明文件（复制件）；

（五）工商行政管理部门颁发的企业性质营业执照或者企业名称预先核准文件（复制件）；

（六）危险化学品事故应急预案备案登记表（复制件）。

带有储存设施经营危险化学品的，申请人还应当提交下列文件、资料：

（一）储存设施相关证明文件（复制件）；租赁储存设施的，需要提交租赁证明文件（复制件）；储存设施新建、改建、扩建的，需要提交危险化学品建设项目安全设施竣工验收报告；

（二）重大危险源备案证明材料、专职安全生产管理人员的学历证书、技术职称证书或者危险物品安全类注册安全工程师资格证书（复制件）；

（三）安全评价报告。

第十条　发证机关收到申请人提交的文件、资料后，应当按照下列情况分别作出处理：

（一）申请事项不需要取得经营许可证的，当场告知申请人不予受理；

（二）申请事项不属于本发证机关职责范围的，当场作出不予受理的决定，告知申请人向相应的发证机关申请，并退回申请文件、资料；

（三）申请文件、资料存在可以当场更正的错误的，允许申请人当场更正，并受理其申请；

（四）申请文件、资料不齐全或者不符合要求的，当场告知或者在5个工作日内出具补正告知书，一次告知申请人需要补正的全部内容；逾期不告知的，自收到申请文件、资料之日起即为受理；

（五）申请文件、资料齐全，符合要求，或者申请人按照发证机关要求提交全部补正材料的，立即受理其申请。

发证机关受理或者不予受理经营许可证申请，应当出具加盖本机关印章和注明日期的书面凭证。

第十一条　发证机关受理经营许可证申请后，应当组织对申请人提交的文件、资料进行审查，指派2名以上工作人员对申请人的经营场所、储存设施进行现场核查，并自受理之日起30日内作出是否准予许可的决定。

发证机关现场核查以及申请人整改现场核查发现的有关问题和修改有关申请文件、资料所需时间，不计算在前款规定的期限内。

第十二条　发证机关作出准予许可决定的，应当自决定之日起10个工作日内颁发经营许可证；发证机关作出不予许可决定的，应当在10个工作日内书面告知申请人并说明理由，告知书应当加盖本机关印章。

第十三条　经营许可证分为正本、副本，正本为悬挂式，副本为折页式。正本、副本具有同等法律效力。

经营许可证正本、副本应当分别载明下列事项：

（一）企业名称；

（二）企业住所（注册地址、经营场所、储存场所）；

（三）企业法定代表人姓名；

（四）经营方式；

（五）许可范围；

（六）发证日期和有效期限；

（七）证书编号；

（八）发证机关；

（九）有效期延续情况。

第十四条　已经取得经营许可证的企业变更企业名称、主要负责人、注册地址或者危险化学品储存设施及其监控措施的，应当自变更之日起 20 个工作日内，向本办法第五条规定的发证机关提出书面变更申请，并提交下列文件、资料：

（一）经营许可证变更申请书；

（二）变更后的工商营业执照副本（复制件）；

（三）变更后的主要负责人安全资格证书（复制件）；

（四）变更注册地址的相关证明材料；

（五）变更后的危险化学品储存设施及其监控措施的专项安全评价报告。

第十五条 发证机关受理变更申请后，应当组织对企业提交的文件、资料进行审查，并自收到申请文件、资料之日起 10 个工作日内作出是否准予变更的决定。

发证机关作出准予变更决定的，应当重新颁发经营许可证，并收回原经营许可证；不予变更的，应当说明理由并书面通知企业。

经营许可证变更的，经营许可证有效期的起始日和截止日不变，但应当载明变更日期。

第十六条 已经取得经营许可证的企业有新建、改建、扩建危险化学品储存设施建设项目的，应当自建设项目安全设施竣工验收合格之日起 20 个工作日内，向本办法第五条规定的发证机关提出变更申请，并提交危险化学品建设项目安全设施竣工验收报告等相关文件、资料。发证机关应当按照本办法第十条、第十五条的规定进行审查，办理变更手续。

第十七条 已经取得经营许可证的企业，有下列情形之一的，应当按照本办法的规定重新申请办理经营许可证，并提交相关文件、资料：

（一）不带有储存设施的经营企业变更其经营场所的；

（二）带有储存设施的经营企业变更其储存场所的；

（三）仓储经营的企业异地重建的；

（四）经营方式发生变化的；

（五）许可范围发生变化的。

第十八条 经营许可证的有效期为 3 年。有效期满后，企业需要继续从事危险化学品经营活动的，应当在经营许可证有效期满 3 个月前，向本办法第五条规定的发证机关提出经营许可证的延期申请，并提交延期申请书及本办法第九条规定的申请文件、资料。

企业提出经营许可证延期申请时，可以同时提出变更申请，并向发证机关提交相关文件、资料。

第十九条 符合下列条件的企业，申请经营许可证延期时，经发证机关同意，可以不提交本办法第九条规定的文件、资料：

（一）严格遵守有关法律、法规和本办法；

（二）取得经营许可证后，加强日常安全生产管理，未降低安全生产条件；

（三）未发生死亡事故或者对社会造成较大影响的生产安全事故。

带有储存设施经营危险化学品的企业，除符合前款规定条件的外，还需要取得并提交危险化学品企业安全生产标准化二级达标证书（复制件）。

第二十条 发证机关受理延期申请后，应当依照本办法第十条、第十一条、第十二条的规定，对延期申请进行审查，并在经营许可证有效期满前作出是否准予延期的决定；发证机关逾期未作出决定的，视为准予延期。

发证机关作出准予延期决定的，经营许可证有效期顺延 3 年。

第二十一条 任何单位和个人不得伪造、变造经营许可证，或者出租、出借、转让其取得的经营许可证，或者使用伪造、变造的经营许可证。

第四章 经营许可证的监督管理

第二十二条 发证机关应当坚持公开、公平、公正的原则，严格依照法律、法规、规章、国家标准、行业标准和本办法规定的条件及程序，审批、颁发经营许可证。

发证机关及其工作人员在经营许可证的审批、颁发和监督管理工作中，不得索取或者接受当事人的财物，不得谋取其他利益。

第二十三条 发证机关应当加强对经营许可证的监督管理，建立、健全经营许可证审批、颁发档案管理制度，并定期向社会公布企业取得经营许可证的情况，接受社会监督。

第二十四条 发证机关应当及时向同级公安机关、环境保护部门通报经营许可证的发放情况。

第二十五条 安全生产监督管理部门在监督检查中，发现已经取得经营许可证的企业不再具备法律、法规、规章、国家标准、行业标准和本办法规定的安全生产条件，或者存在违反法律、法规、规章和本办法规定的行为的，应当依法作出处理，并及时告知原发证机关。

第二十六条 发证机关发现企业以欺骗、贿赂等不正当手段取得经营许可证的，应当撤销已经颁发的经营许可证。

第二十七条 已经取得经营许可证的企业有下列情形之一的，发证机关应当注销其经营许可证：

（一）经营许可证有效期届满未被批准延期的；

（二）终止危险化学品经营活动的；

（三）经营许可证被依法撤销的；

（四）经营许可证被依法吊销的。

发证机关注销经营许可证后，应当在当地主要新闻媒体或者本机关网站上发布公告，并通报企业所在地人民政府和县级以上安全生产监督管理部门。

第二十八条 县级发证机关应当将本行政区域内上一年度经营许可证的审批、颁发和监督管理情况报告市级发证机关。

市级发证机关应当将本行政区域内上一年度经营许可证的审批、颁发和监督管理情况报告省、自治区、直辖市人民政府安全生产监督管理部门。

省、自治区、直辖市人民政府安全生产监督管理部门应当按照有关统计规定，将本行政区域内上一年度经营许可证的审批、颁发和监督管理情况报告国家安全生产监督管理总局。

第五章 法律责任

第二十九条 未取得经营许可证从事危险化学品经营的，依照《中华人民共和国安全生产法》有关未经依法批准擅自生产、经营、储存危险物品的法律责任条款并处罚款；构成犯罪的，依法追究刑事责任。

企业在经营许可证有效期届满后，仍然从事危险化学品经营的，依照前款规定给予处罚。

第三十条 带有储存设施的企业违反《危险化学品安全管理条例》规定，有下列情形之一的，责令改正，处5万元以上10万元以下的罚款；拒不改正的，责令停产停业整顿；经停产停业整顿仍不具备法律、法规、规章、国家标准和行业标准规定的安全生产条件的，吊销其经营许可证：

（一）对重复使用的危险化学品包装物、容器，在重复使用前不进行检查的；

（二）未根据其储存的危险化学品的种类和危险特性，在作业场所设置相关安全设施、设备，或者未按照国家标准、行业标准或者国家有关规定对安全设施、设备进行经常性维护、保养的；

（三）未将危险化学品储存在专用仓库内，或者未将剧毒化学品以及储存数量构成重大危险源的其他危险化学品在专用仓库内单独存放的；

（四）未对其安全生产条件定期进行安全评价的；

（五）危险化学品的储存方式、方法或者储存数量不符合国家标准或者国家有关规定的；

（六）危险化学品专用仓库不符合国家标准、行业标准的要求的；

（七）未对危险化学品专用仓库的安全设施、设备定期进行检测、检验的。

第三十一条 伪造、变造或者出租、出借、转让经营许可证，或者使用伪造、变造的经营许可证的，处10万元以上20万元以下的罚款，有违法所得的，没收违法所得；构成违反治安管理行为的，依法给予治安管理处罚；构成犯罪的，依法追究刑事责任。

第三十二条 已经取得经营许可证的企业不再具备法律、法规和本办法规定的安全生产条件的，责令改正；逾期不改正的，责令停产停业整顿；经停产停业整顿仍不具备法律、法规、规章、国家标准和行业标准规定的安全生产条件的，吊销其经营许可证。

第三十三条 已经取得经营许可证的企业出现本办法第十四条、第十六条规定的情形之一，未依照本办法的规定申请变更的，责令限期改正，处1万元以下的罚款；逾期仍不申请变更的，处1万元以上3万元以下的罚款。

第三十四条 安全生产监督管理部门的工作人员徇私舞弊、滥用职权、弄虚作假、玩忽职守，未依法履行危险化学品经营许可证审批、颁发和监督管理职责的，依照有关规定给予处分。

第三十五条 承担安全评价的机构和安全评价人员出具虚假评价报告的，依照有关法律、法规、规章的规定给予行政处罚；构成犯罪的，依法追究刑事责任。

第三十六条 本办法规定的行政处罚，由安全生产监督管理部门决定。其中，本办法第三十一条规定的行政处罚和第三十条、第三十二条规定的吊销经营许可证的行政处罚，由发证机关决定。

第六章 附 则

第三十七条 购买危险化学品进行分装、充装或者加入非危险化学品的溶剂进行稀释，然后销售的，依照本办法执行。

本办法所称储存设施，是指按照《危险化学品重大危险源辨识》（GB18218）确定，储存的危险化学品数量构成重大危险源的设施。

第三十八条 本办法施行前已取得经营许可证的企业，在其经营许可证有效期内可以继续从事危险化学品经营；经营许可证有效期届满后需要继续从事危险化学品经营的，应当依照本办法的规定重新申请经营许可证。

本办法施行前取得经营许可证的非企业的单位或者个人，在其经营许可证有效期内可以继续从事危险化学品经营；经营许可证有效期届满后需要继续从事危险化学品经营的，应当先依法登记为企业，再依照本办法的规定申请经营许可证。

第三十九条 经营许可证的式样由国家安全生产监督管理总局制定。

第四十条 本办法自2012年9月1日起施行。原国家经济贸易委员会2002年10月8日公布的《危险化学品经营许可证管理办法》同时废止。

化工(危险化学品)企业保障生产安全十条规定

(2017年3月6日　安监总政法〔2017〕15号)

一、必须依法设立、证照齐全有效。

二、必须建立健全并严格落实全员安全生产责任制,严格执行领导带班值班制度。

三、必须确保从业人员符合录用条件并培训合格,依法持证上岗。

四、必须严格管控重大危险源,严格变更管理,遇险科学施救。

五、必须按照《危险化学品企业事故隐患排查治理实施导则》要求排查治理隐患。

六、严禁设备设施带病运行和未经审批停用报警联锁系统。

七、严禁可燃和有毒气体泄漏等报警系统处于非正常状态。

八、严禁未经审批进行动火、受限空间、高处、吊装、临时用电、动土、检维修、盲板抽堵等作业。

九、严禁违章指挥和强令他人冒险作业。

十、严禁违章作业、脱岗和在岗做与工作无关的事。

七、民用爆炸品安全

民用爆炸物品安全管理条例

(2006年5月10日国务院令第466号公布　根据2014年7月29日《国务院关于修改部分行政法规的决定》修订)

第一章　总　　则

第一条　为了加强对民用爆炸物品的安全管理，预防爆炸事故发生，保障公民生命、财产安全和公共安全，制定本条例。

第二条　民用爆炸物品的生产、销售、购买、进出口、运输、爆破作业和储存以及硝酸铵的销售、购买，适用本条例。

本条例所称民用爆炸物品，是指用于非军事目的、列入民用爆炸物品品名表的各类火药、炸药及其制品和雷管、导火索等点火、起爆器材。

民用爆炸物品品名表，由国务院民用爆炸物品行业主管部门会同国务院公安部门制订、公布。

第三条　国家对民用爆炸物品的生产、销售、购买、运输和爆破作业实行许可证制度。

未经许可，任何单位或者个人不得生产、销售、购买、运输民用爆炸物品，不得从事爆破作业。

严禁转让、出借、转借、抵押、赠送、私藏或者非法持有民用爆炸物品。

第四条　民用爆炸物品行业主管部门负责民用爆炸物品生产、销售的安全监督管理。

公安机关负责民用爆炸物品公共安全管理和民用爆炸物品购买、运输、爆破作业的安全监督管理，监控民用爆炸物品流向。

安全生产监督、铁路、交通、民用航空主管部门依照法律、行政法规的规定，负责做好民用爆炸物品的有关安全监督管理工作。

民用爆炸物品行业主管部门、公安机关、工商行政管理部门按照职责分工，负责组织查处非法生产、销售、购买、储存、运输、邮寄、使用民用爆炸物品的行为。

第五条　民用爆炸物品生产、销售、购买、运输和爆破作业单位(以下称民用爆炸物品从业单位)的主要负责人是本单位民用爆炸物品安全管理责任人，对本单位的民用爆炸物品安全管理工作全面负责。

民用爆炸物品从业单位是治安保卫工作的重点单位，应当依法设置治安保卫机构或者配备治安保卫人员，设置技术防范设施，防止民用爆炸物品丢失、被盗、被抢。

民用爆炸物品从业单位应当建立安全管理制度、岗位安全责任制度，制订安全防范措施和事故应急预案，设置安全管理机构或者配备专职安全管理人员。

第六条　无民事行为能力人、限制民事行为能力人或者曾因犯罪受过刑事处罚的人，不得从事民用爆炸物品的生产、销售、购买、运输和爆破作业。

民用爆炸物品从业单位应当加强对本单位从业人员的安全教育、法制教育和岗位技术培训，从业人员经考核合格的，方可上岗作业；对有资格要求的岗位，应当配备具有相应资格的人员。

第七条　国家建立民用爆炸物品信息管理系统，对民用爆炸物品实行标识管理，监控民用爆炸物品流向。

民用爆炸物品生产企业、销售企业和爆破作业单位应当建立民用爆炸物品登记制度，如实将本单位生产、销售、购买、运输、储存、使用民用爆炸物品的品种、数量和流向信息输入计算机系统。

第八条　任何单位或者个人都有权举报违反民用爆炸物品安全管理规定的行为；接到举报的主管部门、公安机关应当立即查处，并为举报人员保密，对举报有功人员给予奖励。

第九条　国家鼓励民用爆炸物品从业单位采用提高民用爆炸物品安全性能的新技术，鼓励发展民用爆炸物品生产、配送、爆破作业一体化的经营模式。

第二章　生　　产

第十条　设立民用爆炸物品生产企业，应当遵循统筹规划、合理布局的原则。

第十一条　申请从事民用爆炸物品生产的企业，应当具备下列条件：

(一)符合国家产业结构规划和产业技术标准；

(二)厂房和专用仓库的设计、结构、建筑材料、安全距离以及防火、防爆、防雷、防静电等安全设备、设施符合国家有关标准和规范；

(三)生产设备、工艺符合有关安全生产的技术标准和规程；

(四)有具备相应资格的专业技术人员、安全生产管理人员和生产岗位人员；

（五）有健全的安全管理制度、岗位安全责任制度；

（六）法律、行政法规规定的其他条件。

第十二条 申请从事民用爆炸物品生产的企业，应当向国务院民用爆炸物品行业主管部门提交申请书、可行性研究报告以及能够证明其符合本条例第十一条规定条件的有关材料。国务院民用爆炸物品行业主管部门应当自受理申请之日起45日内进行审查，对符合条件的，核发《民用爆炸物品生产许可证》；对不符合条件的，不予核发《民用爆炸物品生产许可证》，书面向申请人说明理由。

民用爆炸物品生产企业为调整生产能力及品种进行改建、扩建的，应当依照前款规定申请办理《民用爆炸物品生产许可证》。

民用爆炸物品生产企业持《民用爆炸物品生产许可证》到工商行政管理部门办理工商登记，并在办理工商登记后3日内，向所在地县级人民政府公安机关备案。

第十三条 取得《民用爆炸物品生产许可证》的企业应当在基本建设完成后，向省、自治区、直辖市人民政府民用爆炸物品行业主管部门申请安全生产许可。省、自治区、直辖市人民政府民用爆炸物品行业主管部门应当依照《安全生产许可证条例》的规定对其进行查验，对符合条件的，核发《民用爆炸物品安全生产许可证》。民用爆炸物品生产企业取得《民用爆炸物品安全生产许可证》后，方可生产民用爆炸物品。

第十四条 民用爆炸物品生产企业应当严格按照《民用爆炸物品生产许可证》核定的品种和产量进行生产，生产作业应当严格执行安全技术规程的规定。

第十五条 民用爆炸物品生产企业应当对民用爆炸物品做出警示标识、登记标识，对雷管编码打号。民用爆炸物品警示标识、登记标识和雷管编码规则，由国务院公安部门会同国务院民用爆炸物品行业主管部门规定。

第十六条 民用爆炸物品生产企业应当建立健全产品检验制度，保证民用爆炸物品的质量符合相关标准。民用爆炸物品的包装，应当符合法律、行政法规的规定以及相关标准。

第十七条 试验或者试制民用爆炸物品，必须在专门场地或者专门的试验室进行。严禁在生产车间或者仓库内试验或者试制民用爆炸物品。

第三章 销售和购买

第十八条 申请从事民用爆炸物品销售的企业，应当具备下列条件：

（一）符合对民用爆炸物品销售企业规划的要求；

（二）销售场所和专用仓库符合国家有关标准和规范；

（三）有具备相应资格的安全管理人员、仓库管理人员；

（四）有健全的安全管理制度、岗位安全责任制度；

（五）法律、行政法规规定的其他条件。

第十九条 申请从事民用爆炸物品销售的企业，应当向所在地省、自治区、直辖市人民政府民用爆炸物品行业主管部门提交申请书、可行性研究报告以及能够证明其符合本条例第十八条规定条件的有关材料。省、自治区、直辖市人民政府民用爆炸物品行业主管部门应当自受理申请之日起30日内进行审查，并对申请单位的销售场所和专用仓库等经营设施进行查验，对符合条件的，核发《民用爆炸物品销售许可证》；对不符合条件的，不予核发《民用爆炸物品销售许可证》，书面向申请人说明理由。

民用爆炸物品销售企业持《民用爆炸物品销售许可证》到工商行政管理部门办理工商登记后，方可销售民用爆炸物品。

民用爆炸物品销售企业应当在办理工商登记后3日内，向所在地县级人民政府公安机关备案。

第二十条 民用爆炸物品生产企业凭《民用爆炸物品生产许可证》，可以销售本企业生产的民用爆炸物品。

民用爆炸物品生产企业销售本企业生产的民用爆炸物品，不得超出核定的品种、产量。

第二十一条 民用爆炸物品使用单位申请购买民用爆炸物品的，应当向所在地县级人民政府公安机关提出购买申请，并提交下列有关材料：

（一）工商营业执照或者事业单位法人证书；

（二）《爆破作业单位许可证》或者其他合法使用的证明；

（三）购买单位的名称、地址、银行账户；

（四）购买的品种、数量和用途说明。

受理申请的公安机关应当自受理申请之日起5日内对提交的有关材料进行审查，对符合条件的，核发《民用爆炸物品购买许可证》；对不符合条件的，不予核发《民用爆炸物品购买许可证》，书面向申请人说明理由。

《民用爆炸物品购买许可证》应当载明许可购买的品种、数量、购买单位以及许可的有效期限。

第二十二条 民用爆炸物品生产企业凭《民用爆炸物品生产许可证》购买属于民用爆炸物品的原料，民用爆炸物品销售企业凭《民用爆炸物品销售许可证》向民用爆炸物品生产企业购买民用爆炸物品，民用爆炸物品使用单位凭《民用爆炸物品购买许可证》

购买民用爆炸物品，还应当提供经办人的身份证明。

销售民用爆炸物品的企业，应当查验前款规定的许可证和经办人的身份证明；对持《民用爆炸物品购买许可证》购买的，应当按照许可的品种、数量销售。

第二十三条 销售、购买民用爆炸物品，应当通过银行账户进行交易，不得使用现金或者实物进行交易。

销售民用爆炸物品的企业，应当将购买单位的许可证、银行账户转账凭证、经办人的身份证明复印件保存2年备查。

第二十四条 销售民用爆炸物品的企业，应当自民用爆炸物品买卖成交之日起3日内，将销售的品种、数量和购买单位向所在地省、自治区、直辖市人民政府民用爆炸物品行业主管部门和所在地县级人民政府公安机关备案。

购买民用爆炸物品的单位，应当自民用爆炸物品买卖成交之日起3日内，将购买的品种、数量向所在地县级人民政府公安机关备案。

第二十五条 进出口民用爆炸物品，应当经国务院民用爆炸物品行业主管部门审批。进出口民用爆炸物品审批办法，由国务院民用爆炸物品行业主管部门会同国务院公安部门、海关总署规定。

进出口单位应当将进出口的民用爆炸物品的品种、数量向收货地或者出境口岸所在地县级人民政府公安机关备案。

第四章 运　　输

第二十六条 运输民用爆炸物品，收货单位应当向运达地县级人民政府公安机关提出申请，并提交包括下列内容的材料：

（一）民用爆炸物品生产企业、销售企业、使用单位以及进出口单位分别提供的《民用爆炸物品生产许可证》、《民用爆炸物品销售许可证》、《民用爆炸物品购买许可证》或者进出口批准证明；

（二）运输民用爆炸物品的品种、数量、包装材料和包装方式；

（三）运输民用爆炸物品的特性、出现险情的应急处置方法；

（四）运输时间、起始地点、运输路线、经停地点。

受理申请的公安机关应当自受理申请之日起3日内对提交的有关材料进行审查，对符合条件的，核发《民用爆炸物品运输许可证》；对不符合条件的，不予核发《民用爆炸物品运输许可证》，书面向申请人说明理由。

《民用爆炸物品运输许可证》应当载明收货单位、销售企业、承运人，一次性运输有效期限、起始地点、运输路线、经停地点，民用爆炸物品的品种、数量。

第二十七条 运输民用爆炸物品的，应当凭《民用爆炸物品运输许可证》，按照许可的品种、数量运输。

第二十八条 经由道路运输民用爆炸物品的，应当遵守下列规定：

（一）携带《民用爆炸物品运输许可证》；

（二）民用爆炸物品的装载符合国家有关标准和规范，车厢内不得载人；

（三）运输车辆安全技术状况应当符合国家有关安全技术标准的要求，并按照规定悬挂或者安装符合国家标准的易燃易爆危险物品警示标志；

（四）运输民用爆炸物品的车辆应当保持安全车速；

（五）按照规定的路线行驶，途中经停应当有专人看守，并远离建筑设施和人口稠密的地方，不得在许可以外的地点经停；

（六）按照安全操作规程装卸民用爆炸物品，并在装卸现场设置警戒，禁止无关人员进入；

（七）出现危险情况立即采取必要的应急处置措施，并报告当地公安机关。

第二十九条 民用爆炸物品运达目的地，收货单位应当进行验收后在《民用爆炸物品运输许可证》上签注，并在3日内将《民用爆炸物品运输许可证》交回发证机关核销。

第三十条 禁止携带民用爆炸物品搭乘公共交通工具或者进入公共场所。

禁止邮寄民用爆炸物品，禁止在托运的货物、行李、包裹、邮件中夹带民用爆炸物品。

第五章 爆破作业

第三十一条 申请从事爆破作业的单位，应当具备下列条件：

（一）爆破作业属于合法的生产活动；

（二）有符合国家有关标准和规范的民用爆炸物品专用仓库；

（三）有具备相应资格的安全管理人员、仓库管理人员和具备国家规定执业资格的爆破作业人员；

（四）有健全的安全管理制度、岗位安全责任制度；

（五）有符合国家标准、行业标准的爆破作业专用设备；

（六）法律、行政法规规定的其他条件。

第三十二条 申请从事爆破作业的单位，应当按照国务院公安部门的规定，向有关人民政府公安机关提出申请，并提供能够证明其符合本条例第三十一条规定条件的有关材料。受理申请的公安机关应当自受理申请之日起20日内进行审查，对符合条件的，核发《爆破作业单位许可证》；对不符合条件的，不予核发《爆破作业单位许可证》，书面向申请人说明理由。

营业性爆破作业单位持《爆破作业单位许可证》到工商行政管理部门办理工商登记后，方可从事营业性爆破作业活动。

爆破作业单位应当在办理工商登记后3日内，向所在地县级人民政府公安机关备案。

第三十三条 爆破作业单位应当对本单位的爆破作业人员、安全管理人员、仓库管理人员进行专业技术培训。爆破作业人员应当经设区的市级人民政府公安机关考核合格，取得《爆破作业人员许可证》后，方可从事爆破作业。

第三十四条 爆破作业单位应当按照其资质等级承接爆破作业项目，爆破作业人员应当按照其资格等级从事爆破作业。爆破作业的分级管理办法由国务院公安部门规定。

第三十五条 在城市、风景名胜区和重要工程设施附近实施爆破作业的，应当向爆破作业所在地设区的市级人民政府公安机关提出申请，提交《爆破作业单位许可证》和具有相应资质的安全评估企业出具的爆破设计、施工方案评估报告。受理申请的公安机关应当自受理申请之日起20日内对提交的有关材料进行审查，对符合条件的，作出批准的决定；对不符合条件的，作出不予批准的决定，并书面向申请人说明理由。

实施前款规定的爆破作业，应当由具有相应资质的安全监理企业进行监理，由爆破作业所在地县级人民政府公安机关负责组织实施安全警戒。

第三十六条 爆破作业单位跨省、自治区、直辖市行政区域从事爆破作业的，应当事先将爆破作业项目的有关情况向爆破作业所在地县级人民政府公安机关报告。

第三十七条 爆破作业单位应当如实记载领取、发放民用爆炸物品的品种、数量、编号以及领取、发放人员姓名。领取民用爆炸物品的数量不得超过当班用量，作业后剩余的民用爆炸物品必须当班清退回库。

爆破作业单位应当将领取、发放民用爆炸物品的原始记录保存2年备查。

第三十八条 实施爆破作业，应当遵守国家有关标准和规范，在安全距离以外设置警示标志并安排警戒人员，防止无关人员进入；爆破作业结束后应当及时检查、排除未引爆的民用爆炸物品。

第三十九条 爆破作业单位不再使用民用爆炸物品时，应当将剩余的民用爆炸物品登记造册，报所在地县级人民政府公安机关组织监督销毁。

发现、拣拾无主民用爆炸物品的，应当立即报告当地公安机关。

第六章 储 存

第四十条 民用爆炸物品应当储存在专用仓库内，并按照国家规定设置技术防范设施。

第四十一条 储存民用爆炸物品应当遵守下列规定：

（一）建立出入库检查、登记制度，收存和发放民用爆炸物品必须进行登记，做到账目清楚，账物相符；

（二）储存的民用爆炸物品数量不得超过储存设计容量，对性质相抵触的民用爆炸物品必须分库储存，严禁在库房内存放其他物品；

（三）专用仓库应当指定专人管理、看护，严禁无关人员进入仓库区内，严禁在仓库区内吸烟和用火，严禁把其他容易引起燃烧、爆炸的物品带入仓库区内，严禁在库房内住宿和进行其他活动；

（四）民用爆炸物品丢失、被盗、被抢，应当立即报告当地公安机关。

第四十二条 在爆破作业现场临时存放民用爆炸物品的，应当具备临时存放民用爆炸物品的条件，并设专人管理、看护，不得在不具备安全存放条件的场所存放民用爆炸物品。

第四十三条 民用爆炸物品变质和过期失效的，应当及时清理出库，并予以销毁。销毁前应当登记造册，提出销毁实施方案，报省、自治区、直辖市人民政府民用爆炸物品行业主管部门、所在地县级人民政府公安机关组织监督销毁。

第七章 法律责任

第四十四条 非法制造、买卖、运输、储存民用爆炸物品，构成犯罪的，依法追究刑事责任；尚不构成犯罪，有违反治安管理行为的，依法给予治安管理处罚。

违反本条例规定，在生产、储存、运输、使用民用爆炸物品中发生重大事故，造成严重后果或者后果特别严重，构成犯罪的，依法追究刑事责任。

违反本条例规定，未经许可生产、销售民用爆炸物品的，由民用爆炸物品行业主管部门责令停止非法生产、销售活动，处10万元以上50万元以下的罚款，并没收非法生产、销售的民用爆炸物品及其违法所得。

违反本条例规定，未经许可购买、运输民用爆炸物品或者从事爆破作业的，由公安机关责令停止非法购买、运输、爆破作业活动，处5万元以上20万元以下的罚款，并没收非法购买、运输以及从事爆破作业使用的民用爆炸物品及其违法所得。

民用爆炸物品行业主管部门、公安机关对没收的非法民用爆炸物品，应当组织销毁。

第四十五条 违反本条例规定，生产、销售民用爆炸物品的企业有下列行为之一的，由民用爆炸物品行业主管部门责令限期改正，处10万元以上50万元以下的罚款；逾期不改正的，责令停产停业整顿；情节严重的，吊销《民用爆炸物品生产许可证》或者《民用爆炸物品销售许可证》：

（一）超出生产许可的品种、产量进行生产、销售的；

（二）违反安全技术规程生产作业的；

（三）民用爆炸物品的质量不符合相关标准的；

（四）民用爆炸物品的包装不符合法律、行政法规的规定以及相关标准的；

（五）超出购买许可的品种、数量销售民用爆炸物品的；

（六）向没有《民用爆炸物品生产许可证》、《民用爆炸物品销售许可证》、《民用爆炸物品购买许可证》的单位销售民用爆炸物品的；

（七）民用爆炸物品生产企业销售本企业生产的民用爆炸物品未按照规定向民用爆炸物品行业主管部门备案的；

（八）未经审批进出口民用爆炸物品的。

第四十六条 违反本条例规定，有下列情形之一的，由公安机关责令限期改正，处5万元以上20万元以下的罚款；逾期不改正的，责令停产停业整顿：

（一）未按照规定对民用爆炸物品做出警示标识、登记标识或者未对雷管编码打号的；

（二）超出购买许可的品种、数量购买民用爆炸物品的；

（三）使用现金或者实物进行民用爆炸物品交易的；

（四）未按照规定保存购买单位的许可证、银行账户转账凭证、经办人的身份证明复印件的；

（五）销售、购买、进出口民用爆炸物品，未按照规定向公安机关备案的；

（六）未按照规定建立民用爆炸物品登记制度，如实将本单位生产、销售、购买、运输、储存、使用民用爆炸物品的品种、数量和流向信息输入计算机系统的；

（七）未按照规定将《民用爆炸物品运输许可证》交回发证机关核销的。

第四十七条 违反本条例规定，经由道路运输民用爆炸物品，有下列情形之一的，由公安机关责令改正，处5万元以上20万元以下的罚款：

（一）违反运输许可事项的；

（二）未携带《民用爆炸物品运输许可证》的；

（三）违反有关标准和规范混装民用爆炸物品的；

（四）运输车辆未按照规定悬挂或者安装符合国家标准的易燃易爆危险物品警示标志的；

（五）未按照规定的路线行驶，途中经停没有专人看守或者在许可以外的地点经停的；

（六）装载民用爆炸物品的车厢载人的；

（七）出现危险情况未立即采取必要的应急处置措施、报告当地公安机关的。

第四十八条 违反本条例规定，从事爆破作业的单位有下列情形之一的，由公安机关责令停止违法行为或者限期改正，处10万元以上50万元以下的罚款；逾期不改正的，责令停产停业整顿；情节严重的，吊销《爆破作业单位许可证》：

（一）爆破作业单位未按照其资质等级从事爆破作业的；

（二）营业性爆破作业单位跨省、自治区、直辖市行政区域实施爆破作业，未按照规定事先向爆破作业所在地的县级人民政府公安机关报告的；

（三）爆破作业单位未按照规定建立民用爆炸物品领取登记制度、保存领取登记记录的；

（四）违反国家有关标准和规范实施爆破作业的。

爆破作业人员违反国家有关标准和规范的规定实施爆破作业的，由公安机关责令限期改正，情节严重的，吊销《爆破作业人员许可证》。

第四十九条 违反本条例规定，有下列情形之一的，由民用爆炸物品行业主管部门、公安机关按照职责责令限期改正，可以并处5万元以上20万元以下的罚款；逾期不改正的，责令停产停业整顿；情节严重的，吊销许可证：

（一）未按照规定在专用仓库设置技术防范设施的；

（二）未按照规定建立出入库检查、登记制度或者收存和发放民用爆炸物品，致使账物不符的；

（三）超量储存、在非专用仓库储存或者违反储存标准和规范储存民用爆炸物品的；

（四）有本条例规定的其他违反民用爆炸物品储存管理规定行为的。

第五十条 违反本条例规定，民用爆炸物品从业单位有下列情形之一的，由公安机关处2万元以上10万元以下的罚款；情节严重的，吊销其许可证；有违反治安管理行为的，依法给予治安管理处罚：

（一）违反安全管理制度，致使民用爆炸物品丢失、被盗、被抢的；

（二）民用爆炸物品丢失、被盗、被抢，未按照规定向当地公安机关报告或者故意隐瞒不报的；

（三）转让、出借、转借、抵押、赠送民用爆炸物品的。

第五十一条 违反本条例规定，携带民用爆炸物品搭乘公共交通工具或者进入公共场所，邮寄或者在托运的货物、行李、包裹、邮件中夹带民用爆炸物品，构成犯罪的，依法追究刑事责任；尚不构成犯罪的，由公安机关依法给予治安管理处罚，没收非法的民用爆炸物品，处1000元以上1万元以下的罚款。

第五十二条 民用爆炸物品从业单位的主要负责人未履行本条例规定的安全管理责任，导致发生重大伤亡事故或者造成其他严重后果，构成犯罪的，依法追究刑事责任；尚不构成犯罪的，对主要负责人给予撤职处分，对个人经营的投资人处2万元以上20万元以下的罚款。

第五十三条 民用爆炸物品行业主管部门、公安机关、工商行政管理部门的工作人员，在民用爆炸物品安全监督管理工作中滥用职权、玩忽职守或者徇私舞弊，构成犯罪的，依法追究刑事责任；尚不构成犯罪的，依法给予行政处分。

第八章 附 则

第五十四条 《民用爆炸物品生产许可证》、《民用爆炸物品销售许可证》，由国务院民用爆炸物品行业主管部门规定式样；《民用爆炸物品购买许可证》、《民用爆炸物品运输许可证》、《爆破作业单位许可证》、《爆破作业人员许可证》，由国务院公安部门规定式样。

第五十五条 本条例自2006年9月1日起施行。1984年1月6日国务院发布的《中华人民共和国民用爆炸物品管理条例》同时废止。

烟花爆竹安全管理条例

（2006年1月21日国务院令第455号公布 根据2016年2月6日《国务院关于修改部分行政法规的决定》修订）

第一章 总 则

第一条 为了加强烟花爆竹安全管理，预防爆炸事故发生，保障公共安全和人身、财产的安全，制定本条例。

第二条 烟花爆竹的生产、经营、运输和燃放，适用本条例。

本条例所称烟花爆竹，是指烟花爆竹制品和用于生产烟花爆竹的民用黑火药、烟火药、引火线等物品。

第三条 国家对烟花爆竹的生产、经营、运输和举办焰火晚会以及其他大型焰火燃放活动，实行许可证制度。

未经许可，任何单位或者个人不得生产、经营、运输烟花爆竹，不得举办焰火晚会以及其他大型焰火燃放活动。

第四条 安全生产监督管理部门负责烟花爆竹的安全生产监督管理；公安部门负责烟花爆竹的公共安全管理；质量监督检验部门负责烟花爆竹的质量监督和进出口检验。

第五条 公安部门、安全生产监督管理部门、质量监督检验部门、工商行政管理部门应当按照职责分工，组织查处非法生产、经营、储存、运输、邮寄烟花爆竹以及非法燃放烟花爆竹的行为。

第六条 烟花爆竹生产、经营、运输企业和焰火晚会以及其他大型焰火燃放活动主办单位的主要负责人，对本单位的烟花爆竹安全工作负责。

烟花爆竹生产、经营、运输企业和焰火晚会以及其他大型焰火燃放活动主办单位应当建立健全安全责任制，制定各项安全管理制度和操作规程，并对从业人员定期进行安全教育、法制教育和岗位技术培训。

中华全国供销合作总社应当加强对本系统企业烟花爆竹经营活动的管理。

第七条 国家鼓励烟花爆竹生产企业采用提高安全程度和提升行业整体水平的新工艺、新配方和新技术。

第二章 生产安全

第八条 生产烟花爆竹的企业，应当具备下列条件：

（一）符合当地产业结构规划；

（二）基本建设项目经过批准；

（三）选址符合城乡规划，并与周边建筑、设施保持必要的安全距离；

（四）厂房和仓库的设计、结构和材料以及防火、防爆、防雷、防静电等安全设备、设施符合国家有关标准和规范；

（五）生产设备、工艺符合安全标准；

（六）产品品种、规格、质量符合国家标准；

（七）有健全的安全生产责任制；

（八）有安全生产管理机构和专职安全生产管理人员；

（九）依法进行了安全评价；

（十）有事故应急救援预案、应急救援组织和人员，并配备必要的应急救援器材、设备；

（十一）法律、法规规定的其他条件。

第九条 生产烟花爆竹的企业，应当在投入生产前向所在地设区的市人民政府安全生产监督管理部门提出安全审查申请，并提交能够证明符合本条例第八条规定条件的有关材料。设区的市人民政府安全生产监督管理部门应当自收到材料之日起20日内提出安全审查初步意见，报省、自治区、直辖市人民政府安全生产监督管理部门审查。省、自治区、直辖市人民政府安全生产监督管理部门应当自受理申请之日起45日内进行安全审查,对符合条件的,核发《烟花爆竹安全生产许可证》;对不符合条件的,应当说明理由。

第十条 生产烟花爆竹的企业为扩大生产能力进行基本建设或者技术改造的,应当依照本条例的规定申请办理安全生产许可证。

生产烟花爆竹的企业,持《烟花爆竹安全生产许可证》到工商行政管理部门办理登记手续后,方可从事烟花爆竹生产活动。

第十一条 生产烟花爆竹的企业,应当按照安全生产许可证核定的产品种类进行生产,生产工序和生产作业应当执行有关国家标准和行业标准。

第十二条 生产烟花爆竹的企业,应当对生产作业人员进行安全生产知识教育,对从事药物混合、造粒、筛选、装药、筑药、压药、切引、搬运等危险工序的作业人员进行专业技术培训。从事危险工序的作业人员经设区的市人民政府安全生产监督管理部门考核合格,方可上岗作业。

第十三条 生产烟花爆竹使用的原料,应当符合国家标准的规定。生产烟花爆竹使用的原料,国家标准有用量限制的,不得超过规定的用量。不得使用国家标准规定禁止使用或者禁忌配伍的物质生产烟花爆竹。

第十四条 生产烟花爆竹的企业,应当按照国家标准的规定,在烟花爆竹产品上标注燃放说明,并在烟花爆竹包装物上印制易燃易爆危险物品警示标志。

第十五条 生产烟花爆竹的企业,应当对黑火药、烟火药、引火线的保管采取必要的安全技术措施,建立购买、领用、销售登记制度,防止黑火药、烟火药、引火线丢失。黑火药、烟火药、引火线丢失的,企业应当立即向当地安全生产监督管理部门和公安部门报告。

第三章 经营安全

第十六条 烟花爆竹的经营分为批发和零售。

从事烟花爆竹批发的企业和零售经营者的经营布点,应当经安全生产监督管理部门审批。

禁止在城市市区布设烟花爆竹批发场所;城市市区的烟花爆竹零售网点,应当按照严格控制的原则合理布设。

第十七条 从事烟花爆竹批发的企业,应当具备下列条件:

(一)具有企业法人条件;

(二)经营场所与周边建筑、设施保持必要的安全距离;

(三)有符合国家标准的经营场所和储存仓库;

(四)有保管员、仓库守护员;

(五)依法进行了安全评价;

(六)有事故应急救援预案、应急救援组织和人员,并配备必要的应急救援器材、设备;

(七)法律、法规规定的其他条件。

第十八条 烟花爆竹零售经营者,应当具备下列条件:

(一)主要负责人经过安全知识教育;

(二)实行专店或者专柜销售,设专人负责安全管理;

(三)经营场所配备必要的消防器材,张贴明显的安全警示标志;

(四)法律、法规规定的其他条件。

第十九条 申请从事烟花爆竹批发的企业,应当向所在地设区的市人民政府安全生产监督管理部门提出申请,并提供能够证明符合本条例第十七条规定条件的有关材料。受理申请的安全生产监督管理部门应当自受理申请之日起30日内对提交的有关材料和经营场所进行审查,对符合条件的,核发《烟花爆竹经营(批发)许可证》;对不符合条件的,应当说明理由。

申请从事烟花爆竹零售的经营者,应当向所在地县级人民政府安全生产监督管理部门提出申请,并提供能够证明符合本条例第十八条规定条件的有关材料。受理申请的安全生产监督管理部门应当自受理申请之日起20日内对提交的有关材料和经营场所进行审查,对符合条件的,核发《烟花爆竹经营(零售)许可证》;对不符合条件的,应当说明理由。

《烟花爆竹经营(零售)许可证》,应当载明经营负责人、经营场所地址、经营期限、烟花爆竹种类和限制存放量。

第二十条 从事烟花爆竹批发的企业,应当向生产烟花爆竹的企业采购烟花爆竹,向从事烟花爆竹零售的经营者供应烟花爆竹。从事烟花爆竹零售的经营者,应当向从事烟花爆竹批发的企业采购烟花爆竹。

从事烟花爆竹批发的企业、零售经营者不得采购和销售非法生产、经营的烟花爆竹。

从事烟花爆竹批发的企业,不得向从事烟花爆竹零售的经营者供应按照国家标准规定应由专业燃放人员燃放的烟花爆竹。从事烟花爆竹零售的经营者,不得销售按照国家标准规定应由专业燃放人员燃放的烟花爆竹。

第二十一条 生产、经营黑火药、烟火药、引火线的企业,不得向未取得烟花爆竹安全生产许可的任何单位或者个人销售黑火药、烟火药和引火线。

第四章 运输安全

第二十二条 经由道路运输烟花爆竹的,应当经公安部门许可。

经由铁路、水路、航空运输烟花爆竹的，依照铁路、水路、航空运输安全管理的有关法律、法规、规章的规定执行。

第二十三条 经由道路运输烟花爆竹的，托运人应当向运达地县级人民政府公安部门提出申请，并提交下列有关材料：

（一）承运人从事危险货物运输的资质证明；

（二）驾驶员、押运员从事危险货物运输的资格证明；

（三）危险货物运输车辆的道路运输证明；

（四）托运人从事烟花爆竹生产、经营的资质证明；

（五）烟花爆竹的购销合同及运输烟花爆竹的种类、规格、数量；

（六）烟花爆竹的产品质量和包装合格证明；

（七）运输车辆牌号、运输时间、起始地点、行驶路线、经停地点。

第二十四条 受理申请的公安部门应当自受理申请之日起3日内对提交的有关材料进行审查，对符合条件的，核发《烟花爆竹道路运输许可证》；对不符合条件的，应当说明理由。

《烟花爆竹道路运输许可证》应当载明托运人、承运人、一次性运输有效期限、起始地点、行驶路线、经停地点、烟花爆竹的种类、规格和数量。

第二十五条 经由道路运输烟花爆竹的，除应当遵守《中华人民共和国道路交通安全法》外，还应当遵守下列规定：

（一）随车携带《烟花爆竹道路运输许可证》；

（二）不得违反运输许可事项；

（三）运输车辆悬挂或者安装符合国家标准的易燃易爆危险物品警示标志；

（四）烟花爆竹的装载符合国家有关标准和规范；

（五）装载烟花爆竹的车厢不得载人；

（六）运输车辆限速行驶，途中经停必须有专人看守；

（七）出现危险情况立即采取必要的措施，并报告当地公安部门。

第二十六条 烟花爆竹运达目的地后，收货人应当在3日内将《烟花爆竹道路运输许可证》交回发证机关核销。

第二十七条 禁止携带烟花爆竹搭乘公共交通工具。

禁止邮寄烟花爆竹，禁止在托运的行李、包裹、邮件中夹带烟花爆竹。

第五章 燃放安全

第二十八条 燃放烟花爆竹，应当遵守有关法律、法规和规章的规定。县级以上地方人民政府可以根据本行政区域的实际情况，确定限制或者禁止燃放烟花爆竹的时间、地点和种类。

第二十九条 各级人民政府和政府有关部门应当开展社会宣传活动，教育公民遵守有关法律、法规和规章，安全燃放烟花爆竹。

广播、电视、报刊等新闻媒体，应当做好安全燃放烟花爆竹的宣传、教育工作。

未成年人的监护人应当对未成年人进行安全燃放烟花爆竹的教育。

第三十条 禁止在下列地点燃放烟花爆竹：

（一）文物保护单位；

（二）车站、码头、飞机场等交通枢纽以及铁路线路安全保护区内；

（三）易燃易爆物品生产、储存单位；

（四）输变电设施安全保护区内；

（五）医疗机构、幼儿园、中小学校、敬老院；

（六）山林、草原等重点防火区；

（七）县级以上地方人民政府规定的禁止燃放烟花爆竹的其他地点。

第三十一条 燃放烟花爆竹，应当按照燃放说明燃放，不得以危害公共安全和人身、财产安全的方式燃放烟花爆竹。

第三十二条 举办焰火晚会以及其他大型焰火燃放活动，应当按照举办的时间、地点、环境、活动性质、规模以及燃放烟花爆竹的种类、规格和数量，确定危险等级，实行分级管理。分级管理的具体办法，由国务院公安部门规定。

第三十三条 申请举办焰火晚会以及其他大型焰火燃放活动，主办单位应当按照分级管理的规定，向有关人民政府公安部门提出申请，并提交下列有关材料：

（一）举办焰火晚会以及其他大型焰火燃放活动的时间、地点、环境、活动性质、规模；

（二）燃放烟花爆竹的种类、规格、数量；

（三）燃放作业方案；

（四）燃放作业单位、作业人员符合行业标准规定条件的证明。

受理申请的公安部门应当自受理申请之日起20日内对提交的有关材料进行审查，对符合条件的，核发《焰火燃放许可证》；对不符合条件的，应当说明理由。

第三十四条 焰火晚会以及其他大型焰火燃放活动燃放作业单位和作业人员，应当按照焰火燃放安全规程和经许可的燃放作业方案进行燃放作业。

第三十五条 公安部门应当加强对危险等级较高的焰火晚会以及其他大型焰火燃放活动的监督检查。

第六章 法律责任

第三十六条 对未经许可生产、经营烟花爆竹制品，或者向未取得烟花爆竹安全生产许可的单位或者个人销售黑火药、烟火药、引火线的，由安全生产监督管理部门责令停止非法生产、经营活动，处2万元以上10万元以下的罚款，并没收非法生产、经营的物品及违法所得。

对未经许可经由道路运输烟花爆竹的，由公安部门责令停止非法运输活动，处1万元以上5万元以下的罚款，并没收非法运输的物品及违法所得。

非法生产、经营、运输烟花爆竹，构成违反治安管理行为的，依法给予治安管理处罚；构成犯罪的，依法追究刑事责任。

第三十七条 生产烟花爆竹的企业有下列行为之一的，由安全生产监督管理部门责令限期改正，处1万元以上5万元以下的罚款；逾期不改正的，责令停产停业整顿，情节严重的，吊销安全生产许可证：

（一）未按照安全生产许可证核定的产品种类进行生产的；

（二）生产工序或者生产作业不符合有关国家标准、行业标准的；

（三）雇佣未经设区的市人民政府安全生产监督管理部门考核合格的人员从事危险工序作业的；

（四）生产烟花爆竹使用的原料不符合国家标准规定的，或者使用的原料超过国家标准规定的用量限制的；

（五）使用按照国家标准规定禁止使用或者禁忌配伍的物质生产烟花爆竹的；

（六）未按照国家标准的规定在烟花爆竹产品上标注燃放说明，或者未在烟花爆竹的包装物上印制易燃易爆危险物品警示标志的。

第三十八条 从事烟花爆竹批发的企业向从事烟花爆竹零售的经营者供应非法生产、经营的烟花爆竹，或者供应按照国家标准规定应由专业燃放人员燃放的烟花爆竹的，由安全生产监督管理部门责令停止违法行为，处2万元以上10万元以下的罚款，并没收非法经营的物品及违法所得；情节严重的，吊销烟花爆竹经营许可证。

从事烟花爆竹零售的经营者销售非法生产、经营的烟花爆竹，或者销售按照国家标准规定应由专业燃放人员燃放的烟花爆竹的，由安全生产监督管理部门责令停止违法行为，处1000元以上5000元以下的罚款，并没收非法经营的物品及违法所得；情节严重的，吊销烟花爆竹经营许可证。

第三十九条 生产、经营、使用黑火药、烟火药、引火线的企业，丢失黑火药、烟火药、引火线未及时向当地安全生产监督管理部门和公安部门报告的，由公安部门对企业主要负责人处5000元以上2万元以下的罚款，对丢失的物品予以追缴。

第四十条 经由道路运输烟花爆竹，有下列行为之一的，由公安部门责令改正，处200元以上2000元以下的罚款：

（一）违反运输许可事项的；

（二）未随车携带《烟花爆竹道路运输许可证》的；

（三）运输车辆没有悬挂或者安装符合国家标准的易燃易爆危险物品警示标志的；

（四）烟花爆竹的装载不符合国家有关标准和规范的；

（五）装载烟花爆竹的车厢载人的；

（六）超过危险物品运输车辆规定时速行驶的；

（七）运输车辆途中经停没有专人看守的；

（八）运达目的地后，未按规定时间将《烟花爆竹道路运输许可证》交回发证机关核销的。

第四十一条 对携带烟花爆竹搭乘公共交通工具，或者邮寄烟花爆竹以及在托运的行李、包裹、邮件中夹带烟花爆竹的，由公安部门没收非法携带、邮寄、夹带的烟花爆竹，可以并处200元以上1000元以下的罚款。

第四十二条 对未经许可举办焰火晚会以及其他大型焰火燃放活动，或者焰火晚会以及其他大型焰火燃放活动燃放作业单位和作业人员违反焰火燃放安全规程、燃放作业方案进行燃放作业的，由公安部门责令停止燃放，对责任单位处1万元以上5万元以下的罚款。

在禁止燃放烟花爆竹的时间、地点燃放烟花爆竹，或者以危害公共安全和人身、财产安全的方式燃放烟花爆竹的，由公安部门责令停止燃放，处100元以上500元以下的罚款；构成违反治安管理行为的，依法给予治安管理处罚。

第四十三条 对没收的非法烟花爆竹以及生产、经营企业弃置的废旧烟花爆竹，应当就地封存，并由公安部门组织销毁、处置。

第四十四条 安全生产监督管理部门、公安部门、质量监督检验部门、工商行政管理部门的工作人员，在烟花爆竹安全监管工作中滥用职权、玩忽职守、徇私舞弊，构成犯罪的，依法追究刑事责任；尚不构成犯罪的，依法给予行政处分。

第七章 附　则

第四十五条 《烟花爆竹安全生产许可证》、《烟花爆竹经营（批发）许可证》、《烟花爆竹经营（零售）

许可证》，由国务院安全生产监督管理部门规定式样；《烟花爆竹道路运输许可证》、《焰火燃放许可证》，由国务院公安部门规定式样。

第四十六条 本条例自公布之日起施行。

烟花爆竹生产企业安全生产许可证实施办法

（2012年7月1日国家安全生产监督管理总局令第54号公布 自2012年8月1日起施行）

第一章 总 则

第一条 为了严格烟花爆竹生产企业安全生产准入条件，规范烟花爆竹安全生产许可证的颁发和管理工作，根据《安全生产许可证条例》、《烟花爆竹安全管理条例》等法律、行政法规，制定本办法。

第二条 本办法所称烟花爆竹生产企业（以下简称企业），是指依法设立并取得工商营业执照或者企业名称工商预先核准文件，从事烟花爆竹生产的企业。

第三条 企业应当依照本办法的规定取得烟花爆竹安全生产许可证（以下简称安全生产许可证）。

未取得安全生产许可证的，不得从事烟花爆竹生产活动。

第四条 安全生产许可证的颁发和管理工作实行企业申请、一级发证、属地监管的原则。

第五条 国家安全生产监督管理总局负责指导、监督全国安全生产许可证的颁发和管理工作，并对安全生产许可证进行统一编号。

省、自治区、直辖市人民政府安全生产监督管理部门按照全国统一配号，负责本行政区域内安全生产许可证的颁发和管理工作。

第二章 申请安全生产许可证的条件

第六条 企业的设立应当符合国家产业政策和当地产业结构规划，企业的选址应当符合当地城乡规划。

企业与周边建筑、设施的安全距离必须符合国家标准、行业标准的规定。

第七条 企业的基本建设项目应当依照有关规定经县级以上人民政府或者有关部门批准，并符合下列条件：

（一）建设项目的设计由具有乙级以上军工行业的弹箭、火炸药、民爆器材工程设计类别工程设计资质或者化工石化医药行业的有机化工、石油冶炼、石油产品深加工工程设计类型工程设计资质的单位承担；

（二）建设项目的设计符合《烟花爆竹工程设计安全规范》（GB50161）的要求，并依法进行安全设施设计审查和竣工验收。

第八条 企业的厂房和仓库等基础设施、生产设备、生产工艺以及防火、防爆、防雷、防静电等安全设备设施必须符合《烟花爆竹工程设计安全规范》（GB50161）、《烟花爆竹作业安全技术规程》（GB11652）等国家标准、行业标准的规定。

从事礼花弹生产的企业除符合前款规定外，还应当符合礼花弹生产安全条件的规定。

第九条 企业的药物和成品总仓库、药物和半成品中转库、机械混药和装药工房、晾晒场、烘干房等重点部位应当根据《烟花爆竹企业安全监控系统通用技术条件》（AQ4101）的规定安装视频监控和异常情况报警装置，并设置明显的安全警示标志。

第十条 企业的生产厂房数量和储存仓库面积应当与其生产品种及规模相适应。

第十一条 企业生产的产品品种、类别、级别、规格、质量、包装、标志应当符合《烟花爆竹安全与质量》（GB10631）等国家标准、行业标准的规定。

第十二条 企业应当设置安全生产管理机构，配备专职安全生产管理人员，并符合下列要求：

（一）确定安全生产主管人员；

（二）配备占本企业从业人员总数1%以上且至少有2名专职安全生产管理人员；

（三）配备占本企业从业人员总数5%以上的兼职安全员。

第十三条 企业应当建立健全主要负责人、分管负责人、安全生产管理人员、职能部门、岗位的安全生产责任制，制定下列安全生产规章制度和操作规程：

（一）符合《烟花爆竹作业安全技术规程》（GB11652）等国家标准、行业标准规定的岗位安全操作规程；

（二）药物存储管理、领取管理和余（废）药处理制度；

（三）企业负责人及涉裸药生产线负责人值（带）班制度；

（四）特种作业人员管理制度；

（五）从业人员安全教育培训制度；

（六）安全检查和隐患排查治理制度；

（七）产品购销合同和销售流向登记管理制度；

（八）新产品、新药物研发管理制度；

（九）安全设施设备维护管理制度；

（十）原材料购买、检验、储存及使用管理制度；

（十一）职工出入厂（库）区登记制度；

（十二）厂（库）区门卫值班（守卫）制度；

（十三）重大危险源（重点危险部位）监控管理制度；

（十四）安全生产费用提取和使用制度；

（十五）劳动防护用品配备、使用和管理制度；

（十六）工作场所职业病危害防治制度。

第十四条 企业主要负责人、分管安全生产负责人和专职安全生产管理人员应当经专门的安全生产培训和安全生产监督管理部门考核合格，取得安全资格证。

从事药物混合、造粒、筛选、装药、筑药、压药、切引、搬运等危险工序和烟花爆竹仓库保管、守护的特种作业人员，应当接受专业知识培训，并经考核合格取得特种作业操作证。

其他岗位从业人员应当依照有关规定经本岗位安全生产知识教育和培训合格。

第十五条 企业应当依法参加工伤保险，为从业人员缴纳保险费。

第十六条 企业应当依照国家有关规定提取和使用安全生产费用，不得挪作他用。

第十七条 企业必须为从业人员配备符合国家标准或者行业标准的劳动防护用品，并依照有关规定对从业人员进行职业健康检查。

第十八条 企业应当建立生产安全事故应急救援组织，制定事故应急预案，并配备应急救援人员和必要的应急救援器材、设备。

第十九条 企业应当根据《烟花爆竹流向登记通用规范》（AQ4102）和国家有关烟花爆竹流向信息化管理的规定，建立并应用烟花爆竹流向管理信息系统。

第二十条 企业应当依法进行安全评价。安全评价报告应当包括本办法第六条、第七条、第八条、第九条、第十条、第十七条、第十八条规定条件的符合性评价内容。

第三章 安全生产许可证的申请和颁发

第二十一条 企业申请安全生产许可证，应当向所在地设区的市级人民政府安全生产监督管理部门（以下统称初审机关）提出安全审查申请，提交下列文件、资料，并对其真实性负责：

（一）安全生产许可证申请书（一式三份）；

（二）工商营业执照或者企业名称工商预先核准文件（复制件）；

（三）建设项目安全设施设计审查和竣工验收的证明材料；

（四）安全生产管理机构及安全生产管理人员配备情况的书面文件；

（五）各种安全生产责任制文件（复制件）；

（六）安全生产规章制度和岗位安全操作规程目录清单；

（七）企业主要负责人、分管安全生产负责人、专职安全生产管理人员名单和安全资格证（复制件）；

（八）特种作业人员的特种作业操作证（复制件）和其他从业人员安全生产教育培训合格的证明材料；

（九）为从业人员缴纳工伤保险费的证明材料；

（十）安全生产费用提取和使用情况的证明材料；

（十一）具备资质的中介机构出具的安全评价报告。

第二十二条 新建企业申请安全生产许可证，应当在建设项目竣工验收通过之日起 20 个工作日内向所在地初审机关提出安全审查申请。

第二十三条 初审机关收到企业提交的安全审查申请后，应当对企业的设立是否符合国家产业政策和当地产业结构规划、企业的选址是否符合城乡规划以及有关申请文件、资料是否符合要求进行初步审查，并自收到申请之日起 20 个工作日内提出初步审查意见（以下简称初审意见），连同申请文件、资料一并报省、自治区、直辖市人民政府安全生产监督管理部门（以下简称发证机关）。

初审机关在审查过程中，可以就企业的有关情况征求企业所在地县级人民政府的意见。

第二十四条 发证机关收到初审机关报送的申请文件、资料和初审意见后，应当按照下列情况分别作出处理：

（一）申请文件、资料不齐全或者不符合要求的，当场告知或者在 5 个工作日内出具补正通知书，一次告知企业需要补正的全部内容；逾期不告知的，自收到申请材料之日起即为受理；

（二）申请文件、资料齐全，符合要求或者按照发证机关要求提交全部补正材料的，自收到申请文件、资料或者全部补正材料之日起即为受理。

发证机关应当将受理或者不予受理决定书面告知申请企业和初审机关。

第二十五条 发证机关受理申请后，应当结合初审意见，组织有关人员对申请文件、资料进行审查。需要到现场核查的，应当指派 2 名以上工作人员进行现场核查；对从事黑火药、引火线、礼花弹生产的企业，应当指派 2 名以上工作人员进行现场核查。

发证机关应当自受理之日起 45 个工作日内作出颁发或者不予颁发安全生产许可证的决定。

对决定颁发的，发证机关应当自决定之日起 10 个工作日内送达或者通知企业领取安全生产许可证；

对不予颁发的,应当在10个工作日内书面通知企业并说明理由。

现场核查所需时间不计算在本条规定的期限内。

第二十六条 安全生产许可证分为正副本,正本为悬挂式,副本为折页式。正本、副本具有同等法律效力。

第四章 安全生产许可证的变更和延期

第二十七条 企业在安全生产许可证有效期内有下列情形之一的,应当按照本办法第二十八条的规定申请变更安全生产许可证:

(一)改建、扩建烟花爆竹生产(含储存)设施的;

(二)变更产品类别、级别范围的;

(三)变更企业主要负责人的;

(四)变更企业名称的。

第二十八条 企业有本办法第二十七条第一项情形申请变更的,应当自建设项目通过竣工验收之日起20个工作日内向所在地初审机关提出安全审查申请,并提交安全生产许可证变更申请书(一式三份)和建设项目安全设施设计审查和竣工验收的证明材料。

企业有本办法第二十七条第二项情形申请变更的,应当向所在地初审机关提出安全审查申请,并提交安全生产许可证变更申请书(一式三份)和专项安全评价报告(减少生产产品品种的除外)。

企业有本办法第二十七条第三项情形申请变更的,应当向所在地发证机关提交安全生产许可证变更申请书(一式三份)和主要负责人安全资格证(复制件)。

企业有本办法第二十七条第四项情形申请变更的,应当自取得变更后的工商营业执照或者企业名称工商预先核准文件之日起10个工作日内,向所在地发证机关提交安全生产许可证变更申请书(一式三份)和工商营业执照或者企业名称工商预先核准文件(复制件)。

第二十九条 对本办法第二十七条第一项、第二项情形的安全生产许可证变更申请,初审机关、发证机关应当按照本办法第二十三条、第二十四条、第二十五条的规定进行审查,并办理变更手续。

对本办法第二十七条第三项、第四项情形的安全生产许可证变更申请,发证机关应当自收到变更申请材料之日起5个工作日内完成审查,并办理变更手续。

第三十条 安全生产许可证有效期为3年。安全生产许可证有效期满需要延期的,企业应当于有效期届满前3个月向原发证机关申请办理延期手续。

第三十一条 企业提出延期申请的,应当向发证机关提交下列文件、资料:

(一)安全生产许可证延期申请书(一式三份);

(二)本办法第二十一条第四项至第十一项规定的文件、资料;

(三)达到安全生产标准化三级的证明材料。

发证机关收到延期申请后,应当按照本办法第二十四条、第二十五条的规定办理延期手续。

第三十二条 企业在安全生产许可证有效期内符合下列条件,在许可证有效期届满时,经原发证机关同意,不再审查,直接办理延期手续:

(一)严格遵守有关安全生产法律、法规和本办法;

(二)取得安全生产许可证后,加强日常安全生产管理,不断提升安全生产条件,达到安全生产标准化二级以上;

(三)接受发证机关及所在地人民政府安全生产监督管理部门的监督检查;

(四)未发生生产安全死亡事故。

第三十三条 对决定批准延期、变更安全生产许可证的,发证机关应当收回原证,换发新证。

第五章 监督管理

第三十四条 安全生产许可证发证机关和初审机关应当坚持公开、公平、公正的原则,严格依照有关行政许可的法律法规和本办法,审查、颁发安全生产许可证。

发证机关和初审机关工作人员在安全生产许可证审查、颁发、管理工作中,不得索取或者接受企业的财物,不得谋取其他不正当利益。

第三十五条 发证机关及所在地人民政府安全生产监督管理部门应当加强对烟花爆竹生产企业的监督检查,督促其依照法律、法规、规章和国家标准、行业标准的规定进行生产。

第三十六条 发证机关发现企业以欺骗、贿赂等不正当手段取得安全生产许可证的,应当撤销已颁发的安全生产许可证。

第三十七条 取得安全生产许可证的企业有下列情形之一的,发证机关应当注销其安全生产许可证:

(一)安全生产许可证有效期满未被批准延期的;

(二)终止烟花爆竹生产活动的;

(三)安全生产许可证被依法撤销的;

(四)安全生产许可证被依法吊销的。

发证机关注销安全生产许可证后,应当在当地主要媒体或者本机关政府网站上及时公告被注销安全生产许可证的企业名单,并通报同级人民政府有关部门和企业所在地县级人民政府。

第三十八条 发证机关应当建立健全安全生产许可证档案管理制度，并应用信息化手段管理安全生产许可证档案。

第三十九条 发证机关应当每6个月向社会公布一次取得安全生产许可证的企业情况，并于每年1月15日前将本行政区域内上一年度安全生产许可证的颁发和管理情况报国家安全生产监督管理总局。

第四十条 企业取得安全生产许可证后，不得出租、转让安全生产许可证，不得将企业、生产线或者工（库）房转包、分包给不具备安全生产条件或者相应资质的其他任何单位或者个人，不得多股东各自独立进行烟花爆竹生产活动。

企业不得从其他企业购买烟花爆竹半成品加工后销售或者购买其他企业烟花爆竹成品加贴本企业标签后销售，不得向其他企业销售烟花爆竹半成品。从事礼花弹生产的企业不得将礼花弹销售给未经公安机关批准的燃放活动。

第四十一条 任何单位或者个人对违反《安全生产许可证条例》、《烟花爆竹安全管理条例》和本办法规定的行为，有权向安全生产监督管理部门或者监察机关等有关部门举报。

第六章 法律责任

第四十二条 发证机关、初审机关及其工作人员有下列行为之一的，给予降级或者撤职的行政处分；构成犯罪的，依法追究刑事责任：

（一）向不符合本办法规定的安全生产条件的企业颁发安全生产许可证的；

（二）发现企业未依法取得安全生产许可证擅自从事烟花爆竹生产活动，不依法处理的；

（三）发现取得安全生产许可证的企业不再具备本办法规定的安全生产条件，不依法处理的；

（四）接到违反本办法规定行为的举报后，不及时处理的；

（五）在安全生产许可证颁发、管理和监督检查工作中，索取或者接受企业财物、帮助企业弄虚作假或者谋取其他不正当利益的。

第四十三条 企业有下列行为之一的，责令停止违法活动或者限期改正，并处1万元以上3万元以下的罚款：

（一）变更企业主要负责人或者名称，未办理安全生产许可证变更手续的；

（二）从其他企业购买烟花爆竹半成品加工后销售，或者购买其他企业烟花爆竹成品加贴本企业标签后销售，或者向其他企业销售烟花爆竹半成品的。

第四十四条 企业有下列行为之一的，依法暂扣其安全生产许可证：

（一）多股东各自独立进行烟花爆竹生产活动的；

（二）从事礼花弹生产的企业将礼花弹销售给未经公安机关批准的燃放活动的；

（三）改建、扩建烟花爆竹生产（含储存）设施未办理安全生产许可证变更手续的；

（四）发生较大以上生产安全责任事故的；

（五）不再具备本办法规定的安全生产条件的。

企业有前款第一项、第二项、第三项行为之一的，并处1万元以上3万元以下的罚款。

第四十五条 企业有下列行为之一的，依法吊销其安全生产许可证：

（一）出租、转让安全生产许可证的；

（二）被暂扣安全生产许可证，经停产整顿后仍不具备本办法规定的安全生产条件的。

企业有前款第一项行为的，没收违法所得，并处10万元以上50万元以下的罚款。

第四十六条 企业有下列行为之一的，责令停止生产，没收违法所得，并处10万元以上50万元以下的罚款：

（一）未取得安全生产许可证擅自进行烟花爆竹生产的；

（二）变更产品类别或者级别范围未办理安全生产许可证变更手续的。

第四十七条 企业取得安全生产许可证后，将企业、生产线或者工（库）房转包、分包给不具备安全生产条件或者相应资质的其他单位或者个人，依照《中华人民共和国安全生产法》的有关规定给予处罚。

第四十八条 本办法规定的行政处罚，由安全生产监督管理部门决定，暂扣、吊销安全生产许可证的行政处罚由发证机关决定。

第七章 附 则

第四十九条 安全生产许可证由国家安全生产监督管理总局统一印制。

第五十条 本办法自2012年8月1日起施行。原国家安全生产监督管理局、国家煤矿安全监察局2004年5月17日公布的《烟花爆竹生产企业安全生产许可证实施办法》同时废止。

烟花爆竹企业保障生产安全十条规定

（2017年3月6日 安监总政法〔2017〕15号）

一、必须依法设立、证照齐全有效。

二、必须确保防爆、防火、防雷、防静电设施完备。

三、必须确保中转库、药物总库和成品总库满足生产安全需要。

四、必须落实领导值班和职工进出厂登记制度。

五、必须确保全员培训合格和危险工序持证上岗。

六、严禁转包分包、委托加工和违规使用氯酸钾。

七、严禁超范围、超人员、超药量和擅自改变工房用途。

八、严禁高温、雷雨天气生产作业。

九、严禁违规检维修作业和边施工边生产。

十、严禁串岗和无关人员进入厂区。

民用爆炸物品安全生产许可实施办法

(2015年5月19日工业和信息化部令第30号公布　自2015年6月30日起施行)

第一章　总　　则

第一条　为了加强民用爆炸物品安全生产监督管理,预防生产安全事故,根据《中华人民共和国安全生产法》、《安全生产许可证条例》和《民用爆炸物品安全管理条例》,制定本办法。

第二条　取得《民用爆炸物品生产许可证》的企业,在基本建设完成后,应当依照本办法申请民用爆炸物品安全生产许可。

企业未获得《民用爆炸物品安全生产许可证》的,不得从事民用爆炸物品生产活动。

第三条　工业和信息化部负责指导、监督全国民用爆炸物品生产企业安全生产许可的审批和管理工作。

省、自治区、直辖市人民政府民用爆炸物品行业主管部门(以下简称省级民爆行业主管部门)负责民用爆炸物品生产企业安全生产许可的审批和监督管理。

设区的市和县级人民政府民用爆炸物品行业主管部门在各自职责范围内依法对民用爆炸物品安全生产工作实施监督管理。

为方便申请人,省级民爆行业主管部门可委托设区的市或者县级人民政府民用爆炸物品行业主管部门(以下简称初审机关)承担本行政区内民用爆炸物品生产企业安全生产许可申请的受理、初审工作。

第四条　民用爆炸物品生产作业场所的安全生产,实行属地管理的原则。民用爆炸物品生产作业场所(含现场混装作业场所)安全生产应当接受生产作业场所所在地民用爆炸物品行业主管部门的监督管理。

第二章　申请与审批

第五条　申请民用爆炸物品安全生产许可,应当具备下列条件:

(一)取得相应的民用爆炸物品生产许可;

(二)具有健全的企业、车间、班组三级安全生产责任制以及完备的安全生产规章制度和操作规程;

(三)安全投入符合民用爆炸物品安全生产要求;

(四)设置安全生产管理机构,配备专职安全生产管理人员,并具有从事安全生产管理的注册安全工程师;

(五)主要负责人和安全生产管理人员经过民用爆炸物品安全生产培训并考核合格;

(六)特种作业人员经有关业务主管部门考核合格,取得特种作业操作资格证书;

(七)生产作业人员通过有关民用爆炸物品基本知识的安全生产教育和培训,并经考试合格取得上岗资格证书;

(八)依法参加工伤保险,为从业人员交纳保险费;

(九)厂房、库房、作业场所和安全设施、设备、工艺、产品符合有关安全生产法律、法规和《民用爆破器材工程设计安全规范》(GB50089)、《民用爆炸物品生产、销售企业安全管理规程》(GB28263)等标准和规程的要求;现场混装作业系统还应当符合《现场混装炸药生产安全管理规程》(WJ9072)的要求;

(十)具有职业危害防治措施,并为从业人员配备符合国家标准或者行业标准的劳动保护用品;

(十一)具有民用爆炸物品安全评价机构出具的结论为"合格"、"安全风险可接受"或者"已具备安全验收条件"的安全评价报告;

(十二)具有重大危险源检测、评估、监控措施和应急预案;

(十三)具有生产安全事故应急救援预案、应急救援组织或者应急救援人员,配备必要的应急救援器材、设备;

(十四)法律、法规规定的其他条件。

第六条　申请民用爆炸物品安全生产许可的企业自主选择具有民用爆炸物品制造业安全评价资质的安全评价机构,对本企业的生产条件进行安全评价。

省级民爆行业主管部门不得以任何形式指定安全评价机构。

第七条　安全评价机构应当按照《民用爆炸物品安全评价导则》(WJ9048)及有关安全技术标准、规范的要求,对申请民用爆炸物品安全生产许可的企业是否符合本办法第五条规定的条件逐项进行安全评价,出具安全评价报告。

安全评价机构对其安全评价结论负责。

第八条 企业对安全评价报告中提出的问题应当及时加以整改,安全评价机构应当对企业的整改情况进行确认,并将有关确认资料作为安全评价报告的附件。

第九条 取得《民用爆炸物品生产许可证》的生产企业在从事民用爆炸物品生产活动前,应当向生产作业场所所在地省级民爆行业主管部门或者初审机关提出民用爆炸物品安全生产许可申请,填写《民用爆炸物品安全生产许可证申请审批表》(一式3份,由工业和信息化部提供范本),并完整、真实地提供本办法第五条规定的相关文件、材料。

第十条 省级民爆行业主管部门或者初审机关自收到申请之日起5日内,根据下列情况分别作出处理:

(一)申请事项不属于本行政机关职权范围的,应当即时作出不予受理的决定,并告知申请人向有关行政机关申请;

(二)申请材料存在错误,可以当场更正的,应当允许申请人当场更正;

(三)申请材料不齐全或者不符合法定形式的,应当当场或者在5日内一次告知申请人需要补正的全部内容,逾期不告知的,自收到申请材料之日起即为受理;

(四)申请事项属于本行政机关职权范围,申请材料齐全、符合法定形式,或者申请人按照本行政机关的要求提交全部补正申请材料的,应当予以受理。

第十一条 省级民爆行业主管部门自收到申请之日起45日内审查完毕。由初审机关初审的,初审机关应当自受理申请之日起20日内完成对申请材料的审查及必要的安全生产条件核查,并将下列材料报送省级民爆行业主管部门:

(一)《民用爆炸物品安全生产许可证申请审批表》;

(二)企业提交的全部申请材料;

(三)对申请企业安全生产条件的初审意见。

对符合本办法第五条规定条件的,核发《民用爆炸物品安全生产许可证》;对不符合条件的,不予核发《民用爆炸物品安全生产许可证》,书面通知申请人并说明理由。

安全生产许可需要组织专家现场核查的,应当书面告知申请人并组织现场核查。现场核查所需时间不计算在许可期限内。

省级民爆行业主管部门应当自《民用爆炸物品安全生产许可证》颁发之日起15日内,将发证情况报告工业和信息化部并通过有关政府网站等渠道予以公布。

《民用爆炸物品安全生产许可证》应当载明企业名称、注册地址、法定代表人、登记类型、有效期、生产地址、安全生产的品种和能力等事项。

第十二条 《民用爆炸物品安全生产许可证》有效期为3年。有效期届满需要继续从事民用爆炸物品生产活动的,应当在有效期届满前3个月向省级民爆行业主管部门或者初审机关申请延续。

经省级民爆行业主管部门审查,符合民用爆炸物品安全生产许可条件的,应当在有效期届满前准予延续,并向社会公布;不符合民用爆炸物品安全生产许可条件的,不予延续,书面通知申请人并说明理由。

第十三条 《民用爆炸物品安全生产许可证》有效期内,企业名称、注册地址、法定代表人、登记类型发生变更的,企业应当自《民用爆炸物品生产许可证》变更之日起20日内向省级民爆行业主管部门提出《民用爆炸物品安全生产许可证》变更申请,省级民爆行业主管部门应当在10日内完成变更手续,并将结果告知初审机关。

安全生产的品种和能力、生产地址发生变更的,企业应当依照本办法重新申请办理《民用爆炸物品安全生产许可证》。重新核发的《民用爆炸物品安全生产许可证》有效期不变。

第三章 监督管理

第十四条 《民用爆炸物品安全生产许可证》实行年检制度。民用爆炸物品生产企业应当于每年3月向省级民爆行业主管部门或者初审机关报送下列材料:

(一)《民用爆炸物品安全生产许可证年检表》(由工业和信息化部提供范本);

(二)落实安全生产管理责任和安全隐患整改情况;

(三)安全生产费用提留和使用、主要负责人和安全管理人员培训、实际生产量与销售情况;

(四)省级民爆行业主管部门要求报送的其他材料。

初审机关应当在5日内完成初审工作并将相关材料报送省级民爆行业主管部门。

第十五条 省级民爆行业主管部门自收到相关材料之日起20日内,根据下列情况分别作出处理:

(一)企业严格遵守有关安全生产的法律法规和民用爆炸物品行业安全生产有关规定,安全生产条件没有发生变化,没有发生一般及以上等级的生产安全事故的,在《民用爆炸物品安全生产许可证》标注"年检合格";

(二)企业严重违反有关安全生产的法律法规和民用爆炸物品行业安全生产有关规定或者发生一般

及以上等级的生产安全事故,限期未完成整改的,在《民用爆炸物品安全生产许可证》标注“年检不合格”;

(三)企业不具备本办法规定安全生产条件的,在《民用爆炸物品安全生产许可证》标注“年检不合格”。

第十六条 对《民用爆炸物品安全生产许可证》年检不合格的企业,由省级民爆行业主管部门责令其限期整改。整改完成后,企业重新申请年检。

第十七条 企业发生一般及以上等级的生产安全事故的,应当依据《生产安全事故报告和调查处理条例》进行报告。企业安全生产条件发生重大变化或者发生生产安全事故造成人员死亡的,还必须向所在地省级民爆行业主管部门和工业和信息化部报告。

第十八条 民用爆炸物品生产企业应当建立健全生产安全事故隐患排查治理制度,采取技术、管理措施,及时发现并消除事故隐患,事故隐患排查治理情况应当如实记录,并向从业人员通报。

第十九条 各级民用爆炸物品行业主管部门应当建立健全监督制度,加强对民用爆炸物品生产企业的日常监督检查,督促其依法进行生产。

实施监督检查,不得妨碍民用爆炸物品生产企业正常的生产经营活动,不得索取或者收受企业的财物或者谋取其他利益。

第四章 法律责任

第二十条 企业未获得《民用爆炸物品安全生产许可证》擅自组织民用爆炸物品生产的,由省级民爆行业主管部门责令停止生产,处10万元以上50万元以下的罚款,没收非法生产的民用爆炸物品及其违法所得;构成犯罪的,依法追究刑事责任。

第二十一条 企业不具备本办法规定安全生产条件的,省级民爆行业主管部门应当责令停产停业整顿;经停产停业整顿仍不具备安全生产条件的,吊销其《民用爆炸物品安全生产许可证》,并报请工业和信息化部吊销其《民用爆炸物品生产许可证》。

第二十二条 安全评价机构出具虚假安全评价结论或者出具的安全评价结论严重失实的,由省级民爆行业主管部门报工业和信息化部提请有关部门取消安全评价机构资质和安全评价人员执业资格。

第二十三条 以欺骗、贿赂等不正当手段取得《民用爆炸物品安全生产许可证》的,省级民爆行业主管部门撤销其《民用爆炸物品安全生产许可证》,3年内不再受理其该项许可申请。

第二十四条 负责民用爆炸物品安全生产许可的工作人员,在安全生产许可的受理、审查、审批和监督管理工作中,索取或者接受企业财物,或者谋取其他利益的,给予降级或者撤职处分;有其他滥用职权、玩忽职守、徇私舞弊行为的,依法给予处分;构成犯罪的,依法追究刑事责任。

第五章 附则

第二十五条 本办法施行前已经取得民用爆炸物品安全生产许可的企业,应当自本办法施行之日起1年内,依照本办法的规定办理《民用爆炸物品安全生产许可证》。

第二十六条 省级民爆行业主管部门应当依据本办法和本地实际,制定实施细则。

第二十七条 本办法自2015年6月30日起施行。原国防科学技术工业委员会2006年8月31日公布的《民用爆炸物品安全生产许可实施办法》(原国防科学技术工业委员会令第17号)同时废止。

八、石油天然气安全

中华人民共和国石油天然气管道保护法

(2010年6月25日第十一届全国人民代表大会常务委员会第十五次会议通过 2010年6月25日中华人民共和国主席令第30号公布 自2010年10月1日起施行)

第一章 总 则

第一条 为了保护石油、天然气管道,保障石油、天然气输送安全,维护国家能源安全和公共安全,制定本法。

第二条 中华人民共和国境内输送石油、天然气的管道的保护,适用本法。

城镇燃气管道和炼油、化工等企业厂区内管道的保护,不适用本法。

第三条 本法所称石油包括原油和成品油,所称天然气包括天然气、煤层气和煤制气。

本法所称管道包括管道及管道附属设施。

第四条 国务院能源主管部门依照本法规定主管全国管道保护工作,负责组织编制并实施全国管道发展规划,统筹协调全国管道发展规划与其他专项规划的衔接,协调跨省、自治区、直辖市管道保护的重大问题。国务院其他有关部门依照有关法律、行政法规的规定,在各自职责范围内负责管道保护的相关工作。

第五条 省、自治区、直辖市人民政府能源主管部门和设区的市级、县级人民政府指定的部门,依照本法规定主管本行政区域的管道保护工作,协调处理本行政区域管道保护的重大问题,指导、监督有关单位履行管道保护义务,依法查处危害管道安全的违法行为。县级以上地方人民政府其他有关部门依照有关法律、行政法规的规定,在各自职责范围内负责管道保护的相关工作。

省、自治区、直辖市人民政府能源主管部门和设区的市级、县级人民政府指定的部门,统称县级以上地方人民政府主管管道保护工作的部门。

第六条 县级以上地方人民政府应当加强对本行政区域管道保护工作的领导,督促、检查有关部门依法履行管道保护职责,组织排除管道的重大外部安全隐患。

第七条 管道企业应当遵守本法和有关规划、建设、安全生产、质量监督、环境保护等法律、行政法规,执行国家技术规范的强制性要求,建立、健全本企业有关管道保护的规章制度和操作规程并组织实施,宣传管道安全与保护知识,履行管道保护义务,接受人民政府及其有关部门依法实施的监督,保障管道安全运行。

第八条 任何单位和个人不得实施危害管道安全的行为。

对危害管道安全的行为,任何单位和个人有权向县级以上地方人民政府主管管道保护工作的部门或者其他有关部门举报。接到举报的部门应当在职责范围内及时处理。

第九条 国家鼓励和促进管道保护新技术的研究开发和推广应用。

第二章 管道规划与建设

第十条 管道的规划、建设应当符合管道保护的要求,遵循安全、环保、节约用地和经济合理的原则。

第十一条 国务院能源主管部门根据国民经济和社会发展的需要组织编制全国管道发展规划。组织编制全国管道发展规划应当征求国务院有关部门以及有关省、自治区、直辖市人民政府的意见。

全国管道发展规划应当符合国家能源规划,并与土地利用总体规划、城乡规划以及矿产资源、环境保护、水利、铁路、公路、航道、港口、电信等规划相协调。

第十二条 管道企业应当根据全国管道发展规划编制管道建设规划,并将管道建设规划确定的管道建设选线方案报送拟建管道所在地县级以上地方人民政府城乡规划主管部门审核;经审核符合城乡规划的,应当依法纳入当地城乡规划。

纳入城乡规划的管道建设用地,不得擅自改变用途。

第十三条 管道建设的选线应当避开地震活动断层和容易发生洪灾、地质灾害的区域,与建筑物、构筑物、铁路、公路、航道、港口、市政设施、军事设施、电缆、光缆等保持本法和有关法律、行政法规以及国家技术规范的强制性要求规定的保护距离。

新建管道通过的区域受地理条件限制,不能满足前款规定的管道保护要求的,管道企业应当提出防护方案,经管道保护方面的专家评审论证,并经管道所在地县级以上地方人民政府主管管道保护工作的部门批准后，方可建设。

管道建设项目应当依法进行环境影响评价。

第十四条 管道建设使用土地，依照《中华人民共和国土地管理法》等法律、行政法规的规定执行。

依法建设的管道通过集体所有的土地或者他人取得使用权的国有土地，影响土地使用的，管道企业应当按照管道建设时土地的用途给予补偿。

第十五条 依照法律和国务院的规定，取得行政许可或者已报送备案并符合开工条件的管道项目的建设，任何单位和个人不得阻碍。

第十六条 管道建设应当遵守法律、行政法规有关建设工程质量管理的规定。

管道企业应当依照有关法律、行政法规的规定，选择具备相应资质的勘察、设计、施工、工程监理单位进行管道建设。

管道的安全保护设施应当与管道主体工程同时设计、同时施工、同时投入使用。

管道建设使用的管道产品及其附件的质量，应当符合国家技术规范的强制性要求。

第十七条 穿跨越水利工程、防洪设施、河道、航道、铁路、公路、港口、电力设施、通信设施、市政设施的管道的建设，应当遵守本法和有关法律、行政法规，执行国家技术规范的强制性要求。

第十八条 管道企业应当按照国家技术规范的强制性要求在管道沿线设置管道标志。管道标志毁损或者安全警示不清的，管道企业应当及时修复或者更新。

第十九条 管道建成后应当按照国家有关规定进行竣工验收。竣工验收应当审查管道是否符合本法规定的管道保护要求，经验收合格方可正式交付使用。

第二十条 管道企业应当自管道竣工验收合格之日起六十日内，将竣工测量图报管道所在地县级以上地方人民政府主管管道保护工作的部门备案；县级以上地方人民政府主管管道保护工作的部门应当将管道企业报送的管道竣工测量图分送本级人民政府规划、建设、国土资源、铁路、交通、水利、公安、安全生产监督管理等部门和有关军事机关。

第二十一条 地方各级人民政府编制、调整土地利用总体规划和城乡规划，需要管道改建、搬迁或者增加防护设施的，应当与管道企业协商确定补偿方案。

第三章 管道运行中的保护

第二十二条 管道企业应当建立、健全管道巡护制度，配备专门人员对管道线路进行日常巡护。管道巡护人员发现危害管道安全的情形或者隐患，应当按照规定及时处理和报告。

第二十三条 管道企业应当定期对管道进行检测、维修，确保其处于良好状态；对管道安全风险较大的区段和场所应当进行重点监测，采取有效措施防止管道事故的发生。

对不符合安全使用条件的管道，管道企业应当及时更新、改造或者停止使用。

第二十四条 管道企业应当配备管道保护所必需的人员和技术装备，研究开发和使用先进适用的管道保护技术，保证管道保护所必需的经费投入，并对在管道保护中做出突出贡献的单位和个人给予奖励。

第二十五条 管道企业发现管道存在安全隐患，应当及时排除。对管道存在的外部安全隐患，管道企业自身排除确有困难的，应当向县级以上地方人民政府主管管道保护工作的部门报告。接到报告的主管管道保护工作的部门应当及时协调排除或者报请人民政府及时组织排除安全隐患。

第二十六条 管道企业依法取得使用权的土地，任何单位和个人不得侵占。

为合理利用土地，在保障管道安全的条件下，管道企业可以与有关单位、个人约定，同意有关单位、个人种植浅根农作物。但是，因管道巡护、检测、维修造成的农作物损失，除另有约定外，管道企业不予赔偿。

第二十七条 管道企业对管道进行巡护、检测、维修等作业，管道沿线的有关单位、个人应当给予必要的便利。

因管道巡护、检测、维修等作业给土地使用权人或者其他单位、个人造成损失的，管道企业应当依法给予赔偿。

第二十八条 禁止下列危害管道安全的行为：

(一)擅自开启、关闭管道阀门；

(二)采用移动、切割、打孔、砸撬、拆卸等手段损坏管道；

(三)移动、毁损、涂改管道标志；

(四)在埋地管道上方巡查便道上行驶重型车辆；

(五)在地面管道线路、架空管道线路和管桥上行走或者放置重物。

第二十九条 禁止在本法第五十八条第一项所列管道附属设施的上方架设电力线路、通信线路或者在储气库构造区域范围内进行工程挖掘、工程钻探、采矿。

第三十条 在管道线路中心线两侧各五米地域范围内，禁止下列危害管道安全的行为：

(一)种植乔木、灌木、藤类、芦苇、竹子或者其他根系深达管道埋设部位可能损坏管道防腐层的深根植物；

（二）取土、采石、用火、堆放重物、排放腐蚀性物质、使用机械工具进行挖掘施工；

（三）挖塘、修渠、修晒场、修建水产养殖场、建温室、建家畜棚圈、建房以及修建其他建筑物、构筑物。

第三十一条 在管道线路中心线两侧和本法第五十八条第一项所列管道附属设施周边修建下列建筑物、构筑物的，建筑物、构筑物与管道线路和管道附属设施的距离应当符合国家技术规范的强制性要求：

（一）居民小区、学校、医院、娱乐场所、车站、商场等人口密集的建筑物；

（二）变电站、加油站、加气站、储油罐、储气罐等易燃易爆物品的生产、经营、存储场所。

前款规定的国家技术规范的强制性要求，应当按照保障管道及建筑物、构筑物安全和节约用地的原则确定。

第三十二条 在穿越河流的管道线路中心线两侧各五百米地域范围内，禁止抛锚、拖锚、挖砂、挖泥、采石、水下爆破。但是，在保障管道安全的条件下，为防洪和航道通畅而进行的养护疏浚作业除外。

第三十三条 在管道专用隧道中心线两侧各一千米地域范围内，除本条第二款规定的情形外，禁止采石、采矿、爆破。

在前款规定的地域范围内，因修建铁路、公路、水利工程等公共工程，确需实施采石、爆破作业的，应当经管道所在地县级人民政府主管管道保护工作的部门批准，并采取必要的安全防护措施，方可实施。

第三十四条 未经管道企业同意，其他单位不得使用管道专用伴行道路、管道水工防护设施、管道专用隧道等管道附属设施。

第三十五条 进行下列施工作业，施工单位应当向管道所在地县级人民政府主管管道保护工作的部门提出申请：

（一）穿跨越管道的施工作业；

（二）在管道线路中心线两侧各五米至五十米和本法第五十八条第一项所列管道附属设施周边一百米地域范围内，新建、改建、扩建铁路、公路、河渠，架设电力线路，埋设地下电缆、光缆，设置安全接地体、避雷接地体；

（三）在管道线路中心线两侧各二百米和本法第五十八条第一项所列管道附属设施周边五百米地域范围内，进行爆破、地震法勘探或者工程挖掘、工程钻探、采矿。

县级人民政府主管管道保护工作的部门接到申请后，应当组织施工单位与管道企业协商确定施工作业方案，并签订安全防护协议；协商不成的，主管管道保护工作的部门应当组织进行安全评审，作出是否批准作业的决定。

第三十六条 申请进行本法第三十三条第二款、第三十五条规定的施工作业，应当符合下列条件：

（一）具有符合管道安全和公共安全要求的施工作业方案；

（二）已制定事故应急预案；

（三）施工作业人员具备管道保护知识；

（四）具有保障安全施工作业的设备、设施。

第三十七条 进行本法第三十三条第二款、第三十五条规定的施工作业，应当在开工七日前书面通知管道企业。管道企业应当指派专门人员到现场进行管道保护安全指导。

第三十八条 管道企业在紧急情况下进行管道抢修作业，可以先行使用他人土地或者设施，但应当及时告知土地或者设施的所有权人或者使用权人。给土地或者设施的所有权人或者使用权人造成损失的，管道企业应当依法给予赔偿。

第三十九条 管道企业应当制定本企业管道事故应急预案，并报管道所在地县级人民政府主管管道保护工作的部门备案；配备抢险救援人员和设备，并定期进行管道事故应急救援演练。

发生管道事故，管道企业应当立即启动本企业管道事故应急预案，按照规定及时通报可能受到事故危害的单位和居民，采取有效措施消除或者减轻事故危害，并依照有关事故调查处理的法律、行政法规的规定，向事故发生地县级人民政府主管管道保护工作的部门、安全生产监督管理部门和其他有关部门报告。

接到报告的主管管道保护工作的部门应当按照规定及时上报事故情况，并根据管道事故的实际情况组织采取事故处置措施或者报请人民政府及时启动本行政区域管道事故应急预案，组织进行事故应急处置与救援。

第四十条 管道泄漏的石油和因管道抢修排放的石油造成环境污染的，管道企业应当及时治理。因第三人的行为致使管道泄漏造成环境污染的，管道企业有权向第三人追偿治理费用。

环境污染损害的赔偿责任，适用《中华人民共和国侵权责任法》和防治环境污染的法律的有关规定。

第四十一条 管道泄漏的石油和因管道抢修排放的石油，由管道企业回收、处理，任何单位和个人不得侵占、盗窃、哄抢。

第四十二条 管道停止运行、封存、报废的，管道企业应当采取必要的安全防护措施，并报县级以上地方人民政府主管管道保护工作的部门备案。

第四十三条 管道重点保护部位，需要由中国人民武装警察部队负责守卫的，依照《中华人民共和国人民武装警察法》和国务院、中央军事委员会的有关规定执行。

第四章　管道建设工程与其他建设工程相遇关系的处理

第四十四条　管道建设工程与其他建设工程的相遇关系，依照法律的规定处理；法律没有规定的，由建设工程双方按照下列原则协商处理，并为对方提供必要的便利：

（一）后开工的建设工程服从先开工或者已建成的建设工程；

（二）同时开工的建设工程，后批准的建设工程服从先批准的建设工程。

依照前款规定，后开工或者后批准的建设工程，应当符合先开工、已建成或者先批准的建设工程的安全防护要求；需要先开工、已建成或者先批准的建设工程改建、搬迁或者增加防护设施的，后开工或者后批准的建设工程一方应当承担由此增加的费用。

管道建设工程与其他建设工程相遇的，建设工程双方应当协商确定施工作业方案并签订安全防护协议，指派专门人员现场监督、指导对方施工。

第四十五条　经依法批准的管道建设工程，需要通过正在建设的其他建设工程的，其他工程建设单位应当按照管道建设工程的需要，预留管道通道或者预建管道通过设施，管道企业应当承担由此增加的费用。

经依法批准的其他建设工程，需要通过正在建设的管道建设工程的，管道建设单位应当按照其他建设工程的需要，预留通道或者预建相关设施，其他工程建设单位应当承担由此增加的费用。

第四十六条　管道建设工程通过矿产资源开采区域的，管道企业应当与矿产资源开采企业协商确定管道的安全防护方案，需要矿产资源开采企业按照管道安全防护要求预建防护设施或者采取其他防护措施的，管道企业应当承担由此增加的费用。

矿产资源开采企业未按照约定预建防护设施或者采取其他防护措施，造成地面塌陷、裂缝、沉降等地质灾害，致使管道需要改建、搬迁或者采取其他防护措施的，矿产资源开采企业应当承担由此增加的费用。

第四十七条　铁路、公路等建设工程修建防洪、分流等水工防护设施，可能影响管道保护的，应当事先通知管道企业并注意保护下游已建成的管道水工防护设施。

建设工程修建防洪、分流等水工防护设施，使下游已建成的管道水工防护设施的功能受到影响，需要新建、改建、扩建管道水工防护设施的，工程建设单位应当承担由此增加的费用。

第四十八条　县级以上地方人民政府水行政主管部门制定防洪、泄洪方案应当兼顾管道的保护。

需要在管道通过的区域泄洪的，县级以上地方人民政府水行政主管部门应当在泄洪方案确定后，及时将泄洪量和泄洪时间通知本级人民政府主管管道保护工作的部门和管道企业或者向社会公告。主管管道保护工作的部门和管道企业应当对管道采取防洪保护措施。

第四十九条　管道与航道相遇，确需在航道中修建管道防护设施的，应当进行通航标准技术论证，并经航道主管部门批准。管道防护设施完工后，应经航道主管部门验收。

进行前款规定的施工作业，应当在批准的施工区域内设置航标，航标的设置和维护费用由管道企业承担。

第五章　法律责任

第五十条　管道企业有下列行为之一的，由县级以上地方人民政府主管管道保护工作的部门责令限期改正；逾期不改正的，处二万元以上十万元以下的罚款；对直接负责的主管人员和其他直接责任人员给予处分：

（一）未依照本法规定对管道进行巡护、检测和维修的；

（二）对不符合安全使用条件的管道未及时更新、改造或者停止使用的；

（三）未依照本法规定设置、修复或者更新有关管道标志的；

（四）未依照本法规定将管道竣工测量图报人民政府主管管道保护工作的部门备案的；

（五）未制定本企业管道事故应急预案，或者未将本企业管道事故应急预案报人民政府主管管道保护工作的部门备案的；

（六）发生管道事故，未采取有效措施消除或者减轻事故危害的；

（七）未对停止运行、封存、报废的管道采取必要的安全防护措施的。

管道企业违反本法规定的行为同时违反建设工程质量管理、安全生产、消防等其他法律的，依照其他法律的规定处罚。

管道企业给他人合法权益造成损害的，依法承担民事责任。

第五十一条　采用移动、切割、打孔、砸撬、拆卸等手段损坏管道或者盗窃、哄抢管道输送、泄漏、排放的石油、天然气，尚不构成犯罪的，依法给予治安管理处罚。

第五十二条　违反本法第二十九条、第三十条、

第三十二条或者第三十三条第一款的规定，实施危害管道安全行为的，由县级以上地方人民政府主管管道保护工作的部门责令停止违法行为；情节较重的，对单位处一万元以上十万元以下的罚款，对个人处二百元以上二千元以下的罚款；对违法修建的建筑物、构筑物或者其他设施限期拆除；逾期未拆除的，由县级以上地方人民政府主管管道保护工作的部门组织拆除，所需费用由违法行为人承担。

第五十三条 未经依法批准，进行本法第三十三条第二款或者第三十五条规定的施工作业的，由县级以上地方人民政府主管管道保护工作的部门责令停止违法行为；情节较重的，处一万元以上五万元以下的罚款；对违法修建的危害管道安全的建筑物、构筑物或者其他设施限期拆除；逾期未拆除的，由县级以上地方人民政府主管管道保护工作的部门组织拆除，所需费用由违法行为人承担。

第五十四条 违反本法规定，有下列行为之一的，由县级以上地方人民政府主管管道保护工作的部门责令改正；情节严重的，处二百元以上一千元以下的罚款：

（一）擅自开启、关闭管道阀门的；

（二）移动、毁损、涂改管道标志的；

（三）在埋地管道上方巡查便道上行驶重型车辆的；

（四）在地面管道线路、架空管道线路和管桥上行走或者放置重物的；

（五）阻碍依法进行的管道建设的。

第五十五条 违反本法规定，实施危害管道安全的行为，给管道企业造成损害的，依法承担民事责任。

第五十六条 县级以上地方人民政府及其主管管道保护工作的部门或者其他有关部门，违反本法规定，对应当组织排除的管道外部安全隐患不及时组织排除，发现危害管道安全的行为或者接到对危害管道安全行为的举报后不依法予以查处，或者有其他不依照本法规定履行职责的行为的，由其上级机关责令改正，对直接负责的主管人员和其他直接责任人员依法给予处分。

第五十七条 违反本法规定，构成犯罪的，依法追究刑事责任。

第六章 附 则

第五十八条 本法所称管道附属设施包括：

（一）管道的加压站、加热站、计量站、集油站、集气站、输油站、输气站、配气站、处理场、清管站、阀室、阀井、放空设施、油库、储气库、装卸栈桥、装卸场；

（二）管道的水工防护设施、防风设施、防雷设施、抗震设施、通信设施、安全监控设施、电力设施、管堤、管桥以及管道专用涵洞、隧道等穿跨越设施；

（三）管道的阴极保护站、阴极保护测试桩、阳极地床、杂散电流排流站等防腐设施；

（四）管道穿越铁路、公路的检漏装置；

（五）管道的其他附属设施。

第五十九条 本法施行前在管道保护距离内已建成的人口密集场所和易燃易爆物品的生产、经营、存储场所，应当由所在地人民政府根据当地的实际情况，有计划、分步骤地进行搬迁、清理或者采取必要的防护措施。需要已建成的管道改建、搬迁或者采取必要的防护措施的，应当与管道企业协商确定补偿方案。

第六十条 国务院可以根据海上石油、天然气管道的具体情况，制定海上石油、天然气管道保护的特别规定。

第六十一条 本法自2010年10月1日起施行。

海洋石油安全生产规定

（2006年2月7日国家安全生产监管总局令第4号公布 根据2013年8月29日《国家安全监管总局关于修改〈生产经营单位安全培训规定〉等11件规章的决定》第一次修订 根据2015年5月26日《国家安全监管总局关于废止和修改非煤矿矿山领域九部规章的决定》第二次修订）

第一章 总 则

第一条 为了加强海洋石油安全生产工作，防止和减少海洋石油生产安全事故和职业危害，保障从业人员生命和财产安全，根据《安全生产法》及有关法律、行政法规，制定本规定。

第二条 在中华人民共和国的内水、领海、毗连区、专属经济区、大陆架以及中华人民共和国管辖的其他海域内的海洋石油开采活动的安全生产，适用本规定。

第三条 海洋石油作业者和承包者是海洋石油安全生产的责任主体。

本规定所称作业者是指负责实施海洋石油开采活动的企业，或者按照石油合同的约定负责实施海洋石油开采活动的实体。

本规定所称承包者是指向作业者提供服务的企业或者实体。

第四条 国家安全生产监督管理总局（以下简称安全监管总局）对海洋石油安全生产实施综合监督管理。

安全监管总局设立海洋石油作业安全办公室（以下简称海油安办）作为实施海洋石油安全生产综合监

督管理的执行机构。海油安办根据需要设立分部，各分部依照有关规定实施具体的安全监督管理。

第二章　安全生产保障

第五条　作业者和承包者应当遵守有关安全生产的法律、行政法规、部门规章、国家标准和行业标准，具备安全生产条件。

第六条　作业者应当加强对承包者的安全监督和管理，并在承包合同中约定各自的安全生产管理职责。

第七条　作业者和承包者的主要负责人对本单位的安全生产工作全面负责。

作业者和从事物探、钻井、测井、录井、试油、井下作业等活动的承包者及海洋石油生产设施的主要负责人、安全管理人员应当按照安全监管总局的规定，经过安全资格培训，具备相应的安全生产知识和管理能力，经考核合格取得安全资格证书。

第八条　作业者和承包者应当对从业人员进行安全生产教育和培训，保证从业人员具备必要的安全生产知识，熟悉有关的安全生产规章制度和安全操作规程，掌握本岗位的安全操作技能。

第九条　出海作业人员应当接受海洋石油作业安全救生培训，经考核合格后方可出海作业。

临时出海人员应接受必要的安全教育。

第十条　特种作业人员应当按照安全监管总局有关规定经专门的安全技术培训，考核合格取得特种作业操作资格证书后方可上岗作业。

第十一条　海洋石油建设项目在可行性研究阶段或者总体开发方案编制阶段应当进行安全预评价。

在设计阶段，海洋石油生产设施的重要设计文件及安全专篇，应当经海洋石油生产设施发证检验机构（以下简称发证检验机构）审查同意。发证检验机构应当在审查同意的设计文件、图纸上加盖印章。

第十二条　海洋石油生产设施应当由具有相应资质或者能力的专业单位施工，施工单位应当按照审查同意的设计方案或者图纸施工。

第十三条　海洋石油生产设施试生产前，应当经发证检验机构检验合格，取得最终检验证书或者临时检验证书，并制订试生产的安全措施，于试生产前45日报海油安办有关分部备案。

海油安办有关分部应对海洋石油生产设施的状况及安全措施的落实情况进行检查。

第十四条　海洋石油生产设施试生产正常后，应当由作业者或者承包者负责组织对其安全设施进行竣工验收，并形成书面报告备查。

经验收合格并办理安全生产许可证后，方可正式投入生产使用。

第十五条　作业者和承包者应当向作业人员如实告知作业现场和工作岗位存在的危险因素和职业危害因素，以及相应的防范措施和应急措施。

第十六条　作业者和承包者应当为作业人员提供符合国家标准或者行业标准的劳动防护用品，并监督、教育作业人员按照使用规则佩戴、使用。

第十七条　作业者和承包者应当制定海洋石油作业设施、生产设施及其专业设备的安全检查、维护保养制度，建立安全检查、维护保养档案，并指定专人负责。

第十八条　作业者和承包者应当加强防火防爆管理，按照有关规定划分和标明安全区与危险区；在危险区作业时，应当对作业程序和安全措施进行审查。

第十九条　作业者和承包者应当加强对易燃、易爆、有毒、腐蚀性等危险物品的管理，按国家有关规定进行装卸、运输、储存、使用和处置。

第二十条　海洋石油的专业设备应当由专业设备检验机构检验合格，方可投入使用。专业设备检验机构对检验结果负责。

第二十一条　海洋石油作业设施首次投入使用前或者变更作业区块前，应当制订作业计划和安全措施。

作业计划和安全措施应当在开始作业前15日报海油安办有关分部备案。

外国海洋石油作业设施进入中华人民共和国管辖海域前按照上述要求执行。

第二十二条　作业者和承包者应当建立守护船值班制度，在海洋石油生产设施和移动式钻井船（平台）周围应备有守护船值班。无人值守的生产设施和陆岸结构物除外。

第二十三条　作业者或者承包者在编制钻井、采油和井下作业等作业计划时，应当根据地质条件与海域环境确定安全可靠的井控程序和防硫化氢措施。

打开油（气）层前，作业者或者承包者应当确认井控和防硫化氢措施的落实情况。

第二十四条　作业者和承包者应当保存安全生产的相关资料，主要包括作业人员名册、工作日志、培训记录、事故和险情记录、安全设备维修记录、海况和气象情况等。

第二十五条　在海洋石油生产设施的设计、建造、安装以及生产的全过程中，实施发证检验制度。

海洋石油生产设施的发证检验包括建造检验、生产过程中的定期检验和临时检验。

第二十六条　发证检验工作由作业者委托具有资质的发证检验机构进行。

第二十七条 发证检验机构应当依照有关法律、行政法规、部门规章和国家标准、行业标准或者作业者选定的技术标准实施审查、检验，并对审查、检验结果负责。

作业者选定的技术标准不得低于国家标准和行业标准。

海油安办对发证检验机构实施的设计审查程序、检验程序进行监督。

第三章 安全生产监督管理

第二十八条 海油安办及其各分部对海洋石油安全生产履行以下监督管理职责：

（一）组织起草海洋石油安全生产法规、规章、标准；

（二）监督检查作业者和承包者安全生产条件、设备设施安全和劳动防护用品使用情况；

（三）监督检查作业者和承包者安全生产教育培训情况；负责作业者，从事物探、钻井、测井、录井、试油、井下作业等的承包者和海洋石油生产设施的主要负责人、安全管理人员和特种作业人员的安全培训考核工作；

（四）监督核查海洋石油建设项目生产设施安全竣工验收工作，负责安全生产许可证的发放工作；

（五）负责海洋石油生产设施发证检验、专业设备检测检验、安全评价和安全咨询等社会中介服务机构的资质审查；

（六）组织生产安全事故的调查处理；协调事故和险情的应急救援工作。

第二十九条 监督检查人员必须熟悉海洋石油安全法律法规和安全技术知识，能胜任海洋石油安全检查工作，经考核合格，取得相应的执法资格。

第三十条 海油安办及其各分部依法对作业者和承包者执行有关安全生产的法律、行政法规和国家标准或者行业标准的情况进行监督检查，行使以下职权：

（一）对作业者和承包者进行安全检查，调阅有关资料，向有关单位和人员了解情况；

（二）对检查中发现的安全生产违法行为，当场予以纠正或者要求限期改正；

（三）对检查中发现的事故隐患，应当责令立即排除；重大事故隐患排除前或者排除过程中无法保证安全的，应当责令从危险区域内撤出作业人员，责令暂时停产停业或者停止使用；重大事故隐患排除后，经审查同意，方可恢复生产和使用；

（四）对有根据认为不符合保障安全生产的国家标准或者行业标准的设施、设备、器材予以查封或者扣押，并应当在15日内依法作出处理决定。

第三十一条 监督检查人员进行监督检查时，应履行以下义务：

（一）忠于职守，坚持原则，秉公执法；

（二）执行监督检查任务时，必须出示有效的监督执法证件，使用统一的行政执法文书；

（三）遵守作业者和承包者的有关现场管理规定，不得影响正常生产活动；

（四）保守作业者和承包者的有关技术秘密和商业秘密。

第三十二条 监督检查人员在进行安全监督检查期间，作业者或者承包者应当免费提供必要的交通工具、防护用品等工作条件。

第三十三条 承担海洋石油生产设施发证检验、专业设备检测检验、安全评价和安全咨询的中介机构应当具备国家规定的资质。

第四章 应急预案与事故处理

第三十四条 作业者应当建立应急救援组织，配备专职或者兼职救援人员，或者与专业救援组织签订救援协议，并在实施作业前编制应急预案。

承包者在实施作业前应编制应急预案。

应急预案应当报海油安办有关分部和其他有关政府部门备案。

第三十五条 应急预案应当包括以下主要内容：作业者和承包者的基本情况、危险特性、可利用的应急救援设备；应急组织机构、职责划分、通讯联络；应急预案启动、应急响应、信息处理、应急状态中止、后续恢复等处置程序；应急演习与训练。

第三十六条 应急预案应充分考虑作业内容、作业海区的环境条件、作业设施的类型、自救能力和可以获得的外部支援等因素，应能够预防和处置各类突发性事故和可能引发事故的险情，并随实际情况的变化及时修改或者补充。

事故和险情包括以下情况：井喷失控、火灾与爆炸、平台遇险、飞机或者直升机失事、船舶海损、油（气）生产设施与管线破损/泄漏、有毒有害物质泄漏、放射性物质遗散、潜水作业事故；人员重伤、死亡、失踪及暴发性传染病、中毒；溢油事故、自然灾害以及其他紧急情况等。

第三十七条 当发生事故或者出现可能引发事故的险情时，作业者和承包者应当按应急预案的规定实施应急措施，防止事态扩大，减少人员伤亡和财产损失。

当发生应急预案中未规定的事件时，现场工作人员应当及时向主要负责人报告。主要负责人应当及时采取相应的措施。

第三十八条 事故和险情发生后，当事人、现场人员、作业者和承包者负责人、各分部和海油安办根据有关规定逐级上报。

第三十九条 海油安办及其有关分部、有关部门接到重大事故报告后，应当立即赶到事故现场，组织事故抢救、事故调查。

第四十条 无人员伤亡事故、轻伤、重伤事故由作业者和承包者负责人或其指定的人员组织生产、技术、安全等有关人员及工会代表参加的事故调查组进行调查。

其他事故的调查处理，按有关规定执行。

第四十一条 作业者应当建立事故统计和分析制度，定期对事故进行统计和分析。事故统计年报应当报海油安办有关分部、政府有关部门。

承包者在提供服务期间发生的事故由作业者负责统计。

第五章 罚 则

第四十二条 监督检查人员在海洋石油安全生产监督检查中滥用职权、玩忽职守、徇私舞弊的，依照有关规定给予行政处分；构成犯罪的，依法追究刑事责任。

第四十三条 作业者和承包者有下列行为之一的，给予警告，并处3万元以下的罚款：

（一）未按规定执行发证检验或者用非法手段获取检验证书的；

（二）未按规定配备守护船，或者使用不满足有关规定要求的船舶做守护船，或者守护船未按规定履行登记手续的；

（三）未按照本规定第三十四条的规定履行备案手续的；

（四）未按有关规定制订井控措施和防硫化氢措施，或者井控措施和防硫化氢措施不落实的。

第四十四条 本规定所列行政处罚，由海油安办及其各分部实施。

《安全生产法》等法律、行政法规对安全生产违法行为的行政处罚另有规定的，依照其规定。

第六章 附 则

第四十五条 本规定下列用语的定义：

（一）石油，是指蕴藏在地下的、正在采出的和已经采出的原油和天然气。

（二）石油合同，是指中国石油企业与外国企业为合作开采中华人民共和国海洋石油资源，依法订立的石油勘探、开发和生产的合同。

（三）海洋石油开采活动，是指在本规定第二条所述海域内从事的石油勘探、开发、生产、储运、油田废弃及其有关的活动。

（四）海洋石油作业设施，是指用于海洋石油作业的海上移动式钻井船（平台）、物探船、铺管船、起重船、固井船、酸化压裂船等设施。

（五）海洋石油生产设施，是指以开采海洋石油为目的的海上固定平台、单点系泊、浮式生产储油装置、海底管线、海上输油码头、滩海陆岸、人工岛和陆岸终端等海上和陆岸结构物。

（六）专业设备，是指海洋石油开采过程中使用的危险性较大或者对安全生产有较大影响的设备，包括海上结构、采油设备、海上锅炉和压力容器、钻井和修井设备、起重和升降设备、火灾和可燃气体探测、报警及控制系统、安全阀、救生设备、消防器材、钢丝绳等系物及被系物、电气仪表等。

第四十六条 内陆湖泊的石油开采的安全生产监督管理，参照本规定相应条款执行。

第四十七条 本规定自2006年5月1日起施行，原石油工业部1986年颁布的《海洋石油作业安全管理规定》同时废止。

海洋石油安全管理细则

（2009年9月7日国家安全生产监管总局令第25号公布　根据2013年8月29日《国家安全监管总局关于修改〈生产经营单位安全培训规定〉等11件规章的决定》第一次修订　根据2015年5月26日《国家安全监管总局关于废止和修改非煤矿矿山领域九部规章的决定》第二次修订）

第一章 总 则

第一条 为了加强海洋石油安全管理工作，保障从业人员生命和财产安全，防止和减少海洋石油生产安全事故，根据安全生产法等法律、法规和标准，制定本细则。

第二条 在中华人民共和国的内水、领海、毗连区、专属经济区、大陆架，以及中华人民共和国管辖的其他海域内从事海洋石油（含天然气，下同）开采活动的安全生产及其监督管理，适用本细则。

第三条 海洋石油作业者和承包者是海洋石油安全生产的责任主体，对其安全生产工作负责。

第四条 国家安全生产监督管理总局海洋石油作业安全办公室（以下简称海油安办）对全国海洋石油安全生产工作实施监督管理；海油安办驻中国海洋石油总公司、中国石油化工集团公司、中国石油天然气集团公司分部（以下统称海油安办有关分部）分别负责中国海洋石油总公司、中国石油化工集团公司、中国石油天然气集团公司的海洋石油安全生产的监督管理。

第二章 设施的备案管理

第一节 生产设施的备案管理

第五条 海洋石油生产设施应当进行试生产。作业者或者承包者应当在试生产前45日报生产设施所在地的海油安办有关分部备案,并提交生产设施试生产备案申请书、海底长输油(气)管线投用备案申请书和下列资料:

(一)发证检验机构对生产设施的最终检验证书(或者临时检验证书)和检验报告;

(二)试生产安全保障措施;

(三)建设阶段资料登记表;

(四)安全设施设计审查合格、设计修改及审查合格的有关文件;

(五)施工单位资质证明;

(六)施工期间发生的生产安全事故及其他重大工程质量事故情况;

(七)生产设施有关证书和文件登记表;

(八)生产设施主要技术说明、总体布置图和工艺流程图;

(九)生产设施运营的主要负责人和安全生产管理人员安全资格证书;

(十)生产设施所属设备的取证分类表及有关证书、证件;

(十一)生产设施运营安全手册;

(十二)生产设施运营安全应急预案。

生产设施是浮式生产储油装置的,除提交第一款规定的资料外,还应当提交快速解脱装置、系缆张力和距离测量装置的检验证书、出厂合格证书、安装后的试验报告。

生产设施是海底长输油(气)管线的,除提交第一款规定的资料外,还应当提交海底长输油(气)管线投用备案有关证书和文件登记表及有关证书、文件。

第六条 海油安办有关分部对作业者或者承包者提交的生产设施资料,应当进行严格审查。必要时,应当进行现场检查。

需要进行现场检查的,海油安办有关分部应当提前10日与作业者或承包者商定现场检查的具体事宜。作业者或承包者应当配合海油安办有关分部进行现场检查,并提供以下资料:

(一)人员安全培训证书登记表;

(二)消防和救生设备实际布置图和应变部署表;

(三)安全管理文件,主要包括:安全生产责任制、安全操作规程、工作许可制度、安全检查制度、船舶系泊装卸制度、直升机管理制度、危险物品管理制度、无人驻守平台遥控检测程序和油(气)外输管理制度等;

(四)对于滩海陆岸,还应准备通海路及沿通海路安装的设施设备合格文件、发证检验机构检验证书和安装后的试验报告。

经审查和现场检查符合规定的,海油安办有关分部向作业者或者承包者颁发生产设施试生产备案通知书;备案资料、设施现场安全状况等不符合规定的,及时书面通知作业者或者承包者进行整改。

第七条 作业者或者承包者应当严格按照备案文件中所列试生产安全保障措施组织试生产,生产设施试生产期限不得超过12个月。试生产正常后,作业者或者承包者应当组织安全竣工验收。

经竣工验收合格并办理安全生产许可证后,方可正式投入生产使用。

第八条 生产设施有下列情形之一的,作业者或者承包者应当及时向海油安办有关分部报告:

(一)更换或者拆卸井上和井下安全阀、火灾及可燃和有毒有害气体探测与报警系统、消防和救生设备等主要安全设施的;

(二)变动应急预案有关内容的;

(三)中断采油(气)作业10日以上或者终止采油(气)作业的;

(四)改变海底长输油(气)管线原设计用途的;

(五)超过海底长输油(气)管线设计允许最大输送量或者输送压力的;

(六)海底长输油(气)管线发生严重的损伤、断裂、爆破等事故的;

(七)海底长输油(气)管线输送的油(气)发生泄漏导致重大污染事故的;

(八)位置失稳、水平或者垂直移动、悬空、沉陷、漂浮等超出海底长输油(气)管线设计允许偏差值的;

(九)介质堵塞造成海底长输油(气)管线停产的;

(十)海底长输油(气)管线需进行大修和改造的;

(十一)海底长输油(气)管线安全保护系统(如紧急放空装置、定点截断装置等)长时间失效的;

(十二)其他对安全生产有重大影响的。

第二节 作业设施的备案管理

第九条 海洋石油作业设施从事物探、钻(修)井、铺管、起重和生活支持等活动应当向海油安办有关分部备案。作业者或者承包者应当在作业前15日向海油安办有关分部提交作业设施备案申请书和下列资料:

(一)作业设施备案申请有关证书登记表;

(二)作业设施所属设备的取证分类表及有关证书;

（三）操船手册；

（四）作业合同；

（五）作业设施运营安全手册；

（六）作业设施安全应急预案。

用作钻（修）井的作业设施，除提交第一款规定的资料外，还应当提交下列资料：

（一）钻（修）井专用设备、防喷器组、防喷器控制系统、阻流管汇及其控制盘、压井管汇、固井设备、测试设备的发证检验机构证书、出厂及修理后的合格证和安装后的试验报告；

（二）设施主要负责人和安全管理人员的安全资格证书；

（三）有自航能力的作业设施的船长、轮机长的适任证书。

对于自升式移动平台，除提交第一款规定的资料外，还应当提交稳性计算书、升降设备的发证检验机构的检验证书、出厂及修理后的合格证和安装后的试验报告等资料。

对于物探船，除提交第一款规定的资料外，还应当提交下列资料：

（一）震源系统、震源系统的主要压力容器和装置、震源的拖曳钢缆和绞车、电缆绞车等设备的出厂合格证、发证检验机构的检验证书和安装后的试验报告；

（二）震源危险品（包括炸药、雷管、易燃易爆气体等）的实际储存数量、储存条件、进出库管理办法和看管、使用制度等资料。

对于铺管船，除提交第一款规定的资料外，还应当提交下列资料：

（一）张紧器及其控制系统、管线收放绞车的出厂合格证、发证检验机构检验证书和安装后的试验报告；

（二）船长（或者船舶负责人）、起重机械司机、起重指挥人员及起重工的资格证书。

对于起重船和生活支持船，除提交第一款规定的资料外，还应当提交船长（或者船舶负责人）、起重机械司机、起重指挥人员及起重工的资格证书等资料。

第十条 海油安办有关分部对作业者或者承包者提交的作业设施资料，应当进行严格审查。必要时，进行现场检查。

需要进行现场检查的，海油安办有关分部应当提前10日与作业者或承包者商定现场检查的具体事宜。作业者或承包者应当配合海油安办有关分部进行现场检查，并提供以下资料：

（一）人员安全培训证书登记表；

（二）防火控制图、消防、救生设备实际布置图和应变部署表；

（三）安全管理文件，主要包括：安全管理机构的设置、安全生产责任制、安全操作规程、安全检查制度、工作许可制度等；

（四）安全活动、应急演习记录。

经审查和现场检查符合规定的，海油安办有关分部向作业者或者承包者颁发海洋石油作业设施备案通知书；备案资料、设施现场安全状况等不符合规定的，及时书面通知作业者或者承包者进行整改。

第十一条 通常情况下，海洋石油作业设施从事物探、钻（修）井、铺管、起重和生活支持等活动期限不超过1年。确需延期时，作业者或者承包者应当于期满前15日向海油安办有关分部提出延期申请，延期时间不得超过3个月。

第十二条 作业设施有下列情形之一的，作业者或者承包者应当及时向海油安办有关分部报告：

（一）改动井控系统的；

（二）更换或者拆卸火灾及可燃和有毒有害气体探测与报警系统、消防和救生设备等主要安全设施的；

（三）变更作业合同、作业者或者作业海区的；

（四）改变应急预案有关内容的；

（五）中断作业10日以上或者终止作业的；

（六）其他对作业安全生产有重大影响的。

第三节 延长测试设施的备案管理

第十三条 海上油田（井）进行延长测试前，作业者或者承包者应当提前15日向海油安办有关分部提交延长测试设施的书面报告和下列资料：

（一）延长测试设施备案有关证书和文件登记表；

（二）延长测试的工艺流程图、总体布置图及技术说明；

（三）增加的作业设施、生产设施主要负责人和安全管理人员安全资格证书；

（四）延长测试作业应急预案；

（五）油轮或者浮式生产储油装置的系泊点、锚、锚链、快速解脱装置、系缆张力和距离测量装置的证书和资料；

（六）延长测试专用设备或者系统的出厂合格证、发证检验机构的检验证书、安装后的试验报告。

前款所称延长测试专用设备或者系统，包括油气加热器、油气分离器、原油外输泵、天然气火炬分液包及凝析油泵、蒸汽锅炉、换热器、废油回收设备、井口装置、污油处理装置、机械采油装置、井上和井下防喷装置、防硫化氢的井口装置、检测设施及防护器具、惰气系统、柴油置换系统、火灾及可燃和有毒有害气体探测与报警系统等。

第十四条 海油安办有关分部对作业者或者承

包者提交的延长测试设施资料，应当进行严格审查。必要时，可进行现场检查。

需要进行现场检查的，海油安办有关分部应当提前10日与作业者或承包者商定现场检查的具体事宜。作业者或承包者应当配合海油安办有关分部进行现场检查，并提供以下资料：

（一）原钻井装置增加的延长测试作业人员、油轮或浮式储油装置人员的安全培训证书登记表；

（二）原钻井装置新加装设备后，其消防和救生设备、火灾及可燃和有毒有害气体探测报警系统布置图、危险区域划分图和应变部署表；

（三）安全管理文件，主要包括：安全管理机构的设置、安全生产责任制、安全操作规程、安全检查制度、工作许可制度、船舶系泊装卸和油（气）外输管理制度等。

经审查和现场检查符合规定的，向作业者或者承包者颁发海上油田（井）延长测试设施通知书；有关资料、设施现场安全状况等不符合规定的，及时书面通知作业者或者承包者进行整改。

第十五条 通常情况下，海上油田（井）延长测试作业期限不超过1年。确需延期时，作业者或者承包者应当提前15日向海油安办有关分部提出延期申请，延期时间不得超过6个月。

第十六条 海上油田（井）延长测试设施有下列情形之一的，作业者或者承包者应当及时向海油安办有关分部报告：

（一）改动组成延长测试设施的主要结构、设备和井控系统的；

（二）更换火灾及可燃和有毒有害气体探测与报警系统、消防和救生设备等主要安全设施的；

（三）改变应急预案有关内容的；

（四）其他对生产作业安全有重大影响的。

第三章 生产作业的安全管理

第一节 基本要求

第十七条 在海洋石油生产作业中，作业者和承包者应当确保海洋石油生产、作业设施（以下简称设施）安全条件符合法律、法规、规章和相关国家标准、行业标准的要求，并建立完善的安全管理体系。设施主要负责人对设施的安全管理全面负责。

第十八条 按照设施不同区域的危险性，划分三个等级的危险区：

（一）0类危险区，是指在正常操作条件下，连续出现达到引燃或者爆炸浓度的可燃性气体或者蒸气的区域；

（二）1类危险区，是指在正常操作条件下，断续地或者周期性地出现达到引燃或者爆炸浓度的可燃性气体或者蒸气的区域；

（三）2类危险区，是指在正常操作条件下，不可能出现达到引燃或者爆炸浓度的可燃性气体或者蒸气；但在不正常操作条件下，有可能出现达到引燃或者爆炸浓度的可燃性气体或者蒸气的区域。

设施的作业者或者承包者应当将危险区等级准确地标注在设施操作手册的附图上。对于通往危险区的通道口、门或者舱口，应当在其外部标注清晰可见的中英文"危险区域"、"禁止烟火"和"禁带火种"等标志。

第十九条 设施的作业者或者承包者应当建立动火、电工作业、受限空间作业、高空作业和舷（岛）外作业等审批制度。

从事前款规定的作业前，作业单位应当提出书面申请，说明作业的性质、地点、期限及采取的安全措施等，经设施负责人批准签发作业通知单后，方可进行作业。作业通知单应当包含作业内容、有关检测报告、作业要求、安全程序、个体防护用品、安全设备和作业通知单有效期限等内容。

作业单位接到作业通知单后，应当按通知单的要求采取有关措施，并制定详细的检查和作业程序。

作业期间，如果施工条件发生重大变化的，应当暂停施工并立即报告设施负责人，得到准予施工的指令后方可继续施工。

作业完成后，作业负责人应当在作业通知单上填写完成时间、工作质量和安全情况，并交付设施负责人保存。作业通知单的保存期限至少1年。

第二十条 设施上所有通往救生艇（筏）、直升机平台的应急撤离通道和通往消防设备的通道应当设置明显标志，并保持畅通。

第二十一条 设施上的各种设备应当符合下列规定：

（一）符合国家有关法律、法规、规章、标准的安全要求，有出厂合格证书或者检验合格证书；

（二）对裸露且危及人身安全的运转部分要安装防护罩或者其他安全保护装置；

（三）建立设备运转记录、设备缺陷和故障记录报告制度；

（四）制定设备安全操作规程和定期维护、保养、检验制度，制定设备的定人定岗管理制度；

（五）增加、拆除重要设备设施，或者改变其性能前，进行风险分析。属于改建、扩建项目的，按照有关规定向政府有关部门办理审批手续。

第二十二条 设施配备的救生艇、救助艇、救生筏、救生圈、救生衣、保温救生服及属具等救生设备，应当符合《国际海上人命安全公约》的规定，并经海油安办认可的发证检验机构检验合格。

海上石油设施配备救生设备的数量应当满足下列要求：

(一)配备的刚性全封闭机动耐火救生艇能够容纳自升式和固定式设施上的总人数，或者浮式设施上总人数的200%。无人驻守设施可以不配备刚性全封闭机动耐火救生艇。在设施建造、安装或者停产检修期间，通过风险分析，可以用救生筏代替救生艇；

(二)气胀式救生筏能够容纳设施上的总人数，其放置点应满足距水面高度的要求。无人驻守设施可以按定员12人考虑；

(三)至少配备并合理分布8个救生圈，其中2个带自亮浮灯，4个带自亮浮灯和自发烟雾信号。每个带自亮浮灯和自发烟雾信号的救生圈配备1根可浮救生索，可浮救生索的长度为从救生圈的存放位置至最低天文潮位水面高度的1.5倍，并至少长30米。

(四)救生衣按总人数的210%配备，其中：住室内配备100%，救生艇站配备100%，平台甲板工作区内配备10%，并可以配备一定数量的救生背心。在寒冷海区，每位工作人员配备一套保温救生服。对于无人驻守平台，在工作人员登平台时，根据作业海域水温情况，每人携带1件救生衣或者保温救生服。

滩海陆岸石油设施配备救生设备的数量应当满足下列要求：

(一)至少配备4个救生圈，每只救生圈上都拴有至少30米长的可浮救生索，其中2个带自亮浮灯，2个带自发烟雾信号和自亮浮灯；

(二)每人至少配备1件救生衣，在工作场所配备一定数量的工作救生衣或者救生背心。在寒冷海区，每位人员配备1件保温救生服。

所有救生设备都应当标注该设施的名称，按规定合理存放，并在设施的总布置图上标明存放位置。特殊施工作业情况下，配备的救生设备达不到要求时，应当制定相应的安全措施并报海油安办有关分部审查同意。

第二十三条 设施上的消防设备应当符合下列规定：

(一)根据国家有关规定，针对设施可能发生的火灾性质和危险程度，分别装设水消防系统、泡沫灭火系统、气体灭火系统和干粉灭火系统等固定灭火设备和装置，并经发证检验机构认可。无人驻守的简易平台，可以不设置水消防等灭火设备和装置；

(二)设置自动和手动火灾、可燃和有毒有害气体探测报警系统，总控制室内设总的报警和控制系统；

(三)配备4套消防员装备，包括隔热防护服、消防靴和手套、头盔、正压式空气呼吸器、消防斧以及可以连续使用3个小时的手提式安全灯。根据平台性质和工作人数，经发证检验机构同意，可以适当减少配备数量；

(四)滩海陆岸石油设施现场管理单位至少配备2套消防员装备，包括消防头盔、防护服、消防靴、安全灯、消防斧等，至少配备3套带气瓶的正压式空气呼吸器和可移动式消防泵1台；

(五)所有的消防设备都存放在易于取用的位置，并定期检查，始终保持完好状态。检查应当有检查记录标签。

第二十四条 在设施的危险区内进行测试、测井、修井等作业的设备应当采用防爆型，室内有非防爆电气的活动房应当采用正压防爆型。

第二十五条 起重作业应当符合下列规定：

(一)操作人员持有特种作业人员资格证书，熟悉起重设备的操作规程，并按规程操作；

(二)起重设备明确标识安全起重负荷；若为活动吊臂，标识吊臂在不同角度时的安全起重负荷；

(三)按规定对起重设备进行维护保养，保证刹车、限位、起重负荷指示、报警等装置齐全、准确、灵活、可靠；

(四)起重机及吊物附件按规定定期检验，并记录在起重设备检验簿上。

设施的载人吊篮作业，除符合第一款规定的要求外，还应当符合下列规定：

(一)限定乘员人数；

(二)乘员按规定穿救生背心或者救生衣；

(三)只允许用于起吊人员及随身物品；

(四)指定专人维护和检查，定期组织检验机构对其进行检验；

(五)当风速超过15米/秒或者影响吊篮安全起放时，立即停止使用；

(六)起吊人员时，尽量将载人吊篮移至水面上方再升降，并尽可能减少回转角度。

第二十六条 高处及舷(岛)外作业应当符合下列规定：

(一)高处及舷(岛)外作业人员佩戴安全帽和安全带，舷(岛)外作业人员穿救生衣，并采取其他必要的安全措施；

(二)风速超过15米/秒等恶劣天气时，立即停止作业。

第二十七条 危险物品管理应当符合下列规定：

(一)设施上任何危险物品(包括爆炸品、压缩气体和液化气体、易燃液体、易燃固体、自燃物品和遇湿易燃物品、氧化剂和有机过氧化物、有毒品和腐蚀品等)必须存放在远离危险区和生活区的指定地点和容器内，并将存放地点标注在设施操作手册的附图上；个人不得私自存放危险物品；

（二）设有专人负责危险物品的管理，并建立和保存危险物品入库、消耗和使用的记录；

（三）在通往危险物品存放地点的通道口、舱口处，设有醒目的中英文“危险物品”标识。

第二十八条 直升机起降管理应当符合下列规定：

（一）指定直升机起降联络负责人，负责指挥和配合直升机起降工作；

（二）配备与直升机起降有关的应急设备和工具，并注明中英文“直升机应急工具”字样；

（三）设施与机场的往返距离所需油量超过直升机自身储存油量的，按有关规定配备安全有效的直升机加油用储油罐、燃油质量检验设备和加油设备；

（四）直升机与设施建立联络后，经设施主要负责人准许，方可起飞或者降落（紧急情况除外）；

（五）直升机机长或者机组人员提出降落要求的，起降联络负责人立即向直升机提供风速、风向、能见度、海况等数据和资料；

（六）无线电报务员一直保持监听来自直升机的无线电信号，直至其降落为止；

（七）机组人员开启舱门后，起降联络负责人方可指挥乘机人员上下直升机、装卸物品或者进行加油作业。

直升机起飞或者降落前，起降联络负责人应当组织做好下列准备工作：

（一）清除直升机甲板的障碍物和易燃物；

（二）检查直升机甲板安全设施是否处于完好状态，包括灯光、防滑网、消防设备和应急工具等；

（三）停止靠近直升机甲板的吊装作业和甲板15米范围内的明火作业；

（四）禁止无关人员靠近直升机甲板；

（五）守护船在设施附近起锚待命，消防人员做好准备；

（六）排放天然气、射孔或者试油作业时，若未采取可靠的安全措施，禁止直升机靠近设施。

第二十九条 劳动防护应当符合下列规定：

（一）设施上所有工作人员配备符合相关安全标准的劳动防护用品；

（二）设施上的工作场所按照国家有关规定和设计要求配备劳动防护设备，并定期进行检测；

（三）按照国家有关职业病防治的规定，定期对从事有毒有害作业的人员进行职业健康体检，对职业病患者进行康复治疗。

第三十条 医务室应当符合下列规定：

（一）在有人驻守的设施上，配备具有基础医疗抢救条件的医务室。作业人员超过15人的，配备专职医务人员；低于15人的，可以配备兼职医务人员；

（二）按照国家有关规定配备常用药品、急救药品和氧气、医疗器械、病床等；

（三）按照国家有关规定，制定有关疫情病情的报告、处理和卫生检验制度；

（四）按照国家有关规定，制定应急抢救程序。

第三十一条 滩海陆岸应急避难房应当符合下列规定：

（一）能够容纳全部生产作业人员；

（二）结构强度比滩海陆岸井台高一个安全等级；

（三）地面高出挡浪墙1米；

（四）采用基础稳定、结构可靠的固定式钢筋混凝土结构，或者采用可移动式钢结构；

（五）配备可以供避难人员5日所需的救生食品和饮用水；

（六）配备急救箱，至少装有2套救生衣、防水手电及配套电池、简单的医疗包扎用品和常用药品；

（七）配备应急通讯装置。

第三十二条 滩海陆岸值班车应当符合下列规定：

（一）接受滩海陆岸石油设施作业负责人的指挥，不得擅自进入或者离开；

（二）配备的通讯工具保证随时与滩海陆岸石油设施和陆岸基地通话；

（三）能够容纳所服务的滩海陆岸石油设施的全部人员，并配备100%的救生衣；

（四）具有在应急救助和人员撤离等复杂情况下作业的能力；

（五）参加滩海陆岸石油设施上的营救演习。

第二节 守护船管理

第三十三条 承担设施守护任务的船舶（以下简称守护船）在开始承担守护作业前，其所属单位应当向海油安办有关分部提交守护船登记表和守护船有关证书登记表，办理守护船登记手续。经海油安办有关分部审查合格后，予以登记，并签发守护船登记证明。守护船登记后，其原申报条件发生变化或者终止承担守护任务的，应当向原负责守护船登记的海油安办有关分部报告。

第三十四条 守护船应当在距离所守护设施5海里之内的海区执行守护任务，不得擅自离开。在守护船的守护能力范围内，多座被守护设施可以共用一条守护船。

第三十五条 守护船应当服从被守护设施负责人的指挥，能够接纳所守护设施全部人员，并配备可以供守护设施全部人员1日所需的救生食品和饮用水。

第三十六条 守护船应当符合下列规定：

（一）船舶证书齐全、有效；

（二）具备守护海区的适航能力；

（三）在船舶的两舷设有营救区，并尽可能远离推进器，营救区应当有醒目标志。营救区长度不小于载货甲板长度的1/3，宽度不小于3米；

（四）甲板上设有露天空间，便于直升机绞车提升、平台吊篮下放等营救操作；

（五）营救区及甲板露天空间处于守护船船长视野之内，便于指挥操作和营救。

第三十七条 守护船应当配备能够满足应急救助和撤离人员需要的下列设备和器具：

（一）1副吊装担架和1副铲式担架；

（二）2副救助用长柄钩；

（三）至少1套抛绳器；

（四）4只带自亮浮灯、逆向反光带和绳子的救生圈，绳子长度不少于30米；

（五）用于简易包扎和急救的医疗用品；

（六）营救区舷侧的落水人员攀登用网；

（七）1艘符合《国际海上人命安全公约》要求的救助艇；

（八）至少2只探照灯，可以提供营救作业区及周围海区照明；

（九）至少配备两种通讯工具，保证守护船与被守护设施和陆岸基地随时通话。

第三十八条 守护船船员应当符合下列条件：

（一）具有船员服务簿和适任证书等有效证件；

（二）至少有3名船员从事落水人员营救工作；

（三）至少有2名船员可以操纵救助艇；

（四）至少有2名船员经过医疗急救培训，能够承担急救处置、包扎和人工呼吸等工作；

（五）定期参加营救演习。

第三十九条 守护船的登记证明有效期为3年，有效期满前15日内应当重新办理登记手续。

第三节 租用直升机管理

第四十条 作业者或者承包者应当对提供直升机的公司进行安全条件审查和监督。

第四十一条 直升机公司应当符合下列条件：

（一）直升机持有中国民用航空局颁发的飞机适航证，并具备有效的飞机登记证和无线电台执照；

（二）具有符合安全飞行条件的直升机，并达到该机型最低设备放行清单的标准；

（三）具有符合安全飞行条件的驾驶员、机务维护人员和技术检查人员；

（四）对直升机驾驶员进行夜航和救生训练，保证完成规定的训练小时数；

（五）需要应急救援时，备有可以调用的直升机；

（六）完善和落实飞行安全的各种规章制度，杜绝超气象条件和不按规定的航线和高度飞行。

第四十二条 直升机应当配备下列应急救助设备：

（一）直升机应急浮筒；

（二）携带可以供机上所有人员使用的海上救生衣（在水温低于10℃的海域应当配备保温救生服）、救生筏及救生包，并备有可以供直升机使用的救生绞车；

（三）直升机两侧有能够投弃的舱门或者具备足够的紧急逃生舱口。

第四十三条 在额定载荷条件下，直升机应当具有航行于飞行基地与海上石油设施之间的适航能力和夜航能力。

第四十四条 飞行作业前，直升机所属公司应当制定安全应急程序，并与作业者或者承包者编制的应急预案相协调。

第四十五条 直升机在飞行作业中必须配有2名驾驶员，并指定其中1人为责任机长；由中外籍驾驶员合作驾驶的直升机，2名驾驶员应当有相应的语言技能水平，能够直接交流对话。

第四十六条 作业者或者承包者及直升机所属公司必须确保飞行基地（或者备用机场）和海上石油设施上的直升机起降设备处于安全和适用状态。

第四十七条 作业者或者承包者及直升机所属公司，应当通过协商制订飞行条件与应急飞行、乘机安全、载物安全和飞行故障、飞行事故报告等制度。

第四节 电气管理

第四十八条 设施应当制定电气设备检修前后的安全检查、日常运行检查、安全技术检查、定期安全检查等制度，建立健全电气设备的维修操作、电焊操作和手持电动工具操作等安全规程，并严格执行。

第四十九条 电气管理应当符合下列规定：

（一）按照国家规定配备和使用电工安全用具，并按规定定期检查和校验；

（二）遇停电、送电、倒闸、带电作业和临时用电等情况，按照有关作业许可制度进行审批。临时用电作业结束后，立即拆除增加的电气设备和线路；

（三）按照国家标准规定的颜色和图形，对电气设备和线路作出明显、准确的标识；

（四）电气设备作业期间，至少有1名电气作业经验丰富的监护人进行实时监护；

（五）电气设备按照铭牌上规定的额定参数（电压、电流、功率、频率等）运行，安装必要的过载、短路和漏电保护装置并定期校验。金属外壳（安全电压除外）有可靠的接地装置；

（六）在触电危险性较大的场所，手提灯、便携式电气设备、电动工具等设备工具按照国家标准的规定使用安全电压。确实无法使用安全电压的，经设施负责人批准，并采用有效的防触电措施；

（七）安装在不同等级危险区域的电气设备符合该等级的防爆类型。防爆电气设备上的部件不得任意拆除，必须保持电气设备的防爆性能；

（八）定期对电气设备和线路的绝缘电阻、耐压强度、泄漏电流等绝缘性能进行测定。长期停用的电气设备，在重新使用前应当进行检查，确认具备安全运行条件后方可使用；

（九）在带电体与人体、带电体与地面、带电体与带电体、带电体与其他设备之间，按照有关规范和标准的要求保持良好的绝缘性能和足够的安全距离；

（十）对生产和作业设施采取有效的防静电和防雷措施。

第五十条 设施必须配备必要的应急电源。应急电源应当符合下列规定：

（一）能够满足通讯、信号、照明、基本生存条件（包括生活区、救生艇、撤离通道、直升机甲板等）和其他动力（包括消防系统、井控系统、火灾及可燃和有毒有害气体检测报警系统、应急关断系统等）的电源要求；

（二）在主电源失电后，应急电源能够在45秒内自动安全启动供电；

（三）应急电源远离危险区和主电源。

第五节 井控管理

第五十一条 作业者或者承包者应当制定油（气）井井控安全措施和防井喷应急预案。

第五十二条 钻井作业应当符合下列规定：

（一）钻井装置在新井位就位前，作业者和承包者应收集和分析相应的地质资料。如有浅层气存在，安装分流系统等；

（二）钻井作业期间，在钻台上备有与钻杆相匹配的内防喷装置；

（三）下套管时，防喷器尺寸与所下套管尺寸相匹配，并备有与所下套管丝扣相匹配的循环接头；

（四）防喷器所用的橡胶密封件应当按厂商的技术要求进行维护和储存，不得将失效和技术条件不符的密封件安装到防喷器中；

（五）水龙头下部安装方钻杆上旋塞，方钻杆下部安装下旋塞，并配备开关旋塞的扳手。顶部驱动装置下部安装手动和自动内防喷器（考克）并配备开关防喷器的扳手；

（六）防喷器组由环形防喷器和闸板防喷器组成，闸板防喷器的闸板关闭尺寸与所使用钻杆或者管柱的尺寸相符。防喷器的额定工作压力，不得低于钻井设计压力，用于探井的不得低于70MPa；

（七）防喷器及相应设备的安装、维护和试验，满足井控要求；

（八）经常对防喷系统进行安全检查。检查时，优先使用防喷系统安全检查表。

第五十三条 防喷器组控制系统的安装应当符合下列规定：

（一）1套液压控制系统的储能器液体压力保持21MPa，储能器压力液体积为关闭全部防喷器并打开液动闸阀所需液体体积的1.5倍以上；

（二）除钻台安装1台控制盘（台）外，另1台辅助控制盘（台）安装在远离钻台、便于操作的位置；

（三）防喷器组配备与其额定工作压力相一致的防喷管汇、节流管汇和压井管汇；

（四）压井管汇和节流管汇的防喷管线上，分别安装2个控制阀。其中一个为手动，处于常开位置；另一个必须是远程控制；

（五）安装自动灌井液系统。

第五十四条 水下防喷器组应当符合下列规定：

（一）若有浅层气或者地质情况不清时，导管上安装分流系统；

（二）在表层套管和中间（技术）套管上安装1个或者2个环形防喷器、2个双闸板防喷器，其中1副闸板为全封剪切闸板防喷器；

（三）安装1组水下储能器，便于就近迅速提供液压能，以尽快开关各防喷器及其闸门。同时，采用互为备用的双控制盒系统，当一个控制盒系统正在使用时，另一个控制盒系统保持良好的工作状态作为备用；

（四）如需修理或者更换防喷器组，必须保证井眼安全，尽量在下完套管固井后或者未钻穿水泥塞前进行。必要时，打1个水泥塞或者下桥塞后再进行修理或者更换；

（五）使用复合式钻柱的，装有可变闸板，以适应不同的钻具尺寸。

第五十五条 水上防喷器组应当符合下列基本规定：

（一）若有浅层气或者地质情况不清时，隔水（导）管上安装分流系统；

（二）表层套管上安装1个环形防喷器，1个双闸板防喷器；大于13 ″ 3/8表层套管上可以只安装1个环形防喷器；

（三）中间（技术）套管上安装1个环形、1个双闸板（或者2个单闸板）和1个剪切全封闭闸板防喷器；

（四）使用复合式钻柱的，装有可变闸板，以适应不同的钻具尽寸。

第五十六条 水上防喷器组的开关活动，应当符合下列规定：

（一）闸板防喷器定期进行开关活动；

（二）全封闸板防喷器每次起钻后进行开关活动。若每日多次起钻，只开关活动一次即可；

（三）每起下钻一次，2个防喷器控制盘（台）交换动作一次。如果控制盘（台）失去动作功能，在恢复功能后，才能进行钻井作业；

（四）节流管汇的阀门、方钻杆旋塞和钻杆内防喷装置，每周开关活动一次。

水下防喷器的开关活动，除了闸板防喷器1日进行开关活动一次外，其他开关活动次数与水上防喷器组开关活动次数相同。

第五十七条 防喷器系统的试压，应当符合下列规定：

（一）所有的防喷器及管汇在进行高压试验之前，进行2.1MPa的低压试验；

（二）防喷器安装前或者更换主要配件后，进行整体压力试验；

（三）按照井控车间（基地）组装、现场安装、钻开油气层前及更换井控装置部件的次序进行防喷器试压。试压的间隔不超过14日；

（四）对于水上防喷器组，防喷器组在井控车间（基地）组装后，按额定工作压力进行试验。现场安装后，试验压力在不超过套管抗内压强度80%的前提下，环形防喷器的试验压力为额定工作压力的70%，闸板防喷器和相应控制设备的试验压力为额定工作压力；

（五）对于水下防喷器组，水下防喷器和所有有关井控设备的试验压力为其额定工作压力的70%。防喷器组在现场安装完成后，控制设备和防喷器闸板按照水上防喷器组试压的规定进行。

第五十八条 防喷器系统的检查与维护，应当符合下列规定：

（一）整套防喷器系统、隔水（导）管和配套设备，按照制造厂商推荐的程序进行检查和维护；

（二）在海况及气候条件允许的情况下，防喷器系统和隔水（导）管至少每日外观检查一次，水下设备的检查可以通过水下电视等工具完成。

第五十九条 井液池液面和气体检测装置应当具备声光报警功能，其报警仪安装在钻台和综合录井室内；应当配备井液性能试验仪器。井液量应当符合下列规定：

（一）开钻前，计算井液材料最小需要量，落实紧急情况补充井液的储备计划；

（二）记录并保存井液材料（包括加重材料）的每日储存量。若储存量达不到所规定的最小数量时，停止钻井作业；

（三）作业时，当返出井液密度比进口井液密度小0.02g/cm^{3}时，将环形空间井液循环到地面，并对井液性能进行气体或者液体侵入的检查和处理；

（四）起钻时，向井内灌注井液。当井内静止液面下降或者每起出3至5柱钻具之后应当灌满井液；

（五）从井内起出钻杆测试工具前，井液应当进行循环或者反循环。

第六十条 完井、试油和修井作业应当符合下列规定：

（一）配备与作业相适应的防喷器及其控制系统；

（二）按计划储备井液材料，其性能符合作业要求；

（三）井控要求参照钻井作业有关规定执行；

（四）滩海陆岸井控装置至少配备1套控制系统。

第六十一条 气井、自喷井、自溢井应当安装井下封隔器；在海床面30米以下，应当安装井下安全阀，并符合下列规定：

（一）定期进行水上控制的井下安全阀现场试验，试验间隔不得超过6个月。新安装或者重新安装的也应当进行试验；

（二）海床完井的单井、卫星井或者多井基盘上，每口井安装水下控制的井下安全阀；

（三）地面安全阀保持良好的工作状态；

（四）配备适用的井口测压防喷盒。

紧急关闭系统应当保持良好的工作状态。作业者应当妥善保存各种水下安全装置的安装和调试记录等资料。

第六十二条 进行电缆射孔、生产测井、钢丝作业时，在工具下井前，应当对防喷管汇进行压力试验。

第六十三条 钻开油气层前100米时，应当通过钻井循环通道和节流管汇做一次低泵冲泵压试验。

第六十四条 放喷管线应当使用专用管线。

在寒冷季节，应当对井控装备、防喷管汇、节流管汇、压力管汇和仪表等进行防冻保温。

第六节 硫化氢防护管理

第六十五条 钻遇未知含硫化氢地层时，应当提前采取防范措施；钻遇已知含硫化氢地层时，应当实施检测和控制。

硫化氢探测、报警系统应当符合下列规定：

（一）钻井装置上安装硫化氢报警系统。当空气中硫化氢的浓度超过15mg/m^3（10ppm）时，系统即能以声光报警方式工作；固定式探头至少应当安装在喇叭口、钻台、振动筛、井液池、生活区、发电及配电房进风口等位置；

（二）至少配备探测范围0～30mg/m^3（0～

20ppm）和0～150mg/m³（0～100ppm）的便携式硫化氢探测器各1套；

（三）探测器件的灵敏度达到7.5mg/m³（5ppm）；

（四）储备足够数量的硫化氢检测样品，以便随时检测探头。

人员保护器具应当符合下列规定：

（一）通常情况下，钻井装置上配备15～20套正压式空气呼吸器。其中，生活区6～9套，钻台上5～6套，井液池附近（泥浆舱）2套，录井房2～3套。钻进已知含硫化氢地层前，或者临时钻遇含硫化氢地层时，钻井装置上配备供全员使用的正压式空气呼吸器，并配备足够的备用气瓶；

（二）钻井装置上配备1台呼吸器空气压缩机；

（三）医务室配备处理硫化氢中毒的医疗用品、心肺复苏器和氧气瓶。

标志信号应当符合下列规定：

（一）在人员易于看见的位置，安装风向标、风速仪；

（二）当空气中含硫化氢浓度小于15mg/m³（10ppm）时，挂标有硫化氢字样的绿牌；

（三）当空气中含硫化氢浓度处于15～30mg/m³（10～20ppm）时，挂标有硫化氢字样的黄牌；

（四）当空气中含硫化氢浓度大于30mg/m³（20ppm）时，挂标有硫化氢字样的红牌。

第六十六条 在可能含有硫化氢地层进行钻井作业时，应当采取下列硫化氢防护措施：

（一）在可能含有硫化氢地区的钻井设计中，标明含硫化氢地层及其深度，估算硫化氢的可能含量，以提醒有关作业人员注意，并制定必要的安全和应急措施；

（二）当空气中硫化氢浓度达到15mg/m³（10ppm）时，及时通知所有平台人员注意，加密观察和测量硫化氢浓度的次数，检查并准备好正压式空气呼吸器；

（三）当空气中硫化氢浓度达到30mg/m³（20ppm）时，在岗人员迅速取用正压式空气呼吸器，其他人员到达安全区。通知守护船在平台上风向海域起锚待命；

（四）当空气中含硫化氢浓度达到150mg/m³（100ppm）时，组织所有人员撤离平台；

（五）使用适合于钻遇含硫化氢地层的井液，钻井液的pH值保持在10以上。净化剂、添加剂和防腐剂等有适当的储备。钻井液中脱出的硫化氢气体集中排放，有条件情况下，可以点火燃烧；

（六）钻遇含硫化氢地层，起钻时使用钻杆刮泥器。若将湿钻杆放在甲板上，必要时，作业人员佩戴正压式空气呼吸器。钻进中发现空气中含硫化氢浓度达到30mg/m³（20ppm）时，立即暂时停止钻进，并循环井液；

（七）在含硫化氢地层取芯，当取芯筒起出地面之前10－20个立柱，以及从岩芯筒取出岩芯时，操作人员戴好正压式空气呼吸器。运送含硫化氢岩芯时，采取相应包装措施密封岩芯，并标明岩芯含硫化氢字样。在井液录井中若发现有硫化氢显示时，及时向钻井监督报告；

（八）在预计含硫化氢地层进行中途测试时，测试时间尽量安排在白天，测试器具附近尽量减少操作人员。严禁采用常规的中途测试工具对深部含硫化氢的地层进行测试；

（九）钻穿含硫化氢地层后，增加工作区的监测频率，加强硫化氢监测；

（十）对于在含硫化氢地层进行试油，试油前召开安全会议，落实人员防护器具和人员急救程序及应急措施。在试油设备附近，人员减少到最低限度。

第六十七条 在可能含有硫化氢地层进行钻进作业时，其钻井设备、器具应当符合下列规定：

（一）钻井设备具备抗硫应力开裂的性能；

（二）管材具有在硫化氢环境中使用的性能，并按照国家有关标准的要求使用；

（三）对所使用作业设备、管材、生产流程及附件等，定期进行安全检查和检测检验。

第六十八条 完井和修井作业的硫化氢防护，参照钻井作业的有关要求执行。

第六十九条 在可能含有硫化氢地层进行生产作业时，应当采取下列硫化氢防护措施：

（一）生产设施上配备6套正压式空气呼吸器。在已知存在含硫油气生产设施上，全员配备正压式空气呼吸器，并配备一定数量的备用气瓶及1台呼吸器空气压缩机；

（二）生产设施上配备2至3套便携式硫化氢探测仪、1套便携式比色指示管探测仪和1套便携式二氧化硫探测仪。在已知存在硫化氢的生产装置上，安装硫化氢报警装置；

（三）当空气中硫化氢达到15mg/m³（10ppm）或者二氧化硫达到5.4mg/m³（2ppm）时，作业人员佩戴正压式空气呼吸器；

（四）装置上配有用于处理硫化氢中毒的医疗用品、心肺复苏器和氧气瓶；

（五）在油气井投产前，采取有效措施，加强对硫化氢、二氧化硫和二氧化碳的防护；

（六）用于油气生产的设备、设施和管道等具有抗硫化氢腐蚀的性能。

第七节 系物管理

第七十条 作业者和承包者应当加强系泊和起

重作业过程中系物器具和被系器具的安全管理。

第七十一条 作业者和承包者应当制定系物器具和被系器具的安全管理责任制,明确各岗位和各工种责任制;应当制定系物器具和被系器具的使用管理规定,对系物器具和被系器具进行经常性维护、保养,保证正常使用。维护、保养应当作好记录,并由有关人员签字。

第七十二条 系物器具应当按照有关规定由海油安办认可的检验机构对其定期进行检验,并作出标记。作业者和承包者为满足特殊需要,自行加工制造系物器具和被系器具的,系物器具和被系器具必须经海油安办认可的检验机构检验合格后,方可投入使用。

第七十三条 箱件的使用,除了符合本细则第七十一条和第七十二条规定要求外,还应当满足下列要求:

(一)箱外有明显的尺寸、自重和额定安全载重标记;

(二)定期对其主要受力部位进行检验。

第七十四条 吊网的使用,除了符合第七十一条和第七十二条规定外,还应当符合下列要求:

(一)标有安全工作负荷标记;

(二)非金属网不得超过其使用范围和环境。

第七十五条 乘人吊篮必须专用,并标有额定载重和限乘人数的标记;应当按产品说明书的规定定期进行技术检验。

第七十六条 系物器具和被系器具有下列情形之一的,应当停止使用:

(一)已达到报废标准而未报废,或者已经报废的;

(二)未标明检验日期的;

(三)超过规定检验期限的。

第八节 危险物品管理

第七十七条 作业者、承包者应当建立放射性、爆炸性物品(以下简称危险物品)的领取和归还制度。危险物品的领取和归还应当遵守下列规定:

(一)领取人持有领取单领取相应的危险物品。领取单详细记载危险物品的种类和数量;

(二)领取和归还危险物品时,使用专用的工具。放射性源盛装在罐内,爆炸性物品存放在箱内;

(三)出入库的放射性源罐,配有浮标或者其他示位器具;

(四)危险物品出入库有记录,领取人和库管员在出入库单上签字;

(五)未用完的危险物品,及时归还。

第七十八条 危险物品的运输,应当符合下列规定:

(一)符合国家有关法律、法规、规章、标准的要求,并有专人押运;

(二)有可靠的安全措施和应急措施;

(三)符合有关运输手续,有明显的危险物品运输标识。

第七十九条 危险物品的使用,应当符合下列规定:

(一)作业前,按照有关规定申请使用许可证。取得使用许可证后,方可使用危险物品。使用有详细记录。使用后,及时将未使用完的危险物品回收入库;

(二)作业时,制定安全可靠的作业规程。有关作业人员熟悉并遵守作业规程;

(三)现场设有明显、清晰的危险标识,以防止非作业人员进入作业区;

(四)现场至少配备1台便携式放射性强度测量仪;

(五)按照国家有关标准的要求,对放射源与载源设备的性能进行检验。

第八十条 危险物品的存放,应当符合下列规定:

(一)存放场所远离生活区、人员密集区及危险区,并标有明显的"危险品"标识;

(二)采取有效的防火安全措施;

(三)不得将爆炸性物品中的炸药与雷管或者放射性物品存放在同一储存室内。

第八十一条 对失效的或者外壳泄漏试验不合格(超过185Bq)的放射源,应当采取安全的方式妥善处置。

第八十二条 作业人员使用放射性物品的,应当采取下列防护措施:

(一)配有个人辐照剂量检测用具,并建立辐照剂量档案;

(二)每年至少进行一次体检,体检结果存档;

(三)发现作业人员受到放射性伤害的,立即调离其工作岗位,并按照有关规定进行治疗和康复;

(四)作业人员调动工作的,其辐照剂量档案和体检档案随工作岗位一起调动。

第九节 弃井管理

第八十三条 作业者或者承包者在进行弃井作业或者清除井口遗留物30日前,应当向海油安办有关分部报送下列材料:

(一)弃井作业或者清除井口遗留物安全风险评价报告;

(二)弃井或者清除井口遗留物施工方案、作业程序、时间安排、井液性能等。

海油安办有关分部应当对作业者或者承包者报

送的材料进行审核；材料内容不符合技术要求的，通知作业者或者承包者进行完善。

第八十四条 弃井作业或者清除井口遗留物施工作业期间，海油安办有关分部认为必要时，进行现场监督。

施工作业完成后15日内，作业者或者承包者应当向海油安办有关分部提交下列资料：

（一）弃井或者清除井口遗留物作业完工图；

（二）弃井作业最终报告表。

第八十五条 对于永久性弃井的，应当符合下列要求：

（一）在裸露井眼井段，对油、气、水等渗透层进行全封，在其上部打至少50米水泥塞，以封隔油、气、水等渗透层，防止互窜或者流出海底。裸眼井段无油、气、水时，在最后一层套管的套管鞋以下和以上各打至少30米水泥塞；

（二）已下尾管的，在尾管顶部上下30米的井段各打至少30米水泥塞；

（三）已在套管或者尾管内进行了射孔试油作业的，对射孔层进行全封，在其上部打至少50米的水泥塞；

（四）已切割的每层套管内，保证切割处上下各有至少20米的水泥塞；

（五）表层套管内水泥塞长度至少有45米，且水泥塞顶面位于海底泥面下4米至30米之间。

对于临时弃井的，应当符合下列要求：

（一）在最深层套管柱的底部至少打50米水泥塞；

（二）在海底泥面以下4米的套管柱内至少打30米水泥塞。

第八十六条 永久弃井时，所有套管、井口装置或者桩应当按照国家有关规定实施清除作业。对保留在海底的水下井口装置或者井口帽，应当按照国家有关规定向海油安办有关分部进行报告。

第四章 安全培训

第八十七条 作业者和承包者的主要负责人和安全生产管理人员应当具备相应的安全生产知识和管理能力，经海油安办考核合格。

第八十八条 作业者和承包者应当组织对海上石油作业人员进行安全生产培训。未经培训并取得培训合格证书的作业人员，不得上岗作业。

作业者和承包者应当建立海上石油作业人员的培训档案，加强对出海作业人员（包括在境外培训的人员）的培训证书的审查。未取得培训合格证书的，一律不得出海作业。

第八十九条 出海人员必须接受“海上石油作业安全救生”的专门培训，并取得培训合格证书。

安全培训的内容和时间应当符合下列要求：

（一）长期出海人员接受“海上石油作业安全救生”全部内容的培训，培训时间不少于40课时。每5年进行一次再培训；

（二）短期出海人员接受“海上石油作业安全救生”综合内容的培训，培训时间不少于24课时。每3年进行一次再培训；

（三）临时出海人员接受“海上石油作业安全救生”电化教学的培训，培训时间不少于4课时。每1年进行一次再培训；

（四）不在设施上留宿的临时出海人员可以只接受作业者或者承包者现场安全教育；

（五）没有直升机平台或者已明确不使用直升机倒班的海上设施人员，可以免除“直升机遇险水下逃生”内容的培训；

（六）没有配备救生艇筏的海上设施作业人员，可以免除“救生艇筏操纵”的培训。

第九十条 海上油气生产设施兼职消防队员应当接受“油气消防”的培训，培训时间不少于24课时。每4年应当进行一次再培训。

第九十一条 从事钻井、完井、修井、测试作业的监督、经理、高级队长、领班，以及司钻、副司钻和井架工、安全监督等人员应当接受“井控技术”的培训，培训时间不少于56课时，并取得培训合格证书。每4年应当进行一次再培训。

第九十二条 稳性压载人员（含钻井平台、浮式生产储油装置的稳性压载、平台升降的技术人员）应当接受“稳性与压载技术”的培训，培训时间不少于36课时，并取得培训合格证书。每4年应当进行一次再培训。

第九十三条 在作业过程中已经出现或者可能出现硫化氢的场所从事钻井、完井、修井、测试、采油及储运作业的人员，应当进行“防硫化氢技术”的专门培训，培训时间不少于16课时，并取得培训合格证书。每4年应当进行一次再培训。

第九十四条 无线电技术操作人员应当按政府有关主管部门的要求进行培训，取得相应的资格证书。

第九十五条 属于特种作业人员范围的特种作业人员应当按照有关法律法规的要求进行专门培训，取得特种作业操作资格证书。

第九十六条 外方人员在国外合法注册和政府认可的培训机构取得的证书和证件，经中方作业者或者承包者确认后在中国继续有效。

第五章 应急管理

第九十七条 作业者和承包者应当按照有关法

律、法规、规章和标准的要求，结合生产实际编制应急预案，并报海油安办有关分部备案。

作业者和承包者应当根据海洋石油作业的变化，及时对应急预案进行修改、补充和完善。

第九十八条 根据海洋石油作业的特点，作业者和承包者编制的应急预案应当包括下列内容：

（一）作业者和承包者的基本情况、危险特性、可以利用的应急救援设备；

（二）应急组织机构、职责划分、通讯联络；

（三）应急预案启动、应急响应、信息处理、应急状态中止、后续恢复等处置程序；

（四）应急演习与训练。

第九十九条 应急预案的应急范围包括井喷失控、火灾与爆炸、平台遇险、直升机失事、船舶海损、油（气）生产设施与管线破损和泄漏、有毒有害物品泄漏、放射性物品遗散、潜水作业事故；人员重伤、死亡、失踪及暴发性传染病、中毒；溢油事故、自然灾害以及其他紧急情况。

第一百条 除作业者和承包者编制的公司一级应急预案外，针对每个生产和作业设施应当结合工作实际，编制应急预案。应急预案包括主件和附件两个部分内容。

主件部分应当包括下列主要内容：

（一）生产或者作业设施名称、作业海区、编写者和编写日期；

（二）生产或者作业设施的应急组织机构、指挥系统、医疗机构及各级应急岗位人员职责；

（三）处置各类突发性事故或者险情的措施和联络报告程序；

（四）生产或者作业设施上所具有的通讯设备类型、能力以及应急通讯频率；

（五）应急组织、上级主管部门和有关部门的负责人通讯录，包括通讯地址、电话和传真等；

（六）与有关部门联络的应急工作联系程序图或者网络图；

（七）应急训练内容、频次和要求；

（八）其他需要明确的内容。

附件部分应当包括下列主要内容：

（一）生产或者作业设施的主要基础数据；

（二）生产或者作业设施所处自然环境的描述，包括：作业海区的气象资料，可能出现的灾害性天气（如台风等）；作业海区的海洋水文资料，水深、水温、海流的速度和方向、浪高等；生产或者作业设施与陆岸基地、附近港口码头及海区其他设施的位置简图；

（三）各种应急搜救设备及材料，包括应急设备及应急材料的名称、类型、数量、性能和存放地点等情况；

（四）生产或者作业设施配备的气象海况测定装置的规格和型号；

（五）其他有关资料。

第一百零一条 作业者和承包者应当组织生产和作业设施的相关人员定期开展应急预案的演练，演练期限不超过下列时间间隔的要求：

（一）消防演习：每倒班期一次。

（二）弃平台演习：每倒班期一次。

（三）井控演习：每倒班期一次。

（四）人员落水救助演习：每季度一次。

（五）硫化氢演习：钻遇含硫化氢地层前和对含硫化氢油气井进行试油或者修井作业前，必须组织一次防硫化氢演习；对含硫化氢油气井进行正常钻井、试油或者修井作业，每隔7日组织一次演习；含硫化氢油气井正常生产时，每倒班期组织一次演习。不含硫化氢的，每半年组织一次。

各类应急演练的记录文件应当至少保存1年。

第一百零二条 事故发生后，作业现场有关人员应当及时向所属作业者和承包者报告；接到报告后，应当立即启动相应的应急预案，组织开展救援活动，防止事故扩大，减少人员伤亡和财产损失。

第一百零三条 针对海洋石油作业过程中发生事故的特点，在实施应急救援过程中，作业者和承包者应当做好下列工作：

（一）立即组织现场疏散，保护作业人员安全；

（二）立即调集作业现场的应急力量进行救援，同时向有关方面发出求助信息，动员有关力量，保证应急队伍、设备、器材、物资及必要的后勤支持；

（三）制订现场救援方案并组织实施；

（四）确定警戒及防控区域，实行区域管制；

（五）采取相应的保护措施，防止事故扩大和引发次生灾害；

（六）迅速组织医疗救援力量，抢救受伤人员；

（七）尽力防止出现石油大面积泄漏和扩散。

第六章 事故报告和调查处理

第一百零四条 在海上石油天然气勘探、开发、生产、储运及油田废弃等作业中，发生下列生产安全事故，作业现场有关人员应当立即向所属作业者和承包者报告；作业者和承包者接到报告后，应当立即按规定向海油安办有关分部的地区监督处、当地政府和海事部门报告：

（一）井喷失控；

（二）火灾与爆炸；

（三）平台遇险（包括平台失控漂移、拖航遇险、被碰撞或者翻沉）；

（四）飞机事故；

(五)船舶海损(包括碰撞、搁浅、触礁、翻沉、断损);

(六)油(气)生产设施与管线破损(包括单点系泊、电气管线、海底油气管线等的破损、泄漏、断裂);

(七)有毒有害物品和气体泄漏或者遗散;

(八)急性中毒;

(九)潜水作业事故;

(十)大型溢油事故(溢油量大于100吨);

(十一)其他造成人员伤亡或者直接经济损失的事故。

第一百零五条 海油安办有关分部的地区监督处接到事故报告后,应当立即上报海油安办有关分部。海油安办有关分部接到较大事故及以上的事故报告后,应当在1小时内上报国家安全生产监督管理总局。

飞机事故、船舶海损、大型溢油除报告海油安办外,还应当按规定报告有关政府主管部门。

第一百零六条 海洋石油的生产安全事故按照下列规定进行调查:

(一)没有人员伤亡的一般事故,海油安办有关分部可以委托作业者和承包者组织生产、技术、安全等有关人员及工会成员组成事故调查组进行调查;

(二)造成人员伤亡的一般事故,由海油安办有关分部牵头组织有关部门及工会成立事故调查组进行调查,并邀请人民检察院派人参加;

(三)造成较大事故,由海油安办牵头组织有关部门成立事故调查组进行调查,并邀请人民检察院派人参加;

(四)重大事故,由国家安全生产监督管理总局牵头组织有关部门成立事故调查组进行调查,并邀请人民检察院派人参加;

(五)特别重大事故,按照国务院有关规定执行。

飞机失事、船舶海损、放射性物品遗散和大型溢油等海洋石油生产安全事故依法由民航、海事、环保等有关部门组织调查处理。

第一百零七条 海洋石油的生产安全事故调查报告按照下列规定批复:

(一)一般事故的调查报告,在征得海油安办同意后,由海油安办有关分部批复;

(二)较大、重大事故的调查报告由国家安全生产监督管理总局批复;

(三)特别重大事故调查报告的批复按照国务院有关规定执行。

第一百零八条 作业者和承包者应当按照事故调查报告的批复,对负有责任的人员进行处理。

事故发生单位应当认真吸取事故教训,落实防范和整改措施,防止事故再次发生。

第七章 监督管理

第一百零九条 海油安办及其有关分部应当按照法律、行政法规、规章和标准的规定,依法对海洋石油生产经营单位的安全生产实施监督检查。

第一百一十条 海油安办有关分部应当建立生产设施、作业设施的备案档案管理制度,并于每年1月31日前将上一年度的备案情况报海油安办。备案档案应当至少保存3年。

第一百一十一条 海油安办有关分部应当对安全培训机构、作业者和承包者安全教育培训情况进行监督检查。

第一百一十二条 海油安办及其有关分部应当按照生产安全事故的批复,依照有关法律、行政法规和规章的规定,对事故发生单位和有关人员进行行政处罚;对负有事故责任的国家工作人员,按照干部管理权限交由有关单位和行政监察机关追究。

第八章 罚 则

第一百一十三条 作业者和承包者有下列行为之一的,给予警告,可以并处3万元以下的罚款:

(一)生产设施、作业设施未按规定备案的;

(二)未配备守护船,或者未按规定登记的;

(三)海洋石油专业设备未按期进行检验的;

(四)拒绝、阻碍海油安办及有关分部依法监督检查的。

第一百一十四条 作业者和承包者有下列行为之一的,依法责令停产整顿,给予相应的行政处罚:

(一)未履行新建、改建、扩建项目“三同时”程序的;

(二)对存在的重大事故隐患,不按期进行整改的。

第一百一十五条 海油安办及有关分部监督检查人员在海洋石油监督检查中滥用职权、玩忽职守、徇私舞弊的,依照有关规定给予行政处分。

第九章 附 则

第一百一十六条 本细则中下列用语的含义:

(一)海洋石油作业设施,是指用于海洋石油作业的海上移动式钻井船(平台)、物探船、铺管船、起重船、固井船、酸化压裂船等设施;

(二)海洋石油生产设施,是指以开采海洋石油为目的的海上固定平台、单点系泊、浮式生产储油装置(FPSO)、海底管线、海上输油码头、滩海陆岸、人工岛和陆岸终端等海上和陆岸结构物;

(三)滩海陆岸石油设施,是指最高天文潮位以下滩海区域内,采用筑路或者栈桥等方式与陆岸相连

接,从事石油作业活动中修筑的滩海通井路、滩海井台及有关石油设施;

(四)专业设备,是指海洋石油开采过程中使用的危险性较大或者对安全生产有较大影响的设备,包括海上结构、采油设备、海上锅炉和压力容器、钻井和修井设备、起重和升降设备、火灾和可燃气体探测、报警及控制系统、安全阀、救生设备、消防器材、钢丝绳等系物及被系物、电气仪表等;

(五)海底长输油(气)管线,是指从一个海上油(气)田外输油(气)的计量点至陆岸终端计量点或者至海上输油(气)终端计量点的长输管线,包括管段、立管、附件、控制系统、仪表及支撑件等互相连接的系统和中间泵站等;

(六)延长测试作业,是指在油层参数或者早期地质油藏资料不能满足工程需要的情况下,为获取这些数据资料,在原钻井装置或者井口平台上实施,并有油轮或者浮式生产装置作为储油装置的测试作业;

(七)延长测试设施,是指延长测试作业时,在原钻井装置或井口平台上临时安装的配套工艺设备、以及油轮或浮式生产储油装置(FPSO)等设施的总称;

(八)长期出海人员,是指每次在海上作业15日以上(含15日),或者年累计在海上作业30日以上(含30日),负责海上石油设施管理、操作、维修等作业的人员;

(九)短期出海人员,是指每次在海上作业5~15日以下(含5日),或者年累计出海时间在10~30日(含10日)的海上石油作业人员;

(十)临时出海人员,是指每次出海在5日以下的人员,或者年累计10日以下;

(十一)海上油气生产设施兼职消防队员,是指海上油(气)生产设施上,直接从事消防设备操作、现场灭火指挥的关键人员;

(十二)"海上石油作业安全救生"培训,是指"海上求生"、"海上平台消防"、"救生艇筏操纵"、"海上急救"、"直升机遇险水下逃生"5项内容的培训;

(十三)弃井作业,是指为了防止海洋污染、保证油井和海上运输安全而对油井采取的防止溢油和碰撞的一系列措施,包括永久性弃井作业和临时弃井作业。永久性弃井,是指对废弃的井进行封堵井眼及回收井口装置的作业;临时弃井,是指对正在钻井,因故中止作业或者对已完成作业的井需保留井口而进行的封堵井眼,戴井口帽及设置井口信号标志的作业。

第一百一十七条 本细则所规定的有关文书格式,由海油安办统一式样。

第一百一十八条 从事内陆湖泊的石油开采活动,参照本细则有关规定执行。

第一百一十九条 本细则自2009年12月1日起施行。

油气罐区防火防爆十条规定

(2017年3月6日 安监总政法〔2017〕15号)

一、严禁油气储罐超温、超压、超液位操作和随意变更储存介质。

二、严禁在油气罐区手动切水、切罐、装卸车时作业人员离开现场。

三、严禁关闭在用油气储罐安全阀切断阀和在泄压排放系统加盲板。

四、严禁停用油气罐区温度、压力、液位、可燃及有毒气体报警和联锁系统。

五、严禁未进行气体检测和办理作业许可证,在油气罐区动火或进入受限空间作业。

六、严禁内浮顶储罐运行中浮盘落底。

七、严禁向油气储罐或与储罐连接管道中直接添加性质不明或能发生剧烈反应的物质。

八、严禁在油气罐区使用非防爆照明、电气设施、工器具和电子器材。

九、严禁培训不合格人员和无相关资质承包商进入油气罐区作业,未经许可机动车辆及外来人员不得进入罐区。

十、严禁油气罐区设备设施不完好或带病运行。

九、劳动安全保护

中华人民共和国劳动法

(1994年7月5日第八届全国人民代表大会常务委员会第八次会议通过　根据2009年8月27日第十一届全国人民代表大会常务委员会第十次会议《关于修改部分法律的决定》修正)

第一章　总　　则

第一条　【立法宗旨】为了保护劳动者的合法权益,调整劳动关系,建立和维护适应社会主义市场经济的劳动制度,促进经济发展和社会进步,根据宪法,制定本法。

第二条　【适用范围】在中华人民共和国境内的企业、个体经济组织(以下统称用人单位)和与之形成劳动关系的劳动者,适用本法。

国家机关、事业组织、社会团体和与之建立劳动合同关系的劳动者,依照本法执行。

注释[劳动关系与劳务关系]

在我国法律体系中,有劳动关系和劳务关系这两个概念。劳动关系是指用人单位和劳动者基于雇佣与被雇佣而产生的关系,在法律上属于劳动法的范畴;劳务关系则是平等民事主体间提供方给用工方提供劳动服务,获得劳务报酬的关系,由民事法律规范调整。两者的区别主要有以下几方面:(一)劳动关系一方是用人单位,另一方必然是劳动者;而劳务关系可能有很多方,可能是公司与公司之间的关系,也可能是个人和个人之间的关系,还可能是公司与个人之间的关系;(二)在劳动关系中,劳动者除提供劳动之外,还要接受用人单位的管理,遵守其规章制度等;而劳务关系只有劳务服务,用工方支付报酬,彼此之间在法律上不存在身份隶属关系,既没有档案需要放在单位或与单位有关的地方,也不需要办员工手册等证明文件;(三)劳动关系中的劳动者除获得工资报酬外,还有法定社会保险、公积金等,而劳务关系一般只获得劳动报酬;(四)劳动关系适用《劳动法》、《劳动合同法》,劳务关系则适用《民法总则》、《合同法》等。

[劳动法适用主体]

1."个体经济组织"是指一般雇工在七人以下的个体工商户。2. 中国境内的企业、个体经济组织与劳动者之间,只要形成劳动关系,即劳动者事实上已成为企业、个体经济组织的成员,并为其提供有偿劳动,适用劳动法。3. 国家机关、事业组织、社会团体实行劳动合同制度的以及按规定应实行劳动合同制度的工勤人员;实行企业化管理的事业组织的人员;其他通过劳动合同与国家机关、事业组织、社会团体建立劳动关系的劳动者,适用劳动法。4. 公务员和比照实行公务员制度的事业组织和社会团体的工作人员,以及农村劳动者(乡镇企业职工和进城务工、经商的农民除外)、现役军人和家庭保姆等不适用劳动法。5. 中国境内的企业、个体经济组织在劳动法中被称为用人单位。国家机关、事业组织、社会团体和与之建立劳动合同关系的劳动者依照劳动法执行。(参见《劳动部关于贯彻执行〈中华人民共和国劳动法〉若干问题的意见》,以下简称《劳动法意见》,第1-5条)

第三条　【劳动者的权利和义务】劳动者享有平等就业和选择职业的权利、取得劳动报酬的权利、休息休假的权利、获得劳动安全卫生保护的权利、接受职业技能培训的权利、享受社会保险和福利的权利、提请劳动争议处理的权利以及法律规定的其他劳动权利。

劳动者应当完成劳动任务,提高职业技能,执行劳动安全卫生规程,遵守劳动纪律和职业道德。

第四条　【用人单位规章制度】用人单位应当依法建立和完善规章制度,保障劳动者享有劳动权利和履行劳动义务。

注释用人单位的规章制度仅在本单位具有效力,作为劳动者的本单位的职工应当自觉遵守各项行政管理制度和生产技术管理制度。

用人单位根据本条规定,通过民主程序制定的规章制度,不违反国家法律、行政法规及政策规定,并已向劳动者公示的,可以作为人民法院审理劳动争议案件的依据。(参见《最高人民法院关于审理劳动争议案件适用法律若干问题的解释》第19条)

用人单位制定的内部规章制度与集体合同或者劳动合同约定的内容不一致,劳动者请求优先适用合同约定的,人民法院应予支持。(《最高人民法院关于审理劳动争议案件适用法律若干问题的解释(二)》第16条)

案例四川某装饰设计工程有限公司与江某一般劳动争议纠纷上诉案(四川省成都市中级人民法院民事判决书〔2008〕成民终字第1266号)

案件适用要点:本案被告公司的《员工手册》及《设计部管理制度》符合法律相关规定且依法进行了公示让员工知晓的,为有效的规章制度,对公司和职工均有约束力，也可以作为审理案件的依据。职工在劳动关系存续期间，违反公司管理制度，公司根据《劳动法》及公司制度对职工作出的取消提成工资的决定正当合法。

第五条 【国家发展劳动事业】国家采取各种措施，促进劳动就业，发展职业教育，制定劳动标准，调节社会收入，完善社会保险，协调劳动关系，逐步提高劳动者的生活水平。

第六条 【国家的倡导、鼓励和奖励政策】国家提倡劳动者参加社会义务劳动，开展劳动竞赛和合理化建议活动，鼓励和保护劳动者进行科学研究、技术革新和发明创造，表彰和奖励劳动模范和先进工作者。

第七条 【工会的组织和权利】劳动者有权依法参加和组织工会。

工会代表和维护劳动者的合法权益，依法独立自主地开展活动。

注释 工会是职工自愿结合的工人阶级的群众组织。中华全国总工会及其各工会组织代表职工的利益，依法维护职工的合法权益。

企业、事业单位、机关有会员二十五人以上的，应当建立基层工会委员会；不足二十五人的，可以单独建立基层工会委员会，也可以由两个以上单位的会员联合建立基层工会委员会，也可以选举组织员一人，组织会员开展活动。女职工人数较多的，可以建立工会女职工委员会，在同级工会领导下开展工作；女职工人数较少的，可以在工会委员会中设女职工委员。企业职工较多的乡镇、城市街道，可以建立基层工会的联合会。县级以上地方建立地方各级总工会。同一行业或者性质相近的几个行业，可以根据需要建立全国的或者地方的产业工会。全国建立统一的中华全国总工会。

链接《工会法》

第八条 【劳动者参与民主管理和平等协商】劳动者依照法律规定，通过职工大会、职工代表大会或者其他形式，参与民主管理或者就保护劳动者合法权益与用人单位进行平等协商。

第九条 【劳动行政部门设置】国务院劳动行政部门主管全国劳动工作。

县级以上地方人民政府劳动行政部门主管本行政区域内的劳动工作。

第二章 促进就业

第十条 【国家促进就业政策】国家通过促进经济和社会发展，创造就业条件，扩大就业机会。

国家鼓励企业、事业组织、社会团体在法律、行政法规规定的范围内兴办产业或者拓展经营，增加就业。

国家支持劳动者自愿组织起来就业和从事个体经营实现就业。

链接《就业促进法》第二章［政策支持］

第十一条 【地方政府促进就业措施】地方各级人民政府应当采取措施，发展多种类型的职业介绍机构，提供就业服务。

链接《就业促进法》第四章［就业服务和管理］

第十二条 【就业平等原则】劳动者就业，不因民族、种族、性别、宗教信仰不同而受歧视。

注释 平等就业权包含三层含义：一是任何公民都平等地享有就业的权利和资格，不因民族、种族、性别、年龄、文化、宗教信仰、经济能力等而受到限制；二是在应聘某一职位时，任何公民都需平等地参与竞争，任何人不得享有特权，也不得对任何人予以歧视；三是平等不等于同等，平等是指对于符合要求、符合特殊职位条件的人，应给予他们平等的机会，而不是不论条件如何都同等对待。

链接《就业促进法》第 3 条［不得就业歧视］、第 62 条［就业歧视诉讼］

第十三条 【妇女享有与男子平等的就业权利】妇女享有与男子平等的就业权利。在录用职工时，除国家规定的不适合妇女的工种或者岗位外，不得以性别为由拒绝录用妇女或者提高对妇女的录用标准。

第十四条 【特殊就业群体的就业保护】残疾人、少数民族人员、退出现役的军人的就业，法律、法规有特别规定的，从其规定。

第十五条 【使用童工的禁止】禁止用人单位招用未满 16 周岁的未成年人。

文艺、体育和特种工艺单位招用未满 16 周岁的未成年人，必须依照国家有关规定，履行审批手续，并保障其接受义务教育的权利。

注释 国家机关、社会团体、企业事业单位、民办非企业单位或者个体工商户均不得招用不满 16 周岁的未成年人。禁止任何单位或者个人为不满 16 周岁的未成年人介绍就业。禁止不满 16 周岁的未成年人开业从事个体经营活动。

链接《禁止使用童工规定》

第三章 劳动合同和集体合同

第十六条 【劳动合同的概念】劳动合同是劳动者与用人单位确立劳动关系、明确双方权利和义务的协议。

建立劳动关系应当订立劳动合同。

注释 建立劳动关系，应当订立书面劳动合同。已建立劳动关系，未同时订立书面劳动合同的，应当自用工之日起一个月内订立书面劳动合同。用人单位与劳动者在用工前订立劳动合同的，劳动关系自用工之日起建立。(《劳动合同法》第 10 条)

第十七条 【订立和变更劳动合同的原则】订立和变更劳动合同，应当遵循平等自愿、协商一致的原则，不得违反法律、行政法规的规定。

劳动合同依法订立即具有法律约束力，当事人必须履行劳动合同规定的义务。

第十八条 【无效劳动合同】下列劳动合同无效：

（一）违反法律、行政法规的劳动合同；

（二）采取欺诈、威胁等手段订立的劳动合同。

无效的劳动合同，从订立的时候起，就没有法律约束力。确认劳动合同部分无效的，如果不影响其余部分的效力，其余部分仍然有效。

劳动合同的无效，由劳动争议仲裁委员会或者人民法院确认。

注释［《劳动合同法》关于劳动合同无效的规定］

下列劳动合同无效或者部分无效：（一）以欺诈、胁迫的手段或者乘人之危，使对方在违背真实意思的情况下订立或者变更劳动合同的；（二）用人单位免除自己的法定责任、排除劳动者权利的；（三）违反法律、行政法规强制性规定的。（《劳动合同法》第26条第1款）

注意：1. 欺诈是指当事人一方故意制造假象或隐瞒事实真相，欺骗对方，诱使对方形成错误认识而与之订立劳动合同。胁迫是指当事人以将要发生的损害或者以直接实施损害相威胁，一方迫使另一方处于恐惧或者其他被胁迫的状态而签订劳动合同，胁迫可能涉及生命、身体、财产、名誉、自由、健康等方面。

2. 法律、行政法规包含强制性规定和任意性规定。强制性规定排除了合同当事人的意思自治，即当事人在合同中不得合意排除法律、行政法规强制性规定的适用，如果当事人约定排除了强制性规定，则构成上述第（三）项规定的无效情形。这里主要指国家制定的关于劳动者最基本劳动条件的法律法规，包括最低工资、工作时间、劳动安全与卫生等法律法规。

［劳动合同无效的确认机关］

劳动合同是否有效，必须由法律规定的专门机关进行确认，其他组织和个人都无权确认。确认劳动合同无效的专门机关是劳动争议仲裁委员会或者人民法院。

［劳动合同无效后劳动报酬的支付］

劳动合同被确认无效，劳动者已付出劳动的，用人单位应当向劳动者支付劳动报酬。劳动报酬的数额，参照本单位相同或者相近岗位劳动者的劳动报酬确定。（《劳动合同法》第28条）

案例 郭懿诉江苏益丰大药房连锁有限公司劳动争议案（《中华人民共和国最高人民法院公报》2010年第6期）

案件适用要点：即将毕业的大专院校在校学生以就业为目的与用人单位签订劳动合同，且接受用人单位管理，按合同约定付出劳动；用人单位在明知求职者系在校学生的情况下，仍与之订立劳动合同并向其发放劳动报酬的，该劳动合同合法有效，应当认定双方之间形成劳动合同关系。

第十九条 【劳动合同的形式和内容】劳动合同应当以书面形式订立，并具备以下条款：

（一）劳动合同期限；

（二）工作内容；

（三）劳动保护和劳动条件；

（四）劳动报酬；

（五）劳动纪律；

（六）劳动合同终止的条件；

（七）违反劳动合同的责任。

劳动合同除前款规定的必备条款外，当事人可以协商约定其他内容。

第二十条 【劳动合同的期限】劳动合同的期限分为有固定期限、无固定期限和以完成一定的工作为期限。

劳动者在同一用人单位连续工作满10年以上，当事人双方同意续延劳动合同的，如果劳动者提出订立无固定期限的劳动合同，应当订立无固定期限的劳动合同。

注释［无固定期限劳动合同］

无固定期限劳动合同，是指用人单位与劳动者约定无确定终止时间的劳动合同。用人单位与劳动者协商一致，可以订立无固定期限劳动合同。有下列情形之一，劳动者提出或者同意续订、订立劳动合同的，除劳动者提出订立固定期限劳动合同外，应当订立无固定期限劳动合同：（一）劳动者在该用人单位连续工作满十年的；（二）用人单位初次实行劳动合同制度或者国有企业改制重新订立劳动合同时，劳动者在该用人单位连续工作满十年且距法定退休年龄不足十年的；（三）连续订立二次固定期限劳动合同，且劳动者没有《劳动合同法》第39条和第40条第1项、第2项规定的情形，续订劳动合同的。用人单位自用工之日起满一年不与劳动者订立书面劳动合同的，视为用人单位与劳动者已订立无固定期限劳动合同。（《劳动合同法》第14条）

劳动者在同一用人单位中连续工作满十年，一是与签订劳动合同的次数和劳动合同的期限都没有关系，这十年中从前到后劳动者可以签订多个劳动合同，每个劳动合同的期限都可以不同。如劳动者的劳动合同一年一签，连续签了十次，属于本规定中连续工作满十年的情形。再如，劳动者在用人单位先签订了两年期限的劳动合同，后出于种种原因，接下来一年没有签订书面劳动合同，之后几年又签订了书面劳动合同，只要连续工作满十年，就属于本规定的情形。二是工作必须是连续的，中间不得有间断。如有的劳动者在用人单位工作五年后，离职到别的单位去工作了两年，然后又回到了这个用人单位工作五年。虽然累计时间达到了十年，但是劳动合同期限有所间断，不属于本规定的情形。

第二十一条 【试用期条款】劳动合同可以约定试用期。试用期最长不得超过6个月。

注释［试用期仅为约定条款］

试用期，是指用人单位对新招收的职工进行思想品德、劳动态度、实际工作能力、身体情况等进行进一步考察的时间期限。试用期是一个约定的条款，如果双方没有事先约定，用人单位就不能以试用期为由解除劳动合同。

［试用期期限长短］

劳动合同期限三个月以上不满一年的，试用期不得超过一个月；劳动合同期限一年以上不满三年的，试用期不得超过二个月；三年以上固定期限和无固定期限的劳动合同，试用期不得超过六个月。

同一用人单位与同一劳动者只能约定一次试用期。

以完成一定工作任务为期限的劳动合同或者劳动合同期限不满三个月的，不得约定试用期。

试用期包含在劳动合同期限内。劳动合同仅约定试用期的，试用期不成立，该期限为劳动合同期限。(《劳动合同法》第19条)

［劳动者在试用期间的权利］

劳动者在试用期间应当享有全部的劳动权利。这些权利包括取得劳动报酬的权利、休息休假的权利、获得劳动安全卫生保护的权利、接受职业技能培训的权利、享受社会保险和福利的权利、提请劳动争议处理的权利以及法律规定的其他劳动权利，还包括依照法律规定，通过职工大会、职工代表大会或者其他形式，参与民主管理或者就保护劳动者合法权益与用人单位进行平等协商的权利。不能仅因为试用期的身份而加以限制，与其他劳动者区别对待。

案例 李某与广州某文化传播有限公司劳动合同纠纷上诉案(广东省广州市中级人民法院民事判决书〔2010〕穗中法民一终字第982号)

案件适用要点：根据《劳动合同法》的规定，劳动合同仅约定试用期的，试用期不成立。在本案中，有劳动者签名和用人单位公章确认的《试用期合同》是双方的真实意思表示，虽然约定的试用期无效，但合同是有效的，自合同签订之日起，双方便已成立了劳动关系。

第二十二条 【保守商业秘密之约定】劳动合同当事人可以在劳动合同中约定保守用人单位商业秘密的有关事项。

第二十三条 【劳动合同的终止】劳动合同期满或者当事人约定的劳动合同终止条件出现，劳动合同即行终止。

注释［劳动合同终止情形］

有下列情形之一的，劳动合同终止：(一)劳动合同期满的；(二)劳动者开始依法享受基本养老保险待遇的；(三)劳动者死亡，或者被人民法院宣告死亡或者宣告失踪的；(四)用人单位被依法宣告破产的；(五)用人单位被吊销营业执照、责令关闭、撤销或者用人单位决定提前解散的；(六)法律、行政法规规定的其他情形。(《劳动合同法》第44条)

［劳动合同终止的经济补偿］

这是《劳动合同法》相对《劳动法》增加的规定。有下列终止劳动合同情形之一的，用人单位应当向劳动者支付经济补偿：(一)除用人单位维持或者提高劳动合同约定条件续订劳动合同，劳动者不同意续订的情形外，因劳动合同期满而终止固定期限劳动合同的；(二)因用人单位被依法宣告破产而终止劳动合同；(三)因用人单位被吊销营业执照、责令关闭、撤销或者用人单位决定提前解散而终止劳动合同。

第二十四条 【劳动合同的合意解除】经劳动合同当事人协商一致，劳动合同可以解除。

第二十五条 【过失性辞退】劳动者有下列情形之一的，用人单位可以解除劳动合同：

(一)在试用期间被证明不符合录用条件的；

(二)严重违反劳动纪律或者用人单位规章制度的；

(三)严重失职，营私舞弊，对用人单位利益造成重大损害的；

(四)被依法追究刑事责任的。

注释［《劳动合同法》相关规定］

劳动者有下列情形之一的，用人单位可以解除劳动合同：(一)在试用期间被证明不符合录用条件的；(二)严重违反用人单位的规章制度的；(三)严重失职，营私舞弊，给用人单位造成重大损害的；(四)劳动者同时与其他用人单位建立劳动关系，对完成本单位的工作任务造成严重影响，或者经用人单位提出，拒不改正的；(五)因《劳动合同法》第26条第1款第1项规定的情形致使劳动合同无效的；(六)被依法追究刑事责任的。(《劳动合同法》第39条)

［重大损害的认定］

本条第3项中的“重大损害”，因为企业类型各有不同，对重大损害的界定也千差万别，应由企业内部规章来合理规定，立法机关在全国没有作统一解释。若用人单位以此为由解除劳动合同，与劳动者发生劳动争议，当事人向劳动争议仲裁委员会申请仲裁的，由劳动争议仲裁委员会根据企业类型、规模和损害程度等情况，对企业规章中规定的“重大损害”进行认定。

链接《劳动合同法实施条例》第 19 条；《劳动法意见》第 28－31 条

第二十六条 【非过失性辞退】有下列情形之一的，用人单位可以解除劳动合同，但是应当提前 30 日以书面形式通知劳动者本人：

（一）劳动者患病或者非因工负伤，医疗期满后，不能从事原工作也不能从事由用人单位另行安排的工作的；

（二）劳动者不能胜任工作，经过培训或者调整工作岗位，仍不能胜任工作的；

（三）劳动合同订立时所依据的客观情况发生重大变化，致使原劳动合同无法履行，经当事人协商不能就变更劳动合同达成协议的。

注释［医疗期］

本条第 1 项指劳动者医疗期满后，不能从事原工作的，由原用人单位另行安排适当的工作之后，仍不能从事另行安排的工作的，可以解除劳动合同。这里的“医疗期”，根据《企业职工患病或非因工负伤医疗期规定》，是指企业职工因患病或非因工负伤停止工作治病休息不得解除劳动合同的时限。

［不能胜任工作］

本条第 2 项中的“不能胜任工作”，是指不能按要求完成劳动合同中约定的任务或者同工种、同岗位人员的工作量。用人单位不得故意提高定额标准，使劳动者无法完成。

［如何认定解除劳动合同所指的“客观情况”？］

本条第 3 项中的“客观情况”指发生不可抗力或出现致使劳动合同全部或部分条款无法履行的其他情况，如企业迁移、被兼并、企业资产转移等，并且排除《劳动法》第 27 条所列的客观情况。

链接《劳动合同法》第 40 条［无过失性辞退］；《劳动合同法实施条例》第 19 条；《企业职工患病或非因工负伤医疗期规定》

第二十七条 【用人单位经济性裁员】用人单位濒临破产进行法定整顿期间或者生产经营状况发生严重困难，确需裁减人员的，应当提前 30 日向工会或者全体职工说明情况，听取工会或者职工的意见，经向劳动行政部门报告后，可以裁减人员。

用人单位依据本条规定裁减人员，在 6 个月内录用人员的，应当优先录用被裁减的人员。

第二十八条 【用人单位解除劳动合同的经济补偿】用人单位依据本法第二十四条、第二十六条、第二十七条的规定解除劳动合同的，应当依照国家有关规定给予经济补偿。

注释［经济补偿情形］

注意，我国《劳动合同法》关于经济补偿有新规定，不仅限于解除劳动合同的经济补偿，还包括终止劳动合同的经济补偿。

有下列情形之一的，用人单位应当向劳动者支付经济补偿：（一）劳动者依照《劳动合同法》第 38 条规定解除劳动合同的；（二）用人单位依照《劳动合同法》第 36 条规定向劳动者提出解除劳动合同并与劳动者协商一致解除劳动合同的；（三）用人单位依照《劳动合同法》第 40 条规定解除劳动合同的；（四）用人单位依照《劳动合同法》第 41 条第 1 款规定解除劳动合同的；（五）除用人单位维持或者提高劳动合同约定条件续订劳动合同，劳动者不同意续订的情形外，依照《劳动合同法》第 44 条第一项规定终止固定期限劳动合同的；（六）依照《劳动合同法》第 44 条第四项、第五项规定终止劳动合同的；（七）法律、行政法规规定的其他情形。（《劳动合同法》第 46 条）

用人单位与劳动者可以协商一致解除劳动合同，但由用人单位首先提出解除动议的，应当支付经济补偿。

［经济补偿的标准］

经济补偿按劳动者在本单位工作的年限，每满一年支付一个月工资的标准向劳动者支付。六个月以上不满一年的，按一年计算；不满六个月的，向劳动者支付半个月工资的经济补偿。

劳动者月工资高于用人单位所在直辖市、设区的市级人民政府公布的本地区上年度职工月平均工资三倍的，向其支付经济补偿的标准按职工月平均工资三倍的数额支付，向其支付经济补偿的年限最高不超过十二年。

上述所称月工资是指劳动者在劳动合同解除或者终止前十二个月的平均工资。（《劳动合同法》第 47 条）

链接《劳动合同法实施条例》第 14、20、22－23 条；《国家税务总局关于个人因解除劳动合同取得经济补偿金征收个人所得税问题的通知》

第二十九条 【用人单位不得解除劳动合同的情形】劳动者有下列情形之一的，用人单位不得依据本法第二十六条、第二十七条的规定解除劳动合同：

（一）患职业病或者因工负伤并被确认丧失或者部分丧失劳动能力的；

（二）患病或者负伤，在规定的医疗期内的；

（三）女职工在孕期、产期、哺乳期内的；

（四）法律、行政法规规定的其他情形。

注释《劳动合同法》对此条有进一步规定，劳动者有下列情形之一的，用人单位不得依照《劳动合同法》第 40 条、第 41 条的规定解除劳动合同：（一）从事接触职业病危害作业的劳动者未进行离岗前职业健康检查，或者疑似职业病病人在诊断或者医学观察期间的；（二）在本单位患职业病或者因工负伤并被确认丧失或者部分丧失劳动能力的；（三）患病或者非因工负伤，在规定的医疗期内的；（四）女职工在孕期、产期、哺乳期的；（五）在本单位连续工作满十五年，且距法定退休年龄不足五年的；（六）法律、行政法规规定的其他情形。（《劳动合同法》第42条）

注意，本条并未排除依据《劳动法》第25条、《劳动合同法》第39条的规定解除劳动合同。

第三十条 【工会对用人单位解除劳动合同的监督权】用人单位解除劳动合同，工会认为不适当的，有权提出意见。如果用人单位违反法律、法规或者劳动合同，工会有权要求重新处理；劳动者申请仲裁或者提起诉讼的，工会应当依法给予支持和帮助。

第三十一条 【劳动者单方解除劳动合同】劳动者解除劳动合同，应当提前30日以书面形式通知用人单位。

注释 注意，《劳动合同法》第37条规定，如果劳动者是在试用期内解除劳动合同，提前3日通知用人单位即可且不限书面形式。

第三十二条 【劳动者无条件解除劳动合同的情形】有下列情形之一的，劳动者可以随时通知用人单位解除劳动合同：

（一）在试用期内的；

（二）用人单位以暴力、威胁或者非法限制人身自由的手段强迫劳动的；

（三）用人单位未按照劳动合同约定支付劳动报酬或者提供劳动条件的。

注释 ［《劳动合同法》相关规定］

用人单位有下列情形之一的，劳动者可以解除劳动合同：（一）未按照劳动合同约定提供劳动保护或者劳动条件的；（二）未及时足额支付劳动报酬的；（三）未依法为劳动者缴纳社会保险费的；（四）用人单位的规章制度违反法律、法规的规定，损害劳动者权益的；（五）因《劳动合同法》第26条第1款规定的情形致使劳动合同无效的；（六）法律、行政法规规定劳动者可以解除劳动合同的其他情形。

用人单位以暴力、威胁或者非法限制人身自由的手段强迫劳动者劳动的，或者用人单位违章指挥、强令冒险作业危及劳动者人身安全的，劳动者可以立即解除劳动合同，不需事先告知用人单位。（《劳动合同法》第38条）

注意，根据《劳动合同法》第37条的规定，“在试用期内的”已不再属于劳动者可以随时解除劳动合同的事由。

［暴力、威胁、非法限制人身自由］

本条中的“暴力”是指对劳动者实施捆绑、拉拽、殴打、伤害等行为。“威胁”是指对劳动者施以暴力或者其他强迫手段。“非法限制人身自由”是指采用拘留、禁闭或其他强制方法非法剥夺或限制他人按照自己的意志支配自己的身体活动自由的行为。

案例 宋某与广州市某器材有限公司劳动争议纠纷上诉案（广东省广州市中级人民法院民事判决书〔2009〕穗中法民一终字第128号）

案件适用要点：劳动者自己提出辞职，若用人单位不存在《劳动合同法》第38条的情形，即劳动者非基于用人单位损害其劳动权益而提出解除劳动合同的，那么，用人单位就无须因劳动者主动解除劳动合同给予其经济补偿。

第三十三条 【集体合同的内容和签订程序】企业职工一方与企业可以就劳动报酬、工作时间、休息休假、劳动安全卫生、保险福利等事项，签订集体合同。集体合同草案应当提交职工代表大会或者全体职工讨论通过。

集体合同由工会代表职工与企业签订；没有建立工会的企业，由职工推举的代表与企业签订。

注释 ［集体合同的概念和特征］

集体合同，又称团体协约、集体协议、团体协议、团体契约等，是集体协商双方代表根据法律、法规的规定就劳动报酬、工作时间、休息休假、劳动安全卫生、保险福利等事项在平等协商一致基础上签订的书面协议。

集体合同有以下特征：第一，集体合同是最低标准合同。集体合同是就劳动报酬、工作时间、休息休假、劳动安全卫生、保险福利等事项的最低标准和企业达成的协议，企业和职工个人签订的劳动合同所定的各种待遇不得低于集体合同的标准。第二，集体合同规定企业承担的义务都具有法律性质，企业不履行义务，就要承担相应的法律责任。第三，集体合同是要式合同。集体合同要以书面形式签订。

［集体合同的签订］

集体合同草案应当提交职工代表大会或者全体职工讨论通过，要体现职工在集体合同订立过程中的决定权。通常程序是：(1)深入进行调查研究，广泛征求各方面的意见和要求，提出集体合同的初步草案。(2)组织全体职工充分考虑、讨论集体合同草案。集体合同草案制定出来以后，应组织全体职工或在职工代表大会上对集体合同草案进行讨论、修改和补充，使集体合同充分反映用人单位和广大职工的意见和要求。(3)修改并正式通过集体合同。根据全体职工的意见，对集体合同草案进行修改，并提交职工代表大会或者全体职工通过。(4)签字、生效。集体合同正式通过后由企业法定代表人与企业工会主席签字，并报送劳动行政部门。集体合同生效后，应向全体职工公布。集体合同草案经审议未获得通过的，由双方重新协商，进行修改。

集体合同由工会代表企业职工一方与用人单位订立；尚未建立工会的用人单位，由上级工会指导劳动者推举的代表与用人单位订立。

链接《劳动合同法》第 51 条[集体合同的订立和内容]；《集体合同规定》

第三十四条 【集体合同的审查】集体合同签订后应当报送劳动行政部门；劳动行政部门自收到集体合同文本之日起 15 日内未提出异议的，集体合同即行生效。

第三十五条 【集体合同的效力】依法签订的集体合同对企业和企业全体职工具有约束力。职工个人与企业订立的劳动合同中劳动条件和劳动报酬等标准不得低于集体合同的规定。

第四章 工作时间和休息休假

第三十六条 【标准工作时间】国家实行劳动者每日工作时间不超过 8 小时、平均每周工作时间不超过 44 小时的工时制度。

注释 根据《国务院关于职工工作时间的规定》，1995 年 5 月 1 日起，国务院规定标准工作日工作时间为 8 小时，每周工作时间为 40 小时。

第三十七条 【计件工作时间】对实行计件工作的劳动者，用人单位应当根据本法第三十六条规定的工时制度合理确定其劳动定额和计件报酬标准。

注释 根据《劳动部关于〈中华人民共和国劳动法〉若干条文的说明》：(一)对于实行计件工资的用人单位，在实行新的工时制度下应既能保证劳动者享受缩短工时的待遇，又尽量保证劳动者的计件工资收入不减少。(二)如果适当调整劳动定额，在保证劳动者计件工资收入不降低的前提下，计件单价可以不作调整；如果调整劳动定额有困难，就应该考虑适当调整劳动者计件单价，以保证收入不减少。

第三十八条 【劳动者的周休日】用人单位应当保证劳动者每周至少休息 1 日。

第三十九条 【其他工时制度】企业因生产特点不能实行本法第三十六条、第三十八条规定的，经劳动行政部门批准，可以实行其他工作和休息办法。

注释 [哪些企业职工可实行不定时工作制？]

不定时工作制是针对因生产特点、工作特殊需要或职责范围的关系，无法按标准工作时间衡量或需要机动作业的职工所采用的一种工时制度。例如：企业中从事高级管理、推销、货运、装卸、长途运输驾驶、押运、非生产性值班和特殊工作形式的个体工作岗位的职工，出租车驾驶员等，可实行不定时工作制。鉴于每个企业的情况不同，企业可依据上述原则结合企业的实际情况进行研究，并按有关规定报批。

[哪些企业职工可实行综合计算工时工作制？]

综合计算工时工作制是针对因工作性质特殊，需连续作业或受季节及自然条件限制的企业的部分职工，采用的以周、月、季、年等为周期综合计算工作时间的一种工时制度，但其平均日工作时间和平均周工作时间应与法定标准工作时间基本相同。该工作制涉及的职工主要是指：交通、铁路、邮电、水运、航空、渔业等行业中因工作性质特殊，需要连续作业的职工；地质、石油及资源勘探、建筑、制盐、制糖、旅游等受季节和自然条件限制的行业的部分职工；亦工亦农或由于受能源、原材料供应等条件限制难以均衡生产的乡镇企业的职工等。另外，对于那些在市场竞争中，由于外界因素影响，生产任务不均衡的企业的部分职工也可以参照综合计算工时工作制的办法实施。

对于因工作性质或生产特点的限制，实行不定时工作制或综合计算工时工作制等其他工作和休息办法的职工，企业都应根据劳动法等有关规定，在保障职工身体健康并充分听取职工意见的基础上，采取集中工作、集中休息、轮休调休、弹性工作时间等适当的工作和休息方式，确保职工的休息休假权利和生产、工作任务的完成。

链接《劳动部关于企业实行不定时工作制和综合计算工时工作制的审批办法》；《劳动法意见》第 65－69 条[综合计算工作时间]

第四十条 【法定休假节日】用人单位在下列节日期间应当依法安排劳动者休假：

(一)元旦；

(二)春节；

(三)国际劳动节；

(四)国庆节；

(五)法律、法规规定的其他休假节日。

注释 根据《全国年节及纪念日放假办法》的规定，全体公民放假的节日为：新年，放假 1 天(1 月 1 日)；春节，放假 3 天(农历正月初一、初二、初三)；清明节，放假 1 天(农历清明当日)；劳动节，放假 1 天(5 月 1 日)；端午节，放假 1 天(农历端午当日)；中秋节，放假 1 天(农历中秋当日)；国庆节，放假 3 天(10 月 1 日、2 日、3 日)。

链接《全国年节及纪念日放假办法》

第四十一条 【延长工作时间】用人单位由于生产经营需要，经与工会和劳动者协商后可以延长工作时间，一般每日不得超过 1 小时；因特殊原因需要延长工作时间的，在保障劳动者身体健康的条件下延长工作时间每日不得超过 3 小时，但是每月不得超过 36 小时。

第四十二条 【特殊情况下的延长工作时间】有下列情形之一的，延长工作时间不受本法第四十一条规定的限制：

（一）发生自然灾害、事故或者因其他原因，威胁劳动者生命健康和财产安全，需要紧急处理的；

（二）生产设备、交通运输线路、公共设施发生故障，影响生产和公众利益，必须及时抢修的；

（三）法律、行政法规规定的其他情形。

第四十三条 【用人单位延长工作时间的禁止】用人单位不得违反本法规定延长劳动者的工作时间。

第四十四条 【延长工作时间的工资支付】有下列情形之一的，用人单位应当按照下列标准支付高于劳动者正常工作时间工资的工资报酬：

（一）安排劳动者延长工作时间的，支付不低于工资的150%的工资报酬；

（二）休息日安排劳动者工作又不能安排补休的，支付不低于工资的200%的工资报酬；

（三）法定休假日安排劳动者工作的，支付不低于工资的300%的工资报酬。

注释［劳动者正常工作时间工资］

本条中的"劳动者正常工作时间工资"是指劳动合同规定的与劳动者本人所在工作岗位（职位）相对应的工资。

实行计时工资制的劳动者的日工资，按其本人月工资标准除以平均每月法定工作天数进行计算。

［综合计算工时工作制正常工作时间的理解］

实行综合计算工时工作制的企业职工，工作日正好是周休息日的，属于正常工作；工作日正好是法定节假日时，要依照本条第（三）项的规定支付职工的工资报酬。（《劳动法意见》第62条）

［休息日或法定休假日加班，用人单位可否不支付加班费而给予补休？］

休息日安排劳动者加班工作的，应首先安排补休，不能补休时，则应支付不低于工资的200%的工资报酬。补休时间应等同于加班时间。法定休假日安排劳动者加班工作的，应另外支付不低于工资的300%的工资报酬，一般不安排补休。

链接《对〈工资支付暂行规定〉有关问题的补充规定》二；《劳动法意见》第55、60－62、70条［延长工作时间的工资报酬］；《劳动部关于职工工作时间有关问题的复函》三－六、八［加班有关问题］；《最高人民法院关于审理劳动争议案件适用法律若干问题的解释（三）》第9条

第四十五条 【年休假制度】国家实行带薪年休假制度。

劳动者连续工作1年以上的，享受带薪年休假。具体办法由国务院规定。

注释 带薪年休假是劳动者连续工作满一年后，每年依法享有的保留职务和工资的一定期限连续休息的假期。

根据本条规定，只要劳动者连续工作时间在一年以上，就有资格享受带薪年休假，不论用人单位实行什么样的工资制度，都应给予劳动者享有带薪年休假的权利。既然是带薪年休假，那么休假期间用人单位要照发工资而不能扣工资。

链接《职工带薪年休假条例》；《企业职工带薪年休假实施办法》；《机关事业单位工作人员带薪年休假实施办法》

案例 广州市某物业管理有限公司与于某劳动争议纠纷上诉案（广东省广州市中级人民法院民事判决书〔2009〕穗中法民一终字第5125号）

案件适用要点：职工累计工作已满一年不满10年的，年休假5天。《企业职工带薪年休假实施办法》第12条规定，用人单位与职工解除或者终止劳动合同时，当年度未安排职工休满应休假的，应当按照职工当年已工作时间折算应休未休年休假天数并支付未休年休假工资报酬，但折算后不足1整天的部分不支付未休年休假工资报酬。

第五章 工 资

第四十六条 【工资分配基本原则】工资分配应当遵循按劳分配原则，实行同工同酬。

工资水平在经济发展的基础上逐步提高。国家对工资总量实行宏观调控。

注释［工资］

劳动法中的"工资"是指用人单位依据国家有关规定或劳动合同的约定，以货币形式直接支付给本单位劳动者的劳动报酬，一般包括计时工资、计件工资、奖金、津贴和补贴、延长工作时间的工资报酬以及特殊情况下支付的工资等。"工资"是劳动者劳动收入的主要组成部分。劳动者的以下劳动收入不属于工资范围：（1）单位支付给劳动者个人的社会保险福利费用，如丧葬抚恤救济费、生活困难补助费、计划生育补贴等；（2）劳动保护方面的费用，如用人单位支付给劳动者的工作服、解毒剂、清凉饮料费用等；（3）按规定未列入工资总额的各种劳动报酬及其他劳动收入，如根据国家规定发放的创造发明奖、国家星火奖、自然科学奖、科学技术进步奖、合理化建议和技术改进奖、中华技能大奖等，以及稿费、讲课费、翻译费等。（《劳动法意见》第53条）

［同工同酬］

同工同酬是指用人单位对劳动者提供的同等价值的劳动应付给同等的劳动报酬。用人单位不得在工资支付过程中，对于从事相同工作、提供同等价值

劳动的劳动者因其性别、民族、年龄等方面的不同而支付不等量的劳动报酬。

链接《关于工资总额组成的规定》

第四十七条 【用人单位自主确定工资分配】用人单位根据本单位的生产经营特点和经济效益，依法自主确定本单位的工资分配方式和工资水平。

第四十八条 【最低工资保障】国家实行最低工资保障制度。最低工资的具体标准由省、自治区、直辖市人民政府规定，报国务院备案。

用人单位支付劳动者的工资不得低于当地最低工资标准。

注释［最低工资］

最低工资是指劳动者在法定工作时间内提供了正常劳动的前提下，其所在单位应支付的最低劳动报酬；不包括加班加点工资，中班、夜班、高温、低温、井下、有毒有害等特殊工作环境、条件下的津贴以及国家法律法规、政策规定的劳动者社会保险和福利待遇等。

［正常劳动义务］

劳动者和用人单位都要明确的是：劳动者受最低工资保障的一个前提条件是其必须履行了正常的劳动义务。正常劳动是指劳动者按依法签订的劳动合同约定，在法定工作时间或劳动合同约定的工作时间内从事的劳动。劳动者依法享受带薪年休假、探亲假、婚丧假、生育（产）假、节育手术假等国家规定的假期期间，以及法定工作时间内依法参加社会活动期间，均视为提供了正常劳动。

链接《劳动法意见》第54、56－59条［最低工资的具体适用］；《劳动合同法》第85条［低于最低工资支付责任］；《最低工资规定》

案例 某中学与吴某劳动争议纠纷上诉案（河南省郑州市中级人民法院民事判决书〔2010〕郑民一终字第224号）

<u>**案件适用要点**</u>：用人单位支付劳动者的工资不得低于当地最低工资标准。对于已支付的工资低于当地最低工资标准的，劳动者有权利请求用人单位补发差额，并且，根据《劳动部违反〈劳动法〉有关劳动合同规定的赔偿办法》第3条第（一）项的规定给予劳动者以一定补偿。

第四十九条 【确定和调整最低工资标准的因素】确定和调整最低工资标准应当综合参考下列因素：

（一）劳动者本人及平均赡养人口的最低生活费用；

（二）社会平均工资水平；

（三）劳动生产率；

（四）就业状况；

（五）地区之间经济发展水平的差异。

第五十条 【工资支付形式和不得克扣、拖欠工资】工资应当以货币形式按月支付给劳动者本人。不得克扣或者无故拖欠劳动者的工资。

第五十一条 【法定休假日等的工资支付】劳动者在法定休假日和婚丧假期间以及依法参加社会活动期间，用人单位应当依法支付工资。

第六章 劳动安全卫生

第五十二条 【劳动安全卫生制度的建立】用人单位必须建立、健全劳动安全卫生制度，严格执行国家劳动安全卫生规程和标准，对劳动者进行劳动安全卫生教育，防止劳动过程中的事故，减少职业危害。

第五十三条 【劳动安全卫生设施】劳动安全卫生设施必须符合国家规定的标准。

新建、改建、扩建工程的劳动安全卫生设施必须与主体工程同时设计、同时施工、同时投入生产和使用。

第五十四条 【用人单位的劳动保护义务】用人单位必须为劳动者提供符合国家规定的劳动安全卫生条件和必要的劳动防护用品，对从事有职业危害作业的劳动者应当定期进行健康检查。

注释［劳动防护用品］

用人单位必须为劳动者提供“必要的劳动防护用品”。必要的劳动防护用品是指职工在从事某项工作时，为保证其健康与安全，所应提供的基本劳动保护防护用品。用人单位必须按照国家有关规定发放劳动防护用品。发放劳动防护用品应当根据职工劳动条件发放，属于在生产过程中保护工人的安全与健康的防护用品，必须发给职工本人。用人单位发放劳动防护用品应当依照规定免费发放，并建立健全劳动防护用品的发放、保管、使用和回收等制度。

［职业危害］

用人单位对从事有职业危害作业的劳动者应当定期进行健康检查。职业危害是指在生产过程中或者作业场所存在危害职工身体健康的尘毒危害、工业性毒物、辐射、噪声等危害。用人单位对从事有职业危害作业的劳动者必须按照国家有关规定，定期进行健康检查。职工因按照接受职业性健康检查所占用的生产、工作时间，应当按照正常出勤处理。

链接《安全生产法》第二章［生产经营单位的安全生产保障］；《使用有毒物品作业场所劳动保护条例》；《职业病防治法》第三章［劳动过程中的防护与管理］

第五十五条 【特种作业的上岗要求】从事特种作业的劳动者必须经过专门培训并取得特种作业资格。

第五十六条 【劳动者在安全生产中的权利和义

务】劳动者在劳动过程中必须严格遵守安全操作规程。

劳动者对用人单位管理人员违章指挥、强令冒险作业，有权拒绝执行；对危害生命安全和身体健康的行为，有权提出批评、检举和控告。

注释 生产经营单位与从业人员订立的劳动合同，应当载明有关保障从业人员劳动安全、防止职业危害的事项，以及依法为从业人员办理工伤保险的事项。生产经营单位不得以任何形式与从业人员订立协议，免除或者减轻其对从业人员因生产安全事故伤亡依法应承担的责任。(《安全生产法》第49条)

因生产安全事故受到损害的从业人员，除依法享有工伤保险外，依照有关民事法律尚有获得赔偿的权利的，有权向本单位提出赔偿要求。(《安全生产法》第53条)

链接《安全生产法》第三章[从业人员的安全生产权利义务]

第五十七条 【伤亡事故和职业病的统计、报告、处理】国家建立伤亡事故和职业病统计报告和处理制度。县级以上各级人民政府劳动行政部门、有关部门和用人单位应当依法对劳动者在劳动过程中发生的伤亡事故和劳动者的职业病状况，进行统计、报告和处理。

第七章 女职工和未成年工特殊保护

第五十八条 【女职工和未成年工的特殊劳动保护】国家对女职工和未成年工实行特殊劳动保护。

未成年工是指年满16周岁未满18周岁的劳动者。

注释 [女职工的特殊劳动保护]

依据相关法律规定，女职工享有的特殊劳动保护主要有以下几个方面：

1. 就业和报酬方面：女性依法享有平等就业的权利；凡适合妇女从事劳动的单位，不得拒绝招收女职工；用人单位不得在女职工怀孕、产期、哺乳期降低其基本工资或者解除劳动合同。

2. 女职工一般禁忌从事的劳动包括：矿山井下；体力劳动强度分级标准中规定的第四级体力劳动强度的作业；每小时负重6次以上、每次负重超过20公斤的作业，或者间断负重、每次负重超过25公斤的作业。

[未成年工的特殊劳动保护]

未成年工在以下几方面享受特殊劳动保护：

1. 禁止用人单位招用未满16周岁的未成年人。我国的最低就业年龄是16周岁，如果文艺、体育和特种工艺单位需要招用未满16周岁的未成年人，必须依照国家有关规定，履行审批手续，并保障其接受义务教育的权利。

2. 不得安排未成年工从事法定禁忌从事的劳动。

3. 用人单位应当对未成年工定期进行健康检查。

4. 一般不能安排未成年工夜班工作。

链接《女职工劳动保护特别规定》；《未成年工特殊保护规定》

第五十九条 【女职工禁忌劳动的范围】禁止安排女职工从事矿山井下、国家规定的第四级体力劳动强度的劳动和其他禁忌从事的劳动。

第六十条 【女职工经期的保护】不得安排女职工在经期从事高处、低温、冷水作业和国家规定的第三级体力劳动强度的劳动。

第六十一条 【女职工孕期的保护】不得安排女职工在怀孕期间从事国家规定的第三级体力劳动强度的劳动和孕期禁忌从事的劳动。对怀孕7个月以上的女职工，不得安排其延长工作时间和夜班劳动。

第六十二条 【女职工产期的保护】女职工生育享受不少于90天的产假。

注释 女职工生育享受98天产假，其中产前可以休假15天；难产的，增加产假15天；生育多胞胎的，每多生育1个婴儿，增加产假15天。女职工怀孕未满4个月流产的，享受15天产假；怀孕满4个月流产的，享受42天产假。

链接《女职工劳动保护特别规定》第7条

第六十三条 【女职工哺乳期的保护】不得安排女职工在哺乳未满1周岁的婴儿期间从事国家规定的第三级体力劳动强度的劳动和哺乳期禁忌从事的其他劳动，不得安排其延长工作时间和夜班劳动。

注释 用人单位应当在每天的劳动时间内为哺乳期女职工安排1小时哺乳时间；女职工生育多胞胎的，每多哺乳1个婴儿每天增加1小时哺乳时间。

链接《女职工劳动保护特别规定》第9条

第六十四条 【未成年工禁忌劳动的范围】不得安排未成年工从事矿山井下、有毒有害、国家规定的第四级体力劳动强度的劳动和其他禁忌从事的劳动。

第六十五条 【未成年工定期健康检查】用人单位应当对未成年工定期进行健康检查。

第八章 职业培训

第六十六条 【国家发展职业培训事业】国家通过各种途径，采取各种措施，发展职业培训事业，开发劳动者的职业技能，提高劳动者素质，增强劳动者的就业能力和工作能力。

第六十七条 【各级政府的职责】各级人民政府应当把发展职业培训纳入社会经济发展的规划，鼓励和支持有条件的企业、事业组织、社会团体和个人进行各种形式的职业培训。

第六十八条 【用人单位建立职业培训制度】用人单位应当建立职业培训制度，按照国家规定提取和使用职业培训经费，根据本单位实际，有计划地对劳动者进行职业培训。

从事技术工种的劳动者，上岗前必须经过培训。

第六十九条 【职业技能资格】国家确定职业分类，对规定的职业制定职业技能标准，实行职业资格证书制度，由经过政府批准的考核鉴定机构负责对劳动者实施职业技能考核鉴定。

第九章 社会保险和福利

第七十条 【社会保险制度】国家发展社会保险事业，建立社会保险制度，设立社会保险基金，使劳动者在年老、患病、工伤、失业、生育等情况下获得帮助和补偿。

第七十一条 【社会保险水平】社会保险水平应当与社会经济发展水平和社会承受能力相适应。

第七十二条 【社会保险基金】社会保险基金按照保险类型确定资金来源，逐步实行社会统筹。用人单位和劳动者必须依法参加社会保险，缴纳社会保险费。

第七十三条 【享受社会保险待遇的条件和标准】劳动者在下列情形下，依法享受社会保险待遇：

（一）退休；

（二）患病、负伤；

（三）因工伤残或者患职业病；

（四）失业；

（五）生育。

劳动者死亡后，其遗属依法享受遗属津贴。

劳动者享受社会保险待遇的条件和标准由法律、法规规定。

劳动者享受的社会保险金必须按时足额支付。

第七十四条 【社会保险基金管理】社会保险基金经办机构依照法律规定收支、管理和运营社会保险基金，并负有使社会保险基金保值增值的责任。

社会保险基金监督机构依照法律规定，对社会保险基金的收支、管理和运营实施监督。

社会保险基金经办机构和社会保险基金监督机构的设立和职能由法律规定。

任何组织和个人不得挪用社会保险基金。

第七十五条 【补充保险和个人储蓄保险】国家鼓励用人单位根据本单位实际情况为劳动者建立补充保险。

国家提倡劳动者个人进行储蓄性保险。

第七十六条 【职工福利】国家发展社会福利事业，兴建公共福利设施，为劳动者休息、休养和疗养提供条件。

用人单位应当创造条件，改善集体福利，提高劳动者的福利待遇。

第十章 劳动争议

第七十七条 【劳动争议的解决途径】用人单位与劳动者发生劳动争议，当事人可以依法申请调解、仲裁、提起诉讼，也可以协商解决。

调解原则适用于仲裁和诉讼程序。

注释［不属于劳动争议的事项］

下列纠纷不属于劳动争议：（一）劳动者请求社会保险经办机构发放社会保险金的纠纷；（二）劳动者与用人单位因住房制度改革产生的公有住房转让纠纷；（三）劳动者对劳动能力鉴定委员会的伤残等级鉴定结论或者对职业病诊断鉴定委员会的职业病诊断鉴定结论的异议纠纷；（四）家庭或者个人与家政服务人员之间的纠纷；（五）个体工匠与帮工、学徒之间的纠纷；（六）农村承包经营户与受雇人之间的纠纷。（《最高人民法院关于审理劳动争议案件适用法律若干问题的解释（二）》第7条）

第七十八条 【劳动争议的处理原则】解决劳动争议，应当根据合法、公正、及时处理的原则，依法维护劳动争议当事人的合法权益。

第七十九条 【劳动争议的调解、仲裁和诉讼的相互关系】劳动争议发生后，当事人可以向本单位劳动争议调解委员会申请调解；调解不成，当事人一方要求仲裁的，可以向劳动争议仲裁委员会申请仲裁。当事人一方也可以直接向劳动争议仲裁委员会申请仲裁。对仲裁裁决不服的，可以向人民法院提起诉讼。

第八十条 【劳动争议的调解】在用人单位内，可以设立劳动争议调解委员会。劳动争议调解委员会由职工代表、用人单位代表和工会代表组成。劳动争议调解委员会主任由工会代表担任。

劳动争议经调解达成协议的，当事人应当履行。

第八十一条 【劳动争议仲裁委员会的组成】劳动争议仲裁委员会由劳动行政部门代表、同级工会代表、用人单位方面的代表组成。劳动争议仲裁委员会主任由劳动行政部门代表担任。

第八十二条 【劳动争议仲裁的程序】提出仲裁要求的一方应当自劳动争议发生之日起60日内向劳动争议仲裁委员会提出书面申请。仲裁裁决一般应在收到仲裁申请的60日内作出。对仲裁裁决无异议的，当事人必须履行。

注释 注意，根据2008年5月1日实施的《劳动争议调解仲裁法》第27条规定，劳动争议申请仲裁的时效期间为一年。仲裁时效期间从当事人知道或者应当知道其权利被侵害之日起计算。

上述规定的仲裁时效，因当事人一方向对方当事人主张权利，或者向有关部门请求权利救济，或者对方当事人同意履行义务而中断。从中断时起，仲裁时效期间重新计算。

因不可抗力或者有其他正当理由，当事人不能在本条第一款规定的仲裁时效期间申请仲裁的，仲裁时效中止。从中止时效的原因消除之日起，仲裁时效期间继续计算。

劳动关系存续期间因拖欠劳动报酬发生争议的，劳动者申请仲裁不受本条第一款规定的仲裁时效期间的限制；但是，劳动关系终止的，应当自劳动关系终止之日起一年内提出。

链接《劳动争议调解仲裁法》

案例 某电脑有限公司与梁某劳动争议纠纷上诉案（广东省广州市中级人民法院民事判决书〔2010〕穗中法民一终字第90号）

案件适用要点：根据特别法优于普通法的原则，劳动争议申请仲裁的时效适用《中华人民共和国劳动争议调解仲裁法》第27条的规定，即申请仲裁的时效期间为一年，从当事人知道或者应当知道其权利被侵害之日起计算。

第八十三条 【仲裁裁决的效力】劳动争议当事人对仲裁裁决不服的，可以自收到仲裁裁决书之日起15日内向人民法院提起诉讼。一方当事人在法定期限内不起诉又不履行仲裁裁决的，另一方当事人可以申请人民法院强制执行。

第八十四条 【集体合同争议的处理】因签订集体合同发生争议，当事人协商解决不成的，当地人民政府劳动行政部门可以组织有关各方协调处理。

因履行集体合同发生争议，当事人协商解决不成的，可以向劳动争议仲裁委员会申请仲裁；对仲裁裁决不服的，可以自收到仲裁裁决书之日起15日内向人民法院提起诉讼。

第十一章 监督检查

第八十五条 【劳动行政部门的监督检查】县级以上各级人民政府劳动行政部门依法对用人单位遵守劳动法律、法规的情况进行监督检查，对违反劳动法律、法规的行为有权制止，并责令改正。

第八十六条 【劳动监察机构的监察程序】县级以上各级人民政府劳动行政部门监督检查人员执行公务，有权进入用人单位了解执行劳动法律、法规的情况，查阅必要的资料，并对劳动场所进行检查。

县级以上各级人民政府劳动行政部门监督检查人员执行公务，必须出示证件，秉公执法并遵守有关规定。

第八十七条 【政府有关部门的监察】县级以上各级人民政府有关部门在各自职责范围内，对用人单位遵守劳动法律、法规的情况进行监督。

第八十八条 【工会监督、社会监督】各级工会依法维护劳动者的合法权益，对用人单位遵守劳动法律、法规的情况进行监督。

任何组织和个人对于违反劳动法律、法规的行为有权检举和控告。

第十二章 法律责任

第八十九条 【劳动规章制度违法的法律责任】用人单位制定的劳动规章制度违反法律、法规规定的，由劳动行政部门给予警告，责令改正；对劳动者造成损害的，应当承担赔偿责任。

注释 用人单位直接涉及劳动者切身利益的规章制度违反法律、法规规定的，由劳动行政部门责令改正，给予警告；给劳动者造成损害的，应当承担赔偿责任。（《劳动合同法》第80条）

第九十条 【违法延长工时的法律责任】用人单位违反本法规定，延长劳动者工作时间的，由劳动行政部门给予警告，责令改正，并可以处以罚款。

第九十一条 【用人单位侵权的民事责任】用人单位有下列侵害劳动者合法权益情形之一的，由劳动行政部门责令支付劳动者的工资报酬、经济补偿，并可以责令支付赔偿金：

（一）克扣或者无故拖欠劳动者工资的；

（二）拒不支付劳动者延长工作时间工资报酬的；

（三）低于当地最低工资标准支付劳动者工资的；

（四）解除劳动合同后，未依照本法规定给予劳动者经济补偿的。

第九十二条 【用人单位违反劳动安全卫生规定的法律责任】用人单位的劳动安全设施和劳动卫生条件不符合国家规定或者未向劳动者提供必要的劳动防护用品和劳动保护设施的，由劳动行政部门或者有关部门责令改正，可以处以罚款；情节严重的，提请县级以上人民政府决定责令停产整顿；对事故隐患不采取措施，致使发生重大事故，造成劳动者生命和财产损失的，对责任人员依照刑法有关规定追究刑事责任。

第九十三条 【强令劳动者违章作业的法律责任】用人单位强令劳动者违章冒险作业，发生重大伤亡事故，造成严重后果的，对责任人员依法追究刑事责任。

注释 我国《刑法》第134条规定，在生产、作业中违反有关安全管理的规定，因而发生重大伤亡事故或者造成其他严重后果的，处三年以下有期徒刑或者拘役；情节特别恶劣的，处三年以上七年以下有期徒刑。

强令他人违章冒险作业，因而发生重大伤亡事故或者造成其他严重后果的,处五年以下有期徒刑或者拘役;情节特别恶劣的,处五年以上有期徒刑。

另外,根据《劳动合同法》第32条的规定,劳动者拒绝用人单位管理人员违章指挥、强令冒险作业的,不视为违反劳动合同。(《劳动合同法》第32条第1款)

第九十四条 【用人单位非法招用未成年工的法律责任】用人单位非法招用未满16周岁的未成年人的,由劳动行政部门责令改正,处以罚款;情节严重的,由工商行政管理部门吊销营业执照。

第九十五条 【违反女职工和未成年工保护规定的法律责任】用人单位违反本法对女职工和未成年工的保护规定,侵害其合法权益的,由劳动行政部门责令改正,处以罚款;对女职工或者未成年工造成损害的,应当承担赔偿责任。

第九十六条 【侵犯劳动者人身自由的法律责任】用人单位有下列行为之一,由公安机关对责任人员处以15日以下拘留、罚款或者警告;构成犯罪的,对责任人员依法追究刑事责任:

(一)以暴力、威胁或者非法限制人身自由的手段强迫劳动的;

(二)侮辱、体罚、殴打、非法搜查和拘禁劳动者的。

第九十七条 【订立无效合同的民事责任】由于用人单位的原因订立的无效合同,对劳动者造成损害的,应当承担赔偿责任。

第九十八条 【违法解除或故意拖延不订立劳动合同的法律责任】用人单位违反本法规定的条件解除劳动合同或者故意拖延不订立劳动合同的,由劳动行政部门责令改正;对劳动者造成损害的,应当承担赔偿责任。

第九十九条 【招用尚未解除劳动合同者的法律责任】用人单位招用尚未解除劳动合同的劳动者,对原用人单位造成经济损失的,该用人单位应当依法承担连带赔偿责任。

第一百条 【用人单位不缴纳社会保险费的法律责任】用人单位无故不缴纳社会保险费的,由劳动行政部门责令其限期缴纳;逾期不缴的,可以加收滞纳金。

第一百零一条 【阻挠监督检查、打击报复举报人员的法律责任】用人单位无理阻挠劳动行政部门、有关部门及其工作人员行使监督检查权,打击报复举报人员的,由劳动行政部门或者有关部门处以罚款;构成犯罪的,对责任人员依法追究刑事责任。

第一百零二条 【劳动者的赔偿责任】劳动者违反本法规定的条件解除劳动合同或者违反劳动合同中约定的保密事项,对用人单位造成经济损失的,应当依法承担赔偿责任。

第一百零三条 【渎职的法律责任】劳动行政部门或者有关部门的工作人员滥用职权、玩忽职守、徇私舞弊,构成犯罪的,依法追究刑事责任;不构成犯罪的,给予行政处分。

第一百零四条 【挪用社会保险基金的法律责任】国家工作人员和社会保险基金经办机构的工作人员挪用社会保险基金,构成犯罪的,依法追究刑事责任。

第一百零五条 【其他法律、行政法规的处罚效力】违反本法规定侵害劳动者合法权益,其他法律、行政法规已规定处罚的,依照该法律、行政法规的规定处罚。

第十三章 附　　则

第一百零六条 【省级人民政府实施步骤的制定和备案】省、自治区、直辖市人民政府根据本法和本地区的实际情况,规定劳动合同制度的实施步骤,报国务院备案。

第一百零七条 【施行时间】本法自1995年1月1日起施行。

中华人民共和国职业病防治法

(2001年10月27日第九届全国人民代表大会常务委员会第二十四次会议通过　根据2011年12月31日第十一届全国人民代表大会常务委员会第二十四次会议《关于修改〈中华人民共和国职业病防治法〉的决定》第一次修正　根据2016年7月2日第十二届全国人民代表大会常务委员会第二十一次会议《关于修改〈中华人民共和国节约能源法〉等六部法律的决定》第二次修正　根据2017年11月4日第十二届全国人民代表大会常务委员会第三十次会议《关于修改〈中华人民共和国会计法〉等十一部法律的决定》第三次修正)

第一章 总　　则

第一条 为了预防、控制和消除职业病危害,防治职业病,保护劳动者健康及其相关权益,促进经济社会发展,根据宪法,制定本法。

第二条 本法适用于中华人民共和国领域内的职业病防治活动。

本法所称职业病,是指企业、事业单位和个体经济组织等用人单位的劳动者在职业活动中,因接触粉尘、放射性物质和其他有毒、有害因素而引起的疾病。

职业病的分类和目录由国务院卫生行政部门会同国务院安全生产监督管理部门、劳动保障行政部门制定、调整并公布。

第三条 职业病防治工作坚持预防为主、防治结合的方针，建立用人单位负责、行政机关监管、行业自律、职工参与和社会监督的机制，实行分类管理、综合治理。

第四条 劳动者依法享有职业卫生保护的权利。

用人单位应当为劳动者创造符合国家职业卫生标准和卫生要求的工作环境和条件，并采取措施保障劳动者获得职业卫生保护。

工会组织依法对职业病防治工作进行监督，维护劳动者的合法权益。用人单位制定或者修改有关职业病防治的规章制度，应当听取工会组织的意见。

第五条 用人单位应当建立、健全职业病防治责任制，加强对职业病防治的管理，提高职业病防治水平，对本单位产生的职业病危害承担责任。

第六条 用人单位的主要负责人对本单位的职业病防治工作全面负责。

第七条 用人单位必须依法参加工伤保险。

国务院和县级以上地方人民政府劳动保障行政部门应当加强对工伤保险的监督管理，确保劳动者依法享受工伤保险待遇。

第八条 国家鼓励和支持研制、开发、推广、应用有利于职业病防治和保护劳动者健康的新技术、新工艺、新设备、新材料，加强对职业病的机理和发生规律的基础研究，提高职业病防治科学技术水平；积极采用有效的职业病防治技术、工艺、设备、材料；限制使用或者淘汰职业病危害严重的技术、工艺、设备、材料。

国家鼓励和支持职业病医疗康复机构的建设。

第九条 国家实行职业卫生监督制度。

国务院安全生产监督管理部门、卫生行政部门、劳动保障行政部门依照本法和国务院确定的职责，负责全国职业病防治的监督管理工作。国务院有关部门在各自的职责范围内负责职业病防治的有关监督管理工作。

县级以上地方人民政府安全生产监督管理部门、卫生行政部门、劳动保障行政部门依据各自职责，负责本行政区域内职业病防治的监督管理工作。县级以上地方人民政府有关部门在各自的职责范围内负责职业病防治的有关监督管理工作。

县级以上人民政府安全生产监督管理部门、卫生行政部门、劳动保障行政部门（以下统称职业卫生监督管理部门）应当加强沟通，密切配合，按照各自职责分工，依法行使职权，承担责任。

第十条 国务院和县级以上地方人民政府应当制定职业病防治规划，将其纳入国民经济和社会发展计划，并组织实施。

县级以上地方人民政府统一负责、领导、组织、协调本行政区域的职业病防治工作，建立健全职业病防治工作体制、机制，统一领导、指挥职业卫生突发事件应对工作；加强职业病防治能力建设和服务体系建设，完善、落实职业病防治工作责任制。

乡、民族乡、镇的人民政府应当认真执行本法，支持职业卫生监督管理部门依法履行职责。

第十一条 县级以上人民政府职业卫生监督管理部门应当加强对职业病防治的宣传教育，普及职业病防治的知识，增强用人单位的职业病防治观念，提高劳动者的职业健康意识、自我保护意识和行使职业卫生保护权利的能力。

第十二条 有关防治职业病的国家职业卫生标准，由国务院卫生行政部门组织制定并公布。

国务院卫生行政部门应当组织开展重点职业病监测和专项调查，对职业健康风险进行评估，为制定职业卫生标准和职业病防治政策提供科学依据。

县级以上地方人民政府卫生行政部门应当定期对本行政区域的职业病防治情况进行统计和调查分析。

第十三条 任何单位和个人有权对违反本法的行为进行检举和控告。有关部门收到相关的检举和控告后，应当及时处理。

对防治职业病成绩显著的单位和个人，给予奖励。

第二章 前期预防

第十四条 用人单位应当依照法律、法规要求，严格遵守国家职业卫生标准，落实职业病预防措施，从源头上控制和消除职业病危害。

第十五条 产生职业病危害的用人单位的设立除应当符合法律、行政法规规定的设立条件外，其工作场所还应当符合下列职业卫生要求：

（一）职业病危害因素的强度或者浓度符合国家职业卫生标准；

（二）有与职业病危害防护相适应的设施；

（三）生产布局合理，符合有害与无害作业分开的原则；

（四）有配套的更衣间、洗浴间、孕妇休息间等卫生设施；

（五）设备、工具、用具等设施符合保护劳动者生理、心理健康的要求；

（六）法律、行政法规和国务院卫生行政部门、安全生产监督管理部门关于保护劳动者健康的其他要求。

第十六条 国家建立职业病危害项目申报制度。

用人单位工作场所存在职业病目录所列职业病

的危害因素的，应当及时、如实向所在地安全生产监督管理部门申报危害项目，接受监督。

职业病危害因素分类目录由国务院卫生行政部门会同国务院安全生产监督管理部门制定、调整并公布。职业病危害项目申报的具体办法由国务院安全生产监督管理部门制定。

第十七条 新建、扩建、改建建设项目和技术改造、技术引进项目（以下统称建设项目）可能产生职业病危害的，建设单位在可行性论证阶段应当进行职业病危害预评价。

医疗机构建设项目可能产生放射性职业病危害的，建设单位应当向卫生行政部门提交放射性职业病危害预评价报告。卫生行政部门应当自收到预评价报告之日起三十日内，作出审核决定并书面通知建设单位。未提交预评价报告或者预评价报告未经卫生行政部门审核同意的，不得开工建设。

职业病危害预评价报告应当对建设项目可能产生的职业病危害因素及其对工作场所和劳动者健康的影响作出评价，确定危害类别和职业病防护措施。

建设项目职业病危害分类管理办法由国务院安全生产监督管理部门制定。

第十八条 建设项目的职业病防护设施所需费用应当纳入建设项目工程预算，并与主体工程同时设计，同时施工，同时投入生产和使用。

建设项目的职业病防护设施设计应当符合国家职业卫生标准和卫生要求；其中，医疗机构放射性职业病危害严重的建设项目的防护设施设计，应当经卫生行政部门审查同意后，方可施工。

建设项目在竣工验收前，建设单位应当进行职业病危害控制效果评价。

医疗机构可能产生放射性职业病危害的建设项目竣工验收时，其放射性职业病防护设施经卫生行政部门验收合格后，方可投入使用；其他建设项目的职业病防护设施应当由建设单位负责依法组织验收，验收合格后，方可投入生产和使用。安全生产监督管理部门应当加强对建设单位组织的验收活动和验收结果的监督核查。

第十九条 国家对从事放射性、高毒、高危粉尘等作业实行特殊管理。具体管理办法由国务院制定。

第三章 劳动过程中的防护与管理

第二十条 用人单位应当采取下列职业病防治管理措施：

（一）设置或者指定职业卫生管理机构或者组织，配备专职或者兼职的职业卫生管理人员，负责本单位的职业病防治工作；

（二）制定职业病防治计划和实施方案；

（三）建立、健全职业卫生管理制度和操作规程；

（四）建立、健全职业卫生档案和劳动者健康监护档案；

（五）建立、健全工作场所职业病危害因素监测及评价制度；

（六）建立、健全职业病危害事故应急救援预案。

第二十一条 用人单位应当保障职业病防治所需的资金投入，不得挤占、挪用，并对因资金投入不足导致的后果承担责任。

第二十二条 用人单位必须采用有效的职业病防护设施，并为劳动者提供个人使用的职业病防护用品。

用人单位为劳动者个人提供的职业病防护用品必须符合防治职业病的要求；不符合要求的，不得使用。

第二十三条 用人单位应当优先采用有利于防治职业病和保护劳动者健康的新技术、新工艺、新设备、新材料，逐步替代职业病危害严重的技术、工艺、设备、材料。

第二十四条 产生职业病危害的用人单位，应当在醒目位置设置公告栏，公布有关职业病防治的规章制度、操作规程、职业病危害事故应急救援措施和工作场所职业病危害因素检测结果。

对产生严重职业病危害的作业岗位，应当在其醒目位置，设置警示标识和中文警示说明。警示说明应当载明产生职业病危害的种类、后果、预防以及应急救治措施等内容。

第二十五条 对可能发生急性职业损伤的有毒、有害工作场所，用人单位应当设置报警装置，配置现场急救用品、冲洗设备、应急撤离通道和必要的泄险区。

对放射工作场所和放射性同位素的运输、贮存，用人单位必须配置防护设备和报警装置，保证接触放射线的工作人员佩戴个人剂量计。

对职业病防护设备、应急救援设施和个人使用的职业病防护用品，用人单位应当进行经常性的维护、检修，定期检测其性能和效果，确保其处于正常状态，不得擅自拆除或者停止使用。

第二十六条 用人单位应当实施由专人负责的职业病危害因素日常监测，并确保监测系统处于正常运行状态。

用人单位应当按照国务院安全生产监督管理部门的规定，定期对工作场所进行职业病危害因素检测、评价。检测、评价结果存入用人单位职业卫生档案，定期向所在地安全生产监督管理部门报告并向劳动者公布。

职业病危害因素检测、评价由依法设立的取得国务院安全生产监督管理部门或者设区的市级以上地方人民政府安全生产监督管理部门按照职责分工给予资质认可的职业卫生技术服务机构进行。职业卫生技术服务机构所作检测、评价应当客观、真实。

发现工作场所职业病危害因素不符合国家职业卫生标准和卫生要求时，用人单位应当立即采取相应治理措施，仍然达不到国家职业卫生标准和卫生要求的，必须停止存在职业病危害因素的作业；职业病危害因素经治理后，符合国家职业卫生标准和卫生要求的，方可重新作业。

第二十七条 职业卫生技术服务机构依法从事职业病危害因素检测、评价工作，接受安全生产监督管理部门的监督检查。安全生产监督管理部门应当依法履行监督职责。

第二十八条 向用人单位提供可能产生职业病危害的设备的，应当提供中文说明书，并在设备的醒目位置设置警示标识和中文警示说明。警示说明应当载明设备性能、可能产生的职业病危害、安全操作和维护注意事项、职业病防护以及应急救治措施等内容。

第二十九条 向用人单位提供可能产生职业病危害的化学品、放射性同位素和含有放射性物质的材料的，应当提供中文说明书。说明书应当载明产品特性、主要成份、存在的有害因素、可能产生的危害后果、安全使用注意事项、职业病防护以及应急救治措施等内容。产品包装应当有醒目的警示标识和中文警示说明。贮存上述材料的场所应当在规定的部位设置危险物品标识或者放射性警示标识。

国内首次使用或者首次进口与职业病危害有关的化学材料，使用单位或者进口单位按照国家规定经国务院有关部门批准后，应当向国务院卫生行政部门、安全生产监督管理部门报送该化学材料的毒性鉴定以及经有关部门登记注册或者批准进口的文件等资料。

进口放射性同位素、射线装置和含有放射性物质的物品的，按照国家有关规定办理。

第三十条 任何单位和个人不得生产、经营、进口和使用国家明令禁止使用的可能产生职业病危害的设备或者材料。

第三十一条 任何单位和个人不得将产生职业病危害的作业转移给不具备职业病防护条件的单位和个人。不具备职业病防护条件的单位和个人不得接受产生职业病危害的作业。

第三十二条 用人单位对采用的技术、工艺、设备、材料，应当知悉其产生的职业病危害，对有职业病危害的技术、工艺、设备、材料隐瞒其危害而采用的，对所造成的职业病危害后果承担责任。

第三十三条 用人单位与劳动者订立劳动合同（含聘用合同，下同）时，应当将工作过程中可能产生的职业病危害及其后果、职业病防护措施和待遇等如实告知劳动者，并在劳动合同中写明，不得隐瞒或者欺骗。

劳动者在已订立劳动合同期间因工作岗位或者工作内容变更，从事与所订立劳动合同中未告知的存在职业病危害的作业时，用人单位应当依照前款规定，向劳动者履行如实告知的义务，并协商变更原劳动合同相关条款。

用人单位违反前两款规定的，劳动者有权拒绝从事存在职业病危害的作业，用人单位不得因此解除与劳动者所订立的劳动合同。

第三十四条 用人单位的主要负责人和职业卫生管理人员应当接受职业卫生培训，遵守职业病防治法律、法规，依法组织本单位的职业病防治工作。

用人单位应当对劳动者进行上岗前的职业卫生培训和在岗期间的定期职业卫生培训，普及职业卫生知识，督促劳动者遵守职业病防治法律、法规、规章和操作规程，指导劳动者正确使用职业病防护设备和个人使用的职业病防护用品。

劳动者应当学习和掌握相关的职业卫生知识，增强职业病防范意识，遵守职业病防治法律、法规、规章和操作规程，正确使用、维护职业病防护设备和个人使用的职业病防护用品，发现职业病危害事故隐患应当及时报告。

劳动者不履行前款规定义务的，用人单位应当对其进行教育。

第三十五条 对从事接触职业病危害的作业的劳动者，用人单位应当按照国务院安全生产监督管理部门、卫生行政部门的规定组织上岗前、在岗期间和离岗时的职业健康检查，并将检查结果书面告知劳动者。职业健康检查费用由用人单位承担。

用人单位不得安排未经上岗前职业健康检查的劳动者从事接触职业病危害的作业；不得安排有职业禁忌的劳动者从事其所禁忌的作业；对在职业健康检查中发现有与所从事的职业相关的健康损害的劳动者，应当调离原工作岗位，并妥善安置；对未进行离岗前职业健康检查的劳动者不得解除或者终止与其订立的劳动合同。

职业健康检查应当由取得《医疗机构执业许可证》的医疗卫生机构承担。卫生行政部门应当加强对职业健康检查工作的规范管理，具体管理办法由国务院卫生行政部门制定。

第三十六条 用人单位应当为劳动者建立职业健康监护档案，并按照规定的期限妥善保存。

职业健康监护档案应当包括劳动者的职业史、职业病危害接触史、职业健康检查结果和职业病诊疗等有关个人健康资料。

劳动者离开用人单位时，有权索取本人职业健康监护档案复印件，用人单位应当如实、无偿提供，并在所提供的复印件上签章。

第三十七条 发生或者可能发生急性职业病危害事故时，用人单位应当立即采取应急救援和控制措施，并及时报告所在地安全生产监督管理部门和有关部门。安全生产监督管理部门接到报告后，应当及时会同有关部门组织调查处理；必要时，可以采取临时控制措施。卫生行政部门应当组织做好医疗救治工作。

对遭受或者可能遭受急性职业病危害的劳动者，用人单位应当及时组织救治、进行健康检查和医学观察，所需费用由用人单位承担。

第三十八条 用人单位不得安排未成年工从事接触职业病危害的作业；不得安排孕期、哺乳期的女职工从事对本人和胎儿、婴儿有危害的作业。

第三十九条 劳动者享有下列职业卫生保护权利：

（一）获得职业卫生教育、培训；

（二）获得职业健康检查、职业病诊疗、康复等职业病防治服务；

（三）了解工作场所产生或者可能产生的职业病危害因素、危害后果和应当采取的职业病防护措施；

（四）要求用人单位提供符合防治职业病要求的职业病防护设施和个人使用的职业病防护用品，改善工作条件；

（五）对违反职业病防治法律、法规以及危及生命健康的行为提出批评、检举和控告；

（六）拒绝违章指挥和强令进行没有职业病防护措施的作业；

（七）参与用人单位职业卫生工作的民主管理，对职业病防治工作提出意见和建议。

用人单位应当保障劳动者行使前款所列权利。因劳动者依法行使正当权利而降低其工资、福利等待遇或者解除、终止与其订立的劳动合同的，其行为无效。

第四十条 工会组织应当督促并协助用人单位开展职业卫生宣传教育和培训，有权对用人单位的职业病防治工作提出意见和建议，依法代表劳动者与用人单位签订劳动安全卫生专项集体合同，与用人单位就劳动者反映的有关职业病防治的问题进行协调并督促解决。

工会组织对用人单位违反职业病防治法律、法规，侵犯劳动者合法权益的行为，有权要求纠正；产生严重职业病危害时，有权要求采取防护措施，或者向政府有关部门建议采取强制性措施；发生职业病危害事故时，有权参与事故调查处理；发现危及劳动者生命健康的情形时，有权向用人单位建议组织劳动者撤离危险现场，用人单位应当立即作出处理。

第四十一条 用人单位按照职业病防治要求，用于预防和治理职业病危害、工作场所卫生检测、健康监护和职业卫生培训等费用，按照国家有关规定，在生产成本中据实列支。

第四十二条 职业卫生监督管理部门应当按照职责分工，加强对用人单位落实职业病防护管理措施情况的监督检查，依法行使职权，承担责任。

第四章 职业病诊断与职业病病人保障

第四十三条 医疗卫生机构承担职业病诊断，应当经省、自治区、直辖市人民政府卫生行政部门批准。省、自治区、直辖市人民政府卫生行政部门应当向社会公布本行政区域内承担职业病诊断的医疗卫生机构的名单。

承担职业病诊断的医疗卫生机构应当具备下列条件：

（一）持有《医疗机构执业许可证》；

（二）具有与开展职业病诊断相适应的医疗卫生技术人员；

（三）具有与开展职业病诊断相适应的仪器、设备；

（四）具有健全的职业病诊断质量管理制度。

承担职业病诊断的医疗卫生机构不得拒绝劳动者进行职业病诊断的要求。

第四十四条 劳动者可以在用人单位所在地、本人户籍所在地或者经常居住地依法承担职业病诊断的医疗卫生机构进行职业病诊断。

第四十五条 职业病诊断标准和职业病诊断、鉴定办法由国务院卫生行政部门制定。职业病伤残等级的鉴定办法由国务院劳动保障行政部门会同国务院卫生行政部门制定。

第四十六条 职业病诊断，应当综合分析下列因素：

（一）病人的职业史；

（二）职业病危害接触史和工作场所职业病危害因素情况；

（三）临床表现以及辅助检查结果等。

没有证据否定职业病危害因素与病人临床表现之间的必然联系的，应当诊断为职业病。

职业病诊断证明书应当由参与诊断的取得职业病诊断资格的执业医师签署，并经承担职业病诊断的医疗卫生机构审核盖章。

第四十七条 用人单位应当如实提供职业病诊断、鉴定所需的劳动者职业史和职业病危害接触史、工作场所职业病危害因素检测结果等资料；安全生产监督管理部门应当监督检查和督促用人单位提供上述资料；劳动者和有关机构也应当提供与职业病诊断、鉴定有关的资料。

职业病诊断、鉴定机构需要了解工作场所职业病危害因素情况时，可以对工作场所进行现场调查，也可以向安全生产监督管理部门提出，安全生产监督管理部门应当在十日内组织现场调查。用人单位不得拒绝、阻挠。

第四十八条 职业病诊断、鉴定过程中，用人单位不提供工作场所职业病危害因素检测结果等资料的，诊断、鉴定机构应当结合劳动者的临床表现、辅助检查结果和劳动者的职业史、职业病危害接触史，并参考劳动者的自述、安全生产监督管理部门提供的日常监督检查信息等，作出职业病诊断、鉴定结论。

劳动者对用人单位提供的工作场所职业病危害因素检测结果等资料有异议，或者因劳动者的用人单位解散、破产，无用人单位提供上述资料的，诊断、鉴定机构应当提请安全生产监督管理部门进行调查，安全生产监督管理部门应当自接到申请之日起三十日内对存在异议的资料或者工作场所职业病危害因素情况作出判定；有关部门应当配合。

第四十九条 职业病诊断、鉴定过程中，在确认劳动者职业史、职业病危害接触史时，当事人对劳动关系、工种、工作岗位或者在岗时间有争议的，可以向当地的劳动人事争议仲裁委员会申请仲裁；接到申请的劳动人事争议仲裁委员会应当受理，并在三十日内作出裁决。

当事人在仲裁过程中对自己提出的主张，有责任提供证据。劳动者无法提供由用人单位掌握管理的与仲裁主张有关的证据的，仲裁庭应当要求用人单位在指定期限内提供；用人单位在指定期限内不提供的，应当承担不利后果。

劳动者对仲裁裁决不服的，可以依法向人民法院提起诉讼。

用人单位对仲裁裁决不服的，可以在职业病诊断、鉴定程序结束之日起十五日内依法向人民法院提起诉讼；诉讼期间，劳动者的治疗费用按照职业病待遇规定的途径支付。

第五十条 用人单位和医疗卫生机构发现职业病病人或者疑似职业病病人时，应当及时向所在地卫生行政部门和安全生产监督管理部门报告。确诊为职业病的，用人单位还应当向所在地劳动保障行政部门报告。接到报告的部门应当依法作出处理。

第五十一条 县级以上地方人民政府卫生行政部门负责本行政区域内的职业病统计报告的管理工作，并按照规定上报。

第五十二条 当事人对职业病诊断有异议的，可以向作出诊断的医疗卫生机构所在地地方人民政府卫生行政部门申请鉴定。

职业病诊断争议由设区的市级以上地方人民政府卫生行政部门根据当事人的申请，组织职业病诊断鉴定委员会进行鉴定。

当事人对设区的市级职业病诊断鉴定委员会的鉴定结论不服的，可以向省、自治区、直辖市人民政府卫生行政部门申请再鉴定。

第五十三条 职业病诊断鉴定委员会由相关专业的专家组成。

省、自治区、直辖市人民政府卫生行政部门应当设立相关的专家库，需要对职业病争议作出诊断鉴定时，由当事人或者当事人委托有关卫生行政部门从专家库中以随机抽取的方式确定参加诊断鉴定委员会的专家。

职业病诊断鉴定委员会应当按照国务院卫生行政部门颁布的职业病诊断标准和职业病诊断、鉴定办法进行职业病诊断鉴定，向当事人出具职业病诊断鉴定书。职业病诊断、鉴定费用由用人单位承担。

第五十四条 职业病诊断鉴定委员会组成人员应当遵守职业道德，客观、公正地进行诊断鉴定，并承担相应的责任。职业病诊断鉴定委员会组成人员不得私下接触当事人，不得收受当事人的财物或者其他好处，与当事人有利害关系的，应当回避。

人民法院受理有关案件需要进行职业病鉴定时，应当从省、自治区、直辖市人民政府卫生行政部门依法设立的相关的专家库中选取参加鉴定的专家。

第五十五条 医疗卫生机构发现疑似职业病病人时，应当告知劳动者本人并及时通知用人单位。

用人单位应当及时安排对疑似职业病病人进行诊断；在疑似职业病病人诊断或者医学观察期间，不得解除或者终止与其订立的劳动合同。

疑似职业病病人在诊断、医学观察期间的费用，由用人单位承担。

第五十六条 用人单位应当保障职业病病人依法享受国家规定的职业病待遇。

用人单位应当按照国家有关规定，安排职业病病人进行治疗、康复和定期检查。

用人单位对不适宜继续从事原工作的职业病病人，应当调离原岗位，并妥善安置。

用人单位对从事接触职业病危害的作业的劳动者，应当给予适当岗位津贴。

第五十七条 职业病病人的诊疗、康复费用，伤残以及丧失劳动能力的职业病病人的社会保障，按照国家有关工伤保险的规定执行。

第五十八条 职业病病人除依法享有工伤保险

外，依照有关民事法律，尚有获得赔偿的权利的，有权向用人单位提出赔偿要求。

第五十九条 劳动者被诊断患有职业病，但用人单位没有依法参加工伤保险的，其医疗和生活保障由该用人单位承担。

第六十条 职业病病人变动工作单位，其依法享有的待遇不变。

用人单位在发生分立、合并、解散、破产等情形时，应当对从事接触职业病危害的作业的劳动者进行健康检查，并按照国家有关规定妥善安置职业病病人。

第六十一条 用人单位已经不存在或者无法确认劳动关系的职业病病人，可以向地方人民政府民政部门申请医疗救助和生活等方面的救助。

地方各级人民政府应当根据本地区的实际情况，采取其他措施，使前款规定的职业病病人获得医疗救治。

第五章 监督检查

第六十二条 县级以上人民政府职业卫生监督管理部门依照职业病防治法律、法规、国家职业卫生标准和卫生要求，依据职责划分，对职业病防治工作进行监督检查。

第六十三条 安全生产监督管理部门履行监督检查职责时，有权采取下列措施：

（一）进入被检查单位和职业病危害现场，了解情况，调查取证；

（二）查阅或者复制与违反职业病防治法律、法规的行为有关的资料和采集样品；

（三）责令违反职业病防治法律、法规的单位和个人停止违法行为。

第六十四条 发生职业病危害事故或者有证据证明危害状态可能导致职业病危害事故发生时，安全生产监督管理部门可以采取下列临时控制措施：

（一）责令暂停导致职业病危害事故的作业；

（二）封存造成职业病危害事故或者可能导致职业病危害事故发生的材料和设备；

（三）组织控制职业病危害事故现场。

在职业病危害事故或者危害状态得到有效控制后，安全生产监督管理部门应当及时解除控制措施。

第六十五条 职业卫生监督执法人员依法执行职务时，应当出示监督执法证件。

职业卫生监督执法人员应当忠于职守，秉公执法，严格遵守执法规范；涉及用人单位的秘密的，应当为其保密。

第六十六条 职业卫生监督执法人员依法执行职务时，被检查单位应当接受检查并予以支持配合，不得拒绝和阻碍。

第六十七条 卫生行政部门、安全生产监督管理部门及其职业卫生监督执法人员履行职责时，不得有下列行为：

（一）对不符合法定条件的，发给建设项目有关证明文件、资质证明文件或者予以批准；

（二）对已经取得有关证明文件的，不履行监督检查职责；

（三）发现用人单位存在职业病危害的，可能造成职业病危害事故，不及时依法采取控制措施；

（四）其他违反本法的行为。

第六十八条 职业卫生监督执法人员应当依法经过资格认定。

职业卫生监督管理部门应当加强队伍建设，提高职业卫生监督执法人员的政治、业务素质，依照本法和其他有关法律、法规的规定，建立、健全内部监督制度，对其工作人员执行法律、法规和遵守纪律的情况，进行监督检查。

第六章 法律责任

第六十九条 建设单位违反本法规定，有下列行为之一的，由安全生产监督管理部门和卫生行政部门依据职责分工给予警告，责令限期改正；逾期不改正的，处十万元以上五十万元以下的罚款；情节严重的，责令停止产生职业病危害的作业，或者提请有关人民政府按照国务院规定的权限责令停建、关闭：

（一）未按照规定进行职业病危害预评价的；

（二）医疗机构可能产生放射性职业病危害的建设项目未按照规定提交放射性职业病危害预评价报告，或者放射性职业病危害预评价报告未经卫生行政部门审核同意，开工建设的；

（三）建设项目的职业病防护设施未按照规定与主体工程同时设计、同时施工、同时投入生产和使用的；

（四）建设项目的职业病防护设施设计不符合国家职业卫生标准和卫生要求，或者医疗机构放射性职业病危害严重的建设项目的防护设施设计未经卫生行政部门审查同意擅自施工的；

（五）未按照规定对职业病防护设施进行职业病危害控制效果评价的；

（六）建设项目竣工投入生产和使用前，职业病防护设施未按照规定验收合格的。

第七十条 违反本法规定，有下列行为之一的，由安全生产监督管理部门给予警告，责令限期改正；逾期不改正的，处十万元以下的罚款：

（一）工作场所职业病危害因素检测、评价结果没有存档、上报、公布的；

（二）未采取本法第二十条规定的职业病防治管理措施的；

（三）未按照规定公布有关职业病防治的规章制度、操作规程、职业病危害事故应急救援措施的；

（四）未按照规定组织劳动者进行职业卫生培训，或者未对劳动者个人职业病防护采取指导、督促措施的；

（五）国内首次使用或者首次进口与职业病危害有关的化学材料，未按照规定报送毒性鉴定资料以及经有关部门登记注册或者批准进口的文件的。

第七十一条 用人单位违反本法规定，有下列行为之一的，由安全生产监督管理部门责令限期改正，给予警告，可以并处五万元以上十万元以下的罚款：

（一）未按照规定及时、如实向安全生产监督管理部门申报产生职业病危害的项目的；

（二）未实施由专人负责的职业病危害因素日常监测，或者监测系统不能正常监测的；

（三）订立或者变更劳动合同时，未告知劳动者职业病危害真实情况的；

（四）未按照规定组织职业健康检查、建立职业健康监护档案或者未将检查结果书面告知劳动者的；

（五）未依照本法规定在劳动者离开用人单位时提供职业健康监护档案复印件的。

第七十二条 用人单位违反本法规定，有下列行为之一的，由安全生产监督管理部门给予警告，责令限期改正，逾期不改正的，处五万元以上二十万元以下的罚款；情节严重的，责令停止产生职业病危害的作业，或者提请有关人民政府按照国务院规定的权限责令关闭：

（一）工作场所职业病危害因素的强度或者浓度超过国家职业卫生标准的；

（二）未提供职业病防护设施和个人使用的职业病防护用品，或者提供的职业病防护设施和个人使用的职业病防护用品不符合国家职业卫生标准和卫生要求的；

（三）对职业病防护设备、应急救援设施和个人使用的职业病防护用品未按照规定进行维护、检修、检测，或者不能保持正常运行、使用状态的；

（四）未按照规定对工作场所职业病危害因素进行检测、评价的；

（五）工作场所职业病危害因素经治理仍然达不到国家职业卫生标准和卫生要求时，未停止存在职业病危害因素的作业的；

（六）未按照规定安排职业病病人、疑似职业病病人进行诊治的；

（七）发生或者可能发生急性职业病危害事故时，未立即采取应急救援和控制措施或者未按照规定及时报告的；

（八）未按照规定在产生严重职业病危害的作业岗位醒目位置设置警示标识和中文警示说明的；

（九）拒绝职业卫生监督管理部门监督检查的；

（十）隐瞒、伪造、篡改、毁损职业健康监护档案、工作场所职业病危害因素检测评价结果等相关资料，或者拒不提供职业病诊断、鉴定所需资料的；

（十一）未按照规定承担职业病诊断、鉴定费用和职业病病人的医疗、生活保障费用的。

第七十三条 向用人单位提供可能产生职业病危害的设备、材料，未按照规定提供中文说明书或者设置警示标识和中文警示说明的，由安全生产监督管理部门责令限期改正，给予警告，并处五万元以上二十万元以下的罚款。

第七十四条 用人单位和医疗卫生机构未按照规定报告职业病、疑似职业病的，由有关主管部门依据职责分工责令限期改正，给予警告，可以并处一万元以下的罚款；弄虚作假的，并处二万元以上五万元以下的罚款；对直接负责的主管人员和其他直接责任人员，可以依法给予降级或者撤职的处分。

第七十五条 违反本法规定，有下列情形之一的，由安全生产监督管理部门责令限期治理，并处五万元以上三十万元以下的罚款；情节严重的，责令停止产生职业病危害的作业，或者提请有关人民政府按照国务院规定的权限责令关闭：

（一）隐瞒技术、工艺、设备、材料所产生的职业病危害而采用的；

（二）隐瞒本单位职业卫生真实情况的；

（三）可能发生急性职业损伤的有毒、有害工作场所、放射工作场所或者放射性同位素的运输、贮存不符合本法第二十五条规定的；

（四）使用国家明令禁止使用的可能产生职业病危害的设备或者材料的；

（五）将产生职业病危害的作业转移给没有职业病防护条件的单位和个人，或者没有职业病防护条件的单位和个人接受产生职业病危害的作业的；

（六）擅自拆除、停止使用职业病防护设备或者应急救援设施的；

（七）安排未经职业健康检查的劳动者、有职业禁忌的劳动者、未成年工或者孕期、哺乳期女职工从事接触职业病危害的作业或者禁忌作业的；

（八）违章指挥和强令劳动者进行没有职业病防护措施的作业的。

第七十六条 生产、经营或者进口国家明令禁止使用的可能产生职业病危害的设备或者材料的，依照有关法律、行政法规的规定给予处罚。

第七十七条 用人单位违反本法规定，已经对劳动者生命健康造成严重损害的，由安全生产监督管理部门责令停止产生职业病危害的作业，或者提请有关人民政府按照国务院规定的权限责令关闭，并处十万元以上五十万元以下的罚款。

第七十八条 用人单位违反本法规定，造成重大职业病危害事故或者其他严重后果，构成犯罪的，对直接负责的主管人员和其他直接责任人员，依法追究刑事责任。

第七十九条 未取得职业卫生技术服务资质认可擅自从事职业卫生技术服务的，或者医疗卫生机构未经批准擅自从事职业病诊断的，由安全生产监督管理部门和卫生行政部门依据职责分工责令立即停止违法行为，没收违法所得；违法所得五千元以上的，并处违法所得二倍以上十倍以下的罚款；没有违法所得或者违法所得不足五千元的，并处五千元以上五万元以下的罚款；情节严重的，对直接负责的主管人员和其他直接责任人员，依法给予降级、撤职或者开除的处分。

第八十条 从事职业卫生技术服务的机构和承担职业病诊断的医疗卫生机构违反本法规定，有下列行为之一的，由安全生产监督管理部门和卫生行政部门依据职责分工责令立即停止违法行为，给予警告，没收违法所得；违法所得五千元以上的，并处违法所得二倍以上五倍以下的罚款；没有违法所得或者违法所得不足五千元的，并处五千元以上二万元以下的罚款；情节严重的，由原认可或者批准机关取消其相应的资格；对直接负责的主管人员和其他直接责任人员，依法给予降级、撤职或者开除的处分；构成犯罪的，依法追究刑事责任：

（一）超出资质认可或者批准范围从事职业卫生技术服务或者职业病诊断的；

（二）不按照本法规定履行法定职责的；

（三）出具虚假证明文件的。

第八十一条 职业病诊断鉴定委员会组成人员收受职业病诊断争议当事人的财物或者其他好处的，给予警告，没收收受的财物，可以并处三千元以上五万元以下的罚款，取消其担任职业病诊断鉴定委员会组成人员的资格，并从省、自治区、直辖市人民政府卫生行政部门设立的专家库中予以除名。

第八十二条 卫生行政部门、安全生产监督管理部门不按照规定报告职业病和职业病危害事故的，由上一级行政部门责令改正，通报批评，给予警告；虚报、瞒报的，对单位负责人、直接负责的主管人员和其他直接责任人员依法给予降级、撤职或者开除的处分。

第八十三条 县级以上地方人民政府在职业病防治工作中未依照本法履行职责，本行政区域出现重大职业病危害事故、造成严重社会影响的，依法对直接负责的主管人员和其他直接责任人员给予记大过直至开除的处分。

县级以上人民政府职业卫生监督管理部门不履行本法规定的职责，滥用职权、玩忽职守、徇私舞弊，依法对直接负责的主管人员和其他直接责任人员给予记大过或者降级的处分；造成职业病危害事故或者其他严重后果的，依法给予撤职或者开除的处分。

第八十四条 违反本法规定，构成犯罪的，依法追究刑事责任。

第七章 附 则

第八十五条 本法下列用语的含义：

职业病危害，是指对从事职业活动的劳动者可能导致职业病的各种危害。职业病危害因素包括：职业活动中存在的各种有害的化学、物理、生物因素以及在作业过程中产生的其他职业有害因素。

职业禁忌，是指劳动者从事特定职业或者接触特定职业病危害因素时，比一般职业人群更易于遭受职业病危害和罹患职业病或者可能导致原有自身疾病病情加重，或者在从事作业过程中诱发可能导致对他人生命健康构成危险的疾病的个人特殊生理或者病理状态。

第八十六条 本法第二条规定的用人单位以外的单位，产生职业病危害的，其职业病防治活动可以参照本法执行。

劳务派遣用工单位应当履行本法规定的用人单位的义务。

中国人民解放军参照执行本法的办法，由国务院、中央军事委员会制定。

第八十七条 对医疗机构放射性职业病危害控制的监督管理，由卫生行政部门依照本法的规定实施。

第八十八条 本法自2002年5月1日起施行。

中华人民共和国
社会保险法(节录)

（2010年10月28日第十一届全国人民代表大会常务委员会第十七次会议通过 2010年10月28日中华人民共和国主席令第35号公布 自2011年7月1日起施行）

……

第四章 工伤保险

第三十三条 【参保范围和缴费】职工应当参加

工伤保险,由用人单位缴纳工伤保险费,职工不缴纳工伤保险费。

第三十四条 【工伤保险费率】国家根据不同行业的工伤风险程度确定行业的差别费率,并根据使用工伤保险基金、工伤发生率等情况在每个行业内确定费率档次。行业差别费率和行业内费率档次由国务院社会保险行政部门制定,报国务院批准后公布施行。

社会保险经办机构根据用人单位使用工伤保险基金、工伤发生率和所属行业费率档次等情况,确定用人单位缴费费率。

链接《人力资源社会保障部、财政部关于调整工伤保险费率政策的通知》

第三十五条 【工伤保险费缴费基数和费率】用人单位应当按照本单位职工工资总额,根据社会保险经办机构确定的费率缴纳工伤保险费。

注释 缴费基数和缴费费率是工伤保险制度的核心内容,是计算用人单位缴纳工伤保险费数额的依据,缴费基数乘以缴费费率之积,即为用人单位应当缴纳的工伤保险费数额。

[本单位职工工资总额]

是指用人单位直接支付给本单位全部职工的劳动报酬的总额。根据国家统计局《关于工资总额组成的规定》,单位的工资总额包括计时工资、计件工资、奖金、津贴、补贴、加班加点工资以及特殊情况下支付的工资,但不包括下列费用:(1)单位支付给劳动者个人的社会保险福利费用,如丧葬抚恤费、生活困难补助费、计划生育补贴等;(2)劳动保护方面的费用,如用人单位支付给劳动者的工作服、解毒剂、清凉饮料费用等;(3)按规定未列入工资总额的各种劳动报酬及其他劳动收入,如根据国家规定发放的发明创造奖、自然科学奖、科学技术进步奖以及稿费、讲课费、翻译费等。

链接《关于工资总额组成的规定》

第三十六条 【享受工伤保险待遇的条件】职工因工作原因受到事故伤害或者患职业病,且经工伤认定的,享受工伤保险待遇;其中,经劳动能力鉴定丧失劳动能力的,享受伤残待遇。

工伤认定和劳动能力鉴定应当简捷、方便。

注释 因工作原因受到事故伤害、患职业病是职工进行工伤认定,享受工伤保险待遇的条件。

[工作原因]

工作原因、工作时间和工作地点是工伤认定的三个基本要素,工作原因是工伤认定的核心要素。判定是否因工作原因,应当从是否属于本岗工作、是否属于与工作有关的预备性或者收尾性工作、是否属于单位临时指派的工作等方面考虑。

[事故伤害]

主要是指职工在工作过程中发生的人身伤害和急性中毒等事故。

[患职业病]

职业病是指企业、事业单位和个体经济组织的劳动者在职业活动中,因接触粉尘、放射物质和其他有毒、有害物质等因素而引起的疾病。职业病的范围是由国家主管部门明文规定的,具体可参见《职业病目录》。

链接《工伤保险条例》第三、四章;《工伤认定办法》;《职业病诊断与鉴定管理办法》

第三十七条 【不认定工伤的情形】职工因下列情形之一导致本人在工作中伤亡的,不认定为工伤:

(一)故意犯罪;

(二)醉酒或者吸毒;

(三)自残或者自杀;

(四)法律、行政法规规定的其他情形。

注释 [故意犯罪]

根据我国《刑法》第 14 条的规定,明知自己的行为会发生危害社会的结果,并且希望或者放任这种结果发生,因而构成犯罪的,是故意犯罪。对于职工是否构成故意犯罪,应当依据司法机关的判决来判断,而不是由工伤认定机构或是社会保险行政部门自行判断。

[醉酒或者吸毒]

关于醉酒。通过对行为人体内酒精含量的检测,如果发现行为人体内的酒精含量达到或超过一定标准,就应认定为醉酒。

关于吸毒。根据《禁毒法》的规定,毒品,是指鸦片、海洛因、甲基苯丙胺(冰毒)、吗啡、大麻、可卡因,以及国家规定管制的其他能够使人形成瘾癖的麻醉药品和精神药品。

[自残或者自杀]

自残是指通过各种手段和方法伤害自己的身体,并造成伤害结果的行为,自残的最极端情况就是自杀。自残或自杀与工作没有必然的因果联系,职工本人对自己的伤亡存在着主观故意,应当对伤亡自行承担后果。

第三十八条 【工伤保险基金负担的工伤保险待遇】因工伤发生的下列费用,按照国家规定从工伤保险基金中支付:

(一)治疗工伤的医疗费用和康复费用;

(二)住院伙食补助费;

(三)到统筹地区以外就医的交通食宿费;

(四)安装配置伤残辅助器具所需费用;

(五)生活不能自理的,经劳动能力鉴定委员会确认的生活护理费;

（六）一次性伤残补助金和一至四级伤残职工按月领取的伤残津贴；

（七）终止或者解除劳动合同时，应当享受的一次性医疗补助金；

（八）因工死亡的，其遗属领取的丧葬补助金、供养亲属抚恤金和因工死亡补助金；

（九）劳动能力鉴定费。

注释 由工伤保险基金负担的工伤保险待遇大体分为四类，即工伤医疗康复类待遇、辅助器具配置待遇、伤残待遇、死亡待遇。

［工伤医疗康复类待遇］

一是治疗工伤的医疗费用和康复费用。包括治疗工伤所需的挂号费、医疗费、药费、住院费等费用和进行康复性治疗的费用。有三点需要注意：首先，职工治疗工伤应当在签订服务协议的医疗机构就医，情况紧急时可以先到就近的医疗机构急救；其次，治疗工伤的费用应符合工伤保险诊疗项目目录、工伤保险药品目录和工伤保险住院服务标准；最后，工伤职工治疗非工伤引发的疾病，不享受工伤医疗待遇，按照基本医疗保险的相关规定处理。

二是职工治疗工伤需要住院的，由工伤保险基金按照规定发给住院伙食补助费；经医疗机构出具证明，报经办机构同意，工伤职工到统筹地区以外就医的，所需交通、食宿费由工伤保险基金负担。

三是生活不能自理的，经劳动能力鉴定委员会确认的生活护理费。生活护理费按照生活完全不能自理、生活大部分不能自理或者生活部分不能自理三个不同等级支付。

四是劳动能力鉴定费。劳动能力鉴定是职工配置辅助器具、享受生活护理费、延长停工留薪期、享受伤残待遇等的重要前提和必经程序，劳动能力鉴定费用由此常会产生。

［辅助器具配置待遇］

工伤职工因日常生活或就业需要，经劳动能力鉴定委员会确认，可以安装矫形器、义肢、义眼、义齿和配置轮椅等辅助器具，所需费用按照国家规定的标准从工伤保险基金中支付。

［伤残待遇］

由工伤保险基金支付的伤残待遇包括一次性医疗补助金、一次性伤残补助金和一至四级伤残职工的伤残津贴。

1. 一次性医疗补助金。职工因工致残被鉴定为五级至十级伤残的，该职工与用人单位解除或者终止劳动关系后，由工伤保险基金支付一次性医疗补助金。

2. 一次性伤残补助金是指职工因工致残并经劳动能力鉴定委员会评定伤残等级的，按照该伤残等级，从工伤保险基金中对其一次性支付的伤残补助费用。

3. 伤残津贴。伤残津贴按照伤残鉴定等级的不同而有所区别。工伤保险基金需要负担一至四级伤残职工按月领取的伤残津贴。另注意，本法第40条中规定的伤残津贴与基本养老保险待遇的关系。

［死亡待遇］

死亡待遇主要包括丧葬补助金、供养亲属抚恤金和因工死亡补助金。

1. 丧葬补助金。职工因工死亡的，伤残职工在停工留薪期内因工导致死亡的，一级至四级伤残职工在停工留薪期满后死亡的，其近亲属按照规定从工伤保险基金中领取丧葬补助金。丧葬补助金是安葬工亡职工、处理后事的必须费用。丧葬补助金计发对象是工亡职工的近亲属，一般包括：配偶、父母、子女、兄弟姐妹、祖父母、外祖父母、孙子女、外孙子女。

2. 供养亲属抚恤金。按照因工死亡职工生前本人工资的一定比例计发，计发对象是由因工死亡职工生前提供主要生活来源、无劳动能力的亲属。

3. 因工死亡补助金。从2011年1月1日起，依照《工伤保险条例》的规定，职工因工死亡，其一次性工亡补助金标准调整为按全国上一年度城镇居民人均可支配收入的20倍计算，发放给工亡职工近亲属。

链接《工伤保险条例》第30－40条；《因工死亡职工供养亲属范围规定》

第三十九条 【用人单位负担的工伤保险待遇】 因工伤发生的下列费用，按照国家规定由用人单位支付：

（一）治疗工伤期间的工资福利；

（二）五级、六级伤残职工按月领取的伤残津贴；

（三）终止或者解除劳动合同时，应当享受的一次性伤残就业补助金。

注释 治疗工伤期间的工资福利，即职工享受停工留薪待遇。根据《工伤保险条例》的规定，职工因工作遭受事故伤害或者患职业病需要暂停工作接受工伤医疗的，在停工留薪期内，原工资福利待遇不变，由所在单位按月支付。

职工因工致残被鉴定为五级、六级伤残的，经工伤职工本人提出，该职工可以与用人单位解除或者终止劳动关系，由用人单位支付一次性伤残就业补助金；职工因工致残被鉴定为七至十级伤残的，劳动合同期满终止，或者职工本人提出解除劳动合同的，由用人单位支付一次性伤残就业补助金。

第四十条 【伤残津贴和基本养老保险待遇的衔接】 工伤职工符合领取基本养老金条件的，停发伤残津贴，享受基本养老保险待遇。基本养老保险待遇低于伤残津贴的，从工伤保险基金中补足差额。

注释 依法领取伤残津贴的伤残职工在退休时如果未达到领取基本养老保险待遇条件的，就继续享受工伤保险伤残津贴；如果达到领取基本养老保险待遇条件的，就享受基本养老保险待遇。但是因为工伤职工被鉴定为一至四级伤残后，只需要继续缴纳基本医疗保险费，不再缴纳基本养老保险费，因此他们的基本养老保险缴费年限一般较短；而难以安排工作的五、六级伤残职工以伤残津贴为缴费基数缴纳基本养老保险费，因此缴费一般比较少。按照少缴少得的原则，他们的养老保险待遇较低，可能会低于伤残津贴。为了保障他们在退休后能够维持原来的生活水平，本法规定对于工伤职工退休后享受的基本养老保险待遇低于伤残津贴的，由工伤保险基金补足差额。

第四十一条 【未参保单位职工发生工伤时的待遇】职工所在用人单位未依法缴纳工伤保险费，发生工伤事故的，由用人单位支付工伤保险待遇。用人单位不支付的，从工伤保险基金中先行支付。

从工伤保险基金中先行支付的工伤保险待遇应当由用人单位偿还。用人单位不偿还的，社会保险经办机构可以依照本法第六十三条的规定追偿。

注释 本条在明确用人单位不缴纳工伤保险费应承担工伤保险待遇责任的同时，对用人单位不支付或者无力支付职工工伤待遇的，规定由工伤保险基金先行支付，保证工伤职工能够及时得到医疗救治，享受工伤保险待遇。

需要说明的是，用人单位在按照规定补缴工伤保险费和滞纳金、罚款后，其职工发生工伤的，工伤保险待遇仍由工伤保险基金支付。因为社会保险行政部门对用人单位依法参保缴费负有一定的监督责任，在用人单位未依法参保缴费的情况下，社会保险行政部门应当首先对其进行督促，实施法律、行政法规规定的责令限期参加、加收滞纳金、处以罚款、申请人民法院强制执行等强制措施，用人单位在督促下仍不按规定参保缴费的，才启动由用人单位承担工伤保险待遇责任的程序。

案例 邹汉英诉孙立根、刘珍工伤事故损害赔偿纠纷案（《中华人民共和国最高人民法院公报》2010 年第 3 期）

案件适用要点：劳动者因工伤残，依法享受社会保险待遇。根据国务院《工伤保险条例》第 2 条和第 62 条的规定，用人单位应当按照规定参加工伤保险，为职工缴纳工伤保险费，未参加工伤保险期间用人单位职工发生工伤的，由该用人单位按照《工伤保险条例》规定的工伤保险待遇项目和标准支付费用。

第四十二条 【民事侵权责任和工伤保险责任竞合】由于第三人的原因造成工伤，第三人不支付工伤医疗费用或者无法确定第三人的，由工伤保险基金先行支付。工伤保险基金先行支付后，有权向第三人追偿。

注释 由于第三人侵权导致职工工伤的，同时违反了《侵权责任法》和《社会保险法》，根据两个法律的规定，职工可以向侵权的第三人要求民事侵权赔偿，也可以向工伤保险基金要求享受工伤保险待遇，出现民事侵权责任和工伤保险责任的竞合。

《社会保险法》对这一问题仅规定由于第三人的原因造成工伤的，应当由第三人承担医疗费用，第三人不支付工伤医疗费用或者无法确定第三人的，由工伤保险基金先行支付。工伤保险基金先行支付后，有权向第三人追偿。其中，“第三人不支付”既包括拒不支付的情形，也包括不能支付的情形。

第四十三条 【停止享受工伤保险待遇的情形】工伤职工有下列情形之一的，停止享受工伤保险待遇：

（一）丧失享受待遇条件的；

（二）拒不接受劳动能力鉴定的；

（三）拒绝治疗的。

……

中华人民共和国特种设备安全法

（2013 年 6 月 29 日第十二届全国人民代表大会常务委员会第三次会议通过　2013 年 6 月 29 日中华人民共和国主席令第 4 号公布　自 2014 年 1 月 1 日起施行）

第一章　总　　则

第一条　为了加强特种设备安全工作，预防特种设备事故，保障人身和财产安全，促进经济社会发展，制定本法。

第二条　特种设备的生产（包括设计、制造、安装、改造、修理）、经营、使用、检验、检测和特种设备安全的监督管理，适用本法。

本法所称特种设备，是指对人身和财产安全有较大危险性的锅炉、压力容器（含气瓶）、压力管道、电梯、起重机械、客运索道、大型游乐设施、场（厂）内专用机动车辆，以及法律、行政法规规定适用本法的其他特种设备。

国家对特种设备实行目录管理。特种设备目录由国务院负责特种设备安全监督管理的部门制定，报国务院批准后执行。

第三条　特种设备安全工作应当坚持安全第一、预防为主、节能环保、综合治理的原则。

第四条 国家对特种设备的生产、经营、使用，实施分类的、全过程的安全监督管理。

第五条 国务院负责特种设备安全监督管理的部门对全国特种设备安全实施监督管理。县级以上地方各级人民政府负责特种设备安全监督管理的部门对本行政区域内特种设备安全实施监督管理。

第六条 国务院和地方各级人民政府应当加强对特种设备安全工作的领导，督促各有关部门依法履行监督管理职责。

县级以上地方各级人民政府应当建立协调机制，及时协调、解决特种设备安全监督管理中存在的问题。

第七条 特种设备生产、经营、使用单位应当遵守本法和其他有关法律、法规，建立、健全特种设备安全和节能责任制度，加强特种设备安全和节能管理，确保特种设备生产、经营、使用安全，符合节能要求。

第八条 特种设备生产、经营、使用、检验、检测应当遵守有关特种设备安全技术规范及相关标准。

特种设备安全技术规范由国务院负责特种设备安全监督管理的部门制定。

第九条 特种设备行业协会应当加强行业自律，推进行业诚信体系建设，提高特种设备安全管理水平。

第十条 国家支持有关特种设备安全的科学技术研究，鼓励先进技术和先进管理方法的推广应用，对做出突出贡献的单位和个人给予奖励。

第十一条 负责特种设备安全监督管理的部门应当加强特种设备安全宣传教育，普及特种设备安全知识，增强社会公众的特种设备安全意识。

第十二条 任何单位和个人有权向负责特种设备安全监督管理的部门和有关部门举报涉及特种设备安全的违法行为，接到举报的部门应当及时处理。

第二章　生产、经营、使用

第一节　一 般 规 定

第十三条 特种设备生产、经营、使用单位及其主要负责人对其生产、经营、使用的特种设备安全负责。

特种设备生产、经营、使用单位应当按照国家有关规定配备特种设备安全管理人员、检测人员和作业人员，并对其进行必要的安全教育和技能培训。

第十四条 特种设备安全管理人员、检测人员和作业人员应当按照国家有关规定取得相应资格，方可从事相关工作。特种设备安全管理人员、检测人员和作业人员应当严格执行安全技术规范和管理制度，保证特种设备安全。

第十五条 特种设备生产、经营、使用单位对其生产、经营、使用的特种设备应当进行自行检测和维护保养，对国家规定实行检验的特种设备应当及时申报并接受检验。

第十六条 特种设备采用新材料、新技术、新工艺，与安全技术规范的要求不一致，或者安全技术规范未作要求、可能对安全性能有重大影响的，应当向国务院负责特种设备安全监督管理的部门申报，由国务院负责特种设备安全监督管理的部门及时委托安全技术咨询机构或者相关专业机构进行技术评审，评审结果经国务院负责特种设备安全监督管理的部门批准，方可投入生产、使用。

国务院负责特种设备安全监督管理的部门应当将允许使用的新材料、新技术、新工艺的有关技术要求，及时纳入安全技术规范。

第十七条 国家鼓励投保特种设备安全责任保险。

第二节　生　　产

第十八条 国家按照分类监督管理的原则对特种设备生产实行许可制度。特种设备生产单位应当具备下列条件，并经负责特种设备安全监督管理的部门许可，方可从事生产活动：

（一）有与生产相适应的专业技术人员；

（二）有与生产相适应的设备、设施和工作场所；

（三）有健全的质量保证、安全管理和岗位责任等制度。

第十九条 特种设备生产单位应当保证特种设备生产符合安全技术规范及相关标准的要求，对其生产的特种设备的安全性能负责。不得生产不符合安全性能要求和能效指标以及国家明令淘汰的特种设备。

第二十条 锅炉、气瓶、氧舱、客运索道、大型游乐设施的设计文件，应当经负责特种设备安全监督管理的部门核准的检验机构鉴定，方可用于制造。

特种设备产品、部件或者试制的特种设备新产品、新部件以及特种设备采用的新材料，按照安全技术规范的要求需要通过型式试验进行安全性验证的，应当经负责特种设备安全监督管理的部门核准的检验机构进行型式试验。

第二十一条 特种设备出厂时，应当随附安全技术规范要求的设计文件、产品质量合格证明、安装及使用维护保养说明、监督检验证明等相关技术资料和文件，并在特种设备显著位置设置产品铭牌、安全警示标志及其说明。

第二十二条 电梯的安装、改造、修理，必须由电梯制造单位或者其委托的依照本法取得相应许可的单位进行。电梯制造单位委托其他单位进行电梯安装、改造、修理的，应当对其安装、改造、修理进行安全指导和监控，并按照安全技术规范的要求进行校验和调试。电梯制造单位对电梯安全性能负责。

第二十三条 特种设备安装、改造、修理的施工单位应当在施工前将拟进行的特种设备安装、改造、修理情况书面告知直辖市或者设区的市级人民政府负责特种设备安全监督管理的部门。

第二十四条 特种设备安装、改造、修理竣工后，安装、改造、修理的施工单位应当在验收后三十日内将相关技术资料和文件移交特种设备使用单位。特种设备使用单位应当将其存入该特种设备的安全技术档案。

第二十五条 锅炉、压力容器、压力管道元件等特种设备的制造过程和锅炉、压力容器、压力管道、电梯、起重机械、客运索道、大型游乐设施的安装、改造、重大修理过程，应当经特种设备检验机构按照安全技术规范的要求进行监督检验；未经监督检验或者监督检验不合格的，不得出厂或者交付使用。

第二十六条 国家建立缺陷特种设备召回制度。因生产原因造成特种设备存在危及安全的同一性缺陷的，特种设备生产单位应当立即停止生产，主动召回。

国务院负责特种设备安全监督管理的部门发现特种设备存在应当召回而未召回的情形时，应当责令特种设备生产单位召回。

第三节　经　　营

第二十七条 特种设备销售单位销售的特种设备，应当符合安全技术规范及相关标准的要求，其设计文件、产品质量合格证明、安装及使用维护保养说明、监督检验证明等相关技术资料和文件应当齐全。

特种设备销售单位应当建立特种设备检查验收和销售记录制度。

禁止销售未取得许可生产的特种设备，未经检验和检验不合格的特种设备，或者国家明令淘汰和已经报废的特种设备。

第二十八条 特种设备出租单位不得出租未取得许可生产的特种设备或者国家明令淘汰和已经报废的特种设备，以及未按照安全技术规范的要求进行维护保养和未经检验或者检验不合格的特种设备。

第二十九条 特种设备在出租期间的使用管理和维护保养义务由特种设备出租单位承担，法律另有规定或者当事人另有约定的除外。

第三十条 进口的特种设备应当符合我国安全技术规范的要求，并经检验合格；需要取得我国特种设备生产许可的，应当取得许可。

进口特种设备随附的技术资料和文件应当符合本法第二十一条的规定，其安装及使用维护保养说明、产品铭牌、安全警示标志及其说明应当采用中文。

特种设备的进出口检验，应当遵守有关进出口商品检验的法律、行政法规。

第三十一条 进口特种设备，应当向进口地负责特种设备安全监督管理的部门履行提前告知义务。

第四节　使　　用

第三十二条 特种设备使用单位应当使用取得许可生产并经检验合格的特种设备。

禁止使用国家明令淘汰和已经报废的特种设备。

第三十三条 特种设备使用单位应当在特种设备投入使用前或者投入使用后三十日内，向负责特种设备安全监督管理的部门办理使用登记，取得使用登记证书。登记标志应当置于该特种设备的显著位置。

第三十四条 特种设备使用单位应当建立岗位责任、隐患治理、应急救援等安全管理制度，制定操作规程，保证特种设备安全运行。

第三十五条 特种设备使用单位应当建立特种设备安全技术档案。安全技术档案应当包括以下内容：

（一）特种设备的设计文件、产品质量合格证明、安装及使用维护保养说明、监督检验证明等相关技术资料和文件；

（二）特种设备的定期检验和定期自行检查记录；

（三）特种设备的日常使用状况记录；

（四）特种设备及其附属仪器仪表的维护保养记录；

（五）特种设备的运行故障和事故记录。

第三十六条 电梯、客运索道、大型游乐设施等为公众提供服务的特种设备的运营使用单位，应当对特种设备的使用安全负责，设置特种设备安全管理机构或者配备专职的特种设备安全管理人员；其他特种设备使用单位，应当根据情况设置特种设备安全管理机构或者配备专职、兼职的特种设备安全管理人员。

第三十七条 特种设备的使用应当具有规定的安全距离、安全防护措施。

与特种设备安全相关的建筑物、附属设施，应当符合有关法律、行政法规的规定。

第三十八条 特种设备属于共有的，共有人可以委托物业服务单位或者其他管理人管理特种设备，受托人履行本法规定的特种设备使用单位的义务，承担相应责任。共有人未委托的，由共有人或者实际管理人履行管理义务，承担相应责任。

第三十九条 特种设备使用单位应当对其使用的特种设备进行经常性维护保养和定期自行检查，并作出记录。

特种设备使用单位应当对其使用的特种设备的安全附件、安全保护装置进行定期校验、检修，并作出记录。

第四十条 特种设备使用单位应当按照安全技术规范的要求，在检验合格有效期届满前一个月向特种设备检验机构提出定期检验要求。

特种设备检验机构接到定期检验要求后，应当按照安全技术规范的要求及时进行安全性能检验。特种设备使用单位应当将定期检验标志置于该特种设备的显著位置。

未经定期检验或者检验不合格的特种设备，不得继续使用。

第四十一条 特种设备安全管理人员应当对特种设备使用状况进行经常性检查，发现问题应当立即处理；情况紧急时，可以决定停止使用特种设备并及时报告本单位有关负责人。

特种设备作业人员在作业过程中发现事故隐患或者其他不安全因素，应当立即向特种设备安全管理人员和单位有关负责人报告；特种设备运行不正常时，特种设备作业人员应当按照操作规程采取有效措施保证安全。

第四十二条 特种设备出现故障或者发生异常情况，特种设备使用单位应当对其进行全面检查，消除事故隐患，方可继续使用。

第四十三条 客运索道、大型游乐设施在每日投入使用前，其运营使用单位应当进行试运行和例行安全检查，并对安全附件和安全保护装置进行检查确认。

电梯、客运索道、大型游乐设施的运营使用单位应当将电梯、客运索道、大型游乐设施的安全使用说明、安全注意事项和警示标志置于易于为乘客注意的显著位置。

公众乘坐或者操作电梯、客运索道、大型游乐设施，应当遵守安全使用说明和安全注意事项的要求，服从有关工作人员的管理和指挥；遇有运行不正常时，应当按照安全指引，有序撤离。

第四十四条 锅炉使用单位应当按照安全技术规范的要求进行锅炉水（介）质处理，并接受特种设备检验机构的定期检验。

从事锅炉清洗，应当按照安全技术规范的要求进行，并接受特种设备检验机构的监督检验。

第四十五条 电梯的维护保养应当由电梯制造单位或者依照本法取得许可的安装、改造、修理单位进行。

电梯的维护保养单位应当在维护保养中严格执行安全技术规范的要求，保证其维护保养的电梯的安全性能，并负责落实现场安全防护措施，保证施工安全。

电梯的维护保养单位应当对其维护保养的电梯的安全性能负责；接到故障通知后，应当立即赶赴现场，并采取必要的应急救援措施。

第四十六条 电梯投入使用后，电梯制造单位应当对其制造的电梯的安全运行情况进行跟踪调查和了解，对电梯的维护保养单位或者使用单位在维护保养和安全运行方面存在的问题，提出改进建议，并提供必要的技术帮助；发现电梯存在严重事故隐患时，应当及时告知电梯使用单位，并向负责特种设备安全监督管理的部门报告。电梯制造单位对调查和了解的情况，应当作出记录。

第四十七条 特种设备进行改造、修理，按照规定需要变更使用登记的，应当办理变更登记，方可继续使用。

第四十八条 特种设备存在严重事故隐患，无改造、修理价值，或者达到安全技术规范规定的其他报废条件的，特种设备使用单位应当依法履行报废义务，采取必要措施消除该特种设备的使用功能，并向原登记的负责特种设备安全监督管理的部门办理使用登记证书注销手续。

前款规定报废条件以外的特种设备，达到设计使用年限可以继续使用的，应当按照安全技术规范的要求通过检验或者安全评估，并办理使用登记证书变更，方可继续使用。允许继续使用的，应当采取加强检验、检测和维护保养等措施，确保使用安全。

第四十九条 移动式压力容器、气瓶充装单位，应当具备下列条件，并经负责特种设备安全监督管理的部门许可，方可从事充装活动：

（一）有与充装和管理相适应的管理人员和技术人员；

（二）有与充装和管理相适应的充装设备、检测手段、场地厂房、器具、安全设施；

（三）有健全的充装管理制度、责任制度、处理措施。

充装单位应当建立充装前后的检查、记录制度，禁止对不符合安全技术规范要求的移动式压力容器和气瓶进行充装。

气瓶充装单位应当向气体使用者提供符合安全技术规范要求的气瓶，对气体使用者进行气瓶安全使用指导，并按照安全技术规范的要求办理气瓶使用登记，及时申报定期检验。

第三章　检验、检测

第五十条 从事本法规定的监督检验、定期检验的特种设备检验机构，以及为特种设备生产、经营、使用提供检测服务的特种设备检测机构，应当具备下列条件，并经负责特种设备安全监督管理的部门核准，方可从事检验、检测工作：

（一）有与检验、检测工作相适应的检验、检测人员；

（二）有与检验、检测工作相适应的检验、检测仪器和设备；

（三）有健全的检验、检测管理制度和责任制度。

第五十一条 特种设备检验、检测机构的检验、检测人员应当经考核，取得检验、检测人员资格，方可从事检验、检测工作。

特种设备检验、检测机构的检验、检测人员不得同时在两个以上检验、检测机构中执业；变更执业机构的，应当依法办理变更手续。

第五十二条 特种设备检验、检测工作应当遵守法律、行政法规的规定，并按照安全技术规范的要求进行。

特种设备检验、检测机构及其检验、检测人员应当依法为特种设备生产、经营、使用单位提供安全、可靠、便捷、诚信的检验、检测服务。

第五十三条 特种设备检验、检测机构及其检验、检测人员应当客观、公正、及时地出具检验、检测报告，并对检验、检测结果和鉴定结论负责。

特种设备检验、检测机构及其检验、检测人员在检验、检测中发现特种设备存在严重事故隐患时，应当及时告知相关单位，并立即向负责特种设备安全监督管理的部门报告。

负责特种设备安全监督管理的部门应当组织对特种设备检验、检测机构的检验、检测结果和鉴定结论进行监督抽查，但应当防止重复抽查。监督抽查结果应当向社会公布。

第五十四条 特种设备生产、经营、使用单位应当按照安全技术规范的要求向特种设备检验、检测机构及其检验、检测人员提供特种设备相关资料和必要的检验、检测条件，并对资料的真实性负责。

第五十五条 特种设备检验、检测机构及其检验、检测人员对检验、检测过程中知悉的商业秘密，负有保密义务。

特种设备检验、检测机构及其检验、检测人员不得从事有关特种设备的生产、经营活动，不得推荐或者监制、监销特种设备。

第五十六条 特种设备检验机构及其检验人员利用检验工作故意刁难特种设备生产、经营、使用单位的，特种设备生产、经营、使用单位有权向负责特种设备安全监督管理的部门投诉，接到投诉的部门应当及时进行调查处理。

第四章 监督管理

第五十七条 负责特种设备安全监督管理的部门依照本法规定，对特种设备生产、经营、使用单位和检验、检测机构实施监督检查。

负责特种设备安全监督管理的部门应当对学校、幼儿园以及医院、车站、客运码头、商场、体育场馆、展览馆、公园等公众聚集场所的特种设备，实施重点安全监督检查。

第五十八条 负责特种设备安全监督管理的部门实施本法规定的许可工作，应当依照本法和其他有关法律、行政法规规定的条件和程序以及安全技术规范的要求进行审查；不符合规定的，不得许可。

第五十九条 负责特种设备安全监督管理的部门在办理本法规定的许可时，其受理、审查、许可的程序必须公开，并应当自受理申请之日起三十日内，作出许可或者不予许可的决定；不予许可的，应当书面向申请人说明理由。

第六十条 负责特种设备安全监督管理的部门对依法办理使用登记的特种设备应当建立完整的监督管理档案和信息查询系统；对达到报废条件的特种设备，应当及时督促特种设备使用单位依法履行报废义务。

第六十一条 负责特种设备安全监督管理的部门在依法履行监督检查职责时，可以行使下列职权：

（一）进入现场进行检查，向特种设备生产、经营、使用单位和检验、检测机构的主要负责人和其他有关人员调查、了解有关情况；

（二）根据举报或者取得的涉嫌违法证据，查阅、复制特种设备生产、经营、使用单位和检验、检测机构的有关合同、发票、账簿以及其他有关资料；

（三）对有证据表明不符合安全技术规范要求或者存在严重事故隐患的特种设备实施查封、扣押；

（四）对流入市场的达到报废条件或者已经报废的特种设备实施查封、扣押；

（五）对违反本法规定的行为作出行政处罚决定。

第六十二条 负责特种设备安全监督管理的部门在依法履行职责过程中，发现违反本法规定和安全技术规范要求的行为或者特种设备存在事故隐患时，应当以书面形式发出特种设备安全监察指令，责令有关单位及时采取措施予以改正或者消除事故隐患。紧急情况下要求有关单位采取紧急处置措施的，应当随后补发特种设备安全监察指令。

第六十三条 负责特种设备安全监督管理的部门在依法履行职责过程中，发现重大违法行为或者特种设备存在严重事故隐患时，应当责令有关单位立即停止违法行为、采取措施消除事故隐患，并及时向上级负责特种设备安全监督管理的部门报告。接到报告的负责特种设备安全监督管理的部门应当采取必要措施,及时予以处理。

对违法行为、严重事故隐患的处理需要当地人民政府和有关部门的支持、配合时,负责特种设备安全监督管理的部门应当报告当地人民政府,并通知其他有关部门。当地人民政府和其他有关部门应当采取必要措施,及时予以处理。

第六十四条 地方各级人民政府负责特种设备安全监督管理的部门不得要求已经依照本法规定在其他地方取得许可的特种设备生产单位重复取得许可,不得要求对已经依照本法规定在其他地方检验合格的特种设备重复进行检验。

第六十五条 负责特种设备安全监督管理的部门的安全监察人员应当熟悉相关法律、法规,具有相应的专业知识和工作经验,取得特种设备安全行政执法证件。

特种设备安全监察人员应当忠于职守、坚持原则、秉公执法。

负责特种设备安全监督管理的部门实施安全监督检查时,应当有二名以上特种设备安全监察人员参加,并出示有效的特种设备安全行政执法证件。

第六十六条 负责特种设备安全监督管理的部门对特种设备生产、经营、使用单位和检验、检测机构实施监督检查,应当对每次监督检查的内容、发现的问题及处理情况作出记录,并由参加监督检查的特种设备安全监察人员和被检查单位的有关负责人签字后归档。被检查单位的有关负责人拒绝签字的,特种设备安全监察人员应当将情况记录在案。

第六十七条 负责特种设备安全监督管理的部门及其工作人员不得推荐或者监制、监销特种设备;对履行职责过程中知悉的商业秘密负有保密义务。

第六十八条 国务院负责特种设备安全监督管理的部门和省、自治区、直辖市人民政府负责特种设备安全监督管理的部门应当定期向社会公布特种设备安全总体状况。

第五章 事故应急救援与调查处理

第六十九条 国务院负责特种设备安全监督管理的部门应当依法组织制定特种设备重特大事故应急预案,报国务院批准后纳入国家突发事件应急预案体系。

县级以上地方各级人民政府及其负责特种设备安全监督管理的部门应当依法组织制定本行政区域内特种设备事故应急预案,建立或者纳入相应的应急处置与救援体系。

特种设备使用单位应当制定特种设备事故应急专项预案,并定期进行应急演练。

第七十条 特种设备发生事故后,事故发生单位应当按照应急预案采取措施,组织抢救,防止事故扩大,减少人员伤亡和财产损失,保护事故现场和有关证据,并及时向事故发生地县级以上人民政府负责特种设备安全监督管理的部门和有关部门报告。

县级以上人民政府负责特种设备安全监督管理的部门接到事故报告,应当尽快核实情况,立即向本级人民政府报告,并按照规定逐级上报。必要时,负责特种设备安全监督管理的部门可以越级上报事故情况。对特别重大事故、重大事故,国务院负责特种设备安全监督管理的部门应当立即报告国务院并通报国务院安全生产监督管理部门等有关部门。

与事故相关的单位和人员不得迟报、谎报或者瞒报事故情况,不得隐匿、毁灭有关证据或者故意破坏事故现场。

第七十一条 事故发生地人民政府接到事故报告,应当依法启动应急预案,采取应急处置措施,组织应急救援。

第七十二条 特种设备发生特别重大事故,由国务院或者国务院授权有关部门组织事故调查组进行调查。

发生重大事故,由国务院负责特种设备安全监督管理的部门会同有关部门组织事故调查组进行调查。

发生较大事故,由省、自治区、直辖市人民政府负责特种设备安全监督管理的部门会同有关部门组织事故调查组进行调查。

发生一般事故,由设区的市级人民政府负责特种设备安全监督管理的部门会同有关部门组织事故调查组进行调查。

事故调查组应当依法、独立、公正开展调查,提出事故调查报告。

第七十三条 组织事故调查的部门应当将事故调查报告报本级人民政府,并报上一级人民政府负责特种设备安全监督管理的部门备案。有关部门和单位应当依照法律、行政法规的规定,追究事故责任单位和人员的责任。

事故责任单位应当依法落实整改措施,预防同类事故发生。事故造成损害的,事故责任单位应当依法承担赔偿责任。

第六章 法律责任

第七十四条 违反本法规定,未经许可从事特种设备生产活动的,责令停止生产,没收违法制造的特种设备,处十万元以上五十万元以下罚款;有违法所得的,没收违法所得;已经实施安装、改造、修理的,责令恢复原状或者责令限期由取得许可的单位重新安装、改造、修理。

第七十五条 违反本法规定，特种设备的设计文件未经鉴定，擅自用于制造的，责令改正，没收违法制造的特种设备，处五万元以上五十万元以下罚款。

第七十六条 违反本法规定，未进行型式试验的，责令限期改正；逾期未改正的，处三万元以上三十万元以下罚款。

第七十七条 违反本法规定，特种设备出厂时，未按照安全技术规范的要求随附相关技术资料和文件的，责令限期改正；逾期未改正的，责令停止制造、销售，处二万元以上二十万元以下罚款；有违法所得的，没收违法所得。

第七十八条 违反本法规定，特种设备安装、改造、修理的施工单位在施工前未书面告知负责特种设备安全监督管理的部门即行施工的，或者在验收后三十日内未将相关技术资料和文件移交特种设备使用单位的，责令限期改正；逾期未改正的，处一万元以上十万元以下罚款。

第七十九条 违反本法规定，特种设备的制造、安装、改造、重大修理以及锅炉清洗过程，未经监督检验的，责令限期改正；逾期未改正的，处五万元以上二十万元以下罚款；有违法所得的，没收违法所得；情节严重的，吊销生产许可证。

第八十条 违反本法规定，电梯制造单位有下列情形之一的，责令限期改正；逾期未改正的，处一万元以上十万元以下罚款：

（一）未按照安全技术规范的要求对电梯进行校验、调试的；

（二）对电梯的安全运行情况进行跟踪调查和了解时，发现存在严重事故隐患，未及时告知电梯使用单位并向负责特种设备安全监督管理的部门报告的。

第八十一条 违反本法规定，特种设备生产单位有下列行为之一的，责令限期改正；逾期未改正的，责令停止生产，处五万元以上五十万元以下罚款；情节严重的，吊销生产许可证：

（一）不再具备生产条件、生产许可证已经过期或者超出许可范围生产的；

（二）明知特种设备存在同一性缺陷，未立即停止生产并召回的。

违反本法规定，特种设备生产单位生产、销售、交付国家明令淘汰的特种设备的，责令停止生产、销售，没收违法生产、销售、交付的特种设备，处三万元以上三十万元以下罚款；有违法所得的，没收违法所得。

特种设备生产单位涂改、倒卖、出租、出借生产许可证的，责令停止生产，处五万元以上五十万元以下罚款；情节严重的，吊销生产许可证。

第八十二条 违反本法规定，特种设备经营单位有下列行为之一的，责令停止经营，没收违法经营的特种设备，处三万元以上三十万元以下罚款；有违法所得的，没收违法所得：

（一）销售、出租未取得许可生产，未经检验或者检验不合格的特种设备的；

（二）销售、出租国家明令淘汰、已经报废的特种设备，或者未按照安全技术规范的要求进行维护保养的特种设备的。

违反本法规定，特种设备销售单位未建立检查验收和销售记录制度，或者进口特种设备未履行提前告知义务的，责令改正，处一万元以上十万元以下罚款。

特种设备生产单位销售、交付未经检验或者检验不合格的特种设备的，依照本条第一款规定处罚；情节严重的，吊销生产许可证。

第八十三条 违反本法规定，特种设备使用单位有下列行为之一的，责令限期改正；逾期未改正的，责令停止使用有关特种设备，处一万元以上十万元以下罚款：

（一）使用特种设备未按照规定办理使用登记的；

（二）未建立特种设备安全技术档案或者安全技术档案不符合规定要求，或者未依法设置使用登记标志、定期检验标志的；

（三）未对其使用的特种设备进行经常性维护保养和定期自行检查，或者未对其使用的特种设备的安全附件、安全保护装置进行定期校验、检修，并作出记录的；

（四）未按照安全技术规范的要求及时申报并接受检验的；

（五）未按照安全技术规范的要求进行锅炉水（介）质处理的；

（六）未制定特种设备事故应急专项预案的。

第八十四条 违反本法规定，特种设备使用单位有下列行为之一的，责令停止使用有关特种设备，处三万元以上三十万元以下罚款：

（一）使用未取得许可生产，未经检验或者检验不合格的特种设备，或者国家明令淘汰、已经报废的特种设备的；

（二）特种设备出现故障或者发生异常情况，未对其进行全面检查、消除事故隐患，继续使用的；

（三）特种设备存在严重事故隐患，无改造、修理价值，或者达到安全技术规范规定的其他报废条件，未依法履行报废义务，并办理使用登记证书注销手续的。

第八十五条 违反本法规定，移动式压力容器、气瓶充装单位有下列行为之一的，责令改正，处二万元以上二十万元以下罚款；情节严重的，吊销充装许可证：

（一）未按照规定实施充装前后的检查、记录制度的；

（二）对不符合安全技术规范要求的移动式压力容器和气瓶进行充装的。

违反本法规定，未经许可，擅自从事移动式压力容器或者气瓶充装活动的，予以取缔，没收违法充装的气瓶，处十万元以上五十万元以下罚款；有违法所得的，没收违法所得。

第八十六条 违反本法规定，特种设备生产、经营、使用单位有下列情形之一的，责令限期改正；逾期未改正的，责令停止使用有关特种设备或者停产停业整顿，处一万元以上五万元以下罚款：

（一）未配备具有相应资格的特种设备安全管理人员、检测人员和作业人员的；

（二）使用未取得相应资格的人员从事特种设备安全管理、检测和作业的；

（三）未对特种设备安全管理人员、检测人员和作业人员进行安全教育和技能培训的。

第八十七条 违反本法规定，电梯、客运索道、大型游乐设施的运营使用单位有下列情形之一的，责令限期改正；逾期未改正的，责令停止使用有关特种设备或者停产停业整顿，处二万元以上十万元以下罚款：

（一）未设置特种设备安全管理机构或者配备专职的特种设备安全管理人员的；

（二）客运索道、大型游乐设施每日投入使用前，未进行试运行和例行安全检查，未对安全附件和安全保护装置进行检查确认的；

（三）未将电梯、客运索道、大型游乐设施的安全使用说明、安全注意事项和警示标志置于易于为乘客注意的显著位置的。

第八十八条 违反本法规定，未经许可，擅自从事电梯维护保养的，责令停止违法行为，处一万元以上十万元以下罚款；有违法所得的，没收违法所得。

电梯的维护保养单位未按照本法规定以及安全技术规范的要求，进行电梯维护保养的，依照前款规定处罚。

第八十九条 发生特种设备事故，有下列情形之一的，对单位处五万元以上二十万元以下罚款；对主要负责人处一万元以上五万元以下罚款；主要负责人属于国家工作人员的，并依法给予处分：

（一）发生特种设备事故时，不立即组织抢救或者在事故调查处理期间擅离职守或者逃匿的；

（二）对特种设备事故迟报、谎报或者瞒报的。

第九十条 发生事故，对负有责任的单位除要求其依法承担相应的赔偿等责任外，依照下列规定处以罚款：

（一）发生一般事故，处十万元以上二十万元以下罚款；

（二）发生较大事故，处二十万元以上五十万元以下罚款；

（三）发生重大事故，处五十万元以上二百万元以下罚款。

第九十一条 对事故发生负有责任的单位的主要负责人未依法履行职责或者负有领导责任的，依照下列规定处以罚款；属于国家工作人员的，并依法给予处分：

（一）发生一般事故，处上一年年收入百分之三十的罚款；

（二）发生较大事故，处上一年年收入百分之四十的罚款；

（三）发生重大事故，处上一年年收入百分之六十的罚款。

第九十二条 违反本法规定，特种设备安全管理人员、检测人员和作业人员不履行岗位职责，违反操作规程和有关安全规章制度，造成事故的，吊销相关人员的资格。

第九十三条 违反本法规定，特种设备检验、检测机构及其检验、检测人员有下列行为之一的，责令改正，对机构处五万元以上二十万元以下罚款，对直接负责的主管人员和其他直接责任人员处五千元以上五万元以下罚款；情节严重的，吊销机构资质和有关人员的资格：

（一）未经核准或者超出核准范围、使用未取得相应资格的人员从事检验、检测的；

（二）未按照安全技术规范的要求进行检验、检测的；

（三）出具虚假的检验、检测结果和鉴定结论或者检验、检测结果和鉴定结论严重失实的；

（四）发现特种设备存在严重事故隐患，未及时告知相关单位，并立即向负责特种设备安全监督管理的部门报告的；

（五）泄露检验、检测过程中知悉的商业秘密的；

（六）从事有关特种设备的生产、经营活动的；

（七）推荐或者监制、监销特种设备的；

（八）利用检验工作故意刁难相关单位的。

违反本法规定，特种设备检验、检测机构的检验、检测人员同时在两个以上检验、检测机构中执业的，处五千元以上五万元以下罚款；情节严重的，吊销其资格。

第九十四条 违反本法规定，负责特种设备安全监督管理的部门及其工作人员有下列行为之一的，由上级机关责令改正；对直接负责的主管人员和其他直接责任人员，依法给予处分：

(一)未依照法律、行政法规规定的条件、程序实施许可的;

(二)发现未经许可擅自从事特种设备的生产、使用或者检验、检测活动不予取缔或者不依法予以处理的;

(三)发现特种设备生产单位不再具备本法规定的条件而不吊销其许可证,或者发现特种设备生产、经营、使用违法行为不予查处的;

(四)发现特种设备检验、检测机构不再具备本法规定的条件而不撤销其核准,或者对其出具虚假的检验、检测结果和鉴定结论或者检验、检测结果和鉴定结论严重失实的行为不予查处的;

(五)发现违反本法规定和安全技术规范要求的行为或者特种设备存在事故隐患,不立即处理的;

(六)发现重大违法行为或者特种设备存在严重事故隐患,未及时向上级负责特种设备安全监督管理的部门报告,或者接到报告的负责特种设备安全监督管理的部门不立即处理的;

(七)要求已经依照本法规定在其他地方取得许可的特种设备生产单位重复取得许可,或者要求对已经依照本法规定在其他地方检验合格的特种设备重复进行检验的;

(八)推荐或者监制、监销特种设备的;

(九)泄露履行职责过程中知悉的商业秘密的;

(十)接到特种设备事故报告未立即向本级人民政府报告,并按照规定上报的;

(十一)迟报、漏报、谎报或者瞒报事故的;

(十二)妨碍事故救援或者事故调查处理的;

(十三)其他滥用职权、玩忽职守、徇私舞弊的行为。

第九十五条 违反本法规定,特种设备生产、经营、使用单位或者检验、检测机构拒不接受负责特种设备安全监督管理的部门依法实施的监督检查的,责令限期改正;逾期未改正的,责令停产停业整顿,处二万元以上二十万元以下罚款。

特种设备生产、经营、使用单位擅自动用、调换、转移、损毁被查封、扣押的特种设备或者其主要部件的,责令改正,处五万元以上二十万元以下罚款;情节严重的,吊销生产许可证,注销特种设备使用登记证书。

第九十六条 违反本法规定,被依法吊销许可证的,自吊销许可证之日起三年内,负责特种设备安全监督管理的部门不予受理其新的许可申请。

第九十七条 违反本法规定,造成人身、财产损害的,依法承担民事责任。

违反本法规定,应当承担民事赔偿责任和缴纳罚款、罚金,其财产不足以同时支付时,先承担民事赔偿责任。

第九十八条 违反本法规定,构成违反治安管理行为的,依法给予治安管理处罚;构成犯罪的,依法追究刑事责任。

第七章 附 则

第九十九条 特种设备行政许可、检验的收费,依照法律、行政法规的规定执行。

第一百条 军事装备、核设施、航空航天器使用的特种设备安全的监督管理不适用本法。

铁路机车、海上设施和船舶、矿山井下使用的特种设备以及民用机场专用设备安全的监督管理,房屋建筑工地、市政工程工地用起重机械和场(厂)内专用机动车辆的安装、使用的监督管理,由有关部门依照本法和其他有关法律的规定实施。

第一百零一条 本法自2014年1月1日起施行。

工伤保险条例

(2003年4月27日中华人民共和国国务院令第375号公布 根据2010年12月20日《国务院关于修改〈工伤保险条例〉的决定》修订)

理解与适用

工伤保险是社会保险的一个组成部分,是指劳动者由于工作原因并在工作过程中遭受意外伤害,或因接触粉尘、放射线、有毒有害物质等职业危害因素引起职业病后,由国家或社会给负伤、致残者以及死亡者生前供养亲属提供必要的物质帮助的一项社会保险制度。

我国现在关于工伤的基本法律依据包括2010年10月28日公布的《中华人民共和国社会保险法》和2004年1月1日起施行并经修订于2011年1月1日施行的《工伤保险条例》,而后者是工伤保险方面的专门法律规定。

一、《工伤保险条例》的核心内容

1. 适用范围。依据《工伤保险条例》第2条规定,中华人民共和国境内的企业、事业单位、社会团体、民办非企业单位、基金会、律师事务所、会计师事务所等组织和有雇工的个体工商户(以下称用人单位)应当依照本条例规定参加工伤保险,为本单位全部职工或者雇工(以下称职工)缴纳工伤保险费。用人单位职工均有依照本条例的规定享受工伤保险待遇的权利。因此,用人单位不得以本单位是私营企业、职工人数少、经济效益不好或出现工伤的职工不是正式职工等所谓理由而拒绝为其职工参加工伤保险。

2. 工伤范围的界定。发生工伤事故,劳动者取得工伤保险待遇及其他工伤赔偿的关键,就在于国家有权机关作出工伤认定结论。《工伤保险条例》第14、15、16条原则界定了工伤的范围。职工有下列情形之一的,应当认定为工伤:(一)在工作时间和工作场所内,因工作原因受到事故伤害的;(二)工作时间前后在工作场所内,从事与工作有关的预备性或者收尾性工作受到事故伤害的;(三)在工作时间和工作场所内,因履行工作职责受到暴力等意外伤害的;(四)患职业病的;(五)因工外出期间,由于工作原因受到伤害或者发生事故下落不明的;(六)在上下班途中,受到非本人主要责任的交通事故或者城市轨道交通、客运轮渡、火车事故伤害的;(七)法律、行政法规规定应当认定为工伤的其他情形。

职工有下列情形之一的,视同工伤:(一)在工作时间和工作岗位,突发疾病死亡或者在48小时之内经抢救无效死亡的;(二)在抢险救灾等维护国家利益、公共利益活动中受到伤害的;(三)职工原在军队服役,因战、因公负伤致残,已取得革命伤残军人证,到用人单位后旧伤复发的。

职工符合本条例第14条、第15条的规定,但是有下列情形之一的,不得认定为工伤或者视同工伤:(一)故意犯罪的;(二)醉酒或者吸毒的;(三)自残或者自杀的。

3. 工伤保险待遇。工伤保险待遇是指职工因工发生暂时或永久人身健康或生命损害的一种补救和补偿,其作用是使伤残者的医疗、生活有保障,使工亡者遗属的基本生活得到保障。工伤保险待遇包括:工伤医疗待遇、伤残待遇和死亡待遇。

二、《工伤保险条例》的主要相关规定

《工伤认定办法》就工伤认定的具体程序作出了规定。《因工死亡职工供养亲属范围规定》明确规定了因工死亡职工供养亲属的范围、享受抚恤金的条件、停止享受抚恤金的情形。在处理工伤时,对于职工工伤与职业病致残程度的鉴定非常重要,在这一方面,从2015年1月1日起施行的《劳动能力鉴定 职工工伤与职业病致残等级》是现行鉴定标准。自2002年5月1日开始实行并在2016年7月2日最新修订的《中华人民共和国职业病防治法》对于职业病诊断与职业病病人保障进行了全新规定。自本书上版出版以来,新的一系列相关法律、法规相继出台实施,如2013年12月23日开始实施的《职业病分类和目录》,详细列举了职业病的种类;2014年6月18日公布的《最高人民法院关于审理工伤保险行政案件若干问题的规定》为正确审理工伤保险行政案件提供了法律依据;为了更好地贯彻执行修订后的《工伤保险条例》,提高依法行政能力和水平,妥善解决实际工作中的问题,保障职工和用人单位合法权益,2016年3月28日公布了《人力资源社会保障部关于执行〈工伤保险条例〉若干问题的意见(二)》。

第一章 总 则

第一条 【立法目的】为了保障因工作遭受事故伤害或者患职业病的职工获得医疗救治和经济补偿,促进工伤预防和职业康复,分散用人单位的工伤风险,制定本条例。

注释 注意区别工伤保险与人身意外伤害保险。总体而言,工伤保险属于社会保险中的一种,而人身意外伤害保险属于商业保险的范畴。因此,工伤保险与人身意外伤害保险的关系,实质上是社会保险与商业保险的关系,二者在适用范围、基本原则、筹资办法、待遇水平等多方面均有不同。对于大多数用人单位而言,参加社会保险是法定义务,而是否参加商业保险,则由各单位自行决定。

我国《建筑法》中还特别规定:建筑施工企业应当依法为职工参加工伤保险缴纳工伤保险费。鼓励企业为从事危险作业的职工办理意外伤害保险,支付保险费。一个用人单位,如果既参加了工伤保险又购买了人身意外伤害保险,那么,其职工发生工伤后,除了按照本条例规定享受相应的工伤保险待遇外,还可以根据与商业保险公司的保险合同约定,享受相应的商业保险待遇。

第二条 【适用范围】中华人民共和国境内的企业、事业单位、社会团体、民办非企业单位、基金会、律师事务所、会计师事务所等组织和有雇工的个体工商户(以下称用人单位)应当依照本条例规定参加工伤保险,为本单位全部职工或者雇工(以下称职工)缴纳工伤保险费。

中华人民共和国境内的企业、事业单位、社会团体、民办非企业单位、基金会、律师事务所、会计师事务所等组织的职工和个体工商户的雇工，均有依照本条例的规定享受工伤保险待遇的权利。

注释 1.“企业”。包括在中国境内的所有形式的企业，按照所有制划分，有国有企业、集体所有制企业、私营企业、外资企业；按照所在地域划分，有城镇企业、乡镇企业、境外企业；按照企业的组织结构划分，有公司、合伙、个人独资企业等。在这里，有两点需要说明：一是工伤保险制度在国家之间不能互免。目前，通过多边或者双边协定，一些国家可以对养老保险、失业保险等问题进行互免，但工伤保险却不能互免，而是需要参加营业地所在国的工伤保险制度。这就意味着，来中国投资的外国企业需要参加中国的工伤保险制度，而到国外承包工程或者投资设厂的中国企业则需要参加当地的工伤保险制度；二是在用人单位实行承包经营时，工伤保险责任应当由职工劳动关系所在单位承担。

2.“事业单位”。事业单位是指依照《事业单位登记管理暂行条例》的有关规定在机构编制管理机关登记为事业单位，且没有改为由工商行政管理部门登记为企业的事业单位。但是，事业单位中具有公共事务管理职能的组织，如证券监督管理委员会、保险监督管理委员会、银行业监督管理委员会等，由于这些单位一般都有行政执法的职能，工作人员参照公务员法管理，在许多方面与公务员没有什么区别，因此，这类事业单位在工伤保险方面仍参照公务员的做法，不适用本条例，而由人力资源和社会保障部会同财政部制定具体办法；参照公务员法管理之外的事业单位，主要包括基础科研、教育、文化、卫生、广播电视等领域的单位，本条例明确规定这些单位的工作人员应当纳入工伤保险的适用范围。

3.“社会团体”。社会团体是指依照《社会团体登记管理条例》的规定在民政部门登记为社会团体，中国公民自愿组成，为了实现会员共同意愿，按照章程开展活动的非营利性社会组织。社会团体的名称类别主要有协会、学会、联合会、研究会、基金会、联谊会、促进会、商会等。社会团体的情况与事业单位基本类似。参照公务员法管理的社会团体及其工作人员实行与国家机关及其工作人员一样的工伤保险制度，具体办法由人力资源和社会保障部会同财政部规定，这部分社会团体包括两类：一是参加中国人民政治协商会议的8个人民团体；二是由国务院机构编制管理机关核定、并经国务院批准的团体；不参照公务员法管理的社会团体，则直接适用本条例。

4.“民办非企业单位”。民办非企业单位是一个较新的法律主体概念，是指依照《民办非企业单位登记管理暂行条例》的规定在民政部门登记为民办非企业单位，由企业事业单位、社会团体和其他社会力量以及公民个人利用非国有资产举办的，从事非营利性社会服务活动的社会组织，比如：民办学校、民办医院等。从《民办非企业单位登记管理暂行条例》的定义可以看出，民办非企业单位具有以下几个特征：一是由企业事业单位、社会团体和其他社会力量以及公民个人举办，而不由政府或者政府部门举办。二是民办非企业单位利用非国有资产举办，这是民办非企业单位与事业单位的一个重要区别。三是民办非企业单位提供的服务非营利，这是与企业的重要区别。民办非企业单位的盈余与清算后的剩余财产只能用于社会公益事业，不得在成员中分配。四是民办非企业单位的社会服务领域很广，而且还在扩大。目前，民办非企业单位主要分布在教育、科研、文化、卫生、体育、新闻出版、交通、信息咨询、知识产权、法律服务、社会福利事业、经济监督等领域。

5.“律师事务所”。根据《中华人民共和国律师法》的规定，设立律师事务所应当具备四个基本条件：一是有自己的名称、住所和章程；二是有符合律师法规定的律师；三是设立人应当是具有一定的执业经历，且三年内未受过停止执业处罚的律师；四是有符合国务院司法行政部门规定数额的资产。律师事务所主要分为合伙、个人以及国家出资设立的律师事务所三类。

6.“会计师事务所”。根据《中华人民共和国注册会计师法》的规定，会计师事务所是依法设立并承办注册会计师业务的机构。会计师事务所主要分为两类：一类是由注册会计师设立的合伙单位；二是负有限责任的法人。

7.“基金会”。根据《基金会管理条例》，基金会是指利用自然人、法人或者其他组织捐赠的财产，以从事公益事业为目的的非营利性法人。基金会分为面向公众募捐的基金会和不得面向公众募捐的基金会。

8.“个体工商户”。有经营能力的公民，依照《个体工商户条例》规定经工商行政管理部门登记，从事工商业经营的，为个体工商户。

链接《社会保险法》第33条；《关于农民工参加工伤保险有关问题的通知》

第三条 【保费征缴】工伤保险费的征缴按照《社会保险费征缴暂行条例》关于基本养老保险费、基本医疗保险费、失业保险费的征缴规定执行。

注释 [工伤保险费由谁缴纳?]

用人单位应当按时缴纳工伤保险费。职工个人不缴纳工伤保险费。参加工伤保险虽然一部分是为了职工能够及时得到医疗救助和经济补偿，但主要还是为了化解用人单位工伤风险而设计的一种制度。

［工伤保险费率］

关于行业差别费率，根据2015年《关于调整工伤保险费率政策的通知》，按照《国民经济行业分类》（GB/T 4754－2011）对行业的划分，不同工伤风险类别的行业执行不同的工伤保险行业基准费率。各行业工伤风险类别对应的全国工伤保险行业基准费率为，一类至八类分别控制在该行业用人单位职工工资总额的0.2%、0.4%、0.7%、0.9%、1.1%、1.3%、1.6%、1.9%左右。

链接《社会保险法》第33条；《社会保险费征缴暂行条例》

第四条 【用人单位责任】用人单位应当将参加工伤保险的有关情况在本单位内公示。

用人单位和职工应当遵守有关安全生产和职业病防治的法律法规，执行安全卫生规程和标准，预防工伤事故发生，避免和减少职业病危害。

职工发生工伤时，用人单位应当采取措施使工伤职工得到及时救治。

注释生产经营单位与从业人员订立的劳动合同，应当载明有关保障从业人员劳动安全、防止职业危害的事项，以及依法为从业人员办理工伤社会保险的事项。

生产经营单位不得以任何形式与从业人员订立协议，免除或者减轻其对从业人员因生产安全事故伤亡依法应承担的责任。

链接《安全生产法》第76－86条［生产安全事故的应急救援与调查处理］；《职业病防治法》第三章［劳动过程中的防护与管理］

第五条 【主管部门与经办机构】国务院社会保险行政部门负责全国的工伤保险工作。

县级以上地方各级人民政府社会保险行政部门负责本行政区域内的工伤保险工作。

社会保险行政部门按照国务院有关规定设立的社会保险经办机构（以下称经办机构）具体承办工伤保险事务。

注释《最高人民法院行政审判庭关于劳动行政部门在工伤认定程序中是否具有劳动关系确认权请示的答复》（2009年7月20日〔2009〕行他字第12号）中明确，根据《劳动法》第9条和《工伤保险条例》第5条、第18条的规定，劳动行政部门在工伤认定程序中，具有认定受到伤害的职工与企业之间是否存在劳动关系的职权。

链接《工伤保险经办规程》

第六条 【工伤保险政策、标准的制定】社会保险行政部门等部门制定工伤保险的政策、标准，应当征求工会组织、用人单位代表的意见。

第二章 工伤保险基金

第七条 【工伤保险基金构成】工伤保险基金由用人单位缴纳的工伤保险费、工伤保险基金的利息和依法纳入工伤保险基金的其他资金构成。

注释工伤保险基金主要有以下特点：一是强制性。即工伤保险费是国家以法律规定的形式，向规定范围内的用人单位征收的一种社会保险费。具有缴费义务的单位必须按照法律的规定履行缴费义务，否则就是一种违法行为，用人单位要按照法律的规定承担相应的法律责任。二是共济性。即用人单位按规定缴纳工伤保险费后，不管该单位是否发生工伤，发生多大程度和范围的工伤，都应按照法律的规定由基金支付相应的工伤保险待遇。缴费单位不能因为没有发生工伤，未使用工伤保险基金，而要求返还缴纳的工伤保险费。社会保险经办机构也不应因单位发生的工伤多、支付的基金数额大，而要求该单位追加缴纳工伤保险费，只能在确定用人单位下一轮费率时适当考虑其工伤保险基金支付情况。三是专用性。国家根据社会保险事业的需要，事先规定工伤保险费的缴费对象、缴费基数和费率的基本原则。在征收时，不因缴费义务人的具体情况而随意调整。在工伤保险基金的使用上，实行专款专用，任何人不得挪用。

链接《最高人民法院关于在审理和执行民事、经济纠纷案件时不得查封、冻结和扣划社会保险基金的通知》

第八条 【工伤保险费】工伤保险费根据以支定收、收支平衡的原则，确定费率。

国家根据不同行业的工伤风险程度确定行业的差别费率，并根据工伤保险费使用、工伤发生率等情况在每个行业内确定若干费率档次。行业差别费率及行业内费率档次由国务院社会保险行政部门制定，报国务院批准后公布施行。

统筹地区经办机构根据用人单位工伤保险费使用、工伤发生率等情况，适用所属行业内相应的费率档次确定单位缴费费率。

注释工伤保险费费率的确定应把握以下几点：

1. 以支定收，收支平衡，即是以一个周期内的工伤保险基金的支付额度为标准，确定征缴保险费的额度，使工伤保险基金在一个周期内的收与支保持平衡。

2. 关于用人单位具体缴费率的确定。单位的缴费费率由统筹地区的经办机构根据该单位的工伤保险费使用、工伤发生率等情况，套用所在行业中的相应档次确定。这种具有竞争性的费率，使工伤发生多的单位交纳的工伤保险费多，工伤发生少的单位则缴费少，以达到促进安全生产的目的。

链接《社会保险法》第 34 条

第九条 【行业差别费率及档次调整】国务院社会保险行政部门应当定期了解全国各统筹地区工伤保险基金收支情况，及时提出调整行业差别费率及行业内费率档次的方案，报国务院批准后公布施行。

第十条 【缴费主体、缴费基数与费率】用人单位应当按时缴纳工伤保险费。职工个人不缴纳工伤保险费。

用人单位缴纳工伤保险费的数额为本单位职工工资总额乘以单位缴费费率之积。

对难以按照工资总额缴纳工伤保险费的行业，其缴纳工伤保险费的具体方式，由国务院社会保险行政部门规定。

注释［工资总额］

"本单位职工工资总额"，是指单位在一定时期内直接支付给本单位全部职工的劳动报酬总额，包括计时工资、计件工资、奖金、津贴和补贴、加班加点工资以及特殊情况下支付的工资。

［职工在多个单位就业的工伤保险］

职工在两个或两个以上用人单位同时就业的，各用人单位应当分别为职工缴纳工伤保险费。职工发生工伤，由职工受到伤害时其工作的单位依法承担工伤保险责任。（《关于实施〈工伤保险条例〉若干问题的意见》一）

《最高人民法院关于审理工伤保险行政案件若干问题的规定》第 3 条第 1 款第 1 项也规定社会保险行政部门认定下列单位为承担工伤保险责任单位的，人民法院应予支持：职工与两个或两个以上单位建立劳动关系，工伤事故发生时，职工为之工作的单位为承担工伤保险责任的单位。

案例 1. 北京国玉大酒店有限公司诉北京市朝阳区劳动和社会保障局工伤认定行政纠纷案（《中华人民共和国最高人民法院公报》2008 年第 9 期）

案件适用要点：根据《关于实施〈工伤保险条例〉若干问题的意见》第 1 条规定，下岗、待岗职工又到其他单位工作的，该单位也应当为职工缴纳工伤保险费；职工在该单位工作时发生工伤的，该单位应依法承担工伤保险责任。

2. 某电器有限公司与黄某劳动争议纠纷上诉案（广东省佛山市中级人民法院民事判决书〔2008〕佛中法民一终字第 393 号）

案件适用要点：缴纳工伤保险费是用人单位的法定义务，其应按本单位职工的实际工资申报，不得瞒报工资总额或者职工人数。

第十一条 【统筹层次、特殊行业异地统筹】工伤保险基金逐步实行省级统筹。

跨地区、生产流动性较大的行业，可以采取相对集中的方式异地参加统筹地区的工伤保险。具体办法由国务院社会保险行政部门会同有关行业的主管部门制定。

注释［特殊行业的异地统筹］

铁路、远洋运输、石油、煤炭等行业，一般都跨地区，生产流动性较大。对于这些行业，可以采取相对灵活的方式，集中参加层次相对高的工伤保险社会统筹的管理。同时，由于这些行业之间的差异较大，因此，本条规定具体办法由国务院社会保险行政部门会同有关行业的主管部门制定。

第十二条 【工伤保险基金和用途】工伤保险基金存入社会保障基金财政专户，用于本条例规定的工伤保险待遇，劳动能力鉴定，工伤预防的宣传、培训等费用，以及法律、法规规定的用于工伤保险的其他费用的支付。

工伤预防费用的提取比例、使用和管理的具体办法，由国务院社会保险行政部门会同国务院财政、卫生行政、安全生产监督管理等部门规定。

任何单位或者个人不得将工伤保险基金用于投资运营、兴建或者改建办公场所、发放奖金，或者挪作其他用途。

注释注意工伤保险基金的使用。由工伤保险基金支付的各项待遇应按本条例相关规定支付，不得采取将长期待遇改为一次性支付的办法。

［工伤保险待遇］

工伤保险待遇主要包括医疗康复待遇、伤残待遇和死亡待遇。医疗康复待遇包括诊疗费、药费、住院费用，以及在规定的治疗期内的工资待遇。

［劳动能力鉴定费］

劳动能力鉴定费是指劳动能力鉴定委员会支付给参加劳动能力鉴定的医疗卫生专家的费用。如果劳动能力鉴定是由劳动能力鉴定委员会委托具备资格的医疗机构协助进行的，劳动能力鉴定费也包括支付给相关医疗机构的诊断费用。

［工伤预防费］

工伤预防费主要用于工伤事故和职业病预防的宣传、教育与培训；安全生产奖励；对高危行业参保企业作业环境的检测和对从事职业危害作业的职工（主要是农民工）进行职业健康检查的补助；对用人单位工伤风险程度的评估等。

［法律、法规规定的用于工伤保险的其他费用］

本条例虽明确列举了工伤保险基金的具体支出项目，但其不可能穷尽所有应该由基金支出的项目。为了给基金合法支出留有一定空间，同时，为了避免滥用基金情况的发生，本条例规定，只有全国人大及其常委会制定的法律、国务院制定的行政法规和省级人大制定的地方性法规才能规定工伤保险基金的支出项目。

第十三条 【工伤保险储备金】工伤保险基金应当留有一定比例的储备金,用于统筹地区重大事故的工伤保险待遇支付;储备金不足支付的,由统筹地区的人民政府垫付。储备金占基金总额的具体比例和储备金的使用办法,由省、自治区、直辖市人民政府规定。

第三章 工伤认定

第十四条 【应当认定工伤的情形】职工有下列情形之一的,应当认定为工伤:

(一)在工作时间和工作场所内,因工作原因受到事故伤害的;

(二)工作时间前后在工作场所内,从事与工作有关的预备性或者收尾性工作受到事故伤害的;

(三)在工作时间和工作场所内,因履行工作职责受到暴力等意外伤害的;

(四)患职业病的;

(五)因工外出期间,由于工作原因受到伤害或者发生事故下落不明的;

(六)在上下班途中,受到非本人主要责任的交通事故或者城市轨道交通、客运轮渡、火车事故伤害的;

(七)法律、行政法规规定应当认定为工伤的其他情形。

注释[工作时间]

"工作时间",是指法律规定的或者单位要求职工工作的时间。我国规定,劳动者每日工作时间不超过8小时,平均每周工作时间不超过40小时。据此,单位规定上下班的具体时间;实行不定时工作制的单位,单位确定的工作时间,为职工的工作时间。

《最高人民法院行政审判庭关于职工外出学习休息期间受到他人伤害应否认定为工伤问题的答复》明确,职工受单位指派外出学习期间,在学习单位安排的休息场所休息时受到他人伤害的,应当认定为工伤。

[工作场所]

"工作场所",是指职工日常工作所在的场所,以及领导临时指派其所从事工作的场所。

根据《最高人民法院关于审理工伤保险行政案件若干问题的规定》第4条规定,在工作时间内,职工来往于多个与其工作职责相关的工作场所之间的合理区域因工受到伤害的,社会保险行政部门认定为工伤的,人民法院应予支持。

[预备性工作]

"预备性工作",是指在工作前的一段合理时间内,从事与工作有关的准备工作,诸如运输、备料、准备工具等。

[收尾性工作]

"收尾性工作",是指在工作后的一段合理时间内,从事与工作有关的收尾工作,诸如清理、安全贮存、收拾工具和衣物等。

[因履行工作职责受到暴力等意外伤害的]

"因履行工作职责受到暴力等意外伤害的",有两层含义:一是指职工因履行工作职责,使某些人的不合理的或违法的目的没有达到,这些人出于报复而对该职工进行的暴力人身伤害;二是指在工作时间和工作场所内,职工因履行工作职责受到的意外伤害,诸如地震、厂区失火、车间房屋倒塌以及由于单位其他设施不安全而造成的伤害等。《劳动和社会保障部办公厅关于对〈工伤保险条例〉有关条款释义的函》(劳社厅函〔2006〕497号)中指出,"因履行工作职责受到暴力等意外伤害"中的因履行工作职责受到暴力伤害是指受到的暴力伤害与履行工作职责有因果关系。

[职业病]

职业病是指劳动者在职业活动中,因接触粉尘、放射性物质和其他有毒、有害因素而引起的疾病。对"职业病"的理解,应注意:这里的"职业病"是本条例覆盖范围内的用人单位的劳动者所患的职业病;这里的"职业病"必须是本条例覆盖范围内的用人单位的职工在职业活动中导致的疾病。职业病的范围是由国家主管部门明文规定的。

[因工外出期间,由于工作原因受到伤害或者下落不明的]

"因工外出",是指职工不在本单位的工作范围内,由于工作需要被领导指派到本单位以外工作,或者为了更好地完成工作,自己到本单位以外从事与本职工作有关的工作。这里的"外出"包括两层含义:一是指到本单位以外,但是还在本地范围内;二是指不仅离开了本单位,并且到外地去了。而对于"因工外出期间"的认定,应当考虑职工外出是否属于用人单位指派的因工作外出,遭受的事故伤害是否因工作原因所致。

"由于工作原因受到伤害",是指由于工作原因直接或间接造成的伤害,包括事故伤害、暴力伤害和其他形式的伤害。这里的"事故",包括安全事故、意外事故以及自然灾害等各种形式的事故。

《最高人民法院关于审理工伤保险行政案件若干问题的规定》第5条规定:"社会保险行政部门认定下列情形为'因工外出期间'的,人民法院应予支持:(一)职工受用人单位指派或者因工作需要在工作场所以外从事与工作职责有关的活动期间;(二)职工受用人单位指派外出学习或者开会期间;(三)职工因工作需要的其他外出活动期间。职工因工外出期间从事与工作或者受用人单位指派外出学习、开会无关的个人活动受到伤害，社会保险行政部门不认定为工伤的，人民法院应予支持。”

[上下班途中受到非本人主要责任的事故伤害]

“上下班途中”，是指合理的上下班时间和合理的上下班路途。《人力资源社会保障部关于执行〈工伤保险条例〉若干问题的意见（二）》第6条规定：“职工以上下班为目的、在合理时间内往返于工作单位和居住地之间的合理路线，视为上下班途中。”《最高人民法院关于审理工伤保险行政案件若干问题的规定》第6条规定：“对社会保险行政部门认定下列情形为‘上下班途中’的，人民法院应予支持：（一）在合理时间内往返于工作地与住所地、经常居住地、单位宿舍的合理路线的上下班途中；（二）在合理时间内往返于工作地与配偶、父母、子女居住地的合理路线的上下班途中；（三）从事属于日常工作生活所需要的活动，且在合理时间和合理路线的上下班途中；（四）在合理时间内其他合理路线的上下班途中。”

“非本人主要责任”事故，包括非本人主要责任的交通事故和非本人主要责任的城市轨道交通、客运轮渡和火车事故。其中，“交通事故”是指《道路交通安全法》第119条规定的车辆在道路上因过错或者意外造成的人身伤亡或者财产损失事件。“车辆”是指机动车和非机动车；“道路”是指公路、城市道路和虽在单位管辖范围但允许社会机动车通行的地方，包括广场、公共停车场等用于公众通行的场所。

对于“非本人主要责任”的认定，应当以有关机关（如公安机关交通管理、交通运输等部门）出具的法律文书或者人民法院的生效裁决为依据。

链接《关于实施〈工伤保险条例〉若干问题的意见》二[对第六项的解释]；《关于执行〈工伤保险条例〉若干问题的意见》一、二[对第五、六项的解释]；《职业病防治法》第43－55条[职业病诊断]；《职业病分类和目录》；《劳动法》第36－45条[工作时间]；《人力资源和社会保障部办公厅关于工伤保险有关规定处理意见的函》

案例 1. 孙立兴诉天津园区劳动局工伤认定行政纠纷案（《中华人民共和国最高人民法院公报》2006年第5期）

案件适用要点：对法律规定中的“工作场所”、“因工作原因”应作全面、正确的理解。“工作场所”，是指职工从事职业活动的场所，在有多个工作场所的情形下，还包括职工来往于多个工作场所之间的必经区域；“因工作原因”，是指职工受伤与从事本职工作之间存在因果关系，即职工系因从事本职工作而受伤。

2. 何培祥诉江苏省新沂市劳动和社会保障局工伤认定行政案（《最高人民法院发布的四起工伤保险行政纠纷典型案例》2014年8月21日）

案件适用要点：上下班途中的“合理时间”与“合理路线”，是两种相互联系的认定属于上下班途中受机动车事故伤害情形的必不可少的时空概念，不应割裂开来。结合本案，何培祥在上午听课及中午就餐结束后返校的途中骑摩托车摔伤，其返校上班目的明确，应认定为合理时间。

第十五条 【视同工伤的情形及其保险待遇】职工有下列情形之一的，视同工伤：

（一）在工作时间和工作岗位，突发疾病死亡或者在48小时之内经抢救无效死亡的；

（二）在抢险救灾等维护国家利益、公共利益活动中受到伤害的；

（三）职工原在军队服役，因战、因公负伤致残，已取得革命伤残军人证，到用人单位后旧伤复发的。

职工有前款第（一）项、第（二）项情形的，按照本条例的有关规定享受工伤保险待遇；职工有前款第（三）项情形的，按照本条例的有关规定享受除一次性伤残补助金以外的工伤保险待遇。

注释[在工作时间、工作岗位突发疾病]

“突发疾病”，是指上班期间突然发生任何种类的疾病，一般多为心脏病、脑出血、心肌梗塞等突发性疾病。职工在工作时间和工作岗位突发疾病当场死亡的，以及职工在工作时间和工作岗位突发疾病后没有当时死亡，但在48小时之内经抢救无效死亡的，应当视同工伤。

符合本项情形的，职工所在用人单位原则上应自职工死亡之日起5个工作日内向用人单位所在统筹地区社会保险行政部门报告。

[在维护国家利益、公共利益活动中受到伤害的]

“维护国家利益”，是指为了减少或者避免国家利益遭受损失，职工挺身而出。“维护公共利益”，是指为了减少或者避免公共利益遭受损失，职工挺身而出。本条列举了抢险救灾这种情形，是为了帮助大家更好地理解和掌握哪种情形属于维护国家利益和维护公共利益，但凡是与抢险救灾性质类似的行为，都应当认定为属于维护国家利益和维护公共利益的行为。需强调的是，在这种情形下，没有工作时间、工作地点、工作原因等要素要求。例如，某单位职工在过铁路道口时，看到在道口附近有个小孩正牵着一头牛过铁路，这时，前方恰好有一辆满载旅客的列车驶来，该职工赶紧过去将牛牵走并将小孩推出铁道。列车安全地通过了，可该职工却因来不及跑开，被列车撞成重伤。该职工的这种行为，就应属于维护国家利益和公共利益的行为。

[职工原在军队服役，因战、因公负伤致残，已取得革命伤残军人证，到用人单位后旧伤复发的]

“因战致残”是指：（1）对敌作战致残；（2）因执行

任务,或者被俘、被捕后不屈致残;(3)为抢救和保护国家财产、人民生命财产或者参加处置突发事件致残;(4)因执行军事演习、战备航行飞行、空降和导弹发射训练、试航试飞任务以及参加武器装备科研实验致残等。

"因公致残"是指:(1)在执行任务中或者在上下班途中,由于意外事件致残;(2)被认定为因战、因公致残后因旧伤复发;(3)因患职业病致残;(4)在执行任务中或者在工作岗位上因病致残,或者因医疗事故致残等。

"旧伤复发",是指职工在军队服役期间,因战、因公负伤致残,并取得了革命伤残军人证,到用人单位后其在军队服役期间因战、因公负伤的伤害部位(伤口)发生变化,需要进行治疗或相关救治的情形。

链接《关于实施〈工伤保险条例〉若干问题的意见》三[对第一项的解释]

案例 束某某诉某市人力资源和社会保障局工伤认定纠纷案(江苏省扬州市中级人民法院行政判决书〔2013〕扬行终字第0058号)

案件适用要点:在工作时间和工作岗位,突发疾病死亡或者在48小时之内经抢救无效死亡的,视同工伤。其中,"突发疾病"包括各类疾病。职工如在上班期间已经出现病症,下班后不久病情加重,在48小时内经抢救无效死亡的,应视同工伤。疾病的发生、加重往往有一个由轻到重发展过程,对于职工而言,对于疾病缺乏认知能力,带病完成工作不能成为拒绝认定工伤的理由。同时,基于《工伤保险条例》的立法本意,应以最大限度保护劳动者的权益。因此,职工在上班期间出现病症,下班后在48小时内经抢救无效死亡的,应当视同工伤。

第十六条 【不属于工伤的情形】职工符合本条例第十四条、第十五条的规定,但是有下列情形之一的,不得认定为工伤或者视同工伤:

(一)故意犯罪的;

(二)醉酒或者吸毒的;

(三)自残或者自杀的。

注释[故意犯罪]

本条只将因故意犯罪导致事故伤害的规定为不认定为工伤的情形。我国《刑法》第14条规定,明知自己的行为会发生危害社会的结果,并且希望或者放任这种结果发生,因而构成犯罪的,是故意犯罪。对"故意犯罪"的认定,应当以司法机关的生效法律文书或者结论性意见为依据。

[醉酒或吸毒]

对"醉酒或者吸毒"的认定,应当以有关机关出具的法律文书或者人民法院的生效裁决为依据。无法获得上述证据的,可以结合相关证据认定。

"醉酒",是指职工饮用含有酒精的饮料达到醉酒的状态,在酒精作用期间从事工作受到事故伤害。职工在工作时因醉酒导致行为失控而对自己造成的伤害,不认定为工伤。对于醉酒,应当依据行为人体内酒精含量的检测结果作出认定,如发现行为人体内酒精含量达到或者超过一定标准,就应当认定为醉酒。对于醉酒标准,可以参照《车辆驾驶人员血液、呼气酒精含量阈值与检验》的规定,即血液中的酒精含量大于或者等于80mg/100mL。

关于吸毒。根据《禁毒法》的规定,毒品,是指鸦片、海洛因、甲基苯丙胺(冰毒)、吗啡、大麻、可卡因,以及国家规定管制的其他能够使人形成瘾癖的麻醉药品和精神药品。

[自残或自杀]

"自残"是指通过各种手段和方法伤害自己的身体,并造成伤害结果的行为。"自杀"是指通过各种手段和方法自己结束自己生命的行为。

链接《社会保险法》第37条;《关于执行〈工伤保险条例〉若干问题的意见》三、四

案例 罗某与某市劳动和社会保障局工伤认定纠纷案(广东省佛山市中级人民法院行政判决书〔2005〕佛中法行终字第255号)

案件适用要点:劳动者在工作中受伤,用人单位主张是劳动者自残导致,应当举证证明。用人单位没有充分证据证明劳动者自残受伤,也不存在其他不得认定为工伤的理由,应当认定为工伤。

第十七条 【申请工伤认定的主体、时限及受理部门】职工发生事故伤害或者按照职业病防治法规定被诊断、鉴定为职业病,所在单位应当自事故伤害发生之日或者被诊断、鉴定为职业病之日起30日内,向统筹地区社会保险行政部门提出工伤认定申请。遇有特殊情况,经报社会保险行政部门同意,申请时限可以适当延长。

用人单位未按前款规定提出工伤认定申请的,工伤职工或者其近亲属、工会组织在事故伤害发生之日或者被诊断、鉴定为职业病之日起1年内,可以直接向用人单位所在地统筹地区社会保险行政部门提出工伤认定申请。

按照本条第一款规定应当由省级社会保险行政部门进行工伤认定的事项,根据属地原则由用人单位所在地的设区的市级社会保险行政部门办理。

用人单位未在本条第一款规定的时限内提交工伤认定申请,在此期间发生符合本条例规定的工伤待遇等有关费用由该用人单位负担。

注释[工伤认定申请的主体]

工伤认定的申请主体有两类:一是工伤职工所在单位,二是工伤职工或者其近亲属,以及工伤职工所

在单位的工会组织及符合我国工会法规定的各级工会组织。注意有权申请工伤认定的亲属限于近亲属，如配偶、父母、成年子女等，才可以成为工伤认定申请的主体。

[申请工伤认定的时限]

因申请主体的不同，工伤认定的申请时限也不同：

(1)对用人单位而言，申请时限一般为在事故伤害发生之日或者确诊为职业病之日起30日内；特殊情况的，经社会保险行政部门批准，可以适当延长。用人单位逾期未提出认定申请的，在此期间发生的工伤待遇等有关费用由该用人单位负担。

(2)对个人而言，工伤认定的申请时限为事故伤害发生之日起或者被确诊为职业病之日起的1年内。

曾经从事接触职业病危害作业、当时没有发现罹患职业病、离开工作岗位后被诊断或鉴定为职业病的符合下列条件的人员，可以自诊断、鉴定为职业病之日起1年内申请工伤认定，社会保险行政部门应当受理：

(1)办理退休手续后，未再从事接触职业病危害作业的退休人员；

(2)劳动或聘用合同期满后或者本人提出而解除劳动或聘用合同后，未再从事接触职业病危害作业的人员。

《人力资源社会保障部关于执行〈工伤保险条例〉若干问题的意见(二)》八规定："有下列情形之一的，被延误的时间不计算在工伤认定申请时限内。(一)受不可抗力影响的；(二)职工由于被国家机关依法采取强制措施等人身自由受到限制不能申请工伤认定的；(三)申请人正式提交了工伤认定申请，但因社会保险机构未登记或者材料遗失等原因造成申请超时限的；(四)当事人就确认劳动关系申请劳动仲裁或提起民事诉讼的；(五)其他符合法律法规规定的情形。"《最高人民法院关于审理工伤保险行政案件若干问题的规定》第7条规定："由于不属于职工或者其近亲属自身原因超过工伤认定申请期限的，被耽误的时间不计算在工伤认定申请期限内。有下列情形之一耽误申请时间的，应当认定为不属于职工或者其近亲属自身原因：(一)不可抗力；(二)人身自由受到限制；(三)属于用人单位原因；(四)社会保险行政部门登记制度不完善；(五)当事人对是否存在劳动关系申请仲裁、提起民事诉讼。"

链接《工伤认定办法》第4－5条[工伤认定申请时限]；《职业病防治法》第43－55条[职业病诊断]；《关于实施〈工伤保险条例〉若干问题的意见》四－六[工伤认定程序]

案例 杨庆峰诉无锡市劳动和社会保障局工伤认定行政纠纷案(《中华人民共和国最高人民法院公报》2008年第1期)

案件适用要点：根据《工伤保险条例》第17条第2款的规定，工伤认定申请时效应当从事故伤害发生之日起算。这里的"事故伤害发生之日"应当包括工伤事故导致的伤害结果实际发生之日。工伤事故发生时伤害结果尚未实际发生，工伤职工在伤害结果实际发生后一年内提出工伤认定申请的，不属于超过工伤认定申请时效的情形。

第十八条　【申请材料】提出工伤认定申请应当提交下列材料：

(一)工伤认定申请表；

(二)与用人单位存在劳动关系(包括事实劳动关系)的证明材料；

(三)医疗诊断证明或者职业病诊断证明书(或者职业病诊断鉴定书)。

工伤认定申请表应当包括事故发生的时间、地点、原因以及职工伤害程度等基本情况。

工伤认定申请人提供材料不完整的，社会保险行政部门应当一次性书面告知工伤认定申请人需要补正的全部材料。申请人按照书面告知要求补正材料后，社会保险行政部门应当受理。

注释[与用人单位存在劳动关系的证明材料]

劳动合同是证明用人单位与职工之间存在劳动关系的有力凭证，是主要的证明材料。对于现实中部分不与职工签订劳动合同的用人单位，可以把其他有关的材料作为实际用工已形成劳动关系的证明材料，如工资报酬的领取证明、同事的书面证明等。

[医疗诊断证明]

出具普通事故伤害的医疗证明，没有严格的法定程序，为了保证所提供的医疗诊断证明的真实性，社会保险行政部门可以根据需要对事故伤害进行调查核实。此外，医师在出具有关工伤的医疗证明文件时必须签名，并对证明的真实性承担法律责任。

案例 舒某某诉某市劳动和社会保障局不受理工伤认定案(青海省西宁市城北区人民法院行政判决书〔2006〕北行初字第15号)

案件适用要点：(1)工伤认定申请人需要提供与用人单位存在劳动关系的证明和医疗诊断证明。(2)工伤认定申请人提供资料不完整的，劳动保障行政部门应当当场或者在15个工作日内以书面形式一次性告知工伤认定申请人需要补正的全部材料。

第十九条　【事故调查及举证责任】社会保险行政部门受理工伤认定申请后，根据审核需要可以对事故伤害进行调查核实，用人单位、职工、工会组织、医疗机构以及有关部门应当予以协助。职业病诊断和诊断争议的鉴定，依照职业病防治法的有关规定执行。对依法取得职业病诊断证明书或者职业病诊断鉴定书的，社会保险行政部门不再进行调查核实。

职工或者其近亲属认为是工伤，用人单位不认为是工伤的，由用人单位承担举证责任。

注释 注意职工与单位对工伤认定存在争议时，适用举证责任倒置原则，由用人单位承担举证责任。用人单位拒不举证的，社会保险行政部门可以根据受伤害职工提供的证据依法作出工伤认定结论。

链接《工伤认定办法》第9－15条[工伤事故调查、取证]

第二十条 【工伤认定的时限、回避】社会保险行政部门应当自受理工伤认定申请之日起60日内作出工伤认定的决定，并书面通知申请工伤认定的职工或者其近亲属和该职工所在单位。

社会保险行政部门对受理的事实清楚、权利义务明确的工伤认定申请，应当在15日内作出工伤认定的决定。

作出工伤认定决定需要以司法机关或者有关行政主管部门的结论为依据的，在司法机关或者有关行政主管部门尚未作出结论期间，作出工伤认定决定的时限中止。

社会保险行政部门工作人员与工伤认定申请人有利害关系的，应当回避。

注释［工伤认定时限的中止］

针对实践中存在的一些工伤认定决定需要等待司法机关或者有关行政主管部门作出结论的情况，本条例专门做了中止规定。比如，社会保险行政部门受理工伤认定申请后，发现劳动关系存在争议且无法确认的，应告知当事人可以向劳动人事争议仲裁委员会申请仲裁。在此期间，作出工伤认定决定的时限中止，并书面通知申请工伤认定的当事人。劳动关系依法确认后，当事人应将有关法律文书送交受理工伤认定申请的社会保险行政部门，该部门自收到生效法律文书之日起恢复工伤认定程序。又如，受到事故伤害的职工正在接受法院的审理，是否认定其故意犯罪，在这期间应当中止工伤认定，如果法院认定为不是故意犯罪或者无罪，就需重新启动工伤认定程序。再如，上下班途中发生的交通事故，是不是职工本人的主要责任，应等待交通管理机关的认定，同样应当中止工伤认定，如果结果是本人应当负主要责任，则不能认定为工伤，反之则应当认定为工伤。

［工伤认定的回避］

社会保险行政部门的工作人员，包括部门领导、一般工作人员，无论是否与工伤认定工作直接相关，凡与工伤认定申请人有亲戚、同事、同学、老乡等关系，可能影响公正作出工伤认定的，都需回避。

链接《关于执行〈工伤保险条例〉若干问题的意见》五[劳动关系存在争议，工伤认定中止]；《工伤认定办法》第16－22条[工伤认定决定]

案例 王明德诉乐山市人力资源和社会保障局工伤认定案(《最高人民法院关于发布第十四批指导性案例的通知》法〔2016〕311号)

案件适用要点：(1)《中止通知》属于工伤认定程序中的程序性行政行为，如果该行为不涉及终局性问题，对相对人的权利义务没有实质影响的，属于不成熟的行政行为，不具有可诉性，相对人提起行政诉讼的，不属于人民法院受案范围。但如果该程序性行政行为具有终局性，对相对人权利义务产生实质影响，并且无法通过提起针对相关的实体性行政行为的诉讼获得救济的，则属于可诉行政行为，相对人提起行政诉讼的，属于人民法院行政诉讼受案范围。

(2)《工伤保险条例》第20条第3款规定，作出工伤认定决定需要以司法机关或者有关行政主管部门的结论为依据的，在司法机关或者有关行政主管部门尚未作出结论期间，作出工伤认定决定的时限中止。也就是说，第三人申请工伤认定时，并不存在《工伤保险条例》第20条第3款所规定的依法可以作出中止决定的情形。

第四章 劳动能力鉴定

第二十一条 【鉴定的条件】职工发生工伤，经治疗伤情相对稳定后存在残疾、影响劳动能力的，应当进行劳动能力鉴定。

注释 根据本条的规定，职工进行劳动能力鉴定的条件有三：

(1)应该在经过治疗，伤情处于相对稳定状态后进行。

(2)工伤职工必须存在残疾，主要表现在身体上的残疾。例如，身体的某一器官造成损伤，或者造成肢体残疾等。

(3)工伤职工的残疾须对工作、生活产生了直接的影响，伤残程度已经影响到职工本人的劳动能力。例如，职工工伤后，由于身体造成的伤残不能从事工伤前的工作，只能从事劳动强度相对较弱、岗位工资、奖金可能相对少的工作，有的甚至不得不退出生产、工作岗位，不能像正常职工那样获取工资报酬，而只能依靠领取工伤保险待遇维持基本生活。

第二十二条 【劳动能力鉴定等级】劳动能力鉴定是指劳动功能障碍程度和生活自理障碍程度的等级鉴定。

劳动功能障碍分为十个伤残等级，最重的为一级，最轻的为十级。

生活自理障碍分为三个等级：生活完全不能自

理、生活大部分不能自理和生活部分不能自理。

劳动能力鉴定标准由国务院社会保险行政部门会同国务院卫生行政部门等部门制定。

注释［劳动能力鉴定标准］

劳动能力鉴定是指劳动能力鉴定机构对劳动者在职业活动中因工负伤或患职业病后，根据国务院社会保险行政部门会同国务院卫生行政部门等制定的标准，在评定伤残等级时通过医学检查对劳动功能障碍程度（伤残程度）和生活自理障碍程度做出的判定结论。我国现行的劳动能力鉴定标准为2015年1月1日实施的《劳动能力鉴定 职工工伤与职业病致残等级》（GB/T16180-2014）。

［职工因工多处受伤，伤残等级如何评定？］

根据《劳动能力鉴定 职工工伤与职业病致残等级》的规定，工伤职工身体多处伤残的，劳动能力鉴定委员会在鉴定的时候，对于同一器官或系统多处损伤，或一个以上器官不同部位同时受到损伤者，应先对单项伤残程度进行鉴定。如果几项伤残等级不同，以重者定级；如果两项及以上等级相同，最多晋升一级。

链接《劳动能力鉴定 职工工伤与职业病致残等级》（GB/T16180-2014）

第二十三条 【申请鉴定的主体、受理机构、申请材料】劳动能力鉴定由用人单位、工伤职工或者其近亲属向设区的市级劳动能力鉴定委员会提出申请，并提供工伤认定决定和职工工伤医疗的有关资料。

注释［劳动能力鉴定的申请主体］

（1）用人单位，即工伤职工所在单位。职工发生事故伤害后，为职工申请工伤认定、劳动能力鉴定，是单位的法定责任。

（2）工伤职工，即因工受到事故伤害被认定为工伤的职工。

（3）职工的近亲属。一般包括：配偶、子女、父母、兄弟姐妹、祖父母、外祖父母。

［劳动能力鉴定的受理机构］

我国的劳动能力鉴定机构为劳动能力鉴定委员会。劳动能力鉴定委员会分为设区的市级劳动能力鉴定委员会和省、自治区、直辖市劳动能力鉴定委员会两级，由设区的市级劳动能力鉴定委员会受理劳动能力的初次鉴定申请。

［劳动能力鉴定的申请材料］

（1）工伤认定决定，即由社会保险行政部门根据国家规定，确定职工受伤或者职业病是否属于工伤范围，是否符合工伤条件的书面决定。

（2）职工工伤医疗的有关资料，即职工受到事故伤害或者患职业病，到医疗机构进行治疗过程中，由医院记载的有关负伤职工的病情、病志、治疗情况等资料。劳动能力鉴定机构据此审查负伤职工的伤情是否处于稳定状态，能否进行劳动能力鉴定。

第二十四条 【鉴定委员会人员构成、专家库】省、自治区、直辖市劳动能力鉴定委员会和设区的市级劳动能力鉴定委员会分别由省、自治区、直辖市和设区的市级社会保险行政部门、卫生行政部门、工会组织、经办机构代表以及用人单位代表组成。

劳动能力鉴定委员会建立医疗卫生专家库。列入专家库的医疗卫生专业技术人员应当具备下列条件：

（一）具有医疗卫生高级专业技术职务任职资格；

（二）掌握劳动能力鉴定的相关知识；

（三）具有良好的职业品德。

注释劳动能力鉴定委员会医疗卫生专家库由专门的医疗卫生方面的专家组成。工伤职工的劳动能力鉴定必须经过专家的综合会诊、签署鉴定意见后，劳动能力鉴定委员会才能作出劳动能力鉴定结论。

第二十五条 【鉴定步骤、时限】设区的市级劳动能力鉴定委员会收到劳动能力鉴定申请后，应当从其建立的医疗卫生专家库中随机抽取3名或者5名相关专家组成专家组，由专家组提出鉴定意见。设区的市级劳动能力鉴定委员会根据专家组的鉴定意见作出工伤职工劳动能力鉴定结论；必要时，可以委托具备资格的医疗机构协助进行有关的诊断。

设区的市级劳动能力鉴定委员会应当自收到劳动能力鉴定申请之日起60日内作出劳动能力鉴定结论，必要时，作出劳动能力鉴定结论的期限可以延长30日。劳动能力鉴定结论应当及时送达申请鉴定的单位和个人。

注释设区的市级劳动能力鉴定委员会进行劳动能力鉴定，分为以下几个步骤：

（1）组成专家组。专家组由从医疗卫生专家库中随机抽取的3名或者5名相关专家组成。“随机抽取”，是指按照自由组合的原则从专家库中抽取专家，防止申请人或者与劳动能力鉴定有利害关系的人提前与医疗专家沟通，影响劳动能力鉴定结论的公正性。

（2）提出鉴定意见。专家组根据医疗专业知识和劳动能力的评残标准作出医疗鉴定。专家组的鉴定意见是劳动能力鉴定委员会作出劳动能力鉴定结论的依据。

（3）作出劳动能力鉴定结论。劳动能力鉴定委员会根据专家组的鉴定意见，确定伤残职工的劳动功能障碍程度和生活护理依赖程度，作出劳动能力鉴定结论。

第二十六条 【再次鉴定】申请鉴定的单位或者个人对设区的市级劳动能力鉴定委员会作出的鉴定结论不服的，可以在收到该鉴定结论之日起15日内向省、自治区、直辖市劳动能力鉴定委员会提出再次鉴定申请。省、自治区、直辖市劳动能力鉴定委员会作出的劳动能力鉴定结论为最终结论。

注释［再次鉴定的申请时限］

再次鉴定的申请时限为收到鉴定结论之日起15日内，也就是说，如果申请人在15日内没有提出再次鉴定申请，设区的市级劳动能力鉴定委员会作出的劳动能力鉴定结论就具有法律效力。对于已经具有法律效力的鉴定结论，当事人不能提出再次鉴定的申请。这时如果申请人仍向上一级劳动能力鉴定委员会提出申请的，上一级劳动能力鉴定委员会可以以超过时效为由不予受理。

［再次鉴定申请的受理机构］

受理再次鉴定申请的机构为省、自治区、直辖市劳动能力鉴定委员会。省、自治区、直辖市劳动能力鉴定委员会作出的劳动能力鉴定结论为劳动能力鉴定委员会鉴定程序中的最终结论。

［职工对伤残等级结论不服，能否提起行政诉讼？］

《人力资源社会保障行政复议办法》第8条规定，公民、法人或者其他组织对劳动能力鉴定委员会的行为，不能申请行政复议。这就是说，对于劳动能力鉴定等级不服的，公民、法人提出行政诉讼没有法律依据。

从劳动能力鉴定委员会组织和工作性质来看，伤残鉴定不是行政行为。因为，伤残等级鉴定工作是根据国家评残标准进行的，劳动能力鉴定委员会是当地政府协调劳动、卫生和工会等部门互相配合、支持这项事业的虚设机构，劳动能力鉴定办公室的工作是具体组织落实。伤残等级和护理依赖程度的鉴定是医学专家组根据工伤职工的伤情作出的技术性结论，它在很大程度上属于技术性和事业性的工作，不是行政行为。

工伤职工对伤残等级结论不服，正确的做法应该是通过由下而上的复查程序，以保障鉴定工作的公正合理。另外，也可以在工伤劳动争议诉讼中借助司法鉴定程序。

链接《人力资源社会保障行政复议办法》第8条［不能行政复议事项］

第二十七条 【鉴定工作原则、回避制度】劳动能力鉴定工作应当客观、公正。劳动能力鉴定委员会组成人员或者参加鉴定的专家与当事人有利害关系的，应当回避。

注释本条的"回避"，主要是指为确保劳动能力鉴定工作的客观、公正，经当事人申请，对与当事人或申请人有利害关系的劳动能力鉴定委员会成员或者参加鉴定的医疗专家，要求其回避，不得参与劳动能力鉴定工作。这里的"利害关系"，是指劳动能力鉴定委员会成员或者参加鉴定的医疗专家，与当事人有亲属关系、同学、同事关系，或其他诸如财产利益等关系。

第二十八条 【复查鉴定】自劳动能力鉴定结论作出之日起1年后，工伤职工或者其近亲属、所在单位或者经办机构认为伤残情况发生变化的，可以申请劳动能力复查鉴定。

注释［劳动能力复查鉴定］

劳动能力复查鉴定，是指已经劳动能力鉴定委员会鉴定过的工伤职工，在鉴定结论作出一段时期后，工伤职工或者其近亲属、所在单位或者经办机构认为残情发生变化，向劳动能力鉴定委员会提出申请，劳动能力鉴定委员会依据国家标准对其进行的复查鉴定。

［劳动能力复查鉴定的申请时间］

劳动能力复查鉴定的申请时间，为劳动能力鉴定结论作出之日起1年后。

［劳动能力复查鉴定的申请人］

有权提出劳动能力复查鉴定的申请人包括：工伤职工或者其近亲属；工伤职工所在单位；经办机构。

案例某机械厂与杨某劳动争议纠纷上诉案（成都市中级人民法院民事判决书〔2010〕成民终字第318号）

案件适用要点：劳动能力鉴定结论作出后，没有证据能够证明当事人在规定时间内向劳动能力鉴定委员会申请了再次鉴定，而且自结论作出之日也未满1年，法院可对重新鉴定申请不予准许。

第二十九条 【再次鉴定和复查鉴定的时限】劳动能力鉴定委员会依照本条例第二十六条和第二十八条的规定进行再次鉴定和复查鉴定的期限，依照本条例第二十五条第二款的规定执行。

注释本条明确了再次鉴定和复查鉴定的时限，规定劳动能力再次鉴定和复查鉴定的时限按照初次鉴定的时限执行。即在一般情况下，劳动能力再次鉴定和复查鉴定结论应该在收到劳动能力再次鉴定和复查鉴定申请之日起60日内作出。只有在工伤职工的病情复杂，或者遇到当事人不能预见、不能避免并不能克服的不可抗力等情况时，劳动能力再次鉴定和复查鉴定期限才可以适当延长，但延长期不能超过30日。

第五章 工伤保险待遇

第三十条 【工伤职工的治疗】职工因工作遭受事故伤害或者患职业病进行治疗，享受工伤医疗待遇。

职工治疗工伤应当在签订服务协议的医疗机构就医，情况紧急时可以先到就近的医疗机构急救。

治疗工伤所需费用符合工伤保险诊疗项目目录、工伤保险药品目录、工伤保险住院服务标准的，从工伤保险基金支付。工伤保险诊疗项目目录、工伤保险药品目录、工伤保险住院服务标准，由国务院社会保险行政部门会同国务院卫生行政部门、食品药品监督管理部门等部门规定。

职工住院治疗工伤的伙食补助费，以及经医疗机构出具证明，报经办机构同意，工伤职工到统筹地区以外就医所需的交通、食宿费用从工伤保险基金支付，基金支付的具体标准由统筹地区人民政府规定。

工伤职工治疗非工伤引发的疾病，不享受工伤医疗待遇，按照基本医疗保险办法处理。

工伤职工到签订服务协议的医疗机构进行工伤康复的费用，符合规定的，从工伤保险基金支付。

注释［工伤医疗待遇］

工伤医疗待遇包括：(1)治疗工伤所需的挂号费、医疗费、药费、住院费等费用符合工伤保险诊疗项目目录、工伤保险药品目录、工伤保险住院服务标准的，从工伤保险基金中支付；(2)工伤职工治疗工伤需要住院的，职工住院治疗工伤的伙食补助费，以及经医疗机构出具证明，报经办机构同意，工伤职工到统筹地区以外就医所需的交通、食宿费用从工伤保险基金支付，基金支付的具体标准由统筹地区人民政府规定；(3)工伤职工需要停止工作接受治疗的，享受停工留薪期待遇，停工留薪期满后，需要继续治疗的，继续享受(1)、(2)项工伤医疗待遇。

［工伤医疗机构］

工伤职工因工负伤或者患职业病进行治疗（包括康复性治疗）应当前往签订服务协议的医疗机构就医，情况紧急时可以先到就近的医疗机构急救；工伤职工确需跨统筹地区就医的，须由医疗机构出具证明，并经经办机构同意。工伤职工跨统筹地区就医所发生费用，可先由工伤职工或所在单位垫付，经社会保险经办机构复核后，按本统筹地区有关规定结算。

［工作中受到精神伤害，能否要求工伤赔偿？］

工作中受到的精神伤害不能要求工伤赔偿。按照我国现行法律法规的规定，工伤是指在工作过程中所受的肢体伤害，劳动者只有在工作过程中发生身体上的伤害时才能要求工伤赔偿，而对于如劳动者人格尊严和名誉等受到损害的，不能认定为工伤。同时对于劳动者因身体上的伤害而导致的精神上的伤害，也仅就该身体伤害作工伤赔偿而不能将该身体伤害引起的精神伤害作为工伤进行赔偿。在这种情况下，对于所遭受的精神损害，劳动者只能通过其他途径向侵权人要求承担损害赔偿责任。

链接《工伤保险经办规程》第 41－45 条［工伤医疗管理］

第三十一条　【复议和诉讼期间不停止支付医疗费用】社会保险行政部门作出认定为工伤的决定后发生行政复议、行政诉讼的，行政复议和行政诉讼期间不停止支付工伤职工治疗工伤的医疗费用。

第三十二条　【配置辅助器具】工伤职工因日常生活或者就业需要，经劳动能力鉴定委员会确认，可以安装假肢、矫形器、假眼、假牙和配置轮椅等辅助器具，所需费用按照国家规定的标准从工伤保险基金支付。

注释工伤职工配置辅助器具应当经劳动能力鉴定委员会确认，其所需费用才能从工伤保险基金中支付。结合本条例第 47 条规定，社会保险经办机构对辅助器具配置机构以签订服务协议的方式进行管理，引入竞争机制，促使辅助器具配置机构提高服务质量。工伤职工如需配置辅助器具，应到与社会保险经办机构签订服务协议的机构、按照国家规定的有关标准配置辅助器具，对于辅助器具配置机构提供的一些不合理的配置应当拒绝，对违反有关标准配置辅助器具的费用，工伤保险基金不予支付。

链接《工伤保险经办规程》第 50－52 条［辅助器具配置管理］

第三十三条　【工伤治疗期间待遇】职工因工作遭受事故伤害或者患职业病需要暂停工作接受工伤医疗的，在停工留薪期内，原工资福利待遇不变，由所在单位按月支付。

停工留薪期一般不超过 12 个月。伤情严重或者情况特殊，经设区的市级劳动能力鉴定委员会确认，可以适当延长，但延长不得超过 12 个月。工伤职工评定伤残等级后，停发原待遇，按照本章的有关规定享受伤残待遇。工伤职工在停工留薪期满后仍需治疗的，继续享受工伤医疗待遇。

生活不能自理的工伤职工在停工留薪期需要护理的，由所在单位负责。

注释［停工留薪期］

停工留薪期，是指职工因工负伤或者患职业病停止工作接受治疗并享受有关待遇的期限。停工留薪期的时间，由已签订服务协议的治疗工伤的医疗机构提出意见，经劳动能力鉴定委员会确认并通知有关单位和工伤职工。

［停工留薪期的待遇］

职工在停工留薪期内，除享受工伤医疗待遇外，原工资福利待遇不变，由所在单位发给，生活不能自理需要护理的，由所在单位负责护理。这里所称的原待遇是指职工在受伤或被确诊患职业病前，原用人单位发给职工的按照出勤对待的全部工资和福利待遇。

工伤职工评定伤残等级后，停发原待遇，按照本条例第35条至第37条的规定，享受伤残待遇。

案例 某鞋业有限公司与孙某工伤事故损害赔偿纠纷上诉案（广东省广州市中级人民法院民事判决书〔2009〕穗中法民一终字第2338、2339号）

案件适用要点：根据《工伤保险条例》第33条的规定，停工留薪期工资应由用人单位按该职工原工资待遇标准支付。

第三十四条 【生活护理费】工伤职工已经评定伤残等级并经劳动能力鉴定委员会确认需要生活护理的，从工伤保险基金按月支付生活护理费。

生活护理费按照生活完全不能自理、生活大部分不能自理或者生活部分不能自理3个不同等级支付，其标准分别为统筹地区上年度职工月平均工资的50%、40%或者30%。

注释 适用本条时注意，护理费的计算基数为统筹地区上年度职工月平均工资，而不是伤残职工本人的工资。

生活自理程度可通过《劳动能力鉴定 职工工伤与职业病致残等级》中规定的生活自理障碍来确定。生活自理障碍指工伤致残者因生活不能自理，需依赖他人护理。生活自理范围主要包括五项：(1)进食；(2)翻身；(3)大、小便；(4)穿衣、洗漱；(5)自主行动。生活自理障碍程度分三级：(1)完全生活自理障碍，指生活完全不能自理，前述五项均需护理；(2)大部分生活自理障碍，指生活大部分不能自理，前述五项中三项或四项需要护理；(3)部分生活自理障碍，指生活部分不能自理，前述五项中一项或两项需要护理。

链接《劳动能力鉴定 职工工伤与职业病致残等级》4.1.5［生活自理障碍］

第三十五条 【一至四级工伤待遇】职工因工致残被鉴定为一级至四级伤残的，保留劳动关系，退出工作岗位，享受以下待遇：

（一）从工伤保险基金按伤残等级支付一次性伤残补助金，标准为：一级伤残为27个月的本人工资，二级伤残为25个月的本人工资，三级伤残为23个月的本人工资，四级伤残为21个月的本人工资；

（二）从工伤保险基金按月支付伤残津贴，标准为：一级伤残为本人工资的90%，二级伤残为本人工资的85%，三级伤残为本人工资的80%，四级伤残为本人工资的75%。伤残津贴实际金额低于当地最低工资标准的，由工伤保险基金补足差额；

（三）工伤职工达到退休年龄并办理退休手续后，停发伤残津贴，按照国家有关规定享受基本养老保险待遇。基本养老保险待遇低于伤残津贴的，由工伤保险基金补足差额。

职工因工致残被鉴定为一级至四级伤残的，由用人单位和职工个人以伤残津贴为基数，缴纳基本医疗保险费。

注释［一级至四级伤残职工的伤残待遇］

职工因工致残被鉴定为一级至四级伤残的，本条对该部分职工规定了两项待遇，即支付一次性伤残补助金和按月支付伤残津贴。

《人力资源社会保障部关于执行〈工伤保险条例〉若干问题的意见（二）》一规定："一级至四级工伤职工死亡，其近亲属同时符合领取工伤保险丧葬补助金、供养亲属抚恤金待遇和职工基本养老保险丧葬补助金、抚恤金待遇条件的，由其近亲属选择领取工伤保险或职工基本养老保险其中一种。"

［伤残津贴和基本养老保险的关系］

基本养老保险，是指法定范围内的人员，按照规定缴纳基本养老保险费达到一定的年限，到达法定退休年龄，按规定办理退休手续后，享受养老金的一种社会保险制度。

伤残职工办理退休手续后停发伤残津贴，享受基本养老保险。同时，为了保障工伤职工的待遇不因退休而受损失，工伤职工退休后享受的基本养老保险待遇低于伤残津贴的，由工伤保险基金补足差额。

［伤残职工的医疗保险］

职工因工致残被鉴定为一级至四级伤残的，除非这些职工死亡、已经办理退休手续或者存在《劳动合同法》第39条规定的法定情形，用人单位应当与其保留劳动关系，并由用人单位和职工个人以伤残津贴为基数缴纳基本医疗保险费。

［工伤致残与劳动合同期满］

在本单位患职业病或者因工负伤并被确认丧失或者部分丧失劳动能力的劳动者的劳动合同的终止，要按照国家有关工伤保险的规定执行。也即依据本条，一至四级伤残职工即便劳动合同期满，用人单位也必须与其保留劳动关系。

链接《劳动能力鉴定 职工工伤与职业病致残等级》5.1－5.4［一级～四级］

第三十六条 【五至六级工伤待遇】职工因工致残被鉴定为五级、六级伤残的，享受以下待遇：

（一）从工伤保险基金按伤残等级支付一次性伤残补助金，标准为：五级伤残为18个月的本人工资，六级伤残为16个月的本人工资；

（二）保留与用人单位的劳动关系，由用人单位安排适当工作。难以安排工作的，由用人单位按月发给伤残津贴，标准为：五级伤残为本人工资的70%，六级伤残为本人工资的60%，并由用人单位按照规定为其缴纳应缴纳的各项社会保险费。伤残津贴实际金额低于当地最低工资标准的，由用人单位补足差额。

经工伤职工本人提出，该职工可以与用人单位解除或者终止劳动关系，由工伤保险基金支付一次性工伤医疗补助金，由用人单位支付一次性伤残就业补助金。一次性工伤医疗补助金和一次性伤残就业补助金的具体标准由省、自治区、直辖市人民政府规定。

注释 适用本条时注意与第35、37条的对比理解。除了在支付金额上的差别外，着重注意，职工因工伤被鉴定为五级至六级伤残的，用人单位应当与其保留劳动关系，安排适当的工作。难以安排工作的，由用人单位支付伤残津贴。同时，工伤职工本人终止或者解除劳动关系的权利不受限制，经工伤职工本人提出，可以与用人单位解除或者终止劳动关系，但是用人单位应当向职工支付一次性伤残就业补助金。

职工在同一用人单位连续工作期间多次发生工伤的，符合本条及第37条规定领取相关待遇时，按照其在同一用人单位发生工伤的最高伤残级别，计发一次性伤残就业补助金和一次性工伤医疗补助金。

链接《劳动能力鉴定 职工工伤与职业病致残等级》5.5、5.6[五、六级]

第三十七条 【七至十级工伤待遇】职工因工致残被鉴定为七级至十级伤残的，享受以下待遇：

(一)从工伤保险基金按伤残等级支付一次性伤残补助金，标准为：七级伤残为13个月的本人工资，八级伤残为11个月的本人工资，九级伤残为9个月的本人工资，十级伤残为7个月的本人工资；

(二)劳动、聘用合同期满终止，或者职工本人提出解除劳动、聘用合同的，由工伤保险基金支付一次性工伤医疗补助金，由用人单位支付一次性伤残就业补助金。一次性工伤医疗补助金和一次性伤残就业补助金的具体标准由省、自治区、直辖市人民政府规定。

注释 适用本条时注意与第35、36条比较理解。对于这部分工伤职工，在劳动合同期满前，除非工伤职工具有《劳动合同法》第39条规定的情形，否则用人单位不得单方与其解除劳动关系，应当与其继续履行原劳动合同，或者视客观情况依法与其变更劳动合同的部分内容，并按照劳动合同的规定支付相应的工资报酬。劳动合同期满或者工伤职工本人提出解除劳动合同的，用人单位应当向其支付一次性伤残就业补助金。注意，七至十级伤残职工不享受伤残津贴，以及事业单位与工作人员签订的通常为聘用合同。

链接《劳动能力鉴定 职工工伤与职业病致残等级》5.7－5.10[七级～十级]

案例 侯宏军诉上海隆茂建筑装潢有限公司劳动合同纠纷案(《中华人民共和国最高人民法院公报》2015年第11期)

案件适用要点：一次性伤残就业补助金是在终止或解除劳动合同时，工伤职工应当享受的由用人单位支付的费用。在用人单位解除劳动合同的情形下，用人单位仍有义务向工伤职工支付一次性伤残就业补助金。

第三十八条 【旧伤复发待遇】工伤职工工伤复发，确认需要治疗的，享受本条例第三十条、第三十二条和第三十三条规定的工伤待遇。

注释 [工伤职工工伤复发]

工伤职工工伤复发，是指职工因工伤事故或患职业病，经过医疗机构采取必要的诊断治疗，包括病情检查、确诊、药物治疗、手术治疗等医疗措施，确定工伤职工病情痊愈，可以终结医疗，终止停工留薪期，经过劳动能力鉴定委员会确定伤残等级或者正处于劳动能力鉴定过程中，工伤职工原有病情不同程度地重新发作。

[工伤职工工伤复发的待遇]

工伤职工工伤复发，确认需要治疗的，可以按照第30条的规定享受工伤医疗待遇；需要暂停工作接受工伤医疗的，可以按照第33条的规定享受停工留薪期待遇；需要配置辅助器具的，可以按照第32条的规定配置，所需费用按照国家规定标准从工伤保险基金支付。

链接《关于实施〈工伤保险条例〉若干问题的意见》七[旧伤复发的认定]

第三十九条 【工亡待遇】职工因工死亡，其近亲属按照下列规定从工伤保险基金领取丧葬补助金、供养亲属抚恤金和一次性工亡补助金：

(一)丧葬补助金为6个月的统筹地区上年度职工月平均工资；

(二)供养亲属抚恤金按照职工本人工资的一定比例发给由因工死亡职工生前提供主要生活来源、无劳动能力的亲属。标准为：配偶每月40%，其他亲属每人每月30%，孤寡老人或者孤儿每人每月在上述标准的基础上增加10%。核定的各供养亲属的抚恤金之和不应高于因工死亡职工生前的工资。供养亲属的具体范围由国务院社会保险行政部门规定；

(三)一次性工亡补助金标准为上一年度全国城镇居民人均可支配收入的20倍。

伤残职工在停工留薪期内因工伤导致死亡的，其近亲属享受本条第一款规定的待遇。

一级至四级伤残职工在停工留薪期满后死亡的，其近亲属可以享受本条第一款第(一)项、第(二)项规定的待遇。

注释 [职工因工死亡]

职工因工死亡，主要是指职工因工伤事故、职业中毒直接导致的死亡，经抢救治疗无效后的死亡，以及在停工留薪期内治疗中的死亡。

[职工因工死亡的待遇]

(1)丧葬补助金。注意丧葬补助金权利主体为死亡职工的近亲属。

(2)供养亲属抚恤金。注意该项是按照工亡职工本人生前工资的一定比例计发,但是在初次核定时,各供养亲属的抚恤金之和不得高于工亡职工的本人工资。在以后调整供养亲属抚恤金时,不受此限制。

因工死亡职工供养亲属,是指该职工的配偶、子女、父母、祖父母、外祖父母、孙子女、外孙子女、兄弟姐妹。子女,包括婚生子女、非婚生子女、养子女和有抚养关系的继子女,其中,婚生子女、非婚生子女包括遗腹子女;父母,包括生父母、养父母和有抚养关系的继父母;兄弟姐妹,包括同父母的兄弟姐妹、同父异母或者同母异父的兄弟姐妹、养兄弟姐妹、有抚养关系的继兄弟姐妹。

上述人员,依靠因工死亡职工生前提供主要生活来源,并有下列情形之一的,可按规定申请供养亲属抚恤金:(一)完全丧失劳动能力的;(二)工亡职工配偶男年满60周岁、女年满55周岁的;(三)工亡职工父母男年满60周岁、女年满55周岁的;(四)工亡职工子女未满18周岁的;(五)工亡职工父母均已死亡,其祖父、外祖父年满60周岁,祖母、外祖母年满55周岁的;(六)工亡职工子女已经死亡或完全丧失劳动能力,其孙子女、外孙子女未满18周岁的;(七)工亡职工父母均已死亡或完全丧失劳动能力,其兄弟姐妹未满18周岁的。

(3)一次性工亡补助金。当因工死亡的工伤职工有数个近亲属时,应当按照权利义务相对应的原则进行分配,工伤职工生前,对其尽了较多照顾义务的近亲属,如长期与其共同生活的人,应当予以照顾。

[工伤保险待遇,免征个人所得税]

对工伤职工及其近亲属按照《工伤保险条例》规定取得的工伤保险待遇,免征个人所得税。工伤保险待遇,包括一次性伤残补助金、伤残津贴、一次性工伤医疗补助金、一次性伤残就业补助金、工伤医疗待遇、住院伙食补助费、外地就医交通食宿费用、工伤康复费用、辅助器具费用、生活护理费等,以及职工因工死亡,其近亲属按照《工伤保险条例》规定取得的丧葬补助金、供养亲属抚恤金和一次性工亡补助金等。

链接《关于实施〈工伤保险条例〉若干问题的意见》八[抚恤金待遇资格核定];《因工死亡职工供养亲属范围规定》;《财政部、国家税务总局关于工伤职工取得的工伤保险待遇有关个人所得税政策的通知》

第四十条 【工伤待遇调整】伤残津贴、供养亲属抚恤金、生活护理费由统筹地区社会保险行政部门根据职工平均工资和生活费用变化等情况适时调整。调整办法由省、自治区、直辖市人民政府规定。

注释 伤残津贴、供养亲属抚恤金、生活护理费都非一次性待遇,而是长期或者持续一定时期的待遇。为了保证这些待遇水平不因物价上涨等因素而降低,让工伤职工和工亡职工的遗属享受社会经济发展的成果,有必要适时进行调整。

工伤保险实行属地管理,是一项地域性较强的工作。加上职工工资增长、生活费提高、物价指数变化等不是定期的,各地调整的时间不宜固定,本条授权由省、自治区、直辖市人民政府规定调整办法,包括调整的依据、幅度、频率、程序等。

[上一年度职工月平均缴费工资尚未公布的,怎么核发工伤保险待遇?]

核定工伤职工工伤保险待遇时,若上一年度相关数据尚未公布,可暂按前一年度的全国城镇居民人均可支配收入、统筹地区职工月平均工资核定和计发,待相关数据公布后再重新核定,社会保险经办机构或者用人单位予以补发差额部分。

第四十一条 【职工抢险救灾、因工外出下落不明时的处理】职工因工外出期间发生事故或者在抢险救灾中下落不明的,从事故发生当月起3个月内照发工资,从第4个月起停发工资,由工伤保险基金向其供养亲属按月支付供养亲属抚恤金。生活有困难的,可以预支一次性工亡补助金的50%。职工被人民法院宣告死亡的,按照本条例第三十九条职工因工死亡的规定处理。

注释 [下落不明]

下落不明,是指离开最后居住地后没有音讯的状况。应当注意的是,虽然我国有公民下落不明2年,有关利害关系人可以向人民法院申请宣告其失踪的法律规定,但职工外出期间发生事故或者在抢险救灾中下落不明后其供养亲属享受相关待遇并不以是否经过宣告失踪为程序要件,而是从事故发生、职工音讯消失当月起即按规定发放有关待遇。

[宣告死亡]

宣告死亡,是指职工因意外事件下落不明,从事件发生之日起,其配偶、父母、子女等利害关系人可以向人民法院申请宣告其死亡的一种法律制度。宣告死亡与自然死亡具有同等的法律效力,具体到工伤保险领域,从职工被宣告死亡之日起,该职工的近亲属、供养亲属便可以按照本条例第39条的规定领取丧葬补助金、供养亲属抚恤金和一次性工亡补助金。

当被宣告死亡的职工重新出现或者确知其没有死亡,经本人或者利害关系人申请,人民法院应当撤销宣告。按照《民法总则》和有关法律的规定,职工被撤销宣告死亡后，与其有关的利害关系能恢复的应恢复到原来的状态，已领取的工伤待遇退回。

链接《民事诉讼法》第184－186条［宣告死亡案件］

第四十二条 【停止支付工伤保险待遇的情形】 工伤职工有下列情形之一的，停止享受工伤保险待遇：

（一）丧失享受待遇条件的；

（二）拒不接受劳动能力鉴定的；

（三）拒绝治疗的。

注释 停止支付工伤保险待遇的，在停止支付待遇的情形消失后，自下月起恢复工伤保险待遇，停止支付的工伤保险待遇不予补发。

根据本条规定，停止支付工伤保险待遇主要有以下情形：

［丧失享受待遇条件］

如果工伤职工在享受工伤保险待遇期间情况发生变化，不再具备享受工伤保险待遇的条件，如劳动能力得以完全恢复而无需工伤保险制度提供保障时，就应当停发工伤保险待遇。此外，工亡职工的亲属，在某些情形下，也将丧失享受有关待遇的条件，如享受抚恤金的工亡职工的子女达到了一定的年龄或就业后，丧失享受遗属抚恤待遇的条件；亲属死亡的，丧失享受遗属抚恤待遇的条件等。

［拒不接受劳动能力鉴定］

劳动能力鉴定结论是确定不同程度的补偿、合理调换工作岗位和恢复工作等的科学依据。如果工伤职工没有正当理由，拒不接受劳动能力鉴定，一方面工伤保险待遇无法确定，另一方面也表明这些工伤职工并不愿意接受工伤保险制度提供的帮助，鉴于此，就不应再享受工伤保险待遇。

［拒绝治疗］

提供医疗救治，帮助工伤职工恢复劳动能力、重返社会，是工伤保险制度的重要目的之一，因而职工遭受工伤事故或患职业病后，有享受工伤医疗待遇的权利，也有积极配合医疗救治的义务。如果无正当理由拒绝治疗，就有悖于本条例关于促进职业康复的宗旨。

第四十三条 【用人单位分立合并等情况下的责任】 用人单位分立、合并、转让的，承继单位应当承担原用人单位的工伤保险责任；原用人单位已经参加工伤保险的，承继单位应当到当地经办机构办理工伤保险变更登记。

用人单位实行承包经营的，工伤保险责任由职工劳动关系所在单位承担。

职工被借调期间受到工伤事故伤害的，由原用人单位承担工伤保险责任，但原用人单位与借调单位可以约定补偿办法。

企业破产的，在破产清算时依法拨付应当由单位支付的工伤保险待遇费用。

注释［单位分立、合并］

用人单位的分立，是指一个单位分成两个或两个以上单位；合并是指两个或两个以上的单位联合组成一个单位或一个单位兼并另一个或一个以上单位。

［单位承包经营下的工伤保险责任］

承包经营，是在坚持企业所有制不变的基础上，按照所有权与经营权相分离的原则，以承包经营合同形式，确定所有者与企业的责权利关系，促使企业做到自主经营、自负盈亏的经营管理制度。在本企业内部职工承包的情况下，职工的劳动关系在本企业是清楚的，对职工的工伤保险责任应由本企业来承担；在外部承包的情况下，职工的劳动关系有可能不在本企业而在中标的经营集团或企业法人，那么，对职工的工伤保险责任就由中标的经营集团或企业法人承担。

具备用工主体资格的承包单位违反法律、法规规定，将承包业务转包、分包给不具备用工主体资格的组织或者自然人，该组织或者自然人招用的劳动者从事承包业务时因工伤亡的，由该具备用工主体资格的承包单位承担用人单位依法应承担的工伤保险责任。

［职工借调情形下的工伤保险责任］

职工被借调，由原用人单位承担工伤保险责任，但原用人单位可以在借调前或事后与借入单位就相应补偿达成协议，当原用人单位承担被借调职工的工伤保险责任后，可以按照协议要求借入单位给予补偿。

［企业破产］

破产，是指企业法人不能清偿到期债务，在法定情形下依照《企业破产法》和其他相关的法律规定宣告其破产，将其所有的财产按法定清偿顺序公平地偿还给所有债权人的一种法律制度。这里的“破产企业”，包括已参加工伤保险和未参加工伤保险的破产企业。

破产财产在优先清偿破产费用和共益债务后，依照下列顺序清偿：（1）破产人所欠职工的工资和医疗、伤残补助、抚恤费用，所欠的应当划入职工个人账户的基本养老保险、基本医疗保险费用，以及法律、行政法规规定应当支付给职工的补偿金；（2）破产人欠缴的除前述以外的社会保险费用和破产人所欠税款；（3）普通破产债权。

破产财产不足以清偿同一顺序的清偿要求的，按照比例分配。

案例 张成兵与上海市松江区人力资源和社会保障局工伤认定行政上诉案（《最高人民法院发布的四起工

伤保险行政纠纷典型案例》2014年8月21日)

案件适用要点:用工单位违反法律、法规规定将承包业务转包或者发包给不具备用工主体资格的组织或者自然人,该组织或者自然人聘用的职工因工伤亡的,用工单位为承担工伤保险责任的单位。

第四十四条 【派遣出境期间的工伤保险关系】职工被派遣出境工作,依据前往国家或者地区的法律应当参加当地工伤保险的,参加当地工伤保险,其国内工伤保险关系中止;不能参加当地工伤保险的,其国内工伤保险关系不中止。

注释 国际上工伤保险现没有互免协议。一些国家法律规定,前往该国工作或在该国停留期间,必须依据该国的法律参加工伤保险或购买意外伤害保险。国内的工伤保险与境外的工伤保险,在保障的性质和作用方面大体相同,但在保险项目、保险额度、支付方式上存在差异。从保障与管理的角度出发,本条规定,职工被派遣出境工作,依据前往国家或者地区的法律应当参加当地工伤保险的,参加当地工伤保险,其国内工伤保险关系中止,待回国后工伤保险关系接续;对于在境外不能参加工伤保险的,其国内工伤保险关系不中止,继续按照国内工伤保险法律规定执行,包括工伤保险费的缴纳、工伤认定与评残、待遇的发放等。

第四十五条 【再次发生工伤的待遇】职工再次发生工伤,根据规定应当享受伤残津贴的,按照新认定的伤残等级享受伤残津贴待遇。

注释 [工伤职工再次发生工伤]

工伤职工再次发生工伤,与工伤职工工伤复发不同,它是指工伤职工遭受两次或两次以上的工伤事故或患职业病,在前次工伤事故造成的病情经治疗并经劳动能力鉴定确定伤残等级后,再次遭受工伤事故或患职业病,后者可能产生新病情、也可能加剧工伤职工的原病情。

[工伤职工再次发生工伤的待遇]

再次发生工伤的职工在治疗后,需经劳动能力鉴定委员会重新评定伤残等级。如果被重新确定等级,根据规定应当享受伤残待遇的,就要按照新认定的伤残等级享受相应的伤残津贴待遇。

第六章 监督管理

第四十六条 【经办机构职责范围】经办机构具体承办工伤保险事务,履行下列职责:

(一)根据省、自治区、直辖市人民政府规定,征收工伤保险费;

(二)核查用人单位的工资总额和职工人数,办理工伤保险登记,并负责保存用人单位缴费和职工享受工伤保险待遇情况的记录;

(三)进行工伤保险的调查、统计;

(四)按照规定管理工伤保险基金的支出;

(五)按照规定核定工伤保险待遇;

(六)为工伤职工或者其近亲属免费提供咨询服务。

第四十七条 【服务协议】经办机构与医疗机构、辅助器具配置机构在平等协商的基础上签订服务协议,并公布签订服务协议的医疗机构、辅助器具配置机构的名单。具体办法由国务院社会保险行政部门分别会同国务院卫生行政部门、民政部门等部门制定。

注释 这里的"服务协议",是指社会保险经办机构与医疗机构、辅助器具配置机构就有关工伤患者就诊、用药、辅助器具管理、费用给付、争议处理办法等事项,经过平等协商所达成的权利义务协议。

链接《工伤保险经办规程》第38-40条[协议管理]

第四十八条 【工伤保险费用的核查、结算】经办机构按照协议和国家有关目录、标准对工伤职工医疗费用、康复费用、辅助器具费用的使用情况进行核查,并按时足额结算费用。

第四十九条 【公布基金收支情况、费率调整建议】经办机构应当定期公布工伤保险基金的收支情况,及时向社会保险行政部门提出调整费率的建议。

第五十条 【听取社会意见】社会保险行政部门、经办机构应当定期听取工伤职工、医疗机构、辅助器具配置机构以及社会各界对改进工伤保险工作的意见。

第五十一条 【对工伤保险基金的监督】社会保险行政部门依法对工伤保险费的征缴和工伤保险基金的支付情况进行监督检查。

财政部门和审计机关依法对工伤保险基金的收支、管理情况进行监督。

第五十二条 【群众监督】任何组织和个人对有关工伤保险的违法行为,有权举报。社会保险行政部门对举报应当及时调查,按照规定处理,并为举报人保密。

第五十三条 【工会监督】工会组织依法维护工伤职工的合法权益,对用人单位的工伤保险工作实行监督。

注释 工会是职工自愿结合的工人阶级的群众组织。按照我国《工会法》第26条的规定,职工因工伤亡事故和其他严重危害职工健康问题的调查处理,必须有工会参加。工会应当向有关部门提出处理意见,并有权要求追究直接负责的主管人员和有关责任人员的责任。对工会提出的意见,应当及时研究,给予答复。

第五十四条 【工伤待遇争议处理】职工与用人单位发生工伤待遇方面的争议,按照处理劳动争议的有关规定处理。

注释[劳动争议]

劳动争议,是指用人单位与职工之间因劳动权利和劳动义务所发生的争议。劳动争议的主体是劳动关系双方当事人,即一方是用人单位,另一方是与用人单位建立劳动关系的劳动者。劳动争议所指的对象是当事人一方对另一方的行为是否符合法律法规以及劳动合同、集体合同的规定而提出异议。

[职工与用人单位之间发生的工伤待遇方面的争议]

职工与用人单位之间发生的工伤待遇方面的争议,是指因用人单位是否按照本条例规定的待遇项目和标准,向职工发放工伤待遇而发生的争议。如已参加工伤保险的用人单位或应按照规定参加工伤保险而未参加工伤保险的用人单位,没有按照规定向工伤职工提供待遇,工伤职工提出异议而产生的争议;或者工伤职工与用人单位就应该执行本条例规定的哪项待遇和标准产生的争议,都属于本条所规定的争议。职工与用人单位之间发生的工伤待遇方面的争议在性质上属于劳动争议。

[职工与用人单位发生工伤待遇方面争议的解决途径]

根据《劳动法》及《劳动争议调解仲裁法》有关劳动争议处理的规定,职工与用人单位发生工伤待遇方面的争议后,双方可以协商解决;不愿协商或者协商不成的,可以向调解组织申请调解;调解不成的或达成调解协议后不履行的,可以向劳动争议仲裁委员会申请仲裁,当事人也可以直接向劳动争议仲裁委员会申请仲裁;对仲裁裁决不服的,可以向人民法院起诉。

注意:(1)当事人双方自行协商不是处理劳动争议的必经程序,双方当事人可以自愿进行协商,但是任何一方或者他人都不能强迫进行协商。

(2)调解也并非解决劳动争议的必经途径,当事人可以不向调解组织申请调解而直接申请劳动争议仲裁。调解组织进行的调解是群众性调解,完全依靠争议当事人双方的自觉、自愿达成协议,双方达成的协议也要靠当事人的自我约束来履行,不能强制执行。当事人反悔的,可以向劳动争议仲裁委员会申请仲裁解决。

(3)劳动争议仲裁委员会的裁决在现阶段是当事人向人民法院提起诉讼解决劳动争议前的一个必经程序(申请支付令的特殊情形除外),其生效裁决具有国家强制力。职工与用人单位发生工伤待遇方面的争议后,提出仲裁要求的一方,应当自知道或者应当知道其权利被侵害之日起一年内向劳动争议仲裁委员会提出书面申请。仲裁裁决一般应在收到仲裁申请的45日内作出,复杂的不超过60日。当事人对发生法律效力的仲裁裁决无异议的,必须履行。一方当事人无异议又逾期不履行的,另一方当事人可以申请人民法院强制执行。

(4)诉讼是解决劳动争议的最终途径,一裁终局除外。职工或用人单位对仲裁裁决不服的,自收到裁决书之日起15日内可以向人民法院提起诉讼,人民法院应当受理,审理并作出裁判。人民法院的审理包括一审、二审程序,最终的生效判决标志着这一劳动争议案件的最终解决。

链接《劳动争议调解仲裁法》

第五十五条 【其他工伤保险争议处理】有下列情形之一的,有关单位或者个人可以依法申请行政复议,也可以依法向人民法院提起行政诉讼:

(一)申请工伤认定的职工或者其近亲属、该职工所在单位对工伤认定申请不予受理的决定不服的;

(二)申请工伤认定的职工或者其近亲属、该职工所在单位对工伤认定结论不服的;

(三)用人单位对经办机构确定的单位缴费费率不服的;

(四)签订服务协议的医疗机构、辅助器具配置机构认为经办机构未履行有关协议或者规定的;

(五)工伤职工或者其近亲属对经办机构核定的工伤保险待遇有异议的。

注释[行政复议]

行政复议,是指依照《行政复议法》的规定,公民、法人或者其他组织认为行政机关或法律法规授权的组织实施的具体行政行为侵犯自己的合法权益,向行政复议机关提出申请,由复议机关受理、审查并作出决定的法律制度。

[行政诉讼]

行政诉讼,是指依照《行政诉讼法》的规定,公民、法人或者其他组织认为行政机关或法律法规授权的组织实施的行政行为侵犯自己的合法权益,向人民法院起诉,人民法院对被诉行为进行审查并依法裁决的法律制度。

[工伤行政复议和行政诉讼的主体及期限]

申请工伤认定并对认定结论不服的职工或者其近亲属、该职工所在单位;对缴费费率不服的单位;认为经办机构未履行服务协议或者规定的医疗机构、辅助器具配置机构;对经办机构核定的工伤保险待遇有异议的工伤职工或者其近亲属,都可以作为行政复议的申请人和行政诉讼的原告。作出有关决定或者核定的社会保险行政部门或者社会保险经办机构,则成为行政复议的被申请人和行政诉讼的被告。

根据《行政复议法》第12条的规定,公民、法人或者其他组织对社会保险行政部门具体行政行为不服的,可以向本级人民政府或者上一级社会保险行政部门申请行政复议;根据《行政复议法》第 15 条第 3 项的规定,公民、法人或者其他组织对社会保险经办机构的具体行政行为不服的,可以向主管该经办机构的社会保险行政部门申请行政复议。根据《行政诉讼法》第 18 条的规定,行政诉讼案件由最初作出行政行为的行政机关所在地人民法院管辖。经复议的案件,也可以由复议机关所在地人民法院管辖。

根据《行政复议法》第 9 条的规定,公民、法人或者其他组织认为具体行政行为侵犯其合法权益的,可以自知道该具体行政行为之日起 60 日内提出行政复议申请。因不可抗力或者其他正当理由耽误法定申请期限的,申请期限自障碍消除之日起继续计算。

根据《行政诉讼法》第 45 条的规定,公民、法人或者其他组织不服复议决定的,可以在收到复议决定书之日起 15 日内向人民法院提起诉讼。复议机关逾期不作决定的,申请人可以在复议期满之日起 15 日内向人民法院提起诉讼。法律另有规定的除外。

注意,本条规定的行政复议不是行政诉讼的前置条件。有关单位和个人就有了两种不同的选择,一种选择是申请行政复议,对复议决定不服的,可以再向人民法院提起行政诉讼;另一种选择是直接向人民法院提起行政诉讼。

链接《行政复议法》;《行政诉讼法》

第七章 法律责任

第五十六条 【挪用工伤保险基金的责任】单位或者个人违反本条例第十二条规定挪用工伤保险基金,构成犯罪的,依法追究刑事责任;尚不构成犯罪的,依法给予处分或者纪律处分。被挪用的基金由社会保险行政部门追回,并入工伤保险基金;没收的违法所得依法上缴国库。

第五十七条 【社会保险行政部门工作人员违法违纪责任】社会保险行政部门工作人员有下列情形之一的,依法给予处分;情节严重,构成犯罪的,依法追究刑事责任:

(一)无正当理由不受理工伤认定申请,或者弄虚作假将不符合工伤条件的人员认定为工伤职工的;

(二)未妥善保管申请工伤认定的证据材料,致使有关证据灭失的;

(三)收受当事人财物的。

第五十八条 【经办机构违规的责任】经办机构有下列行为之一的,由社会保险行政部门责令改正,对直接负责的主管人员和其他责任人员依法给予纪律处分;情节严重,构成犯罪的,依法追究刑事责任;造成当事人经济损失的,由经办机构依法承担赔偿责任:

(一)未按规定保存用人单位缴费和职工享受工伤保险待遇情况记录的;

(二)不按规定核定工伤保险待遇的;

(三)收受当事人财物的。

第五十九条 【医疗机构、辅助器具配置机构、经办机构间的关系】医疗机构、辅助器具配置机构不按服务协议提供服务的,经办机构可以解除服务协议。

经办机构不按时足额结算费用的,由社会保险行政部门责令改正;医疗机构、辅助器具配置机构可以解除服务协议。

注释注意经办机构与医疗机构等签订的服务协议既具有行政合同的特征,在一些方面也具有民事合同的特征,如:(1)经办机构与医疗机构签订服务协议不需要事先经过行政机关的审批,而是通过市场机制,双方在平等协商的基础上签订;(2)经办机构要公布签订服务协议的医疗机构的名单,这样规定是为了保证医疗服务市场的公平竞争;(3)双方权利义务关系对等。医疗机构等不按服务协议提供服务的,经办机构可以解除服务协议;经办机构不按时足额结算费用的,由社会保险行政部门责令改正,医疗机构等也可以解除服务协议;(4)根据本条例第 55 条第 4 项,签订服务协议的医疗机构、辅助器具配置机构认为经办机构未履行有关协议或者规定的,可依法申请行政复议,或提起行政诉讼。

第六十条 【对骗取工伤保险待遇的处罚】用人单位、工伤职工或者其近亲属骗取工伤保险待遇,医疗机构、辅助器具配置机构骗取工伤保险基金支出的,由社会保险行政部门责令退还,处骗取金额 2 倍以上 5 倍以下的罚款;情节严重,构成犯罪的,依法追究刑事责任。

第六十一条 【鉴定组织与个人违规的责任】从事劳动能力鉴定的组织或者个人有下列情形之一的,由社会保险行政部门责令改正,处 2000 元以上 1 万元以下的罚款;情节严重,构成犯罪的,依法追究刑事责任:

(一)提供虚假鉴定意见的;

(二)提供虚假诊断证明的;

(三)收受当事人财物的。

第六十二条 【未按规定参保的情形】用人单位依照本条例规定应当参加工伤保险而未参加的,由社会保险行政部门责令限期参加,补缴应当缴纳的工伤保险费,并自欠缴之日起,按日加收万分之五的滞纳金;逾期仍不缴纳的,处欠缴数额 1 倍以上 3 倍以下的罚款。

依照本条例规定应当参加工伤保险而未参加工伤保险的用人单位职工发生工伤的，由该用人单位按照本条例规定的工伤保险待遇项目和标准支付费用。

用人单位参加工伤保险并补缴应当缴纳的工伤保险费、滞纳金后，由工伤保险基金和用人单位依照本条例的规定支付新发生的费用。

注释 本条第3款规定中的“新发生的费用”，是指用人单位职工参加工伤保险前发生工伤的，在参加工伤保险后新发生的费用。

《人力资源社会保障部关于执行〈工伤保险条例〉若干问题的意见（二）》三规定：“《工伤保险条例》第六十二条规定的‘新发生的费用’，是指用人单位参加工伤保险前发生工伤的职工，在参加工伤保险后新发生的费用。其中由工伤保险基金支付的费用，按不同情况予以处理：（一）因工受伤的，支付参保后新发生的工伤医疗费、工伤康复费、住院伙食补助费、统筹地区以外就医交通食宿费、辅助器具配置费、生活护理费、一级至四级伤残职工伤残津贴，以及参保后解除劳动合同时的一次性工伤医疗补助金；（二）因工死亡的，支付参保后新发生的符合条件的供养亲属抚恤金。”

第六十三条 【用人单位不协助调查的责任】 用人单位违反本条例第十九条的规定，拒不协助社会保险行政部门对事故进行调查核实的，由社会保险行政部门责令改正，处2000元以上2万元以下的罚款。

第八章 附 则

第六十四条 【相关名词解释】 本条例所称工资总额，是指用人单位直接支付给本单位全部职工的劳动报酬总额。

本条例所称本人工资，是指工伤职工因工作遭受事故伤害或者患职业病前12个月平均月缴费工资。本人工资高于统筹地区职工平均工资300%的，按照统筹地区职工平均工资的300%计算；本人工资低于统筹地区职工平均工资60%的，按照统筹地区职工平均工资的60%计算。

注释 ［本人工资中的缴费工资低于实际本人工资怎么办？］

用人单位应按本单位职工工资总额乘以单位缴费费率之积缴纳工伤保险费。如果单位依法缴纳工伤保险费，那么职工的缴费工资应该与其实际工资一致。在计算保险待遇时所谓的缴费工资与实际工资应该是一致的。但是由于有些企业为了少缴保险费，在缴纳保险费时没有如实申报其工资总额。

如果职工在享受工伤待遇时对此不服，可以先按缴费工资申请工伤待遇，因此得到的待遇与按实际工资应得的工伤待遇的差额部分，可要求由企业承担，此权利可通过劳动仲裁、诉讼的程序实现。

链接《劳动法》第五章［工资］

第六十五条 【公务员等的工伤保险】 公务员和参照公务员法管理的事业单位、社会团体的工作人员因工作遭受事故伤害或者患职业病的，由所在单位支付费用。具体办法由国务院社会保险行政部门会同国务院财政部门规定。

第六十六条 【非法经营单位工伤一次性赔偿及争议处理】 无营业执照或者未经依法登记、备案的单位以及被依法吊销营业执照或者撤销登记、备案的单位的职工受到事故伤害或者患职业病的，由该单位向伤残职工或者死亡职工的近亲属给予一次性赔偿，赔偿标准不得低于本条例规定的工伤保险待遇；用人单位不得使用童工，用人单位使用童工造成童工伤残、死亡的，由该单位向童工或者童工的近亲属给予一次性赔偿，赔偿标准不得低于本条例规定的工伤保险待遇。具体办法由国务院社会保险行政部门规定。

前款规定的伤残职工或者死亡职工的近亲属就赔偿数额与单位发生争议的，以及前款规定的童工或者童工的近亲属就赔偿数额与单位发生争议的，按照处理劳动争议的有关规定处理。

注释 ［一次性赔偿金支付标准］

一次性赔偿金按以下标准支付：一级伤残的为赔偿基数的16倍，二级伤残的为赔偿基数的14倍，三级伤残的为赔偿基数的12倍，四级伤残的为赔偿基数的10倍，五级伤残的为赔偿基数的8倍，六级伤残的为赔偿基数的6倍，七级伤残的为赔偿基数的4倍，八级伤残的为赔偿基数的3倍，九级伤残的为赔偿基数的2倍，十级伤残的为赔偿基数的1倍。

赔偿基数，是指单位所在工伤保险统筹地区上年度职工年平均工资。

受到事故伤害或患职业病造成死亡的，按照上一年度全国城镇居民人均可支配收入的20倍支付一次性赔偿金。

［童工］

童工是指未满16周岁的未成年人。国家机关、社会团体、企业事业单位、民办非企业单位或者个体工商户均不得招用童工。允许招用未满16周岁的未成年人的单位主要是文艺、体育和特种工艺单位。

链接《非法用工单位伤亡人员一次性赔偿办法》；《劳动法》第15条［使用童工的禁止］

第六十七条 【实施日期及过渡事项】 本条例自2004年1月1日起施行。本条例施行前已受到事故伤害或者患职业病的职工尚未完成工伤认定的，按照本条例的规定执行。

注释 职工在本条例施行前所受的陈旧性工伤，如果当时已依法完成工伤认定，则不再重新进行工伤认定。如果没有完成工伤认定且没有超过工伤认定的时效，则要执行本条例的规定。《人力资源社会保障部关于执行〈工伤保险条例〉若干问题的意见（二）》九规定："《工伤保险条例》第六十七条规定的'尚未完成工伤认定的'，是指在《工伤保险条例》施行前遭受事故伤害或被诊断鉴定为职业病，且在工伤认定申请法定时限内（从《工伤保险条例》施行之日起算）提出工伤认定申请，尚未做出工伤认定的情形。"《最高人民法院行政审判庭关于〈工伤保险条例〉第六十四条理解和适用问题请示的答复》中明确，企业职工因工伤害发生在《企业职工工伤保险试行办法》施行之前，当时有关单位已按照有关政策作出处理的，不属于《工伤保险条例》规定的"尚未完成工伤认定的情形"。

中华人民共和国尘肺病防治条例

（1987年12月3日国发〔1987〕105号发布　自发布之日起施行）

第一章　总　　则

第一条　为保护职工健康，消除粉尘危害，防止发生尘肺病，促进生产发展，制定本条例。

第二条　本条例适用于所有有粉尘作业的企业、事业单位。

第三条　尘肺病系指在生产活动中吸入粉尘而发生的肺组织纤维化为主的疾病。

第四条　地方各级人民政府要加强对尘肺病防治工作的领导。在制定本地区国民经济和社会发展计划时，要统筹安排尘肺病防治工作。

第五条　企业、事业单位的主管部门应当根据国家卫生等有关标准，结合实际情况，制定所属企业的尘肺病防治规划，并督促其施行。

乡镇企业主管部门，必须指定专人负责乡镇企业尘肺病的防治工作，建立监督检查制度，并指导乡镇企业对尘肺病的防治工作。

第六条　企业、事业单位的负责人，对本单位的尘肺病防治工作负有直接责任，应采取有效措施使本单位的粉尘作业场所达到国家卫生标准。

第二章　防　　尘

第七条　凡有粉尘作业的企业、事业单位应采取综合防尘措施和无尘或低尘的新技术、新工艺、新设备，使作业场所的粉尘浓度不超过国家卫生标准。

第八条　尘肺病诊断标准由卫生行政部门制定，粉尘浓度卫生标准由卫生行政部门会同劳动等有关部门联合制定。

第九条　防尘设施的鉴定和定型制度，由劳动部门会同卫生行政部门制定。任何企业、事业单位除特殊情况外，未经上级主管部门批准，不得停止运行或者拆除防尘设施。

第十条　防尘经费应当纳入基本建设和技术改造经费计划，专款专用，不得挪用。

第十一条　严禁任何企业、事业单位将粉尘作业转嫁、外包或以联营的形式给没有防尘设施的乡镇、街道企业或个体工商户。

中、小学校各类校办的实习工厂或车间，禁止从事有粉尘的作业。

第十二条　职工使用的防止粉尘危害的防护用品，必须符合国家的有关标准。企业、事业单位应当建立严格的管理制度，并教育职工按规定和要求使用。

对初次从事粉尘作业的职工，由其所在单位进行防尘知识教育和考核，考试合格后方可从事粉尘作业。

不满十八周岁的未成年人，禁止从事粉尘作业。

第十三条　新建、改建、扩建、续建有粉尘作业的工程项目，防尘设施必须与主体工程同时设计、同时施工、同时投产。设计任务书，必须经当地卫生行政部门、劳动部门和工会组织审查同意后，方可施工。竣工验收，应由当地卫生行政部门、劳动部门和工会组织参加，凡不符合要求的，不得投产。

第十四条　作业场所的粉尘浓度超过国家卫生标准，又未积极治理，严重影响职工安全健康时，职工有权拒绝操作。

第三章　监督和监测

第十五条　卫生行政部门、劳动部门和工会组织分工协作，互相配合，对企业、事业单位的尘肺病防治工作进行监督。

第十六条　卫生行政部门负责卫生标准的监测；劳动部门负责劳动卫生工程技术标准的监测。

工会组织负责组织职工群众对本单位的尘肺病防治工作进行监督，并教育职工遵守操作规程与防尘制度。

第十七条　凡有粉尘作业的企业、事业单位，必须定期测定作业场所的粉尘浓度。测尘结果必须向主管部门和当地卫生行政部门、劳动部门和工会组织报告，并定期向职工公布。

从事粉尘作业的单位必须建立测尘资料档案。

第十八条 卫生行政部门和劳动部门，要对从事粉尘作业的企业、事业单位的测尘机构加强业务指导，并对测尘人员加强业务指导和技术培训。

第四章 健康管理

第十九条 各企业、事业单位对新从事粉尘作业的职工，必须进行健康检查。对在职和离职的从事粉尘作业的职工，必须定期进行健康检查。检查的内容、期限和尘肺病诊断标准，按卫生行政部门有关职业病管理的规定执行。

第二十条 各企业、事业单位必须贯彻执行职业病报告制度，按期向当地卫生行政部门、劳动部门、工会组织和本单位的主管部门报告职工尘肺病发生和死亡情况。

第二十一条 各企业、事业单位对已确诊为尘肺病的职工，必须调离粉尘作业岗位，并给予治疗或疗养。尘肺病患者的社会保险待遇，按国家有关规定办理。

第五章 奖励和处罚

第二十二条 对在尘肺病防治工作中做出显著成绩的单位和个人，由其上级主管部门给予奖励。

第二十三条 凡违反本条例规定，有下列行为之一的，卫生行政部门和劳动部门，可视其情节轻重，给予警告、限期治理、罚款和停业整顿的处罚。但停业整顿的处罚，需经当地人民政府同意。

（一）作业场所粉尘浓度超过国家卫生标准，逾期不采取措施的；

（二）任意拆除防尘设施，致使粉尘危害严重的；

（三）挪用防尘措施经费的；

（四）工程设计和竣工验收未经卫生行政部门、劳动部门和工会组织审查同意，擅自施工、投产的；

（五）将粉尘作业转嫁、外包或以联营的形式给没有防尘设施的乡镇、街道企业或个体工商户的；

（六）不执行健康检查制度和测尘制度的；

（七）强令尘肺病患者继续从事粉尘作业的；

（八）假报测尘结果或尘肺病诊断结果的；

（九）安排未成年人从事粉尘作业的。

第二十四条 当事人对处罚不服的，可在接到处罚通知之日起15日内，向作出处理的部门的上级机关申请复议。但是，对停业整顿的决定应当立即执行。上级机关应当在接到申请之日起30日内作出答复。对答复不服的，可以在接到答复之日起15日内，向人民法院起诉。

第二十五条 企业、事业单位负责人和监督、监测人员玩忽职守，致使公共财产、国家和人民利益遭受损失，情节轻微的，由其主管部门给予行政处分；造成重大损失，构成犯罪的，由司法机关依法追究直接责任人员的刑事责任。

第六章 附 则

第二十六条 本条例由国务院卫生行政部门和劳动部门联合进行解释。

第二十七条 各省、自治区、直辖市人民政府应当结合当地实际情况，制定本条例的实施办法。

第二十八条 本条例自发布之日起施行。

女职工劳动保护特别规定

（2012年4月28日中华人民共和国国务院令第619号公布 自公布之日起施行）

第一条 为了减少和解决女职工在劳动中因生理特点造成的特殊困难，保护女职工健康，制定本规定。

第二条 中华人民共和国境内的国家机关、企业、事业单位、社会团体、个体经济组织以及其他社会组织等用人单位及其女职工，适用本规定。

第三条 用人单位应当加强女职工劳动保护，采取措施改善女职工劳动安全卫生条件，对女职工进行劳动安全卫生知识培训。

第四条 用人单位应当遵守女职工禁忌从事的劳动范围的规定。用人单位应当将本单位属于女职工禁忌从事的劳动范围的岗位书面告知女职工。

女职工禁忌从事的劳动范围由本规定附录列示。国务院安全生产监督管理部门会同国务院人力资源社会保障行政部门、国务院卫生行政部门根据经济社会发展情况，对女职工禁忌从事的劳动范围进行调整。

第五条 用人单位不得因女职工怀孕、生育、哺乳降低其工资、予以辞退、与其解除劳动或者聘用合同。

第六条 女职工在孕期不能适应原劳动的，用人单位应当根据医疗机构的证明，予以减轻劳动量或者安排其他能够适应的劳动。

对怀孕7个月以上的女职工，用人单位不得延长劳动时间或者安排夜班劳动，并应当在劳动时间内安排一定的休息时间。

怀孕女职工在劳动时间内进行产前检查，所需时间计入劳动时间。

第七条 女职工生育享受98天产假，其中产前可以休假15天；难产的，增加产假15天；生育多胞胎的，每多生育1个婴儿，增加产假15天。

女职工怀孕未满4个月流产的，享受15天产假；怀孕满4个月流产的，享受42天产假。

第八条 女职工产假期间的生育津贴，对已经参加生育保险的，按照用人单位上年度职工月平均工资的标准由生育保险基金支付；对未参加生育保险的，按照女职工产假前工资的标准由用人单位支付。

女职工生育或者流产的医疗费用，按照生育保险规定的项目和标准，对已经参加生育保险的，由生育保险基金支付；对未参加生育保险的，由用人单位支付。

第九条 对哺乳未满1周岁婴儿的女职工，用人单位不得延长劳动时间或者安排夜班劳动。

用人单位应当在每天的劳动时间内为哺乳期女职工安排1小时哺乳时间；女职工生育多胞胎的，每多哺乳1个婴儿每天增加1小时哺乳时间。

第十条 女职工比较多的用人单位应当根据女职工的需要，建立女职工卫生室、孕妇休息室、哺乳室等设施，妥善解决女职工在生理卫生、哺乳方面的困难。

第十一条 在劳动场所，用人单位应当预防和制止对女职工的性骚扰。

第十二条 县级以上人民政府人力资源社会保障行政部门、安全生产监督管理部门按照各自职责负责对用人单位遵守本规定的情况进行监督检查。

工会、妇女组织依法对用人单位遵守本规定的情况进行监督。

第十三条 用人单位违反本规定第六条第二款、第七条、第九条第一款规定的，由县级以上人民政府人力资源社会保障行政部门责令限期改正，按照受侵害女职工每人1000元以上5000元以下的标准计算，处以罚款。

用人单位违反本规定附录第一条、第二条规定的，由县级以上人民政府安全生产监督管理部门责令限期改正，按照受侵害女职工每人1000元以上5000元以下的标准计算，处以罚款。用人单位违反本规定附录第三条、第四条规定的，由县级以上人民政府安全生产监督管理部门责令限期治理，处5万元以上30万元以下的罚款；情节严重的，责令停止有关作业，或者提请有关人民政府按照国务院规定的权限责令关闭。

第十四条 用人单位违反本规定，侵害女职工合法权益的，女职工可以依法投诉、举报、申诉，依法向劳动人事争议调解仲裁机构申请调解仲裁，对仲裁裁决不服的，依法向人民法院提起诉讼。

第十五条 用人单位违反本规定，侵害女职工合法权益，造成女职工损害的，依法给予赔偿；用人单位及其直接负责的主管人员和其他直接责任人员构成犯罪的，依法追究刑事责任。

第十六条 本规定自公布之日起施行。1988年7月21日国务院发布的《女职工劳动保护规定》同时废止。

附录：

女职工禁忌从事的劳动范围

一、女职工禁忌从事的劳动范围：

（一）矿山井下作业；

（二）体力劳动强度分级标准中规定的第四级体力劳动强度的作业；

（三）每小时负重6次以上、每次负重超过20公斤的作业，或者间断负重、每次负重超过25公斤的作业。

二、女职工在经期禁忌从事的劳动范围：

（一）冷水作业分级标准中规定的第二级、第三级、第四级冷水作业；

（二）低温作业分级标准中规定的第二级、第三级、第四级低温作业；

（三）体力劳动强度分级标准中规定的第三级、第四级体力劳动强度的作业；

（四）高处作业分级标准中规定的第三级、第四级高处作业。

三、女职工在孕期禁忌从事的劳动范围：

（一）作业场所空气中铅及其化合物、汞及其化合物、苯、镉、铍、砷、氰化物、氮氧化物、一氧化碳、二硫化碳、氯、己内酰胺、氯丁二烯、氯乙烯、环氧乙烷、苯胺、甲醛等有毒物质浓度超过国家职业卫生标准的作业；

（二）从事抗癌药物、己烯雌酚生产，接触麻醉剂气体等的作业；

（三）非密封源放射性物质的操作，核事故与放射事故的应急处置；

（四）高处作业分级标准中规定的高处作业；

（五）冷水作业分级标准中规定的冷水作业；

（六）低温作业分级标准中规定的低温作业；

（七）高温作业分级标准中规定的第三级、第四级的作业；

（八）噪声作业分级标准中规定的第三级、第四级的作业；

（九）体力劳动强度分级标准中规定的第三级、第四级体力劳动强度的作业；

（十）在密闭空间、高压室作业或者潜水作业，伴有强烈振动的作业，或者需要频繁弯腰、攀高、下蹲的作业。

四、女职工在哺乳期禁忌从事的劳动范围：

（一）孕期禁忌从事的劳动范围的第一项、第三项、第九项；

（二）作业场所空气中锰、氟、溴、甲醇、有机磷化合物、有机氯化合物等有毒物质浓度超过国家职业卫生标准的作业。

使用有毒物品作业场所劳动保护条例

（2002年5月12日国务院令第352号公布 自公布之日起施行）

第一章 总 则

第一条 为了保证作业场所安全使用有毒物品，预防、控制和消除职业中毒危害，保护劳动者的生命安全、身体健康及其相关权益，根据职业病防治法和其他有关法律、行政法规的规定，制定本条例。

第二条 作业场所使用有毒物品可能产生职业中毒危害的劳动保护，适用本条例。

第三条 按照有毒物品产生的职业中毒危害程度，有毒物品分为一般有毒物品和高毒物品。国家对作业场所使用高毒物品实行特殊管理。

一般有毒物品目录、高毒物品目录由国务院卫生行政部门会同有关部门依据国家标准制定、调整并公布。

第四条 从事使用有毒物品作业的用人单位（以下简称用人单位）应当使用符合国家标准的有毒物品，不得在作业场所使用国家明令禁止使用的有毒物品或者使用不符合国家标准的有毒物品。

用人单位应当尽可能使用无毒物品；需要使用有毒物品的，应当优先选择使用低毒物品。

第五条 用人单位应当依照本条例和其他有关法律、行政法规的规定，采取有效的防护措施，预防职业中毒事故的发生，依法参加工伤保险，保障劳动者的生命安全和身体健康。

第六条 国家鼓励研制、开发、推广、应用有利于预防、控制、消除职业中毒危害和保护劳动者健康的新技术、新工艺、新材料；限制使用或者淘汰有关职业中毒危害严重的技术、工艺、材料；加强对有关职业病的机理和发生规律的基础研究，提高有关职业病防治科学技术水平。

第七条 禁止使用童工。

用人单位不得安排未成年人和孕期、哺乳期的女职工从事使用有毒物品的作业。

第八条 工会组织应当督促并协助用人单位开展职业卫生宣传教育和培训，对用人单位的职业卫生工作提出意见和建议，与用人单位就劳动者反映的职业病防治问题进行协调并督促解决。

工会组织对用人单位违反法律、法规，侵犯劳动者合法权益的行为，有权要求纠正；产生严重职业中毒危害时，有权要求用人单位采取防护措施，或者向政府有关部门建议采取强制性措施；发生职业中毒事故时，有权参与事故调查处理；发现危及劳动者生命、健康的情形时，有权建议用人单位组织劳动者撤离危险现场，用人单位应当立即作出处理。

第九条 县级以上人民政府卫生行政部门及其他有关行政部门应当依据各自的职责，监督用人单位严格遵守本条例和其他有关法律、法规的规定，加强作业场所使用有毒物品的劳动保护，防止职业中毒事故发生，确保劳动者依法享有的权利。

第十条 各级人民政府应当加强对使用有毒物品作业场所职业卫生安全及相关劳动保护工作的领导，督促、支持卫生行政部门及其他有关行政部门依法履行监督检查职责，及时协调、解决有关重大问题；在发生职业中毒事故时，应当采取有效措施，控制事故危害的蔓延并消除事故危害，并妥善处理有关善后工作。

第二章 作业场所的预防措施

第十一条 用人单位的设立，应当符合有关法律、行政法规规定的设立条件，并依法办理有关手续，取得营业执照。

用人单位的使用有毒物品作业场所，除应当符合职业病防治法规定的职业卫生要求外，还必须符合下列要求：

（一）作业场所与生活场所分开，作业场所不得住人；

（二）有害作业与无害作业分开，高毒作业场所与其他作业场所隔离；

（三）设置有效的通风装置；可能突然泄漏大量有毒物品或者易造成急性中毒的作业场所，设置自动报警装置和事故通风设施；

（四）高毒作业场所设置应急撤离通道和必要的泄险区。

用人单位及其作业场所符合前两款规定的，由卫生行政部门发给职业卫生安全许可证，方可从事使用有毒物品的作业。

第十二条 使用有毒物品作业场所应当设置黄色区域警示线、警示标识和中文警示说明。警示说明应当载明产生职业中毒危害的种类、后果、预防以及应急救治措施等内容。

高毒作业场所应当设置红色区域警示线、警示标识和中文警示说明，并设置通讯报警设备。

第十三条 新建、扩建、改建的建设项目和技术改造、技术引进项目（以下统称建设项目），可能产生职业中毒危害的，应当依照职业病防治法的规定进行职业中毒危害预评价，并经卫生行政部门审核同意；可能产生职业中毒危害的建设项目的职业中毒危害防护设施应当与主体工程同时设计，同时施工，同时投入生产和使用；建设项目竣工，应当进行职业中毒危害控制效果评价，并经卫生行政部门验收合格。

存在高毒作业的建设项目的职业中毒危害防护设施设计，应当经卫生行政部门进行卫生审查；经审查，符合国家职业卫生标准和卫生要求的，方可施工。

第十四条 用人单位应当按照国务院卫生行政部门的规定，向卫生行政部门及时、如实申报存在职业中毒危害项目。

从事使用高毒物品作业的用人单位，在申报使用高毒物品作业项目时，应当向卫生行政部门提交下列有关资料：

(一)职业中毒危害控制效果评价报告；

(二)职业卫生管理制度和操作规程等材料；

(三)职业中毒事故应急救援预案。

从事使用高毒物品作业的用人单位变更所使用的高毒物品品种的，应当依照前款规定向原受理申报的卫生行政部门重新申报。

第十五条 用人单位变更名称、法定代表人或者负责人的，应当向原受理申报的卫生行政部门备案。

第十六条 从事使用高毒物品作业的用人单位，应当配备应急救援人员和必要的应急救援器材、设备，制定事故应急救援预案，并根据实际情况变化对应急救援预案适时进行修订，定期组织演练。事故应急救援预案和演练记录应当报当地卫生行政部门、安全生产监督管理部门和公安部门备案。

第三章 劳动过程的防护

第十七条 用人单位应当依照职业病防治法的有关规定，采取有效的职业卫生防护管理措施，加强劳动过程中的防护与管理。

从事使用高毒物品作业的用人单位，应当配备专职的或者兼职的职业卫生医师和护士；不具备配备专职的或者兼职的职业卫生医师和护士条件的，应当与依法取得资质认证的职业卫生技术服务机构签订合同，由其提供职业卫生服务。

第十八条 用人单位应当与劳动者订立劳动合同，将工作过程中可能产生的职业中毒危害及其后果、职业中毒危害防护措施和待遇等如实告知劳动者，并在劳动合同中写明，不得隐瞒或者欺骗。

劳动者在已订立劳动合同期间因工作岗位或者工作内容变更，从事劳动合同中未告知的存在职业中毒危害的作业时，用人单位应当依照前款规定，如实告知劳动者，并协商变更原劳动合同有关条款。

用人单位违反前两款规定的，劳动者有权拒绝从事存在职业中毒危害的作业，用人单位不得因此单方面解除或者终止与劳动者所订立的劳动合同。

第十九条 用人单位有关管理人员应当熟悉有关职业病防治的法律、法规以及确保劳动者安全使用有毒物品作业的知识。

用人单位应当对劳动者进行上岗前的职业卫生培训和在岗期间的定期职业卫生培训，普及有关职业卫生知识，督促劳动者遵守有关法律、法规和操作规程，指导劳动者正确使用职业中毒危害防护设备和个人使用的职业中毒危害防护用品。

劳动者经培训考核合格，方可上岗作业。

第二十条 用人单位应当确保职业中毒危害防护设备、应急救援设施、通讯报警装置处于正常适用状态，不得擅自拆除或者停止运行。

用人单位应当对前款所列设施进行经常性的维护、检修，定期检测其性能和效果，确保其处于良好运行状态。

职业中毒危害防护设备、应急救援设施和通讯报警装置处于不正常状态时，用人单位应当立即停止使用有毒物品作业；恢复正常状态后，方可重新作业。

第二十一条 用人单位应当为从事使用有毒物品作业的劳动者提供符合国家职业卫生标准的防护用品，并确保劳动者正确使用。

第二十二条 有毒物品必须附具说明书，如实载明产品特性、主要成分、存在的职业中毒危害因素、可能产生的危害后果、安全使用注意事项、职业中毒危害防护以及应急救治措施等内容；没有说明书或者说明书不符合要求的，不得向用人单位销售。

用人单位有权向生产、经营有毒物品的单位索取说明书。

第二十三条 有毒物品的包装应当符合国家标准，并以易于劳动者理解的方式加贴或者拴挂有毒物品安全标签。有毒物品的包装必须有醒目的警示标识和中文警示说明。

经营、使用有毒物品的单位，不得经营、使用没有安全标签、警示标识和中文警示说明的有毒物品。

第二十四条 用人单位维护、检修存在高毒物品的生产装置，必须事先制订维护、检修方案，明确职业中毒危害防护措施，确保维护、检修人员的生命安全和身体健康。

维护、检修存在高毒物品的生产装置，必须严格按照维护、检修方案和操作规程进行。维护、检修现场应当有专人监护，并设置警示标志。

第二十五条 需要进入存在高毒物品的设备、容器或者狭窄封闭场所作业时，用人单位应当事先采取下列措施：

(一)保持作业场所良好的通风状态，确保作业场所职业中毒危害因素浓度符合国家职业卫生标准；

（二）为劳动者配备符合国家职业卫生标准的防护用品；

（三）设置现场监护人员和现场救援设备。

未采取前款规定措施或者采取的措施不符合要求的，用人单位不得安排劳动者进入存在高毒物品的设备、容器或者狭窄封闭场所作业。

第二十六条 用人单位应当按照国务院卫生行政部门的规定，定期对使用有毒物品作业场所职业中毒危害因素进行检测、评价。检测、评价结果存入用人单位职业卫生档案，定期向所在地卫生行政部门报告并向劳动者公布。

从事使用高毒物品作业的用人单位应当至少每一个月对高毒作业场所进行一次职业中毒危害因素检测；至少每半年进行一次职业中毒危害控制效果评价。

高毒作业场所职业中毒危害因素不符合国家职业卫生标准和卫生要求时，用人单位必须立即停止高毒作业，并采取相应的治理措施；经治理，职业中毒危害因素符合国家职业卫生标准和卫生要求的，方可重新作业。

第二十七条 从事使用高毒物品作业的用人单位应当设置淋浴间和更衣室，并设置清洗、存放或者处理从事使用高毒物品作业劳动者的工作服、工作鞋帽等物品的专用间。

劳动者结束作业时，其使用的工作服、工作鞋帽等物品必须存放在高毒作业区域内，不得穿戴到非高毒作业区域。

第二十八条 用人单位应当按照规定对从事使用高毒物品作业的劳动者进行岗位轮换。

用人单位应当为从事使用高毒物品作业的劳动者提供岗位津贴。

第二十九条 用人单位转产、停产、停业或者解散、破产的，应当采取有效措施，妥善处理留存或者残留有毒物品的设备、包装物和容器。

第三十条 用人单位应当对本单位执行本条例规定的情况进行经常性的监督检查；发现问题，应当及时依照本条例规定的要求进行处理。

第四章 职业健康监护

第三十一条 用人单位应当组织从事使用有毒物品作业的劳动者进行上岗前职业健康检查。

用人单位不得安排未经上岗前职业健康检查的劳动者从事使用有毒物品的作业，不得安排有职业禁忌的劳动者从事其所禁忌的作业。

第三十二条 用人单位应当对从事使用有毒物品作业的劳动者进行定期职业健康检查。

用人单位发现有职业禁忌或者有与所从事职业相关的健康损害的劳动者，应当将其及时调离原工作岗位，并妥善安置。

用人单位对需要复查和医学观察的劳动者，应当按照体检机构的要求安排其复查和医学观察。

第三十三条 用人单位应当对从事使用有毒物品作业的劳动者进行离岗时的职业健康检查；对离岗时未进行职业健康检查的劳动者，不得解除或者终止与其订立的劳动合同。

用人单位发生分立、合并、解散、破产等情形的，应当对从事使用有毒物品作业的劳动者进行健康检查，并按照国家有关规定妥善安置职业病病人。

第三十四条 用人单位对受到或者可能受到急性职业中毒危害的劳动者，应当及时组织进行健康检查和医学观察。

第三十五条 劳动者职业健康检查和医学观察的费用，由用人单位承担。

第三十六条 用人单位应当建立职业健康监护档案。

职业健康监护档案应当包括下列内容：

（一）劳动者的职业史和职业中毒危害接触史；

（二）相应作业场所职业中毒危害因素监测结果；

（三）职业健康检查结果及处理情况；

（四）职业病诊疗等劳动者健康资料。

第五章 劳动者的权利与义务

第三十七条 从事使用有毒物品作业的劳动者在存在威胁生命安全或者身体健康危险的情况下，有权通知用人单位并从使用有毒物品造成的危险现场撤离。

用人单位不得因劳动者依据前款规定行使权利，而取消或者减少劳动者在正常工作时享有的工资、福利待遇。

第三十八条 劳动者享有下列职业卫生保护权利：

（一）获得职业卫生教育、培训；

（二）获得职业健康检查、职业病诊疗、康复等职业病防治服务；

（三）了解工作场所产生或者可能产生的职业中毒危害因素、危害后果和应当采取的职业中毒危害防护措施；

（四）要求用人单位提供符合防治职业病要求的职业中毒危害防护设施和个人使用的职业中毒危害防护用品，改善工作条件；

（五）对违反职业病防治法律、法规，危及生命、健康的行为提出批评、检举和控告；

（六）拒绝违章指挥和强令进行没有职业中毒危害防护措施的作业；

(七)参与用人单位职业卫生工作的民主管理,对职业病防治工作提出意见和建议。

用人单位应当保障劳动者行使前款所列权利。禁止因劳动者依法行使正当权利而降低其工资、福利等待遇或者解除、终止与其订立的劳动合同。

第三十九条 劳动者有权在正式上岗前从用人单位获得下列资料:

(一)作业场所使用的有毒物品的特性、有害成分、预防措施、教育和培训资料;

(二)有毒物品的标签、标识及有关资料;

(三)有毒物品安全使用说明书;

(四)可能影响安全使用有毒物品的其他有关资料。

第四十条 劳动者有权查阅、复印其本人职业健康监护档案。

劳动者离开用人单位时,有权索取本人健康监护档案复印件;用人单位应当如实、无偿提供,并在所提供的复印件上签章。

第四十一条 用人单位按照国家规定参加工伤保险的,患职业病的劳动者有权按照国家有关工伤保险的规定,享受下列工伤保险待遇:

(一)医疗费:因患职业病进行诊疗所需费用,由工伤保险基金按照规定标准支付;

(二)住院伙食补助费:由用人单位按照当地因公出差伙食标准的一定比例支付;

(三)康复费:由工伤保险基金按照规定标准支付;

(四)残疾用具费:因残疾需要配置辅助器具的,所需费用由工伤保险基金按照普及型辅助器具标准支付;

(五)停工留薪期待遇:原工资、福利待遇不变,由用人单位支付;

(六)生活护理补助费:经评残并确认需要生活护理的,生活护理补助费由工伤保险基金按照规定标准支付;

(七)一次性伤残补助金:经鉴定为十级至一级伤残的,按照伤残等级享受相当于6个月至24个月的本人工资的一次性伤残补助金,由工伤保险基金支付;

(八)伤残津贴:经鉴定为四级至一级伤残的,按照规定享受相当于本人工资75%至90%的伤残津贴,由工伤保险基金支付;

(九)死亡补助金:因职业中毒死亡的,由工伤保险基金按照不低于48个月的统筹地区上年度职工月平均工资的标准一次支付;

(十)丧葬补助金:因职业中毒死亡的,由工伤保险基金按照6个月的统筹地区上年度职工月平均工资的标准一次支付;

(十一)供养亲属抚恤金:因职业中毒死亡的,对由死者生前提供主要生活来源的亲属由工伤保险基金支付抚恤金:对其配偶每月按照统筹地区上年度职工月平均工资的40%发给,对其生前供养的直系亲属每人每月按照统筹地区上年度职工月平均工资的30%发给;

(十二)国家规定的其他工伤保险待遇。

本条例施行后,国家对工伤保险待遇的项目和标准作出调整时,从其规定。

第四十二条 用人单位未参加工伤保险的,其劳动者从事有毒物品作业患职业病的,用人单位应当按照国家有关工伤保险规定的项目和标准,保证劳动者享受工伤待遇。

第四十三条 用人单位无营业执照以及被依法吊销营业执照,其劳动者从事使用有毒物品作业患职业病的,应当按照国家有关工伤保险规定的项目和标准,给予劳动者一次性赔偿。

第四十四条 用人单位分立、合并的,承继单位应当承担由原用人单位对患职业病的劳动者承担的补偿责任。

用人单位解散、破产的,应当依法从其清算财产中优先支付患职业病的劳动者的补偿费用。

第四十五条 劳动者除依法享有工伤保险外,依照有关民事法律的规定,尚有获得赔偿的权利的,有权向用人单位提出赔偿要求。

第四十六条 劳动者应当学习和掌握相关职业卫生知识,遵守有关劳动保护的法律、法规和操作规程,正确使用和维护职业中毒危害防护设施及其用品;发现职业中毒事故隐患时,应当及时报告。

作业场所出现使用有毒物品产生的危险时,劳动者应当采取必要措施,按照规定正确使用防护设施,将危险加以消除或者减少到最低限度。

第六章 监督管理

第四十七条 县级以上人民政府卫生行政部门应当依照本条例的规定和国家有关职业卫生要求,依据职责划分,对作业场所使用有毒物品作业及职业中毒危害检测、评价活动进行监督检查。

卫生行政部门实施监督检查,不得收取费用,不得接受用人单位的财物或者其他利益。

第四十八条 卫生行政部门应当建立、健全监督制度,核查反映用人单位有关劳动保护的材料,履行监督责任。

用人单位应当向卫生行政部门如实、具体提供反映有关劳动保护的材料;必要时,卫生行政部门可以查阅或者要求用人单位报送有关材料。

第四十九条　卫生行政部门应当监督用人单位严格执行有关职业卫生规范。

卫生行政部门应当依照本条例的规定对使用有毒物品作业场所的职业卫生防护设备、设施的防护性能进行定期检验和不定期的抽查；发现职业卫生防护设备、设施存在隐患时，应当责令用人单位立即消除隐患；消除隐患期间，应当责令其停止作业。

第五十条　卫生行政部门应当采取措施，鼓励对用人单位的违法行为进行举报、投诉、检举和控告。

卫生行政部门对举报、投诉、检举和控告应当及时核实，依法作出处理，并将处理结果予以公布。

卫生行政部门对举报人、投诉人、检举人和控告人负有保密的义务。

第五十一条　卫生行政部门执法人员依法执行职务时，应当出示执法证件。

卫生行政部门执法人员应当忠于职守，秉公执法；涉及用人单位秘密的，应当为其保密。

第五十二条　卫生行政部门依法实施罚款的行政处罚，应当依照有关法律、行政法规的规定，实施罚款决定与罚款收缴分离；收缴的罚款以及依法没收的经营所得，必须全部上缴国库。

第五十三条　卫生行政部门履行监督检查职责时，有权采取下列措施：

（一）进入用人单位和使用有毒物品作业场所现场，了解情况，调查取证，进行抽样检查、检测、检验，进行实地检查；

（二）查阅或者复制与违反本条例行为有关的资料，采集样品；

（三）责令违反本条例规定的单位和个人停止违法行为。

第五十四条　发生职业中毒事故或者有证据证明职业中毒危害状态可能导致事故发生时，卫生行政部门有权采取下列临时控制措施：

（一）责令暂停导致职业中毒事故的作业；

（二）封存造成职业中毒事故或者可能导致事故发生的物品；

（三）组织控制职业中毒事故现场。

在职业中毒事故或者危害状态得到有效控制后，卫生行政部门应当及时解除控制措施。

第五十五条　卫生行政部门执法人员依法执行职务时，被检查单位应当接受检查并予以支持、配合，不得拒绝和阻碍。

第五十六条　卫生行政部门应当加强队伍建设，提高执法人员的政治、业务素质，依照本条例的规定，建立、健全内部监督制度，对执法人员执行法律、法规和遵守纪律的情况进行监督检查。

第七章　罚　　则

第五十七条　卫生行政部门的工作人员有下列行为之一，导致职业中毒事故发生的，依照刑法关于滥用职权罪、玩忽职守罪或者其他罪的规定，依法追究刑事责任；造成职业中毒危害但尚未导致职业中毒事故发生，不够刑事处罚的，根据不同情节，依法给予降级、撤职或者开除的行政处分：

（一）对不符合本条例规定条件的涉及使用有毒物品作业事项，予以批准的；

（二）发现用人单位擅自从事使用有毒物品作业，不予取缔的；

（三）对依法取得批准的用人单位不履行监督检查职责，发现其不再具备本条例规定的条件而不撤销原批准或者发现违反本条例的其他行为不予查处的；

（四）发现用人单位存在职业中毒危害，可能造成职业中毒事故，不及时依法采取控制措施的。

第五十八条　用人单位违反本条例的规定，有下列情形之一的，由卫生行政部门给予警告，责令限期改正，处10万元以上50万元以下的罚款；逾期不改正的，提请有关人民政府按照国务院规定的权限责令停建、予以关闭；造成严重职业中毒危害或者导致职业中毒事故发生的，对负有责任的主管人员和其他直接责任人员依照刑法关于重大劳动安全事故罪或者其他罪的规定，依法追究刑事责任：

（一）可能产生职业中毒危害的建设项目，未依照职业病防治法的规定进行职业中毒危害预评价，或者预评价未经卫生行政部门审核同意，擅自开工的；

（二）职业卫生防护设施未与主体工程同时设计，同时施工，同时投入生产和使用的；

（三）建设项目竣工，未进行职业中毒危害控制效果评价，或者未经卫生行政部门验收或者验收不合格，擅自投入使用的；

（四）存在高毒作业的建设项目的防护设施设计未经卫生行政部门审查同意，擅自施工的。

第五十九条　用人单位违反本条例的规定，有下列情形之一的，由卫生行政部门给予警告，责令限期改正，处5万元以上20万元以下的罚款；逾期不改正的，提请有关人民政府按照国务院规定的权限予以关闭；造成严重职业中毒危害或者导致职业中毒事故发生的，对负有责任的主管人员和其他直接责任人员依照刑法关于重大劳动安全事故罪或者其他罪的规定，依法追究刑事责任：

（一）使用有毒物品作业场所未按照规定设置警示标识和中文警示说明的；

（二）未对职业卫生防护设备、应急救援设施、通讯报警装置进行维护、检修和定期检测，导致上述设施处于不正常状态的；

（三）未依照本条例的规定进行职业中毒危害因素检测和职业中毒危害控制效果评价的；

（四）高毒作业场所未按照规定设置撤离通道和泄险区的；

（五）高毒作业场所未按照规定设置警示线的；

（六）未向从事使用有毒物品作业的劳动者提供符合国家职业卫生标准的防护用品，或者未保证劳动者正确使用的。

第六十条 用人单位违反本条例的规定，有下列情形之一的，由卫生行政部门给予警告，责令限期改正，处5万元以上30万元以下的罚款；逾期不改正的，提请有关人民政府按照国务院规定的权限予以关闭；造成严重职业中毒危害或者导致职业中毒事故发生的，对负有责任的主管人员和其他直接责任人员依照刑法关于重大责任事故罪、重大劳动安全事故罪或者其他罪的规定，依法追究刑事责任：

（一）使用有毒物品作业场所未设置有效通风装置的，或者可能突然泄漏大量有毒物品或者易造成急性中毒的作业场所未设置自动报警装置或者事故通风设施的；

（二）职业卫生防护设备、应急救援设施、通讯报警装置处于不正常状态而不停止作业，或者擅自拆除或者停止运行职业卫生防护设备、应急救援设施、通讯报警装置的。

第六十一条 从事使用高毒物品作业的用人单位违反本条例的规定，有下列行为之一的，由卫生行政部门给予警告，责令限期改正，处5万元以上20万元以下的罚款；逾期不改正的，提请有关人民政府按照国务院规定的权限予以关闭；造成严重职业中毒危害或者导致职业中毒事故发生的，对负有责任的主管人员和其他直接责任人员依照刑法关于重大责任事故罪或者其他罪的规定，依法追究刑事责任：

（一）作业场所职业中毒危害因素不符合国家职业卫生标准和卫生要求而不立即停止高毒作业并采取相应的治理措施的，或者职业中毒危害因素治理不符合国家职业卫生标准和卫生要求重新作业的；

（二）未依照本条例的规定维护、检修存在高毒物品的生产装置的；

（三）未采取本条例规定的措施，安排劳动者进入存在高毒物品的设备、容器或者狭窄封闭场所作业的。

第六十二条 在作业场所使用国家明令禁止使用的有毒物品或者使用不符合国家标准的有毒物品的，由卫生行政部门责令立即停止使用，处5万元以上30万元以下的罚款；情节严重的，责令停止使用有毒物品作业，或者提请有关人民政府按照国务院规定的权限予以关闭；造成严重职业中毒危害或者导致职业中毒事故发生的，对负有责任的主管人员和其他直接责任人员依照刑法关于危险物品肇事罪、重大责任事故罪或者其他罪的规定，依法追究刑事责任。

第六十三条 用人单位违反本条例的规定，有下列行为之一的，由卫生行政部门给予警告，责令限期改正；逾期不改正的，处5万元以上30万元以下的罚款；造成严重职业中毒危害或者导致职业中毒事故发生的，对负有责任的主管人员和其他直接责任人员依照刑法关于重大责任事故罪或者其他罪的规定，依法追究刑事责任：

（一）使用未经培训考核合格的劳动者从事高毒作业的；

（二）安排有职业禁忌的劳动者从事所禁忌的作业的；

（三）发现有职业禁忌或者有与所从事职业相关的健康损害的劳动者，未及时调离原工作岗位，并妥善安置的；

（四）安排未成年人或者孕期、哺乳期的女职工从事使用有毒物品作业的；

（五）使用童工的。

第六十四条 违反本条例的规定，未经许可，擅自从事使用有毒物品作业的，由工商行政管理部门、卫生行政部门依据各自职权予以取缔；造成职业中毒事故的，依照刑法关于危险物品肇事罪或者其他罪的规定，依法追究刑事责任；尚不够刑事处罚的，由卫生行政部门没收经营所得，并处经营所得3倍以上5倍以下的罚款；对劳动者造成人身伤害的，依法承担赔偿责任。

第六十五条 从事使用有毒物品作业的用人单位违反本条例的规定，在转产、停产、停业或者解散、破产时未采取有效措施，妥善处理留存或者残留高毒物品的设备、包装物和容器的，由卫生行政部门责令改正，处2万元以上10万元以下的罚款；触犯刑律的，对负有责任的主管人员和其他直接责任人员依照刑法关于重大环境污染事故罪、危险物品肇事罪或者其他罪的规定，依法追究刑事责任。

第六十六条 用人单位违反本条例的规定，有下列情形之一的，由卫生行政部门给予警告，责令限期改正，处5000元以上2万元以下的罚款；逾期不改正的，责令停止使用有毒物品作业，或者提请有关人民政府按照国务院规定的权限予以关闭；造成严重职业中毒危害或者导致职业中毒事故发生的，对负有责任的主管人员和其他直接责任人员依照刑法关于重大劳动安全事故罪、危险物品肇事罪或者其他罪的规定，依法追究刑事责任：

（一）使用有毒物品作业场所未与生活场所分开

或者在作业场所住人的；

（二）未将有害作业与无害作业分开的；

（三）高毒作业场所未与其他作业场所有效隔离的；

（四）从事高毒作业未按照规定配备应急救援设施或者制定事故应急救援预案的。

第六十七条 用人单位违反本条例的规定，有下列情形之一的，由卫生行政部门给予警告，责令限期改正，处2万元以上5万元以下的罚款；逾期不改正的，提请有关人民政府按照国务院规定的权限予以关闭：

（一）未按照规定向卫生行政部门申报高毒作业项目的；

（二）变更使用高毒物品品种，未按照规定向原受理申报的卫生行政部门重新申报，或者申报不及时、有虚假的。

第六十八条 用人单位违反本条例的规定，有下列行为之一的，由卫生行政部门给予警告，责令限期改正，处2万元以上5万元以下的罚款；逾期不改正的，责令停止使用有毒物品作业，或者提请有关人民政府按照国务院规定的权限予以关闭：

（一）未组织从事使用有毒物品作业的劳动者进行上岗前职业健康检查，安排未经上岗前职业健康检查的劳动者从事使用有毒物品作业的；

（二）未组织从事使用有毒物品作业的劳动者进行定期职业健康检查的；

（三）未组织从事使用有毒物品作业的劳动者进行离岗职业健康检查的；

（四）对未进行离岗职业健康检查的劳动者，解除或者终止与其订立的劳动合同的；

（五）发生分立、合并、解散、破产情形，未对从事使用有毒物品作业的劳动者进行健康检查，并按照国家有关规定妥善安置职业病病人的；

（六）对受到或者可能受到急性职业中毒危害的劳动者，未及时组织进行健康检查和医学观察的；

（七）未建立职业健康监护档案的；

（八）劳动者离开用人单位时，用人单位未如实、无偿提供职业健康监护档案的；

（九）未依照职业病防治法和本条例的规定将工作过程中可能产生的职业中毒危害及其后果、有关职业卫生防护措施和待遇等如实告知劳动者并在劳动合同中写明的；

（十）劳动者在存在威胁生命、健康危险的情况下，从危险现场中撤离，而被取消或者减少应当享有的待遇的。

第六十九条 用人单位违反本条例的规定，有下列行为之一的，由卫生行政部门给予警告，责令限期改正，处5000元以上2万元以下的罚款；逾期不改正的，责令停止使用有毒物品作业，或者提请有关人民政府按照国务院规定的权限予以关闭：

（一）未按照规定配备或者聘请职业卫生医师和护士的；

（二）未为从事使用高毒物品作业的劳动者设置淋浴间、更衣室或者未设置清洗、存放和处理工作服、工作鞋帽等物品的专用间，或者不能正常使用的；

（三）未安排从事使用高毒物品作业一定年限的劳动者进行岗位轮换的。

第八章 附 则

第七十条 涉及作业场所使用有毒物品可能产生职业中毒危害的劳动保护的有关事项，本条例未作规定的，依照职业病防治法和其他有关法律、行政法规的规定执行。

有毒物品的生产、经营、储存、运输、使用和废弃处置的安全管理，依照危险化学品安全管理条例执行。

第七十一条 本条例自公布之日起施行。

特种设备安全监察条例

（2003年3月11日国务院令第373号公布 根据2009年1月24日《国务院关于修改〈特种设备安全监察条例〉的决定》修订）

第一章 总 则

第一条 为了加强特种设备的安全监察，防止和减少事故，保障人民群众生命和财产安全，促进经济发展，制定本条例。

第二条 本条例所称特种设备是指涉及生命安全、危险性较大的锅炉、压力容器（含气瓶，下同）、压力管道、电梯、起重机械、客运索道、大型游乐设施和场（厂）内专用机动车辆。

前款特种设备的目录由国务院负责特种设备安全监督管理的部门（以下简称国务院特种设备安全监督管理部门）制订，报国务院批准后执行。

第三条 特种设备的生产（含设计、制造、安装、改造、维修，下同）、使用、检验检测及其监督检查，应当遵守本条例，但本条例另有规定的除外。

军事装备、核设施、航空航天器、铁路机车、海上设施和船舶以及矿山井下使用的特种设备、民用机场专用设备的安全监察不适用本条例。

房屋建筑工地和市政工程工地用起重机械、场（厂）内专用机动车辆的安装、使用的监督管理，由建设行政主管部门依照有关法律、法规的规定执行。

第四条 国务院特种设备安全监督管理部门负责全国特种设备的安全监察工作，县以上地方负责特种设备安全监督管理的部门对本行政区域内特种设备实施安全监察（以下统称特种设备安全监督管理部门）。

第五条 特种设备生产、使用单位应当建立健全特种设备安全、节能管理制度和岗位安全、节能责任制度。

特种设备生产、使用单位的主要负责人应当对本单位特种设备的安全和节能全面负责。

特种设备生产、使用单位和特种设备检验检测机构，应当接受特种设备安全监督管理部门依法进行的特种设备安全监察。

第六条 特种设备检验检测机构，应当依照本条例规定，进行检验检测工作，对其检验检测结果、鉴定结论承担法律责任。

第七条 县级以上地方人民政府应当督促、支持特种设备安全监督管理部门依法履行安全监察职责，对特种设备安全监察中存在的重大问题及时予以协调、解决。

第八条 国家鼓励推行科学的管理方法，采用先进技术，提高特种设备安全性能和管理水平，增强特种设备生产、使用单位防范事故的能力，对取得显著成绩的单位和个人，给予奖励。

国家鼓励特种设备节能技术的研究、开发、示范和推广，促进特种设备节能技术创新和应用。

特种设备生产、使用单位和特种设备检验检测机构，应当保证必要的安全和节能投入。

国家鼓励实行特种设备责任保险制度，提高事故赔付能力。

第九条 任何单位和个人对违反本条例规定的行为，有权向特种设备安全监督管理部门和行政监察等有关部门举报。

特种设备安全监督管理部门应当建立特种设备安全监察举报制度，公布举报电话、信箱或者电子邮件地址，受理对特种设备生产、使用和检验检测违法行为的举报，并及时予以处理。

特种设备安全监督管理部门和行政监察等有关部门应当为举报人保密，并按照国家有关规定给予奖励。

第二章 特种设备的生产

第十条 特种设备生产单位，应当依照本条例规定以及国务院特种设备安全监督管理部门制订并公布的安全技术规范（以下简称安全技术规范）的要求，进行生产活动。

特种设备生产单位对其生产的特种设备的安全性能和能效指标负责，不得生产不符合安全性能要求和能效指标的特种设备，不得生产国家产业政策明令淘汰的特种设备。

第十一条 压力容器的设计单位应当经国务院特种设备安全监督管理部门许可，方可从事压力容器的设计活动。

压力容器的设计单位应当具备下列条件：

（一）有与压力容器设计相适应的设计人员、设计审核人员；

（二）有与压力容器设计相适应的场所和设备；

（三）有与压力容器设计相适应的健全的管理制度和责任制度。

第十二条 锅炉、压力容器中的气瓶（以下简称气瓶）、氧舱和客运索道、大型游乐设施以及高耗能特种设备的设计文件，应当经国务院特种设备安全监督管理部门核准的检验检测机构鉴定，方可用于制造。

第十三条 按照安全技术规范的要求，应当进行型式试验的特种设备产品、部件或者试制特种设备新产品、新部件、新材料，必须进行型式试验和能效测试。

第十四条 锅炉、压力容器、电梯、起重机械、客运索道、大型游乐设施及其安全附件、安全保护装置的制造、安装、改造单位，以及压力管道用管子、管件、阀门、法兰、补偿器、安全保护装置等（以下简称压力管道元件）的制造单位和场（厂）内专用机动车辆的制造、改造单位，应当经国务院特种设备安全监督管理部门许可，方可从事相应的活动。

前款特种设备的制造、安装、改造单位应当具备下列条件：

（一）有与特种设备制造、安装、改造相适应的专业技术人员和技术工人；

（二）有与特种设备制造、安装、改造相适应的生产条件和检测手段；

（三）有健全的质量管理制度和责任制度。

第十五条 特种设备出厂时，应当附有安全技术规范要求的设计文件、产品质量合格证明、安装及使用维修说明、监督检验证明等文件。

第十六条 锅炉、压力容器、电梯、起重机械、客运索道、大型游乐设施、场（厂）内专用机动车辆的维修单位，应当有与特种设备维修相适应的专业技术人员和技术工人以及必要的检测手段，并经省、自治区、直辖市特种设备安全监督管理部门许可，方可从事相应的维修活动。

第十七条 锅炉、压力容器、起重机械、客运索道、大型游乐设施的安装、改造、维修以及场（厂）内专用机动车辆的改造、维修，必须由依照本条例取得许可的单位进行。

电梯的安装、改造、维修，必须由电梯制造单位或者其通过合同委托、同意的依照本条例取得许可的单位进行。电梯制造单位对电梯质量以及安全运行涉及的质量问题负责。

特种设备安装、改造、维修的施工单位应当在施工前将拟进行的特种设备安装、改造、维修情况书面告知直辖市或者设区的市的特种设备安全监督管理部门，告知后即可施工。

第十八条 电梯井道的土建工程必须符合建筑工程质量要求。电梯安装施工过程中，电梯安装单位应当遵守施工现场的安全生产要求，落实现场安全防护措施。电梯安装施工过程中，施工现场的安全生产监督，由有关部门依照有关法律、行政法规的规定执行。

电梯安装施工过程中，电梯安装单位应当服从建筑施工总承包单位对施工现场的安全生产管理，并订立合同，明确各自的安全责任。

第十九条 电梯的制造、安装、改造和维修活动，必须严格遵守安全技术规范的要求。电梯制造单位委托或者同意其他单位进行电梯安装、改造、维修活动的，应当对其安装、改造、维修活动进行安全指导和监控。电梯的安装、改造、维修活动结束后，电梯制造单位应当按照安全技术规范的要求对电梯进行校验和调试，并对校验和调试的结果负责。

第二十条 锅炉、压力容器、电梯、起重机械、客运索道、大型游乐设施的安装、改造、维修以及场(厂)内专用机动车辆的改造、维修竣工后，安装、改造、维修的施工单位应当在验收后30日内将有关技术资料移交使用单位，高耗能特种设备还应当按照安全技术规范的要求提交能效测试报告。使用单位应当将其存入该特种设备的安全技术档案。

第二十一条 锅炉、压力容器、压力管道元件、起重机械、大型游乐设施的制造过程和锅炉、压力容器、电梯、起重机械、客运索道、大型游乐设施的安装、改造、重大维修过程，必须经国务院特种设备安全监督管理部门核准的检验检测机构按照安全技术规范的要求进行监督检验；未经监督检验合格的不得出厂或者交付使用。

第二十二条 移动式压力容器、气瓶充装单位应当经省、自治区、直辖市的特种设备安全监督管理部门许可，方可从事充装活动。

充装单位应当具备下列条件：

(一)有与充装和管理相适应的管理人员和技术人员；

(二)有与充装和管理相适应的充装设备、检测手段、场地厂房、器具、安全设施；

(三)有健全的充装管理制度、责任制度、紧急处理措施。

气瓶充装单位应当向气体使用者提供符合安全技术规范要求的气瓶，对使用者进行气瓶安全使用指导，并按照安全技术规范的要求办理气瓶使用登记，提出气瓶的定期检验要求。

第三章 特种设备的使用

第二十三条 特种设备使用单位，应当严格执行本条例和有关安全生产的法律、行政法规的规定，保证特种设备的安全使用。

第二十四条 特种设备使用单位应当使用符合安全技术规范要求的特种设备。特种设备投入使用前，使用单位应当核对其是否附有本条例第十五条规定的相关文件。

第二十五条 特种设备在投入使用前或者投入使用后30日内，特种设备使用单位应当向直辖市或者设区的市的特种设备安全监督管理部门登记。登记标志应当置于或者附着于该特种设备的显著位置。

第二十六条 特种设备使用单位应当建立特种设备安全技术档案。安全技术档案应当包括以下内容：

(一)特种设备的设计文件、制造单位、产品质量合格证明、使用维护说明等文件以及安装技术文件和资料；

(二)特种设备的定期检验和定期自行检查的记录；

(三)特种设备的日常使用状况记录；

(四)特种设备及其安全附件、安全保护装置、测量调控装置及有关附属仪器仪表的日常维护保养记录；

(五)特种设备运行故障和事故记录；

(六)高耗能特种设备的能效测试报告、能耗状况记录以及节能改造技术资料。

第二十七条 特种设备使用单位应当对在用特种设备进行经常性日常维护保养，并定期自行检查。

特种设备使用单位对在用特种设备应当至少每月进行一次自行检查，并作出记录。特种设备使用单位在对在用特种设备进行自行检查和日常维护保养时发现异常情况的，应当及时处理。

特种设备使用单位应当对在用特种设备的安全附件、安全保护装置、测量调控装置及有关附属仪器仪表进行定期校验、检修，并作出记录。

锅炉使用单位应当按照安全技术规范的要求进行锅炉水(介)质处理，并接受特种设备检验检测机构实施的水(介)质处理定期检验。

从事锅炉清洗的单位，应当按照安全技术规范的要求进行锅炉清洗，并接受特种设备检验检测机构实施的锅炉清洗过程监督检验。

第二十八条 特种设备使用单位应当按照安全技术规范的定期检验要求，在安全检验合格有效期届满前1个月向特种设备检验检测机构提出定期检验要求。

检验检测机构接到定期检验要求后，应当按照安全技术规范的要求及时进行安全性能检验和能效测试。

未经定期检验或者检验不合格的特种设备，不得继续使用。

第二十九条 特种设备出现故障或者发生异常情况，使用单位应当对其进行全面检查，消除事故隐患后，方可重新投入使用。

特种设备不符合能效指标的，特种设备使用单位应当采取相应措施进行整改。

第三十条 特种设备存在严重事故隐患，无改造、维修价值，或者超过安全技术规范规定使用年限，特种设备使用单位应当及时予以报废，并应当向原登记的特种设备安全监督管理部门办理注销。

第三十一条 电梯的日常维护保养必须由依照本条例取得许可的安装、改造、维修单位或者电梯制造单位进行。

电梯应当至少每15日进行一次清洁、润滑、调整和检查。

第三十二条 电梯的日常维护保养单位应当在维护保养中严格执行国家安全技术规范的要求，保证其维护保养的电梯的安全技术性能，并负责落实现场安全防护措施，保证施工安全。

电梯的日常维护保养单位，应当对其维护保养的电梯的安全性能负责。接到故障通知后，应当立即赶赴现场，并采取必要的应急救援措施。

第三十三条 电梯、客运索道、大型游乐设施等为公众提供服务的特种设备运营使用单位，应当设置特种设备安全管理机构或者配备专职的安全管理人员；其他特种设备使用单位，应当根据情况设置特种设备安全管理机构或者配备专职、兼职的安全管理人员。

特种设备的安全管理人员应当对特种设备使用状况进行经常性检查，发现问题的应当立即处理；情况紧急时，可以决定停止使用特种设备并及时报告本单位有关负责人。

第三十四条 客运索道、大型游乐设施的运营使用单位在客运索道、大型游乐设施每日投入使用前，应当进行试运行和例行安全检查，并对安全装置进行检查确认。

电梯、客运索道、大型游乐设施的运营使用单位应当将电梯、客运索道、大型游乐设施的安全注意事项和警示标志置于易于为乘客注意的显著位置。

第三十五条 客运索道、大型游乐设施的运营使用单位的主要负责人应当熟悉客运索道、大型游乐设施的相关安全知识，并全面负责客运索道、大型游乐设施的安全使用。

客运索道、大型游乐设施的运营使用单位的主要负责人至少应当每月召开一次会议，督促、检查客运索道、大型游乐设施的安全使用工作。

客运索道、大型游乐设施的运营使用单位，应当结合本单位的实际情况，配备相应数量的营救装备和急救物品。

第三十六条 电梯、客运索道、大型游乐设施的乘客应当遵守使用安全注意事项的要求，服从有关工作人员的指挥。

第三十七条 电梯投入使用后，电梯制造单位应当对其制造的电梯的安全运行情况进行跟踪调查和了解，对电梯的日常维护保养单位或者电梯的使用单位在安全运行方面存在的问题，提出改进建议，并提供必要的技术帮助。发现电梯存在严重事故隐患的，应当及时向特种设备安全监督管理部门报告。电梯制造单位对调查和了解的情况，应当作出记录。

第三十八条 锅炉、压力容器、电梯、起重机械、客运索道、大型游乐设施、场(厂)内专用机动车辆的作业人员及其相关管理人员(以下统称特种设备作业人员)，应当按照国家有关规定经特种设备安全监督管理部门考核合格，取得国家统一格式的特种作业人员证书，方可从事相应的作业或者管理工作。

第三十九条 特种设备使用单位应当对特种设备作业人员进行特种设备安全、节能教育和培训，保证特种设备作业人员具备必要的特种设备安全、节能知识。

特种设备作业人员在作业中应当严格执行特种设备的操作规程和有关的安全规章制度。

第四十条 特种设备作业人员在作业过程中发现事故隐患或者其他不安全因素，应当立即向现场安全管理人员和单位有关负责人报告。

第四章 检验检测

第四十一条 从事本条例规定的监督检验、定期检验、型式试验以及专门为特种设备生产、使用、检验检测提供无损检测服务的特种设备检验检测机构，应当经国务院特种设备安全监督管理部门核准。

特种设备使用单位设立的特种设备检验检测机构，经国务院特种设备安全监督管理部门核准，负责本单位核准范围内的特种设备定期检验工作。

第四十二条 特种设备检验检测机构，应当具备下列条件：

（一）有与所从事的检验检测工作相适应的检验检测人员；

（二）有与所从事的检验检测工作相适应的检验检测仪器和设备；

（三）有健全的检验检测管理制度、检验检测责任制度。

第四十三条 特种设备的监督检验、定期检验、型式试验和无损检测应当由依照本条例经核准的特种设备检验检测机构进行。

特种设备检验检测工作应当符合安全技术规范的要求。

第四十四条 从事本条例规定的监督检验、定期检验、型式试验和无损检测的特种设备检验检测人员应当经国务院特种设备安全监督管理部门组织考核合格，取得检验检测人员证书，方可从事检验检测工作。

检验检测人员从事检验检测工作，必须在特种设备检验检测机构执业，但不得同时在两个以上检验检测机构中执业。

第四十五条 特种设备检验检测机构和检验检测人员进行特种设备检验检测，应当遵循诚信原则和方便企业的原则，为特种设备生产、使用单位提供可靠、便捷的检验检测服务。

特种设备检验检测机构和检验检测人员对涉及的被检验检测单位的商业秘密，负有保密义务。

第四十六条 特种设备检验检测机构和检验检测人员应当客观、公正、及时地出具检验检测结果、鉴定结论。检验检测结果、鉴定结论经检验检测人员签字后，由检验检测机构负责人签署。

特种设备检验检测机构和检验检测人员对检验检测结果、鉴定结论负责。

国务院特种设备安全监督管理部门应当组织对特种设备检验检测机构的检验检测结果、鉴定结论进行监督抽查。县以上地方负责特种设备安全监督管理的部门在本行政区域内也可以组织监督抽查，但是要防止重复抽查。监督抽查结果应当向社会公布。

第四十七条 特种设备检验检测机构和检验检测人员不得从事特种设备的生产、销售，不得以其名义推荐或者监制、监销特种设备。

第四十八条 特种设备检验检测机构进行特种设备检验检测，发现严重事故隐患或者能耗严重超标的，应当及时告知特种设备使用单位，并立即向特种设备安全监督管理部门报告。

第四十九条 特种设备检验检测机构和检验检测人员利用检验检测工作故意刁难特种设备生产、使用单位，特种设备生产、使用单位有权向特种设备安全监督管理部门投诉，接到投诉的特种设备安全监督管理部门应当及时进行调查处理。

第五章 监督检查

第五十条 特种设备安全监督管理部门依照本条例规定，对特种设备生产、使用单位和检验检测机构实施安全监察。

对学校、幼儿园以及车站、客运码头、商场、体育场馆、展览馆、公园等公众聚集场所的特种设备，特种设备安全监督管理部门应当实施重点安全监察。

第五十一条 特种设备安全监督管理部门根据举报或者取得的涉嫌违法证据，对涉嫌违反本条例规定的行为进行查处时，可以行使下列职权：

（一）向特种设备生产、使用单位和检验检测机构的法定代表人、主要负责人和其他有关人员调查、了解与涉嫌从事违反本条例的生产、使用、检验检测有关的情况；

（二）查阅、复制特种设备生产、使用单位和检验检测机构的有关合同、发票、账簿以及其他有关资料；

（三）对有证据表明不符合安全技术规范要求的或者有其他严重事故隐患、能耗严重超标的特种设备，予以查封或者扣押。

第五十二条 依照本条例规定实施许可、核准、登记的特种设备安全监督管理部门，应当严格依照本条例规定条件和安全技术规范要求对有关事项进行审查；不符合本条例规定条件和安全技术规范要求的，不得许可、核准、登记；在申请办理许可、核准期间，特种设备安全监督管理部门发现申请人未经许可从事特种设备相应活动或者伪造许可、核准证书的，不予受理或者不予许可、核准，并在1年内不再受理其新的许可、核准申请。

未依法取得许可、核准、登记的单位擅自从事特种设备的生产、使用或者检验检测活动的，特种设备安全监督管理部门应当依法予以处理。

违反本条例规定，被依法撤销许可的，自撤销许可之日起3年内，特种设备安全监督管理部门不予受理其新的许可申请。

第五十三条 特种设备安全监督管理部门在办理本条例规定的有关行政审批事项时，其受理、审查、许可、核准的程序必须公开，并应当自受理申请之日起30日内，作出许可、核准或者不予许可、核准的决定；不予许可、核准的，应当书面向申请人说明理由。

第五十四条 地方各级特种设备安全监督管理部门不得以任何形式进行地方保护和地区封锁，不得对已经依照本条例规定在其他地方取得许可的特种设备生产单位重复进行许可，也不得要求对依照本条例规定在其他地方检验检测合格的特种设备，重复进行检验检测。

第五十五条 特种设备安全监督管理部门的安全监察人员（以下简称特种设备安全监察人员）应当熟悉相关法律、法规、规章和安全技术规范，具有相应的专业知识和工作经验，并经国务院特种设备安全监督管理部门考核，取得特种设备安全监察人员证书。

特种设备安全监察人员应当忠于职守、坚持原则、秉公执法。

第五十六条 特种设备安全监督管理部门对特种设备生产、使用单位和检验检测机构实施安全监察时，应当有两名以上特种设备安全监察人员参加，并出示有效的特种设备安全监察人员证件。

第五十七条 特种设备安全监督管理部门对特种设备生产、使用单位和检验检测机构实施安全监察，应当对每次安全监察的内容、发现的问题及处理情况，作出记录，并由参加安全监察的特种设备安全监察人员和被检查单位的有关负责人签字后归档。被检查单位的有关负责人拒绝签字的，特种设备安全监察人员应当将情况记录在案。

第五十八条 特种设备安全监督管理部门对特种设备生产、使用单位和检验检测机构进行安全监察时，发现有违反本条例规定和安全技术规范要求的行为或者在用的特种设备存在事故隐患、不符合能效指标的，应当以书面形式发出特种设备安全监察指令，责令有关单位及时采取措施，予以改正或者消除事故隐患。紧急情况下需要采取紧急处置措施的，应当随后补发书面通知。

第五十九条 特种设备安全监督管理部门对特种设备生产、使用单位和检验检测机构进行安全监察，发现重大违法行为或者严重事故隐患时，应当在采取必要措施的同时，及时向上级特种设备安全监督管理部门报告。接到报告的特种设备安全监督管理部门应当采取必要措施，及时予以处理。

对违法行为、严重事故隐患或者不符合能效指标的处理需要当地人民政府和有关部门的支持、配合时，特种设备安全监督管理部门应当报告当地人民政府，并通知其他有关部门。当地人民政府和其他有关部门应当采取必要措施，及时予以处理。

第六十条 国务院特种设备安全监督管理部门和省、自治区、直辖市特种设备安全监督管理部门应当定期向社会公布特种设备安全以及能效状况。

公布特种设备安全以及能效状况，应当包括下列内容：

（一）特种设备质量安全状况；

（二）特种设备事故的情况、特点、原因分析、防范对策；

（三）特种设备能效状况；

（四）其他需要公布的情况。

第六章 事故预防和调查处理

第六十一条 有下列情形之一的，为特别重大事故：

（一）特种设备事故造成30人以上死亡，或者100人以上重伤（包括急性工业中毒，下同），或者1亿元以上直接经济损失的；

（二）600兆瓦以上锅炉爆炸的；

（三）压力容器、压力管道有毒介质泄漏，造成15万人以上转移的；

（四）客运索道、大型游乐设施高空滞留100人以上并且时间在48小时以上的。

第六十二条 有下列情形之一的，为重大事故：

（一）特种设备事故造成10人以上30人以下死亡，或者50人以上100人以下重伤，或者5000万元以上1亿元以下直接经济损失的；

（二）600兆瓦以上锅炉因安全故障中断运行240小时以上的；

（三）压力容器、压力管道有毒介质泄漏，造成5万人以上15万人以下转移的；

（四）客运索道、大型游乐设施高空滞留100人以上并且时间在24小时以上48小时以下的。

第六十三条 有下列情形之一的，为较大事故：

（一）特种设备事故造成3人以上10人以下死亡，或者10人以上50人以下重伤，或者1000万元以上5000万元以下直接经济损失的；

（二）锅炉、压力容器、压力管道爆炸的；

（三）压力容器、压力管道有毒介质泄漏，造成1万人以上5万人以下转移的；

（四）起重机械整体倾覆的；

（五）客运索道、大型游乐设施高空滞留人员12小时以上的。

第六十四条 有下列情形之一的，为一般事故：

（一）特种设备事故造成3人以下死亡，或者10人以下重伤，或者1万元以上1000万元以下直接经济损失的；

（二）压力容器、压力管道有毒介质泄漏，造成500人以上1万人以下转移的；

（三）电梯轿厢滞留人员2小时以上的；

（四）起重机械主要受力结构件折断或者起升机构坠落的；

（五）客运索道高空滞留人员3.5小时以上12小时以下的；

（六）大型游乐设施高空滞留人员1小时以上12小时以下的。

除前款规定外，国务院特种设备安全监督管理部门可以对一般事故的其他情形做出补充规定。

第六十五条 特种设备安全监督管理部门应当制定特种设备应急预案。特种设备使用单位应当制定事故应急专项预案，并定期进行事故应急演练。

压力容器、压力管道发生爆炸或者泄漏，在抢险救援时应当区分介质特性，严格按照相关预案规定程序处理，防止二次爆炸。

第六十六条 特种设备事故发生后，事故发生单位应当立即启动事故应急预案，组织抢救，防止事故扩大，减少人员伤亡和财产损失，并及时向事故发生地县以上特种设备安全监督管理部门和有关部门报告。

县以上特种设备安全监督管理部门接到事故报告，应当尽快核实有关情况，立即向所在地人民政府报告，并逐级上报事故情况。必要时，特种设备安全监督管理部门可以越级上报事故情况。对特别重大事故、重大事故，国务院特种设备安全监督管理部门应当立即报告国务院并通报国务院安全生产监督管理部门等有关部门。

第六十七条 特别重大事故由国务院或者国务院授权有关部门组织事故调查组进行调查。

重大事故由国务院特种设备安全监督管理部门会同有关部门组织事故调查组进行调查。

较大事故由省、自治区、直辖市特种设备安全监督管理部门会同有关部门组织事故调查组进行调查。

一般事故由设区的市的特种设备安全监督管理部门会同有关部门组织事故调查组进行调查。

第六十八条 事故调查报告应当由负责组织事故调查的特种设备安全监督管理部门的所在地人民政府批复，并报上一级特种设备安全监督管理部门备案。

有关机关应当按照批复，依照法律、行政法规规定的权限和程序，对事故责任单位和有关人员进行行政处罚，对负有事故责任的国家工作人员进行处分。

第六十九条 特种设备安全监督管理部门应当在有关地方人民政府的领导下，组织开展特种设备事故调查处理工作。

有关地方人民政府应当支持、配合上级人民政府或者特种设备安全监督管理部门的事故调查处理工作，并提供必要的便利条件。

第七十条 特种设备安全监督管理部门应当对发生事故的原因进行分析，并根据特种设备的管理和技术特点、事故情况对相关安全技术规范进行评估；需要制定或者修订相关安全技术规范的，应当及时制定或者修订。

第七十一条 本章所称的"以上"包括本数，所称的"以下"不包括本数。

第七章 法律责任

第七十二条 未经许可，擅自从事压力容器设计活动的，由特种设备安全监督管理部门予以取缔，处5万元以上20万元以下罚款；有违法所得的，没收违法所得；触犯刑律的，对负有责任的主管人员和其他直接责任人员依照刑法关于非法经营罪或者其他罪的规定，依法追究刑事责任。

第七十三条 锅炉、气瓶、氧舱和客运索道、大型游乐设施以及高耗能特种设备的设计文件，未经国务院特种设备安全监督管理部门核准的检验检测机构鉴定，擅自用于制造的，由特种设备安全监督管理部门责令改正，没收非法制造的产品，处5万元以上20万元以下罚款；触犯刑律的，对负有责任的主管人员和其他直接责任人员依照刑法关于生产、销售伪劣产品罪、非法经营罪或者其他罪的规定，依法追究刑事责任。

第七十四条 按照安全技术规范的要求应当进行型式试验的特种设备产品、部件或者试制特种设备新产品、新部件，未进行整机或者部件型式试验的，由特种设备安全监督管理部门责令限期改正；逾期未改正的，处2万元以上10万元以下罚款。

第七十五条 未经许可，擅自从事锅炉、压力容器、电梯、起重机械、客运索道、大型游乐设施、场(厂)内专用机动车辆及其安全附件、安全保护装置的制造、安装、改造以及压力管道元件的制造活动的，由特种设备安全监督管理部门予以取缔，没收非法制造的产品，已经实施安装、改造的，责令恢复原状或者责令限期由取得许可的单位重新安装、改造，处10万元以上50万元以下罚款；触犯刑律的，对负有责任的主管人员和其他直接责任人员依照刑法关于生产、销售伪劣产品罪、非法经营罪、重大责任事故罪或者其他罪的规定，依法追究刑事责任。

第七十六条 特种设备出厂时，未按照安全技术规范的要求附有设计文件、产品质量合格证明、安装及使用维修说明、监督检验证明等文件的，由特种设备安全监督管理部门责令改正；情节严重的，责令停止生产、销售，处违法生产、销售货值金额30%以下罚款；有违法所得的，没收违法所得。

第七十七条 未经许可，擅自从事锅炉、压力容器、电梯、起重机械、客运索道、大型游乐设施、场(厂)内专用机动车辆的维修或者日常维护保养的，由特种设备安全监督管理部门予以取缔，处1万元以上5万元以下罚款；有违法所得的，没收违法所得；触犯刑律的，对负有责任的主管人员和其他直接责任人员依照刑法关于非法经营罪、重大责任事故罪或者其他罪的规定,依法追究刑事责任。

第七十八条 锅炉、压力容器、电梯、起重机械、客运索道、大型游乐设施的安装、改造、维修的施工单位以及场(厂)内专用机动车辆的改造、维修单位,在施工前未将拟进行的特种设备安装、改造、维修情况书面告知直辖市或者设区的市的特种设备安全监督管理部门即行施工的,或者在验收后30日内未将有关技术资料移交锅炉、压力容器、电梯、起重机械、客运索道、大型游乐设施的使用单位的,由特种设备安全监督管理部门责令限期改正;逾期未改正的,处2000元以上1万元以下罚款。

第七十九条 锅炉、压力容器、压力管道元件、起重机械、大型游乐设施的制造过程和锅炉、压力容器、电梯、起重机械、客运索道、大型游乐设施的安装、改造、重大维修过程,以及锅炉清洗过程,未经国务院特种设备安全监督管理部门核准的检验检测机构按照安全技术规范的要求进行监督检验的,由特种设备安全监督管理部门责令改正,已经出厂的,没收违法生产、销售的产品,已经实施安装、改造、重大维修或者清洗的,责令限期进行监督检验,处5万元以上20万元以下罚款;有违法所得的,没收违法所得;情节严重的,撤销制造、安装、改造或者维修单位已经取得的许可,并由工商行政管理部门吊销其营业执照;触犯刑律的,对负有责任的主管人员和其他直接责任人员依照刑法关于生产、销售伪劣产品罪或者其他罪的规定,依法追究刑事责任。

第八十条 未经许可,擅自从事移动式压力容器或者气瓶充装活动的,由特种设备安全监督管理部门予以取缔,没收违法充装的气瓶,处10万元以上50万元以下罚款;有违法所得的,没收违法所得;触犯刑律的,对负有责任的主管人员和其他直接责任人员依照刑法关于非法经营罪或者其他罪的规定,依法追究刑事责任。

移动式压力容器、气瓶充装单位未按照安全技术规范的要求进行充装活动的,由特种设备安全监督管理部门责令改正,处2万元以上10万元以下罚款;情节严重的,撤销其充装资格。

第八十一条 电梯制造单位有下列情形之一的,由特种设备安全监督管理部门责令限期改正;逾期未改正的,予以通报批评:

(一)未依照本条例第十九条的规定对电梯进行校验、调试的;

(二)对电梯的安全运行情况进行跟踪调查和了解时,发现存在严重事故隐患,未及时向特种设备安全监督管理部门报告的。

第八十二条 已经取得许可、核准的特种设备生产单位、检验检测机构有下列行为之一的,由特种设备安全监督管理部门责令改正,处2万元以上10万元以下罚款;情节严重的,撤销其相应资格:

(一)未按照安全技术规范的要求办理许可证变更手续的;

(二)不再符合本条例规定或者安全技术规范要求的条件,继续从事特种设备生产、检验检测的;

(三)未依照本条例规定或者安全技术规范要求进行特种设备生产、检验检测的;

(四)伪造、变造、出租、出借、转让许可证书或者监督检验报告的。

第八十三条 特种设备使用单位有下列情形之一的,由特种设备安全监督管理部门责令限期改正;逾期未改正的,处2000元以上2万元以下罚款;情节严重的,责令停止使用或者停产停业整顿:

(一)特种设备投入使用前或者投入使用后30日内,未向特种设备安全监督管理部门登记,擅自将其投入使用的;

(二)未依照本条例第二十六条的规定,建立特种设备安全技术档案的;

(三)未依照本条例第二十七条的规定,对在用特种设备进行经常性日常维护保养和定期自行检查的,或者对在用特种设备的安全附件、安全保护装置、测量调控装置及有关附属仪器仪表进行定期校验、检修,并作出记录的;

(四)未按照安全技术规范的定期检验要求,在安全检验合格有效期届满前1个月向特种设备检验检测机构提出定期检验要求的;

(五)使用未经定期检验或者检验不合格的特种设备的;

(六)特种设备出现故障或者发生异常情况,未对其进行全面检查、消除事故隐患,继续投入使用的;

(七)未制定特种设备事故应急专项预案的;

(八)未依照本条例第三十一条第二款的规定,对电梯进行清洁、润滑、调整和检查的;

(九)未按照安全技术规范要求进行锅炉水(介)质处理的;

(十)特种设备不符合能效指标,未及时采取相应措施进行整改的。

特种设备使用单位使用未取得生产许可的单位生产的特种设备或者将非承压锅炉、非压力容器作为承压锅炉、压力容器使用的,由特种设备安全监督管理部门责令停止使用,予以没收,处2万元以上10万元以下罚款。

第八十四条 特种设备存在严重事故隐患,无改造、维修价值,或者超过安全技术规范规定的使用年限,特种设备使用单位未予以报废,并向原登记的特种设备安全监督管理部门办理注销的，由特种设备安全监督管理部门责令限期改正；逾期未改正的，处5万元以上20万元以下罚款。

第八十五条 电梯、客运索道、大型游乐设施的运营使用单位有下列情形之一的，由特种设备安全监督管理部门责令限期改正；逾期未改正的，责令停止使用或者停产停业整顿，处1万元以上5万元以下罚款：

（一）客运索道、大型游乐设施每日投入使用前，未进行试运行和例行安全检查，并对安全装置进行检查确认的；

（二）未将电梯、客运索道、大型游乐设施的安全注意事项和警示标志置于易于为乘客注意的显著位置的。

第八十六条 特种设备使用单位有下列情形之一的，由特种设备安全监督管理部门责令限期改正；逾期未改正的，责令停止使用或者停产停业整顿，处2000元以上2万元以下罚款：

（一）未依照本条例规定设置特种设备安全管理机构或者配备专职、兼职的安全管理人员的；

（二）从事特种设备作业的人员，未取得相应特种作业人员证书，上岗作业的；

（三）未对特种设备作业人员进行特种设备安全教育和培训的。

第八十七条 发生特种设备事故，有下列情形之一的，对单位，由特种设备安全监督管理部门处5万元以上20万元以下罚款；对主要负责人，由特种设备安全监督管理部门处4000元以上2万元以下罚款；属于国家工作人员的，依法给予处分；触犯刑律的，依照刑法关于重大责任事故罪或者其他罪的规定，依法追究刑事责任：

（一）特种设备使用单位的主要负责人在本单位发生特种设备事故时，不立即组织抢救或者在事故调查处理期间擅离职守或者逃匿的；

（二）特种设备使用单位的主要负责人对特种设备事故隐瞒不报、谎报或者拖延不报的。

第八十八条 对事故发生负有责任的单位，由特种设备安全监督管理部门依照下列规定处以罚款：

（一）发生一般事故的，处10万元以上20万元以下罚款；

（二）发生较大事故的，处20万元以上50万元以下罚款；

（三）发生重大事故的，处50万元以上200万元以下罚款。

第八十九条 对事故发生负有责任的单位的主要负责人未依法履行职责，导致事故发生的，由特种设备安全监督管理部门依照下列规定处以罚款；属于国家工作人员的，并依法给予处分；触犯刑律的，依照刑法关于重大责任事故罪或者其他罪的规定，依法追究刑事责任：

（一）发生一般事故的，处上一年年收入30%的罚款；

（二）发生较大事故的，处上一年年收入40%的罚款；

（三）发生重大事故的，处上一年年收入60%的罚款。

第九十条 特种设备作业人员违反特种设备的操作规程和有关的安全规章制度操作，或者在作业过程中发现事故隐患或者其他不安全因素，未立即向现场安全管理人员和单位有关负责人报告的，由特种设备使用单位给予批评教育、处分；情节严重的，撤销特种设备作业人员资格；触犯刑律的，依照刑法关于重大责任事故罪或者其他罪的规定，依法追究刑事责任。

第九十一条 未经核准，擅自从事本条例所规定的监督检验、定期检验、型式试验以及无损检测等检验检测活动的，由特种设备安全监督管理部门予以取缔，处5万元以上20万元以下罚款；有违法所得的，没收违法所得；触犯刑律的，对负有责任的主管人员和其他直接责任人员依照刑法关于非法经营罪或者其他罪的规定，依法追究刑事责任。

第九十二条 特种设备检验检测机构，有下列情形之一的，由特种设备安全监督管理部门处2万元以上10万元以下罚款；情节严重的，撤销其检验检测资格：

（一）聘用未经特种设备安全监督管理部门组织考核合格并取得检验检测人员证书的人员，从事相关检验检测工作的；

（二）在进行特种设备检验检测中，发现严重事故隐患或者能耗严重超标，未及时告知特种设备使用单位，并立即向特种设备安全监督管理部门报告的。

第九十三条 特种设备检验检测机构和检验检测人员，出具虚假的检验检测结果、鉴定结论或者检验检测结果、鉴定结论严重失实的，由特种设备安全监督管理部门对检验检测机构没收违法所得，处5万元以上20万元以下罚款，情节严重的，撤销其检验检测资格；对检验检测人员处5000元以上5万元以下罚款，情节严重的，撤销其检验检测资格，触犯刑律的，依照刑法关于中介组织人员提供虚假证明文件罪、中介组织人员出具证明文件重大失实罪或者其他罪的规定，依法追究刑事责任。

特种设备检验检测机构和检验检测人员，出具虚假的检验检测结果、鉴定结论或者检验检测结果、鉴定结论严重失实，造成损害的，应当承担赔偿责任。

第九十四条 特种设备检验检测机构或者检验检测人员从事特种设备的生产、销售，或者以其名义推荐或者监制、监销特种设备的，由特种设备安全监督管理部门撤销特种设备检验检测机构和检验检测人员的资格，处5万元以上20万元以下罚款；有违法所得的，没收违法所得。

第九十五条 特种设备检验检测机构和检验检测人员利用检验检测工作故意刁难特种设备生产、使用单位，由特种设备安全监督管理部门责令改正；拒不改正的，撤销其检验检测资格。

第九十六条 检验检测人员，从事检验检测工作，不在特种设备检验检测机构执业或者同时在两个以上检验检测机构中执业的，由特种设备安全监督管理部门责令改正，情节严重的，给予停止执业6个月以上2年以下的处罚；有违法所得的，没收违法所得。

第九十七条 特种设备安全监督管理部门及其特种设备安全监察人员，有下列违法行为之一的，对直接负责的主管人员和其他直接责任人员，依法给予降级或者撤职的处分；触犯刑律的，依照刑法关于受贿罪、滥用职权罪、玩忽职守罪或者其他罪的规定，依法追究刑事责任：

（一）不按照本条例规定的条件和安全技术规范要求，实施许可、核准、登记的；

（二）发现未经许可、核准、登记擅自从事特种设备的生产、使用或者检验检测活动不予取缔或者不依法予以处理的；

（三）发现特种设备生产、使用单位不再具备本条例规定的条件而不撤销其原许可，或者发现特种设备生产、使用违法行为不予查处的；

（四）发现特种设备检验检测机构不再具备本条例规定的条件而不撤销其原核准，或者对其出具虚假的检验检测结果、鉴定结论或者检验检测结果、鉴定结论严重失实的行为不予查处的；

（五）对依照本条例规定在其他地方取得许可的特种设备生产单位重复进行许可，或者对依照本条例规定在其他地方检验检测合格的特种设备，重复进行检验检测的；

（六）发现有违反本条例和安全技术规范的行为或者在用的特种设备存在严重事故隐患，不立即处理的；

（七）发现重大的违法行为或者严重事故隐患，未及时向上级特种设备安全监督管理部门报告，或者接到报告的特种设备安全监督管理部门不立即处理的；

（八）迟报、漏报、瞒报或者谎报事故的；

（九）妨碍事故救援或者事故调查处理的。

第九十八条 特种设备的生产、使用单位或者检验检测机构，拒不接受特种设备安全监督管理部门依法实施的安全监察的，由特种设备安全监督管理部门责令限期改正；逾期未改正的，责令停产停业整顿，处2万元以上10万元以下罚款；触犯刑律的，依照刑法关于妨害公务罪或者其他罪的规定，依法追究刑事责任。

特种设备生产、使用单位擅自动用、调换、转移、损毁被查封、扣押的特种设备或者其主要部件的，由特种设备安全监督管理部门责令改正，处5万元以上20万元以下罚款；情节严重的，撤销其相应资格。

第八章 附 则

第九十九条 本条例下列用语的含义是：

（一）锅炉，是指利用各种燃料、电或者其他能源，将所盛装的液体加热到一定的参数，并对外输出热能的设备，其范围规定为容积大于或者等于30L的承压蒸汽锅炉；出口水压大于或者等于0.1MPa（表压），且额定功率大于或者等于0.1MW的承压热水锅炉；有机热载体锅炉。

（二）压力容器，是指盛装气体或者液体，承载一定压力的密闭设备，其范围规定为最高工作压力大于或者等于0.1MPa（表压），且压力与容积的乘积大于或者等于2.5MPa·L的气体、液化气体和最高工作温度高于或者等于标准沸点的液体的固定式容器和移动式容器；盛装公称工作压力大于或者等于0.2MPa（表压），且压力与容积的乘积大于或者等于1.0MPa·L的气体、液化气体和标准沸点等于或者低于60℃液体的气瓶；氧舱等。

（三）压力管道，是指利用一定的压力，用于输送气体或者液体的管状设备，其范围规定为最高工作压力大于或者等于0.1MPa（表压）的气体、液化气体、蒸汽介质或者可燃、易爆、有毒、有腐蚀性、最高工作温度高于或者等于标准沸点的液体介质，且公称直径大于25mm的管道。

（四）电梯，是指动力驱动，利用沿刚性导轨运行的箱体或者沿固定线路运行的梯级（踏步），进行升降或者平行运送人、货物的机电设备，包括载人（货）电梯、自动扶梯、自动人行道等。

（五）起重机械，是指用于垂直升降或者垂直升降并水平移动重物的机电设备，其范围规定为额定起重量大于或者等于0.5t的升降机；额定起重量大于或者等于1t，且提升高度大于或者等于2m的起重机和承重形式固定的电动葫芦等。

（六）客运索道，是指动力驱动，利用柔性绳索牵引箱体等运载工具运送人员的机电设备，包括客运架空索道、客运缆车、客运拖牵索道等。

（七）大型游乐设施，是指用于经营目的，承载乘客游乐的设施，其范围规定为设计最大运行线速度大于或者等于2m/s，或者运行高度距地面高于或者等于2m的载人大型游乐设施。

（八）场（厂）内专用机动车辆，是指除道路交通、农用车辆以外仅在工厂厂区、旅游景区、游乐场所等特定区域使用的专用机动车辆。

特种设备包括其所用的材料、附属的安全附件、安全保护装置和与安全保护装置相关的设施。

第一百条 压力管道设计、安装、使用的安全监督管理办法由国务院另行制定。

第一百零一条 国务院特种设备安全监督管理部门可以授权省、自治区、直辖市特种设备安全监督管理部门负责本条例规定的特种设备行政许可工作，具体办法由国务院特种设备安全监督管理部门制定。

第一百零二条 特种设备行政许可、检验检测，应当按照国家有关规定收取费用。

第一百零三条 本条例自2003年6月1日起施行。1982年2月6日国务院发布的《锅炉压力容器安全监察暂行条例》同时废止。

工作场所职业卫生监督管理规定

（2012年4月27日国家安全生产监督管理总局令第47号公布　自2012年6月1日起施行）

第一章　总　　则

第一条 为了加强职业卫生监督管理工作，强化用人单位职业病防治的主体责任，预防、控制职业病危害，保障劳动者健康和相关权益，根据《中华人民共和国职业病防治法》等法律、行政法规，制定本规定。

第二条 用人单位的职业病防治和安全生产监督管理部门对其实施监督管理，适用本规定。

第三条 用人单位应当加强职业病防治工作，为劳动者提供符合法律、法规、规章、国家职业卫生标准和卫生要求的工作环境和条件，并采取有效措施保障劳动者的职业健康。

第四条 用人单位是职业病防治的责任主体，并对本单位产生的职业病危害承担责任。

用人单位的主要负责人对本单位的职业病防治工作全面负责。

第五条 国家安全生产监督管理总局依照《中华人民共和国职业病防治法》和国务院规定的职责，负责全国用人单位职业卫生的监督管理工作。

县级以上地方人民政府安全生产监督管理部门依照《中华人民共和国职业病防治法》和本级人民政府规定的职责，负责本行政区域内用人单位职业卫生的监督管理工作。

第六条 为职业病防治提供技术服务的职业卫生技术服务机构，应当依照《职业卫生技术服务机构监督管理暂行办法》和有关标准、规范、执业准则的要求，为用人单位提供技术服务。

第七条 任何单位和个人均有权向安全生产监督管理部门举报用人单位违反本规定的行为和职业病危害事故。

第二章　用人单位的职责

第八条 职业病危害严重的用人单位，应当设置或者指定职业卫生管理机构或者组织，配备专职职业卫生管理人员。

其他存在职业病危害的用人单位，劳动者超过100人的，应当设置或者指定职业卫生管理机构或者组织，配备专职职业卫生管理人员；劳动者在100人以下的，应当配备专职或者兼职的职业卫生管理人员，负责本单位的职业病防治工作。

第九条 用人单位的主要负责人和职业卫生管理人员应当具备与本单位所从事的生产经营活动相适应的职业卫生知识和管理能力，并接受职业卫生培训。

用人单位主要负责人、职业卫生管理人员的职业卫生培训，应当包括下列主要内容：

（一）职业卫生相关法律、法规、规章和国家职业卫生标准；

（二）职业病危害预防和控制的基本知识；

（三）职业卫生管理相关知识；

（四）国家安全生产监督管理总局规定的其他内容。

第十条 用人单位应当对劳动者进行上岗前的职业卫生培训和在岗期间的定期职业卫生培训，普及职业卫生知识，督促劳动者遵守职业病防治的法律、法规、规章、国家职业卫生标准和操作规程。

用人单位应当对职业病危害严重的岗位的劳动者，进行专门的职业卫生培训，经培训合格后方可上岗作业。

因变更工艺、技术、设备、材料，或者岗位调整导致劳动者接触的职业病危害因素发生变化的，用人单位应当重新对劳动者进行上岗前的职业卫生培训。

第十一条 存在职业病危害的用人单位应当制定职业病危害防治计划和实施方案，建立、健全下列职业卫生管理制度和操作规程：

（一）职业病危害防治责任制度；

（二）职业病危害警示与告知制度；

（三）职业病危害项目申报制度；

（四）职业病防治宣传教育培训制度；

（五）职业病防护设施维护检修制度；

（六）职业病防护用品管理制度；

（七）职业病危害监测及评价管理制度；

（八）建设项目职业卫生“三同时”管理制度；

（九）劳动者职业健康监护及其档案管理制度；

（十）职业病危害事故处置与报告制度；

（十一）职业病危害应急救援与管理制度；

（十二）岗位职业卫生操作规程；

（十三）法律、法规、规章规定的其他职业病防治制度。

第十二条 产生职业病危害的用人单位的工作场所应当符合下列基本要求：

（一）生产布局合理，有害作业与无害作业分开；

（二）工作场所与生活场所分开，工作场所不得住人；

（三）有与职业病防治工作相适应的有效防护设施；

（四）职业病危害因素的强度或者浓度符合国家职业卫生标准；

（五）有配套的更衣间、洗浴间、孕妇休息间等卫生设施；

（六）设备、工具、用具等设施符合保护劳动者生理、心理健康的要求；

（七）法律、法规、规章和国家职业卫生标准的其他规定。

第十三条 用人单位工作场所存在职业病目录所列职业病的危害因素的，应当按照《职业病危害项目申报办法》的规定，及时、如实向所在地安全生产监督管理部门申报职业病危害项目，并接受安全生产监督管理部门的监督检查。

第十四条 新建、改建、扩建的工程建设项目和技术改造、技术引进项目（以下统称建设项目）可能产生职业病危害的，建设单位应当按照《建设项目职业卫生“三同时”监督管理暂行办法》的规定，向安全生产监督管理部门申请备案、审核、审查和竣工验收。

第十五条 产生职业病危害的用人单位，应当在醒目位置设置公告栏，公布有关职业病防治的规章制度、操作规程、职业病危害事故应急救援措施和工作场所职业病危害因素检测结果。

存在或者产生职业病危害的工作场所、作业岗位、设备、设施，应当按照《工作场所职业病危害警示标识》（GBZ158）的规定，在醒目位置设置图形、警示线、警示语句等警示标识和中文警示说明。警示说明应当载明产生职业病危害的种类、后果、预防和应急处置措施等内容。

存在或产生高毒物品的作业岗位，应当按照《高毒物品作业岗位职业病危害告知规范》（GBZ/T203）的规定，在醒目位置设置高毒物品告知卡，告知卡应当载明高毒物品的名称、理化特性、健康危害、防护措施及应急处理等告知内容与警示标识。

第十六条 用人单位应当为劳动者提供符合国家职业卫生标准的职业病防护用品，并督促、指导劳动者按照使用规则正确佩戴、使用，不得发放钱物替代发放职业病防护用品。

用人单位应当对职业病防护用品进行经常性的维护、保养，确保防护用品有效，不得使用不符合国家职业卫生标准或者已经失效的职业病防护用品。

第十七条 在可能发生急性职业损伤的有毒、有害工作场所，用人单位应当设置报警装置，配置现场急救用品、冲洗设备、应急撤离通道和必要的泄险区。

现场急救用品、冲洗设备等应当设在可能发生急性职业损伤的工作场所或者临近地点，并在醒目位置设置清晰的标识。

在可能突然泄漏或者逸出大量有害物质的密闭或者半密闭工作场所，除遵守本条第一款、第二款规定外，用人单位还应当安装事故通风装置以及与事故排风系统相连锁的泄漏报警装置。

生产、销售、使用、贮存放射性同位素和射线装置的场所，应当按照国家有关规定设置明显的放射性标志，其入口处应当按照国家有关安全和防护标准的要求，设置安全和防护设施以及必要的防护安全联锁、报警装置或者工作信号。放射性装置的生产调试和使用场所，应当具有防止误操作、防止工作人员受到意外照射的安全措施。用人单位必须配备与辐射类型和辐射水平相适应的防护用品和监测仪器，包括个人剂量测量报警、固定式和便携式辐射监测、表面污染监测、流出物监测等设备，并保证可能接触放射线的工作人员佩戴个人剂量计。

第十八条 用人单位应当对职业病防护设备、应急救援设施进行经常性的维护、检修和保养，定期检测其性能和效果，确保其处于正常状态，不得擅自拆除或者停止使用。

第十九条 存在职业病危害的用人单位，应当实施由专人负责的工作场所职业病危害因素日常监测，确保监测系统处于正常工作状态。

第二十条 存在职业病危害的用人单位，应当委托具有相应资质的职业卫生技术服务机构，每年至少进行一次职业病危害因素检测。

职业病危害严重的用人单位，除遵守前款规定外，应当委托具有相应资质的职业卫生技术服务机构，每三年至少进行一次职业病危害现状评价。

检测、评价结果应当存入本单位职业卫生档案，并向安全生产监督管理部门报告和劳动者公布。

第二十一条 存在职业病危害的用人单位，有下述情形之一的，应当及时委托具有相应资质的职业卫生技术服务机构进行职业病危害现状评价：

（一）初次申请职业卫生安全许可证，或者职业卫生安全许可证有效期届满申请换证的；

（二）发生职业病危害事故的；

（三）国家安全生产监督管理总局规定的其他情形。

用人单位应当落实职业病危害现状评价报告中提出的建议和措施，并将职业病危害现状评价结果及整改情况存入本单位职业卫生档案。

第二十二条 用人单位在日常的职业病危害监测或者定期检测、现状评价过程中，发现工作场所职业病危害因素不符合国家职业卫生标准和卫生要求时，应当立即采取相应治理措施，确保其符合职业卫生环境和条件的要求；仍然达不到国家职业卫生标准和卫生要求的，必须停止存在职业病危害因素的作业；职业病危害因素经治理后，符合国家职业卫生标准和卫生要求的，方可重新作业。

第二十三条 向用人单位提供可能产生职业病危害的设备的，应当提供中文说明书，并在设备的醒目位置设置警示标识和中文警示说明。警示说明应当载明设备性能、可能产生的职业病危害、安全操作和维护注意事项、职业病防护措施等内容。

用人单位应当检查前款规定的事项，不得使用不符合要求的设备。

第二十四条 向用人单位提供可能产生职业病危害的化学品、放射性同位素和含有放射性物质的材料的，应当提供中文说明书。说明书应当载明产品特性、主要成份、存在的有害因素、可能产生的危害后果、安全使用注意事项、职业病防护和应急救治措施等内容。产品包装应当有醒目的警示标识和中文警示说明。贮存上述材料的场所应当在规定的部位设置危险物品标识或者放射性警示标识。

用人单位应当检查前款规定的事项，不得使用不符合要求的材料。

第二十五条 任何用人单位不得使用国家明令禁止使用的可能产生职业病危害的设备或者材料。

第二十六条 任何单位和个人不得将产生职业病危害的作业转移给不具备职业病防护条件的单位和个人。不具备职业病防护条件的单位和个人不得接受产生职业病危害的作业。

第二十七条 用人单位应当优先采用有利于防治职业病危害和保护劳动者健康的新技术、新工艺、新材料、新设备，逐步替代产生职业病危害的技术、工艺、材料、设备。

第二十八条 用人单位对采用的技术、工艺、材料、设备，应当知悉其可能产生的职业病危害，并采取相应的防护措施。对有职业病危害的技术、工艺、设备、材料，故意隐瞒其危害而采用的，用人单位对其所造成的职业病危害后果承担责任。

第二十九条 用人单位与劳动者订立劳动合同（含聘用合同，下同）时，应当将工作过程中可能产生的职业病危害及其后果、职业病防护措施和待遇等如实告知劳动者，并在劳动合同中写明，不得隐瞒或者欺骗。

劳动者在履行劳动合同期间因工作岗位或者工作内容变更，从事与所订立劳动合同中未告知的存在职业病危害的作业时，用人单位应当依照前款规定，向劳动者履行如实告知的义务，并协商变更原劳动合同相关条款。

用人单位违反本条规定的，劳动者有权拒绝从事存在职业病危害的作业，用人单位不得因此解除与劳动者所订立的劳动合同。

第三十条 对从事接触职业病危害因素作业的劳动者，用人单位应当按照《用人单位职业健康监护监督管理办法》、《放射工作人员职业健康管理办法》、《职业健康监护技术规范》（GBZ188）、《放射工作人员职业健康监护技术规范》（GBZ235）等有关规定组织上岗前、在岗期间、离岗时的职业健康检查，并将检查结果书面如实告知劳动者。

职业健康检查费用由用人单位承担。

第三十一条 用人单位应当按照《用人单位职业健康监护监督管理办法》的规定，为劳动者建立职业健康监护档案，并按照规定的期限妥善保存。

职业健康监护档案应当包括劳动者的职业史、职业病危害接触史、职业健康检查结果、处理结果和职业病诊疗等有关个人健康资料。

劳动者离开用人单位时，有权索取本人职业健康监护档案复印件，用人单位应当如实、无偿提供，并在所提供的复印件上签章。

第三十二条 劳动者健康出现损害需要进行职业病诊断、鉴定的，用人单位应当如实提供职业病诊断、鉴定所需的劳动者职业史和职业病危害接触史、工作场所职业病危害因素检测结果和放射工作人员个人剂量监测结果等资料。

第三十三条 用人单位不得安排未成年工从事接触职业病危害的作业，不得安排有职业禁忌的劳动者从事其所禁忌的作业，不得安排孕期、哺乳期女职工从事对本人和胎儿、婴儿有危害的作业。

第三十四条 用人单位应当建立健全下列职业卫生档案资料：

（一）职业病防治责任制文件；

（二）职业卫生管理规章制度、操作规程；

（三）工作场所职业病危害因素种类清单、岗位分布以及作业人员接触情况等资料；

（四）职业病防护设施、应急救援设施基本信息，以及其配置、使用、维护、检修与更换等记录；

（五）工作场所职业病危害因素检测、评价报告与记录；

（六）职业病防护用品配备、发放、维护与更换等记录；

（七）主要负责人、职业卫生管理人员和职业病危害严重工作岗位的劳动者等相关人员职业卫生培训资料；

（八）职业病危害事故报告与应急处置记录；

（九）劳动者职业健康检查结果汇总资料，存在职业禁忌证、职业健康损害或者职业病的劳动者处理和安置情况记录；

（十）建设项目职业卫生“三同时”有关技术资料，以及其备案、审核、审查或者验收等有关回执或者批复文件；

（十一）职业卫生安全许可证申领、职业病危害项目申报等有关回执或者批复文件；

（十二）其他有关职业卫生管理的资料或者文件。

第三十五条 用人单位发生职业病危害事故，应当及时向所在地安全生产监督管理部门和有关部门报告，并采取有效措施，减少或者消除职业病危害因素，防止事故扩大。对遭受或者可能遭受急性职业病危害的劳动者，用人单位应当及时组织救治、进行健康检查和医学观察，并承担所需费用。

用人单位不得故意破坏事故现场、毁灭有关证据，不得迟报、漏报、谎报或者瞒报职业病危害事故。

第三十六条 用人单位发现职业病病人或者疑似职业病病人时，应当按照国家规定及时向所在地安全生产监督管理部门和有关部门报告。

第三十七条 工作场所使用有毒物品的用人单位，应当按照有关规定向安全生产监督管理部门申请办理职业卫生安全许可证。

第三十八条 用人单位在安全生产监督管理部门行政执法人员依法履行监督检查职责时，应当予以配合，不得拒绝、阻挠。

第三章 监督管理

第三十九条 安全生产监督管理部门应当依法对用人单位执行有关职业病防治的法律、法规、规章和国家职业卫生标准的情况进行监督检查，重点监督检查下列内容：

（一）设置或者指定职业卫生管理机构或者组织，配备专职或者兼职的职业卫生管理人员情况；

（二）职业卫生管理制度和操作规程的建立、落实及公布情况；

（三）主要负责人、职业卫生管理人员和职业病危害严重的工作岗位的劳动者职业卫生培训情况；

（四）建设项目职业卫生“三同时”制度落实情况；

（五）工作场所职业病危害项目申报情况；

（六）工作场所职业病危害因素监测、检测、评价及结果报告和公布情况；

（七）职业病防护设施、应急救援设施的配置、维护、保养情况，以及职业病防护用品的发放、管理及劳动者佩戴使用情况；

（八）职业病危害因素及危害后果警示、告知情况；

（九）劳动者职业健康监护、放射工作人员个人剂量监测情况；

（十）职业病危害事故报告情况；

（十一）提供劳动者健康损害与职业史、职业病危害接触关系等相关资料的情况；

（十二）依法应当监督检查的其他情况。

第四十条 安全生产监督管理部门应当建立健全职业卫生监督检查制度，加强行政执法人员职业卫生知识的培训，提高行政执法人员的业务素质。

第四十一条 安全生产监督管理部门应当加强建设项目职业卫生“三同时”的监督管理，建立健全相关资料的档案管理制度。

第四十二条 安全生产监督管理部门应当加强职业卫生技术服务机构的资质认可管理和技术服务工作的监督检查，督促职业卫生技术服务机构公平、公正、客观、科学地开展职业卫生技术服务。

第四十三条 安全生产监督管理部门应当建立健全职业病危害防治信息统计分析制度，加强对用人单位职业病危害因素检测、评价结果、劳动者职业健康监护信息以及职业卫生监督检查信息等资料的统计、汇总和分析。

第四十四条 安全生产监督管理部门应当按照有关规定，支持、配合有关部门和机构开展职业病的诊断、鉴定工作。

第四十五条 安全生产监督管理部门行政执法人员依法履行监督检查职责时，应当出示有效的执法证件。

行政执法人员应当忠于职守，秉公执法，严格遵守执法规范；涉及被检查单位的技术秘密、业务秘密以及个人隐私的，应当为其保密。

第四十六条 安全生产监督管理部门履行监督检查职责时，有权采取下列措施：

（一）进入被检查单位及工作场所，进行职业病危害检测，了解情况，调查取证；

（二）查阅、复制被检查单位有关职业病危害防治的文件、资料，采集有关样品；

（三）责令违反职业病防治法律、法规的单位和个人停止违法行为；

（四）责令暂停导致职业病危害事故的作业，封存造成职业病危害事故或者可能导致职业病危害事故发生的材料和设备；

（五）组织控制职业病危害事故现场。

在职业病危害事故或者危害状态得到有效控制后，安全生产监督管理部门应当及时解除前款第四项、第五项规定的控制措施。

第四十七条 发生职业病危害事故，安全生产监督管理部门应当依照国家有关规定报告事故和组织事故的调查处理。

第四章 法律责任

第四十八条 用人单位有下列情形之一的，给予警告，责令限期改正，可以并处5千元以上2万元以下的罚款：

（一）未按照规定实行有害作业与无害作业分开、工作场所与生活场所分开的；

（二）用人单位的主要负责人、职业卫生管理人员未接受职业卫生培训的。

第四十九条 用人单位有下列情形之一的，给予警告，责令限期改正；逾期未改正的，处10万元以下的罚款：

（一）未按照规定制定职业病防治计划和实施方案的；

（二）未按照规定设置或者指定职业卫生管理机构或者组织，或者未配备专职或者兼职的职业卫生管理人员的；

（三）未按照规定建立、健全职业卫生管理制度和操作规程的；

（四）未按照规定建立、健全职业卫生档案和劳动者健康监护档案的；

（五）未建立、健全工作场所职业病危害因素监测及评价制度的；

（六）未按照规定公布有关职业病防治的规章制度、操作规程、职业病危害事故应急救援措施的；

（七）未按照规定组织劳动者进行职业卫生培训，或者未对劳动者个体防护采取有效的指导、督促措施的；

（八）工作场所职业病危害因素检测、评价结果未按照规定存档、上报和公布的。

第五十条 用人单位有下列情形之一的，责令限期改正，给予警告，可以并处5万元以上10万元以下的罚款：

（一）未按照规定及时、如实申报产生职业病危害的项目的；

（二）未实施由专人负责职业病危害因素日常监测，或者监测系统不能正常监测的；

（三）订立或者变更劳动合同时，未告知劳动者职业病危害真实情况的；

（四）未按照规定组织劳动者进行职业健康检查、建立职业健康监护档案或者未将检查结果书面告知劳动者的；

（五）未按照规定在劳动者离开用人单位时提供职业健康监护档案复印件的。

第五十一条 用人单位有下列情形之一的，给予警告，责令限期改正；逾期未改正的，处5万元以上20万元以下的罚款；情节严重的，责令停止产生职业病危害的作业，或者提请有关人民政府按照国务院规定的权限责令关闭：

（一）工作场所职业病危害因素的强度或者浓度超过国家职业卫生标准的；

（二）未提供职业病防护设施和劳动者使用的职业病防护用品，或者提供的职业病防护设施和劳动者使用的职业病防护用品不符合国家职业卫生标准和卫生要求的；

（三）未按照规定对职业病防护设备、应急救援设施和劳动者职业病防护用品进行维护、检修、检测，或者不能保持正常运行、使用状态的；

（四）未按照规定对工作场所职业病危害因素进行检测、现状评价的；

（五）工作场所职业病危害因素经治理仍然达不到国家职业卫生标准和卫生要求时，未停止存在职业病危害因素的作业的；

（六）发生或者可能发生急性职业病危害事故，未立即采取应急救援和控制措施或者未按照规定及时报告的；

（七）未按照规定在产生严重职业病危害的作业岗位醒目位置设置警示标识和中文警示说明的；

（八）拒绝安全生产监督管理部门监督检查的；

（九）隐瞒、伪造、篡改、毁损职业健康监护档案、工作场所职业病危害因素检测评价结果等相关资料，或者不提供职业病诊断、鉴定所需要资料的；

（十）未按照规定承担职业病诊断、鉴定费用和职业病病人的医疗、生活保障费用的。

第五十二条 用人单位有下列情形之一的，责令限期改正，并处5万元以上30万元以下的罚款；情节严重的，责令停止产生职业病危害的作业，或者提请有关人民政府按照国务院规定的权限责令关闭：

（一）隐瞒技术、工艺、设备、材料所产生的职业病危害而采用的；

（二）隐瞒本单位职业卫生真实情况的；

（三）可能发生急性职业损伤的有毒、有害工作场所或者放射工作场所不符合本规定第十七条规定的；

（四）使用国家明令禁止使用的可能产生职业病危害的设备或者材料的；

（五）将产生职业病危害的作业转移给没有职业病防护条件的单位和个人，或者没有职业病防护条件的单位和个人接受产生职业病危害的作业的；

（六）擅自拆除、停止使用职业病防护设备或者应急救援设施的；

（七）安排未经职业健康检查的劳动者、有职业禁忌的劳动者、未成年工或者孕期、哺乳期女职工从事接触产生职业病危害的作业或者禁忌作业的；

（八）违章指挥和强令劳动者进行没有职业病防护措施的作业的。

第五十三条 用人单位违反《中华人民共和国职业病防治法》的规定，已经对劳动者生命健康造成严重损害的，责令停止产生职业病危害的作业，或者提请有关人民政府按照国务院规定的权限责令关闭，并处10万元以上50万元以下的罚款。

造成重大职业病危害事故或者其他严重后果，构成犯罪的，对直接负责的主管人员和其他直接责任人员，依法追究刑事责任。

第五十四条 向用人单位提供可能产生职业病危害的设备或者材料，未按照规定提供中文说明书或者设置警示标识和中文警示说明的，责令限期改正，给予警告，并处5万元以上20万元以下的罚款。

第五十五条 用人单位未按照规定报告职业病、疑似职业病的，责令限期改正，给予警告，可以并处1万元以下的罚款；弄虚作假的，并处2万元以上5万元以下的罚款。

第五十六条 安全生产监督管理部门及其行政执法人员未按照规定报告职业病危害事故的，依照有关规定给予处理；构成犯罪的，依法追究刑事责任。

第五十七条 本规定所规定的行政处罚，由县级以上安全生产监督管理部门决定。法律、行政法规和国务院有关规定对行政处罚决定机关另有规定的，依照其规定。

第五章　附　　则

第五十八条 本规定下列用语的含义：

（一）工作场所，是指劳动者进行职业活动的所有地点，包括建设单位施工场所；

（二）职业病危害严重的用人单位，是指建设项目职业病危害分类管理目录中所列职业病危害严重行业的用人单位。

建设项目职业病危害分类管理目录由国家安全生产监督管理总局公布。各省级安全生产监督管理部门可以根据本地区实际情况，对分类目录作出补充规定。

第五十九条 本规定未规定的其他有关职业病防治事项，依照《中华人民共和国职业病防治法》和其他有关法律、法规、规章的规定执行。

第六十条 煤矿的职业病防治和煤矿安全监察机构对其实施监察，依照本规定和国家安全生产监督管理总局的其他有关规定执行。

第六十一条 本规定自2012年6月1日起施行。2009年7月1日国家安全生产监督管理总局公布的《作业场所职业健康监督管理暂行规定》同时废止。

未成年工特殊保护规定

（1994年12月9日　劳部发〔1994〕498号）

第一条 为维护未成年工的合法权益，保护其在生产劳动中的健康，根据《中华人民共和国劳动法》的有关规定，制定本规定。

第二条 未成年工是指年满16周岁，未满18周岁的劳动者。

未成年工的特殊保护是针对未成年工处于生长发育期的特点，以及接受义务教育的需要，采取的特殊劳动保护措施。

第三条 用人单位不得安排未成年工从事以下范围的劳动：

（一）《生产性粉尘作业危害程度分级》国家标准中第一级以上的接尘作业；

（二）《有毒作业分级》国家标准中第一级以上的有毒作业；

（三）《高处作业分级》国家标准中第二级以上的高处作业；

（四）《冷水作业分级》国家标准中第二级以上的冷水作业；

（五）《高温作业分级》国家标准中第三级以上的高温作业；

（六）《低温作业分级》国家标准中第三级以上的低温作业；

（七）《体力劳动强度分级》国家标准中第四级体力劳动强度的作业；

（八）矿山井下及矿山地面采石作业；

（九）森林业中的伐木、流放及守林作业；

（十）工作场所接触放射性物质的作业；

（十一）有易燃易爆、化学性烧伤和热烧伤等危险性大的作业；

（十二）地质勘探和资源勘探的野外作业；

（十三）潜水、涵洞、涵道作业和海拔3000米以上的高原作业（不包括世居高原者）；

（十四）连续负重每小时在6次以上并每次超过20公斤，间断负重每次超过25公斤的作业；

（十五）使用凿岩机、捣固机、气镐、气铲、铆钉机、电锤的作业；

（十六）工作中需要长时间保持低头、弯腰、上举、下蹲等强迫体位和动作频率每分钟大于50次的流水线作业；

（十七）锅炉司炉。

第四条 未成年工患有某种疾病或具有某些生理缺陷（非残疾型）时，用人单位不得安排其从事以下范围的劳动：

（一）《高处作业分级》国家标准中第一级以上的高处作业；

（二）《低温作业分级》国家标准中第二级以上的低温作业；

（三）《高温作业分级》国家标准中第二级以上的高温作业；

（四）《体力劳动强度分级》国家标准中第三级以上体力劳动强度的作业；

（五）接触铅、苯、汞、甲醛、二硫化碳等易引起过敏反应的作业。

第五条 患有某种疾病或具有某些生理缺陷（非残疾型）的未成年工，是指有以下一种或一种以上情况者：

（一）心血管系统

1. 先天性心脏病；
2. 克山病；
3. 收缩期或舒张期二级以上心脏杂音。

（二）呼吸系统

1. 中度以上气管炎或支气管哮喘；
2. 呼吸音明显减弱；
3. 各类结核病；
4. 体弱儿，呼吸道反复感染者。

（三）消化系统

1. 各类肝炎；
2. 肝、脾肿大；
3. 胃、十二指肠溃疡；
4. 各种消化道疝。

（四）泌尿系统

1. 急、慢性肾炎；
2. 泌尿系感染。

（五）内分泌系统

1. 甲状腺机能亢进；
2. 中度以上糖尿病。

（六）精神神经系统

1. 智力明显低下；
2. 精神忧郁或狂暴。

（七）肌肉、骨骼运动系统

1. 身高和体重低于同龄人标准；
2. 一个及一个以上肢体存在明显功能障碍；
3. 躯干1/4以上部位活动受限，包括僵直或不能旋转。

（八）其他

1. 结核性胸膜炎；
2. 各类重度关节炎；
3. 血吸虫病；
4. 严重贫血，其血色素每升低于95克（>9.5g/dl）。

第六条 用人单位应按下列要求对未成年工定期进行健康检查：

（一）安排工作岗位之前；

（二）工作满1年；

（三）年满18周岁，距前一次的体检时间已超过半年。

第七条 未成年工的健康检查，应按本规定所附《未成年工健康检查表》列出的项目进行。

第八条 用人单位应根据未成年工的健康检查结果安排其从事适合的劳动，对不能胜任原劳动岗位的，应根据医务部门的证明，予以减轻劳动量或安排其他劳动。

第九条 对未成年工的使用和特殊保护实行登记制度。

（一）用人单位招收使用未成年工，除符合一般用工要求外，还须向所在地的县级以上劳动行政部门办理登记。劳动行政部门根据《未成年工健康检查表》、《未成年工登记表》，核发《未成年工登记证》。

（二）各级劳动行政部门须按本规定第三、四、五、七条的有关规定，审核体检情况和拟安排的劳动范围。

（三）未成年工须持《未成年工登记证》上岗。

（四）《未成年工登记证》由国务院劳动行政部门统一印制。

第十条 未成年工上岗前用人单位应对其进行有关的职业安全卫生教育、培训；未成年工体检和登记，由用人单位统一办理和承担费用。

第十一条 县级以上劳动行政部门对用人单位执行本规定的情况进行监督检查，对违犯本规定的行为依照有关法规进行处罚。

各级工会组织对本规定的执行情况进行监督。

第十二条 省、自治区、直辖市劳动行政部门可以根据本规定制定实施办法。

第十三条 本规定自1995年1月1日起施行。

职业健康检查管理办法

（2015年3月26日国家卫生和计划生育委员会令第5号公布　自2015年5月1日起施行）

第一章　总　　则

第一条　为加强职业健康检查工作，规范职业健康检查机构管理，保护劳动者健康权益，根据《中华人民共和国职业病防治法》（以下简称《职业病防治法》），制定本办法。

第二条　本办法所称职业健康检查是指医疗卫生机构按照国家有关规定，对从事接触职业病危害作业的劳动者进行的上岗前、在岗期间、离岗时的健康检查。

第三条　国家卫生计生委负责全国范围内职业健康检查工作的监督管理。

县级以上地方卫生计生行政部门负责本辖区职业健康检查工作的监督管理；结合职业病防治工作实际需要，充分利用现有资源，统一规划、合理布局；加强职业健康检查机构能力建设，并提供必要的保障条件。

第二章　职业健康检查机构

第四条　医疗卫生机构开展职业健康检查，应当经省级卫生计生行政部门批准。

省级卫生计生行政部门应当及时向社会公布批准的职业健康检查机构名单、地址、检查类别和项目等相关信息。

第五条　承担职业健康检查的医疗卫生机构（以下简称职业健康检查机构）应当具备以下条件：

（一）持有《医疗机构执业许可证》，涉及放射检查项目的还应当持有《放射诊疗许可证》；

（二）具有相应的职业健康检查场所、候检场所和检验室，建筑总面积不少于400平方米，每个独立的检查室使用面积不少于6平方米；

（三）具有与批准开展的职业健康检查类别和项目相适应的执业医师、护士等医疗卫生技术人员；

（四）至少具有1名取得职业病诊断资格的执业医师；

（五）具有与批准开展的职业健康检查类别和项目相适应的仪器、设备；开展外出职业健康检查，应当具有相应的职业健康检查仪器、设备、专用车辆等条件；

（六）建立职业健康检查质量管理制度。

符合以上条件的医疗卫生机构，由省级卫生计生行政部门颁发《职业健康检查机构资质批准证书》，并注明相应的职业健康检查类别和项目。

第六条　职业健康检查机构具有以下职责：

（一）在批准的职业健康检查类别和项目范围内，依法开展职业健康检查工作，并出具职业健康检查报告；

（二）履行疑似职业病和职业禁忌的告知和报告义务；

（三）定期向卫生计生行政部门报告职业健康检查工作情况，包括外出职业健康检查工作情况；

（四）开展职业病防治知识宣传教育；

（五）承担卫生计生行政部门交办的其他工作。

第七条　职业健康检查机构应当指定主检医师。主检医师应当具备以下条件：

（一）具有执业医师证书；

（二）具有中级以上专业技术职务任职资格；

（三）具有职业病诊断资格；

（四）从事职业健康检查相关工作三年以上，熟悉职业卫生和职业病诊断相关标准。

主检医师负责确定职业健康检查项目和周期，对职业健康检查过程进行质量控制，审核职业健康检查报告。

第八条　职业健康检查机构及其工作人员应当关心、爱护劳动者，尊重和保护劳动者的知情权及个人隐私。

第三章　职业健康检查规范

第九条　按照劳动者接触的职业病危害因素，职业健康检查分为以下六类：

（一）接触粉尘类；

（二）接触化学因素类；

（三）接触物理因素类；

（四）接触生物因素类；

（五）接触放射因素类；

（六）其他类（特殊作业等）。

以上每类中包含不同检查项目。职业健康检查机构应当根据批准的检查类别和项目，开展相应的职业健康检查。

第十条　职业健康检查机构开展职业健康检查应当与用人单位签订委托协议书，由用人单位统一组织劳动者进行职业健康检查；也可以由劳动者持单位介绍信进行职业健康检查。

第十一条　职业健康检查机构应当依据相关技术规范，结合用人单位提交的资料，明确用人单位应当检查的项目和周期。

第十二条　在职业健康检查中，用人单位应当如实提供以下职业健康检查所需的相关资料，并承担检查费用：

（一）用人单位的基本情况；

（二）工作场所职业病危害因素种类及其接触人员名册、岗位（或工种）、接触时间；

（三）工作场所职业病危害因素定期检测等相关资料。

第十三条 职业健康检查的项目、周期按照《职业健康监护技术规范》（GBZ 188）执行，放射工作人员职业健康检查按照《放射工作人员职业健康监护技术规范》（GBZ 235）等规定执行。

第十四条 职业健康检查机构可以在执业登记机关管辖区域内开展外出职业健康检查。外出职业健康检查进行医学影像学检查和实验室检测，必须保证检查质量并满足放射防护和生物安全的管理要求。

第十五条 职业健康检查机构应当在职业健康检查结束之日起 30 个工作日内将职业健康检查结果，包括劳动者个人职业健康检查报告和用人单位职业健康检查总结报告，书面告知用人单位，用人单位应当将劳动者个人职业健康检查结果及职业健康检查机构的建议等情况书面告知劳动者。

第十六条 职业健康检查机构发现疑似职业病病人时，应当告知劳动者本人并及时通知用人单位，同时向所在地卫生计生行政部门和安全生产监督管理部门报告。发现职业禁忌的，应当及时告知用人单位和劳动者。

第十七条 职业健康检查机构要依托现有的信息平台，加强职业健康检查的统计报告工作，逐步实现信息的互联互通和共享。

第十八条 职业健康检查机构应当建立职业健康检查档案。职业健康检查档案保存时间应当自劳动者最后一次职业健康检查结束之日起不少于 15 年。

职业健康检查档案应当包括下列材料：

（一）职业健康检查委托协议书；

（二）用人单位提供的相关资料；

（三）出具的职业健康检查结果总结报告和告知材料；

（四）其他有关材料。

第四章 监督管理

第十九条 县级以上地方卫生计生行政部门应当加强对本辖区职业健康检查机构的监督管理。按照属地化管理原则，制定年度监督检查计划，做好职业健康检查机构的监督检查工作。监督检查主要内容包括：

（一）相关法律法规、标准的执行情况；

（二）按照批准的类别和项目开展职业健康检查工作的情况；

（三）外出职业健康检查工作情况；

（四）职业健康检查质量控制情况；

（五）职业健康检查结果、疑似职业病的报告与告知情况；

（六）职业健康检查档案管理情况等。

第二十条 省级卫生计生行政部门应当对本辖区内的职业健康检查机构进行定期或者不定期抽查；设区的市级卫生计生行政部门每年应当至少组织一次对本辖区内职业健康检查机构的监督检查；县级卫生计生行政部门负责日常监督检查。

第二十一条 县级以上地方卫生计生行政部门监督检查时，有权查阅或者复制有关资料，职业健康检查机构应当予以配合。

第五章 法律责任

第二十二条 无《医疗机构执业许可证》擅自开展职业健康检查的，由县级以上地方卫生计生行政部门依据《医疗机构管理条例》第四十四条的规定进行处理。

第二十三条 对未经批准擅自从事职业健康检查的医疗卫生机构，由县级以上地方卫生计生行政部门依据《职业病防治法》第八十条的规定进行处理。

第二十四条 职业健康检查机构有下列行为之一的，由县级以上地方卫生计生行政部门依据《职业病防治法》第八十一条的规定进行处理：

（一）超出批准范围从事职业健康检查的；

（二）不按照《职业病防治法》规定履行法定职责的；

（三）出具虚假证明文件的。

第二十五条 职业健康检查机构未按照规定报告疑似职业病的，由县级以上地方卫生计生行政部门依据《职业病防治法》第七十五条的规定进行处理。

第二十六条 职业健康检查机构有下列行为之一的，由县级以上地方卫生计生行政部门责令限期改正，并给予警告；逾期不改的，处五千元以上三万元以下罚款：

（一）未指定主检医师或者指定的主检医师未取得职业病诊断资格的；

（二）未建立职业健康检查档案的；

（三）违反本办法其他有关规定的。

第二十七条 职业健康检查机构出租、出借《职业健康检查机构资质批准证书》的，由县级以上地方卫生计生行政部门予以警告，并处三万元以下罚款；伪造、变造或者买卖《职业健康检查机构资质批准证书》的，按照《中华人民共和国治安管理处罚法》的有关规定进行处理；情节严重的，依法对直接负责的主管人员和其他直接责任人员，给予降级、撤职或者开除的处分；构成犯罪的，依法追究刑事责任。

第六章 附 则

第二十八条 本办法自2015年5月1日起施行。2002年3月28日原卫生部公布的《职业健康监护管理办法》同时废止。

职业病诊断与鉴定管理办法

(2013年2月19日卫生部令第91号公布 自2013年4月10日起施行)

第一章 总 则

第一条 为了规范职业病诊断与鉴定工作,加强职业病诊断与鉴定管理,根据《中华人民共和国职业病防治法》(以下简称《职业病防治法》),制定本办法。

第二条 职业病诊断与鉴定工作应当按照《职业病防治法》、本办法的有关规定及国家职业病诊断标准进行,遵循科学、公正、及时、便民的原则。

第三条 职业病诊断机构的设置必须适应职业病防治工作实际需要,充分利用现有医疗卫生资源,实现区域覆盖。

第四条 各地要加强职业病诊断机构能力建设,提供必要的保障条件,配备相关的人员、设备和工作经费,以满足职业病诊断工作的需要。

第二章 诊断机构

第五条 省、自治区、直辖市人民政府卫生行政部门(以下简称省级卫生行政部门)应当结合本行政区域职业病防治工作制定职业病诊断机构设置规划,报省级人民政府批准后实施。

第六条 职业病诊断机构应当具备下列条件:

(一)持有《医疗机构执业许可证》;

(二)具有相应的诊疗科目及与开展职业病诊断相适应的职业病诊断医师等相关医疗卫生技术人员;

(三)具有与开展职业病诊断相适应的场所和仪器、设备;

(四)具有健全的职业病诊断质量管理制度。

第七条 医疗卫生机构申请开展职业病诊断,应当向省级卫生行政部门提交以下资料:

(一)职业病诊断机构申请表;

(二)《医疗机构执业许可证》及副本的复印件;

(三)与申请开展的职业病诊断项目相关的诊疗科目及相关资料;

(四)与申请项目相适应的职业病诊断医师等相关医疗卫生技术人员情况;

(五)与申请项目相适应的场所和仪器、设备清单;

(六)职业病诊断质量管理制度有关资料;

(七)省级卫生行政部门规定提交的其他资料。

第八条 省级卫生行政部门收到申请材料后,应当在五个工作日内作出是否受理的决定,不受理的应当说明理由并书面通知申请单位。

决定受理的,省级卫生行政部门应当及时组织专家组进行技术评审。专家组应当自卫生行政部门受理申请之日起六十日内完成和提交技术评审报告,并对提交的技术评审报告负责。

第九条 省级卫生行政部门应当自收到技术评审报告之日起二十个工作日内,作出是否批准的决定。

对批准的申请单位颁发职业病诊断机构批准证书;不批准的应当说明理由并书面通知申请单位。

职业病诊断机构批准证书有效期为五年。

第十条 职业病诊断机构需要延续依法取得的职业病诊断机构批准证书有效期的,应当在批准证书有效期届满三十日前,向原批准机关申请延续。经原批准机关审核合格的,延续批准证书。

第十一条 符合本办法第六条规定的公立医疗卫生机构可以申请开展职业病诊断工作。

设区的市没有医疗卫生机构申请开展职业病诊断的,省级卫生行政部门应当根据职业病诊断工作的需要,指定公立医疗卫生机构承担职业病诊断工作,并使其在规定时间内达到本办法第六条规定的条件。

第十二条 职业病诊断机构的职责是:

(一)在批准的职业病诊断项目范围内开展职业病诊断;

(二)报告职业病;

(三)报告职业病诊断工作情况;

(四)承担《职业病防治法》中规定的其他职责。

第十三条 职业病诊断机构依法独立行使诊断权,并对其作出的职业病诊断结论负责。

第十四条 职业病诊断机构应当建立和健全职业病诊断管理制度,加强职业病诊断医师等有关医疗卫生人员技术培训和政策、法律培训,并采取措施改善职业病诊断工作条件,提高职业病诊断服务质量和水平。

第十五条 职业病诊断机构应当公开职业病诊断程序,方便劳动者进行职业病诊断。

职业病诊断机构及其相关工作人员应当尊重、关心、爱护劳动者,保护劳动者的隐私。

第十六条 从事职业病诊断的医师应当具备下列条件,并取得省级卫生行政部门颁发的职业病诊断资格证书:

(一)具有医师执业证书;

(二)具有中级以上卫生专业技术职务任职资格;

(三)熟悉职业病防治法律法规和职业病诊断标准;

(四)从事职业病诊断、鉴定相关工作三年以上;

(五)按规定参加职业病诊断医师相应专业的培训,并考核合格。

第十七条 职业病诊断医师应当依法在其资质范围内从事职业病诊断工作,不得从事超出其资质范围的职业病诊断工作。

第十八条 省级卫生行政部门应当向社会公布本行政区域内职业病诊断机构名单、地址、诊断项目等相关信息。

第三章 诊 断

第十九条 劳动者可以选择用人单位所在地、本人户籍所在地或者经常居住地的职业病诊断机构进行职业病诊断。

第二十条 职业病诊断机构应当按照《职业病防治法》、本办法的有关规定和国家职业病诊断标准,依据劳动者的职业史、职业病危害接触史和工作场所职业病危害因素情况、临床表现以及辅助检查结果等,进行综合分析,作出诊断结论。

第二十一条 职业病诊断需要以下资料:

(一)劳动者职业史和职业病危害接触史(包括在岗时间、工种、岗位、接触的职业病危害因素名称等);

(二)劳动者职业健康检查结果;

(三)工作场所职业病危害因素检测结果;

(四)职业性放射性疾病诊断还需要个人剂量监测档案等资料;

(五)与诊断有关的其他资料。

第二十二条 劳动者依法要求进行职业病诊断的,职业病诊断机构应当接诊,并告知劳动者职业病诊断的程序和所需材料。劳动者应当填写《职业病诊断就诊登记表》,并提交其掌握的本办法第二十一条规定的职业病诊断资料。

第二十三条 在确认劳动者职业史、职业病危害接触史时,当事人对劳动关系、工种、工作岗位或者在岗时间有争议的,职业病诊断机构应当告知当事人依法向用人单位所在地的劳动人事争议仲裁委员会申请仲裁。

第二十四条 职业病诊断机构进行职业病诊断时,应当书面通知劳动者所在的用人单位提供其掌握的本办法第二十一条规定的职业病诊断资料,用人单位应当在接到通知后的十日内如实提供。

第二十五条 用人单位未在规定时间内提供职业病诊断所需要资料的,职业病诊断机构可以依法提请安全生产监督管理部门督促用人单位提供。

第二十六条 劳动者对用人单位提供的工作场所职业病危害因素检测结果等资料有异议,或者因劳动者的用人单位解散、破产,无用人单位提供上述资料的,职业病诊断机构应当依法提请用人单位所在地安全生产监督管理部门进行调查。

职业病诊断机构在安全生产监督管理部门作出调查结论或者判定前应当中止职业病诊断。

第二十七条 职业病诊断机构需要了解工作场所职业病危害因素情况时,可以对工作场所进行现场调查,也可以依法提请安全生产监督管理部门组织现场调查。

第二十八条 经安全生产监督管理部门督促,用人单位仍不提供工作场所职业病危害因素检测结果、职业健康监护档案等资料或者提供资料不全的,职业病诊断机构应当结合劳动者的临床表现、辅助检查结果和劳动者的职业史、职业病危害接触史,并参考劳动者自述、安全生产监督管理部门提供的日常监督检查信息等,作出职业病诊断结论。仍不能作出职业病诊断的,应当提出相关医学意见或者建议。

第二十九条 职业病诊断机构在进行职业病诊断时,应当组织三名以上单数职业病诊断医师进行集体诊断。

职业病诊断医师应当独立分析、判断、提出诊断意见,任何单位和个人无权干预。

第三十条 职业病诊断机构在进行职业病诊断时,诊断医师对诊断结论有意见分歧的,应当根据半数以上诊断医师的一致意见形成诊断结论,对不同意见应当如实记录。参加诊断的职业病诊断医师不得弃权。

第三十一条 职业病诊断机构可以根据诊断需要,聘请其他单位职业病诊断医师参加诊断。必要时,可以邀请相关专业专家提供咨询意见。

第三十二条 职业病诊断机构作出职业病诊断结论后,应当出具职业病诊断证明书。

职业病诊断证明书应当包括以下内容:

(一)劳动者、用人单位基本信息;

(二)诊断结论。确诊为职业病的,应当载明职业病的名称、程度(期别)、处理意见;

(三)诊断时间。

职业病诊断证明书应当由参加诊断的医师共同签署,并经职业病诊断机构审核盖章。

职业病诊断证明书一式三份,劳动者、用人单位各一份,诊断机构存档一份。

职业病诊断证明书的格式由卫生部统一规定。

第三十三条 职业病诊断机构应当建立职业病诊断档案并永久保存,档案应当包括:

(一)职业病诊断证明书;

(二)职业病诊断过程记录,包括参加诊断的人员、时间、地点、讨论内容及诊断结论；

（三）用人单位、劳动者和相关部门、机构提交的有关资料；

（四）临床检查与实验室检验等资料；

（五）与诊断有关的其他资料。

第三十四条 职业病诊断机构发现职业病病人或者疑似职业病病人时，应当及时向所在地卫生行政部门和安全生产监督管理部门报告。

确诊为职业病的，职业病诊断机构可以根据需要，向相关监管部门、用人单位提出专业建议。

第三十五条 未取得职业病诊断资质的医疗卫生机构，在诊疗活动中怀疑劳动者健康损害可能与其所从事的职业有关时，应当及时告知劳动者到职业病诊断机构进行职业病诊断。

第四章 鉴 定

第三十六条 当事人对职业病诊断机构作出的职业病诊断结论有异议的，可以在接到职业病诊断证明书之日起三十日内，向职业病诊断机构所在地设区的市级卫生行政部门申请鉴定。

设区的市级职业病诊断鉴定委员会负责职业病诊断争议的首次鉴定。

当事人对设区的市级职业病鉴定结论不服的，可以在接到鉴定书之日起十五日内，向原鉴定组织所在地省级卫生行政部门申请再鉴定。

职业病鉴定实行两级鉴定制，省级职业病鉴定结论为最终鉴定。

第三十七条 卫生行政部门可以指定办事机构，具体承担职业病鉴定的组织和日常性工作。职业病鉴定办事机构的职责是：

（一）接受当事人申请；

（二）组织当事人或者接受当事人委托抽取职业病鉴定专家；

（三）组织职业病鉴定会议，负责会议记录、职业病鉴定相关文书的收发及其他事务性工作；

（四）建立并管理职业病鉴定档案；

（五）承担卫生行政部门委托的有关职业病鉴定的其他工作。

职业病诊断机构不能作为职业病鉴定办事机构。

第三十八条 设区的市级以上地方卫生行政部门应当向社会公布本行政区域内依法承担职业病鉴定工作的办事机构的名称、工作时间、地点和鉴定工作程序。

第三十九条 省级卫生行政部门应当设立职业病鉴定专家库（以下简称专家库），并根据实际工作需要及时调整其成员。专家库可以按照专业类别进行分组。

第四十条 专家库应当以取得各类职业病诊断资格的医师为主要成员，吸收临床相关学科、职业卫生、放射卫生等相关专业的专家组成。专家应当具备下列条件：

（一）具有良好的业务素质和职业道德；

（二）具有相关专业的高级专业技术职务任职资格；

（三）熟悉职业病防治法律法规和职业病诊断标准；

（四）身体健康，能够胜任职业病鉴定工作。

第四十一条 参加职业病鉴定的专家，应当由申请鉴定的当事人或者当事人委托的职业病鉴定办事机构从专家库中按照专业类别以随机抽取的方式确定。抽取的专家组成职业病鉴定专家组（以下简称专家组）。

经当事人同意，职业病鉴定办事机构可以根据鉴定需要聘请本省、自治区、直辖市以外的相关专业专家作为专家组成员，并有表决权。

第四十二条 专家组人数为五人以上单数，其中相关专业职业病诊断医师应当为本次专家人数的半数以上。疑难病例应当增加专家组人数，充分听取意见。专家组设组长一名，由专家组成员推举产生。

职业病鉴定会议由专家组组长主持。

第四十三条 参与职业病鉴定的专家有下列情形之一的，应当回避：

（一）是职业病鉴定当事人或者当事人近亲属的；

（二）已参加当事人职业病诊断或者首次鉴定的；

（三）与职业病鉴定当事人有利害关系的；

（四）与职业病鉴定当事人有其他关系，可能影响鉴定公正的。

第四十四条 当事人申请职业病鉴定时，应当提供以下资料：

（一）职业病鉴定申请书；

（二）职业病诊断证明书，申请省级鉴定的还应当提交市级职业病鉴定书；

（三）卫生行政部门要求提供的其他有关资料。

第四十五条 职业病鉴定办事机构应当自收到申请资料之日起五个工作日内完成资料审核，对资料齐全的发给受理通知书；资料不全的，应当书面通知当事人补充。资料补充齐全的，应当受理申请并组织鉴定。

职业病鉴定办事机构收到当事人鉴定申请之后，根据需要可以向原职业病诊断机构或者首次职业病鉴定的办事机构调阅有关的诊断、鉴定资料。原职业病诊断机构或者首次职业病鉴定办事机构应当在接到通知之日起十五日内提交。

职业病鉴定办事机构应当在受理鉴定申请之日

起六十日内组织鉴定、形成鉴定结论,并在鉴定结论形成后十五日内出具职业病鉴定书。

第四十六条 根据职业病鉴定工作需要,职业病鉴定办事机构可以向有关单位调取与职业病诊断、鉴定有关的资料,有关单位应当如实、及时提供。

专家组应当听取当事人的陈述和申辩,必要时可以组织进行医学检查。

需要了解被鉴定人的工作场所职业病危害因素情况时,职业病鉴定办事机构根据专家组的意见可以对工作场所进行现场调查,或者依法提请安全生产监督管理部门组织现场调查。依法提请安全生产监督管理部门组织现场调查的,在现场调查结论或者判定作出前,职业病鉴定应当中止。

职业病鉴定应当遵循客观、公正的原则,专家组进行职业病鉴定时,可以邀请有关单位人员旁听职业病鉴定会。所有参与职业病鉴定的人员应当依法保护被鉴定人的个人隐私。

第四十七条 专家组应当认真审阅鉴定资料,依照有关规定和职业病诊断标准,经充分合议后,根据专业知识独立进行鉴定。在事实清楚的基础上,进行综合分析,作出鉴定结论,并制作鉴定书。

鉴定结论应当经专家组三分之二以上成员通过。

第四十八条 职业病鉴定书应当包括以下内容:

(一)劳动者、用人单位的基本信息及鉴定事由;

(二)鉴定结论及其依据,如果为职业病,应当注明职业病名称、程度(期别);

(三)鉴定时间。

鉴定书加盖职业病诊断鉴定委员会印章。

首次鉴定的职业病鉴定书一式四份,劳动者、用人单位、原诊断机构各一份,职业病鉴定办事机构存档一份;再次鉴定的职业病鉴定书一式五份,劳动者、用人单位、原诊断机构、首次职业病鉴定办事机构各一份,再次职业病鉴定办事机构存档一份。

职业病鉴定书的格式由卫生部统一规定。

第四十九条 职业病鉴定书应当于鉴定结论作出之日起二十日内由职业病鉴定办事机构送达当事人。

第五十条 鉴定结论与诊断结论或者首次鉴定结论不一致的,职业病鉴定办事机构应当及时向相关卫生行政部门和安全生产监督管理部门报告。

第五十一条 职业病鉴定办事机构应当如实记录职业病鉴定过程,内容应当包括:

(一)专家组的组成;

(二)鉴定时间;

(三)鉴定所用资料;

(四)鉴定专家的发言及其鉴定意见;

(五)表决情况;

(六)经鉴定专家签字的鉴定结论;

(七)与鉴定有关的其他资料。

有当事人陈述和申辩的,应当如实记录。

鉴定结束后,鉴定记录应当随同职业病鉴定书一并由职业病鉴定办事机构存档,永久保存。

第五章 监督管理

第五十二条 县级以上地方卫生行政部门应当制定职业病诊断机构年度监督检查计划,定期对职业病诊断机构进行监督检查,检查内容包括:

(一)法律法规、标准的执行情况;

(二)规章制度建立情况;

(三)人员、岗位职责落实和培训等情况;

(四)职业病报告情况等。

省级卫生行政部门每年应当至少组织一次监督检查;设区的市级卫生行政部门每年应当至少组织一次监督检查并不定期抽查;县级卫生行政部门负责日常监督检查。

第五十三条 设区的市级以上地方卫生行政部门应当加强对职业病鉴定办事机构的监督管理,对职业病鉴定工作程序、制度落实情况及职业病报告等相关工作情况进行监督检查。

第五十四条 省级卫生行政部门负责对职业病诊断机构进行定期考核。

第六章 法律责任

第五十五条 医疗卫生机构未经批准擅自从事职业病诊断的,由县级以上地方卫生行政部门按照《职业病防治法》第八十条的规定进行处罚。

第五十六条 职业病诊断机构有下列行为之一的,由县级以上地方卫生行政部门按照《职业病防治法》第八十一条的规定进行处罚:

(一)超出批准范围从事职业病诊断的;

(二)不按照《职业病防治法》规定履行法定职责的;

(三)出具虚假证明文件的。

第五十七条 职业病诊断机构未按照规定报告职业病、疑似职业病的,由县级以上地方卫生行政部门按照《职业病防治法》第七十五条的规定进行处罚。

第五十八条 职业病诊断机构违反本办法规定,有下列情形之一的,由县级以上地方卫生行政部门责令限期改正;逾期不改正的,给予警告,并可以根据情节轻重处以二万元以下的罚款:

(一)未建立职业病诊断管理制度;

(二)不按照规定向劳动者公开职业病诊断程序;

(三)泄露劳动者涉及个人隐私的有关信息、资料;

（四）其他违反本办法的行为。

第五十九条 职业病诊断鉴定委员会组成人员收受职业病诊断争议当事人的财物或者其他好处的，由省级卫生行政部门按照《职业病防治法》第八十二条的规定进行处罚。

第六十条 县级以上地方卫生行政部门及其工作人员未依法履行职责，按照《职业病防治法》第八十五条第二款的规定进行处理。

第七章 附 则

第六十一条 职业病诊断、鉴定的费用由用人单位承担。

第六十二条 本办法由卫生部解释。

第六十三条 本办法自2013年4月10日起施行。2002年3月28日卫生部公布的《职业病诊断与鉴定管理办法》同时废止。

建设项目职业病防护设施“三同时”监督管理办法

（2017年3月9日国家安全生产监督管理总局令第90号公布 自2017年5月1日起施行）

第一章 总 则

第一条 为了预防、控制和消除建设项目可能产生的职业病危害，加强和规范建设项目职业病防护设施建设的监督管理，根据《中华人民共和国职业病防治法》，制定本办法。

第二条 安全生产监督管理部门职责范围内、可能产生职业病危害的新建、改建、扩建和技术改造、技术引进建设项目（以下统称建设项目）职业病防护设施建设及其监督管理，适用本办法。

本办法所称的可能产生职业病危害的建设项目，是指存在或者产生职业病危害因素分类目录所列职业病危害因素的建设项目。

本办法所称的职业病防护设施，是指消除或者降低工作场所的职业病危害因素的浓度或者强度，预防和减少职业病危害因素对劳动者健康的损害或者影响，保护劳动者健康的设备、设施、装置、构（建）筑物等的总称。

第三条 负责本办法第二条规定建设项目投资、管理的单位（以下简称建设单位）是建设项目职业病防护设施建设的责任主体。

建设项目职业病防护设施必须与主体工程同时设计、同时施工、同时投入生产和使用（以下统称建设项目职业病防护设施“三同时”）。建设单位应当优先采用有利于保护劳动者健康的新技术、新工艺、新设备和新材料，职业病防护设施所需费用应当纳入建设项目工程预算。

第四条 建设单位对可能产生职业病危害的建设项目，应当依照本办法进行职业病危害预评价、职业病防护设施设计、职业病危害控制效果评价及相应的评审，组织职业病防护设施验收，建立健全建设项目职业卫生管理制度与档案。

建设项目职业病防护设施“三同时”工作可以与安全设施“三同时”工作一并进行。建设单位可以将建设项目职业病危害预评价和安全预评价、职业病防护设施设计和安全设施设计、职业病危害控制效果评价和安全验收评价合并出具报告或者设计，并对职业病防护设施与安全设施一并组织验收。

第五条 国家安全生产监督管理总局在国务院规定的职责范围内对全国建设项目职业病防护设施“三同时”实施监督管理。

县级以上地方各级人民政府安全生产监督管理部门依法在本级人民政府规定的职责范围内对本行政区域内的建设项目职业病防护设施“三同时”实施分类分级监督管理，具体办法由省级安全生产监督管理部门制定，并报国家安全生产监督管理总局备案。

跨两个及两个以上行政区域的建设项目职业病防护设施“三同时”由其共同的上一级人民政府安全生产监督管理部门实施监督管理。

上一级人民政府安全生产监督管理部门根据工作需要，可以将其负责的建设项目职业病防护设施“三同时”监督管理工作委托下一级人民政府安全生产监督管理部门实施；接受委托的安全生产监督管理部门不得再委托。

第六条 国家根据建设项目可能产生职业病危害的风险程度，将建设项目分为职业病危害一般、较重和严重3个类别，并对职业病危害严重建设项目实施重点监督检查。

建设项目职业病危害分类管理目录由国家安全生产监督管理总局制定并公布。省级安全生产监督管理部门可以根据本地区实际情况，对建设项目职业病危害分类管理目录作出补充规定，但不得低于国家安全生产监督管理总局规定的管理层级。

第七条 安全生产监督管理部门应当建立职业卫生专家库（以下简称专家库），并根据需要聘请专家库专家参与建设项目职业病防护设施“三同时”的监督检查工作。

专家库专家应当熟悉职业病危害防治有关法律、法规、规章、标准，具有较高的专业技术水平、实践经验和有关业务背景及良好的职业道德，按照客观、公正的原则，对所参与的工作提出技术意见，并对该意见负责。

专家库专家实行回避制度，参加监督检查的专家库专家不得参与该建设项目职业病防护设施“三同时”的评审及验收等相应工作，不得与该建设项目建设单位、评价单位、设计单位、施工单位或者监理单位等相关单位存在直接利害关系。

第八条 除国家保密的建设项目外，产生职业病危害的建设单位应当通过公告栏、网站等方式及时公布建设项目职业病危害预评价、职业病防护设施设计、职业病危害控制效果评价的承担单位、评价结论、评审时间及评审意见，以及职业病防护设施验收时间、验收方案和验收意见等信息，供本单位劳动者和安全生产监督管理部门查询。

第二章 职业病危害预评价

第九条 对可能产生职业病危害的建设项目，建设单位应当在建设项目可行性论证阶段进行职业病危害预评价，编制预评价报告。

第十条 建设项目职业病危害预评价报告应当符合职业病防治有关法律、法规、规章和标准的要求，并包括下列主要内容：

（一）建设项目概况，主要包括项目名称、建设地点、建设内容、工作制度、岗位设置及人员数量等；

（二）建设项目可能产生的职业病危害因素及其对工作场所、劳动者健康影响与危害程度的分析与评价；

（三）对建设项目拟采取的职业病防护设施和防护措施进行分析、评价，并提出对策与建议；

（四）评价结论，明确建设项目的职业病危害风险类别及拟采取的职业病防护设施和防护措施是否符合职业病防治有关法律、法规、规章和标准的要求。

第十一条 建设单位进行职业病危害预评价时，对建设项目可能产生的职业病危害因素及其对工作场所、劳动者健康影响与危害程度的分析与评价，可以运用工程分析、类比调查等方法。其中，类比调查数据应当采用获得资质认可的职业卫生技术服务机构出具的、与建设项目规模和工艺类似的用人单位职业病危害因素检测结果。

第十二条 职业病危害预评价报告编制完成后，属于职业病危害一般或者较重的建设项目，其建设单位主要负责人或其指定的负责人应当组织具有职业卫生相关专业背景的中级及中级以上专业技术职称人员或者具有职业卫生相关专业背景的注册安全工程师（以下统称职业卫生专业技术人员）对职业病危害预评价报告进行评审，并形成是否符合职业病防治有关法律、法规、规章和标准要求的评审意见；属于职业病危害严重的建设项目，其建设单位主要负责人或其指定的负责人应当组织外单位职业卫生专业技术人员参加评审工作，并形成评审意见。

建设单位应当按照评审意见对职业病危害预评价报告进行修改完善，并对最终的职业病危害预评价报告的真实性、客观性和合规性负责。职业病危害预评价工作过程应当形成书面报告备查。书面报告的具体格式由国家安全生产监督管理总局另行制定。

第十三条 建设项目职业病危害预评价报告有下列情形之一的，建设单位不得通过评审：

（一）对建设项目可能产生的职业病危害因素识别不全，未对工作场所职业病危害对劳动者健康影响与危害程度进行分析与评价的，或者评价不符合要求的；

（二）未对建设项目拟采取的职业病防护设施和防护措施进行分析、评价，对存在的问题未提出对策措施的；

（三）建设项目职业病危害风险分析与评价不正确的；

（四）评价结论和对策措施不正确的；

（五）不符合职业病防治有关法律、法规、规章和标准规定的其他情形的。

第十四条 建设项目职业病危害预评价报告通过评审后，建设项目的生产规模、工艺等发生变更导致职业病危害风险发生重大变化的，建设单位应当对变更内容重新进行职业病危害预评价和评审。

第三章 职业病防护设施设计

第十五条 存在职业病危害的建设项目，建设单位应当在施工前按照职业病防治有关法律、法规、规章和标准的要求，进行职业病防护设施设计。

第十六条 建设项目职业病防护设施设计应当包括下列内容：

（一）设计依据；

（二）建设项目概况及工程分析；

（三）职业病危害因素分析及危害程度预测；

（四）拟采取的职业病防护设施和应急救援设施的名称、规格、型号、数量、分布，并对防控性能进行分析；

（五）辅助用室及卫生设施的设置情况；

（六）对预评价报告中拟采取的职业病防护设施、防护措施及对策措施采纳情况的说明；

（七）职业病防护设施和应急救援设施投资预算明细表；

（八）职业病防护设施和应急救援设施可以达到的预期效果及评价。

第十七条 职业病防护设施设计完成后，属于职业病危害一般或者较重的建设项目，其建设单位主要负责人或其指定的负责人应当组织职业卫生专业技术人员对职业病防护设施设计进行评审，并形成是否符合职业病防治有关法律、法规、规章和标准要求的评审意见；属于职业病危害严重的建设项目，其建设单位主要负责人或其指定的负责人应当组织外单位职业卫生专业技术人员参加评审工作，并形成评审意见。

建设单位应当按照评审意见对职业病防护设施设计进行修改完善，并对最终的职业病防护设施设计的真实性、客观性和合规性负责。职业病防护设施设计工作过程应当形成书面报告备查。书面报告的具体格式由国家安全生产监督管理总局另行制定。

第十八条 建设项目职业病防护设施设计有下列情形之一的，建设单位不得通过评审和开工建设：

（一）未对建设项目主要职业病危害进行防护设施设计或者设计内容不全的；

（二）职业病防护设施设计未按照评审意见进行修改完善的；

（三）未采纳职业病危害预评价报告中的对策措施，且未作充分论证说明的；

（四）未对职业病防护设施和应急救援设施的预期效果进行评价的；

（五）不符合职业病防治有关法律、法规、规章和标准规定的其他情形的。

第十九条 建设单位应当按照评审通过的设计和有关规定组织职业病防护设施的采购和施工。

第二十条 建设项目职业病防护设施设计在完成评审后，建设项目的生产规模、工艺等发生变更导致职业病危害风险发生重大变化的，建设单位应当对变更的内容重新进行职业病防护设施设计和评审。

第四章 职业病危害控制效果评价与防护设施验收

第二十一条 建设项目职业病防护设施建设期间，建设单位应当对其进行经常性的检查，对发现的问题及时进行整改。

第二十二条 建设项目投入生产或者使用前，建设单位应当依照职业病防治有关法律、法规、规章和标准要求，采取下列职业病危害防治管理措施：

（一）设置或者指定职业卫生管理机构，配备专职或者兼职的职业卫生管理人员；

（二）制定职业病防治计划和实施方案；

（三）建立、健全职业卫生管理制度和操作规程；

（四）建立、健全职业卫生档案和劳动者健康监护档案；

（五）实施由专人负责的职业病危害因素日常监测，并确保监测系统处于正常运行状态；

（六）对工作场所进行职业病危害因素检测、评价；

（七）建设单位的主要负责人和职业卫生管理人员应当接受职业卫生培训，并组织劳动者进行上岗前的职业卫生培训；

（八）按照规定组织从事接触职业病危害作业的劳动者进行上岗前职业健康检查，并将检查结果书面告知劳动者；

（九）在醒目位置设置公告栏，公布有关职业病危害防治的规章制度、操作规程、职业病危害事故应急救援措施和工作场所职业病危害因素检测结果。对产生严重职业病危害的作业岗位，应当在其醒目位置，设置警示标识和中文警示说明；

（十）为劳动者个人提供符合要求的职业病防护用品；

（十一）建立、健全职业病危害事故应急救援预案；

（十二）职业病防治有关法律、法规、规章和标准要求的其他管理措施。

第二十三条 建设项目完工后，需要进行试运行的，其配套建设的职业病防护设施必须与主体工程同时投入试运行。

试运行时间应当不少于30日，最长不得超过180日，国家有关部门另有规定或者特殊要求的行业除外。

第二十四条 建设项目在竣工验收前或者试运行期间，建设单位应当进行职业病危害控制效果评价，编制评价报告。建设项目职业病危害控制效果评价报告应当符合职业病防治有关法律、法规、规章和标准的要求，包括下列主要内容：

（一）建设项目概况；

（二）职业病防护设施设计执行情况分析、评价；

（三）职业病防护设施检测和运行情况分析、评价；

（四）工作场所职业病危害因素检测分析、评价；

（五）工作场所职业病危害因素日常监测情况分析、评价；

（六）职业病危害因素对劳动者健康危害程度分析、评价；

（七）职业病危害防治管理措施分析、评价；

（八）职业健康监护状况分析、评价；

（九）职业病危害事故应急救援和控制措施分析、评价；

（十）正常生产后建设项目职业病防治效果预期分析、评价；

（十一）职业病危害防护补充措施及建议；

（十二）评价结论，明确建设项目的职业病危害风险类别,以及采取控制效果评价报告所提对策建议后,职业病防护设施和防护措施是否符合职业病防治有关法律、法规、规章和标准的要求。

第二十五条 建设单位在职业病防护设施验收前,应当编制验收方案。验收方案应当包括下列内容:

(一)建设项目概况和风险类别,以及职业病危害预评价、职业病防护设施设计执行情况;

(二)参与验收的人员及其工作内容、责任;

(三)验收工作时间安排、程序等。

建设单位应当在职业病防护设施验收前20日将验收方案向管辖该建设项目的安全生产监督管理部门进行书面报告。

第二十六条 属于职业病危害一般或者较重的建设项目,其建设单位主要负责人或其指定的负责人应当组织职业卫生专业技术人员对职业病危害控制效果评价报告进行评审以及对职业病防护设施进行验收,并形成是否符合职业病防治有关法律、法规、规章和标准要求的评审意见和验收意见。属于职业病危害严重的建设项目,其建设单位主要负责人或其指定的负责人应当组织外单位职业卫生专业技术人员参加评审和验收工作,并形成评审和验收意见。

建设单位应当按照评审与验收意见对职业病危害控制效果评价报告和职业病防护设施进行整改完善,并对最终的职业病危害控制效果评价报告和职业病防护设施验收结果的真实性、合规性和有效性负责。

建设单位应当将职业病危害控制效果评价和职业病防护设施验收工作过程形成书面报告备查,其中职业病危害严重的建设项目应当在验收完成之日起20日内向管辖该建设项目的安全生产监督管理部门提交书面报告。书面报告的具体格式由国家安全生产监督管理总局另行制定。

第二十七条 有下列情形之一的,建设项目职业病危害控制效果评价报告不得通过评审、职业病防护设施不得通过验收:

(一)评价报告内容不符合本办法第二十四条要求的;

(二)评价报告未按照评审意见整改的;

(三)未按照建设项目职业病防护设施设计组织施工,且未充分论证说明的;

(四)职业病危害防治管理措施不符合本办法第二十二条要求的;

(五)职业病防护设施未按照验收意见整改的;

(六)不符合职业病防治有关法律、法规、规章和标准规定的其他情形的。

第二十八条 分期建设、分期投入生产或者使用的建设项目,其配套的职业病防护设施应当分期与建设项目同步进行验收。

第二十九条 建设项目职业病防护设施未按照规定验收合格的,不得投入生产或者使用。

第五章 监督检查

第三十条 安全生产监督管理部门应当在职责范围内按照分类分级监管的原则,将建设单位开展建设项目职业病防护设施"三同时"情况的监督检查纳入安全生产年度监督检查计划,并按照监督检查计划与安全设施"三同时"实施一体化监督检查,对发现的违法行为应当依法予以处理;对违法行为情节严重的,应当按照规定纳入安全生产不良记录"黑名单"管理。

第三十一条 安全生产监督管理部门应当依法对建设单位开展建设项目职业病危害预评价情况进行监督检查,重点监督检查下列事项:

(一)是否进行建设项目职业病危害预评价;

(二)是否对建设项目可能产生的职业病危害因素及其对工作场所、劳动者健康影响与危害程度进行分析、评价;

(三)是否对建设项目拟采取的职业病防护设施和防护措施进行评价,是否提出对策与建议;

(四)是否明确建设项目职业病危害风险类别;

(五)主要负责人或其指定的负责人是否组织职业卫生专业技术人员对职业病危害预评价报告进行评审,职业病危害预评价报告是否按照评审意见进行修改完善;

(六)职业病危害预评价工作过程是否形成书面报告备查;

(七)是否按照本办法规定公布建设项目职业病危害预评价情况;

(八)依法应当监督检查的其他事项。

第三十二条 安全生产监督管理部门应当依法对建设单位开展建设项目职业病防护设施设计情况进行监督检查,重点监督检查下列事项:

(一)是否进行职业病防护设施设计;

(二)是否采纳职业病危害预评价报告中的对策与建议,如未采纳是否进行充分论证说明;

(三)是否明确职业病防护设施和应急救援设施的名称、规格、型号、数量、分布,并对防控性能进行分析;

(四)是否明确辅助用室及卫生设施的设置情况;

(五)是否明确职业病防护设施和应急救援设施投资预算;

(六)主要负责人或其指定的负责人是否组织职业卫生专业技术人员对职业病防护设施设计进行评审,职业病防护设施设计是否按照评审意见进行修改完善;

（七）职业病防护设施设计工作过程是否形成书面报告备查；

（八）是否按照本办法规定公布建设项目职业病防护设施设计情况；

（九）依法应当监督检查的其他事项。

第三十三条 安全生产监督管理部门应当依法对建设单位开展建设项目职业病危害控制效果评价及职业病防护设施验收情况进行监督检查，重点监督检查下列事项：

（一）是否进行职业病危害控制效果评价及职业病防护设施验收；

（二）职业病危害防治管理措施是否齐全；

（三）主要负责人或其指定的负责人是否组织职业卫生专业技术人员对建设项目职业病危害控制效果评价报告进行评审和对职业病防护设施进行验收，是否按照评审意见和验收意见对职业病危害控制效果评价报告和职业病防护设施进行整改完善；

（四）建设项目职业病危害控制效果评价及职业病防护设施验收工作过程是否形成书面报告备查；

（五）建设项目职业病防护设施验收方案、职业病危害严重建设项目职业病危害控制效果评价与职业病防护设施验收工作报告是否按照规定向安全生产监督管理部门进行报告；

（六）是否按照本办法规定公布建设项目职业病危害控制效果评价和职业病防护设施验收情况；

（七）依法应当监督检查的其他事项。

第三十四条 安全生产监督管理部门应当按照下列规定对建设单位组织的验收活动和验收结果进行监督核查，并纳入安全生产年度监督检查计划：

（一）对职业病危害严重建设项目的职业病防护设施的验收方案和验收工作报告，全部进行监督核查；

（二）对职业病危害较重和一般的建设项目职业病防护设施的验收方案和验收工作报告，按照国家安全生产监督管理总局规定的“双随机”方式实施抽查。

第三十五条 安全生产监督管理部门应当加强监督检查人员建设项目职业病防护设施“三同时”知识的培训，提高业务素质。

第三十六条 安全生产监督管理部门及其工作人员不得有下列行为：

（一）强制要求建设单位接受指定的机构、职业卫生专业技术人员开展建设项目职业病防护设施“三同时”有关工作；

（二）以任何理由或者方式向建设单位和有关机构收取或者变相收取费用；

（三）向建设单位摊派财物、推销产品；

（四）在建设单位和有关机构报销任何费用。

第三十七条 任何单位或者个人发现建设单位、安全生产监督管理部门及其工作人员、有关机构和人员违反职业病防治有关法律、法规、标准和本办法规定的行为，均有权向安全生产监督管理部门或者有关部门举报。

受理举报的安全生产监督管理部门应当为举报人保密，并依法对举报内容进行核查和处理。

第三十八条 上级安全生产监督管理部门应当加强对下级安全生产监督管理部门建设项目职业病防护设施“三同时”监督执法工作的检查、指导。

地方各级安全生产监督管理部门应当定期汇总分析有关监督执法情况，并按照要求逐级上报。

第六章 法律责任

第三十九条 建设单位有下列行为之一的，由安全生产监督管理部门给予警告，责令限期改正；逾期不改正的，处10万元以上50万元以下的罚款；情节严重的，责令停止产生职业病危害的作业，或者提请有关人民政府按照国务院规定的权限责令停建、关闭：

（一）未按照本办法规定进行职业病危害预评价的；

（二）建设项目的职业病防护设施未按照规定与主体工程同时设计、同时施工、同时投入生产和使用的；

（三）建设项目的职业病防护设施设计不符合国家职业卫生标准和卫生要求的；

（四）未按照本办法规定对职业病防护设施进行职业病危害控制效果评价的；

（五）建设项目竣工投入生产和使用前，职业病防护设施未按照本办法规定验收合格的。

第四十条 建设单位有下列行为之一的，由安全生产监督管理部门给予警告，责令限期改正；逾期不改正的，处5000元以上3万元以下的罚款：

（一）未按照本办法规定，对职业病危害预评价报告、职业病防护设施设计、职业病危害控制效果评价报告进行评审或者组织职业病防护设施验收的；

（二）职业病危害预评价、职业病防护设施设计、职业病危害控制效果评价或者职业病防护设施验收工作过程未形成书面报告备查的；

（三）建设项目的生产规模、工艺等发生变更导致职业病危害风险发生重大变化的，建设单位对变更内容未重新进行职业病危害预评价和评审，或者未重新进行职业病防护设施设计和评审的；

（四）需要试运行的职业病防护设施未与主体工程同时试运行的；

（五）建设单位未按照本办法第八条规定公布有

关信息的。

第四十一条 建设单位在职业病危害预评价报告、职业病防护设施设计、职业病危害控制效果评价报告编制、评审以及职业病防护设施验收等过程中弄虚作假的，由安全生产监督管理部门责令限期改正，给予警告，可以并处5000元以上3万元以下的罚款。

第四十二条 建设单位未按照规定及时、如实报告建设项目职业病防护设施验收方案，或者职业病危害严重建设项目未提交职业病危害控制效果评价与职业病防护设施验收的书面报告的，由安全生产监督管理部门责令限期改正，给予警告，可以并处5000元以上3万元以下的罚款。

第四十三条 参与建设项目职业病防护设施"三同时"监督检查工作的专家库专家违反职业道德或者行为规范，降低标准、弄虚作假、牟取私利，作出显失公正或者虚假意见的，由安全生产监督管理部门将其从专家库除名，终身不得再担任专家库专家。职业卫生专业技术人员在建设项目职业病防护设施"三同时"评审、验收等活动中涉嫌犯罪的，移送司法机关依法追究刑事责任。

第四十四条 违反本办法规定的其他行为，依照《中华人民共和国职业病防治法》有关规定给予处理。

第七章　附　　则

第四十五条 煤矿建设项目职业病防护设施"三同时"的监督检查工作按照新修订发布的《煤矿和煤层气地面开采建设项目安全设施监察规定》执行，煤矿安全监察机构按照规定履行国家监察职责。

第四十六条 本办法自2017年5月1日起施行。国家安全安全生产监督管理总局2012年4月27日公布的《建设项目职业卫生"三同时"监督管理暂行办法》同时废止。

公报案例

1. 何文良诉成都市武侯区劳动局工伤认定行政行为案①

【裁判要旨】

根据劳动法第三条的规定，认定劳动者工作时间在工作场所的卫生设施内发生伤亡与工作无关，属适用法律错误。

【案情】

原告：何文良，男，70岁，农民，住四川省盐亭县五龙乡。

被告：四川省成都市武侯区劳动和社会保障局。

法定代表人：陈昌华，该局局长。

第三人：成都四通印制电路板厂，住所地：四川省成都市武侯区簇桥乡。

成都市武侯区劳动和社会保障局（以下简称武侯区劳动局）于2002年10月23日以成武劳函〔2002〕23号《企业职工伤亡性质认定书》认定何文良之子何龙章的伤亡性质不是工伤。何文良不服，向成都市劳动局申请复议，成都市劳动局于2002年12月11日作出成劳社行复决〔2002〕12号《行政复议决定书》，维持武侯区劳动局对何龙章伤亡性质认定。何文良仍不服成都市劳动局的行政复议决定，于2003年1月9日向四川省成都市武侯区人民法院提起行政诉讼。

原告诉称：何龙章生前系成都四通印制电路板厂工人。2002年9月24日下午的上班期间，何龙章被发现摔倒在车间旁的厕所内不省人事，经送往医院急救无效死亡。死亡原因为重型颅脑损伤，呼吸循环衰竭。因厂方未及时足额支付治疗费及其他相关费用，也未提起伤亡性质认定，我于2002年10月8日向武侯区劳动局申请对何龙章伤亡性质认定，武侯区劳动局认定何龙章不是工伤所依据的事实不清，回避了厂方的厕所潮湿，有重大安全隐患的事实。死者明显是被厕所内的积水滑倒而致颅脑损伤，且应与工作有关，请求撤销被告对何龙章作出的伤亡性质认定。

原告提供的主要证据有：

1. 何文良与何龙章的关系证明，用以证明提起行政诉讼的主体资格。

2. 成都四通印制电路板厂厕所的照片，用以证明该厕所有积水、湿滑，具有不安全因素。

3. 何龙章摔倒时被积水浸湿的衣服，用以证明何龙章的摔倒为厕所湿滑所致。

被告辩称：我局受理原告申请后，即派人到成都四通印制电路板厂进行了调查，因为何龙章是上班铃声响后未进车间而先到厕所小便，在厕所里不慎摔伤，经送往医院抢救无效后死亡。故认定何龙章上厕所与从事的本职工作无关，不属于工伤。原告称厕所存在安全隐患，没有证据证实。

被告提供的主要证据有：

① 案例来源：《最高人民法院公报》2004年第9期。

1.《工伤认定申请书》，用以证明成都市武侯区劳动局是根据何文良的申请对何龙章伤亡性质予以认定的。

2. 成武劳函〔2002〕23 号《企业职工伤亡性质认定书》，用以证明成都市武侯区劳动局对何龙章伤亡性质的认定结论和理由。

3. 成劳社行复决〔2002〕12 号《行政复议决定书》，用以证明成都市劳动局对何龙章伤亡性质认定的复议结论和理由。

4.《居民死亡医学证明书》，用以证明何龙章的死亡时间为 2002 年 9 月 28 日，原因为“重型颅脑损伤致呼吸循环衰竭致死”。

5.《何龙章事故调查报告》，用以证明成都市武侯区劳动局在对何龙章伤亡性质认定前，派人到簇桥乡高碑村村委会和四通印制电路板厂调查何龙章伤亡致死的原因及有关情况。

6. 张策、黄泽刚、骆志强的证人证言，用以证明事发当天四通印制电路板厂的厕所地面无湿滑现象。

被告提供的法规依据有：

1. 劳动部 1996 年 8 月发布的《企业职工工伤保险试行办法》。

2. 四川省劳动厅于 1989 年印发的《关于划分因工与非因工伤亡界限的暂行规定》。

3. 四川省劳动和社会保障厅 2002 年 10 月 9 日《关于职工伤残性质认定问题的复函》。

第三人辩称：我厂的厕所从未发生过有人滑倒的情况，被告对何龙章伤亡性质的认定是正确的。

在法庭质证中，原告何文良对被告提供的证据 1~4 无异议，但认为证据 5 的内容不真实，证据 6 中的被调查人均为四通厂职工，与被告存在利害关系。同时认为：被告在认定何龙章是否属于工伤时对于有关法规和规章的理解有误，因为《企业职工工伤保险试行办法》第八条没有规定必须是在工作岗位上发生的伤亡才是工伤，被告把上班时间“上厕所”理解为与工作无关，没有法律依据，而且《企业职工工伤保险试行办法》第九条中规定的不认定为工伤的情形没有将“上厕所”排除在外。被告认为：原告的证据 2 不能证明现场湿滑，从照片上看地面无明显积水，原告的证据 3 既不能证明是何龙章发生意外时所穿的衣服，也不能证明厕所湿滑；同时认为：认定何龙章是否属于工伤时适用的法规、规章无误，职工“上厕所”与工作无直接关系，应属于私事。第三人对原、被告提供的证据无异议。

成都市武侯区人民法院经审理查明：

何文良系何龙章之父。何龙章生前系第三人成都四通印制电路板厂工人，该厂系个人独资企业，投资人为楼建力。何龙章 2000 年 2 月进厂工作时，未与厂方签订书面劳动合同。2002 年 9 月 24 日下午上班铃过后，何龙章在进入车间工作前，到该厂厂区内的厕所（该厂只有该厕所）小便，几分钟后即被一起上班的工人张策、骆志强等发现仰面倒在厕所的地上不省人事，厂方立即将何龙章送往武侯区人民医院抢救，经救治无效，何龙章于 28 日死亡。武侯区人民医院出具的《死亡医学证明书》证明何龙章死于“呼吸循环衰竭，重型颅脑损伤”。原、被告双方对以上事实认可无异议。

2002 年 10 月 8 日，原告何文良向被告成都市武侯区劳动局申请对何龙章给予工伤（亡）认定。武侯区劳动局认为：何龙章在工厂区域内、上班时间“上厕所”摔伤致死，不符合劳动部《企业职工工伤保险试行办法》第八条、四川省劳动厅《关于划分因工与非因工伤亡界限的暂行规定》第一条第一项及四川省劳动和社会保障厅《关于职工伤残性质认定问题的复函》关于工伤必须是“在工作时间、工作区域内（含因公外出），在完成本职工作任务中发生的意外摔伤”等规定，何龙章“上厕所”是与其本职工作无直接关系的私事，因而何龙章受伤死亡不属于应当认定为工伤的情形，并于 2002 年 10 月 23 日在《企业职工伤亡性质认定书》中认定何龙章不是因工负伤（死亡）。何文良申请行政复议后，成都市劳动局于 2002 年 12 月 11 日在《行政复议决定书》中认为：“何龙章在厂区内、上班时间在厕所里摔伤致死，是一次意外事故。申请人提出的请求理由事实证据和依据不足”，维持了武侯区劳动局对何龙章不构成工伤的行政认定。

成都市武侯区人民法院认为：

何龙章作为第三人四通印制电路板厂的职工，已与四通印制电路板厂建立了事实上的劳动关系。何文良是何龙章之父，在认为被告的具体行政行为侵犯其子依法获得工伤保险赔偿待遇的合法权益时，有权提起行政诉讼。被告武侯区劳动局是主管劳动与社会保障的行政机关，具有对辖区内的职工伤亡性质认定的行政职权。武侯区劳动局在举证期限内没有提供向何文良送达成劳社行复决〔2002〕12 号《行政复议决定书》的证据，亦未就何文良的起诉期限提出异议，根据行政诉讼举证责任的相关规定，武侯区劳动局对此负有举证义务，应承担举证不能的不利后果，故视为何文良是在收到《行政复议决定书》的十五日内提起行政诉讼，符合起诉条件。

本案中，原、被告双方争议的主要焦点是：武侯区劳动局认定何龙章在“上厕所”中因摔伤致死与其本职工作无关有无法律依据。

《中华人民共和国劳动法》（以下简称劳动法）第三条规定：劳动者享有“获得劳动安全卫生保护”的权利，“上厕所”是人的自然生理现象，任何用工单位或个人都应当为劳动者提供必要的劳动卫生条件，维护劳动者的基本权利。“上厕所”虽然是个人的生理现象，与劳动者的工作内容无关，但这是人的必要的、合理的生理需要，与劳动者的正常工作密不可分，被告片面地认为“上厕所”是个人生理需要的私事，与劳动者的本职工作无关，故作出认定何龙章不是工伤的具体行政行为，与劳动法保护劳动者合法权利的基本原则相悖，也有悖于社会常理；根据《企业职工工伤保险试行办法》第九条规定，“职工由于下列情形之一造成负伤、致残、死亡的不应认定为工伤：(一)犯罪或违法；(二)自杀或自残；(三)斗殴；(四)酗酒；(五)蓄意违章；(六)法律、法规规定的其他情形。”其中，列举的不应当认定为工伤的情形均是职工因自己的过错致伤、致残、死亡的，由于本案中没有证据证明何龙章受伤是因自己的过错所致，因而不属于不应认定为工伤的情形。根据武侯区劳动局提供的四川省劳动厅《关于划分因工与非因工伤亡界限的暂行规定》第二条“确定比照因工伤亡的原则为职工发生与生产、工作有一定关系的意外伤亡”的规定，即使是“在上下班时间、在上下班必经路线途中，发生属于非本人主要责任的交通事故或其他无法抗拒的意外事故致残，完全丧失劳动能力或死亡的”，都应当确定为比照因工伤亡，而何龙章则是在上班时间在工作区域内发生的非本人过错的伤亡，不认定为工伤与上述法规、规定的本意不符，也没有相应的法律、法规依据。因此，武侯区劳动局根据何文良的申请对何龙章受伤死亡作出不予认定为因工负伤的行政行为没有法律、法规依据。关于原、被告对何龙章是否是因用工单位的厕所存在不安全因素摔伤致死的争议，因对本案不产生实际影响，故对此不作认定。

综上，被告武侯区劳动局在《企业职工伤亡性质认定书》中对何龙章的伤亡性质认定为不是因工负伤不符合法律规定，所适用法规、规章不当，应予撤销。因武侯区劳动局为主管劳动与社会保障的行政机关，负有对其所辖区域内职工伤亡性质予以认定的行政管理职权，故被诉行政行为被撤销以后，应当根据当事人的申请，依法行使职权重新作出行政行为。原告何文良的诉讼请求，符合《中华人民共和国行政诉讼法》的规定，应予以支持。

据此，成都市武侯区人民法院依照《中华人民共和国劳动法》第三条、《中华人民共和国行政诉讼法》第五十四条第(二)项之规定，于2003年5月16日判决：

一、撤销成都市武侯区劳动与社会保障局成武劳函〔2002〕23号《企业职工伤亡性质认定书》；

二、成都市武侯区劳动和社会保障局根据何龙章近亲属的申请对何龙章死亡是否属于工伤重新认定。

一审宣判后，四通印制电路板厂上诉不服，向四川省成都市中级人民法院提出上诉。

四通印制电路板厂上诉的主要理由是：何龙章上厕所发生意外摔伤致死是与工作无直接关系的私事，事发时何龙章虽然是在工作时间和工作区域内，但并不是在完成本职工作任务中发生的意外摔伤，不应认定为因工负伤。劳动部关于“在上下班的规定时间和必经路线上，发生无本人责任或本人主要责任的道路交通机动车事故的”规定，属法规专项规定的特例，不应任意扩大解释。一审法院据此推论认为“上厕所”摔伤属工伤，没有法律依据。

何文良对原审判决无异议。

武侯区劳动局二审辩称：何龙章在事发地摔伤，并非在厂方安排的本职工作岗位上，也不属于完成本职工作任务中发生的因公所致的伤亡，且事发地并不存在安全隐患，应是偶然发生的意外事故，该情形不符合劳动部和四川省劳动厅关于认定工伤的规定。原审判决中以“上厕所”是个人必要的、合理的生理需要，与劳动者的正常工作密不可分这一自然现象来认定工伤，缺乏法律依据。

成都市中级人民法院经审理，确认一审查明的事实。

成都市中级人民法院认为：

劳动者享有获得劳动安全卫生保护的权利，是劳动法规定的基本原则，任何用工单位或个人都应当为劳动者提供必要的劳动卫生条件，维护劳动者的基本权利。劳动者在日常工作中“上厕所”是其必要的、合理的生理需求，与劳动者的正常工作密不可分，应当受到法律的保护。被告作出的行政认定未体现劳动法中保护劳动者合法权益的基本原则，属适用法律、法规错误。上诉人的上诉理由不能成立，一审判决撤销成武劳函〔2002〕23号伤亡性质认定，责令成都市武侯区劳动局对何龙章死亡性质重新认定正确。

据此，成都市中级人民法院依照《中华人民共和国行政诉讼法》第六十一条第(一)项规定，于2003年9月17日判决：

驳回上诉，维持原判。

本判决为终审判决。

2. 杨文伟诉宝二十冶公司人身损害赔偿纠纷案①

【裁判要旨】

因用人单位以外的第三人侵权造成劳动者人身损

① 案例来源：《最高人民法院公报》2006年第8期。

害,构成工伤的,该劳动者既是工伤事故中的受伤职工,又是侵权行为的受害人,有权同时获得工伤保险赔偿和人身侵权赔偿;用人单位和侵权人均应当依法承担各自所负赔偿责任,即使该劳动者已从其中一方先行获得赔偿,亦不能免除或者减轻另一方的赔偿责任。

【案情】

原告:杨文伟,男,汉族,33岁,上海宝钢冶金建设公司职工,住上海市宝山区庆安二村。

被告:上海宝钢二十冶企业开发公司,住所地:上海市宝山区盘古路。

法定代表人:谷忠生,该公司经理。

原告杨文伟因与被告上海宝钢二十冶企业开发公司(以下简称宝二十冶公司)发生人身损害赔偿纠纷,向上海市宝山区人民法院提起诉讼。

原告杨文伟诉称:原告系上海宝钢冶金建设公司(以下简称宝冶公司)职工。2000年10月16日,被告宝二十冶公司职工在工作过程中违规作业,从高处抛掷钢管,将正在现场从事工作的原告头部砸伤,导致重度颅脑外伤、外伤性尿崩症等。经鉴定,结论为因工致残,程度四级。根据病情,原告须长期服用德巴金、弥凝片。根据司法部司法鉴定结论,原告需要护理12个月、营养8个月。虽然原告所在单位宝冶公司按规定承担了一定费用,但原告的损害系由被告的侵权行为所致,被告应承担赔偿责任。故要求被告赔偿交通费人民币(以下币种均为人民币)2720元、护理费9600元(每月800元×12个月)、营养费4800元(每月600元×8个月)、长期服用德巴金及弥凝片所需费用583087.5元,被抚养人(原告之子,未成年)生活费52200元、被赡养人(原告母亲)生活费48000元、精神抚慰金5万元、律师代理费3000元、因伤残造成的收入损失161616元(按受伤前平均工资1523元减现工资1005元计算26年)。

原告提交以下证据:

1. 病史记录,用以证明原告被砸伤后就诊,诊断结论为重度颅脑外伤、外伤性尿崩症等。

2. 工伤鉴定报告,鉴定结论为原告因工致残程度四级。

3. 司法鉴定书,用以证明根据伤势情况,原告需要护理12个月、营养8个月。

4. 仲裁书以及〔2004〕宝民一(民)初字第1819号民事判决书,用以证明经过仲裁和法院判决,原告所在单位宝冶公司已就原告的工伤事故承担了一定的费用。

5. 律师费发票,用以证明原告为本案诉讼支付律师代理费用3000元。

6. 户籍证明,用以证明原告之子张瑒皓8岁,系未成年人;原告之母金玉琴57岁,系肢体残疾人,需由原告赡养。

被告宝二十冶公司辩称:原告杨文伟的起诉已超过诉讼时效,原告丧失胜诉权;原告系因工受伤,其损失已得到本单位赔偿,现重复要求被告赔偿缺乏依据;原告享受工伤待遇,每月领取工资,要求被告支付其被抚养人、被赡养人的生活费缺乏依据;原告要求被告支付精神抚慰金、律师费均缺乏依据。

上海市宝山区人民法院经审理查明:

原告杨文伟系宝冶公司职工。2000年10月16日,被告宝二十冶公司职工在工作过程中违规作业,从高处抛掷钢管,将正在现场从事工作的杨文伟头部砸伤,致其重度颅脑外伤、外伤性尿崩症等。根据宝山区职工劳动能力鉴定委员会于2003年1月14日出具的伤情鉴定,杨文伟因工致残程度四级。杨文伟与宝冶公司发生工伤保险赔偿纠纷,经仲裁和法院判决,宝冶公司已就杨文伟的工伤事故承担了一定的费用。根据上海第二医科大学附属瑞金医院(以下简称瑞金医院)的诊断治疗意见,杨文伟需长期服用德巴金、弥凝片。根据司法部作出的司法鉴定结论,杨文伟需要护理12个月、营养8个月。杨文伟受伤前月平均工资为1523元,受伤后减为1005元。杨文伟之子张瑒皓出生于1996年10月24日,8周岁,系未成年人。杨文伟之母金玉琴出生于1948年5月3日,57周岁,系肢体残疾人。

审理中,原告杨文伟表示:参照残疾赔偿金的规定,原告因伤残造成的收入损失应当按照20年计算,故将诉讼请求中要求被告宝二十冶公司赔偿因伤残造成的收入损失数额由161616元变更为124320元,另外将被赡养人(原告母亲)的生活费由48000元变更为1万元。

【一审】

上海市宝山区人民法院认为:

因用人单位以外的第三人侵权造成劳动者人身损害,构成工伤的,赔偿权利人在获得工伤保险赔偿以后,仍有权请求第三人承担赔偿责任。现原告杨文伟要求被告宝二十冶公司承担赔偿责任,于法有据。关于杨文伟请求赔偿交通费用问题,根据宝民一(民)初字第1819号民事判决书,法院在审理工伤保险赔偿案中已判令杨文伟所在的宝冶公司赔偿杨文伟交通费2520元,杨文伟没有证据证明在本案中主张的交通费用系为治疗支出的合理费用,故对其要求赔偿交通费的诉讼请求,不予支持。根据司法部作出的司法鉴定结论,杨文伟伤后需要护理12个月、营养8个月,故其要求赔偿护理费9600元、营养费4800元的诉讼请求,应当予以支持。根据瑞金医院的诊断治疗意见,杨文伟需长期服用德巴金和弥凝片,宝二十冶公司应当支付相关费用。但瑞金医院上述意见,仅说明杨文伟需长期服药，并未明确服药期限，杨文伟亦没有提供充足的证据说明要求被告一次性付清药物费用的原因，故对其要求被告一次性付清药物费用的诉讼请求，不予支持。杨文伟之子系未成年人，需要杨文伟抚养，杨文伟要求被告支付被抚养人生活费52200元在规定范围内，予以支持。杨文伟母亲系肢体残疾人，亦需要杨文伟赡养，杨文伟要求被告支付其母生活费1万元合情合理，予以支持。最高人民法院《关于确定民事侵权精神损害赔偿责任若干问题的解释》第一条规定："自然人因下列人格权利遭受非法侵害，向人民法院起诉请求赔偿精神损害的，人民法院应当依法予以受理：(一)生命权、健康权、身体权；……"杨文伟因被告侵权行为受到人身损害，要求被告赔偿精神损害抚慰金，符合上述司法解释的规定，应予支持，但原告请求赔偿5万元数额过高，故酌定为2万元。杨文伟要求宝二十冶公司赔偿其因伤残导致的收入损失124320元，可予支持。

据此，上海市宝山区人民法院于2005年6月30日判决：

一、被告宝二十冶公司应于本判决生效之日起10日内赔偿原告杨文伟护理费9600元、营养费4800元、被抚养、赡养人生活费62200元、因伤残造成的收入损失124320元、律师代理费3000元、精神抚慰金2万元，以上共计223920元；

二、原告杨文伟因伤残需长期服用德巴金、弥凝片的费用由被告宝二十冶公司负担；

三、驳回原告杨文伟的其他诉讼请求。

【二审】

宝二十冶公司不服一审判决，向上海市第二中级人民法院提出上诉，理由是：1. 事故发生后，被上诉人杨文伟未在诉讼时效内向宝二十冶公司主张权利，本案的诉讼时效已超过。2. 杨文伟已获得用人单位工伤保险赔偿，现其又就人身损害赔偿提起诉讼，不应予以支持。3. 杨文伟已享受工伤津贴，被抚养、赡养人生活费与工伤津贴的性质是一致的，再要求赔偿被抚养、赡养人生活费不应予以支持。4. 杨文伟服用德巴金和弥凝片不是必须的，上诉人不同意赔偿相关费用。请求撤销原判，驳回杨文伟的诉讼请求。

被上诉人杨文伟辩称：1. 事故发生后，被上诉人一直向上诉人宝二十冶公司主张权利，有宝冶公司和吴江涛出具的情况说明为证，本案并未超过诉讼时效。2. 被上诉人确已就事故得到了工伤赔偿，但工伤保险赔偿不足部分应由宝二十冶公司负担。3. 原审判决核定的赔偿范围和金额正确。故要求驳回上诉，维持原判。

被上诉人杨文伟提交宝冶公司出具的证明一份，用以证明被上诉人受伤后多次向上诉人宝二十冶公司主张权利，本案并未超过诉讼时效。

上海市第二中级人民法院经审理，确认了上海市宝山区人民法院一审认定的事实。另查明：2004年8月31日，宝冶公司出具证明一份，证明被上诉人杨文伟于2000年10月在工作中被上诉人宝二十冶公司生产作业的员工从高空扔下的钢管砸伤头部。宝山区职工劳动能力鉴定委员会于2003年1月14日作出鉴定，结论为工伤致残四级。杨文伟受伤后就伤残赔偿事宜分别向宝二十冶公司和宝冶公司提出索赔。

上海市第二中级人民法院认为：

本案的争议焦点是：因用人单位以外的第三人侵权造成劳动者人身损害，构成工伤的，劳动者在获得用人单位工伤保险赔偿后，又向侵权人提起人身损害赔偿诉讼，请求判令侵权人承担民事赔偿责任的，是否应当予以支持。

《工伤保险条例》第十四条规定："职工有下列情形之一的，应当认定为工伤：(一)在工作时间和工作场所内，因工作原因受到事故伤害的；(二)工作时间前后在工作场所内，从事与工作有关的预备性或者收尾性工作受到事故伤害的；(三)在工作时间和工作场所内，因履行工作职责受到暴力等意外伤害的；(四)患职业病的；(五)因工外出期间，由于工作原因受到伤害或者发生事故下落不明的；(六)在上下班途中，受到机动车事故伤害的；(七)法律、行政法规规定应当认定为工伤的其他情形。"该规定明确了应当认定为工伤的法定情形，只要符合上述法定情形，职工所受伤害无论是否由第三人侵权引起，都应当认定为工伤。换言之，是否存在第三人侵权不影响工伤的认定。

《民法通则》第九十八条规定，公民享有生命健康权。第一百一十九条规定，侵害公民身体造成伤害的，应当赔偿医疗费、因误工减少的收入、残废者生活补助费等费用；造成死亡的，并应当支付丧葬费、死者生前扶养的人必要的生活费等费用。因此，第三人侵权造成他人身体伤害的应当承担赔偿责任，被侵害人依法享有获得赔偿的权利。

最高人民法院《关于审理人身损害赔偿案件适用法律若干问题的解释》第十二条第一款规定："依法应当参加工伤保险统筹的用人单位的劳动者，因工伤事故遭受人身损害，劳动者或者其近亲属向人民法院起诉请求用人单位承担民事赔偿责任的，告知其按《工伤保险条例》的规定处理。"该条第二款规定："因用人单位以外的第三人侵权造成劳动者人身损害，赔偿权利人请求第三人承担民事赔偿责任的，人民法院应予支持。"根据该规定，劳动者因工伤事故受到人身损害，有权向用人单位主张工伤保险赔偿，如果所受人身损害系因用人单位以外的第三人侵权所致，劳动者同时还有权向第三人主张人身损害赔偿。

因用人单位以外的第三人侵权造成劳动者人身损害，构成工伤的，劳动者因工伤事故享有工伤保险赔偿请求权，因第三人侵权享有人身损害赔偿请求权。二者虽然基于同一损害事实，但存在于两个不同的法律关系之中，互不排斥。首先，基于工伤事故的发生，劳动者与用人单位之间形成工伤保险赔偿关系。国家设置工伤保险制度，目的是为了保障因工作遭受事故伤害或者患职业病的职工获得医疗救治和经济补偿。根据《工伤保险条例》的规定，用人单位应当为本单位全体职工缴纳工伤保险费，因工伤事故受到人身损害的职工有权获得工伤保险赔偿、享受工伤待遇。因此，只要客观上存在工伤事故，就会在受伤职工和用人单位之间产生工伤保险赔偿关系，确认该法律关系成立与否，无需考查工伤事故发生的原因，即使工伤事故系因用人单位以外的第三人侵权所致，或者是由于受伤职工本人的过失所致，都不影响受伤职工向用人单位主张工伤保险赔偿。其次，基于侵权事实的存在，受伤职工作为被侵权人，与侵权人之间形成侵权之债的法律关系，有权向侵权人主张人身损害赔偿。侵权之债成立与否，与被侵权人是否获得工伤保险赔偿无关，即使用人单位已经给予受伤职工工伤保险赔偿，也不能免除侵权人的赔偿责任。综上，因用人单位以外的第三人侵权造成劳动者人身损害，构成工伤的，劳动者具有双重主体身份——工伤事故中的受伤职工和人身侵权的受害人。基于双重主体身份，劳动者有权向用人单位主张工伤保险赔偿，同时还有权向侵权人主张人身损害赔偿，即有权获得双重赔偿。在这种情形下，用人单位和侵权人应当依法承担各自所负的赔偿责任，不因受伤职工（受害人）先行获得一方赔偿、实际损失已得到全部或部分补偿而免除或减轻另一方的责任。

结合本案的实际情况，虽然被上诉人杨文伟获得了其所在单位宝冶公司的工伤保险赔偿，但并不因此而减免上诉人宝二十冶公司的侵权损害赔偿责任。宝二十冶公司作为本案事故的侵权行为人必须依法承担相应的侵权赔偿责任。宝二十冶公司上诉主张杨文伟已获得工伤保险赔偿，无权再向其要求侵权赔偿，没有法律依据，不予支持。杨文伟作为工伤事故中的受伤职工和侵权行为的受害人，有权获得双重赔偿，宝二十冶公司的侵权赔偿责任并未因此而有所加重。

根据瑞金医院的诊断治疗意见，被上诉人杨文伟需长期服用德巴金和弥凝片。一审法院判决上诉人宝二十冶公司负担杨文伟长期服用上述药物的费用是合理的，宝二十冶公司不同意承担该费用，并无法律和事实依据，不予支持。

本案工伤事故发生后，被上诉人杨文伟多次向上诉人宝二十冶公司主张权利，杨文伟起诉时并未超出法律规定的诉讼时效，故宝二十冶公司上诉称本案起诉已超出诉讼时效并无事实依据，不予采信。

综上，上诉人宝二十冶公司的上诉理由均不能成立。原审法院认定事实清楚，适用法律正确，核定的赔偿范围和确定的赔偿金额适当，应予维持。据此，上海市第二中级人民法院依照《中华人民共和国民事诉讼法》第一百五十三条第一款第（一）项之规定，于2006年6月30日判决：驳回上诉，维持原判。

3. 陈善菊不服上海市松江区人力资源和社会保障局社会保障行政确认案①

【裁判要旨】

食宿在单位的职工在单位宿舍楼浴室洗澡时遇害，其工作状态和生活状态的界限相对模糊。在此情形下，对于工伤认定的时间、空间和因果关系三个要件的判断主要应考虑因果关系要件，即伤害是否因工作原因。

"因履行工作职责受到暴力伤害"应理解为职工因履行工作职责的行为而遭受暴力伤害，如职工系因个人恩怨而受到暴力伤害，即使发生于工作时间或工作地点，亦不属于此种情形。

"与工作有关的预备性或者收尾性工作"是指根据法律法规、单位规章制度的规定或者约定俗成的做法，职工为完成工作所作的准备或后续事务。职工工作若无洗澡这一必要环节，亦无相关规定将洗澡作为其工作完成后的后续性事务，则洗澡不属于"收尾性工作"。

【案情】

原告：陈善菊，女，33岁，汉族，住安徽省巢湖市含山县环峰镇城北行政村小团村。

被告：上海市松江区人力资源和社会保障局，住所地：上海市松江区荣乐东路。

法定代表人：许春，局长。

第三人：上海申劳工贸有限公司，住所地：上海市松江区松蒸路。

法定代表人：劳丽敏，总经理。

原告陈善菊因不服上海市松江区人力资源和社

① 案例来源：《最高人民法院公报》2013年第9期。

会保障局(以下简称松江区人保局)社会保障行政确认行为,向上海市松江区人民法院提起诉讼。

原告陈善菊诉称:2009 年 7 月 15 日,原告之夫、本案被害人陈童林在第三人上海申劳工贸有限公司(以下简称申劳公司)值班时被同事张浩承杀害,原因是张浩承不服陈童林的管理。由于事故发生在工作区域且陈童林在值班,因此,陈童林之死亡应当认定为工伤。同时,陈童林作为用人单位的厂长,平时住在厂里就是负责看护厂区和夜间接待客户提货,厂区钥匙全在陈童林处。事发之前,陈童林刚为客户办理了提货,所以陈童林遇害之时是在工作时间,其死亡符合《工伤保险条例》第十四条的情形。陈童林的妻子即原告陈善菊向被告松江区人保局提出工伤认定申请,但用人单位逃避法律责任,向松江区人保局隐瞒情节,松江区人保局也未能查明,作出了松江人社认(2010)字第 2979 号工伤认定的具体行为。陈善菊向上海市人力资源和社会保障局(以下简称上海市人保局)提出行政复议,2011 年 1 月 6 日,上海市人保局向陈善菊送达了沪人社复决字[2010]第 157 号行政复议决定书,维持原决定。故陈善菊向法院起诉,要求撤销松江区人保局作出的工伤认定书。

被告松江区人保局辩称:1. 其作出松江人社认(2010)字第 2979 号工伤认定书的具体行政行为程序合法。2010 年 7 月 12 日,原告陈善菊向其提出,2009 年 7 月 15 日 21 时许,第三人申劳公司员工张浩承因不服陈童林管理,在陈童林夜间值班时将陈童林杀害,要求对陈童林的死亡进行工伤认定。其根据《工伤保险条例》第 18 条的规定,审核了陈善菊提交的材料,并于 2010 年 7 月 5 日出具了松江人社认(2010)字第 2979 号《受理通知书》,且送达了申劳公司和陈善菊。其经审查,认定陈童林之死不属于工伤认定范围,于 2010 年 9 月 2 日出具了工伤认定书,对陈童林死亡不认定且不视同为工伤,并依法送达了当事人。2. 其作出具体行政行为的事实清楚、适用法律正确。经调查,陈童林是申劳公司的管理人员,食宿在单位,陈童林于 2009 年 7 月 15 日 21 时许,在单位浴室内被职工张浩承杀害,起因系个人恩怨,属于刑事案件,陈童林死亡不符合《工伤保险条例》第十四、十五条的规定,其对陈童林作出不认定且不视同为工伤的结论并无不当,请求法庭维持被告所作的具体行政行为。

第三人申劳公司述称:不同意原告陈善菊的诉请,同意被告松江区人保局的意见,请求依法予以维持。

【审理】

上海市松江区人民法院一审查明:

原告陈善菊与陈童林是夫妻关系。陈童林系第三人申劳公司的管理人员,食宿于申劳公司处。2009 年 6 月,陈童林与申劳公司员工张浩承因琐事发生矛盾,6 月底一晚上,陈童林叫了申劳公司另两名员工到张浩承宿舍,打了张浩承两记耳光。张浩承为此怀恨在心,伺机报复。同年 7 月 15 日 21 时许,张浩承趁陈童林在厂浴室洗澡之际,用尖刀捅刺陈童林的左腹部、左胸部等处,致陈童林死亡。

2010 年 7 月 12 日,原告陈善菊向被告松江区人保局提出工伤认定申请。被告于 7 月 15 日受理后,经调查,于同年 9 月 2 日作出松江人社认(2010)字第 2979 号《工伤认定书》,认为陈善菊没有证据证明陈童林于 2009 年 7 月 15 日的被害与其履行工作职责有关,该情形不符合《工伤保险条例》第十四条、第十五条的规定,故认定陈童林的死亡不属于且不视同工伤。陈善菊不服,申请复议。同年 12 月 31 日,上海市人保局作出沪人社复决字〔2010〕第 157 号《行政复议决定书》,维持了松江区人保局认定工伤的行政行为。陈善菊不服,诉至法院。

本案一审的争议焦点是:食宿在单位的用人单位管理人员,因个人恩怨,下班后在单位浴室洗澡时被杀害,是否应认定为工伤。

上海市松江区人民法院一审认为:

根据国务院《工伤保险条例》第五条第二款之规定,被告松江区人保局具有作出工伤认定的职权。原告陈善菊认为,陈童林于遇害之前在单位值班,刚为客户办理了提货,第三人申劳公司员工张浩承因不服陈童林管理,将其杀害,陈童林遇害系在工作场所、工作时间,因履行工作职责而被杀害,应当属于工伤。根据《工伤保险条例》第十四条第(三)项规定"在工作时间和工作场所,因履行工作职责受到暴力等意外伤害的,应当认定为工伤"。本案中,陈童林系于晚上 21 时许在厂浴室洗澡时被人杀害,并非在工作时间因履行工作职责而遇害,故不符合《工伤保险条例》第十四条第(三)项规定的情形。陈善菊关于陈童林被杀害前在单位值班,为客户办理提货的主张,并没有提供相应的证据予以证实,依法不予采信。综观本案,松江区人保局根据其职权作出的工伤认定所依据的事实清楚,适用法律正确,程序合法,依法应予维持。

综上所述,上海市松江区人民法院依照《中华人民共和国行政诉讼法》第五十四条第(一)项的规定,于 2011 年 3 月 16 日判决如下:

维持被告松江区人保局作出松江人社认(2010)字第 2979 号工伤认定的具体行政行为。

案件受理费 50 元,由原告陈善菊负担(已交)。

陈善菊不服一审判决,向上海市第一中级人民法院提起上诉,请求二审法院撤销原判,支持其原审中的诉讼请求。

上诉人陈善菊的上诉理由是:被上诉人松江区人

保局作出被诉工伤认定行为的主要证据是第三人申劳公司有关人员所作的陈述,但该公司与本案结果有很大利害关系,其为了逃避责任所作的陈述并不具有真实性和客观性。被害人陈童林系申劳公司的管理人员,并没有具体上下班时间,陈童林居住于厂区并不单单是解决食宿,晚间工厂的看护、交货、开门锁门都由陈童林负责,工厂的钥匙都在陈童林处。陈童林被害时在厂区同时也属工作收尾时段,因此符合《工伤保险条例》第十四条的相关情形。原判决认定事实错误。

被上诉人松江区人保局答辩称:其调查的情况与刑事判决书认定的事实一致。陈童林被杀害并不属于履行工作职责引起的,陈童林死亡不符合《工伤保险条例》第十四条、第十五条的规定,其作出不认定且不视同为工伤的结论并无不当。一审判决认定事实清楚、适用法律正确,请求二审法院维持原判。

第三人申劳公司答辩称:其同意被上诉人松江区人保局意见。一审判决认定事实清楚、适用法律正确,请求二审法院维持原判。

上海市第一中级人民法院经二审,确认了一审查明的事实。

本案二审的争议焦点仍然是:食宿在单位的用人单位管理人员,因个人恩怨,下班后在单位浴室洗澡时被杀害,是否应认定为工伤。

上海市第一中级人民法院二审认为:

被上诉人松江区人保局依法具有作出被诉工伤认定行政行为的职权。松江区人保局向一审法院提交的江玉平、陈方坤的调查笔录、(2010)沪一中刑初字第15号刑事判决书等证据能够互相印证,足以证明被诉工伤认定行政行为所认定的事实。松江区人保局依照《工伤保险条例》第十四条及第十五条之规定,作出认定陈童林的死亡不属于且不视同工伤的被诉工伤认定行政行为的主要证据充分、适用法律并无不当。对松江区人保局的辩称意见法院予以采信。根据(2010)沪一中刑初字第15号刑事判决书查明的事实:“2009年6月,陈童林因琐事与该厂员工张浩承发生矛盾。同年6月底的一天晚上,陈童林叫上员工夏伦俊、王连营到张浩承宿舍,当着夏、王两人的面打了张浩承两记耳光。张浩承为此怀恨在心,伺机报复。同年7月15日21时许,张浩承趁被害人陈童林在申劳公司玻璃制品厂浴室洗澡之际,用尖刀捅刺陈童林,造成陈童林因右心室及主动脉破裂致失血性休克而死亡。”上述事实清楚地表明,陈童林的死亡非工作时间前后在工作场所内,从事与工作有关的预备性或者收尾性工作受到事故伤害。“与工作有关的预备性或者收尾性工作”是指虽然并非职工工作本身,但根据法律法规、单位规章制度或者约定俗成的做法,职工为完成工作所作的准备或后续事务。职工工作若无洗澡这一必要环节,亦无相关规定将洗澡作为其工作完成后的后续性事务,则洗澡不符合“收尾性工作”的情形。

陈童林亦非在工作时间和工作场所内,因履行工作职责受到暴力等意外伤害。“因履行工作职责受到暴力伤害”应理解为职工履行工作职责的行为引起了暴力伤害结果的发生,而非简单理解为受到暴力伤害是发生在职工履行工作职责的过程中。陈童林作为申劳公司玻璃制品厂的厂长,其工作职责是管理,若张浩承确因不服从陈童林的管理而杀害陈童林,则应属于工作上的原因。但根据查明的事实,陈童林系因琐事与张浩承发生矛盾,并打了张浩承两记耳光,张浩承对此怀恨在心,才伺机将陈童林杀害,上述(2010)沪一中刑初字第15号刑事判决书亦确认了陈童林遇害是因其与张浩承之间的个人恩怨。可见,陈童林遇害虽有暴力伤害的结果,但与履行工作职责之间并无因果关系。

职工在单位浴室被杀害并非用人单位所能预见,或者用人单位履行相应的安全注意义务即可避免,因此,若将此情形认定为工伤则无端提高了用人单位安全注意义务的标准。据此,陈童林在浴室洗澡被杀害不符合《工伤保险条例》第十四条应当认定为工伤或第十五条视同工伤中规定的情形,上诉人陈善菊就其诉称的事实在本案被诉工伤认定程序及本案一、二审审理中未提供任何充分有效的证据予以证实,故陈善菊的请求,缺乏事实根据和法律依据,法院不予支持。一审法院判决维持被诉工伤认定行为并无不当,依法应予维持。

综上所述,上海市第一中级人民法院依照《中华人民共和国行政诉讼法》第六十一条第(一)项之规定,于2011年6月15日判决如下:

驳回上诉,维持原判。

上诉案件受理费人民币50元,由上诉人陈善菊负担(已付)。

本判决为终审判决。

实用附录

安全生产案件常用数据速查

工伤赔偿计算标准

(一)工伤医疗待遇的计算公式

1. 医疗费的计算公式

医疗费赔偿金额 = 诊疗金额 + 药品金额 + 住院服务金额

注:上述诊疗金额、药品金额、住院服务金额的计算依据是工伤保险诊疗项目目录、工伤保险药品目录、工伤保险住院服务标准。

2. 住院伙食补助费的计算公式

住院伙食补助费赔偿金额 = 统筹地区人民政府规定的伙食补助标准

3. 交通食宿费的计算公式

交通食宿费赔偿金额 = 统筹地区人民政府规定的具体标准

4. 辅助器具费的计算公式

辅助器具费赔偿金额 = 配置标准 × 器具数量

(二)工伤伤残待遇的计算公式

1. 护理费的计算公式

(1)生活完全不能自理的护理费的计算公式

护理费赔偿金额 = 统筹地区上年度职工月平均工资(元/月) ×50%

(2)生活大部分不能自理的护理费的计算公式

护理费赔偿金额 = 统筹地区上年度职工月平均工资(元/月) ×40%

(3)生活部分不能自理的护理费的计算公式

护理费赔偿金额 = 统筹地区上年度职工月平均工资(元/月) ×30%

2. 一次性伤残补助金的计算公式

一级伤残的计算公式为：

伤残补助金赔偿金额＝本人工资(元/月)×27

二级伤残的计算公式为：

伤残补助金赔偿金额＝本人工资(元/月)×25

三级伤残的计算公式为：

伤残补助金赔偿金额＝本人工资(元/月)×23

四级伤残的计算公式为：

伤残补助金赔偿金额＝本人工资(元/月)×21

五级伤残的计算公式为：

伤残补助金赔偿金额＝本人工资(元/月)×18

六级伤残的计算公式为：

伤残补助金赔偿金额＝本人工资(元/月)×16

七级伤残的计算公式为：

伤残补助金赔偿金额＝本人工资(元/月)×13

八级伤残的计算公式为：

伤残补助金赔偿金额＝本人工资(元/月)×11

九级伤残的计算公式为：

伤残补助金赔偿金额＝本人工资(元/月)×9

十级伤残的计算公式为：

伤残补助金赔偿金额＝本人工资(元/月)×7

3. 伤残津贴的计算公式

一级伤残为本人工资的90%,其计算公式为:

伤残津贴赔偿金额=本人工资(元/月)×90%

二级伤残为本人工资的85%,其计算公式为:

伤残津贴赔偿金额=本人工资(元/月)×85%

三级伤残为本人工资的80%,其计算公式为:

伤残津贴赔偿金额=本人工资(元/月)×80%

四级伤残为本人工资的75%,其计算公式为:

伤残津贴赔偿金额=本人工资(元/月)×75%

五、六级伤残津贴也以同样的方法,即本人工资乘以法定的比例(五级为70%,六级为60%)计算。但是,被鉴定为五、六级伤残的工伤职工只有在其保留与用人单位的劳动关系,用人单位应予以安排适当工作但难以安排的时候,才由用人单位按月对其支付伤残津贴。七级至十级伤残不享受伤残津贴。

(三)因工死亡的赔偿金的计算公式

1. 丧葬补助金的计算公式

丧葬补助金赔偿金额=统筹地区上年度职工月平均工资×6

2. 供养亲属抚恤金的计算公式

(1)配偶

供养亲属抚恤金赔偿金额=工亡职工本人工资(元/月)×40%

注:如果工亡职工的配偶为孤寡老人的,每人每月在上述标准的基础上增加10%。

(2)其他亲属

供养亲属抚恤金赔偿金额=工亡职工本人工资(元/月)×30%

注:如果工亡职工的其他亲属为孤寡老人或者孤儿的,每人每月在上述标准的基础上增加10%。

3. 一次性工亡补助金的计算公式

一次性工亡补助金额=上一年度全国城镇居民人均可支配收入的20倍

图书在版编目（CIP）数据

中华人民共和国安全生产法典 / 国务院法制办公室编. —4版. —北京：中国法制出版社，2018.1
（注释法典；37）
ISBN 978-7-5093-8982-9

Ⅰ. ①中… Ⅱ. ①国… Ⅲ. ①安全生产-安全法规-注释-中国 Ⅳ. ①D922.545

中国版本图书馆CIP数据核字（2017）第277703号

策划编辑 舒 丹　　责任编辑 袁笋冰 李璞娜　　封面设计 蒋 怡

中华人民共和国安全生产法典（注释法典）

ZHONGHUA RENMIN GONGHEGUO ANQUAN SHENGCHAN FADIAN（ZHUSHI FADIAN）

经销/新华书店
印刷/北京海纳百川印刷有限公司
开本/710毫米×1000毫米 16开　　印张/36.75 字数/1076千
版次/2018年1月第4版　　2018年1月第1次印刷

中国法制出版社出版
书号 ISBN 978-7-5093-8982-9　　定价：88.00元

北京西单横二条2号
邮政编码 100031　　传真：66031119
网址：http：//www.zgfzs.com　　**编辑部电话：66066627**
市场营销部电话：66033296　　**邮购部电话：66033288**

（如有印装质量问题，请与本社编务印务管理部联系调换。电话：010-66032926）